한서열전

固 班

한서열전

반고 지음 신경란 옮김

列 漢

2

傳 書

민음사

차
례

○ 투항할 수 없으니 스스로 죽을 수밖에

○ 한 고조를 배신하고 흉노에 투항한 한신

○ 한나라로 돌아와 번성한 배반자의 후손

일러두기

59 순리전   循吏傳

○ 덕과 겸손을 갖춘 훌륭한 관리

○ 파촉 지방을 교화한 문옹

○ 교동국을 잘 다스린 왕성

○ 한나라 지방관 중의 으뜸, 황패

○ 죽어서도 백성의 존경을 받은 주읍

○ 다스리던 지역을 부자 마을로 만든 공수

○ 백성을 아들처럼 대한 소신신

60 혹리전   酷吏傳

○ 형벌을 가혹하게 적용한 관리들

○ 흉노조차 두려워한 질도

○ 함부로 위세를 과시했던 영성

○ 주양유의 원칙 없는 법 적용

○ 법으로 관리끼리 감시하게 한 조우

○ 누나 덕에 등용된 의종

○ 사람을 죽여 위엄을 행사한 왕온서

○ 죽어서도 달아나야 했던 윤제

○ 황제에게 책망받은 양복

○ 작은 일도 크게 만든 감선

○ 대규모 도적을 잡은 전광명

○ 창읍왕 폐위에 공을 세운 전연년

○ 지방 세력가들을 타격한 엄연년

○ 윤상, 가혹한 것이 무른 것보다 낫다

○ 우미국 ○ 거륵국 ○ 우전국 ○ 피산국 ○ 아차국 ○ 서야국 ○ 포려국

○ 의내국 ○ 무뢰국 ○ 난두국 ○ 계빈국 ○ 오익산리국 ○ 조지국 ○ 안식국

○ 대월지국 ○ 대하국 ○ 강거국 ○ 엄채국 ○ 강거의 다섯 소왕 ○ 대원국

○ 도회국 ○ 휴순국 ○ 연독국 ○ 사거국 ○ 소륵국 ○ 위두국

서역전 하   西域傳 下
○ 오손국 ○ 고묵국 ○ 온숙국 ○ 구자국 ○ 오루성 ○ 거려성 ○ 위려국

○ 위수국 ○ 언기국 ○ 오참자리국 ○ 비륙국 ○ 비륙후국 ○ 욱립사국

○ 단환국 ○ 포류국 ○ 포류후국 ○ 서저미국 ○ 동저미국 ○ 겁국 ○ 호호국

○ 산국 ○ 거사전국 ○ 거사후국 ○ 거사도위국 ○ 거사후성장국

67   외척전 상   外戚傳 上
○ 상호 부조하는 황제와 외척 ○ 여 황후 ○ 장 황후 ○ 박희 ○ 두 황후

○ 박 황후 ○ 왕 황후 ○ 진 황후 ○ 위 황후 ○ 이 부인 ○ 조 접여

○ 상관 황후 ○ 사 양제 ○ 왕 부인 ○ 허 황후 ○ 곽 황후 ○ 왕 황후

외척전 하   外戚傳 下
○ 왕 황후 ○ 허 황후 ○ 반 접여 ○ 조 황후 ○ 부 소의 ○ 정희 ○ 부 황후

○ 효원제의 풍 소의 ○ 위희 ○ 왕 황후

68   원후전   元后傳
○ 왕망 집안의 내력

○ 달을 품에 안은 태몽

○ 성제를 낳다

○ 번성하는 왕씨 집안

○ 일찍 죽은 왕망의 아버지를 추봉하다

일러두기

1 이 책은 베이징 중화서국(中華書局)에서 간행한 『한서』(전 10권, 1962년 제1판) 중에서 권31
「진승·항적 전」에서 권100 「서전」에 이르는 열전 70편(79권)을 완역한 것으로 중국국가도서관
소장 영인본 5종을 비교하여 참고했다.

2 역자가 독자의 이해를 돕기 위해 부가한 말과 원문과 역어가 다른 말은 〔 〕 안에 넣었다.

3 각 편의 해제와 소제목은 독자의 이해를 돕기 위해 역자가 붙인 것이다.

4 맞춤법과 띄어쓰기는 한글 맞춤법과 외래어 표기법을 따르되 널리 통용되는 용어는 일부 예외를
두었다. 중국 지명과 인명, 관명의 한자 발음은 역대 『한서』 주석가들이 밝혀 놓은 반절(反切) 원
칙을 따르되 현재 통용되는 발음과 다른 경우 처음 나오는 예에 주석을 달아 두었다.

5 각 편의 주석에는 원전에 인용된 『시』, 『서』, 『역』, 『논어』, 『사기』, 『한서』 본기, 표, 지의 원문을
수록했으며, 역대 『한서』 주석가들의 중요 주석과 『한서』 관련 최신 연구 결과, 고분·성곽 발굴
조사의 성과를 모아 실었다.

공손홍·복식·예관 전
公孫弘卜式兒寬傳

이 편에 나오는 공손홍(公孫弘, 기원전 200~기원전 121년)과 복식(卜式, ?~?), 예관(兒寬, ?~기원전 103년)은 모두 평민 출신으로 무제(武帝)에게 전격 발탁된 인재였다. 반고는 찬에서 한나라에 인재가 많았지만 무제 때에 선발된 인재들이 가장 훌륭했다고 할 만큼 무제 시대를 예찬했다.

한나라 초기는 개국 공신의 시대였다. 승상은 모두 공신들이 차지했 는데, 그들은 승상이 되기 전에 이미 봉토를 가진 귀족들이었다. 공손 홍은 무제의 인재 선발 제도에 따라 발탁되어, 봉토가 없는 평민 출신 으로 최초의 승상이 되었다. 이때부터 평민이 승상에 오르면 봉토를 받 게 되어 원래의 귀족 계층이 와해되기 시작했다.

유생 공손홍과 예관은 각각 승상과 어사대부까지 올랐고, 재물을 헌납하고 발탁된 복식도 어사대부가 되었다. 『사기』에는 공손홍과 주보언(主父偃)이 한 편에 들어 있고, 복식은 열전이 아닌 「평준서(平準書)」
에 들어 있으며, 예관은 「유림 열전(儒林列傳)」에 잠깐 언급되었다. 반고
는 이 세 사람을 한 편의 열전에 세우고, 공손홍이 올린 대책문과 복식
이 헌납한 재물, 예관이 봉선(封禪) 의례의 기초를 잡은 것에 대해 자세
히 소개했다.

세 인물은 나라의 녹을 먹으면서 누구보다 근면 성실하게 일했고,
죽을 때까지 무탈하게 지낸 공통점이 있다. 공손홍은 예순에 발탁되고
70대 중반에 승상이 된 뒤 여든 살로 세상을 떠날 때까지 승상 직에 있
었다. 이들은 무제의 정복 전쟁에 이념적 기반과 군수 물자를 제공하면
서 그 뜻에 영합했기 때문에 권력에 아첨한 인물의 상징이기도 하다. 공
손홍은 아첨의 명수였을 뿐 아니라 정적을 제거하는 데도 능수능란하
여 주보언을 죽이고, 동중서(董仲舒)를 지방으로 내보냈다.

이 편의 찬은 『사기』 「평진후·주보 열전」에도 실려 있다.

예순에 버슬살이를 시작한 공손홍

○　　○　　○

공손홍은 치천국(菑川國) 설현(薛縣) 사람이다.

젊어서 옥리를 지냈으나 죄를 지어 면직되었다. 집이 가난하여 해변에서 돼지를 치고 살다가 마흔 살이 넘어서야 『춘추』를 해석한 여러 학설을[1] 배웠다.

무제 즉위 초에 현량(賢良) 인재와 문학(文學) 인재를 구할 때 예순의 나이로 현량 인재에 뽑혀 박사가 되었다.[2]

흉노에 사신으로 갔다가 돌아와서 올린 보고 내용이 뜻에 맞지 않자 황제가 노하여 무능하다고 했다. 이에 공손홍이 병을 칭하며 벼슬을 내놓고 고향에 돌아갔다.

원광(元光) 5년에[3] 다시 현량·문학 인재를 뽑을 때 치천왕이 공손홍을 또 추천하자 공손홍이 사양하며 말했다.

"전에 서쪽 장안에서 등용되었으나 무능하여 물러났습니다. 다른 사람을 뽑으시길 바랍니다."

치천국 사람들이 고집하여 공손홍을 추천했으므로 공손홍이 태상 관아로 갔다. 황제가 여러 유생에게 책문(策問)의 조서를 내렸다.

황제가 이른다. 대개 듣기를 상고 시대에는 나라를 잘 다스렸기 때문에 의관에 표를 하거나 채색옷을 입혀 구별하기만 해도 백성이 법을 어기지 않았다고 하고, 음양이 조화를 이루고 오곡이 여물었으며 여섯 종류의 가축이 번식하고 감로가 내렸으며 비와 바람이 때를 맞추고 튼실한 벼가 풍성하게 열렸으며 주초(朱蕉)가 자라났고 산에 초목이 무성했으며 못이 마르지 않았다고 한다. 교외 늪에 기린과 봉황이 나타났고 소(沼)에는 거북과 용이 놀았으며 황하와 낙수에서 하도(河圖)와 낙서(洛書)가 나왔고, 아비보다 아들이 먼저 죽는 법이 없었고 형이 동생의 죽음에 곡할 일이 없었다고 한다. 북쪽의 발(發)과 거수(渠搜)에서 남쪽의 교지(交阯)에 이르기까지, 배와 수레가 다다르고 사람의 발길이 닿는 곳에서 다리로 움직이고 입으로 숨을 쉬는 것들이 모두 마땅히 얻을 것을 얻으며 살았다고 하니, 짐은 그 시대를 아주 훌륭했다 여긴다. 지금 어떻게 나라를 다스려야 그때처럼 태평할 수 있겠는가?

그대 대부들은 선대의 성군이 나라를 다스린 도에 대해 공부했고 군신 간의 의리에 대해 명확히 알고 있으며 박학다식하게 강론하고 지금 세상에서 명망을 얻고 있으니, 그대 대부들에게 묻는다.

천인지도(天人之道)는 어디에서 시작되는가? 재앙과 복록의 징조는 어떻게 알아차릴 수 있는가? 우임금 때의 홍수와 탕왕 때의 가뭄은 어떤 허물 때문에 일어났는가? 인, 의, 예, 지 네 방면의 도리는 어떻게 세상에 펼쳐야 하는가? 왕통이 내려가고 위업을 전하는 것, 삶과 죽음의 변화, 천명이 내리는 징조는 어떻게 일어나고 어떻게 소멸하는가? 천문, 지리, 인사의 법칙은 그대 대부들이 익히 아는 바이니, 그 모든 내용과 바른 뜻에 대해 상세하게 대책하여 글로 써 올리도록 하라. 짐이 친히 열람할 것이니 빠뜨리는 것이 없도록 하라.

이에 공손홍이 대책문을 올렸다.

　상고 요순시대에는 작위와 상으로 높여 주지 않아도 백성이 서로 선하게 살기를 권했고 형벌을 중시하지 않아도 백성이 법을 어기지 않았으니 그것은 임금이 친히 바른 도를 행하는 본보기가 되어 백성을 신의로 대했기 때문이라고 들었습니다. 말세에 높은 작위를 주고 상을 후하게 내려도 백성이 서로 권면하지 않고, 형벌을 중하게 해도 범법이 그치지 않았던 것은 임금이 바르지 않아 백성을 신의로 대하지 않았기 때문입니다. 대체로 후한 상과 중한 형벌로는 백성을 선하게 살도록 권하거나 법을 어기는 것을 금할 수 없으니, 반드시 신의로 대해야 합니다.
　능력에 따라 관리를 임명해야 직분에 따라 잘 다스리고, 쓸데없는 주장을 듣지 않아야 일이 성사되며, 필요 없는 기물을 만들지 않아야 세금을 덜 거두게 되고, 농사철에 인력과 물자를 동원하지 않아야 백성이 부유해지며, 덕이 높은 자를 발탁하고 덕이 없는 자는 파면해야 조정이 존중받고, 공이 있는 자를 높이 쓰고 공이 없는 자는 낮게 써야 뭇 신하가 공을 다투지 않고 겸양의 예를 지키며, 죄에 해당하는 벌을 주어야 범법자가 없어지고, 능력을 발휘한 만큼 상을 주어야 신하가 노력하게 되니 말씀드린 이 여덟 가지가 백성을 다스리는 근본입니다.
　그리하여 백성이 생업에 종사할 수 있으면 서로 다투지 않습니다. 도리에 맞으면 원망하지 않고, 예로써 대하면 포악하게 굴지 않으며, 백성을 아끼면 황제에게 가까이 의지하니 이는 천하를 다스리기 위해 해야 할 급선무입니다.

아울러 법을 집행하되 법의(法義)를 넘지 않아야 백성이 복종하여 이탈하지 않고, 기뻐하되 예에서 멀어지지 않아야 백성이 가까이 의지하며 포악하게 되지 않습니다. 조문의 뜻에 벗어난 만큼 법에 따라 벌을 내리고, 예에서 정한 만큼 기뻐하며 상을 내려야 합니다. 예와 법의는 백성이 복종하는 근거이므로 그에 맞게 상벌을 내려 백성이 따르게 하면 법을 어기는 것을 막을 수 있습니다. 의관에 표를 하거나 채색옷을 입혀 구별하기만 해도 백성이 법을 어기지 않았던 것은 이런 도를 일관되게 시행했기 때문입니다.

신은 같은 기운끼리 서로 따르고 비슷한 소리끼리 화음을 이룬다고 들었습니다. 현재 위로 폐하께서 덕정을 베풀고 계시니 아래에서 백성이 화합하여 따르고 있습니다. 마음이 조화를 이루면 기운이 조화를 이루고 기운이 조화를 이루면 실체가 조화를 이루며 실체가 조화를 이루면 언론이 조화를 이루고 언론이 조화를 이루면 천지가 조화를 이룹니다. 그리하면 음양이 조화를 이루고, 비와 바람이 때를 맞추며, 감로가 내리고, 오곡이 잘 여물며, 여섯 종류의 가축이 번식하고, 튼실한 벼가 풍성하게 열리며, 주초가 자라나고, 산에 초목이 무성해지며, 못이 마르지 않게 되니 이는 조화가 지극히 잘 이루어진 상태입니다. 실체가 조화를 이루면 질병이 없고 질병이 없으면 요절하는 일이 없으니 아비보다 아들이 먼저 죽는 법이 없고 형이 동생의 죽음에 곡할 일이 없습니다. 성덕을 천지에 베풀고 일월처럼 영명하게 다스리시면 교외 늪에 기린과 봉황이 나타나고, 소에는 거북과 용이 놀게 되며, 황하와 낙수에서

하도와 낙서가 나오게 되니 원방의 이민족 군장이 흠모하지 않는 이가 없게 되어 모두 공물을 받들고 배알하러 찾아올 것입니다. 이는 조화가 지극히 잘 이루어진 상태입니다.

신은, 인(仁)이란 사람을 아끼는 것이고 의(義)는 적절한 것이며 예(禮)는 이행할 바이고 지(智)는 치술(治術)의 근본이라고 들었습니다. 이로운 일을 불러오고 해로운 일을 없애며 천하 만민을 차별 없이 아끼고 사사로운 이익을 챙기지 않는 것을 인이라고 하고, 시비를 분명하게 가리고 가부를 정할 줄 아는 것을 의라고 하며, 규범에 맞게 나아가고 물러가며 법도에 맞게 존비를 가릴 줄 아는 것을 예라고 하고, 살생의 권한을 잘 쓰고 막힌 길을 뚫으며 경중의 수를 평형되게 하고[4] 성공과 실패의 도를 논하며 원근의 진실과 거짓이 반드시 황제께 드러나도록 하는 것을 지의 술이라고 합니다. 이 네 가지는 나라를 다스리는 근본이자 왕도를 실현하는 방책이니 모두 응당 실행에 옮기고 폐기하지 말아야 합니다. 그 네 가지 골자를 실행하면 천하가 평안하고 안락해지며 법과 형벌을 세워 두어도 법을 어기는 백성이 없어 형벌을 쓸 일이 없습니다. 그 방책을 시행할 수 없으면 위로는 주군이 속게 되고 아래에서는 관리들이 난을 일으키게 됩니다. 이 사정은 왕통을 계승하고 위업을 전하는 근본입니다.

신이 듣기에 요임금 때에 홍수가 일어나자 우에게 다스리게 하여 우임금 때에는 홍수가 일어난 적이 없었다고 합니다. 탕왕 때에 가뭄이 든 것은 걸왕의 폭정이 여운을 남긴 것입니다. 걸왕과 주왕은 악행으로 천벌을 받았으나 우임금과 탕왕은 덕을 쌓아 천하를 다스렸으니 이것이 천문, 지리, 인사가 돌아가는 법칙입니다.

신 홍(弘)이 어리석고 우직하기만 하여 부족한 대로 폐하께 대책문을 올립니다.

당시에 대책문을 올린 자가 백여 명이었다. 태상이 공손홍의 성적을 꼴찌로 매겨 황제에게 올렸다. 대책문이 올라오자 황제가 공손홍의 것을 으뜸으로 뽑고 불러 접견했는데 용모가 아주 준수했다. 박사로 임명하고 금마문에서 대조하게 했다.

공손홍이 다시 상소를 올렸다.

폐하께서 선대 성군의 지위에 계시나 선대 성군의 명성을 얻지 못한 것, 선대 성군의 명성을 얻었다 해도 선대 성군이 부리던 관리를 얻지 못하시는 것은 같은 위세를 가졌어도 다른 통치를 하시고 있기 때문입니다. 선대에는 관리가 정당하게 다스렸으므로 그 백성이 착실했습니다. 현재의 관리는 정당하게 하지 않아 백성이 야박합니다. 정책에 폐단이 있으면 시행하지 말고, 명령에 백성을 힘들게 하는 점이 있으면 처리하지 말아야 합니다. 정당하게 다스리지 않는 관리가 폐단이 있는 정책을 시행하고 지키기 힘든 법령으로 야박한 백성을 다스려서 백성이 교화되지 못하고 있습니다. 상고 시대와 차이가 생긴 것은 이런 다스림 때문입니다.

신은 주공 단(旦)이 천하를 다스릴 때 한 해가 지나자 변화가 일어났고 세 해가 지나자 백성이 교화되었으며 다섯 해가 지나자 천하가 태평해졌다고 들었습니다. 이것이 폐하께서 지향하실 바입니다.

상소를 올리자 황제가 책서를 내려 답했다.

묻겠다. 홍은 주공의 통치를 찬양했다. 스스로 보기에 홍의 재능과 주공을 비교하면 어느 쪽이 더 뛰어난가?

공손홍이 대답을 올렸다.

어리석고 천박한 신이 어찌 감히 주공과 재주를 비교할 수 있겠습니까! 그렇지만 어리석은 신의 생각에 폐하께서 주공의 통치를 실현하실 것은 명백합니다. 범, 표범, 말, 소는 통제하기 어려운 짐승이나 길들이고 훈련하면 익숙하게 되어 부리는 대로 따르게 되어 있습니다. 신은 곧은 나무를 구부려 쓰는 데 며칠 걸리지 않고, 광석을 녹여 쓰는 데 몇 달이 걸리지 않는다고 들었습니다. 사람이 한 일의 성패에 대한 호오를 어찌 금수와 목석류에 비하겠습니까! 한 해가 지나서 천하에 변화가 일어났다는 것은 신 홍이 생각하기에 늦은 감이 있습니다.

황제가 공손홍의 글을 읽고 비범하다고 여겼다.

그 무렵 서남이(西南夷)와 막 통교했으므로 파(巴)와 촉(蜀) 땅이 그 일로 시달리고 있었다. 황제가 명령을 내려 공손홍에게 시찰하게 했다. 돌아와서 보고하기를 서남이와 통교하는 것은 쓸데

없는 일이라며 크게 반대했으나 황제가 그 말을 듣지 않았다.

조회에서 나랏일을 의논할 때마다 의견을 개진하되 황제가 직접 결정하게 했으니, 황제의 체면을 깎으면서까지 면전에서 쟁론하지 않았다. 그리하여 황제는 공손홍이 신중하고 후덕하며, 의견을 개진할 때 여유를 둘 줄 알고, 법령과 옥리 사무에 밝으면서 유가(儒家) 경전의 내용으로 꾸밀 줄 안다고 여겼다. 황제가 공손홍을 좋아하여 한 해가 지나지 않아 좌내사로 발탁했다.

급암과 대립 후 더욱 신임을 얻다

○　　○　　○

공손홍은 어떤 일을 상주할 때 불가하다고 주장하는 사람이 있더라도 조정에서 주장을 내세우지 않았다. 주작도위(主爵都尉) 급암(汲黯)과 함께 자주 황제에게 알현을 청했는데, 급암이 먼저 말을 꺼내고 공손홍이 그 마무리를 지었으므로 황제가 늘 좋아하며 주장을 모두 들어주었다. 그렇게 하여 날이 갈수록 황제의 신임이 두터워졌다.

공손홍이 한번은 여러 공경과 황제에게 의견을 올리기로 약속해 놓고 황제 앞에 가서는 그 약속을 어기고 황제의 뜻에 순종해 버렸다. 그러자 급암이 조정 대신 앞에서 공손홍을 힐난했다.

"제나라 사람은 거짓이 많고 착실하지 않습니다. 공손홍이 본래 여러 신하와 이 일에 대해 말씀을 올리기로 해 놓고 이제 와서 모두 위배해 버렸으니 정직하지 못합니다."

황제가 공손홍에게 사실을 묻자 공손홍이 사죄했다.

"신을 이해하면 신을 정직하다 할 것이고 신을 이해하지 못하면 정직하지 않다 할 것입니다."

황제가 공손홍의 말을 그럴듯하게 여겼다. 황제의 곁에서 총애를 받던 신하들이 모두 공손홍을 욕했지만, 황제는 공손홍을 더욱더 후하게 대했다.

공손홍은 사람이 우스갯소리를 잘했고 견문이 넓었다. 군주의 문제는 포용력이 없는 데서 생기고, 신하의 문제는 절의가 없을 때 생긴다고 늘 말했다.

공손홍은 계모를 지극한 효성으로 모셨고 계모가 세상을 떠나자 삼 년 동안 상복을 입었다.

좌내사로 몇 년을 지낸 뒤에 어사대부로 승진했다. 그 무렵 한나라는 동쪽에 창해군(蒼海郡)을 두고 북쪽 삭방군(朔方郡)에 성을 구축하고 있었다. 공손홍이 여러 차례 간언하여 중원의 백성을 힘들게 하고 물자를 쓸모없는 땅에 쏟아붓는 일은 멈추어야 한다고 주장했다. 이에 황제가 주매신(朱買臣) 등을 시켜 삭방군을 둘 때의 이로운 점을 들어 공손홍에게 반박하게 했다. 주매신 등이 열 가지 이로운 점을 말하자 공손홍이 한 가지도 대응하지 못했다. 공손홍이 사죄하며 말했다.

"효산 동쪽 출신의 미천한 자라 삭방군을 두는 것이 이렇게 이로운 줄 몰랐습니다. 그렇다면 서남이와 창해군 쪽은 접고 삭방군에만 힘을 쏟는 것이 좋을 듯합니다."

이에 황제가 그렇게 하도록 윤허했다. 급암이 말했다.

"공손홍은 삼공의 자리에 있어 아주 많은 봉록을 받는데도 베 이불을 덮는다고 하니 이는 남을 속이는 행위입니다."

황제가 공손홍에게 그런 일이 있느냐고 묻자 공손홍이 사죄하며 말했다.

"사실입니다. 조정의 구경(九卿) 중에 신과 친하게 지내는 이로 급암만 한 이가 없는데, 오늘 조정에서 홍을 힐난하되 참으로 홍의 병통을 옳게 지적하였습니다. 삼공의 신분으로 베 이불을 덮는 것은 거짓을 꾸며 명예를 건져 올리려고 하는 짓이 확실합니다. 그런데 신은 관중(管仲)이 제나라 재상으로 채읍을 세 곳이나 가지고[5] 주군 환공(桓公)만큼 사치를 부렸다고 들었습니다. 환공이 관중 덕택에 패자가 되었지만, 위로 주군을 참람되게 한 것입니다. 안영(晏嬰)이 제 경공(齊景公)의 재상을 지낼 때는 한 끼에 고기반찬 두 접시를 놓지 않았고 첩에게 비단옷을 입히지 않아 백성처럼 살면서도 제나라를 잘 다스렸다고 합니다. 이제 신 홍이 어사대부로 있으면서 베 이불을 덮어 조정의 구경에서 맨 아래 아전까지 아무런 차이가 없도록 해 버렸으니 급암이 올린 말씀 그대로입니다. 급암이 없었다면 폐하께서 어떻게 이런 일을 아셨겠습니까!"

이런 공손홍을 두고 황제는 겸양의 덕을 갖추었다고 여기고 더욱 훌륭하게 여겼다.

원삭(元朔) 연간에 설택(薛澤)의 뒤를 이어 공손홍이 승상에 올랐다. 애초에 한나라 조정에서는 열후를 승상으로 삼았는데 유일하게 공손홍만 작위가 없었다. 그리하여 황제가 조서를 내려 말했다.

짐이 선대 성군이 나라를 다스린 도를 흠모하여 문호를 넓게 열어 놓고 사방에서 인재를 불러 모았다. 대개 선대 성군은 덕과 재능을 겸비한 정도에 따라 등급이 다른 벼슬을 주되 능력에 맞게 벼슬자리를 주었으며, 애를 많이 쓴 자에게 봉록을 후하게 주고 덕망이 높은 자에게 귀한 작위를 내렸으니 무공을 세우면 높은 작위를 주고 문덕이 높으면 상을 주었다고 한다. 그러니 고성현(高成縣)의 평진향(平津鄕) 육백오십 호를 내려 승상 공손홍을 평진후로 삼는다.

그 뒤 이를 제도로 삼았으니 승상이 된 자를 봉하는 것은 공손홍 때부터 시작되었다.

황제가 위업을 일으키기 위해 여러 번 현량 인재를 모집했다. 공손홍이 대책문에 자신의 주장을 피력하여 으뜸으로 뽑혔으니 평민에서 출발하여 몇 해 만에 재상이 되고 열후에 봉해졌다. 이에 공손홍이 [승상부에] 객관(客館)을 지어 동쪽으로 작은 문을 열어 놓고 인재들을 불러 나랏일을 의논하는 데 참예하게 했다.

공손홍은 끼니때마다 고기반찬 한 접시에 쓿지 않아 껍데기만 벗긴 곡식으로 밥을 지어 먹으면서 지인과 빈객에게 의식을 제공하는 데에 봉록을 다 썼으므로 살림이 남아나지 않았다.

그런데 공손홍의 성정은 의심과 시기가 많았다. 겉으로는 관대해 보였으나 내심은 깊이 감추고 있었다. 공손홍은 자신과 사이가 벌어졌던 사람은 멀거나 가깝거나 겉으로 친한 척하다가 언젠가는 그 허물을 잡아 보복했다. 주보언을 죽인 것이나 동중서를 교서국(膠西國)의 상(相)으로 보낸 것은 모두 공손홍이 나서서 행한 일이다.

여든 살에 재상 자리에서 세상을 떠나다

○　○　○

그 뒤 회남왕(淮南王)과 형산왕(衡山王)이 모반하여 그 일당을
처벌하기 위한 긴박한 조사가 이루어졌다. 그때 공손홍은 중병을
앓고 있었다. 공손홍은 자신이 공도 세우지 않았는데 열후에 봉해
지고 재상 자리에 올랐다고 생각했다. 재상이 영명한 주군을 잘
보좌하여 백성을 진정시켜 위무하고 관료들에게 신하의 도리를
시키도록 이끌어야 했으나, 오히려 제후가 반역을 꾀하고 말았으
니 이는 자신이 대신의 직분을 제대로 하지 못한 탓이라고 여겼
다. 자신이 병을 앓다 죽으면 책임을 질 기회도 없겠다는 생각에
황제에게 글을 올렸다.

신은 천하에 통하는 도가 다섯 가지가 있고 그 도를 실행하는
방법은 세 가지가 있다고 들었습니다. 군신·부자·부부·장유·붕우
사이의 도(道) 다섯 가지가 천하에 통하는 도이고, 인(仁)·지(知)·용
(勇) 세 가지가 그 도를 실행하는 방법입니다. 그리하여 〔『중용』에
서〕 모르는 것이 있을 때 묻기를 좋아하면 지에 가까워지고, 힘써
행하면 인에 가까워지며, 부끄러운 일을 알면 용에 가까워지니 이
세 가지를 터득하면 자신을 다스릴 줄 알게 되고 자신을 다스릴 줄

알게 되면 백성을 다스릴 줄 알게 된다고 했습니다. 이제껏 자신을 다스릴 줄 모르면서 잘 다스린 자는 없었습니다.

폐하께서는 친히 효제를 실천하시고, 삼왕을 거울삼아 주나라 왕도에 따른 정령을 수립하셨으며, 사방의 인재를 불러 모아 덕과 재능을 겸비한 정도에 따라 등급이 다른 벼슬을 주되 능력에 맞게 벼슬자리를 주는 것으로 백성이 덕과 재능을 겸비한 인재가 되도록 고무해 주셨습니다. 신이 우둔하고 한마지로(汗馬之勞)가 없는데도 폐하께서는 과분하게도 병졸 지위에 있는 신 홍을 열후에 봉하고 삼공의 지위에 오르게 해 주셨습니다. 신은 이런 높은 지위를 감당할 만큼 제대로 직무를 수행하지 못한 데다 병까지 들었으니 이제라도 곧 개나 말처럼 구렁텅이에 묻힌다면 끝내 폐하의 은덕에 보답하지 못하고 직무도 수행하지 못할 것입니다. 그러므로 신은 작위와 벼슬을 내놓고 고향에 뼈를 묻어 덕과 재능을 겸비한 인재에게 길을 양보하고 싶습니다.

황제가 대답했다.

공을 세우면 상을 주고 덕이 높으면 표창하는 것과 수성(守成) 시기에 문(文)을 높이고 위기를 만나면 무(武)를 숭상하는 원칙은 예부터 지금까지 고친 적이 없었다. 짐은 재목이 되기 위해 밤낮으로 수양했고 지존의 자리를 계승한 뒤로는 늘 두려운 마음에 편안한 적이 없이 신하들과 함께 나라를 다스리고자 했으니, 그대는 이 점을 마땅히 알고 있을 것이다. 대개 군자는 선행을 좋아하여 후세에 그 덕을 미치게 하는데 그대가 이렇게 행하는 줄을 짐이 늘 알고 있다. 그대가 운이 없어 풍한(風寒) 병을 얻었으나 어찌 낫지 않을 것을 염려하는가. 마침내 글을 올려 작위와 벼슬을 내놓고 고향에 묻히겠다고 하나 그렇게 하면 오히려 짐의 부덕함을 널리 알리게 된다. 지금 국사가 조금 적은 편이니 그대는 원기를 회복하기 위해 애쓰고 걱정은 놓아 버릴 것이며 의술과 약의 도움을 받아 신체를 보전하도록 하라.

황제가 공손홍에게 휴가를 주고 쇠고기와 술, 화려한 비단을 내려 주었다. 몇 달이 지나 병이 나은 뒤에 다시 조정에 나가서 일을 보았다.

공손홍은 모두 여섯 해 동안 승상과 어사대부로 있다가 여든 살에 승상 자리에서 세상을 떠났다. 공손홍의 뒤를 이어 이채(李蔡), 엄청적(嚴靑翟),[6] 조주(趙周), 석경(石慶), 공손하(公孫賀), 유굴리(劉屈氂)가 승상이 되었다. 이채 이후 인재를 모아들이지 않아 점점 쓸모가 없어지던 승상부의 객관은 석경 때에 폐허가 되었다. 그 뒤 공손하와 유굴리 때에 이르러서는 건물이 거의 무너져 마구간, 수레를 넣어 두는 곳간, 노비의 거처가 되었다. 〔공손홍의 뒤를 이어 승상이 된 인물 중에서〕 석경이 유일하게 후덕하고 근신하여 승상의 자리에 있으면서 세상을 떠난 두 번째 인물이 되었다. 그 밖의 인물은 모두 죄를 지어 주살되었다.

공손홍의 아들 공손도(公孫度)가 후위를 이었다.

공손홍이 산양(山陽) 태수로 열 몇 해를 있었다. 황제가 거야(鉅

野) 현령 사성(史成)을 공거에 불렀을 때 만류하며 보내지 않았다. 그 벌로 성을 쌓는 일에 네 해 동안 동원되었다.

〔평제(平帝)〕 원시(元始) 연간에 공신의 후대를 다시 봉하는 일로 조서를 내렸다.

한나라가 개국한 이래로 공손홍만큼 검약을 몸소 실천하고 재물을 가볍게 여기며 의(義)를 중하게 여겼던 중신이 없었다. 재상의 자리에 있을 때에도 베 이불을 덮고 껍질만 벗긴 곡식으로 밥을 지어 먹었으며 봉록을 털어 지인과 빈객을 먹여 살렸으므로 남은 것이 없었다. 제도에 정한 기준보다 낮추어 생활함으로써 아래로 세상의 백성이 후덕해지는 데 스스로 본보기가 되었으니 집 안에 재물을 가득 쌓아 놓고 밖으로는 청빈한 척하며 자신의 속셈을 숨겨 명예를 낚으려는 자들과는 아주 다른 부류의 대신이었다. 대저 덕망과 의가 높은 자를 표창하는 것은 세상 백성을 권면하는 본보기로 삼기 위함이니 이는 성군이 정한 법도였다. 그 법도를 따라 공손홍의 후대 자손 중 적손을 찾아내어 관내후에 봉하고 식읍 삼백호를 내린다.

흉노 정벌에 가산의 절반을 바친 복식

○　○　○

복식은 하남(河南) 사람으로 농사와 양을 기르며 살았다. 〔부모를 잃고) 어린 동생을 데리고 있다가 동생이 장성하자 복식이 분가해 나왔는데 자신은 양 백여 마리만 갖고, 밭과 집, 기타 재물은 모두 동생에게 주었다. 복식이 산으로 들어가 가축을 친 지 열 몇 해가 지났을 때 양이 천여 마리로 늘어나 밭과 집을 샀다. 그런데 동생이 받은 재산을 탕진할 때마다 자신의 가산을 동생에게 나눠 주었다.

그 무렵 한나라는 흉노 정벌에 힘을 쏟고 있었다. 복식이 글을 올려 변방 일을 돕는 데 자기가 가진 재산의 절반을 내놓겠다고 했다. 황제가 사람을 보내 복식에 물었다.

"벼슬을 받고 싶은가?"

복식이 말했다.

"저는 어려서부터 양을 길렀으므로 벼슬을 살기에는 아무것도 아는 것이 없으니 원하지 않습니다."

"집안의 억울한 일로 폐하께 말씀을 올릴 것이 있는가?"

"신이 이제껏 살면서 다른 사람과 다투어 본 적이 없는 데다 고을 사람 중에 가난한 자에게는 재물을 빌려주었고 선량하지 않은 사람은 교화했으므로 고을에 사는 사람이 모두 저 식을 따릅니다. 어찌 억울한 일이 있겠습니까?"

"그렇다면 그대는 무엇을 원하는가?"

"천자께서 흉노를 정벌하려고 하시는데 어리석은 제가 생각하기로 능력이 있는 자는 죽음으로써 절의를 높이는 것이 마땅하고 재물이 있는 자는 재물을 내놓는 것이 마땅합니다. 그렇게 해야 흉노를 멸할 수 있습니다."

사자가 돌아가서 황제에게 복식의 말을 전했다. 황제가 승상 공손홍에게 복식의 주장을 토론에 부치자 공손홍이 아뢰었다.

　"이는 인지상정에 맞지 않는 일입니다. 또한 신하가 취할 법도도 아니니 법도를 어지럽히는 자를 본보기로 삼을 수 없습니다. 부디 폐하께서는 윤허하지 마십시오."

　그리하여 황제가 대답을 내리지 않다가 몇 해가 지나서 돌아가게 해 주었다. 복식은 집에 돌아가 다시 농사를 짓고 양을 쳤다.

　한 해 남짓하여 〔흉노〕 혼야왕 등이 투항했을 때 각 현의 관아에서 엄청난 비용을 썼으므로 관아의 곡식 창고와 금고가 텅 비었다. 그 뒤에 빈민들이 엄청나게 몰려와 모두 관아에서 주는 먹을 것만 바라보고 있을 때 창고가 비어 그들에게 줄 것이 없었다. 복식이 다시 이십만 전을 하남 태수에게 내주어 고향을 떠나온 빈민을 먹이게 했다. 하남에서 부자들이 빈민을 도왔다는 보고가 올라왔을 때 황제가 복식의 이름이 들어 있는 것을 보고 말했다.

　"전에 가산 절반을 털어 변방을 돕고자 했던 바로 그자로구나."

　이에 복식에게 변방에서 수자리를 살던 사백 명을 내려 주었으나 복식은 그 모두를 관아에 반납했다. 그 무렵의 부호는 모두 다투어 자신의 재물을 감추었으나 복식만은 특이하게도 돈을 내어 나랏일을 돕고자 했다. 황제가 마침내 복식을 덕망 높은 장자로 여기고, 중랑에 임명한 뒤에 좌서장 작위와 밭 열 경(頃)을 내리고 천하에 포고하여 백성에게 복식이 그렇게 높고 귀한 지위를 얻은 사정을 알렸다. 그런데 복식이 중랑 벼슬을 받고 싶어 하지 않았으므로 황제가 말했다.

"내가 상림원에 양을 기르고 있으니 그대로 하여 그 양을 치게 하고 싶구나."

그리하여 복식이 중랑이 되었는데 베옷을 입고 짚신을 신은 채 양을 쳤다. 한 해 남짓하여 양이 모두 살쪘고 번식도 잘되었다. 황제가 양을 기르던 곳을 지나다가 그 광경을 보고 칭찬하자 복식이 말했다.

"양 치는 일뿐 아니라 백성을 다스리는 일도 마찬가지입니다. 때에 맞게 먹고 자게 하면서 악한 자가 생겼을 때 바로 제거해야 대다수를 망치지 않습니다."

황제가 그 말을 듣고 기이하게 여겨 복식에게 백성을 다스려 보게 하고자 했다. 그리하여 복식을 구씨(緱氏) 현령에 임명했는데 복식이 부임한 뒤에 구씨현이 잘 다스려졌다. 그 뒤에 성고 현령으로 옮겨서는 조운(漕運) 부문에서 최고 점수를 받았다. 황제가 복식을 정직하고도 충성스럽게 여겨 제왕(齊王)의 태부로 임명했다가 다시 상(相)으로 승진시켰다.

여가(呂嘉)가 반란을 일으켰을 때 복식이 황제에게 글을 올렸다.

신은, 주군이 부끄러움을 당하면 신하는 죽어야 한다고 들었습니다. 여러 신하는 마땅히 절의를 다해 죽어야 하고 능력이 떨어지는 자는 마땅히 재물을 내어 군대에 보탬이 되도록 해야 합니다. 이는 나라를 강하게 하여 침범을 받지 않는 방책입니다. 신은 아들과 더불어 임치(臨菑) 출신의 쇠뇌를 쏠 줄 아는 군사와 박창(博昌) 출신의 수전에 능한 군사와 함께 출동하여 죽을 각오로 싸우려 합니다. 부디 신하의 절의를 다하도록 윤허해 주십시오.

이에 황제가 복식을 덕이 높고 능력이 뛰어난 자라고 여기고
조서를 내렸다.

짐은 〔『논어』에서〕 "덕은 덕으로 갚고 원한은 공정한 태도로 갚
아야 한다."[7]라고 읽었다. 지금 불행하게 천하에 큰일이 발생했으
나 군현과 제후국에서 떨쳐 일어나 공정하게 원한을 갚아 주는 자
가 없다. 제나라 상은 행동이 바를 뿐 아니라 친히 밭을 갈며 양을
풀어 먹였는데 동생에게 재산을 나눠 주고도 다시 재산을 일구었
으니 이익을 위해 혹하지 않았다. 또 예전에 북쪽 변경 군대를 동
원했을 때 상소를 올려 조정을 돕겠다고 나섰으며, 서하 지방에 흉
년이 들었을 때 제나라 사람을 이끌고 곡식을 운송해 왔으며, 이번
에도 가장 먼저 떨쳐 일어났으니 아직 싸움에 나가지는 않았지만
내면의 의(義)가 드러나 보인다고 말할 만하다. 복식에게 관내후 작
위와 함께 황금 마흔 근과 밭 열 경을 내리니 천하에 포고하여 만
민이 이 사실을 명백히 알게 하라.

원정(元鼎) 연간에 복식을 불러들여 석경의 뒤를 이어 어사대
부에 임명했다. 복식은 어사대부로 있을 때 조정에서 소금과 철을
생산, 전매하고 운송 선박까지 무게로 치는 것에 대해 군현과 제
후국에서 불편하게 여기고 있으니 폐지하자고 주장했다. 황제가
그 주장을 듣고 복식에 대해 좋게 생각하지 않았다. 이듬해에 봉

선(封禪) 제사를 올릴 때 예악과 제도에 밝지 못한 복식이 태자태부로 강등되고 예관이 복식의 뒤를 이어 어사대부가 되었다.

복식은 천수를 누리다가 세상을 떠났다.

황제와 백성에게 사랑받은 예관

○   ○   ○

예관은 천승군(千乘郡) 사람이다.

고향에서 구양생(歐陽生)에게 『상서(尚書)』를 사사한 뒤에, 지방의 군(郡)과 제후국에서 인재를 추천하여 장안의 박사에게 보내 공부시키게 할 때 뽑혀 공안국(孔安國)을 스승으로 모시고 〔『상서』를〕 배웠다.

집이 가난하여 쓸 돈을 마련하지 못했으므로 늘 다른 학생들에게 밥을 지어 주었다. 또 땅을 빌려 농사를 지을 때에 늘 경서를 가지고 다니면서 밭을 갈았는데 쉬는 틈에는 언제나 경서를 읽고 외웠으니 공부에 바치는 정성이 그토록 대단했다. 사책(射策)에 응시하여 장고가 되었다가 공적을 세워 정위부의 문학졸사(文學卒史)가 되었다.

예관은 사람됨이 온순하고 선량했으며 청렴하고 자신을 지켜 낼 지혜가 있었다. 문장을 잘 지었으나 무공에는 약했고 말로 자신의 뜻을 분명하게 표현하지 못했다. 장탕(張湯)이 정위로 있을 때 정위부에서는 행정 문서를 작성하는 아전과 법률을 집행하는 옥리만 썼다. 예관은 유생으로 그중에 있으면서 그 일에 익숙하지 않은 면을 보인 탓에 직무를 받지 못하고 종사(從史)로 전보되어 북지(北地)에 가서 여러 해 동안 소와 양을 돌보았다. 정위부로 돌아와서 가축의 수효를 정리한 장부를 작성하여 올렸다. 그때 마침 정위가 상주문에서 어려운 문제를 풀지 못해 여러 번 퇴짜를 맞았는데 정위부 연사가 어찌할 바를 몰랐다. 예관이 그 상주문의 문제를 해결하는 방법을 일러 주자 연사가 아예 예관에게 상주문을 완성하도록 부탁했다. 상주문을 완성하여 그것을 읽자 모두가 감복하여 정위 장탕에게 보고했다. 장탕이 매우 놀라 예관을 불러 이야기해 보니 그 재능이 아주 뛰어났으므로 연(掾)으로 삼았다. 예관이 작성한 상주문을 올리자 황제가 즉시 윤허했다. 다른 날 장탕이 황제를 알현했을 때 황제가 물었다.

"전날 올린 상주문은 보통 아전이 쓴 것이 아니었다. 누가 상주문을 썼는가?"

예관이 썼다고 장탕이 아뢰자 황제가 말했다.

"내가 원래 예전부터 그 이름을 들었다."

그때부터 장탕도 학문을 숭상하게 되었다. 장탕이 예관을 주얼연(奏讞掾)[8]으로 삼았는데 예관이 옛 법에 따라 어려운 옥사를 제대로 판결했으므로 장탕이 예관을 매우 중용했다. 장탕이 어사대부가 되었을 때 예관을 연으로 발탁하여 어사대부의 시중을 들게 했다. 예관이 황제를 알현하여 경학에 대해 설명하자 황제가 예관을 좋아하게 되어 『상서』 중 한 편에 대해 물어보았다. 그리하여 예관을 중대부로 발탁했다가 좌내사로 옮기게 했다.

예관은 백성을 잘 다스렸다. 농업을 권장하고 형벌을 줄였으며 옥사를 제대로 처리하고 아랫사람에게 겸손하면서 민심을 얻기 위해 힘썼다. 또 인애롭고 관대한 인재를 골라서 쓰고 아랫사람에게 인정 있게 대하며 명성을 추구하지 않았으므로 하층 관민은 예관을 굳게 믿고 좋아했다. 예관이 상소를 올려 육보거(六輔渠)를 판 뒤에 물을 사용하는 원칙을 세우고 드넓은 밭에 물을 대게 했다. 조세를 거둘 때에는 수확한 양에 맞추어 액수를 정해 주었고 밭갈이로 바쁠 때에는 세금을 징수하지 않았으며 백성에게 곡식을 빌려주었으므로 창고에 조세를 받아 둔 것이 많지 않았다. 그 뒤에 군대를 출동시킬 일이 있을 때 좌내사가 부담한 조세 액수가 가장 적어 예관이 파면되었다. 백성이 예관의 파면 소식을 듣고 예관이 떠날까 두려워 부잣집에서는 소달구지에 싣고, 가난한 집에서는 사람이 스스로 메고 가서 조세를 바쳤는데 그 행렬이 끊이지 않고 이어져 마침내 조세 납부에서 최고 실적을 기록했다. 황제가 그 소식을 듣고 예관을 더욱 특별하게 여겼다.

순수와 봉선에 관한 일을 예전 법도를 따라 하기 위해 의논할 때 유생 쉰여 명을 불렀으나 아무것도 결정할 수 없었다. 그보다 먼저 사마상여가 병으로 세상을 떠날 때 황제의 공덕을 칭송하고 하늘이 내린 상서로운 징조에 대해 언급하면서 태산(泰山)에 단을 쌓고 하늘에 제사를 올리기에 충분하다는 유서를 남겼다. 황제가 그 글을 읽고 특별한 마음이 들어 예관에게 물어보자 예관이 이렇게 대답했다.

"폐하께서 친히 성덕을 발현하시고 만민을 잘 통솔하며 천지에 제사를 올리고 여러 신에게 예물을 올렸으니 신령이 흠향하고 반드시 징조를 내리시게 되어 있으므로 천지가 함께 감응하고 징조를 밝게 드러내 보인 것입니다.

태산에서 하늘에 제사를 올리고 양보(梁父)에서 땅에 제사를 드리며 황실의 성을 밝히고 상서로운 징조를 고해 올리는 일은 제왕의 성대한 의례입니다. 그러나 그 제사를 올리는 의례에 대해서는 경서에 남아 있는 바가 없습니다. 봉선 제사를 제대로 올리는 것은 천지신명을 모셔 오고 다시 돌아가게 하는 일이므로 성심을 다해 신명을 모셔 오기만 하면 되는 것이니 직책을 맡은 백관을 모두 불러 각각 마땅히 맡아야 할 일을 제도로 정하게 하면 됩니다. 그리하여 성상께서 보시고 마땅한 것을 골라 제정하셔야지 여러 신하가 열거한다고 될 일이 아닙니다. 이제 대사를 거행하려고 함에 있어 몇 해 동안 의례 때문에 의논해 왔지만 여러 신하가 각자 내놓은 의견이 달라 끝내 결정하지 못했습니다. 천자만이 중화(中和)의 바른길을 이룰 수 있으므로, 여러 갈래의 의견을 종합하여 금옥 같은 소리로 덕음을 전해 황제가 내린 경사스러운 징조에 순종하여 그 뜻대로 이루고 만대의 기틀을 세우게 될 것입니다."

황제가 그 말을 옳게 여기고 스스로 봉선 의식을 정했는데, 유술(儒術)을 채용하여 의례를 꾸몄다.

의례가 정해지고 봉선 제사를 거행하려고 할 때 예관을 어사대부로 삼았다. 황제를 따라 동쪽으로 가서 태산에서 단을 쌓고 하늘에 제사를 올린 뒤에 돌아와서 명당에 올라 의례를 거행했다. 예관이 황제에게 축수를 올렸다.

"신은 〔하, 은, 주〕 삼대가 각각 제도를 변경했지만 정치와 교화의 실체는 계속 이어져 왔다고 배웠습니다. 그사이에 성군의 위업이 단절되어 없어진 것을 폐하께서 분발하셔서 천지의 뜻에 순종하여 명당과 벽옹을 처음으로 세우시고 태일(泰一) 신의 사당에 제사를 받들며 육률(六律)과 오성(五聲)으로 성군의 뜻을 그윽하게 찬양하고 사방의 신(神)에 맞는 제례악을 울리며 성대한 제사를 봉행하여 만대에 남길 법도로 삼았으니 천하에 이보다 더 큰 행운이 없습니다.

태초(太初)로 연호를 바꾸었을 때 흰 기린과 보정(寶鼎)이 나타나 상서로운 징조를 보인 것을 대종(岱宗) 태산에 제사를 올려 고하고 하늘의 복을 받는 문을 열어 동지가 한 해의 첫날로 들었던 때가 다시 오기를 기나리게 뇌었습니다. 계해일(癸亥日)에 제사를 받들어 새로운 태양의 빛이 내리쬐는 다음 날이 한 해의 첫날이자 갑자일(甲子日)이 되어 엄숙하고도 순종하며 장구하게 복을 향유하게 되었으니, 사방에 광채가 충만하고 천문이 찬란하게 빛났으며 태양빛이 만물을 비춘 것은 성덕을 베푼 것에 보답하여 상서로운 징조로 감응한 것입니다.

이에 신 관이 술잔을 올리고 두 번 절하니 황상께서는 천세를 누리고 만세를 누리시기 바랍니다."

황제가 조서를 내려 대답했다.

"그대가 올린 잔을 엄숙하게 들겠다."

그 뒤에 태사령 사마천(司馬遷) 등이 말했다.

"역법이 맞지 않습니다. 한나라가 개국한 뒤로 정삭(正朔)을 아직도 바꾸지 않았으니 이제라도 마땅히 바로잡아야 합니다.”

이제 황제가 조서를 내려 예관과 사마천 등이 함께 한태초력(漢太初曆)을 정하도록 했다. 이에 관한 내용은 「율력지(律曆志)」에 있다.

그보다 먼저 오경에 능통했던 양나라의 상(相) 저대(褚大)를 박사로 삼았을 때 예관이 그 제자가 되었다. 그 뒤 어사대부 자리가 비었을 때 황제가 저대를 부르자 저대는 자신이 어사대부가 될 거라고 여기며 길을 떠났는데, 낙양(洛陽)에 이르러 예관이 어사대부가 되었다는 소리를 듣고 비웃었다. 저대가 황궁에 들어가 황제 앞에서 예관과 함께 봉선 의례를 의논했는데 자신이 예관에게 미치지 못함을 알고 스스로 물러났다. 저대는 예관이 자신보다 뛰어나다는 것을 기꺼이 인정했다.

“폐하께서 사람을 정말 잘 알아보셨습니다.”

예관이 어사대부로 있을 때에 황제의 뜻에 맞게 직분을 이행했으므로 오랫동안 황제의 잘못을 바로잡기 위해 간언하는 일이 없었으므로 관리들이 예관을 가볍게 보았다.

예관은 어사대부로 아홉 해[9] 동안 있다가 세상을 떠났다.

찬하여 말한다.

공손홍, 복식, 예관은 큰 날개로 하늘을 날아올라 한 번에 천리를 가는 새 홍(鴻)과 같은 능력을 지니고도 제비나 참새처럼 어렵게 살았다. 멀리 내팽개쳐져 양이나 돼지를 치며 살던 이들이 때를 잘 만나지 못했다면 어찌 그런 지위에 올랐겠는가!

그 무렵 한나라가 일어난 지 예순 해가 넘어, 나라 안이 안정되고 국고에 재물이 가득 찼으나 사이(四夷)가 미처 다 조공을 바치러 오지 않았고 제도와 법률도 모자라는 점이 많았다. 당시에 황제가 문무 양쪽에 위업을 일으키려고 하면서 인재를 구했으나 제대로 구하지 못했다. 처음에는 포륜거(蒲輪車)를 보내 매생(枚生)을 맞이해 왔고 주보언을 만나 본 뒤에는 〔늦게 만난 것을〕 탄식했다. 그리하여 인재들이 황제에게 발탁되기를 바랐으므로 비범한 인물이 많이 나왔다. 복식은 꼴을 베어 양을 치다가 발탁되었고 상홍양(桑弘羊)은[10] 장사꾼에서 발탁되었으며 위청(衛青)은 노복으로 있다가 분발하여 일어났고 금일제(金日磾)[11]는 흉노에서 투항하여 출사했으니 이 모두는 옛날 성을 쌓고 소를 먹이다가 발탁된 인물들과 같은 부류였다.

그런 까닭에 한나라는 아주 많은 인재를 얻었다. 유생과 문인으로는 공손홍, 동중서, 예관이 있고, 행실이 성실했던 인물로는 석건(石建)과 석경이 있으며, 정직하고 강직했던 인물로는 급암과 복식이 있고, 능력과 덕망이 있는 인물로 천거된 자로는 한안국(韓安國)과 정당시(鄭當時)가 있으며, 법령 제정에 뛰어난 인물로는 조우(趙禹)와 장탕이 있고, 글을 잘 지은 이로는 사마천과 사마상여가 있으며 화려하게 해학을 펼친 이로는 동방삭(東方朔)과 매고(枚皋)가 있고, 황제의 책문에 잘 대책한 인재로는 엄조(嚴助)와 주매신이 있으며 역법과 산술에 뛰어난 인물로는 당도(唐都)와 낙하굉(洛下閎)이 있고, 음률을 잘 다스린 음악가로 이연년(李延年)이 있으며, 재정과 지출을 운주해 낸 전문가로는 상홍양이 있고, 황제의 명을 받들어 출사했던 자로 장건(張騫)과 소무(蘇武)가 있으며, 군대를 이끌고 출전했던 장군으로는 위청과 곽거병(霍去病)이 있고, 어린 황제를 보호했던 인물로는 곽광(霍光)과 금일제가 있으며, 그 밖의 인재 또한 일일이 거론할 수 없도록 많았다. 그리하여 위대한 업적을 이루고 법령과 제도를 문서로 남겼으니 후대가 미칠 수 없는 공적이었다.

효선제(孝宣帝)가 황통을 계승한 뒤 성대한 위업을 다시 정리하여 이어 나가고 육경을 강론하게 했으며 걸출한 인재를 불러 모았으니, 소망지(蕭望之), 양구하(梁丘賀), 하후승(夏侯勝), 위현성(韋玄成), 엄팽조(嚴彭祖), 윤경시(尹更始)가 유학으로 나라를 다스리는 도리를 진언했고, 유향(劉向)과 왕보(王襃)는 문장으로 이름을 떨쳤으며, 장군과 승상으로는 장안세(張安世), 조충국(趙充國), 위상(魏相), 병길(丙吉), 우정국(于定國), 두연년(杜延年)이 있고, 백성을 잘 다스린 관리로는 황패(黃霸), 왕성(王成), 공수(龔遂), 정홍(鄭弘), 소신신(召信臣), 한연수(韓延壽), 윤옹귀(尹翁歸), 조광한(趙廣漢), 엄연년(嚴延年), 장창(張敞) 등이 있으니 이 모든 이의 뛰어난 공적을 글로 남겨 세상에 전하게 했다. 이때의 명신을 자리매김하자면 모두 한 무제 때의 명신에 미치지 못한다.

29

장탕전
張湯傳

장탕(張湯, ?~기원전 116년)은 무제의 뜻대로 판결했기 때문에 총애를 받았으나 적이 많아지면서 불행한 최후를 맞았다. 그 뒤 장탕의 후손들은 매사에 조심하며 주도면밀하게 행동했다. 그리하여 아들 장안세(張安世)와 손자 장연수(張延壽)가 이어서 실권을 잡았고 성제(成帝) 때의 장방(張放)과 광무제(光武帝) 때의 장순(張純)까지 집안 대대로 권력을 보전했다.

사마천은 장탕을 좋게 보지 않아 전기를 따로 세우지 않았을뿐더러 「혹리 열전(酷吏列傳)」에 "장탕이 죽은 뒤에 그를 기리는 사람이 없었다."라고 못을 박았다. 그러나 사마천이 죽은 뒤에 장탕의 후손들이 계속 중용되었으므로 반고는 「장탕전」을 따로 세우고 이 집안이 번성한 이유를 설명할 수밖에 없었다.

판결문을 써서 쥐를 벌한 신동 장탕

○ ○ ○

장탕은 두릉(杜陵) 사람이다.

어린 시절, 장안(長安) 현승(縣丞)으로 있던 아버지가 출타하여 집을 보는데 쥐가 고기를 물어 가고 말았다. 돌아와서 이 사실을 알게 된 아버지가 화를 내며 장탕을 매질했다. 장탕이 쥐구멍을 파고 연기를 피워 넣어 쥐를 잡고 남아 있던 고기를 가져왔다. 그리고 쥐의 죄상을 알린 뒤 때리면서 심문했다. 장탕이 대질 심문한 결과를 문서로 작성하여, 관아에서 심문하고 판결하듯 절차에 따라 보고하고 쥐와 고기를 증거로 제출한 뒤에 완성된 판결문에 따라 집채 아래에서 쥐를 찢어 죽였다. 그 광경을 지켜보던 아버지는 어린 장탕이 노련한 옥리처럼 문구를 잘 작성한 것에 크게 놀랐다. 그래서 율령에 따라 판결문 작성하는 법을 배우게 했다.

아버지가 세상을 떠난 뒤에 장탕은 장안현의 아전이 되었다. 주양후(周陽侯) 전승(田勝)이 높은 벼슬에 있으면서 죄를 지어 장안현 옥에 갇혔을 때 장탕이 온 힘을 기울여 주양후의 일을 봐주었다. 전승이 출옥한 뒤에 주양후에 봉해지고 나서 장탕과 아주 친하게 지내며 조정의 중신을 두루 만나게 해 주었다. 장탕은 내사부에서 일하면서 영성(甯成)의 연이 되었다. 영성이 보기에 장탕의 실력이 누구보다 뛰어났으므로 승상부에 말을 넣어 조성 중이던 무제의 무릉(茂陵) 위(尉)로 옮겨 능의 묘혈을 조성할 때 감독하게 했다.

무안후(武安侯) 전분(田蚡)이 승상이 되었을 때 장탕을 불러 사(史)로 삼았다가 황제에게 추천하여 시어사(侍御史)로 옮기게 했다. 장탕이 진(陳) 황후의 무고(巫蠱) 사건을 심문하면서 깊이 파헤쳐 그 일당을 찾아냈으므로 황제가 장탕의 능력이 뛰어나다 여기고 태중대부 자리로 옮겨 주었다. 장탕이 조우와 함께 여러 율령을 제정하고 세밀하게 조문을 작성하여 현직 관리가 엄격하게 직분을 행하게 했다. 그로부터 얼마 뒤에 조우는 소부로 승진하고 장탕은 정위가 되었다. 두 사람은 서로 친하게 지냈는데 장탕이 조우를 형으로 섬겼다.

조우가 공사를 행할 때 누구의 도움도 받으려고 하지 않았던 것과 달리 장탕은 머리를 써서 다른 사람을 부렸다. 아전으로 출발한 뒤에 겉으로 우러러보는 척하면서 장안의 부자 상인인 전갑(田甲), 어옹숙(魚翁叔) 등과 개인적으로 친하게 지냈다. 그 뒤에 구경의 반열에 올랐을 때에는 천하의 명망 높은 인사와 관리를 초대하여 대접했는데 비록 속으로는 뜻이 맞지 않더라도 겉으로 도의를 다해 교분을 쌓았다.

그 무렵 황제가 유학에 뜻을 두고 있었으므로 장탕은 큰 옥사를 처리할 때마다 옛 성군의 가르침을 따르고자 했다. 박사와 그 제자를 초빙하여 『상서』와 『춘추』에 비슷한 예가 있는지 고찰하게 하고 정위부에 사(史)를 보강하여 해석하기 어려운 율령 조문을 찾아내 박사의 해석을 들었다. 풀기 어려운 사안을 처리하기 위해 황제에게 상주할 때에는 반드시 황제가 옳다고 여기는 쪽으로 사안을 해결할 수 있도록 여러 방면에서 근거가 되는 법령을 찾아내고, 정위로 하여금 소송의 요강을 작성하게 했으니 그렇게 하여 주군의 영명함을 널리 알렸다.

어떤 사안의 처리를 위해 상주했을 때 황제가 잘못을 견책하면 장탕이 굴종하고 사죄하며 황제의 뜻에 따르겠다고 한 뒤에 반드시 자신의 아래에 있는 정감(正監), 연, 사 중에 인재를 거론하며 말했다.

"그들이 원래 신에게 폐하께서 신을 견책하시며 고쳐 주신 대로 처리하기를 건의했지만 신이 그 말을 듣지 않았으니 신이 어리석어 일이 이 지경에 이르렀습니다."

이렇게 하여 장탕은 늘 죄를 용서받았다. 조정 회의가 아닌 자리에서 사안 처리를 위해 상주했을 때 황제가 그 내용을 칭찬하면 장탕은 이렇게 말했다.

"신은 이렇게 상주문을 올릴 줄 모르니 감, 연, 사 중 누군가 작성한 것입니다."

권세가에게는 엄격하게, 약한 백성에게는 후하게

장탕은 아전을 천거할 때 남의 장점을 널리 알리고 허물은 감춰 주려고 했다. 처리할 사안에 황제가 죄를 묻고자 하는 기색이 보이면 그 사안을 잔혹한 감사(監史)[1]에게 맡겼고, 황제가 죄를 용서하려는 기색이 보이면 관대하고도 공평하게 처리하는 감과 사에게 맡겼다. 다스릴 사안의 주인공이 권세를 부리던 자라면 반드시 법령 조문을 교묘히 적용하여 비방했고, 빈곤하고 의지할 데 없는 백성이라면 그때마다 황제에게 "비록 법령에 따라 판결했지만 폐하께서 다시 사안을 살펴 주십시오."라고 말하여 왕왕 풀어 주게 했다. 장탕은 높은 자리에 있었지만 스스로 수행에 힘썼고 빈객과 술을 마시고 밥을 먹으며 교류했으며 옛 친구의 자제로 아전이 된 자와 그의 가난한 형제를 아주 후하게 대하고 도와주었다. 또 추위와 더위를 가리지 않고 삼공의 지위에 있던 여러 대신을 찾아 문안을 올렸다. 장탕이 그처럼 뛰어난 명성을 얻은 것은 이처럼 법령을 엄밀하게 적용하는 것처럼 보이면서도 실은 일률적으로 적용하지 않았기 때문이다. 장탕은 잔혹하게 판결하는 옥리도 아랫사람으로 많이 두었으나 유학을 공부한 선비에게 의지하기도 했다. 공손홍은 여러 차례 장탕을 뛰어나다고 칭찬했다.

회남국(淮南國)과 형산국(衡山國), 강도국(江都國)의 반란을 다스리는 옥사를 진행할 때는 철저하게 심문하여 그 밑바닥까지 다 캐냈고, 황제가 엄조(嚴助)와 오피(伍被)를 풀어 주려고 하자 이에 반대했다.

"오피는 모반에 원래부터 참여한 자이고, 엄조는 폐하의 총애를 받으며 황궁 문을 자유로이 출입했던 심복 신하였음에도 사사로이 제후와 교류했으니 이자들을 주살하지 않으면 뒤에 다른 사안을 다스릴 수 없습니다."

그리하여 황제가 장탕이 올린 대로 그들을 처결하게 했다. 장탕은 자신이 다스린 사안으로 교묘하게 대신을 제거하면서 이를 공으로 여겼으니 그런 일이 많았다. 그리하여 날이 갈수록 황상의 신임을 얻은 끝에 어사대부로 승진했다.

혼야왕 등이 한나라에 투항해 올 무렵, 조정에서는 대군을 일으켜 흉노를 정벌하고 있었고 효산 동쪽에서 홍수와 가뭄 때문에 유랑해 온 빈민들이 각지의 현 관아에서 공급하는 물자에 매달리고 있었으니 현 관아의 창고가 텅 비게 되었다. 장탕이 당시 황제의 뜻을 받들어 은전과 동전 오수전(五銖錢)을 주조할 것과 천하의 소금과 철을 조정에서 생산, 전매할 것을 주장하여 부유한 거상에게 타격을 입혔다. 한편으로 고민령(告緡令)[2]을 포고하게 하여 권세를 부리며 백성의 땅을 겸병하던 자들을 제거했다. 이 과정에서 법령을 교묘하게 적용하여 그들을 비방함으로써 법적으로 처리하는 데 도움을 주었다.

장탕이 조회 때 나라의 재정에 관한 일을 보고할 때에는 저녁 늦도록 끝나지 않아 황제가 밥을 먹을 새도 없었다. 당시 승상은 자리만 채우고 있을 때라 천하의 모든 일을 장탕이 결재했다. 그때 백성은 생업을 안락하게 이어 가지 못했고, 변경에서는 난리가 일어났으며, 현 관아에서 일으킨 사업은 이윤을 얻지 못하고, 탐관오리들이 불법으로 이익을 챙기고 있었다. 장탕이 해당자의 죄를 통렬하게 제재했으므로 공경부터 서인(庶人)에 이르기까지 모두 장탕을 지목하여 원망했다. (반면에) 장탕이 병이 났을 때, 친히 그 집까지 장탕을 보러 갔을 만큼 황제는 장탕을 총애했다.

흉노가 화친을 요구했을 때 황제 앞에서 여러 신하가 상의했다. 박사 적산(狄山)이 아뢰었다.

"화친하는 쪽이 더 낫습니다."

황제가 나은 점이 무엇이냐고 묻자 적산이 대답했다.

"무기는 흉기이므로 함부로 자주 사용할 수 없습니다. 고황제께서 흉노를 정벌하려고 하셨을 때 평성(平城)에서 대군이 포위를 당해 결국 화친의 결의를 맺으셨으니 덕분에 효혜제와 여 태후 시절에는 천하가 안락했습니다. 이어서 문제 때에 흉노를 정벌하려고 했으므로 북쪽 변경에서 어지럽게 싸우느라 백성이 괴롭게 전쟁에 동원되었습니다. 효경제 때에는 오초(吳楚) 칠국의 반란이 일어나 경제께서 태후께서 계시던 동궁(東宮)까지 가서 대책을 논의하셨으니 천하가 여러 달 동안 병란의 고통에 시달려야 했습니다. 오초의 반란을 평정한 뒤에 경제께서 전쟁을 일으키겠다는 말씀을 한 번도 꺼내지 않았으므로 천하가 부유하게 되었습니다. 이제부터 폐하께서 군대를 출동시켜 흉노를 공격하시면 중원의 국고는 텅 비고 변방의 백성은 크게 곤궁해지게 됩니다. 이런 점으로 볼 때 전쟁은 화친하는 것만 같지 못합니다."

황제가 장탕에게 묻자 장탕이 아뢰었다.

"저 우매한 유생이 잘 모르고 하는 소리입니다."

적산이 대꾸했다.

"신이 우매하게 충성을 바치는 것은 사실입니다. 그러나 어사대부 장탕은 거짓으로 충성을 바치는 척하고 있습니다. 장탕은 회남왕과 강도왕의 사안을 심문할 때 법령을 너무 엄격하게 따져 제후를 통렬히 비방했고 폐하를 골육과 멀어지게 하여 각 제후국을 불안에 떨게 했으니 신은 장탕이 사실은 거짓으로 충성을 바치는 줄로 압니다."

그 말을 들은 황제가 노한 기색으로 말했다.

"내가 그대에게 한 개 군을 다스리게 할 것이니 적이 변경을 넘어와 노략질하지 않도록 할 수 있겠는가?"

적산이 답했다.

"불가능합니다."

"현 하나를 다스리게 한다면?"

"불가능합니다."

황제가 또다시 물었다.

"요새 한 군데를 맡긴다면?"

적산이 궁색하게 변명하다가는 옥리에게 넘겨질 성싶어 말했다.

"할 수 있습니다."

그리하여 적산을 요새로 올려보내 지키게 했다. 달포가 지난 뒤에 흉노가 적산의 머리를 베어 돌아갔다. 그 사실을 안 여러 신하가 놀라며 두려워했다.

장탕의 빈객 전갑은 상인이었지만 덕행이 높은 사람으로 장탕이 아전으로 있을 때부터 돈을 주며 사귀던 사이였다. 전갑은 장탕이 대신이 된 뒤에도 장탕의 행실이 도의에 어긋날 때에는 책망했으니 뜻을 높게 둔 선비의 풍모를 보였다.

장탕은 어사대부가 된 지 일곱 해 만에 자리에서 내려왔다.

모함을 당하여 아깝게 목숨을 끊다

○　○　○

하동(河東) 사람 이문(李文)이 장탕과 서로 맞지 않아 틈이 있었는데 뒤에 어사중승(御史中丞)이 되었다. 이문이 황궁 문서 중에서 장탕을 다치게 할 부분을 찾아 사정을 두지 않고 여러 차례 올렸다.

장탕이 아끼던 사(史) 중에 노알거(魯謁居)라는 자가 장탕이 이문 때문에 불평하는 것을 듣고 사람을 시켜 이문의 악행을 고발하는 비변(飛變)[3]을 올리게 했다. 황제가 장탕에게 내려보내 그 사안을 조사하게 하자 장탕이 이문을 심문하고 사형에 처했다. 장탕은 그 일이 노알거가 자신을 위해 한 짓이라는 것을 알면서도, 황제가 "변사(變事)의 단서는 어떻게 찾았는가?"라고 묻자 아무것도 모른다는 듯이 놀라며 "그것은 아마도 이문의 친구가 원망하여 제보한 듯합니다."라고 답했다. 그 뒤에 노알거가 병이 들어 시골에 있는 주인에게 빌린 집에 누워 있을 때 장탕이 친히 병문안을 가서 노알거의 발을 주물러 주었다.

한편 조(趙)나라 왕이 쇠를 주조하면서 여러 차례 철관(鐵官) 일로 소송했는데[4] 그때마다 장탕이 조왕에게 타격을 입혔다. 그리하여 조왕이 장탕의 비밀을 찾게 했다. 일찍이 노알거 또한 조왕을 고발한 적이 있어 미워하고 있었으므로 상소문을 올려 두 사람을 고발했다.

탕(湯)은 대신이면서 사(史) 알거가 병이 나자 직접 가서 발을 주

물러 주었으니 알거와 더불어 대역무도한 일을 꾸미고 있는 것이 아닌가 의심됩니다.

그러자 황제가 정위에게 사안을 처리하게 했다. 뒤에 노알거가 병으로 죽었으므로 사안을 그 동생에게 연루시켜 동생을 도관(導官)에 가두었다. 장탕이 다른 수감자를 심문하러 도관에 왔다가 노알거의 동생을 보고 몰래 도와주려 했으나 겉으로는 모르는 체 했다. 노알거의 동생이 그것을 알아차리지 못하고 장탕을 원망했다. 그 동생이 사람을 시켜 장탕과 노알거가 모의하여 함께 이문을 밀고했다고 고발하는 글을 올리게 했다. 황제가 그 사안을 감선(減宣)에게 처리하게 했다. 감선은 일찍부터 장탕과 사이가 좋지 않았으므로 그 일을 맡은 뒤에 철저히 사안을 규명해 놓고 상주하지는 않은 차였다.

그때 마침 어떤 자가 효문제의 능에 부장했던 돈을 도굴한 사건이 일어났다. 승상 청적(靑翟)이 조회에 나가면서 장탕과 함께 죄를 빌기로 약속했다. 황제 앞에 이르렀을 때 장탕이 사시사철 때에 맞추어 능원을 돌아보는 것은 승상의 책무에 속하므로 승상만 죄를 빌면 된다며, 자신과는 상관없는 일로 여기고 죄를 빌지 않았다. 승상이 사죄하자 황제가 어사에게 그 사안을 심문하게 했다. 장탕은 법령 조문을 적용하면서 승상이 그 일을 알고도 내버려 둔 것으로 몰아갔다. 그러자 승상은 자신을 해치려 하는 장탕 때문에 근심에 빠졌다.

그런데 승상부의 장사 세 사람도 모두 장탕을 미워하면서 장탕을 음해하려 했다. 장사 주매신은 〔장탕이 자신을 천거해 준 엄조를 주살하게 한 일 때문에〕 애초부터 장탕을 원망했는데 이 이야기는 「주매신전」에 써 두었다.

장사 왕조(王朝)는 제나라 사람으로 유학으로 나라를 다스리는 도를 잘 설명하여 우내사까지 이르렀다. 변통(邊通)은 단장술(短長術)을 배운 자로 성질이 강곽하고 사나웠으며 제남국(濟南國)의 상(相)까지 지냈다. 이 세 장사는 예전에 모두 장탕의 윗자리에 있다가 뒤에 관직을 잃고 승상부의 임시직 장사[5]로 있으면서 겉으로만 장탕에게 절을 올리는 체하고 있었다. 장탕이 여러 차례 승상의 일을 대신 보면서 이들이 평소에 교만하게 군다는 것을 알았으므로 늘 그 세 사람을 모욕했다. 그러자 그들이 승상에게 가서 모의했다.

"애초에 장탕이 승상과 함께 죄를 빌기로 해 놓고 뒤에 가서 승상을 배신하고는 이제 와서 종묘의 일로 승상을 탄핵하려 하니 지금이야말로 승상을 대신해서 나설 때입니다. 우리가 장탕이 몰래 저지른 악행을 알고 있습니다."

그리하여 옥리를 보내 장탕의 주변 인물인 전신(田信) 등을 잡아 와 심문하고는 "장탕이 황제에게 주청할 때 전신이 언제나 그 내용을 먼저 알아 해당 물자를 사재어 치부한 뒤에 장탕과 나눠 가졌으며, 그 밖에도 다른 악행을 저질렀다."라고 발표했다. 이 사건에 관련된 여러 가지 말이 황제의 귀에 들리자 황제가 장탕에게 물었다.

"내가 뭔가를 하려고 하면 상인이 언제나 먼저 알고 그 물자를 사잰 뒤에 돈을 벌었다고 하니 내가 그와 같은 일을 하려고 한다는 것을 그자들에게 일러 주는 이가 있는 모양이오."

장탕이 바로 죄를 빌지 않고 또 아무것도 모른다는 듯 놀라며 말했다.

"그런 일이 있었습니까?"

그때 감선도 노알거 사안의 처리 결과를 올렸다. 황제는 장탕이 속이 간사하여 황제 앞에서 거짓말을 했다 여기고 여덟 차례나 사람을 보내 그동안 심문했던 기록의 내용을 하나하나 질타하게 했다. 장탕은 그런 일이 없었다며 모든 것을 부정하고 불복했다. 그리하여 황제가 조우를 보내 장탕을 꾸짖게 했다. 조우가 가서 장탕을 책망했다.

"그대는 어찌 그리 경중을 가릴 줄 모르오! 그대의 판결로 멸족된 사람이 얼마인 줄이나 아시오! 사람들이 그대의 모든 죄상을 고발해 올린 지금 천자께서 그대를 옥에 가두기가 난처하여 그대로 하여금 스스로 결단을 내리게 하셨소. 무슨 대꾸가 그리 많은 것이오?"

이에 장탕이 황제에게 글을 올려 죄를 빌었다.

탕이 도필리에서 출발하여 아무런 공을 세우지 못했음에도 폐하께서 은총을 내리셔서 삼공의 자리까지 이르게 되었으나 마땅히 다해야 할 책임을 다하지 못했습니다. 그러나 이번 일은 세 명의 장사가 탕을 모함한 것입니다.

그러고는 스스로 목숨을 끊었다. 장탕이 죽은 뒤에 집 안에는 재산이 금으로 쳐서 오백 근[6]어치도 남아 있지 않았으니 모두 봉록으로 받거나 상으로 받은 것이었고 다른 재물은 없었다. 장탕의 형제와 여러 아들이 장탕의 장례를 성대하게 치르려고 하자 장탕의 모친이 말렸다.

"탕이 천자의 대신이 되어 참소를 당해 죽었으니 어떻게 후장(厚葬)을 치르겠느냐!"

시신을 소달구지에 실어 나르되 관만 마련하고 곽(槨)은 없이 장사 지냈다. 황제가 그 소식을 전해 듣고 말했다.

"그런 어머니가 아니면 그런 아들을 낳을 수 없을 것이야."

그리하여 다시 진상을 파헤쳐 세 명의 장사를 주살하니, 승상 칭적은 스스로 목숨을 끊었다. 한편 전신은 석방되었다. 황제가 장탕의 죽음을 애석히 여겨 장탕의 아들 장안세를 계속해서 승진시켰다.

선제 옹립에 공을 세운 장안세

장안세의 자는 자유(子孺)로 아버지 장탕 덕에 젊어서 낭관이 되었다. 글을 잘 지어 상서 밑에서 일했는데 있는 힘을 다해 직무에 임하며 목욕 휴가도 나가지 않았다.

황제가 하동(河東)에 순행을 갔을 때 서적 세 상자를 잃어버린 일이 있었다. 황제가 그 내용을 아는 사람이 없느냐고 물었을 때 장안세만이 기억하여 모두 적어 올림으로써 그 일을 잘 마무리했다. 그 뒤에 잃어버린 책을 사들여 장안세가 적어 올렸던 내용과 대조해 보니 한 자도 빠진 데가 없었다. 황제가 장안세의 재주를 특별히 여겨 상서령(尚書令)으로 발탁했다가 광록대부로 승진시켰다.

소제가 즉위한 뒤 대장군 곽광이 정권을 잡았다. 장안세가 착실하게 일했으므로 곽광이 장안세를 중용했다. 그 무렵 좌장군 상관걸(上官桀) 부자와 어사대부 상홍양이 연왕 유단(劉旦) 및 갑(蓋)장공주와 함께 모반하여 주살되었다. 조정에 무제 때에 봉직했던 신하가 남아 있지 않으므로 곽광이 황제에게 장안세를 우장군 광록훈으로 삼겠다고 말씀을 올린 뒤에 자신을 보좌하게 했다. 그로부터 한참 지난 뒤에 황제가 조서를 내려 말했다.

우장군 광록훈 안세는 정사를 도우면서 숙위할 때 엄숙하고도 공경하는 태도를 늦추지 않았으니 열세 해 동안 늘 강녕했다. 대저 친족에게 깊은 정을 베풀고 인재를 중용하는 것은 요임금과 순임금이 나라를 다스리던 도리였으니, 이에 따라 안세를 부평후(富平侯)에 봉한다.

이듬해에 소제가 붕어했다. 장례를 치르기 전에 대장군 곽광이 태후에게 말씀을 올려 장안세를 거기장군 자리로 옮기게 했다. 곽광이 장안세와 함께 창읍왕(昌邑王)을 추대했지만 왕의 도덕이 문란했으므로 곽광이 다시 장안세와 의논하여 왕을 폐위하고 선제

(宣帝)를 옹립했다. 선제가 즉위하자마자 대신을 표창하고 상을 내리는 조서를 내렸다.

대저 덕망이 높은 사람을 표창하고 공을 세운 자에게 상을 내리는 것은 고금에 두루 통하는 도리이다. 거기장군 광록훈 부평후 안세는 충성스럽고도 정직하게 숙위했고 황실의 덕과 은혜를 널리 밝게 알렸으며 나라를 위해 힘들게 일하고 의로써 직분을 행함으로써 종묘를 안정되게 했다. 이에 일만 육백 호를 더해 봉하니 안세의 공이 대장군 광(光)의 다음으로 높다.

장안세의 아들 장천추(張千秋)와 장연수(張延壽), 장팽조(張彭祖)는 모두 중낭상 시숭이 되었다.

대장군 곽광이 죽은 뒤 몇 달이 지났을 때 어사대부 위상(魏相)이 밀봉한 상소를 올렸다.

성군은 덕이 있는 자를 표창하여 만방에서 인재를 불러 모으고 공이 있는 자를 높은 자리에 올려 백관의 모범이 되게 하면서 조정의 존영을 도모하고 천하 만민이 귀부하게 했습니다. 폐하께서 이제 조종의 위업을 계승하셨으므로 제후가 군대를 출동시키는 것을 제압해야 합니다. 그런데 이제 막 대장군을 잃었으니 마땅히 폐하의 성덕을 널리 알려 천하 만민이 알게 하고 공신을 높은 자리에 올려 제후의 번국을 눌러야 합니다. 조정의 대신 자리를 비워 두지 않아야 권력 다툼을 막을 수 있으니, 변고의 싹이 돋지 않았을 때 그 싹을 자름으로써 사직의 안녕을 기할 수 있습니다. 거기장군 안세는 효무제를 서른 몇 해 동안이나 섬길 때 충성스럽고도 믿음직스러웠고 신중하고도 착실했으며, 정사를 힘들게 돌볼 때 아침부터 저녁까지 느슨하게 일한 적이 없습니다. 또한 대장군과 함께 폐하를 옹립하여 천하가 폐하의 복을 누리게 한 나라의 중신이니 마땅히 높은 자리에 올려야 합니다. 대장군으로 삼되 광록훈은 겸하지 말도록 하여 안세로 하여금 천하의 일을 걱정하며 나라를 제대로 다스리는 일만 정신을 집중하게 하십시오. 안세의 아들 연수가 인품이 중후하므로 광록훈으로 삼는다면 숙위하는 신하를 이끌 수 있을 것입니다.

황제도 장안세 부자를 기용하려고 했다. 장안세가 그 소식을 듣고 감당할 수 없다고 걱정하며 틈을 보아 황제를 알현했다. 그리고 관을 벗고 돈수(頓首)하여 청했다.

"노신이 터무니없는 소문을 들었습니다. 일이 이루어지기 전에 먼저 소문이 돌고 있으니 제가 말씀을 올리지 않으면 일이 제대로 되지 못할 듯합니다. 대장군의 뒤를 이어 그 높은 자리에 오르기에는 진실로 신의 재주가 부족합니다. 폐하께서 살펴 주시고 불쌍히 여기시어 노신의 명을 보전하도록 해 주십시오."

황제가 웃으며 말했다.

"그대의 말이 너무 겸손하오. 그대가 못 하면 누가 할 수 있단 말이오!"

장안세가 한사코 사양했으나 황제가 그 말을 듣지 않았다. 며칠 뒤에 대사마 거기장군에 임명하고 상서 일을 통솔하게 했다. 다시 몇 달이 지나 거기장군으로 수도를 지키는 일을 그만두게 하고 위장군으로 자리를 옮겨 장락궁과 미앙궁의 위위와 성문을 지키는 군대와 북군을 거느리게 했다. 그때 곽광의 아들 곽우(霍禹)가 우장군(右將軍)으로 있었는데 황제가 곽우로 하여금 군대를 거느리는 것을 그만두게 하고 대사마에 올렸다. 이는 사실 자리만 높이고 거느린 부대를 빼앗은 것이었다. 한 해 남짓하여 곽우가 모반하자 일족을 멸했다. 장안세가 자신의 집안도 멸족을 당할까 계속해서 근심했다. 장안세의 손녀 장경(張敬)이 곽씨 외가의 며느리였으므로 분명히 곽우의 일에 연루되리라 여겼으니 그러한 근심이 장안세의 초췌한 모습과 두려워하는 낯빛에 다 나타났다. 황제가 의아하고 안타까운 마음에 주위에 사정을 물어보고 장경을 풀어주면서 장안세의 마음을 달래자 장안세가 더욱 황공해했다.

장안세는 대장군의 뒤를 이어 국가 대사를 주관하되, 신중하고 주도면밀하게 일하는 모습을 보이면서 조정 대신들에게나 황제 주변에 틈을 보이지 않았다. 나라의 대사를 결정할 때마다 결정을 내린 뒤에 바로 병가를 내고 집으로 돌아갔다. 뒤에 자신이 결정한 일에 관해 황제의 조서가 내렸다는 보고를 받으면 몰랐던 일인 양 놀라면서 아전을 승상부로 보내 어떻게 된 일인지 연유를 알아보게 했다. 장안세의 이런 행동 때문에 조정 대신들은 장안세가 그 일에 참예하고 계획하여 결정한 사정을 알지 못했다.

일찍이 〔장안세가〕 사람을 천거한 적이 있었다. 그 사람이 감사 인사를 하러 오자 장안세가 몹시 싫어하며 "인재를 천거하여 관직에 오르게 한 것을 두고 어찌 사사로이 감사 인사를 할 수 있단 말인가?"라고 하고 더는 그 사람을 만나지 않았다. 한번은 어떤 낭관이 자신의 공이 높은데도 승진되지 못했다며 불평하자 장안세가 응대했다.

"그대의 공이 높은 것은 영명하신 주상께서 알고 계시네. 신하가 직무를 수행하면서 어떻게 자기 공이 높으니 낮으니 떠든단 말인가!"

낭관의 불평을 막았지만 결국은 그 낭관을 승진시켜 주었다. 막부의 장사(長史)가 다른 자리로 옮겨 가게 되어 사직하러 왔을 때 장안세가 자신이 과실을 저지른 적이 있는지 물었다. 이에 장사가 대답했다.

"장군께서는 영명한 주군의 대신이시면서도 인재를 승진시켜 주시지 않으니 말하기 좋아하는 자들이 뭐라고들 합니다."

장안세가 말했다.

"위로 영명한 주군이 계셔서 능력이 있는 자와 불초한 자를 분명하게 가리고 계시오. 신하는 자기 자신을 수양할 뿐이지 어찌 선비를 알아보고 추천하겠소?"

장안세가 〔자신이 승진을 시켜 주고도〕 이름을 숨기고 권세를 멀리함이 이와 같았다.

광록훈으로 있을 때 어떤 낭관이 술에 취해 궁전 건물 안에다 소변을 보았다. 그 일을 조사한 관원이 법에 따라 처리하겠다고 말하자 장안세가 말했다.

"무슨 물이 쏟아진 것인지도 모르지 않는가? 어찌 그런 작은 일을 죄로 다스릴 수 있겠나!"

낭관이 관비를 간음하여 관비의 오빠가 사정을 말하자 장안세가 말했다.

"노비가 화가 난다 하여 관리를 무고하다니."

그러고는 관아에 알려 그 노비를 벌하게 했다. 장안세가 아랫사람의 잘못을 숨겨 줌이 모두 이런 식이었다.

장안세가 스스로 부자간에 황제의 신임을 받아 너무 존귀한 대우를 받고 있다고 여기고 속으로 불안해했다. 황제에게 아들을 지방관으로 보내 달라고 청하자 황제가 장연수를 북지 태수로 보냈다. 한 해 남짓하여 장안세가 연로한 것을 가엾게 여긴 황제가 장연수를 다시 불러들여 좌조 태복으로 삼았다.

보답받지 못할 은혜란 없다

○　○　○

그보다 먼저 장안세의 형 장하(張賀)가 위(衛) 태자[7]의 총애를 받았다. 태자의 병변이 실패하고 태자의 빈객이 모두 주살되자 장안세가 황제에게 장하를 살려 달라고 글을 올렸다. 장하는 잠실에 갇혀 궁형을 받은 뒤에 역정령(掖庭令)[8]이 되었다. 황증손(皇曾孫)[9]이었던 선제는 어려서 역정에서 자랐다. 위 태자가 무고하다고 여기며 속이 상했던 장하가 홀로 살아남은 어린 황증손에게 온정을 깊이 베풀며 돌보아 길렀다. 황증손이 자란 뒤에 장하가 글을 가르치고 『시』를 전수했으며 자신의 재물을 들여 정혼 예물을 보내고 허비(許妃)와 혼인하게 했다.

황증손에게 여러 차례 특이한 징조가 보였는데 그에 대해서는 「선제기(宣帝紀)」에 적어 두었다.

장하가 황증손에게 일어난 일을 전해 듣고 장안세에게 그 이야기를 들려주며 황증손이 아주 훌륭하다고 칭찬했다. 그러자 장안세가 〔황증손의 작은할아버지인〕 어린 소제가 황제의 자리에 있으니 황증손을 칭찬하는 말을 하는 것은 마땅치 않다며 곧바로 만류했다.

뒤에 선제가 즉위했을 때 장하가 세상을 떠났다. 그때 선제가 장안세에게 일렀다.

"역정령께서 평소 나를 칭찬할 때마다 장군께서 말리셨지요. 장군이 옳았습니다."

황제가 장하의 은혜를 돌이켜 생각하며 죽은 장하에게 은덕후(恩德侯)를 추봉하고 묘지기 이백 호를 두게 했다. 장하에게 아들이 하나 있었는데 일찍 죽어 후사가 없었으므로 장안세의 막내아들 장팽조를 양자로 삼게 했다.

장팽조가 어릴 때 황제와 함께 앉아 글공부했던 연유로 황제가 후위를 봉하려고 했다. 그래서 먼저 관내후 작위를 내렸다. 그러자 장안세가 한사코 말리며 묘지기의 호수도 삼십 호로 줄여 달라고 청했다.

황제가 말했다.

"내가 역정령을 봉하려고 하는 것이지 장군을 봉하려는 것이 아니오."

그러자 장안세가 말을 그치고 다시 꺼낼 엄두를 내지 못했다. 뒤에 황제가 조서를 내렸다.

고 역정령 장하의 묘지기로 삼십 호를 두도록 하라.

황제가 친히 장하의 고향 마을에 가서 안장시켰는데, 분묘를 마을 서쪽에 있는 투계옹(鬪雞翁) 집의 남쪽에 썼다. 그곳은 황제가 어린 시절에 놀던 곳이었다. 이듬해에 황제가 다시 조서를 내렸다.

짐이 미천하던 시절에 역정령 장하가 짐의 모든 것을 돌보고 이끌어 주었으며 유학 경술을 가르쳐 주었으니 덕이 특별히 남달라 그 공이 아주 크다고 하겠다. 『시』에 "응답을 듣지 못할 말이 없고, 보답받지 못할 은혜가 없다."라고 했다. 이제 하의 아들 시중 관내후 팽조를 양도후(陽都侯)에 봉하고, 하에게 양도애후(陽都哀侯)라는 시호를 내린다.

그때 장하의 손자로는 장패(張霸)만 남아 있었는데 나이가 일곱 살이었다. 황제가 장패를 산기 중랑장에 임명하고 관내후 작위와 식읍 삼백 호를 내렸다. 장안세가 자신과 아들이 모두 후위에 봉해졌을 뿐 아니라 높은 벼슬자리에 올랐으므로 봉록을 받지 않겠다고 했다. 이에 황제가 조서를 내려 도성 내부 창고에 무명전(無名錢) 수백만 전을 장씨 집안을 위해 따로 마련해 두게 했다. 장안세는 후위에 올라 지위가 높았으며 식읍이 만 호에 이르렀음에도 검은 깁으로 옷을 지어 입었다. 또 그의 아내는 몸소 실을 자았으며 집안의 노복 칠백 명이 모두 손재주를 부려 일했으니 안으로 가는 실을 많이 생산하는 가업을 경영하여 재물을 늘려 가서 대장군 곽광보다 부자가 되었다. 황제가 대장군을 몹시 경외했으므로 속으로 장안세를 친하게 여기면서도 곽광에게 마음을 들키지 않으려고 애를 썼다.

원강(元康) 4년 봄, 장안세가 병이 들었다. 장안세가 후위를 반납하고 고향에 묻히겠다고 상소를 올리자 황제가 회답하여 말했다.

"장군이 연로하여 병이 들었으니 짐의 마음이 매우 안타깝구나. 비록 친히 나랏일을 돌보지 못하고 만 리를 달려 적을 무찌르지 못한다 하더라도 그대는 선제(先帝)의 대신으로 어지러운 세상을 다스리는 도리를 명백히 알고 있어 짐이 미치지 못하는 바를 여러 차례 물어보았다. 그런데 어찌하여 마음이 아프도록 글을 올려 위장군 부평후 관인을 반납하겠다고 했는가? 짐을 회피하여 오래된 우리 사이를 잊어버리게 하는 것은 짐이 바라는 바가 아니다. 바라건대 장군은 억지로라도 음식을 들며 의술과 약제를 가까이하고 마음을 다부지게 먹어 천수를 누리도록 애쓰라."

장안세가 억지로 일어나 나랏일을 보다가 그해 가을에 세상을 떠났다. 천자가 인수(印綬)를 내리고 전차와 갑옷 입은 군사를 보내 장례를 치르게 했으며 경후(敬侯)라는 시호를 내렸다. 황제가 또 두(杜)[10] 동쪽에 장지를 하사하고 묘혈을 파서 매장하게 한 뒤에 묘 옆에 사당을 세웠다. 그리고 아들 연수에게 후위를 잇게 했다.

장연수는 구경의 자리에 오른 데다 장안세의 후위를 이어 진류군(陳留郡)에 봉토를 두고 위군(魏郡)에 별읍이 있어 해마다 천여만 전의 수입이 들어왔다. 장연수가 스스로 생각하기를 자신은 아무런 공이나 덕행을 이룬 적이 없으니 아버지의 넓은 봉토를 오랫동안 지니고 있을 수 없다고 여기고 황제에게 여러 차례 글을 올려 식읍을 줄여 달라고 했다. 또 동생 양도후 장팽조에게 부탁해 황제에게 자신의 진심을 전하게 했다. 황제가 겸양의 덕이 있다고 여기고 평원으로 옮겨 봉하면서 봉토를 합병하여 하나로 하되 식읍 호수는 예전과 마찬가지로 했으며 나라에 내는 조세를 반으로 감면해 주었다.

장연수가 세상을 떠나자 애후(愛侯)라는 시호를 내렸다. 아들 장발(張勃)을 후사로 삼고 산기 간대부에 임명했다.

원제(元帝)가 즉위 초에 열후들에게 뛰어난 인재를 천거하라는 조서를 내렸다. 장발은 태관헌승(太官獻丞) 진탕(陳湯)을 천거했다. 뒤에 진탕이 죄를 지었을 때 장발도 연루되어 식읍 이백 호를 깎였다. 그때 장발이 세상을 떠났다. 그리하여 황제가 무후(繆侯)라는 시호를 내렸다. 그 뒤에 진탕이 서역에서 공을 세우자 세상 사람들이 장발은 사람을 볼 줄 알았다고 칭송했다. 아들 장림(張臨)을 후사로 세웠다.

장림 또한 겸손하고 검약하여 황궁의 전각에 오를 때마다 늘 탄식하며 말했다.

"상홍양과 곽우를 나의 경계로 삼으니, 얼마나 깊은 가르침을 주는지 모르겠다."

죽음이 임박하여 일족과 친구에게 재산을 모두 나눠 주고 봉분을 쌓지 말고 검소하게 장례를 치르게 했다. 장림은 경무(敬武) 공주[11]에게 장가들었다. 세상을 떠난 뒤에 아들 장방(張放)을 후사로 삼았다.

성제의 특별한 총애를 받은 장방

〔성제(成帝)〕홍가(鴻嘉) 연간에 황제가 무제의 행적을 따르기 위해 총애하는 신하와 더불어 놀이를 즐겼다. 장방은 경무 공주의 아들이면서 명민했기 때문에 황제의 총애를 받았다.

장방은 성제 황후의 동생인 평은후(平恩侯) 허가(許嘉)[12]의 딸에게 장가를 들었다. 황제가 장방에게 혼수를 대 주고 호화로운 저택을 하사했으며 수레와 예복을 주면서 황제가 장가를 들고 황후가 시집가는 일로 쳤다. 혼례 날에는 태관과 황후가 부리는 관리를 모두 그 집에 가서 일하게 했고 양궁(兩宮)[13]에서 보낸 사자가 줄을 이어 도착하여 수천만 전을 상으로 내렸다. 장방이 시중 중랑장으로 평락궁에 주둔하며 그곳에 막부를 두고 있었으므로 장군에 해당하는 혼례를 올렸다.

장방은 황제와 함께 자고 함께 일어나며 남다른 총애를 받았다. 늘 황제를 모시고 사복 차림으로 황궁 밖을 나가 놀이를 다녔다. 북으로는 감천궁(甘泉宮), 남으로는 장양궁(長楊宮)과 오작궁

(五祚宮)까지 갔고 장안 도심에서 투계와 경마를 즐겼는데 여러 해 동안이나 그렇게 놀며 다녔다.

그 무렵 황제의 여러 외숙이 모두 장방이 총애받는 것을 미워하여 태후에게 장방이 황제와 가까이 지내는 것을 고해바쳤다. 태후가 나서서 황제의 춘추가 젊어 행동에 절제가 없었던 점에 대해 장방을 심하게 책망했다. 당시에 재해가 자주 일어났으므로 여러 사람이 장방 등에게 그 원인이 있다고 주장했다. 그리하여 승상 설선(薛宣)과 어사대부 적방진(翟方進)이 상주했다.

방(放)은 오만하고 방종하며 사치하고 음탕하며 절제하는 법이 없는 자입니다. 일전에 시어사 수(修) 등 네 사람이 명을 받들어 죄인을 잡으려고 방의 집에 간 일이 있습니다. 방은 그 자리에 있었으면서도 노비에게 문을 닫아걸게 하고 무기와 쇠뇌를 설치하여 죄인을 잡으러 간 옥리에게 쏘면서 사자를 집에 들이기를 거부했습니다.

알고 지내던 작위 없던 남자(男子) 이유군(李游君)[14]이 딸을 악부(樂府)에 넣으려고 악부 음감(音監) 경무(景武)에게 사정했으나 경무가 들어주지 않자 방이 노비 강(康) 등을 보내 경무의 집으로 가서 세 사람을 해치게 했습니다. 또 관아의 일로 악부의 유교(游徼)[15] 망(芒)을 미워하여 건장한 노비 준(駿) 등 마흔 몇 명 떼거리로 하여금 무기와 쇠뇌를 들고 대낮에 악부로 쳐들어가 관아 건물에 화살을 날렸으며, 고위직과 아전들을 묶어 두고 도끼로 기물을 깨뜨렸으므로 궁중의 모든 사람이 난리를 피해 달아나 숨었습니다. 그 뒤에 망은 스스로 머리를 밀고 목에 쇠고리를 차서 곤겸형(髡鉗刑)을 받아 붉은 수의를 입고, 수령사(守令史) 조(調) 등은 맨발로 머리를 조아려 사죄하자 그제야 방이 그만두었습니다.

노복의 친척도 장방의 권세에 의지하여 흉포하고 잔혹한 짓을 했으니 어느 아전의 아내를 얻으려다 실패하자 그 남편을 죽였고 어느 때에는 한 사람에게 화가 났다고 그 친족을 모두 죽여 버리고는 언제나 방의 집으로 달아났으니 그러면 잡히지 않을 수 있어 요행히 처벌을 면하곤 했습니다.

방은 행실이 경박할 뿐만 아니라 엄청난 악행을 연달아 저지르며 음양을 혼란시켰으니 불충한 신하의 괴수입니다. 이렇듯 이미 방의 죄명이 드러났으나 황상의 은총을 입고 있었기에 넘어갔던 것입니다. 교만하고 방자하며 도리에 어긋난 것이 반란을 일으킨 것과 다르지 않아, 신하가 저지른 악행이 이보다 더 막대할 수 없으니 방을 숙위직에 두는 것은 마땅하지 않습니다. 신은 방을 파면시키고 봉토로 돌아가게 하여 다시는 이 같은 사악한 일들이 일어나지 않도록 싹을 없앰으로써 나라 안의 인심을 진정시키기 바랍니다.

황제가 하는 수 없이 장방을 북지군 도위로 좌천시켰다가 몇 달 뒤에 다시 황궁으로 불러 시중으로 삼았다. 태후가 장방이 돌아왔다는 소식을 듣고 황제에게 장방을 천수군(天水郡) 속국도위로 나가게 하라고 시켰다. 〔성제〕영시(永始)와 원연(元延) 연간에 해마다 일식이 일어나서 오랫동안 장방을 불러들이지 못했으므로 끊임없이 조서로 위로하며 안부를 물었다. 그 뒤 한 해 남짓해서 장방을 불러들여 장방의 어머니인 경무 공주의 병문안을 들게 했다. 몇 달 뒤에 공주의 병에 차도가 있자 장방을 하동군 도위로 내보냈다. 황제가 장방을 좋아했지만 위로 태후에게 시달리고 아래로 대신의 간언을 듣느라 장방을 외지로 보내야 했는데 그때마다 늘 눈물을 흘렸다.

그 뒤에 다시 장방을 불러들여 시중 광록대부로 삼고 중이천석 봉록을 내렸다.[16] 한 해 남짓하여 승상 적방진이 다시 장방에 관한 상소를 올리자 황제가 하는 수 없이 장방의 버슬을 빼앗고 오백만 전을 하사하여 봉토에 가서 있게 했다.

몇 달 뒤에 성제가 붕어하자 장방이 성제를 그리워하며 울다가 죽었다.

그보다 먼저 장안세의 맏아들인 장천추와 곽광의 아들 곽우가 함께 중랑장으로 있으면서 군대를 이끌고 〔곽광의 사위〕 도료장군(度遼將軍) 범명우(范明友)를 따라 오환(烏桓)을 공격했다. 돌아와서 대장군 곽광에게 보고를 올릴 때 장천추에게 전투 책략과 산천의 형세를 물어보자 장천추가 전투 형세를 말해 올리고 땅에 지도를 그려 가며 하나도 빠짐없이 설명했다. 곽광이 다시 곽우에게 물어보자 곽우는 기억을 하지 못하고 "문서에 모두 기록되어 있습니다."라고 대답했다. 곽광이 장천추는 능력이 뛰어난데 곽우는 재능이 없음을 보고 탄식하며 말했다.

"곽씨 집안은 쇠하고 장씨 집안은 흥하겠구나!"

뒤에 곽우가 주살된 데 반해 장안세의 자손은 계속해서 번창했으니 선제와 원제 때에 시중, 중상시, 제조, 산기, 열교위(列校尉)에 오른 자가 모두 십여 명이나 되었다. 공신의 집안에서는 금씨(金氏)[17]와 장씨 집안이 황실과 가장 가까워 총애를 입었으니 외척에 비견할 만했다.

장방의 아들 장순(張純)이 후위를 이었다. 장순은 매사에 근신하고 겸손했으며 스스로 수양하면서 한나라 조정의 제도와 문물을 정확하게 익혀 경후의 유풍을 간직하고 있었다. 왕망(王莽) 때에도 작위를 잃지 않았고 [광무제] 건무(建武) 연간에 여러 벼슬을 거쳐 대사공이 되었다. 부평후의 별향을 식읍으로 하여 무시후(武始侯)로 고쳐 봉했다.[18]

장탕의 집은 본래 두릉에 있었으나 장안세가 무제와 소제, 선제를 섬길 때 그때마다 황제의 능을 조성하던 곳으로 집을 옮겼으니 모두 세 번 이사했다가 다시 두릉으로 돌아갔다.

찬하여 말한다.

풍상(馮商)은 장탕의 선대가 유후(留侯) 장량(張良)과 같은 집안이라고 했으나 사마천이 이 사실을 언급하지 않아 기록이 남지 않았다. 한나라가 건국한 이래로 후(侯) 작위를 받은 자가 수백 명이지만 식읍을 보전하며 총애를 계속 받았던 것으로 치면 부평후 집안 같은 예가 없다.

장탕이 가혹하기는 했지만 [마지막에] 억울하게 참소를 당했음에도 [끝까지] 인재와 능력이 뛰어난 인물을 추천했으니 진실로 후사가 이어진 것은 마땅한 일이다. 장안세는 정도를 걸었는

데, 재주가 뛰어났어도 절제하며 자랑하지 않았다. 장하의 음덕도
이 집안이 번창하는 데 도움을 주었다.

30

두주전
杜周傳

▲▲▲▲▲▲▲▲▲▲▲▲▲▲▲▲

이 편에는 장탕의 뒤를 이어 무제에게 정위(廷尉)로 발탁된 두주(杜周, ?~기원전 95년)와 그 후손 두연년(杜延年), 두흠(杜欽), 두업(杜業)의 전기가 실려 있다. 두주는 장탕과 마찬가지로 오로지 무제의 뜻에 따라 법을 집행하며 법조문을 가혹하게 적용하기로 유명했다. 어사대부까지 오른 두연년은 아버지 두주와 달리 관대했으나 결정적인 순간에는 과감하게 행동했다. 상관걸의 역모를 고발한 것과 무제의 증손이자 위 태자의 손자였던 유병이(劉病已)의 선제 옹립을 주장한 것, 조정에서 받는 주세(酒稅)와 염철(鹽鐵)의 전매권 취소를 제기한 것 등이 대표적이다.

『사기』에는 두주가 「혹리 열전」에 실려 있지만, 두주의 후손이 번성했기 때문에 『한서』에서는 따로 열전을 세웠다.

황제의 뜻에 맞춰 판결한 두주

○　○　○

두주는 남양군(南陽郡) 두연현(杜衍縣) 사람이다.

의종(義縱)이 남양 태수로 있을 때 두주의 용맹함을 인정하여 정위 장탕에게 천거해서 정위사(廷尉史)가 되었다.

변방 지역의 피해 상황을 조사하도록 보냈을 때 아주 많은 사람에게 사형 판결을 내렸다. 〔두주가〕 상주한 내용이 〔무제의〕 뜻에 맞았으므로 중용되었다. 그리하여 열 몇 해 동안 감선과 번갈아 가며 중승(中丞)으로 있었다.

두주는 말수가 적고 굼떴으나 속내는 각박하기가 뼈에 사무칠 만큼 혹독했다. 뒤에 감선은 좌내사가 되고 두주는 정위가 되었다. 두 사람은 대체로 장탕의 방식을 따라 법을 집행했는데, 황제가 바라는 대로 판결하는 일이 많았다. 황제가 쫓아내고 싶어 하는 자에게는 가혹한 벌을 내려 해쳤고, 황제가 풀어 주고자 하는 자는 오래 끌면서 가두어 두고 속사정을 파악한 다음 그자에게 억울한 점이 있다는 보고를 올렸다. 빈객 중의 한 사람이 두주에게 물었다.

"천하 만민에게 평등하게 판결을 내려야 함에도 선생께서는 삼척(三尺) 간독에 적힌 법조문을 따르지 않고 오로지 주상의 뜻에 따라 판결하니 판결은 원래 그렇게 합니까?"

두주가 대답했다.

"삼척에 적힌 법조문은 어디에서 나온 것입니까? 선대의 군주가 옳다고 여긴 것을 율(律)로 밝혀 정하고, 후대의 군주가 옳다고 여긴 것을 영(令)으로 삼아 각 조문을 정한 것입니다. 옳음은 그때 그때 사정에 따라 결정되는데, 어찌 옛날의 법을 언급하십니까?"

두주가 정위에 올랐을 때 황제의 명령에 따라 처리하는 〔황실 종친과 고관에 관련된〕 안건의 수가 많이 늘어나서 신구 사안을 포함하여 백여 명이나 되는 호봉 이천석 관리가 옥에 갇혔다. 태수와 승상, 어사대부 같은 고관은 모두 정위가 처리하게 되어 있었으니, 두주가 처리한 사안이 한 해에 천여 건이 넘었다. 큰 사안에는 수백 명, 작은 사안에는 수십 명씩 연루되어 잡혀 온 증인을 조사했다. 멀리 수천 리 밖에서, 가깝게는 수백 리에서 증인을 불러왔다. 증인을 심문할 때에는 옥리가 고발장에 올라온 내용에 따라 문책하되 시인하지 않으면 매실을 해서 진술을 받아 냈다. 그리하여 증인을 붙잡으러 온다는 소문이 들리면 모두 달아나 숨어 버렸다. 사안이 오랫동안 해결되지 않을 때에는 열 몇 해가 지나 여러 차례 사면령을 맞이했어도 계속 고발하는 사람들이 나타났는데 그 대부분을 견책하고 부도죄(不道罪)로 황제에게 보고했다.

그래서 정위부와 중도관조옥에 갇힌 자가 육칠만 명이었고, 〔일반 옥에〕 갇힌 하급 아전은 더 많아서 십여만 명이나 되었다.

두주는 중도에 파면되었다가 뒤에 집금오(執金吾)가 되었는데, 상홍양과 위(衛) 황후의 동생 자식을 잡아들여 가혹하게 심문했다. 두주가 사심 없이 힘을 다해 일한다고 생각한 황제가 두주를 어사대부로 승진시켰다.

그보다 먼저 두주가 정위사가 되었을 때에는 집에 말 한 마리

밖에 없었다. 그러나 오랫동안 등용되어 삼공의 반열에 올랐고 두 아들이 황하를 사이에 두고〔하남군(河南郡)과 하내군(河內郡)〕태수가 되었으므로 집안의 재산이 엄청나게 많아졌다. 두주와 큰아들은 혹독하고 사납게 사안을 판결했지만, 막내아들 두연년(杜延年)은 인품이 관대하고 후했다.

대장군 곽광의 가혹함을 보완한 두연년

○　○　○

두연년의 자는 유공(幼公)이고, 법률에 밝았다. 소제가 막 즉위했을 때 대장군 곽광이 정권을 장악하고 있었다. 두연년이 삼공의 반열에 올랐던 두주의 아들이면서 벼슬에 오를 재능이 충분하다고 여겨 군사공(軍司空)에 임명했다.

시원(始元) 4년, 익주(益州)에서 만이(蠻夷)가 반란을 일으키자[1] 두연년이 교위로서 남양군의 군대를 거느리고 익주의 반란을 다스리고 돌아와 간대부가 되었다. 좌장군 상관걸 부자와 갑 장공주, 연왕이 반란을 일으키려고 모의했을 때 가도전사(假稻田使) 연창(燕倉)이 그 모의를 알아차리고 대사농 양창(楊敞)에게 알려 주었다. 양창이 몹시 놀라고 두려워서 병가를 낸 뒤에 두연년에게 그 일을 알리자 두연년이 그 사실을 황제에게 보고하여 상관걸 일당이 주살당했다. 황제가 두연년을 건평후(建平侯)에 봉했다.

두연년은 대장군 곽광 아래에서 일하는 관리로 누구보다도 먼

저 괴수를 고발했기 때문에 충절이 뛰어나다고 인정받아 태복 우
조 급사중에 발탁되었다. 곽광은 형벌을 가혹하게 집행했으나 두
연년은 관대함을 주장하여 곽광의 그런 점을 보완했다.

연왕 사건을 심문할 때 어사대부 상홍양의 아들 상천(桑遷)이 달
아나는 일이 생겼다. 상천은 달아나는 길에 상홍양 밑에서 일했던
아전 후사오(侯史吳)의 집을 거쳐 갔다. 뒤에 상천은 잡혀 사형을
당했다. 사면령이 내릴 무렵, 후사오가 자수하여 옥에 갇혔다. 정
위 왕평(王平)과 소부 서인(徐仁)이 함께 연왕의 반란 사건을 조사
하면서 상천은 아비의 모반에 연좌된 것이고, 후사오는 상천을 숨
겨 주기는 했지만 반역자를 숨긴 것이 아니라 연좌된 자를 숨겨 준
것이라는 결론을 내렸다. 그리하여 후사오의 죄를 사면해 주었다.

그 뒤에 시어사가 사실 확인에 나서서 "상천이 유학의 경술을
익힌 자로서 아비의 모반을 알고도 아비의 잘못된 행동을 말리지
않은 것은 반역자와 다를 것이 없고, 후사오는 봉록 삼백석의 관
리였지만 앞장서서 상천을 숨겨 주었으니 서인이 연좌된 자를 숨
겨 준 것과 다른 경우이므로 후사오를 사면할 수 없다."라고 주장
했다. 재조사를 청하는 상소를 올려 정위와 소부가 반역자를 풀어
준 것을 탄핵했다.

소부 서인은 곧 승상 차천추(車千秋)의 사위였다. 차천추가 여
러 차례 후사오를 위해 변호했지만 곽광이 들어주지 않자 중이천
석 봉록의 대신들과 박사들을 공거(公車) 건물에 불러 놓고 후사
오의 행위가 법에 걸리는지 의논했다. 의논에 나선 사람들은 대장
군의 의향을 알고 있었으므로 전원이 후사오가 부도죄를 저질렀

다고 주장했다. 이튿날 차천추가 여러 사람의 뜻을 적은 상주문을 밀봉해 올렸을 때 곽광이 차천추가 독단으로 중이천석 이하 관리들을 불러 의논하고 안팎으로 하는 말이 다른 점을 지적하면서 정위 왕평과 소부 서인을 하옥시켰다. 조정 대신들이 모두 승상이 사위의 일에 연좌될 것이라고 걱정했다.

이에 두연년이 곽광에게 승상을 변호하는 글을 올렸다.

관리가 죄인을 풀어 줄 때에는 정해진 법에 따라 했을 텐데, 이제 와서 다시 오(吳)를 부도죄로 견책하는 것은 법을 너무 가혹하게 적용하는 것이 될 듯합니다. 한편 승상은 평소에 자신의 주장을 고집하지 않아 아랫사람과 잘 의논해서 일을 처리했으니 평소 품행대로 아랫사람과 의논했던 것뿐입니다. 〔승상이〕 독단으로 중이천석 이하 관리를 불러 모았던 것은 아주 잘못한 일이었으나, 어리석은 연년의 의견으로는 승상이 이미 승상 자리에 오른 지 오래고 선제 때 등용된 이래로 큰 잘못을 저지른 적이 없으므로 파면해서는 안 된다고 생각합니다.

근래에 들어 조정에서 옥사를 가혹하게 처리하는 데다 옥리가 악독하게 굴며 모함까지 한다고 백성들이 말이 많습니다. 이번에 승상이 의논한 것도 옥사에 관한 내용이었습니다. 그런데 그 일로 승상을 처벌하면 많은 사람의 뜻에 부합하지 않을 것이 염려됩니다. 여러 신하가 떠들고 평민들이 몰래 수군덕거리면 사방으로 유언비어가 퍼져 나갈 테니 이번 일로 장군께서 천하의 명성을 잃을지도 몰라서 저 연년이 혼자 몹시 걱정하고 있습니다.

곽광이 정위와 소부에 대해서는 법조문을 이리저리 적용하여 둘 다 기시형에 처했다. 그러나 승상에게는 사건을 연루시키지 않았으니 차천추는 죽을 때까지 승상직에 있었다. 두연년은 이런 식으로 공평하게 논의를 이끌어 조정에서 잘 처신해 나갔다.

두연년은 조정에서 무제 때의 사치한 풍조와 정벌 전쟁이 계속 이어지는 것을 본 뒤에 대장군 곽광에게 여러 차례 건의를 올렸다.

"계속해서 농사의 수확이 좋지 않은 데다 유민들이 아직 고향으로 다 돌아가지 못하고 있습니다. 그러므로 마땅히 효문제 때의 검약했던 정책을 시행하고, 관대하고 온유하게 형벌을 집행하며, 하늘의 뜻에 순종하고 백성의 뜻에 따른다면 응당 풍성한 수확을 얻게 될 것입니다."

곽광이 두연년의 선의를 받아들여 현량 인재를 천거받아 조정에서 받던 주세와 염철의 전매권을 취소하는 문제를 토론했는데 모두 두연년의 발의에서 비롯되었다.[2]

관리나 백성이 나라에 도움이 될 만한 의견을 글로 올렸을 때 그와 다른 의견이 있으면 언제나 두연년에게 그 가부를 심사하게 한 뒤에 다시 상주하게 했다. 올린 의견은 관리를 뽑아 시행하게 했다. 현령 또는 승상, 어사대부 밑에서 일하게 하고 한 해가 지났을 때 보고서를 올리게 하여 잘못이 있으면 법에 따라 다스리게 했다. (곽광은) 승상과 어사대부 및 정위가 그 어느 때에나 (두연년과) 더불어 의논한 뒤에 황제에게 보고하게 했다.[3]

소제가 말년에 병을 얻어 자리에 눕자 천하의 명의를 불러 모았다. 두연년이 처방에 따라 약을 달여 올리는 일을 맡았다. 황제가 붕어한 뒤에 창읍왕 유하(劉賀)가 즉위했다가 폐위되었다. 대장군 곽광과 거기장군 장안세가 대신들과 더불어 누구를 황제로 추대할지 의논했다. 그때 선제는 황증손이라고 불리며 후궁 처소에서 양육되고 있었다. 황증손은 두연년의 둘째 아들인 두타(杜佗)와 친하게 지내고 있었다. 두연년이 황증손의 덕행이 뛰어난 것을 알고 곽광과 장안세에게 황증손을 세우도록 권했다.

선제가 즉위한 뒤에 대신을 포상할 때 황제 옹립에 참가하여 종묘를 안정시킨 공을 인정하여 두연년에게 식읍 이천삼백 호[4]를 더하되 먼저 봉한 식읍과 합하여 모두 사천삼백 호를 봉했다. 해당 관리에게 조서를 내려 책봉의 공훈 서열을 정하게 했다. 대사마 대장군 곽광의 공은 태위 강후(絳侯) 주발(周勃)의 공을 넘어섰고, 거기장군 장안세와 승상 양창의 공은 승상 진평(陳平)에 비견되며, 전장군 한증(韓增)과 어사대부 채의(蔡誼)의 공은 영음후(潁陰侯) 관영(灌嬰)에 비견되고, 태복 두연년의 공은 주허후(朱虛侯) 유장(劉章)의 공에 비견되며, 후장군 조충국(趙充國)과 대사농 전연년(田延年), 소부 사락성(史樂成)의 공은 전객 유게(劉揭)의 공에 비견된다고 하여 모두 후(侯)에 봉하고 식읍을 더해 주었다.

두연년은 사람이 진중하고 온화했으며 무슨 일을 하거나 명확하게 처리했다. 조정에서 오랫동안 정사를 주관했으므로 황제가 두연년을 신임하여 황궁 밖을 나갈 때에는 수레에 함께 타게 하고 황궁에 들어와서는 급사중 일을 맡겼으니 열 몇 해 동안 구경의 반열에 있으면서 하사받은 재물이 수천만을 헤아렸다.

곽광이 세상을 떠난 뒤에 아들 곽우와 그 일족이 모반했다가 주살당했다. 황제가 두연년이 곽씨 일족과 친했다는 이유로 두연년을 파면하려 했다. 그때 승상 위상이 상소를 올려 두연년이 황제의 신임을 받아 계속 중용되는 동안 직무를 수행하며 법을 많이 어겼다고 했다. 옥리를 파견하여 사안을 조사하게 했는데, 원유(園囿)에서 기르던 말이 많이 죽은 일[5]과 관노와 관비에게 먹을 것과 입을 것을 부족하게 공급한 일밖에 드러나지 않았으나 두연년의 벼슬을 빼앗고 식읍 이천 호를 삭감했다.

몇 달 뒤에 두연년을 다시 불러 북지 태수에 임명했다. 구경의 반열에 있던 자로 외직에 나가 변방을 다스리는 태수가 되었으나 치적이 뛰어나지 않았으므로 황제가 조서를 내려 두연년을 질책했다. 이에 두연년이 능력 있는 아전을 선발하여 쓰고 세력을 부리는 지들을 잡아 가두어 군내가 태평하게 되었다. 한 해 남짓하여 황제가 알자를 보내 두연년에게 조서와 황금 스무 근을 내려 주었다. 두연년은 서하(西河) 태수로 옮겨 가서도 치적을 세워 큰 명성을 얻었다.

오봉(五鳳) 연간에 불러들여 어사대부로 삼았다. 이로써 두연년이 자신의 아버지가 재직하던 관아에서 일하게 되었다. 두연년은 아버지가 쓰던 자리를 자신이 쓸 수 없다고 생각하여, 아버지가 앉고 눕던 자리를 피해 다른 곳을 썼다. 그 시절에는 사이(四夷)와 화평하게 지내고 나라 안이 태평했다. 두연년은 세 해 동안 일을 보다가 늙고 병들었다는 이유로 퇴직하여 고향에 묻히게 해 달라고 황제에게 청했다. 황제가 두연년을 우대하여 광록대부를 시켜 부절을 들고 가서 황금 백 근과 술을 하사하고 의원과 약을 보내 주었다.

뒤에 두연년의 병이 깊어졌다고 하자 안거와 말 네 필을 하사하고 벼슬에서 물러나 집에 있게 했다. 몇 달 뒤에 두연년이 세상을 떠났을 때는 경후(敬侯)라는 시호를 내렸다. 아들 두완(杜緩)이 후위를 계승했다.

두완은 젊어서 낭관이 되었다. 〔선제〕 본시(本始) 연간에 교위로서 포류장군 조충국을 따라 흉노를 공격하고 돌아와 간대부가 되었다가 상곡군(上谷郡) 도위와 안문(雁門) 태수를 지냈다.

아버지 두연년이 세상을 떠난 뒤에 상례를 마치고 태상에 임명되어[6] 여러 능현(陵縣)을 다스렸다. 겨울에 심문을 마치고 판결한 문서를 봉하는 날이 올 때마다 언제나 술을 멀리하고 밥의 양도 줄였다. 아전들은 그런 두완을 일러 은혜롭다고 했다. 원제 즉위 초에 곡식값이 비싸서 백성이 유랑하게 되었을 때와 영광(永光) 연간에 서강(西羌)이 반란을 일으켰을 때 두완이 황제에게 글을 올리고 즉시 국고에 돈을 넣어 백성 구제와 군비에 도움을 주었으니 모두 합해 수백만 전을 냈다.

두완에게 동생이 여섯 명 있었는데 다섯 명이 높은 벼슬에 올랐다. 막냇동생 두웅(杜熊)은 다섯 개 군에서 이천석 벼슬인 태수를 지냈고 세 개 주의 주목(州牧)과 자사를 지냈는데,[7] 맡은 임무를 잘 수행하여 명성을 얻었다. 유일하게 두흠(杜欽)만 관직에 오르지 않고도 이름을 크게 날렸다.

음이 양을 누를까 걱정한 두흠

○　　○　　○

두흠의 자는 자하(子夏)로 어려서부터 경서를 좋아했다. 집은 부유했으나 한쪽 눈이 멀었기 때문에 관리가 되고 싶어 하지 않았다.

두흠은 무릉(茂陵) 사람인 두업(杜鄴)과 성과 자가 같은 데다 둘 다 재능이 뛰어났으므로 장안에서 함께 이름을 날렸다. 사대부들은 두 사람을 구별하기 위해 두흠을 소경 두자하(杜子夏)라고 불렀다. 두흠은 한쪽 눈이 안 보이는 것 때문에 욕을 듣는 것이 싫어서 소관(小冠)을 썼는데 높이가 두 촌밖에 되지 않았다. 그 뒤로 장안 사람들이 두흠을 '소관 두자하'로 고쳐 부르고 두업은 '대관(大冠) 두사하'라고 불렀다.

그 무렵 황제의 외삼촌 대장군 왕봉(王鳳)[8]이 외척으로서 정사를 보좌하면서 자신을 도울 인재를 구했다. 왕봉의 아버지인 경후(頃侯) 왕금(王禁)이 두흠의 형인 두완과 친하게 지냈으므로 왕봉은 두흠의 능력이 뛰어난 것을 잘 알았다. 그리하여 두흠을 대장군 군대의 무고령(武庫令)으로 삼도록 청하는 상소를 올렸다. 이 직책은 하는 일이 없는 한직이었으므로 두흠이 마음에 들어 했다.

두흠은 사람이 박학하고 지략이 있었다.

황제가 태자로 있을 때부터 아름다운 여자를 좋아한다고 알려졌다. 즉위한 뒤에 황태후가 지체가 높은 집안의 여자를 뽑도록 명을 내렸다. 두흠이 그 일로 대장군 왕봉에게 자신의 의견을 피력했다.

〔하(夏)나라와 상(商)나라의〕예(禮)에는 천자 한 사람이 아홉 명의 여자를 얻을 수 있다고 정해져 있습니다. 아홉이라는 양수(陽數)의 극한을 써서 많은 여자를 취하게 한 것은 자손을 많이 두어 조상을 공경하기 위해서였습니다. 황제를 내조하게 하고 후궁의 질서를 잡아야 하므로 각 향(鄕)에서 온유하고 예에 밝은 여자를 찾아 천거하되 인물의 아름다움은 묻지 말아야 합니다. 그 후궁[9] 중에 결원이 생겨도 보충하지 않는 것은 황제가 건강하게 장수하고 후궁끼리 다투지 못하게 하기 위해서입니다. 그러므로 황후와 비빈이 정숙하게 행동해야 후손 중에 어진 성군이 나오고, 후궁 제도가 엄격한 절도를 갖추어야 군주가 장수하는 복을 누리게 됩니다. 그러나 이 제도를 폐기하여 따르지 않으면 끝없이 아름다운 여자를 탐하게 되고 아름다운 여자를 끝없이 탐하면 수명이 고령에 이르지 못하게 됩니다. 『서』에 "〔쾌락만 추구하다가 수명대로 살지 못해〕수명이 사 년이거나 삼 년이다."[10]라고 한 것은 무절제하게 욕망을 추구하다가 해를 입게 된 예를 이른 것입니다. 남자는 오십이 되어도 아름다운 여자를 탐하는 것이 줄어들지 않는데 부녀자는 사십이면 용모가 전과 다르게 됩니다. 전과 같지 않은 용모로 욕정이 쇠하지 않은 황제를 모실 때, 예로써 절제하지 않으면 그 본능을 말릴 수 없게 되어 뒤에는 이상 행태가 나타납니다. 그러면 황후가 제 지위를 불안하게 여기고, 후궁이 황후 자리를 대신하려는 마음을 먹습니다. 진 헌공(晉獻公)이 여희(驪姬)의 참언을 받아들인 바람에 태자 신생(申生)이 잘못을 뒤집어쓰고 죽은 것도 이 때문입니다.[11]

지금 성군께서 춘추가 젊으신데[12] 아직 적자를 얻지 못하셨으나 경술에 입문하여 공부하시느라 황후와 비빈을 가까이할 뜻이 없으십니다. 장군께서 정사를 보좌하고 계시니 마땅히 상고 시대의 융성했던 예를 따라 아홉 명의 여자를 들이는 제도를 세우시되, 의(義)를 행하는 집안을 자세하게 찾아보고 숙녀의 자질이 있는 여자를 구하면서 아름다운 용모와 목청, 기예를 가진 여자를 고집하지 않아야 만 대의 위대한 본보기가 될 것입니다.

대저 "젊어서는 색을 멀리하도록 경계해야 한다."[13]라고 했습니다. 『시』「소아」 '소반(小卞)'[14]에도 그 일[15]을 실망스러워했으니 장군께서도 늘 이 점을 걱정하셔야 합니다.

앙녕이 대후에게 황후와 비빈을 모두 아홉 명으로 제한하여 들이는 제도에 대해 고하자 태후는 한나라 건국 이후 그런 제도가 없었다고 응수했다. 두흠이 다시 거듭하여 주장했다.

『시』에 "은(殷)나라가 귀감으로 삼아야 할 일은 멀리 있지 않았으니 바로 하나라 걸왕이 한 일이었다네."[16]라고 했습니다. 풍자하고 경계하여 권하는 자가 사정이 긴박하다고 말할 때 눈을 뜨고 듣는 사람은 늘 소홀히 여기니 신중하지 못한 태도입니다.

앞서 아홉 명의 여자를 들이는 제도를 지켰을 때와 지키지 않았을 때의 좋은 점과 나쁜 점에 대해 간략하게 설명해 드렸지만 그 해로움은 심히 두려울 만큼 큽니다. 그러나 제가 볼 때 장군께서는 아직 그 해로운 점에 대해 크게 유의하고 있지 않으신 듯합니다. 황후와 비빈을 두는 제도는 제왕의 요절과 장수, 안정과 혼란, 나라의 존속과 멸망의 실마리가 됩니다. 〔하, 은, 주〕 삼대의 말세에 고종(高宗) 무정(武丁)과 주 선왕(周宣王)이 오랫동안 재위했던 것을 살펴보고 가까이 한나라 황실의 경험을 관찰할 때 환난과 실패를 만난 것이 언제 여자 때문이 아닌 적이 있었습니까? 같은 맥락에서 〔후부인(后夫人)은〕 닭이 울고 나서야 패옥을 차고 〔주 선왕의〕 처소를 떠났으니, 『시』「주남(周南)」 '관저(關雎)'에서 후부인의 일을 한탄했습니다. 아름다운 여자를 탐하면 몸을 해쳐 수명을 단축하고, 제도를 폐하면 끝없이 탐하게 되어 장차 천하 만민도 따라서 그렇게 되어 나라가 쇠퇴하고 악습을 이루게 됩니다. 그런 까닭에 '관저'는 숙녀가 제왕을 내조하기를[17] 기대하면서 충효와 인후(仁厚)를 강조하며 읊은 작품입니다.

대저 군왕이 장수해야 나라가 안정되게 다스려집니다. 이는 신하가 간절하게 바라는 바이므로 황제에게 장수하는 방법을 권면해야 합니다. 『역』에 "그 근본을 바로 하면 만물의 질서가 잡힌다."[18]라고 했습니다. 어떤 일에나 즉시 실행에 옮길 수 없는 예가 있으니, 옛 제도에서 찾아보아도 정법(正法)이 없거나, 현재 일을 살펴볼 때 길흉이 얽혀 분명하지 않거나, 급하게 동요시켜 민심을 혼란하게 할 일은 시행해도 제대로 시행되기가 어렵습니다. 이번에 말씀드린 황후와 비빈을 아홉 명 들이는 제도는 옛 제도에도 부합하고, 지금 실정에 맞추어 보아도 해로울 것이 없으며, 민심도 거스르지 않으므로 잘 시행할 수 있고 시행하면 복을 받을 것이니, 장군께서 정사를 보좌하시면서 이 제도를 서둘러 정착시키지 않으면 이는 천하 만민이 바라는 바가 아닙니다. 바라건대 장군께서는 신하들이 바라는 바를 명확하게 파악하고, '관저'에 담긴 뜻을 유념하면서 황제가 위임한 큰 권한을 발휘하여 즉위 초기의 천자께서 법과 제도를 제대로 갖추게 하셔야 하니 이는 소홀하거나 어렵게 여겨 미뤄서는 안 될 일입니다.

그러나 왕봉은 법과 제도를 새로 세우지 못하고 계속 관행대로 해 나갔다. 그때 마침 황태후의 여동생인 사마군력(司馬君力)[19]과 두흠 형의 아들이 사사로이 정을 통하는 사건이 일어나 황제에게 보고되자, 두흠이 부끄러워하면서 고향에 묻히겠다고 사직을 청한 뒤에 떠나갔다.

그 뒤에 일식과 지진의 변이 일어났을 때 소서를 내려 현량방정 인재 중에 직언을 올릴 선비를 천거하게 하자 합양후(合陽侯) 양방(梁放)이 두흠을 천거했다. 두흠이 황제에게 대책문을 올렸다.

폐하께서는 천명을 경외하고 변이를 두려워하면서 공경을 불러 접견하고 직언할 줄 아는 선비를 천거받아 천심의 소재를 파악하고 득실을 따져 보려 하고 계십니다. 신 흠은 어리석고 우둔한 데다 경술을 익힌 수준이 천박하여 황상의 질문을 받들어 대책을 올리기에 부족합니다.

신은 양의 기운이 약하고 음의 기운이 성할 때 일식과 지진이 일어난다고 들었습니다. 신하는 군주에 견주어 음이 되고, 아들은 아버지에 견주어 음이 되며, 아내는 남편에 대하여 음이고 이적(夷

狄)은 중국에 대하여 음이 됩니다. 『춘추』에는 일식이 서른여섯 번, 지진이 다섯 번 기록되어 있는데, 이적이 중국을 침입했거나 신하가 정권을 잡았거나 아내가 남편을 이겼거나 신하가 천자를 배신했을 때 일어났으니, 사안은 비록 다르지만 음이 양을 눌렀다는 점에서 그 사안들이 모두 같은 성질을 띠고 있습니다. 신이 혼자서 지금 세상의 일로 변이의 원인을 고찰해 보았습니다. 현재 등용된 대신 중에는 자신의 분수를 지키지 않는 사람이 없고, 외척과 종친 중에 거역하는 마음을 가진 이가 없으며, 함곡관 동쪽 땅의 제후 중에 강대한 나라를 가진 자가 없고, 동쪽과 남쪽, 서쪽의 만이 중에 하늘의 이치를 거역하는 태도를 보이는 데가 없으니 아마도 후궁에 문제가 있는 듯합니다. 이렇게 말씀드리는 데에는 이유가 있습니다. 태양은 무신일(戊申日)에 갉아 먹혔는데 그 시각에 미(未)가 들었습니다. 무와 미는 토를 상징하며, 토는 바로 중궁(中宮) 자리를 가리킵니다. 또 그날 밤 미앙궁(未央宮) 안에서 지진이 일어났습니다. 이는 황후와 후궁이 폐하의 은총을 받기 위해 서로를 해쳐 가며 다투었기 때문에 일어난 재난이 틀림없으니 폐하께서는 이 점을 깊이 경계하시기 바랍니다. 하늘의 변화는 인간의 잘잘못에 같은 종류로 대응하여 나타나는 법이니, 아래에서 세상일이 잘못 돌아가면 하늘 위에서 괴이한 현상이 나타납니다. 덕행으로 그 재이에 대응할 수 있으면 변괴는 소멸하지만 선행으로 대응하지 못하면 재앙이 닥치게 됩니다. 〔은나라〕 고종이 〔탕왕에게 제사할 때〕 꿩이 나타나 울었던 일을 하늘의 계시로 삼아 품행을 단정하게 고치고 정사를 제대로 돌보았으므로 백 년 장수하는 복을 누렸고 은나라의 왕도가 부활했으니,[20] 요컨대 하늘의 계시에 대응하는 바에 따라 결과가 달라집니다. 하늘의 계시에 참되게 대응하지 않으면 나라가 제대로 설 수 없고 성실하게 대응하지 않으면 정사를 계속 이어 나갈 수 없습니다.

송경공(宋景公)은 작은 나라를 다스리는 제후였지만, 제후에게 닥칠 재앙을 다른 쪽으로 이전시키면 제후는 재앙을 피할 수 있다는 (태사 자위(子韋)의) 세 가지 제안을 (차마 받아들일 수 없다고) 물리쳐 군주의 진실한 인애를 보였습니다. 그러자 형혹성이 송경공에 감동하여 자리를 옮겼습니다. 폐하께서는 성스럽고 형명하시니 속으로 지성을 다하여 하늘이 변이를 나타내 보이는 뜻을 깊이 헤아리신다면 어찌 감응이 나타나지 않겠으며 어찌 변화가 없겠습니까!

공자께서도 "인(仁)이 멀리 있는 것인가!"[21]라고 하셨습니다. 바라건대 폐하께서는 황후와 후궁 제도를 바로잡고 여인을 총애하는 마음을 억누르며 사치를 막고 안일하게 노는 것을 물리치며 검약을 몸소 실천하고 모든 일을 친히 돌보고 정식으로 안거를 타고 연도(輦道)로 더 자주 행차하며 두 분 태후[22]의 식사를 친히 올리고 혼정신성의 예를 드리십시오. 이렇게 하면 요순시대와 비교하여 덜 융성할 것이 없으니 변괴가 어찌 사라지지 않겠습니까!

만일 폐하께서 여러 가지 일에 유념하지 않으셔서 재능을 따지지 않고 벼슬자리를 주고, 천하의 재물을 소진해 가며 사치를 일삼고, 귀와 눈을 즐기는 일에 백성을 있는 대로 동원하여 힘들게 하고, 아첨꾼을 곁에 두고 공정하고 정직한 자를 멀리하며, 참소하는 신하의 말을 믿어 충성스럽고 선량한 신하를 주살하고, 현인과 준걸이 바위 동굴에 은신하며 대신으로 등용되지 못함을 원망하게 하면 비록 변이가 일어나지 않아도 사직의 우환이 됩니다.

천하는 지극히 광대하고 나라를 다스리는 일은 아주 여러 가지이며 조상의 위업은 한없이 중하니, 진실로 즐거움을 탐닉해서는 안 되고 사치해서도 아니 됩니다. 바라건대 폐하께서는 무익한 욕망을 참으시어 백성의 운명을 보전해 주십시오.

신 흠이 어리석고 우둔하여 받아들이시기에 부족한 말씀을 올렸습니다.

그해[23] 여름에 황제가 직언을 올릴 인재를 모두 불러 책문하고 미앙궁 백호전(白虎殿)에서 대책을 올리게 했다.

"천지의 도 중에서 어떤 것이 귀한 것인가? 제왕의 법은 어떤 것인가? 육경의 내용 중에 어떤 것을 중요하게 보는가? 사람의 행동은 어떤 것을 우선으로 해야 하는가? 사람을 쓰는 도리는 어떠해야 하는가? 현재 나라를 다스리는 일에서 어떤 것에 힘써야 하는가? 이 내용을 경전의 뜻에 따라 대책하라."

두흠이 답해 올렸다.

신이 듣기에 하늘의 도는 성실하므로 귀하고 땅의 도는 바르기 때문에 귀하다고 합니다. 하늘의 도가 성실하게 운행되지 않고, 땅의 도가 바르게 운행되지 않으면 만물을 낳을 수 없습니다. 만물을 낳기 때문에 하늘과 땅이 귀중한 것입니다.

제왕은 하늘과 땅의 만물을 낳는 일을 계승한 뒤에 이치를 바로 하여 다스림으로써 만물을 생장시켜야 하니 곤충과 초목까지 제대로 자랄 수 있게 하지 않으면 아니 됩니다.

제왕은 하늘과 땅의 도를 본받아야 합니다. 인(仁)이 아니면 드넓게 베풀 수 없고 의(義)가 아니면 자신을 바로 할 수 없습니다. 극기하여 의를 추구하고 서(恕)로써 사람들을 대하는 것이 육경에서 숭상하는 바입니다.

사람이 불효하면, 임금을 섬기되 충성을 바치지 않고 관직에 나아가되 자숙하여 자신을 경계하지 않으며 싸움터에서 용맹하지 않고 벗에게 성실하게 대하지 않아 부모를 욕되게 합니다.[24] 공자께서 "효를 행하는 데에는 처음과 끝이 따로 없으니 오로지 제대로 효를 행하지 못할 것만 걱정해야 하는데 그런 사람을 보지 못했다."[25]라고 하셨으니, 효는 사람의 행동에 가장 우선해야 할 바입니다.

사람을 쓸 때에는 각 지방 사람의 입신을 위한 행동을 살피거나 관리가 직무를 행할 때 공과 재능을 시험할 때의 기준으로 "높은 자리에 올랐을 때 아랫사람을 천거하는 바를 보고, 부유할 때 나누어 주는 바를 보며, 곤란할 때 절의를 지켜 꺾이지 않는 바를 보고, 재물이 모자랄 때 남의 것을 취하지 않는 바를 보는 것"[26]이 있으니 이 기준을 따라야 하며, 곁에 있는 자는 남에게 그 자신의 일을 부탁하는가를 봐야 하고 그리 자주 대하지 않는 자를 볼 때에는 그 자신이 남의 일을 도와주는 바를 관찰해야 합니다. 공자께서도 "그 사람이 어떤 행동을 하는가를 보고, 어떤 과정을 거쳐 행동하는가를 보며 행동한 뒤에 마음이 안정되었는지를 살핀다면 누구라도 어떻게 그 자신을 숨길 수 있겠는가."[27]라고 하셨으니 이는 공자께서 사람을 알아보는 방법을 일러 주신 것입니다.

은나라는 하나라의 질박함을 따라 숭상했고 주나라는 은나라의 화려함을 따라 숭상했는데, 한나라는 주나라와 진나라의 병폐를 계승했으니 이제 마땅히 화려함을 억누르고 질박함을 숭상하며 사치를 없애고 검약을 숭상하며 실질을 드러내고 가식을 추방해야 합니다. 공자께서 "자색(紫色)에 혹하여 〔정색(正色)인〕 주색(朱色)을 대신하여 쓰는 것이 싫다."[28]라고 한 말씀에 들어 있는 정신으로 현재 나라를 다스리는 데 힘써야 할 것입니다.

신이 걱정하는 바가 있는데, 말씀을 올리면 폐하의 마음과 뜻에 거슬릴 것이고 말씀을 올리지 않으면 날이 오래될수록 재앙이 적지 않을 것입니다. 그런데 소신은 도를 버리고 사악한 길을 따를 수 없고 충성을 위배하여 뜻을 영합할 수 없습니다. 만족할 줄 모르고 여인을 탐하다 보면 반드시 더 좋아하는 여인과 싫어하는 여인을 가리게 되고, 좋아하고 싫어하는 구별이 생기면 한 사람만 치우쳐 총애하게 되며, 한 사람만 치우쳐 총애하면 후사를 이을 길이 넓어지지 못할 뿐 아니라 질투심을 키우게 됩니다. 그렇게 되면 한 여인에게서도 제대로 기쁨을 얻을 수 없으니, 폐하께서는 순정한 덕을 여러 여인에게 고루 베푸시되 그저 욕망에 따라 행하지 않으시길 바랍니다. 그렇게 하시면 만민이 모두 기뻐하고 후사를 이을 길도 넓어지며 나라가 오래도록 평안할 것이니, 만사의 옳고 그름에 대해 더 상세하게 말씀드릴 일이 없을 것입니다.

두흠이 그 전에 있었던 형의 아들 일로 병을 얻었으므로 비단을 하사하여 고향에 돌아가게 했다. 그 뒤에 의랑(議郞)이 되었지만 다시 병이 나서 그 자리에서 물러났다.

대장군 막부에 불려 들어가서 나라의 정사를 의논했다. 왕봉은 늘 두흠과 더불어 정사를 의논했다. 두흠은 여러 차례에 걸쳐 이름난 인재인 왕준(王駿), 위안세(韋安世), 왕연세(王延世) 등을 칭찬하며 천거했고 풍야왕(馮野王)과 왕존(王尊), 호상(胡常)이 죄를 벗게 해 주었다. 또 제사가 끊긴 공신의 후손을 찾아 후위를 잇게 해 주었고 사이를 위무하는 등 당시에 베푼 선정 중에 두흠이 생각해 낸 것이 많았다.

두흠은 왕봉이 전횡하며 막대한 권력을 휘두르는 것을 보고 이렇게 충고했다.

"옛적 주공은 스스로 성덕을 갖추고서도 성왕(成王)의 숙부가 되어 섭정했습니다. 성왕이 탁월하게 영명했으므로 참언을 믿지 않았으나 주공은 관숙(管叔)과 채숙(蔡叔)이 퍼뜨린 유언비어 때문에 조심스러워했습니다. 양후(穰侯) 위염(魏冉)은 진 소왕(秦昭王)의 외삼촌으로 진나라에서 막대한 권력을 휘두르면서 이웃의 상대국까지 위엄을 떨쳤고, 소왕과 함께 기거하며 아침저녁으로 아껴 주면서 마음속에 조금의 다른 생각도 품지 않았습니다. 그런데 외국 위(魏)나라 평민 출신의 범저(范雎)가 평소에는 소왕의 신임을 전혀 받지 않다가 어느 날 갑자기 승상이 된 뒤에 소왕을 설득하여 양후를 봉토로 돌려보내게 했습니다. 근자에는 무안후가 물러나야 했던 일이 있었습니다. 이 세 가지 사건은 서로 수백 년씩 떨어져 일어났지만 갈라놓았던 부절을 합친 듯이 같은 성질을 지니므로 그 종적을 살피지 않으면 절대 안 됩니다. 장군께서는 주공처럼 겸손하고 조심하며, 양후의 위엄은 덜어 내고 무안후의 사욕을 버려서, 범저 같은 무리가 유세로써 장군과 황제의 사이를 갈라놓지 못하게 하십시오."

얼마 있어 다시 일식이 일어났다. 경조윤 왕장(王章)이 밀봉한 상소를 올려 알현을 청했다. 상소의 내용은 과연 왕봉이 전권을 휘두르면서 황제를 가리는 잘못을 범하고 있어 일식이 일어났으므로 마땅히 쫓아내어 등용하지 않는 것으로 하늘의 변이에 대응해야 한다는 것이었다. 그 상소를 읽은 황제가 깨달은 바가 있어 왕장을 불러 접견하고 함께 의논하며 왕봉을 물러나게 하고자 했다. 왕봉이 몹시 걱정하고 두려워하자, 두흠이 왕봉에게 사죄하며 벼슬에서 물러나 고향으로 돌아가기를 청하는 상소를 올리되 그 뜻이 아주 애절하게 나타나도록 쓰게 했다. 그러자 태후가 울면서 음식을 들지 않았다. 그런 데다 황제의 나이가 많지 않아 왕봉에게 깊이 의지하고 있었으므로 차마 쫓아내지 못하고 다시 왕봉을 대장군 자리에 복귀시켰다. 왕봉은 속으로 부끄러워 병이 깊다는 이유를 들어 물러나고자 했다. 그러자 두흠이 다시 왕봉을 설득했다.

"장군이 정사를 깊이 돌본 지 열 해가 지났으나 변이가 그치지 않자 고향으로 돌아가는 것으로 자신에게 죄를 돌리고 스스로 무거운 책임을 지겠다고 나섰습니다만, 여러 사람이 장군의 지성에 감동하여 어리석은 자나 지식이 있는 자나 안타까워하지 않는 이가 없습니다.

옛적에 주공이 연로한 뒤에도 계속 도읍에 있으면서 성주(成周)를 떠나지 않은 것은 왕실을 잊지 못하는 마음을 나타내기 위해서였습니다. 비록 질책하기는 했지만 왕장은 황실 종친이 아니고 진퇴를 사이에 놓고 유임과 퇴임의 절의를 주장한 것이었으니, 주상께서 장군에게 물러나기를 바라신 것이 아니었습니다. 그러므로 장군이 주상께 이렇게 은혜를 갚아서는 안 됩니다. 중산보(仲山父)는 왕실과 성이 다른 신하로 선왕(宣王)의 혈족이 아니면서도, 제 나라 땅에 봉해져[29] 그곳을 다스리러 갔을 때 깊이 탄식하면서 오래도록 그리워했으니 밤늦도록 배회하며 멀어서 차마 가지 못하는 것을 안타까워했습니다. 하물며 장군의 주상에 대한 마음과 주상의 장군에 대한 관계이겠습니까?

대저 천하의 변이를 나스려 안정시킬 만한 인물로는 장군 같은 이가 없으니 주상께서도 그런 줄을 환하게 아시기 때문에 시간을 끌면서 장군을 보내지 않는 것입니다. 『서』에 '공이여, 나를 곤란하게 하지 마세요.'[30]라는 말이 나오듯이, 장군께서도 사방에서 들려오는 유언비어 때문에 성왕 때처럼 스스로 자책하지 마시고 더 큰 충성을 다지도록 하십시오."

그리하여 왕봉이 다시 정사를 보기 시작했다. 황제가 상서로 하여금 경조윤 왕장을 탄핵하는 조서를 올리게 했다. 왕장은 조옥에서 죽었다. 이 이야기는 「원후전(元后傳)」에 있다.

왕장이 죽자 사람들은 왕장이 억울하게 죽었다고 여기며 황제에게 책임을 돌렸다. 두흠이 잘못되어 가는 국면을 바로잡기 위해 다시 왕봉에게 의견을 냈다.

"경조윤이 죄를 지어 벌을 받은 사정은 기밀이었으므로, 평소에 왕장이 국사에 관해 자주 진언하던 것을 보아 왔던 하층 관민들은 왕장이 경조윤 직무 때문이 아니라 일식과 관련하여 황상을 알현하고 진언한 일로 벌을 받았다고 추정합니다. 장이 황궁 안에서 법을 어긴 일이 있어 정법에 따라 죽임을 당했다고 해도 그 사안이 바깥으로 알려지지 않았으므로 장안 사람들은 물론 먼 지방에서도 내용을 알 수 없습니다. 천하 사람들은 장에게 실제로 죄가 있는 줄은 알지 못하고 일식 때문에 진언한 일로 벌을 받았으리라 여기고 있습니다. 이렇게 되면 사례를 들어 간쟁을 올릴 근원을 막고, 관대하고 영명한 황상의 덕을 손상하게 됩니다. 저 흠의 어리석은 생각에는 이번 일을 계기로 하여 직언으로 간쟁하는 신하를 천거하게 하고, 낭관과 종관(從官)을 접견하실 때 올리고 싶은 의견을 모두 진술하게 하여 이전보다 언로가 더 넓어지게 한 후에 사방에 명확하게 그 사정을 알려 천하 만민으로 하여금 주상께서는 성스럽고 현명하셔서 국사에 관해 진언한 것으로 벌을 내리지 않는다는 것을 알게 해야 합니다. 이렇게 한다면 유언비어가 없어지고 의혹도 밝혀질 것입니다."

이에 왕봉이 두흠의 방책을 황제에게 올렸다. 잘못된 점을 보완하여 좋은 결과를 가져오게 하는 두흠의 방법은 언제나 이런 식이었다.

두흠은 여유롭고 한가하게 지내면서 벼슬길에 오르지 않고 천수를 누리다가 세상을 떠났다.

두흠의 아들과 형제, 친척 중에 호봉 이천석 벼슬에 오른 자가 모두 열 사람이었다. 두흠의 형인 두완은 앞서 태상 자리에서 파면되었으나, 열후의 신분으로 조정(朝請)의 예를 받들어 행했다. 성제 때 두완이 세상을 떠나자 아들 두업(杜業)이 후위를 이었다.

권력자에게 빌붙지 않은 두업

　재능이 뛰어난 두업은 열후의 신분으로 선발되어 새로 태상이 되었다. 여러 차례에 걸쳐 나라에 도움이 되거나 해로운 일에 대해 진언했을 뿐 권력자나 총애받는 자를 위해 일하지 않았으므로 승상 적방진 및 위위 정릉후(定陵侯) 순우장(淳于長)과 사이가 좋지 않았다. 뒤에 두업이 법을 어겨 파면되었다가 다시 함곡관 도위가 되었다. 정릉후 순우장이 죄를 지어 봉토로 돌아가게 되었을 때, 황제의 맏외삼촌이었던 홍양후(紅陽侯) 왕립(王立)이 두업에게 편지를 썼다.

　백발의 늙은 누이가 정말 애처롭게도 불초한 아들을 따라 함곡관을 나가게 되었으니, 바라건대 예전 일을 되새겨 괴롭히지 않았으면 합니다.[31]

　정릉후가 함곡관을 나간 뒤에 죄를 지은 일이 새로 발각되어[32] 낙양에서 하옥되었다. 승상사가 수색하여 홍양후가 보낸 편지를 찾아낸 뒤에 두업이 홍양후의 부탁을 들어준 불경죄를 저질렀다고 상주했으므로, 파면되어 봉토로 갔다.

그해 봄에 승상 적방진이 세상을 떠나자 두업이 상소를 올렸다.

방진은 원래 장(長)과 오랫동안 깊고 두텁게 사귀면서 서로 번갈아 칭찬하고 천거하던 사이로, 장이 큰 죄를 지었는데도 유독 승상만 연좌되지 않았으니 예전의 허물을 감추어 주려고 하셨다면 폐하께서 널리 공평하게 대우하지 않으신 것이 됩니다. 그리하여 승상은 두려워하는 마음이 없어져 수시로 그 사악함을 더욱 발휘하며 눈을 부릅뜨고 원망하는 것으로 보복했습니다.

제도에 따르면 대역죄인에게 연좌된 벗은 파면하되 살던 군(郡)으로 돌려보내지 않습니다. 그런데 장의 죄에 연좌되어 살던 군으로 돌아가게 되었다면 이미 한 등급 더 엄한 벌을 받은 것이 됩니다. 홍양후 립(立)의 아들이 장에게 뇌물을 받은 죄에 연좌되어 봉토로 돌아가게 되었는데 대역죄에 걸리지는 않았습니다. 그런데 방진이 다시 상소를 올려 홍양후의 벗이었던 후장군 주박(朱博)과 거록(鉅鹿) 태수 손굉(孫宏), 소부였던 진함(陳咸)을 모두 파면시켜서 고향이 있는 군으로 돌려보내야 한다는 상소를 올렸습니다. 형벌을 공평하게 내리지 않으려고 한 것에 대해 손굉과 홍양후가 평소에 친한 관계가 아니었다고 하면서 많은 사람이 방진이 붓끝을 놀려 지어낸 것이 아닌가 의혹을 품었습니다.

굉(宏)이 전에 중승으로 있을 때 방진이 어사대부로 있으면서 연(掾), 융(隆)을 어사로 쓸 만하다며 천거했습니다. 그때 굉이 상소를 올려서 융이 명을 받아 사신으로 나갔을 때 임무를 제대로 수행하지 않았고 보고도 확실하게 하지 않았으므로 황제를 가까이에서 모시는 직책을 수행하기에 마땅하지 않다고 했습니다. 그 일로 방진이 굉을 원망하게 되었습니다.

또 방진이 경조윤으로 있을 때 진함이 소부로서 구경의 높은 자리에 있었음은 폐하께서도 아시는 일입니다. 방진은 평소에 승상 사직 사단(師丹)과 서로 친하게 지내다가 어사대부의 자리가 비자 단으로 하여금 함(咸)이 법을 어기며 이익을 취했으므로 조사를 해야 한다고 청하는 상소를 올리게 했습니다. 조사 끝에 아무런 결과를 얻지 못했으나 방진은 과연 그 기회를 타서 어사대부가 되었습니다. 승상이 된 뒤에 즉시 모함하여 함을 파면시켜야 한다고 상소했다가 다시 홍앙후 사건을 들어 함을 살던 군으로 돌려보내게 했습니다. 그리하여 많은 사람이 모두 폐하께서 방진에게 너무 많은 권력을 주셨다고 말했습니다.

사단은 능력도 뛰어나지 않고 광록훈 허상(許商)은 병이 들어 몸이 성하지 않은데도 두 사람 다 방진에게 아부하며 따르는 것으로 높은 벼슬을 얻었습니다. 단은 전에 같은 읍에 살던 사람을 승상사에게 천거하여 굿을 통해 신이 내려오게 하고는 나라를 위해 복을 빌도록 하여 그것으로 큰 이익을 얻고자 했습니다. 다행히도 폐하께서 지극히 영명하신 덕분에 모막여(毛莫如)를 사자로 보내 먼저 시험하게 하셨으므로 마침내 그자가 사악한 짓을 한 것이 드러나 모두 사형에 처한 바가 있습니다. 만일 단이 알고서 그렇게 천거했다면 무망죄(誣罔罪)를 지은 것이고, 모르는 채로 천거했다면 경술의 뜻을 위배하여 바르지 않은 길로 미혹시킨 것이니 둘 다 대역죄에 해당하여 주박과 손굉, 진함이 연좌에 걸린 것보다 더 중한 벌을 받아야 합니다.

방진은 끝내 사실대로 말하지 않고 혼자서 위엄과 복을 누렸으며 아부하는 자들을 많이 거느리고 영재와 준걸을 배제했으며 공무 핑계를 대고 사욕을 채웠으며 아무 두려움 없이 제멋대로 횡행하면서 천하 만민을 핍박하려고 했습니다.

천하에 그 기세를 보고 복종하지 않는 자가 없었습니다. 상서와 황상 곁에 있는 신하들도 모두 혀를 묶고 입을 닫았으며 골육과 친척도 떨지 않는 자가 없었습니다. 신하의 위세와 권력이 너무 많으면 충성하고 성실할 수 없으니 나라가 편안하지 못하게 됩니다.

이제 방진이 창졸간에 병사했는데, 그를 꾸짖어 천하 만민을 위로하지는 않으시고 장례를 크게 치를 수 있도록 물품을 후하게 하사하셨다고 들었습니다. 바라건대 폐하께서는 지난 일을 깊이 생각하셔서 현재의 일에 대비하십시오.

애제를 보좌하다가 파면되다

○   ○   ○

그때 성제가 붕어하고 애제(哀帝)가 즉위하자 두업이 다시 상소를 올렸다.

왕씨 일족이 대대로 권세를 휘두른 지 오랜 시일이 지났습니다. 조정에는 강직한 신하가 없고 종실과 제후의 힘은 미약하여 옥에 갇힌 죄수와 다를 바 없으니 좌사(佐史) 이상의 고관은 모두 권신과 일당을 이루고 있습니다.

곡양후(曲陽侯) 근(根)은 전에 삼공으로 정사를 돌보면서 조소의가 황자를 죽인 사실을 알면서도 곧바로 고하지 않은 것은 물론 오히려 조씨 일족과 가까이 지내며 제멋대로 만행을 부렸고, 죽은 허(許) 황후를 모함하여 죄가 없는데도 죄를 덮어씌워 허씨 일족을 주살함으로써 원제의 외가를 멸족했습니다. 속으로 동복 형인 홍양후 왕립과 손위 누이인 순우씨(淳于氏)를 질투하다가 형과 누이가 늙은 뒤에 돌보지 않았습니다. 최근에는 장안에서 피비린내가 진동하도록 사람을 많이 죽였으니 위세와 권력이 두려울 만큼 큽니다.

고양후(高陽侯) 설선(薛宣)은 어머니를 봉양하지 않은 불효로 이름이 났고 안창후(安昌侯) 장우(張禹)는 악한 자들의 우두머리로 선제 때에 조정을 어지럽힌 바람에 나라 안에서 비방꾼으로 이름을 날렸으니 이 두 사람은 조심하지 않으면 안 될 자들입니다.

폐하께서는 즉위하신 초기라 겸손하게 처신하는 데만 힘을 쏟고 계십니다. 선제께서 붕어하신 뒤에 폐하 홀로 정사를 돌보시는 데 의지할 만한 신하가 없는 채로 권신이 몇 차례 바뀌었으니, 마치 끓는 물에 손을 넣어 보는 형세와 같습니다. 서둘러 의(義)로써 은혜를 베푸시며 백성의 마음을 안정시켜야 마땅합니다.

제가 살펴보건대 주박이 충성스럽고 성실하며 용맹한 데다 재주와 지략이 근자에 보기 드물게 뛰어나니 진실로 나라의 영웅과 준걸 같은 보배로운 신하라 할 만합니다. 마땅히 불러서 좌우에 두시고 천하를 다스리십시오. 이런 사람이 조정에 있으면 폐하께서는 베개를 높이 베고 푹 주무실 수 있습니다. 예전에 여씨 일족이 유씨 왕조를 찬탈하려고 했을 때 다행히도 고조의 유신인 주발과 진평이 살아 있었기에 망정이지, 없었다면 간신의 조롱거리가 되고 말았을 것입니다.

두업은 또 장안에 마땅히 공왕(恭王)[33]의 사당을 세워 효도하는 모습을 널리 알려야 한다고 주장했다.

고창후(高昌侯) 동굉(董宏)도 황제의 생모인 정도왕(定陶王)의 정(丁) 왕후를 황제의 태후로 추존해야 한다고 주장했을 때, 대사공 사단 등이 오조부도죄(誤朝不道罪)로 탄핵했으므로 파면되어 서인이 되었다. 이때 두업은 상소를 올려 동굉을 변호했다. 앞뒤로 올린 상소가 모두 황제의 뜻에 맞아 두업의 주장대로 시행되었으니, 아니나 다를까 주박은 등용되었고, 두업도 황제의 뜻에 맞는 상소를 올린 일로 다시 부름을 받고 태상이 되었다.

한 해 남짓하여[34] 상당군(上黨郡) 도위로 좌천되었다. 그때 마침 사례교위(司隸校尉)가 상소를 올려 두업이 잘못 선발되어 태상의 직분을 제대로 수행하지 못했다고 했으므로 두업이 파면되었다. 두업은 다시 봉토로 돌아갔다.

애제가 붕어하고 왕망이 정권을 장악하자 〔애제의 생부와 생모의〕 사당을 세우고 존호를 추존하자는 의견을 냈던 신하들이 모두 파면되어 합포(合浦)로 유배되었다. 두업은 그 전에 폐출되었으므로 더는 죄를 묻지 않았으나, 근심하고 두려워하다가 병이 나서 죽었다.

두업이 성제가 즉위한 초기에 성제의 여동생인 영읍(穎邑) 공주에게 장가를 들었다. 공주가 아들이 없는 채로 세상을 떠났다. 두업의 집안에서 황제에게 글을 올려 시신을 장안으로 옮겨 공주와 합장하게 해 달라고 청했으나 황제가 불허하고 시호를 황후(荒侯)로 내렸다. 후위는 아들을 거쳐 손자에게 내려갔다가 끊겼다.

원래 두주가 무제 시절에 무릉으로 이사해서 살다가 두연년 대에 이르러 두릉으로 옮겨 갔다고 한다.

찬하여 말한다.

장탕과 두주는 모두 법률 문서를 다루는 아전으로 출발하여 삼공의 지위에 오른 인물로 혹리(酷吏)에 속한다. 이 두 사람은 모두 뛰어난 아들을 두었는데 덕망과 그릇이 아버지를 초월하여 높은 작위를 받았으며 아버지의 대를 이어 조정에서 일하며 서로 협조했다. 〔광무제〕건무 연간에 이르러 두씨 집안은 비교할 수 없이 높은 관직과 작위를 누렸다.[35]

두씨 집안이 복을 누리게 된 사정을 살펴보니 원훈 공신과 유림의 후예가 미칠 수 없을 만큼 뛰어났다. 두씨 집안이 주나라 당두씨(唐杜氏)의 후예라고 하는데 정말 그럴까?

두흠의 대에 이르러 부침을 거듭하긴 했지만, 계책을 많이 내어 성사시켰다. 그중에서 〔성제〕건시(建始) 연간에 후궁을 경계해야 한다고 간곡히 설득했으나 마침내 두흠이 걱정하던 대로 되어 버렸다. 두흠이 주장한 제도는 '관저'에 나오는 미묘한 뜻을 거의 그대로 나타낸 것으로 대저 겉만 번지르르하게 풍부한 식견을 자랑하는 무리가 도저히 생각해 낼 수 없는 제도였다.

두업은 형세를 봐 가면서 위기에 처한 사람을 비방하고 공격했으니, 주박을 칭찬한 대신에 사단은 망하게 했다. 〔사람을〕 아끼고 미워하는 말이란 얼마나 두려운 것인가!

31

장건·이광리 전
張騫李廣利傳

장건(張騫, 기원전 164~기원전 114년)은 영토 개척에 힘을 쏟았던 무제 시대에 중국에서 서역(西域)으로 가는 길을 개척한 전설적인 인물이다. 장건이 개척한 길은 '실크 로드'로 알려진 중앙아시아 횡단 대동맥으로 이 길을 통해 중국과 세계 각 지역의 물자와 문화가 교류되었다.

미지의 서쪽 세계로 떠난 장건은 흉노국의 군신(軍臣) 선우에게 붙잡히는 바람에 임무를 완수하지 못했다. 그러나 이에 굴하지 않고 두 번째 시도에서 카스피해와 아무다리야강 유역의 대월지국(大月氏國)과 대하국(大夏國)까지 이르렀다. 장건의 쾌거는 서역도호부 설치로 이어져서 서역에 관리와 군대를 파견하게 되었다. 장건의 뒤를 이어 수많은 사람이 서역으로 출사했는데, 그중에 반고의 동생인 반초(班超)도 있다. 『사기』에는 「위 장군 열전(衛將軍列傳)」과 「대원 열전(大宛列傳)」에 장건

의 사적이 열거되어 있는데 『한서』에서는 자료를 보충하여 따로 열전을
세웠다.

서역의 희귀한 특산물을 얻고 싶어 했던 무제는 특히 오손국(烏孫
國)의 서극마(西極馬)나 대원국(大苑國)의 한혈마(汗血馬)를 좋아했으
니, 대원국 정벌전은 영토 개척보다 한혈마를 얻기 위한 전쟁이었다. 이
사장군(貳師將軍) 이광리(李廣利, ?~기원전 89년)는 대원국 정벌에 공을
세운 인물로 무제가 총애한 후궁 이(李) 부인의 오빠였다. 이보다 앞서
무제에게는 위청과 곽거병처럼 뛰어난 무공을 세운 충성스러운 외척이
있었다. 이광리는 이 두 장군에게는 미치지 못했으니, 칠만 명의 기병을
거느리고 흉노에 투항했다가 살해당하는 비극적 최후를 맞았다. 「유굴
리전(劉屈氂傳)」에 따르면 이광리는 전장에서 창읍 애왕(昌邑哀王) 유박
(劉髆)을 황제로 세우려다 계획이 수포로 돌아갔다는 소식을 듣고 투항
했다.

서역으로 떠난 길, 흉노에 억류되다

○　○　○

　장건은 한중군(漢中郡)[1] 사람으로 〔무제〕 건원(建元) 연간에 낭관이 되었다.

　그 무렵 흉노에서 투항해 온 자가 "흉노가 월지왕을 죽이고 왕의 두개골을 음기(飮器)로 삼자[2] 월지 부족은 서쪽으로 이동하면서 흉노를 증오하고 있습니다. 그러나 월지와 함께 흉노를 공격할 세력이 없습니다."라고 전했다. 바로 그때 한나라 조정에서는 호(胡)[3]를 섬멸할 계획을 세우고 있었다. 그 소식을 듣고 월지와 서로 사신을 파견하여 통하고자, 반드시 흉노 영토를 지나가야 하는 출사 임무를 감당할 자를 모집했다. 낭관이었던 장건이 응모하여 월지에 사신으로 가게 되었는데, 당읍씨(堂邑氏)의 노복 감보(甘父)[4]와 함께 농서(隴西)에서 변경을 나갔다.

　흉노 땅으로 접어들어 통과할 때 흉노 사람들이 장건의 일행을 잡아 역참 수레에 태워 선우에게 보냈다. 선우가 말했다.

　"월지가 우리 북쪽에 있는데[5] 한나라에서 어떻게 사신을 보내겠다는 것인가? 우리가 월(越)에 사신을 보내겠다고 하면 한나라가 우리 말을 들어주겠는가?"

　선우가 장건을 열 몇 해 동안 붙잡아 두었다. 배필을 정해 주어 아들까지 낳았으나 장건은 한나라 부절을 잃어버리지 않고 간직했다.

　흉노 서쪽에 살고 있던 장건이 기회를 엿보아[6] 그 부하 일행과 함께 월지를 향해 도망친 뒤에 서쪽으로 수십 일을 달려 대원국에 이르렀다. 대원국에서는 한나라에 재물이 풍부하다는 이야기를 듣고 통교하려고 했으나 이루지 못하고 있다가 장건을 보고 기뻐하며 어디로 가는 길인지 물었다. 장건이 대답했다.

"한나라에서 월지국에 사신으로 가는 길에 흉노에게 길이 막혔다가 이제야 도망쳤습니다. 바라건대 왕께서 사람을 시켜 우리를 데려다주게 하십시오. 제가 월지국에 도착했다가 한나라에 돌아가면 한나라 조정에서 왕께 말로 다 할 수 없을 만큼의 재물을 보낼 것입니다."

대원국에서 장건의 말을 그럴듯하게 여기고 장건을 떠나게 해주면서 통역자와 길 안내자를 함께 보내 강거국(康居國)까지 데려다주었다. 강거국에서는 대월지국까지 데려다주었다. 대월지국에 이르러 보니 왕이 호(胡)의 노상 선우에게 죽임을 당한 뒤에 그 부인[7]을 왕으로 세워 놓고 대하국을 복종시켜 다스리고 있었는데 땅이 비옥한 데다 침입자가 적어 안락하게 살고 있었다. 게다가 대월지국에서 한나라가 멀리 떨어져 있기 때문에 멀리하려고 했고,[8] 호(胡)에 보복할 생각도 전혀 하지 않았다. 장건은 월지국을 떠나 대하국에 이를 때까지 끝내 월지국의 의향을 알아내지 못했다. 장건이 그곳에서 한 해 남짓 머물다가 돌아오면서 흉노를 피해 남산(南山)[9] 기슭으로 붙어 강(羌)의 땅을 통과하려다가 다시 흉노에게 붙잡혔다.

한 해 남짓 머물렀을 때 선우가 죽어[10] 나라 안이 어지러워지자 장건이 흉노에서 얻었던 아내 및 당읍보(堂邑父)와 함께 달아나 한나라로 돌아왔다. 황제가 장건을 태중대부에 임명하고 당읍보는 봉사군(奉使君)으로 삼았다.

장건은 사람이 꿋꿋한 데다 의지력이 강하고 관대했으며 남에게 성실하게 대했으므로 만이 사람들이 그를 좋아했다. 당읍보는 호인(胡人)으로 활을 잘 쏘았다. 극도로 곤궁할 때는 날짐승과 길짐승을 활로 잡아 먹을 것을 댔다. 처음에 장건이 떠날 때에는 백여 명이었으나 길을 떠난 지 열세 해 만에 두 사람만 살아서 돌아왔다.

장건이 직접 다다랐던 곳은 대원국, 대월지국, 대하국, 강거국이었지만 그곳에서 이웃의 큰 나라 대여섯 개의 사정을 전해 들었으므로 천자에게 그 모든 곳의 지형과 산물에 관해 알렸다. 그 내용은 「서역전(西域傳)」에 써 두었다.

대하에 이르는 길은 전국에서부터

○　○　○

장건이 말했다.

"신이 공(邛)의 대나무 지팡이와 촉 땅의 삼베가 대하에 있는 것을 보고 어디에서 얻었는지 물어보니, 대하국 사람들이 '우리네 상인이 연독국(身毒國)에 교역하러 가서 사 왔다.'[11]라고 대답했습니다.

연독국은 대하에서 동남쪽으로 수천 리 되는 곳에 있습니다. 그 나라에서는 성읍을 이루어 정착 생활을 하는 것이 대하와 같고 지대가 낮고 습하며 기후가 덥다고 합니다. 그 나라 사람들은 코끼리를 타고 싸운다고 하며 땅은 큰 강에 접해 있다고 합니다.

건(騫)이 계산해 보니 대하는 한나라 서남쪽 일만 이천 리 떨어진 곳에 있고, 그에 이어 연독국은 대하의 동남쪽 수천 리에 있는데, 촉 땅의 산물이 그곳까지 가 있다니 이는 촉 땅에서 멀지 않다는 것을 의미합니다. 지금 대하에 사신을 보내려면 강(羌)의 땅을 지나야 하는데 지세가 험한 데다 강족도 우리가 사신을 보내는 것을 싫어할 것이고, 그보다 약간 북쪽으로 가면 흉노에게 잡힐 것입니다. 촉 땅에서 출발하면 지름길로 가게 되어 있을 뿐만 아니라 적을 만날 일도 없을 것입니다."

황제가 대원국과 대하국, 안식국 같은 나라가 모두 대국으로 진기한 물산이 많이 나고 정착 생활을 하며 중국과 풍습이 아주 비슷하다는 것과 군대가 야하며 한나라 물건을 중시한다는 깃, 그리고 그 북쪽에 대월지국와 강거국 등이 있는데 군대는 강하지만 선물을 보내 경제적 이익을 주면 황제를 배알하러 올 것이라는 말을 미리 듣고 있었다. 만일 의(義)로써 그들을 예속시키면 만 리에 걸쳐 영토를 넓히고, 여러 단계의 통역을 거쳐 풍속이 다른 나라가 복속해 올 테니 황제의 위엄과 덕망이 사해에 두루 미치리라고 했다.

황제가 기뻐하며 장건의 말을 옳게 여겼다. 그리하여 명령을 내려 촉군(蜀郡)과 건위군(犍爲郡)에서 밀사를 내보내 네 갈래 길로 동시에 출발하게 했다. 한 갈래는 망(駹) 부족 땅에서 출발했고, 한 갈래는 작(筰) 부족 땅에서 출발했으며, 한 갈래는 사(徙) 부족과 공(邛) 부족 땅에서 출발했고, 한 갈래는 북(僰) 부족의 땅을 출발해[12] 모두 제각기 일이천 리씩 갔다. 그 사자들은 북쪽에서 저(氐) 부족과 작 부족에게 길이 막혔고 남쪽에서는 수(巂)[13] 부족과 곤명(昆明) 부족에게 길이 막혔다.[14]

곤명 부족은 군장이 없이 약탈과 도적질을 일삼았다. 한나라 사자가 지날 때마다 죽이고 약탈했으므로 끝내 곤명과 통하지 못했다. 그런데 듣기로 그 서쪽 천여 리 되는 곳에 코끼리를 타는 나라가 있는데 나라 이름은 전월(滇越)이라고 하며, 촉군의 상인 중에 밀무역하는 자가 간혹 가 본 적이 있다고 했다. 그리하여 한나라가 대하로 가는 길을 찾는 일은 전국(滇國)과 통하는 것으로 시작하게 되었다. 그보다 먼저 한나라에서 서남이 부족들과 통하고자 비용을 많이 들였다가 그만두었다가 이때에 이르러 장건이 대하와 통할 수 있다고 하자 다시 서남이와 통하는 일에 전념했다.

그 뒤에 장건이 교위로서 대장군 위청을 따라 흉노를 공격하러 출동했는데 물과 풀이 있는 곳을 알고 있어 군대가 궁핍을 겪지 않게 했으므로 박망후(博望侯)에 봉해졌다. 원삭 6년의 일이다.

두 해가 지나서 장건이 위위의 신분으로 이광(李廣)과 함께 우북평(右北平)에서 흉노를 공격했다. 이 장군 부대가 흉노에 포위되어 군사를 많이 잃었을 때 장건이 약속한 시간보다 늦게 합류한 일로 참형을 선고받았으나 속죄금을 내고 평민이 되었다.

그해에 표기장군 곽거병이 서쪽 변경에서 흉노를 공격하여 수만 명을 죽이며 기련산(祁連山)까지 이르렀다. 그해 가을에 흉노혼야왕(渾邪王)이 무리를 이끌고 한나라에 투항해 왔다. 그로써 금성(金城)과 하서(河西)의 서쪽에서 남산에 연하여 염택(鹽澤)에 이르기까지 아무 곳에도 흉노족이 살지 않게 되었다. 흉노족이 때로

척후병을 보내긴 했지만 드물었다. 두 해가 더 지나서 한나라 군대가 공격하여 선우를 막북(幕北)으로 쫓아 버렸다.[15]

서극마보다 좋은 한혈마

○　○　○

그 뒤에 황제가 여러 차례에 걸쳐 장건에게 대하국 등 여러 나라에 관해 물었다. 그때 장건은 후위를 잃은 상태였으므로 다시 공을 세울 기회라 여기고 말했다.

"신이 흉노 땅에 있을 때 오손국의 왕을 곤모(昆莫)라고 부른다고 들었습니다. 엽교미(獵驕靡) 곤모의 아비지 닌두미(難兜靡)가 오손 부족을 거느리고 대월지와 섞여 기련산의 동쪽에서 돈황(燉煌)의 서쪽에 사이에 거주했는데 작은 부족 국가였습니다. 대월지가 공격하여 난두미를 죽이고 그 땅을 빼앗자 오손 사람들은 흉노로 달아났습니다.[16]

난두미의 아들 곤모가 막 태어났을 때, 부보(傅父)였던 포취(布就) 흡후(翎侯)[17]가 안고 달아나다가 아기를 풀숲에 놓아두고 먹을 것을 구하러 갔다가 돌아와 보니 이리가 아기에게 젖을 먹이는 모습을 보았다고 합니다. 또 까마귀가 고기를 물고 날아와 아기 주변을 날고 있었으므로 신령한 아기라고 여겼으며, 그 뒤에 아기를 데리고 흉노에 귀순하자 선우가 좋아하며 아기를 길렀다고 합니다.

엽교미가 장성하자 선우가 그 아버지의 백성이었던 자들을 엽교미 곤모에게 주어 군대를 거느리고 전쟁에 참가하게 했는데 여러 번 공을 세웠다고 합니다. 그 무렵 월지가 흉노에게 패하여 서쪽으로 색왕(塞王)을 공격했습니다. 색왕이 남쪽으로 달아나 멀리 옮겨 가자[18] 월지 사람들이 그 땅을 차지했습니다. 엽교미 곤모는 힘이 셌으므로 선우에게 아버지의 원수를 갚겠다고 자청한 뒤에 서쪽으로 진격하여 대월지를 쳐부수었습니다. 그러자 대월지 종족이 서쪽으로 달아나 대하 땅으로 이동했습니다. 엽교미 곤모는 대월지 종족을 약탈하고 그곳에 정착했는데 병력이 점점 강해졌습니다. 그 무렵 군신 선우가 죽자 엽교미 곤모가 더는 흉노 선우를 배알하러 가지 않으니, 흉노에서 군대를 파견해 공격했지만 이기지 못했습니다. 그러자 대월지는 곤모를 더욱더 신령한 자로 여기며 그곳을 떠났다고 합니다.

지금 이치사(伊稚斜) 선우[19]가 막 한나라에게 패한 가운데, 곤모의 옛 땅에는 사람이 살지 않으니 곤모가 거느린 만이들이 고향을 그리워하고 있습니다. 그런데 이들은 한나라 물건을 가지고 싶어 하므로 만일 지금 오손국에 후한 선물을 주며 동쪽의 옛 땅으로 불러들여 살게 하고 한나라에서 공주를 보내 곤모의 부인으로 삼게 하면서 형제로 결연한다면 그 형세로 보아 오손국이 응당 한나라에 복종할 것이니 이로써 흉노의 오른팔을 끊어 버릴 수 있습니다. 오손국과 연합하게 되면 그 서쪽의 대하국 등지로부터 사신을 불러들여 그 나라들을 번국으로 삼을 수 있을 것입니다.”

황제가 장건의 말이 옳다고 여기고 장건을 중랑장으로 삼아 삼백 명을 거느리되 각자 말 두 필씩을 몰고 가게 했다. 또 수만 마리의 소와 양, 엄청난 양[20]의 황금과 비단을 싣고 오손으로 떠나게 했다. 또 여러 부사에게 부절을 지니게 하여 길이 통하는 곳에 있는 이웃 나라에 파견하게 했다.

장건이 오손국에 이르러 황제의 하사품을 전달하고 〔오손 사람들이 옛 땅으로 돌아가기를 희망하는〕 황제의 뜻을 알렸으나 곤모가 결정을 내려 주지 않았다. 이때의 이야기는 「서역전」에 있다. 장건은 오손국에 머물며 대원국, 강거국, 월지국, 대하국으로 부사를 나누어 보냈다.

오손국에서는 통역과 길잡이를 파견해 장건을 한나라 장안까지 데려다주었다. 곤모는 오손의 사자 수십 명이 말 수십 필을 끌고 가서 황제에게 사례하는 기회를 빌려 한나라의 사정을 살피고 한나라가 얼마나 광대한지 알아보게 했다. 장건이 돌아와 대행(大行)에 임명되었다가 한 해 남짓하여 세상을 떠났다. 다시 한 해쯤 더 지났을 때 장건이 통교하기 위해 대하 등지에 파견했던 부사들이 모두 그 나라 사람들 여럿을 데리고 함께 돌아왔다. 그리하여 한나라와 서북 지역의 각 부족 국가 사이에 사신을 주고받는 길이 열리게 되었다. 그런데 장건이 서역으로 가는 길을 개척한 뒤로 그곳으로 가는 사자들은 모두 박망후라고 칭함으로써 외국에서 신임을 받으려고 했다. 외국에서도 박망후라는 이름을 대면 신임했다. 서역과 통교한 뒤에 마침내 오손국이 한나라와 통혼(通婚)했다.

그보다 먼저 황제가 『역』책을 펴서 점을 쳤는데 "신마(神馬)가 서북쪽에서 온다."라는 점괘가 나왔다. 뒤에 오손의 말을 얻었는데 아주 좋았으므로 이름을 천마(天馬)라고 했다. 그런데 다시 대원의 한혈마(汗血馬)를 얻고 보니 오손의 말보다 더 튼튼했으므로 오손의 말 이름을 서극마(西極馬)²¹로 고치고 대원의 말을 천마라고 부르게 했다.

그런 뒤에 한나라에서 영거 서쪽으로 주천(酒泉)까지 요새를 구축하고, 주천에 다시 군(郡)을 설치하여 그곳에서 서북쪽의 나라들과 통하게 했다.²² 그리하여 안식국(安息國), 엄채국(奄蔡國), 여건국(犛靬國), 조지국(條支國), 연독국²³으로 더 많은 사자를 내보내게 되었다. 게다가 황제가 대원의 말을 좋아했으므로 사자의 행렬이 길에 계속 이어졌다. 한번 나갈 때 인원이 많게는 수백 명에서 적으면 백여 명에 이르렀으며 그들이 가지고 가는 물품이 박망후 때와 비슷하게 많았다. 그 뒤로 점점 익숙해지자 사신단의 규모를 줄여 출발시켰다. 한나라에서는 대개 한 해에 많게는 십여 차례, 적게는 대여섯 차례의 사자를 보냈는데, 멀리 나가면 여덟아홉 해, 가까운 곳이면 몇 해 뒤에 돌아왔다.

그 무렵 한나라에서 월을 멸망시키자 촉군에서 통하던 서남이 부족들이 모두 놀라서 한나라 관리를 보내 달라고 청해 왔다.²⁴ 〔저란(且蘭) 땅에〕 장가군(牂柯郡)을, 〔공 땅에〕 월수군(越嶲郡)을, 〔전월 땅에〕 익주군을, 〔작 땅에〕 침려군(沈黎郡)을, 〔염(冉) 땅과 망(駹) 땅에〕 문산군(文山郡)을 두었다. 그렇게 변경 땅을 계속 이어 나가 대하국까지 나아가 통교하고자 했다. 그런 뒤에 한 해에 십여 차례나 사신을 보내 새로 설치한 여러 군에서 출발하게 했으나, 언제나 곤명에서 길이 막혀 사자는 살해되고 대하국으로 보내는 선물은 빼앗겼다. 그리하여 한나라에서 군대를 출동하여 곤명을 공격한 끝에 수만 명의 목을 베었다. 그런 뒤에 다시 사자를 보냈지만 끝내 통교하지 못했다. 이 이야기는 「서남이전」에 있다.

너도나도 서역으로

○　　○　　○

장건이 외국으로 나가는 길을 개척하여 존귀한 자리에 오른 뒤부터 그를 따라갔던 군리와 병졸이 다투어 글을 올리며 외국의 진기한 물산을 소개하고 외국으로 나가야 나라에 유리하고 나가지 않으면 불리하다며 출사를 청했다.

너무 멀어 즐겨 갈 만한 길이 아닌데도 사람들이 사자로 나가겠다고 하자 황제가 이를 장하게 여겼다. 제안만 듣고 부절을 수여했고, 군리와 평민을 모집할 때 내력을 묻지 않은 채 수행 인원의 규모가 다 갖추어지면 출발시켰다. 이로써 서역으로 가는 사람을 모집하는 길은 더욱 넓어졌다.

오가는 길에 선물로 가져가던 물품을 약탈당하거나 도둑맞는 일을 피할 수 없었으며 사신이 황제의 뜻대로 임무를 수행하지 않기도 했다. 황제가 그런 일이 관행이 되었다고 여기고 격노하여 모두 법에 따라 중죄로 다스리면서 속죄하게 하니 모두 다시 사신으로 나가서 공을 세우겠다고 빌었다. 그러나 사신에게는 이유가 될 일이 무궁무진하게 많았으므로 법을 어기는 것을 가볍게 여겼다. 사신을 따라갔던 군리와 병졸도 돌아와서 모두 외국의 물산을 대대적으로 선전했다. 조정에서 크게 떠벌리는 자는 부절을 주어 정사로 삼고, 과장하는 정도가 약한 자는 부사로 삼았으므로 망언을 일삼고 행실이 나쁜 무리가 사신이 되려고 과장하는 법을 다투어 배웠다. 그 사자들은 모두 선물로 보낼 물자를 빼돌려 싼값에 내다 팔아 사익을 챙기려고 했다.

외국에서는 한나라 사자들이 저마다 진위와 허실을 가릴 줄 모른다고 미워하면서, 군대가 멀리 있으니 구원하러 오지 못하리라 생각하고 먹을 것을 끊어 한나라 사자들을 곤경에 빠뜨렸다. 한나라 사자들은 생활이 궁핍해지자 질책하고 원망하며 심지어 서로 공격하기에 이르렀다.

누란(樓蘭)과 고사(姑師)[25]는 작은 나라로 교통의 요지에 있으면서 한나라 사자를 공격하고 약탈했는데 특히 왕회(王恢) 등이 심하게 당했다. 또 흉노의 기습 부대가 수시로 한나라 사자의 길을 막고 공격했다.

그러자 사자들은 다투어 외국을 복속해야 유리하고 정벌하지 않으면 불리하다면서 나라마다 성읍을 이루고 있으나 군대가 약하여 공격하기 쉽다고 전했다. 그리하여 황제가 종표후(從票侯) 조파노(趙破奴)를 보내 속국의 기병과 변경의 군(郡)에 주둔하던 부대 수만 명으로 호(胡)[26]를 치게 하니 호가 모두 퇴각했다. 이듬해에 조파노가 고사를 공격하여 격파하고 누란왕을 사로잡았다. 그 뒤에 주천에서 옥문관(玉門關)까지 연이어 정(亭)과 장(鄣)을 두었다.

대원국과 그 근처의 여러 나라에서는 사신을 파견하여 장안으로 돌아가는 한나라 사자를 따라가게 했다. 이들이 와서 한나라가 광대한 것을 보고 큰 새의 알과 여건국의 환인(眩人)[27]을 한나라에 바치자 황제가 크게 기뻐했다.

한나라 사자가 황하의 발원지를 찾아냈는데 그 산에 옥석이 많았으므로 캐내어 왔다. 황제가 옛 지도와 서적을 살펴보고 황하가 발원하는 산의 이름을 곤륜산(昆侖山)이라고 부르게 했다.

그 시절 황제가 여러 차례 해변 지역을 순수(巡狩)했다. 그때마다 외국 손님을 데리고 큰 고을과 사람 많은 곳을 거쳐서 갔다. 돈과 비단을 풀어 외국 손님에게 아주 많은 양을 하사하여 한나라에 물자가 풍부한 것을 보여 주었다. 많은 사람을 모아 놓고 각저(角抵) 대회를 열어 괴이하게 생긴 자들이 뛰어난 기술을 부리는 것을 보였다. 또 한편에서는 상을 내리고 힌편에서는 주지육림을 차려 내며 다른 한편에서는 외국 손님에게 각 창고와 저장고에 쌓아 놓은 물자를 두루 돌아보게 하여, 한나라의 광대함을 보여 주고 그들을 놀라게 했다. 그 뒤로 환인의 재주가 다양해지고 각저의 뛰어난 기술이 해마다 늘어 마술과 각저가 성행했는데 무제 때부터 시작된 것이었다.

갈수록 오가는 외국 사신들의 수가 많아졌다. 그런데 대원국 서쪽에 있는 나라들은 모두 한나라가 먼 곳에 있다고 여기면서 계속해서 교만하고 방자하게 굴었지만, 굴복시키지 못하고 예로써 회유하며[28] 출사했다.

한나라 사자가 많이 나갔는데 사자의 젊은 수행원까지 자신이 알게 된 사실을 모두 황제에게 자세하게 아뢰었다. 특히 대원국에서 명마가 나는데 이사성(貳師城)에 숨겨 놓고 한나라 사자에게 보여 주지 않는다고 전했다. 황제는 대원국의 말을 좋아했으므로 소식을 듣고 말을 갖고 싶어 했다. 장사 차령(車令) 등에게 황금 천 근과 황금으로 만든 말을 가지고 가서 대원왕에게 이사성의 명마를 달라고 부탁하게 했다. 대원국에 한나라 물건이 많았으므로 서로 모의했다.

"한나라는 우리 나라에서 멀리 있는 데다 염수(鹽水)를 지날 때 많이 죽는다. 그 북쪽으로 가면 호구(胡寇)가 있고 그 남쪽으로 가면 물과 풀이 모자라며 계속 나아가도 고을을 만나지 못해 먹을 것이 심각하게 부족하다. 한나라 사자는 한 번 나올 때 수백 명씩 오는데도 늘 먹을 것이 부족해 죽는 자가 절반 이상이니, 대군이 어떻게 여기까지 오겠는가? 게다가 이사마(貳師馬)는 대원의 보마라서 줄 수 없다."

대원국에서 끝내 한나라 사자에게 말을 주지 않았다. 한나라 사자가 화가 나서 욕을 하며 몽둥이로 황금 말을 부수고 떠났다. 대원의 중귀인[29]이 화를 내며 말했다.

"한나라 사자가 우리를 너무 업신여기는구나!

그러고는 한나라 사자를 귀국하게 한 뒤에 대원국 동쪽 변경의 욱성왕(郁成王)을 시켜 길을 막고 공격하여 죽인 뒤 그 재물을 빼앗게 했다. 황제가 크게 노했다.

일찍이 대원에 사신으로 갔다 온 적이 있는 요정한(姚定漢) 등 여러 사람이 말했다.

"대원의 군대는 약해서 한나라 군대가 출동한다면 삼천 명 미만의 병사로도 쇠뇌를 쏘아 쳐부술 수 있을 것입니다."

황제가 삭야후(浞野侯) 조파노로 하여금 누란을 치게 했을 때 기병 칠백 명을 먼저 누란에 도착하게 하여 그 왕을 사로잡은 적이 있으므로 요정한 등의 말이 그럴듯하다고 여겼다. 마침 황제가 총애하던 후궁 이씨의 오빠 이광리(李廣利)에게 후(侯)를 봉할 기회를 찾고 있었으므로 이광리를 장군으로 삼아 대원국을 치게 했다.

장건의 손자 장맹(張猛)은 자가 자유(子游)로 재주가 매우 뛰어났다. 원제 때에 광록대부가 되어 흉노에 출사한 일로 급사중을 더해 받았으나 석현(石顯)에게 모함을 받은 뒤에 스스로 목숨을 끊었다.

대원을 치고 명마를 얻어 온 이광리

○　○　○

이광리의 여동생 이 부인은 황제의 총애를 받으며 창읍 애왕[30]을 낳았다.

태초(太初) 원년에 황제가 이광리를 이사장군으로 삼고 속국[31] 기병 육천 명과 중원의 군과 제후국에서 행실이 옳지 못한 젊은이 수만 명을 징발하여 출동하게 했다. 이사장군은 이사성에 가서 명마를 얻어 올 것을 기대하면서 내린 칭호였다.

전 호후(浩侯) 왕회[32]에게 군대가 행군할 길을 안내하게 했다. 서쪽으로 출동하여 염수를 건넜다. 지나는 길의 작은 나라들이 성을 굳게 지키면서 군량을 대 주지 않았으나, 공격해도 함락하지 못했다. 함락하면 군량을 얻고, 함락하지 못하면 며칠씩 공격하다가 떠났다. 군량이 떨어진 채로 행군하여 욱성에 다다르니 남은 군사는 겨우 수천 명으로, 모두 굶주림에 지쳐 있었다.

욱성의 성을 공격했으나 욱성에서 항거했으므로 죽거나 다친 병사가 아주 많았다. 이사장군이 부관들과 의논했다.

"대원 변방의 욱성에 이르러 아직도 함락하지 못하고 있는데 하물며 대원의 도읍이야 말해 무엇하겠는가?"

그리하여 부대를 이끌고 회군했다.

오고 가는 데 두 해가 걸려 돈황에 도착했을 때는 남은 병사가 열에 한둘뿐이었다. 사자를 보내 황제에게 글을 올렸다.

길이 먼데 군량이 너무 부족했습니다. 병사들이 전투는 두려워하지 않았지만 굶주림은 참을 수 없어 병력이 줄었으므로 대원을 함락하기에 부족했습니다. 바라건대 전투를 중지했다가 징병 규모를 늘려 다시 진군하도록 허락해 주십시오.

황제가 그 글을 읽고 크게 노하여 사자를 보내 옥문관 밖에 머물러 있게 한 뒤 명령했다.

"군대가 관내로 들어오면 참형에 처하라."

이사장군은 두려워하며 돈황에 머물러 주둔했다.

그해 여름에[33] 한나라에서 흉노와 전투를 벌여 삭야후의 군대 이만 명을 잃었으므로[34] 공경이 모여 의논하기를 대원을 치러 보낸 군대를 철수시킨 뒤 호(胡)를 치는 데 전력을 쏟자고 의견을 모았다. 황제가 생각하니 이미 대원을 치러 출병한 상황에서 대원 같은 작은 나라도 함락하지 못하면 대하 같은 나라들까지 한나라를 더욱 경시할 것이고, 대원의 명마를 한나라에 가져올 길도 끊어지며, 오손국과 윤대성(輪臺城)에서도 한나라 사자들을 경시하고 괴롭힐 테니 외국의 비웃음을 살 일이었다. 그리하여 대원국을 치는 것이 매우 불리하다고 주장한 등광(鄧光) 등을 처벌했다. 그러고는 수형자들을 사면하여 침입자를 막게 하고[35] 행실이 옳지 못한 젊은이를 징발했으며 변방의 기병까지 해서 한 해 남짓 돈황에서 출동한 병사가 육만 명이나 되었다. 병사가 자신의 노복에게 식량을 지워 따르게 한 수효는 치지 않은 것이다. 군대는 소 십만 마리와 말 삼만 필, 수만 마리의 나귀와 낙타, 군량과 무기, 쇠뇌를 충분히 갖추었다. 대원국을 정벌하는 명령을 받드느라 천하가 떠들썩하도록 물자를 실어 날랐고 교위 쉰 명 남짓이 군대를 이끌었다.

대원성 안에는 우물이 없어 성 바깥에 흐르는 물을 끌어와 쓰고 있었다. 그리하여 수공(水工)을 보내 성 밖의 물줄기를 변경하고 성벽에 구멍을 뚫었다.[36]

또 십팔만 명의 수자리 병사를 더 징발하여 주천(酒泉)과 장역(張掖) 북쪽에 주둔하게 하고 거연(居延)과 휴저(休屠)에 현(縣) 도위를 두어 주천을 지키게 했다. 천하에 영을 내려 칠과적(七科適)[37]에 해당하는 자를 군대에 징발하게 했다. 또 이사장군 부대에 건량을 실어 나르게 했는데 운반하는 수레와 인원이 돈황까지 서로 꼬리를 물며 이어졌다. 또 말에 관해 잘 아는 두 사람을 집마교위(執馬校尉)와 구마교위(驅馬校尉)로 삼아 대원을 쳐부수고 명마를 골라 오게 했다.

이렇게 이사장군의 두 번째 출정에는 대오의 규모가 컸으므로 작은 나라들이 군량을 공급하면서 맞지 않을 수 없었다. 부대가 륜대성에 이르렀을 때 윤대에서 항복하지 않았으므로 며칠 동안 공략하여 성을 도륙했다. 그곳에서 서진하여 적을 만나지 않고 무사히 대원국의 도읍에 도착한 병사가 삼만 명이었다. 대원국의 군대가 한나라 군대를 맞아 싸우자 한나라 군대에서 쇠뇌를 쏘아 격퇴했다. 대원국의 군대가 성안으로 달아나 성루에 의지하여 지켰다.

변경을 지나던 길에 이사장군이 욱성성을 먼저 공격할 생각도 했으나 그로 인해 행군이 지체되면 대원국에서 더 교활한 짓을 꾸밀까 우려했다. 그리하여 먼저 대원국의 왕성에 이르러 그 수원을 끊고 물길을 다른 곳으로 옮기니 대원국 사람들이 곤경에 빠져 격정하게 되었다.

성을 포위하고 공격한 지 마흔 날이 넘었을 때 대원국의 귀인(貴人)들이 대책을 강구했다.

"우리 왕 무과(毋寡)[38]가 명마를 감추고 한나라 사절에게 내주지 않았다. 이제 왕을 죽이고 명마를 내주면 한나라 군대는 포위를 풀 것이다. 그래도 포위를 풀지 않으면 그때 가서 힘을 다해 결사적으로 싸워도 늦지 않을 것이다."

대원국의 귀인들이 모두 그 말을 옳게 여기고 함께 왕을 죽였다. 그때 외성이 함락되면서 대원국의 귀인이자 용감한 장수였던 전미(煎靡)가 사로잡혔다. 대원국 사람들이 크게 두려워하며 내성 안으로 달아난 뒤에 서로 상의했다.

"한나라가 대원국을 공격하게 된 것은 왕 무과 때문이다."

그리하여 사자가 왕의 머리를 들고 가서 이사장군에게 약속했다.

"한나라가 우리를 공격하지 않으면 우리가 명마를 모두 내놓을 테니 마음대로 가져가십시오. 그리고 한나라 군대에 식량을 공급 하겠습니다. 그러나 우리 말을 듣지 않으면 명마를 모두 죽여 버리겠습니다. 강거국에서 곧 구원병이 도착할 것이니, 구원병이 도착하면 우리는 성안에서, 강거국은 성 밖에서 한나라 군대와 싸울 것입니다. 이에 대해 잘 생각해 보십시오. 어떻게 하시겠습니까?"

그때 강거국에서는 한나라 군대가 강대하다는 것을 정탐해 내고 진격하지 않았다.

이사장군이 대원의 왕성 안에서 우물을 팔 줄 아는 중국 사람[39]을 새롭게 찾아냈고 성안에 먹을 것이 여전히 많다는 소문을 들었다. 그리하여 일을 만든 원흉인 무과를 주살하러 왔는데 이미 무과의 머리를 얻었으니, 이제 대원 사람들의 말을 들어주지 않으면 대원국에서 굳세게 지킬 것이고 그렇게 되면 강거국에서는 한나라 군이 지치기를 기다려 대원국을 구하러 와서 쳐부술 것이 틀림없다고 여겼다. 군리들도 모두 이사장군의 생각이 옳다고 여겨 대원국에서 내건 조건을 받아들였다. 이에 대원국에서 명마를 내놓고 한나라 측에서 마음대로 고르게 하고 먹을 것을 많이 내놓아 한나라 군을 먹였다. 한나라 군은 대원국의 명마 수십 마리와 중등 이하의 암수 삼천여 마리를 확보했다. 그리고 대원국의 귀인 중에서 예전부터 한나라 사자를 만나면 우호적으로 대해 주었던 말찰(昧蔡)⁴⁰을 왕으로 세운 뒤에 그와 더불어 동맹을 맺고 전쟁을 끝냈다. 끝내 대원국의 왕성 안으로는 진입하지 않은 채 전투를 중지한 뒤 군대를 이끌고 돌아왔다.

그보다 먼저 이사장군이 돈황에서 출발하여 서진할 때 군사가 많았다. 길가의 각국에서 대는 군량으로 대군을 충분히 먹일 수 없었으므로 몇 갈래로 나누어 남쪽과 북쪽 길로 진군했다.

교위 왕신생(王申生)과 홍로직을 지낸 호충국(壺充國) 등이 천여 명을 이끌고 따로 욱성에 도착했는데 욱성 사람들의 성을 지키며 먹을 것을 주지 않았다. 왕신생의 부대는 대군으로부터 이백 리 떨어져 있었으므로, 대군을 믿은 채 욱성 사람들을 가볍게 보면서 서둘러 욱성을 공격했다. 욱성에서 왕신생의 병력이 적은 것을 탐지하고 새벽에 삼천 명이 공격하여 왕신생 등을 죽였으므로 수많은 병사가 대오를 이탈해 이사장군에게로 달아났다.

이사장군이 수속도위 상관걸로 하여금 진격하여 욱성을 공략하게 하자 욱성이 항복했다. 욱성왕이 강거로 달아나자 상관걸이 강거까지 추격했다. 강거국에서는 한나라 군대가 대원국의 군대를 쳐부순 소식을 들었으므로 상관걸에게 욱성왕을 내주었다. 상관걸이 네 명의 기사로 하여금 대장군에게 욱성왕을 압송하게 했다. 그러자 그 네 사람이 서로 상의했다.

"욱성왕은 한나라에서 증오하는 자인데 이제 산 채로 압송하다가 갑자기 〔일을 만나면〕 대사를 그르칠 수 있다."

그리하여 죽이기로 했으나 나서서 먼저 죽이려고 드는 사람이 없었다. 그때 상규(上邽) 출신의 기사 조제(趙弟)가 칼을 뽑아 욱성왕을 베었다. 상관걸 등은 대장군[41]의 부대에 합류했다.

사 년에 걸쳐 대원국 정벌을 완성하다

이사장군이 두 번째로 출정하기에 앞서 황제가 오손국에 사자를 보내 대군을 출동시켜 대원국을 치라고 알렸다. 그때 오손국에서는 기병 이천 명을 보냈으나 한나라와 대원국의 중간에 선 채 전진하지 않았다.

이사장군이 동쪽으로 군대를 돌려 회군하사 시나는 길에 있는 여러 작은 나라들이 한나라에서 대원국을 쳐부수었다는 소식을 듣고 공물을 헌납하며 자제들을 딸려 보냈다. 그들은 황제를 알현한 뒤에 그 기회에 한나라의 볼모가 되어 장안에 남았다.

군대가 회군했을 때 옥문관을 들어선 군사는 만여 명, 말은 천여 필이었다. 이사장군의 두 번째 출정에서는 군량이 모자라는 일이 없었고 전사자도 그리 많지 않았으나 장수와 군리가 재물을 탐하여 병졸을 아끼는 마음 없이 군량을 가로챘기 때문에 죽은 사람이 많았다. 그러나 황제는 이역만리에서 정벌한 공을 높이 사서 그 허물을 묻지 않기로 하고 조서를 내렸다.

흉노가 해를 끼친 지 오래되어 이제 막북으로 쫓아내기는 했으나 이웃 나라와 공모하여 한나라에서 대월지국으로 보내는 사신의 길을 함께 끊었으니 중랑장 강(江)과 옛 안문 태수 양(攘)의 일행을 가로막고 죽였다. 또 위수(危須) 서쪽에서 대원국에 이르는 모든 나라가 동맹하여 기문랑(期門郞) 거령과 중랑장 조(朝) 및 연독국으로 가던 사자를 죽이고 동서로 통하는 길을 막았다.

　이사장군 광리(廣利)가 그 죄를 물어 대원국을 토벌했다. 하늘의 신령함에 의지하여 험한 산과 물을 거슬러 오르며 사막을 건너 서해(西海)로 통했으니, 다행히도 산에 눈이 적게 쌓여 장수와 병졸이 어려움을 겪지 않고 곧바로 진군할 수 있었다. 그리하여 왕의 목을 베어 얻었으며 진기하고 기괴한 것들로 궁궐을 채웠다. 이에 광리를 해서후(海西侯)에 봉하고 식읍 팔천 호를 내린다.

　또 욱성왕을 벤 조제를 신지후(新時侯)에 봉했고, 군정(軍正) 조시성(趙始成)의 공이 가장 컸으므로 광록대부로 삼았다. 상관걸은 적진에 가장 깊이 들어갔으므로 소부로 삼고, 이차(李哆)는 계략이 뛰어났으므로 상당 태수로 삼았다.

　군관과 군리 중에서 구경에 오른 자가 세 명이고 제후국의 상(相)과 태수 및 이천석 벼슬에 오른 자가 백여 명이며 천석 이하의 벼슬에 오른 자는 천여 명이나 되었다. 자원하여 입대한 자는 스스로 바라던 것보다 높은 벼슬을 받았고, 죄를 지은 뒤에 징발된 자는 모두 사면하되 그 공은 치지 않았으며, 병졸에게 사만 전어치의 상을 내렸다.

　대원국 정벌은 두 차례에 걸쳐 이루어졌고, 모두 마치기까지 네 해가 걸렸다.

그 뒤로 열한 해가 지나 정화(征和) 3년이 되었을 때 이사장군이 다시 칠만 명의 기병을 이끌고 오원(五原)에서 출격하여 흉노를 공격하며 질거수(郅居水)를 건넜으나 전투에서 패배하여 흉노에게 투항했다가 선우에게 죽임을 당했다. 이 이야기는 「흉노전」에 있다.

찬하여 말한다.

「우 본기(禹本記)」에 "황하는 곤륜에서 발원한다. 곤륜산의 높이는 이천오백여 리로,[42] 해와 달이 각각 숨어서 비춘다."라고 했다. 장건이 대하에 출사한 뒤로 황하의 발원지를 찾아냈는데, 「우 본기」에 묘사해 놓은 그런 곤륜산의 모습은 어디에 보이는가? 그러므로 구주(九州)의 산천을 언급한 것으로 『상서』가 사실에 가깝다고 하겠다. 「우 본기」와 『산해경』에 기재된 것은 믿을 만하지 못하다.

32

사마천전
司馬遷傳

이 편은 『사기』를 편찬한 사마천(司馬遷)의 전기로 인간 사마천을 엿볼 수 있는 귀중한 자료다. 반고는 『사기』 「태사공 자서(太史公自序)」를 거의 그대로 옮긴 뒤에 사마천이 지은 「보임안서(報任安書)」를 덧붙여 「사마천전」을 완성했다. 「태사공 자서」는 크게 사마천의 자서전과 『사기』의 서문 및 일러두기로 이루어져 있다. 이 글을 읽고 사마천 집안의 내력을 알고 나면 사찬(私撰) 사서 『사기』의 권위를 인정하게 되어 있었다. 반고는 이에 더하여 「보임안서」를 싣고 사마천이 불굴의 의지로 『사기』 편찬을 완성했다는 점을 밝혔다. 「보임안서」는 사마천 인물 연구에 없어서는 안 될 귀중한 자료로 『문선(文選)』에 재수록되었다.

사마천은 「태사공 자서」에 자신이 궁형을 받은 사실을 적나라하게 서술하지 않았다. 대신에 태초력을 완성한 태초 원년으로부터 일곱 해가 지난 때인 천한(天漢) 3년(기원전 98년)에 이릉(李陵)의 일로 감옥에 갇혔다고만 적었다. 그런데 반고는 사마천이 감옥에 갇힌 때를 태초 원년에서 열 해가 지난 때인 태시(太始) 2년(기원전 95년)으로 달리 기술했다. 반고가 이렇게 고쳐 적었기 때문에 사마천이 궁형을 당한 연도는 미궁에 빠지고 말았다. 사마천의 출생과 사망 연도에 대해서도 정설이 없는 형편이라 안타깝게도 지금까지 사마천의 일생은 정확히 재구성되지 못하고 있다.

사마천은 『사기』를 두고 "관련 사료를 조목별로 정리한 것"이라고 잘라 말했는데, 이는 공자의 술이부작(述而不作) 정신을 그대로 따른 것이다. 『사기』는 애초에 『태사공서(太史公書)』, 『태사공기(太史公記)』, 『태사공(太史公)』, 『태사공전(太史公傳)』으로 불렸다. 사기(史記)는 사서를 일반적으로 부르던 말이었으나 삼국 시대부터 사마천의 『태사공기』를 '사기'라고 부르기 시작했다. 반고는 사마천의 사관에 전적으로 동의하지는 않았지만, 사마천의 기록이 신뢰할 만한 사료를 기반으로 한 것일 때 그대로 옮겼다. 사찬 사서 『사기』가 정사(正史)의 원조로 자리 잡게 된 데에는 『한서』의 보증 덕이 컸다고 볼 수 있다.

사마씨 집안의 유래

○   ○   ○

　옛적에 전욱(顓頊) 임금이 남정(南正) 중(重)에게 천문을 관장하게 하고 화정(火正) 여(黎)에게 지리(地利)를 관장하도록 명했다. 요순시대에 다시 중과 여의 후손에게 계속해서 그 일을 맡아 보게 하여[1] 하나라와 상나라 때까지 이어졌으니 중씨와 여씨[2] 집안 후손이 대대손손 천문과 지리를 관장했다. 주나라 때 정백(程伯)에 봉해졌던 휴보(休甫)가 바로 그 후손인데, 주 선왕 때에 대대로 지켜 오던 관직을 잃고 사마씨(司馬氏)가 되었다. 사마씨 집안은 대대로 주 왕실의 문서와 서적을 관장했다.[3] 혜왕(惠王)과 상왕(襄王) 시절에 〔희퇴(姬頹)와 숙대(叔帶)의 난리를 피해〕 사마씨 집안이 진(晉)나라로 갔다. 진나라의 중군(中軍) 수회(隨會)가 위나라에 의탁했을 때 사마씨도 소량(少梁)으로 갔다.[4]

　사마씨가 주나라를 떠나 진나라로 간 뒤에 여러 갈래로 흩어졌다. 한 갈래는 위(衛)나라에서, 다른 갈래는 조(趙)나라에서 살았고 또 다른 갈래는 진(秦)나라에 가서 살았다. 위나라에서 살았던 인물 중에는 사마희(司馬喜)[5]처럼 중산국(中山國) 재상이 나오기도 했다.[6] 조나라로 갔던 갈래는 검술에 관한 학설을 후세에 전하여 유명해졌는데, 자객 사마괴외(司馬蒯聵)가 그 후손이다. 진(秦)나라로 갔던 인물 중 사마조(司馬錯)는 한(韓)나라를 정벌하자는 장의(張儀)와 더불어 쟁론을 벌였다. 그런데 진 혜왕(秦惠王)이 사마조의 주장을 받아들여 사마조로 하여금 촉 땅을 정벌하게 했는데 사마조가 공략에 성공했으므로 촉군 태수로 삼았다.

사마조의 손자인 사마기(司馬蘄)[7]는 무안군(武安君) 백기(白起)를 섬겼다. 그런데 〔진(秦)나라가 위(魏)나라〕 소량을 점령하여 하양(夏陽)이라고 고쳐 불렀다.[8] 사마기가 무안군과 함께 〔조괄(趙括)의〕 조나라 군대를 장평(長平)에 매장했다.[9] 돌아온 뒤에 〔한단(邯鄲) 공격에 반대하던〕 백기와 함께 두우(杜郵)에서 자결하라는 명령을 받고 화지(華池)[10]에 묻혔다. 사마기의 손자 사마창(司馬昌)은 진왕의 철관(鐵官)이었는데 진시황 시대까지 지냈다.

사마괴외의 현손[11]인 사마앙(司馬卬)은 무신군(武信君)의 군대를 이끌고 조가(朝歌)를 공략했다. 제후를 연달아 왕위에 올리던 시절에 하내(河內)를 평정한 공으로 항우가 은나라 왕에 봉했다. 한나라가 초나라를 정벌할 때 사마잉이 한왕(漢王)에게 투항했으므로 한왕이 그 땅에 하내군을 두었다.

사마창이 사마무역(司馬毋懌)을 낳으니 사마무역이 한나라에서 시장(市長)[12] 노릇을 했다. 사마무역이 사마희(司馬喜)를 낳았는데 사마희가 오대부를 지냈다. 이들은 죽어서 모두 고문(高門)[13]에 묻혔다. 사마희가 사마담(司馬談)을 낳았는데 사마담은 태사공(太史公)[14]이 되었다.

육가의 요지를 밝힌 사마담

○   ○   ○

태사공은 방사(方士) 당도(唐都)로부터 천문을 배웠고 양하(楊何)로부터 『역』을 전수받았으며 황자(黃子)로부터 도가 학술을 익혔다. 태사공은 건원, 원봉(元封) 연간에 〔태사령〕 벼슬을 살았는데, 배우는 사람들이 원뜻을 제대로 알지 못하고 스승의 학설에 미혹되는 것을 걱정하면서 육가(六家)의 요지를 논술했다.[15]

『역』「대전(大傳)」에 이르기를 '천하 사람들이 추구하는 근본이 일치해도 생각은 여러 가지이고, 한곳을 향해 가더라도 가는 길은 다르다.'[16]라고 했다. 대저 음양가(陰陽家), 유가(儒家), 묵가(墨家), 명가(名家), 법가(法家), 도덕가(道德家) 이들 학파는 모두 태평성대를 이뤄 낼 치국의 도를 연구했다. 그런데 그 언급하는 바가 다른 것은 성찰의 깊이에 차이가 있기 때문이다.

일찍이 내가 음양가 학설을 살펴보았는데 상서로운 징조를 중시하는 대신에 금기하는 것이 아주 많아 쓸데없이 이것저것을 가리게 함으로써 두려움을 자아내는 점이 많았다. 그러나 음양가의 학설 중에서 한 해 사시사철의 운행 규칙을 순서대로 정한 것은 잃지 말아야 한다.

유가 학설은 포괄하는 범위가 넓어 골자를 잡기가 어렵고 힘들게 공부해도 얻는 효과가 적으므로 모든 일에 그 주장하는 바를 따르기가 어렵다. 그러나 군신과 부자의 예를 서술한 것과 부부 및 장유의 구별을 열거한 것은 고치면 안 된다.

묵가 학설은 검약을 주장하되 따르기 어려울 만큼 심하게 주장하므로 그 학설을 두루 따를 수 없다. 그러나 농업을 강화하고 나라의 경비를 절약하라고 주장한 것은 폐기하면 안 된다.

법가는 엄하기만 하고 은덕을 베푸는 바가 적다. 그러나 군신 상하 간에 정확한 한계를 짓도록 한 것은 고쳐서는 안 된다.

명가는 사람을 억제시켜 진실함을 잃게 하기 쉽다. 그러나 명(名)과 실(實)의 관계를 바로잡은 것은 고찰하지 않아서는 안 된다.

도가는 사람으로 하여금 마음을 한군데로 집중하게 하고 무형의 도에 맞게 움직이게 하며 만물이 제대로 자라도록 한다. 도가의 도는 음양가의 사시사철의 운행 규칙을 따르고 유가와 묵가의 장점을 채용했으며 명가와 법가의 골자를 흡수하여, 시간이 흐름에 따라 자연스럽게 움직이고 대상에 순응하여 변화하며 풍속을 바르게 하여 규범을 세워 일하니, 하는 바가 알맞지 않은 것이 없으며 학설의 요지가 간략하고 실천하기가 쉬워 힘을 적게 들이고도 얻는 효과가 많다. 그런데 유가는 이와 달라서 군주를 천하의 모범으로 삼아 군주가 창도하는 대로 신하가 따르고 군주가 솔선수범하면 신하가 그에 따라야 한다고 하니, 그렇게 하여 군주가 힘쓰는 만큼 신하는 즐겁게 지내게 된다.

대도(大道)의 요지는 탐욕을 없애고 총명함을 버리는 것이다. 이 도리를 방치하면 방책을 써서 천하를 다스리게 된다. 대저 정신을 과도하게 쓰면 기력이 쇠하고 몸을 너무 힘들게 쓰면 피폐해져 정신과 몸이 일찍 쇠약하게 된다. 그렇게 되고도 천지와 더불어 장구하게 살고 싶어 하는데, 그런 일이 있었다는 이야기를 아직은 들어 보지 못했다.

음양가 학설은 사시(四時)와 팔위(八位),[17] 십이도(十二度),[18] 이십사 절기에 해당하는 엄격한 금기 규정을 정해 놓고 그 금기 규정을 따르면 번창하지만 거스르면 망한다고 이른다. 그런데 꼭 음양가에서 말하는 대로 되는 것이 아니므로 '쓸데없이 이것저것을 가리게 함으로써 두려움을 자아내는 점이 많다.'라고 한 것이다. 봄에 심어 여름에 기르고 가을에 거두어 겨울에 잘 보관하는 이 도리는 변하지 않는 하늘의 도이므로, 이 법칙에 따르지 않으면 천하의 기강을 세울 수 없다. 그래서 '한 해 사시사철의 운행 규칙을 순서대로 정한 것은 잃어서는 안 된다.'라고 한 것이다.

유가 학설은 육예(六藝)를 법으로 삼고 있다. 육예의 경(經)과 전(傳)이 엄청나게 많아서 대를 이어 배워도 그 학설을 통달할 수 없고 평생을 바쳐도 유가에서 이르는 예의를 다 알 수 없으니, 그래서 '포괄하는 범위가 넓어 골자를 잡기가 어렵고 힘들게 공부해도 얻는 효과가 적다.'라고 한 것이다. 그러나 군신과 부자의 예를 서술한 것과 부부 및 장유의 구별을 열거한 것은 백가의 어떤 학설로도 바꿀 수 없다.

묵가에서도 요임금과 순임금을 숭상하여 '궁실은 높이가 세 척밖에 되지 않았고 흙으로 세 단만 층계를 쌓았을 뿐이며 띠로 지붕을 엮되 가지런하게 자르지 않았고 참나무로 서까래를 엮되 목재를 다듬지 않았다. 또 질그릇 주발에 밥을, 질그릇 대접에 국을 담되 현미밥을 먹고 명아주 잎과 콩잎을 끓인 국을 먹었으며 여름에는 갈포 옷을 입고 겨울에는 사슴 가죽을 걸쳤다.'라고 그 덕행을 찬양한다. 묵가에서는 장례를 지낼 때 세 치짜리 오동나무 관을 쓰고 곡을 할 때에도 슬픔을 다 드러내지 않았으니, 만민에게 반드시 이것을 기준으로 상례를 지내도록 가르쳤다. 그리하여 천하 만민이 모두 이렇게 한다면 존비의 구별이 없어지게 될 것이다. 세상이 달라졌고 시대가 변했으므로 그때와 똑같이 일을 처리할 수 없기 때문에 '검약을 주장하되 따르기 어려울 만큼 심하게 주장한다.'라고 한 것이다. 그러나 그 학설에서 말하는 골자인 '농업을 강화하고 나라의 경비를 절약하는 것'은 사람마다 집집이 풍족하게 사는 길이다. 이는 묵가의 장점으로 백가의 어떤 학설도 이 점은 버릴 수 없다.

범가는 관계의 기깝고 민 징도를 가리시 않고 신분의 귀천을 구별하지 않은 채 법에 따라 일률적으로 처단하므로 혈육에게 깊은 정을 베풀고 높은 자리에 있는 사람을 존경하는 정을 끊어 버린다. 그러므로 일시적인 계책으로 쓸 수는 있지만 장기간 쓸 수는 없으므로 '엄하기만 하고 은덕을 베푸는 바가 적다.'라고 한 것이다. 그러나 군주를 존중하고 신하의 지위를 낮추며 각각의 직분을 명확하게 정함으로써 서로 선을 넘지 못하도록 한 것은 백가의 어떤 학설로도 고칠 수 없다.

명가는 근원을 꼬치꼬치 캐다가 오히려 어지럽게 휘저어 놓기만 하므로 사람들이 그 주장을 통해 교훈을 얻지 못하니 오로지 정명(正名)에 따라서만 판단하여 때때로 인지상정마저 잃도록 한다. 그러므로 '사람을 억제시켜 진실함을 잃게 하기 쉽다.'라고 한 것이다. 그러나 명(名)에 따라 실(實)을 찾아 서로 검증하여 사정을 틀리지 않게 하는 것은 고찰하지 않을 수 없는 도리이다.

도가에서는 무위(無爲)를 주장하면서도 무불위(無不爲)를 제창하는데,[19] 그 내용은 행하기 쉽지만 그 표현은 이해하기 어렵다. 그 학설은 만물을 포용하는 허무(虛無)를 근본으로 하고 자연에 순응하는 인순(因循)을 실행 방법으로 쓴다. 만물에 고정된 형식이 없고 일정한 형상도 없다고 여김으로써 만물의 실상을 찾아낸다고 하며, 만물의 앞에 나서지도 않고 뒤처지지도 않음으로써 만물을 주재할 수 있다고 주장한다. 법령이 있다 해도 법령이 없는 듯이 집행하며 각각의 때에 맞추어 일을 행하고, 제도가 있다 해도 제도가 없는 듯이 시행하며 만물의 실정에 맞추어 취사를 분별하므로, 고서에 '성군은 일부러 꾸미지 않았고,[20] 천시(天時)의 변화에 순응했다. 허(虛)는 도(道)의 변하지 않는 모습이고, 인(因)은 군주가 나라를 통치하는 기강으로 삼아야 할 도리이다.'라고 했다.

군주는 신하를 모두 불러 모아 놓고 각자의 재능에 따라 직분을 분명하게 정해 주어야 한다. 실제 행한 바가 그 명성과 맞아떨어지는 것을 단(端)이라고 하고 실제와 명성이 맞아떨어지지 않는 것을 공(窾)이라고 한다. 빈말을 신용하지 않아야 간사한 신하가 생겨나지 않고, 능력 있는 자와 불초한 자를 분명하게 구분할 수 있으며 흑과 백을 바로 알아차릴 수 있다. 모든 일은 군주가 인재를 어떻게 중용하는가에 달려 있으니 사람을 제대로 쓰면 어떤 일도 이루어 내지 못할 바가 없다. 그리하여 대도(大道)와 일치하면 원기가 충만해지고 천하를 밝게 비추게 되어 다시 무명(無名)의 청정무위

상태로 돌아간다.

사람은 정신이 있어 살아가되 그 정신은 몸에 깃들어 있다고 한다. 정신을 과도하게 쓰면 정신이 쇠약해지고, 몸을 너무 힘들게 하면 피로해지며, 정신이 몸을 떠나면 죽게 된다. 죽으면 다시 살아날 수 없고, 떠나면 다시 합칠 수 없으므로, 성인은 정신과 몸을 중요하게 여겼다. 이를 통해 볼 때 정신은 생명의 근본을 이루고 몸은 생명의 의탁처임을 알 수 있다. 먼저 자신의 정신과 몸을 안정시키지 않고 '나는 천하를 다스릴 방책이 있다.'라고 하는데, 무엇에 의지하여 천하를 다스리겠다는 것인가!

태사공은 천문을 관장했고 백성을 직접 다스리지는 않았다. 아들이 있었는데 이름을 천(遷)이라고 했다.

천하를 편력하고 부친의 뜻을 이룬 사마천

사마천은 용문(龍門)에서 태어났다. 하산(河山)의 북쪽[21]에서 농사를 짓고 가축을 길렀다.

열 살 때 이미 고문(古文)[22]을 송독할 줄 알았다.

스무 살에 남쪽 지방으로 내려가 장강(長江)과 회하(淮河) 유역을 유람하고 회계산(會稽山)에 올라 우임금이 묻혔다고 알려진 동굴을 살펴보고 [순임금의 능이 있는] 구의산(九疑山)을 돌아보았으며 배를 타고 원수(沅水)와 상수(湘水)를 유람했다. 다시 북쪽으로 문수(汶水)와 사수(泗水)를 건너 제나라의 도읍 임치와 노나라의 도읍 곡부(曲阜)에서 학업을 익히고 공부자(孔夫子)가 교화한 유풍을 관찰했으며 추현(鄒縣)과 역산(嶧山)에서 향사(鄕射)의 의례를 익혔다. 피현(薜縣),[23] 설현, 팽성에서 곤경을 겪은 뒤에 양(梁)나라와 초나라 땅을 지나 장안에 돌아왔다. 그 뒤에 낭중 벼슬에 올라 황제의 명을 받고 서쪽에 출사했다. 파, 촉 지방의 남쪽 땅을 정벌했는데, 공과 작, 곤명 부족을 공략하고 장안으로 돌아와 황제에게 복명했다.

그해에 황제가 하늘이 한나라를 봉했음을 고하는 봉선 제사를 처음으로 올렸다. 그런데 태사공은 주남(周南)에 있으면서 따라가서 참예하지 못한 충격으로 격앙했다가 죽기에 이르렀다. 그때 바로 아들 사마천이 출사했다가 돌아와 황하와 낙수(雒水) 사이[24]에서 부친을 만났다. 태사공이 사마천의 손을 붙잡고 울면서 말했다.

"우리 조상은 주나라의 태사였다. 상고 시대 순임금과 하나라 때부터 천문 보는 일을 주관하면서 공명을 혁혁하게 드날렸으나 후대에 쇠락했으니 이제 나에 이르러 끊어질 것인가! 네가 뒤를 이어 태사가 되면 우리 조상이 해 오던 가업을 잇겠구나. 이번에 천년 대업을 이은 폐하께서 태산에서 하늘에 제사를 올렸을 때, 나는 수행하지 못했다. 이는 정해져 있던 내 운명이었다! 내 운명이었어! 내가 죽고 난 뒤에 너는 꼭 태사가 되어야 한다. 태사가 되면 내가 말하고 기록하려 했던 바를 잊지 말아라. 다시 말하지만 효는 부모를 섬기는 것에서 시작하여 임금을 섬기는 것으로 발전하고 입신으로 완성하니, 후대에 이름을 떨쳐 부모를 빛내는 것, 이것이 바로 효를 크게 떨치는 것이다.[25]

무릇 천하가 주공(周公)을 칭송하는 것은 주공이 문왕과 무왕의 공덕을 칭송하여 노래를 짓고 주남과 소남(召南) 지방의 풍속을 선양하며, 태왕 고공단보(古公亶父)와 왕계(王季)의 지혜를 통달하고 공류(公劉)의 업적을 언급하며 후직(后稷)을 숭상했기 때문이라고들 한다. 유왕(幽王)과 여왕(厲王) 시대 이후 왕도가 무너지고 예와 악이 쇠퇴했다. 공자께서 옛 문헌을 수집하여 소멸했던 왕도와 예악을 일으키려 『시』와 『서』를 정리하고 『춘추』를 지었으니 배우는 사람들이 오늘에 이르기까지 그 저술을 준칙으로 삼고 있다. 〔노 애공(魯哀公) 14년〕 기린을 잡다가 기린이 죽은 뒤로 사백여 년이 흘렀는데, 그동안 제후끼리 겸병하느라고 혼전을 거듭하다가 역사 기록을 모두 잃어버렸다. 그 뒤에 한나라가 일어나 천하를 통일한 뒤로 영명하고 덕행이 높은 군주와 충신, 의사가 나타났으나 내가 태사로 있으면서 그 업적을 기록하지 못했으니 천하의 사서가 끊어지게 되었다. 나는 이 점이 몹시 두렵구나. 그러니 너는 이 점을 명심하거라."

사마천이 고개를 숙이고 눈물을 흘리며 아버지에게 말했다.

"소자가 명민하지 못하지만 아버지께서 정리하시던 역사 기록을 모두 정리하며 감히 빠뜨리지 않겠습니다."

태사공이 세상을 떠난 뒤 세 해가 지난 뒤에 사마천은 태사령(太史令)이 되어 역사 기록과 석실(石室) 및 금궤(金鐀)의 서적을 들어내어 정리했다.

다섯 해가 지나서 태초 원년이 되었다.[26] 11월 초하루 갑자일이 동지인 것을 정월의 시작으로 하여 태초력으로 바꾸고 명당에 고하고 여러 신에게 제사를 올렸다.[27]

태사공[28]이 말했다.

"선친께서 '주공이 세상을 떠난 지 오백 년이 지나 공자께서 나셨고, 공자 뒤로 지금에 이르기까지 오백 년이 지났다. 이제 누가 공자의 뒤를 이어 그 뜻을 밝히며 『역전(易傳)』을 바로잡고 『춘추』 같은 사서를 지으며 『시』, 『서』, 『예』, 『악』 사이에서 근본을 찾겠는가.'라고 하셨습니다. 이 말씀에 뜻이 있었습니다, 이 말씀에 뜻이 있었습니다. 내가 어찌 감히 거역할 수 있겠습니까?"

상대부(上大夫) 호수(壺遂)가 물었다.

"옛날 공자께서는 무엇 때문에 『춘추』를 지었습니까?"

태사공이 대답했다.

"내가 그 점에 관해 동생(董生)[29]께 들었습니다. '주나라의 왕도가 쇠퇴한 뒤에 공자께서 노나라의 사구(司寇)가 되셨는데 제후는 공자를 해쳤고 대부들은 공자를 방해했습니다. 공자께서는 자신의 주장이 수용될 수 없는 때라 도를 실행할 수 없나는 깃을 알고 〔노나라〕 이백사십이 년 역사의 시시비비를 가려 기록함으로써 천하를 다스리는 기준으로 삼기로 했습니다. 제후를 질책하고[30] 대부를 성토함으로써 나라를 다스리는 일이 제대로 이루어지도록 한 것입니다.'라는 것이었습니다.

공자께서는 '내가 빈말로 포폄하여 기록하는 것은 당시 행적을 있는 그대로 정확하고 분명하게 드러내는 것만 같지 못하다.'[31]라고 하셨습니다.

『춘추』는 위로 삼왕(三王)의 도를 밝히고 아래로는 사람이 하는 일의 질서를 명확하게 이루려고 했으니, 의혹을 밝히고 시비를 가리며 유예 중인 일을 결정할 수 있게 했고 선한 사람을 표창하고 악한 사람을 미워하게 하며 능력과 덕행이 뛰어난 사람을 존중하고 불초한 사람을 경시하며, 망해 가는 나라를 존속하게 하고 끊어진 왕실의 후대를 잇게 하여 쇠퇴한 왕업을 진흥하고자 했으니 이는 왕도를 실현하는 요점입니다.

『역』은 천지와 음양, 사시와 오행의 관계를 밝힘으로써 만물의 변화를 잘 설명하고 있고, 『예』는 인륜의 법도를 다루어 행실을 바르게 하도록 가르치고 있으며, 『서』는 지나간 시대의 제왕에 관한 일을 기록함으로써 나라를 다스리는 데 잘 쓸 수 있고, 『시』는 산천과 계곡, 금수와 초목, 빈모(牝牡)와 자웅에 관한 일을 기록하고 있어 풍토와 인정을 잘 드러내고 있으며, 『악』은 풍속을 바로 세울 음악에 관해 논술함으로써 조화를 이루는 도리를 밝혔고, 『춘추』는 시비를 가릴 기준을 제시했으니 백성을 다스리는 데 잘 쓸 수 있습니다. 따라서 『예』는 사람으로 하여금 절도를 지키게 하고, 『악』은 조화를 이루게 하며, 『서』는 나라를 다스리는 길을 일러 주고, 『시』는 정을 표현하며, 『역』은 변화에 관해 설명해 주고, 『춘추』는 도의를 가르치고 있습니다. 그러므로 어지러운 세상을 안정시켜 바른 세상으로 돌아가게 하는 데에는 『춘추』보다 나은 책이 없습니다.

『춘추』의 글은 수만 자로 되어 있고[32] 그 뜻은 수천 가지이니 만물의 이합집산이 『춘추』에 모두 들어 있습니다. 『춘추』에는 임금을 시해한 기사가 서른여섯 건이 나오고 망국에 관한 기사가 쉰두 건이 들어 있으며 제후가 사직을 보전하지 못하고 달아난 기사는 수를 헤아릴 수 없이 많이 나옵니다.[33] 그런데 그런 일이 일어난 까닭을 살펴보면 모두 자신의 근본을 잃은 데 원인이 있습니다. 그리하여 『역』에서도 '터럭처럼 작은 실수가 천 리의 오차를 일으킨다.'[34]라고 했고, '신하가 임금을 시해하고 아들이 아비를 살해하는 일은 하루아침이나 하룻밤 사이의 원인으로 일어날 수 없으니 그런 일은 오랫동안 서서히 진행된 것이다.'[35]라고 했습니다. 그러므로 나라의 군주는 『춘추』를 공부하지 않으면 면전에서 참소하는 자를 알아보지 못하고, 배후에 역적이 있어도 알아차리지 못하게 됩니다. 신하도 『춘추』를 공부하지 않으면 일상적인 일을 마땅한 도리에 따라 처리하지 못하고, 갑자기 일어난 변고에 재빠르게 대응할 줄 모르게 됩니다.

나라의 군주와 집안의 아비 된 자가 『춘추』의 대의에 통달하지 않으면 반드시 원흉이라는 악명을 덮어쓰게 되어 있고, 신하와 아들 된 자가 『춘추』의 대의에 통달하지 못하면 반드시 찬탈이나 아비를 죽이려고 했다는 모함을 받아 주살되는 벌을 받게 되어 있습니다. 사실 신하야 모두 자신이 옳은 일을 한다고 행하지만 『춘추』의 대의를 모르면 폄하되어 입은 죄명을 벗지 못합니다.

대저 예와 의의 본뜻을 통달하지 못하면 임금은 임금답지 못하고 신하는 신하답지 못하며 아비는 아비답지 못하고 아들은 아들답지 못하게 됩니다. 대저 군주가 군주답지 못하면 신하가 군주를 꺾으려 들고, 신하가 신하답지 못하게 굴다가는 주살을 당하며, 아비가 아비답지 못하면 인륜의 도를 거역하게 되고, 아들이 아들답지 못하면 효도를 하지 않게 되므로, 이 네 가지는 천하에서 가장 큰 허물입니다. 그리하여 천하에서 가장 큰 허물을 저질렀다는 소리를 들어도 받아들일 수밖에 없으니 거역할 수 없습니다. 그런 만큼 『춘추』는 예와 의의 큰 줄기를 이룹니다. 대저 예를 지키면 허물을 저지르기 전에 막을 수 있고 법은 이미 저지르고 난 뒤의 허물에 대해 적용하는 것이기에, 법을 적용한 효과는 잘 드러나 보이지만 예를 지킨 결과로 막아 낸 허물은 알아차리기 어렵습니다."

호수가 물었다.

"공자께서 살아 계시던 때에는 위로 영명한 군주가 없고 아래에서는 인재가 등용되지 못했습니다. 그래서 『춘추』를 편찬했는데 당시에 쓰이지 못한 문장으로 예와 의의 판단 기준을 남겨 한 왕조의 법으로 삼게 했습니다. 그런데 지금 선생께서 사는 시대는 위로 영명한 황제를 만나서 아래에서 신하가 자신의 직분을 지킬 수 있고 만사가 모두 잘 갖추어져 있으며 만민이 각자 마땅한 자리를 얻고 있습니다. 이런 시대에 선생의 저술은 무엇을 밝히려는 것입니까?"

태사공이 대답했다.

"예, 예. 아닙니다. 그렇지가 않습니다. 나는 선친께 〔『춘추』의 대의에 관해〕 '복희씨(虙戲氏)는 지극히 순수하고 후덕하여 『역』의 팔괘를 지을 수 있었다. 요순의 성대한 시대에 있었던 일은 『상서』에 기록되어 있는데 예와 악이 그때부터 시작되었고, 탕왕과 무왕이 다스리던 융성기에는 시인이 시로 지어 노래했다. 그러나 『춘추』에서는 선을 기리고 악을 폄하하며 삼대의 덕행을 추앙하고 주 왕실을 칭송했으니, 단지 풍자만 하자는 뜻이 아니었다.'라는 말씀을 들었습니다.

한나라가 일어난 뒤 영명한 천자의 시대가 되자 하늘이 상서로운 징조를 내렸으므로 봉선 제사를 올리고 정삭을 고쳤으며 수레와 말을 장식하는 빛깔 및 제물로 바칠 짐승의 털 빛깔을 바꾸었으니, 훌륭한 덕행을 펼치며 맑은 마음으로 교화했으므로 천명을 받게 된 것입니다. 그리하여 끝도 없이 넓은 지역이 은택을 입고 있고, 해외의 풍속이 다른 이민족 중에는 여러 번의 통역을 거치며 변경 관문을 두드린 뒤에 찾아와서 황제를 알현하는 자들이 수도 없이 많습니다. 그러니 신하 백관이 황제의 성덕을 부지런히 칭송해도 그 뜻을 모두 널리 알릴 수 없습니다.

대저 선비와 인재가 능력이 있어도 등용되지 못하면 그것은 나라를 다스리는 군주의 부끄러움이 되고, 주상이 영명한 성군이나 그 덕을 널리 알리지 못하면 그것은 담당 관원의 허물이 됩니다. 하물며 내가 그 일을 맡은 관원인데 영명한 성군의 성덕을 모른 체하며 기록하지 않고, 공신과 능력이 뛰어난 대부의 업적을 마멸하여 책으로 편찬하지 않는다면, 선친의 유언을 훼손하는 것이 되니 그 죄가 막대하다 할 것입니다. 내가 선인들의 사적을 책으로 편찬한다고 하는 것은 관련 사료[35]를 조목별로 정리하는 것이라 글을 짓는다고 할 수 없습니다. 그러므로 선생이 그것을 『춘추』와 비교하는 것은 맞지 않습니다."

사마천은 이런 뜻에 의해 책의 차례를 잡아 나갔다.

궁형을 받고 『사기』 백삼십 편을 완성하다

○　○　○

그 뒤 열 해[37]가 지난 뒤에 이릉을 변호하다 화를 입어〔잠실
(蠶室)〕옥에 갇혔다. 옥에서 사마천이 탄식하며 말했다.

"이는 내 허물이다. 몸이 헐어 못쓰게 되었구나!"

사마천이 집에 돌아온 뒤에 깊이 생각에 빠졌다가 말했다.

"『시』와 『서』의 고난에 찬 작자들은 그들의 회포를 풀고자 했
던 것이다."[38]

그러고는 마침내 도당(陶唐)부터〔무제 태초 연간에〕기린을 얻
었을 때까지의 일을 책으로 편찬했는데, 황제(黃帝)부터 시작해서,[39]
「오제 본기(五帝本紀)」제1, 「하 본기(夏本紀)」제2, 「은 본기(殷本紀)」
제3, 「주 본기(周本紀)」제4, 「진 본기(秦本紀)」제5, 「진시황 본기(秦
始皇本紀)」제6, 「항우 본기(項羽本紀)」제7, 「고조 본기(高祖本紀)」제
8, 「여 태후 본기(呂太后本紀)」제9, 「효문 본기(孝文本紀)」제10, 「효
경 본기(孝景本紀)」제11, 「금상 본기(今上本紀)[40]」제12와, 「삼대 세
표(三代世表)」제1, 「십이 제후 연표(十二諸侯年表)」제2, 「육국 연표
(六國年表)」제3, 「진초지제 월표(秦楚之際月表)」제4, 「한 제후 연표
(漢諸侯年表)」[41] 제5, 「고조 공신 연표(高祖功臣年表)」[42] 제6, 「혜경 간

공신 연표(惠景間功臣年表)」**43** 제7, 「건원 이래 후자 연표(建元以來侯者年表)」**44** 제8, 「왕자·후자 연표(王子侯者年表)」**45** 제9, 「한흥 이래 장상·명신 연표(漢興以來將相名臣年表)」 제10과, 「예서(禮書)」 제1, 「악서(樂書)」 제2, 「율서(律書)」 제3, 「역서(曆書)」 제4, 「천관서(天官書)」 제5, 「봉선서(封禪書)」 제6, 「하거서(河渠書)」 제7, 「평준서(平準書)」 제8과, 「오 태백 세가(吳太伯世家)」 제1, 「제 태공 세가(齊太公世家)」 제2, 「노 주공 세가(魯周公世家)」 제3, 「연 소공 세가(燕召公世家)」 제4, 「관·채 세가(管蔡世家)」 제5, 「진·기 세가(陳杞世家)」 제6, 「위 강숙 세가(衛康叔世家)」 제7, 「송 미자 세가(宋微子世家)」 제8, 「진 세가(晉世家)」 제9, 「초 세가(楚世家)」 제10, 「월왕 구천 세가(越王句踐世家)」 제11, 「정 세가(鄭世家)」 제12, 「조 세가(趙世家)」 제13, 「위 세가(魏世家)」 제14, 「한 세가(韓世家)」 제15, 「전완 세가(田完世家)」**46** 제16, 「공자 세가(孔子世家)」 제17, 「진섭 세가(陳涉世家)」 제18, 「외척 세가(外戚世家)」 제19, 「초 원왕 세가(楚元王世家)」 제20, 「형·연 세가(荊燕世家)」 제21, 「제 도혜왕 세가(齊悼惠王世家)」 제22, 「소 상국 세가(蕭相國世家)」 제23, 「조 상국 세가(曹相國世家)」 제24, 「유후 세가(留候世家)」 제25, 「진 승상 세가(陳丞相世家)」 제26, 「강후 세가(絳候世家)」 제27, 「양 효왕 세가(梁孝王世家)」 제28, 「오종 세가(五宗世家)」 제29, 「삼왕 세가(三王世家)」 제30과, 「백이 열전(伯夷列傳)」 제1, 「관·안 열전(管晏列傳)」 제2, 「노자·한비 열전(老子韓非列傳)」 제3, 「사마·양저 열전(司馬穰苴列傳)」 제4, 「손자·오기 열전(孫子吳起列傳)」 제5, 「오자서 열전(伍子胥列傳)」 제6, 「중니 제자 열전(仲尼弟子列傳)」 제7, 「상군 열전(商君列傳)」 제8, 「소진 열전(蘇秦列傳)」 제

제51,⁵⁹「흉노 열전(匈奴列傳)」제52,⁶⁰「남월 열전(南越列傳)」제53, 「민월 열전(閩越列傳)」⁶¹ 제54,「조선 열전(朝鮮列傳)」제55,「서남이 열전(西南夷列傳)」제56,「사마상여 열전(司馬相如列傳)」제57,「회남·형산 열전(淮南衡山列傳)」제58,「순리 열전(循吏列傳)」제59,「급·정 열전(汲鄭列傳)」제60,「유림 열전(儒林列傳)」제61,「혹리 열전(酷吏列傳)」제62,「대원 열전(大宛列傳)」제63,「유협 열전(游俠列傳)」제64,「영행 열전(佞幸列傳)」제65,「골계 열전(滑稽列傳)」제66,「일자 열전(日者列傳)」제67,「귀책 열전(龜策列傳)」제68,「화식 열전(貨殖列傳)」제69를 편찬했다.

한나라는 오제의 유업을 계승하고 끊어진 삼대의 위업을 이었다. 주나라의 왕도가 무너진 뒤에 진나라는 고문을 없애고 『시』와 『서』를 불태웠으므로 명당과 석실과 금궤에 넣어 두었던 옥판에 새긴 글과 죽간 책이 모두 어지럽게 흩어지고 말았다. 한나라가 일어난 뒤에 소하(蕭何)가 율령을 정비하고 한신(韓信)이 군법을 발표했으며 장창(張蒼)이 역수(歷數)와 도량형을 만들고 숙손통(叔孫通)이 의례를 정하자 문학을 공부한 학자가 모여들어 조금씩 등용되기 시작했고, 『시』와 『서』가 왕왕 출현하기도 했다. 조참(曹參)이 갑공(蓋公)을 천거하여 황로(黃老) 사상을 펼치고, 가의(賈誼)와 조조(晁錯)가 신불해(申不害)와 한비의 학설을 밝히며, 공손홍(公孫弘)이 유학으로 이름을 날리는 백 년 동안 천하의 옛날 책과 문물을 빠짐없이 수집했다. 〔그 수집을 맡은〕 태사공직은 〔사마담〕 부자가 이어서 맡았다.

태사공⁶²이 말했다.

"오호라! 우리 집안의 선조께서 일찍이 이 일을 주관하셔서 요순시대에 이름을 떨쳤으며 주나라 때에 이르러서도 계속 그 일을 맡았다. 사마씨가 대대로 천문을 관장해 온 까닭에 그 일이 나에게까지 이어졌으니 공경히 염두에 둘 것이다!"

그리하여 천하의 잃어버린 전적과 제도를 망라하여 수집하고, 왕조들의 시작과 멸망을 고찰하며, 번성기와 쇠락기를 관찰하여 있었던 사실을 연구하고 고증했다. 그리하여 삼대의 역사를 약술하고 진나라와 한나라의 상세하게 기록하되 위로 헌원씨(軒轅氏) 황제 때부터 아래로 당대까지 기록하여 열두 본기(本紀)를 지었는데 왕조별, 황제별로 나누었다. 같은 시대와 다른 왕조에서 있었던 여러 사건이 연대가 달라 명확하게 분간하기 어려우므로 열 가지 표(表)를 작성했다. 예와 아이 왕조에 따라 달라진 짐과 악률과 역법에서 변한 부분, 용병의 계책, 산천의 지형을 극복하는 길, 귀신에 제사를 올리는 일, 하늘과 사람 사이의 호응, 〔농업과 상업이〕 시대에 따라 변천한 모습을 두고 여덟 편의 서(書)를 지었다. 별자리 이십팔 수(宿)가 북극성을 중심으로 돌고 서른 개의 바큇살이 바퀴 중심으로 모여 무궁하게 돌아가듯이, 보필하는 신하가 군주의 뜻에 맞추어 충성과 성심을 다해 정사를 돌보며 주상을 받든 것을 두고 서른 편의 세가(世家)를 지었다. 대의를 받들며 탁월한 능력을 발휘하여 주어진 기회를 놓치지 않고 천하에 공명을 떨친 인물을 두고 일흔 편의 열전(列傳)을 세웠다. 그리하여 모두 백삼십 편, 오십이만 육천오백 자를 지었는데『태사공서(太史公書)』라고 했다.

서(序)에 〔『역전』, 『춘추』, 『시』, 『서』, 『예』, 『악』〕 육예에 빠지
거나 틀린 부분을 보완하여 일가의 학설을 이룬 것과 여섯 학파의
서로 다른 학설을 조율하여 백가 잡설을 정리한 것, 명산의 서고
에 소장하고 복사본은 서울에 두어 후대 성인 군자의 열람을 기대
하는 것을 서술했으니 〔「자서(自敍)」 제 칠십〕이다. 그런데 후대에
백삼십 편 중 열 편이 유실되었으니 편명만 남고 글은 없어졌다.[63]

하루에도 아홉 번 창자가 꼬이는데

○　　○　　○

사마천은 형을 받고 난 뒤에 중서령(中書令)이 되어 높은 자리
에 있었다. 예전에 알고 지냈던 익주 자사 임안(任安)이 사마천에
게 편지를 보내 옛적 현신(賢臣)의 대의를 따르라고 질책했다. 사
마천이 그에게 답장[64]을 보내 말했다.

소경(少卿) 족하

전에 보내 주셨던 글에서 말씀하시기를 만물을 대할 때 근신하
고, 능력이 뛰어난 인재를 천거하는 데 힘쓰라고 하셨는데 그 뜻이
아주 간절했습니다. 제가 옛 현신의 법도대로 하지 않는다고 질책
하면서 세속을 따르는 사람이 되었다고 하셨습니다. 제가 이와 같
이 하지는 않았습니다.

비록 제가 능력이 없는 사람이긴 하지만, 일찍이 덕행이 높은

장자의 유풍을 곁에서 전해 들었습니다. 스스로 생각해 보면, 제 몸이 이미 성하지 않게 되어 욕을 입은 마당이라 어떻게 행동해도 질책을 당하게 되어 있어 잘하고자 하는 일도 오히려 해를 부르게 되어 있으니, 스스로 분하고 답답하지만 누구에게 호소할 데도 없습니다.

"누구를 위해 그 일을 할 것이며, 누가 있어 내 말을 들을 것인가?"라는 말이 있다더군요. 대개 종자기(鍾子期)가 죽자 백아(伯牙)는 죽을 때까지 다시는 금(琴)을 타지 않았습니다. 무엇 때문이겠습니까? 선비는 자신을 알아주는 사람을 위해 일하고 여자는 자신을 좋아해 주는 사람을 위해 치장을 한다고 합니다. 그러나 제 몸이 이미 훼상되었으니, 수후주(隨侯珠)나 화씨벽(和氏璧) 같은 완벽한 재능을 갓추고 허유(許由)니 백이(伯夷) 같은 품행을 시녔어도 마침내 영광되지 못하고 남의 비웃음이나 사서 저 자신을 더럽힐 뿐입니다.

편지글에 바로 답장을 드렸어야 마땅하나 마침 황상께서 동쪽 땅을 순행하고 돌아오셨고 그 뒤로 또 잡무에 시달렸습니다. 서로 만날 기회도 적을 테니 급하게 없는 틈을 내어 제 뜻을 있는 대로 말씀드리고자 합니다.

이제 소경이 아주 큰 죄명을 얻었는데, 한 달쯤 지나면 [참형을 집행하는] 겨울철이 다가옵니다. 그럼 저는 황상을 모시고 옹(雍) 땅으로 올라가야 해서 제가 떠난 뒤에 갑자기 소경이 참형을 당할지도 모른다는 생각이 들었습니다. 그렇게 되면 마침내 제 의분을 소경에게 전할 수 없게 되어, 죽은 혼백의 사적 원한이 무궁할 것입니다. 이제 제가 고루하고 천박한 의견을 간략하게 말씀드리고자 하니, 오랜 시간이 지나도록 답장을 드리지 못한 것을 허물 삼지 말기를 청합니다.

제가 듣기에 몸을 닦는 것은 지(智)의 곳간이요, 사랑하며 베푸는 것은 인(仁)의 단초요, 취하고 주는 것은 의(義)의 신표요, 치욕이라는 것은 용(勇)의 결단이요, 이름을 세운다는 것은 행실의 정점이라고 했습니다. 선비는 이 다섯 가지 품행을 가져야 하니 그런 뒤에야 세상에 입신하여 군자의 숲에 들어서게 됩니다.

그런데 재앙 중에는 이익을 탐하는 것보다 더 비참한 것이 없고, 슬픔 중에는 마음을 다치는 것보다 더 아픈 것이 없으며, 행동 중에는 선조를 욕되게 하는 것보다 더 추악한 것이 없고, 치욕 중에는 궁형을 받는 것보다 더 큰 것이 없습니다. 궁형을 받고 살아남은 사람은 그 누구와도 비교할 수 없으니 지금 세상에서만 그런 것이 아니라 아주 오래전부터 그러했습니다. 옛적 위 영공(衛靈公)이 환관 옹거(雍渠)와 수레를 함께 타고 다니자 공자께서 치욕스럽게 여기고 진(陳)나라로 떠나셨습니다. 상앙(商鞅)이 환관 경감(景監)을 통해 〔진 효공(秦孝公)에게〕 중용되자 조량(趙良)은 이를 두렵게 여겼으며, 환관 조담(趙談)이 문제(文帝)의 참승으로 수레에 함께 타고 다니자 원사(爰絲)가 얼굴빛을 바꾸었습니다. 자고로 사람들은 환관을 보면 멸시했습니다. 보통 사람조차 환관에 관련된 일에 걸리기만 하면 굴욕을 당했다고 여기지 않은 적이 없는데, 하물며 뜻이 높은 선비야 어떻겠습니까? 지금 조정에 비록 쓸 만한 인재가 부족하긴 하지만, 그래도 궁형을 당한 사람이 나서서 천하의 호걸을 천거할 수 있다고 여기십니까?

제가 선친의 힘을 입어 선친께서 하시던 일을 이어받은 뒤에 부족하나마 황상의 수레를 따라다닌 지 스무 해가 넘었습니다. 제가 평소에 늘 생각하기를 첫째 위로 황상께 충성과 성심을 바치지 않았으면서도 기묘한 책략과 재주가 있다는 칭찬을 들으며 영명하신 황상의 신임을 얻었고, 그다음으로 황상의 모자라는 면을 보강하거나 고쳐 드리지도 못한 데다 그렇다고 인재를 찾아 천거하거나 산중의 동굴에 묻혀 사는 선비를 발굴해 내지도 않았으며, 밖으로는 군대에 들어가 성을 공략하거나 야전에 참가하지 않았으니 적장의 목을 베거나 적기를 탈취해 오는 공을 세운 적이 없었고, 아래로 날마다 힘써 일하지 않으면서도 고관의 자리에 올라 봉록을 두둑하게 받았으니 집안사람들과 친구들이 모두 영광스럽게 생각합니다. 그러나 사실은 이 네 가지 중에 한 가지도 제대로 해낸 것이 없이 구차하게 황제의 뜻에 맞추고 있을 뿐이니, 이런 점으로 보아 저에게는 아무것도 쓸 만한 점이 없다는 것을 알 수 있습니다. 저도 예전에는 하대부(下大夫)[65]의 지위에 있으면서 조정에서 별 가치도 없는 의견을 올리곤 했습니다. 그러나 지금은 조정의 법도를 끌어와 말씀드릴 생각이 없습니다. 아무리 깊이 생각해 봐도 지금처럼 상한 몸으로 청소하는 노예가 되어 미천한 처지에 있는데 고개를 들고 눈썹에 힘을 주어 조정에서 시시비비를 논하려고 든다면 이 또한 조정을 경시하는 것이며 지금 세상의 선비를 모욕하는 것이 아니겠습니까! 아아! 아아! 나 같은 사람이 더 무슨 말을 할 수 있겠습니까! 무슨 말을 더 할 수 있겠습니까!

게다가 이렇게 된 일의 본말은 명확히 설명하기도 쉽지 않습니다. 저는 어려서도 자질이 아주 뛰어난 아이가 아니었고 자라면서도 고향 마을에서조차 칭찬을 듣지 못했으나 황상께서 선친의 천거를 받아 주신 덕에 얕은 재주를 바치게 되어 황궁을 드나들며 숙위할 수 있었습니다. 저는 '머리에 동이를 이면 어떻게 하늘을 바라보겠는가?'라고 생각해, 빈객과의 교유도 끊고 집안 살림 돌보는 것도 잊은 채 밤낮을 가리지 않고 불초한 저의 재능을 다 바칠 것만 생각하며 맡은 직분을 수행하는 데 전념하면서 황상의 신임과 총애를 얻고자 했습니다. 그런데 일이 크게 틀어졌으니 제가 생각하던 바와 달라졌습니다.

사실 저와 이릉은 함께 황궁에서 일했지만 그렇다고 평소에 서로 친하지도 않았고 취사선택의 기준도 달랐으며 일찍이 함께 술잔을 들며 깊은 정을 나눈 적도 없습니다. 그러나 제가 관찰한 바로 그 사람은 덕행과 재능이 뛰어난 특별한 인재로서 부모를 효로 섬겼고, 선비와 신의로 교류했으며, 재물을 탐하지 않아 대의에 맞게 주고받았으며, 자리를 가려 양보했고, 아랫사람에게 공손하게 대했으며, 언제나 떨쳐 일어나 자신을 돌보지 않고 나라의 급한 일을 해결하려고 애썼습니다. 그 사람은 평소에 품행을 닦았으니, 나는 그에게 나라에서 가장 뛰어난 인재의 풍모가 있다고 여겼습니다. 대저 신하가 만 번 죽어도 목숨을 돌보지 않겠다는 생각으로 나라의 재난을 구하기 위해 뛰어든다면 이것만으로 드문 경우라 하겠습니다. 뒤에 그 사람이 한 가지 일을 부당하게 처리했다고 해서, 자신의 몸과 처자만 돌보는 신하들이 제멋대로 그 단점을 헐뜯

기만 했습니다. 그것을 보며 저는 속으로 몹시 아팠습니다.

하물며 이릉은 오천 명이 되지 않는 군사를 이끌고 융마(戎馬)의 땅에 깊이 들어가 흉노 왕궁까지 이르렀으나 호랑이 입에 미끼를 늘어뜨린 격이 되어 버렸습니다. 그러나 이릉의 부대는 강대한 호군(胡軍)을 이리저리 공격하면서 수많은 적군을 대적하여 선우의 군대와 열흘이 넘게 싸움을 이어 갔으니 그 죽인 적의 수효가 자신의 군사보다 많았는데, 적은 죽어 가는 군사를 구하지 못하고 부상자를 치료하지도 못했습니다. 그러자 가죽옷을 입고 사는 흉노족 군장들이 모두 놀라 좌현왕과 우현왕을 소집하고 활을 쏠 줄 아는 사람을 모두 동원하면서 나라 전체의 병력으로 이릉의 군대를 포위했습니다. 이릉의 부대는 천 리를 전전하며 전투를 벌였으나 화살이 다 떨어지고 막다른 길에 이르렀는데 구원 부대는 도착하지 않아서 죽거나 다친 군사가 더미를 이루었습니다. 이릉은 고함을 지르며 사기를 북돋웠지만 군사들의 사기는 올라가지 않았습니다. 군사들은 눈물을 흘렸습니다. 만면에 피를 묻힌 채 눈물을 삼키며 빈 시위를 겨누고 적군의 시퍼런 칼날에 맞서 북쪽으로 가면서 적과 사투를 벌였습니다. 이릉의 군대가 패하기 전에 사자가 승전보를 전해 오자 한나라의 공경과 제후가 술잔을 들며 황상을 축수하셨습니다. 그런데 며칠 뒤에 이릉의 패배 소식을 담은 글이 올라오자 황상께서는 밥을 먹어도 단맛이 없다고 하셨고 조정에서 정사를 보는 일에도 관심을 두지 않으셨습니다. 대신들은 두려워 어찌할 바를 몰랐습니다. 저는 저 자신을 낮추어 본 적이 없었습니다. 그러나 황상께서 처량하게 슬퍼하시는 것을 보자 진심으로 제 모자라는 충성을 바치고 싶어졌습니다. 제가 알기로 이릉은 평소에 군사와 장교와 함께 지내며 단것은 먹지 않았고 전리품을 나눌 때는 자신이 적게 가졌으므로 군사들이 사력을 다해 싸우려고 했으니 설령 고대의 이름난 장수라고 해도 이릉을 넘어설 수 없을 것입니다.

비록 이릉은 패배했지만 알맞은 기회를 보아 한나라에 공을 세워 패배했던 죄과를 씻고자 했습니다. 일이 어쩔 도리가 없어졌다고 해도 적을 그렇게 많이 쳐부순 것은 천하에 널리 알릴 만한 공일 것입니다. 제가 그런 생각을 황상께 말씀드리고 싶었으나 올릴 길이 없었습니다. 그때 마침 황상께서 부르셔서 이릉에 관해 물어보시길래 제가 생각했던 대로 이릉이 세운 공을 말씀드리고 이릉을 욕하는 말들을 막아 보려고 했습니다. 그러나 제 뜻을 명확하게 다 설명하지 못했을 때, 영명한 황상께서는 사정을 잘 모르신 채 제가 이사장군을 폄훼하고 이릉 편에 서서 유세하는 것으로 여기시고 저를 옥리에게 넘겨 심문하게 하셨습니다. 제 충성스러운 마음을 제대로 진술할 기회를 얻지 못했으므로 황상을 속인 죄로 판결되었고 마침내 옥리가 올린 형대로 집행하게 하셨습니다. 저는 집이 가난하여 가진 재물로는 속죄하기가 부족했고 교유하던 벗도 도와주지 않았으며 황상과 가까운 신하도 한마디를 해 주지 않았습니다. 제가 목석이 아닐진대 홀로 법을 집행하는 옥리들에게 심문을 받으며 깊숙한 옥에 갇혀 있자니 누구에게 고통을 하소연할 수 있었겠습니까! 이는 바로 소경이 친히 목도했던 일이니, 제가 겪은 일이 고통스럽지 않았다고 할 수는 없을 것입니다.

이릉이 살아서 투항한 뒤로 그 집의 명성이 망가졌고 뒤이어 제가 잠실에 끌려 들어가 천하의 웃음거리가 되고 말았으니 슬픈 일이었습니다! 정말 슬픈 일이었습니다!

이런 일은 세상 사람들에게 하나하나 설명하기가 쉽지 않았습니다. 제 부친께서는 부절을 나누고 단서(丹書)에 선서를 쓴 공신은 아니었습니다. 황실의 문서를 기록하고 별과 역법을 관장하던 벼슬은 점복과 제사를 관장하는 일과 다를 것이 없어서 사실 황상이 마음대로 부리던 광대나 배우처럼 취급되었으므로 세상 사람의 경시를 받았습니다. 만일 제가 법에 걸려 주살되었다면 아홉 마리 소가 있는 데서 털 하나가 떨어지는 것과 마찬가지일 테니 땅강아지나 개미와 무엇이 다르겠습니까? 그렇게 되면 세상에서는 저를 절의를 지키다가 죽은 사람과 비교하기는커녕 지혜가 궁해져 큰 죄를 지은 뒤에 사형죄를 대속할 능력이 없어 마침내 죽게 되었다고만 할 것입니다. 사람들이 왜 그렇게 말하겠습니까? 평소 제가 하던 직무가 그런 대접을 받게 한 것입니다. 사람은 누구나 한 번은 죽게 마련인데 어떤 사람의 죽음은 태산보다 무겁게 느껴지는가 하면 어떤 사람은 기러기 털보다 가볍게 느껴지기도 하니 이는 그 사람의 쓰이던 바가 아주 다르기 때문입니다.

가장 좋게는 조상을 욕되게 하지 말아야 하고 그다음으로는 자신의 몸을 더럽히지 말아야 하며 그다음으로는 체면을 깎이지 말아야 하고 그다음으로는 욕을 듣지 말아야 하며, 그다음으로는 신체를 묶이는 곤욕을 치르지 말아야 하고 그다음으로는 죄수복을 입지 말아야 하고 그다음으로는 형틀에 묶이거나 매질을 당하지 말아야 하며 그다음으로는 머리를 밀리거나 쇠고랑을 차는 욕을 당하지 말아야 하며 그다음으로는 살갗이 훼손되는 형벌을 받지 말아야 합니다. 가장 마지막으로 당하는 모욕이 바로 부형(腐刑)으로 그 무엇보다 심한 욕을 당하는 것입니다.

고서에 이르기를 "대부 이상의 벼슬아치에게는 형을 가하지 않는다."라고 합니다. 이 말은 곧 선비가 절의를 엄하게 지키지 않으면 안 된다는 뜻입니다. 맹호가 심산 중에 있을 때에는 다른 짐승들이 모두 무서워하는 존재지만, 함정 속이나 우리 안에 있을 때는 꼬리를 흔들며 먹을 것을 달라고 애걸하게 되니 이는 위력에 굴복해 천천히 길이 들기 때문입니다.

그러므로 선비는 땅에 금을 그어 옥처럼 해 놓은 곳에는 발을 들이지 않고, 나무를 깎아 만든 인형 옥리가 물어보는 말에는 대답도 하지 않으니 형을 당하기 전에 자결할 것을 미리 분명히 정해 놓고 삽니다. 그러나 이제 누군가가 손이 묶인 채 나무 형틀에 갇히거나 살갗을 드러내고 매질을 당한 뒤에 옥에 갇혔다고 쳐 봅시다. 그런 일을 당하면 옥리를 보자마자 머리를 조아리게 되고, 옥졸을 대하면 벌벌 떨게 됩니다. 왜 그렇겠습니까? 그것은 위력에 굴복하여 천천히 길이 들었기 때문입니다. 일이 그 지경에 이르렀을 때 욕을 당하지 않았다고 한들 그것은 철면피나 할 짓이니 어찌 귀한 대접을 받을 수 있겠습니까!

그런데 서백(西伯)[66]은 백(伯)이었지만 유리(羑里)에 구금되었고, 이사는 승상으로서 다섯 가지 형벌을 모두 받았으며, 회음후(淮陰侯)는 초왕(楚王)이었을 때 진현(陳縣)에 압송되었고, 팽월(彭越)과 장오(張敖)는 남쪽을 향해 앉아 고(孤)를 칭하던 제후왕이었으나 옥에 갇히거나 대역죄로 몰렸으며, 강후는 여씨 일족을 주살했지만 권세가 〔춘추〕 오패를 넘어섰다 하여 청실에 갇혔고, 위기후(魏其侯)는 대장이었지만 붉은 수의를 입고 목과 팔목, 발목에 형구를 차야했으며, 계포(季布)는 목에 칼을 찬 채로 주가(朱家)의 노예가 되었고, 관부(灌夫)는 거실(居室) 옥에 갇히는 모욕을 당했습니다. 이분들은 지위가 왕후 장상에 이르러 이웃 나라에까지 명성이 알려졌던 분들이나 죄를 지어 법망에 갇혔을 때 자결할 생각을 하지 못했습니다.

홍진 속에 살자면 고금을 가릴 것 없이 어찌 욕을 당하지 않을 수 있겠습니까! 이를 통해 볼 때 용감한가 비겁한가는 위세에 달려 있고, 강한가 약한가는 형세를 따르는 것을 보면 알 수 있으니, 괴이하게 여길 게 무엇이겠습니까! 하물며 어떤 사람이 법으로 처벌받기 전에 자결하지 못하고 조금만 머뭇거리다가는 채찍질을 당해 무너지게 됩니다. 그때 절의를 지키겠다고 자결을 생각해 본들 때는 너무 늦지 않겠습니까? 그 때문에 옛날 사람들은 대부에게 형을 가하는 것을 어려워했습니다. 인지상정에 살고 싶지 않아 죽기를 바라는 사람은 없으니, 모두 부모와 인척을 생각하고 처자를 걱정합니다. 물론 격하게 절의를 지키려고 나서는 사람이야 다르겠지만 그렇게 하는 데에는 또 부득이한 사정이 있겠습니다.

저는 불행하여 조실부모하고 친형제도 없이 독신으로 외롭게 살고 있으니, 소경은 제가 처자에게 어떻게 해야 한다고 보십니까? 용감하다고 하여 반드시 절의를 위해 죽는다는 법이 없고, 비겁한

사내라도 절의를 숭상한다면 어느 곳인들 면려하지 못하겠습니까! 저는 비겁하고 연약하여 구차하게 살기를 원했지만, 살고 죽는 것의 결과가 다른 점에 대해 확실하게 알고 있었으니 무엇 때문에 스스로 옥에 갇히는 욕된 일에 빠져들었겠습니까? 대저 노예나 노복으로 잡히면 바로 자결한다고 합니다. 저 같은 사람이 그렇게 하지 못한 데에는 부득이한 사정이 있었던 것입니다. 욕을 당하면서도 참으며 살기를 원했으니, 더러운 땅에 빠져서도 살기를 마다하지 않은 까닭은 속으로 하지 못한 일이 있어 이를 악물고 살아야겠다고 생각한 것이니, 만일 비루하게 세상을 떠나간다면 후대에 글을 남길 수 없기 때문입니다.

옛적에 부귀했으면서 이름을 남기지 못한 자는 다 적을 수 없을 만큼 많습니다. 그러나 능력이 뛰어나 보통 사람과 다른 이는 후대에 이름을 남겼습니다. 대개 서백은 구금되어 있으면서 『주역』 육십사괘를 계산해 냈고, 중니(仲尼)는 곤경을 겪으면서 『춘추』를 지었으며, 굴원(屈原)은 추방된 뒤에 이소(離騷)를 지었고, 좌구명(左丘明)은 실명한 뒤에 『국어(國語)』[67]를 저술했으며, 손자(孫子)는 빈각형(臏脚刑)을 받은 뒤에 『병법(兵法)』을 엮었고, 여불위(呂不韋)는 촉 땅으로 좌천된 뒤에 『여씨춘추』의 팔람(八覽)을 세상에 남겼으며, 한비(韓非)는 진나라 옥에 갇힌 뒤에 「세난(說難)」과 「고분(孤憤)」을 지었고, 『시』 삼백 편은 현성들이 의분을 표출하며 지었습니다.[68]

이분들은 모두 속에 풀지 못할 응어리가 있었고 뜻을 제대로 펼치지 못했기 때문에 옛 사적을 기술하여 후대에게 그 뜻을 생각하게 했습니다.[69] 좌구명은 실명하고 손자는 빈각형을 받아 평생 중용되지 못했습니다. 물러나 방책을 저술하며 분을 풀었는데, 당시에 써먹을 수 없는 글이라도 남겨 자신의 뜻을 밝히고자 했던 것입니다. 근자에 들어 제가 겸손하지 못하게도 모자라는 글솜씨를 붙들어 천하에서 소실되었던 전적과 제도를 망라하여 수집하고, 역사 사실을 연구하고 고증하며, 왕조의 번성기와 쇠락기의 흥하고 쇠한 도리를 헤아리면서 모두 백삼십 편을 지었습니다. 그리하여 하늘과 사람의 관계를 연구하고 고금의 변화를 꿰어 일가의 학설을 이루고자 했습니다.

그러나 초고를 완성하지 못했을 때 그런 화를 입었으니 다만 편찬을 완성하지 못할 것이 안타까워 극형을 당하고도 분을 참았습니다. 저는 그 책의 저술을 마치고 명산에 감추어 두었다가 전할 만한 사람이 있으면 사방으로 통하는 노회지에 유포하겠습니다. 그러면 제가 이전에 받은 모욕의 빚을 갚을 수 있을 테니 그 일로 만 번 사형을 당해도 어찌 회한이 있겠습니까! 그러나 이런 말은 식견이 있는 사람에게나 할 수 있을 뿐 속인에게는 하기 어렵습니다.

다시 말하자면 오명을 쓰고는 편안하게 살 수 없고 하류들은 비방을 많이 받습니다. 저는 입으로 내뱉은 말 때문에 이런 화를 당하여 고향 사람들의 심한 조롱을 받았을 뿐 아니라 선조를 욕되게 했습니다. 그러니 무슨 낯이 있어 부모님의 산소에 다시 성묘할 수 있겠습니까! 이런 치욕은 백 대가 지나도 더욱 심해질 뿐입니다. 그리하여 하루에도 아홉 번 창자가 꼬이고, 앉아 있으면 정신이 아물거려 꼭 무언가를 잊어버린 듯하며, 밖에 나가면 어디로 가야 할지 분간을 할 수 없습니다. 그때 당한 부끄러움을 떠올릴 때마다 등에 땀이 흘러 옷에 흥건하게 배지 않을 때가 없습니다. 이미 환관으로 지내는 몸이 되었으니 어찌 물러나 심산의 동굴에 은거할 수 있겠습니까? 그러므로 세속에서 부침을 거듭하며 때에 따라 고개를 숙이거나 들면서 마음속의 거친 생각과 의혹을 발산하는 수밖에 없습니다.

뒤에 소경이 저에게 능력이 뛰어난 인재를 천거하라는 가르침을 주셨지만 이는 제 속뜻과 어긋나는 바가 아닐 수 없습니다. 지금 와서 비록 제가 자신을 잘나 보이도록 꾸미고 좋은 말로 처지를 설명하려고 해도 아무런 도움이 되지 못할 것입니다. 세상이 믿어 주지 않고 다만 욕을 먹을 뿐이니, 요컨대 죽는 날이 닥쳐서야 시비를 가릴 수 있을 것입니다.

글에 제 뜻을 다 실을 수 없어 고루한 뜻을 간략하게 적었습니다.

사마천이 죽은 뒤에 그가 편찬한 책이 점차 세상에 유통되었는데, 선제 때에 사마천의 외손자인 평통후(平通侯) 양운(楊惲)이 이 책을 널리 알리면서 마침내 세상 사람들에게 공개되었다. 왕망 시대에 이르러 후위에 봉하기 위해 사마천의 후손을 찾아 사통자(史通子)로 봉했다.

찬하여 말한다.[70]

자고로 결승 문자를 썼을 때부터 사관이 있어서 수많은 기록을 전적에 남겨 왔다. 공씨(孔氏)께서 사서를 정리하고 편찬했는데 위로 당요(唐堯)부터 아래로 진 목공(秦繆公)까지였다. 요순시대 이전에는 비록 기록이 남아 있다 해도 그 내용이 경전에 실리지 않아 황제와 전욱에 관한 일은 명확하게 알 길이 없다. 공자께서 노나라의 사기(史記)를 근거로 『춘추』를 지은 뒤로 좌구명이 『춘추』에 기록된 사건과 관련된 자료를 모아 해설서를 지었으며, 또 서로 다른 나라의 역사를 편찬한 『국어』를 지었다. 또 『세본(世本)』에는 황제 이래로 춘추 시대의 제왕과 공후, 경대부의 선조에 관한 내력이 기록되어 있고, 춘추 시대가 지나고 칠국이 서로 싸우다가 진나라가 여섯 제후국을 겸병하던 이야기는 『전국책(戰國策)』에 있다. 그리고 한나라가 일어난 뒤 진나라를 정벌하고 천하를 평정한 이야기는 『초한춘추(楚漢春秋)』에 있다. 그리하여 사마천은 『춘추좌씨전』과 『국어』에 근거하고 『세본』과 『전국책』의 자료를 채용했으며 『초한춘추』를 인용했다. 이어서 그 뒤의 사석에 관해서는 〔무제〕 천한 연간까지 기록했다. 사마천은 진나라와 한나라 때의 사적을 상세하게 기록했다.

경서와 그 해설서에서 채록하고 모은 내용과 여러 가지 책에서 인용한 사실 중에는 간략하게 줄인 것이 아주 많고, 어떤 내용은 서로 엇갈리기도 한다. 그럼에도 불구하고 광대한 서적을 섭렵하여 경서와 해설서를 꿰뚫고 수천 년 동안에 일어난 고금의 사적을 두루 관통했으니 이는 사마천이 근면했음을 나타낸다.

그런데 사마천이 사실의 옳고 그름을 판단하는 기준은 성인의 관점과 아주 달랐다. 사마천은 대도(大道)에 대해 분석하고 설명할 때에 황로 사상을 우선 적용하고 유가의 육경을 그 아래에 두었다. 유협(遊俠)을 서술할 때에는 처사(處士)를 폄하하면서 간웅

(姦雄)을 내세웠고, 화식(貨殖)에 대한 내용을 편찬할 때는 권세와 이익을 숭상하면서 천하고 빈한한 것을 부끄럽게 여겼으니 이는 사마천의 편벽된 관점이다.

그런데 유향(劉向)과 양웅(揚雄)같이 수많은 책을 두루 읽은 이들이 모두 사마천을 훌륭한 사관의 재능을 지녔다고 칭찬하고 사물의 이치에 대해 잘 기술한다고 탄복했다. 이들은 사마천이 명확하게 판단한 사실을 두고 화려하게 구사하지 않았고 질박하면서도 저속하지 않았으며, 그 글이 직설적이고 해당 사건의 핵심을 짚었으며 공허한 일을 찬미하지 않았고 추악한 일을 숨기지 않았다고 하여 실록(實錄)이라 일컬었다.

오호라! 사마천은 박학다식하고 견문이 넓었으나 자신의 지혜로도 자신을 보전하지 못하고 모함을 당하여 극형을 받게 되어 갇혀 있는 동안 의분을 떨쳤으니, 임안에게 보낸 편지에서 그 점을 확인할 수 있다. 사마천이 자신의 몸을 훼상시키게 된 까닭을 더듬어 보면 『시』「소아(小雅)」에 나오는 항백(巷伯)[71]처럼 모함을 받았기 때문이니, 대저 『시』「대아(大雅)」에 "영명하고도 현철하여 자신의 몸을 보전할 수 있었도다."[72]라고 한 경지에 이르기는 어려운 일인가 한다.

무오자전
武五子傳

이 편은 무제의 다섯 아들에 대한 전기다. 무제에게는 모두 여섯 명의 아들이 있었다. 황제에 오른 조(趙) 접여 소생의 효소제(孝昭帝) 유불릉(劉弗陵, 기원전 94~기원전 74년)을 제외한 위(衛) 황후 소생의 여(戾) 태자 유거(劉據, 기원전 128~기원전 91년), 왕(王) 부인 소생의 제 회왕(齊懷王) 유굉(劉閎, ?~기원전 110년), 이희(李姬) 소생의 연 날왕(燕刺王) 유단(劉旦, ?~기원전 80년)과 광릉 여왕(廣陵厲王) 유서(劉胥, ?~기원전 54년), 이(李) 부인 소생의 창읍 애왕(昌邑哀王) 유박(劉髆, ?~기원전 88년)의 사적이 이 편에 실려 있다.

무제는 맏아들 유거가 일곱 살이 되자 태자로 세웠다. 뒤이어 네 아들을 제후왕에 봉하고 한나라 조정의 방패막이가 되게 했다. 그때까지 훗날 소제로 즉위한 막내아들 유불릉은 태어나지 않았다. 그런데 제후왕 유굉과 유박이 일찍 세상을 떠난 뒤에 태자 유거까지 역모 사건에 휘말려 세상을 떠나고, 남은 유단과 유서도 소제와 선제 연간에 모반죄로 사형을 당했다. 무제 사후에 막내아들 유불릉이 여덟 살의 나이로 황위를 계승했으나 무제가 벌여 놓았던 대규모 사업들을 맡을 수 없었기 때문에 하는 수 없이 후견인 곽광(霍光)이 권력을 쥐게 되었다.

반고가 다른 황제의 아들은 열전에서 왕(王)이라고 이름을 붙인 데 반해 무제의 다섯 아들만 자(子)를 붙여 「무오자전(武五子傳)」이라고 한 것을 두고, 당(唐)나라 학자 안사고(顏師古)는 제후왕으로 봉해진 적이 없는 여 태자가 그 다섯 아들 안에 들어 있기 때문이라고 했다.

무제의 다섯 아들이 살아간 행적을 살펴보면 무제 이후 한나라가 쇠퇴의 길로 들어선 까닭을 짐작할 수 있다. 이 편에는 또 곽광에 의해 황제에 올랐다가 다시 쫓겨난 창읍 애왕 유박의 아들 유하(劉賀)의 전기도 실려 있다.

무고 사건에 휘말린 여 태자 유거

○　○　○

효무제에게 아들이 여섯 있었으니, 위(衛) 황후가 낳은 여 태자, 조 접여가 낳은 효소제, 왕 부인이 낳은 제 회왕 유굉, 이희[1]가 낳은 연 날왕 유단과 광릉 여왕 유서, 이 부인이 낳은 창읍 애왕 유박이다.

여 태자 유거는 원수 원년에 일곱 살의 나이로 황태자가 되었다.

그보다 먼저 황제가 스물아홉 살 때 태자를 얻어 몹시 기뻐하며 매제(禖祭)[2]를 올리고 동방삭과 매고(枚皋)로 하여금 축문을 짓게 했다. 유거가 점점 자라자 조서를 내려 『춘추공양전』을 배우게 했다. 또 하구(瑕丘)의 강공(江公)에게 『춘추곡량전』을 배우게 했다. 그 뒤에 관례를 올리고 태자궁에서 살게 했다. 황제가 태자에게 박망원(博望苑)을 지어 주고 빈객과 교류하며 태자 스스로 좋아하는 것을 배우게 하자 태자가 이단 학자를 많이 불러들였다.

원정 4년에 사(史) 양제[3]를 취해 아들 유진(劉進)을 낳으니 사(史) 황손이라고 불렸다.

무제 말년에 위 황후가 총애를 잃었을 때 강충(江充)이 권력을 쥐고 있었다. 강충은 태자 및 위씨 일족과 사이가 벌어져 있었으므로[4] 황제가 붕어하고 나면 자신은 태자에게 죽임을 당하리라고 걱정했다. 마침 무고 사건이 일어나자, 강충이 이 사건을 빌미로 간악한 짓을 자행했다.

그 무렵 황제의 춘추가 높아서 속으로 의심하고 꺼리는 것이 많았다. 황제는 측근이 모두 자신을 저주하며 귀신에게 빈다고 여겼으므로 사건을 철저히 조사하게 했다. 승상 공손하 부자와 양석(陽石) 공주, 제읍(諸邑) 공주, 황후 동생의 아들 장평후(長平侯) 위항(衛伉)[5]이 이 사건에 연루되어 주살당했다. 이 이야기는 「공손하전」과 「강충전」에 있다.

강충이 무고 사건을 맡아 조사했다. 강충은 황제가 측근을 의심하는 것을 알고 있었으므로 궁중에 사악한 기운이 감돌 뿐 아니라 그 기운이 궁에 들어와 황제의 침실까지 침입했으니 보좌 아래도 파헤쳐 봐야 한다고 말했다. 황제가 안도후(按道侯) 한열(韓說)과 어사 장공(章贛)과 황문시랑(黃門侍郎) 소문(蘇文)으로 하여금 강충의 일을 돕게 했다. 마침내 강충이 태자궁에 이르러 무고 사건의 증거를 찾는다며 비단을 파시 오동나무로 깎은 인형을 찾아냈다.

그때 황제는 병이 나서 감천궁에서 피서 중이었으므로 황후와 태자만 있었다. 태자가 소부 석덕(石德)을 불러 물었다. 태자의 사부였던 석덕은 함께 주살될 것을 두려워하며 태자에게 말했다.

"앞서 승상 부자, 두 공주 및 위씨가 모두 이 일에 걸렸습니다. 이제 무축과 사자가 함께 〔태자궁의〕 바닥을 파서 증거를 찾아냈으나 무축이 사악한 인형을 묻어 놓은 것인지 아니면 원래 있던 것인지를 명확하게 알 수 없습니다. 그러니 황제의 명령이라고 꾸며 부절을 들고 강충 등을 나포하여 옥에 가둔 뒤 간악한 음모를 철저히 심문해야 할 것입니다. 황제께서 병환으로 감천궁에 계시는데 황후와 우리 태자궁의 아전이 문안을 올려도 답을 받지 못하고 계십니다. 황제께서 살아 계신지 알 수 없는데, 간신이 이런 짓을 하고 있는 것입니다. 태자께서는 〔진시황이 죽고 난 뒤에 조고(趙高)가 유서를 꾸며 죽인〕 진나라 부소(扶蘇)의 일이 생각나지 않으십니까?"

태자가 급한 마음에 석덕의 주장대로 했다.

정화 2년 7월 임오일(壬午日)에 태자가 빈객을 사자로 보내 강충 등을 나포했다. 안도후 한열은 사자의 명령에 문제가 있다고 의심하고 조서를 받지 않았으므로 빈객이 한열을 쳐서 죽였다. 어사 장공이 칼을 맞은 채 급히 달아나 감천궁으로 들어갔다. 태자가 사인 무저(無且)로 하여금 부절을 들게 하고 밤에 미앙궁 장추문(長秋門)으로 들어가 장어(長御) 이화(倚華)를 통해 황후에게 전후 사정을 모두 고했다. 태자가 중구(中廏)의 수레를 끌어내어 궁사를 싣고 무고에서 무기를 꺼낸 다음 장락궁의 위병을 출동시킨 뒤에 백관에게 강충이 반역을 일으켰다고 선포했다. 곧이어 강충을 참형시켜 백관에게 내보이고, 이민족 출신의 무축[6]을 상림원에서 화형시켰다. 이어서 빈객을 장수(將帥)로 임명하여 승상 유굴리[7] 등과 싸우게 했다. 장안성 안이 요란한 가운데 태자가 반역했다는 소문이 돌아 백성들이 태자 편에 서지 않았으므로 태자의 군대가 패했다. 태자가 달아났지만 잡지 못했다.

황제가 크게 노하자 여러 신하가 근심하고 두려워하며 어찌할 바를 몰랐다.

호관(壺關)의 삼로(三老) 무(茂)[8]가 황제에게 글을 올렸다.

신이 듣기를 아버지는 하늘과 같고 어머니는 땅과 같으며 자식은 만물과 같으니, 하늘과 땅이 평안하고 음양이 조화를 이루면 만물이 무성해진다고 했습니다. 부모가 집 안에서 자애롭게 행하면 자식은 부모를 잘 봉양하며 순종하게 되어 있습니다. 음양이 조화를 이루지 못하면 만물이 요절하거나 상하게 되며, 부자가 불화하면 집안이 망하게 되어 있습니다. 그래서 "아비가 아비답지 않으면 자식이 자식답지 못할 것이고, 임금이 임금답지 못하면 신하가 신하답지 못할 것이니, 창고에 곡식이 쌓여 있다 해도 내 어찌 먹을 수 있겠소!"[9]라고 한 것입니다.

옛적에 우순(虞舜)의 효심이 지극했지만 그 아버지 고수(瞽叟)의 뜻에 맞추지 못했고, 효기(孝己)와 백기(伯奇) 또한 [계모에게] 참소당해 효기는 비방을 딩하고 백기도 추방당해 떠돌아다녀야 했습니다. 골육은 지극히 친한 사이인데도 아비와 자식이 서로 의심하기도 합니다. 그 까닭이 무엇이겠습니까? 비방하는 말을 계속해서 들었기 때문입니다. 이를 통해 볼 때 아들은 불효하지 않았지만 때때로 아버지가 사정을 자세히 살피지 않았다는 것을 알 수 있습니다.

지금의 황태자는 한나라 황실의 적통 후사로서 만세의 위업을 계승하고 조종의 대업을 이어 갈 주역이며, 핏줄로만 쳐도 황제의 적장자입니다. 강충은 평민으로 시골 출신의 비천한 자였으나 폐하께 발탁되어 중용된 뒤로 폐하의 명령이라는 구실 아래 황태자를 박해했습니다. 강충이 말을 꾸미고 거짓을 지어내어 사악한 무리와 함께 못된 짓을 하면서 혈육이 친하게 지낼 길을 막아 통하지 못하게 했습니다. 태자께서는 나아가서 폐하를 뵙고자 해도 알현할 수 없었으므로 물러나서 간신에게 곤경을 당했습니다. 홀로 억울하고 원통해도 호소할 데를 찾지 못하다가 분한 마음을 참지 못하고 거사하여 강충을 죽인 뒤에 두려워하다가 도망한 것입니다. 아들이 아버지의 군대를 몰래 출동시켜 자신의 난처한 처지를 구한 것이니, 이는 제가 볼 때 비뚤어진 마음에서 행한 일이 아닙니다.

『시』에 "윙윙거리며 날아다니던 검은 파리 떼가 울타리에 앉았네. 침착하고 온후한 임금이시여, 참언을 믿지 마소서. 참소하는 무리가 그치지 않아 사방을 어지럽히네."[10]라는 구절이 있습니다. 예전에 강충이 참소하여 조나라 태자를 죽게 한 것은 천하에 모르는 사람이 없으니 강충은 마땅히 벌을 받아야 합니다. 폐하께서는 사정을 살피지 않고 태자를 심하게 책망하며 진노하여 대군을 출동시켜 태자를 잡아 오게 하셨습니다. 삼공의 자리에 있는 대신들은 자신을 지키기에 바쁘고 책사들은 감히 입을 열지 못하며 유세객들 또한 감히 폐하를 설득하지 못하니, 신은 속으로 태자의 처지를 가슴 아프게 여기고 있습니다.

신은 오자서(伍子胥)가 충성을 다하느라 자신의 명성을 잃었고, 비간(比干)은 인의(仁義)를 다하다가 그 목숨을 버렸다고 들었습니다. 충신이 부월(鈇鉞)로 참형을 당하는 일을 피하지 않고 충성을 바쳐 우직하게 간언을 올리는 뜻은 임금의 허물을 바로잡고 사직을 안정시키기 위함입니다.

『시』에 "그 참소하는 자를 잡아 승냥이와 호랑이에게 먹이로 던져 주라."[11]라고 했습니다. 바라건대 폐하께서는 마음을 넓게 열고 안정하셔서 부자간 천륜의 정을 조금만이라도 내어 주십시오. 태자의 잘못을 두고 근심하던 것을 거두시고 서둘러 군대를 철수하게 하셔서 태자께서 너무 오랫동안 도피하지 않게 하십시오.

신이 지극히 간절한 마음으로 말씀드리니 경각에 걸린 목숨을 내놓고 건장궁(建章宮) 궐문 밖에서 대죄하고 있겠습니다.

이 글을 올리자 황제가 느낀 바가 있어 깨닫게 되었다.

달아난 태자가 동쪽의 호현(湖縣)에 이르러 천구리(泉鳩里)에 숨었다.[12] 주인은 집이 가난하여 신을 삼아 판 돈으로 태자를 먹여 살렸다. 호현에는 태자가 알고 지내던 사람이 있었다. 들어 보니 그 사람 집이 잘산다고 했으므로 사람을 시켜 불러오게 했는데 그 때문에 발각되었다. 고을 옥리가 태자를 포위하여 잡으려고 하자, 태자가 스스로 벗어날 길이 없다 판단하고 곧비로 방 안으로 들어가 문을 걸고 목을 매 죽었다.

산양(山陽)의 병졸이었던 장부창(張富昌)이 발로 차서 문을 열자 신안현(新安縣) 영사(令史) 이수(李壽)가 급히 태자를 안으며 목맨 줄을 풀었다. 태자가 숨어 있던 집의 주인 남자가 격투 끝에 죽고 황손 두 사람도 모두 살해되었다.

황제가 태자 때문에 비통해하며 조서를 내려 말했다.

대개 상을 내려야 할지 정확하게 결정할 수 없음에도 상을 내리는 것은 신의를 나타내기 위함이다. 그러므로 이수를 우후(邘侯)에, 장부창을 제후(題侯)[13]에 봉한다.

오랜 시간이 지난 뒤에 황태자가 무고로 황제를 저주한 것이 거의 사실이 아니었음이 밝혀졌다. 놀랍고 두려워서 군대를 출동시킨 것이지 태자에게 다른 뜻이 없었다는 것을 황제도 알게 되었다.

게다가 차천추가 새로 태자의 억울함을 변호하는 글을 올렸으므로 황제가 차천추를 발탁하여 승상으로 삼았다. 한편 강충의 집안은 멸족시키고 소문은 〔장안 북쪽 위수(渭水)의〕 광교(橫橋)에서 불태워 죽였다. 그때 천구리에서 태자에게 무기와 칼을 들이대게 한 자는 북지 태수로 가 있다가 뒤에 멸족당했다. 황제가 무고하게 죽은 태자를 불쌍하게 여기며 호현에 사자궁(思子宮)을 짓고 귀래망사대(歸來望思臺)[14]를 세웠다. 이 일의 진상이 알려진 뒤 천하가 태자의 죽음을 슬퍼했다.

원래 태자에게는 아들 셋과 딸 하나가 있었다. 딸은 평여후(平輿侯)의 아들로 후위를 상속받은 자가 아내로 맞이했다. 태자가 거사에 실패했을 때 모두 살해되었다. 위 황후와 사 양제는 장안성 남쪽에 장사 지냈다. 사 황손[15]과 황손비 왕 부인 및 황손녀는 광명원(廣明苑)에 장사 지냈다. 태자를 따라 도피했던 황손 두 사람은 태자와 함께 호현에 장사 지냈다.

태자의 손자 한 명이 살아남았다. 사 황손이 왕 부인에게 얻은 아들로서, 열여덟 살에 황위에 올랐으니 바로 효선제이다. 선제 즉위 초에 조서를 내려 말했다.

돌아가신 황태자께서 호현에 잠들어 계신데 아직 시호가 없고 사철 제사를 올릴 사당도 없으니 시호를 올릴 것과 능원과 읍을 조성할 것에 대해 의논하라.

해당 관리[16]가 상소를 올려 청했다.

예법에 "생부가 아닌 사람의 후사가 되었으면 그 사람의 아들이
되어야 한다."[17]라고 했습니다. 따라서 친부모를 격하하여 제사를
지내지 못하게 했는데, 그것은 대를 이은 집안의 조상을 받들게 한
뜻입니다. 폐하께서는 효소제의 후사가 되어 조상의 제사를 계승
했으니 새로 예법을 정하더라도 예법의 제한을 넘을 수 없습니다.

삼가 효소제 때에 정한 바를 따라 돌아가신 황태자의 묏자리는
호현에 잡고 사 양제의 묘는 박망원의 북쪽에 잡으며 폐하의 생부
인 사 황손의 묏자리는 광명 성곽 북쪽에 잡아야 합니다.

시법(諡法)에 "시호는 행적에 따라 정한다."라고 했으니 제 어리
석은 생각으로 생부께는 시호를 도왕(悼王)이라고 올리고 생모는
도후(悼后)라고 정하며, 제후왕과 같은 기준으로 능원을 조성하고
봉읍(奉邑) 삼백 호를 두게 하는 것이 마땅합니다. 돌아가신 황태자
의 시호는 여(戾)로 하고 봉읍 이백 호를 두며, 사 양제는 여(戾) 부
인으로 칭하고 묘지기 삼십 호를 두게 하십시오. 능원에는 장승(長
丞)과 주위(周衛)를 두어 법도에 따라 능을 지키게 하십시오.

그리하여 호현의 문향(閿鄕) 야리취(邪里聚)를 여원(戾園)으로,
장안의 백정(白亭) 동쪽 땅을 여후원(戾后園)으로, 광명의 성향(成
鄕)을 도원(悼園)으로 조성하여 모두 다시 장사 지냈다.[18]

여덟 해 뒤에 담당 관원이 다시 말씀을 올렸다.[19]

『예기』에 "생부가 사민(土民)이되 그 아들이 천자가 되었으면 생부에게 천자의 예로 제사를 드린다."[20]라고 했으니, 도원(悼園)의 존호는 황고(皇考)라고 칭하는 것이 마땅하고 사당을 세우며 현재의 능원에 침전을 건축하여 때에 맞추어 제사를 올려야 합니다. 능원을 지키는 백성을 천육백 호로 늘려 봉명현(奉明縣)을 두십시오. 여부인은 여후로 칭하고 능원을 조성하며 읍을 두는 한편으로 여원과 여후원을 지키는 백성을 늘려 각각 삼백 호를 채우십시오.

총애를 받았으나 요절한 둘째 아들 유굉

○　○　○

제 회왕 유굉과 연왕 유단, 광릉왕 유서는 같은 날 책봉되었는데, 다스릴 나라의 풍속이 각각 달랐으므로 그에 맞추어 신중하게 다스리라는 당부가 든 책서를 함께 받았다.

원수 6년 4월 을사일에 황제가 어사대부 탕(湯)으로 하여금 태묘에서 굉(閎)을 제왕(齊王)으로 세우게 한다.

황제가 말한다. 오호라, 어린 아들 굉(閎)아![21] 사(社)에 모실 이 청색 흙을 받아라. 짐은 하늘의 질서를 받들고 옛 제도를 참고하여 너에게 나라를 세우게 하고 동쪽 땅에 봉하니 대대로 한나라의 번국이 되어 조정을 보좌하도록 하라.

오호라, 명심하여 짐의 명령을 엄숙히 행하도록 하라. 천명은 늘 일정하지 않으니,[22] 사람이 은덕을 베풀기 좋아하면 뚜렷하고 찬란하게 이름을 남기겠지만, 의로움을 행하지 않으면 해이해지게 되어 있다. 너의 온 마음을 기울여 어떤 일에서나 성실하게 중용의 도를 유지하도록 하라.[23] 하늘의 복록이 영원히 내릴 것이다. 그러나 잘못을 저지르며 선하게 행하지 않으면 너의 나라에 재앙이 내리게 될 것이며 너 자신도 해를 입게 될 것이다.

오호라, 나라를 안정시키고 백성을 잘 다스리려면 신중하게 행하지 않을 수 있겠는가! 왕은 이 점을 반드시 경계하도록 하라.

유굉의 생모 왕 부인이 무제의 총애를 받았으므로 유굉도 무제의 사랑을 많이 받았다. 그러나 왕이 된 지 여덟 해 만에 세상을 떠났다. 아들이 없어 봉토를 거두어들였다.

황제를 꿈꾸다가 역모자가 된 셋째 아들 유단

연 날왕 유단에게 책서를 내려 말했다.

오호라, 어린 아들 단(旦)아! 사(社)에 모실 이 현색(玄色) 흙을 받아라. 너에게 나라를 세우게 하고 북쪽 땅을 봉하니, 대대로 한나라의 번국이 되어 조정을 보좌하도록 하라.

오호라, 훈육(薰鬻)[24] 종족은 노인을 학대할 뿐 아니라 인면수심을 하고 변방의 백성에게 침입하여 재물을 빼앗아 갔다. 이에 짐이 장군들에게 명령을 내려 군대를 이끌고 진격하여 그 죄를 징벌하게 하자 만부장(萬夫長)과 천부장(千夫長) 등 서른두 명의 우두머리가 깃발을 내리고 우리 군대로 투항해 왔다. 훈육이 살던 땅을 떠나자 북쪽 땅이 편안해졌다. 너의 온 마음을 기울여 원망당할 일을 하지 말고 덕이 없는 일을 하지 말며 변방을 방어하는 일을 폐기하지 말라. 훈련받지 않은 군사를 전투에 내보내지 말라. 왕은 이 점을 반드시 경계하도록 하라.

유단이 자란 뒤에 봉토에 취임했다. 유단은 분별력이 뛰어나고 책략을 잘 세웠다. 유가의 경서와 그 밖의 제자백가 학설을 두루 공부했으며, 천문과 역법, 점복 등의 술수와 광대와 악공을 불러 놓고 활을 쏘며 사냥하는 것을 좋아했으며 유세객을 불러 모았다.

위 태자가 화를 당한 뒤에 제 회왕도 죽자 유단은 셋째 아들인 자신이 황태자에 오르는 것이 마땅하다고 여기고 황제에게 글을 올려 황궁으로 돌아가 숙위하게 해 달라고 청했다. 황제가 노하여 유단의 글을 올린 사자를 하옥했다. 그 뒤에 고향을 떠나 도망 다니는 자들을 숨겨 준 죄에 걸려 양향(良鄉), 안차(安次), 문안(文安)의 세 개 현을 삭감당했다. 무제가 이 일로 유단을 미워하게 되어 끝내 막내아들을 태자로 세웠다.

무제가 붕어하고 태자가 황제의 자리에 올랐으니 바로 효소제다. 효소제가 무제의 붕어를 알리는 조서를 내렸다. 유단은 조서를 본 뒤에 곡을 하지 않았다. 그러고는 이렇게 말했다.

"조서를 밀봉한 상태가 비정상적이니[25] 장안에 변고가 일어난 것이 아닌가 의심되는구나."

예절과 법도를 물어본다는 명분으로 총애하는 신하인 수서장(壽西長), 손종지(孫縱之), 왕유(王孺) 등을 장안으로 보냈다. 왕유가 집금오 곽광의(郭廣意)를 만나 황제가 무슨 병으로 붕어했고 어느 아들을 후사로 세웠으며 그 아들의 나이가 몇인지 물어보았다. 곽광의의 말로는 오작궁(五柞宮)에서 대조하고 있을 때 궁 안에 황제께서 붕어했다는 말이 떠들썩하게 나돌았다. 여러 장군이 태자를 황제로 옹립했는데 여덟아홉 살쯤일 것이며 장례 기간에는 새 황제가 조회에 참석하지 않았다고 했다.

돌아와서 연 날왕에게 보고했다. 그러자 연 날왕이 말했다.

"황제께서 여러 신하를 버려두고 아무런 유언도 없이 돌아가셨다는데 갑(蓋) 공주도 마지막에 황제를 뵐 수 없었다고 하니 매우 이상한 일이구나."

그리하여 다시 중대부를 장안에 보내 황제에게 글을 올리게 했다.

제가 알기로 효무황제께서는 친히 성스러운 왕도를 행하시고 효를 다해 종묘를 받들었으며 골육에게 자애롭게 대하셨고 만백성이 서로 화목하게 어울려 지내도록 이끄셨으니, 그 덕은 천지의 덕에 비견되고 밝음은 일월처럼 빛났으며 성대한 위무를 떨쳤으므로 멀리서 보물을 들고 황제를 배알하고 복속해서 군(郡)을 수십 개나 늘려서 설치했고 강역을 곱절로 늘렸습니다. 태산에서 하늘에 제사를 올리고 양보에서 땅에 제사를 드렸으며 천하를 순수하셨습니다. 먼 곳에서 보내온 진귀한 물건이 태묘에 가득하게 진열되어 있었으니 효무황제의 은덕은 아주 성대했습니다. 지방의 군과 제후국에 효무황제의 사당을 세우십시오.

황제가 그 상소를 읽었다. 그 무렵에는 대장군 곽광이 집정하고 있었다. 연왕에게 삼천만 전을 상으로 하사하고 식읍 일만 삼천 호를 더해 주었다. 유단이 화를 내며 말했다.

"응당 내가 황제가 돼야 했는데, 하사는 무슨 하사야!"

그리하여 종실인 중산 애왕(中山哀王)의 아들 유장(劉長)과 제효왕(齊孝王)의 손자 유택(劉澤)과 공모하여 이미 무제 때에 "스스로 관리를 임명하고 무기를 만들어 비상시에 대비하라."라는 조서를 받은 적이 있다고 꾸며 댔다.

유장이 유단을 대신하여 신하들에게 명령하는 글을 읽었다.

과인이 선제의 위대한 덕에 의지하여 북쪽 번국에 봉해져 영명하신 선제께서 내리신 조서를 두 손에 받들었다. 조서에 관리를 임명하고 무기고를 관할하여 무기를 갈고닦으라고 쓰여 있었으니 그 책무가 중대하여 아침저녁으로 마음을 놓지 못했다. 대부들은 장차 어떤 방책을 올려 과인을 위해 간언하고 보좌하겠는가?

비록 연나라가 작기는 하지만 주나라가 상나라를 멸망시킬 때에 건국했으니 위로 소공(召公)²⁶부터 아래로 소상왕(昭襄王)²⁷을 지나 오늘에 이르기까지 천 년을 내려왔는데 어찌 능력 있는 인재가 없다고 하겠는가?

과인이 허리띠를 졸라매고 서른 몇 해 동안 정사에 관해 올리는 방책을 들어 왔으나 쓸 만한 방책이 아무것도 없었다. 그것은 과인이 조회에 제대로 참예하지 않았기 때문인가, 아니면 대부들의 생각이 모자랐기 때문인가? 누구에게 잘못이 있단 말인가?

이제 과인이 사악함을 바로잡고 과실을 방비하며 선행을 표창하고 화목함을 선양하여 백성을 위무하고 풍속을 고치고자 하니 어디에서부터 길을 열어야 하겠는가?

대부들은 각자 마음을 다해 대책을 올리도록 하라. 과인이 살펴 볼 것이다.

신하들이 모두 관을 벗고 사죄했다. 낭중 성진(成軫)이 유단에게 말했다.

"대왕께서는 응당 얻을 자리를 얻지 못하셨으니 오로지 봉기하여 그 자리를 찾아야 할 뿐, 앉아서는 그 자리를 얻을 수 없습니다. 대왕이 봉기하기만 하면 나라 안에서 비록 여자들이라 할지라도 모두 팔을 흔들며 대왕을 따를 것입니다."

유단이 말했다.

"예전의 여 태후 때에 홍(弘)을 효혜제의 아들이라고 꾸며 황제로 세운 뒤에 제후들이 여덟 해 동안이나 받들어 모셨는데, 여 태후가 붕어한 뒤 대신들이 여씨 일족을 주살하고 문제를 맞아들여 옹립한 뒤에야 천하 만민이 효혜제의 아들이 아니었음을 알았소.

나 스스로 무제의 큰아들이면서도 옹립되지 못했고, 새 황제에게 글을 올려 무제의 사당을 세우자고 했으나 그 또한 받아들여지지 않았으니 지금 옹립된 자는 유씨가 아닌 것으로 의심이 되오."

이어서 바로 유택과 더불어 의논하여 간악한 글을 지었는데, '어린 황제는 무제의 아들이 아닌데도 대신들이 함께 옹립했으므로 천하가 마땅히 함께 그들을 징벌해야 한다'는 내용이었다. 그러고는 각 지방의 군과 제후국으로 사람을 보내 그 글을 전파함으로써 백성을 동요시켰다.

유택은 제나라 임치로 돌아가 거사하되 연왕과 같은 날 거사하기로 모의했다. 유단은 각 지방의 군과 제후국에 있던 법을 위반하고 도망 다니는 자들을 불러 모으고, 세금으로 구리와 쇠를 거두어 갑옷과 무기를 만들었으며, 여러 차례에 걸쳐 전차와 말과 병사들을 점검했다. 황제의 의전에 따라 수레에 정기를 꽂고 북을 싣고 모두(旄頭)를 선두에 세웠으며, 낭중과 시종에게는 담비 꼬리를 관에 꽂게 하고 금으로 만든 매미를 관 앞에 붙이게 했으며 그 모든 인원을 시중(侍中)이라고 부르게 했다.

유단이 상(相)과 중위 이하 관리를 따르게 하고 수레와 말을 정렬시킨 뒤에 백성을 동원하여 울타리를 치게 한 뒤에 문안현[28]에서 대규모 사냥을 벌이는 척하면서 병졸과 말을 훈련하며 거사 날이 오기를 기다렸다.

낭중 한의(韓義) 등이 여러 차례에 걸쳐 유단에게 간언했으나 유단은 한의 등 모두 쉰 명을 죽여 버렸다. 바로 그때 병후(軿侯)

유성(劉成)[29]이 유택 등의 모의를 알아내 청주(靑州) 자사 준불의 (雋不疑)에게 알렸다. 준불의가 유택을 나포한 뒤에 황제에게 보고 하자 황제가 대홍려승을 보내 심문하게 했더니 연왕이 관련된 사 실이 드러났다. 황제가 조서를 내려 연왕의 죄는 다스리지 말되 유택 등은 모두 주살하라고 했다. 병후는 식읍을 더하여 봉했다.

시간이 오래 지난 뒤에 유단의 누나인 악읍(鄂邑) 갑(蓋) 장공주 와 좌장군 상관걸 부자가 곽광과 세력을 다투다가 사이가 벌어졌 다. 이들은 모두 유단이 곽광을 원망하는 것을 알고 몰래 연왕 유 단과 내통하기 시작했다. 유단이 손종지 등을 모두 십여 차례나 파견하여 수많은 금과 보석, 그리고 잘 달리는 말을 갑 장공주에 게 보내 주었다. 상관걸과 어사대부 상홍양 등이 모두 유단과 내 통하며 여러 차례에 길쳐 유단에게 곽광의 허물을 기록하여 알리 면서 유단으로 하여금 황제에게 상소하게 했다. 상관걸이 황궁에 서 그 상소문을 빼돌리려고 했다. 유단이 그 소식을 듣고 기뻐하 며 상소했다.[30]

예전에 진나라의 영정(嬴政)이 남면하여 신하의 예를 받는 천자 의 지위에 올라 천하를 다스리는 법률을 제정하고 위력으로 사이 (四夷)를 정복한 뒤에 골육을 경시하고 다른 성씨를 중용하며 왕도 를 버리고 형벌만 쓰며 종실을 전혀 돌보지 않았습니다. 그러자 위 타(尉佗)가 남이(南夷)에 들어가서 왕을 칭했고, 진섭(陳涉)은 초나라 땅 대택향(大澤鄉)에서 봉기했으며 진시황의 측근도 반란을 일으켜 안팎으로 모두 반란이 일어나자 조씨 일족은 멸족했습니다.

고황제께서 그 과정을 모두 지켜보시면서 그 득실을 살핀 결과 진나라의 건국 이념이 잘못된 것을 아시고 그 길을 고치려고 하셨습니다. 그리하여 영토를 구획한 뒤 유씨 자손을 왕으로 봉한 성이 서로 붙어 있게 하여 종실이 번창하게 함으로써 다른 성씨가 틈새를 엿보지 못하게 하셨습니다.

이제 폐하께서 성명한 대업을 이으셨으나 대신에게 권력을 위임하셨으므로 신하들이 붕당을 이루어 종실을 비난하고 훼멸하려고 조정에서 날마다 참언을 일삼으며 악독한 옥리가 법을 제멋대로 적용하며 위신을 세우려고 하니, 폐하의 은덕이 마침내 아래의 백성에게 미치지 못하고 있습니다.

신이 듣기를 무제 때에 중랑장 소무로 하여금 흉노에 출사하게 했을 때 스무 해 동안이나 붙잡혀 있었어도 항복하지 않고 있다가 돌아왔는데 그래도 전속국 벼슬밖에 얻지 못했다고 합니다. 그러나 지금 대장군부의 장사(長史) 창(敞)[31]은 아무런 공로도 없이 수속 도위에 임명되었습니다. 또 장군이 낭관과 우림군을 대대적으로 사열할 때 천자의 의전에 따라 장군이 가는 길 앞을 치우고 사람들을 비키게 했으며 태관을 먼저 보내 장소를 정돈하게 했습니다.

신 단은 부절과 옥새를 조정에 반납하고 황궁에 들어가 숙위하며 간신이 일으킬지도 모르는 변란에 대비하고자 합니다.

그때에 소제는 나이가 열네 살이었지만 상소에 허위가 있음을 알아차렸다. 그리하여 곽광을 더욱 믿고 가까이하는 대신에 상관걸 등을 멀리했다. 이 탓에 상관걸 등의 일파가 곽광을 죽이고 황제를 폐한 뒤에 연왕을 황제로 맞이하여 옹립할 것을 함께 모의했다. 유단이 역참 파발로 편지를 보내 서로 연락하며 성사되면 상관걸을 왕으로 봉하기로 약속했고 외부의 군과 제후국의 호걸도 수천 명이나 연결해 두었다. 유단이 연나라의 상국 평(平)에게 이 소식을 알려 주자 평이 말했다.

"대왕께서 전에 유택과 함께 거사를 모의했으나 성사되기 전에 발각된 것은 유택이 평소에 과장하며 다른 사람을 침해하고 짓밟기 좋아했기 때문입니다. 저, 평이 듣기로 좌장군은 평소에 경솔하며 거기장군[32]은 젊은 나이에 거만하다고 합니다. 신은 유택과 함께하여 성사하지 못했던 것이 반복될까 걱정되며 또 성사해도 그들이 대왕에게 반기를 들지 않을까 걱정됩니다."

유단이 말했다.

"일전에 한 남자가 대궐에 이르러 스스로 고인이 된 태자라고 일컫자 장안성 안의 백성이 그자를 따라다니느라 소란을 떨었는데, 따라다니는 사람이 많아서 막기 어려웠다고 합니다. 이에 대장군이 두려워하면서 군대를 보내 진압하고 자신의 자리를 지켰다는 것입니다. 나는 무제의 큰아들로 천하 만민의 신뢰를 받고 있으니 누가 반대하더라도 두려워할 것이 있겠습니까!"

뒤에 여러 신하에게 말했다.

"갑 장공주가 전하는 바로는 대장군이 우장군 왕망(王莽)[33]과 연합하는 것이 가장 걱정된다고 했소. 이제 우장군은 고인이 되었고 승상은 병이 났으므로 얼마 있지 않아 우리가 기뻐할 일이 반드시 이루어질 것이오."

그러고는 신하들에게 모두 출동 준비를 하도록 명했다.

그때 마침 비가 내리고 무지개가 왕궁 뜰로 떨어지더니 우물물을 빨아당겨 우물이 말라 버렸다. 또 궁중의 우리 안에 가둔 돼지가 떼를 지어 몰려나오고 왕궁 태관 부엌의 아궁이가 부서졌으며 까마귀가 까치와 싸우다가 떨어져 죽고 황궁의 정문 안에서 쥐들이 펄쩍펄쩍 뛰었으며 대전의 문이 저절로 닫혔는데 다시 열 수 없었다. 벼락이 떨어져 성문을 불태웠을 뿐 아니라 큰바람에 왕궁의 성루가 무너졌으며 나무도 뽑혀 부러졌다. 게다가 유성까지 떨어지자 왕후와 후궁 이하 모든 사람이 두려움에 휩싸였으며 왕도 놀라서 병이 났다. 연왕이 가수(葭水)와 이수(台水)로 사람을 보내 재앙을 물리치는 제사를 올리게 했다. 왕의 빈객인 여광(呂廣) 등 점성술을 익힌 자들이 왕에게 말했다.

"대군이 성을 포위할 것입니다. 대개 9월 또는 10월에 포위할 것입니다. 한나라 조정의 대신이 살육당할 것입니다."

이때의 이야기는「오행지(五行志)」에도 있다.

이 말을 듣고 왕이 몹시 걱정하고 두려워하며 여광 등에게 물었다.

"모의하던 거사가 아직 이루어지지도 않았는데 흉조가 여러 차례 보이고 바로 전투가 일어나게 생겼으니 어떻게 하면 좋겠소?"

바로 그때 장안에 있던 갑 장공주 집안 사인의 아버지 연창(燕倉)이 이들의 모의를 알아차리고 고발하는 바람에 일이 발각되었다.[34] 승상에게 조서를 내려 중이천석 관리들에게 손종지와 좌장군 상관걸 일당을 뒤쫓아 나포하게 한 뒤에 모두 주살했다.

그 소식을 들은 유단이 상(相) 평을 불러 물었다.

"장안의 일이 실패했으니 바로 군대를 출동해야겠지요?"

평이 대답했다.

"좌장군이 죽은 사실을 백성이 모두 알고 있으므로 군대를 출동하면 안 됩니다."

왕이 걱정하며 답답한 마음에 만재궁(萬載宮)에 술자리를 마련하고 빈객과 군신, 왕비와 후궁을 불러 함께 앉아 술을 마셨다. 왕이 노래를 불렀다.

"텅 빈 성안에 돌아왔는데 개 짖는 소리도 닭 우는 소리도 들리지 않네. 한길은 어찌 저리도 텅 비어 있단 말인가! 나라 안에 인적이 끊어진 걸 이제야 확실히 알겠구나!"[35]

화용(華容) 부인이 일어나 춤을 추며 노래를 불렀다.

"시체가 여기저기 늘어져 있지만 묻을 데가 없네. 어미가 죽은 아들을 찾아다니고 아내가 죽은 남편을 찾아다니네. 이쪽저쪽 도랑 사이[36]를 배회하며 찾으니, 임금이 어찌 홀로 편안히 앉아 있으리오!"

좌석에 있던 사람이 모두 눈물을 흘렸다.

사면령이 당도하자 왕이 그것을 읽고 나서 말했다.

"아아, 관리와 백성만 사면하고 나는 사면하지 않았구나!"

그리하여 왕후와 희(姬), 그리고 여러 부인(夫人)을 명광전(明光殿)으로 오게 한 뒤에 왕이 말했다.

"늙은 몸이 일을 일으켰으니 마땅히 멸족될 것이다."

왕이 자결하려고 하자 옆에 있던 사람들이 말했다.

"봉토를 삭감당하면 다행히 사형을 면할 수 있을 것입니다."

왕후와 희, 그리고 부인들이 눈물을 흘리며 울면서 왕을 만류했다. 그때 천자가 보낸 사자가 연왕에게 조서를 내렸다.

예전에 고황제께서는 천하를 얻은 뒤에 자제들을 왕으로 세워 사직의 방패막이가 되게 하셨다. 전날 여씨 일족이 대역무도한 음모를 꾸며서 유씨 종실이 끊어지기 전의 머리털처럼 위험했는데, 강후 주발 등의 신하에게 의지하여 역적의 난을 토벌하고 효문제를 옹립하여 종묘를 안정시켰으니, 이는 황궁 안팎에 도와주는 사람이 있어 서로 호응했기 때문에 가능한 일이 아니었던가? 번(樊), 역(酈), 조(曹), 관(灌)[37] 등이 칼을 차고 예봉을 휘두르며 고황제를 따라 재앙을 가져오고 해로움을 끼칠 자들을 제거하고 나라 안에서 반역을 일으킬 만한 자를 솎아 내던 당시에 쑥대머리가 되도록 고생하며 애를 쓴 공으로 얻은 상이 겨우 열후에 봉해진 것이었다. 그러나 종실의 자손은 옷이 찢기고 관이 벗겨지는 고생을 해 본 적이 없음에도 불구하고 황제의 땅을 갈라 왕으로 삼고 재물을 나누어 하사했으며 아비가 죽으면 아들에게, 형이 죽으면 동생에게 왕위가 내려가도록 했다. 이제 왕은 가장 친한 골육으로서 내 몸의 일부와 마찬가지인데 다른 성씨 일족과 더불어 공모하여 사직을 해치고 혈족을 멀어지게 했으니 반역과 패륜의 마음만 있었을 뿐 충성과 인애의 뜻이 없었다. 만일 돌아가신 조상이 이 일을 아시면 무슨 면목으로 다시 얼굴을 들고 고황제 사당에 나아가 술잔과 제물을 올릴 수 있겠는가!

유단이 조서를 받은 뒤에 부절과 옥새를 의공장(醫工長)에게 맡긴 뒤에 상(相)과 이천석 벼슬아치에게 "정사를 받듦에 근신하지 않았으므로 죽을 수밖에 없소."라고 말하고는 바로 목을 매 자결했다. 왕후와 부인 등 스물 몇 명이 유단을 따라 스스로 목숨을 끊었다. 황제가 은덕을 베풀어 왕태자 유건(劉建)을 서인으로 강등하고 유단에게는 날왕(剌王)이라는 시호를 내렸다. 유단은 왕이 된 지 서른여덟 해 만에 처벌되고 봉토가 철폐되었다.

여섯 해 뒤에 선제가 즉위하여 유단의 두 아들, 곧 유경(劉慶)을 신창후(新昌侯)에, 유현(劉賢)을 안정후(安定侯)에 봉했다. 그리고 원래 태자였던 유건을 왕으로 세웠으니 바로 광릉 경왕(廣陽頃王)인데 스물아홉 해 만에 죽었다. 아들 목왕(穆王) 유순(劉舜)이 왕위를 이었다가 스물한 해 민에 죽었다. 아들 사왕(思王) 유황(劉璜)이 왕위를 이었다가 스무 해 만에 죽고 아들 유가(劉嘉)가 왕위를 이었다.

왕망 때에 한나라 번국의 왕을 모두 서인으로 강등했는데 유독 유가만 왕망의 공덕을 칭송하는 부명(符命)을 바침으로써 부미후(扶美侯)에 봉해지고 왕씨 성을 하사받았다.

무분별한 행동으로 태자가 되지 못한 유서

○　　○　　○

광릉 여왕 유서에게 책서를 내렸다.

오호라, 어린 아들 서(胥)야! 사(社)에 모실 이 적색 흙을 받아라. 너에게 나라를 세우게 하고 남쪽 땅에 봉하니 대대로 한나라의 번국이 되어 조정을 보좌하도록 하라.

옛사람이 "장강의 남쪽과 오호(五湖) 사이에 사는 사람들은 속이 가볍다. 양주(揚州)는 통치를 받지 않으려고 완강히 버티는 곳으로 [하, 은, 주] 삼대에는 요복(要服)에 속한 땅이라 천자의 바른 명령이 가 닿지 못했다."라는 말씀을 남겼다.

오호라, 너는 모든 정성을 다하여 신중하고 조심스럽게 행하며 아랫사람에게 은혜를 베풀고 천자에게 순종하며 아이처럼 가볍게 굴지 말고 놀이를 즐기지 말며 소인배를 가까이 두지 말라. 오로지 법칙대로 행하면 되느니라.『서』에 이르기를 "신하는 남에게 복을 내리지도 위엄을 부리지도 말아야 한다."[38]라고 했으니 후대에 부끄러울 일이 없도록 하라. 왕은 이 점을 반드시 경계하도록 하라.

유서가 자라서 성년이 되자 광대를 불러 즐기며 방탕하게 놀았고 힘은 세발솥을 들어 올릴 만큼 세서 맨주먹으로 곰이나 멧돼지 같은 맹수와 맞붙어 싸웠다. 행동에 법도가 없었으므로 마침내 한무제의 후사가 되지 못했다.

소제 즉위 초에 유서에게 일만 삼천 호를 더하여 봉해 주었다. 원봉 연간에 장안에 와서 조정에 참예하자 만 호를 더하여 봉하고 이천만 전과 황금 이천 근, 네 필의 말이 끄는 안거와 보검을 하사했다.

뒤에 선제가 즉위하여 유서의 네 아들인 유성(劉聖), 유증(劉

曾), 유보(劉寶),[39] 유창(劉昌)을 모두 열후에 봉하고, 유서의 막내 아들인 유흥(劉弘)을 고밀왕(高密王)으로 세웠다. 모두에게 상을 후하게 내렸다.

그보다 먼저 소제 때의 일이다. 유서가 황제의 나이가 적고 아들이 없는 것을 보고 욕심을 냈다. 그런데 유서가 다스리던 옛 초나라 땅에서는 무속과 귀신을 숭상했으므로 유서가 무녀 이여수(李女須)를 불러 신을 내리게 한 뒤에 황제를 저주하게 했다. 이여수가 눈물을 흘리며 말했다.

"효무제의 신이 내 몸에 내렸습니다."

옆에 있던 사람들이 모두 엎드리자 이여수가 말했다.

"내 반드시 서로 하여금 황제가 되게 하리라."

유서가 이여수에게 많은 돈을 하사하여 부산(巫山)에서 기도를 올리게 했다.

마침 그때 소제가 붕어하자 유서가 말했다.

"여수가 뛰어난 무당이구나!"

그러고는 소를 잡아 기도를 들어준 것에 보답하는 제사를 올렸다.

이어서 창읍왕이 황궁에 불려 들어가자 다시 무녀를 시켜 새 황제를 저주하게 했다. 뒤에 창읍왕이 (스무이레 만에) 폐위되자 유서는 이여수 등을 점점 더 믿으며 여러 차례에 걸쳐 돈과 재물을 내려 주었다.

선제가 즉위하자 유서가 말했다.

"어떻게 거꾸로 전(前) 태자의 손자가 오를 수 있단 말인가?"

다시 이여수를 불러 전처럼 저주하게 했다. 그때 유서의 딸이 초나라 왕 유연수(劉延壽)의 왕후의 남동생에게 시집을 가 있었으므로 서로 여러 차례 선물을 주고받으며 몰래 편지로 연락하고 있었다. 뒤에 유연수가 모반죄에 걸려 주살되었는데 심문 과정에서 유서와 함께 모반한 사실을 시인했다. 조서를 내려 유서의 죄를 다스리지 않겠다고 하면서 유서에게 황금을 내리기를 모두 오천 근이나 내렸으며 다른 기물도 아주 많이 하사했다.

뒤에 유서가 한나라〔황제 선제의〕태자를 세웠다는 소식을 듣고 희(姬) 남(南) 등에게 말했다.

"나는 끝내 제위에 오를 수 없겠구나."

그러고는 욕심을 버리고 더는 저주하지 않았다.

뒤에 유서의 아들 남리후(南利侯)[40] 유보가 살인죄를 지어 작위를 빼앗기고 광릉에 돌아왔는데, 유서의 희(姬) 좌수(左修)와 정을 통했다가 사실이 발각되어 옥에 갇힌 뒤에 기시형을 당했다. 광릉국의 상(相) 승지(勝之)가 상주하여 광릉왕 유서가 가진 땅 중에서 사수 변에 있는 미개간지를 빈민에게 주도록 청하자 상주한 대로 처리하게 했다. 유서가 다시 무녀를 시켜 전처럼 황제를 저주했다.

유서의 왕궁 뜰에 있던 대추나무에 새로 십여 개의 가지가 났는데 줄기와 가지는 새빨갛고 잎은 명주처럼 희었다. 못물이 벌겋게 변하면서 물고기가 죽었고 대낮에 왕후의 침전 뜰에서 쥐들이 펄쩍펄쩍 뛰었다. 유서가 희 남 등에게 말했다.

"대추나무하며 못물과 물고기하며 쥐들이 이상한 징조를 보이는 것이 아주 보기 싫구나."

몇 달이 지난 뒤에 황제를 저주한 사실이 발각되어 담당 관리가 조사하자 유서가 놀라고 두려운 마음에 무녀와 비빈, 궁녀 스물 몇 명에게 약을 먹여 죽임으로써 입을 막았다. 공경들이 유서를 주살해야 한다고 청하자 황제가 정위와 대홍려를 광릉국에 파견하여 심문하게 했다.

유서가 사실대로 말했다.

"죄는 죽어도 남음이 있으니 물어본 것들은 모두 실제로 있었던 일이오. 아주 오래된 일들이라 돌아가서 생각해 보고 모두 대답할 테니 허락해 주시오."

사자들이 돌아간 것을 확인한 뒤에 유서가 현양전(顯陽殿)에 술자리를 열고 태자 유패(劉霸)와 자녀 유동자(劉童訾), 유호생(劉胡生)[41] 등을 불러 밤에 술을 마시면서 총애하던 팔자(八子) 곽소군(郭昭君)과 가인자 조좌군(趙左君) 등을 불러 금을 뜯으며 노래하고 춤추게 했다. 왕도 스스로 노래를 지어 불렀다.

"사람들은 오래 살면서 죽지 않으려고 하지. 내 일생 기쁜 일 없이 이제 목숨이 다해 가네. 황제의 명령을 받들자니 조금도 지체할 수 없지. 천리마가 역참에서 길을 재촉하네. 황천 아래는 깊고 깊겠지. 사람은 태어나서 죽게 마련이라 무엇 때문에 슬퍼하겠나. 무엇이 기쁨일까, 뜻대로 되는 것이 기쁨이겠지. 나는 오가며 아무런 기쁨 없이 살았노라. 즐거움도 잠깐. 무덤의 혼령들이 부르네. 곽문[42]이 보이네. 죽는 일은 누가 대신할 수 없으니 나 스스로 죽는 수밖에."

옆에 있던 사람들이 눈물을 흘리며 서로 술을 권하기를 닭이 울 때까지 하다가 파했다. 유서가 태자 유패에게 말했다.

"황제께서 나에게 후한 은혜를 내리셨음에도 내가 황제를 심하게 배반했으니 내가 죽으면 시체를 사람들에게 내보일 것이다. 다행히 묻게 해 준다면 대강 묻으면 될 것이니 장례에 재물을 많이 들이지 말라."

말을 마친 뒤에 인수로 목을 매어 자결했다. 이어서 팔자 곽소군 등 두 사람도 모두 자결했다. 황제가 은혜를 베풀어 왕의 여러 아들을 모두 서인으로 만들고 왕에게는 여왕(厲王)이라는 시호를 내렸다. 왕이 된 지 예순네 해 만에 처벌되니 봉토가 철폐되었다.

일곱 해가 지나서 원제가 다시 유서의 태자 유패를 왕으로 세워 주었으니[43] 바로 효왕(孝王)으로 열세 해 뒤에 세상을 떠났다. 아들 공왕(共王) 유의(劉意)가 뒤를 이었다가 세 해 만에 세상을 떠났다. 아들 애왕(哀王) 유호(劉護)가 뒤를 이었다가 열여섯 해[44] 만에 세상을 떠났는데 아들이 없어 대를 잇지 못했다. 여섯 해가 지나서 성제가 효왕의 아들 유수(劉守)를 다시 왕으로 세워 주었는데 바로 정왕(靖王)이다. 왕위에 오른 지 스무 해[45] 만에 세상을 떠나 아들 유굉(劉宏)이 뒤를 이었으나 왕망 때에 봉토가 철폐되었다.

그보다 먼저 광릉왕 유서의 막내아들 유홍이 본시 원년에 고밀 애왕에 올랐다가 아홉 해[46] 만에 세상을 떠났다. 아들 경왕(頃王) 유장(劉章)이 뒤를 이었는데 서른세 해[47] 만에 세상을 떠났다. 아들 회왕(懷王) 유관(劉寬)이 뒤를 이었다가 열한 해 만에 세상을 떠나 아들 유신(劉慎)이 뒤를 이었으나 왕망 때에 봉토가 철폐되었다.

스물이레 만에 폐위된 유하

○　○　○

창읍 애왕 유박은 천한 4년에 왕위에 올랐다가 열한 해[48] 만에
세상을 떠나 아들 유하가 뒤를 이었다.

유하가 왕위에 오른 지 열세 해째에 소제가 붕어했다. 후사가
없었으므로 대장군 곽광이 왕을 불러 상주가 되게 했다. 새서(璽
書)는 다음과 같다.

창읍왕에게 조서를 내린다. 대홍려사(大鴻臚事) 겸 소부(少府) 사
락성(史樂成)과 종정 유덕(劉德), 광록대부 병길(丙吉), 중랑장 이한(利
漢)[49]으로 하여금 왕을 부르러 보내니, 일곱 마리 말이 끄는 역잠
수레[50]를 타고 장안의 광릉국 경저로 오도록 하라.

조서가 도착했을 때는 야루(夜漏) 일 각(刻)이 덜 된 시각이었
다.[51] 왕이 불을 켜서 조서를 읽었다. 이튿날 정오에 유하가 출발
하여 포시(晡時)[52]에 정도(定陶)에 도착하니 백삼십오 리[53]를 갔는
데, 시종들이 탄 말이 길에서 계속 죽어 갔다. 낭중령 공수(龔遂)
가 왕에게 간언하여 쉰 명이 넘는 낭관과 알자를 돌아가게 했다.

유하가 제양(濟陽)에 도착하여 장명계(長鳴雞)를 구해 오게 했고
길에서 대나무 오리를 결어 만든 지팡이 적죽장(積竹杖)을 샀다.
홍농(弘農)을 지날 때에는 노복의 우두머리인 선(善)을 시켜 의거
(衣車)에 여자를 태워 가게 했다. 호현에 도착했을 때 사자가 창

읍국의 상(相) 안악(安樂)을 질책했다. 안악이 공수에게 그 사실을 알리자 공수가 유하에게 직접 확인해 보았다. 유하가 대답했다.

"그런 일은 없었소."

공수가 말했다.

"그런 일이 없었다 하더라도 뭐 하러 선이란 놈을 보호하느라 의를 훼손하는 행동을 하겠습니까? 부디 옥리에게 넘겨 대왕의 오명을 씻도록 하십시오."

그러고는 바로 머리를 잡고 위사장(衛士長)에게 보내 법에 따라 형을 집행하게 했다.

유하가 패상(霸上)에 도착했을 때 대홍려가 교외인 그곳까지 나가 맞이하고 추기(騶騎)가 승여거(乘輿車)로 모셨다. 왕이 자신의 노복인 수성(壽成)으로 하여금 수레를 몰게 하고 낭중령 공수를 참승으로 삼아 수레에 함께 타고 갔다. 새벽에 광명원을 지나 동도문(東都門)[54]에 이르자 공수가 말했다.

"예에 따르면 외지에서 상례에 참가하러 올 때에는 그 나라의 도읍이 바라보이기 시작하는 데서부터 곡을 해야 하는데, 이곳이 바로 장안성 외성의 동쪽 문입니다."

유하가 말했다.

"나는 목이 아파서 울 수 없소."

장안성 내성의 성문에 이르렀을 때 공수가 다시 간언하자 유하가 말했다.

"내성의 문이나 외성의 문이나 마찬가지요."

이어서 미앙궁의 동쪽 문 앞 누대에 이르자 공수가 간언했다.

"창읍국에서 곡을 하도록 장막을 쳐 놓은 곳은 이 누대 밖의 치도(馳道) 북쪽에 있습니다. 장막을 쳐 놓은 곳까지는 남북으로 난 길을 말을 타고 몇 발짝만 가면 됩니다. 대왕께서는 마땅히 수레에서 내리셔서 이 누대를 향해 서쪽을 보고 엎드려 곡을 하며 극진하게 애통해하신 뒤에 곡을 그치셔야 합니다."

왕이 말했다.

"그렇게 하겠소."

왕이 도착하여 예법에 맞게 곡을 했다.

왕이 황제의 옥새와 인수를 받고 존호를 이어받았다. 즉위한 스무이레 동안 방종하면서 황실의 법도를 어지럽혔다. 대장군 곽광이 군신과 상의한 뒤에 효소황후에게 아뢰어 유하를 폐위시키고 원래의 봉토로 돌려보내되 탕목읍 이천 호를 내리고 원래 가지고 있던 광릉국 왕실의 재물을 모두 유하에게 주었다. 그리고 창읍 애왕 유박의 딸 네 명에게 각각 탕목읍 천 호씩을 하사했다. 이 이야기는 「곽광전」에 있다. 봉토를 철폐하여 산양군(山陽郡)을 설치했다.

유하가 창읍국에 있을 때는 여러 가지 기이한 일이 일어났다. 한번은 유하가 흰 개를 보았는데 키 세 척에 머리가 없었고 목 아래로는 마치 사람처럼 생긴 것이 방산관(方山冠)을 쓰고 있었다. 그 뒤에 곰을 보았는데 옆에 있던 사람들에게는 전혀 보이지 않았다. 또 큰 새들이 궁중에 날아와 모여들었다. 왕이 나쁜 징조임을 알고 꺼리는 마음에 바로 낭중령 공수에게 그 뜻을 물었다. 공수가 그 징조의 뜻을 해석했는데 「오행지」에 이 이야기가 있다.[55]

왕이 하늘을 우러러보며 한탄했다.

"불길한 징조가 어찌하여 이렇게 자주 나타날까?"

공수가 머리를 조아려 말했다.

"신은 충성스러운 마음을 감추지 않고 위태롭게 되지 않도록 경계하라는 말씀을 여러 번 올렸지만 대왕께서 흔쾌히 받아들이지 않았습니다. 그러나 나라의 존망이 어찌 제 말씀에 달려 있겠습니까! 이는 왕께서 속으로 생각해 보실 일입니다. 대왕께서 『시』삼백다섯 편을 송독하여 아시겠지만 사람 사이의 일을 명확하게 밝혀 놓았고 왕도를 갖추어 나라를 다스리라고 되어 있습니다. 지금 왕께서 하시는 바 중 『시』의 어느 한 편과 맞아떨어지는 것이 있습니까? 대왕께서는 제후왕의 신분으로 평민보다 더 추악하게 행동하니 나라가 존속되기는 어렵고 망하기는 쉽겠으니 마땅히 이 점을 깊이 살피셔야 합니다."

그 뒤에 왕좌에 깔렸던 자리가 피로 더럽혀졌으므로 왕이 공수에게 물어보았다. 공수가 큰 소리로 부르짖으며 말했다.

"왕궁이 얼마 있지 않아 텅 비게 될 것이라 요사스러운 징조가 여러 차례 나타난 것입니다. 피는 숨겨진 우환을 상징합니다. 마땅히 경계하고 조심하면서 자성하셔야 할 것입니다."

유하는 끝까지 품행을 고치지 않았다.

얼마 지나지 않아 황궁에 불려갔다. 즉위한 뒤에 왕이 꿈을 꾸었다. 전각 서쪽 계단의 동편 측면에 검정파리의 똥이 쌓여 있었는데 대여섯 석은 되어 보이는 꿈이었다. 지붕을 이는 큰 기와에 덮여 있는 것을 열어 보니 검정파리의 똥이었다. 꿈에서 깨어 공수에게 물어보니 공수가 해몽하여 답했다.

"폐하께서 읽었던 『시』에 '윙윙거리며 날아다니던 검정파리 떼가 울타리에 앉았네. 침착하고 온후한 임금이시여, 참언을 믿지 마소서.'[56]라고 하지 않았습니까! 폐하의 좌측 곁에는 참언을 일삼는 무리가 많으니 마치 검정파리의 똥과 같은 존재들입니다. 마땅히 선제의 대신들의 자손을 등용하여 곁에 가까이 두고 쓰셔야 합니다. 창읍에서 데리고 온 사람을 차마 내쫓지 못하고 참언과 아부를 일삼는 그들을 중용하신다면 반드시 흉한 재앙이 생길 것입니다. 바라건대 재앙을 바꾸어 복으로 변하도록 그자들을 모두 쫓아내십시오. 신이 가장 먼저 쫓겨나야 마땅합니다."

유하가 그 말을 듣지 않았다가 마침내 폐위되고 말았다.

대장군 곽광이 새로 무제의 증손을 황제로 옹립했으니 바로 효선제다. 즉위한 뒤에 속으로 유하를 꺼렸다. 원강 2년에 사자를 보내 산양 태수 장창에게 조서를 내리며 말했다.

산양 태수에게 조서를 내린다. 특별히 조심하여 반역자를 대비하면서 길에 오가는 외지인을 살피도록 하라. 이 조서가 내려진 것을 밖으로 알리지 말도록 하라.

그리하여 장창이 유하의 일거수일투족을 하나하나 보고하여 폐위된 뒤의 행동을 알렸는데 이와 같았다.

신 창은 지절 3년 5월부터 태수 일을 보고 있습니다.

전(前) 창읍왕은 옛 왕궁에 살고 있습니다. 왕궁 안에는 노비 백여든세 명이 있습니다. 왕궁의 대문은 닫아 놓고 곁문을 열어 두었습니다. 청렴한 관리 하나를 보내 돈을 받아 물건을 사게 했습니다. 아침에 한 번 먹을 것들을 들여가게 하되 다른 물건은 들고나지 못하게 했습니다. 독도(督盜)[57] 한 명이 특별히 순찰하며 오가는 자들을 살피고, 예전 왕의 돈으로 사졸을 써서 궁의 담장을 둘러싸 궁에 수상한 사람이 접근하지 못하게 하고 반역에 대비했습니다. 신 창이 여러 차례 승리(丞吏)를 보내 감독하고 있습니다.

지절 4년 9월의 어느 날, 신 창이 들어가서 사는 모습을 살펴보았습니다. 전왕은 나이가 스물예닐곱쯤 되어 보였는데 생김새는 검푸른 얼굴에 눈이 작고 코끝이 뾰족하면서 밑으로 처져 있었고 수염과 눈썹은 숱이 적었습니다. 몸집이 장대했으나 마비 증세가 있어 걸음걸이가 불편해 보였습니다. 상의는 단의 차림에 대고(大絝)를 입었고 혜문관(惠文冠)을 썼으며 패옥을 차고 붓을 머리꽂이로 찌른 채 목간 조각을 들고 제 앞에 나와 만났습니다.

신 창이 정당(正堂)에 앉아 더불어 이야기를 나누면서 그 처자와 노비들을 관찰했습니다. 전왕의 마음을 떠보기 위해 불길한 새를 화제로 찔러보았습니다. 제가 "창읍에는 올빼미가 많습니다."라고 하자 전왕이 "맞습니다. 전에 하(賀)가 서쪽의 장안(長安)에 갔을 때는 올빼미를 한 마리도 보지 못했습니다. 돌아올 때 동쪽으로 제양(濟陽)에 이르러서야 올빼미 울음소리를 다시 들을 수 있었습니다."라고 대꾸했습니다. 신 창이 자녀 지비(持嚳)를 만나 보았는데, 전왕이 무릎을 꿇으며 "지비의 어미는 엄장손(嚴長孫)의 딸입니다."라고 했습니다.

신 창은 원래부터 집금오 엄연년(嚴延年)[58]의 자가 장손이라는 것과 딸 나부(羅紨)가 예전에 전왕의 처가 되었다는 것을 알고 있었습니다. 전왕의 옷차림과 말투, 꿇어앉고 일어서는 모습을 살펴보았는데 백치처럼 멍청해 보였습니다. 처는 열여섯 명이고 자식은 스물두 명인데 아들이 열한 명이고 딸이 열한 명이었습니다. 죽음을 무릅쓰고 전 창읍왕의 왕궁 인명부와 노비 및 재물 장부를 따로 올립니다.

신 이 일전에 전왕에게 글을 보내 말했습니다.

"창읍 애왕에게 노래와 춤을 선보이던 장수(張修) 등 열 명은 자식을 낳은 적도 없고 그렇다고 희(姬) 직첩을 받은 것도 아니며 양민으로 관적에 이름을 올리지도 않았으니 왕이 세상을 떠난 뒤에 당연히 집으로 돌려보냈어야 합니다. 태부 표(豹) 등이 강제로 남게 하여 애왕 능원을 지키는 궁녀로 만들었으니 이는 법에 맞지 않은 일이라 이들을 집으로 돌려보내기를 청합니다."

그 이야기를 들은 전왕이 말했다고 합니다.

"궁녀에게 능원을 지키게 하여 병이 나도 고쳐 주지 않고 서로 죽이거나 다치게 해도 처벌하지 않아 빨리 죽게 할 생각인데 태수는 어찌하여 그자들을 돌려보내라고 한단 말인가?"

전왕은 천성이 어지럽게 망하는 길을 좋아하여 끝내 인의(仁義)를 보일 줄 모르기가 이와 같습니다.

뒤에 승상과 어사대부가 신 창의 글을 폐하께 올려 신이 올린 대로 처리하도록 해 주셨으므로 그 모두를 돌려보냈습니다.

그로써 황제는 유하가 꺼릴 만한 인물도 못 된다는 것을 알게 되었다.

그 이듬해 봄에 조서를 내려 말했다.

대체로 듣기에 상(象)에게 죄가 있었지만 그래도 순임금은 땅을 분봉해 주었다 하니 골육의 사이에는 땅을 갈라 주되 관계를 끊지 말아야 할 것이다. 그리하여 전(前) 창읍왕 하를 해혼후(海昏侯)로 삼고 식읍 사천 호를 내린다.

시중 위위 금안상(金安上)이 황제에게 글을 올렸다.

하는 하늘의 버림을 받은 자인데 폐하께서 너무 인자하셔서 다시 열후에 봉하셨습니다. 하는 어리석고 둔하여 폐위된 사람이니 종묘의 제사와 조정 의례에 참가하지 못하게 하는 것이 마땅합니다.

황제가 그렇게 하도록 허락했다.

유하는 봉토가 있는 예장(豫章) 땅으로 갔다.

몇 해가 지난 뒤에 양주(揚州) 자사 가(柯)가 상소하기를 유하가 옛 태수의 졸사(卒史) 손만세(孫萬世)와 연락했다고 했다. 손만세가 유하에게 물었다고 한다.

"앞서 폐출될 때 출궁하지 않겠다고 강경하게 나서서 대장군을 베어 버리시지 왜 남의 말을 들어 옥새와 인수를 빼앗기셨습니까?"

유하가 말했다.

"맞아. 내가 잘못한 거야."

손만세는 유하가 곧 예장왕이 될 것이라 열후로 오래 있지 않으리라고 했다. 유하가 말했다.

"아마 그렇게 될 거야. 말을 내지는 말도록 하라."

담당 관리가 조사한 뒤에 나포해야 한다고 청했다. 조서를 내려 말했다.

"삼천 호를 삭감하라."

뒤에 유하가 세상을 떠났다.[59]

예장 태수 요(廖)가 상소를 올려 말했다.

순임금께서 상(象)을 유비(有鼻) 땅에 봉했으나 상이 죽은 뒤에 후대를 세워 제사를 지내게 해 주지 않았던 것은 난폭한 자는 나라의 시조가 될 수 없다고 여겼기 때문입니다. 해혼후 하가 죽었는데 황제께서 아들 충국(充國)을 후사로 삼으라고 유사에게 명하셨습니다. 충국이 죽자 다시 그 동생인 봉친(奉親)을 후사로 삼으셨습니다. 봉친이 죽었으니 이는 하늘이 후사를 끊은 것입니다.

폐하께서 성명하고 인자하셔서 하에게 지극히 후한 은혜를 베푸셨으니 순임금이 상에게 베푼 은혜도 이보다 크지 않습니다. 예법에 따라 하의 열후 후위를 거두셔서 하늘의 뜻을 받드셔야 합니다. 담당 관리들이 이 일을 상의하게 하십시오.

원제가 즉위하여 유하의 아들 유대종(劉代宗)을 해혼후에 다시 봉했다. 아들과 손자를 거쳐 아직 해혼후의 대가 이어지고 있다.

찬하여 말한다.

무고 사건이 일으킨 재앙을 두고 어찌 애달프다 하지 않겠는가! 이는 오로지 강충 한 사람의 잘못으로 일어난 일이 아니라 하늘의 뜻이 서려 있었으니 인력으로는 그 지경까지 이를 수 없었을 것이다.

건원 6년, 혜성 치우(蚩尤)의 기(旗)가 나타나 하늘가까지 이어졌다. 뒤에 황제가 출정을 명령하여 하남 땅을 공략하고 점령해 삭방군을 두었다.[60]

그해 봄에 여 태자가 태어났다.[61] 그 뒤로 군대가 출정하여 서른 해 동안 전쟁이 계속됐는데 군대가 이(夷) 부족을 도륙하여 죽인 자의 수가 헤아릴 수 없을 정도였다. 이어서 무고 사건이 일어나서 장안에 피가 흥건하게 흘렀으니 누워 있는 시체가 수만을 헤아렸다.

태자가 거사했지만 아들과 아버지가 다 실패하고 말았다. 태자가 전쟁 시대에 나고 자라 처음부터 끝까지 전란과 함께했던 것이니, 어찌 총애를 받던 신하 한 사람이 일으킨 일이라 할 수 있겠는가!

진시황은 즉위하여 서른아홉 해[62] 동안 다스리며 안으로는 육국을 평정하고 밖으로 사이(四夷)를 정복했다. 죽은 사람이 삼 가닥처럼 어지럽게 뒤얽히고 장성 아래에 시체가 널려 있었으며 길에는 두개골이 연이어 나뒹굴었으니 하루도 전쟁이 없는 날이 없었다.

그리하여 효산 동쪽에서 난이 일어난 뒤로 사방이 무너지며 진나라에 반기를 들었다. 진나라 장군과 군리는 지방에서 반란을 일으키고 간신은 조정 안에서 난을 일으켰다.

그리하여 효산 동쪽에서 난이 일어난 뒤로 사방이 무너지며 진나라에 반기를 들었다. 진나라 장군과 군리는 지방에서 반란을 일으키고 간신은 조정 안에서 난을 일으켰으니 난은 황실 내부에서 일어난 것으로 그 재앙이 이세황제 때에 이르러 폭발했다.

그런데 『좌전』에 이르기를 "전쟁이란 특히 불놀이와 같아서 끄지 않으면 스스로 타게 된다."[63]라고 했으니 맞는 말이다. 그리하여 창힐(倉頡)이 글자를 만들 때 '지(止)'자와 '과(戈)'자를 합해 '무(武)'자를 지었다. 성인은 무(武)로써 폭동을 막고 어지러운 사태를 수습했으니 무기를 쓰는 일을 멈추라는 것이지,[64] 무기를 들고 잔인하고 방종한 일을 일으키라는 뜻이 아니었다.

『역』에서 "하늘은 순응하는 사람을 돕고 사람은 성실한 사람을 돕는다. 군자가 성실한 길을 걸으며 순응하면 하늘은 그 사람을 돕게 되어 있으니 모든 일이 길하여 이롭지 않은 일이 없을 것이다."[65]라고 했다. 그래서 차천추가 무고 사건의 실정에 대해 명확하게 설명하며 태자의 억울함을 밝혔다. 차천추의 재능과 지식이 반드시 남을 능가하지는 않았을 것이다. 그러나 액운을 소멸시키고 난리의 근원을 막아 냈으니, 위급한 때에 더 큰 재앙을 막아 내어 좋은 기운을 맞이하도록 인도함으로써 하늘과 사람의 도움을 얻도록 이끌어 냈다고 하겠다.

엄·주·오구·주보·서·엄·종·왕·가 전 상
嚴朱吾丘主父徐嚴終王賈傳 上

무제는 자신에게 반대 의견을 내는 재상 중심의 외조(外朝)에 대항하기 위해 부(賦)를 지을 줄 아는 문학 시종으로 내조(內朝)를 꾸려서 자신의 뜻을 실현하는 데 도움을 받았다. 내조의 내신(內臣)으로는 사마상여(司馬相如)가 유명하여 『사기』와 『한서』에 열전이 따로 세워져 있다. 무제에게는 사마상여 외에도 언변과 글짓기에 뛰어난 내신이 많았으니, 그중 아홉 인물이 이 편의 상편과 하편에서 소개된다.

상편에는 엄조(?~기원전 122년), 주매신(?~기원전 115년), 오구수왕(吾丘壽王), 주보언(?~기원전 126년), 서악(徐樂, ?~?)의 전기가 실려 있다.

내조의 인재로 무제의 신임을 얻은 엄조

○　○　○

엄조[1]는 회계군(會稽郡) 오현(吳縣) 사람으로 엄부자(嚴夫子)[2]의 아들이다. 엄부자 집안사람의 아들이라는 말도 있다.

지방의 각 군에서 현량 인재를 천거하여 백여 명이 대책문을 올렸을 때, 무제가 엄조의 대책문을 좋아하여 엄조 한 사람만 중대부로 발탁했다. 그 뒤에 주매신, 오구수왕, 사마상여, 주보언, 서악, 엄안(嚴安), 동방삭, 매고(枚皋), 교창(膠倉), 종군(終軍), 엄총기(嚴蔥奇) 등을 얻어 모두 황제 곁에 두었다.

그 무렵에 사이를 정벌하여 변방에 군(郡)을 새로 설치하느라 군대가 자주 출동했고 조정의 예악 제도를 개혁하느라 조정에 일이 많았으므로 여러 차례에 걸쳐 현량 인재와 문학 인재를 천거받았다. 공손홍은 평민에서 출발하여 몇 해 사이에 승상에 올랐는데, 승상부 동쪽으로 작은 문을 열어 인재들을 불러와 나랏일을 의논하는 데 참예하게 했으며 황제를 배알하고 나라에 유리한 시책들을 상주하게 했다.

황제가 엄조 등으로 하여금 대신들과 함께 변론하게 했다. 유학 경전 문구의 해석을 두고 내조와 외조가 의견을 주고받았는데 대신들이 여러 차례 굴복했다. 내조에서 변론에 응한 인재 중에서도 동방삭, 매고, 엄조, 오구수왕, 사마상여 등이 황제의 총애를 특히 더 많이 받았다.

사마상여는 자주 병을 칭하면서 일을 피했다. 동방삭과 매고는 변론에서 논거를 확실하게 대지 못했으므로 황제는 그 둘을 주로 배우(俳優)³로 취급하며 옆에 두었다. 내조에서 엄조와 오구수왕만이 황제의 신임을 얻어 중용되었는데 두 사람 중에서도 엄조가 가장 앞섰다.

건원 3년, 민월(閩越)에서 군대를 출동시켜 동우(東甌)를 포위하자 동우에서 한나라에 위급함을 알리고 구조를 요청했다. 그때 무제는 스무 살이 못 되었으므로⁴ 태위(太尉) 전분(田蚡)에게 물어보았다. 전분이 의견을 내놓았다.

"월(越) 사람들이 서로 공격하는 일은 늘 있었고 한나라에 대한 태도도 자주 바꾸었으므로 중국이 가서 힘들게 구원할 필요는 없습니다. 진나라 때에도 버려두어 중원에 복속하지 않았습니다."

그러자 엄조가 전분을 힐난하며 말했다.

"다만 힘이 없어 구원할 수 없고 은덕을 베풀 수 없음을 걱정해야 합니다. 구원할 수 있는데 무슨 이유로 그들을 버리겠습니까? 진나라야 급할 때 도읍 함양(咸陽)까지 버린 나라인데 월쯤을 못 버렸겠습니까? 지금 작은 나라가 곤경에 처해 위급함을 알려 왔는데 폐하께서 군대를 보내지 않는다면 그 사람들은 어디에 호소하겠습니까? 그렇게 되면 한나라는 또 어떻게 만국을 신하로 둘 수 있겠습니까?"

무제가 말했다.

"태위하고는 계책을 함께 짜기가 어렵겠구나. 내가 새로 즉위한지라 호부(虎符)를 내밀며 여러 군과 제후국의 군대를 출동하게 하고 싶지 않다."

이에 황제가 엄조에게 부절을 주어 회계군에 보내 회계군의 군대를 출동시키게 했다. 회계 태수가 법에 따라 출군을 거부했다. 엄조가 사마(司馬) 한 명을 베어 버림으로써 황제의 뜻을 알리자 그제야 바다를 건너 동우를 구하러 갔다.[5] 군대가 미처 동우에 이르기도 전에 민월이 군대를 이끌고 철수했다.

회남왕의 충언

○　　○　　○

세 해가 지난 뒤에 민월에서 다시 군대를 출동하여 남월을 공격했다. 남월에서는 황제와 맺었던 약조를 지켜, 자의로 군대를 출동시키지 않고 황제에게 글을 올려 보고했다. 황제가 그 뜻을 가상하게 여겨 대군을 발동하고 두 장군[6]을 보내 군대를 이끌고 민월을 토벌하게 했다. 회남왕 유안(劉安)이 황제에게 글을 올려 간언했다.[7]

폐하께서 천하를 다스리며 덕과 은혜를 베푸시니 형벌을 줄이고 조세를 덜어 주며 늙어서 홀아비나 과부가 된 자를 가엾게 여기고 고아나 자식이 없는 자를 구호하며 늙은이들을 봉양하고 가난한 자들을 구제하셨습니다. 위로는 성덕이 융숭하고 아래로는 은덕이 널리 퍼져, 가까이 있는 곳에서 추종하고 멀리 있는 곳에서는 은덕을 흠모하게 되어 천하가 태평하고 백성은 각자 자신의 생업에 종사하며 안정된 생활을 누리다가 죽을 때까지 전쟁을 겪지 않으리라 여기고 있습니다.

지금 해당 관리가 군대를 이끌고 월을 치러 간다는 말을 전해 듣고 신 안(安)은 폐하께서 얼마나 힘드실까 생각했습니다. 월나라는 중원 밖에 있고 그 나라 사람들은 머리를 짧게 자르고 문신을 하고 살기 때문에 의관을 갖추는 나라의 법도로 다스리기 어렵습니다. 그러므로 〔하, 은, 주〕 삼대가 번성했지만, 호(胡)와 월에게는 역서(曆書)를 보내 주지 않았던 것입니다. 그것은 나라가 강하지 못해 복속시키지 못했거나 위력이 부족해 제압하지 못했기 때문이 아니라 살 만한 땅이 아니고 돌볼 만한 백성이 아니어서 중원에서 힘들여 그들을 살피지 않겠다고 여겼기 때문입니다. 그리하여 예전에는 도읍에서 천 리 인에 있는 땅에 봉하는 것을 전복(甸服)이라고 했고 천 리 밖에 봉하는 것을 후복(侯服), 후복의 땅에서 위복(侯衛)의 땅 사이는 빈복(賓服), 만이(蠻夷)의 땅은 요복(要服), 융적(戎狄)의 땅은 황복(荒服)이라고 했으니, 도읍에서 멀고 가까움에 따라 형세를 달리하여 복속하게 했습니다.

한나라에서 천하를 평정한 이래로 일흔두 해가 지나는 동안 옛 오월 땅 사람들이 서로 공격한 것이 부지기수인데 천자가 군대를 출동시켜 그 땅에 들어가게 한 적은 한 번도 없었습니다. 신이 듣건대 월에는 성곽과 읍, 마을이 없어 계곡과 대나무 숲 사이에 살며 수전에 능하여 배를 잘 젓는다고 합니다. 그 땅에는 초목이 짙은 그늘을 드리우고 있고 물에 막힌 데가 많아서 중원 사람들이 그 지세가 험한 줄을 모르고 함부로 들어갔다가 백 명이 한 명을 당해 내지 못합니다.

그 땅은 얻는다 하더라도 군현을 설치할 수 없고 공격해도 재빨리 함락시킬 수 없습니다. 지도를 놓고 보면 산천과 요새들이 불과 몇 촌(寸)도 되어 보이지 않지만 사실 그 땅은 팔구백 리에서 천 리까지 이릅니다. 게다가 험한 지형과 밀림은 지도에 다 나타나 있지도 않습니다. 보기에는 쉬워도 실제로 행하기에는 몹시 어렵습니다.

천하가 선조의 신령이 돌보심에 힘입어 나라 안이 태평합니다. 백발을 이고 사는 늙은이조차 전쟁을 겪은 적이 없고 백성은 남편과 아내가 서로 의지하고 아비와 아들이 서로를 돌보며 살고 있으니 이는 폐하의 은덕이 고루 미치고 있기 때문입니다.

월 부족은 이름은 폐하를 외곽에서 보호하는 신하라고 하지만 공물이나 제수를 바치기 위해 조정의 창고로 실어 나른 적이 없고 조정에서 필요한 일에 병졸 한 명 보낸 적이 없습니다. 자기네들끼리 서로 공격하는 일을 두고 폐하께서 군대를 출동하여 구원한다면 오히려 중원의 군대가 만이 땅에서 고생만 하게 될 것입니다. 게다가 월 부족은 우둔하고 경박하며 자주 약조를 어기고 천자의 법도를 지키지 않은 것이 하루 이틀의 일이 아니라 오래된 일이었습니다. 한번 천자의 명령을 받들지 않았다고 해서 군대를 출동하여 징벌한다면 신의 생각으로는 이후에 쉴 새 없이 전쟁을 치르게 될까 염려됩니다.

최근 들어 몇 해 동안 흉년이 들어 사람들은 작위를 팔거나 아들을 남의 집에 맡기고 옷과 먹을 것을 구하고 있습니다.[8] 폐하의 은덕에 힘입어 백성을 진휼하고 구제했으므로 백성이 죽어 산골짜기와 도랑에 버려지는 일을 막았습니다. 지지난해인 건원 4년에 흉년이 들었는데 지난해인 건원 5년에 다시 메뚜기 떼가 몰려왔으므로 백성들의 생계가 회복되지 못하고 있습니다. 그런 지금 군대를 수천 리 밖까지 출동시켜 군복과 식량을 짊어지고 월 땅에 들어가더라도 험한 고개를 대나무로 짠 교자를 타고 넘거나 배를 타고 노를 저어 물을 건너기를 팔구백 리에서 천 리쯤 해야 합니다. 밀림과 대나무 숲이 들어찬 양쪽 기슭을 따라 강을 오르내리다 보면 바위에 부딪히게 되어 있습니다. 숲에는 살무사와 맹수가 많고 더운 여름철에는 토사곽란이 계속 일어나 미처 칼끝을 부딪치며 교전하기도 전에 사상자가 많이 나올 수밖에 없습니다.

일전에 남해왕(南海王)이 반역했을 때 폐하와 선친 회남 여왕께서 장군 간기(間忌)[9]로 하여금 군대를 이끌고 남해를 공격하게 하자 그 군대를 이끌고 남해왕이 투항했으므로 상감(上淦)에 살게 했습니다. 그 뒤에 다시 반역했는데 그때가 마침 여름철이라 비가 많이 내렸으므로 누선(樓船)에 타고 있던 병졸들이 오랫동안 물 위에서 노를 젓느라 싸워 보지도 못하고 절반이 넘게 병에 걸려 죽었습니다. 늙은 부모는 눈물을 흘리고 부모를 잃은 자식들은 곡을 하면서 가산을 모두 팔아 천 리 밖까지 시체를 찾으러 가서 해골을 안고 돌아갔습니다. 비통하고 애절한 형세가 몇 해 동안 끝나지 않았으므로 나이 많은 사람은 아직도 그 일을 기억하고 있습니다. 반란을 진압할 땅에 미처 들어가지도 못하고 당한 재앙이 그만큼 컸습니다.

신이 듣기로 전쟁이 끝난 뒤에는 반드시 흉년이 든다고 했습니다. 이 말은 백성 각자의 근심과 고통의 기운이 음양의 조화를 압박하여 천지의 정기를 움직이는 까닭에 재앙의 기운이 발생한다는 뜻입니다. 폐하의 은덕은 천지가 베푸는 은덕과 같아서 해와 달처럼 밝아 짐승까지 은혜를 입고 초목도 혜택을 받고 있습니다. 한 사람이라도 굶주림과 추위 때문에 천수를 누리지 못하고 죽는다면 그 일로 가슴이 미어지도록 애통해하실 것입니다.

지금 나라 안이 평화로워 놀란 개가 짖는 소리조차 들리지 않습니다. 폐하의 군사들이 전사하고 그 시체가 들판에 널브러져 산골짜기를 피로 적신다면, 변경의 백성은 아침에 저녁 일이 어떻게 될지 모르는 위험 때문에 두려워하며 성문을 일찍 닫고 늦게 열 것입니다. 신 안이 폐하를 생각하며 걱정하는 것은 이 때문입니다.

남방의 지형을 잘 모르는 사람들은 대개 월 부족이 사람이 많고 군대가 강하므로 변경의 성을 쳐들어올 수 있다고 여깁니다. 회남국이 셋으로 갈라지지 않았던 시절에 변경에 파견한 관리가 많았으므로 신은 월 부족이 중원과 풍토가 다르다는 사실을 들어 알고 있습니다. 한나라와 월 부족은 높은 산으로 막혀 있어 인적이 끊어져 있고 수레가 다니는 길도 통하지 않으니, 천지가 안팎을 단절시키고 있습니다. 그들이 중원을 침입하려면 반드시 영수(領水)를 따라 내려와야 합니다. 이때 영수 양쪽 강변의 높고 험한 절벽에서 바위가 굴러떨어져 배를 부수므로 큰 배에 식량을 싣고 내려갈 수 없습니다. 월 부족이 변란을 일으키려면 반드시 그 변경인 여간(餘干) 땅에 밭을 일구어 식량을 비축한 뒤에 변경으로 들어와 나무를 베어 배를 만들어야 합니다. 변경의 성을 지키며 척후하는 군사가 충성을 다해 살피며 월 부족 사람들이 한나라 변경에 들어와 벌목할 때 바로 나포하고 그 쌓아 둔 목재를 태워 버린다면 월 부족 백 군데에서 쳐들어온다 한들 변경의 성들을 두고 어떻게 할 수 있겠습니까? 게다가 월 부족 사람들은 숨처럼 유약하고 몸집이 가냘파서 육지에서 전투를 벌일 수 없는 데다 전차와 기마 부대가 없고 쇠뇌도 쏠 줄 모릅니다. 그럼에도 그 땅에 들어가서는 안 되는 것이 월 부족이 험한 지세에 의지하고 있는 데다 중원 사람들은 그곳의 물과 흙을 견딜 수 없기 때문입니다.

신이 듣기에 월 부족의 군대가 적어도 수십만 명은 넘는다고 하니 그곳에 들어가려면 그 다섯 곱절이 넘는 부대가 있어야 할 것인데 군량을 수레에 싣고 운송하는 인력은 따로 친 것입니다. 남방은 덥고 습한 곳이라 여름철이 가까워지면 학질이 발생하는 데다 장기간 노숙하거나 물 위에서 생활하다 보면 살무사나 독충에게 물리게 되어 있어 여러 가지 질병에 시달리며 군대가 피를 흘리고 칼날을 부딪기도 전에 열에 두셋은 죽게 되어 있습니다. 그렇게 되면 월 부족 전체를 포로로 잡는다 해도 우리 쪽의 사망자보다 적어 손실을 보상받지 못합니다.

신이 지나가는 길에 듣기로, 민월왕의 동생 갑(甲)이 민월왕을 살해했는데 그로 말미암아 갑도 살해당하여 그 부족민이 속할 데가 없어졌다고 합니다. 폐하께서 그들을 내지로 불러들여 중원에 거주하게 하려 하신다면 대신을 보내 그들을 위문하고 은덕을 베풀며 상을 내림으로써 끌어들여야 합니다. 그러면 그들은 틀림없이 어린것들을 데리고 늙은이들을 부축하며 폐하의 성덕에 따르게 될 것입니다. 만일 폐하께서 그 부족들이 소용없다고 여기신다면 끊어진 그들의 왕위를 잇게 함으로써 망한 그 나라를 존속시키되 제후왕으로 봉하시는 것으로 월 부족을 돌봐 주십시오. 그러면 이들은 반드시 한나라 조정에 볼모를 보내고 한나라의 변경을 지키는 제후국이 되어 대대로 공물을 바칠 것입니다. 폐하께서는 가로세로 한 치짜리 인(印)과 열두 자짜리 인수로 변경 밖의 부족 국가를 진무하되, 한 명의 병사도 고생시키지 않고 한 자루의 창도 망가뜨리지 않으며 위무와 은덕을 함께 행하시게 됩니다. 지금 군대를 그 땅으로 진격시키면 그자들은 한나라 군대 장수가 자신들을 모두 도살시켜 없애리라 여기고 놀라 두려워하며 꿩이나 토끼처럼 숲속이나 험한 곳으로 숨어 버릴 것이 틀림없습니다.

그곳을 버리고 떠나면 그들은 다시 군락을 이루어 모일 것입니다. 그렇지 않고 머물러 그곳을 지키려고 든다면 오랜 세월을 들여야 할 것이므로 병사들이 지키고 식량은 모자라게 될 것입니다. 남자들은 농작물을 심지 못하고 부인네는 실을 잣거나 천을 짜지 못하며 장정은 군대에 나가야 하고 노약자는 군량을 운송해야 하며 집에 머무는 자도 행군에 나선 자도 모두 먹을 것이 없게 됩니다. 백성이 이렇게 전쟁에 시달리면 도망하는 자가 반드시 많이 나올 텐데 잡는 대로 처벌해도 모두 다 처벌할 수 없을 것이며 도적도 반드시 일어날 것입니다.

신이 덕이 높고 나이가 많은 분들에게 들어 보니 진나라 때에 위(尉) 도수(屠睢)를 보내 월 부족을 공격하고 감어사(監御史) 녹(祿)[10]으로 하여금 물길을 파서 길을 통하게 했는데, 월 부족이 심

산의 숲 속으로 도망쳐서 공격하지 못했다고 합니다.[11] 텅 빈 땅에
군대를 주둔시켜 오래 지내는 바람에 병사들이 지쳤을 때 월 부족
이 숲에서 나와 공격했으므로 진나라 군대는 크게 패했습니다. 그
리하여 죄인으로 하여금 수자리를 살게 하는 것으로 그들을 방비
하게 했습니다.

그때 나라 안팎으로 변란이 일어나 백성이 생업을 포기하고 힘들
게 유랑했고 군대에 간 자는 살아 돌아오지 못했고 고향을 떠난 자
도 돌아가지 못했습니다. 모두 도탄에 빠져 도망하는 자들이 줄을
이어 떼도적이 되었으므로 그리하여 효산 동쪽 땅에서 난리가 일어
나게 되었습니다. 이는 노자(老子)께서 "군대가 지나간 자리에는 가
시나무가 자라난다."[12]라고 하신 말씀과 같습니다. 전쟁은 흉한 일
이니, 한 곳이 위급하면 사방 모든 곳이 뒤따라 위급하게 됩니다. 신
은 월 부족을 치는 일 때문에 나라 안에 변고가 생기거나 법을 어기
는 자들이 일어나지 않을지 걱정됩니다. 『주역(周易)』에서 "고종(高
宗)[13]이 귀방(鬼方)을 정벌했는데 세 해가 걸려서 승리했다."[14]라고 했
으니 귀방은 만이의 작은 부족이고 고종은 은나라가 가장 번성했을
때의 천자였습니다. 가장 번성했던 시절의 천자가 만이의 작은 부
족도 세 해나 걸려서야 정벌했으니 이는 전쟁할 때 신중하지 않아
서는 안 된다는 것을 일러 주고 있습니다.

신이 듣기에 천자의 군대가 징벌을 위해 출동하면 전투를 벌일
것도 없다고 했으니 이는 실력을 겨룰 엄두조차 내지 못한다는 뜻
입니다.

그런데 만일 월 부족이 요행을 바라고 한나라 선봉 부대의 징벌

에 맞서 반격했을 때, 전투 태세를 잘 갖추지 못하고 있다가 전차를 모는 병졸 단 한 명이라도 도망치는 일이 일어난다면, 비록 월왕의 머리를 얻는다 해도 신이 보기에는 대한(大漢)의 수치가 됩니다.

폐하께서는 사해를 국경으로 하여 구주(九州)를 영토로 가지고 계시며 팔수(八藪)를 동산으로 삼고 장강과 한수(漢水)가 만나는 지대를 연못으로 하여 영토 안에 사는 모든 백성을 노복으로 거느리고 계십니다. 백성이 많으니 백관의 봉록을 충분히 댈 수 있고 거두어들인 조세는 폐하께서 나라를 통치하기에 넉넉합니다. 폐하께서 신령한 정신을 집중하여 성명한 왕도를 펼치실 때 뒤에 무늬를 흑백으로 수놓은 병풍을 치고 옥궤(玉几)에 기대앉아 남면하여 정사를 의논하고 결정하며 천하를 호령하시니 사해 안의 그 누구도 따르지 않는 자가 없습니다. 폐하께서 덕정과 은혜로 베푸셔서 온 세상 백성을 기르시는 까닭에 백성이 평안하고 즐겁게 생업을 이어 가고 있으니 그 은덕은 만대가 지나도록 이어지고 자손 대대로 전해질 터라 영원토록 시행될 것입니다.

천하가 태산처럼 안정되어 사방이 연계되어 있는데 이적(夷狄)의 땅을 얻으려고 하루라도 한마지로를 다하며 고생할 일이 어디 있겠습니까! 『시』에 "왕이 내린 은덕이 사방에 가득 찼으니 서방(徐方)이 복속해 왔도다."[15]라고 했으니 이는 광명정대한 왕도를 펼치자 멀리 있는 이민족이 중원을 사모하여 복속해 왔다는 뜻입니다. 신은 "농부가 고생하지만 군자는 그들을 길러 주고, 어리석은 자가 말하더라도 지혜로운 자는 가려듣는다."라고 들었습니다.

신 안이 총애를 입어 폐하의 제후가 되었으니 몸을 바쳐 한나라의 장벽 구실을 하는 것은 신하의 직책입니다. 변경에 소동이 일어났는데 목숨을 아끼려고 어리석은 의견을 있는 대로 올리지 않는다면 충신이 아닙니다. 신 안은 사신 한 명을 보내도 될 일에 장수가 십만의 군대를 이끌고 출동할까 걱정입니다.

그때 한나라 군대는 이미 출발한 뒤였다. 부대가 남령(南領)을 채 넘지 않았을 때 마침 민월왕의 동생인 여선(餘善)이 왕을 죽이고 투항했으므로 한나라 군대가 회군했다.

황제가 회남왕의 뜻을 받아들이는 한편으로 장수와 병졸의 공을 칭찬했다. 이어서 엄조를 보내 황제의 뜻을 남월에 슬쩍 알리게 했다. 남월왕이 머리를 조아린 채로 말했다.

"천자께서 남월을 총애하셔서 군대를 보내 주시고 민월을 성벌해 주셨으니 죽어도 보답할 길이 없습니다."

그러고는 바로 태자를 엄조에게 딸려 보내 황제를 배알하고 모시게 했다.

남월에서 돌아온 엄조가 다시 회남왕에게 가서 황제의 말을 전했다.

"황제가 회남왕의 안부를 묻는다. 중대부 옥(玉) 편에 글을 보내 국사에 관해 올린 의견을 받아들인다. 짐은 선제의 훌륭한 덕을 받들어 일찍 일어나고 늦게 잠자리에 들면서 정사를 살피고 있다. 그러나 밝은 빛을 널리 비추지 못한 데다 거기에 더하여 은덕을 베풀지 못한 까닭에 요 몇 해 사이에 흉년의 재앙이 들어 백성이 해를 입고 있다. 외로운 이 몸이 제후들에게 기대어 황제 노릇을 하고 있는데 나라 안에는 굶주림과 추위에 시달리는 백성이 생겨나고 남이(南夷)끼리 서로 침략하느라 변경 지방이 소란스러워 불안하게 되었으니 몹시 두려운 일이다. 이번에 왕이 심사숙고하여 태평의 길로 이끄는 방책을 명백히 알려 줌으로써 짐의 잘못을 일러 주었다. 〔하, 은, 주〕삼대의 번성기에는 하늘가와 땅끝까지 인적이 닿는 모든 곳에서 빈복(賓服)했던 것을 칭송하며, 그에 미치지 못하니 부끄러운 일이다. 왕의 뜻을 가납하며, 다하지 못한 말이 있어 중대부 조(助)를 보내 뜻을 전하고, 월 부족과의 일도 왕에게 알려 주겠다.”

엄조가 회남왕에게 황제의 뜻을 해석해 주었다.

“근자에 대왕께서 월 부족을 토벌하기 위해 군대를 출동하고 주둔하며 전쟁하는 일에 관해 글을 올리셨으므로 폐하께서 신 조를 보내 왕께 그 일에 관해 말씀드리게 하셨습니다. 왕께서 장안에서 먼 곳에 계신데 사정이 급박하여 왕과 함께 그 일을 의논하지 못하셨다고 합니다. 조정에서 정사를 제대로 보지 못하여 왕께 심려를 끼쳐 드렸다며 폐하께서 몹시 한탄하고 계십니다.

전쟁은 화근을 만드는 불길한 수단으로 영명한 군주는 전쟁을 일으키는 것을 어려워합니다. 그렇다고 해도 오제와 삼왕 시대에 폭란을 진압하는 데에 군대를 출동시키지 않았다는 말은 이제껏 들어 보지 못했습니다. 한나라는 천하의 종주로서 생사여탈권을 쥐고 사해 안의 생명을 통치하고 있으니, 위급할 때에는 평안해질 방법을 찾고 어지러울 때에는 그것을 다스릴 방도를 구해야 합니다.

근자에 들어 민월왕이 탐욕스럽고 포악하며 어질지 못했으므로 자신의 골육을 죽이고 친척과 멀어지는 등 의롭지 않은 짓을 아주 많이 저질렀을 뿐 아니라 몇 차례나 군대를 출동시켜 백월 (百越)을 침략하고 이웃 나라를 겸병하여 포악하고 사납게 굴었고, 음흉하고 사악한 계책으로 심양(尋陽)에 쳐들어와 누선을 불살랐으며, 회계 땅을 자기 세력으로 끌어들이려고 했으니, 구천 (句踐)의 궤적을 밟고 있습니다. 이번에 변경에서 민왕(閩王)이 두 나라 군대를 이끌고 남월을 공격한다는 보고가 올라왔습니다.[16] 폐하께서는 사해 만민의 안위를 위해 먼 앞날의 일까지 고려하셔서 민월왕에게 유사(有司)를 보내 '천하가 안녕하려면 각각 자신의 나라를 이어 가며 백성을 어루만지면 될 것이니 상호 겸병을 금한다.'라는 뜻을 알렸습니다. 그런데 유사가 보기에 민월왕이 범과 이리처럼 탐욕스러워 백월 전체를 치지하는 잇속을 챙기려고 반역과 복종을 놓고 주저하며 폐하의 명령을 받들지 않을 것으로 의심되었으니, 민월왕이 반역하면 회계와 예장(豫章) 땅이 오랫동안 위험에 빠질 것이 틀림없다고 했습니다. 다시 말씀드려서 천자께서는 민월왕을 징벌하되 민월을 정벌하려고 하신 것이 아니니, 어찌 백성을 수고스럽게 하고 병졸들을 고생시키겠습니까? 그리하여 두 장수를 파견해서 변경 땅에 주둔하게 한 뒤 위무를 떨치고 성세를 드날리게 했습니다. 두 부대가 미처 회합하지 못했을 때 하늘이 여선의 충심을 이끌어 내어 민왕이 목숨을 잃게 하셨고, 그러자 바로 사자를 보내 주둔 중이던 부대를 철수시켜 농사철을 놓치지 않게 해 주셨습니다.

남월왕이 폐하의 은택과 훌륭한 덕을 입은 것을 크게 기뻐하며 마음과 행동을 바꾸기로 하고 스스로 폐하의 사자를 따라 폐하를 뵙고 감사의 뜻을 표하려고 했습니다. 몸에 병이 있어 조복을 입을 수 없는 형편이라 태자 영제(嬰齊)를 딸려 보내 천자를 배알하고 곁에서 모시게 하고, 남월왕의 병이 나으면 북궐을 향해 엎드려 멀리서 한나라 황제를 우러르는 것으로 위대한 폐하의 덕에 보답하겠다고 했습니다.

민왕이 8월에 야산(冶山) 남쪽에서 거사했을 때 군사들은 지쳐 있었습니다. 세 나라[17] 왕의 군대가 서로를 공격하고 있을 때 민왕의 막냇동생 여선이 민왕을 주살했습니다. 그 뒤로 지금까지 나라가 텅 비어 있습니다. 사자를 보내 부절을 올리면서 자신을 왕으로 세워 주기를 청하며 스스로 왕의 자리에 오르지 못하겠으니 천자의 영명한 명령을 기다리겠다고 했습니다. 이 한 번의 출동으로 무기의 날 하나 부러뜨리지 않고 군사 한 사람도 잃지 않았는데 죄를 지은 민왕은 죽임을 당했고 남월은 폐하의 은택을 입었으니 포악한 왕을 위무로 떨게 하고 위태로운 나라를 의로써 존속시켰습니다. 이는 곧 깊게 생각하고 멀리 내다보시는 폐하의 의중에서 나온 결과입니다. 일이 잘 매듭지어진 것을 확인하시고 신 조를 왕께 보내 폐하의 뜻을 전하게 하셨습니다."

그러자 왕이 사죄의 말씀을 올렸다.

"탕왕이 걸왕의 하나라를 치고 주나라 문왕이 숭후(崇侯) 호(虎)를 정벌했다고 하지만 실제로 이번의 쾌거만 같지 못했습니다. 신 안이 망령되이 어리석은 생각을 제멋대로 말씀드렸음에도 폐하께서 사자를 보내셔서 신 안이 알지 못하던 사정을 일러 주셨으니 신은 크나큰 은총을 감당할 길이 없습니다."

엄조가 이 말을 받은 뒤에 회남왕과 서로 벗이 되기로 결의하고 장안으로 돌아갔다. 보고를 받은 황제가 크게 기뻐했다.

엄조가 황제를 모시던 중에 틈이 나서 한담을 나눈 적이 있는데, 황제가 엄조의 고향 시절에 관해 물어보자 엄조가 대답하여 아뢰었다.

"집이 가난하여 함께 글을 배우던 부잣집 동무들에게 놀림을 받았습니다."

황제가 소원을 묻자 회계 태수가 되고 싶다고 대답하여 회계 태수로 임명했다. 몇 해가 지나도 엄조가 업적을 쌓았다는 보고가 올라오지 않자 조서를 내려 말했다.

회계 태수에게 조서를 내린다. 그대가 황궁의 승명려(承明廬)에서 숙직하며 힘들여 짐의 시중을 들던 일에 싫증을 내며 고향을 그리워하기에 지방관으로 보냈다. 회계는 동쪽으로 바다에 접하고 남쪽으로는 여러 월족의 땅과 가까우며 북쪽으로는 장강에 임해 있다. 그동안 만나지 못한 지 한참인데 소식을 듣지 못했으니 『춘추』 필법에 따라 모두 보고하되 소진(蘇秦) 식의 종횡가 방식은 쓰지 말도록 하라.

엄조가 두려워하며 황제에게 사죄의 글을 올렸다.

『춘추』에 이르기를 "천자가 도읍지를 떠나 정(鄭)나라에 가 있었"으므로 어머니를 효성스럽게 섬기지 못해 왕실과 내왕이 끊어졌다고 했습니다.[18] 신하가 임금을 섬길 때에는 자식이 부모를 섬기듯이 해야 합니다. 신 조는 그렇게 하지 못했으니 벌을 받아야 마땅했으나, 폐하께서 차마 벌하지 못하셨습니다. 바라건대 세 해 동안의 계부(計簿)의 골자를 보고하게 해 주십시오.

황제가 이를 허락하자 엄조가 황궁에 머물며 시중직을 수행했다. 황제가 특별한 일이 일어났을 때 언제나 글을 짓게 하여 부(賦)와 송(頌) 수십 편을 지었다.

그 뒤에 회남왕이 조정에 왔을 때 엄조에게 후한 선물을 보내고 사석에서 교류하며 정사를 의논했다. 뒤에 회남왕이 반란을 일으키자 그 일이 엄조에게까지 연루되었으나 황제가 그 죄를 가볍게 하여 주살하지 않으려고 했다. 정위 장탕이 쟁의를 일으켜, 엄조가 황궁을 출입하는 심복 신하로서 조정 밖에서 제후와 사적으로 교류한 것이 이렇게 나와 있는데 주살하지 않는다면 이후에 처벌할 길이 없다고 주장했다. 결국 엄조는 기시형을 당했다.

나뭇단을 지고 공부하다 발탁된 주매신

○   ○   ○

주매신의 자는 옹자(翁子)이고, 오현 사람이다.

집안이 가난했으나 글공부만 좋아하고 돈벌이를 하지 않았다.

땔나무를 베어 팔아 생활했는데, 나뭇단을 지고 걸어가면서 글을 외웠다. 아내도 나뭇단을 이고 지고 따라다녔는데 주매신이 길에서 큰 소리로 암송하지 못하게 여러 차례 말렸다. 주매신이 아내가 그러면 그럴수록 더 큰 소리로 외우자 아내가 창피스럽다며 떠나겠다고 요구했다. 주매신이 웃으며 말했다.

"내 나이 쉰이 되면 틀림없이 부귀해질 것인데 지금 벌써 마흔 살이 넘었소. 당신이 오랫동안 고생했으니 내가 부귀해지면 당신에게 반드시 보답하겠소."

아내가 화를 내며 말했다.

"당신 같은 사람이야 마지막에 굶어 죽어 시궁창에 뒹굴 테지 무슨 수로 부귀해지겠어요?"

주매신이 더는 말릴 수 없어 아내의 말을 들어주고 떠나게 했다.

그 뒤에 주매신이 홀로 길에서 큰 소리로 글을 외우며 장작을 짊어지고 공동묘지를 지나갔다. 전처와 그 남편이 함께 무덤에 성묘하러 가다가 주매신이 굶주림과 추위에 지친 모습을 보고 불러서 밥과 물을 먹여 주었다.

다시 몇 년이 지나 주매신이 상계리(上計吏)를 따라가는 졸(卒)이 되어 의복과 식량을 실은 수레를 몰고 장안에 가서 황제에게 글을 올렸다. 그러나 글을 올린 지 오랜 시간이 지나도 답을 받지 못했다. 공거(公車)에서 대조하는 동안 양식이 떨어져 상계리 졸은 음식을 얻으러 다녀야 했다. 그때 마침 황제의 총애를 받고 있던 동향 출신의 엄조가 주매신을 천거했다. 황제가 불렀으므로 만나 『춘추』를 설명하고 『초사(楚辭)』를 해석하자 황제가 아주 기뻐하면서 주매신을 중대부에 임명했다. 엄조와 함께 시중 벼슬을 더해 받았다.

그때 삭방에 성을 조성하고 있었는데 공손홍이 간언하기를 중원이 피폐해지고 있다고 했다. 황제가 주매신으로 하여금 공손홍에게 반박하게 했다. 이 이야기는 「공손홍전」에 있다.

뒤에 주매신이 법을 어겨 관직을 잃었다. 오랜 시간이 흐른 뒤에 불려가 대조했다.

그때 동월(東越)이 몇 차례나 반란을 거듭했으므로 주매신이 이 문제에 대해 의견을 냈다.

"전 동월왕은 천산(泉山)을 근거지로 삼았는데 한 사람이 지키는 요새를 천 명이 나서도 공략할 수 없었다고 합니다. 지금 듣자니 동월왕이 남쪽으로 근거지를 옮겨 천산에서 오백 리 떨어진 큰 못 주변에 정착했습니다. 이제 군사를 출동시켜 바다를 건너게 한 뒤 천산을 향해 바로 진군하되 군선과 군사를 정연하게 배치하여 대규모로 남진한다면 깨뜨릴 수 있을 것입니다."

황제가 주매신을 회계 태수로 임명하고 물었다.

"부귀한 뒤에도 고향에 돌아가지 않는 것은 수놓은 비단 옷을 입고 인적이 드문 밤에 나다니는 것과 같은데, 이제 그대의 생각은 어떠한가?"

주매신이 머리를 조아리며 황제의 은혜에 감사드렸다. 황제는 주매신에게 회계군에 도착한 뒤에 누선을 건조하고 군량과 수전에 쓸 장비를 갖춘 뒤에 반드시 조서가 내려오기를 기다려 전군이 함께 출동하도록 명령했다.

그보다 앞서 주매신이 관직을 잃고 대조할 때 회계군 경저의 수저(守邸)에게 의탁하여 여러 번 숙식을 해결했다. 태수에 임명된 뒤에 주매신이 평소에 입던 옷을 입고 인수를 품에 넣은 채 걸어서 회계군 경저로 돌아갔다. 마침 상계(上計)할 때라 회계군 상계리들이 서로 모여서 술을 마시며 주매신을 거들떠보지 않았다. 주매신이 실내로 들어가자 수저가 주매신과 함께 밥을 먹었다. 배가 부르자 수저에게 관인의 끈을 슬쩍 보였다. 수저가 이상하게 여기고 그 끈을 앞으로 끌어당기자 관인이 보였는데 바로 회계 태수의 인이었다. 수저가 놀라서 밖으로 나와 상계연과 상계리에게 말하자 모두 취해서 "헛소리야!"라고 소리를 질렀다.

수저가 말했다.

"가서 확인해 보십시오."

예전부터 주매신을 계속 경시했던 자가 실내로 들어가 관인을 눈으로 확인한 뒤에 달려 나오면서 크게 소리쳤다.

"정말이다!"

그러자 좌중이 놀라서 떨며 태수승에게 알리고 서로 떠밀며 마당에 내려와 줄지어 서서 주매신에게 뵙기를 청했다. 주매신이 천천히 방 밖으로 나왔다.

조금 지난 뒤에 장안 역참의 아전이 네 마리 말이 끄는 수레를 타고 주매신을 맞이하러 왔다. 주매신이 그 역참 수레를 타고 떠났다. 회계군에서 태수가 당도한다는 소식을 듣고 백성을 동원하여 길을 치우고 현의 아전들이 모두 나가 마중했는데 수레가 백여대였다. 오현의 경내로 들어섰을 때 길을 닦고 있던 전처와 그 남편을 만났다. 주매신이 수레를 멈추고 후거(後車)에 탄 수행원을 불러 그 내외를 태우게 하고 태수 관저로 가서 후원에 거처하게 했다. 한 달이 지났을 때 전처가 스스로 목을 매자 주매신이 그 남편에게 돈을 주어 장례를 치르게 했다. 예전의 친구들과 자신에게 음식 등 은혜를 베풀어 주었던 자들 모두를 불러 전부 보답했다.

한 해 남짓해서 주매신은 황제의 명령을 받아 군대를 거느리고 횡해장군(橫海將軍) 한열(韓說) 등과 함께 동월을 격파하는 데 공을 세웠다. 황제가 조정으로 불러 주작도위(主爵都尉)로 삼아 구경의 반열에 올랐다.

몇 해 뒤에 법을 어겨 관직을 잃었으나 다시 승상장사(丞相長史)가 되었다. 그때 장탕은 어사대부였다. 이전에 주매신이 엄조와 함께 시중으로 있으면서 황제의 총애를 받아 전권을 휘두를 때, 장탕은 하급 관원으로 주매신과 엄조 앞을 지날 때 종종걸음으로 지나곤 했다. 뒤에 장탕이 정위가 되어 회남왕의 옥사를 처리할 때 엄조에게 과다한 벌을 내려 음해했으므로 주매신이 장탕에게 원한을 품었다. 장탕이 여러 차례 승상의 권한으로 처리한 일을 맡아 하면서 주매신이 계속 황제의 총애를 받는 것을 확인하고 고의로 주매신을 괴롭혔다. 주매신이 장탕을 만나러 가면 상(床)[19]에 앉아 아무런 예절도 갖추지 않았다. 주매신이 장탕을 몹시 증오하며 늘 죽여 버려야겠다고 생각했다. 그 뒤에 마침내 장탕이 몰래 저질렀던 일을 고발하자 장탕이 자결했다. 황제가 장탕의 억울함을 알고 주매신을 죽였다.

주매신의 아들 주산부(朱山拊)는 벼슬이 군을 다스리는 태수와 우부풍(右扶風)에 이르렀다.

백성에게 활을 소유할 수 있게 한 오구수왕

○　○　○

오구수왕의 자는 자공(子贛)이고, 조(趙)나라 사람이다. 젊어서 각오(格五) 놀이에 능해 황제에게 불려가 대조했다. 황제의 명령에 따라 중대부 동중서에게 『춘추』를 배웠는데 재능이 뛰어나고 총명했다.

시중 중랑으로 발탁된 뒤에 법을 어겨 벼슬을 잃었다. 황제에게 글을 올려 사죄하고 황문(黃門)에서 말을 기르고자 청했으니 황제가 허락하지 않았다. 그 뒤에 다시 변방을 지키고 적의 침입을 막겠다고 청했으나 여전히 허락을 받지 못했다. 오랜 시간이 흐른 뒤에 상소를 올려 흉노를 공격하러 가겠다고 청하자 황제가 불러 전략을 물었다. 오구수왕이 뛰어난 대책을 올려 다시 낭관으로 불려 들어갔다.

계속해서 승진하던 중에 동군(東郡)에 도적이 일어나 동군 도위에 임명되었다. 황제는 오구수왕을 도위로 삼은 뒤에 태수를 따로 보내지 않았다. 그때 군대를 여러 차례 출동시키느라 지출이 많고 수확이 별로 좋지 않았으므로 도적이 많이 일어났다. 황제가 오구수왕에게 조서를 보내 말했다.

"그대가 짐의 곁에 있을 때 지략이 뛰어나 천하에 비길 자가 드물었고 나라 안에서 둘도 없는 인재였다. 그리하여 십여 개 성을 지키도록 하여 사천석[20] 자리를 맡겼는데 직책과 직무를 다하지 못해 도적이 날뛰고 있어 내 곁에 있을 때와 전혀 비할 수 없으니 그 이유가 무엇인가?"

오구수왕이 사죄한 뒤에 상황을 알렸다.

뒤에 황제가 불러서 광록대부 시중으로 삼았다. 승상 공손홍이 황제에게 글을 올렸다.

백성은 쇠뇌를 가질 수 없어야 합니다. 열 명의 도적이 쇠뇌를 당기면 백 명의 군리가 있어도 감히 전진할 수 없습니다. 도적들은 죄를 자복하는 법이 없어 처벌받지 않는 경우가 많습니다. 도적이 쇠뇌를 가지고 있으면 도적에게 해로운 일이 적고 이로운 점이 많아서 도적이 성행하는 이유가 됩니다. 백성에게 금지령을 내려 활과 쇠뇌를 지닐 수 없도록 해야 합니다. 그렇게 하면 도적들은 근거리에서 싸우는 무기를 들 수밖에 없는데 근거리 무기로 싸우면 인원이 많은 쪽이 이기게 되어 있습니다. 수많은 군리가 소수의 도적을 잡는 그 형세는 반드시 유리할 것입니다. 도적에게는 해가 되기만 할 뿐 이로운 점이 없으니 법을 어기지 않게 될 것입니다. 이는 형벌을 내리는 일이 줄어들게 만들 방법입니다. 어리석은 신이 보기에 백성에게 금지령을 내려 활과 쇠뇌를 지닐 수 없도록 해야 좋겠습니다.

황제가 대신들에게 이 일을 의논하게 했다. 오구수왕이 대책을 올렸다.

신은 옛적에 다섯 가지 무기[21]를 만든 것은 남에게 해를 입히기 위해서가 아니라 폭동을 막고 법을 어긴 자들을 토벌하기 위해서 였다고 들었습니다. 평안한 시절에는 무기로 맹수를 제압하여 돌변 상황을 막되, 일이 터지면 수위 부대에 무기를 배치하여 진지에 서 사용했습니다. 그러나 주나라 왕실이 쇠약해지자 위로 영명한 왕이 나오지 않아 제후들이 무력으로 나라를 다스렸으니 강한 나라가 약한 나라를 침입하고 백성이 많은 나라가 적은 나라를 폭압하게 되어 나라 안이 피폐해져서 법을 어기는 도적 무리가 연달아 생겨났습니다. 그리하여 지혜로운 자는 어리석게 되고 용감했던 자도 겁을 먹게 되어, 오로지 도적을 이기는 데에만 몰두하고 의리를 돌보지 않게 되었습니다.

이 때문에 무기만 자꾸 개량했으니 사람을 해치는 무기가 셀 수 없이 많아졌습니다.

이런 시대 상황을 업고 진나라가 천하를 겸병하자 왕도를 무너뜨리고, 진나라가 원하는 대로 법을 세워 나갔으며, 유가의 『시』와 『서』를 없애고 형법을 으뜸으로 삼았으니, 사랑과 은혜를 베푸는 법을 버리고 형벌로 마구 사람을 죽였으며, 육국의 도성을 짓밟고 토호들을 죽였으며, 무기를 녹이고 칼날을 부러뜨려 버렸습니다.

그 뒤에 백성들이 곰방메와 호미, 채찍, 방망이를 들고 습격했습니다. 법을 어기는 자들이 아주 많았으니 도적을 다 잡아들일 수 없을 정도로 많아 붉은 수의를 입은 자들로 길이 막힐 지경에 이르렀으나 떼도적은 그래도 산마다 가득하여 진나라는 마침내 멸망하고 말았습니다.

그러므로 성군은 교화에 힘쓰면서 폭동을 막고 방어할 일을 줄여 갔으니 성군은 무력이 의지할 만한 것이 아니라는 것을 알고 계셨던 것입니다.

지금 폐하께서 성덕을 밝게 비추시고 태평 시대를 만드시고 인재를 뽑고 학관을 설립하신 덕택에 삼공과 여러 관리가 가난한 마을에서도 나왔고, 초가집 출신이 공을 세워도 봉토를 떼어 주고 제후로 봉하셨으니 나라 안은 날로 교화되었고 나라 밖에서도 한나라 풍속을 따르고자 합니다. 그럼에도 불구하고 도적이 여전히 존재하는 것은 제후국과 각 군의 봉록 이천석 고관이 직무를 다하지 않음으로써 죄를 짓고 있기 때문이지 백성에게 활과 쇠뇌를 지니게 해서 생긴 허물이 아닙니다. 『예』에 이르기를 아들이 태어나면 뽕나무 활과 쑥대 화살을 들게 하여 활을 쏠 일이 있는 것을 보여 주어야 한다고 했고, 공자께서도 "내가 무슨 일을 맡을까? 활쏘기를 맡을까?"²²라고 하셨습니다.

대사(大射)의 예는 천자부터 백성까지 행하는 〔하, 은, 주〕 삼대의 도였습니다. 『시』에 "과녁을 이미 걸고 활에 화살을 채워 예를 올릴 채비를 차린 뒤에 사수들이 모두 집합하여 각자 실력을 발휘하네."²³라고 이른 것은 화살을 적중시키는 것을 가장 높이 쳤다는 뜻입니다. 어리석은 제가 듣기로 성군은 많은 이들을 모아 놓고 활을 쏘게 하는 것으로 교화를 펼쳤다고 합니다. 활과 화살을 금지했다는 말은 아직 들어 보지 못했습니다. 금지하자는 쪽은 도적이 공격하고 약탈하는 데 쓴다고 여기고 있습니다. 공격하여 약탈한 자를 사형시키는데도 도적이 없어지지 않는 것은 활 때문이 아니라 도적의 두목을 사형시켜도 두려워하지 않기 때문입니다.

신은 도적이 활을 소유하는 것은 관리가 막지 못하면서 자신을 지키려던 양민은 법에 걸릴까 걱정됩니다. 이는 도적은 위력을 떨치되 백성은 자구책을 빼앗긴다는 뜻입니다. 제가 보기에 도적은 막지 못하면서 선대의 의례를 폐지하고 학생이 사례(射禮)를 익혀 행하지 못하게 하는 것은 크게 불리합니다.

이렇게 상소를 올리자 황제가 이 의견에 따라 승상 공손홍을 힐책했다. 공손홍은 오구수왕의 의견에 동의했다.

그 뒤에 뷰유(汾陰)에서 보정(寶鼎)이 출토되었을 때 무제가 좋아하며 종묘에 내보이고 감천궁에 소장했다. 모든 신하가 황제에게 축수하며 아뢰었다.

"폐하께서 주나라의 정(鼎)을 얻으신 것입니다."

그러나 오구수왕은 혼자서 주나라의 정이 아니라고 했다. 그 말을 들은 황제가 오구수왕을 불러 물었다.

"지금 짐이 주나라의 정을 얻은 것에 대해 모든 신하가 그렇다고 하는데 유독 수왕만 아니라고 하니 무슨 까닭인가? 도리가 있는 말이면 괜찮으나, 도리가 없다면 사형에 처할 것이다."

오구수왕이 대답하여 아뢰었다.

"신이 어떻게 감히 도리 없이 말씀을 올릴 수 있겠습니까? 신은 주나라의 덕이 후직부터 시작하여 공류 때에 발전했고 태왕 고

공단보 때에 규모가 커진 뒤에 문왕과 무왕 시대에 완성되었으며 주공이 크게 떨쳤는데, 덕과 은혜가 위에서 밝게 비춰 온 천하 그 어디에도 통하지 않은 데 없이 윤택하게 적셨다고 들었습니다.

하늘에서 마땅한 응답을 내려 주어, 주나라 때의 정이 모습을 드러낸 까닭에 주정(周鼎)이란 이름을 붙였습니다. 한나라가 주나라를 계승한 뒤에 덕행을 밝게 펼치고 은혜를 베풀었으므로 천하가 화목하게 조화를 이루었습니다. 폐하 시대에 이르러 조상의 위업을 더 크게 발전시키고 공적과 덕행을 더욱 발전시켰으니 하늘에서 내린 귀하고도 상서로운 표지가 모두 나타나게 되었습니다.

예전에 진시황이 친히 팽성에서 주나라의 정을 찾으려고 했지만 찾지 못했습니다. 하늘이 덕이 있는 제왕을 도와 보배로운 주나라의 정이 저절로 나타난 것이니 이는 하늘이 한나라에 내린 보물이지 주나라의 보물이 아닙니다.”

황제가 말했다

“옳은 말이다.”

신하들이 모두 만세를 외쳤다. 그날 오구수왕이 황금 열 근을 하사받았다. 그 뒤에 법을 어겨 주살되었다.

형세의 중요함을 역설한 주보언

○　○　○

주보언은 제나라 임치 사람이다.

장단종횡술(長短從橫術)을 배웠고, 만년에 『역』, 『춘추』와 백가의 학술을 공부했다. 〔셋으로 갈라져 있던〕 제나라의 제후와 왕자 사이를 돌아다녔는데 유생들이 모두 배척하는 바람에 제나라에 머물 수 없게 되었다. 집안이 가난한 데다 돈을 빌릴 데가 없어서 북쪽으로 다시 연나라, 조나라, 중산국을 떠돌아다녔는데, 아무 데서도 후하게 대해 주지 않아 객지에서 몹시 힘들게 지냈다. 그 제후들에게 유세를 펼치기에 마땅치 않다고 여기고, 원광 원년에 서쪽의 함곡관으로 들어가 장안에서 위(衛) 장군을 만났다. 위장군이 황제에게 여러 차례 말을 넣었으나 황제가 들어주지 않았다. 돈이 떨어진 채로 오래 머물자 제후와 빈객 거개가 주보언을 싫어했다. 그리하여 주보언이 황궁으로 가서 글을 올렸다. 아침에 글을 올리고 저녁에 불려 들어가 항제를 배일했다. 주보언이 황제에게 올린 아홉 가지 중 여덟 가지는 율령에 관한 것이었고 한 가지는 흉노 토벌에 관한 주장이었다.[24]

신이 듣기로 영명한 군주는 인식을 넓히기 위해 간절하게 올리는 간언을 싫어하지 않고, 충신은 바른말로 간언을 올릴 때 중벌을 피하지 않으니, 그러므로 하는 일에 실수하는 법이 없어 만대에 이름을 남긴다고 합니다. 신이 이제 충성심을 감추거나 죽음을 피하지 않고 어리석은 계책을 올리겠으니, 폐하께서 은총을 내려 용서해 주시고 제가 올린 계책을 얼마간이라도 살펴 주시기 바랍니다.

『사마법(司馬法)』에 이르기를 "나라가 강하더라도 전쟁을 자주 하면 반드시 망하게 되어 있고, 천하가 태평할 때라도 전쟁을 잊어

버리면 반드시 위태롭게 된다."라고 했습니다.

　천하가 이미 태평해져 천자가 '대개(大愷)'를 울리며 개선한 뒤에도 봄 사냥과 가을 사냥으로 군사를 훈련하고, 제후가 봄에 군대의 사기를 진작시키고 가을에 무기를 갈고 닦는 것은 전쟁이 일어날 것을 잊지 않기 때문입니다. 그런데 노하는 것은 덕에 어긋나고 전쟁은 흉한 일이며 다툼은 하잘것없는 일입니다. 옛적에 군주가 한번 노하면 반드시 시체가 널브러지고 피가 흘렀으니 그 때문에 성군은 전쟁을 일으키는 것을 어렵게 여겼습니다. 대저 싸움에 이기는 것에만 힘을 쓰고 계속 전투만 일으킨 뒤에 후회하지 않은 예가 없었습니다.

　옛적 진나라 황제가 전승의 위세에 의지하며 천하를 잠식하고 교전국을 병탄하여 나라를 통일했으니 그 공은 〔하, 은, 주〕 삼대의 개국 군주와 나란히 세울 만합니다. 이기고자 전쟁에만 몰두하는 생각을 없애지 않고 흉노를 공격하려고 하자 이사가 간언하기를 "불가합니다. 대저 흉노는 성곽을 갖춘 거주지나 지킬 만한 재물이 없는 채로 새가 날아다니듯이 옮겨 다니므로 제압하기가 어렵습니다. 경무장한 군대를 흉노 땅 깊이 들여놓으면 틀림없이 양식이 모자랄 것이므로 양식을 운송하며 행군하게 하면 짐이 무거워 전투를 제대로 해낼 수 없습니다. 흉노의 땅을 점령한다 해도 이로운 점이 없고 그 백성을 포로로 잡아도 그들을 관리해 낼 수 없으며 전투에 이기면 그들을 죽여야 할 텐데 그것은 백성의 어버이로서 할 일이 아닙니다. 중원을 피폐하게 하면서 흉노를 이기는 즐거움을 얻고자 하는 것은 완전한 계책이 아닙니다."라고 했습니다.

진나라 황제는 이 말을 듣지 않고 몽염(蒙恬)으로 하여금 군대를 이끌고 호를 공격하게 하여 땅을 천 리나 개척하여 북하(北下)를 변경으로 삼았으나 그 땅은 저지대로 습하고 소금기가 많아 오곡이 자라지 못하는 곳이었습니다. 그 뒤에 천하의 정남을 징발하여 북하를 지키도록 했습니다. 군사들이 열 몇 해 동안 노숙하는 동안 죽은 사람이 수도 없이 많았으나 끝내 강을 건너 북진하지 못했습니다. 그렇게 된 것이 군사가 모자라서나 무기와 장비가 충분하지 않아서였겠습니까? 그런 것이 아니라 형세가 허락하지 않았기 때문입니다.

진나라 조정에서 천하 백성으로 하여금 속히 군량을 운송하게 했는데, 〔동래군(東萊郡)의〕 황현(黃縣), 수현(腄縣)과 낭야군(琅邪郡)처럼 바다에 접한 지방에서 북히 쪽으로 군량을 옮기면 서른 종(鍾)에 한 석(石)밖에 도착시키지 못했습니다. 남자가 힘들여 밭을 갈아도 군량을 대기에 부족했고 여자가 길쌈을 해도 군대의 장막을 만들기에 모자랐습니다. 백성은 극도로 피곤해졌고 고아와 과부, 노약자들은 부양을 받지 못해 길에서 죽는 자들이 너무 많아 천하 백성이 등을 돌리기 시작했습니다.

고황제께서 천하를 평정한 뒤로 변방의 땅을 공략할 때 흉노가 대군(代郡)의 산골짜기 밖에 모여 산다는 말을 듣고 그들을 공격하려고 하자, 어사 성(成)이 "불가합니다. 대저 흉노는 짐승처럼 떼를 이루었다가 새처럼 흩어지기 때문에 그들을 쫓는 것은 그림자를 붙잡는 것과 마찬가지입니다. 이제 폐하께서 성덕을 펼치시며 흉노를 공격하는 일은 신이 보기에 위험합니다."라고 했습니다. 고황제께서 그 말을 듣지 않고 대군의 산골짜기로 진격했다가 과연 평성에서 포위를 당하셨으니 후회를 하시며 유경(劉敬)을 보내 흉노와 화친을 맺게 했습니다. 그리하여 천하 백성이 전쟁하는 일을 잊어버리게 되었습니다.

『손자병법』에 이르기를 "대저 군대 십만 명을 일으키면 하루에 천금을 쓰게 된다."[25]라고 했습니다. 진나라에서는 수시로 백성 수십만 명씩을 동원하여 적군을 섬멸하고 적장을 죽였으며 선우를 사로잡았으므로 흉노의 원한을 크게 샀고 천하의 재물은 모두 탕진했습니다. 흉노가 침입과 도적질을 생업으로 삼는 것은 천성이 원래 그렇기 때문입니다. 그래서 순임금과 하, 은, 주 때부터 법과 도덕을 지키라고 독촉하지 않았고 그들을 짐승 기르듯이 하면서 사람으로 보지 않았습니다.

폐하께서 위로는 순임금과 하, 은, 주의 원칙을 살펴보지 않으시고 아래로는 근세 진시황의 실책을 따라 하고 계시니 이는 신이 몹시 걱정하는 바이며 백성이 싫어하는 바입니다. 전쟁이 오랫동안 지속되면 변란이 일어나니 고통 속에서 동요하는 마음이 생기게 됩니다. 변경의 백성을 피폐하고 고통스럽게 하고 장군과 군리가 서로를 못 미더워하며 외부인과 결탁하게 했으니, 그 틈을 타서 위타와 장한(章邯)이 자신의 야심을 실현했습니다. 진나라의 법과 제도가 제대로 실행되지 못해 권력을 그 두 사람에게 나눠 주게 되고 말았으니 이 일은 나라를 다스리는 일의 성패를 살펴볼 귀감입니다.

이 때문에 『주서(周書)』에 이르기를 "나라의 안위는 군주가 내린 법령에 달려 있고 존망은 등용한 인재에 달려 있다."[26]라고 했습니다. 폐하께서 이 문제를 깊이 생각하셔서 살펴보시기 바랍니다.

한 해에 네 차례나 승진하다

○   ○   ○

그때 서악과 엄안도 황제에게 글을 올려 당대에 힘써야 할 일에 대해 전했다. 글을 읽고 황제가 세 사람을 불러 접견한 뒤에 말했다.

"공들은 어디에 있었소? 어떻게 이제서야 만나게 된 거요!"

이어서 주보언과 서악, 엄안을 모두 낭중으로 삼았다. 주보언은 몇 차례나 국사에 관해 상소하여 알자가 되었다가 다시 중랑으로, 이어서 중대부로 승진했으니, 한 해 동안에 네 차례 승진했다.

주보언이 황제에게 건의를 올렸다.

옛적에는 제후의 땅이 사방 백 리를 넘지 않아 그 세력이 강하거나 약하거나 쉽게 제압할 수 있었습니다. 지금은 수십 개의 성이 이어져 있는 땅을 가진 제후들도 있습니다. 사방 천 리나 되는 땅을 가진 제후를 풀어 주면 사치와 전횡을 부려 도덕과 풍기가 쉽게 망가지고, 다그치면 그중 강한 나라에 의지하고 합종하여 조정에 반역할 것입니다.

이제 법령을 세워 땅을 분할하면 반역하는 마음의 싹을 품게 될 것이니 전일에 조조가 바로 그런 법을 만들었습니다. 지금 십여 명의 자제를 둔 제후도 있는데 적자를 후사로 세워 제후의 대를 이으면 남은 자제는 비록 골육지간이라도 한 치 땅을 받지 못하니 인과 효의 도리에 마땅하지 않습니다. 바라건대 폐하께서 제후들에게 명령을 내리셔서 자제들에게 땅을 봉하여 제후로 삼음으로써 폐하의 은혜가 널리 퍼질 수 있도록 하십시오. 그들 모두가 바라는 대로 얻게 되어 기뻐할 것입니다. 황상께서는 덕을 베푸신 것이 되지만 실제로 제후가 봉토를 분할하게 되어 스스로 세력을 줄이게 될 것이 틀림없습니다.

이 글을 읽은 황제가 그 계책을 따랐다. 주보언은 다른 건의를 올리기도 했다.

무릉에 현을 조성하는 중인데, 백성을 괴롭히는 천하의 토호와 토지 겸병을 일삼는 무리를 모두 무릉으로 옮기면 안으로는 한나라 도읍지의 인구를 채우게 되고 밖으로는 법을 어기는 간사하고 교활한 무리를 없애게 되니 이를 두고 "주살하지 않고 해로운 자를 없앤다."라고 합니다.

황제가 또 이 말에 따랐다.

위 황후 책봉과 연왕 유정국이 몰래 저지른 비행을 적발할 때 주보언이 공을 세웠다. 대신들이 모두 주보언의 입에서 나오는 말을 두려워하며 뇌물을 보낸 것이 천금이 되어 쌓였다. 누군가가 주보언을 말리며 말했다.

"전권을 너무 휘두르고 계신 듯합니다."

주보언이 말했다.

"제가 성인이 되어 머리를 틀어올린 뒤로 마흔 몇 해가 되도록 여러 곳을 떠돌며 공부했으나 뜻한 바를 이루지 못했습니다. 부모는 자식으로 취급하지 않았고 형제도 저를 받아들이지 않았으며 친구도 저를 버렸기 때문에 저는 오랫동안 힘들게 살았습니다. 남자가 살아서 오정(五鼎)에 밥을 먹지 못했다면 죽을 때 오정에 삶기는 벌을 받으면 그만입니다. 날이 저무는 때라 제가 시류에 역행하고 있습니다.[27]"

주보언은 삭방 땅이 비옥하고 물산이 풍부하며 바깥 쪽이 황하로 막혀 있어, 몽염도 그곳에 성을 쌓고 흉노를 쫓아냈고, 안으로 육로나 수로로 군용 물자를 운송하는 것을 줄일 수 있어서 중원 땅을 넓히고 호(胡)를 멸할 근본이라고 강하게 주장했다. 황제가 주보언의 주장을 읽고 공경에게 명하여 논의하게 했는데 모두 좋은 방안이 아니라고 답했다. 공손홍은 이렇게 말했다.

"진나라 때에 삼십만 명을 동원하여 북하에 성을 쌓았는데 끝내 완성하지 못하고 그 땅을 포기했습니다."

주매신이 공손홍의 주장을 반박하여 물리쳤으므로 마침내 삭방에 군(郡)을 설치했으니 이는 원래 주보언이 올린 계책이었다.

원삭 연간에 주보언이 제왕 유차경(劉次景)이 왕궁 안에서 음탕한 행동을 했다고 보고하자 황제가 주보언을 제나라 상(相)으로 임명했다. 주보언이 제나라에 부임했을 때 형제와 친구를 모두 불러 놓고 황금 오백 근을 나누어 준 뒤 책망하는 말을 했다.

"애초 내가 가난하던 시절에 형제들은 나를 먹여 주지도 입혀 주지도 않았고 친구들은 나를 집 안에 들이지도 않았는데, 이제 내가 제나라의 상(相)이 되니 여러분 중에는 나를 맞이하러 천 리 밖에서 온 사람도 있구려. 나는 여러분과 절교할 것이니 다시는 언의 집 문을 들어서지 말도록 하구려."

이어서 제왕에게 사람을 보내 왕이 누나와 정을 통한 일을 들어 겁을 주었다. 위협을 받은 제왕이 어떻게 해도 벌을 피하지 못하고 연왕처럼 사형을 받으리라 여겨 자결해 버렸다.

애초 주보언이 평민이던 시절에 연나라와 조나라를 돌며 공부 했는데 황제의 총애를 받게 된 뒤에 연왕의 일을 폭로했다. 주보언이 자신의 나라에 우환을 가져올 수도 있겠다고 걱정한 조왕 유팽조(劉彭祖)가 황제에게 글을 올려 주보언이 몰래 저지른 일을 폭로하려고 했으나, 주보언이 조정에 있었으므로 폭로하지 못했다. 그런데 주보언이 제나라 상(相)이 되어 관중 땅을 나가자 곧바로 사람을 보내 황제에게 글을 올려 주보언이 제후들로부터 황금을 받고 그 자제에게 땅을 많이 봉했던 사실을 고발했다. 이에 더하여 제왕의 자결 소식을 전해 들은 황제는 주보언이 제왕을 위협하여 자결하게 했다고 여기고 주보언을 불러들여 옥리에게 그 죄를 심문하게 했다. 주보언이 제후들로부터 황금을 받은 사실을 인정했다. 사실상 제왕을 자결하도록 위협한 적은 없는 것이 밝혀졌으므로 황제가 주살하지 않으려고 하자 공손홍이 주장했다.

"제왕이 자결했는데 후사가 없어 봉국을 철폐하고 군으로 만들어 한나라 땅에 편입한 일에는 언의 죄가 가장 큰데도 언을 주살하지 않으면 천하 백성을 훈계할 길이 없습니다."

그리하여 마침내 주보언의 집안을 멸족했다.

주보언이 황제의 총애를 받아 권력을 쥐고 있을 때에는 문객이 수천 명이었다. 가문이 멸족당한 뒤에는 한 사람도 나타나는 자가 없었는데 유독 공거(孔車)가 시신을 거두어 장례를 치러 주었다. 황제가 그 말을 듣고 공거를 덕망 높은 사람으로 여겼다.

토붕과 와해의 차이를 설명한 서악

○　○　○

서악은 연군(燕郡)[28]의 무종(無終) 사람이다.

서악이 황제에게 다음과 같이 글[29]을 올렸다.

신은 천하의 걱정거리가 토붕(土崩)이지 와해(瓦解)가 아닌 것은 고금에 모두 같았다고 들었습니다.

무엇을 토붕이라고 하겠습니까? 진나라가 망할 무렵이 바로 토붕에 해당합니다.

진섭은 천승의 지위도 한 자의 땅도 가지지 못했던 사람인 데다 스스로 왕공이나 대인, 귀족의 후예도 아니었고 고향에서 명성을 얻고 있지도 않았으며 공자나 증자(曾子), 묵자(墨子)처럼 현명하지도 않았고 도주(陶朱)와 의돈(猗頓) 같은 부자도 아니었습니다. 그러나 가난한 민간에서 일어나 창 자루를 휘두르고 오른팔을 드러내 고함을 지르자 천하가 신속하게 그 뒤를 따랐으니 그렇게 된 까닭은 무엇이겠습니까? 백성이 곤궁해도 군주가 구휼하지 않았고, 아래에서 원망해도 위에서는 몰랐으며, 세상이 어지러워졌어도 법과 제도를 정비하지 않았으니 이 세 가지 때문에 바로 진섭이 봉기하게 되었습니다. 진섭의 봉기를 일러 토붕이라고 하니, 그래서 천하의 걱정거리가 토붕이라고 했습니다.

그렇다면 무엇을 와해라고 하겠습니까? 바로 오나라, 초나라, 제나라, 조나라의 군대가 무너진 것이 와해입니다. 칠국이 대역(大逆)하기로 모의하고 모두 만승의 군주를 칭하며 수십만 명의 군대를 거느렸는데, 그 위풍은 경내에서 위엄을 부리기에 충분했고 재력 또한 그 백성을 고무시키기에 충분했으나 조정에 속한 서쪽 땅을 한 치 한 자도 점령하지 못하고 중원에서 보낸 군대에 사로잡혔으니 그 까닭이 무엇이겠습니까? 그것은 그 제후왕들이 가졌던 권한이 필부보다 가벼웠거나 진섭보다 약한 군대를 거느려서가 아니라, 그때까지만 해도 선제의 은덕이 미처 소멸하지 않아 백성이 조상 대대로 살던 땅에 안거하며 행복한 나날을 보내고 있었으므로 제후왕은 봉토 밖의 도움을 받지 못해 무너졌습니다. 이런 것을 와해라고 합니다. 그러므로 와해는 천하의 걱정거리가 아닙니다.

이를 통해 볼 때 천하에 토붕의 형세가 생기면 비록 평민이나 곤궁한 처사라도 먼저 난을 일으켜 나라를 위태롭게 하니 진섭이 바로 그랬습니다. 하물며 삼진(三晉)[30]의 군주라면 가만히 있었겠습니까? 그러나 천하가 완전히 태평성세에 접어들지 않았다 하더라도 토붕의 형세만 나타나지 않는다면 부강한 나라와 강력한 군대도 발꿈치를 돌릴 사이도 없이 사로잡히고 말 것이니 오나라와 초나라가 반란을 일으켰다가 망한 것이 바로 와해입니다. 그러니 하물며 여러 신하나 백성이 난리를 일으킬 수 있겠습니까? 토붕과 와해, 이 두 가지는 나라의 안위를 가르는 분명한 요인이니 현명한 군주라면 유의하며 깊이 관찰해야 합니다.

최근 들어 함곡관 동쪽에 여러 차례 오곡이 열지 않아 가을철 수확이 예년 수준으로 회복되지 못하여 많은 백성이 곤궁하게 된 데다가 변경에서도 일이 많이 발생했으니, 만물의 법칙과 자연의 도리로 미루어 보건대 백성이 살던 거처를 떠나 불안하게 유랑하게 될 것입니다. 평안하지 못하면 쉽게 동요하게 됩니다. 쉽게 동요하는 것이 바로 토붕의 형세입니다.

그런데 현명한 군주는 만물이 변화하는 근본을 집중하여 살피기 때문에 국가 안위의 기미를 재빨리 알아차릴 수 있으니, 조정의 정책을 고침으로써 겉으로 드러나지 않고 번져 가던 환난을 없앨 것입니다. 그렇게 하는 것은 요컨대 천하에 토붕의 형세가 나타나지 않기를 바라기 때문입니다.

토붕의 기미를 살피고 계시던 폐하께서는 강대한 나라가 정예 부대를 일으켜 침입한다 해도, 짐승을 쫓고 새를 쏘아 맞히며 사냥터에서 대규모 놀이를 벌여 마음을 풀어놓고 전속력으로 계속 질주하시며 태연자약하게 대처하실 것입니다. 편종, 편경, 금슬, 소관의 소리가 끊어지지 않는 가운데 후궁과 정을 나누는 일이나 배우와 난쟁이의 우스갯짓이 폐하 곁에서 줄지 않고 있지만 천하에는 쌓여 있는 근심거리가 없습니다.

우임금과 탕왕 같은 명성이나 주나라 성왕과 강왕의 때의 세상을 바라지 않아도 됩니다. 비록 그렇게 되기를 바란다고 하더라도 신이 생각하기에 폐하께서는 천성이 총명하신 데다 관대하고 인자한 자질을 가지고 계시므로 성심으로 천하를 다스리는 일에 힘쓴다면 우임금과 탕왕의 명성을 얻는 일도 어렵지 않고 성왕과 강왕의 세상이 다시 오지 못할 것도 없습니다.

토붕과 와해, 이 두 가지가 어떻게 다른 것인가를 정확하게 인식하면 존귀하고도 안온한 자리를 누리면서도 당대에 널리 명성을 날릴 수 있고 천하의 백성을 사랑하며 사이를 복속시켜 몇 대에 걸쳐 은덕이 남아 전해질 것입니다. 병풍을 뒤에 놓고 남면한 채로 왕공들과 소매 매무새를 바로잡아 공경을 표한 채 읍을 하며 예를 나누는 것이 폐하께서 하실 일입니다.

신은 왕도를 이루고자 노력하다가 완성하지 못해도 왕도의 말단만 가지고 천하태평을 이루기에 충분하다고 들었습니다. 천하가 평안해지면 어느 것을 얻고자 해도 얻지 못할 것이 없고 어떤 위엄이라도 이루지 못할 것이 없으며 어느 곳을 정벌해도 복속시키지 못할 데가 없을 것입니다.

34

엄·주·오구·주보·서·엄·종·왕·가 전 하
嚴朱吾丘主父徐嚴終王賈傳 下

　　하편에는 무제의 내신 엄안(嚴安)과 종군(終軍, ?~기원전 122년), 왕
보(王襃), 가연지(賈捐之, ?~기원전 43년)의 전기가 실려 있다. 『사기』에
는 이 편에 실린 내신 중에서 주보언의 열전만 있다. 반고는 사마천보다
조금 늦은 시기에 활동했던 이들의 주장을 일일이 기록하여 후세에 남
겼다. 그러면서 황제 곁에 머물며 사적인 이익을 취득했던 몇 명에게는
사형당할 만했다는 평을 남기며 내신 정치의 폐해를 꼬집기도 했다.

사치와 전쟁에 반대한 엄안

○　○　○

엄안은 임치 사람이다.

엄안이 전임 승상사로서 황제에게 글[1]을 올려 말했다.

　신은 『추연자(鄒衍子)』에 "정령의 시행과 교화에 문(文)과 질(質)을 함께 운용하여 폐단을 바로잡는다. 적절한 때에 운용하더라도 시기가 지나면 버리고 바꿀 것이 있으면 바꿔야 한다. 한 가지 법을 고집하며 바꾸지 않는 것은 다스림의 요지를 보지 못하는 것이다."라고 한 것을 읽어 알고 있습니다.

　요즈음 천하 사람들이 돈과 재물을 쓰며 사치를 부리고 있습니다. 수레와 말, 여름옷과 겨울옷, 주택 건물에 모두 경쟁하듯이 치장을 하고, 오성(五聲)의 조화로 절주(節奏)를 더하며, 오색(五色)을 섞어 화려하게 무늬를 아로새기고, 오미(五味)를 한 상 가득 차려 내는 것으로 천하에 욕망을 나타냅니다. 사람의 본성은 좋은 것을 보면 가지고 싶어 하니 그런 본성이 백성을 사치스럽게 합니다. 사치를 부리며 절제하지 않으면 살림살이가 늘 곤궁하여 사람들은 본업을 떠나 말업[2]에 종사하게 됩니다. 말업은 밑천 없이 할 수 없으므로 관리는 사기 치기를 꺼리지 않고, 검을 들고 다니는 자는 서로를 죽이며 재물을 탈취합니다. 세상 사람들은 그런 일을 탓하지 않아 법을 어기는 자들이 계속해서 늘어나고 있습니다. 아름답고 진기한 것은 눈과 귀를 즐겁게 합니다. 그래서 수양하지 않아 교만해지고, 바른 음악을 멀리하여 절제를 잃으며, 규정을 넘어 화려하게 꾸미고, 교화를 잊고 교활해집니다. 교활하고 화려하며 무절제하고 교만한 것은 백성에게 권장할 바가 아니니, 천하 백성이 이익을 좇는 일을 그치지 않으면 법을 어기는 사람이 늘게 됩니다.

신이 바라건대 제도를 마련하여 사람들이 무절제해지는 것을 막고 가난한 사람이 부유한 사람을 부러워하는 마음을 없애게 하십시오. 마음이 가라앉으면 성정이 편안해지고, 성정이 편안해져 이익을 추구하지 않으면 도적이 사라지게 되고, 도적이 사라지면 형벌이 줄어들고 형벌이 줄어들면 음양이 조화를 이루고 사철이 분명해집니다. 제때에 맞추어 비가 오고 바람이 불어 초목이 무성하게 자라고 오곡이 풍성하게 여물며 여섯 가지 가축이 새끼를 낳아 번식하고 백성은 요절하거나 질병을 앓지 않게 되어 화목의 극치를 이룰 것입니다.

신은 주나라가 천하를 얻은 뒤로 삼백여 년 동안 왕도를 행하여 성왕과 강왕의 융성기를 이룩했을 때 마흔 몇 해 동안 형구를 치워 놓고 쓰지 않았다고 들었습니다. 그 뒤 주나라가 쇠하여 다시 삼백여 년이 지나는 동안 오패가 연달아 옹립되었습니다. 제후의 맹주인 패자(伯者)는 항상 천자를 보좌하여 나라에 유익한 일을 일으키고 해로운 점은 없애며 흉폭한 자를 주살하고 법을 어기는 자를 다스리며 나라 안에서 정도가 행해지도록 부축하며 천자를 높여 주었습니다. 오패의 시대가 끝나자 성현이 나오지 않아 천자는 고립되고 세력이 약해져 어떤 호령도 내릴 수 없게 되었습니다. 그리하여 제후가 멋대로 행하면서 강한 나라가 약한 나라를 능멸하고 대군으로 소규모 군대를 괴롭혔습니다. 전상(田常)이 제나라를 빼앗고 육경(六卿) 집안[3]이 진(晉)나라를 분할해 가졌으며 줄줄이 교전국이 되었으니 이때부터 백성의 고통이 시작되었습니다. 그리하여 세력이 강한 나라는 진공에만 몰두하고 약한 나라는 방어에 힘쓰게 되었고, 합종책과 연횡책을 이루기 위해 달리는 사자의 수레들이 서로 부딪칠 만큼 많았으며, 갑옷과 투구에 서캐와 이가 슬었고, 백성은 아무 데도 하소연할 데가 없었습니다.

진왕(秦王) 때에 이르러 천하를 잠식하면서 교전국을 병탄한 뒤에 황제(皇帝)라는 칭호를 썼습니다. 나라 안의 법과 제도를 통일하고 제후국의 성곽을 허물었으며 제후국의 무기를 녹여서 편종과 편종을 거는 틀을 만드는 것으로 다시는 무기를 사용하지 못하게 못을 박았습니다. 백성들은 교전국 상태에서 벗어나 영명한 천자를 만났으므로 모두 새로 태어났다고 여겼습니다. 만일 진나라가 형벌을 가볍게 하고, 세금을 적게 거두며, 요역을 줄이는 한편으로 인의(仁義)를 귀하게 여기고, 권세와 이익을 천하게 여기며, 성실하고 후덕함을 숭상하고, 아첨과 술수를 경시하며, 풍속이 바뀌도록 백성을 교화했다면 틀림없이 대대로 평안했을 것입니다.

진나라는 풍속을 바꾸지 않고 예전 습속을 그대로 행했으니 지모와 술수, 권세와 이익을 위하는 자를 등용하고 성실하고 후덕하며 한마음으로 정직하게 행하는 자를 물리쳤으며 법과 정령을 엄격하고 가혹하게 적용했으나, 비위를 맞추고 아첨을 떠는 자들이 많아서 날마다 그들이 찬미하는 소리를 들으며 황제가 마음을 편안하게 가졌습니다. 진나라는 나라 밖에서 위무를 떨치고자 몽염에게 군대를 이끌고 북진하여 강호(彊胡) 흉노를 공략하게 하여 땅을 개척하고 변경 지대를 넓힌 뒤에 북하를 따라 변경을 지키는 군대를 주둔시키자 군량을 운송하는 수레가 질주하며 그 군대의 뒤를 따랐습니다. 뒤이어 위 도수(屠睢)를 보내 누선에 태운 군대를 이끌고 월 부족을 공격하게 했고, 감어사 녹(祿)으로 하여금 운하를 파고 군량을 운송하게 하여 월 땅 깊이 들어갔을 때 월 부족이 달아났습니다. 시간이 오래 걸리자 진나라의 군량이 떨어졌는데 그때 월 부족이 공격해 와서 진나라 군대는 크게 졌습니다. 그러자 진나라 조정에서 위타를 보내 군대를 이끌고 월 부족과의 변경에 주둔하게 했습니다.[4]

진나라의 화근은 북쪽의 호와 남쪽의 월 부족과 치른 전쟁에 있었으니 그 쓸모없는 땅에서 주둔하면서 진격만 하고 후퇴는 하지 않았습니다. 그렇게 열 몇 해가 지나는 동안 정남(丁男)은 갑옷을 두르고 군인이 되었고 정녀(丁女)는 물자를 운송했으니 힘들어 도저히 살아갈 수 없자 길가의 나무에 스스로 목을 매달아 죽었는데 그 수가 너무나 많았습니다.

그 뒤에 진시황이 붕어하자 천하에 대대적으로 군사가 일어났습니다. 진승(陳勝)과 오광(吳廣)은 진현에서, 무신(武臣)과 장이(張耳)는 조 땅에서, 항량(項梁)은 오현에서, 전담(田儋)은 제 땅에서, 경구(景駒)는 초나라의 도읍 영(郢)에서, 주불(周市)은 위(魏) 땅에서, 한광(韓廣)은 연 땅에서 거사했으니 산과 골짜기를 가득 메우며 함께 들고일어난 호걸과 인재들이 일일이 거론할 수 없을 정도로 많습니다. 그런데 이들 모두는 본래 공후(公侯)나 고관대작의 후예가 아니었으니 한 자 한 치의 봉토도 없는 채로 민간에서 일어나 창 자루를 쥐고 당시의 형세에 응하여 움직였습니다. 이들은 모의하지 않고 동시에 일어나 약속 없이 회합하며 조금씩 땅을 넓혀 가 마침내 패왕(伯王)을 칭했으니 그때의 교화가 그런 결과를 낳았습니다.

진시황은 천자라는 귀한 자리에 올라 천하의 부를 소유했으나 후대가 없어 제사마저 끊겼으니 계속 전쟁을 일으켜 그런 재앙을 만났던 것입니다. 그러므로 주나라가 패망한 것은 약했기 때문이고 진나라가 패망한 것은 강했기 때문인데, 두 나라 모두 그때의 형세에 따라 변통하지 않아 망했습니다.

최근 들어 남이(南夷)를 위무하고 야랑(夜郞)의 조공을 받으며 강북(羌僰)의 투항을 받고 예주(薉州)[5]를 공략하여 성읍을 건설하며 흉노 땅 깊이 쳐들어가 용성(龍城)을 불태우려고 하는데 대신들은 찬양하고 있습니다. 이런 일은 그 일을 맡은 신하에게만 이로울 뿐 천하를 다스리는 장구한 방책은 될 수 없습니다.

지금 중원에는 놀란 개가 짖는 소리조차 들리지 않을 만큼 태평한데 밖으로 먼 나라를 방비하는 일에 걸려 나라가 피폐하니 이는 백성을 자식처럼 돌보는 군주의 도리가 아닙니다.

끝없는 욕망을 채우거나 통쾌하자고 흉노와 원수가 되는 일은 변경을 안정시키는 방법이 아닙니다. 흉노의 침입을 해결하지 못하면 전투를 중지했다가도 또 벌여야 하니 전투에 참가한 병사는 근심과 괴로움에 휩싸이고 후방에 있는 사람도 늘 놀란 가슴으로 살아야 합니다. 따라서 이는 오래 끌 방책이 못 됩니다. 현재 천하백성은 갑옷을 만들고 칼날을 세우며 굽은 화살을 펴고 시위를 당겨 보며 무기를 점검하고 있고 군량을 운송하는 행렬이 보이지 않는 적이 없으니, 이 때문에 천하 모두가 근심하고 있습니다.

전쟁이 오래되면 변란이 일어나고 사정이 복잡하면 우려를 낳게 됩니다. 지금 지방의 군 중에 어떤 곳은 그 땅이 사방 천 리 가까이 되고 성 수십 개가 이어져 있습니다. 그 대단한 형세 때문에 백성이 속박받거나 제압당하고 있으며 제후도 태수에게 끌려다니거나 위협받고 있으니 종실에도 이롭지 못합니다. 위로 거슬러 올라가 〔전국 시대〕 제나라와 진(晉)나라가 망한 원인을 살펴보면, 군주의 공실(公室) 힘이 쇠약해진 대신에 육경이 큰 힘을 얻었기 때문이었습니다. 그 아래로 내려와 진나라가 멸망한 원인을 살펴보면, 법과 형벌을 너무 가혹하고 엄하게 적용했고, 끝이 없을 만큼 욕망이 컸기 때문입니다. 현재 군수(郡守)⁶의 권한은 〔전국 시대〕 육경보다 크고, 천 리 땅은 여항(閭巷)이라고 할 수 없으며, 보유한 군대와 무기는 흔히 보는 창 자루의 쓰임새를 뛰어넘을 만큼 뛰어나니, 큰 난이 일어났을 때 무슨 일이 일어날지 말씀드리기 어렵습니다.

뒤에 황제가 엄안을 기마령(騎馬令)으로 삼았다.

약관의 나이에 국사에 관한 글을 올린 종군

종군의 자는 자운(子雲)이고, 제남(濟南) 사람이다.

어려서부터 배우기를 좋아하여 제남군 내에서 말 잘하고 문장 잘 짓는 것으로 이름을 날렸다. 열여덟 살에 박사 제자로 뽑혀 태수부에 가서 장안으로 파견되는 증명서를 받았다. 태수가 종군의 재주가 남다르다는 말을 듣고 불러 접견하고 아주 기특하게 여겨 가까이 지내기로 했다. 종군이 태수에게 읍의 예를 올리고 떠나서 장안에 도착하여 황제에게 국사에 관한 글을 올렸다. 무제가 그 글의 수준이 남다르다고 여기고 종군을 알자급사중(謁者給事中)으로 삼았다.

황제를 모시고 옹 땅에 있던 다섯 개의 제단 오지(五時)에서 〔백제(白帝), 청제(靑帝), 적제(赤帝), 황제(黃帝), 흑제(黑帝)에게〕 제사할 때 흰 기린을 잡았는데 뿔이 하나에 발굽이 다섯 개였다. 그때 이상한 나무도 발견했는데 가지가 옆으로 뻗었다가 도로 안쪽으로 굽어 줄기에 합쳐져 있었다. 황제가 신하들에게 특이하게 생긴 그 둘이 나타난 뜻을 물어보았다. 이에 종군이 글을 올렸다.[7]

신은 『시』에서는 군주의 덕행을 칭송하고 『악(樂)』에서는 군주의 공을 춤으로 나타냈으니 경전은 달라도 가리키는 바는 같아서 군주의 위대한 덕행이 융성해진 바를 밝혔다고 들었습니다.

남월은 갈대밭에 숨어들어 새나 물고기와 한 무리가 되어 버린 쥐 같아서 한나라 조정의 교화가 그곳의 풍속까지 미치지 못했습니다. 해당 관원이 변경에 주둔하자 동우가 한나라에 귀부해 왔고 민왕은 스스로 죄를 인정했으며 남월은 한나라에 구원을 청했습니다. 북쪽의 호는 가축의 먹이를 찾아 이동하며 살면서 금수처럼 행동하고 범이나 늑대의 속을 하고 있으므로 상고 시대부터 중원 편으로 끌어들인 적이 없었습니다. 대장군 위청이 월(鉞)을 휘두르며 공격하자 선우는 막북으로 도망을 갔고, 표기장군 곽거병이 깃발을 높이 들고 공격하자 혼야왕이 중원에 투항하여 중원 복장을 하고 옷깃을 오른쪽으로 여몄습니다. 남쪽 땅에 은덕이 내려졌고 북쪽 땅에도 위무를 떨치게 되었습니다.[8]

벌을 줄 때 가까운 사람을 가리지 않고, 인재를 뽑을 때 먼 곳에 있는 자들을 놓치지 않으며, 필요한 관직을 두어 능력과 덕망이 뛰어난 자를 앉히려 하고, 포상 제도를 두어 공을 세우게 하며, 능력이 있는 자를 기용함으로써 봉록을 보장하고, 직책을 수행할 수 없는 자는 퇴직시켜 고되게 힘쓰며 살게 하며, 나라 안의 형벌 제도를 갖추는 등 수많은 업적을 친히 세우신 뒤에도 스스로 부족하다고 하시면서 위대한 군주의 성명함을 추구하며 백성을 마구 제압하지 않으면서 학문과 소질을 닦을 수 있도록 〔명당(明堂), 벽옹(辟雍), 영대(靈臺)의〕 삼궁(三宮)을 건립하고 직무를 제대로 수행하는 자를 표창한다면 상고 시대에 봉선 제사를 올린 군주라 하더라도 폐하 같은 명성을 얻을 수는 없을 것입니다.

대저 천명을 처음으로 받은 군주는 만 가지 제도를 개창하고, 천하 육합(六合)의 풍속을 동일하게 만드는 것은 말할 것도 없고 신주(神州)를 비롯한 구주(九州)를 두루 꿰뚫도록 하지만, 그 제도와 교화를 더욱 빛나게 발전시켜 조상의 위업을 무궁하게 전하는 것은 반드시 후대에 영명한 성군이 나타나야 가능한 일입니다. 그리하여 주나라 성왕(成王) 때에 이르러 모든 제도가 확립되자 그 업적을 칭찬하는 하늘의 뜻이 징표로 나타났습니다.

폐하께서 번성하는 시대를 맞이하여 봉선 제사를 올리는 성스러운 결정을 반포하신 뒤에 천지신명을 정성으로 섬기면서 교궁(郊宮)에 나가 제물을 태워서 연기를 올리며 하늘에 제사를 올리고 제물을 묻으셨습니다. 신명이 제물의 정기를 흠향하시고 천지에 상서로운 기운을 충만하게 채워 주는 것으로 회답을 주셨으니 색다른 짐승이 잡힌 일은 마땅히 나타나게 되어 있었습니다.

옛적에 무왕이 황하 중류에서 주왕을 치고 있을 때 백어(白魚)가 왕이 탄 배에 튀어 들어왔습니다. 무왕이 몸을 구부려 그것을 주운 뒤에 불에 구웠더니 곁에 있던 신하들이 모두 "감축드립니다."라고 외쳤습니다.

이번 교사(郊祀)에 천지신명이 직접 모습을 나타내지는 않았지만 흰 기린을 얻어 그것으로 제수를 차려 올렸으니 이는 하늘이 제대로 흠향하실 것으로 폐하의 정성이 하늘의 뜻에 부합하여 통했음을 나타냅니다. 그러므로 좋은 때를 택하여 길일을 잡아 연호를 바꾸고 하늘에 고하셔야 합니다. 그런 뒤에 조모(苴茅)[9] 의례를 올리면서 장강과 회하 유역에 제후를 봉하고, 영구(营丘)에서 봉선 제사를 올림으로써 빛나는 하늘의 뜻에 순응하십시오. 그리고 사관으로 하여금 그 모든 내용을 기록하게 하십시오.

대개 여섯 마리 역(鶂)새가 거꾸로 나는 것은 반역이 일어날 것을 상징하고 백어가 배에 튀어 오르는 것은 순종하여 귀부하는 세력이 생길 것을 나타냈습니다. 이렇게 반역과 순종의 징조가 위로 하늘에서 나는 새들의 방향이 바뀌는 것과 아래로 깊은 물속에 사는 고기가 튀어 오르는 것으로 나타났으니 이를 통해 다른 징조도 추측해 낼 수 있습니다. 지금 폐하가 제사를 드리러 온 곳에 두 뿔이 합쳐져 하나로 돋은 들짐승이 나타났으니 이는 하늘이 길조를 보인 것이라, 여러 부족이 한나라에 귀부해 와서 나라 밖이란 개념이 없어지게 되는 것을 보여 준 것입니다. 이 길조가 어떤 현상으로 나타날 것인지를 추측해 보면, 머리를 묶고 사는 이민족이 머리를 풀고 왼쪽으로 옷깃을 여미지도 않으며 중원 사람처럼 관을 쓰고 허리에 띠를 두르는 의복을 입고서 중원의 교화를 받겠다고 올 것이니, 폐하께서 그저 기다리고 계시면 될 것입니다.

황제의 물음에 대답하는 이 글을 올리자 황제가 종군을 아주 남다르다고 여겼다. 이 글의 내용에 차안하여 연호를 원수(元狩)로 바꾸었다. 몇 달 뒤에 월 땅과 흉노의 유명한 왕들이 수많은 백성을 거느리고 투항해 왔으므로 그때 모두 종군의 말이 들어맞았다고 인정했다.

원정 연간에 박사(博士) 서언(徐偃)이 황제의 사자가 되어 지방의 풍속 교화에 나섰다. 그런데 서언이 허위로 황제의 명령을 발동하여 교동국(膠東國)과 노나라에서 소금과 쇠를 생산하게 해 주었다. 서언이 조정에 돌아와서 그 일을 보고하자 박사에서 태상승(太常丞)으로 전보되었다.

어사대부 장탕이 허위로 황제의 명령을 발동하여 〔제후국에 소금과 쇠를 생산하게 해 줌으로써〕 조정에 큰 해를 끼쳤다는 이유로 서언을 탄핵하고 법에 따라 요참(要斬)으로 다스려 죽여야 한다고 했다. 서언이 "『춘추』의 뜻을 살펴보면 대부가 강역 밖에 나갔을 때 사직을 안정시키고 만민을 살릴 일이 있으면 황제의 재가를 받지 않고 스스로 처리할 수 있다."[10]라고 변명했다. 법으로 다스릴 수 있는 일이었음에도 장탕은 서언이 변명한 『춘추』의 뜻을 반박하지 못했다. 황제가 종군에게 사건을 심문하라고 명령하자 종군이 서언을 힐문했다.

"옛적에 제후국들은 나라마다 풍속이 달라서 백 리만 떨어져 있어도 서로 통하지 않았습니다. 그 시절에는 제후가 오 년에 한 번 직접 천자를 알현했지만 패자는 일이 있으면 언제든지 제후국의 군주를 모을 수 있어서 조정의 안위에 관계되는 형세가 찰나에 변화할 수 있었으므로, 조정에 유리한 일이 있다면 천자의 재가를 받지 않고도 사자의 판단에 따라 명령을 내릴 수 있게 했던 것입니다. 그러나 지금은 천하가 하나 되어 만 리 떨어진 곳도 같은 풍속으로 교화되었습니다. 이런 것을 두고 『춘추』에서도 '제왕에게는 나라 밖이란 개념이 없다.'[11]라고 했습니다. 언은 한나라 강역 안을 순찰하러 가 놓고 '강역 밖으로 나갔다.'라고 했으니 이는 무슨 까닭입니까?

게다가 소금과 쇠는 각 군에 남은 양을 저장해 둔 것이 있으므로, 〔교동국과 노나라〕 두 제후국에서 생산하지 못하게 막아도 나라의 이해관계에 아무런 영향을 미치지 못할 텐데, '사직을 안정시키고 만민을 살린다'는 이유로 그 두 제후국에서 소금과 쇠를 생산하게 해 주었다니 이는 또 어찌 된 까닭입니까?"

종군이 이어서 서언을 힐난했다.

"교동국의 남쪽은 낭야군에 가깝고 북쪽은 북해군(北海郡)에 접하고 있습니다. 노나라의 서쪽은 태산군(泰山郡)과 이웃하고 동쪽에는 동해군(東海郡)이 있어 그 네 개 군에서 소금과 쇠를 받아 썼습니다. 언은 이 네 개 군의 인구와 전지 현황을 고려하여 그 군에서 필요한 철제 농기구와 먹을 소금을 계산해 보십시오. 그래도 그 두 제후국[12]에 보낼 소금과 쇠의 양이 모자랍니까? 형세를 보아 넉넉하게 비축해 두어야 마땅하다며 군의 관리가 두 제후국으로 소금과 쇠를 보내 줄 수 없다고 했습니까? 이 점에 대해 어떻게 변명하시겠습니까? 언은 허위로 황제의 명령을 발동하여 소금과 쇠를 생산하도록 고무한 것은 춘경기에 씨를 뿌릴 때 백성에게 농기구를 충분히 쓸 수 있게 할 뜻이었다고 했습니다. 지금 노나라에서 시작해서 쇠를 주주한다 해도 먼저 주조 용구를 준비해야 할 테니 가을이 되어서야 불을 지필 수 있을 것입니다. 그렇다면 실제로 봄에 필요한 농기구를 만들 상황과 맞지 않는 것이 아닙니까? 언이 먼저 세 차례나 상주했을 때 황제께서 비답을 내리지 않았는데, 이를 승낙하지 않은 것으로 여기지 않고 곧바로 허위로 황제의 명령을 발동하여 권한을 부렸고 망령되이 행동하면서 백성의 뜻에 따르는 척 명예를 취하려고 했습니다. 이는 성명한 군주가 반드시 처벌을 가할 일입니다.

〔진대(陳代)가 맹자께〕 '제후 앞에서 한 척(尺)만 뜻을 굽히면 한 심(尋)만큼 펼칠 수 있다.'[13]라고 건의했을 때, 맹자께서 그렇게 할 수 없다고 말씀하셨습니다. 언은 스스로 죽을 각오를 하고 이렇게 한 것입니까? 아니면 다행히 주살을 면한 뒤에 이것으로 이

름을 날리고 싶었던 것입니까?"

서언은 종군의 물음에 궁색해져서 변명하지 못하고 죽을죄를 스스로 인정했다. 이에 종군이 상주문을 올렸다.

"언은 독단적으로 황제의 명령을 칭하면서 황제의 명을 받드는 사절의 소임을 어겼으므로 어사대부에게 넘겨 언을 소환하고 죄를 자백받도록 해 주십시오."

종군의 청은 받아들여졌다. 황제가 종군이 힐난한 내용을 칭찬하며 조서를 내려 어사대부에게 그 내용을 보이게 했다.[14]

그보다 먼저 종군이 제남에서 박사 제자로 뽑혀 함곡관(函谷關)으로 걸어서 들어갔다. 함곡관의 아전이 종군에게 비단에 쓴 통행증을 주자 종군이 물어보았다.

"이것으로 뭘 한답니까?"

아전이 말했다.

"다시 함곡관을 나갈 때 보일 통행증입니다. 돌아갈 때 여기에 남긴 반쪽과 맞추어야 합니다."

종군이 말했다.

"대장부가 서쪽으로 길을 떠나 장안까지 왔는데, 어떻게 이 통행증을 보이며 돌아갈 일을 만들겠습니까!"

종군은 통행증을 던져 버리고 함곡관 안으로 들어갔다. 종군이 알자가 되어 지방의 군과 각 제후국에 사절로 나갈 때 부절을 내보이며 함곡관을 나가 동쪽으로 향했다. 함곡관의 아전이 종군을 알아보고 말했다.

"저 사자가 전에 통행증을 던져 버린 바로 그 유생이야."

종군이 지방의 군과 각 제후국에 나갔을 때 조정에 유리하게 처리되고 있던 일들을 살피고 돌아와서 보고하니 황제가 아주 기뻐했다.

조정에서 흉노에 사자를 보내려고 할 때 종군이 자청하고 나서서 아뢰었다.

"저 군(軍)은 풀밭에 엎드리며 군공을 세운 적이 없었으나 황궁 숙위 신하가 되어 봉록을 다섯 해나 받았습니다. 변경에서 바람을 일으키며 먼지를 날리는 전투가 일어나면 신이 마땅히 갑옷을 걸치고 무기를 잡은 채 날아오는 화살과 돌을 맞으며 선봉에서 길을 터 나가야 할 것입니다. 그러나 능력이 없어 전투에 나가지 못했습니다. 이번에 흉노에 사자를 파견한다는 소식을 들었습니다. 신이 가서 온 정성과 기운을 기울어 현명한 정사를 보좌하고 선우 앞에서 흉노국의 길흉에 대해 설명하겠습니다. 신의 나이가 얼마 되지 않고 재주가 부족한 데다 외지 출장을 다니느라 한 방면 임무를 맡아 감당하기에 부족하니 제 심정이 답답합니다."

조서를 내려 길흉을 어떻게 설명할 것인지를 물었다. 황제가 종군의 대답을 특별하게 여기고 간대부로 발탁했다.

남월이 한나라 조정과 화친하고자 할 때 종군을 남월에 보내 황제를 배알하도록 그 왕을 설득한 뒤, 제후에게 베푸는 예로 대하려고 했다. 종군이 자원해서 청했다.

"바라건대 긴 오랏줄을 받아서 남월왕에게 굴레처럼 씌워 틀림없이 황궁에 데려오겠습니다."

종군이 마침내 가서 남월왕을 설득하자 남월왕이 듣고 동의하

며 나라 전체를 들어 한나라의 제후국으로 복속하기를 청했다. 황
제가 크게 기뻐하며 남월대신(南越大臣)[15]의 인수를 하사하고 한나
라 법을 똑같이 쓰도록 하여 그 풍속을 바꾸게 했다. 또 사자 종군
은 그곳에 남아 백성을 위무하게 했다. 그때 월나라 승상 여가(呂
嘉)가 한나라에 귀속되는 것을 원하지 않아 거사했다. 여가가 남
월왕을 공격하여 죽인 뒤에 한나라 사자도 모두 죽였다. 그때의
이야기는 「남월전」에 써 두었다. 종군이 죽었을 때 나이가 스물
몇 살이었으므로 세상에서는 그를 종동(終童)이라고 불렀다.

성군이 뛰어난 신하를 얻는 법을 노래한 왕보

○　○　○

왕보(王襃)[16]의 자는 자연(子淵)이고 촉군[17] 사람이다.

선제 때에 무제 시대의 법과 제도를 정리하여 책으로 편찬했고
육경과 여러 방면의 서적에 대해 자신의 의견을 피력했으며 독특
한 놀잇감을 광범위하고 상세하게 수집했다. 초사(楚辭)의 독음에
능했던 구강(九江)의 피공(被公)에게 자문한 뒤에 황제에게 불려가
초사를 낭송했다. 당시 재능이 출중했던 유향, 장자교(張子僑), 화
룡(華龍), 유보(柳襃) 등과 함께 황제의 부름을 받고 금마문(金馬門)
에서 대조했다.

신작(神爵)과 오봉(五鳳) 연간 중에는 천하의 살림이 풍족했으
므로 길조가 여러 번 나타났다. 선제가 노래와 시를 짓게 짓게 하

고 육률(六律)과 육려(六呂)를 조절하여 화음을 맞추게 하자 승상 위상이 상주하여 음률을 정확하게 알고 아금(雅琴)을 잘 연주하는 발해군(渤海郡)의 조정(趙定)과 양나라의 공덕(龔德)을 천거했다. 두 사람은 모두 황제의 부름을 받아 알현한 뒤에 대조했다. 그때 익주(益州) 자사 왕상(王襄)이 풍속을 바르게 교화하는 내용을 백성에게 널리 알리고 싶어 하던 중에 왕보의 재주가 뛰어나다는 소문을 듣고 초대했다. 왕상이 왕보를 만나 보고는 시를 짓게 하여 「중화(中和)」, 「낙직(樂職)」, 「선포(宣布)」라는 시를 얻었다. 그러고는 음악을 좋아하는 사람들을 뽑아 「녹명(鹿鳴)」의 곡조에 맞추어 이 시들을 노래로 부르게 했다. 그 무렵 범향후(氾鄕侯) 하무(何武)가 미성년[18]으로서 노래 부르는 사람에 선발되었다. 한참 시간이 흐른 뒤에 하무 등이 장안에 가서 공부하고 대학에서 그 노래들을 불렀다. 이 소식이 황제의 귀에 들어갔다. 선제가 하무 등을 불러 접견한 뒤에 노래를 듣고 비단을 하사하면서 말했다.

"나의 성대한 덕정을 알리겠다니 내 어찌 이런 일을 감당하리오!"[19]

왕보는 자사에게 선제의 덕을 칭송하는 시를 지어 주며 그 내용을 해설하는 글[20]도 써 주었으므로 익주 자사가 상주문을 올려 왕보의 재주가 출중하다고 고했다. 이에 황제가 왕보를 불렀다. 왕보가 황궁에 도착하자 황제가 왕보에게 '성명한 군주가 능력과 덕행이 뛰어난 신하를 얻는 것'을 내용으로 송(頌)을 짓게 했다. 왕보가 황제의 뜻대로 글[21]을 지어 올렸다.

모전(毛氈)을 몸에 걸치고 다니는 사람에게는 새가 고운 것과 무늬가 아름다운 옷감을 이해시키기 어렵고, 명아주 풀로 쑨 묽은 죽과 보리 볶은 것을 먹는 사람에게는 태뢰 제수로 쓴 고기 맛이 좋은 것을 알아듣게 설명하기가 힘듭니다.

신은 서쪽의 편벽한 촉군에 살고 있습니다. 가난한 마을에서 태어나 쑥대 이엉 집에서 자라느라 넓은 세상을 돌아보며 지식을 쌓지 못하고 지극히 우매하고 협소한 마음만 키웠으므로 두터운 신망을 채워 드릴 수 없을 것입니다. 성스럽고 영명한 폐하께서 내려 주신 제목으로 글을 지음에 있어 비록 재주가 모자라지만 어찌 감히 제 우매한 생각을 진술하지 않거나 충정을 읊지 않을 수 있겠습니까!

기록에 따르면 제왕은 『춘추』 첫머리에 나오는 오시(五始)의 요지를 받들어 생각하며 자신을 돌아보고 나라의 기강을 바르게 하고 제도를 통일시켜야 할 것이라고 했네.

대저 능력과 덕행이 뛰어난 사람은 나라에서 기용할 인재이니, 인재가 등용되면 알아서 맡은 임무를 잘해 내기 때문에 그 효과가 널리 나타나리라.

도구의 날을 잘 세워 놓으면 힘을 적게 들여도 엄청난 효력을 얻을 수 있으니, 만일 일하는 사람이 날이 둔한 용구를 쓰면 온종일 근육과 뼈가 아프도록 열심히 일해야 하네. 그러나 일 잘하는 장인이라면 철을 제련하고 쇠를 주조하여 간장(干將) 같은 튼튼한 검을 만들 때, 달군 날을 깨끗한 물에 식혔다가 월(越) 지방에서 나는 마도석에 날을 갈 것이네. 그러면 물속의 교룡을 벨 수 있고 뭍에 사는 무소의 가죽도 자를 수 있을 터, 만드는 일은 마치 빗자루로 먼지를 쓸거나 진흙 위에 그림을 그리듯이 쉽게 한다네. 이와 마찬가지로 만일 눈이 밝은 이루(離婁)가 밧줄을 들고 측량을 맡고 공수반(公輸班)이 먹줄을 튀기면 면적이 백 장(丈)이나 되는 다섯 층짜리 높은 건물을 짓는다 해도 실수 없이 완공할 것이니 그것은 장인이 자신에게 걸맞은 용구를 쓰기 때문이리라.

평범한 사람이 수레의 말을 몰면 말 주둥이에 상처를 내거나 채찍이 너덜거리도록 때려도 빨리 달리지 못하리니, 씩씩 숨을 몰아쉬며 살갗에 땀이 흐르도록 사람도 지치고 말도 힘드네. 그러나 고개를 무릎까지 숙이는 준마를 몰아 승단(乘旦)²²을 옆에 달리게 하되 왕량(王良)이 고삐를 잡고 한애(韓哀)가 수레를 몰아 종횡으로 질주하며 휙휙 스쳐 가면 도회지를 지나 여러 나라를 거치는 것도 한 뙈기 땅을 지나친 듯하리라. 번개를 뒤쫓고 질풍을 따르듯이 단숨에 팔극을 주유하고 만 리를 돌아볼 테니 그렇게 멀리 갈 수 있는 연유는 무엇일까? 말과 사람이 서로 맞았기 때문이지. 시원한 갈포로 지은 옷을 입은 자는 푹푹 찌는 한여름의 더위에 괴로울 일이 없고 담비와 여우 가죽으로 겉옷을 걸친 자는 한겨울의 추위를 걱정하지 않으니 그 연유는 또 무엇일까? 알맞은 옷을 갖추었으니 더위와 추위에 쉽게 대비할 수 있기 때문이네. 마찬가지로 성군은 현인과 군자에 의지하여 나라를 다스리네. 그러므로 성군은 기쁜 마음으로 그들을 받아들이되 넓은 길을 활짝 열어 두고 천하의 영재와 준걸을 부른다네. 신하가 지략을 다하여 능력과 덕행이 높은 사람 곁에서 일하면 반드시 어진 정책을 건의하게 되어 있고, 주군이 사람을 찾고 인재를 구하면 패자가 되어 공적을 남길 수밖에 없다네. 옛적에 주공은 씹던 음식도 뱉고 목욕하던 중에도 머리를 움켜쥐고 뛰어 나가 인재를 맞이하여 옥이 텅 비는 치세를 이룩했고, 제 환공은 궁정의 모든 조명을 밝히고 인재를 환영하는 예를 다하여 천하의 여러 제후국을 한데 모으고 바르게 이끌었네. 이런 일을 살펴볼 때 군주는 현자를 구하는 데 부지런하면 인재를 얻는 데 한가한 법이라네.

신하도 마찬가지라네. 옛적에 현자가 성군을 만나지 못하면 어떤 일을 도모하고 정책을 세워도 군주가 그 계책을 들어주지 않고 충성스러운 의견을 올려도 제왕이 그 성실함을 알아주지 않았으니, 벼슬길에 나아가도 좋은 시책을 펼칠 수 없었고 무슨 잘못이 없어도 배척되어 쫓겨나네. 그러므로 이윤(伊尹)은 세발솥과 도마를 짊어진 채 제수 음식을 만들었고, 강태공은 〔조가(朝歌)에서〕 소를 잡고 살았으며, 백리해(百里奚)는 진나라에 팔려 갔고, 영자(甯子)도 소를 치며 자신을 알아주지 않던 그런 시절을 만났다네. 그러나 영명한 성군을 만나자 그들이 올린 책략은 주군의 뜻에 맞아떨어졌고, 직언을 간언해도 주군이 바로 들어주었으니 이들은 모든 순간에 자신의 충정을 다했도다. 관직에 있을 때는 자신의 지략을 실행하되 비겁하거나 부패한 일과 거리를 두다가 조정 대신에 올라서야 나물 반찬만 먹고 나막신 신던 시절을 끝내고 기름진 음식을 들게 되었네. 그 뒤에 작위에 올라 부절을 나누어 받고 토지도 분봉받았으니 조상의 이름을 빛냈을 뿐 아니라 자손에게도 물려주어

뒷날 유세객들의 이야기 밑천이 되었네.

그러므로 세상에는 지혜로운 성군이 나타난 뒤에야 현명한 신하가 날 수 있는 법. 범이 포효하면 찬바람이 일고, 용은 승천할 때 짙은 구름을 부르며, 귀뚜라미도 가을이 되어야 울고, 하다못해 하루살이도 음습한 곳이 있어야 나타나네.『역』에 "하늘에 용이 있듯이 성군이 있어야 대인을 뽑아 쓸 수 있다."[23]라고 했고『시』에 "위대한 인재들이여, 문왕의 왕국에 살고 있구나."[24]라고 했듯이 태평한 세상의 성군에게는 준걸과 의로운 인재들이 저절로 이르게 되어 있도다. 요·순·우·탕·문왕과 무왕이 각각 직(稷)·설(契)·고요(皐陶)·이윤·여망(呂望)을 만난 것처럼 제왕이 밝은 눈으로 살피면 인재는 곳곳에 있으니, 정신을 모아 손발을 맞춘다면 서로를 더 빛나게 하리라. 백아가 체종(遞鐘)[25]을 연주하거니 봉문자(逢門子)가 오호(烏號) 활을 날리는 솜씨도 군신이 힘을 합해 일하는 광경에는 미치지 못하리라.

그러므로 성군은 반드시 현명한 신하를 얻어야 공적을 크게 남기고, 뛰어난 인재는 영명한 군주를 만나야 그 덕을 드러낼 수 있네. 군주와 신하가 서로를 필요하게 여기며 즐겁고 기쁘게 일하는 것은 천재일우의 기회이니 서로 의견을 나눌 때 의심하는 바가 없어 새가 깃털을 펄럭이며 순풍을 만나 빠르게 날거나 고래가 망망대해를 가로지르며 헤엄치는 것처럼 순조로우리라. 뜻을 이루는 바가 이처럼 순조롭다면 무엇을 막지 못하겠으며 실행하지 못할 명령이 어디에 있으리. 그리하여 교화가 사방에 넘쳐 무궁하게 덮어 나갈 것이며 먼 곳의 이민족이 공물을 바치러 올 것이고 수많은 길조가 모두 나타나리라.

그리하여 성군은 굳이 사방을 둘러보지 않아도 모든 것을 똑똑히 알게 되고 귀를 기울이지 않아도 모든 것을 들을 수 있어 은택이 바람 따라 날리고 덕정이 음양의 조화와 더불어 퍼져 나갈 것이니 천하를 태평하게 할 책임을 다한 뒤에 한가하게 놀이를 즐길 소망을 실현할 수 있으리라. 그리하여 어디에도 구속되지 않고 놀이를 되풀이하며 청정한 무위(無爲)의 대화를 나눌 때 길조가 나타나고 수명은 무궁히 누릴 것이니 그때에 이르러 어디에도 걸리지 않고 한가로이 만세를 누리리라.

팽조처럼 하늘을 우러러 몸을 굴신하거나 왕교(王僑)와 적송자(赤松子)처럼 숨을 쉬고 뱉으며 아득하게 속세와 절연하며 세상을 떠나야 할 일이 어디에 있을 것인가? 『시』에 이르기를 "인재들이 가득하여 문왕께서 나라를 태평하게 일구셨네."[26]라고 했으니 대개 인재를 믿음으로써 왕이 나라를 안정시킬 수 있었던 것이리라.

그 무렵 황제가 신선을 아주 좋아했으므로, 왕보는 팽조와 왕교, 적송자 이야기를 넣어 그 점을 짚고 넘어갔다.

황제가 왕보를 장자교(張子僑) 등과 더불어 함께 대조하게 했는데, 여러 차례에 걸쳐 왕보 등을 데리고 사냥을 나갔다가 행궁에 유숙할 때마다 송가를 짓게 하고 등수를 매긴 뒤에 성적에 따라 비단을 하사했다. 여러 대신이 이를 두고 분에 넘치게 비단을 하사하는 일은 불요불급한 일이라고 주장하자 황제가 말했다.

"〔공자께서도〕 '박(博)이나 혁(弈)이란 것이 있지 않으냐. 그것이라도 논다면 훨씬 낫겠지.'²⁷라고 하지 않으셨소. 사(辭)와 부 (賦) 중에서 뛰어난 작품은 고시(古詩)와 같은 의의가 있고 작품성 이 떨어지는 것이라 해도 그 표현이 아름다워 좋아할 만하오. 예 컨대 길쌈하는 여자가 짠 비단이나 음악 중에서 정(鄭)나라와 위 (衛)나라의 민요 같은 것도 지금 세상 사람들의 눈과 귀를 즐겁게 해 주고 있지 않소? 사와 부를 이것들에 비교한다면 인의(仁義)의 비유가 들어 있을 뿐만 아니라 금수와 초목의 이름도 많이 배울 수 있으니 놀음 노는 가수나 배우가 박과 혁을 가지고 노는 것보 다 훨씬 낫지 않겠소."

얼마 지난 뒤에 황제가 왕보를 간대부로 발탁했다.

그 뒤에 태자의 신체가 좋지 못하고 정신이 맑지 않아 잊어버 리기를 잘하는 병을 앓으니 편안하지 못했다. 청제가 왕보 등에 게 모두 태자궁으로 가서 태자와 함께 즐겁게 지내며 재미있는 글 이나 스스로 지은 작품을 아침저녁으로 송독하게 했다. 왕보 등은 태자의 병이 회복되고 나서야 태자궁을 나왔다. 태자가 왕보가 지 은 「감천(甘泉)」과 「동소송(洞簫頌)」을 좋아하여 후궁과 중귀인 및 시종 모두에게 그 작품을 송독하게 했다.

그 뒤에 방사가 말하기를 익주에 황금 말과 벽계(碧雞) 같은 보 물이 나는데 제사를 올리면 얻을 수 있다고 하자, 선제가 왕보에 게 제사를 올리고 구해 오게 했다. 왕보가 익주로 가던 길에 병사 하니 황제가 왕보를 가련하게 여겼다.

주애군 철폐로 전쟁을 막은 가연지

○　○　○

가연지의 자는 군방(君房)으로, 가의의 증손자다. 원제가 막 즉위했을 때 황제에게 나라를 다스리는 일의 성패에 관해 상소하고 나서, 황궁에 들어가 금마문에서 대조했다.

앞서 무제가 남월을 정벌한 뒤 원봉 원년에 담이군(儋耳郡)과 주애군(珠厓郡)을 두었는데,[28] 둘 다 남쪽 바다의 섬[29]에 있었다. 두 군의 크기는 사방 천 리나 되었고 모두 열여섯 개 현에 이만 삼천여 호가 있었다. 그곳 사람들은 잔혹하고 흉악했다. 또 바다 건너 멀리 떨어져 있는 점을 이용하여 조정에서 파견된 관리가 금지한 일을 여러 차례 어겼다. 관리가 그때마다 그 사람들에게 잔혹한 벌을 주었으므로 몇 해마다 한 번씩 반란을 일으켜 관리를 죽였다. 한나라 조정에서는 그때마다 군대를 출동시켜 평정했다. 군을 설치한 뒤 소제 시원 원년까지 스물 몇 해 동안 모두 여섯 차례 반란이 일어났으므로 시원 5년에 이르러 담이군을 폐하여 주애군에 속하게 했다.

선제 신작 3년 주애군의 세 개 현이 다시 반란을 일으켰고, 그로부터 일곱 해가 지난 감로(甘露) 원년에 아홉 개 현이 또 들고 일어났다. 그때마다 조정에서 군대를 출동시켜 평정했다.

원제 초원(初元) 원년에 주애군에서 다시 반란이 일어나 군대를 출동하여 반격했지만 다른 여러 현에서 연이어 반란을 일으켜 여러 해 동안 계속해서[30] 평안하지 못했다. 황제가 해당 관리와 더

불어 대군의 출동을 상의하자 가연지가 출격이 부당하다고 건의
했다. 황제가 시중 부마도위 낙창후(樂昌侯) 왕상(王商)을 시켜 가
연지에게 힐문하게 했다.

"주애군이 조정에 속해 한나라의 군이 된 지 오래인데 지금 반
란을 일으키며 법도를 어기고 있다. 출격이 부당하다고 말하는 것
은 만이의 난을 조장하고 선제의 공덕을 깎는 것이니, 육경의 어
느 대목에 그런 내용이 있는가?"

가연지가 그 대답을 글로 올렸다.[31]

신이 영광스럽게도 영명하신 폐하의 태평성대를 만나 직언으로
방책을 올리도록 대조하고 있으므로 회피하는 바 없이 성심을 다
하여 말씀드리겠습니다.

신은 요임금과 순임금이 태평성대를 이룩한 데 비해 우임금의
공적은 성군의 반열에 넣을 수는 있지만 그렇게 대단한 것은 못 된
다고 들었습니다. 그러므로 공자께서도 요임금에 대해서는 "위대
하도다!"[32]라고 찬양하셨고, (순임금을 찬양한) 소(韶)에 대해서는
"완벽하도다."[33]라고 하셨지만, 우임금을 보고는 "비평할 것이 없도
다."[34]라고 하셨습니다. 이 세 분 성군의 덕정이 뛰어났지만 다스리
던 영토는 사방 수천 리에 지나지 않았으니 서쪽은 사막에 둘러싸
여 있었고 동쪽은 바다에 접해 있어 삭(朔)[35] 남쪽부터 위세와 교화
가 천하에 미쳤습니다. 중원의 위세와 교화를 받아들이겠다고 하
면 그곳을 다스렸지만 원하지 않는 곳을 억지로 다스리려고는 하
지 않았습니다. 그렇게 임금과 신하가 모두 칭송할 만한 덕행을 베

풀었으므로, 생명을 가진 것은 모두 마땅히 누려야 할 것들을 누리고 살았습니다.

무정(武丁)과 성왕(成王)은 각각 은나라와 주나라를 대표하는 인자한 임금이었으나 그 영토는 동쪽으로 강(江)과 황(黃)을 서쪽으로 저(氐)와 강(羌)을, 남쪽으로 만(蠻)과 형(荊)을, 북쪽으로 삭방을 넘지 않았습니다. 그 시절 영토 안에서는 왕을 칭송하는 노래가 어디서나 울려 퍼졌으니 눈과 귀를 가진 것들은 모두 그 삶을 즐기며 살았습니다. 그러자 월상씨(越裳氏)가 여러 번의 통역을 거치며 공물을 바쳤으니 그것은 전쟁으로 얻어 낸 결과가 아니었습니다.

주나라가 쇠하면서 남쪽을 정벌하러 갔던 소왕(昭王)이 초나라와 싸우다 물에 빠져 죽는 바람에 귀환하지 못한 일이 일어났습니다. 제 환공이 주나라를 돕자[36] 공자께서 『춘추』에 그 사실을 기록했습니다.

진시황 때에 이르러서는 군대를 이끌고 먼 땅을 공격하느라 나라 안이 허약해졌으나 바깥으로 땅을 넓히는 일에만 주력하며 그것이 불러올 해는 걱정하지 않았습니다. 결국 영토가 남으로 민월을, 북으로 태원(太原)을 넘지 못한 상태에서 천하 곳곳에 반란이 일어나 무너지다가 진 이세황제 때에 이르러 마침내 멸망의 화를 입고 말았습니다. 당시 불리던 「장성(長城)의 노래」[37]가 지금까지 전해지고 있습니다.

성스러운 한나라가 일어나서 백성의 고통을 해소하기 위해 천하를 평정했지만, 어지러운 일은 계속되었습니다. 효문제 때에 이르러 중원이 안정되지 못하고 있음을 걱정하며 군비를 축소하고 예로써 교화하기 시작했습니다. 그러자 옥사가 한 해에 겨우 몇 백 건밖에 일어나지 않았고, 백성이 해마다 고정으로 내는 세금은 사십 전에 불과했으며, 장정은 세 해에 한 번만 요역에 참가하게 되었습니다.

그 무렵에 천리마를 황제에게 바친 자가 있었습니다. 문제께서 조서를 내려 "난기(鸞旗)를 앞세우고 속거(屬車)가 뒤에 따라오는 채로 길이 좋으면 하루에 오십 리를, 군대와 함께 움직이면 이십 리를 간다고 하는데 짐이 천리마를 타고 혼자서 달려갈 데가 어디 있겠는가?"라고 하시고는 말을 돌려주게 하셨습니다. 말을 바친 사람에게 노잣돈을 주게 하시고는 다시 조서를 내려 "짐은 바치는 공물을 받지 않을 것이다. 사방에 명령하여 공물을 가지고 와서 바치겠다고 청을 넣지 말게 하라."라고 하셨습니다. 그리하여 그 무렵에는 방종한 놀이가 사라지고 진기한 선물을 주고받는 일도 끊어졌으며 정나라와 위나라의 민요를 부르던 가수들도 줄어들었습니다.

대저 후궁에 미인이 많아지면 현자들은 은거에 들어가고, 아첨꾼이 전권을 휘두르면 간쟁을 올리는 신하들이 입을 다물어 버리는데 문제 때에는 그런 일이 없었으므로 시호를 효문(孝文)이라 했고 묘호는 태종(太宗)이라고 한 것입니다.

그리하여 효무제 원수 6년[38]에 이르자 태창(太倉)에 저장한 곡식이 부패하여 적갈색이 나는 바람에 먹지 못하게 되고, 도성 내고(內庫)에 넣어 둔 돈은 꾸러미로 꿰어 둔 줄이 썩어 돈이 흩어지는 바람에 제대로 셀 수가 없게 되었습니다.

국고가 충실해지자 해묵은 평성 사건을 소급하고 묵돌 선우 이래 여러 번 변경을 넘어 쳐들어온 피해를 따지면서 병마를 모으고 부자들에게 자금을 걷어 흉노 정벌에 나섰습니다. 그 뒤에 서쪽으로는 안식국(安息國)에 이르도록 서역 여러 나라와 외교 관계를 맺었고 동쪽으로는 갈석산(碣石山)을 지나 현도(玄菟), 낙랑(樂浪)까지 군을 설치했으며 북쪽으로는 흉노를 만 리 밖으로 퇴각시키고 변경에 군영과 요새를 수리하거나 새로 설치했으며 남쪽 땅을 제압하여 여덟 개 군[39]을 두었습니다. 그러나 전국에 옥사가 늘어나 수만 건을 헤아렸고 백성은 세금을 수백 전으로 올려 내야 했습니다. 조정에서는 소금과 쇠를 만들고 술을 전매하는 권리를 가지고 번 돈으로 재정 지출에 보탰지만 부족했습니다. 그 시절에는 여러 곳에서 도적이 한꺼번에 일어난 데다 여러 차례 군사를 징발했으므로, 아비가 일선 전쟁터에서 죽었는데 아들이 뒤따라 다치거나 여자들이 후방의 정(亭)과 장(鄣)을 지키는 일이 자주 있었고, 고아들은 길에서 울어 대고 마을마다 늙은 어미와 과부가 울음을 삼키며 시신 없는 제사상을 차려 놓고 만 리 밖에서 죽은 영혼을 그리워했습니다. 또 회남왕은 호부(虎符)를 위조하여 실력이 뛰어난 인재를 몰래 초빙했고, 함곡관 동쪽의 공손용(公孫勇)은 황제의 사자 광록대부를 사칭하며 모반했습니다.[40] 이는 모두 영토가 너무 커지고 정벌 전쟁이 그치지 않았기 때문에 일어난 사건이었습니다.

지금 천하는 함곡관 동쪽 땅 문제로 심각한데, 함곡관 동쪽에는 큰 제후국이라고 해 봐야 제나라와 초나라가 있을 뿐입니다. 지금 그곳 백성들은 빈궁해진 지 오래되어 여러 해 동안 살던 성곽을 떠나 길에서 서로를 베개 삼아 이리저리 얽혀 잠을 자는 형편입니다.

인지상정에 부모보다 더 친한 사람이 있을 수 없고 부부지간보다 더 기쁜 사이가 없는데 아내를 다른 사람에게 시집보내고 자식을 파는 지경까지 이르렀으되, 법으로 금할 수도 없고 도의로 가르쳐서 막을 수도 없게 되었으니 이는 나라의 우환입니다. 지금 폐하께서는 분을 참지 못해 바다 중간에 〔있는 주애군에〕 군대를 몰아넣으려고 하시니 그 편벽한 땅에서 승리하는 기쁨을 누리는 것은 기근을 구제하여 백성의 목숨을 보전시키는 방법이 아닙니다.

『시』에 "너희 만(蠻)과 형(荊) 부족이 벌레처럼 꿈틀거리며 감히 대국을 원수로 삼는구나!"라고 한 것은 이민족들이 성인이 일어나면 따라서 복속했다가 중원이 쇠락하면 앞다투어 반란하는 모습을 그린 것입니다. 이민족이 동란을 일으키는 것은 나라의 재난으로 옛적부터 우환거리가 된 지 오래인데, 하물며 만과 형에서 남쪽으로 만 리가 떨어진 이민족의 난을 문제 삼으십니까?

낙월(駱越)⁴¹ 사람들은 아비와 아들이 한 개울에서 목욕하고 코로 물을 마시는 풍습이 있어 금수와 다를 바가 없으니 원래 한나라의 군현을 둘 만한 곳이 못 되었습니다. 무지한 채로 바다 중간의 섬에 따로 떨어져 있는 그곳에는 늘 습기가 가득해 안개와 이슬이 내리고 독초와 독충, 독사가 우글거리며 풍토병까지 있어 적을 맞닥뜨리기도 전에 전사들이 저절로 죽어 가게 될 것입니다. 게다가 진주와 무소 가죽과 대모(瑇瑁)가 주애군에만 나는 것이 아니니 그 산물을 포기해도 아까울 것이 없습니다. 그곳에 출격하지 않으면 한나라의 위신을 손상할 일이 없는 데다 그곳 사람들은 물고기나 자라 같아서 탐낼 것이 없습니다.

신의 모자라는 생각으로 과거〔선제 신작 원년에〕강(羌)족을 치러 갔던 일을 들어 비유해 보겠습니다. 군대가 노숙하며 작전을 펼친 지 한 해가 못 되어, 행군한 거리 또한 천 리가 넘지 않았을 때 이미 사십여억 전의 비용이 나갔습니다. 대사농부에서 지출할 수 있던 돈을 다 쓴 뒤에는 소부(少府)가 관장하던 황제의 돈으로 전쟁을 계속 이끌어 갔습니다. 한 귀퉁이에 있던 강족이 일으킨 반란에 대해 쓴 비용이 그만큼인데 하물며 바다 건너 멀리 군대를 출격시키면 군사들을 죽여 가며 전쟁을 치른다 해도 쓴 비용만큼 공을 거두지 못할 것입니다. 옛적 왕조에서 찾아봐도 이와 같은 예가 없으니 이제 그런 일을 하자면 이로울 것이 없습니다. 어리석은 신의 생각으로는 관대를 착용하는 나라나 「우공(禹貢)」에서 언급했던 나라, 또는 『춘추』에 기록된 나라가 아니라면 모두 방치해도 될 듯합니다. 바라건대 주애군을 버리고 함곡관 동쪽 땅의 백성을 구휼하는 일에 집중해서 지출하시기를 바랍니다.

이 글이 올라가자 황제가 승상과 어사대부의 의사를 물었다. 어사대부 진만년(陳萬年)은 출격함이 마땅하다고 주장했지만 승상 우정국은 "전날 군대를 동원하여 여러 해 동안 출격하던 중에 호군도위와 교위 및 승을 모두 열한 명 보냈으나 두 사람만 살아 돌아왔고 전투병과 수송병이 만 명 이상 죽었으며 비용은 삼억여 전을 썼는데도 아직 완전히 항복받지 못하고 있습니다. 지금 함곡관 동쪽 땅의 빈곤이 심하여 백성이 괴로워하며 동요하고 있으니 연지의 주장이 옳다고 여깁니다."라며 반대했다.

그리하여 황제가 가연지의 뜻에 따르고, 이어서 조서를 내려 말했다.[42]

주애군에서 반란을 일으킨 무리가 한나라 관리와 백성을 죽이고 배반하여 들고 일어났다. 지금 조정 대신 중에는 공격함이 마땅하다고 하는 이도 있고 그 땅을 수비만 해내자는 이도 있으며 포기해야 할 것이라는 자도 있어 각자 생각하는 바가 다르다. 짐이 대신들의 주장에 대해 밤낮으로 생각해 보았다. 조정의 위신을 부끄럽게 하지 않기 위해서는 그들을 징벌해야 할 것이고, 시간을 가지고 난국을 피해 가려면 그 변경에 군대를 주둔시키고 수비해야 할 것이다.

천시(天時)를 변화시키면 만민이 괴롭게 될 것이 걱정스럽다. 대저 만민이 기아에 시달리는 것과 멀리 있는 만이를 토벌하지 않고 그냥 두는 것 중에 어느 쪽이 더 위험한가? 흉년에는 종묘에 올릴 제수도 다 갖추지 않는 법인데 하물며 편벽한 지방을 다스리지 못한 치욕을 피할 필요가 있겠는가? 지금 함곡관 동쪽은 몹시 어려운 상태다. 관아의 창고가 비어 백성을 구휼할 수 없는 이런 때에 군대를 출격시킨다면 백성을 괴롭게 할 것은 말할 것도 없고 다시금 흉년이 들 수도 있을 것이다. 그러므로 주애군을 철폐하겠다.

주애군의 백성 중에 한나라의 대의를 흠모하며 한나라에 귀부하고자 하는 이가 있으면 그들이 원하는 중원 땅으로 옮겨 줄 것이나 귀부를 원하지 않는 자들에게는 강요하지 말라.

그리하여 주애군이 철폐되었다.

가연지는 여러 차례에 걸쳐 황제의 부름을 받고 알현하여 여러 가지 방책을 올렸는데 그중에는 채택된 것이 많았다.

그 무렵에 중서령 석현이 전권을 휘두르고 있었다. 가연지가 몇 차례나 석현의 결점을 지적했으므로 제대로 된 관직을 얻을 수 없었다. 가연지 또한 나중에는 황제에게 불려 가는 횟수가 줄어들었다.

장안 현령 양흥의 재능이 출중하여 새로 황제의 총애를 얻었다. 가연지와 양흥은 원래 사이가 좋았다. 가연지가 황제의 부름을 받아 알현하고 싶어서 양흥에게 그 생각을 털어놓았다.

"경조윤 자리가 비었으니, 나를 알현시켜 주면 군란(君蘭)[43]을 추천하겠소. 그러면 경조윤에 임명될 수 있을 것이오."

그러자 양흥이 말했다.

"일찍이 황제께서 내가 설(薛) 대부[44]를 능가한다고 하셨소. 나를 돕자면 쉽게 도울 수 있을 것이오. 군방(君房)이 붓을 들면 천하에 가장 훌륭한 글을 쓸 수 있으니 군방에게 상서령(尚書令)을 시킨다면, 〔상서령〕 오록충종(五鹿充宗)을 훨씬 뛰어넘어 잘할 것이오."

가연지가 말했다.

"만일 내가 충종을 대신하고 군란이 경조윤이 된다면 말이오. 경조는 지방 군국(郡國) 중에 으뜸으로 다스려질 것이고 내가 백관의 인사줄을 쥔 상서직을 잘 수행할 것이니 천하가 아주 잘 다스려질 뿐만 아니라 인재들이 벼슬길에 오르지 못하는 일도 없을 것이오.

나 연지가 일전에 평은후(平恩侯) 허가(許嘉)를 장군으로 삼고 기사후(期思侯)[45]도 제조(諸曹)에 삼을 수 있다고 말씀을 올렸는데 황제께서 모두 제 말씀대로 해 주셨소. 또 알자 만선(滿宣)을 천거 했더니 바로 기주(冀州) 자사로 보내셨소. 말씀드리던 중에 알자 가 관직을 맡으면 안 되고 환관이 종묘에 들어갈 수 없다고 했더니 바로 제약을 풀어 주셨소.[46] 우리가 서로 천거하는 일도 이와 같이 되지 않겠소!"

양흥이 대꾸했다.

"내가 다시 알현할 때 군방을 천거하리다."

가연지가 다시 석현의 결점을 지적하자 양흥이 말했다.

"현은 지금 총애를 입고 있소. 황상이 그자를 믿고 중용하시니 지금 벼슬길에 나가고 싶다면 오로지 내 말을 듣고 그자의 뜻에 맞추어야 할 것이오. 그래야 입조할 수 있소."

가연지가 양흥과 함께 석현을 천거하는 상소를 올렸다.

제가 보기에 석현은 효산 동쪽 지방의 명문 집안 출신으로 예와 의에 밝습니다. 공정하게 일을 본 지 여섯 해가 되는 동안 실수한 적이 없이 훤하고 익숙하게 일을 보았고, 민첩하고도 빨리 의견을 제출했으며 퇴청하는 즉시 바로 집으로 돌아갔으므로 중간에 헛된 시간을 보내지 않았습니다. 그러므로 관내후 작위를 내리시고 그 형제들도 제조에 임명하시는 것이 마땅합니다.

그러고는 둘이서 함께 양흥을 천거하는 상주문의 초고를 준비했다.

제가 볼 때 장안령 흥(興)은 영광스럽게도 지략이 있어 여러 차례 부름을 받고 알현한 적이 있었습니다. 흥은 부모를 섬길 때 증씨(曾氏)처럼 효도를 바치고 스승을 섬길 때에는 안회(顔回)와 민자건(閔子騫)에 비견되는 재능으로 배웠으니 사방에 그 이름을 날렸습니다.

영명하신 폐하께서 조서를 내려 뛰어난 인재를 천거하게 했을 때 열후들이 흥을 으뜸으로 천거한 바 있고, 장안령이 된 뒤에는 하층 관민이 받들고 따랐으며 길에 다니는 사람들도 모두 칭송했습니다. 그 지은 글을 보면 동중서가 쓴 것처럼 뛰어나고, 말과 행동거지는 동방삭에 비견되며, 직언으로 간쟁할 때에는 올곧았던 급암[47]을 연상시킵니다. 만일 전쟁에 내보내면 관군후(冠軍侯) 곽거병처럼 공을 세울 것이고 백성을 다스리게 하면 조광한처럼 할 것이며 멸사봉공함은 윤옹귀와 같습니다. 흥은 이 여섯 명의 장점을 갖추고 있으면서 굳은 결의로 도를 지키고, 바른 도리를 고집하며, 큰 절의를 발휘하며 뜻을 바꾸지 않을 자이니, 나라 안에서도 뛰어난 신하이므로 경조윤을 맡겨 보셔도 될 듯합니다.

석현이 두 사람이 서로를 천거한 것을 알고 황제에게 고하자 황제가 양흥과 가연지를 하옥시키고 황후의 아버지였던 양평후(陽平侯) 왕금(王禁)과 석현으로 하여금 공동으로 그들을 심문하게 했다. 왕금과 석현이 심문을 마치고 상주문을 올렸다.

홍과 연지가 삿된 생각을 품고 황상께서 전에 내렸던 결정을 빗대면서 서로를 훌륭하다고 천거하며 높은 자리에 오르고자 황궁 안에서 황상과 나눈 이야기를 밖으로 누설했으니, 황상을 속이는 망상부도죄(罔上不道罪)를 저질렀습니다.

『서』에 "참언은 군자의 덕행을 말살하고 짐의 신하들을 뒤흔들어 놀라게 한다."[48]라고 했고 「왕제」에 "틀린 것을 따르는 데다 윤색까지 했으면 심문할 필요 없이 주살한다."[49]라고 했으니 법에 따라 죄를 다스려야 합니다.

가연지는 결국 기시형을 당했다. 양흥은 죽을죄에서 한 등급 감면받아 곤겸형(髡鉗刑)을 받아 네 해 동안 성을 쌓는 일에 동원되었다가 성제 때에 자사(刺史)까지 지냈다.

찬하여 말한다.

『시』에 이르기를 "융적(戎狄)을 막아 내고 형서(荊舒)를 징벌했네."[50]라고 했으니 이들은 오랫동안 중원에 있었던 여러 나라의 우환이었다. 한나라가 개국한 뒤에 호와 월을 정벌하되 대대적으로 공격했다. 회남왕과 가연지, 주보언, 엄안의 주장을 깊이 고찰해 보니 그 뜻이 깊고도 분명하므로 그들의 주장을 상세히 실었다.

세상 사람들이 말하기를 공손홍이 주보언을 배척했고 장탕이 엄조를 모함했으며 석현이 가연지를 참소했다고 하는데, 그 행적을 살펴보니 주보언은 오정(五鼎)에 밥을 해 먹으며 살고 싶어 하다가 멸족당했고, 엄조와 가연지는 황궁을 출입하며 권세와 재물을 모았으니 모두 그 행한 바에 따라 사형을 받았다. 그러니 어떻게 배척하거나 모함해서 한을 남겼다고 하겠는가!

35

동방삭전
東方朔傳

동방삭(東方朔, 기원전 154~기원전 93년)은 황궁 정전(正殿)에서 소변을 보고도 살아남았을 만큼 황제로부터도 그 기이함을 인정받은 인물이었다. 문재와 언변이 뛰어났지만 창우(倡優)처럼 잘 웃겼던 바람에 본의 아니게 직언을 올리는 신하가 아닌 광대 취급을 받았다.

동방삭은 『사기』에 열전이 따로 실리지 않았다. 『한서』의 열전에서 동방삭 뒤에 나오는 인물은 『사기』에 없는데, 대부분이 사마천보다 늦은 시기에 활동했기 때문이다. 동방삭은 사마천과 동시대에 활동한 인물인데도 열전을 세우지 않고 「골계 열전」에 잠깐 언급하는 데 그쳤다. 아마도 자료를 제대로 모을 수 없었기 때문일 것이라 추측된다. 그런데 전한 말기 학자 유향(劉向)이 동방삭의 저서와 관련 자료를 모았고 반고가 그 내용을 『한서』 「예문지(藝文志)」와 「동방삭전」에 남겼다.

뛰어난 언변과 해학으로 황제의 마음을 얻다

○   ○   ○

동방삭은 자가 만천(曼倩)으로 평원군(平原郡) 엽차현(厭次縣) 사람이다.

무제는 즉위 초 천하에 명을 내려 방정(方正), 현량(賢良), 문학(文學) 방면에 재능이 뛰어난 인재를 천거하게 하고, 추천된 자들을 일반적인 승진 서열을 뛰어넘는 파격적인 자리에 올려 대우했다. 그러자 사방의 인재가 글을 올려 정사의 성패를 설명한 예가 많았는데 그렇게 자신을 드러낸 자가 수천 명이었다. 조정에서 채택하기에 부족한 글을 올린 자에게는 "올린 글을 황제가 이미 보았으니 됐다."라고 했다.

동방삭이 장안에 올라가자마자 황제에게 글을 올려 말했다.

신 삭은 어려서 부모를 여의고 형수에게 길러졌습니다. 열세 살에 글을 배워 세 해 겨울을 보내며 문서를 작성하고 역사를 기록하는 일을 충분히 할 수 있게 되었습니다. 열다섯 살에 격검(擊劍)을 배웠고, 열여섯 살에 『시』와 『서』를 배워 이십이만 자를 암송했습니다. 열아홉 살에 『손자병법』과 『오자병법』에서 전투에서 진을 치는 법과 징을 울려 퇴각시키고 북을 쳐서 전진시키는 방법을 배워 이 또한 이십이만 자를 암송했습니다. 그리하여 신 삭은 이미 모두 사십사만 자를 확실하게 암송했습니다. 또 늘 자로의 말[1]을 지키고 있습니다.

신은 나이 스물둘에 키가 아홉 척 세 촌으로 눈은 진주를 달아 놓은 것 같고 이는 조개껍데기가 가지런하게 엮인 듯하며, 전국 시대 제나라의 맹분(孟賁)처럼 용맹하고, 춘추 시대 오나라 왕자 경기(慶忌)처럼 민첩하며, 포숙(鮑叔)처럼 청렴하고, 미생(尾生)처럼 신의가 있습니다.

이런 자라면 천자의 대신이 될 수 있을 것입니다. 신 삭이 죽음을 무릅쓰고 두 번 절한 뒤에 아룁니다.

동방삭의 글은 불손하게도 자신을 높여 칭찬했지만 황제는 그를 뛰어나다고 여겨 공거에서 대조하게 했는데 봉록이 적었고 황제를 알현할 수도 없었다.

한참이 지난 뒤에 동방삭이 황제의 말과 수레를 관장하던 주유(朱儒)들을 속여 이렇게 말했다.

"황상께서는 당신네가 조정에 아무런 도움이 못 된다고 여기고 계시오. 농사와 힘쓰는 일에서 확실히 남에게 미치지 못하고, 여러 사람 위에 군림하는 벼슬아치가 되어 백성을 다스리지도 못하며, 종군하여 적을 공격할 때에 전투에 참가하지도 못하면서 나랏일에 쓸모없이 옷과 밥만 소모하고 있으니 이제 당신네를 모두 죽이려 하실 것이오."

주유들이 몹시 두려워하며 울자 동방삭이 해결할 방법을 가르쳐 주었다.

"황제께서 지나가실 때 머리를 조아리고 죄를 청하시오."

얼마쯤 지나 황제 행차가 지나간다는 말을 들은 주유들이 모두 울면서 머리를 조아렸다. 황제가 물었다.

"어찌 된 일이냐?"

주유들이 대답했다.

"동방삭이 말하기를 황상께서 우리를 모두 죽이실 거라고 했습니다."

황제가 동방삭이 꾀가 많은 줄 알고 동방삭을 불러 물었다.

"어찌하여 주유들을 겁먹게 했느냐?"

동방삭이 대답해 아뢰었다.

"신 삭은 살아도 말씀을 아뢴 뒤에 살고 죽어도 말씀을 아뢴 뒤에 죽겠습니다. 주유들은 키가 세 척 남짓인데 조 한 자루와 이백사십 전[2]을 봉록으로 받고 있으나 신은 키가 아홉 척이 넘는데도 똑같이 조 한 자루와 이백사십 전을 받고 있으니 주유는 배가 불러 죽을 판인데 신은 굶어 죽을 지경입니다. 신이 올린 계책이 쓸 만하면 특별한 예로 대해 주시고, 쓸 만하지 않으면 고향으로 돌아가게 하셔서 장안의 쌀을 축내지 않게 해 주십시오."

황제가 크게 웃고는 동방삭을 금마문에서 대조하게 하고 점점 가깝게 대했다.

황제가 일찍이 술수가(術數家)들에게 사복(射覆)[3]을 시켰다. 사발 아래에 도마뱀붙이를 놓아두고 알아맞히게 했으나 모두 알아내지 못했다. 동방삭이 자진하여 나섰다.

"신이 일찍이 『역』을 배웠으니 알아맞히도록 허락해 주십시오."

동방삭이 시초(蓍草)를 나누어 괘를 배열하고 말했다.

"신이 생각하기에 용이라고 하자니 뿔이 없고 뱀이라고 하자니 또 발이 있으며 재빨리 기고 앞을 응시하되 벽을 잘 기어오르니 도마뱀붙이가 아니면 도마뱀입니다."

황제가 "잘 맞혔다."라고 하고 비단 열 필을 하사했다. 다시 다른 물건을 알아맞히게 했는데 잇달아 맞혀서 그때마다 비단을 받았다.

그 무렵에 황제의 총애를 받던 광대 곽사인이 있었다. 재담을 아주 잘했으므로 황제를 바로 곁에서 모셨다. 곽사인이 말했다.

"삭은 폐하께 속임수를 쓰고 있습니다. 요행히 들어맞은 것을 가지고 술수를 썼다고 하는 것이니 실제로 술수를 쓴 것이 아닙니다. 신이 삭으로 하여금 다시 알아맞히라고 시켜 보고 싶습니다. 삭이 맞히면 신이 곧장 백 대를 맞겠습니다. 맞히지 못하면 신이 비단을 받고 싶습니다."

그리하여 나무에 붙어 자라는 똬리 모양의 버섯인 기생(寄生)[4]을 사발로 덮어 놓고 동방삭에게 알아맞히게 했다. 동방삭이 말했다.

"안에 들어 있는 것은 똬리입니다."

곽사인이 말했다.

"동방삭이 잘 맞히지 못하는 것을 마침내 알게 되었습니다."라고 했다.

그러자 동방삭이 말했다.

"날고기는 회라고 하고 말린 고기는 포라고 하는 것처럼 나무에 붙어 있으면 기생이라는 버섯이지만 동이 아래 놓이면 똬리입니다."

황제가 창감(倡監)을 시켜 곽사인을 때리게 했다. 곽사인이 아픔을 이기지 못하고 비명을 질렀다.

동방삭이 곽사인을 비웃으며 말했다.

"어라, 털 없는 주둥이에 '어, 어' 소리 지르며 엉덩이가 자꾸 높이 올라가네."[5]

곽사인이 분통을 터뜨리며 말했다.

"삭이 함부로 천자를 가까이서 모시는 관리를 조롱하고 업신여겼으므로 기시형에 처해야 마땅합니다."

무제가 동방삭에게 물었다.

"어찌하여 사인을 조롱했는가?"

동방삭이 대답했다.

"신이 어찌 감히 사인을 조롱하겠습니까. 수수께끼를 낸 것뿐입니다."

"어떤 수수께끼를 이르는 것인가?"

"털 없는 주둥이는 개구멍을 뜻하고, '어, 어' 소리는 갓난 새끼에게 모이를 먹이려는 소리이며, 엉덩이가 올라간 것은 학이 목을 구부리고 먹이를 쪼아 먹는 모습입니다."

곽사인이 불복하여 말했다.

"신도 삭에게 새로 수수께끼를 물어보도록 허락해 주십시오. 알아맞히지 못하면 삭도 응당 맞아야 합니다."

곽사인이 그 자리에서 아무렇게나 운을 맞춘 수수께끼를 냈다.

"영호차(令壺齟), 노백차(老柏塗),[6] 이우아(伊優亞),[7] 의우아(狋吽牙)는 무엇을 이르는가?"

동방삭이 대답했다.

"'영'은 명령이란 뜻이고, '호'는 뭘 담는 물건이며, '차(齟)'는 이가 고르지 못한 것이오. '노'는 사람들이 존경하는 것이고, '백'은 귀신이 사는 잣나무 우거진 음침한 뜰을 뜻하고, '차(塗)'는 질척거리는 길이오. '이우아'는 말소리가 정확하지 않은 것이고, '의우아'는 개 두 마리가 으르렁거리며 싸우는 것이오."

곽사인이 물어본 것에 대해 동방삭은 묻는 소리가 떨어지자마자 바로바로 대답했다. 변화무쌍하고 음험한 꾀를 계속 부리는 바람에 어떤 수수께끼를 내도 그를 막히게 할 수 없었으므로 곁에 있던 사람들이 매우 놀랐다. 이에 무제가 동방삭을 상시랑(常侍郎)에 임명했으니 마침내 황제의 총애를 입게 되었다.

그로부터 한참 지난 어느 복날이었다. 총애하는 신하들에게 고기를 내린다는 황제의 영이 있었는데 시간이 늦도록 고기를 잘라 나누어 줄 대관승(大官丞)이 오지 않았다. 동방삭이 혼자 칼을 빼 고기를 베고 같이 있던 벼슬아치들에게 말했다.

"복날이라 일찍 돌아가야만 하오. 하사하신 고기를 받도록 합시다."

그러고는 고기를 안고 바로 가 버렸다. 대관(大官)이 황제에게 이 사실을 보고했다. 이튿날 입궁한 동방삭에게 황제가 물었다.

"어제 고기를 하사할 때 조서가 도착하는 것을 기다리지 않고 칼로 고기를 베어서 가 버린 것은 어찌 된 일인가?"

동방삭이 관을 벗고 사죄하자 황제가 말했다.

"선생[8]은 일어나서 자책하라."

동방삭이 두 번 절하고 말했다.

"삭이여, 삭이여! 조서를 기다리지 않고 하사한 고기를 받아 갔으니 얼마나 무례했는지! 칼을 뽑아 고기를 베었으니 얼마나 호방했는지! 고기를 베어도 많이 베지 않았으니 또 얼마나 청렴했는지! 돌아가서 세군(細君)에게 건네주었으니 또 얼마나 자애로웠는지!"

황제가 웃으며 말했다.

"자책하라고 했거늘 선생은 거꾸로 자찬하고 있구나!"

황제가 다시 술 한 석과 고기 백 근을 하사하자 집에 돌아가 세군에게 주었다.

상림원 조성을 반대하며 올린 간언

○　○　○

즉위 초, 건원 3년에 무제가 미복잠행을 하러 궁궐을 나가기 시작했다. 북쪽의 지양(池陽)과 서쪽의 황산(黃山)에 갔으며 남쪽의 장양(長楊)에서 사냥하고, 동쪽의 의춘(宜春)에서 놀이를 즐겼다.

무제는 (8월⁹에) 종묘에 새 술을 올리는 제사를 지내고 미복잠행을 나갔다. 8, 9월 중에 시중, 상시(常侍), 무기상시(武騎常侍) 및 대조 중이던 농서와 북지의 양가자(良家子) 가운데 말타기와 활쏘기에 능한 자들과 전문(殿門)에서 만나기로 약속한 데서 '기문(期門)'이라는 말이 생겨났다.

미행할 때 야루(夜漏) 십 각¹⁰을 가리키면 바로 궁궐 문을 나갔고, 평양후라고 칭했다. 날이 밝을 무렵 종남산(終南山) 기슭에 도착한 뒤에 말을 달리며 활을 쏘아 사슴, 멧돼지, 여우, 토끼를 잡고, 맨손으로 큰 곰을 잡느라고 각종 곡식과 벼, 메벼를 심어 놓은 농지를 질주하고 다녔다. 백성이 고함을 지르며 욕을 하다가 서로 모여 호현(鄠縣)과 두현(杜縣)의 현령에게 고발했다. 현령이 가서 평양후를 만나겠다고 하자 기병들이 현령을 채찍으로 때리려고 했다. 크게 노한 현령이 아전에게 고함을 지르며 못하게 했다. 사냥에 참가하던 기병 몇 명이 붙잡혔는데 바로 황제의 기병이라는 증거를 내보였으나 한참이 지난 뒤에야 풀려났다.

그때는 밤에 궁궐을 나섰다가 다음 날 저녁에 돌아왔으나 나중에는 닷새치의 식량을 준비해 갔다가 장신궁(長信宮)으로 태후를 배알하러 가는 시간에 맞춰 돌아왔다. 황제는 그렇게 미행하는 것을 아주 좋아했다. 그 뒤로 종남산 기슭에서는 황제가 미복잠행을 자주 나온다는 것을 알게 되었다. 그러나 황제는 여전히 태후에게 압박을 받아 멀리 나갈 엄두를 내지 못했다. 승상과 어사대부가 황제의 마음을 알아차리고 우보도위(右輔都尉)를 시켜 장양 동쪽 땅을 순찰하여 철저하게 방비했으며, 우내사를 시켜 평민을 징발하여 황제가 이동하는 곳에서 모시게 했다. 그 뒤에 황제가 사사로이 옷을 갈아입을 곳을 두면서 선곡(宣曲)에서 남쪽으로 열두 곳을 설치했다. 그 여러 궁에서 낮에는 쉬거나 옷을 갈아입었고 밤에는 유숙했다. 황제는 장양궁, 오작궁, 배양궁(倍陽宮), 선곡궁을 특히 좋아했다.

그 뒤에 무제가 길이 멀어 왕래에 힘이 들고, 또 백성에게 근심을 끼친다는 이유로 태중대부 오구수왕으로 하여금 산술에 능한 대조 두 사람과 아성(阿城)의 남쪽, 주질(盩厔)의 동쪽, 의춘의 서쪽 땅을 모두 장부에 올리고 그 안에 있는 농지의 경무(頃畝)를 모두 합하여 그 값어치를 계산하게 했다. 전답을 없애고 상림원을 조성하여 종남산과 이어지게 할 셈이었다. 무제는 또 중위와 좌우 내사에게 명령하여 인근 현의 미개간지에 표식하고 상림원 조성 때문에 토지를 바친 호현과 두현의 백성에게 보상했다. 오구수왕이 보고하자 황제가 크게 기뻐하며 잘 처리했다고 칭찬했다. 그때 동방삭이 곁에 있다가 간언을 올렸다.

"신이 듣건대 겸손하고 조용히 근신하면 하늘이 복을 내려 보응하고, 교만하고 사치하면 재이로써 보응한다고 합니다. 지금 폐하께서는 회랑과 누대를 쌓되 높지 않을 것을 염려하고 사냥터가 넓지 않을 것을 걱정하십니다. 하늘이 변괴를 보이지 않으면 삼보(三輔)[11]에 속한 땅 모두를 폐하의 사냥터로 만드실 텐데 그 땅이 어디 주질과 호현, 두현뿐이겠습니까! 사치가 도를 넘으면 하늘이 변괴를 내릴 것이니 상림원이 비록 작다고 해도 신은 오히려 크게 여겨집니다.

종남산은 천하의 요새로 남쪽에는 장강과 회수가 있고, 북쪽에는 황하와 위수가 있으며 견수(汧水)와 농산 동쪽에서 상현(商縣)과 상락(上雒) 서쪽까지 토양이 비옥하고 물산이 풍부합니다. 한나라가 개국할 때 삼하(三河)[12]를 끼고 있는 땅인 낙양을 버리고, 패수(霸水)와 산수(産水) 서쪽으로 가서 경수(涇水)와 위수 남쪽 관중의 장안에 도읍을 정했습니다. 이 지역은 천하에서 고원이면서 물자가 풍부한 지역이라 이곳에 도읍했던 진나라가 서융을 항복시키고 효산(殽山) 동쪽의 육국을 병합할 수 있었습니다.

이 산에서는 옥돌, 금, 은, 구리, 철, 예장(豫章) 나무, 청단(靑檀) 나무, 꾸지뽕나무 등 특이한 물산이 나는데, 아무리 퍼내도 바닥이 드러나지 않습니다. 이곳의 산물은 여러 장인에게 원료로 공급될 뿐 아니라 만민이 넉넉하게 쓰고 있습니다.

또 메벼, 배, 밤, 뽕, 삼, 조릿대가 많이 나는 데다 땅이 생강과 토란 재배에 알맞고, 수중에는 개구리와 물고기가 많아서 가난한 자들이 여기에서 나는 것으로 집집이 풍족하게 쓰며 굶주림이나 추위에 떨 걱정이 없습니다. 그리하여 풍(酆)과 호(鎬) 사이의 땅은 기름지다고 이름나서 땅값이 한 무에 황금 한 근입니다.

이제 그 땅을 폐하의 사냥터로 만들기 위해 구획하여 점유하시면 못과 강에서 얻던 물산이 끊기게 되는 데다 백성의 기름진 땅을 취하는 것이 되니, 위로는 나라의 재원이 줄어들 것이고 아래로는 농사와 양잠 일을 빼앗게 됩니다. 이미 이룬 업적을 포기하고 실패로 다가서는 데다 오곡의 재정 수입이 감소하므로 이것이 첫째 불가한 이유입니다.

게다가 가시나무 숲을 빽빽하게 둘러 고라니와 사슴을 키우면서 여우와 토끼를 놓아 기르는 사냥터를 넓게 만들고 범과 이리가 살 언덕을 크게 조성하자면 남의 무덤을 훼손하고 집을 무너뜨리게 될 텐데, 아이들은 살던 땅을 그리워하고 노인들은 눈물을 흘리며 슬퍼할 것이니 이것이 불가한 둘째 이유입니다.

사람들을 사는 땅에서 몰아내고 땅을 측량한 뒤에 담장을 쳐서 사냥터를 만들고는 말을 타고 동서로 질주하거나 수레를 몰고 남북으로 횡행하실 텐데, 넓고 깊게 판 안전한 인공 물길을 놓아두고 하루를 즐기기 위해 천자의 지고한 지위를 위태롭게 할 필요가 없으니 이것이 불가한 셋째 이유입니다.

이렇게 보아 폐하께서 금원(禁苑)을 넓히는 데 힘쓰느라 농사 때를 돌보지 않는 것은 나라를 부강하게 하고 백성을 부유하게 하는 시책이 아닙니다. 은왕이 아홉 개의 시장이 들어선 궁궐을 세우자[13] 제후들이 반란을 일으켰고, 초 영왕(楚靈王)이 장화대(章華臺)를 세우자 초나라 민심이 흩어졌으며 진시황이 아방궁 공사를 일으키자 천하에 난리가 일어났습니다.

못 쓰게 되어 버려진 흙처럼 비천하고 어리석은 신이 살자는 생각을 잊고 죽을죄를 저지르며 폐하의 큰 뜻을 거스르고 높은 뜻을 범했으니 죄가 만 번 죽어 마땅하나, 제 큰 소원을 말씀드리지 않을 수 없습니다. 『태계육부(泰階六符)』를 설명하게 하셔서 그것을 통해 꼭 살펴보셔야 하는 하늘의 변괴를 관찰하십시오.”

그날 『태계육부』에 관해 글을 올린 것으로 인해 황제가 동방삭을 태중대부에 임명하고 급사중 벼슬을 더했으며 황금 백 근을 내렸다. 그러나 결국 오구수왕이 상주한 내용대로 상림원 조성 공사를 시작했다.

한참 지난 뒤에 융려(隆慮) 공주의 아들 소평군(昭平君)이 무제의 딸 이안(夷安) 공주를 아내로 맞았다. 융려 공주가 병이 위중했을 때 황금 천 근과 돈 천만 전을 내고 소평군이 앞으로 사형받을 죄를 지었을 때 속죄해 달라고 하자 무제가 허락했다. 융려 공주가 죽은 뒤에 소평군이 날로 교만해졌다. 하루는 술에 취해 이안 공주의 부모(傅姆)를 죽여 내관옥(內官獄)에 갇혔다. 공주의 아들이었으므로 정위가 조사한 뒤에 사형 판결을 내려야 한다며 황제의 재가를 구했다. 황제의 측근들이 소평군을 위해 말했다.

"그렇지만 융려 공주가 미리 속죄금을 내어 폐하께서 허락하셨습니다."

무제가 말했다.

"내 여동생이 늙어서도 그 아들 하나밖에 없으므로, 나한테 부탁하고 죽었다."

그러고는 소평군을 사형시킬 생각에 눈물을 흘리며 탄식하다가 한참 지난 뒤에 말했다.

"법령은 선제께서 만드신 것이니 동생 때문에 선제의 법을 멋대로 왜곡한다면 내가 무슨 면목으로 고조의 사당에 제사를 올릴 수 있겠는가. 이는 또 아래로는 만민을 저버리는 일이다."

그리하여 정위의 주청을 재가하고는 슬픔을 자제하지 못하자 좌우의 신하들이 모두 슬퍼했다. 동방삭이 앞으로 나아가 황제의 장수를 비는 말을 올렸다.

"성군은 나라를 다스릴 때 공을 세웠으면 원수지간이라도 피하지 않고 상을 내렸고, 골육이라도 죄를 지었으면 가리지 않고 처벌한다고 신은 들었습니다. 『서』에 '불편부당하게 왕도를 널리 펼치라.'[14]라고 했습니다. 이 두 가지는 오제가 중요하게 여긴 것으로 삼왕도 제대로 실천하기 어려웠던 것인데 폐하께서 이를 행하셨으니 이로써 사해 안의 선량한 백성이 각자 바라던 바를 얻게 되었습니다. 이는 천하에 매우 기쁜 일입니다. 신 삭이 술잔을 올리며, 죽음을 무릅쓰고 두 번 절하고 만세하시기를 축수합니다."

황제가 바로 일어나 처소로 들어가 버렸다. 저녁때 동방삭을 불러 한마디 했다.

"고서에 '〔공숙문자(公叔文子)는 꼭〕 말해야 할 때가 된 연후에 말하므로 남들이 그 말을 싫어하지 않습니다.'[15]라고 했는데, 방금[16] 선생은 제때에 축수한 것인가?"

동방삭이 관을 벗고 머리를 조아리면서 말했다.

"쾌락이 지나치면 양기가 넘쳐 버리고 슬픔이 지나치면 음기가 손상된다고 들었습니다. 음기와 양기에 변화가 일어나면 심장이 뛰게 되고, 심장이 뛰면 정신이 산만해지며, 정신이 산만해지면 사기(邪氣)가 들어옵니다. 근심을 푸는 방법으로는 술보다 나은 것이 없습니다. 신 삭이 폐하께 축수를 올린 것은 폐하께서 바른길을 행하며 아첨하는 신하에게 영합하지 않으신 것을 세상에 밝혀 알리기 위함이었으며, 그것으로 하여 폐하의 슬픔을 그치게 하려 했던 것입니다. 어리석어 기휘할 줄 몰랐으니 죽어 마땅합니다."

그보다 앞서 동방삭이 술에 취해 정전(正殿)에 들어가 소변을 본 일로 불경죄로 탄핵당했다. 황제가 조서를 내려 서인으로 강등하고 환자서(宦者署)에서 대조하게 했다가 이때 다시 중랑으로 삼고 비단 백 필을 하사했다.

관도 공주와 동언의 관계를 나무라다

○　○　○

황제의 고모였던 관도(館陶) 공주를 두 태주(竇太主)라고 불렀다. 당읍후(堂邑侯) 진오(陳午)가 공주를 아내로 맞았으나 진오가 죽고 태주는 과부가 되었다. 그 뒤 태주가 쉰 살이 넘어 동언(董偃)을 옆에 두고 총애했다. 동언은 원래 자신의 어머니와 함께 진주를 팔아 생계를 유지했다. 열세 살 때 어머니를 따라 태주의 집을 출입했다. 태주를 옆에서 모시던 사람들이 동언의 외모가 수려하다고 전하자 태주가 모자를 불러서 만나 본 뒤에 말했다.

"내가 생모 대신 이 아이를 키우도록 하겠다."

태주가 곧바로 아이를 집 안에 남겨 서법, 산술, 말의 감별, 수레 몰기, 활쏘기를 가르쳤고 경전의 주석서인 전기(傳記)도 얼마간 읽혔다. 열여덟 살이 되자 관례를 치러 주었다. 태주가 외출할 때 말고삐를 잡았고 집에서는 그 가까이에서 모셨다. 동언은 유순하고 사랑스러웠다. 태주 때문에 여러 대신이 그와 만나자 장안에 이름이 나면서 다들 동군(董君)이라고 불렀다. 이어서 동언에게 재물을 쓰면서 장안의 인사들과 교류하게 하느라 태주가 중부(中府)에 영을 내렸다.

"동군이 하루에 지출하는 액수가 황금 백 근, 돈 백만 전, 비단천 필에 이를 때만 나에게 알리도록 하라."

안릉(安陵) 사람 원숙(爰叔)이 원앙(爰盎) 형의 아들로 동언과 사이가 좋았다. 원숙이 동언에게 일러 말했다.

"그대가 한나라 황실의 두 태주와 사통하는 것은 죽을죄에 해당하는데 그러고도 장차 평안하게 지낼 수 있겠습니까?"

동언이 두려운 마음에 말했다.

"오래전부터 그 점을 걱정했지만 어떤 방법을 써야 할지를 모르고 있습니다."

원숙이 말했다.

"고성묘(顧城廟)[17]가 장안에서 멀리 있는데, 근처에 황상께서 유숙하실 이궁이 없습니다. 그 근처에는 또 개오동나무와 대나무 숲이 있고 적전(籍田)이 있습니다. 그대가 두 태주께 장문원(長門園)을 바치라고 말씀드리는 것이 어떻겠습니까? 장문원은 황상께서 갖고 싶어 하시는 땅이라, 그 땅을 바치면 황상께서 그대가 그 계책을 낸 것을 알고 기특하게 여기실 것입니다. 그렇게 하면 베개를 편안히 베고 잘 수 있고, 비통한 일이 생길 것을 영원히 걱정하지 않아도 될 것입니다. 한참이 지나도록 주선하지 않다가 황상께서 먼저 달라고 하시면 그대에게 어떤 일이 일어나겠습니까?"

동언이 머리를 조아리며 말했다.

"공경하여 가르침을 받들겠소이다."

집에 돌아가 두 태주에게 그 계책을 올리자 두 태주가 곧바로 글을 올려 장문원을 바쳤다. 황제가 크게 기뻐하며 두 태주의 원(園)을 장문궁으로 고쳐 부르게 했다. 두 태주도 크게 좋아하며 동언에게 황금 백 근으로 원숙을 축수하게 했다.

그 일을 계기로 원숙이 동군에게 황제를 알현하도록 계책을 짜주었는데, 두 태주가 병을 칭하고 황제를 배알하러 들어가지 못하게 했다. 황제가 병문안을 와서 필요한 것이 없는지 물었다. 두 태주가 감사하며 말했다.

"제가 영광스럽게도 폐하의 두터운 은혜와 선제께서 남기신 은덕을 입어, 조정의 예를 올릴 때 군신의 의례를 행할 수 있고, 공주의 항렬에 들어 따로 하사받은 것이 많은 데다 식읍에서 들어오는 것도 있습니다. 폐하의 은덕은 하늘보다 높고 땅보다 두터워 죽어도 빚을 갚을 수 없을 것입니다.

그러나 어느 날 갑자기 대궐의 뜰에 물을 뿌려 쓰는 것과 같은 직분조차 다하지 못하고 이 미천한 몸이 골짜기에 묻히게 될 때, 가슴속에 한스러운 일이 남는다면 그것은 제 소원을 이루지 못했던 것이 될 것입니다. 바라건대 폐하께서 만사를 잊고 정력과 기운을 보양하며 즐기고 싶으실 때, 대궐의 후궁 처소에서 나와 수레를 돌려 가시면서 쓸데없이 길을 좀 돌더라도 산림 같은 제 집에 행차해 주신다면, 제가 축수하는 술잔을 폐하께 올리고 폐하 곁에서 즐겁게 해 드릴 수 있을 것입니다. 이렇게 하고 난 뒤에 죽으면 무슨 여한이 있겠습니까!"

황제가 말했다.

"태주께서는 왜 그런 걱정을 하십니까? 쾌차부터 하시기 바랍니다. 제가 데리고 온 신하와 시종이 많아 태주께서 비용을 많이 쓰실까 봐 걱정입니다."

황제가 대궐로 돌아갔다. 얼마 뒤에 두 태주가 병이 나았다며 일어나 황제를 배알하자 황제가 돈 천만 전을 들여 두 태주와 함께 술을 마셨다. 며칠 뒤에 황제가 산림을 갖춘 두 태주 집에 행차하자 직접 행주치마를 두르고 음식을 장만하던 두 태주가 황제를 안내하여 집 안으로 모시고 계단을 오르게 한 뒤에 좌석에 이르도록 했다. 자리에 앉기 전에 황제가 말했다.

"이 집 주인을 보고 싶습니다."

두 태주가 곧바로 전각 아래로 내려가 비녀와 귀고리를 풀어 놓고 맨발로 머리를 조아리며 벌을 받겠다고 청했다.

"제가 사람 구실을 못 하고 폐하의 은덕을 저버렸으니 주살당할 죄를 지었습니다. 폐하께서 법으로 다스리지 않으시더라도 제가 머리를 조아리고 사형을 받겠습니다."

황제가 명령하여 벌을 면하게 했다. 두 태주가 비녀를 찌르고 신을 신은 뒤에 일어나 동쪽 곁채로 가서 친히 동군을 데려왔다.

동군은 천민이 쓰는 녹색 두건을 쓰고 팔에 토시를 낀 채 두 태주를 따라 앞으로 나와 전각 아래에 엎드렸다. 그제야 두 태주가 "관도 공주의 부엌에서 일하는 신 언(偃)이 죽음을 무릅쓰고 두 번 절하며 폐하를 알현합니다."라고 황제를 처음 뵙는 인사말을 했다.

그 말이 떨어지자 동언이 머리를 조아리며 사죄했다. 황제가 동언을 일어나게 한 뒤에 의관을 하사하도록 영을 내리고 좌석에 앉게 했다. 동언이 일어나 달려가 의관을 받아 입었다. 두 태주가 친히 황제에게 음식과 술을 올렸다. 그 자리에서 동군은 존중받으며 이름을 불리지 않고 '주인옹'으로 불렸다. 다들 실컷 마시며 흥겹게 즐겼다.

두 태주가 장군과 열후, 황제가 총애하는 신하들에게 금전과 무늬와 색을 넣은 비단을 각각 많이 내리겠다고 청했다.

그 뒤로 동군이 귀해져서 황제의 총애를 받는다는 사실이 천하에 모르는 사람이 없을 정도로 널리 알려졌다. 그러자 지방 군현과 제후국의 개 경주꾼과 말 경주꾼, 축국(蹴鞠) 선수, 검객들이 동씨에게 모여들였다. 동언이 자주 무제를 수행하여 북궁에서 유희를 펼치거나, 상림원 평락관(平樂觀)에서 말을 달리며 사냥하거나, 투계와 축국과 개와 말의 경주를 관람했는데 황제가 아주 좋아했다. 그래서 황제가 두 태주를 위해 선실(宣室)에 술자리를 차리게 하고 알자를 시켜 동군을 궁 안으로 불러들였다.

그때 창을 들고 전각 아래에 서 있던 동방삭이 창을 내려놓고 앞으로 나아가 아뢰었다.

"동언에게는 참형으로 다스릴 죄목이 세 가지나 있습니다. 어찌하여 대궐로 들이십니까?"

무제가 물었다.

"무슨 말씀이오?"

동방삭이 아뢰었다.

"언의 첫째 죄목은 아랫사람이면서 사사로이 태주를 모신 것입니다. 둘째 죄목은 남녀의 풍기를 망치고 혼인의 예를 어지럽혀 조정 제도를 손상한 것입니다. 폐하께서는 장래 춘추가 많이 남아 있으니 육경을 공부하는 데 정신을 모으고 나라를 다스리는 일에 유념하면서, 요순시대를 향하고 〔하, 은, 주〕 삼대를 우러러보셔야 합니다. 언은 경전의 뜻에 따른 권학은커녕 화려함을 숭상하고 사치를 부리며, 있는 대로 개와 말의 경주를 즐기며 눈과 귀의 쾌락을 만끽하는 등 사악하고 비뚤어지고 방탕하고 음란한 길을 걷고 있으니 이자는 나라의 대역적이자 군주를 망치는 요물입니다. 언의 셋째 죄목은 으뜸가는 음란함입니다. 옛적에 백희(伯姬)는 불 속에서도 부모(傅姆)가 오기를 기다려 신분에 맞는 예를 지키며 불속을 빠져나가다가 타 죽었으므로 제후들이 그 절의를 높게 여겼습니다. 폐하께서는 어찌하시겠습니까?"

황제가 아무 대꾸도 하지 않고 가만히 있다가 한참 뒤에 말했다.

"내가 이미 연회석을 차렸으니 어쩌겠소. 다음부터 고치겠소."

동방삭이 말했다.

"안 됩니다. 저 선실이란 곳은 선제께서 정무를 처리하던 곳으로 법에 따라 나라를 다스리는 일이 아니고는 들어갈 수 없습니다. 바르지 않은 마음이 커지면 찬탈 욕심으로 변하는 까닭에, 탐심을 부리던 수초(豎貂)가 〔제 환공 병중에〕 역아(易牙)와 더불어 정변을 일으켰고, 경보(慶父)가 죽어서야 노나라가 제자리를 찾았으며, 관숙과 채숙이 주살되고[18] 나서야 주나라 왕실이 편안해졌습니다."

황제가 알겠다고 하고 조서를 내려 연회를 취소했다. 북궁으로 장소를 바꾸어 연회석을 차리게 한 뒤에 동군으로 하여금 동사마문(東司馬門)을 통해 북궁으로 들어오게 하고 동사마문을 동교문(東交門)으로 개명했다.[19] 동방삭에게는 황금 서른 근을 하사했다.

동군을 총애하던 것이 그날부터 시들해졌으니, 동군은 서른 살이 되어 죽고 말았다. 몇 해 뒤에 두 태주가 죽자 패릉에 동군과 합장했다.

그 뒤로 공주와 중귀인이 예법을 어기는 일이 많아졌는데, 동언이 시작이었다.

신이 그 여럿을 합친 것보다 낫습니다

○　○　○

그 무렵 천하에 사치품 소비와 생산이 대량으로 늘어 공장(工匠)과 상인이 되고자 하는 사람들이 많았으므로 백성이 농토를 떠나는 예가 많았다. 황제가 늘 하던 대로 동방삭에게 물었다.

"내가 백성을 교화하고자 하는데 어떤 방법이 있겠소?"

동방삭이 말했다.

"요임금, 순임금, 우임금, 탕왕, 문왕, 무왕, 성왕, 강왕은 상고 시대의 일이라 이미 수천 년이 지나서 예를 들기가 어려우므로 신이 감히 말씀드릴 엄두가 나지 않습니다. 가까이 효문제 때를 예로 들고자 청하니, 제가 드는 예는 이 시대의 노인들이 모두 눈으로 보고 귀로 들었던 것입니다.

효문제께서는 천자라는 귀한 몸에 사해의 부를 모두 소유하셨지만 검은 깁으로 지은 용포를 몸에 걸치시고, 발에는 무두질하지 않은 가죽으로 만든 신을 신으셨으며, 장식 없이 가죽 띠를 둘러 칼을 차셨고, 왕골과 부들로 자리를 결어 썼으며, 무기는 나무로 만든 것처럼 무뎌서 날이 서 있지 않았고, 아무렇게나 솜을 둔 저고리에는 무늬가 없었으며, 상소문 죽간을 넣었던 자루를 모아 궁궐의 휘장으로 썼습니다. 도덕을 좋은 것으로 삼고 인의로써 법을 집행하셨습니다. 그리하여 천하가 우러러 흠모하며 효문제를 따라 하는 습속을 이루었으니 뚜렷하게 교화를 이루셨습니다.

지금 폐하께서는 황성 안을 좁다고 여기셔서 건장궁을 짓고 계시는데, 동편에는 봉궐(鳳闕)이, 서편에는 신명대(神明臺)가 들어서 천문만호(千門萬戶)라는 칭호가 붙었습니다. 건물의 기둥과 바닥에 화려한 비단을 입히고 개나 말에게 오색 모포를 둘렀으며, 궁인은 대매(玳瑁)²⁰ 껍데기로 만든 비녀를 꽂고 진주 목걸이를 늘어뜨리고 있으며, 곡예를 부리는 데 쓰는 수레를 비치하고 질주하는 말을 타고 사냥하고 있습니다. 또 화려한 무늬를 새기고 진기한 보배를 수집하며, 만 석 무게의 종을 치고 북을 우레처럼 크게 울리는 한편으로 광대가 공연하고 가무에 능한 정나라 여자들이 춤을 추고 있습니다. 황제께서 이렇게 방탕하고 사치스러우시면서 백성에게만 사치하지 말라 하고 농지를 떠나지 못하게 하시면 실행하기가 어렵습니다. 폐하께서 신 삭의 계책을 기필코 채택하시어 보석 등으로 만든 갑급, 을급의 휘장을 걷어 사방으로 통하는 길에서 불사르고, 잘 달리는 말을 버리셔서 다시 타지 않겠다는 뜻을 나타낸다면 요순의 성세만이 폐하의 치적과 견줄 수 있게 될 것입니다.

『역』에 '근본을 바르게 하면 만사에 조리가 분명하게 되나, 털 끝만큼만 어긋나도 그 차이는 천 리에 이른다.'²¹라고 했으니 폐하께서는 이 말씀에 유의하여 살피십시오."

동방삭은 재담을 하는 중에 때로 황제의 안색을 살피며 직언과 간절한 간언을 올렸는데 황제가 그의 주장을 늘 받아들였다. 동방삭은 공경부터 현직 벼슬아치들에 이르기까지 모두 경시하고 조롱하면서 굽히는 법이 없었다.

황제는 동방삭이 해학과 임기응변에 뛰어났으므로 질문을 자주 했다. 한번은 동방삭에게 이렇게 물었다.

"선생이 보기에 짐은 어떤 임금인가?"

동방삭의 대답해 아뢰었다.

"폐하의 시대는 요순의 성세로부터 성왕과 강왕의 시대까지의 일을 들어 비유한다 해도 모자랍니다. 신이 엎드려 살피건대, 폐하의 공덕은 오제의 위에 있고 삼왕보다 뛰어납니다. 그뿐만이 아니라 천하의 현사(賢士)를 천거받으셨으니 공경과 현직 관리가 모두 직무를 제대로 수행하고 있습니다.

예컨대 주공과 소공을 승상으로, 공구(孔丘)를 어사대부로, 태공(太公)을 장군으로 삼으셨고, 필공고(畢公高)를 태사로 삼아 태자를 보좌하게 했으며,[22] 변엄자(弁嚴子)를 위위로, 고요를 대리(大理)로, 후직을 사농(司農)으로, 이윤을 소부로, 자공을 외국에 보내는 사신으로, 안회와 민자건을 박사로, 자하를 태상으로, 백익(伯益)을 우부풍(右扶風)으로, 계로(季路)를 집금오로, 설(契)을 홍려로, 용봉(龍逢)을 종정으로, 백이를 경조(京兆)로, 관중을 풍익(馮翊)으로, 노반(魯般)을 장작사(將作寺)의 대장(大匠)으로, 중산보를 광록대부로, 신백(申伯)을 태복으로, 연릉계자(延陵季子)를 수형도위로, 백리해를 전속국으로, 유하혜(柳下惠)를 대장추(大長秋)로, 사어(史魚)를 사직으로, 거백옥(蘧伯玉)을 태부로, 공보(孔父)를 첨사(詹事)로, 손숙오(孫叔敖)를 제후국의 상(相)국으로, 자산(子産)을 군수로, 왕경기(王慶忌)를 기문으로, 하육(夏育)을 정관(鼎官)으로, 후예(后羿)를 모두(旄頭)로, 송만(宋萬)을 식도후(式道候)로 삼으셨습니다."

무제가 동방삭의 말을 듣고 나서 껄껄 웃었다.

그 무렵[23] 조정에는 능력이 뛰어난 인재들이 많았다. 황제가 다시 동방삭에게 물었다.

"지금 공손(公孫) 승상과 예(兒) 대부,[24] 동중서, 하후시창(夏侯始昌), 사마상여, 오구수왕, 주보언, 주매신, 엄조, 급암, 교창, 종군, 엄안, 서악, 사마천 같은 이들이 모두 언변에 능하고 지식에 통달했으며 글을 잘 짓는다. 선생이 자신을 평가하기에 어떤 점을 견줄 수 있겠는가?"

동방삭이 다음과 같이 대답했다.

"신이 살펴보니 그 인재들은 가지런하지 않은 이빨에, 튀어나온 뺨과 뒤집어진 입술을 하고 목덜미를 쑥 빼고 있으며, 구분이 안 되는 넓적다리와 정강이가 한데 붙은 볼기짝과 꽁무니를 하고서 발자국을 옮길 때마다 뒤뚱거리며 허리를 구부정하게 굽히고 걷고 있었습니다. 동방삭이 비록 불초하기는 하나, 그 여럿을 합한 것보다 낫습니다."

동방삭이 황제에게 말씀을 올리거나 대답할 때 쓰는 언사는 언제나 이런 식이었다.

중용되지 못한 설움을 풀어 쓴 「답객난」

○　○　○

무제는 능력과 지혜가 뛰어난 인재들을 불러 모아 각자의 재능을 헤아린 뒤에 등용하고 그들을 적재적소에 배치하지 않은 것은 아닌지 염려했다. 그때 한창 나라 밖으로는 흉노와 동월을 정벌하고, 안으로는 제도를 마련하느라 나라에 일이 많았다. 승상 공손홍 이하 사마천에 이르기까지 모두 황제의 명을 받들어 나라 밖에 사신으로 나가거나 지방의 태수 또는 제후국의 상(相)에서 공경에 이르는 직책을 맡았다. 그러나 동방삭만은 한때 태중대부까지 오른 뒤에 늘 낭관으로 있으면서 매고, 곽사인과 함께 황제 곁에서 익살이나 떨었다. 한참 지난 뒤에 동방삭이 농사와 전생을 중시하면서 나라를 부강하게 하는 계책을 올리는 김에 유독 자신만이 높은 벼슬을 얻지 못했으니 시험 삼아 등용해 줄 것을 바란다고 호소했다. 그런데 글에서 상앙과 한비의 학설만 인용한 데다 뜻이 방탕했고 너무 익살맞아서 수만 자의 글을 올렸음에도 끝내 기용되지 못했다. 이에 동방삭이 자신의 뜻을 썼는데, 빈객이 힐난하도록 설정하고, 자신은 낮은 자리에 있는 이유를 변론하면서 스스로를 달랜 글이다.[25] 그 사(辭)는 다음과 같다.

한 빈객이 동방삭을 힐난하는 질문을 던졌다.

"소진과 장의는 만승 대국의 군주와 대면하자마자 바로 경상(卿相)의 자리에 올라 그 은덕이 후대까지 미쳤습니다. 지금 태중대부를 지낸 선생을 보면 옛적 성군이 나라를 다스리던 방책을 익히고 성인의 도의를 앙모하는 채로 『시』와 『서』 및 제자백가의 글을 암송하는 것이 헤아릴 수 없이 많은 데다, 죽간과 비단에 써서 입술이 부르트고 이가 내려앉을 때까지 외우고 마음에 새기며 잠시도 잊지 않으니 호학낙도(好學樂道)한 성과가 아주 분명하게 드러나 보입니다. 또한 스스로 지모와 재능이 나라 안에 무쌍하다고 여기니, 선생을 일러 견문이 넓고 언변에 뛰어난 기지를 발휘하는 분이라고 하겠습니다. 그런 선생께서 있는 힘을 다 바쳐 충성스럽게 성군을 섬긴 지 오래되었으나 시랑 벼슬을 넘지 못하고 집극 자리를 벗어나지 못하니 혹시 품행에 잘못이라도 있었습니까? 친형제가 머물러 잘 곳도 없는 지경이니 어찌 된 연고입니까?"

동방 선생이 땅이 꺼져라 길게 한숨을 쉰 뒤에 고개를 들어 그 빈객의 질문에 응대하여 말했다.

"그 연고는 애초부터 그대가 이해하지 못할 것이었습니다. 소진과 장의가 살았던 것이 하나의 시대요, 지금은 또 다른 시대이니 어떻게 같이 놓고 말하겠습니까! 대저 소진과 장의의 시대에는 주나라 왕실이 크게 무너져, 제후들이 천자를 배알하지 않고 무력 정벌에 나서 권력을 차지하려고 다투며 전쟁을 통해 서로 잡아먹은 결과 열두 나라[26]로 압축되었으나 자웅을 가리지 못했으니, 인재를 얻은 나라는 강해지고 인재를 잃은 나라는 망하던 때라 담론이 성행할 수밖에 없었습니다. 유세객의 지체가 높아져 집안에 진귀한 보물이 가득하고 집 밖에는 곡식 창고를 두게 되었으니 후대까지 혜택을 입어 자손이 오래도록 복록을 누리던 시대였습니다.

그러나 지금은 그때와 다릅니다. 성명한 황제의 은덕이 퍼지자 천하가 놀라 제후들이 복종하고 사해 바깥이 한나라와 띠로 연결되어 있습니다. 천하가 엎어 놓은 사발처럼 안정되고 반란의 움직임이 생겨도 손바닥 안에서 주무를 수 있으니 인재와 불초한 자를 구별할 필요가 없습니다.[27] 하늘의 도를 지키고 땅의 이치에 순종하는 다스림을 펼치고 있으니 만물이 모두 제자리를 차지하고 있습니다. 그러므로 만물을 달래면 안정되나 동요시키면 만물이 괴롭게 되며, 인재를 존중하면 장군이 될 것이고 낮게 보면 노복이될 것이며, 발탁하면 높은 하늘의 구름 위에 있는 것처럼 고관이될 것이고 억누르면 심연 아래로 떨어지게 될 것이며, 등용하면 범이 되고 등용하지 않으면 쥐가 될 것인데, 비록 절의를 다해 충정을 바치고 싶지만 있어야 할 자리를 얻을 수 있을지 어떻게 알겠습니까![28]

천지가 광대하고 사람이 많은 가운데, 기력을 다해 유세하는 사람들이 바큇살이 바퀴 축으로 몰리듯이 한꺼번에 밀려들고 있으니 그 수를 헤아리기가 어렵습니다. 힘을 다해 모집에 응한다 해도[29] 의식주가 곤란할 정도로 적은 봉록을 받거나 아예 문을 찾지 못하기도[30] 합니다. 소진과 장의가 저와 더불어 이 세상에서 함께 살고 있다면, 장고 자리도 얻을 수 없었을 테니 상시랑[31] 자리야 어디 바라볼 엄두라도 냈겠습니까? 이와 같이 시대가 다르면 사정도 다른 것입니다.

비록 그렇다고 해도 자신을 수양하는 일에 힘쓰지 않을 수는 없습니다. 『시』에 '집 안에서 종과 북을 쳐도 밖에까지 소리가 들리리라.'³²라고 했고 '많은 못에서 학이 울어 하늘가로 소리가 울려 퍼지네.'³³라고 했습니다. 만일 자신의 심신을 닦을 수 있다면 어찌 영화롭게 되지 못할 것을 걱정하겠습니까! 태공은 몸소 인의를 행하던 일흔둘에 문왕과 무왕에게 기용되어 자신의 주장을 펼칠 수 있었고, 제나라 땅에 봉해져 칠백 년 동안 후대가 끊어지지 않았습니다. 일흔둘에도 중용되기 때문에 선비는 밤낮으로 부지런히 힘써 심신을 닦으며 게으름을 피울 엄두를 내지 않았으니,³⁴ 할미새가 날아가면서 우는 것처럼 부지런히 수양했습니다.

고서에 '하늘은 사람들이 추운 것을 싫어한다고 그 겨울철을 없애지 않고, 땅은 사람들이 험해서 싫다고 해도 그 광대함을 버리지 않으며, 군자는 소인들이 시끄럽게 떠들며 뭐라고 해도 그 수행하던 길을 바꾸지 않는다.'라고 했고, '하늘에는 상도(常度)가, 대지에는 상형(常形)이, 군자에게는 상행(常行)이 있으니, 군자는 그 상도(常道)를 따르지만 소인은 공을 세울 것만 고려한다.'³⁵라고 했습니다. 또 일시(逸詩) 중에 '예법과 도의를 지킴에 허물이 없으니 어찌하여 남이 하는 말을 걱정하겠는가!'³⁶라는 구절도 있습니다.

옛말에 이르기를 '물이 너무 맑으면 물고기가 살지 못하고, 사람이 사정을 너무 잘 알아차리면 뜻을 함께할 무리를 얻지 못한다. 면류관에 옥구슬을 늘어뜨려 앞쪽 시선을 가리고, 두 귀 쪽으로 주광(黈纊)을 달아 잘 들리는 것을 막는다.'³⁷라고 했으니, 눈이 밝아도 보지 않아야 할 것이 있고, 귀가 밝아도 듣지 않아야 할 것이 있습니다. '대덕(大德)을 중용하되, 작은 과실을 용서해야 한다.'³⁸라고 했고 '한 사람에게 의(義)를 완비할 것을 요구하지 않는다.'³⁹라고 했으며, '굽은 것을 바로잡아 바르게 가야 함을 스스로 알게 하고, 관대하게 용서하고 부드럽게 대하여 바른길을 스스로 구하게 하며, 그 사람의 능력을 재고 헤아려 주어 바른길을 스스로 찾게 한다.'[40]라고 했습니다. 대개 성인은 그렇게 교화하여 스스로 알게 하니, 스스로 길을 터득하면 빠르고도 폭넓게 깨치게 됩니다.

지금 세상에서 저 같은 처사는 너무 특출하여 뜻이 맞는 무리를 얻지 못하고 적막하게 독거하면서, 위로는 허유를 바라보고 아래로는 접여를 찾으며, 범려의 계책이나 오자서의 충성을 생각합니다. 그런데 천하가 평화로워서 의로써 상부상조하는 뜻이 맞는 벗을 적게 만나는 것은 당연한 일입니다. 그대는 어찌하여 제 인격을 의심하십니까?

대저 연나라에서 악의(樂毅)의 계책을 썼고 진나라에서 이사(李斯)를 기용했으며 역이기(酈食其)가 제나라를 항복시킨 일에서 알 수 있듯이 유세는 흐르는 물처럼 펼쳐졌고 간언은 완벽하게 받아들여졌으므로, 얻고자 한 것을 반드시 얻을 수 있었고 공적이 산처럼 높이 쌓였으며, 여러 지역이 평정되고 나라가 안정되었습니다. 그런 일이 가능했던 것은 그런 시절을 만났기 때문이니 그대는 어찌하여 그런 일들을 별나게 여깁니까? 시쳇말에 '대롱을 통해 하늘을 관찰하고, 표주박으로 바닷물의 양을 가늠하며, 짚대로 종을 친다.'라고 합니다. 어떻게 그런 방법을 통해 천문의 체계를 알아내고 바다의 사정을 고찰하며 종소리를 내겠습니까? 같은 맥락에서 생쥐가 개를 습격하고 돼지 새끼가 범을 물어뜯으려고 하는 예를 들자면, 붙기만 해도 바로 잡아먹힐 텐데 무슨 공을 세우겠습니까!

이제 열등하고 어리석은 그대가 처사를 비난하는데, 저를 곤란하게 하려고 했던 것이 아니라 참으로 부득이해서였을 것입니다. 이것만 봐도 그대가 시대가 변한 것을 알지 못해 끝내 대도(大道)를 명백하게 깨치지 못했다는 것을 여실히 알 수 있습니다."

동방삭의 주장, "비유 선생 가라사대"

○　○　○

또 비유(非有) 선생의 주장[41]을 글로 지었다. 그 사(辭)는 다음과 같다.

비유 선생이 오나라에서 벼슬을 했다. 조정에 나아가서는 과거의 예를 들어 주군의 의지를 진작시키지 않았고,[42] 물러 나와서는 주군의 미덕을 찬양하는 일로 주군의 공적을 널리 알리지 않으며 말없이 묵묵하게 세 해를 보냈다. 오나라 왕이 이상하게 여기고 비유 선생에게 물었다.

"선조가 이룬 업적 덕분에 과인이 여러 현자의 윗자리에 있게 되면서, 새벽에 일어나고 밤늦게 잠자리에 드는 등 게으름을 피울 엄두를 내지 않았소. 이어서 선생이 훌쩍 높이 날아 머나먼 오나라 땅에 와서 과인을 보좌하여 정사를 보고자 했을 때, 과인은 진실로 기쁘게 여겼소. 편한 자리에 몸을 누이거나 맛있게 밥을 먹은 적이 없이, 눈으로 아름다운 여자를 쳐다보지 않고 귀로 편종과 북소리를 듣지 않은 채 마음을 비우고 뜻을 정하여 하찮은 의견이라도 듣고자 한 것이 오늘까지 세 해요. 지금까지 선생은 조정에 나와서는 정사를 보좌하지 않았고 물러가서는 주군을 칭찬하지 않았소. 과인은 선생이 그렇게 해서는 안 된다고 생각하오. 대개 인재가 속에 있는 능력을 드러내지 않는 것은 불충한 일이요, 능력을 펼쳐 보였으나 쓰지 않으면 주군이 영명하지 않은 것이오. 과인이 영명하지 못한 것이오?"

비유 선생이 엎드린 채 겸손하게 응대하는 소리를 냈다. 오나라 왕이 말했다.

"말씀해 보시오. 과인이 정성을 기울여 들어 보겠소."

선생이 말했다.

"아아, 옳겠습니까? 옳겠습니까? 말씀을 올리는 것이 어떻게 쉬운 일이겠습니까? 말씀에는 눈에 거슬리고 귀에 걸리며 속도 불편하게 하지만 자신에게는 이로운 것이 있는가 하면, 눈을 즐겁게 하고 귀에 잘 들리며 속을 통쾌하게 하지만 덕행을 훼손하는 것이 있습니다. 영명한 성군이 아니면 어떻게 가려서 들을 수 있겠습니까?"

오나라 왕이 말했다.

"어떻게 가려서 듣지 않겠소? [공자께서도] '자질이 중간 이상인 사람[43]과 이야기를 나눌 수 있다.'[44]라고 했으니, 선생도 말씀해 보시기 바라오. 과인이 경청하겠소."

선생이 응대하여 말했다.

"옛적에 관용봉은 걸왕에게 힘을 다해 간언했고, 왕자 비간은 주왕에게 직언을 올렸습니다. 이 두 신하는 모두 깊이 생각하여 충성을 다했으니, 군주의 은덕이 아래까지 퍼지지 않아 만민이 소동을 부릴 것을 걱정하여 군주의 잘못에 관해 직언을 올리고 임금의 사악함에 대해 간절하게 간언함으로써 군주에게 영화를 부르되 닥쳐올 재앙을 제거하려고 했습니다. 지금은 그렇게 할 수 없으니, 군주의 행실을 비방하는 것을 충성으로 여기기는커녕 오히려 신하의 예를 잃은 죄로 여깁니다. 아니나 다를까 직언을 하면 여러 가지로 자신을 다치게 되니, 무고한 채로 죄명을 뒤집어쓰고 선친을 욕보이며 천하의 웃음거리가 됩니다. 그래서 '말씀을 올리는 것이 어떻게 쉬운 일이겠습니까?'라고 한 것입니다. 그리하여 보필하는 신하들은 흩어지고, 간사와 아첨을 떠는 신하들은 일제히 중용될 것이니, 마침내 비렴(蜚廉)과 악래(惡來) 같은 간신이 등장하게 됩니다. 이 두 사람은 간사하고 거짓을 꾸미던 자들로 속이는 말과 뛰어난 말주변으로 높은 자리에 올랐으며, 음으로 화려한 문양이 새겨진 조각품을 선사하여 임금의 마음을 샀습니다. 이렇게 군주의 눈과 귀를 즐겁게 하고 욕망을 충족시키는 일에 힘쓰면서 늘 아부하고 굴종하며 지냈습니다.

군주가 과거의 일로 경계를 삼지 않으면 스스로 죽임을 당하고 종묘가 무너지며 나라는 폐허가 될 테니, 이는 성현은 내쫓거나 죽이고 참소하는 자는 중용하기 때문입니다. 『시』에서도 이르지 않았습니까? '참소하는 무리가 그치지 않아 사방의 여러 나라를 어지럽히네.'[45]라는 구절이 그 망한 꼴을 이르고 있습니다. 그러므로 굽실거리면서 좋고 부드러운 낯빛만 하고 직언이 아닌 순종하는 말만 올리면 주상의 다스림에 끝내 아무런 도움이 되지 못하니, 지

사(志士)와 인인(仁人)은 차마 그런 짓을 하지 못합니다. 장차 간절한 태도와 엄숙한 얼굴을 하고 깊은 뜻을 지닌 말로 직간하여 위로는 군왕의 사악함을 바로잡고 아래로는 백성이 입는 해를 줄이고자 하면, 사악한 군주의 뜻을 거역하게 되어 무너져 가는 나라의 법에 걸리게 됩니다.

그리하여 오래 살고 싶은 사람은 조정에 나아가지 않고 깊은 산중에 은거하게 되니, 흙벽돌을 쌓아 집을 짓고 쑥대를 엮어 문을 삼아 그 안에서 금(琴)을 뜯으며 옛적 성군의 풍모를 읊으며 지내게 되는데 그 또한 즐거운 법이라 죽음도 잊고 살아갑니다.

마찬가지로 백이와 숙제는 주나라를 피해 수양산(首陽山) 아래에서 굶어 죽었으니, 후세 사람들은 그들을 어질다고 칭송합니다. 이처럼 사악한 주군이 행위는 진실로 사람을 두렵게 하니, 그래서 '말씀을 올리는 것이 어떻게 쉬운 일이겠습니까!'라고 한 것입니다."

그제야 오나라 왕이 놀란 기색으로 낯빛을 바꾸며 깔고 앉았던 방석과 몸을 기대고 있던 안궤를 치운 뒤에 몸을 바로하고 경청했다. 비유 선생이 말했다.

"접여는 세상을 등졌고 기자는 머리를 풀고 미친 척했습니다. 이 두 사람이 그렇게 한 것은 모두 어지러운 세상을 피해 자신을 보전하기 위해서였습니다. 이들이 영명한 성군을 만나 청정하고 평안한 틈을 내어 후하고 부드러운 기색으로 있는 힘을 다해 충성을 바치면서, 나라를 안정시키고 위기를 제거하기 위한 대책을 세우고 정사의 잘잘못을 따졌더라면, 위로는 주군 스스로 편안하게 되었을 것이고 아래로는 만민이 이롭게 되어 오제와 삼왕의 치세를 거의 다시 볼 수 있었을 것입니다.

그런 까닭에 이윤은 명예에 금이 가는 것을 무릅쓰고 솥과 도마를 지고 탕왕 앞에 가서 다섯 가지 맛으로 나라를 다스리는 법을 유세했고, 태공은 위수가에서 낚시하는 척하며 문왕을 뵐 기회를 기다렸습니다. 그때에는 군신이 의기투합하여 도모한 것은 이루지 못한 것이 없고 세운 계책은 따르지 않은 것이 없었습니다. 이는 진실로 자신의 뜻을 알아주는 임금을 만났기 때문입니다.

군주가 깊고 원대한 생각으로 자신을 의롭게 바로 세우고 아랫사람에게 널리 은덕을 베풀며 인의를 근본으로 삼아, 덕이 있는 자에게 상을 주고 어질고 능력 있는 자를 벼슬아치로 발탁하고 사악하고 난리를 일으키는 자는 주살하며, 먼 곳에 흩어진 무리를 모으고 부족을 통일하여 풍속을 좋은 방향으로 이끌었으니 이렇게 하여 제왕이 창성하게 되었습니다. 위로는 천성을 변화시키지 않고 아래로는 인류을 말살하지 않아 천지의 조화와 융합을 이끌어 냈으니 먼 곳에서도 귀부해 와서 성왕(聖王)으로 불렸습니다. 신하의 벼슬을 계속 올리면서 땅을 갈라 봉하고 공(公)과 후(侯)의 작위를 내렸으며 자손에게 그 땅을 물리게 하여 이름을 후대까지 전했으니, 지금까지도 백성의 칭송을 받습니다. 탕왕과 문왕을 만났으므로 태공과 이윤은 그런 위업을 이루도록 보좌할 수 있었지만, 유독 용방과 비간만은 그렇게 되고 말았으니 어찌 애달프지 않겠습니까! 그래서 '말씀을 올리는 것이 어떻게 쉬운 일이겠습니까!'라고 한 것입니다."

말이 끝나자 오나라 왕은 말없이 고개를 숙이고 깊이 생각했다.

그런 뒤에 고개를 들고 아래턱까지 눈물을 흘리며 말했다.

"아아, 우리 나라가 망하지 않았지만 명맥만 잇고 있으니 위태롭구나! 대가 끊어질까 걱정스럽습니다."

비유 선생의 말을 듣고 난 뒤에 왕이 명당에서 반듯하게 조회를 보면서, 군신 간의 지위를 바로잡고 능력 있는 인재를 등용하여 은덕을 베풀고 인의의 다스림을 펼쳤으며 공을 세운 자에게 상을 주었다. 스스로 검약하고 절제했으며, 후궁에게 쓰는 비용을 줄이고, 수레와 말에 드는 비용도 깎았다. 정나라 음악을 내치고, 아부하는 자를 멀리했으며, 식비를 덜고, 사치품을 없앴다. 궁궐의 규모를 줄이고 금원(禁苑)의 울타리를 허물며 연못을 메워 재산이 없는 빈민에게 땅을 나눠 주었고, 궁궐의 창고를 열어 빈민을 구휼하고 노인을 위로했으며, 고아와 늙고 지식 없는 자를 보살폈고, 세금을 줄이고 형벌을 경감했다.

세 해 동안 이렇게 시행하자 나라 안이 평안하고 천하가 태평해졌으며, 음양이 조화를 이루고 만물이 각각 제자리를 찾았다. 그리하여 나라에는 재해의 변고가 사라지고 백성에게서는 굶주림과 추위에 떠는 기색을 볼 수 없었으며 집집마다 살림이 풍족해져 곡식을 여유 있게 쌓아 놓았으며 옥은 텅 비게 되었다. 봉황이 무리를 지어 날아왔고 도성 밖에 기린이 나타났으며, 감로(甘露)가 내리고 주초(朱草)의 싹이 돋아났으니, 먼 곳에서 풍속이 다르게 살아가는 부족들이 오나라 왕의 기풍을 따르고 인의를 앙모하는 뜻에서 각각 공물을 바치며 찾아와 배알하고 경하했다.

존속과 멸망을 초래하는 단서가 이렇게 잘 드러나 보이는데, 군주가 치세와 존속의 길을 가지 않으면 신하는 속으로 잘못되었다고 생각할 뿐이다. 『시』에 '문왕의 나라가 흥했던 것을 생각해 보면, 주나라를 받치는 기둥이 인재들로 가득 채워졌기 때문이었으니 문왕께서 나라를 태평하게 일구셨네.'[46]라고 한 것은 문왕이 인재를 중용했던 점을 이른 것이다.

동방삭의 글 중에서 「답객난」과 「비유 선생론」, 이 두 편이 가장 뛰어나다. 이 밖에도 「봉태산(封泰山)」, 「책화씨벽(責和氏璧)」, 「황태자생모(皇太子生禖)」, 「병풍(屏風)」, 「전상백주(殿上柏柱)」, 「평락관부렵(平樂觀賦獵)」, 팔언(八言) 상하와 칠언(七言) 상하, 「종공손홍차거(從公孫弘借車)」가 있다. 무릇 유향(劉向)이 「별록(別錄)」에 기재한 동방삭의 글 제목 모두를 여기에 적어 두니,[47] 지금 세상에서 동방삭의 것이라고 전하는 다른 글들은 모두 그의 것이 아니다.

찬하여 말한다.

유향이 젊은 시절에 동방삭의 일에 관해 잘 아는 노인과 현인 및 동방삭과 같은 시대에 살았던 사람에게 동방삭에 관해 자주 물어보았는데, 모두 "동방삭은 해학과 논변에 뛰어났으나 내세운 주장은 없었다. 평범한 사람들에게 풀어서 이야기해 주기를 좋아했기 때문에 뒷날 많은 사람이 그에 관한 이야기를 전하게 되었다."라고 했다고 한다.

양웅도 동방삭이 스승에게 배운 내용을 말하지 않았고, 도덕에 따라 행동하지도 않았기 때문에 그 풍모와 남긴 글이 그처럼 경시당했다고 여겼다. "해학과 기지가 뛰어나 한 가지 방면이 아니라 여러 방면에 이름을 날렸기 때문에 실제보다 과장된 모습으로 알려졌다면서 남의 말을 받아 재치 있게 넘기는 것은 광대와 같았고, 꾀가 끝이 없었으며, 직언을 올려 바르게 간언했고, 세상을 피해 은거하는 사람이 하듯이 도덕을 깨뜨렸다."라고 했다. 양웅은 또 동방삭이 "백이와 숙제는 생각이 짧았으니 유하혜처럼 살아야 옳았다."[48]라고 한 것과, 동방삭이 자식에게 해를 피해 몸을 보전할 것을 권하며 "수양산의 백이와 숙제는 어리석고 주하사(柱下史) 노자가 고명하다. 배불리 먹었으면 한가로이 거닐어라. 농사짓는 대신 벼슬을 살되, 조정을 은거지 삼아 한세상 놀듯이 즐겨라. 시세에 영합하지 않아야 화를 면할 수 있다."[49]라고 한 것에 대해 "동방삭은 익살과 해학의 우두머리"라고 했다.[50]

동방삭이 했던 해학과 점복, 사복 같은 일은 가볍고 천한 것이었지만 백성 사이에 널리 퍼져 아이들이나 목부 중에 그 이야기에 빠져들지 않는 자가 없었다. 그리하여 후세의 호사가들이 기괴한 이야기를 들으면 동방삭의 이름을 가져다 붙이므로 여기에 자세히 기록해 둔다.

36

공손·유·전·왕·양·채·진·정 전
公孫劉田王楊蔡陳鄭傳

이 편에는 무제, 소제, 선제, 원제 시대로 내려오면서 승상과 어사대부를 지낸 여덟 인물 즉 공손하(公孫賀, ?~기원전 91년), 유굴리(劉屈氂, ?~기원전 90년), 차천추(車千秋, ?~기원전 77년), 왕흔(王訢, ?~기원전 76년), 양창(楊敞, ?~기원전 74년), 채의(蔡義, ?~기원전 71년), 진만년(陳萬年, ?~기원전 44년), 정홍(鄭弘, ?~기원전 86년)의 사적이 실려 있다. 이들의 공통점은 최고 관직에 올랐으면서도 이렇다 하게 칭송할 만한 점이 없다는 것이다.

반고는 이 편의 찬에 『염철론(鹽鐵論)』 「잡론(雜論)」 제60의 내용을 발췌해서 수록했다. 「잡론」은 『염철론』의 마지막 편으로 '소금과 철의 전매 폐지에 관한 토론'을 지켜본 저자 환관(桓寬)의 총평이 담겨 있다. 반고가 「잡론」을 인용한 이유는 당시 조정의 입장을 대변하여 토론했던 승상과 어사대부를 비판하는 환관의 입장에 동의했기 때문이다. 환관은 당시 토론에 참가했던 승상과 어사대부의 아랫사람들까지 못마땅해했다. 실무진이 『논어』에 나오는 "두소(斗筲)밖에 되지 않는" 그릇이라서 승상과 어사대부가 바른 판단을 내리지 못했다고 본 것이다.

이 편에 나오는 승상과 어사대부 들은 조정의 최고위직에 있으면서 조정의 이익을 대변한 것이 사실이다. 그러나 걸핏하면 처형당하는 약체 최고위직, 특히 곽광 치하의 승상과 어사대부는 당시 배경하에서 책임을 질 만한 권력을 가지고 있지 않았다. 유일하게 토론회에서 맹활약을 했던 어사대부 상홍양은 『한서』의 곳곳에도 등장하는 유명 인물이지만 반고는 무슨 까닭인지 열전을 세워 주지 않고 이 편의 차천추전 아래에 43자로 부기했다.

한편 염철 토론에서는 한 무제의 인재 발탁으로 중앙 조정에 진출의 길이 열렸던 유생들이 조정의 정책에 기를 쓰고 반대하는 모습을 보였다. 무제가 죽고 소제가 즉위한 뒤 20년 동안 집정한 척신 곽광에게 유생들이 단결하여 반기를 든 것으로 볼 수 있다. 환관의 말로는 유생 대표들이 인의를 주장했다고 하지만, 그들이 지방 호족과 제후왕의 이익을 대변하고 있던 점을 생각할 때 반고의 비평은 환관과 마찬가지로 편파적이었다고 볼 수 있다.

양창의 아들이자 사마천의 외손자로서 『사기』를 세상에 알린 양운(楊惲, ?~기원전 45년)의 전기도 여기에 실려 있다. 양운은 버슬 운이 그다지 좋지 못했는데, 외할아버지 사마천의 「보임안서」를 모방한 글에 그심경이 잘 나타나 있다.

무고의 화를 입은 공손하

○　○　○

공손하의 자는 자숙(子叔)이고, 북지군 의거현(義渠縣) 사람이다.

조부는 공손혼야(公孫昆邪)로 경제 때 농서 태수를 지냈고 장군으로 출전하여 오초를 공격했다. 여기에서 공을 세워 평곡후(平曲侯)에 봉해졌으며 열 몇 편의 글을 썼다.[1]

공손하는 젊어서 기병으로 군에 들어가 여러 차례 공을 세웠다. 무제가 태자로 있을 때부터 태자의 사인(舍人)이었다가 무제가 즉위한 뒤에 태복으로 승진했다.

공손하의 부인 군유(君孺)가 위(衛) 황후의 언니였다. 이 때문에 공손하가 총애를 받았다.

원광 연간에 경거장군(輕車將軍)이 되어 마읍(馬邑)에 주둔했다. 네 해 뒤에 운중(雲中)에서 변경을 나가 출전했다. 다섯 해가 지나서 거기장군으로서 대장군 위청을 따라 출격하여 공을 세우고 남포후(南窌侯)에 봉해졌다. 그 뒤에 다시 좌장군으로서 정상(定襄)에서 변경을 나가 출격했으나 공을 세우지 못한 데다 태묘 음주례에 쓸 황금을 제대로 내지 않아 후위를 잃었다.

다시 부저장군(浮沮將軍)이 되어 오원(五原)에서 출격하여 이천여 리를 전진했으나 공을 세우지 못했다.

여덟 해가 지나서 석경의 뒤를 이어 마침내 승상이 되었고 갈역후(葛繹侯)에 봉해졌다. 그때 조정에 문제가 많이 일어났으므로 대신을 감독하여 질책하는 일을 맡았다. 공손홍이 승상을 지낸 뒤로 이채, 엄청적, 조주 세 사람이 승상에 올랐는데 연달아 사건에 휘말려 사형을 당했다. 석경은 비록 근신하는 것으로 자신의 수명을 누리고 죽을 수 있었지만 여러 차례 견책을 받았다.

애초 승상에 임명되었을 때, 공손하는 인수를 받지 않고 머리를 조아린 채 눈물을 흘리며 말했다.

"신은 본디 변방 출신으로 말을 타고 활을 쏘는 재주로 벼슬을 하게 되었으나, 제 재주는 진실로 재상직을 수행할 만한 것이 아닙니다."

황제가 곁에 있던 신하들과 함께 공손하가 괴로워하는 모습을 보고 감동하여 눈물을 흘리며 말했다.

"승상을 부축하여 일으켜 세우라."

공손하가 일어서지 않자 황제가 일어나서 나가 버렸다. 공손하는 어쩔 수 없이 승상직에 올랐다. 황궁을 나선 뒤에 곁에 있던 사람들이 그렇게 한 연고를 물어보자 공손하가 대답했다.

"주상이 현명하십니다. 신은 승상직을 맡기에 부족하니 중죄를 짓게 될까 두렵습니다. 지금부터 목숨이 위험하게 되었습니다."[2]

공손하의 아들 공손경성(公孫敬聲)이 공손하를 대신하여 태복이 되었으므로 부자가 함께 공경(公卿)의 지위에 올랐다. 공손경성은 황후 언니의 아들이라는 배경을 업고 교만과 사치를 부리며 법을 지키지 않았다. 정화 연간에 북군의 비용 구천오백만 전을 유용했다가 발각되어 하옥되었다. 그때 양릉(陽陵)의 주안세(朱安世)를 나포하라는 명이 내려졌지만 잡아들이지 못해 황제가 재촉하고 있었다. 공손하가 주안세를 나포하여 공손경성의 죄를 속죄하겠다고 자청했다. 황제가 윤허하자 마침내 장안세를 잡아 왔다.

장안세는 장안의 대협객으로서 공손하가 아들의 죄를 대신 갚겠다고 나선 이야기를 듣고 웃으며 말했다.

"승상이 멸족의 화를 자초했구나. 남산(南山)의 대나무를 베어 죽간을 만들어 써도 내가 고발하는 것을 다 적지 못하고 야곡(斜谷)의 나무를 잘라 질곡을 만들어 나에게 채워도 안 될 테다."

장안세가 옥중에서 황제에게 글을 올려 공손경성과 양석(陽石)공주가 몰래 정을 통했고 무축을 시켜 조상에게 제사를 올리면서 황제를 저주했으며, 아울러 감천궁으로 가는 치도(馳道)에 목우(木偶)를 묻어 두고 악독한 주문을 외우며 귀신의 힘을 빌려 저주했다고 고발했다. 해당 관원에게 공손하를 심문하여 증거물을 찾아낸 뒤에 죄상을 철저히 밝히게 하니, 공손하 부자는 끝내 옥중에서 처결되었고 집안은 멸족되었다.

무고의 화는 주안세가 일으키고 강충이 마무리했다. 이 사건으로 공주와 황후, 태자가 모두 죽었다. 이 이야기는 「강충전」과 「여원전(戾園傳)」에 있다.

대역부도죄로 참형당한 좌승상 유굴리

○   ○   ○

유굴리는 무제의 서형(庶兄)인 중산 정왕(中山靖王) 유승(劉勝)의 아들로 언제부터 벼슬길에 들어섰는지는 알 수 없다.

정화 2년 봄에 황제가 어사에게 명령을 내렸다.

"전임 승상 하(賀)가 오랫동안 짐과 친했던 것에 의지하여 높은 권세를 업고 법을 어겼다. 기름진 밭을 늘려 자제와 빈객은 부자로 만들되 백성은 돌보지 않았고, 변방에 군량을 채울 방도는 찾지 않았으며, 백성이 뇌물을 상급 관리에게 바치도록 유도했으니 짐이 오랫동안 참아 왔지만, 끝내 스스로 알아서 고치지 않았다. 그 뒤로도 변방을 지원한다는 이름 아래 내지의 군에서 스스로 수레를 만들고 농사짓는 백성에게 곡식을 변방으로 옮기게 하여 농부들을 힘들게 하고 수레 모는 가축을 괴롭혔으니 임신한 말까지 동원하여 다치게 했다. 군비를 소모했고, 하급 관리가 제멋대로 세금을 거두어 백성들이 살던 땅을 떠났다. 또 주안세에 대한 조서를 작성하여 역참 수레로 체포해 왔다.

옥사가 이미 잘 처리되었으니 탁군(涿郡) 태수 굴리를 좌승상으로 삼는다. 또 승상장사를 두 부서로 나누어 천하 원방에서 인재를 찾아 우승상을 뽑고자 한다. 혈육에게 잘 대해 주고 인재를 등용하는 것은 요임금과 주나라의 법도였으니 팽 땅의 이천이백 호를 좌승상에게 봉하여 팽후(澎侯)로 삼는다."

그해 가을, 강충의 모함을 받은 여(戾) 태자가 강충을 죽이고 거사하여 승상부로 진격하자 유굴리가 몸만 빼내 달아나느라 좌승상의 인수를 잃어버렸다. 그때 황제는 감천궁에 피서 중이었으므로 승상장사가 공문서 전달용 역참 말을 타고 달려가 황제에게 보고했다. 황제가 물었다.

"승상은 무얼 하고 있는가?"

대답해 아뢰었다.

"승상은 이 일을 비밀에 부치고 군대를 출동시키지 않았습니다."

황제가 화가 나서 말했다.

"일이 그처럼 어지럽게 되었는데 뭘 비밀에 부친다는 것인가? 승상은 주공(周公)의 기백을 갖추지 못했다. 주공은 관숙과 채숙을 죽이지 않았던가!"

이어서 승상에게 조서를 내려 명령했다.

"반란을 일으킨 자들을 잡아서 목을 베라. 결과에 따라 상벌을 내리겠다. 소달구지를 방패 삼아 싸우되 너무 가까이 접근하여 싸우지 말도록 하라. 싸우면 병졸이 많이 죽거나 다치니, 성문을 굳게 닫아걸고 반란한 자들이 밖으로 도망가지 못하게 하라."

태자는 강충을 죽이고 거사하면서 "황제께서 병환 때문에 감천궁에서 요양하고 계신데[3] 변고가 의심된다. 게다가 적신(賊臣)[4]이 난을 일으키려 하고 있다."라고 선포했다. 이 소식을 들은 황제가 감천궁에서 장안성의 서쪽에 있는 건장궁으로 행차하여 삼보(三輔) 가까운 현의 군대를 징발하고 중이천석 관리를 장수로 배치한 뒤에 승상이 그 모든 군대를 거느리게 했다. 태자도 사자를 파견하여 황제의 명령이라고 꾸미고 장안 중도관 조옥에 갇혀 있던 죄수를 사면하고 무고(武庫)의 무기를 꺼낸 뒤에 소부 석덕과 빈객 장광(張光) 등에게 명하여 그 죄수와 무기를 나누어 거느리게 했다. 장안옥에 갇혀 있던 죄수 여후(如侯)로 하여금 부절을 지니고 장수(長水)와 선곡에 있던 호기(胡騎)를 징발하여 모두 무장하고 모이게 했다. 황제의 사자로 파견된 시랑 모통(莽通)[5]이 여후를 추격하여 체포하고 호인(胡人)들에게 고했다.

"부절은 가짜이니 명령을 듣지 마라."

모통이 마침내 여후를 베고 그 기병 부대를 인솔하여 장안성 안으로 들어갔다. 다시 짧고 긴 노를 저어 강에서 싸울 수군을 징집하여 대홍려 상구성(商丘成)에게 맡겼다.

원래 한나라 조정의 부절은 순적색이었다. 그러나 태자도 적색 부절을 쓰고 있었으므로 황색 모우(牦牛)의 꼬리털을 덧달아 태자의 부절과 구별했다.

태자가 감북군(監北軍) 사자 임안(任安)[6]을 불러 북군의 군사를 징발하게 했다. 부절의 색이 다른 것을 알아차린 임안이 부절을 받은 뒤에 군영 문을 걸어 잠그고 태자의 요구에 응하지 않았다. 태자가 군사를 이끌고 사시(四市)[7]에서 사람 수만 명을 몰아 장락궁 서쪽 망루 아래에 이르렀을 때 승상의 군대와 맞닥뜨려 닷새 동안 혼전을 거듭하니, 죽은 자가 수만 명이나 되어 길옆 하수도로 피가 흘러들었다. 승상 편에 붙는 군사가 점점 많아져서 태자의 군대가 패하고 남쪽의 복앙성문(覆盎城門)으로 빠져 달아났다.

그날 밤은 승상부 사직 전인(田仁)이 성문을 닫는 당번이었다. 태자를 빠져나가게 한 죄를 지었으므로 승상이 전인을 베고자 했다. 어사대부 보승지(暴勝之)가 승상에게 일러 말했다.

"사직은 이천석 관리이므로 먼저 황제께 보고를 드리고 처단해야 마땅한데 어떻게 승상 마음대로 벨 수 있겠습니까?"

그리하여 승상이 전인을 풀어 주었다. 황제가 그 소식을 듣고 크게 노하여 옥리를 보내 어사대부를 문책했다.

"사직이 반란한 자를 놓아준 것에 대해 승상이 그자를 베는 것은 법에 따른 조처다. 그런데 어사대부는 어찌하여 제멋대로 그것을 말렸단 말인가?"

보승지가 두려운 마음에 자결하고 말았다. 북군 사자 임안은 태자의 부절을 받은 것이 두 마음을 품은 죄에 걸렸고 사직 전인도 태자를 놓아준 죄에 걸려 두 사람 모두 허리를 잘렸다.

황제가 조서를 내려 말했다.

> 시랑 모통은 반군의 장수 여후를 붙잡았고 장안의 남자 경건(景建)은 모통의 휘하에서 소부 석덕을 붙잡았으니 그 공이 으뜸이라 할 수 있으며, 대홍려 상구성은 힘껏 싸워 반군의 장수 장광을 붙잡았으니 이에 통(通)을 중합후(重合侯)에, 건(建)을 덕후(德侯)에, 성(成)을 도후(秅侯)에 봉한다.

태자의 여러 빈객 중에서 궁문을 출입한 적이 있는 자들은 모두 주살되었다. 태자의 뜻을 좇아 징집에 응한 자들은 모반죄에 걸려 멸족당했다. 군리와 병사 중에서 태자에게 협박당해 따라갔던 자는 모두 돈황군으로 유배되었다. 태자가 외부에 살아 있었으므로 장안성의 모든 문에 병사를 주둔시켰다. 그 뒤 스무 몇 일이 지났을 때 태자가 호현에서 포위되었다가 스스로 목숨을 끊었다. 그때의 이야기는 「태자전」[8]에 있다.

그 이듬해 이사장군 이광리가 군대를 이끌고 출동하여 흉노를 공격했다. 승상이 이사장군의 여정이 무사하기를 빌며 제사를 올린 뒤 술자리를 마련하고 위교(渭橋)까지 전송하며 이광리와 이별의 인사를 나누었다. 이광리가 말했다.

"군후(君侯)께서는 하루빨리 창읍왕을 태자로 삼도록 주청하십시오. 창읍왕을 황제로 세울 수만 있으면 앞으로 군후에게 무슨 근심이 있겠습니까?"

유굴리가 그렇게 하겠다고 허락했다. 창읍왕은 이사장군의 여동생인 이 부인이 낳은 무제의 아들이었고, 이사장군의 딸은 승상 유굴리의 며느리였기 때문에 두 사람이 함께 창읍왕을 세우고자 한 것이었다.

그때 무고 사건의 옥사가 긴급하게 진행되었다. 내자령(內者令) 곽양(郭穰)이 승상의 부인을 고발했다. 승상이 황제로부터 몇 차례 꾸짖음을 당하자 승상의 부인이 무축을 시켜 토지신에게 제사를 지내면서 주상을 저주하고 불길한 주문을 외우게 했으며, 아버지 이사장군과 함께 소원 성취를 비는 제사를 올려 창읍왕을 황제로 올리게 해 달라고 빌었다는 것이었다. 해당 관리가 안건을 조사하도록 청하는 상소를 올렸는데, 대역부도죄(大逆不道罪) 판결이 내렸다. 황제가 조서를 내려 식품 운반 수레에 유굴리를 태워 길거리에 내돌린 뒤에 장안의 동시(東市)에서 요참형으로 다스렸다.

승상의 부인과 자식은 장안 시내 화양가(華陽街)에서 효수형을 당했다. 이사장군의 부인과 자식도 옥에 갇혔다. 이사장군이 그 소식을 듣고 흉노에 투항해 버렸으므로 그 일족은 모두 죽임을 당했다.

상소 한 편으로 승상까지 오른 차천추

○   ○   ○

차천추는 본래 성이 전씨(田氏)이다. 선조가 전국 시대 제나라 왕실의 전씨로 〔고조의 능이 있던〕 장릉현(長陵縣)으로 이주해서 살았다. 차천추가 고조의 침릉을 지키는 낭관으로 있을 때 위 태자가 강충의 참소 때문에 목숨을 잃는 일이 일어났다.

한참 지난 뒤에 차천추가 태자의 억울함을 변호하기 위해 중대한 상소를 올려서 아뢰었다.

"자식이 아비의 무기를 주무른 죄는 태형에 해당합니다. 그런데 천자의 아들이 실수로 사람을 죽였으면 무슨 죄에 해당하겠습니까?" 신이 꿈에 본 백발의 노인이 신에게 이 말씀을 올리라고 했습니다.

그 무렵 황제는 태자가 강충의 참소에 놀라서 거사했던 것이지 다른 뜻이 없었다는 것을 잘 알게 되었다. 차천추의 상소를 읽고 크게 깨달은 황제가 차천추를 불러서 접견했다. 알현하는 자리에서 차천추의 키가 여덟 척이 넘고 인물이 아주 잘생긴 것을 보고 무제가 좋아하면서 말했다.

"부자지간의 일에 남이 끼어들어 말하기가 어려운 법인데 공만은 우리 부자 사이의 잘못된 점을 명확하게 말해 주었다. 이는 고황제의 신령이 공을 시켜 나를 일깨우신 것이니 공은 지금부터 나를 보좌하는 것이 마땅할 것이다."

황제가 그 자리에서 바로 차천추를 대홍려에 임명한 뒤 몇 달이 지나서 유굴리를 대신하여 승상에 임명하고 부민후(富民侯)에 봉했다. 차천추는 특별한 재주도 없고 경술에도 능하지 않았으며 공로를 세운 적도 없이 오로지 말 한마디로 황상을 일깨운 바람에 몇 달 만에 재상이 되고 열후에 봉해졌으니, 세상에 없던 일이었다. 뒤에 한나라 사자가 흉노에 출사했을 때 선우가 물었다.

"한나라에서 새로 승상을 임명했다고 하던데 어떤 점 때문에 등용된 것이오?"

사자가 대답했다.

"글을 올려 사정을 말씀드려서 등용되었습니다."

선우가 말했다.

"만일 그렇다면 한나라에서는 승상을 임명할 때 능력과 덕행이 뛰어난 인재를 올리는 것이 아니라 그저 평범한 사람이 글만 올려도 그 자리를 받게 되는군요."

사자가 돌아와서 선우의 말을 전했다. 무제가 사명을 욕되게 했다면서 옥리에게 넘기려고 하다가 한참 생각한 뒤에 풀어 주었다.

그런데 차천추는 사람됨이 돈후하고 지략이 있어 승상의 자리에 있으면서 직무를 충실하게 잘 수행했으므로 그 앞뒤로 승상을 맡았던 몇 사람보다 훨씬 나았다. 차천추가 막 승상 일을 보기 시작했을 때 황제가 몇 해에 걸쳐 태자에 관한 옥사를 처리하면서 많은 사람이 형벌을 받은 것을 알아냈다. 여러 신하와 백성들이 두려워 떨고 있었으므로 차천추는 황제의 마음을 넓게 풀어 사람들을 위로하고 안정시킬 팔요가 있다고 생각했다. 그리하여 어사대부 및 중이천석 관리들과 함께 황제를 축수하고 미덕을 칭송하는 글을 올려 황상이 은혜를 베풀어 형벌을 완화하고 음악을 즐겨 들으면서 정신이 조화를 이루도록 함양하며 천하 백성을 위하여 마음을 즐겁게 가져야 한다고 권했다. 이에 대해 황제가 대답했다.

"짐이 부덕하여 좌승상과 이사장군의 음모와 반역이 일어났고 무고의 화가 관리들에게까지 미치게 되었다. 짐은 요 몇 달 동안 하루에 한 끼만 먹고 있는데 무슨 음악을 듣겠는가! 죽어 간 관리들이 내 마음에 늘 걸리지만 지난 일에 대해서는 죄를 추궁하지 않을 것이다.

그런데 무고 사건이 일어났을 때 승상과 어사대부에게 명하기를 이천석 관리를 감독하여 범인을 잡아서 정위에게 넘겨 심문하도록 했으나 아직도 구경과 정위가 누구를 심문했다는 이야기를 들은 적이 없다. 강충이 먼저 감천궁 사람들을 심문했고 뒤에 미앙궁의 조방전(椒房殿)[9]을 뒤졌으며 공손경성이 나를 저주했고 이우(李禹) 등이 흉노를 끌어들이려고 모의했지만, 유사가 밝혀내지 못했는데 이번에 승상이 난대(蘭臺)에서 몸소 무고의 증거물을 발굴하여 명백히 알려졌다.

지금까지도 살아남은 무축들이 여전히 저주를 행하고 있으니 그 삿된 기운이 내 몸에 스며들고 있다. 여기저기 인형이 묻혀 있을 것을 생각하니 짐은 심히 치욕스럽다. 사정이 이러한데 어떻게 천수를 누릴 수 있겠는가! 경들이 올린 술잔을 조심스럽게 사절하고 들지 않겠다! 승상과 이천석 관리들은 각자의 관아로 돌아가라고 이르라. 『서』에 '불편부당하게 왕도를 널리 펼치라.'[10]라고 했다. 다시는 이 일을 언급하지 않도록 하라."

그 뒤 한 해 남짓하여 무제가 병이 들었다. 황제의 아들 중에서 구익(鉤弋) 부인[11]이 낳은 아들이 태자로 세워졌다. 대장군 곽광과 거기장군 금일제, 어사대부 상홍양 및 승상 차천추에게 명하여 함께 유조를 받들어 어린 황제를 보좌하게 했다.

무제가 붕어하고 소제가 막 즉위했을 때 정무를 처리할 수 없었으므로[12] 정사는 모두 대장군 곽광이 처리했다. 차천추는 승상의 자리에 있으면서 신중하고 후덕하게 일했으므로 덕망이 높았다. 공경이 황제를 알현하는 자리가 있을 때마다 곽광이 차천추에게 말했다.

"군후와 함께 선제의 유조를 받든 뒤에 저 광(光)은 조정 내의 일을 다스리고 군후께서는 바깥을 다스리고 계십니다. 군후께서 가르치고 모범이 되셔서 저로 하여금 천하 백성을 저버리지 않게 해 주셔야 합니다."

차천추가 대답했다.

"장군께서 마음을 다하고 계시니 이는 천하 백성에게 아주 다행한 일입니다."

그러고는 끝내 다른 말은 하지 않았다. 이런 점에서 곽광은 차천추를 존중했다. 하늘의 감응이 내려 길상한 징조가 나타날 때마다 승상에게 여러 차례 포상했다. 소제 시대가 끝날 무렵까지 나라에는 별다른 사건이 없었고 백성의 살림살이도 조금씩 나아졌다. 시원 6년에 조서를 내려 지방의 군과 제후국에서 현량 인재와 문학 인재를 천거하게 하고 그 인재들에게 백성의 괴롭고 힘든 바에 관해 물었다. 소금과 쇠의 전매 폐지에 관한 논의가 이로부터 시작되었다.

차천추는 승상 자리에 열두 해 있다가 죽었다. 시호는 정후(定侯)로 내려졌다. 그보다 먼저 차천추가 연로했으므로 황제가 우대하여 조정에서 황제와 국사를 의논하는 자리에 나갈 때 작은 수레를 타고 궁전 안으로 들어가게 했다. 그리하여 차 승상(車丞相)이라고 불리게 되었다.

아들 전순(田順)이 후사가 되어 후위를 이었다. 아들은 벼슬이 운중 태수에 이르렀고 선제 때에 호아장군(虎牙將軍)이 되었다. 흉노를 공격하던 중에 포로의 수를 늘려서 보고한 죄에 걸려 스스로 목숨을 끊었으므로 봉토를 철폐했다.

소금과 철의 전매 제도를 마련한 상홍양

상홍양이 여덟 해 동안 어사대부를 지내며 소금과 철을 조정에서 경영하는 제도를 수립했다. 조정에 많은 이익이 생기게 한 공을 자랑하며 자제가 벼슬을 얻기를 바랐으나, 뜻대로 되지 않자 곽광에게 원한을 품었다. 상관걸 등과 모반했다가 주살되었다.

아전에서 출발해 승상까지 오른 왕흔

○   ○   ○

왕흔은 제남군 사람이다.

태수부와 현령부의 아전으로 있으면서 계속 공을 세웠으므로 점점 승진하여 피양(被陽) 현령이 되었다.

무제 말년에 여러 차례 전쟁을 일으켰으므로 지방의 군과 제후국에 도적들이 떼로 일어났다. 수의어사(繡衣御史) 보승지에게 도끼를 들고 도적을 잡게 하는 한편, 이천석 이하 관리를 주살하면서 군용 물자를 징발하는 일을 처리하게 했다. 보승지가 피양현에 왔을 때 〔피양현에서 물자를 제대로 징발하지 않았다는 이유로〕 왕흔을 베려고 했다. 왕흔이 옷을 벗고 모탕 위에 엎드린 채 고개를 들고 말했다.

"수의사자께서는 홀로 생사여탈권을 가지신 채 지방의 군과 제후국에 위엄을 떨치고 계십니다. 지금 다시 저 흔(訢) 하나를 베어 버린다 해도 위풍을 더할 수 없을 것이니, 형편을 고려하여 관대하게 풀어 주심으로써 은덕이 많은 분임을 널리 알리시고 죽을 힘을 다해 보답하게 하는 것만 같지 못할 것입니다."

보승지가 그 말을 듣고 호방하다 여겨 주살하지 않고 풀어 준 뒤 그때부터 왕흔과 두터운 정을 나누며 사귀었다.

보승지가 황궁에 돌아와서 왕흔을 천거하자 황제가 왕흔을 불러올려 우보도위(右輔都尉)로 삼고 우부풍직을 겸하게 했다.

황제가 여러 번 안정군(安定郡)과 북지군에 순행을 나가면서 부풍(扶風) 땅을 거쳐 갔다. 왕흔이 행궁과 치도를 치우고 음식과 숙박 채비를 잘 갖추어 놓은 것을 본 무제가 칭찬하고 행렬을 멈추어 그곳에 유숙하면서 왕흔을 우부풍으로 승진시켰다. 왕흔은 그때부터 열 몇 해 동안 우부풍 일을 보았다.

소제 때에 어사대부로 승진했다가 차천추의 뒤를 이어 승상이 되면서 의춘후(宜春侯)에 봉해졌다. 그 이듬해에 세상을 떠나자 경후(敬侯)라는 시호가 내려졌다.

아들 왕담(王譚)이 아버지의 후위를 이어받은 뒤에 열후의 신분으로 창읍왕을 폐하고 선제를 옹립하는 데 참여하여 식읍 삼백 호를 더해 받았다. 왕담이 세상을 떠나자 아들 왕함(王咸)이 후위를 이었다.

왕망의 부인이 바로 왕함의 딸이었으므로[13] 왕망이 황위를 찬탈한 뒤에 의춘후 집안은 외척으로서 총애를 받았다. 왕흔이 열후가 된 뒤로 고손자 때까지 후위를 이어 갔으나 왕망이 패망한 뒤에 후위를 박탈당했다.

부인의 조언을 따라 선제 옹립에 참여한 양창

양창은 화음(華陰) 사람이다. 대장군 막부에서 일하다가 군사마가 되었다. 곽광의 총애를 받아 점차 승진하여 대사농까지 올라갔다.

원봉 연간에 도전사자(稻田使者) 연창이 상관걸 등의 모반을 알아차리고 양창에게 그 사실을 알렸다. 양창은 평소에 무슨 일이 나는 것을 두려워하여 조심하던 사람이라 감히 상소를 올리지도 못하고 병을 칭하고 누워 버렸다. 그러고는 간대부 두연년에게 모반 소식을 알리자 두연년이 황제에게 보고했다. 그리하여 연창과 두연년은 모두 열후에 봉해졌으나 양창은 구경의 지위에 있으면서 곧바로 고발하지 않았다 하여 열후가 되지 못했다. 뒤에 어사대부로 승진했다가 왕흔의 뒤를 이어 승상이 되었고 안평후(安平侯)에 봉해졌다. 그다음 해에 소제가 붕어하고 창읍왕이 황궁에 불려 들어가 즉위했다. 방종하고 도덕에 어긋난 행동을 했으므로 대장군 곽광과 거기장군 장안세가 왕을 폐위하고 새로운 황제를 옹립하기로 모의했다. 계획이 서고 나서 대사농 전연년으로 하여금 양창에게 알리게 하자 양창이 놀라 떨면서 아무 말도 못 하고 등에 땀만 흘리며 그저 '예, 예.'라고만 했다. 전연년이 옷을 갈아입으러 가자 동편 측실에 있던 양창의 부인이 급히 뛰어나와 양창에게 말했다.

"이 일은 나라의 대사입니다. 지금 대장군이 계획을 이미 세워 놓고 구경의 지위에 있는 전연년을 보내 군후께 소식을 알리게 했는데 군후께서 우물쭈물하면서 대장군과 같은 생각이라고 재빨리 대답하지 않는다면 일이 일어나기 전에 먼저 주살당할 것입니다."

전연년이 옷을 갈아입고 돌아오자 양창과 부인, 전연년 셋이서 함께 대화를 나누며 대장군의 뜻에 따르기로 하고 명령을 받들겠다고 나섰다. 그리하여 함께 창읍왕을 폐하고 선제를 옹립했다.

선제가 즉위한 뒤 한 달 남짓해서 양창이 세상을 떠났다. 시호는 경후(敬侯)로 내려졌다. 아들 양충(楊忠)이 후위를 이었다. 아버지 양창이 승상의 자리에 있으면서 새 황제를 옹립하는 방책을 결정함으로써 종묘를 안정시켰다 하여 식읍 삼천오백 호를 더해 받았다.

낭관 제도를 개혁한 양운

○　○　○

양충의 동생 양운의 자는 자유(子幼)이다. 양충이 동생을 천거하여 낭관이 되면서 상시기(常侍騎)에 임명되었다.

양운의 어머니가 사마천의 딸이었으므로[14] 양운은 외조부의 『태사공기(太史公記)』를 가장 먼저 읽었다. 또 『춘추』 연구에 뛰어났다. 재주가 뛰어나기로 유명했고, 출중한 유생들과 교유하기를 좋아하여 조정에까지 이름이 나서 좌조에 발탁되었다.

곽씨(霍氏) 일족이 모반했을 때 양운이 가장 먼저 그 소식을 알고 금안상을 통해 황제에게 보고하자 황제가 불러 모반 내용을 말하게 했다. 곽씨 문중이 멸족당하고 양운 등 다섯 사람은 제후에 봉해졌다. 양운은 평통후(平通侯)가 되었고 벼슬은 중랑장을 받았다.

그때의 낭관 제도는 낭관이 스스로 돈을 내서 물자를 구입하고 문서를 작성해야 관직을 더해 받을 수 있었으므로 '산랑(山郞)'[15]이라고 불렀다. 돈을 내지 못한 낭관은 하루 병가를 내면 목욕 휴가 하루를 반납해야 했다. 어떤 이는 한 해가 넘도록 목욕 휴가 하루를 받지 못했다. 부유한 집안 출신의 낭관은 종일 놀이를 즐겼고, 그중 어떤 이들은 돈을 주고 좋은 부서에 배치받기도 했다. 그 때문에 뇌물을 상납하는 풍조가 생겼고, 다들 그런 풍조를 따랐다.

양운이 중랑장이 되었을 때 낭관의 산랑 풍토를 없애고 낭관 관아의 한 해 비용을 대사농에게 이관하여 대사농이 비용을 대게 했다. 낭관의 병가, 집에 돌아가 부모를 뵙는 휴가, 목욕 휴가를 법령으로 정해 지키게 했다. 낭관이나 알자가 법을 어기면 모두 황제에게 보고하여 자리를 박탈했고, 재능이 출중한 자는 천거하여 군수(郡守)와 구경까지 오르게 했다. 이렇게 제도를 갖추자 낭관들의 소질이 높아져 모두들 스스로 직무를 충실히 수행하려고 노력했고 뇌물을 주고 자리를 부탁하는 폐단이 없어졌다. 각종 명령과 금지령이 잘 지켜졌으니 황궁 안의 낭관들이 한소리를 내며 따랐다. 이로 말미암아 양운은 제리광록훈(諸吏光祿勳)에 발탁되었으니 황제의 심복 대신이 되어 정사를 처리했다.

애초 양운은 아버지에게서 오백만 전을 유산으로 물려받았는데 평통후에 봉해지자 자신의 일족에게 그 돈을 모두 나눠 주었다. 또 자식이 계모에게서 수백만 전이나 되는 유산으로 물려받고도 그 돈을 모두 계모의 형제에게 나눠 주었다. 두 차례에 걸쳐 받은 유산이 천만여 전이나 되었지만 그 모두를 나눠 주었으니, 재물을 경시하고 도의를 중시하는 것이 이와 같았다.

양운이 황궁 내에서 일을 볼 때 청렴결백했으므로 낭관들이 모두 양운의 공정함을 칭찬했다. 그런데 양운은 자신의 덕행과 사람을 다스리는 능력이 뛰어나다고 자랑하고 다녔고 성격이 각박했으며 남이 몰래 저지른 허물을 고발하기 좋아했다. 동료 중에서 자신과 다른 의견을 낸 사람은 어떻게든 해치려고 했으니 자신이 다른 사람보다 능력이 뛰어나다는 이유로 남을 제압하려고 했다. 그리하여 조정 안에서 원한을 산 일이 많았는데 태복 대장락(戴長樂)과 관계가 악화되어 마침내 그 일로 해를 입게 되었다.

대장락은 선제가 민간에 있을 때부터 알고 지내던 자로 선제가 즉위한 뒤에 심복으로 발탁되었다. 언젠가 대장락이 종묘 제사 의례를 연습하면서 황제가 올릴 예를 황제 대신 하고 돌아와서 연(掾)과 사(史)들에게 말했다.

"내가 황제 앞에서 황제의 명령을 받아 황제 대신 연습을 했는데 도후(秺侯)가 수레를 몰아 주었어."

누군가가 대장락이 해서는 안 될 말을 했다고 상소하자 황제가 정위에게 대장락을 조사하게 했다. 대장락은 양운이 다른 사람을 시켜 자신을 고발한 것으로 의심했다. 그리하여 그 역시 상소를 올려 양운의 죄를 고발했다.

고창후(高昌侯) 동충(董忠)이 수레를 몰고 북역문(北掖門)으로 들어오다 문에 부딪혔을 때 운(惲)이 부평후 장연수에게 이렇게 말했습니다. "전에 듣기를 달려 들어오던 수레가 황궁 문에 부딪혀 문의 빗장이 부러지고 말이 죽었는데 이어서 곧바로 소제가 붕어하셨다고 했습니다. 지금 그런 일이 다시 일어났는데 이는 하늘의 뜻이지 인력으로 저렇게 된 것이 아니오."

좌풍익 한연수(韓延壽)가 죄를 지어 하옥되었을 때 운이 황제께 상소하여 연수를 변호했습니다. 낭중 구상(丘常)이 운에게 "듣자니 군후께서 한풍익을 변호하셨다고 하는데 살릴 가망이 있겠습니까?"라고 묻자, 운이 "일이 어찌 그렇게 쉽게 해결되겠소? 행동이 바른 사람이라고 모두 목숨을 보전하는 것은 아니오. 나 자신도 보전하기 어려울 수 있으니 지금의 내가 바로 진인(眞人)이 말한 바, 쥐가 큰 똬리를 물고 작은 쥐구멍으로 들어가는 격이오."라고 말했습니다.

중서알자령 선(宣)이 선우의 사자가 〔선우가 한나라에 복속하려 올 것이라고〕 한 말을 적어서 중조(中朝)의 여러 장군과 이천석 관리들에게 보이자 운이 "묵돌 선우는 한나라에서 보낸 맛있는 음식과 좋은 물건을 받고도 음식은 썩어서 냄새가 나고 물건의 질도 나쁘다고 했다니 선우가 직접 오지 않을 것이 분명합니다."라고 했습니다.

운은 황궁 서각(西閣)에 올라 거기에 걸어 둔 초상화를 보면서 낙창후(樂昌侯) 왕무(王武)에게 걸주(桀紂)의 초상화를 가리키며 "천자께서 여기 오셔서 걸주의 허물에 대해 한두 가지라도 물어보신다면 교훈을 얻을 수 있을 것입니다."라고 했습니다. 그곳에는 요임금, 순임금, 우임금, 탕왕의 초상화도 걸려 있었는데 그런 성군은 언급하지 않고 걸주만 입에 올렸습니다.

운이 흉노에서 투항한 자로부터 선우가 피살되었다는 말을 들었을 때 말하기를 "불초한 임금은 대신이 좋은 방책을 올려도 채택하지 않다가 몸을 거둘 데도 없이 자멸하게 된다. 마치 진나라 때에 〔환관 조고(趙高)〕 같은 소신(小臣)만 신임하고 훌륭한 충신은 주살하다가 마침내 멸망한 것과 같다. 만일 진나라 황제가 대신(大臣)을 곁에 두고 중용했다면 지금까지 나라가 존속했을 것이다. 예전이나 지금이나 [간신이란] 그 산의 그 너구리일 뿐이다."라고 했습니다. 운은 이미 망한 나라의 예를 들며 지금의 조정을 비방했습니다. 이는 신하로서의 예를 다하지 않은 것입니다.

저 장락에게는 "정월부터 날은 흐렸으나 비가 오지 않는데 『춘추』에도 이 같은 내용이 기록되어 있어[16] 하후군(夏侯君)도 언급한 바 있습니다.[17] 비가 계속 내리지 않으면 천자께서 후토사(后土祠)에 제사를 올리기 위해 하동에 행차하실 수 없을 것입니다."라고 했으니 주상을 희롱하는 것은 패역하게 윤리를 어기는 일입니다.

황제가 정위에게 넘겨 양운을 조사하게 했다. 정위 우정국이 심문하여 증인을 확보하고 사안을 밝혔다. 우정국이 상소했다.

운이 죄를 인정하지 않을뿐더러 호장(戶將) 존(尊)을 불러 존으로 하여금 부평후 연수(延壽)에게 "태복은 사형받을 만한 죄를 여럿 저질러 얼마 남지 않은 자입니다. 운은 다행히 부평후와 혼인 관계를 맺은 사이입니다. 그때는 우리 셋만 앉아서 이야기를 나눈 것이니 후께서 '그때 운이 한 말을 듣지 못했다.'라고 하면 자연히 태복이 고발한 내용을 뒤집게 됩니다."라며 말을 맞추게 했습니다. 존이 "그렇게 할 수 없습니다."라고 하자 운이 화를 내며 큰 칼을 들고 "태복이 부평후의 힘을 빌게 되면 멸족하게 됩니다. 오늘 나 운이 한 말을 발설하지 마십시오. 태복이 들으면 또 다른 죄를 추궁하게 될 겁니다."라고 했습니다.

운은 영광스럽게도 구경의 반열에 올라 제리로서 황궁에서 숙위하며 황상 가까이에 있는 신하가 되었으니 황상께서 중용하며 정사를 처리하게 하셨습니다. 그러나 신하의 도의를 다하며 황상께 충성을 다하지 않았고 나라를 사랑하지 않았으며 망령되이 황상을 원망했으며 요언을 퍼뜨렸으니 대역부도죄에 해당하므로 죄인을 체포하여 다스리기를 청합니다.

황제가 차마 주살하지 못하고 조서를 내려 양운과 대장락을 모두 파면시켜 서인으로 삼았다.

관직을 잃고도 즐겁게 지내다 대역죄에 걸리다

○　○　○

양운이 관직을 잃은 후 집에 돌아가 돈을 벌었다. 집을 잘 짓고 있던 재물을 쓰며 즐겁게 생활했다. 그렇게 한 해 남짓 지났을 때 양운의 동학(同學)으로 지략에 능했던, 서하 사람이자 안정 태수인 손회종(孫會宗)이 양운에게 삼가며 살 것을 권하는 편지를 보냈다.

대신으로 있다가 쫓겨났으면 응당 문을 걸어 잠그고 두려워하는 면을 보이면서 다른 사람들이 불쌍히 여기도록 해야 합니다. 돈벌이를 하거나 빈객들과 교유하며 다른 사람들의 칭찬을 들어서는 안 됩니다.

양운은 승상의 아들로 이미 젊어서부터 조정에서 이름을 날리다가 모호하게 한 말 때문에 하루아침에 때문에 폐출되었기에 손회종의 뜻에 굴복하지 못하고 답장을 보냈다.[18]

저 운은 재주가 없고 하는 짓도 천박하며 학문과 품행에 기본을 갖추지 못하고 있습니다. 다행히 선친의 유업 덕분에 황궁에서 숙위하던 중에 시국의 변고〔였던 곽씨의 모반 사건〕를 알게 되어 미리 고발함으로써 작위를 얻었습니다. 그러나 끝내 맡은 임무를 다하지 못하고 화를 만났습니다.

그대가 그런 저의 어리석음을 불쌍하게 여기고 편지를 보내 모자라는 점을 가르쳐 주었으니 그 마음 씀이 아주 깊기만 합니다. 그러나 그대가 일의 시말을 깊이 살펴보지 않고 세속의 비방과 칭찬의 기준에 경도되어 있는 것은 안타까운 일입니다. 어리석고 비루한 제 생각을 말씀드리면 그대의 뜻을 거스르는 한편으로 제 허물을 감추려고 꾸미는 것이 될 듯하여 침묵을 지키고 그냥 있을까 했는데, 그렇게 하면 "각자 자신의 뜻을 펼쳐 말하라."[19]라는 공씨(孔氏)의 뜻을 어기게 될까 두려워 간략하게나마 어리석은 제 생각을 말씀드리려고 하니 군자께서 제 뜻을 살펴주시기 바랍니다.

운의 집안이 한창 번성했을 때에는 주륜거(朱輪車)를 타는 사람이 열 명이나 되었으니 구경의 반열에 오르거나 통후(通侯)의 작위를 받거나 황상의 시종관을 통솔하면서 정사에 참여했습니다. 그

러나 저는 그때 공을 세웠던 집안에 기댄 채 황상께 덕치를 펼치시
도록 건의를 올리지도 않았고 다른 신하들과 힘을 합해 조정에서
빠뜨린 점을 보완하려고도 하지 않은 채 아무런 재주 없이 벼슬자
리만 차지하고 앉아서 봉록을 받고 있다는 질책을 받은 지 오래되
었습니다. 그러나 봉록을 탐하고 권세를 갈망하느라 스스로 물러
나지도 않았습니다. 그럴 때 변고를 만나 억울하게 모함을 당한 채
로 북궐에 유폐되었고 처자식도 모두 옥에 갇혔습니다. 그 일을 당
했을 때 일족이 멸하는 벌을 받아도 죄를 다 치를 수 없겠다 싶었
습니다. 목숨을 보전한다거나 다시 선인의 묘소에 제사를 지낼 생
각은 하지도 못했습니다. 엎드려 생각해 보면 목숨을 살려 주신 성
군 황상의 은혜는 헤아릴 수 없을 만큼 컸습니다.

군자는 도를 행하는 것이 즐거워서 근심 걱정을 잊어버리지만,
소인은 목숨만 보전되면 기쁜 마음에 지었던 죄를 잊어버리게 되
어 있습니다. 지은 죄는 크고 품행도 망가져서 죽을 때까지 평생
농부로 살아야겠다고 혼자 생각했습니다. 그리하여 처자식을 데리
고 힘써 밭을 갈고 뽕나무를 기르고 채소와 과일 밭에 물을 대면서
돈벌이를 하여 세금을 바쳤습니다. 그런데 돈벌이를 하는 것 때문
에 다시 비방을 받으리라고는 생각하지도 못했습니다.

대저 인지상정은 막을 수 없으니 성인도 그런 일을 금하지 않았
습니다. 그리하여 가장 존귀한 임금이나 가장 가까운 아비도 임종
한 뒤에 상복을 입는 기한이 정해져 있는데, 제가 죄를 지은 지도
세 해가 지났습니다.

농사를 짓자면 고생스럽습니다. 그래서 복날이나 세밑이 되면

양고기를 삶고 새끼 양을 통째로 구워 말술을 마시며 자신을 위로
했습니다. 저의 집안은 진나라 출신이라 저는 진나라 음악을 할 줄
알고, 아내는 조(趙)나라 여자라서 비파를 잘 탑니다. 노래를 할 줄
아는 노복과 계집종도 몇 명 있어서 술이 올라 귀가 불그레해지면
하늘을 우러러 부(缶)를 두드리며 진나라 식으로 「오오(鳴鳴)」 노래
를 부릅니다. 가사는 이렇습니다.

저 남산에 밭을 일구고
잡초 우거져도 김을 매지 않았네.
한 경(頃)에 콩을 심었더니
콩알이 다 떨어지고 줄기만 남았네.
인생은 즐겁게 보내면 될 뿐
부귀할 날을 기다려 본들 그 언제나 누릴 수 있을까![20]

그렇게 노래라도 부르는 날에는 옷자락을 툴툴 털고 기쁜 마음
이 되어 소맷자락을 아래위로 휘두르고 발까지 구르며 춤을 추기
시작합니다. 방종하고 무절제해 보이지만 이렇게 살면 안 된다고
생각하지는 않습니다.

다행히도 저에게 봉록으로 받았던 것이 남아 있어 그것을 밑천
으로 물건이 쌀 때 사들여 비쌀 때 파는 것으로 십 분의 일의 이윤
을 남겼습니다. 이는 장사꾼이나 하는 일이지만 치욕스럽게도 저
운이 직접 했습니다. 천한 사람에게는 여러 사람의 비방이 쏟아지
는 법, 그래서 춥지도 않은데 소름이 돋습니다. 저를 잘 아는 사람

일지라도 세상 사람들 하는 대로 비방을 해 대고 있으니 이제 누가 있어 칭찬이라도 해 주겠습니까?

동생(董生)께서도 "부지런히 인과 의를 추구하면서 백성을 교화시키지 못할 것을 늘 걱정하는 것은 경과 대부의 마음이고, 부지런히 재물의 이익을 추구하면서 늘 생활의 궁핍을 걱정하는 것은 서인의 일이다."[21]라고 말하지 않았습니까? 〔공자께서〕 "가는 길이 같지 않으면 서로 함께 일을 도모하지 말도록 하라."[22]라고 하신 것입니다. 지금 그대는 어찌 경과 대부의 법도를 가지고 저 같은 서민을 질책하려고 하십니까?

서하 지방은 〔전국 시대〕 위나라 땅으로 위문후(魏文侯)가 일어났던 곳이자 단간목(段干木)과 전자방(田子方)의 유풍이 남아 있는 곳으로 사람들은 모두 절개가 높아 벼슬길에 나아가고 물러날 때를 잘 안다고 합니다. 그대는 얼마 전에 고향을 떠나 안정 태수로 갔습니다. 안정은 산골짜기 사이에 있는 곤융(昆戎)의 옛 땅으로 젊은이들이 탐욕스럽고 비열합니다. 설마 그 습속 때문에 사람이 변한 것입니까?

편지를 받고 이제 그대의 뜻을 잘 알게 되었습니다. 한나라가 크게 융성하고 있는 때를 맞이하여 〔자신의 공명을 위해〕 노력할 것이지, 저에 대해 긴 말씀은 하지 마십시오.

한편 양운의 형의 아들 안평후(安平侯) 양담(楊譚)이 전속국으로 있었는데 양운에게 말했다.

"서하 태수인 건평(建平) 출신의 두후(杜侯)[23]가 일전에 죄를 짓고 쫓겨났다가 지금 황상의 부름을 받아 어사대부가 되었습니다. 후(侯)께서도 죄는 가볍고 공이 있으시니 얼마 있지 않아 다시 기용될 것입니다."

양운이 대답했다.

"이전에 세운 공이 무슨 쓸 데가 있겠어? 힘을 다 바쳐도 황상이 알아주지 않는데."

양운은 평소에 갑관요(蓋寬饒) 및 한연수와 사이가 좋았으므로 양담이 말했다.

"황상께서 정말 그렇긴 하십니다. 갑(蓋) 사례(司隸)와 한(韓) 풍익 모두 힘을 다해 일하던 관리였지만 두 분 다 옥사에 걸려 주살당하셨죠."

마침 일식의 변고가 일어나 황궁의 말을 기르던 관리인 성(成)이 황제에게 글을 올려 양운을 고발했다.

"교만하고 방종하여 자신의 허물을 고칠 줄 모릅니다. 일식의 재앙은 이자 때문에 일어난 것입니다."

고발장을 정위에게 넘겨 심문하게 하자 손회종에게 쓴 편지가 발견되었다. 선제가 그 편지를 보고 양운을 몹시 미워했다.

정위가 양운을 대역부도죄로 판결하여 요참형으로 다스렸다. 처자식은 주천군(酒泉郡)으로 귀양을 보냈다. 양담은 양운의 잘못을 바로잡도록 권하지 않고 양운에게 호응하여 황제를 원망하는 말을 나누었으므로 관직을 빼앗아 평민으로 삼았다.

황제가 성을 불러들여 낭관으로 삼았다. 양운과 사이가 좋았던 현직 관리 중에서 미앙궁 위위 위현성, 경조윤 장창과 손회종 등도 모두 관직을 박탈당했다.

여든이 넘어 승상이 된 채의

○ ○ ○

채의는 하내군 온현(溫縣) 사람이다. 명경(明經) 인재로 뽑혀 대장군 막부에서 일했다. 집이 가난해서 늘 걸어다녔기 때문에 대장군 막부에서 일하는 사람으로서 지닐 품위를 갖추지 못했으므로 대장군 막부의 호사가들이 돈을 모아 채의에게 독거(犢車)를 사주며 타고 다니게 했다. 몇 해가 지난 뒤에 복앙성문의 문후(門候)로 승진했다.

오랜 시간이 지난 뒤에 황제가 조서를 내려 『한시(韓詩)』 해석에 능한 자를 찾았을 때 채의가 불려 들어가 대조했으나 오랫동안 황제를 알현하지 못했다. 채의가 상소를 올렸다.

신은 효산 동쪽의 벌판에서 온 사람으로 행동거지와 능력이 남들과 비할 수 없을 뿐만 아니라 용모도 여러 사람에게 미치지 못합니다. 그러나 인륜을 버리지 않은 것은 제가 고향의 선생님께 도를 배우고 자신을 경술에 바쳤기 때문입니다. 바라건대 〔폐하께서〕 한가하실 때 시간을 내주시어, 폐하 앞에서 〔제가 아는〕 정밀한 생각을 모두 말씀드리고자 합니다.

황제가 채의를 불러 접견했을 때 『한시』에 대해 설명하자 황제가 아주 좋아하면서 광록대부 급사중에 발탁하고 〔그때 태자였던〕 소제를 가르치게 했다.

몇 해가 지나 소부가 되었다가 어사대부로 승진한 뒤에 양창을 대신하여 승상이 되고 양평후(陽平侯)에 봉해졌다. 그 뒤에 황실을 안정시키는 대책을 마련하여 식읍을 늘려 받고 황금 이백 근을 하사받았다.

채의가 승상이 되었을 때 여든 살이 넘은 데다 키가 작고 수염과 눈썹이 없어 노파의 형상을 하고 있었다. 걸을 때 고개를 숙인 채 등을 구부리고 다녔으므로 늘 두 명의 아전이 부축해야 제대로 걸을 수 있었다.

대장군 곽광이 집정하고 있을 때 어떤 사람들이 말하기를 곽광이 재상을 임명할 때 현명한 자를 뽑지 않고 스스로 조종할 줄 아는 자만 뽑는다고 했다. 곽광이 이 말을 듣고 가까이 두고 있던 시중과 관속들에게 말했다.

"황제의 스승이라면 마땅히 재상이 될 수 있다고 여겼거늘 어찌하여 그런 말들을 한단 말인가? 이런 말을 천하 백성에게 들리게 해서는 안 될 것이야."

채의가 승상을 지낸 지 네 해 만에 죽자 절후(節侯)라는 시호를 내렸다. 아들이 없었으므로 봉토를 철폐했다.

권력자를 잘 섬겼던 진만년

○ ○ ○

진만년의 자는 유공(幼公)이고, 패군(沛郡) 상현(相縣) 사람이다. 군의 아전으로 있을 때 찰거제(察擧制)를 통해 발탁되어 현령이 되었다가 광릉(廣陵) 태수로 승진했다. 정무 처리 성적 심사에서 뛰어나다는 평가를 받아 우부풍이 되었다가 태복으로 승진했다.

진만년은 청렴하고 공정했으며 인격을 닦는 데에도 게을리하지 않았다. 그러나 권력자를 잘 섬길 줄도 알아서 외척 허씨(許氏)와 사씨(史氏) 집안에 뇌물을 바치되 가산을 탕진했는데 특히 낙릉후(樂陵侯) 사고(史高)를 잘 섬겼다.

승상 병길이 병이 났을 때 중이천석 이상의 관리들이 승상의 집에 가서 이름을 적은 알(謁)을 올리고 문병했다. 병길이 집사를 내보내 사례했다. 사례가 끝나자 모두 돌아갔으나 진만년 혼자 남아 있다가 밤이 되어서야 돌아갔다. 황제가 친히 병길의 집에 가서 대신의 덕행과 능력에 대해 자문하자 병길이 우정국과 두연년 그리고 진만년을 천거했다. 그 뒤에 진만년이 우정국을 대신해서 어사대부가 되었다가 여덟 해 뒤에 병이 나서 죽었다.

석현을 비판하여 왕봉에게 발탁된 진함

○　　○　　○

진만년의 아들 진함(陳咸)은 자가 자강(子康)이다. 열여덟 살 때 아버지 진만년의 천거로 낭관이 되었다. 재능이 특별했고 여러 차례 국사에 관해 의견을 내면서 황제의 측근에 있던 대신들을 비판했다. 수십 차례에 걸쳐 상소를 올리면서 좌조로 승진했다.

진만년이 병이 났을 때 진함을 침상 옆에 불러 훈계했다. 한밤중까지 훈계가 계속되자 진함이 졸다가 머리를 병풍에 부딪혔다. 진만년이 크게 노하여 곤장으로 치려고 하면서 말했다.

"아비가 가르치고 훈계하는데 너는 졸면서 귀담아듣지 않으니 무엇 때문이냐?"

진함이 머리를 조아리고 사죄하며 말했다.

"말씀하시려는 바를 모두 알고 있습니다. 요지는 함에게 아부하는 방법을 가르치시려는 것이지요."

이 말을 들은 진만년이 더는 말을 잇지 못했다.

진만년이 죽은 뒤에 원제가 진함을 어사중승에 발탁하여 주와 군에서 올리는 상소를 모두 관장하게 하고 자사들의 근무 성적을 평가하며 황궁에서 법을 집행하게 했으므로 공경 이하 모든 관리가 진함을 경외했다.

그 무렵 중서령 석현이 전권을 휘두르며 독단적으로 정사를 보았다. 진함이 석현의 허물을 심하게 비판하자 석현 등이 진함을 미워했다. 괴리(槐里) 현령 주운(朱雲)이 잔혹하게 정령을 시행하다가 무고한 사람을 죽였을 때 해당 관리가 상소하여 고했으나 황제가 처리하지 않았다. 진함이 평소에 주운과 친했으므로 주운이 진함에게 황제의 뜻을 알아보자 자기변호의 글을 올리게 했다.[24] 그런데 석현이 비밀리에 두 사람을 미행하여 그 사실을 알아내고 진함이 황궁 안의 말을 누설했다고 황제에게 고했다. 황제가 진함을 옥에 가두고 때리면서 심문한 뒤에 사형에서 감형하여 곤형(髡刑)과 성단형(城旦刑)을 내리고 관작을 박탈했다.

성제 즉위 초에 대장군 왕봉이 진함을 "석현의 허물을 지적한 충성스럽고 절개가 곧은 인물"이라고 평가하면서 황제에게 상주하여 대장군 막부의 장사로 임명했다. 진함이 기주 자사로 승진해 갔을 때 황제의 명령을 받들어 일을 잘 처리했으므로 황제가 칭찬하면서 간대부로 불러들였다. 그 뒤에 다시 초내사(楚內史), 북해군과 동군의 태수로 나갔다. 그런데 경조윤 왕장을 천거했던 죄에 걸려서 왕장은 죽고 진함은 파면되었다. 파면되어 집에 돌아가 있다가 다시 황제의 부름을 받고 남양 태수로 나갔다.

진함은 어느 자리에 있거나 일을 엄격하게 처리하면서 위엄을 세웠다. 횡포를 부리며 교활하게 넘어가는 아전이나 지방 토호들이 법을 어겼을 때에도 언제나 태수부로 압송해서 판결하고 법적 절차에 따라 사공(司空)에게 넘겨 작업을 시켰다. 땅에 홈을 파고 디딜방아를 찧게 했는데 찧은 것이 규정에 맞지 않거나, 목과 발을 묶어 둔 쇠고랑을 몰래 벗겼거나, 수의를 법에 정한 대로 착용하지 않은 죄수는 모두 태형으로 다스렸다. 감시를 받으며 극심한 노동에 시달리다가 고통을 이기지 못하고 스스로 목을 매달아 죽는 자가 한 해에 천 명에 가까울 만큼 많았는데, 시체를 오래 방치하여 썩은 자리에서 구더기가 생겨도 가족들에게 넘기지 않았다.

진함이 다스리는 방법은 엄연년과 비슷했으나 청렴함은 엄연년만 같지 못했다. 부임지의 관아에서 조정에 바치는 먹을 것들을 자신이 챙겼고 사치를 부렸으며 맛있는 음식만 먹었다. 그러면서 연(掾)과 사(史)를 꼼짝 못하도록 잡았고 모든 태수부의 고관들에게 명령하기를 방문을 닫고 자신을 단속하면서 법을 어기지 못하게 했다. 또 "만일 각자가 자신에게 좋은 일만 찾아 나선다면 한 군에 백 명의 태수가 있는 것과 같으니 어떻게 그렇게 두겠는가!"라는 공문을 거리낌 없이 발표하기도 했다.

하급 관리들은 진함을 두려워했고 토호들도 꼼짝없이 복속하는 가운데 금지령을 시행해 나갔다. 그러나 그렇게 하다가 자신도 폐출되고 말았다.

진함은 삼공(三公)을 지낸 진만년의 아들로서 젊었을 때부터 조정에서 이름을 날렸다. 그러나 설선, 주박, 적방진, 공광(孔光) 등은 진함보다 훨씬 뒤에 벼슬에 올랐으나 모두 청렴하고 검약하여 진함보다 먼저 공경의 반열에 올랐다. 반면에 진함은 언제나 군의 태수직에 머물렀다.

그 무렵에는 거기장군 왕음(王音)이 집정하고 있으면서 진탕을 믿고 중용했다. 진함은 여러 차례에 걸쳐 진탕에게 선물을 보냈을 뿐만 아니라 편지도 썼다.

"자공(子公)[25]의 도움을 받아 황성에 들어갈 수 있다면 죽어도 아쉬울 것이 없겠습니다."

진함은 뒤에 마침내 황제의 부름을 받아 소부(少府)가 되었다. 소부에서는 많은 보물을 관장하고 있었다. 진함이 속관을 모두 조사하여 몰래 숨겨 둔 것을 찾아내고 압수 재물로 분류하여 몰수했다. 고관의 부하 및 각 궁의 황문(黃門), 구순(鉤盾), 역정(掖庭)의 관리들을 고발하고 조사하니 모두 숨조차 쉬지 못했다. 진함이 소부가 된 지 세 해가 지났을 때 적방진과 사이가 벌어졌다. 승상이었던 적방진이 상주했다.

함(咸)은 전에 여러 군의 태수였는데 부임했던 모든 지방에서 잔혹하게 일을 처리하여 바람에 하층 관민에게 해를 입혔습니다. 도둑질을 막아야 하는 태수가 자신의 감독하에 재물을 챙겼습니다. 또 간신 진탕에게 공공연히 영합하며 자신을 천거해 달라고 청했습니다. 부당하게 벼슬을 얻고도 부끄러워하지 않았으니 그 자리에 두는 것은 마땅하지 않습니다.

진함의 죄가 인정되어 파면되었다. 얼마 뒤에 홍양후 왕립이 진함을 방정 인재로 천거하여 광록대부 급사중이 되었는데 적방진이 다시 상주하여 파면시켰다. 그 뒤 몇 해가 지나서 왕립이 죄를 지어 봉토로 돌아갈 때 적방진이 진함도 고향인 패군으로 돌려보내야 한다고 상주했다.

적방진의 상소가 받아들여져서 고향으로 돌아간 진함은 우울하게 살다가 죽었다.

육경과 법률에 밝았던 형제, 정홍과 정창

○　　○　　○

정홍의 자는 치경(稚卿)이고 태산군 강현(剛縣) 사람이다. 형 정창(鄭昌)의 자는 차경(次卿)이다. 두 사람 다 배우기를 좋아하여 육경 연구에 밝았으며 법률과 정령(政令)에 정통했다.

차경은 태원군(太原郡)과 탁군 태수를 지냈고 정홍은 남양군 태수를 지냈는데 두 사람 모두 뛰어난 업적을 남겼다. 두 사람이 제정한 조문과 교령, 법령, 제도는 후대의 찬양을 받았다.

차경은 엄한 형벌을 썼으므로 관대했던 정홍만 하지 못했다. 정홍이 회양국(淮陽國)의 상(相)으로 승진했다. 그곳에서 업적을 인정받아 우부풍이 되었는데 당시 장안 사람들이 정홍을 칭찬했다. 위현성을 대신해서 어사대부가 되었다. 여섯 해가 지난 뒤에 경방(京房)과 국사를 논의한 내용이 법에 걸려 파면되었다. 이때의 이야기는 「경방전」에 있다.

찬하여 말한다.

염철 토론은 시원 연간에 시작되었다. 소제가 문학 인재와 현량 인재를 접견한 자리에서 치세를 펼칠 정책에 관해 물었을 때 모든 유생이 지방의 군과 제후국에서 시행되고 있던 소금과 철의 중앙 조정 경영 체제, 주세, 균수(均輸) 제도의 폐지를 원한다고 대답했다. 그리고 농업에 힘쓰고 상업을 억제하면서 천하 백성과 이익을 다투지 않게 된 뒤에야 교화가 잘 이루어질 것이라고 했다.

그러나 어사대부 상홍양은 조정의 정책은 변경을 안정시키고 사이를 제압하기 위한 국가의 중대한 사업이므로 폐지할 수 없다고 주장했다.

그때 염철 정책에 관해 상반된 주장을 가진 양쪽이 서로 힐난했는데 그 논의를 기록한 글이 아주 많았다. 선제 때에 여남국(汝南國) 승상 차공(次公) 환관(桓寬)이 『춘추공양전』을 연구하여 낭관으로 천거되었다가 벼슬이 여강(廬江) 태수승까지 이르렀는데 박학 통달했으며 글을 잘 지었다. 염철에 관한 논의를 분석하여 논의 별로 글을 정리했는데 당시의 논의와 힐난을 모두 모아 수만 자에 이르는 『염철론(鹽鐵論)』[26]을 저술했다. 환관이 『염철론』을 지은 것은 난세와 치세의 정책을 연구하는 뜻도 있었는데 그 방면에 체계를 세워 일가를 이루었다.

『염철론』에서 객이 "공경과 현량, 문학 인재가 각각의 입장을 대변한 토론회를 보았습니다."라고 하자 환관은 "내가 알던 바와 다르다."[27]라고 하면서 이렇게 말했다.

"여남국 주생(朱生)의 말에 따르면 그때 걸출한 인재가 한꺼번에 올라왔는데, 현량 인재였던 무릉(茂陵)의 당생(唐生)과 문학 인재였던 노나라의 만생(萬生) 등 예순 몇 명[28]이 궁정에 모두 모여 육경의 도리를 마음껏 펼쳐 주장하고 태평치세의 근본을 토론했다. 지혜로운 자는 자신의 사상을 소개하고 인자한 자는 명확한 시책을 내놓았으며 직언을 서슴지 않는 자는 과감한 의견을 냈고 말솜씨가 뛰어난 자는 줄기차게 언사를 늘어놓았으니 쟁론이 끊이지 않는 가운데 자신들의 주장을 굽히지 않았다. 비록 완벽하진

않지만 그 논의에서 방책을 살펴볼 수 있다."

또 "중산국(中山國) 사람 유자추(劉子推)가 왕도를 역설하며[29] 현재 세상을 바로잡아 올바른 쪽으로 되돌리자고 주장했으니, 성심 성의가 있으면서 겉으로도 위의를 갖춘 박학다식한 군자였다."라고 했고, "구강군의 축생(祝生)은〔춘추 시대〕사어와도 같은 절개를 떨치면서 울분을 터뜨리며 공경들을 비난했는데 곧은 절개를 계속 굽히지 않았으니 세도가를 두려워하지 않았다고 할 수 있다."라고 했다.

"상(桑) 어사대부는 집정 대신이면서 시대 변화에 맞춰 권력과 형세를 좇는 방책을 숭상했다. 주장이 정당하지 않았으나 거유와 노학자들이 논리로 반박하지 못했으니 박학다식하고 모든 것에 통달한 벼슬아치라 할 수 있다. 그러나 공경의 지위에 있으면서 옛 법도를 따르지 않았다. 장사꾼으로 이익을 좇던 자가 어울리지 않는 자리에 올랐다가 상관걸과 함께 모반함으로써 어긋난 도를 행하던 중에 결국 자신도 목숨을 잃고 집안도 멸족당했다."

차(車) 승상은 이윤과 여상(呂商) 같은 재상 반열[30]에 있으면서 곽광이 집정하고 있을 때 주머니를 끈으로 묶어 둔 것처럼 입을 다물고 목숨을 보전하다가 죽었으니, 피재피재(彼哉彼哉)[31] 류의 사람이었다. 게다가 승상과 어사대부 두 관아의 속관들은 바른 의견으로 재상을 제대로 보좌할 생각은 없이 한패가 되어 이익을 취하는 일을 도와주었을뿐더러 아첨을 떨고 영합하면서 윗사람을 기쁘게 하려고만 했는데, "그릇이 두소밖에 안 되는 자들이라 더 따질 게 없었다."[32]

37

양·호·주·매·운 전
楊胡朱梅云傳

이 편에는 『논어』의 표현인 광견(狂狷)에 속하는 다섯 인물인 양왕손(楊王孫, ?~기원전 132년경), 호건(胡建, ?~기원전 86년), 주운(朱雲, ?~?), 매복(梅福, ?~?), 운창(云敞, ?~?)의 사적이 실려 있다. 광견에서 광(狂)은 '나아지려고 뜻을 세우고 열심히 노력하는 행위'를 이르고, 견(狷)은 절의를 지킨다며 무위(無爲)의 삶을 사는 것을 이른다. 이 편에 나오는 양왕손은 재산을 탕진해 가며 양생술을 익히다가, 죽은 뒤에 원래 상태로 돌아가고 싶다면서 맨몸으로 땅에 묻히는 기행을 보였다. 하늘을 찌르는 권세를 누리던 대장군 왕봉을 비판하는 호기를 부린 매복이나 황제의 스승을 황제에게 고발했던 주운도 평범한 인물은 아니었다. 전제 군주 시대에 자신의 뜻대로 살기란 힘든 일이었을 텐데도 뜻을 굽히지 않고 성격까지 드러내며 산 보기 드문 다섯 사람을 만나게 된다.

내가 죽거든 내 몸이 직접 흙에 닿게 묻어라

○   ○   ○

양왕손은 효무제 때의 사람이다.

황로 방술을 공부했다. 집에 재산이 아주 많았는데, 양생을 중시하면서 양생에 좋은 것이라면 구하지 않은 것이 없었다.

병이 들어 죽기 전에 아들에게 영을 내렸다.

"나는 맨몸으로 묻혀 내 본래 상태로 돌아가고 싶으니 내 뜻을 어기지 말고 꼭 내 말대로 해다오. 내가 죽거든 베로 포대를 만들어서 송장을 넣은 뒤에 땅을 일곱 척 깊이로 파서 포대를 내려놓아라. 그다음에 발 쪽에서부터 포대를 당겨 내어 내 몸이 직접 흙에 닿게 묻어라."

아들이 묵묵히 그 뜻을 따르지 않기로 마음먹었지만 그렇다고 아버지의 명을 어기기도 어려웠다. 양왕손의 동학이었던 기후(祁侯) 증타(繒它)를 찾아갔다. 사정을 들은 기후가 양왕손에게 편지를 썼다.

왕손이 병으로 고생하는데 나는 황제를 따라 옹 땅에 제사를 올리러 가느라 문병을 하러 가지 못하게 되었소. 부디 정기를 보전하고 근심하지 말며 의원을 불러 약을 먹으면서 몸을 돌보는 일에만 힘쓰기 바라오.

들자 하니 왕손이 맨몸으로 묻게 하라고 영을 내렸다고 하는데, 죽은 사람이 지각이 없다면 몰라도 만일 지각이 있다면 지하에서 시신을 모독하는 것이 되니 그렇게 맨몸으로 선인을 뵙는 일은 내 생각에 해서는 안 될 성싶소. 게다가 『효경』에는 "죽은 자에게 관과 곽, 대렴용 이불과 소렴에 쓸 수의를 마련한다."라고 하지 않았소. 이 또한 성인이 남긴 제도이니 혼자서 들은 지식을 고집할 필요가 없소. 왕손은 부디 내 뜻을 살펴 주기 바라오."

양왕손이 답장을 보냈다.

대개 제가 듣기로 옛적의 성군이 그 제도를 정한 것은 당시의 사람들이 부모에게 차마 관과 수의를 갖추지 않을 수 없다고 여겼기 때문이오. 지금은 그 규정을 넘어 사치를 부리고 있소. 나는 맨몸으로 묻혀 그런 세상의 풍속을 바로잡고자 하오. 돈을 많이 들여 장례를 치르는 것은 죽은 자에게 아무 보탬이 되지 않는 일이오. 세상 사람들이 서로 이기려고 경쟁하면서 재산을 탕진해 가며 온갖 부장품을 마련하지만 지하에 묻고 나면 썩을 따름이고, 오늘 묻고 다음 날 도굴당하기도 하니 사실 들판에 해골로 뒹구는 것과 무엇이 다르겠소!

나아가 죽음이란 일생의 삶이 바뀐 것으로 만물의 회귀처인데, 회귀는 도달이고 바뀐 것은 변화한 것이니 만물이 각자 자신의 본원으로 돌아가는 것이오. 본원으로 돌아가 암흑 속에 있으면 형체도 없고 소리도 없어져 자연의 도와 정리(情理)에 부합하게 되오.

대저 겉치레로 남들에게 화려하게 보이느라 돈을 많이 들여 장례를 지내는 것은 죽은 자가 본원으로 돌아가는 것을 막아 귀의처에 당도하지 못하게 하고, 삶이 죽음으로 온전히 바뀌지도 못하게 하니 만물이 그 거처를 얻지 못하게 만드오.

내가 듣기로 정기는 하늘에 속하고 몸은 땅에 속한다고 하오. 정기가 몸을 떠나 각각 그 본원으로 회귀한 것을 일러 귀(鬼)라고 하는데 귀에는 귀(歸)의 뜻이 있소. 지하에 묻혀 있는 송장 덩어리가 무엇을 알 수 있겠소? 수의와 이불에 싸이고 관과 곽에 갇혀 팔다리는 묶여 있고 입에는 옥석을 물고 있어 삶에서 죽음으로 제대로 건너가지도 못한 채 꽉 막혀 마른 송장이 되었다가 천 년이나 지난 뒤에 관과 곽이 썩어 비로소 본래의 집인 흙으로 회귀하게 되지요. 이것으로 볼 때 오랫동안 썩지 않게 싸둘 필요가 어디 있겠소?

옛적에 요임금을 장사 지낼 때 속이 빈 나무로 관을 짜고 머루 덩굴로 시신을 쌌으며 아래로 묘혈은 지하수 층을 뚫고 내려가지 않게 팠고, 위로는 썩는 냄새가 밖으로 빠져나오지 않을 만큼만 흙을 덮었소. 성군은 그렇게 검약하여 살아 계실 때에 모시기 쉽고 돌아가셔도 장례를 간편하게 치르게 해 주신 것이니, 쓸데없는 일에 노력을 기울이게 하지 않고 뜻 없는 일에 재물을 쓰게 하지 않은 셈이오. 그러나 지금 시대에는 재물을 쓰며 과도하게 장례를 치르기 때문에 본래의 모습으로 돌아가는 길을 막아 이르지 못하게 하고 있소. 재물을 많이 쓴다 해도 죽은 자가 알지 못하고 산 자도 그 복을 받지 못하니 실로 엄청나게 미혹된 짓이라고 할 수 있소. 아아, 나는 그렇게 하지 않으려 하오.

편지를 읽고 나서 기후가 말했다.

"옳은 말이다."

그리하여 양왕손은 맨몸으로 땅에 묻혔다.

법에 따라 공주의 집도 포위한 호건

○　○　○

호건의 자는 자맹(子孟)이고, 하동군 사람이다.

효무제 천한 연간에 일 년 임기의 임시직 군정승(軍正丞)이 되었다. 집이 가난하여 수레와 말을 사지 못해 늘 걸어 다녔고 병졸들과 함께 기거했다. 그러면서 병졸들을 위로했기 때문에 인심을 얻었다.

그 무렵 감군어사가 사악하여 북군 군영의 담을 부수고 작은 가게를 운영했으므로 호건이 감군어사를 죽이기로 했다. 그래서 자신의 병졸들과 계획을 짰다.

"자네들과 함께 죽일 사람이 있으니 내가 '잡아라!'라고 하면 잡고, '베어라!'라고 하면 베어 버리도록 하라."

우수한 병졸과 튼튼한 말을 선정하는 날이 돌아와서 감군어사와 호군교위들이 북군 관아 단상에 줄지어 앉아 있었다. 호건이 병졸을 이끌고 종종걸음으로 다가가 단 아래에서 예를 올리는 척하다가 바로 단상으로 올라가자 병졸도 모두 따라 올라갔다. 호건이 감군어사를 지목하며 명령했다.

"저자를 잡아라!"

호건의 수하 병졸들이 달려들어 감군어사를 단 아래로 끌어내리자 호건이 다시 명령했다.

"저자를 베어라!"

병졸들이 마침내 감군어사를 베어 버렸다. 호군교위들이 모두 놀랐지만 어찌 된 영문인지 알지 못했다. 호건은 상주문을 써서 품에 넣고 다녔는데 그것을 꺼내 상주했다.

신이 군법을 보니 "위무를 세워 병사들에게 위엄을 보이고 악한 자를 주살하여 사악함을 막는다."라고 되어 있었습니다. 요사이 감군어사가 장사를 하겠다면서 공공연히 군영의 담을 헐고 사사로이 가게를 열어 병사들에게 물건을 팔았습니다. 강직한 마음과 용맹한 절의가 없어 병사들의 모범이 되지 못했고 도리를 잃고 불공정하게 행동했습니다. 만일 문관의 기준으로 본다면 중형을 내리지 않아도 될 것입니다. 그러나 『황제리법(黃帝李法)』에 "군영에 담장을 친 뒤에 담장에 구멍을 내서 길이 아닌 데로 다니는 자를 사악한 자라고 한다. 사악한 자는 죽인다."라고 했습니다. 신이 삼가 군법을 적용하기 위해 살펴보니 "군정(軍正)은 장군의 휘하에 있지 않으므로 장군이 죄를 지었을 때 황제에게 글을 올려 보고할 수 있으며, 그 장군이 봉록 이천석 이하의 관직에 있을 때에는 군법에 따라 처벌한다."라고 되어 있었습니다. 저는 군정승으로서 법을 집행했으니 법을 위반했을 가능성이 있습니다. 그러나 북군의 관리자로서 윗전을 번거롭게 할 수 없어서 신이 삼가며 감군어사를 베었으니 죽음을 무릅쓰고 보고드립니다.

황제가 명령을 내렸다.

『사마법』에 "조정의 일은 군대의 기준으로 처리하지 않고 군대의 일은 조정의 기준으로 처리하지 않는다."라고 했으니 어찌 문관의 기준을 적용하겠는가!

삼왕이 어느 때에 군중에서 명령을 내린 것은 군사들에게 먼저 작전을 숙지하도록 하기 위해서였고, 어느 때에 군영 밖에서 명령을 내린 것은 전투를 앞둔 군사들에게 미리 작전을 짜게 하기 위해서였다. 또 군사의 사기를 돋우고 도주를 막기 위해서는 전투가 막 시작되려고 할 때에 명령을 내리기도 했다. 이러한데 군대의 사기를 높이기 위해 감군어사를 베어 버린 건을 두고 어떻게 군법을 어겼다고 하겠는가!

호건은 이 일로 이름을 날리게 되었다. 뒤에 위성(渭城) 현령이 되었는데 고을을 잘 다스려 명성이 아주 높았다.

그 무렵에는 소제가 어렸다. 황후의 아버지인 상관(上官) 장군 안(安)[1]이 황제의 손위 누이 갑(蓋) 공주[2]의 정부(情夫) 정외인(丁外人)과 사이가 좋았다. 정외인이 교만하고 방자하여 자신이 미워하던 전 경조윤 번복(樊福)에게 자객을 보내 죽이고 그 자객을 공주 집에 숨긴 일이 있었는데 형리가 감히 체포하지 못했다. 그런데 위성 현령 호건이 관군을 거느리고 공주의 집을 포위했다. 그 소식을 들은 공주가 정외인 및 상관 장군에게 연락하여 노복과 식객을 많이 데리고 달려와서 활을 쏘며 관군을 쫓아내자 관군이 흩어져 달아났다. 공주가 복야를 시켜 위성 현령의 순찰대가 공주 집 안의 노복을 다치게 했다고 고발했지만, 호건은 공무를 행했을 뿐 자신은 아무런 죄를 짓지 않았다고 보고했다. 갑 공주가 화를 내며 사람을 시켜 상소를 올리게 했다.

건(建)이 장공주를 능욕하고 공주 집 대문에 활을 쏘았습니다. 부하 놈들이 공주의 노복을 다치게 한 것을 알면서도 죄를 다스리지 않고 일부러 심문도 하지 않고 있습니다.

대장군 곽광이 그 상소문을 눌러 두고 처리하지 않았다. 뒤에 곽광이 병이 나서 상관씨가 대신 정사를 볼 때 형리를 보내 호건을 체포하게 하자 호건이 스스로 목숨을 끊었다. 하층 관민은 호건이 억울하게 죽었다고 여겼다. 지금도 위성에는 호건의 사당이 있다.

논변으로 오록군의 뿔을 꺾은 주운

○   ○   ○

주운의 자는 유(游)다. 노나라 사람으로, 소제의 능원이 있는 평릉현(平陵縣)으로 이주했다. 주운이 젊어서 경협(輕俠)과 왕래하며 그자들의 도움을 받아 원수를 갚은 적이 있었다. 키가 팔 척이 넘었고 용모가 아주 준수했으며 담이 크고 힘이 센 것으로 유명했다.

마흔 살이 되었을 때 비로소 마음을 바꾸고 박사 백자우(白子

友)에게 『역』을, 또 전장군 소망지로부터 『논어』를 사사하여 두 학업을 학생들에게 전수했다. 보통 사람과 달리 절의가 높았으므로 당시 사람들이 그런 주운을 존경했다.

원제 때 낭야 사람 공우(貢禹)가 어사대부에 임명되자 화음현(華陰縣) 수승(守丞) 가(嘉)가 밀봉 상소를 올렸다.

나라를 잘 다스리기 위해서는 능력이 뛰어나고 덕행이 높은 인재를 얻어야 합니다. 어사대부라는 관직은 재상의 다음 자리이자 구경의 윗자리이므로 잘 선발해야 합니다. 평릉 사람 주운은 문무를 겸비한 데다 충성스럽고 정직하며 지략이 뛰어나므로 봉록 육백석을 주며 어사대부직을 시험 삼아 맡겨 보셔서 그 능력을 다하게 해 주십시오.

황제가 공경들에게 이 일에 관해 물어보았다. 태자소부 광형(匡衡)이 의견을 말했다.

"대신이란 국가의 고굉(股肱)으로 만백성이 우러러보는 존재이므로 영명한 군주는 신중하게 대신을 선발합니다. 고서에 이르기를 하층 관민이 상층의 작위를 가볍게 취급하여 넘보고 천한 사람이 집정 대신이 되기를 도모하면 나라가 동요하고 백성이 평안하지 못하게 됩니다. 지금 가(嘉)가 수승의 자리에 있으면서 대신 자리를 추천하며 일개 필부를 구경의 가장 윗자리에 올리고자 하니 이는 나라를 중시하거나 사직을 존중하는 법이 아닙니다. 요임금이 순임금을 대신으로 기용했을 때나 문왕이 태공을 중용했을 때에도 먼저 능력을 시험해 보고 난 뒤에 벼슬을 내렸는데 하물며 주운이겠습니까! 운(雲)은 평소에 용맹을 자랑하면서 몇 차례나 법을 어겨 호적에서 이름을 지우고 도망을 다녔습니다. 『역』을 배워 스승의 자격까지 꽤 갖추었으나 그 행동과 의기에는 뛰어나다고 할 만한 점이 없습니다.

지금 어사대부에 임명된 우(禹)는 청렴결백하고 경술에 통달하여 백이와 사어의 풍모를 갖추었으므로 나라 안에 모르는 자가 없습니다. 그런데 가가 사실을 왜곡해 가면서 운을 어사대부에 앉히고자 천거했으니, 그렇게 망령되이 천거하는 데에는 사악한 뜻이 있으리라 의심됩니다. 그대로 두어 일이 커지게 해서는 안 될 것입니다. 해당 관원에 넘겨 조사하여 그 잘잘못을 밝혀야 마땅합니다."

심문을 받은 뒤에 가가 벌을 받았다.

그 무렵 소부 오록충종이 황제의 총애를 받으며 『양구역(梁丘易)』을 연구했다.[3] 선제가 양구씨의 학설을 좋아했는데 원제도 좋아했다. 그리하여 원제가 그 특징을 고찰하기 위해 오록충종더러 『역』을 연구하는 다른 학자들과 토론하게 했다. 오록충종이 황제의 총애를 업고 변론에 나섰으므로 유생들이 감히 대항할 생각을 하지 못하고 모두 병을 핑계로 토론장에 나타나지 않았다. 누군가가 주운을 추천하여 토론장에 불러들였다. 주운이 옷자락을 걷으며 토론장에 오른 뒤에 고개를 들고 질문을 청했는데 목소리가 좌우를 울렸다. 논변과 힐난이 시작된 뒤에 계속해서 오록군(五鹿君)에게 반박했다. 그 때문에 유생들이 주운을 두고 말했다.

"오록의 뿔이 크게 돋았는데 주운이 그 뿔을 꺾어 버렸어."

주운은 이때 논쟁에서 두각을 나타내어 박사가 되었다.

주운은 두릉 현령으로 승진했다가 도주범을 고의로 풀어 준 죄에 걸렸다. 마침 대사령이 내려지는 바람에 방정 인재로 천거되어 괴리 현령이 되었다.

그 무렵 중서령 석현이 전권을 휘두르면서 오록충종과 붕당을 이루고 있었으므로 백관이 그들을 두려워했다. 유일하게 어사중승 진함만이 젊은 나이에 절개를 지키며 석현 등의 무리에게 영합하지 않고 주운과 사귀었다. 주운이 몇 차례 상소를 올려 "승상 위현성이 일신의 안녕만 도모하면서 자리를 보전하느라 국사를 제대로 처리하지 못하고 있다."라고 고했다. 이어서 진함도 여러 차례 석현을 공격했다. 한참 지나서 해당 관원이 주운을 조사하고 주운이 아전을 시켜 사람을 죽이게 한 것이 의심된다고 했다. 신하들이 황제를 배알하던 자리에서 황제가 승상에게 주운이 고을을 어떻게 다스리는지 물어보았다. 승상 위현성이 "주운은 포악하여 선행을 한 적이 없다."라고 말했다. 그 자리에 진함이 있다가 승상의 말을 듣고 주운에게 전했다. 주운이 글을 올려 자신을 변호할 때 진함이 그 상소문의 초안을 잡아 주고 어사중승인 자신이 사건을 조사하게 해 달라고 황제에게 청했다. 황제가 사건을 승상에게 조사하게 하자 승상이 승상부의 아전을 배치하여 주운을 조사하게 하고 살인죄를 성립시켰다. 그러자 주운이 장안으로 도망해서 진함과 대책을 논의했다. 승상이 주운과 진함이 함께 대책을 논의한 것에 대해 문서를 갖추어 고발했다.

함은 숙위하면서 법을 집행하는 신하로서 황제를 배알한 자리에서 들은 이야기를 누설하여 운에게 몰래 일러 주었을뿐더러 상소의 초안을 잡아 주고 황상께 자신이 사건을 조사하게 해 달라고 했습니다. 뒤에 운이 도망한 죄인인 줄 알면서도 내통했으므로 운을 체포하지 못했습니다.

황제가 진함과 주운을 옥에 가두고 사형을 성단형으로 감해 주었다. 진함과 주운이 파면된 뒤에 다시 등용되지 못하고 원제 시대를 보냈다.

성제 때에 이르러 전임 승상 안창후 장우가 황제의 스승으로 특진했는데 황제가 장우를 몹시 존중했다. 주운이 상소를 올려 알현하기를 청한 뒤 공경 앞에서 말했다.

"지금 조정 대신은 위로 주상을 보좌하지도 아래로 백성을 이롭게 하지도 못한 채 자리만 지키면서 봉록을 축내고 있으니, 이를 두고 공자께서 '비천한 자와는 함께 임금을 섬길 수 없다.'라는 말씀과 '혹시 벼슬을 잃을까 봐 걱정하면서 무슨 일이든 하지 않는 일이 없다.'⁴라는 말씀을 남기셨습니다. 신에게 상방참마검(尙方斬馬劍)을 하사해 주신다면 간신 한 명을 베어 그 잔당으로 교훈을 삼게 하겠습니다."

황제가 물어보았다.

"누구를 벨 것인가?"

주운이 대답했다.

"안창후 장우입니다."

황제가 크게 노하여 말했다.

"하찮은 신하가 아랫자리에 있으면서 윗자리의 대신을 비방하다니, 게다가 조정에서 사부님을 욕보였으니 사형을 시키되 절대 사면하지 말라."

어사가 주운을 끌어내려고 하자 주운이 전각의 난간을 잡고 버티는 바람에 난간이 부러졌다. 주운이 크게 외쳤다.

"신이 지하에 내려가 용봉(龍逢)과 비간(比干)을 따를 수 있다면 저는 그것으로 족합니다. 다만 지금의 조정이 어떻게 될 것인지는 모르겠습니다."

마침내 어사가 주운을 끌고 나갔다. 그때 좌장군 신경기(辛慶忌)가 관을 벗고 인수를 푼 뒤에 전각 아래에서 머리를 조아리고 말했다.

"저 신하는 평소에 호방하고 정직한 것으로 세상에 이름이 나 있습니다. 만일 저자의 말이 옳다면 주살해서는 안 될 것이요, 옳지 않더라도 용서해야 할 것입니다. 신이 죽음을 무릅쓰고 아룁니다."

말을 마친 신경기가 피가 흐르도록 바닥에 머리를 부딪쳤는데 황제의 화가 풀려서야 그만두었다. 그 뒤에 부러진 난간을 고치려고 하자 황제가 말했다.

"수리하지 말라. 그대로 두어 강직한 신하를 기리도록 하라."

그 일이 있고 나서 주운은 벼슬에 나아가지 않고 호현(鄠縣) 시골에서 살았다. 때때로 소달구지를 타고 나가면 뒤로 많은 학생이 따랐으며 지나가던 사람들도 모두 공경하며 받들었다. 설선이 승상이 되었을 때 주운이 가서 만나 보았다. 설선이 주인이 손님을 대접하는 예를 갖추어서 대했다. 그리고 유숙하고 갈 것을 청하며 주운에게 편하게 말했다.

"시골에서 별일 없이 지내실 테니 우리 집 동합(東閤)에 머물면 사방에서 온 인재들을 만날 것입니다."

주운이 말했다.

"신진 후학인 승상께서 저를 부하로 쓰겠다는 말씀입니까?"

그러자 설선이 다시는 입을 열지 못했다.

주운이 가르칠 때에는 유생 중에 골라서 제자로 삼았다. 구강 사람 엄망(嚴望)과 엄망 형의 아들 엄원(嚴元)이 주운의 학문을 잘 전수받아 두 사람 모두 박사가 되었다. 엄원의 자는 중(仲)이었다. 엄망은 벼슬이 태산 태수에 이르렀다.

주운은 일흔 살에 집에서 세상을 떠났다. 병이 들어도 의원을 부르지 않았고 약도 넘기지 않았다. 입던 옷을 입혀 염을 하게 하고, 시신만 들어가는 작은 관을 쓰며, 곽을 넣을 정도만 땅을 파고, 봉분은 한 장 다섯 척 높이로 쌓으라고 유언을 남겼다. 평릉 동쪽 성 밖에 장사 지냈다.

끝내 받아들여지지 않은 매복의 끈질긴 상소

○ ○ ○

매복의 자는 자진(子眞)이고, 구강군 수춘현(壽春縣) 사람이다.

청년 시절에 장안에 가서 공부했다.『상서』와『춘추곡량전』에 밝아서 구강군의 문학 인재로 남창현(南昌縣)의 현위(縣尉)에 임명되었다. 사직하고 수춘현으로 돌아간 뒤에는 현에서 황궁으로 보내는 사자 편으로 중요한 국사에 관한 상소를 몇 차례 올렸다. 또 역참의 작은 수레를 빌려 타고 행재소로 가서 황제가 질의한 급한 정무에 관해 조목마다 대책을 올렸으나 모두 채택되지 않았다.

그 무렵에 성제가 대장군 왕봉에게 정사를 맡기고 있었으므로 왕봉이 세력을 휘두르며 조정을 주무르고 있었다. 늘 충직했던 경조윤 왕장이 그런 왕봉을 비판하다가 왕봉에게 죽임을 당했다. 왕씨 일족의 세력이 점점 강대해지면서 재이(災異)가 여러 차례 나타났으나 신하들은 바른말을 하지 못했다. 매복이 다시 황제에게 글[5]을 올렸다.

신은 은나라의 기자가 미친 체하면서 목숨을 보전하여 주 무왕에게 홍범(洪範)을 일러 주었고, 숙손통이 진나라에서 달아나 한나라로 귀부하여 조정 의례를 제정했다고 들었습니다. 그렇다고 해서 숙손통 선생이 불충했다거나 은나라 왕족 기자가 은나라 왕실을 멀리하며 친족을 배반했다고 볼 수는 없습니다.

예전에 고조께서는 훌륭한 계책을 들었을 때 너무 늦게 들은 것처럼 재빨리 받아들였고 간언을 들으면 동그라미가 굴러가듯이 수월하게 그 말을 따랐습니다. 건의를 들을 때는 말하는 사람에게 능력이 있는지를 따지지 않았고 공을 칭찬하여 상을 줄 때는 공을 세운 자가 예전에 어떠했는가를 고려하지 않았습니다. 그리하여 죄를 짓고 도망하는 신세였던 진평을 기용하여 모사의 우두머리로 삼았고 일개 병졸이었던 한신을 발탁하여 장군으로 세웠습니다. 그러자 천하의 인재들이 구름처럼 모여들어 한나라에 복속했으니 앞다투어 자신의 특기를 내보였습니다. 지략이 있는 자가 자신의 계책을 모조리 올렸을뿐더러 어리석은 자까지 생각을 다 말했으며 용맹한 자가 기개를 더없이 크게 발휘할 동안 겁 많은 자도 죽음을 두려워하지 않고 열심히 싸웠으니, 천하의 모든 지략을 응집해 냈고 천하의 위무를 통합할 수 있었습니다. 그리하여 가벼운 깃털 하나 들듯이 진나라를 꺾어 버렸고 떨어진 물건 줍듯이 초나라 땅을 가져올 수 있었던 것입니다. 이는 천하에 고조를 대적할 자가 없었기 때문에 가능했던 일입니다.

효문제께서 편벽한 대(代)나라 왕으로 있다가 황위에 올랐는데, 이윤이나 여상 같은 신하가 없어 보좌를 받지 못했지만 고조의 방식을 따라 겸양하고 검약했으니 그 무렵 천하가 태평한 세상을 맞이하기 시작했습니다. 이렇게 볼 때 고조의 방식을 따라 다스리면 천하가 안정되지만 따르지 않으면 혼란을 겪게 된다고 할 수 있습니다. 그것은 무엇 때문이겠습니까?

진나라가 무도하여 중니의 학설을 금지하고 주공(周公)의 제도를 없앴으며 정전(井田)을 폐지하고 공(公), 후(侯), 백(伯), 자(子), 남(男)의 오등(五等)을 취소한 결과 예와 악이 무너지고 왕도가 중단되어 왕도를 실행하고자 하는 이가 있어도 업적을 세울 수 없게 되었습니다.

반면에 효무제는 충신의 간언을 좋아했고 직언을 들으면 기뻐했으니 청렴하거나 능력이 뛰어난 것을 가리지 않고 그 자리에서 바로 벼슬을 주었고 뛰어난 공을 세우지 않았더라도 상을 내렸습니다. 천하의 벼슬 없는 선비들이 각자 생각을 가다듬은 뒤에 그 정수를 모두 피력하기 위해 장안의 대궐에 모여들어 능력을 뽐낸 것도 바로 그러한 연유였습니다. 한나라 조정에서 가장 많은 인재를 등용한 것도 바로 이때라 할 수 있습니다. 효무제가 그들의 계책을 모두 들었다면 태평세월을 구가할 수 있었을 것입니다. 그러나 그 무렵에 시체가 산을 이루고 들판에 해골이 나뒹굴 만큼 전쟁을 자주 일으켰으니 황제는 호와 월을 정벌하는 일을 즐겼습니다. 그러자 회남왕 안(安)이 그 틈을 타서 봉기했습니다. 그런데 회남왕의 계획이 성공하지 못하고 모의가 누설되었던 것은 그래도 조정에 수많은 인재가 모여 있는 것을 잘 알고 있던 회남왕 휘하의 대신들이 그 인재들의 힘을 두려워하여 감히 회남왕을 따를 생각을 하지 않았기 때문입니다.

몇 해 전에 조정에 빈틈이 생긴 것을 눈치채고 평민들이 봉기하고 있으니 촉군에서 정궁(鄭躬)이 일어난 것이 그 예가 됩니다. 그 뒤에 산양군에서 죄를 짓고 도망 중이던 소령(蘇令)의 무리가 그 넓은 군의 이름난 도회지를 짓밟으며 함께할 무리를 구하고 뜻을 맞춰 따라나설 자들을 찾은 것이 도망자들이라고 할 수 없을 만큼 대담했습니다. 이런 봉기는 모두 조정 대신들을 얕보아 두려워하거나 거리낄 것이 없을 때 일어나는 일로 조정의 권세가 약해지면 이렇게 필부들이 황제와 권력을 다투려 듭니다.

인재는 나라에서 중용해야 할 자원이니 인재를 얻으면 나라가 강성해지고 잃으면 쇠락하게 됩니다. 『시』에도 "인재들이 가득하여 문왕께서 평안하셨네."[6]라고 읊었으니 나라의 대사를 의논하는 데 평민이 나설 수 없습니다.

신은 전장에서 죽어 들판의 잡초 위에 피를 적시며 병사들과 함께 시체로 뒹굴게 될 것이 진실로 걱정되어 몇 차례나 상소를 올려 알현하기를 청했으나 그때마다 받아들여지지 않았습니다. 구구(九九) 셈법을 들고 와서 접견을 청한 자도 제 환공이 거절하지 않았던 것은 그런 태도를 보고 큰 인물이 와 주기를 바랐기 때문이라고 들었습니다. 이제껏 신이 올린 계책은 구구 셈법과는 격이 달랐지만 폐하께서는 신을 세 차례나 거절하셨습니다. 이 때문에 천하의 인재들이 황상께 오지 않고 있습니다.

옛적〔전국 시대〕진 무왕(秦武王)이 힘이 센 사람들을 좋아했으므로 임비(任鄙)가 성문을 두들기며 찾아와 자신을 추천했습니다. 덕분에 진나라가 강성해져서 목공(繆公)이 패자가 되었을 때 융(戎) 부족의 유여(繇余)가 그 성덕을 흠모하며 귀부해 왔습니다.

이제 천하에서 인재를 초빙하려면 글을 올려 알현을 청하는 사람이 있을 때마다 상서를 보내 올릴 의견을 물어보고 채택할 만한 의견이면 두승(斗升)의 봉록 벼슬을 주고 한 속(束)의 백(帛)을 하사하십시오. 이렇게 하면 천하의 인재들이 속에 품고 있던 한을 풀면서 충언을 토해 내어 황상께 날마다 훌륭한 방책이 올라올 테니, 천하의 질서가 제대로 잡히고 나라 안팎이 빛나는 모습을 목도할 것입니다.

대저 사해는 넓고 인재는 많아서 견해를 펼칠 자들은 아주 많습니다. 그러나 당대의 문제점을 지적하면서 다스리는 방책을 올리되, 말이 곧 문장을 이루지만 그 바탕이 선현과 성인의 가르침에 어긋나지 않으며 곧바로 시행해도 합당할 대사에 대해 방책을 올리는 준걸은 몇 사람 되지 않습니다. 작위와 봉록과 비단은 천하의 인재를 초빙하는 데 숫돌 같은 역할을 합니다. 고조께서도 그 숫돌로 천하의 인재를 고무시키고 무딘 재능을 갈아서 쓸 만하게 만드셨습니다. 공자께서 "기술자가 일을 잘하고자 한다면 반드시 공구를 먼저 날카롭게 갈아야 한다."라고 했습니다. 진나라에서는 그 말씀대로 하지 않고 비방을 일삼는 간신의 무리를 가득 키움으로써 인재를 한나라로 몰아냈고, 명검 태아(泰阿)를 거꾸로 쥐고 초나라에 그 칼자루를 잡게 해 주었습니다. 그 칼자루만 놓치지 않았다면 천하에 순종하지 않은 자들이 생겼더라도 그 칼끝에 맞설 생각을 하지 못했을 것입니다. 뒤에 효무제가 영토를 개척하여 넓히는 공적을 세우고 문치와 무공으로 한나라의 대종을 이룬 세종(世宗)이 된 것은 인재를 등용했기 때문입니다.

그런데 지금 패자들의 방식을 따르지 않고 〔하, 은, 주〕 삼대에 인재를 선발하던 방법으로 현재의 인재를 뽑으려고 하고 있으니 이는 백락(伯樂)이 그린 그림을 보면서 시장에 가서 천리마를 구하는 식으로, 이렇게 해서는 얻을 수 없음이 너무나 명백합니다.

고조께서 진평의 허물을 따지지 않고 그 지모를 얻었고, 진 문공(晉文公)은 천왕(天王)[7]을 청하여 회맹했으며, 제 환공은 원수였던 관중을 재상으로 기용했습니다. 이렇게 그때그때 나라에 이로움을 얻기 위해서 사리에 맞고 맞지 않음을 돌아보지 않는 것을 바로 패도(伯道)라고 합니다. 몸이 한 가지 색으로 이루어져 있으면 순(醇)

이라고 하고 흑백이 섞여 있으면 박(駁)이라고 합니다. 태평 시대를 다스리는 법으로 포악했던 진나라의 유업이 남아 있는 박의 시대를 다스리려고 하는 것은 향리에서 술 마시는 법도로 군시(軍市)[8]를 관리하는 것과 같습니다.

지금 폐하께서는 천하의 인재들이 올리는 방책을 받아들이지 않고 간언을 올린 자를 죽이기까지 하십니다. 대저 부엉이와 까치가 해를 입으면 난새와 봉황은 더 멀리 날아가 버리고, 우매한 자가 죽임을 당하면 지략을 갖춘 인재는 깊은 곳으로 숨어 버리는 법입니다. 최근에 상소를 올린 어리석은 사람 중에 많은 자들이 중대하지 않은 일을 진언한 죄에 걸렸습니다. 개중에는 정위에게 심문을 받고 사형을 당한 자가 많았습니다.

양삭(陽朔) 연간 이래로 천하가 간언을 꺼렸는데 특히 조정 대신들은 더 심하여 모두 황상의 뜻에 순종하니 바른 의견을 고집하는 신하가 없습니다. 이렇게 된 연유를 어떻게 밝히겠습니까? 폐하께서 사람들이 올린 상소를 보시고 괜찮은 글을 정위에게 넘겨 보십시오. 정위는 "절대 해서는 안 될 주장을 했으니 대불경죄에 해당합니다."라고 할 것입니다. 이는 간언하지 않는 이유를 알아낼 한 가지 방법입니다.

전 경조윤 왕장은 자질이 충직한 자로서 조정에서 황제와 쟁론할 줄 알았습니다. 효원제께서 왕장을 발탁하여 자리만 지키고 있던 신하들을 독려하고 조정의 잘못을 바로잡게 했습니다. 그런데 폐하께서는 왕장과 처자식을 죽였습니다. 악한 죄가 밉더라도 당사자만 벌을 주어야 하는데 반역하지 않은 왕장의 식구까지 화를 입었습니다. 직언하는 인재의 절개를 꺾고 간언하는 신하의 혀를 묶은 것입니다. 신하들은 그것이 옳지 않은 줄 알면서도 누구도 간쟁하지 않으니 이를 보고 천하 사람들은 말조심을 하며 경계하고 있습니다. 이것이 나라의 큰 걱정거리입니다.

바라건대 폐하께서는 고황제의 법을 따르시되 진나라가 망한 길을 끊어 버리고, 외척이 발호한 사정을 읊은 '시월(十月)'[9]의 가사를 자주 음미하시고 '무일(亡逸)'[10]의 교훈을 유념하십시오. 또 중대하지 않은 일을 진언한 죄를 다스리는 법을 없애고 진언하기를 피하지 말라는 조서를 내리시며, 널리 돌아보고 모든 이들의 진언을 들어주시고, 폐하와 가깝지 않고 지위도 낮은 자들의 방책을 채택하시며, 깊이 숨어 사는 자를 더는 은거하지 말게 하시고 먼 곳에 있는 자가 오는 길을 막지 마십시오. 그래서 "사방으로 문을 열고 사방을 밝게 살피라."[11]고 했습니다.

그런데 중대하지 않은 일을 진언한 죄를 다스리는 법은 비방의 실마리를 낳게 됩니다. "지나간 일은 어떻게 할 수 없으니 앞으로 올 일은 확실하게 대비할 수 있다."[12]라고 했습니다. 지금은 군주의 명령이 침범을 받고 있고 주상의 권위가 박탈되어 있으며 외척의 권세가 나날이 커지고 있는데 폐하께서는 그 실제 상황을 못 보고 계시니 바라건대 그 사정을 살펴보십시오. 건시 연간 이래로 일식과 지진이 일어난 것을 통계로 내 보니 『춘추』에 기재된 것의 세 배나 되고 수재는 그 수를 비교할 수가 없습니다. 음의 기운이 강성해지고 양의 기운이 쇠약하며 패군에서 쇠를 주조할 때 튀는 불똥이 유성처럼 하늘로 날아가는 일이 발생했습니다. 이것이 다 무엇을 상징하겠습니까?

한나라가 건국한 이래 사직이 세 번 위기를 맞았는데 그 위기를 몰고 왔던 여씨와 곽씨, 상관씨는 모두 황제 모후의 집안이었습니다. 황실 인척에게 정을 베풀 때에는 목숨을 보전하게 해 주고 생활을 안정시키는 것을 상책으로 삼아야 하니, 그들에게 어질고 훌륭한 스승을 보내 충효의 도를 가르쳐야 마땅합니다. 그런데 그들을 높은 자리에 올려놓고 조정의 대사를 처리하는 권한을 주어 그들을 교만하고 순종하지 않게 만들어 끝내 멸족하게 했습니다. 이는 황실 인척에게 정을 베푸는 중요한 의의를 잃은 것입니다. 곽광이 현명했지만 자손을 위해 고려할 줄 몰랐으니 권세를 쥐었던 신하가 죽으면 그 집안에 바로 위기가 닥치게 되어 있습니다. 『서』에 "불이 처음 타기 시작할 때처럼 기세가 약하면 안 된다."[13]라고 했습니다. 임금을 능가하는 세력을 지니고 권력이 주군보다 커지게 된 연후에 그들을 막자고 해도 방법이 없게 됩니다.

황제는 매복의 뜻을 받아들이지 않았다.

성제에게는 오랫동안 황위를 이을 후사가 생기지 않았다. 매복은 삼통(三統)을 세우고 공자의 후대로 은나라 왕실의 제사를 다시 지내게 해야 마땅하다고 주장했다. 매복이 다시 상소를 올렸다.[14]

신은 "그 자리에 있지 않으면 그 직무를 논하지 말도록 하라.(不在其位, 不謀其政.)"라고 한 『논어』의 말씀을 알고 있습니다. 여기에서 '정(政)'은 직무를 뜻하는데, 그 자리보다 낮은 자리에 있으면서 높은 자의 직무를 논하는 것은 죄가 됩니다. 자신의 직무를 넘어서는 죄를 지으며 당대의 우환에 대해 직언을 올리다가 허리가 잘려 몸이 두 동강 나더라도 신은 말씀을 올리고자 합니다. 자리만 지키며 아무런 직언도 하지 않으면서 늙어서 이가 다 빠질 때까지 생명을 보전했다 해도 죽으면 송장이 채 썩기도 전에 이름이 없어져 버립니다. 비록 제 경공(齊景公)이 되어 사천 마리의 말을 키울 수 있다 해도 신은 그 자리를 탐내지 않을 것입니다. 한번은 조각된 돌로 된 계단을 올라 붉게 칠한 바닥을 밟으며 조정 대신을 마주하고 앉으신 폐하 앞에서 평소의 우매한 생각을 모두 말씀드리기를 원합니다. 지금 시대에 아무런 도움이 되지 못하고 세상에 남아 있게 된다면 신은 잠을 이루지 못하고 불안해할 테고 먹어도 아무 맛을 느끼지 못할 것입니다. 그러므로 폐하께서 신의 말씀을 깊이 살펴 주시기를 바랍니다.

신은 "남의 대를 보전시켜야 자신의 가계를 세울 수 있고 남의 대를 끊으면 자신의 대도 끊기게 되어 있다."라는 말을 들어 알고 있습니다. 선과 악의 응보는 어떤 일을 했느냐에 따라 각각 다릅니다.

예전에 진나라가 동주와 서주를 멸망시키고 육국을 정복했을 때 은거하던 인재를 기용하지 않았고 나라를 잃은 사람을 발탁하지 않았으며 삼통을 끊고 천도를 없앴습니다. 그 결과 진시황은 자객의 위협을 받았고 아들은 피살되었으며 손자 대에는 후사를 세우지 못했으니 "남의 대를 끊으면 자신의 대도 끊기게 되어 있다."라는 말은 바로 이를 두고 한 말입니다.

무왕이 은나라를 정벌한 뒤에 전차 위에서 바로 다섯 임금의 후손을 봉했으니, 은나라 왕실의 후사를 송(宋) 땅에 봉하고 하나라 왕실의 후사는 기(杞) 땅에 봉하여[15] 삼통이 계승됨을 분명하게 보여 주고 천하를 독점하지 않았음을 나타냈습니다. 주나라의 희성(姬姓)은 천하의 절반을 차지하면서 오 대 봉사가 끝나 원묘(遠廟)로 옮기는 신주가 엄청나게 많았으니 "남의 대를 보전시켜야 자신의 가계도 세울 수 있다."라는 말은 바로 이를 두고 한 말입니다.

지금 성탕(成湯)의 제사를 올리지 않고 있고 은나라 왕실의 후대도 끊어진 가운데 폐하의 대를 이을 후사가 오랫동안 생기지 않는 것은 대개 이 때문일 것입니다. 경전 『춘추』에 "송(宋)나라에서 그 대부(大夫)를 죽였다."라고 한 것에 대해 『춘추곡량전』에 "그 대부의 이름과 성을 밝히지 않은 것은 공자가 자신의 조상을 존중했기 때문이다."라고 했습니다. 이 말은 곧 공자가 은나라의 후대라는 뜻이니, 적통은 아니지만 공자의 자손을 은나라 왕실의 후사로 봉하는 것이 마땅한 법도입니다. 왜 그렇겠습니까? 능력이 뛰어난 자가 제후로 뽑혀서 종가의 자리를 얻고 천자의 둘째 아들이라도 적자의 자리를 대신할 수 있습니다. 옛 서적에도 "능력과 덕행이 뛰어난 자의 자손에게는 마땅히 봉토가 있어야 한다."라고 했습니다. 하물며 성인이신 공자께서 은나라의 후손임에야 더 말할 것이 있겠습니까! 옛적에 성왕(成王)이 제후의 예로 주공(周公)을 장사지내려고 하자 황천(皇天)이 위엄을 보이며 번개와 바람을 내려 곡식이 쓰러지고 큰 나무가 뽑히는 재앙을 보였습니다. 지금 중니의 사당이 궐리(闕里) 밖에는 없고 공씨 가문의 자손도 서민으로 편입되는 것을 면치 못하고 있습니다. 성인으로 하여금 필부 가문의 제사를 흠향하게 하는 것은 황천의 뜻이 아닙니다. 이제 폐하께서 소왕(素王) 공자의 공에 따라 그 자손을 은나라 왕실의 후사로 봉한다면 조정은 공자의 복을 얻고 폐하의 명성은 하늘처럼 끝없이 전해질 것입니다. 그것은 이제까지 소왕의 공을 추서하여 성인의 자손을 봉하는 제도를 마련했던 왕조가 없었고 후대의 성군이 폐하의 이 제도를 계승할 것이 틀림없기 때문입니다. 불멸의 명성을 얻는 이 일을 어찌 힘써 추진하지 않겠습니까?

매복은 지위가 낮았고 황제의 총애도 받지 못했으며 왕씨 일족을 비판했으므로 이 주장은 끝내 받아들여지지 않았다.

무제 때에 처음으로 주나라 왕실의 후예인 희가(姬嘉)를 주자남군(周子南君)에 봉했고, 원제 때에 이르러 주자남군을 주승휴후(周承休侯)로 높였으니 제후왕에 버금가는 자리였다. 이어서 대부와 박사들에게 은나라 왕실의 후예를 찾게 했는데 열 몇 개 성(姓)으로 나뉘어 여러 지방에 흩어져 살고 있었다. 지방의 군과 제후국에서 큰 가문을 찾아냈지만 은나라 왕실인지를 탐문해도 혈통의 계승 여부를 전혀 확인할 수 없었다. 그때 광형이 주장했다.

제왕이 (은, 주) 두 왕조의 후대를 보전하는 것은 그 선왕을 존중하여 삼통의 맥을 잇게 하기 위해서입니다. 그 후손 중에서 멸족당할 죄를 지어 대가 끊겼다면 그 친족을 다시 봉하여 새로 제후로 삼아 위로 그 왕실 시조의 제사를 받들게 해야 합니다. 『춘추』 대의에 제후가 자신의 사직을 지키지 못했으면 봉토를 철폐하라고 했습니다. 지금 은나라를 이은 송나라는 이미 그 적통을 지키지 못하고 봉토를 잃어버렸으니, 은나라 왕실의 후예를 다시 세워 새로 제후로 삼는 것이 마땅합니다. 탕왕의 적통을 받들어 제사를 올리기 위해 이미 후위가 끊어진 송나라 왕실의 후예로 제사를 올리게 하면 안 되니, 은나라 왕실의 진정한 후예를 찾아야만 합니다. 지금 옛 송나라 왕실의 적통을 찾아보니 세월이 너무 많이 지나서 찾을 수가 없었습니다. 설령 그 적통 후예를 찾는다 하더라도 그 적통의 선조 대에 이미 후위가 끊겼으므로 그 후예로 대를 이을 수는 없습니다. 『예기』에 보면 공자께서 "나 구(丘)는 은나라 사람이다."라고 하셨고 앞 시대의 스승들도 모두 그렇게 전해 왔으니 공자의 자손으로 탕왕의 후예로 삼으심이 마땅합니다.

황제가 광형의 말이 경전의 내용에 부합하지 않다고 하면서 이 상소를 눌러두고 해당 관원에게 넘기지 않았다. 성제 때에 이르러 매복이 다시 상소하여 공자의 후예로 탕왕의 제사를 받들어야 마땅하다고 상소했다. 수화(綏和) 원년에 〔은, 주〕두 왕실의 후예를 세우는 일을 완성했다. 고문 경전의 실마리로 그 후손을 찾았고 『춘추좌씨전』, 『춘추곡량전』, 『세본(世本)』, 『예기』의 내용으로 입증했다. 마침내 황제가 조서를 내려 공자의 후손을 은소가공(殷紹嘉公)에 봉했다. 이 이야기는 「성제기」에 있다.[16] 그 무렵 매복은 벼슬을 하지 않고 집에서 독서와 심신 수양을 하며 지냈다.

원시 연간에 왕망이 정사를 단독으로 처리하자 매복이 어느 날 아침 처자식을 버리고 구강 땅을 떠났다. 지금까지 전해 오는 이야기로는 신선이 되었다고 한다. 그 뒤에 회계 땅에서 매복을 봤다는 사람이 있었다. 매복은 이름과 성을 바꾼 채 오현의 시장 문을 지키는 병졸 노릇을 하고 있었다고 한다.

운창, 참형당한 스승의 시신을 거두다

○　○　○

운창의 자는 유유(幼孺)이고, 평릉현 사람이다. 같은 현의 오장(吳章)에게 사사했다. 오장은 경전 중에서 『상서』를 연구하는 박사였다.

평제가 중산왕에서 황제로 즉위했는데 나이가 어려서 왕망이 정권을 잡고 스스로 안한공(安漢公)이라고 불렀다. 평제는 백부 성제의 후사로 즉위했기 때문에 친부모를 만날 수 없었다. 평제의 생모와 외가 위씨(衛氏) 집안은 모두 중산국에 거주해야 했고 장안에 올 수 없었다. 그때 왕망의 맏아들 왕우(王宇)가 왕망이 평제와 위씨 집안을 갈라놓은 것에 반대했다. 그러면서 평제가 다 자란 뒤에 원망하게 될 것을 걱정했다. 왕우가 오장과 더불어 꾀를 내기를, 밤에 왕망의 집 문에 피를 칠하여 귀신이 경고한 것처럼 꾸밈으로써 왕망을 겁먹게 한 뒤에 그 기회를 타서 오장이 왕망의 잘못을 꼬집기로 했다. 그러나 일이 발각되어 왕망이 왕우를 죽이고 위씨 집안까지 멸족시켰으니 모의에 연관되어 죽임을 당한 자가 백여 명이나 되었다. 오장은 요참형을 받은 뒤에 그 시신이 동시(東市)의 문에 내걸렸다.

원래 오장은 당대의 이름난 유학자로 학생을 아주 많이 가르쳐서 제자가 천여 명이나 되었다. 왕망이 그 제자들을 악인의 붕당이라고 여기고 그 모두를 벼슬에 오르지 못하게 하여 아무도 벼슬길에 나아가지 못했다. 그러자 문하생들이 모두 다른 스승의 제자를 칭했다. 운창은 그때 대사도(大司徒) 휘하에서 연(掾)으로 있었는데 스스로 오장의 제자임을 인정했다. 운창이 오장의 시신을 거두어 안고 돌아가 염하고 관을 마련하여 장사 지내자 장안 사람들이 운창을 칭찬했다. 거기장군 왕순(王舜)이 운창의 지조와 절의를 높이 사면서 팽월의 부하 난포에 비교했다. 그리고 표(表)를 올려 자신의 연(掾)으로 삼을 것을 주청한 뒤에 중랑 간대부로 천거했다. 왕망이 황위를 찬탈한 뒤에 왕순을 태사로 삼았다. 왕순이 다시 운창을 재상감으로 천거했다. 그러나 운창은 병을 칭하며 벼슬에서 물러났다. 당림(唐林)은 운창이 군을 맡아 다스릴 능력이 있다고 하면서 노군(魯郡)의 대윤(大尹)[17]으로 천거했다.

왕망이 피살된 뒤, 경시(更始) 연간에 안거를 보내 운창을 불러와 어사대부로 삼았다. 운창은 다시 병을 칭하고 사직한 뒤에 집에 돌아가 지내다 세상을 떠났다.

찬하여 말한다.

옛적에 중니께서 "중용의 도를 갖춘 사람을 얻지 못할 바에는 광자(狂者)와 견자(狷者) 쪽을 생각해 보겠다."[18]라고 했다.

양왕손의 뜻은 능묘에 사치를 부린 진시황보다 훨씬 더 어질다.

세간에서 말하기를 주운은 실제보다 부풀려 말한 예가 많았다고 한다. 그래서 공자께서 "잘 모르고 이야기를 지어내는 사람이 있는 모양인데 나는 그렇게 하지 않는다."[19]라고 했다. 호건은 잘못을 저지른 자를 과감하게 베어 버려 군대 바깥에 무용을 널리 알렸는데, 사악하게 틈을 보인 자를 징벌함으로써 군대의 규율이 망가지지 않게 했다. 매복의 주장은 「대아(大雅)」의 뜻에 잘 맞으니 "비록 대신은 남아 있지 않았지만 성군 시절의 본받을 만한 법도는 그대로 남아 있었네.", "은나라가 귀감으로 삼아야 할 일은 멀리 있지 않았으니 바로 하나라 걸왕이 한 일이었네."[20]라고 했다. 매복은 자신이 하고 싶은 대로 집을 떠나 시장 문을 지키며 목숨을 보전했다. 운창의 절의는 오장의 시신을 수습할 때 빛났으니, "인(仁)을 실천하는 것이 그 자신에게 달렸다."[21]라고 한 것과 같았다. 그래서 다시 거기장군 관아에 들어갔〔다가 왕망이 부르자 물러났〕으니 "물이 맑으면 관의 끈을 씻는다."[22]라고 했던 뜻과 어찌 멀다고 할 수 있겠는가!

38

곽광·금일제 전
霍光金日磾傳

무제는 여덟 살의 나이로 황위를 계승하게 된 소제 때문에 마음 놓고 눈을 감지 못했다. 그래서 든든한 후견인 두 사람을 지명하고 죽었으니 바로 이 편의 주인공이다.

곽광(霍光, ?~기원전 68년)은 무제의 충신이었던 곽거병의 이복동생이다. 곽광은 대장군으로서 소제를 보좌하면서 전권을 휘둘렀다. 어린 황제의 즉위로 황권(皇權)이 약해졌을 때 권신(權臣)이 발호하기 마련인데 곽광은 황위를 넘보는 일 없이 세상을 떠났다. 그러나 곽광의 아들 곽우(霍禹)는 역모를 피하려다 발각되어 사형당했다. 어린 황제의 안위를 부탁받은 또 다른 인물로 제갈량(諸葛亮)이 곽광과 자주 비교된다. 제갈량이 아들 훈육에 특히 유념했던 것은 역모죄로 사형당한 곽광의 아들 곽우에게서 교훈을 얻었기 때문일 것이다.

금일제(金日磾, 기원전 134~기원전 86)는 원래 흉노 휴저왕(休屠王)의 태자였으나 곽거병의 정복 전쟁 때 포로가 되어 한나라 황궁에서 말을 돌보았다. 귀순한 뒤에 무제에게 충성을 다함으로써 소제의 고명(顧命) 대신이 되었다. 금일제는 일인자 곽광의 자리를 넘보지 않고 무제가 맡긴 소임을 충실히 수행했다.

어린 황제를 보좌하며 정사를 돌본 곽광

○ ○ ○

곽광의 자는 자맹(子孟)이고, 표기장군 곽거병의 동생이다. 아버지 곽중유(霍中孺)는 하동군 평양 사람으로 평양현의 아전이었다. 평양후(平陽侯) 집에 파견되어 그 집안 일을 봐주다가, 집안 시녀인 위소아(衛少兒)와 남몰래 정을 통하여 곽거병을 낳았다. 곽중유가 아전 생활을 마치고 집으로 돌아간 뒤 아내를 맞아 곽광을 낳고는 위소아와 관계를 끊고 연락하지 않았다.

그로부터 오랜 시간이 흐른 뒤에 위소아의 여동생인 위자부(衛子夫)가 무제의 총애를 받게 되어 황후에 책봉되었다. 곽거병은 황후 언니의 아들이었기 때문에 황제의 총애를 받았다. 곽거병이 장성한 뒤에야 자신의 아버지가 곽중유라는 사실을 알게 되었으나 미처 문후를 올리지 못했다. 표기장군이 되어 흉노를 치러 가던 길에 마침 하동 땅을 지나게 되었다. 하동 태수가 군 접경 지역까지 마중 나와서 쇠뇌와 화살을 등에 메고 길을 인도하며 평양 역참의 객사까지 이르러 아전을 보내 곽중유를 모셔 오게 했다. 곽중유가 종종걸음으로 들어와 배알하자 표기장군이 예절을 갖추어 모신 다음 꿇어앉아 말했다.

"거병은 스스로 대인의 친생자임을 몰랐습니다."

곽중유가 엎드려 머리를 조아리며 말했다.

"늙은 몸의 명을 장군에게 의존할 수 있게 되었으니 이는 하늘이 도우신 바입니다."

곽거병이 돈을 많이 들여 곽중유에게 밭과 집, 노비를 장만해 주고 떠났다. 돌아오는 길에 다시 평양을 지날 때 곽거병이 곽광을 데리고 서쪽 장안으로 갔다. 그때 곽광의 나이가 열 몇 살이었는데, 낭관에 임명했다가 얼마 뒤에 제조 시중으로 옮겨 주었다.

곽거병이 죽은 뒤에 곽광은 봉거도위 광록대부가 되어 황제가 황궁을 나설 때에는 수레 모는 일을 관장했고 황궁 안에서는 황제 곁에서 시봉하며 스물 몇 해 동안 황궁을 출입했다. 모든 일에 조심하고 신중하여 실수를 하는 법이 없었으므로 황제가 가까이하면서 몹시 신뢰했다.

정화 2년에 위(衛) 태자가 강충에게 모함을 당하여 자결했을 때 연왕 유단과 광릉왕 유서에게도 허물이 많았다. 그 무렵 황제가 연로하기는 했지만 아끼던 후궁인 구익궁(鉤弋宮)의 조(趙) 접여가 아들을 낳자, 속으로 그 아들을 태자로 삼고자 했다. 그리하여 여러 신하를 살펴보며 아이를 보좌할 이를 찾았는데, 그 중임을 맡겨 사직을 부탁할 자가 곽광밖에 없었다. 황제가 황문화자(黃門畫者)를 시켜 주공이 성왕을 업고 제후들의 조례를 받는 그림을 그려 곽광에게 하사했다.

후원(後元) 2년 봄, 황제가 오작궁에 나가 있는데 병이 심해지자 곽광이 눈물을 흘리며 여쭈었다.

"폐하께서 붕어하시면 누구를 태자로 세워야 하겠습니까?"

황제가 말했다.

"그대는 아직도 전에 내가 그려 준 그림의 뜻을 알지 못하는 것인가? 막내를 태자로 세우고 그대가 주공이 성왕을 보좌했던 것처럼 하도록 하라."

곽광이 머리를 조아리며 사양했다.

"신은 금일제만 같지 못합니다."

금일제도 아뢰었다.

"신은 외국인이라 광만 같지 못합니다."

황제가 곽광을 대사마 대장군에, 금일제를 거기장군에 임명한 데 이어서 태복 상관걸을 좌장군에, 수속도위 상홍양을 어사대부로 삼았으니 이들은 모두 황제가 침실의 침상에 누워 있을 때 그 앞에 엎드린 채 임명되어 무제로부터 어린 황제를 보좌하라는 유조를 받았다. 그다음 날 무제가 붕어하자 태자가 황제 존호를 잇게 되었으니 바로 효소제다. 황제의 나이가 여덟 살이었으므로 정사는 모두 곽광이 돌보았다.

후원 원년에 시중복야 모하라(莽何羅)가 자신의 동생인 중합후(重合侯) 모통과 역모했을 때 곽광이 금일제, 상관걸 등과 함께 그들을 처단한 적이 있는데, 논공행상첩에 그 공을 기록하지 못하고 있었다. 무제가 병이 들자 봉인한 조서를 내려 말했다.

"황제가 붕어하면 조서를 개봉하여 내용대로 처리하라."

유조의 내용에 따라 금일제를 도후(秺侯)에, 상관걸을 안양후(安陽侯)에, 곽광을 박륙후(博陸侯)에 봉했는데, 반란의 무리를 진압한 공을 인정받은 것이었다. 그때 위위 왕망(王莽)[1]의 아들 왕홀(王忽)이 시중이었다. 왕홀이 사람들에게 이렇게 떠들었다.

"황제께서 붕어하실 무렵에 홀이 늘 곁에 있었는데 언제 저 세 사람을 봉한다는 조서를 내렸단 말인가? 자기네들끼리 서로 지위를 높이 올린 것에 불과하다."

곽광이 그 말을 듣고 왕망을 준절히 책망하자 왕망이 왕홀을 짐새 독으로 죽였다.

곽광은 사람됨이 조용하고 사려가 깊었다. 키는 칠 척 세 촌밖에 되지 않았으나 피부가 희고 눈과 눈썹이 잘생겼으며 수염과 구레나룻이 보기 좋았다. 황궁을 드나들 때마다 가는 곳과 머무는 곳이 항상 일정했으므로 낭관이나 복야들이 몰래 따라다니며 기록해 보았으나 조금도 차이가 없었으니 그 성정이 그처럼 단정했다. 애초 어린 황제를 보좌할 때 정책을 스스로 맡아 발표했으니 천하의 모든 사람이 그 뛰어난 풍모를 칭찬하고자 했다.

언젠가 황궁에 이상한 일이 일어나 밤새도록 여러 신하가 어쩔 줄 몰라했을 때 곽광이 옥새를 챙겨 두려고 상부새랑(尙符璽郞)을 불렀으나 상부새랑이 곽광에게 건네지 않았다. 곽광이 옥새를 빼앗으려고 하자 상부새랑이 검을 잡은 채 말했다.

"신의 목을 잘라도 옥새는 얻을 수 없을 것입니다!"

곽광은 그런 상부새랑의 의기를 높이 샀다. 이튿날 조서를 내려 그 상부새랑에게 두 관등을 올려 주자 곽광을 칭찬하지 않는 사람이 없었다.

상관씨 집안과 권력을 다투다

○　○　○

곽광은 좌장군 상관걸과 사돈 간이었는데, 곽광의 큰딸이 상관걸의 아들 상관안(上官安)의 아내였다. 그들 사이에서 난 딸이 황제와 나이가 비슷했으므로 상관걸이 황제의 누나 악읍갑주(鄂邑蓋主)를 통해 상관안의 딸을 후궁으로 넣어 접여가 되었다. 몇 달이 지난 뒤에 그 딸이 황후로 책봉되었다. 황후의 아버지인 상관안은 표기장군이 되고 상락후(桑樂侯)에 봉해졌다.

곽광이 때에 따라 목욕 휴가를 나가면 언제나 상관걸이 들어가 곽광 대신 정사를 처리했다. 상관걸 부자는 자기네 지위가 올라가 위세를 떨치게 되자 갑 장공주의 은덕에 고마워했다. 공주가 행실을 잘 닦지 못해 하간(河間) 사람 정외인을 가까이하며 좋아했다. 열후가 공주를 배필로 맞을 수 있게 되어 있던 한나라 제도에 따라, 상관걸과 상관안이 정외인을 열후에 봉하려고 했지만 곽광이 허락하지 않았다. 그러자 다시 정외인을 광록대부에 올리게 해 달라고 청하고 황제가 불러서 정외인을 접견하게 해 달라고 했으나 곽광이 또 허락하지 않았다. 그 때문에 장공주가 곽광을 원망하게 되었다. 상관걸과 상관안 또한 여러 차례에 걸쳐 정외인에게 벼슬이나 작위를 얻게 해 주려고 한 것이 실패로 돌아가자 창피하게 여겼다. 선제(先帝) 때에는 상관걸이 구경의 지위에 있었으므로 곽광의 윗자리에 있었고, 뒤에는 부자 모두 장군이 되었으며 존귀한 중궁 조방전(椒房殿) 황후의 후원을 받고 있었다. 황후는 상관안의 친딸이었던 데 비해 곽광은 황후의 외할아버지일 뿐이었으나, 조정의 일을 곽광 혼자서 처리하자 이 일로 곽광과 권력을 다투게 되었다.

연왕 유단은 자신이 소제의 형이라는 생각에 늘 원망하는 마음을 품고 있었다. 어사대부 상홍양 또한 술과 소금, 철을 조정이 전매하는 제도를 수립하여 나라에 이익이 많이 생기게 했으니, 그 공을 자랑하며 자제가 벼슬을 얻을 수 있기를 바랐으나 뜻대로 되지 않자 곽광에게 원한을 품었다. 그리하여 갑주, 상관걸, 상관안 및 상홍양이 유단과 함께 역모를 꾀하되 다른 사람이 연왕의 이름으로 황제에게 상소를 올리게 했다.

광(光)은 장안성을 나가 낭관과 우림군을 사열하며 훈련할 때 길에서 황제의 행차처럼 하고 다녔으며 태관을 먼저 보내 자신의 음식을 마련하게 했습니다. 또 흉노에 사신으로 나가서 스무 해 동안이나 투항하지 않은 채 구류되어 있다가 돌아온 뒤에 전속국이 된 소무에 비해 대장군 휘하의 장사 창(敞)[2]은 아무런 공이 없음에도 수속도위가 되었습니다. 또 대장군 막부의 교위 숫자를 마음대로 늘려 뽑았습니다. 광이 전권을 휘두르며 마음대로 권력을 행사하니 변을 일으킬까 걱정됩니다. 바라건대 신 단(旦)이 연왕의 부절과 옥새를 조정에 반납하고 황궁에 들어가 숙위하면서 적신(賊臣)이 변을 일으키지 못하도록 살피게 해 주십시오.

그러고는 곽광이 목욕 휴가 나간 틈을 타서 황제에게 상소문을 바쳤다. 상관걸은 황제의 허락을 받아 곽광의 일을 조사하도록 옥리에게 넘길 생각이었고 상홍양은 대신들과 함께 곽광을 붙잡아 관직을 빼앗을 작정이었다. 상소가 올라갔으나 황제가 옥리에게 넘겨 조사하는 일을 허락하지 않았다.

이튿날 아침 곽광이 그 소식을 듣고 화실 앞에 머물면서 건물 안으로 들어가지 않았다. 황제가 물었다.

"대장군은 어디 있습니까?"

좌장군 상관걸이 대답했다.

"연왕이 죄를 고발했기에 황궁에 들어오지 못하고 있습니다."

황제가 대장군을 불러들이라는 조서를 내렸다. 곽광이 들어와서 관을 벗고 머리를 조아리며 사죄하자 황제가 말했다.

"장군은 관을 쓰십시오. 짐은 그 상소문의 내용이 거짓이라는 걸 알고 있습니다. 장군은 죄가 없으십니다."

곽광이 물었다.

"폐하께서는 어떻게 그런 줄 아십니까?"

황제가 말했다.

"장군이 광명정(廣明亭)에 가서 낭관을 훈련한 것은 최근의 일이고 교위의 숫자를 늘려 뽑은 뒤로 아직 열흘이 채 지나지도 않았는데, 연왕이 어떻게 그 사실을 알 수 있었겠습니까? 게다가 장군이 나쁜 일을 벌이고자 했다면 교위를 늘려 뽑지 않아도 할 수 있었을 것입니다."

그때 황제의 나이가 열넷이었으니 상서(尙書)와 황제 곁에 있던 낭관들이 모두 놀랐다. 과연 상소를 올린 자가 달아나자 그자를 붙잡는 일을 급히 서둘렀다. 상관걸 등이 두려워하며 하잘것없는 일이니 끝까지 추궁할 필요가 없을 것 같다고 황제에게 말했다. 황제는 그 말을 듣지 않았다.

그 뒤에 상관걸 일당이 곽광을 참소하자 황제가 바로 화를 내며 말했다.

"대장군은 충신으로 선제께서 짐을 보좌하라고 부탁하셨소. 감히 대장군을 비방하는 자는 그 죄를 묻겠소."

그때부터 상관걸 등은 감히 다시 말을 꺼내지 못했다. 그런 가운데 장공주로 하여금 주연을 베풀고 곽광을 청하게 하여 군사를 매복한 뒤 곽광을 죽이고 황제를 폐위시키며 연왕을 맞이해서 황제로 세우기로 모의했다. 일이 발각되어 곽광이 상관걸, 상관안, 상홍양, 정외인의 집안을 모두 멸족시켰다. 연왕과 갑주 두 사람은 모두 스스로 목숨을 끊었다. 곽광의 위엄이 나라 전체를 진동시켰다. 소제가 관례를 올리고 성년이 된 뒤에도 계속 곽광에게 정사를 맡겼으니 열세 해가 지나자 백성의 생활은 넉넉해지고 사이는 신하를 청하며 복속해 왔다.

창읍왕을 옹립했다가 폐위시키다

○　　○　　○

원평(元平) 원년에 소제가 붕어했는데 후사가 없었다. 무제의 여섯 아들 중에 유일하게 광릉왕 유서가 살아 있었으니, 신하들이 황제 옹립에 관해 의논하면서 모두 광릉왕을 세워야 한다고 나섰다. 광릉왕은 도덕을 잃은 행동 때문에 선제가 뽑지 않았다. 곽광이 속으로 불안해하고 있을 때 낭관 하나가 상소를 올렸다.

"주나라 태왕(太王)이 태백(太伯)을 폐하고 그 아우 왕계(王季)를 세운 것과 문왕이 맏아들 백읍고(伯邑考)를 버리고 무왕을 세운 것은 오로지 정사를 돌보는 데 적합한 인물을 골랐기 때문이니, 맏아들을 버리고 막내아들을 세운다 해도 괜찮았던 것입니다. 광릉왕은 종묘를 이을 만한 인물이 못 됩니다."

이 말이 곽광의 뜻에 맞아떨어졌다. 곽광이 승상 양창 등에게 그 글을 보여 준 뒤에 그 낭관을 발탁하여 구강 태수로 삼았다. 그러고는 그날로 황태후의 조서를 받들어 대홍려 일을 보던 소부 사락성과 종정 유덕, 광록대부 병길, 중랑장 이한을 보내 창읍왕 유하를 맞아 오게 했다.

유하라는 인물은 무제의 손자이자 창읍 애왕 유박의 아들이다. 황궁에 도착해 즉위하자 방종하고 도덕에 어긋난 행동을 했다. 곽광이 걱정하며 답답해하다가 친하게 지내던 전임 대사농 전연년에게만 해결책을 물어보았다.

전연년이 말했다.

"장군은 나라의 기둥이자 주춧돌입니다. 그 인물이 불가하다는 것을 알아차렸다면 얼른 태후께 이 사실을 알리고 의논하여 덕행이 높고 재능이 뛰어난 황제를 다시 세워야 하지 않겠습니까?"

곽광이 물었다.[3]

"지금 그렇게 하고 싶습니다. 옛적에 이런 예가 있었던가요?"

전연년이 대답했다.

"이윤이 은나라의 재상일 때 태갑(太甲)을 폐하여 종묘를 안정시켰으므로 후세 사람들이 그 충성을 칭찬했습니다. 만일 장군께서도 그렇게 할 수 있다면 한나라의 이윤이 될 것입니다."

이 말을 들은 곽광은 전연년을 급사중에 임명하고 거기장군 장안세와 은밀히 계획을 짠 뒤에 승상과 어사대부, 장군, 열후, 중이천석, 대부, 박사들을 미앙궁에 불러 모아 의논했다.

곽광이 말했다.

"창읍왕의 행동이 도덕에 어긋난 데가 많아 사직을 위태롭게 하고 있으니 어떻게 하면 좋겠습니까?"

여러 신하가 모두 경악하여 낯빛이 창백해진 채 감히 말을 못하고 "예, 예."라고만 했다. 전연년이 자기 자리를 벗어나 검을 잡은 채 앞으로 나서며 말했다.

"선제께서 장군께 어린 아들을 맡기면서 천하를 부탁하신 것은 장군이 충성스럽고 능력이 뛰어나니 능히 유씨 왕조를 든든히 보전하리라 여기셨기 때문입니다. 지금 아래 백성들 사이에서는 동란이라도 일어날 듯한 어지러운 기운이 감돌아 사직이 기울고 있습니다. 모든 한나라 황제의 시호에 계속해서 '효(孝)'자를 넣은 것은 오랫동안 천하를 영유하여 종묘에 모셔진 영령이 제사 음식을 흠향할 수 있게 하라는 뜻입니다. 지금 한나라 유씨 왕조 종묘에 제사가 끊어진다면 장군이 비록 죽음을 택한다 해도 무슨 면목으로 지하에 계신 선제를 뵐 수 있겠습니까? 오늘의 의제는 단숨에 처리해야만 하니, 여러 대신 중에 대답을 뒤로 미루는 분이 계시면 신이 이 검으로 베어 버릴 수 있게 해 주십시오."

곽광이 사죄하는 말을 했다.

"구경으로서 저 광을 책망함이 옳습니다. 천하가 어지러운 채 불안하니 제가 벌을 받아야 할 것입니다."

그러자 의논 중이던 대신들이 모두 머리를 조아리며 말했다.

"만백성의 목숨이 장군께 달려 있으니 대장군의 명에 따르겠습니다."

곽광이 곧바로 여러 대신과 함께 태후를 알현하여 사정을 알리고 창읍왕이 종묘를 계승할 수 없는 상황에 대해 자세하게 설명했다. 황태후가 수레를 타고 미앙궁 승명전(承明殿)으로 가서 창읍왕 휘하의 신하들을 황궁 안으로 들이지 못하도록 각 궁전의 금문위(禁門衛)에게 조서를 내렸다. 창읍왕이 황태후를 뵙는 예를 올린 뒤 돌아가는 길에 연을 타고 온실전(溫室殿)으로 들어가려고 할 때, 중황문 환관들이 문짝을 잡고 서 있다가 왕이 들어가자마자 문을 닫아걸어 왕의 신하들이 들어가지 못했다. 왕이 물었다.

"어찌 된 일인가?"

대장군이 무릎을 꿇고 말했다.

"황태후께서 조서를 내리셔서 창읍의 신하들을 황궁으로 들이지 못하게 하셨습니다."

창읍왕이 말했다.

"천천히 할 것이지, 어찌 이렇게 사람을 놀라게 한단 말이오!"

곽광은 창읍왕의 신하들을 모조리 쫓아내어 금마문 밖에 있게 했다. 거기장군 장안세가 우림군 기병을 거느리고 창읍왕의 신하

이백여 명을 결박하여 모두 정위 조옥에게 넘겨 버렸다. 그러고는 소제 때의 시중과 환관으로 하여금 왕을 모시며 지키게 했다. 곽광이 좌우를 돌아보며 명령했다.

"조심해서 지키도록 하라. 갑자기 죽거나 자결하면 내가 천하 백성을 등지고 군주를 죽였다는 오명을 얻게 된다."

창읍왕은 그때까지도 자신이 폐출되리라는 사실을 모른 채 곁에 있던 자들에게 말했다.

"내 밑에서 벼슬을 산 신하들이 무슨 죄를 지었길래 대장군이 모조리 결박해 버렸단 말인가!"

얼마 지나지 않아서 태후가 창읍왕을 불러 접견하겠다는 조서를 내렸다. 창읍왕이 부름을 받고 무서워하며 말했다.

"내가 무슨 죄를 지었길래 나를 부른단 말인가!"

태후가 주유(珠襦)를 걸친 채 화려하게 차려입고 무장(武帳) 안에 앉아 있었고 시종 수백 명이 무기를 들고 있었다. 호위 부대 기문(期門)의 무사들도 모두 창을 들고 대전 아래 계단 옆으로 늘어서 있었다. 신하들이 관등 순서에 때라 무장 안으로 들어간 뒤에 창읍왕을 불러 무장 앞에 엎드린 채 태후의 조서를 듣도록 했다. 곽광이 여러 대신의 이름을 함께 적어 넣은 상주문을 올렸는데 상서령이 그 상주문을 읽었다.

승상 신(臣) 창(敞), 대사마 대장군 신 광(光), 거기장군 신 안세(安世), 도료장군 신 명우(明友), 전장군 신 증(增), 후장군 신 충국(充國), 어사대부 신 의(誼), 의춘후 신 담(譚), 당도후(當塗侯) 신 성(聖), 수도

후(隨桃侯) 신 창락(昌樂), 두후 신 저기당(屠耆堂), 태복 신 연년(延年), 태상 신 창(昌), 대사농 신 연년, 종정 신 덕(德), 소부 신 낙성(樂成), 정위 신 광(光), 집금오 신 연수(延壽), 대홍려 신 현(賢), 좌풍익 신 광명(廣明), 우부풍 신 덕(德), 장신소부 신 가(嘉), 전속국 신 무(武), 경보도위 신 광한(廣漢), 사례교위(司隷校尉) 신 벽병(辟兵), 제리 문학 광록대부 신 천(遷), 신 기(畸), 신 길(吉), 신 사(賜), 신 관(管), 신 승(勝), 신 양(梁), 신 장행(長幸), 신 하후승(夏侯勝), 태중대부 신 덕(德), 신 앙(卬)은 죽음을 무릅쓰고 황태후 폐하께 말씀 올립니다.[4]

신 창 등은 죽을죄를 짓고 머리를 조아립니다.

천자가 종묘사직을 오래도록 보전하며 나라 전체를 영유하려면 자애롭고 효성스러우며 예와 의를 지키고 상과 벌을 분명히 하는 것을 근본으로 삼아야 합니다. 효소제께서 일찍 천하를 버리고 붕어하시되 후사가 없었으므로 신 창 등이 의논해 보니 예법에 "어떤 사람의 후사가 되는 사람은 곧 그 사람의 아들이 된다."[5]라고 한 것에 근거하여 창읍왕이 후사가 되기에 적합했으므로, 종정과 대홍려, 광록대부를 보내 부절을 받들어 창읍왕을 모셔 와 효소제의 상주가 되게 했습니다. 참최(斬縗) 상복을 입었지만 슬퍼하거나 애통해하는 마음이 없어서 예와 의를 저버렸고, 황궁으로 오는 길에 소식(素食)을 하지 않고 고기를 먹었으며, 시종관에게 여자를 붙잡아 의거(衣車)에 태운 뒤에 일행의 숙소인 역참 객사 안으로 들였습니다.

황궁에 도착하자마자 황태후를 알현한 뒤에 황태자로 책봉되어 상주가 되었으나, 닭고기와 돼지고기를 사적으로 사들여 여러 차레 먹었습니다. 효소제의 영구 앞에서 황제의 신새(信璽)와 행새(行璽)⁶를 받아 그 자리에서 열어 보고는 봉하지 않았습니다. 또 시종관은 부절을 지닌 채 창읍에서 따라온 다른 시종과 추재관(騶宰官), 노복 등 이백여 명을 황궁으로 끌어들여 그자들과 황궁 안에서 놀이를 즐겼습니다. 창읍왕이 직접 부절을 관리하는 곳으로 가서 열여섯 개의 부절을 가져와서 아침저녁으로 빈소에서 곡을 하러 갈 때 시종관들에게 부절을 바꾸어 들게 하면서 자신의 뒤를 따르게 했습니다. 옛 신하에게 "황제가 〔창읍국〕 시중 군경(君卿)에게 안부를 묻는다. 중어부령(中御府令) 고창(高昌)을 보내 황금 천 근을 들고 가게 하고 군경에게 열 명의 아내를 하사한다."라고 편지를 썼습니다. 효소제의 영구가 정전(正殿) 앞에 모셔져 있었지만 악부(樂府)에서 악기를 꺼내 오고 창읍국의 악공을 황궁으로 불러들여 북을 치고 노래하며 광대놀이를 했습니다. 장례를 끝내고 돌아오자마자 정전에 들어가서 편종과 편경을 연주했고, 태일(泰壹) 신의 사당에 속해 있던 악공을 불러내 연도(輦道)를 따라 상림원 모수(牟首)까지 이른 뒤에 악기를 연주하고 노래와 춤을 즐기며 온갖 음악을 모두 연주했습니다.

장안주(長安廚)에서 태뢰 제수 세 벌⁷을 차리게 하여 각실(閣室)에서 제사를 지냈으며 제사를 마친 뒤에는 시종관과 먹고 마셨습니다. 법가(法駕)를 몰고 피헌(皮軒)과 난기(鸞旗)로 장식한 뒤에 북궁(北宮)과 계궁(桂宮)으로 질주하며 멧돼지와 범과 격투를 벌였습니다. 황태후가 쓰시는 작은 마차⁸를 가져오게 해서 관노에게 몰게 하고 역정에서 놀았습니다. 효소제의 궁녀였던 몽(蒙) 등과 더불어

음란한 짓을 했으며 역정령에게 명령하기를 발설하면 허리를 베어
버린다고 했다 합니다.

태후가 말했다.

"멈춰라! 선제의 신하이자 아들인 자가 정도에 어긋나고 질서
를 어지럽히기가 어찌 그와 같단 말이냐!"

그러자 창읍왕이 자리에서 일어나 엎드렸고, 상서령은 계속해
서 읽어 나갔다.

제후왕과 열후, 이천석 관리에게 내리는 인수와 묵수(墨綬) 및
황수(黃綬)를 꺼내다가 창읍국에서 낭관을 지냈던 자에게 차게 하
여 그들을 양민으로 만들어 주었습니다. 또 그때까지 부절에 달았
던 황모(黃旄)를 붉은색으로 바꾸게 했습니다. 어부(御府)에서 황금
과 돈, 칼, 검, 옥기, 채색 비단을 꺼내 왕과 더불어 놀음을 놀던 자
들에게 상으로 하사했습니다. 시종관과 관노와 더불어 밤에 취하
도록 마시되 술에 마셨습니다. 태관에게는 평소에 먹는 음식을 올
리라고 명했습니다. 식감(食監)이 상복을 벗기 전까지는 평소 때 먹
는 음식을 드실 수 없다고 상주하자, 다시 태관에게 서둘러 평소
음식을 올리되 식감을 통하지 않고 올리게 했습니다. 태관이 음식
을 올리지 않자 시종관으로 하여금 황궁 밖에 나가 날마다 닭고기
와 돼지고기를 사서 전문(殿門)으로 들여오게 했습니다. 특별히 밤
에 장락궁 온실전에 구빈(九賓)을 맞는 자리를 마련하게 하고 자형
인 창읍국 관내후를 불러들여 접견했습니다. 한나라 황실의 종묘

에 제사를 올리기 전, 옥새를 찍은 문서를 내려 사자에게 부절을 지닌 채 태뢰 제수 세 벌을 준비하여 창읍 애왕의 원묘(園廟)에 가서 제사를 올리게 하고 자신을 '사자(嗣子) 황제'[9]라고 칭했습니다. 옥새를 받은 뒤로 스무이레 동안 여러 곳에 사자를 보내 부절을 지닌 채 황제의 명령이라며 관아의 물자를 징발한 것이 모두 천백스물일곱 건이나 됩니다.

문학 광록대부 하후승 등과 시중 부가(傅嘉)가 수차례에 걸쳐 과실에 대해 간언했지만, 사람을 시켜 법조문을 들어 가며 하후승을 책망하고 부가를 결박하여 옥에 넣어 버렸습니다. 주색을 즐기고 옳고 그름을 판단하지 못하며 제왕의 예법과 의리를 잃었고 한나라 조정의 제도를 어지럽혔습니다. 신 창 등이 여러 차례 진언했으나 고치지 않았을뿐더러 하루하루 더 심해졌으니 사직을 위태롭게 하고 천하를 불안하게 했습니다.

신 창 등은 조심스럽게 박사 신 패(霸), 신 전사(雋舍), 신 덕(德), 신 우사(虞舍), 신 사(射), 신 창(倉)과 의논해 보았습니다. 모두 고황제께서 한나라를 창건하셨으므로 한 태조가 되셨고, 효문제께서는 자애롭고 인자하며 검약한 정치를 펼치셔서 태종이 되셨는데, 지금의 폐하께서는 효소제의 후사가 되어 방자하고 법도에 어긋난 행동을 하고 있다고 했습니다. 『시』에 "왕이 아무것도 모른다고 하겠지만, 벌써 아들까지 두었네."[10]라고 했습니다. 오벽(五辟)의 법조문에도 불효보다 더 큰 죄는 없다고 했습니다. 주 상왕(周襄王)이 자신을 쫓아내려고 한 계모 모후를 섬길 수 없었던 일을 두고 『춘추』에서는 "천왕이 정나라에 나가 있었다."[11]라고 하여 불효한 채로 주나라 도읍을 떠났기 때문에 천하 백성을 다스리지 못했다는 뜻을 기록했습니다.

종묘사직은 황제 개인보다 더 중합니다. 폐하는 아직 고황제 사당에 나아가 천명을 받지 못한 상태라서 한나라 천자의 자리를 잇지 못하고 종묘의 선제 영령을 받들며 만백성을 통치할 수 없으니 마땅히 폐출해야 합니다.

신은 해당 관원인 어사대부 신 의(誼), 종정 신 덕(德), 태상 신 창(昌)[12]에게 청하여 태축(太祝)과 더불어 태뢰 제수 한 벌을 갖추어 고황제 사당에 이 사실을 고하는 제사를 올리겠습니다.

신 창 등은 죽음을 무릅쓰고 이 글을 올립니다.

황태후가 명을 내렸다.

"허락하겠다."

곽광이 창읍왕을 일으켜 세워 절하고 태후의 명을 받도록 하자 왕이 말했다.

"[『효경』에] '천자에게 쟁언을 올리는 신하 일곱 사람이 있으면, 천자가 무도해도 천하를 잃지 않는다.'라고 했습니다."

곽광이 말했다.

"황태후께서 폐출하라는 명을 내리셨는데 어찌하여 '천자'라고 이르십니까?"

그러고는 바로 왕의 손을 잡은 채 옥새 끈을 풀어 태후에게 바치고는 왕을 부축하여 건물을 나와 금마문으로 나갔다. 여러 신하가 따라가며 전송했다. 왕이 서쪽을 향해 절하며 말했다.

"내가 어리석어서 한나라 조정을 맡지 못하는구나."

왕이 일어나서 부거(副車)를 탔다. 대장군 곽광이 창읍국의 경저까지 전송했다. 곽광이 말했다.

"왕의 행동은 스스로 하늘의 뜻을 저버리는 것이었습니다. 신등이 무능한 데다 겁이 나서 자결로써 왕의 은덕에 보답하지 못했습니다. 신은 왕을 등질지언정 감히 사직을 등질 수는 없습니다. 왕은 자중자애하시기 바랍니다. 신은 영원히 곁에서 다시 모시지 못합니다."

곽광이 눈물을 흘리며 자리를 떠났다. 여러 신하가 상주하여 말했다.

"옛적에는 폐출하여 쫓아 버린 사람을 먼 곳에 유배하여 정사에 참여하지 못하게 했으니 왕 하(賀)를 방릉현(房陵縣)으로 옮기도록 청합니다."

태후는 유하를 창읍으로 돌아가게 하고 탕목읍 이천 호를 하사하는 조서를 내렸다. 창읍왕의 신하들은 왕을 보좌하는 군신의 의를 다하지 못해 왕을 악에 빠지게 했다는 죄목에 걸렸다. 곽광은 창읍왕의 신하 이백여 명을 모두 죽였다. 그 신하들은 사형장으로 가면서 거리에서 울며 소리쳤다.

"목을 쳐야 할 자들을 치지 않아 거꾸로 그자들이 일으킨 난을 당하는구나."

선제를 옹립한 뒤 계속 집권하다

○　○　○

곽광이 조정 중심에 앉아 승상 이하 대신들과 함께 새로운 황제를 누구로 결정할 것인지 의논했다. 광릉왕은 일찍부터 후보에서 제외했고 연날왕은 반란을 일으켜 주살되었으므로 그 아들도 의논 대상에 넣지 않았다. 효소제와 가장 가까운 유씨 혈족으로는 민간에 살며 황증손이라고 불리던 위 태자의 손자가 유일했는데 널리 칭송을 받고 있었다.

그리하여 곽광이 승상 양창 등과 함께 상주문을 올렸다.

『예』에 이르기를 "혈육에게 깊은 정을 쏟는 것이 사람의 도리라 조상을 숭배해야 하고 조상을 숭배한다면 종가를 받들어야 한다."[13]라고 했습니다. 적통에 후사가 없으니 방계 자손 중에 덕행이 높고 재능이 뛰어난 분을 골라 후사로 삼아야 합니다. 지금 효무제의 증손인 병이(病己)는 무제 때에 조서를 내려 역정에서 키우게 했는데 지금 열여덟 살이 되었습니다. 스승에게 『시』, 『논어』, 『효경』을 배웠고 몸소 검약함을 실천하고 있으며 인자한 성격에 다른 사람을 아낄 줄 아니 효소제의 후사가 되어 종묘의 조상 제사를 받들고 만백성을 통치할 수 있을 것입니다.

신이 죽음을 무릅쓰고 말씀 올립니다.

황태후가 명을 내렸다.

"그렇게 하도록 하라."

곽광이 종정 유덕을 증손의 집이 있는 상관리(尙冠里)에 보내 목욕을 시킨 다음 황제가 입는 옷을 올리고, 태복을 시켜 영렵거(軨獵車)로 맞았다. 이어 종정부에 가서 재계하고 미앙궁에 들어가서 황태후를 알현하게 했다. 먼저 양무후(陽武侯)에 봉했다가, 이어서 곽광이 황제의 옥새를 올리고 고황제 사당에 배알하게 하니 바로 효선제다.

이듬해에 조서가 내려졌다.

덕행이 높은 자와 공이 으뜸인 자를 포상하는 것은 고금에 두루 통하는 원칙이다. 대사마 대장군 광은 충성과 정직함을 다해 숙위하며 군주의 도덕과 은덕을 선양했고 절의를 지키고 인의를 병행하며 종묘를 안정시켰다. 그러므로 하북(河北)과 동무양(東武陽)의 일만 칠천 호를 더하여 봉한다.

예전에 받은 것에 새로 받은 것을 더하니 곽광의 식읍은 모두 이만 호가 되었다. 황제는 황금 칠천 근, 육천만 전, 여러 빛깔의 비단 삼만 필, 노비 백칠십 명, 말 이천 필, 대규모 저택 한 채를 차례로 하사했다.

소제 때부터 곽광의 아들 곽우와 형의 손자인 곽운(霍雲) 두 사람은 중랑장으로, 곽운의 동생인 곽산(霍山)[14]은 봉거도위 시중으로 호월(胡越) 부대[15]를 통솔했으며 곽광의 두 사위는 동궁과 서궁의 위위로 있었다. 형제[16]와 사위들, 외손자까지 모두 조정 의례에 참가할 수 있었으며 제조(諸曹)의 대부, 기도위, 급사중이 되었으니 친척들이 일체가 되어 조정에 자리를 잡고 있었다.

곽광은 〔무제〕 후원(後元) 연간에 집정하여 나라의 대사를 처리해 오고 있었다. 황제가 즉위하자 황제에게 정권을 돌려주었으나 황제가 겸손하게 양보하며 받지 않았다. 모든 일을 먼저 곽광에게 진술한 뒤에 황제에게 상주하도록 했다. 곽광이 황제를 알현할 때마다 황제는 겸손하면서도 엄숙한 얼굴로 극도로 자신을 낮추는 예절을 갖추었다.

곽광이 집정한 뒤로 스무 해가 지난 지절 2년 봄에 병이 깊어졌다. 황제가 수레를 타고 친히 병문안을 갔다가 곽광의 병든 모습을 보고 눈물을 흘렸다. 곽광이 황제에게 글을 올려 은혜에 감사드리며 말했다.

바라건대 제 식읍 중에서 삼천 호를 갈라내어 형의 손자인 봉거도위 산(山)을 열후로 봉함으로써 형 표기장군 거병의 제사를 받들게 해 주십시오.

황제가 승상과 어사대부에게 그 일을 처리하게 하고 그날로 곽광의 아들 곽우를 우장군으로 삼았다.

곽광이 세상을 떠나자 황제와 황태후[17]가 친히 곽광을 문상하러 갔다. 태중대부 임선(任宣)이 시어사 다섯 명과 함께 부절을 지닌 채 상례를 주재했고, 중이천석이 무덤 옆에 막부를 두고 매장에 관한 절차를 주관했다. 황제가 황금과 돈, 물들이지 않은 비단과 채색 비단, 수놓은 이불 백 채, 의복 쉰 고리, 구슬 장식이 있는 금루옥의(金縷玉衣) 한 벌, 재궁(梓宮) 한 벌과 변방(便房)[18] 한 칸 및 재궁과 변방을 밀폐시킬 황장제주(黃腸題湊) 한 벌, 종목(樅木) 외장곽(外臧椁)[19] 열다섯 개 및 동원온명(東園溫明)을 하사하되, 모두 황제가 쓰는 규격처럼 했다.

곽광의 영구는 온량거(轀輬車)에 싣되 황옥(黃屋)과 좌도(左纛)[20]를 갖추어 재관, 경거, 북군 부대의 다섯 개 교(校) 병력을 징발한 다음 무릉현(茂陵縣)까지 도열시켜 장례 행렬을 전송하게 했다. 황제는 곽광에게 선성후(宣成侯)라는 시호를 내렸다. 〔하동, 하남, 하내〕 삼하(三河)의 군사를 징발하여 땅을 파서 묘혈을 조성하고, 분묘 옆에 사당을 지었으며, 원읍(園邑) 삼백 호를 두었고, 옛 제도에 따라 장승(長丞)[21]이 제사를 모시고 능원을 지키게 했다.

장례를 마친 뒤에 곽산을 낙평후(樂平侯)에 봉하고 봉거도위로서 상서를 겸하게 했다. 천자가 곽광의 공덕을 기리며 조서를 내렸다.

고(故) 대사마 대장군 박륙후는 황궁에서 숙위하며 효무제를 서른 해가 넘도록 모셨고, 효소제를 열 해 넘게 보좌했으며, 대난을 만났을 때에는 몸을 바쳐 군신의 의를 지키면서 삼공과 구경 및 여러 대부를 이끌고 만년 대계를 이어 나갈 책봉 문제를 해결함으로써 사직을 안정시키고 천하 백성이 모두 강녕하게 하여 공덕이 무량하니 짐은 그 공덕을 아주 높게 여긴다. 그 후대의 요역과 부세를 면제하고 자손이 그 작위와 식읍을 그대로 물려받되 대대로 반납하지 않게 하라. 대장군의 공을 소 상국[22]과 같은 등급으로 친다.

이듬해 여름에 태자의 외조부인 허광한(許廣漢)을 평은후(平恩侯)에 봉할 때 다시 조서를 내렸다.

선성후 광은 충성과 정직함을 다해 숙위하며 나라를 위해 부지런히 일했다. 선한 자를 표창하고 그 후손을 돌보는 뜻에서 광의 형의 손자인 중랑장 운(雲)을 관양후(冠陽侯)에 봉한다.

곽광 사후에 칼을 꺼내 든 선제

○   ○   ○

곽우가 박륙후의 작위를 이어받은 뒤에 〔곽광의 아내〕 태부인 현(顯)이 곽광 생전에 직접 조성했던 묘역의 규모와 설계를 바꾸어 확대했는데, 세 개의 출입구를 만들고 분묘에 이르는 길을 냈다. 북쪽으로는 소령관(昭靈館)에 접했고 남쪽으로는 승은관(承恩館)으로 나갈 수 있었다. 사당을 성대하게 꾸민 것은 말할 것도 없고 묘역에서 공중으로 가마가 지나가는 길에 지붕을 덮어 자신의 집 내부와 직접 연결했다. 또 양인(良人)과 노비, 하녀를 가두어 묘역을 지키게 했다.

또 집을 넓히고 타고 다닐 가마를 만들었는데 깔개와 손잡이에 도안을 수놓고 황금을 발랐다. 바퀴에 가죽을 두르고 바큇살에 해

진 옷감을 채워 넣은 다음 오색 비단으로 만든 끈을 연결하여 시비(侍婢)들로 하여금 자신이 탄 수레를 끌고 다니게 하여 집 안에서 놀았다. 그보다 먼저 곽광이 집 안의 노비를 감독하던 풍자도(馮子都)를 총애하여 늘 그자와 함께 일을 상의했다. 현이 과부가 되어 혼자 지내면서 풍자도와 정을 통했다.

곽우와 곽산도 자신들의 집을 수리했으며 상림원 평락관에 가서 말을 달리며 경주를 즐겼다. 곽운은 조정에 예를 올리러 나아가야 할 때도 여러 차례 병을 칭하고 몰래 놀이를 나갔다. 수많은 빈객을 데리고 황산원(黃山苑)에서 울타리를 치고 사냥하면서 노비를 보내 황제 앞에 자신의 명함을 올리게 했으니 그런 행동을 견책할 사람이 아무도 없었다. 현과 여러 딸은 밤낮으로 (상관 태후가 거처하던) 장신궁에 드나들었으나 아무 제한을 받지 않았다.

선제는 민간에 있을 때부터 곽씨 집안이 부귀영화를 오랫동안 누려 온 사정을 알고 있었는데 속으로 좋게 여기지 않았다. 곽광이 죽고 황제가 친히 조정의 일을 처리하기 시작하면서 어사대부 위상에게 곁에서 급사중 일을 보게 했다. 현이 곽우와 곽운, 곽산에게 말했다.

"너희가 대장군의 유업을 열심히 받들지 않아서 이제 어사대부가 급사중이 되었구나. 일단 누군가 황제와 우리 집안을 갈라놓으려고 든다면 너희는 자구책을 마련할 수 있겠느냐?"

그 뒤에 (곽씨와 위씨) 두 집안의 노비가 길을 물리라고 다투던 중에 곽씨 집안의 노비가 어사부로 들어가서 어사대부 집무실의 문을 차려고 하다가, 어사가 머리를 조아리며 사죄하자 그 자리를 떠난 적이 있었다. 누군가가 곽씨 일족에게 그 사실을 알리자 현 등이 그 일로 우환이 생기리라 짐작했다. 이어서 어사대부 위상이 승상이 되었다. 황제가 틈이 날 때마다 여러 차례에 걸쳐 위상을 불러 국사를 의논했고, 평은후도〔금일제의 조카〕시중 금안상 등과 더불어 직통으로 황궁을 드나들었다. 그 무렵 여전히 곽산이 상서직을 맡고 있었다. 황제가 명령하여 관리와 백성이 밀봉 상주문을 올릴 때에는 상서를 거치지 않게 했고 신하들이 황제를 대면하여 의견을 올릴 때에도 직접 황제의 거처를 오가게 했다. 그런 결정을 내리자 곽씨 집안사람들은 몹시 싫어했다.

선제가 막 즉위했을 때 평민 시절에 얻은 허비(許妃)를 황후로 책봉했다. 현은 막내딸 곽성군(霍成君)이 귀여워 그 딸을 귀하게 해 주고 싶어 했다. 그래서 몰래 유의(乳醫) 순우연(淳于衍)을 시켜 독약으로 허 황후를 살해한 뒤에, 황후 자리가 비었으니 곽성군을 황궁에 들여보내 허 황후의 뒤를 잇게 해 달라고 곽광에게 졸랐다. 그때의 이야기는 「외척전(外戚傳)」에 있다.

허 황후가 갑자기 붕어하자 옥리가 황궁의 모든 의원을 나포했고, 순우연을 시질무상부도죄(侍疾亡狀不道罪)로 탄핵하여 하옥시켰다. 옥리가 법조문에 따라 긴박하게 순우연을 심문하자 현이 탄로날 것이 두려워 곧바로 곽광에게 사실대로 모든 것을 이야기했다. 곽광은 매우 놀라 한편으로 자수를 생각하기도 했지만 차마 그렇게 하지 못하고 머뭇거렸다. 황제에게 그 안건에 관한 상주문이 올라왔을 때, 황제 대신에 안건을 처리하던 권한을 써서 순우연을 처벌하지 못하게 했다.

곽광이 죽은 뒤에 그 이야기가 얼마간 새 나갔다. 황제가 그 이야기를 듣기는 들었지만 경위를 정확하게는 알지 못했다. 그래서 먼저 곽광의 사위였던 도료장군 미앙궁 위위 평릉후 범명우를 광록훈으로 옮기고 둘째 사위였던 제리중랑장 우림군감 임승(任勝)을 안정 태수로 내보냈으며 몇 달 뒤에 다시 곽광 누나의 사위였던 급사중 광록대부 장삭(張朔)을 촉군 태수로, 같은 이의 손녀사위 중랑장 왕한(王漢)을 무위(武威) 태수로 내보냈다. 그로부터 얼마 지나지 않아 다시 곽광의 큰사위였던 장락궁 위위 등광한(鄧廣漢)을 소부로 옮기게 했다. 이어서 곽우를 대사마로 올렸지만 작은 관을 쓰게 했고, 정무를 처리할 수 없도록 인수를 내리지 않았으며, 우장군직을 거두게 하여 황궁을 지키던 군사와 우장군 휘하의 관리를 거느리지 못하게 했다. 곽우로 하여금 곽광과 마찬가지로 대사마가 되게 했으나 그저 이름만 달고 있게 한 것이다. 그러고는 범명우의 도료장군 인수를 거두고 광록훈으로만 있게 했다. 게다가 곽광의 가운데 사위였던 조평(趙平)이 산기 기도위 광록대부로 황궁을 지키는 군대를 거느리고 있었는데 조평의 기도위 인수를 몰수했다. 호기(胡騎)와 월기(越騎), 우림군과 미앙위(未央衛) 및 장락위(長樂衛)가 거느린 군대의 통수권을 모두 황제의 심복이었던 허씨와 사씨(史氏)의 자제가 대신 가지도록 바꾸어 버렸다.

곽우는 대사마에 임명된 뒤에 병을 칭했다. 예전에 곽우 밑에서 장사로 일하던 임선이 문병을 오자 곽우가 말했다.

"병은 무슨 병이 났겠는가? 황제께서 우리 대장군이 아니셨다면 어떻게 오늘날의 지위에 오르셨겠나! 지금 대장군 분묘의 흙이 채 마르지도 않았는데 우리 집안사람들을 모두 내몬 채 허씨와 사씨만을 중용하시면서 내 인수를 빼앗으시니 죽어도 무슨 허물로 죽는지를 알 수 없는 형편일세."

임선이 곽우가 깊이 원망하는 것을 보고 곧바로 말했다.

"대장군 때의 좋았던 시절이 어떻게 다시 오겠습니까! 나라의 권력을 쥔 채 생사여탈권을 손에 넣고 계셨지요. 정위 이중(李種)[23]과 왕평, 좌풍익 가승호(賈勝胡) 및 승상 차천추의 사위이자 소부였던 서인은 모두 대장군의 뜻을 거스른 죄로 하옥된 뒤에 죽임을 당했습니다. 그러나 사락성(使樂成)[24] 같은 보잘것없는 집안의 자식도 대장군의 총애를 받으면 구경의 지위에 오르고 열후에 봉해지기도 했습니다. 백관이 모두 〔대장군의 노비〕 풍자도와 왕자방(王子方) 등에게 굽실거렸을 뿐 승상을 봐도 아랑곳하지 않았습니다. 그러니 각자가 영화를 누리는 때는 따로 있는 법입니다. 허씨와 사씨는 지금 천자의 골육이므로 부귀영화를 누리는 것이 마땅합니다. 대사마께서 이 일로 원한을 가지시는 건 어리석은 제가 보기에도 옳지 않습니다."

곽우는 아무런 대꾸를 하지 않았지만 며칠이 지난 뒤부터 조정에 나가 정무를 처리하기 시작했다.

위세로 주군을 떨게 한 자는 오래가지 못한다

○　○　○

날마다 눈앞에서 권세가 깎여 나가자 현이 곽우, 곽산, 곽운과 함께 마주 보며 몇 차례나 눈물을 흘리며 한탄했다. 곽산이 말했다.

"지금 승상이 전권을 휘두르고 있습니다. 황제의 신임을 믿고 대장군 때에 정했던 법령을 모두 고치고 있는데, 공전(公田)을 빈민에게 주면서[25] 대장군에게 과실이 있었다고 선전하고 있습니다. 또 여러 유생은 대다수가 가난하고 무례한 집안의 자식들로 멀리 장안에 와서 떠돌며 추위와 굶주림에 시달린 채 함부로 지껄이기를 좋아하며 거리낄 것 없이 살아가고 있습니다. 대장군께서는 늘 그런 자들을 원수처럼 미워하셨으나 지금의 폐하께서는 그런 유생들과 말씀 나누는 것을 좋아하시면서 한 사람 한 사람에게 국사를 물어 대책문을 쓰게 하셨는데 많은 유생이 우리 집안을 거론하고 있습니다.

한번은 누군가가 글을 올리기를 '대장군 때에는 주군의 힘이 약하고 신하가 강하여 전권을 쥐고 독단했습니다. 지금 그 아들과 손자가 권력을 휘두르고 형제들은 더없이 방자하게 권세를 부리고 있으니 종묘사직이 위태롭게 되지 않을까 걱정스러우며, 재이가 자주 나타나는 것은 모두 그 집안이 권세를 휘두르고 있기 때문입니다.'라고 썼습니다. 그 내용이 비통하기 이를 데 없어 저 산이 그 글을 눌러두고 황제께 보이지 않았습니다. 그러자 그 뒤에 상소문을 올리는 자들이 더욱 교활해져서 모조리 밀봉 상소를 올리고 있습니다. 황제께서는 중서령으로 하여금 밀봉 상소문을 취합하게 하고 상서를 거치지 말도록 하고 계시니 이는 갈수록 사람을 믿지 못한다는 뜻입니다."

현이 물었다.

"승상이 우리 집안을 몇 차례나 거론했다고 하는데 그 사람이라고 아무 죄가 없겠느냐?"

곽산이 대답했다.

"승상은 청렴하고 정직하니 무슨 죄를 지었겠습니까? 우리 집안 형제나 여러 사위는 조심스럽지 못한 데가 많습니다. 게다가 민간에 곽씨 집안에서 허 황후를 독살했다는 말이 많이 떠돈다는데, 혹시 우리 집안에서 일과 연관이 있습니까?"

현이 두려워하면서 곽산과 곽운, 곽우에게 모든 것을 사실대로 일러 주었다. 곽산과 곽운과 곽우가 놀라서 말했다.

"사실이 그랬다면 왜 저희에게 미리 일러 주지 않으셨습니까? 황제께서 우리 집안 사위들을 외곽으로 흩어 쫓아내신 것은 그러한 연고가 있었기 때문입니다. 이런 일은 큰일이라 처벌 수준이 가볍지 않을 텐데 어찌하면 좋단 말입니까?"

그때부터 곽씨 집안의 사특한 모의가 시작되었다.

원래 조평의 식객 중에 석하(石夏)라는 자가 별자리를 볼 줄 알았는데 조평에게 말했다.

"형혹성(熒惑星)이 어성(御星) 자리로 들어갔습니다. 어성은 태복과 봉거도위를 상징하니 쫓겨나지 않으면 죽게 생겼습니다."

조평은 속으로 봉거도위 곽산이 걱정스러웠다. 곽운의 외삼촌인 이경(李竟)과 친하게 지내던 장사(張赦)가 곽운의 집안사람들이 다급해하는 모습을 보고 이경에게 말했다.

"지금은 승상이 평은후와 함께 정무를 처리하고 있으므로 태부인으로 하여금 태후께 말씀을 드리게 하면 이 두 사람을 먼저 죽일 수 있을 것입니다. 폐하를 폐출하는 일은 태후만이 하실 수 있습니다."

장안의 남자 장장(張章)이 이 일을 고발하여 황제가 사건을 정위에게 넘겼다. 집금오가 장사와 석하 등을 나포하려고 할 때, 황제가 멈추고 나포하지 말라는 명을 내렸다. 곽산 등은 더욱 겁이 나서 서로 의논했다.

"이렇게 된 것은 황제가 태후를 어렵게 여기기 때문이니 그래서 끝까지 쫓지 않는 것이다. 그러나 역모의 흉조가 이미 드러났고 허 황후를 시해한 일도 있으니, 폐하께서 비록 관대하고 인자하시더라도 곁에 있는 신하들이 그대로 두지 않거나 오래 지난 뒤에도 다시 들추려고 할 것이다. 발각되면 멸족의 화를 입을 터, 그렇다면 우리가 먼저 반기를 드는 것이 낫겠다."

그래서 딸들에게 집으로 돌아가 남편에게 이 사실을 일러 주게 하자 모두 이렇게 말했다.

"어디선들 화를 피할 수 있겠는가?"

그때 마침 이경이 제후왕과 내통한 죄를 지었는데 심문 중에 곽씨 집안과 관련이 있는 진술이 나왔다. 황제가 곽운과 곽산이 황궁에서 숙위하기에 적합하지 않으니 파면시켜 집으로 돌아가 있게 하라는 명령을 내렸다. 곽광의 여러 딸은 이질녀 태후에게 무례하게 대했고, 풍자도는 여러 차례 법을 어겨 황제가 함께 벌을 내렸으므로 곽산과 곽우 등이 몹시 두려워했다. 현은 꿈속에서 집안의 우물물이 마당으로 넘쳐흐르고 부뚜막 위에 나무가 자라는 것을 보았다. 또 다른 꿈에는 대장군이 나타나 현에게 말하기를 "아들이 나포될 텐데 알고 있소? 곧바로 나포하러 올 것이오." 라고 했다. 집 안에 쥐가 갑자기 많아져서 사람들과 부딪칠뿐더러 꼬리가 땅에 닿아 그림을 그리고 다닐 지경이었다. 올빼미가 여러 차례 본채 건물 앞의 나무 위에 앉아 울었고 집의 대문이 저절로 무너졌다. 곽운의 상관리 집 대문도 무너졌다. 골목 끝에 살던 사람들 모두 누군가가 곽운의 집 지붕 위에 앉아서 기와를 뜯어 땅에 던지는 모습을 보았는데 사람들이 보자 모습을 감춰 아주 이상하게들 여겼다. 곽우는 수레와 말 소리가 시끄럽게 나더니 자신을 나포하러 들이닥치는 꿈을 꾸었다. 그렇게 온 집안이 근심에 빠져 있을 때 곽산이 말했다.

"승상이 제멋대로 종묘에 올릴 새끼 양과 토끼, 그리고 개구리의 숫자를 줄였으므로 이것으로 죄를 물을 수 있을 것입니다."

그리하여 모의하기를 태후로 하여금〔선제의 외조모〕박평군(博平君)을 위해 잔치를 베풀게 하여 승상과 평은후 이하 관리들을 부른 다음 범명우와 등광한을 시켜 태후의 명을 받들어 그들을 베어 버리고 황제를 폐위한 뒤에 곽우를 옹립하기로 했다. 계획을 행동으로 옮기기 전에 곽운이 현도(玄菟) 태수에 임명되었고 태중대부 임선은 대군(代郡) 태수가 되었다. 게다가 곽산은 조정의 기밀문서를 베끼다가 걸려 벌을 받게 되었다. 현이 황제에게 글을 올려 장안성 서부의 저택과 말 천 필을 바칠 테니 곽산의 죄를 대속하게 해 달라고 했으나 황제가 허락하지 않았다. 그때 마침 거사 계획이 발각되어 곽운, 곽산, 범명우는 자결하고 현과 곽우, 등광한 등은 나포되었다. 곽우는 허리가 잘렸고 현과 딸들은 모두 기시형을 당했다. 유일하게 곽 황후만 목숨을 건졌는데 폐위되어 상림원 소대궁(昭臺宮)에서 살게 되었다. 곽씨 집안 일에 연좌되어 수천[26] 집안이 멸족당했다.

황제가 조서를 내렸다.

얼마 전에 동직실(東織室) 영사(令史) 장사가 위군(魏郡)의 토호 이경을 시켜 관양후 운에게 반역을 모의하도록 권했다고 한다. 짐은 대장군을 생각하여 눌러두고 떠들지 않은 채 이들이 자숙하고 생각을 고치기를 바라고 있었다. 지금 대사마 박륙후 우와 어미 선성후 부인 현 및 그 사촌 형제의 아들 관양후 운, 낙평후 산과 여러 자매의 남편이 대역죄를 저질러 백성들까지 그르치려 했다. 종묘의 신령이 도우셔서 사전에 발각되어 나포된 뒤에 모두 그 죄를 자백하고 사형당했으니 짐은 이 일을 몹시 가슴 아프게 여긴다. 곽씨 집안에 연루된 자 중에 병신년(丙申年)[27] 전에 일어난 일에 걸렸거나 아직 관리에게 발각되지 않은 자들은 모두 그 죄를 사면한다. 평민 남자 장장이 먼저 알아내어 기문(期門)의 동충에게 일렀고 충(忠)은 좌조 양운에게 일러 주었으며 운(惲)은 시중 금안상에게 일러 주었으므로, 운을 불러 접견한 자리에서 죄상을 보고받았고 뒤에 장이 글을 올려 자세한 사정을 알게 되었다. 시중 사고(史高)는 금안상과 더불어 이 일을 드러나게 하는 방안을 건의했는데 곽씨 집안사람들을 황궁에 들이지 못하게 하는 방안이었으니 이로써 그 역모를 이룰 수 없게 만들었다. 이들은 모두 동등하게 공을 세웠다. 장을 박성후(博成侯)에, 충(忠)을 고창후(高昌侯)에, 운(惲)을 평통후(平通侯)에, 안상(安上)을 도성후(都成侯)에, 고(高)를 낙릉후(樂陵侯)에 봉한다.

그보다 먼저 곽씨 집안이 분에 넘치도록 누리고 살 때 무릉에 살던 서생(徐生)[28]이 말했다.

"곽씨 집안은 반드시 망할 것이다. 대저 분에 넘치면 불손해지고 불손하면 황제를 깔보게 된다. 황제를 깔보는 것은 반역 행위이다. 남의 윗자리에 있으면 많은 자들이 반드시 윗사람을 증오하게 되어 있다. 곽씨 집안이 집권한 나날이 오래되자 곽씨를 증오하는 사람들이 많아졌다. 천하가 곽씨 집안을 증오하는 것에 더하여 반역 행위를 저질렀으니 망하는 일 말고 무엇을 더 기다릴 것인가?"

그런 생각에 황제에게 글을 올려 아뢰었다.

곽씨 집안이 너무 큰 권세를 누리고 있습니다. 폐하께서 그들을 깊이 아끼신다 해도 때때로 적당하게 억제하셔서 그들이 망하는 길로 나아가지 않게 하십시오.

세 차례나 상소했지만, 그때마다 '알았다'는 비답만 받았다.

그 뒤에 곽씨 집안이 멸족당하고 곽씨 집안을 고발한 자들은 모두 열후에 봉해졌다. 누군가가 서생을 대신하여 상소를 올렸다.

신이 들었습니다. 한 객이 어느 집을 방문했을 때 그 집 아궁이에서 연통이 곧게 나 있고 그 곁에 땔나무가 쌓여 있는 것을 보았다고 합니다. 손님이 주인에게 "연통을 구부리고 땔나무를 멀리 떨어진 곳으로 옮기십시오. 그렇게 하지 않으면 불이 날 수 있습니다."라고 했지만 주인은 아무 대답도 없었다고 합니다. 얼마 지나지 않아서 그 집에 과연 불이 났는데 이웃 사람들이 모두 달려와 불을 꺼 준 덕에 다행히 불을 끌 수 있었다고 합니다. 그래서 소를 잡고 술을 준비하여 이웃 사람들에게 사례했다. 불에 타거나 데어서 상처가 난 자를 윗자리에 앉히고 나머지 사람들도 공에 따라 자리에 앉혔지만 연통을 구부리라고 말한 자의 공은 쳐 주지 않았다고 합니다. 누군가가 주인에게 "만일 연통을 구부리라고 한 손님의 말을 들었더라면 소를 잡고 술을 준비할 비용을 쓰지 않아도 되었을뿐더러 끝내 화재가 나지도 않았을 것입니다. 이제 공을 논하며 손님을 청하되 연통을 구부리고 땔나무를 옮겨 놓으라던 사람에게는 보답하지 않은 채 머리카락을 태우고 얼굴이 덴 자를 상객으로 대접한단 말입니까?"라고 하자 주인이 그제야 정신을 차리고 연통을 구부리라고 했던 사람을 청했다고 합니다.

앞서 무릉의 서복(徐福)은 몇 차례나 상소하여 아뢰기를 곽씨가 변을 일으킬 것이므로 그 일을 방지하여 두절해야 한다고 했습니다. 복의 건의가 받아들여졌다면 조정에서 땅을 갈라 작위를 수여하는 경비를 들이지 않아도 되었을 것이고 신하가 반역의 난을 일으켜 멸족당하는 화도 입지 않았을 것입니다. 일이 이미 일어난 가운데 유독 복만이 그 공을 인정받지 못했으니 바라건대 폐하께서 이 점을 살펴셔서 땔나무를 옮기게 하고 연통을 구부리는 방책을 올린 것을 귀하게 여기시고 그자가 머리카락을 태우고 살갗을 덴 자의 윗자리에 앉게 해 주십시오.

이에 황제가 서복에게 비단 열 필을 내리고 뒤에 낭관으로 삼았다.

선제가 막 즉위했을 때 고황제 사당을 참배했다. 대장군 곽광이 참승(驂乘)으로 수레에 함께 타고 따라갔는데 황제가 속으로 곽광을 무서워하기를 마치 가시가 등을 찌르는 듯했다고 한다. 뒤에 거기장군 장안세가 곽광을 대신해 참승으로 탔을 때는 황제가 편안한 마음으로 몸을 마음대로 가눈 채 안심하고 장안세를 가까이 대했다고 한다. 곽광이 죽은 뒤에 그 집안이 마침내 멸족을 당했다. 그 일로 세상에서 말이 돌았다.

"위세로 주군을 떨게 한 자는 오래가지 못하니, 곽씨 집안의 화는 곽광이 참승이었을 때부터 싹텄다."

성제 때에 이르러 백 호를 두어 곽광의 분묘를 지키게 하고 관군이 제사를 받들게 했다. 평제 원시 2년에 곽광 사촌 형제의 증손자인 곽양(霍陽)을 박륙후에 봉하고 천 호의 식읍을 내렸다.

투항해 온 흉노의 태자, 금일제

○　　○　　○

금일제의 자는 옹숙(翁叔)이고, 원래 흉노 휴저왕의 태자였다.

무제 원수 연간에 표기장군 곽거병이 군대를 이끌고 흉노의 서부 지역을 공격했을 때 흉노족의 머리를 많이 베고 휴저왕이 제천 의식에 쓰던 금인(金人)을 빼앗았다. 그해 여름에 표기장군이 다시 서쪽으로 거연을 지나 기련산 지역을 공격하여 크게 이겼다. 선우는 혼야왕과 휴저왕이 서쪽에서 한나라 군대에 크게 패한 것에 불만을 가지고 그 두 왕을 불러 죽이려고 했다. 혼야왕과 휴저왕이 두려워하다가 한나라에 투항하기로 모의했으나 휴저왕이 뒤에 마음을 바꾸는 바람에 혼야왕이 휴서왕을 죽이고 휴저왕의 백성까지 거느린 채 한나라에 투항했다. 한나라에서는 혼야왕을 열후에 봉했다. 금일제는 아버지가 투항하지 않은 채 혼야왕에게 죽임을 당했으므로 어머니 연지(閼氏), 동생 금륜(金倫)과 함께 관노가 되었고, 황문(黃門)에 보내져 말을 돌보았다.

그 뒤 오랜 시간이 흘렀다. 무제가 놀이를 나갔다가 말을 검열했는데 후궁들이 황제 양쪽에 가득 서 있었다. 금일제 등 수십 명이 말을 끌고 황제가 앉아 있던 건물 앞을 지나갔다. 그때 후궁의 모습을 훔쳐보지 않는 사람이 없었으나 유일하게 금일제만 그러지 않았다.

금일제는 키가 팔 척 이 촌의 장신이었고 용모에 위엄을 잘 갖추고 있었으며 키운 말도 많이 살져 있었으므로 황제가 남들과 다르다고 여기고 불러서 물어보자 모든 것을 사실 그대로 대답했다. 황제가 특별하게 생각하여 그날로 목욕을 시키고 의관을 하사한 뒤에 마감(馬監)으로 임명했으며 다시 시중 부마도위 광록대부로 승진시켰다. 금일제가 황제의 곁에 가까이 있게 된 뒤로 한 번도 실수한 적이 없으므로 황제가 더욱 금일제를 신뢰하고 아꼈는데, 상으로 모두 합해서 황금 천 근을 하사하고 황궁 밖을 나설 때는 참승으로 함께 수레에 태우고 황궁에 들어와서는 곁에서 시봉하게 했다. 그러자 황족들이 사적으로 원망하는 말을 많이 했다.

"폐하께서 아무렇게나 얻은 호의 아이 하나를 더 귀하게 여기고 중용하시는구나!"

황제가 그 말을 들은 뒤에 금일제에게 더욱 잘해 주었다.

금일제의 어머니가 두 아들을 가르칠 때 규범과 방법이 아주 뛰어났으므로 황제가 그 말을 듣고 금일제의 어머니를 표창했다. 그 어머니가 병으로 죽자 황제가 명령을 내려 초상을 그리게 한 뒤에 감천궁에 걸어 두고 '휴저왕의 연지'라고 그림의 제목을 써 두게 했다. 금일제가 그 그림을 대할 때마다 늘 절을 하고 그림을 보며 눈물을 흘린 뒤에야 지나갔다.

금일제의 두 아들이 모두 사랑스러웠으므로 황제가 데리고 노는 아이로 삼아 늘 곁에 두었다.

황제 곁에서 놀던 두 아들이 하루는 황제의 등 뒤에서 황제의 목을 끌어안았다. 금일제가 그 앞에 있다가 눈을 부릅뜨자 두 아들이 달아나며 우는소리를 했다.

"아버지가 노했습니다."

황제가 금일제를 꾸짖었다.

"왜 내 아이들에게 화를 내는가!"

아이들이 장성한 뒤에 조심하지 않고 황제가 거처하는 건물 앞에서 궁인과 더불어 놀다가 금일제의 눈에 띄었다. 금일제가 도덕적으로 바르지 못한 그런 행동을 싫어하여 곧바로 아이를 죽여 버렸다. 죽은 아이는 금일제의 맏아들이었다. 황제가 그 말을 듣고 크게 노하자 금일제가 머리를 조아려 사죄하면서 그 아이를 죽여야 했던 상황을 모두 말했다. 황제가 몹시 슬퍼하며 그 아이가 가여워 눈물을 흘렸다. 그 뒤로 황제가 속으로 금일제를 존중했다.

모하라와 강충이 사이좋게 지내고 있었다. 강충이 위 태자를 모함하여 해친 뒤에 모하라의 동생인 모통이 태자가 거느린 군대의 도벌에 나서 힘껏 싸움으로써 〔중합후에〕 봉해졌다. 뒤에 황제가 태자의 억울한 사정을 알게 되어 강충의 일족과 그 일당을 멸족시키자, 모하라 형제는 자신들도 멸족의 화를 입을까 두려워 반역을 꾀하게 되었다.

금일제가 그들이 다른 생각을 품은 것을 눈치채고 속으로 그들을 의심했다. 금일제는 아무도 모르게 혼자서 그들의 동정을 관찰하면서 함께 황궁을 출입했다. 모하라도 금일제가 자신을 관찰하는 것을 알아차렸으므로 오랫동안 거사를 행동에 옮기지 못했다.

수십 년간 충성을 다해 황제를 지키다

○ ○ ○

그 무렵 황제가 임광궁(林光宮)에 갔다. 그때 금일제가 가벼운 병을 앓아 궁 안에 누워 있었다. 모하라가 모통 및 막냇동생 모안성(莽安成)과 함께 거짓으로 황제의 명령을 칭한 뒤에 밤에 궁을 나와 셋이서 감북군 사자를 죽이고 거사했다. 이튿날 새벽, 황제가 아직 자리에서 일어나지 않고 있었으므로 모하라는 밖에서 황제의 처소로 들어갈 구실을 찾지 못하고 있었다. 금일제가 변소에 가려다가 낌새를 채고 곧바로 황제의 처소가 있는 곳으로 들어간 다음 황제가 누워 있던 자리 앞에 앉아 모하라가 들어오기를 기다렸다. 얼마 지난 뒤에 모하라가 소매 안에 단도를 감추고 동쪽 측실로부터 들어오다가 금일제가 있는 것을 보고 얼굴색이 변하여 종종걸음으로 황제의 처소로 들어가려고 했다. 그런데 그만 황제의 비파를 건드리는 바람에 멈칫했다. 금일제가 모하라를 도망가지 못하게 꺼안고 바깥에 있는 시종에게 외쳤다.

"모하라가 반역했다!"

황제가 놀라서 자리에서 일어났고 황제 좌우에서 호위하던 병사가 칼을 뽑아 모하라를 찔러 죽이려고 했다. 혹시 금일제가 그 칼을 맞을지도 모른다고 걱정한 황제가 찌르지 못하게 말렸다. 금일제가 모하라의 목덜미를 잡은 채 황제 처소 건물 앞에 내던지자 붙잡아서 결박하고 죄상을 추궁하며 심문하니 모든 죄를 자백했다. 금일제가 이 일로 황제에게 충성하고 어버이처럼 섬기는 효성의 절의를 드날리게 되었다.

그때부터 금일제는 황제 곁에서 수십 년 동안 한눈도 팔지 않고 지켰다. 궁녀를 내려 주었지만 가까이할 생각조차 하지 않았다. 황제가 금일제의 딸을 후궁으로 들이고 싶어 했으나 듣지 않았다. 금일제가 착실하고 조심스럽게 행동한 것이 그런 정도에 이르자 황제는 더욱더 금일제를 특별하게 여겼다.

황제가 병이 들자 곽광에게 어린 주군을 보좌하라고 부탁했는데, 곽광이 금일제에게 그 임무를 양보했다. 그러자 금일제가 말했다.

"신은 외국 사람입니다. 게다가 제가 그런 임무를 맡으면 흉노가 한나라 조정을 얕보게 됩니다."

그리하여 마침내 곽광의 다음 자리에서 곽광을 돕기로 했다. 곽광은 자신의 딸을 금일제의 후사를 이을 아들인 금상(金賞)에게 시집 보냈다.

무제가 유언을 남길 때 모하라를 토벌한 공에 따라 금일제를 도후(秺侯)에 봉하는 조서를 내렸다. 금일제는 새 황제가 어리다는 이유로 그 명령을 받지 않았다. 정사를 보좌한 지 한 해 남짓하여 병이 심하게 들자 대장군 곽광이 금일제를 열후에 봉해야 한다고 황제에게 아뢰어 누운 자리에서 인수를 받았다. 뒤에 금일제가 죽자 장례에 필요한 모든 도구와 묘터를 하사하고 무사로 하여금 경거(輕車)로 장지까지 운구하게 했으며 군대를 무릉에 이르도록 도열시켰다. 시호는 경후(敬侯)라고 했다.

금일제의 두 아들 금상과 금건

○　○　○

금일제의 두 아들 금상(金賞)과 금건(金建)은 모두 시중이었는데 소제와 나이가 비슷했으므로 함께 기거했다. 금상은 봉거도위가 되었고 금건은 부마도위가 되었다.

금상이 금일제의 후사로 정해졌을 때 두 가닥의 인수를 차고 다녔다. 황제가 곽 장군에게 물었다.

"금씨 형제가 모두 두 가닥 인수를 찰 수는 없습니까?"

곽광이 대답해 아뢰었다.

"상은 그 아비의 후사로서 열후가 되었습니다."

황제가 웃으며 말했다.

"열후에 봉하는 것은 나와 장군에게 달려 있지 않습니까?"

곽광이 대답했다.

"선제(先帝)께서 정하시기를 공이 있어야만 열후에 봉할 수 있다고 하셨습니다."

그때〔황제와 금상, 금건〕세 사람의 나이는 여덟 살이거나 아홉 살이었다.

선제가 즉위했을 때 금상은 태복으로 있었는데 곽씨 집안에서 반역을 꾀하는 기미가 있는 것을 알아차리고 황제에게 글을 올려 아내를 친정으로 돌려보내게 해 달라고 청했다. 황제가 금상을 가련하게 여겨 발각되었을 때, 유일하게 금상만 처벌하지 않았다.

금상은 원제 때에 광록훈이 되었다가 죽었다. 아들이 없었으므로 봉토를 철폐했다.

〔평제〕 원시 연간에 대가 끊어져 제사를 올리지 못하는 열후의 후사를 이어 주었다. 금건의 손자인 금당(金當)을 도후에 봉해 금일제의 후대를 잇게 했다.

금일제의 동생 금륜과 조카 금안상의 후손들

○ ○ ○

원래 금일제가 데리고 함께 투항했던 동생 금륜은 자가 소경(少卿)으로 황문의 낭관이 되었으나 일찍 죽었다.

금일제의 두 아들은 황제의 총애를 받았으나 그 손자 대에 이르러 몰락한 데 비해서 금륜의 후대는 계속해서 번성했다. 금륜의 아들 금안상이 황제의 총애를 받으면서 높은 지위에 올랐고 열후에 봉해졌다.

금안상의 자는 자후(子候)로, 어렸을 때 시중이 되었다. 성실하고 순박하며 지략이 뛰어나 선제가 아꼈다. 초왕 유연수가 모반했을 때 그 일을 폭로하고 검거하는 데 적극적으로 나서서 관내후 작위와 식읍 삼백 호를 하사받았다. 뒤에 곽씨 집안이 반역했을 때 금안상이 황궁의 크고 작은 모든 문을 닫도록 외치고 전달하게 하여 곽씨 일족이 황궁 안으로 들어올 수 없도록 만들었으므로 도성후에 봉해지고 건장궁 위위로 승진했다.

죽었을 때 두릉에 묘지를 하사받고 시호는 경후(敬侯)로 칭해졌다. 아들이 넷 있었는데 각각 금상(金常), 금창(金敞), 금잠(金岑), 금명(金明)이다.

금잠과 금명은 둘 다 제조 중랑장이었고 금상은 광록대부였다.

원제가 태자였을 때 금창은 중서자(中庶子)로서 태자의 총애를 받았다. 원제가 즉위한 뒤에 기도위 광록대부 중랑장 시중이 되었다. 원제가 붕어한 뒤에 정해진 제도에 따라 황제를 가까이에서 모셨던 낭관 모두를 능원에 배치하여 원랑(園郎)으로 삼았다. 금창은 대대로 충효로 이름을 날린 집안 출신이었으므로 태후[29]의 명령을 받아 성제 곁에 남아 시봉했는데 봉거수형도위가 되었다가 위위까지 승진했다.

금창은 사람됨이 정직하고 황제의 안색이 바뀔 만한 간언도 했으므로 황제 곁에 있던 측근들이 금창을 꺼렸고 황제 역시 어려워했다. 금창의 병이 위중했을 때 원제가 사람을 보내 소원을 묻자 동생 금잠을 부탁했다. 황제가 금잠을 불러 사주객(使主客)에 임명했다. 금창의 아들 금섭(金涉)은 원래 좌조였으나 황제가 금섭을 시중에 임명하고 사람을 보내 황손이 타던 녹거(綠車)에 태워 위위의 관사까지 보내 주었다. 얼마 있지 않아 금창이 죽었다. 금창에게는 아들이 셋 있었는데 각각 금섭, 금참(金參), 금요(金饒)였다.

금섭은 경술에 밝은 데다 청렴하고 검약했으므로 유생들의 칭송을 받았다. 성제 때에 시중 기도위를 지내면서 삼보 지방에 있던 호기와 월기 부대를 이끌었다.[30] 애제가 즉위하자 봉거도위가 되었다가 장신소부까지 승진했다.

금참은 흉노에 출사한 바가 있어 흉노 중랑장이라고 불렸으며 월기교위, 관내도위를 거쳐 안정 태수와 동해 태수를 지냈다.

금요는 월기교위를 지냈다.

금섭에게는 금탕과 금융이라는 두 아들이 있었으며, 둘 다 시중 제조 중랑장, 대부를 지냈다.

금섭의 사촌 동생인 금흠(金欽)은 명경 인재로 천거되어 태자문대부(太子門大夫)가 되었다가 애제가 즉위한 뒤에 태중대부 급사중이 되었다. 금흠의 사촌 동생인 금천(金遷)은 상서령이 되어 형제들이 모두 중용되었다.

원수 원년, 애제의 조모였던 부(傅) 태후[31]가 세상을 떠나자 금흠은 장례를 책임지고 감독했다. 직책을 다한 뒤에 발탁되어 태산과 홍농 태수로 나간 뒤에 위엄과 명성을 날렸다.

평제가 즉위한 뒤에 금흠을 황궁에 불러들여 대사마사직(大司馬司直)에 임명했다가 경조윤으로 삼았다. 평제의 나이가 어렸으므로 스승과 벗을 두기로 하고 알맞은 사람을 뽑았다. 대사도 공광(孔光)은 경술에 밝고 고상한 행동으로 공씨사(孔氏師)로 뽑혔고, 경조윤 금흠은 대를 이어 충효로 이름을 날렸으므로 금씨우(金氏友)에 뽑혔다. 광록대부 시중이 되었는데 봉록이 중이천석 등급에 이르렀고 도성후에 봉해졌다.

왕망이 평제의 외가인 위씨(衛氏) 집안을 멸족시킨 뒤에 명례소부 종백봉(宗伯鳳)[32]을 불러 '방계 후손으로 후대를 잇는 도리'에 대해 강의하게 해서 황태후의 명령으로 공경, 장군, 시중과 조정 문무 백관이 모두 강의를 듣도록 했다. 이는 안으로 평제에게 일침을 가하고 밖으로 백성들이 수군거리는 것을 누르기 위해서였다.

금흠과 그 집안 형제인 도후 금당은 둘 다 친혈족이 아니면서 열후의 뒤를 이은 처지였다.

원래 금당의 증조부인 금일제가 아들이었던 절후(節侯) 금상에게 봉토를 물려주었고, 금흠의 조부인 금안상은 그 아들이었던 이후(夷侯) 금상(金常)에게 봉토를 물려주었으나 모두 아들이 없어[33] 봉토가 철폐되었다. 그래서 이때 왕망이 금흠과 금당을 도성후와 도후에 봉해 각각 금안상과 금일제의 후대를 잇게 한 것이었다.

금당의 생모 남(南)은 바로 왕망의 생모인 공현군(功顯君)의 동복 여동생이었다. 금당이 대행(大行)에게 글을 써서 남을 태부인으로 삼아 달라고 청했다. 금흠이 그 일을 기회 삼아 금당에게 권했다.

"조서에는 '일제'의 공에 대해서만 적혀 있고 '상'에 관한 말은 없다. 너 당은 명의상 손자로서 조부[34]의 뒤를 이었으나 이제 생모를 태부인에 봉한다면 생부와 친조부[35]에게도 사당을 세워서 제사를 잇게 해야 할 것이다. 상은 예전에 봉토가 있던 열후였으므로 대부로 하여금 그 제사를 주관하게 하면 될 것이다."

그때 견한(甄邯)이 곁에 있었는데 조정 대신 앞에서 금흠을 큰 소리로 꾸짖었다. 그러고는 금흠을 탄핵하는 상주문을 올렸다.

흠은 다행히 경술에 능통하여 높이 발탁되었고 황제 곁에서 시봉하며 두터운 은총을 입었을 뿐 아니라 세습 작위까지 받은 자로서 성스러운 왕조인 한나라에서 대대로 '방계 후손으로 황실의 후대를 잇는 도리'를 지켜 온 것을 잘 알고 있을 것입니다.

돌아가신 정도(定陶) 태후가 지난번에 본분을 어긴 채 하늘의 도

를 거슬렀으므로 효애제께서 태후의 복을 받지 못하고 일찍 붕어
했습니다. 이어서 여관(呂寬)과 위보(衛寶)가 간악한 역모를 일으켜
끝내 반역하고 말았습니다.[36] 모두 그 죄를 자백했습니다. 태황태
후께서 경계로 삼고 두려워하며 하늘의 도리를 거스른 자의 재앙
과 성인의 법도를 무시한 잘못이 대란의 화근이 된다는 교훈을 얻
으시고, 성심을 다해 하늘의 뜻을 받들고 한나라 황실에서 지켜 온
제도를 높이 선양하며 방계 후손으로 적통을 잇는 제도를 있는 힘
껏 수호하여 천하 백성을 안정시켜 주셨을뿐더러, 여러 차례 정전
에 거동하여 신하들을 접견하시고 『예경』을 강습하게 하셨습니다.

손자가 조부의 대를 잇는 일은 종가의 적통이 끊기지 않게 하는
데 그 뜻이 있습니다. 상이 일제의 후사가 되어 열후에 봉해진 뒤
에 종기의 제시를 주재했습니다. 이는 바로 『예』에 "조싱을 숭배하
면 종가를 받들어야 한다.'라고 한 것과 통하니, 종가는 대가 끊어
지면 안 됩니다. 흠은 당과 더불어 같은 도리에 의해 열후에 봉해
진 것을 스스로 잘 알고 있으면서도 황궁 안에서 여러 차례 생부의
뒤를 잇겠다고 떠들고 다녔으며 당에게도 이러쿵저러쿵 떠들게 했
습니다.

흠이 말한 대로 당에게 생부와 친조부를 잇게 한다면 흠 또한
자신의 생부인 명의 사당을 세우고 그 뒤를 잇고자 할 것이며 이후
상의 사당에 제사를 올리지 않으려고 할 것입니다. 흠이 올린 말씀
은 앞뒤가 맞지 않는 것으로, 백성을 크게 미혹케 하고 나라의 대
기강을 어지럽게 하여 재앙와 난리의 근원을 이루는 것입니다. 조
상을 섬기는 일을 왜곡하는 불효보다 더 큰 죄는 없으며, 특히 이

는 대신으로서 마땅히 행할 행동이 아니니 대불경죄를 범한 것입니다. 도후 당이 글을 올려 어머니 남을 태부인으로 삼게 해 달라고 한 것은 실례불경죄(失禮不敬罪)에 해당합니다.

왕망이 태후에게 아뢰어 사보(四輔)와 공경, 대부, 박사, 의랑(議郎)에게 상의하게 했더니 모두 "흠에게 즉시 죄를 물어야만 합니다."라고 했다. 알자가 금흠을 불러 조옥으로 가게 하자 금흠이 스스로 목숨을 끊었다. 견한은 국체의 기강을 세우기 위해 사사로운 정을 내세우지 않고 충효를 크게 드러냈으므로 식읍 천 호를 더하여 봉해 받았다. 장신소부 금섭의 아들인 우조 금탕은 도성후에 봉해졌다. 금탕은 도성후에 봉해지던 날 바로 자신의 집에 돌아가지 않음으로써 '친혈족이 아닌 후손으로라도 후대를 이어야 하는 도리'를 널리 알렸다.

여러 사람을 열후에 봉하는 일을 마친 뒤에 왕망이 다시 금흠의 동생인 금준(金遵)을 기용하고 후에 봉했다. 금준은 구경의 반열에 올랐다.

찬하여 말한다.

곽광은 어릴 적 머리를 묶고 다닐 때부터 황제를 가까이에서 모셨다. 황궁 안에서 낭관으로 출발했지만 굳은 의지를 지녀 주군에게 의기와 행동을 인정받았으므로, 어린 태자를 돌보라는 부탁을 받았고 한나라 황실을 보전할 임무를 맡았다. 조정의 정무 처리를 주재하고 어린 군주를 보호했으며 연왕의 난을 진압하고 상관걸의 역모를 막아 냈는데, 커진 권세를 이용하여 적을 제압하고 자신의 충성심을 제대로 나타냈다. 창읍왕을 폐출해야 했을 때에도 위대한 절의를 보이며 의로움을 굽히지 않음으로써 나라를 바로잡아 세우고 사직을 안정시켰다. 소제를 보호하고 선제를 추대하는 과정에서 사보(師保)가 되었으니 비록 주공이나 아형(阿衡) 이윤이라 할지라도 어떻게 곽광을 뛰어넘을 수 있을 것인가!

그런데 곽광은 학문과 학술이 모자라 큰 이치에는 어두웠으므로 아내의 간악한 음모를 비호하여 딸을 황후로 내세우고 넘쳐흐르는 욕망에 빠져서 모든 것이 뒤집히는 화를 부르게 되었다. 곽광이 죽고 나서 겨우 세 해가 지나 멸문지화를 당했으니 슬픈 일이다. 옛적에 〔주나라 무왕의 동생〕 곽숙(霍叔)이 진(晉) 땅에 봉해졌는데 진 땅은 지금의 허동 땅에 있었으니 설마 곽광이 그 먼 후예가 되는 것은 아닐까?

금일제는 이적(夷狄)으로 나라가 망해 한나라 황궁에서 관노로 살았다. 그 착실함과 공경하는 마음으로 주군을 감동하게 했고 충성심과 신의를 드날렸다. 공을 세워 군대를 통솔하는 장군이 되었고 열후에 봉해져 후손에게 봉토를 물려주었으니 대대로 충효로 이름을 날렸다. 금일제 집안은 칠 대에 걸쳐 황제를 곁에서 모셨으니 그 번성함은 누구와도 비할 수 없다. 휴저왕은 원래 금인(金人)을 만들어 천주(天主)께 제사를 드렸으므로 금씨 성을 하사했다.

39

조충국·신경기 전
趙充國辛慶忌傳

▲▲▲▲▲▲▲▲▲▲▲▲▲▲▲▲

한나라 변경에서 활약한 무신(武臣) 두 사람의 편이다.

변방 출신의 조충국(趙充國, 기원전 137~기원전 52년)은 흉노와 강(羌)의 사정에 밝았다. 일흔이 넘은 나이에 노익장을 과시하며 출정한 조충국 장군은 싸우지 않고 이기는 병가(兵家)의 상책에 따라 최대한 전투를 피하면서 강족의 투항을 받아 냈다. 조충국은 선제를 설득하기 위해 올린 상소에서 "백문(百聞)이 불여일견(不如一見)"이라는 명언을 남겼다. 신경기(辛慶忌, ?~기원전 12년)는 북쪽 변방에서 태수를 지낸 신무현(辛武賢)의 아들로, 전투를 통해 이민족을 정벌해야 한다고 주장하면서 평화를 중시한 조충국에게 맞섰다.

조충국과 신경기는 변방인 농서군 출신이었다. 이민족과 대치 상태에 있어 늘 전쟁에 대비해야 했으므로 무예를 숭상하는 풍속이 전통으로 자리 잡아 뛰어난 장군을 계속해서 배출한 곳으로, 무제 때의 이광도 바로 이 지역 출신이다. 농서군 출신의 장군들은 하나같이 용맹하면서도 절의가 높았던 것으로 유명한데 조충국과 신경기도 마찬가지였다.

이민족의 사정에 정통했던 조충국

○ ○ ○

조충국의 자는 옹손(翁孫)이고, 농서군 상규현(上邽縣) 사람이다. 뒤에 금성군(金城郡) 영거현(令居縣)[1]으로 옮겨 가서 살았다.

애초에는 기사(騎士)였으나 무제 때에 변방 육군(六郡)[2]에 속한 양가자(良家子)로서 말타기와 활쏘기에서 실력이 뛰어남을 인정받아 우림군에 배치되었다. 조충국은 침착하고 용감했으며 지략이 뛰어난 사람이었다. 청년기에 장수의 절의를 좋아하여 병법을 배웠으며 사이의 사정에 통달했다.

무제 때에 가사마(假司馬)로서 이사장군을 따라 흉노를 공격하다가 적에게 겹겹이 포위당했다. 한나라 군대가 군량이 떨어진 채로 며칠을 보내는 가운데 사상자가 많이 나왔다. 조충국이 장사백여 명과 함께 포위를 무너뜨리고 적진을 공격하자 이사장군이 군대를 이끌고 뒤를 따르며 마침내 적의 포위를 벗어났다. 조충국은 스무 군데가 넘게 부상을 당했다. 이사장군이 보고하자 무제가 조서를 내려 조충국을 행재소로 불렀다. 직접 부상을 살펴본 무제가 감탄하며 중랑으로 삼았다가 거기장군의 장사로 옮겨 주었다.

소제 때 무도(武都)의 저(氐) 부족이 반란을 일으켰다.[3] 조충국이 대장군의 호군도위로서 군대를 거느리고 가서 평정시켰다. 이에 중랑장으로 승진하여 상곡에 군대를 거느리고 주둔했다가 수형도위가 되어 [장안으로] 돌아왔다. 흉노를 공격하여 서기왕(西祁王)을 사로잡은 공로로 후장군(後將軍)에 발탁되었는데 원래의 수형도위직을 겸임했다.

대장군 곽광과 모의하여 선제를 옹립한 공으로 영평후(營平侯)에 봉해졌다.

〔선제〕 본시 연간에 포류장군(蒲類將軍)이 되어 흉노 정벌에 나서서 적군 수백 명의 머리를 베었다. 돌아와서 후장군과 소부[4]를 겸임했다.

흉노가 십여만의 대규모 기병을 일으킨 뒤 남쪽으로 변경에 바짝 다가와서는 부해로산(符奚盧山) 쪽에서 변경을 침입하여 약탈하려고 했다.[5] 흉노인 제제거당(題除渠堂)이 달아나 한나라에 투항하여 그 소식을 전하자 조충국에게 기병 사만 명을 이끌고 변경지방의 구군(九郡)[6]에 주둔시키게 했다. 이 소식을 들은 선우[7]가 군대를 이끌고 물러갔다.

그 무렵 광록대부 의거안국(義渠安國)을 파견하여 여러 강족을 돌아보게 했다. 선련(先零)[8] 족장이 청하기를 방목 때를 맞춰 황수(湟水) 북안[9]으로 건너가서 한나라 백성이 농사를 짓지 않는 땅을 찾아 가축을 치겠다고 하자 의거안국이 황제에게 보고했다. 조충국이 의거안국을 봉사불경죄(奉使不敬罪)로 고발했다. 그 뒤에 강족들은 앞서 의거안국에게 전했던 말대로 황수를 건너 침입했는데 인근의 군현에서 막아 내지 못했다.

〔선제〕 원강 3년, 선련이 마침내 이백 명이 넘는 강족 추장들과 서로 원수 관계를 풀고 인질을 교환하는 동맹을 맺고 서약했다. 황제가 그 소식을 듣고 조충국에게 방책을 묻자 조충국이 대책을 올렸다.

그동안 강족을 쉽게 제압할 수 있었던 것은 부족마다 족장이 있어 부족끼리 공격을 계속하느라 세력이 통일되어 있지 않았기 때문입니다. 서른 몇 해 전, 서강(西羌) 반란 때를 보면 먼저 원수 관계를 풀고 통일 맹약을 맺은 뒤에 영거현을 공격하고 한나라와 대치하는 바람에 대여섯 해나 걸려서야 평정했습니다.

〔무제〕 정화 5년[10]에 이르러 선련 추장 봉전(封煎) 등이 흉노에 사신을 보내 통교하자, 강족이 섞여 살던 소월지(小月氏) 땅에 흉노 선우가 사람을 보내 여러 강족에게 전하기를 "한나라 이사장군이 십여 만이 넘는 군사를 이끌고 흉노에 항복했습니다. 한나라가 흉노를 칠 때 동원되느라 강족이 많이 힘들었을 것입니다. 장역과 주천은 본래 우리 땅으로 땅이 기름지니 함께 공격하면 점거할 수 있습니다."라고 했습니다. 이런 사실로 보아, 흉노가 강족과 연합하려고 한 것은 이번 선우 때 일만이 아닙니다. 전에 흉노가 서쪽에서 한나라와 오손(烏孫) 연합군에게 패배했을 때,[11] 오환(烏桓)이 변경을 점거했다는 소식을 듣고 동쪽에서도 전쟁이 일어날 것을 걱정했습니다. 이에 위려(尉黎)와 위수(危須) 제국(諸國)에 몇 차례 사신을 파견하여 젊은 여자와 담비 갖옷을 주면서 한나라와의 연합을 와해하려고 했으나 그 계략이 맞아떨어지지 않았습니다.

흉노가 아마도 다시 강족 땅에 사자를 보낼 것이니, 사음(沙陰)에서부터 염택(鹽澤)을 거치고 장갱(長阬)을 지나 궁수새(窮水塞)에 들어가는 길을 택해, 남쪽의 속국(屬國)에 이르러 선련과 바로 접촉할 것입니다. 신은 강족이 일으킬 변란이 여기에 그치지 않고 앞으로 다시 다른 부족과 연합할 것이 염려됩니다. 그렇게 되기 전에 마땅히 방비책을 세워야 합니다.

달포가 지난 뒤에 아니나 다를까 강후(羌侯) 낭하(狼何)가 흉노에 사자를 파견하여 군대를 빌려달라고 했다. 선선(鄯善)과 돈황(敦煌)을 공격하여 한나라로 통하는 길을 끊으려고 한 것이었다. 조충국이 주장했다.

"낭하는 소월지 출신으로 그 부족은 양관(陽關) 서남쪽에 있는데, 홀로 이런 계략을 꾸밀 만큼 세력이 크지 않으니 흉노 사신이이미 강족 땅에 이르러 선련과 한(罕), 견(开)[12] 같은 강족들과 원수 관계를 풀고 맹약을 맺은 듯합니다. 가을이 되어 말이 살지면반드시 변란이 일어날 것입니다. 사자를 변경의 군대에 보내 순시하며 미리 방비책을 마련하게 하고, 강족의 여러 지파들에게 흉노와 원수 관계를 풀지 말라는 명령을 내리면서 그들의 계략을 알아내게 하십시오."

그 뒤에 〔승상과 어사대부〕 양부(兩府)에서 다시 의거안국을 강족의 여러 지파로 보내 순찰하게 하여 각 지파가 복종하는지, 하지 않는지를 판별하게 해야 한다고 청했다. 의거안국이 당도하여서른 명이 넘는 선련의 부족장을 불러 모아 그중에서 특히 복종하지 않고 반항하는 자들을 모두 베어 버리고, 군대를 보내 그 지파를 공격하여 천여 명의 목을 베었다. 그러자 한나라에 투항했던강족의 여러 지파와 귀의강후(歸義羌侯) 양옥(楊玉) 등이 놀라며 원망했다. 믿고 의지할 데를 잃어버린 그들이 드디어 작은 지파들을위력으로 협박하여 함께 한나라에 반기를 들고 변경을 침범해서

성과 도시를 공격하고 수령을 죽였다.

조정에서 의거안국에게 기도위로서 기병 삼천 명을 거느리고 강족을 수비하게 했다. 의거안국이 고문수(浩亹水)[13]에 이르렀을 때 적의 공격을 받아 보급 물자를 실은 수레와 무기를 아주 많이 잃었다. 그는 군대를 이끌고 영거로 후퇴하여 조정에 보고했다. 이때가 〔선제〕 신작 원년 봄이었다.

백문이 불여일견

○ ○ ○

그 무렵 조충국은 일흔 몇 살이었다. 황제가 조충국이 늙었다며, 어사대부 병길을 보내 누가 군대를 지휘할 수 있을지 물어보게 하자 조충국이 대답했다.

"노신(老臣)을 넘을 자가 없습니다."

황제가 다시 사람을 보내 물었다.

"장군이 보기에 강로(羌虜)가 어떻게 나오겠는가? 군사는 얼마를 출동시켜야 마땅한가?"

조충국이 대답했다.

"백문이 불여일견입니다. 전쟁의 승패는 멀리서 판단하기 어려우니 신이 금성으로 달려가서 그쪽 지형도와 진압책을 올리겠습니다. 그런데 강융(羌戎)은 약소한 이민족으로 하늘의 뜻을 어기고 한나라를 배반했으니 오래지 않아 멸망할 것입니다. 폐하께서는 강족을 노신에게 맡기시고 근심을 거두십시오."

황제가 웃으며 허락했다.

"알겠다."

조충국이 금성에 도착하여 기병 만 명이 모일 때까지 기다린 다음 황하를 건너는 계획을 세웠다. 적에게 저지당할까 염려하여 그날 밤 세 교(交) 병사들의 입에 나뭇가지를 물려 기척 없이 먼저 황하를 건너게 한 다음, 건너자마자 바로 전투 대형의 진을 치게 하되 이튿날 새벽까지 마치게 했다. 그 뒤에 차례로 남은 병력을 모두 건너가게 했다. 수십 명에서 백 명이 안 되는 규모의 적군 기병이 한나라 군영 근처에 출몰했다. 조충국이 말했다.

"지금 우리 군사와 말이 지쳐 있는 상태니 말을 달려 추격해서는 안 된다. 저들은 용맹한 기병들이라 세압하기가 힘는 데다 우리를 유인하는 기병일지도 모른다. 오랑캐를 칠 때에는 전멸시키는 것을 목표로 삼아야지 작은 승리는 탐할 가치가 없다."

추격 금지 명령을 내리고, 기병을 보내 사망협(四望陜) 안을 정찰하게 했는데 적들이 없다고 했다. 밤에 군대를 이끌고 낙도산(落都山)으로 올라가 교위와 여러 사마를 소집한 뒤에 조충국이 말했다.

"나는 강로가 전쟁을 할 줄 모른다고 생각한다. 만약 적이 수천 명을 출동시켜 사망협 안을 지키면서 길을 막았다면 우리 군대가 어떻게 들어올 수 있었겠는가?"

조충국은 항상 멀리까지 척후병을 보내는 것을 중요하게 여겼고, 반드시 전투에 대비하며 행군했으며, 행군을 멈출 때에는 반드시 군영을 견고하게 구축했다. 특히 사려 깊은 태도로 병졸을 아꼈으며 먼저 작전 계획을 세운 뒤에 전투에 들어갔다.

계속해서 서쪽으로 행군하여 금성 태수 휘하의 서부도위부(西部都尉府)에 도착한 뒤에 날마다 군사를 잘 먹이자 군사들이 모두 조충국을 위해 공을 세우기로 결심했다. 적군이 여러 차례 도전해 왔지만 조충국은 굳게 수비만 하고 대적하지 않았다. 사로잡은 강족 포로가 전하기를 강족의 족장들이 "이래서 너한테 반기를 들지 말자고 했다. 지금 천자가 보낸 조 장군은 나이가 팔구십인데도 전쟁을 잘한다고 한다. 한번 싸우다가 죽고 싶은데 이제 싸울 수나 있을까!"라며 서로를 질책하고 있다고 했다.

조충국의 아들 우조 중랑장 조앙(趙卬)이 기문(期門), 차비(伏飛), 우림고아(羽林孤兒) 부대를 비롯하여 호월기(胡越騎)를 별동대 삼아 영거에 이르렀다. 적군이 몰려나와 군량 수송로를 끊자 조앙이 조정에 보고했다. 황제가 군량 보급로와 나루터를 확보하기 위해 조앙으로 하여금 교위 여덟 명을 거느리고 효기도위(驍騎都尉), 금성 태수와 함께 산골짜기에 숨어 있는 적을 찾아내서 잡으라고 조서를 내렸다.

그보다 먼저 한과 견의 족장 미당아(靡當兒)가 서부도위에게 아우 조고(雕庫)를 보내 "선련이 반란을 일으킬 것"이라는 말을 전달하게 했는데, 며칠 뒤에 실제로 반란이 일어났다. 선련에는 조고가 거느린 견 부족민도 많이 혼거하고 있었으므로 도위가 조고를 돌려보내지 않고 즉시 인질로 삼았다. 조고에게 죄가 없다고 판단한 조충국이 그를 돌려보내며 족장에게 고하게 했다.

"한나라 대군이 죄 지은 자를 처벌하러 왔다. 스스로 명확하게 다른 행동을 보여 공멸을 피하도록 하라. 천자께서 강족의 여러 지파에게 이르시기를 '범법자가 다른 범법자를 잡아서 베면 죄를 면한다.'라고 하셨다. 죄를 지은 대부족장 한 명을 베면 사십만 전을, 중간 정도의 부족장은 십오만 전을, 작은 부족장은 이만 전을 하사하며, 성인 남자는 삼천 전을, 여자 및 늙은이와 아이를 베면 천 전을 하사하겠다. 또 그 잡아들인 자의 처자와 재물 모두를 잡아 온 자에게 주겠다."

조충국은 위신을 세워 한, 견과 귀의강후 등에게 협박당한 자들의 항복을 유도하고 모반 계획을 와해시키며, 지칠 때를 탐지하여 공격하고자 했다.

그때 황제가 삼보 중도옥과 태성옥의 도시형(徒弛刑)[14]과 삼하(三河), 영천(穎川), 패군, 회양, 여남의 재관 부대 그리고 금성, 농서, 천수, 안정, 북지, 상군(上郡)의 기사(騎士), 강기(羌騎)를 징발하고 무위, 장역, 주천의 태수가 각각 보유하던 둔병을 합하여 모두 육만 명을 모았다. 주천 태수 신무현(辛武賢)[15]이 황제에게 상주했다.

각 군에 주둔해 있던 부대를 모두 남산[16]으로 옮겨 지키게 하면 북쪽 변경이 텅 비게 되니 그 형세를 오래 끌고 갈 수 없습니다. 가을과 겨울에 군대를 출동시키자고 주장하는 자들이 있지만 그것은 적이 변경 밖에 있을 때나 쓸 방책이며, 지금은 적들이 아침저녁으로 소란을 피우고 있습니다. 땅이 얼어 풀이 없어지면 한나라 말은 겨울을 견디지 못합니다. 무위와 장역, 주천에 주둔하는 부대의 만 마리 넘는 말이 모두 몹시 수척해졌습니다. 그러므로 말 먹이를 더 많이 준비한 뒤에 7월 상순에 삼십 일치 식량을 말에 싣고 부대를 갈라 장역과 주천에서 동시에 출발한 뒤에 선수(鮮水) 변에 있는 한 과 견을 공격해야 합니다.

적은 가축에 의지하여 사는 족속으로 지금은 풀을 찾아 모두 흩 어져 있습니다. 군대를 갈라서 출격한다면 모두 섬멸할 수 없다 해 도 그들의 가축을 빼앗고 처자식을 포로로 잡을 수는 있을 것이니 그때 철군하여 돌아왔다가 겨울에 다시 공격하되 대군이 자주 출 병하면 적이 흔들려 무너질 것이 틀림없습니다.

황제가 그 상소를 조충국에게 보내 강족의 일을 잘 아는 교위 이하 군리와 병졸들과 널리 상의하게 했다. 조충국과 장사 동통년 (董通年)이 주장했다.

무현이 경솔하게도 기병 만 명을 이끌고 두 길로 나눠 장역(과 주천)을 출발하여 천 리 길을 멀리 돌아서 가자고 합니다. 말 한 마 리에 삼십 일치 식량을 실으면 쌀 두 곡(斛) 네 두(斗)[17]에 보리 여 덟 곡이 되며 거기에 옷가지와 무기까지 있으므로 추격하기 어렵 습니다.

부지런히 힘을 들여 쫓아가면 적은 행군의 진퇴 속도를 계산하 며 조금씩 퇴각하여 물과 풀이 있는 곳을 따라 산림으로 들어갈 것 입니다. 그들을 쫓아 깊이 들어가면 적은 틀림없이 앞뒤쪽의 험한 지형에 의지해 수비하면서 우리의 군량 수송로를 끊어 버릴 것이고, 피해 막중한 위기에 처하는 우환까지 생겨 이적(夷狄)의 웃음거리가 될 것이니, 영원히 되돌릴 수 없게 되고 맙니다. 무현은 저들의 가축을 빼앗고 처자를 사로잡을 수 있다고 생각하는데 이는 허황한 소리일 뿐 최상의 계책은 아닙니다.

무위의 고장현(姑臧縣)과 장역의 일륵현(日勒縣)은 모두 북쪽 변경에 접하고 있는데 골짜기들끼리 통하고 물과 풀이 있어, 신은 흉노가 강족과 모의하여 대거 침입하리라 염려됩니다. 장역과 주천을 막아 서역으로 가는 길을 끊어야 하므로 그 두 군에 주둔하는 부대는 출동시킬 수 없습니다.

반역의 괴수는 선련의 족장이고 다른 부족은 협박을 당한 것이므로, 신의 이리석은 생각으로는 한과 견이 저지른 어리석은 잘못을 따지지 말고 덮어 둔 채로 먼저 선련을 섬멸해야 합니다. 그리하여 다른 부족이 놀라서 떨며 마땅히 잘못을 후회하고 복종하도록 돌이킨 뒤에 그들의 죄를 용서하고 그들의 풍속을 잘 아는 좋은 관리를 선발하여 위무하고 화합하게 해야 할 것입니다. 이것이 전군의 승리를 보장하면서 변방을 안정시키는 방책입니다.

황제가 그 상소를 대신들에게 내려보내 상의하게 했다. 공경 대신들은 모두가 선련의 군대가 강한 데다 한과 견의 지원에 의지하고 있으므로 한과 견을 먼저 깨뜨리지 않으면 선련을 이길 수 없다고 주장했다. 그리하여 황제가 시중 낙성후(樂成侯) 허연수(許延壽)를 강노장군에 임명하고, 현지에서 주천 태수 신무현을 파강장군(破羌將軍)에 임명하여 신무현이 올린 책략을 가납한다는 새서(璽書)를 내렸다. 그리고 조충국은 글로써 책망했다.

황제가 후장군을 위로하니 밖에서 비바람을 맞느라 고생이 많다. 장군의 계책으로는 정월이 되어서야 한강(罕羌)을 공격하겠다는 것인데, 그때는 강족이 보리를 다 수확하여 처자식을 멀리 보내 놓고 정예 병력 만 명으로 주천과 돈황을 노략질하러 나올 때인지라, 군사가 적은 변방에서는 백성으로 하여금 농사일을 걷고 변경을 지키게 해야 할 처지다. 지금 장역의 동쪽 땅에서는 조[18] 한 섬에 백여 전이나 하고, 마른 꼴 한 단에 수십 전이나 한다고 한다. 각지에서 한꺼번에 군량과 마른 꼴을 운송하게 되어 백성이 고통을 겪고 있다.

장군은 만 명이 넘는 대군을 거느리고도 물과 풀을 다 얻을 수 있는 가을에 일찌감치 저들의 가축과 곡식을 빼앗지 않고 겨울을 기다리고 있다. 적이 이미 식량을 비축해 두고 험준한 지형에 의지하려고 대부분 산속에 숨은 뒤에 추위에 손발이 트고 동상에 걸린 군사를 데리고 어떻게 승리할 수 있단 말인가? 장군은 중원의 조정에서 조달할 경비는 생각하지 않고 해를 넘기는 작전으로 적에게 승리하고자 하는데, 어느 장군이 그렇게 가볍게 이기기를 좋아하지 않겠는가?[19]

이제 조서를 내려 파강장군 무현으로 하여금 군사 육천백 명을, 돈황 태수 쾌(快)는 이천 명을, 장수 교위 부창과 주천후(酒泉侯) 봉세(奉世)에게 여(婼)[20]와 월지 출신의 군사 사천 명을 거느리게 했으니 일만 이천 명쯤의 군대가 서른 날치의 식량을 가지고 7월 22일에 출발하여 선수 변의 북쪽 후미로 진군하여 한강(枹罕)을 공격할 계획이다. 그곳은 주천에서 팔백 리, 장군이 있는 곳에서는 천이백 리 떨어진 곳이니, 장군은 장군의 군대를 이끌고 가까운 길로 가서 함께 서쪽으로 진격하도록 하라. 비록 파강장군 등의 군대와 서로 합세하지 못한다 하더라도 적들이 동쪽과 북쪽에서 한나라 군대가 동시에 출격했다는 소식을 듣게 하여 적의 투지를 분산시키고 연합 세력에서 이탈시킬 수 있을 터이니 모조리 섬멸하지는 못해도 와해는 시킬 수 있을 것이다. 장군의 병력을 증강하기 위해 중랑장 조앙에게 호월기와 차비궁수, 보병 두 개 교(校)를 거느리고 출동하라는 조서를 내렸다.

지금 오성(五星)이 동쪽 하늘에 농시에 나타난 것은 중원이 크게 이기고 만이는 크게 패하리라는 것을 보여 주는 것이며, 태백성이 높은 하늘에 출현한 것은 전투에서 적진 깊이 들어가 용감하게 싸우는 쪽에 길조를, 용감하게 싸우지 않는 쪽에 흉조를 보이는 것이다. 장군은 서둘러 무장하여 하늘이 준 기회를 타서 불의한 무리를 섬멸하라. 어떤 경우에도 꼭 승리할 테니 다시는 의심하지 말라.

황제가 책망해도 할 말은 한다

○　○　○

조충국은 황제의 책망을 받았지만 장군에 임명되어 군대를 이끌고 전장에 있을 때에는 전시 상황에 맞게 자신의 주장을 견지해야 나라를 안정시킬 수 있다고 생각했다. 그리하여 상주문을 올려 사죄하고 병력 배치의 득과 실을 설명했다.

신이 영광스럽게도 일전에 기도위 안국(安國)에게 내리신 "미당아가 있는 한(罕) 부족에게 사자로 보낼 만한 강족을 뽑아, 대군이 반드시 당도할 것이나 한나라에 협조하면 한 부족을 처벌하지 않겠다는 뜻을 전하게 하여, 음모를 와해시키라."라는 폐하의 조서를 읽었습니다. 은택이 아주 커서 신하가 베풀 수 없는 경지였으므로, 신이 폐하의 무량한 은덕과 높은 계책을 생각하면서 홀로 찬미하여 마지않았습니다. 그리하여 견의 족장 조고를 돌려보내 천자의 지극한 은덕을 널리 알렸으므로 한과 견 등속이 폐하의 영명한 뜻을 모두 잘 알고 있습니다.

현재 선련강의 귀의강후 양옥이 기병 사천 명과 전공(煎鞏) 강족의 기병 오천 명을 이끌고 바위와 숲 뒤에 숨어서 쳐들어오기에 유리한 때를 기다리고 있는데, 한강(罕羌)은 아직 쳐들어온 적이 없습니다. 이제 선련을 놓아두고 먼저 한을 공격하면, 죄 있는 자는 풀어 주고 무고한 자를 주살하는 것이 되니, 한쪽의 적의를 사서 두 가지 피해를 입게 됩니다. 이는 폐하의 본래 뜻과 전혀 맞지 않습니다.

신은 병법에 "공격을 할 수 없더라도 수비는 하고도 남음이 있다.", "전쟁을 잘하는 자는 적을 유인하되 적에게 유인당하지 않는다."[21]라는 말이 있다고 들었습니다. 이제 한강이 돈황과 주천으로 쳐들어올 것입니다. 무기와 말을 챙기고 병사를 훈련하며 그들이 오기를 기다리면 앉아서 적을 유인하는 전술을 쓸 수 있을 테니, 편안하게 있다가 피로한 적을 공격하여 승리를 얻는 길입니다.

지금 〔돈황과 주천〕 두 군의 병력은 강족을 수비하기에 부족한데 공격 대오에 출동시킨다면 적을 유인하는 전술을 버리고 적에게 유인당하는 길을 따르는 것이 되니, 어리석은 신의 판단으로는 유리하지 않습니다. 선련 강로가 한나라를 배반하고자 한과 견 부족과 원수 관계를 풀고 맹약을 맺었지만 속으로는 한나라 군대가 도착하면 한과 견이 자기네를 배반하리라 겁내지 않을 수 없습니다. 선련은 한과 견이 위급할 때 먼저 달려감으로써 맹약을 다질 수 있다고 여기고 있을 것이니, 어리석은 신은 우리가 한강을 공격히면 선련이 반드시 한상을 도우려고 올 것이라고 봅니다. 적으로 보자면 지금은 말이 살지고 먹을 것이 풍족한 때라서 그들을 공격해도 피해를 주지 못할 뿐만 아니라 오히려 선련이 한강에게 은덕을 베풀게 하여 그들의 맹약을 다지고 한 무리로 단결시키게 되리라 염려됩니다. 적이 서로 굳건히 한 무리가 된다면 정예병 이만여 명으로 작은 부족을 협박하며 따라붙는 부족을 점점 늘릴 터, 막수(莫須)와 같은 작은 부족은 쉽게 이탈하지 못할 것입니다. 그렇게 되면 적군이 점점 늘어나서 저들을 섬멸하는 데 몇 배의 힘을 써야 하니 신은 나라의 우환이 두세 해에 그치지 않고 십 년을 끌게 될까 염려스럽습니다.

신은 천자의 큰 은덕을 입어 아비와 아들이 모두 벼슬에 올라 이름을 널리 알렸으며 조정 대신에 올라 열후의 작위까지 받았습니다. 제 나이 일흔여섯에 밝으신 조칙을 받들다 죽어서 골짜기에 묻힐까 뼈가 썩지 않을까를 염두에 두지 않고 오로지 싸움에서 이기고 지는 것만 생각하는 동안 이곳 사정에 아주 밝게 되었습니다. 신의 계책을 써서 먼저 선련을 쳐서 이기면 한과 견 등속은 힘들게 군대를 출동시키지 않아도 복속해 올 것입니다. 선련을 쳐서 이겨도 한과 견이 복속하지 않는다면 정월이 지나 공격하는 것이 용병의 이치와 시기에 맞습니다. 지금 군대를 출동시키면 진실로 그 이로움을 얻을 수 없을 것이니 폐하께서 밝게 살펴 결단을 내리시기 바랍니다.

6월 무신일에 올라온 이 상소에 대해 황제가 7월 갑인일에 조서를 내려 조충국의 계략에 따르라고 회답했다.

조충국이 군대를 이끌고 선련이 주둔한 지역에 이르렀다. 한곳에 오래 주둔해 있다가 해이해진 적들이 한나라 대군이 오는 것을 보고는 물자를 싣는 큰 수레를 버리고 황수를 건너려고 좁고 험한 길로 달아났다. 조충국이 천천히 행군하면서 그들을 추격했다. 승리하기에는 행군이 느리다고 누군가 말하자 조충국이 대꾸했다.

"이런 것을 두고 '궁지에 몰린 적은 몰지 않는다.'라고 하는 것이다. 천천히 추격하면 돌아보지도 않고 달아나겠지만 서두르면 방향을 돌려 죽기를 각오하고 달려들 것이다."

교위들이 모두 "옳은 말씀입니다."라고 했다.

적들은 강을 건너다가 수백 명이 익사했다. 투항했거나 목 베인 자가 오백여 명이었으며 말과 소, 양 십여만 마리와 수레가 사천여 대를 노획했다.

한나라 군대가 한 부족이 주둔한 곳에 이르렀을 때 조충국이 군대에 영을 내려 취락을 불태우지 말고 농지에 말을 풀어 놓지 못하게 했다. 한강 부족이 그 소식을 듣고 "한나라가 우리를 치러 온 것이 아니라더니 과연 그렇구나." 하며 기뻐했다. 족장인 미망(靡忘)이 사람을 보내 "살던 곳으로 돌아가기를 원한다."라고 알려왔다. 조충국이 조정에 사정을 보고한 뒤 회답을 받지 않았을 때 미망이 혼자만 와서 귀순했다.

조충국은 음식을 하사하고 자기 부족으로 돌아가서 부족민에게 알리게 했다. 호군 이하 모두가 "이자는 반란한 적군이므로 마음대로 보낼 수 없습니다."라며 동의하지 않았다. 조충국이 말했다.

"제군이 다만 법령에 맞는 소리나 하면서 자신의 영위만 돌보는 것은 나라를 위한 충성스러운 생각이 아닐세."

조충국의 말이 끝나기 전에 미망에게 죄를 면한다는 회답 조서가 도착했다. 그 뒤에 힘들게 군대를 동원하지 않고 한 부족의 항복을 받아 냈다.

그해 가을 조충국이 병이 들자 황제가 조서를 내렸다.

후장군에게 조서를 내린다. 듣자 하니 정강이가 아프고 한설(寒泄)이 와서 고생한다는데 연로한 장군에게 병까지 겹쳤으니 하루 아침에 변을 당해 세상을 떠날까 짐이 심히 근심스럽다. 이제 파강 장군에게 조서를 내려 장군이 주둔한 곳으로 가서 장군의 부장이 되어 하늘이 내려 주신 이 유리한 기회에 장교와 군사들의 사기가 높은 이때를 놓치지 말고 서둘러 12월에 선련강을 공격하게 했다. 후장군의 병이 심하거든 파강장군과 강노장군만을 출동시키고, 주둔한 곳에 머물도록 하라.

그때 강족에서 항복한 자가 만여 명이었다. 조충국은 강족이 기필코 무너지리라 판단하고 기병은 철수시키고, 보병만 남겨 황폐한 땅을 개간하여 농사를 짓게 하고 적이 지치기를 기다리기로 했다.

조충국이 기병 철수에 대해 상주문을 작성하고 미처 조정에 올리지 않았을 때 군대를 진격시키라는 조서를 받았다. 중랑장 조앙이 두려운 마음에 빈객을 시켜 조충국에게 간언하게 했다.

"만일 군대를 출동시켰을 때 패하고 장수가 살해되어 나라가 기울어질 것이 예상된다면 장군 같은 태도를 고수해야 합니다. 승패를 놓고 왜 폐하와 논쟁하려고 하십니까? 일단 폐하의 뜻을 따르지 않아 수의어사(繡衣御史)를 보내 장군을 처벌한다면 장군의 일신도 스스로 보전할 수 없으니 어떻게 나라의 평안을 말할 수 있겠습니까?"

조충국이 탄식하며 말했다.

"어디에서 그런 불충한 말을 하는 게요! 조정에서 애초에 나의 계책을 받아들였더라면 강로가 이렇게까지 나왔겠소? 지난번에 강족을 미리 시찰할 사자를 천거하라고 하셨을 때 나는 신무현을 천거했으나 승상과 어사대부가 의거안국을 파견해야 한다고 황제께 다시 아뢰는 바람에 결국 강족의 일을 망쳐 놓았소. 또 금성군의 황중(湟中) 지방에서 양곡[22] 한 곡에 팔 전 할 때, 내가 대사농 중승(大司農中丞) 경수창(耿壽昌)에게 양곡 이백만 곡을 사 놓으면 강족이 군대를 움직일 엄두를 내지 못할 것이라고 일러 주어, 경수창이 백만 곡을 사들이자고 청했으나 끝내 사들인 것은 사십만 곡이었소.[23] 그런데 의거안국이 두 차례 사자로 나가면서 그 절반을 써 버렸소. 내가 올린 그 두 가지 계책을 놓쳤기 때문에 강족이 반역할 엄두를 내게 된 것이오. 애초에 조금만 어긋나도 마지막에 천 리가 차이 난다고 하는 말은 이런 경우를 두고 하는 말이오.

지금 전쟁을 오래 끌어 결판이 나지 않은 상태인데 사방의 이민족들이 갑자기 동요하여 제각기 봉기라도 한다면 지혜로운 자가 나선들 뒤처리를 할 수 없을 테니 우환이 어디 강족의 반란만으로 그치겠소? 나는 정녕 죽음으로 내 소신을 지킬 것이니, 영명한 주군은 충언을 받아들일 것이오."

조충국이 마침내 둔전에 관한 상소를 올렸다.

신은 전쟁이란 덕을 밝히고 해악을 제거하는 것이라 알고 있습니다. 그러므로 바깥의 전쟁터에 승리하면 나라 안이 복을 얻을 수 있으므로 신중하게 하지 않으면 안 됩니다.

신이 거느린 군관과 병졸의 양식으로 한 달에 양곡 십구만 구천육백삼십 곡과 소금 일천육백구십삼 곡, 마소의 꼴과 짚 이십오만 이백팔십육 석(石)[24]을 쓰고 있는데, 오래도록 난리가 해결되지 않으면 요역이 끊임없이 부과될 것입니다. 이것뿐만이 아니라 다른 이민족이 갑자기 생각지도 않게 변고를 일으킨 뒤 서로 연합하여 일어나 영명한 주군께 근심을 끼쳐드릴 수도 있으니 사실 일전에 조정에서 승리할 전략을 정할 때 생각하지 못한 점입니다. 게다가 강로는 계략을 써서 격파하기는 쉬워도 전쟁으로 분쇄하기는 어려우므로 신이 어리석게 여기기로는 저들을 공격하는 것은 상책이 아닙니다.

신이 계산해 보니 임강(臨羌)에서 동쪽으로 고문까지 강로가 경작하던 밭과 공전(公田)으로 백성이 경작하지 않고 있는 땅이 대략 이천 경(頃)[25] 이상입니다. 그 중간에 있는 역참의 객사는 〔금성에 군이 설치된 지 스무 해밖에 지나지 않았음에도〕 대부분이 황폐한 지경에 있습니다. 신이 일전에 병사들을 입산시켜 크고 작은 육만 여 그루를 벌목하여 황수 변에 모두 쌓아 놓았습니다.

바라건대 기병은 철수시키되 미형수와 모집에 응하여 자원입대한 병졸 및 회양, 여남에서 차출한 보병과 그 군관, 병졸이 사사로이 데려온 종자들을 이곳에 남기면 모두 일만 이백팔십일 명인데, 한 달에 양곡 이만 칠천삼백육십삼 곡과 소금 삼백팔 곡이 필요합니다. 이들을 작전에 필요한 요충지에 분산 주둔하게 해 주십시오.

얼음이 녹아 수운이 열리면 〔목재를 내려보내〕 향정(鄕亭)을 수리하고 관개 수로를 만들며 황수 협곡[26] 서쪽에 길과 다리 일흔 군데를 놓아 한강과 견강 부족이 거주하는 선수의 좌우 양안까지 이르게 할 수 있습니다. 농사가 시작되면 한 사람에게 이십 무씩 주어 경작하게 하고, 4월에 풀이 돋아 나오면, 인근 군(郡)의 기병과 이미 투항한 속국호기(屬國胡騎) 중에 건장한 자[27] 천 명을 징발하여 말에게 풀을 먹이게 하되 과외로 그들이 가진 말의 십 분의 이를 더 먹이게 하면서 농사를 짓는 보병들을 위해 순찰하도록 하겠습니다. 수확이 나오면 금성군으로 운반시켜 군량을 더 많이 비축함으로써 지출을 대대적으로 절감할 수 있습니다.

이제 대사농이 수송시킨 조가 도착하면 만여 명이 한 해 먹을 군량은 충분히 확보됩니다. 삼가 밭을 일굴 지점과 무기와 농기구 품목 적은 장부를 올리니 폐하께서는 재가하여 주십시오.

황제가 회답했다.

황제는 후장군에게 안부를 묻는다.
기병은 철수시키고, 만 명을 남겨 황폐한 밭을 개간하겠다고 했는데 장군의 계획대로 한다면 적을 응당 어느 때에 섬멸하고 전쟁은 응당 어느 때에 끝이 날 것인지, 그 이길 기회가 언제 올지 자세하게 헤아려 다시 상주하도록 하라.

조충국이 상소장을 올렸다.

신은 제왕의 군대는 완전한 승리를 취해야 하므로, 전략으로 이기는 것을 중요하게 여기고 교전하는 것을 그보다 못하게 여긴다고 병법에서 배웠습니다. 백 번 싸워 백 번 이기는 것이 최상이 아니므로 먼저 적이 우리를 이길 수 없도록 만든 뒤에 적을 이길 기회를 기다리는 것이 최상이라고 했습니다.[28] 비록 만이의 습속이 예의지국인 한나라와 다르지만 손해를 피하고 이익을 좇으며 피붙이와 인척을 아끼고 사망을 두려워하는 점은 한가지입니다.

지금 적은 자기네 비옥한 땅과 좋은 목초지를 잃은 채 먼 황야에서 기거하느라 시름에 빠져 있으니 혈육 간에도 마음이 달라져 모두 배반할 마음을 먹고 있습니다. 영명하신 주군께서 전투를 중지하고 남은 만여 명에게 황폐한 땅을 개간하게 하셔서 하늘이 주는 기회에 순응하고 땅에서 이익을 얻으며 적을 이길 기회를 기다린다면 적을 바로 토벌하지 못한다고 해도 한 해[29]면 전쟁이 끝날 듯합니다. 연합했던 강로가 와해하여 항복한 자가 지금까지 모두 일만 칠백여 명이고, 신이 회유하는 말을 받아들여 자기 편을 설득하러 간 자가 일흔 명이 넘으니 이는 가만히 앉아서 강로를 무너뜨린 정황입니다.

신이 삼가 출병하지 않고 주둔하여 농사를 짓는 열두 가지 이득을 열거하겠습니다.

보병 아홉 개 교(校)의 군관과 병졸 만여 명을 남겨 주둔시킴으로써 무장 병력을 갖추는 한편으로 농사를 지어 곡식을 수확할 수 있으니 폐하의 위무와 은덕을 동시에 펼치는 것이 첫째 이득입니다. 또 강족을 쫓아내 비옥한 옛 땅으로 돌아오지 못하게 하면 무리의 살림이 빈곤해져서 강로끼리 점점 등을 돌리게 되는 것이 둘째 이득입니다. 동시에 이곳 백성도 농사를 함께 지어 농업을 포기하지 않는 것이 셋째 이득입니다. 기병과 말의 한 달 식량이 주둔하는 보병의 한 해 식량과 맞먹으니 기병을 철수하여 막대한 비용을 절감하는 것이 넷째 이득입니다. 봄에 군대를 열병하고 황하와 황수 물길을 따라 임강까지 수확한 곡식을 운반하는 모습을 강로에게 보여 위무를 떨치면 대대로 승리할 수 있으므로 다섯째 이득이 됩니다. 농한기에 벌목한 목재를 운송하고 역참의 객사를 수리하거나 금성군에 비축할 수 있으니 여섯째 이득이 됩니다. 출병하면 위험을 무릅쓰며 요행을 바라야 하지만, 출병하지 않으면 반역한 강로가 찬바람과 혹한의 땅에 숨은 채 서리와 이슬에 젖고 역병과 동상에 걸려 손가락을 자르는 우환에 맞닥뜨릴 테니 앉아서 적에게 필승할 수 있어 일곱째 이득이 됩니다. 험하고 먼 지역을 지나며 죽고 상하는 해를 입지 않아도 되는 것[30]이 여덟째 이득입니다. 안으로는 군대의 무력을 손상시키지 않고, 밖으로는 적이 우리 편의 작전 틈새를 파고 들어오는 형세를 내주지 않는 것이 아홉째 이득입니다. 또 금성 서쪽의 황하 이남에 사는 대견과 소견을 뒤흔들지 않아 다른 변란의 우환이 없어지는 것이 열째 이득입니다. 황수 협곡에서 선수까지 길과 다리를 놓으면 군대가 편하게 이동하여 서쪽 땅을 제압하고 천 리에 위세를 떨칠 테니 열한째 이득이 됩니다. 군비를 크게 줄이고 요역을 사전에 면제하면 백성의 불만을 막을 수 있으니 열두째 이득입니다.

군대를 주둔시켜 농사를 짓게 하면 이 열두 가지 이득을 얻고 출병하면 열두 가지 이익을 잃게 됩니다. 신 충국은 재주가 없고 나이가 많아 장구한 계책을 세울 줄 모르니 영명하신 폐하께서 공경 대신과 참모들에게 조서를 내려 자세하게 심의하고 결정해 주십시오.

황제가 다시 회답을 내렸다.

황제가 후장군의 안부를 묻는다.

장군이 올린 열두 가지 이득에 관한 상소를 읽었다. 적을 아직 토벌하지 못했지만 한 해면 토벌이 끝날 것이라고 했는데, 한 해면 올겨울을 이르는 것인가? 그때란 어느 때를 이르는 것인가?

장군은 적이 우리 군대가 대거 철수했다는 소식을 듣고 곧바로 장정들을 모아 농사짓는 군사와 연도의 수비군을 공격하는 것은 물론 백성을 살육하고 잡아가는 것을 장차 어떻게 막을 것인가는 전혀 고려하지 않았다.

또 전에 대견과 소견이 "우리가 선련의 소재지를 한나라 군대에 알려 주었지만 군대를 보내 공격하지 않고 오랫동안 지체했습니다. [원강] 5년[31]에 한나라에 협조한 부족을 구분하지 않고 한나라에서 우리까지 공격했던 일이 다시 발생하지는 않겠습니까?"라고 말했으니 그들의 속내는 늘 두려워하고 있다. 지금 출병하지 않는다면 변란이 발생하여 그들이 선련과 한패가 되지는 않겠는가? 장군은 숙고하여 다시 상주하라.

조충국이 상주했다.

신은 병법에서 "전쟁은 전략이 근본이므로 다방면으로 전략을 세운 쪽이 그보다 적게 고려한 쪽을 이기게 되어 있다."[32]라고 배웠습니다. 선련강의 정예병은 지금 칠팔천 명밖에 남지 않은 채 고향을 떠나 객지를 떠돌며 흩어진 채 굶주리고 얼어 있습니다. 또

한과 견, 막수 부족이 선련강의 노약자와 가축을 자주 약탈하고 있어 대오를 이탈하여 돌아서는 자들이 줄을 잇고 있는데, 서로 잡아 목을 베면 상을 내린다는 천자의 명령을 들어 분명하게 알고 있습니다. 신이 어리석게도 몇 달 안에, 또는 길어도 내년 봄까지는 적이 무너지리라 기대하여 몇 달 안에 전쟁을 끝낼 수 있다는 말씀을 올렸습니다.

제가 살펴보니 일만 천오백여 리에 이어지는 돈황에서 요동(遼東)까지의 북쪽 변경에서 요새에 올라 수비하거나 늘어선 봉수대에 배치된 군리와 병졸이 수천 명입니다. 적이 여러 차례 대규모로 우리 변경을 공격했으나 해를 입히지 못했습니다.

지금 보병 만 명을 남겨 농사를 짓게 하면, 지세가 평탄한 데다 주변에 높은 산이 많아 먼 곳을 바라보는 이점이 있습니다. 부(部)와 곡(曲)끼리 서로 지키게 하면서 참호와 보루, 목조 망루를 구축하되 군영과 보루를 연달아 배치하고 무기와 쇠뇌를 잘 손질해 두며 전투 용구를 정돈해 놓았습니다. 봉화로 침입 소식이 전해졌을 때 각 세력이 힘을 합해 편히 쉰 군대로 지친 적군을 기다리게 되니 전쟁에서 이로운 점입니다.

어리석은 신의 생각에는 군사를 주둔시켜 농사를 짓게 하면 나라 안으로는 군비가 들지 않는 이득이 있고 밖으로는 방어를 준비하는 이득이 있습니다. 기병을 철수시킨 뒤에도 만 명이 남아 경작하는 것을 적이 본다면, 자신들을 모두 생포하려는 조처라고 여겨, 오래지 않아 흙이 무너져 내리듯이 와해하여 폐하의 덕망에 복속할 것입니다.

지금부터 석 달이 지나면 적의 말들이 수척해지므로 처자식을 다른 부족에게 맡긴 채 멀리 강과 산을 건너 침략해 올 엄두를 낼 수 없습니다. 또 주둔하여 농사를 짓는 한나라 군사가 정예 병력으로 만 명인 것을 안다면, 처자식을 거느리고 살던 땅으로 다시 돌아올 엄두도 끝내 내지 못할 것입니다. 이는 어리석은 신의 견해로, 적이 장차 각각 주둔하고 있던 곳에서 꼭 와해하리라 여기는 이유이며, 전쟁 없이 스스로 무너지게 하는 전략입니다. 적들이 소규모로 침략하여 약탈하고 수시로 백성을 죽이는 것까지야 단숨에 발본색원하기는 어렵습니다.

신은 "전투에서 반드시 이긴다는 보장이 없으면 경솔하게 교전하지 말고, 공격할 때 꼭 함락할 보장이 없으면 경솔하게 군대를 출동하지 못한다."라고 배웠습니다. 꼭 군대를 출동시켜야 한다면 선련을 섬멸하지 못하더라도 적의 소규모 약탈을 근절할 수 있을 때 출병해야 합니다. 소규모 약탈도 막지 못하고 있는 지금[33] 승리하는 길을 버리고 위험을 무릅쓰는 형세를 좇아 출병했다가 끝내 승리하지 못하면 나라 안이 텅 비고 피폐해지며 권위는 손상되고 손해를 자초하게 되는데 이런 모습을 만이에게 보일 수는 없습니다. 또 대군이 한번 출병했다가 철수할 때에는 병력을 남기지 않고 모조리 철수하게 되어 있는데 황중 지방 또한 비워 둘 수가 없으니 요역을 다시 징발해야 합니다. 게다가 흉노를 방비해야 하고 오환도 걱정해야 합니다. 그동안 장기간에 걸쳐 물자를 수송하는 데 거액을 들였는데 이제 조정에서 뜻밖의 사태에 대비해 둔 물자까지 한쪽 구석에 다 쏟아 넣는 것은 신의 어리석은 생각에 이롭지 않습니다.

다행스럽게도 교위 신림중(辛臨衆)이 위엄과 덕망이 높은 폐하의 명에 따라 후한 폐물을 받들고 여러 강족 지파를 위문하며 영명하신 폐하의 명령을 알려 주었으니 모두가 꼭 복속할 것입니다. 비록 저들이 전에 "(원강) 5년에 일어났던 일이 다시 발생하지 않을까?"라고 말한 적이 있다고 해도, 다른 마음이 없었던 것은 분명하니 그 때문에 출병할 것까지는 없습니다.

신이 가만히 생각해 보았습니다. 변경을 나서라는 폐하의 명령에 군대를 끌고 멀리 출격했다가 천자의 정예병을 모두 잃고 전차와 무기를 산야에 버려 아무 공을 세우지 못해도 임기응변으로 패배의 책임을 둘러대며 사후의 처벌과 여죄를 피할 수 있겠지만 이는 신하에게 불충의 이득이 될 뿐 영명한 군주와 사직에는 복이 될 수 없습니다.

신이 영광스럽게도 정예병을 이끌고 불의의 무리를 토벌하러 나섰으나 폐하께서 행하시는 정벌을 오래도록 실행하지 못하고 있으니 그 죄가 만 번 죽어 마땅합니다. 폐하께서 관대하고 어진 마음으로 차마 죽이지 않으시고 신에게 명하여 여러 차례에 걸쳐 자세하게 계책을 짜도록 하셨습니다. 어리석은 신이 엎드려 여러 방면으로 고려하여 계책을 세웠으니, 감히 부월형(斧鉞刑)을 피하지 않고서 죽음을 무릅쓰고 어리석은 계책을 나열했기에 폐하께서 자세히 살펴봐 주시기를 바랍니다.

조충국의 상소가 올라올 때마다 황제가 공경 대신과 참모에게 내려보내 상의하게 했다. 처음에는 조충국의 계책을 옳다고 여긴 자가 열에 셋이었으나 중간에는 열에 다섯으로, 마지막에는 열에 여덟이 되었다. 조서를 내려 그 전에 조충국의 계책이 이롭지 않다고 말한 자를 문책하자 다들 머리를 조아리며 사죄했다. 승상 위상이 황제에게 말했다.

"신은 어리석어 군사 일의 이득과 손해를 잘 알지 못하나 후장 군이 여러 차례 계획한 군사 전략이 언제나 옳았습니다. 신은 그 전략이 꼭 쓸 만한 것이라고 보장합니다."

황제가 조충국에게 회답을 보내 말했다.

황제가 후장군의 안부를 묻는다. 상소하여 강로를 이길 방법에 대해 말했는데 이제 장군의 전략을 들어 보니 장군의 계책이 옳다. 그러니 밭을 개간하기 위해 철군시키는 병사와 말의 수효를 보고 하도록 하라. 장군은 억지로라도 더 챙겨 먹고 신중히 교전하며 자 중자애하도록 하라!

황제는 파강장군과 강노장군이 공격해야 마땅하다고 몇 차례 나 주장했고, 또 조충국이 밭을 개간하는 곳이 분산되어 있어 적이 그곳을 침범할까 걱정스럽기도 해서 마침내 두 가지 전략을 쓰기로 하고 두 장군과 중랑장 조앙에게 조서를 내려 출격하라고 명령했다. 강노장군이 출격하여 사천여 명의 항복을 받았고, 파강장 군의 군대가 이천 명의 목을 베었으며, 중랑장 조앙도 이천여 명을 베거나 항복시켰다. 거기에 조충국이 항복을 받은 자가 다시 오천여 명이나 되었다. 조서를 내려 전투를 끝내되 조충국은 남겨 농사를 짓게 했다.

이듬해 5월, 조충국이 상주했다.

강(羌)에는 본래 오만 명쯤 되는 군사가 있었는데 목을 벤 것이 모두 칠천육백 급이고, 항복한 자가 삼만 천이백 명이며, 황하와 황수에 빠져 죽거나 굶어 죽은 자가 오륙천 명이라 최종 통계를 내면 달아나서 전공 부족과 황저(黃羝) 부족과 함께 도망한 자들이 사천 명을 넘지 못합니다. 게다가 한강의 족장 미망 등이 자책하고 있으므로 반드시 투항을 받아 낼 수 있습니다. 따라서 둔병을 중지하시기를 요청합니다.

주청을 재가하자 조충국이 군대를 수습하여 개선했다.

조충국과 친했던 호성사(浩星賜)가 조충국을 맞으며 말했다.

"사람들은 다들 파강장군과 강노장군이 출격하여 목을 베고 포로를 얻은 덕분에 그 공으로 적이 무너졌다고 여기지만, 식자들은 적이 곤경에 빠진 형세가 되어 군대가 출격하지 않았더라도 항복했으리라 여기고 있습니다. 장군이 황제를 알현하여 '응당 두 장군이 출격한 것에 공을 돌려야 하며 어리석은 신은 그 공에 미치지 못합니다.'라고 겸손하게 아뢰면 장군의 승진과 포상 계책에 문제가 생기지 않을 것입니다."

조충국이 말했다.

"나는 나이가 많은 데다 작위는 이미 한도에 이르렀으니 포상을 받기 위해 계책을 세울 필요가 없습니다. 이번에 일시적으로 정벌을 피한 사실이 있는데 어떻게 영명하신 군주를 기만할 수 있겠습니까? 군사 형세는 나라의 대사이므로 정벌을 피하는 전략도 후대가 배울 수 있도록 마땅히 남겨야 합니다. 노신이 남은 목숨을 걸고 폐하께 전쟁의 이득과 손해에 관해 명확하게 말씀드리지 않았다가 갑자기 죽기라도 하면 누가 다시 그 점을 아뢸 수 있겠습니까?"

조충국이 계책을 올리자 황제가 옳다고 여겼다. 신무현의 부대를 해산하고 주천 태수로 돌려보냈다. 조충국은 다시 후장군 위위가 되었다.

황궁에 초상과 함께 칭송 글이 걸리다

○ ○ ○

그해 가을 강족의 약령(若零), 이류(離留), 저종(且種), 예고(兒庫) 등이 공모하여 선련의 대족장 유비(猶非)와 양옥의 목을 베었고, 제택(弟澤), 양조(陽雕), 양아(良兒), 미망 등 여러 족장이 전공과 황저 무리 사천여 명을 이끌고 한나라에 항복했다. 약령, 제택 두 사람을 수중왕(帥衆王)으로, 이류와 저종을 후(侯)로, 예고를 군(君)으로, 양조를 언병후(言兵侯)로, 미망을 헌우군(獻牛君)으로 삼았으며 최초로 금성속국(金城屬國)을 두어 항복한 강족을 살게 했다.

조서를 내려 호강교위(護羌校尉)로 삼을 자를 추천하게 했다. 그때 조충국은 병석에 있었다. 사부(四府)에서 신무현의 막냇동생 신탕(辛湯)을 천거했다. 조충국이 급히 자리에서 일어나 상소를 올렸다.

탕은 주사(酒邪)가 있어 만이에 관한 일을 맡길 수 없으니 탕의 형인 임중(臨衆)을 임명하는 것만 못합니다.

그때 이미 신탕이 임명되어 부절을 받은 뒤였으나 조서를 내려 신임중으로 바꾸어 임명했다. 뒤에 신임중이 병으로 파면되자 오부(五府)에서 다시 신탕을 천거했다. 신탕이 여러 번 술에 취해 강족을 혼내자 강족이 반란을 일으켰으니 결국 조충국의 말대로 되었다.

그보다 먼저 파강장군 신무현이 군중에 있을 때 중랑장 조앙과 한담을 나누었다. 조앙이 말했다.

"거기장군 안세가 황상을 불쾌하게 하여 황상께서 그를 죽이려고 한 적이 있었습니다. 우리집 장군께서 장안세가 무제 곁에서 죽간 자루를 들고 붓을 머리꽂이로 찌른 채 수십 년 동안 충심으로 근신하며 섬겼으니 목숨을 살려 주어야 마땅하다고 아뢰었습니다. 안세 장군은 그 덕분에 벌을 면했습니다."

조충국이 회군하여 군사에 관해 보고한 뒤에 신무현은 옛 관직으로 돌아갔다. 조충국에게 크게 원한을 품은 신무현이 글을 올려 조앙이 궁중에서 있었던 말을 자신에게 누설했다고 고발했다. 조앙은 조충국 막부의 사마 집무소에 들어갈 수 없는 금지령을 어기고 들어가 주둔 부대를 어지럽힌 죄에 걸려 옥리에게 넘겨졌다.

조앙은 자결했다.

조충국이 사직을 청하자 네 마리 말이 끄는 안거와 황금 예순 근을 하사하고 벼슬에서 물러나 집에 머물게 했다. 조정에서 사이에 관한 중대한 논의를 할 때마다 항상 조충국을 참여시켜 군사 전략을 짜게 하고 대책을 물었다.

조충국이 선제 감로 2년에 여든의 나이로 세상을 떠나자 시호를 장후(壯侯)로 내렸다. 아들에 이어 손자 조흠(趙欽)에게 후위가 내려왔다.

조흠은 경무(敬武) 공주[34]를 부인으로 맞이했다. 아들이 생기지 않자 공주가 조흠의 양인(良人) 습(習)에게 아이가 생겼다고 꾸미게 했는데 사실은 다른 사람의 아이였다. 조흠이 죽고 아들 조잠(趙岑)이 후위를 잇자 습은 태부인이 되었다.

조잠의 친부모가 끝없이 금전과 재물을 요구하니 서로 분노하고 원망하며 고발했다. 조잠이 조흠의 아들이 아닌 것이 드러나 후위를 빼앗기고 봉토가 철폐되었다.

〔평제〕 원시 연간에 공신의 제사를 받드는 후대를 다시 세울 때 조충국의 증손인 조급(趙伋)을 다시 영평후에 봉했다.

애초에 선제를 옹립할 때 조충국의 공이 곽광과 같은 등급이었으므로 미앙궁에 초상이 걸렸다. 성제 때 서강에 변란이 일어나자 황제가 장군으로 임명할 신하를 고르면서 조충국을 추모하고 칭찬했다. 그래서 황문랑 양웅을 불러 조충국의 초상 옆에 글을 지어 그를 칭송하게 했다.

성명한 선제 때에 선련 융이 있었다. 그 선련이 방자하게 한나라 서쪽 강토를 침략했을 때 조정에서 용맹한 신하에게 명을 내렸는데 바로 후장군이었으니 우리 군대 육사(六師)를 통솔하여 적을 토벌하고 진동시키러 갔다. 적의 땅에 도착한 뒤에 폐하의 위엄과 덕망이 담긴 회유책을 설명해 주었으나 어떤 태수가 공을 세우려고 회유책으로는 정벌할 수 없다 주장하며 군대를 동원하여 한강 부족을 공격하기를 청했다. 천자가 우리 군대에게 출동을 명하고 후장군에게 군대를 따라 강족이 모여 있던 선수의 북안으로 가게 했다. 후장군 영평후가 절의를 지키며 여러 차례 밀봉 상소를 올려 적의 약점을 헤아려 승산을 세우니 위무와 계략을 당할 자가 없어 마침내 서융을 제압하고 군대를 도읍으로 철수시켰다. 귀방(鬼方)[35]이 복종하여 입조하지 않는 이민족이 없었다. 옛날 주나라 선왕(宣王) 때 방숙(方叔)과 소호(邵虎)가 있어 두 사람의 공을 노래한 것이 『시』의 '대아(大雅)'와 '소아(小雅)'에 전하는 것처럼, 한나라가 중흥할 때 조충국이 무공을 세웠으니 역량과 위엄에서 방숙과 소호의 뒤를 이었다.

조충국은 후장군이 된 이후 두릉으로 이주했다. 신무현은 강족과의 전투에서 돌아와 일곱 해가 지난 뒤에 다시 파강장군이 되어 오손에서 돈황까지 정벌했다. 그 뒤로 전투에 나가지 않다가 황제의 부름을 받고 가던 길에 황궁에 미처 닿지 못하고 병으로 세상을 떠났다. 아들 신경기는 높은 벼슬에 올랐다.

가는 곳마다 이름을 날린 명장 신경기

○ ○ ○

　신경기의 자는 자진(子鎭)이다. 청년 시절에 아버지 덕택에 우교승(右校丞)이 되어 장라후(長羅侯) 상혜(常惠)를 따라 오손의 적곡성(赤谷城)에서 주둔하며 밭을 개간하는 일을 독려했다. 흡후(歙侯)[36]와 함께 전투에 나서 적진을 무너뜨리며 격파했다.

　상혜가 신경기의 공을 보고하여 시랑에 임명되었다가 교위로 승진하여 군리와 병졸을 이끌고 언기국(焉耆國)에 주둔했다. 돌아온 뒤에 알자가 되었으나 이름을 얻지는 못했다.

　원제 즉위 초에 금성 태수부의 장사로 들어갔다가 무재(茂材)에 천거되어 낭중거기장으로 옮겼다. 조정 대신 중에 신경기를 중시하는 자가 많아졌다. 다시 교위로 전보되었다가 장역 태수로 옮긴 뒤에 주천으로 갔다. 가는 곳마다 이름이 널리 알려졌다.

　성제 즉위 초에 광록대부로 부름을 받았다가 좌조 중랑장으로 옮긴 뒤에 집금오가 되었다.

　신무현과 조충국의 사이에는 원래 틈이 벌어져 있었다. 뒤에 조충국의 집안이 쇠락했다. 신씨 집안은 신경기가 집금오 자리에 올랐지만 그 아들이 조씨 집안사람을 죽인 죄에 연루되어 주천 태수로 좌천되었다.

　한 해 남짓해서 대장군 왕봉이 신경기를 천거했다.

　"전에 〔장역과 주천〕 두 군의 태수로서 공적을 크게 남겼고, 조정에 불려 온 뒤에 여러 직위를 거쳤는데 그를 보고 믿지 않는 자가 없었습니다. 자질과 품행이 바르고 곧으며 인자하면서도 용맹하여 여러 사람의 마음을 얻었고 전쟁에도 능하니 지략에 밝고 위엄을 크게 갖추어 나라의 기둥과 주춧돌이 되는 것을 감당할 수 있습니다. 그 아비 파강장군 무현은 전대에 이름을 날리며 서이(西夷)에게 위엄을 떨쳤습니다. 신 봉(鳳)이 경기의 윗자리에 오래 있는 것은 마땅하지 않습니다."

이에 광록대부로 다시 불러들이고 집금오에 임명했다. 몇 해가 지난 뒤에 사소한 일로 법을 어겨 운중 태수로 좌천되었다가 다시 광록대부로 불려 들어왔다.

그 무렵 이변이 자주 일어났으므로 승상사직(丞相司直) 허무(何武)가 밀봉한 상소를 올렸다.

〔춘추 시대〕우(虞)나라에 궁지기(宮之奇)가 있었으므로 진 헌공이 잠을 이루기 어려웠다고 하고, 무제 때에는 위청이 대장군 직위에 있었으므로 회남왕이 모반을 거두었다고 합니다. 그래서 현인이 조정에 있으면 적을 격퇴하고 재앙을 미리 누를 수 있으니 아직 일어나지 않은 재난도 이길 수 있습니다. 병서 『사마법(司馬法)』에 "천하가 안정되었다 하더라도 전쟁에 대비하는 것을 잊으면 반드시 위태롭게 된다."라고 했습니다. 무릇 장수가 미리 전쟁에 대비하지 않으면 갑자기 일어나는 변란에 대처할 수 없으며, 평소에 군사를 엄격하게 훈련하지 않으면 죽을 각오로 적과 싸우도록 만들기 어렵습니다. 그 때문에 선제께서 장군의 직위를 많이 만드셨으며 황실에 가까운 친척은 내부를 주관하게 하고 유씨와 다른 성씨

는 바깥의 적을 막아 내게 하셔서 간악한 흉계가 싹트지 못하고 없어지게 했으니 진실로 만대를 생각한 장구한 계책이었습니다.

광록훈 경기는 인의를 실천하며 바른길을 가고 있고 온화하면서도 굳세고 성실하면서도 관대하며 심사숙고하여 장구한 계책을 올릴 줄 아는 자입니다. 앞서 변방의 군에 있을 때 여러 차례 적을 격파하고 포로를 잡아 변방 밖의 이민족들이 신경기를 모르는 자가 없었습니다. 요즘 큰 이변이 여러 차례 나타났는데 아직 그 이변이 상징하는 현상이 일어나지 않았습니다. 게다가 오랫동안 전쟁이 없었기 때문에 변고에 대처할 준비가 되어 있지 않습니다. 『춘추』에 이르기를 "큰 재난이 닥치기 전에 미리 대비해야 한다."[37]라고 했습니다. 경기를 조아관(爪牙官)에 임명하여 예측할 수 없는 사태에 대비해야 합니다.

그 뒤에 우장군으로 임명하고 제리와 산기, 급사중 벼슬을 더해 주었으며 한 해 남짓해서 좌장군으로 전보했다.

신경기는 행동거지가 공손했으며 음식과 의복, 이불에 특히 검약했다. 그런데 타고나기를 수레와 말을 좋아하여 화려하게 수레와 말을 치장하는 것이 유일하게 부리는 사치였다.

나라에서 용맹함으로 이름을 떨친 신하였으므로 태평세월이 와서 흉노와 서역 나라들이 한나라와 친밀하게 지내기 위해 복속했을 때 위신 있는 신경기를 존경했다. 그 뒤 나이가 많아져서 벼슬에서 물러났다.

맏아들 신통(辛通)은 호강교위, 둘째 아들 신준(辛遵)은 함곡관

도위가 되었으며, 막내아들 신무(辛茂)는 수형도위로서 군수가 되어 나갔는데 모두 장수의 기풍을 지니고 있었다. 집안 친척 중에 봉록 이천석 벼슬에 오른 자가 열 몇 명이었다.

원시 연간에 안한공 왕망이 정권을 잡았다. 왕망이 신경기의 천거인이 백부 대장군 왕봉이라는 것과 세 아들 모두 능력 있는 것을 알고 그들과 가까이 지내면서 후하게 대해 주려고 했다.

그 무렵 왕망이 막 권력을 잡고 견풍(甄豊)과 견한(甄邯)을 기용하여 자신을 돕게 했다. 견풍과 견한은 신진 귀족으로 조정에 위엄을 떨쳤다. 수형도위 신무는 자신을 이름난 대신 집안의 자손으로 여겼을 뿐 아니라 형제들이 모두 반열에 오른 것을 믿고 두 견씨에게 전혀 굽실거리지 않았다.

그때 평세가 어렸는데, 외가 위씨 집안사람은 장안에 살 수 없었다. 그런데 호강교위 신통의 맏아들인 신차형(辛次兄)이 황제의 종외숙인 위자백(衛子伯)과 평소에 친하게 지냈다. 두 사람은 모두 유협으로 빈객이 아주 많았다. 뒤에 여관(呂寬) 사건이 일어나자 왕망이 위씨 집안을 멸족시켰다.[38] 두 견씨가 신씨 집안에서 은밀히 위자백의 심복 노릇을 했으며 은덕을 배반하여 안한공의 마음을 불편하게 하는 모의를 했다고 참소했다. 뒤이어 사직(司直) 진숭(陳崇)이 신씨 집안의 친척인 농서의 신흥(辛興) 등이 백성을 능멸하고 침탈하며 지방에서 위엄을 부리고 있다고 상주했다. 그리하여 왕망이 신통 부자와 신준, 신무 형제 및 남군(南郡) 태수 신백(辛伯) 등을 조사하여 모두 주살했다. 그로써 신씨 집안은 멸족됐다.

신경기는 원래 농서군 적도(狄道) 사람으로 장군이 된 뒤에 조성 중이던 창릉(昌陵)으로 이사했다가 창릉 조성 공사가 중단되자 장안에서 살았다.

찬하여 말한다.

진나라와 한나라가 일어난 이래로 효산 동쪽에서는 재상이, 효산의 서쪽에서는 장수가 났다. 진나라 장군 백기(白起)는 미현(郿縣) 사람이었고, 왕전(王翦)은 빈양(頻陽) 사람이었다. 한나라가 일어난 뒤로 욱질(郁郅) 출신의 왕위(王圍)와 감연수(甘延壽), 의거 출신의 공손하와 부개자(傅介子), 성기(成紀) 출신의 이광과 이채, 두릉 출신의 소건(蘇建)과 소무, 상규 출신의 상관걸과 조충국, 상무(襄武) 출신의 염보(廉襃), 적도 출신의 신무현과 신경기 등이 모두 용맹함과 무예로 세상에 이름을 알렸다. 그중에서 소씨와 신씨 부자는 절의로 이름이 높았다. 위에 말한 이들은 뚜렷이 칭송을 받는 장수들이며, 그 밖에도 헤아릴 수 없이 많은 장수가 났으니 무슨 까닭일까? 산서의 천수, 농서, 안정, 북지는 강족과 흉노에 인접한 형세였기 때문에 백성이 군사 훈련을 받아 기량을 닦으며 전쟁에 대비하는 풍속이 있었고 용맹하고 힘이 세며 말타기, 말을 달리면서 활쏘기를 숭상했다.

그리하여 진 땅에서 부르던 노래 중에 "왕께서 군대를 출동시킨다고 하니 내가 갑옷과 무기를 정돈하여 너와 함께 참전하러 가리라."[39]라는 구절이 있으니, 이 지방의 풍토와 습속이 예전부터 그랬다. 지금 이 지방에서 불리는 정의에 격앙하는 풍의 노래에 그 기풍이 여전히 남아 있다.

40

부·상·정·감·진·단 전
傅常鄭甘陳段傳

이 편에는 무제 때 개척한 서역에서 소제, 선제, 원제, 성제 때에 활
동한 인물로 부개자(傅介子, ?~기원전 65년), 상혜(常惠, ?~기원전 46년),
정길(鄭吉, ?~기원전 49년), 감연수(甘延壽, ?~기원전 25년), 진탕(陳湯,
?~기원전 6년경), 단회종(段會宗, 기원전 84~기원전 10년)이 등장한다.

길이 열린 뒤에도 서역은 여전히 모험의 땅이었다. 걸핏하면 한나라
사자들이 목숨을 잃었던 서역에 출사하여 황제의 사명을 완수해 내기
란 결코 쉬운 일이 아니었다. 담력과 혈기가 넘치는 이 편의 주인공들은
임기응변의 기지를 발휘했고, 단독 작전을 감행하는 등 위법 행위까지
서슴지 않았다. 모두 미천한 집안 출신이라 중원에서라면 공을 세울 기
회를 얻기가 힘들었을 것이나 위험한 미지의 땅을 개척해 내라는 황제
의 요구를 수행하는 데는 더없이 걸맞은 인물들이었다. 이들은 군대를

이끌고 서역에 장기간 주둔하는 가운데 때로는 한나라에 우호적이지 않은 왕이나 선우를 죽이면서까지 서역을 경영했다.

누란왕의 머리를 들고 돌아온 부개자

○　○　○

부개자는 북지[1] 사람으로, 군대에 들어갔다가 관리로 발탁되었다. 그보다 앞서 구자국(龜茲國)과 누란국(樓蘭國)에서 한나라 사자를 죽였는데 그때 이야기는 「서역전」에 있다.

원봉 연간에 준마감(駿馬監)이었던 부개자가 대원국에 사신으로 나가기를 자원하자, 무제가 누란국과 구자국의 행위를 문책하라고 명령했다.

부개자가 누란국에 도착하여 누란왕이 흉노 사람들을 시켜 한나라 사자의 길을 막고 죽인 것을 규탄했다.

"대군이 곧 도착할 것이오. 왕이 흉노에게 사신을 죽이라고 시킨 적이 없다면, 흉노 사자가 이곳을 지나 서쪽 여러 나라로 갈 때 왜 우리에게 알리지 않았소?"

누란왕이 사죄하고 자복하며 말했다.

"흉노 사자가 방금 여기를 지나갔습니다. 오손으로 갈 텐데 구자를 지나서 갈 것입니다."

부개자가 구자국에 도착하여 구자왕을 다시 문책하자 구자왕도 죄를 자복했다. 부개자가 대원국에 갔다가 구자국으로 돌아오자 구자 사람들이 말했다.

"흉노 사자가 오손에 갔다가 돌아와서 지금 여기에 있습니다."

부개자가 그 기회에 군사를 이끌고 가서 흉노 사자를 베어 버리고 돌아와 그 일을 황제에게 보고했다. 황제가 부개자를 중랑으로 삼았다가 평락감(平樂監)으로 승진시켰다.

부개자가 대장군 곽광에게 말했다.

"누란국과 구자국이 여러 차례 태도를 바꾸었는데도 징벌하지 않았습니다. 저 개자가 구자국을 지날 때 구자왕이 사람에게 가까이 잘 붙어 해치우기 쉬워 보였습니다. 바라건대 제가 가서 찔러 죽이고 여러 나라에 본보기로 삼게 해 주십시오."

대장군이 말했다.

"구자국이 더 먼 곳에 있으니 누란국에서 먼저 시험해 봐라."[2]

그러고는 황제에게 부개자를 파견하자고 말했다.

누란왕은 부개자에게 친하게 대할 마음이 없어 보였다. 부개자가 일행을 이끌고 누란국을 떠나는 척하면서 그 서쪽 경계에 이르러 통역자에게 밀을 전하게 했다.

"한나라 사자가 황금과 화려한 비단을 들고 여러 나라에 두루 하사하러 다니는 중입니다. 왕께서 나와서 받지 않으면 나는 서역 나라로 가겠습니다."

그러고는 황금을 꺼내 통역자에게 보였다. 통역자가 돌아가서 왕에게 보고하자 왕이 한나라 물건을 가지고 싶은 마음에 나와서 사자를 접견했다. 부개자가 왕과 더불어 술을 마시면서 선물을 꺼내 보였다. 술을 마시던 중에 모두 취하자 부개자가 왕에게 말했다.

"천자께서 비밀리에 왕에게 전할 말씀을 주셨습니다."

왕이 일어나 부개자를 데리고 장막 안으로 들어가서 주위의 사람을 물리치고 단독으로 말을 나누었다. 그때 건장한 군사 두 명이 등 뒤에서 왕을 찔렀는데 두 사람이 찌른 칼날이 가슴 쪽에서 교차하여 즉사하고 말았다. 누란왕의 후궁과 시종들이 모두 흩어져 달아났다. 부개자가 그들에게 포고했다.

"왕이 한나라에 죄를 지어 천자께서 나를 파견하여 왕을 주살하게 하시고 전부터 한나라에 인질로 와 있던 태자를 새로운 왕으로 세우게 하셨다.[3] 한나라 군대가 바로 도착할 것이니 경거망동하지 마라. 그러나 무슨 짓을 저지른다면 이 나라를 멸망시키겠다."

그러고는 누란왕의 머리를 가지고 황궁으로 돌아가니 공경과 장군, 대신들이 모두 그 공을 칭찬했다. 그래서 황제가 조서를 내렸다.

"누란왕 안귀(安歸)는 일찍이 흉노의 첩자 노릇을 하면서 한나라 사자의 동정을 정탐했고 군대를 보내 위사마(衛司馬) 안악, 광록대부 충(忠), 기문랑 수성(遂成) 등 세 명과 안식국, 대원국의 사자를 죽이고 부절과 인장, 공물을 빼앗았으니 하늘의 이치를 거스른 바가 매우 컸다. 평락감 부개자가 부절을 지닌 채 출사하여 누란왕 안귀를 죽이고 그 목을 벤 뒤에 황궁 북쪽 망루에 걸어 두었으니 그 원한을 올바른 행동을 통해 갚았는데, 군대를 동원하는 수고마저 끼치지 않았다. 이에 부개자를 의양후(義陽侯)로 삼고 식읍 칠백 호를 내린다. 누란왕을 찔렀던 군사들은 모두 시랑으로 삼는다."

부개자가 죽었을 때 아들 부창(傅敞)은 죄가 있어 후사가 되지 못하고 봉토가 철폐되었다.

원시 연간에 공신의 대를 이을 때 부개자의 증손자 부장(傅長)이 다시 의양후에 봉해졌으나, 왕망 정권이 끝난 뒤에 바로 몰수되었다.

소무를 따라 흉노에 출사해 서역 사정에 밝았던 상혜

○　○　○

상혜는 태원 사람이다. 어린 시절 집이 가난했지만 스스로 노력하여 이중구감(移中廐監) 소무를 따라 흉노에 출사했다. 열 몇 해 동안 붙잡혀 있다가 소제 때에야 돌아왔다. 한나라 조정에서 그 노고를 위로하여 광록대부에 임명했다.

그때 오손국 공주가 글을 올렸다.

흉노가 기병 부대를 출동시켜 거사국(車師國)[4]에서 농사를 짓고 있는데, 이번에 거사국과 흉노가 연합하여 오손국을 침입했습니다. 천지께서 오손을 구해 주십시오.

한나라에서는 병사를 훈련하고 말을 기르며 흉노를 공격하기 위해 작전을 짜고 있었다. 그때 마침 소제가 붕어했다. 선제 즉위 초 본시 2년에 상혜를 오손국에 출사시켰다.

공주와 오손국 곤미(昆彌)가 장안으로 돌아가는 상혜 편에 사자를 보내 글을 올렸다.

흉노가 연속해서 대군을 출동시켜 오손국을 공격하고는 거연(車延)과 악사(惡師) 땅을 빼앗고 그곳의 백성을 잡아갔습니다. 그러고는 사자를 파견해 말하기를 공주를 보내라고 하니, 이는 한나라와 관계를 끊어 버리겠다는 뜻입니다.[5] 곤미가 지금 전국의 정예병 중

절반을 동원하여 스스로 오만 기병 부대를 편성한 뒤에 힘을 다해 흉노를 공격하고자 하니, 천자께서 군대를 보내 공주와 곤미를 구해 주시기 바랍니다.

한나라 군대 중에서 십오만 명의 기병대를 출동시키되 다섯 장군[6]이 길을 나누어 동시에 출발했다. 이때의 이야기는 「흉노전」에 있다.

상혜를 교위로 삼아 부절을 지니고 오손국의 군대를 감독하게 했다. 곤미가 직접 흡후 이하 오만여 명의 기병을 이끌고 서쪽에서 우록려왕(右谷蠡王)의 궁정으로 진격하여 선우의 아버지 항렬인 귀족과 형수, 거차(居次), 명왕(名王), 기장(騎將)[7] 이하 삼만 구천 명을 사로잡고 말과 소, 나귀, 노새, 탁타 만여 마리와 양 육십여만 마리를 얻었는데 오손국에서 그 노획물을 모두 가져갔다.

상혜가 관군 열 몇 명을 데리고 곤미와 함께 철수했다. 오손국에 도착하기 전에 오손국 사람이 상혜의 인수와 부절을 훔쳐 갔으므로, 장안에 돌아가면 틀림없이 주살되리라 생각했다. 하지만 황제는 한나라의 다섯 장군이 모두 공을 세우지 못했는데, 상혜만은 출사하여 전투에 승리하고 적을 사로잡은 공을 세웠으므로 장라후(長羅侯)에 봉했다. 이어서 상혜에게 재물을 들려 보내 오손국에 돌아가 공을 세운 귀인에게 하사하게 했다. 그때 상혜가 주청하기를 구자왕이 교위 뇌단(賴丹)을 죽였으나 아직 사형에 처하지 않았으므로 오손국으로 가는 길에 구자국을 공격하겠다고 했다. 선제가 허락하지 않았다.

대장군 곽광이 상혜에게 상황을 봐서 일을 처리하라고 넌지시 일렀다. 상혜가 관군 오백 명과 함께 오손국에 갔다가 돌아가며 지나는 길에 구자국 서쪽 나라의 군대 이만 명을 징발했다. 부사(副使)에게 구자국 동쪽 나라의 이만 명을 징발하고 오손국 군대 칠천 명과 함께 삼면에서 구자국을 공격하게 했다. 군대가 모이기 전에 먼저 사람을 보내 구자왕에게 이전에 한나라 사자를 죽인 것에 대한 죄를 질책했다. 왕이 죄를 인정하며 말했다.

"그 일은 제 선왕(先王) 때의 귀인 고익(姑翼)이 저지른 허물이라 제게는 죄가 없습니다."

상혜가 말했다.

"만일 그렇다면 고익을 묶어 데리고 오라. 그러면 내가 왕을 놓아 주겠다."

구자왕이 고익을 잡아 상혜에게 데려오자 상혜가 고익을 베어 버리고 장안으로 돌아갔다.

그 뒤에 소무를 대신해서 전속국이 되었다. 외국의 사정에 밝고 익숙한 데다 열심히 일하여 여러 차례 공을 세웠다.

감로 연간에 후장군 조충국이 죽자 황제가 상혜를 우장군으로 삼고 전속국 관직은 그대로 유지하게 했다.

선제가 붕어한 뒤에 상혜가 원제를 섬겼는데 세 해 뒤에 죽었다. 시호를 장무후(壯武侯)라고 내렸다. 증손자 대까지 봉토를 이어받다가 〔광무제〕 건무 연간에 끊어졌다.

최초의 서역 도위 정길

○　○　○

정길은 회계 사람으로 병졸로 군대에 들어가 서역 전투에 몇 차례 출동한 뒤에 낭관이 되었다. 정길은 강건하고 뜻을 세우면 끝까지 지키는 사람이었으며 외국의 사정에 밝았다.

장건이 서역으로 가는 길을 연 이래 이광리가 서역을 정벌하고 나서야 처음으로 교위를 두고 거려(渠黎)에서 농사를 지으며 주둔했다.

선제 때에 이르러 정길이 시랑의 신분으로 거려에서 농사를 지으며 곡식을 쌓아 나간 뒤에 서역 여러 나라의 군대를 징발하여 거사국을 공격하고 승리했다. 황제가 위사마로 승진시키고 선선국(鄯善國) 서쪽에 있는 서역 남도(南道) 변의 나라를 보호하게 했다.

신작 연간에 흉노 내부에 변란이 일어났다. 일축왕(日逐王) 선현전(先賢撣)[8]이 정길에게 사람을 보내 한나라에 투항할 뜻을 알렸다. 정길이 거려와 구자국 등 여러 나라의 군사 오만 명을 동원하여 일축왕을 맞아들였다. 일축왕이 백성 일만 이천 명과 소왕(小王) 및 장(將) 열두 명을 이끌고 정길을 따라 하곡(河曲)에 이르렀다. 도망가는 자들이 많이 생기자 정길이 추격하여 베어 버린 뒤에 남은 사람들을 데리고 장안에 도착했다. 한나라에서 일축왕을 귀덕후(歸德侯)에 봉했다.

정길이 거사국을 쳐부수고 일축왕이 투항하자 그 위엄이 서역을 흔들었다. 거사국 서쪽의 북도(北道) 변 나라들을 병합하고 감독하면서 도호(都護)라는 호칭을 썼다. 도호를 둔 것은 정길에서 시작되었다.

황제가 정길의 공로를 치하하면서 조서를 내렸다.

서역도호 기도위 정길은 외국의 만(蠻)들을 위무하고 위신을 떨쳤을뿐더러 흉노 선우의 종형인 일축왕과 그 백성을 맞아들였고 거사국의 두지성(兜訾城)[9]을 공격하여 쳐부수는 등 공로가 아주 크다. 이에 길(吉)을 안원후(安遠侯)에 봉하고 식읍 천 호를 내린다.

정길이 서역의 중심 지대에 막부를 세우되 오루성(烏壘城)에 관아를 두고 서역 여러 나라를 진무하면서 위법자는 징벌하고 그들을 품으며 통합해 나갔다. 그리하여 한나라의 호령(號令)이 서역에 반포되었는데, 장건이 시작하여 정길 때 완성했다. 이 이야기는 「서역전」에 있다.

정길이 죽은 뒤에[10] 무후(繆侯)라는 시호가 내려졌다. 아들 정광(鄭光)이 후사가 되었으나, 죽을 때 아들이 없었으므로 봉토가 철폐되었다. 원시 연간에 죄가 없이 후대가 끊긴 공신을 찾아내어 다시 봉할 때 정길의 증손자 정영(鄭永)이 안원후에 봉해졌다.

여러 가지 무예에 능했던 감연수

○ ○ ○

감연수의 자는 군황(君況)이고, 북지군 욱질현(郁郅縣) 사람이다.

어려서 양가자(良家子)로 말타기와 활쏘기에 능하여 우림(羽林)에 들어갔는데, 투석(投石)과 발거(拔距)[11]에서 동료 중 가장 뛰어났다. 우림 부대가 들어 있던 건물을 높이 넘은 일로 낭관이 되었다. 손으로 상대를 치는 변(弁) 겨루기에서 기문으로 발탁되었는데 힘이 뛰어나 황제의 총애를 받았다. 얼마 뒤에 요동 태수로 승진했다가 관직을 박탈당했다.

거기장군 허가가 감연수를 추천하여 낭중 간대부가 되어 서역도호 기도위로 출사했다. 부교위 진탕과 함께 질지(郅支) 선우를 베고 의성후(義成侯)에 봉해졌다.

죽은 뒤에는 장후(壯侯)라는 시호를 받았다. 봉토가 증손자에게까지 전해졌으나 왕망이 실패한 뒤에 철폐되었다.

질지 선우를 죽인 진탕

○ ○ ○

진탕의 자는 자공(子公)이고, 산양 하구 사람이다.

어려서부터 책을 좋아하여 박학다식했고 글을 잘 지었다. 집이 가난하여 구걸에 의지하고 살았으므로 품행에 절의가 없어 고향

사람들에게 칭찬을 듣지 못했다.

서쪽으로 장안에 가서 벼슬을 구하던 중에 태관헌식승(太官獻食丞)이 되었다.

몇 해가 지나서 부평후 장발이 진탕과 벗이 되었는데 진탕의 능력을 높게 보았다.

초원 2년에 원제가 열후에게 인재를 천거하라는 조서를 내렸을 때 장발이 진탕을 천거했다. 진탕이 벼슬을 받기 위해 기다리던 중 아버지가 죽었는데 상례에 참가하지 않았으므로 사례(司隸)가 진탕에게 덕행이 없다고 상주했다. 장발은 실제를 잘 모르고 사람을 천거한 죄로 식읍 이백 호를 삭감당했다. 바로 그때 죽었으므로 무후(繆侯)라는 시호가 내려졌다. 진탕은 하옥되어 심문을 받았다.

다시 낭관에 천거되어 몇 차례에 걸쳐 외국에 출사하겠다고 청을 올렸다. 한참 뒤에 서역 부교위로 승진해 감연수와 함께 출사했다.

그보다 먼저 선제 때에 흉노 내부에 변란이 일어나 다섯 선우가 다투어 선우 자리에 올랐다. 호한야(呼韓邪)[12] 선우와 질지 선우가 아들을 한나라 황궁에 보내 황제를 시봉하게 하자 황제가 둘다 받아들였다.

뒤에 호한야 선우가 친히 황궁에 들어가 신하를 칭하며 그에 맞는 예를 올렸다. 질지 선우가 호한야 선우의 힘이 분산되고 약해져 한나라에 투항하고 다시 돌아오지 않으리라 여기고 서쪽으로 진격하여 흉노 땅의 서부[13]를 취했다.

한나라에서 군대를 출동시켜 호한야 선우를 전송하게 했다. 이 때 질지 선우가 서쪽으로 진격하여 호걸(呼偈)[14]과 견곤(堅昆), 정령(丁令)을 격파하고 세 나라를 겸병하여 하나로 만들어 버렸다. 질지 선우가 한나라가 호한야만 옹호하고 자신을 도와주지 않았다고 증오하면서 한나라 사자 강내시(江迺始) 등을 붙잡아 두고 모욕했다.

초원 4년[15]에 질지 선우가 사자를 파견하여 공물을 바치면서, 황궁에서 시봉 중이던 아들을 데리고 가겠다며 한나라에 귀부하고자 하는 뜻을 전했다. 한나라 조정에서 위사마 곡길(谷吉)을 보내 그 아들의 호송을 의논했다. 어사대부 공우(貢禹)와 박사 광형(匡衡)이 "이적을 한 번에 인정할 수 없다."[16]라는 『춘추』의 뜻을 들어 현재 질지 선우가 한나라의 교화를 받으려고 하지만 순수하게 보이지 않고 흉노 궁정은 아주 먼 곳에 있으니, 사자를 보내 그 아들을 전송하되 변경까지만 전송하고 돌아오는 것이 마땅하다고 주장했다. 곡길이 황제에게 글을 올렸다.

중원은 이적과 의리를 지켜 연결을 끊지 않았습니다. 질지 선우의 아들을 열 해 동안 잘 키우면서 엄청난 은덕을 베풀다가 인적이 드문 먼 땅으로 돌려보내게 되었습니다. 선우의 아들을 가까이 변경까지만 전송하고 돌아오게 되면 그 아들을 아끼지 않아 내버리는 것이 됩니다. 이제까지 받았던 은덕을 팽개치고 새로 한나라를 원망하면서 따르지 않겠다고 나서게 되면 이롭지 못합니다.

대신들은 전에 강내시가 적에 대응할 방책을 찾지 못하고 지략과 용기도 모자라 치욕을 당했던 일을 상기하며 미리 신을 대신하여 걱정하고 있습니다. 신이 영광스럽게도 강대한 한나라 조정의 부절을 앞세우고 영명한 성군의 조서를 지닌 채 황제의 깊은 은덕을 널리 알린다면 질지 선우가 교활한 짓을 할 수 없을 것입니다. 만일 금수와 같은 마음을 품고 신에게 무도한 짓을 행한다면 선우는 엄청난 대죄를 짓게 되니 반드시 먼 곳으로 도망가서 변경에 가까이 오지 못하게 될 것입니다. 제 한 목숨이 없어져 백성을 편안하게 할 수 있다면 나라를 위해서는 좋은 방책이 될 테니 신은 목숨을 버릴 수 있습니다. 질지 선우의 궁정까지 전송하게 해 주십시오.

황제가 조정 대신에게 곡길의 뜻을 전하자 공우가 다시 쟁론했다. 곡길이 질지 선우의 궁정까지 간다면 나라에 재앙을 가져오는 실마리가 될 것이라며 허락하면 안 된다고 주장했다. 그러나 우장군 풍봉세(馮奉世)는 보낼 수 있다고 주장했으므로 황제가 허락하고 말았다. 곡길이 질지 선우의 궁정에 당도하자 선우가 화를 내며 끝내 곡길 등 일행을 죽였다.

질지 선우는 자신이 한나라에 죄를 지었다고 생각했고 호한야 선우의 세력이 계속 강해지고 있다는 소식도 들었으므로 서쪽의 강거국으로 달아났다.[17] 강거왕은 딸을 질지 선우에게 시집보냈고 질지 역시 딸을 강거왕에게 시집보냈다. 강거왕은 질지 선우를 아주 존경했으므로 그의 전투력에 의지하여 서역 여러 나라를 협박하려고 했다. 질지 선우가 강거국 부대를 빌려 오손국을 여러 차례 공격했는데 적곡성(赤谷城)까지 깊이 들어가 사람들을 죽이거나 포로로 잡고 가축을 몰고 왔다. 오손국에서는 추격하지 못했다. 그리하여 오손국 서부가 텅 비어 그 사방 천 리 안에 아무도 살지 않았다.

질지 선우는 자신이 큰 나라를 거느리고 있으며 위신과 명성으로 존중받고 있다고 생각했다. 게다가 방금 승리를 거두었으므로 교만해져서 강거왕에게 예를 지키지 않았을뿐더러 화를 내며 강거왕의 딸과 귀인, 수백 명의 백성을 죽이고 더러는 사지를 찢어 도뢰수(都賴水)에 던져 버렸다. 그러고는 강거국 사람들을 동원하여 질지성(郅支城)을 쌓았는데 하루에 오백 명씩 작업을 시켜 두 해 만에 완공했다. 또 합소국(闔蘇國)과 대원국 및 그 근방의 여러 나라에 사자를 보내 해마다 조공을 바치게 하니 이 나라들은 선우의 말을 듣지 않을 수 없었다.

한나라에서 세 차례에 걸쳐 사자를 강거국에 파견하여 곡길 등의 사체를 달라고 요구했지만 질지 선우가 사자를 붙잡고 모욕하면서 황제의 명령에 따르지 않은 채 서역도호를 통해 황제에게 글을 올렸다.

궁핍하고 험난한 곳에 살아 강대한 한나라에 귀부하고 계책을 받고 싶습니다.[18] 아들을 황궁에 들여보내 시봉하게 해 주십시오.

질지 선우는 이처럼 오만했다.

건소(建昭) 3년, 진탕이 감연수와 서역에 출사했다. 진탕은 사람됨이 침착하면서도 과감하게 일을 처리하는 데다 생각이 원대하고 책략을 많이 냈으며 탁월한 공을 많이 세우고 싶어 했다. 서역의 성읍과 산천을 지날 때마다 늘 올라가서 조망해 보았다. 진탕이 외국에 출사하면서 감연수와 더불어 의논했다.

"이적은 큰 종족을 두려워하여 복속하는데 그것은 이적의 천성입니다. 서역 여러 나라는 원래 흉노에 속해 있었습니다. 지금 질지 선우의 위세와 명성이 멀리까지 알려졌는데, 오손국과 대원국을 침략하며 능욕하고 있습니다. 강거국을 이용하기 위해 늘 계책을 세워 주며 오손국과 대원국의 복속을 받아 내려 하고 있습니다. 만일 선우가 이 두 나라를 손에 넣는다면 북쪽으로 이렬국(伊列國)을 공격하고 서쪽으로 안식국(安息國)을 취하며 남쪽의 월지국(月氏國)과 산리오익국(山離烏弋國)[19]을 없앨 수 있을 테니, 몇 해 안에 서역 성곽 국사들이 위태로워집니다. 게다가 질지 선우는 사람이 날래고 용맹하여 정벌 전쟁을 좋아하는데 몇 차례 승리를 거두기도 했습니다. 이를 그대로 오래 방치하면 틀림없이 서역의 우환이 될 것입니다.

질지 선우가 있는 곳이 아주 멀기는 하지만 만이에게는 튼튼한 성곽과 강한 쇠뇌 같은 수비력이 없으니 농사지으며 주둔하고 있는 우리의 관군을 출동시키고 오손국 군대를 이끌고 가서 그 성 밑에 곧바로 닿는다면, 질지 선우가 달아나려고 해도 갈 데가 없으며 방어하려고 해도 자위 능력이 부족할 터. 하루아침에 천재일우의 공을 세울 수 있을 것입니다."

감연수도 진탕의 말을 옳다고 여겼다. 그래서 황제에게 주청하려고 하자 진탕이 말했다.

"황제께서 공경들과 상의하실 텐데 원대한 책략은 평범한 사람이 이해할 수 없는 법이니 틀림없이 들어주지 않으실 것입니다."

감연수가 주저하면서 그 말을 따르지 않았다. 마침 감연수가 오래 병을 앓았기 때문에 진탕이 단독으로 황제의 명령을 허위 발동하여 여러 성곽 국가의 군대와 거사국에서 무기 교위의 지휘 아래 농사를 지으며 주군하던 관군을 출동시켰다. 감연수가 그 소식을 듣고 놀라서 일어나 출동을 저지하려고 했다. 진탕이 화를 내며 검을 잡은 채 감연수를 꾸짖었다.

"군대가 이미 모였는데 더벅머리 애송이가 군대 출동을 막겠다는 것인가?"

감연수가 마침내 진탕의 말을 따랐다. 그리하여 행군 방식과 진법을 정하고 양위(揚威), 백호(白虎), 합기(合騎)의 세 개 교(校) 병력을 더 늘렸다. 한나라 군대와 호(胡)[20] 군대는 합해서 사만여 명이었다. 감연수와 진탕은 상소를 올려 자신들이 황제의 명령을 허위 발동한 것에 대해 스스로 탄핵하고 부대의 상황을 진술했다.

그러고는 그날로 군대를 이끌고 길을 나누어 행군했는데 모두 여섯 교(校) 병력이었다. 그중 세 교는 서역 남도를 따라 총령(葱嶺)을 넘어 대원국으로 향했고 나머지 세 교는 서역도호가 직접 이끌고 온숙국(溫宿國)을 떠나 서역 북도를 따라 적곡성으로 들어간 뒤에 오손국 땅을 지나서 강거국 경계를 넘어 전지(闐池)의 서쪽에 다다랐다.

강거국의 부왕(副王)과 포전(抱闐)의 장수 수천 기(騎)가 적곡성 동쪽으로 침입해서, 대곤미의 백성 천여 명을 죽이거나 사로잡고 수많은 가축을 몰고 갔다. 그런데 그 군대의 후미가 한나라 군과 맞닥뜨렸는데 한나라 군 후미의 수많은 군수 물자를 노략질했다. 진탕이 호 군대를 풀어 강거국 군대를 공격한 결과 사백육십 명을 죽이고, 강거국 군대에 잡혀갔던 사백칠십 명의 백성을 되찾아 대곤미에게 돌려주었다. 되찾은 말과 소와 양은 군용으로 삼았다. 이때 포전의 귀인 이노독(伊奴毒)을 붙잡았다.

강거국의 동쪽 경계로 진입했을 때 진탕이 군대에 명령을 내려 노략질을 금했다. 그러고는 강거국의 귀인 도묵(屠墨)을 은밀히 만나 한나라의 위세와 신의에 대해 일러 주었다. 진탕이 도묵과 술을 마시며 동맹을 맺고 돌려보냈다. 그러고는 샛길로 가서 선우가 있는 성과 육십 리 떨어진 곳에 멈추고 군영을 설치했다. 거기서 새로 강거국 귀인 패색(貝色)의 아들 개모(開牟)를 잡아 길잡이로 삼았다. 패색의 아들인 개모는 바로 도묵 어머니의 동생이었다. 개모와 도묵은 모두 선우를 미워했다. 그래서 질지 선우의 사정에 대해 자세히 알 수 있었다.

이튿날 군대를 이끌고 성과 삼십 리 떨어진 곳에 이르러 군영을 설치했다. 선우가 사자를 보내 물었다.

"한나라 군이 온 까닭은 무엇입니까?"

진탕이 대답했다.

"선우가 천자께 글을 올려 '궁핍하고 험난한 곳에 살아 강대한 한나라에 귀부하여 계책을 받고 싶고, 친히 천자를 배알하러 황궁에 들어가겠습니다.'[21]라고 했을 때 천자께서 선우가 넓은 땅을 포기하고 강거국에서 억울하게 지내는 것을 가엾게 여겨 서역도호부의 장군으로 하여금 선우의 처자식을 맞이하게 하셨습니다. 그런데 그쪽이 놀라 당황할 듯하여 성 아래까지 가지 않고 있습니다."

사자가 몇 차례 왔다 갔다 하면서 서로 묻고 대답하기를 반복했다. 그러자 감연수와 진탕이 사자를 질책했다.

"우리는 선우를 위해 먼 길을 왔습니다. 그런데 명을 받아야 할 명왕(名王)과 대인(大人)이 장군을 뵙지 않고 있습니다. 선우는 어찌하여 이 중요한 사안을 소홀히 하며 주인과 객의 예를 차리지 않는 것입니까!

우리 군대가 먼 길을 달려오느라 병사와 말이 많이 지쳐 있고 식량도 거의 떨어져 자력으로는 되돌아갈 수 없을 듯합니다. 그러니 선우가 대신과 신중하게 계책을 세우기를 바랍니다."

다음 날 질지성 가까이에 있는 도뢰수 변에 이르러 성까지 삼리 떨어진 곳에 군영을 설치하고 진을 쳤다. 멀리 보니 선우의 성 위에 오색 깃발이 꽂혀 있는데 수백 명이 갑옷을 입고 성을 수비하고 있었다. 그러더니 기병 백여 명이 성을 나와 성 아래에서 말을 타고 오갔다. 또 보병 백여 명이 성문 양쪽에서 고기비늘 모양의 진을 치고 군사를 훈련했다.

성 위에 있는 자가 한나라 군을 계속 불러들였다.

"와서 한판 붙자."

백여 명의 기병이 한나라 군의 군영을 향해 달려왔다. 군영에서 모든 쇠뇌의 시위를 당겨 그들을 겨누자 기병들이 물러갔다. 한나라 군이 수많은 군사를 보내 성문 밖에 있던 기병과 보병을 쏘자 기병과 보병이 모두 성안으로 들어갔다. 감연수와 진탕이 군

시들에게 명령을 내려 북소리가 울리면 모두 성벽 아래로 진격하게 했다. 사면에서 성을 포위한 뒤에 각자에게 임무를 정해 주었다. 물길을 파고 성문을 막은 뒤에 방패를 든 군사를 앞에 배치하고 창과 쇠뇌 부대를 뒤에 배치한 뒤에 성의 누각 위에 있는 적을 겨냥하여 쏘니 누각에 있던 자들이 아래로 달아났다. 토성 밖에 목성(木城)이 한 겹 둘러 있었다. 그 목성 안에서 화살이 날아와 밖에 있던 한나라 군사들이 많이 죽거나 다치자, 밖에서 나뭇단으로 목성을 태워 버렸다. 밤에 기병 수백 명이 성 밖으로 나와 포위를 뚫으려고 했지만 화살에 맞으며 죽어 갔다.

앞서 한나라 군이 도착했다는 소식을 들은 선우가 달아나려고 했다. 강거국이 자신을 원망하여 한나라와 내통했으리라 의심한 데다 오손국 등 서역 여러 나라 군대가 모두 출동했다는 것을 알고 달아날 곳이 없다고 생각했다.

질지 선우가 성을 나왔다가 다시 들어가며 말했다.

"차라리 굳게 지키는 게 낫겠다. 한나라 군은 먼 길을 왔기 때문에 오래 공격하지 못할 것이다."

선우가 갑옷을 입고 누각 위에 서서 연지와 부인 수십 명과 함께 활을 들고 성 밖을 향해 쏘아 댔다. 성 밖에서 화살이 날아와 선우의 코를 맞혔다. 선우의 부인들도 화살에 맞아 여럿 죽었다. 선우가 내려와 말을 타고 작전을 지휘하다가 내실로 들어갔다.

한밤중에 목성을 뚫고 들어가자 그 안에 있던 사람들이 토성으로 퇴각해서 성루에 올라 고함을 쳤다. 그때 강거국의 기병 군대 만여 명이 열 몇 갈래로 길을 나누어 사면에서 성을 에워싸면서 서로 호응했다.

밤에 강거국 부대가 몇 차례 한나라 군영으로 달려들었지만 이기지 못하고 번번이 퇴각했다. 새벽이 밝아 오자 사면에 불을 놓으면서 관군들이 큰 소리로 강거국 부대를 쫓았는데 징과 북을 울리는 소리가 대지를 흔들었다. 그러자 강거국 부대가 군대를 이끌고 퇴각했다. 한나라 군이 사면에서 대형 방패를 밀며 토성 안으로 밀려 들어갔다. 선우과 측근 남녀 백여 명이 선우의 내실로 달려 들어갔다. 한나라 군 쪽에서 불을 놓은 뒤에 관군이 다투어 내실로 들어갔다. 이에 선우가 상처를 입고 죽었다. 군후가승(軍候假丞) 두훈(杜勳)이 선우의 목을 베고 한나라 사자의 부절 두 개와 곡길 등이 지니고 있던 백서(帛書)를 찾아냈다. 그 자리에서 얻은 노획품들은 노획한 자에게 주었다. 연지와 태자, 명왕 이하 천오백십팔 명의 목을 베었고 백사십오 명을 사로잡았다. 투항한 천여 명은 군대를 출동시킨 여러 성곽 국가 열다섯 명의 왕에게 나누어 주었다.

전투를 마치고 감연수와 진탕이 상소를 올렸다.

신은 천하가 응당 하나가 되는 것이 대의라고 들었습니다.

옛적에 당우(唐虞)가 있었다면 지금은 강대한 한나라가 있습니다. 흉노의 호한야 선우가 스스로 북번(北藩)을 칭한 데 반해 질지 선우는 반역하고도 계속해서 죄를 자복하지 않았습니다. 그러자 대하국 서쪽 나라들이 강대한 한나라가 질지 선우를 신하로 만들지 못한다고 여겼습니다. 질지 선우는 사람들에게 참혹하고도 악독하게 대하며 엄청난 죄악을 저질렀습니다. 신 연수(延壽)와 신 탕

(湯)이 정의의 군대를 이끌고 하늘을 대신하여 토벌에 나섰는데 폐하의 신령함과 음양의 감응, 광명한 하늘의 기운에 힘입어 적의 진지를 무너뜨리고 승리를 거두어 질지와 명왕 이하 적의 목을 베었습니다. 만이의 장안에서 경저(京邸)가 모여 있는 고가(槀街)에 그 목을 걸어 만 리에 보여 줌으로써 강대한 한나라를 범하면 먼 나라라고 할지라도 반드시 징벌한다는 것을 알려야 할 것입니다.

황제가 해당 관원에게 사안을 넘겨 심문하게 했다. 승상 광형과 어사대부 바연수(繁延壽)[22]가 "질지와 명왕의 머리를 서역 여러 나라에 두루 보여 주어서 만이로 하여금 모르는 사람이 없도록 해야 합니다. 『월령(月令)』에 '봄에는 죽은 사람의 뼈와 살을 땅에 묻는 때이다.'라고 했으니 매딜아 놓기에 마땅하지 않습니다."라고 주장했다. 거기장군 허가와 우장군 왕상은 "춘추 시대에 겹곡(夾谷)[23]에서 정공(定公)이 제후(齊侯)와 만날 때[24] 배우 시(施)가 군주 앞에서 웃음을 놀았다고 해서[25] 공자께서 그자를 사형시켰습니다. 그때가 마침 한여름이었는데도 팔과 다리를 각각 잘라서 다른 문으로 내갔다고 합니다. 열흘 동안 머리를 걸어 두었다가 묻는 것이 마땅합니다."

황제가 조서를 내려 두 장군의 뜻이 옳다고 했다.

큰 공을 논할 때는 작은 허물을 따지지 않는다

○   ○   ○

그보다 먼저 중서령 석현이 자신의 누나를 감연수에게 시집보내려고 했으나 감연수가 그 말을 들어주지 않았다. 그 뒤에 승상과 어사대부가 허위로 황제의 명을 사정했던 일을 증오하여 언제든지 진탕의 편을 들어주지 않았다. 진탕은 평소에 탐심이 많아 노획했던 재물을 한나라 변경 안으로 들여 넣은 뒤에 많은 양을 불법으로 자신이 가져갔다. 사례교위가 진탕이 돌아가는 길 연변에 있는 관리에게 공문을 보내 관군을 붙잡아 노획품 부정 축재사실을 심문하게 했다. 진탕이 상소를 올려 해명했다.

신과 관군은 함께 질지 선우를 주살하고 다행스럽게도 그 군대를 전멸시킨 뒤에 만 리 밖에서부터 장엄하게 회군하고 있었습니다. 연변에서 사자가 환영하며 노고를 위로해야 마땅하나 지금은 일이 거꾸로 되어 오히려 사례교위가 군사들을 묶어 둔 채 심문하고 있으니, 이는 질지를 대신하여 우리에게 원수를 갚고 있는 것입니다.

황제가 곧바로 진탕이 돌아오던 길에 있던 각 현에 관군을 보내 행군 중이던 군대에 술과 음식을 갖추어 대접하도록 명했다. 장안에 돌아와서 논공행상을 할 때 석현과 광형이 주장했다.

"연수와 탕이 제멋대로 군대를 출동시키면서 황제의 명령을 허위로 발동하고도 요행히 주살당하지 않았습니다. 만일 작위와 봉토를 내린다면 이후에 황명을 받들어 사자로 나가는 자들이 앞다투어 위험을 무릅쓰고 요행을 바라는 행동을 할 것입니다. 만이 지역에서 일을 저지르면 나라를 어렵게 할 것이니 공훈의 서열을 매길 수 없습니다."

원제는 속으로 연수와 탕의 공을 치하하고 싶었지만 광형과 석현의 주장에 반대하기도 어려워서 논공행상에 관해 오랫동안 결정을 내리지 못했다.

전임 종정 유향이 상소했다.

질지 선우는 한나라의 사자와 관군을 수백 명이나 잡아 가두고 죽인 뒤에 시역 외국에 그 사실을 널리 선전했으므로 한나라의 위신이 훼손되어 조정 신하들이 모두 근심했습니다. 폐하께서 노하셔서 질지 선우를 주살하려고 하시면서 그런 뜻을 늘 잊지 않으셨습니다.

서역도호 연수와 부교위 탕은 성지를 받들고 폐하의 신령하심에 힘입어 백만(百蠻)의 군장들을 통솔하여 성곽 국가의 군대를 이끌고 백번을 죽었다 살아나면서 그 먼 땅으로 진격했습니다. 강거국 땅을 지나 다섯 겹으로 쌓아진 질지성을 공격하여 흡후의 깃발을 뽑고 질지의 목을 베어 만리타국에서 한나라 깃발을 휘날리고 곤산(昆山) 서쪽에 한나라의 위세를 선양했습니다. 곡길이 죽었던 수치를 씻고 탁월한 공을 세웠으니 만이가 두려워하며 엎드려 떨지 않는 부족이 없었습니다.

호한야 선우는 질지가 주살당한 소식을 듣고 한편으로 기뻐하고 한편으로 두려워하면서 한나라의 풍속에 교화되고 도의를 따르기 위해 달려왔습니다. 그리하여 머리를 조아려 귀부하고 북번이 되어 한나라 변경을 지키며 대대로 신하를 칭하겠다고 했습니다.

연수와 탕은 천재일우의 공을 세우고 만대를 안정시킬 업적을 세웠으므로 다른 신하에게 공이 있다 해도 이보다 클 수는 없습니다. 옛적에 주나라 대부 방숙과 길보(吉甫)가 선왕(宣王)을 위해 험윤(玁狁)을 주살하고 백만을 복속시켰으므로『시』에 "군대가 성대한 행렬을 이루며 벽력처럼 행군하여 방숙이 위엄을 드날리며 험윤을 정벌하자 형만이 위엄을 두려워하며 복속하기 위해 달려왔노라.'[26]라고 했고,『역』에 "제왕의 군대가 출정하여 승리를 거두고 괴수를 꺾음으로써 그 비슷한 무리들이 복속하게 하니 좋은 일이다.'[27]라고 해서 악의 괴수를 주살하여 순종하지 않던 여러 무리가 복속해 오게 했음을 칭찬했습니다. 연수와 탕이 질지를 주살하여 천지를 진동시킨 것은『역』에서 "괴수를 꺾었다."라고 한 것과 『시』에서 "벽력처럼 승리를 거두었다."라고 한 것도 그에 미치지 못합니다.

큰 공을 논할 때에는 작은 허물을 따지지 말아야 하고, 훌륭한 공적을 천거할 때에는 세세한 결점을 과하게 지적하지 말아야 합니다.『사마법』에 "군공을 시상할 때에는 승리한 달을 넘기지 않는다."[28]라고 했고 공을 세운 군사들도 빨리 공적에 대한 보상을 받고 싶어 하는 법입니다. 여기에는 대개 무공을 중요하게 여기고 인재를 중용한다는 뜻이 있습니다. 그래서 길보가 개선한 뒤에 주나라에서 후한 상을 내렸으니, 『시』에 "길보가 연회에서 즐거워하고 많은 상을 받았네. 전쟁터 호(鎬)에서 개선한 뒤로 우리 군대의 즐거움이 오래갔도다."[29]라고 했습니다. 주나라 사람들은 천 리 떨어진 호 땅을 엄청나게 먼 곳이라고 여겼지만, 연수와 탕이 싸운 곳은 만 리 밖에 있는 곳으로 그 노고는 이루 말할 수 없었습니다.

감연수와 진탕은 아직 공훈에 대한 상도 받지 못하고 오히려 목숨을 버린 채 세운 공이 억울하게 되어 도필리 앞에서 오랫동안 좌절하고 있으니, 이는 공을 세운 자와 전투에 참가한 군사를 장려하는 방법이 아닙니다. 옛적에 제 환공이 주나라 왕실을 존중하는 공을 먼저 세웠지만 뒤에 항국(項國)을 멸하는[30] 죄를 지었지만, 『춘추공양전』에서 언급했듯이 『춘추』에서는 군자의 공으로 그 허물을 덮느라 제 환공이 했던 일이라고 직접 기록하지 않았습니다.

이사장군 이광리가 오만 명의 군사를 잃고 억만금의 비용을 없애며 네 해 동안 고생하여 겨우 준마 서른 마리를 얻었을 뿐 대원왕 무고(毋鼓)[31]의 목을 베지는 못했으니 상을 받기에 부족할뿐더러 이사장군 스스로 지은 죄도 많았습니다. 효무제는 만리타국에서 정벌한 것을 높이 사서 그 허물을 따지지 않고 두 명의 열후와 세 명의 경(卿), 백여 명의 봉록 이천석 관리를 임명했습니다.

지금은 강거국이 그 대원국보다 강대합니다. 질지의 호령이 그런 대원왕보다 더 센 가운데 질지가 한나라 사자를 죽인 죄는 대원왕이 준마를 내주지 않았을 때보다 더 심했습니다. 연수와 탕은 중원의 한나라 군대를 힘들게 동원하지 않고 군량도 축내지 않았으니 이사장군에 비해서 공덕이 백배나 큽니다. 게다가 상혜가 오손국을 공격하고 싶은 황제의 뜻에 따랐고 정길이 일축왕 스스로 귀부해 온 것을 맞이했을 때 모두 땅을 갈라 봉토를 내리며 작위를 수여했습니다. 그러므로 위무와 수고가 방숙이나 길보보다 컸고, 공으로 허물을 덮자면 제 환공과 이사를 넘어서며, 최근에 세운 공으로 쳐도 안원(安遠)과 장라(長羅)보다 높지만 큰 공을 표창하지 않은 채 조그만 잘못을 수없이 퍼뜨리고 있으니 신은 이 점을 통탄합니다.

곧바로 수배령을 풀고 궁문을 자유롭게 출입하게 하며 죄를 추궁하지 않고 높은 작위를 주어 공을 세운 것을 장려해야 합니다.

그리하여 황제가 조서를 내렸다.

흉노의 질지 선우는 예와 의를 배반하고 한나라 사자와 관군을 붙잡아 죽였다. 도리에 아주 어긋난 그 짓을 짐이 어찌 잊을 수 있겠는가! 그래도 주저하면서 정벌에 나서지 않은 것은 군대를 출동시켜 힘들게 전투하는 것을 신중하게 고려했기 때문이니, 그리하여 속으로 참으며 운을 떼지 않았었다.

그런데 연수와 탕이 서역에 주재하면서 나라에 이로운 기회가 왔음을 간파하고 승기를 놓치지 않으려고 여러 성곽 국가의 부대를 집결시킨 뒤에 독자적으로 군대를 출동시켰는데 황제의 명령을 허위로 칭하여 질지 선우를 정벌했다. 천지와 종묘의 신령함에 힘입어 질지 선우를 토벌하고 선우 및 연지와 귀인, 명왕 이하 천 명이 넘는 자들의 목을 베었다.

비록 연수와 탕이 도의를 넘고 법을 어겼지만 중원의 군사 한 명도 징발하지 않고 국고에 비축된 재물을 전혀 쓰지 않은 채 적의 식량으로 군량을 채우며 만리타국에서 승리하여 공을 세움으로써 위세를 백만에게 떨치고 사해에 명성을 날렸으며, 나라를 위해 잔인한 무리를 제거하고 전쟁의 원인을 없앴으며 변경에 안정을 가져왔다. 그럼에도 사형당할 걱정을 피하지 못하고 있으니 이 둘의 죄를 법령으로 다스려야만 하는 것을 짐이 아주 가엽게 여긴다. 이에 연수와 탕의 죄를 사면하니 심문하지 말라.

황제가 공경들에게 감연수와 진탕을 열후에 봉하는 절차에 대해 의논하라고 명령했다. 대신들이 군법에 선우를 잡아 목을 베었을 때의 조창을 적용해야 마땅하나고 수장하자 광형과 석현이 다르게 주장하고 나섰다.

"질지는 본디 나라를 잃고 달아난 자로서 멀고 먼 지역에 고립되어 혼자 선우라고 칭한 것이지, 진정한 선우가 아니었습니다."

안원후 정길이 서역에서 세운 공에 포상했던 예를 적용하여 식읍 천 호를 내리려고 하자 광형과 석현이 다시 쟁론하고 나섰다. 이제 감연수를 의성후에, 진탕을 관내후에 봉하고 각각에게 식읍 삼백 호를 내려 주고 황금 백 근을 더하여 하사했다. 상제와 종묘에 이 사실을 고하고 천하에 대사령을 내렸다. 그 뒤에 감연수를 장수군(長水郡) 교위에, 진탕을 사성(射聲) 교위에 임명했다.

뒤에 감연수는 성문교위, 호군도위로 승진했다가 관직에 있으면서 죽었다. 성제 즉위 초에 승상 광형이 다시 상소했다.

진탕은 봉록 이천석의 관리로 황제의 명을 받들고 출사했다가 만이에게 제멋대로 황명을 내렸고 몸소 정직하게 행하여 아랫사람들에게 솔선수범하지 않고 강거국에서 노획한 재물을 정당하지 않은 방법으로 가로챘으며 관속들에게 먼 곳에서 일어난 일을 새로 조사하지 말라고 경고했습니다. 비록 이전에 사면되었지만 벼슬자리에 두기에는 마땅하지 않습니다.

그리하여 진탕은 관직을 박탈당했다.

그 뒤에 진탕이 글을 올려 강거왕의 아들로 황궁에서 시봉하고 있는 자는 강거국의 왕자가 아니라고 주장했다. 조사해 보니 진짜 왕자였으므로 진탕이 하옥되어 사형을 선고받았다. 태중대부 곡영(谷永)이 상소하여 진탕을 고발했다.

초나라에 자옥득신(子玉得臣)이란 자가 있었는데 이자가 있었기 때문에 진 문공(晉文公)은 전투에 이기고도 좌불안석이었습니다. 또 조나라에 염파(廉頗)와 마복(馬服)이 있었기 때문에 강성한 진(秦)나라가 정형(井陘)을 넘볼 생각을 하지 못했다고 합니다. 가깝게는 질도(郅都)와 위상(魏尙)이 한나라에 있었기 때문에 흉노가 사막을 넘어 남쪽으로 내려올 수 없었다고 신이 들었습니다. 이것으로 볼 때 전투에서 이기는 장수는 나라를 수호하는 발톱이자 이빨이므로 중시하지 않을 수 없습니다. 대개 "군자가 큰 북과 소고가 울리는 소리를 들으면 군대를 이끌 줄 아는 무신을 떠올린다."라고 했습니다.

신이 관내후 진탕에 대해 생각해 보았습니다. 진탕은 전에 서역도호의 부교위로 출사하여 질지의 무도함에 분노하다가 여러 나라 왕이 질지를 주살하지 못하던 것을 걱정했습니다. 분노가 더 심해지면서 의를 행해야 할 때 용감하게 분발하여 순식간에 군대를 출동시키고 오손국 땅을 가로질러 도뢰수 변에 집결한 뒤에 세 겹으로 쌓인 질지성을 공격하고 질지의 목을 베어 버림으로써 열 해가 되도록 주살하지 못하고 있던 원한을 갚고 변경 관리의 묵은 수치심을 깨끗이 씻었습니다. 이로써 그 위엄에 백만이 떨게 되었고 서역 전체에 무공을 선양했으니 한나라 건국 이래 나라 밖을 정벌했던 장수 중에 일찍이 이런 장수가 없었습니다.

지금 탕이 그릇된 사실을 말한 죄에 걸려 옥에 묶인 지가 오래되었습니다. 시간이 흘렀음에도 판결이 나지 않고 있는데 법을 집행하는 관리가 대벽형(大辟刑)[32]으로 이끌고 있습니다. 옛적에 백기(白起)가 진나라 장수가 되어 남쪽의 영도(郢都)를 함락하고 북쪽〔의 장평〕에서 조괄의 부대를 생매장했지만 아주 작은 허물 때문에 두우에서 스스로 목숨을 끊어야 했습니다. 이에 진나라 백성들이 백기 장군을 가엾게 여겨 눈물을 흘리지 않는 이가 없었습니다. 최근에 탕이 직접 무기를 들고 만리타국에서 순식간에 대거 승리를 거두었으므로 종묘에 제사를 올려 그 공을 고하고 상제에게 고류(告類) 제사[33]를 올렸으니 갑옷과 투구를 쓴 군인이라면 탕의 의로움을 앙모하지 않는 자가 없습니다. 틀린 진술로 죄를 지은 것은 그렇게 대단한 죄악이 아닙니다. 『상서』「주서(周書)」에 "남의 공을 기억하되 남의 허물은 잊는 것이 군자의 마땅한 도리이다."[34]라고 했습니다. 남에게 견마지로를 바쳐도 천막과 이엉을 내려 주며 보답할 판에[35] 하물며 나라의 공신이야 더 말할 것이 없습니다.

신은 폐하께서 〔전쟁이 일어나〕 북과 소고가 울리는데도 장수를 찾는 데 소홀하시고 「주서」에 나오는 말씀의 뜻을 살피지 않으시며, 천막과 이엉을 내려 주실 것까지 잊으시고 탕을 평범한 신하로 대접하면서 마침내 대신들의 주장에 따르신다면 지난날 진나라 백성이 품었던 안타까운 마음을 오늘날 한나라 백성이 품을까 걱정됩니다. 이는 죽음을 무릅쓰고 어려운 일을 해낸 신하를 장려하는 방책이 될 수 없습니다.

이 글이 올라오자 황제가 진탕을 출옥시킨 뒤에 작위를 박탈하고 백의종군하게 했다.

몇 해 뒤에 서역도호 단회종이 오손국 군대에 포위되었다. 단회종이 역마 파발을 띄워 "여러 성곽 국가 군대와 돈황에 주둔하던 한나라 군대를 출동시켜 서역도호부를 구해 주십시오."라는 글을 올렸다. 승상 왕상과 대장군 왕봉과 백관이 며칠 동안 상의했으나 결정을 내리지 못했다. 왕봉이 주장했다.

"탕에게 계책이 많고 외국 사정에 밝으니 불러서 물어보십시오."

황제가 진탕을 불러 선실(宣室)에서 만났다. 탕이 질지 선우를 공격할 때 한병(寒病)[36]이 들었기 때문에 양팔을 굽히거나 펼 수 없었다. 진탕이 들어와 알현하자 절을 올릴 필요가 없다 명하고 단회종이 올린 상주문을 보였다. 진탕이 사양하는 말을 올렸다.

"장상과 구경이 모두 능력이 뛰어난 인재로 모든 사정에 밝습니다. 소신은 늙고 병들어 나라의 대사에 정책을 올릴 수 없습니다."

황제가 말했다.

"나라에 급한 일이 생겼으니 경은 사양하지 말라."

진탕이 대답했다.

"신이 생각하기에 이 일은 근심할 것이 없습니다."

황제가 물었다.

"무슨 뜻인가?"

진탕이 대답했다.

"대저 호의 군사는 다섯 명이 있어야 한나라 군사 한 명을 당할 수 있습니다. 그 이유는 무기나 칼날이 무디고 쇠뇌 화살도 날카롭지 않기 때문입니다. 최근 들어 한나라 기술을 많이 배웠다고 하지만 그래도 세 명은 있어야 우리 쪽 한 명을 당할 수 있을 것입니다. 병법 또한 '침입한 편의 수가 방어하는 쪽의 두 배가 되어야 대적할 수 있다.'[37]라고 일렀으니, 지금 회종을 포위한 군사의 수가 회종의 부대를 이기기에는 부족합니다. 폐하께서는 근심하지 마십시오.

가볍게 무장한 군대는 하루에 오십 리를 갈 수 있고 중무장한 부대는 삼십 리를 갈 수 있습니다. 지금 회종이 성곽 국가와 돈황의 군대를 징발해 달라고 요청했는데, 시간이 걸려야 회종이 포위된 곳에 도착할 수 있으니, 원수를 갚으러 출동하는 부대라면 모르겠지만 위급한 형편의 구원군으로는 쓸 수 없습니다."

황제가 물었다.

"어찌하여 그런가? 구원병을 보내지 않아도 포위는 풀리게 되어 있는가? 풀린다면 언제쯤 풀릴 것이라 예상하는가?"

진탕은 오손국의 군대에 여러 부족민이 섞여 있어 단결이 어려우므로 공격을 오래 감행하지 못하리라는 것을 알고 있었다. 또 선례를 봐도 며칠 지나지 않아 공격을 거두곤 했기 때문에 이렇게 대답했다.

"이미 풀렸습니다."

그러고는 손가락을 꼽아 날짜를 세더니 아뢰었다.

"닷새를 넘기지 않아 틀림없이 좋은 소식이 당도할 것입니다."

나흘째 되었을 때 첩보가 날아왔는데 포위가 이미 풀렸다고 적혀 있었다. 대장군 왕봉이 상소를 올려 진탕을 종사중랑(從事中郎)에 임명해야 한다고 주장했다. 그 뒤로 대장군 막부 일은 모두 진탕이 처리했다. 진탕은 법령에 밝았고 정황에 따라 형세를 분석하는 실력이 뛰어났으므로 진탕의 주장이 많이 채택되었다. 진탕은 돈을 받고 남의 상소문 써 주는 일을 자주 하다가 끝내 그 일이 걸려 쫓겨났다.

창릉 조성을 주장하다

○　　○　　○

그보다 먼저 진탕이 장작대장(將作大匠)[38] 해만년(解萬年)과 사이좋게 지내고 있었다.

원제 때부터 위릉(渭陵) 땅에 백성을 이주시켜 읍(邑)을 건설하지 못하게 했다.[39] 그런데 성제는 능원을 조성하여 몇 해가 지났을 때 패릉 곡정(曲亭) 남쪽 땅이 마음에 든다며 새로 능원을 조성하기 시작했다. 그 틈을 타서 해만년이 진탕과 상의했다.

"무제 때에 공장(工匠) 양광(楊光)이 올린 안이 몇 차례나 황제 뜻에 맞아서 그 스스로 장작대장까지 오른 적이 있고, 대사농중승 경수창도 두릉을 조성하여 관내후 작위를 받았으며,[40] 장작대장 승마연년(乘馬延年)도 노고를 인정받아 중이천석 벼슬에 올랐습니다. 지금 초릉(初陵)[41]을 지으면서 읍의 거주지를 만드는 데에 〔제가〕 큰 공을 세웠으므로 만년도 큰 상을 받아야만 할 것입니다.

자공(子公)은 처가가 장안에 있어 아들이 장안에서 나고 자랐으므로 동쪽 지방을 좋아하지 않을 것입니다. 장안 가까이 초릉으로 이사하겠다고 청하면 밭과 집을 받을 수 있으니 좋은 점이 많습니다."

진탕은 속으로 이로운 섬이 많겠다고 생각하고 곧바로 밀봉 상소를 올렸다.

지금 조성 중인 초릉은 장안 땅에서도 가장 비옥한 곳이라 현(縣)을 둘 수 있습니다. 천하 백성들을 능원 옆의 읍으로 이사하지 못하게 막은 지 서른 몇 해가 지난 지금 함곡관 동쪽에는 부자들이 갈수록 많아져서 좋은 밭을 갈라 가지고서 가난한 백성을 부려 먹고 있습니다. 그들을 초릉으로 옮겨 살게 하면 장안의 재정을 강화하는 한편으로 제후국의 재정이 줄어들게 할 수 있습니다. 또 살림살이가 중간 이하인 자들의 빈부도 고르게 할 수 있습니다. 탕은 처자식과 하인들을 데리고 초릉으로 이사하기를 바라니 그리하여 천하의 모범이 되겠습니다.

그리하여〔양삭 4년에〕황제가 진탕의 계책을 채택하고 창릉(昌陵)에 읍을 조성하면서 그 뒤로 중원의 군과 제후국 백성을 옮겨 살게 했다. 해만년은 자신이 책임지고 세 해 안에 완공할 수 있다고 했으나 그 뒤〔영시 원년까지〕끝내 완공하지 못했으므로 많은 대신이 창릉 조성은 타당하지 않다고 주장했다. 황제가 해당 관리에게 상의하게 하자 모두 이렇게 주장했다.

　"창릉은 낮은 땅을 높이느라 흙을 산처럼 부어 넣어 변방(便房)이 평지 위에 놓여 있으니 다른 곳에서 옮겨 온 흙에 유명을 달리한 영을 제대로 모실 수는 없습니다. 흙이 얕게 쌓여서 외부도 견고하지 않습니다. 수도 없이 많은 병졸과 죄수와 기술자, 삯꾼들이 기름으로 불을 켜고서 밤에도 작업을 하면서 동산(東山)에서 흙을 사 오고 있는데 그 값이 곡물값과 같았습니다. 조성 작업이 몇 해나 계속되는 동안 천하가 고단함에 시달리느라 나라 전체가 힘들어지고 국가 재정도 바닥났으며 아래로는 백성에 이르기까지 고단함에 한숨을 쉬고 있습니다. 원래 조성하던 능원은 천연 조건을 갖추고 있어 본래 흙만 이용하여 되는 데다, 높고 넓은 지대에 위치하고 있을뿐더러 가까이에 황상의 조상 능원도 있습니다. 게다가 이전에 열 해 동안 공사를 했기 때문에 원래 조성하던 능원을 다시 조성하되, 창릉으로 사람들을 이주하지 못하게 해야 마땅합니다."

　황제가 조서를 내려 창릉 조성을 포기하게 했다. 이 이야기는 「성제기」에 있다. 승상과 어사대부가 이주민을 위해 창릉읍에 짓던 집의 철거를 청하는 상소를 올렸다. 황제가 허락하지 않자 누군가가 진탕에게 물었다.

"주택을 철거하지도 않고 어떻게 이주가 계속되는 것을 금할 수 있겠습니까?"

진탕이 대답했다.

"황제께서는 잠시 대신들의 의견을 듣는 척하시다가 때가 되면 계속 이주하게 하실 것입니다."

그때 성도후(成都侯) 왕상이 새로 대사마 위장군이 되어 정사를 보좌했다. 왕상이 평소에 진탕을 좋아하지 않다가 진탕의 이 말을 듣자 진탕이 혹세무민하고 있다고 황제에게 고발하고 하옥시켜 심문하면서 진탕의 허물을 조사했다.

진탕이 전에 기도위 왕망을 위하여 상소를 올린 적이 있었다.

〔왕망은〕 아버지가 일찍 죽어 열후에 봉해지지 못했습니다. 어머니 명군(明君)[42]이 황태후[43]를 공양하느라 노고가 많았으니 마땅히 봉해야 합니다.

〔황제가 진탕의 상소를 읽고〕 마침내 왕망을 신도후(新都侯)에 봉했다.

뒤에 황태후의 동복아우 구삼(苟參)이 수형도위가 되었다가 죽고 나서 아들 구급(苟伋)이 시중이 되었다. 구삼의 아내가 구급을 열후에 봉하게 해 달라고 청하자 진탕이 황금 쉰 근을 받고, 왕망을 위해 했던 것처럼 황제에게 상소를 올리기로 했다.

홍농 태수 장광(張匡)이 백만 전 이상을 부정하게 축재하여 교활부도죄(狻猾不道罪)에 걸렸을 때 홍농에 관리를 보내 심문하게 하라는 조서가 내리자 옥에 갇힐 것을 두려워한 장광이 사람을 보내 진탕에게 사정을 알렸다. 장광은 진탕이 자신의 죄를 변호하여 겨울을 넘기[고 봄철 대사면을 맞]게 해 준다면 사례금 이백만 전을 주기로 약속했다. 진탕의 죄는 모두 이런 식이었다. 이는 모두 대사면령이 내리기 전에 있었던 일이라 다시 죄를 물을 수 없었다.

그 뒤에 동래군에서 겨울에 흑룡(黑龍)이 출현했다. 누군가 진탕에게 연유를 묻자 진탕이 이렇게 대답했다.

"이는 이른바 현문(玄門)이 열리는 현상입니다. 미복으로 갈아입고 몇 차례나 황궁 밖으로 나가셨는데 그 출입에 적당한 때를 가리지 않았으므로 때가 아닌〔겨울에〕용이 나타나게 된 것입니다."

그러고는 다시 창릉으로 사람들을 이주시켜야 한다고 주장했다. 그 이야기를 열 몇 사람이 서로 전했다. 그리하여 승상과 어사대부가 상소를 올렸다.

탕은 혹중부도죄(惑衆不道罪)를 지은 자로서 망언을 일삼으며 흑룡이 나타난 것을 황상의 잘못으로 돌렸으니 해서는 안 될 말을 한 대불경죄를 저질렀습니다.

정위 조증수(趙增壽)가 조사한 뒤에 이렇게 주장했다.

"부도죄를 지은 자를 다스리는 법 조항이 고정되어 있지 않아 저지른 죄의 경중에 따라 죄를 정해 왔습니다. 신하들이 이 관례에 따르면서 잘못 판단하여 정위에게로 소송이 넘어왔는데 현재이 사안과 비교해서는 황상께 말씀드릴 만한 선례가 없습니다. 형벌을 정확하게 내리는 것은 인명을 소중하게 여기는 것을 뜻합니다. 영명한 주상께서 백성을 불쌍히 여기셔서 창릉으로 백성을 이주시키지 못하게 명하는 글을 반포하셨습니다. 그런데도 탕이 제멋대로 다시 이주를 시켜야 한다고 여러 사람에게 말하고 다녀서 많이 놀라게 했으나 소수에게 전해졌기 때문에 백성들이 변란을 일으키지 않았으니 혹세무민했다고는 할 수 없습니다. 탕이 거짓말을 하면서 황상과 흑룡이 관련되어 있다고 없던 일을 꾸며 댄 일은 해서는 안 될 말을 한 것으로 대불경죄에 해당합니다."

이에 황제가 명령을 내렸다.

"정위 증수(增壽)가 옳게 판결했다. 그러나 탕에게는 이전에 질지 선우를 토벌한 공이 있으므로 탕의 관직을 박탈하고 서인으로 삼되 변방으로 이주하게 하라."

황제가 또 명령했다.

"전 장작대장 만년은 사악하고 불충한 자로 창릉을 세 해 만에 완공할 수 있다는 거짓 망언을 함으로써 세금과 요역을 더 많이 부과하면서 갑자기 공사를 일으키게 했다. 그리하여 병사들은 헛되이 고생하며 계속해서 죽어 나갔고 많은 백성에게도 해로움을 끼쳐 나라 안에 원망이 가득 차게 되었다. 사면령을 받긴 했지만 장안에 거주하게 할 수 없다."

그리하여 진탕과 해만년은 모두 돈황으로 옮겨 갔다.

한참 지난 뒤에 돈황 태수가 상소문을 올렸다.

탕이 예전에 직접 질지 선우를 주살함으로써 외국에 위엄을 떨쳤는데 변경 가까운 곳에 살게 하는 것은 마땅하지 않습니다.

황제가 조서를 내려서 안정으로 옮겨 살게 했다.

의랑(議郞) 경육(耿育)이 상소를 올려 나라에 이로운 일에 대해 설명하면서 진탕의 억울함을 함께 변호했다.

연수와 탕은 성스러운 한나라를 위하여 깊고 먼 곳까지 정벌을 나선 뒤 위엄을 떨치면서 여러 해 동안 갚지 못한 나라의 수치를 씻었고 외딴곳에 떨어져 복속하지 않던 군주를 주살하면서 만리타국의 제압하기 어려운 적을 사로잡았습니다. 이보다 더 큰 공을 세운 자가 어디 있겠습니까! 이에 선제께서는 여러 차례 조서를 내려 그 공을 치하하셨을뿐더러 그 공을 널리 알리고자 연호를 고치고[44] 무궁토록 전해지게 하셨습니다. 질지 선우를 죽인 것에 대해서 하늘의 감응까지 있었으니 남군에서 백호를 바쳤으며 변경에도 경계하고 방비할 일이 없었습니다.

선제께서는 병석에 누워서도 그 둘의 공을 계속 생각하며 잊지 않으셨으니 몇 차례나 상서를 파견하여 승상을 질책하시면서 그 공을 포상하라고 재촉하셨습니다. 그러나 승상 광형이 그 뜻을 물리치면서 제대로 포상하지 않았으니 연수와 탕에게 수백 호 식읍을 내리는 것으로 그쳤기에 공신과 전사는 실망하고 말았습니다.

효성제(孝成帝)께서는 그 공적의 기틀을 계승하고 정벌로 떨친 위무에 힘입어 전쟁을 일으키지 않고도 나라를 무사히 이끌어 가셨습니다. 그러자 대신들이 사악한 쪽으로 기울면서 조정에서 참언을 일삼는 무리가 나타났습니다. 대신들은 본말이 뒤집히는 환난에 대해 깊이 생각해 보지도 않고, 일어나지도 않은 일을 미리 방지하겠다고 나서서 탕으로 하여금 아무런 도움을 받지 못하게 했으니, 탕은 억울하게 옥살이를 하면서도 스스로 그 억울함을 밝히지도 못했습니다. 마침내 죄가 없어지기는 했으나 탕은 늙은 몸으로 돈황 땅에 버려졌습니다. 돈황은 바로 서역으로 통하는 연변에 있는 땅입니다. 적에게 승리하며 위무와 명성을 떨치던 장군이 순식간에 화를 당해, 돈황 땅에서 그때 적이었던 질지의 남은 무리들에게 새로 웃음을 사고 있으니 진실로 슬픈 일입니다.

지금 황명을 받들고 외만(外蠻)에 출사하는 자 중에는 질지를 주살한 예를 들어 한나라의 강성함을 선양하지 않는 자 기 없습니다. 남의 공을 빌려 적을 위협하고 남의 몸을 내던져 가며 참소하는 자들이 쾌락을 즐기다니 이 어찌 비통한 일이 아니겠습니까!

평안을 누릴 때 위급한 때가 올 수 있음을 잊지 말고, 강성할 때에 쇠락할 수 있음을 꼭 걱정해야 합니다. 지금 이 나라에는 문제 때처럼 해를 거듭하며 검약하여 부를 축적해 나가는 기풍도 없고 무제 때처럼 적의 우두머리의 목을 베거나 사로잡는 무신도 없습니다. 딱 한 사람 있는데 바로 진탕입니다. 만일 그가 유명을 달리하여 폐하의 시대까지 살아남지 못했다 하더라도 나라에서 그 공을 추서하며 무덤에라도 표창하고 식읍을 봉함으로써 후진에게도 그렇게 공을 세우도록 권했어야 할 것입니다.

탕이 다행히도 성스러운 이 시대에 살고 있지만 공을 세운 지 얼마 되지 않아 사악한 신하들이 먼 곳으로 배척하자고 재촉한 말을 들어주시는 바람에 먼 곳을 떠돌게 하셨으니 죽어도 제대로 묻힐 곳조차 없게 되었습니다.

멀리 내다보는 사람이라면 탕의 공이 대대로 미칠 수 없을 만큼 큰 데 비해, 탕의 허물이란 사람이면 누구나 다 가지고 있는 것이라고 여기지 않는 자가 없을 것입니다. 탕이 바로 이렇게 당했으니, 누구나 다시 힘줄과 뼈가 끊어지고 부러지도록 목숨을 희생하여 노천에 시체가 되어 나뒹굴어도 다시 비방에 시달리며 질투하는 신하들의 포로가 될 수밖에 없습니다. 이 점이 바로 신이 나라를 위해 마음 아파하는 바입니다.

상소가 올라오자 황제가 진탕을 돌아오게 했다. 진탕은 장안에서 죽었다.

진탕이 죽은 뒤 몇 해가 지났을 때 왕망이 안한공이 되어 정권을 잡았다. 왕망은 속으로 진탕이 예전에 베풀어 준 은혜에 감사하고 싶었다. 그리고 질지를 토벌한 공을 높여 원제의 묘호를 고종(高宗)이라고 칭함으로써 황태후에게 아부하려고 했다. 그리하여 진탕과 감연수가 예전에 세운 큰 공에 대해 상을 박하게 받았고 군후가승 두훈은 아예 상을 받지도 못했다고 하면서 감연수의 손자 감천(甘遷)에게 식읍 육백 호를 내리고, 진탕에게는 파호장후(破胡壯侯)라는 시호를 추존했으며 진탕의 아들 진풍(陳馮)을 파호후로 봉했다. 두훈은 토적후(討狄侯)에 봉해졌다.

서역 여러 나라의 존경을 받은 단회종

○　○　○

단회종의 자는 자송(子松)이고, 천수군 상규현 사람이다.

〔원제〕 경녕(竟寧) 연간에 두릉 현령으로서 오부(五府)[45]의 천거를 받아 서역도호 기도위 광록대부가 되어 나갔다. 서역에서는 위엄과 신의를 지닌 단회종을 존경했다. 세 해가 지난 뒤에 임기를 마치고 돌아와 패군 태수가 되었다가 선우가 황제를 알현하러 들어오는 것을 맞이하기 위하여 안문 태수로 옮겨 갔다. 안문 태수로 있던 몇 해 뒤에 법에 걸려서 관직을 박탈당했다. 서역 여러 나라에서 황제에게 글을 올려 단회종을 보내 달라고 청했으므로 양삭 연간에 다시 서역도호로 나갔다.

단회종은 사람됨이 기개를 크게 지니려고 했고 공명을 자랑했으며 곡영과 사이가 좋았다. 곡영이 늙은 그가 멀리 출사하는 것을 안타깝게 여기고 경계할 것들을 글로 써 주었다.

그대가 먼 곳에 있는 지역을 위무하는 미덕을 지닌 채 다시 서역도호의 중책을 맡아 떠나니 정말 뛰어납니다, 정말 뛰어납니다! 그대의 재능이면 도성에 머물며 경상의 지위에 오를 수 있으련만 왜 하필 곤산을 돌아 그 측면까지 가서 백만을 통솔하며 특이한 풍속을 가진 그 사람들을 회유하는 공을 세우려고 하십니까? 그대가 심사숙고하신 결정이라 제가 깨우쳐 드릴 말씀은 없습니다. 그렇다고 해도 벗이 떠날 때는 이별 인사를 보내야 하니 어찌 감히 속

마음을 간략히나마 말씀드리지 않을 수 있겠습니까?

바야흐로 한나라의 성덕이 융성해지자 먼 나라에서 사람을 보내 신하로 복속하고 있는 가운데 부(傅), 정(鄭), 감(甘), 진(陳)이 오랜 시간이 지나도 다시 볼 수 없을 만큼 큰 공을 세웠으니, 바라건대 그대는 먼저 세워 놓은 공을 따라 행하되 놀라운 공을 세우려고 하지 말고 임기를 마치면 바로 돌아오도록 하십시오. 그렇게만 해도 안문으로 좌천되었다가 삭탈관직당한 불운을 덮을 수 있을 것입니다. 만리타국에서는 몸이 제일입니다. 바라건대, 제 이 말씀을 깊이 새겨 주십시오.

단회종이 출사하자 서역 여러 나라의 왕이 자제를 변경까지 보내 맞이했다. 소곤미(小昆彌) 안일(安日)은 전에 단회종에 의해 옹립되었기 때문에 그 은혜에 감사하기 위해 변경까지 나가서 맞이하려고 했지만 여러 흡후들이 말렸다. 그러나 듣지 않고 마침내 구자국까지 가서 맞이했다. 서역 성곽 국가들은 단회종과 매우 밀접한 관계를 맺으면서 복속했다.

강거국 태자 보소닉(保蘇匿)이 만여 명의 백성을 이끌고 투항하고자 했을 때 단회종이 그 사정을 보고하자 한나라에서 위사마(衛司馬)를 보내 그 일행이 오는 곳까지 가서 맞이하게 했다. 단회종이 무기교위 부대를 보내 위사마와 함께 투항하는 무리를 받아들이게 했다. 위사마는 투항하는 사람들의 수가 많은 것을 보고 겁을 내며 그들 모두에게 스스로 결박하게 했다. 보소닉이 그 사실을 원망하며 백성을 데리고 달아나 버렸다. 단회종이 임기를 마치고 돌아왔을 때 제멋대로 무기교위 부대를 내보낸 일이 군대를 잘못 출동시킨 죄에 걸렸지만 황제가 조서를 내려 대속해 주었다. 금성 태수에 임명되었으나 병이 나서 면직되었다.

한 해 남짓하여 소곤미가 자신의 백성에게 살해당하자 흡후들 사이에 대란이 일어났다. 황제가 단회종을 불러들여 좌조 중랑장 광록대부에 임명한 뒤에 오손국을 안정시키는 임무를 주고 출사시켰다. 단회종이 소곤미의 형 말진장(末振將)[46]을 세우고 그 나라를 안정시킨 뒤에 돌아왔다.

이듬해 말진장이 대곤미 자율미(雌栗靡)를 죽였으나 자신도 병이 나 죽었다.[47] 한나라에서는 말진장을 직접 주살하지 못한 것을 안타깝게 여겼다. 원연 연간에 다시 단회종을 보내 무기교위와 여러 나라의 군대를 출동시키고 말진장의 태자 반구(番丘)를 주살하게 했다.

대군을 이끌고 오손국으로 진격하면 반구가 놀라 도망갈 테니 잡을 수 없으리라 걱정한 단회종이 점루지(墊婁地)에 군대를 머물게 했다. 그러고는 정예병 서른 명을 선발하여 각각 쇠뇌를 지게 하여 샛길로 곤미가 있는 곳으로 가서 반구를 불러 질책했다.

"말진장은 골육을 죽였을뿐더러 한나라 공주의 자손을 죽였는데 우리가 주살하기 전에 죽었으므로 사자가 황제의 조서를 받들고 반구를 주살하고자 한다."

그러고는 손으로 검을 빼서 반구를 찔러 죽였다. 대신 이하 부하들이 놀라서 말을 달려 돌아갔다.

소곤미 오려미(烏犛靡)[48]는 말진장 형의 아들로서 군대 수천 명을 동원하여 단회종의 부대를 에워쌌다. 단회종이 말진장을 주살하러 온 뜻을 밝혔다.

"지금 포위하여 나를 죽이면 한나라 소의 털 한 가닥을 뽑는 것밖에 되지 않소. 오손국에서도 대원왕과 질지의 목이 장안 고가(藁街)에 매달렸던 것을 알고 있을 것이오."

그러자 곤미 이하 부하들이 투항하면서 말했다.

"말진장이 한나라를 등졌으므로 그 아들을 주살하는 것은 마땅합니다. 그러나 왜 우리에게 알리지 않아 마지막 식사도 주지 못하게 했습니까?"

단회종이 대답했다.

"곤미에게 미리 알리면 도망을 보내 숨길 텐데 그것은 대죄에 해당하오. 음식을 먹여 나에게 보냈으면 골육의 정 때문에 더 상심했을 것이오. 그래서 미리 알리지 않은 것입니다."

곤미 이하 부하들이 울면서 철수했다. 단회종이 돌아가서 사정을 보고하자 공경들이 의논한 뒤, 단회종이 승리할 기회를 잘 잡아 소수의 날랜 병력을 이끌고 오손 땅 깊숙이 들어가 반구를 주살하고 국위를 선양했으므로 상을 후하게 내려야 마땅하다고 주장했다. 황제가 단회종에게 관내후 작위를 수여하고 황금 백 근을 내렸다.

그때 소곤미의 숙부였던 비원지(卑爰寘)가 곤미를 해치려고 병력을 모아 나섰다. 그리하여 한나라에서 다시 단회종을 파견하여 오손국을 안정시키게 하고 서역도호 손건(孫建)과 힘을 합하게 했다.

이듬해 단회종이 오손국 땅에서 일흔다섯 살에 병으로 죽었다.

그때 여러 성곽 국가에서 상례를 치르고 사당을 세워 주었다.

찬하여 말한다.

원수 연간부터 장건이 서역과 왕래하기 시작하여 지절 연간에 이르러 정길이 서역도호가 되었고 왕망의 시대가 끝날 때까지 모두 열여덟 명이 서역도호로 취임했다. 모두 용맹하고 지략이 뛰어나서 선발된 자들이었다. 그중에 공을 세운 자들을 여기에 모두 기록해 둔다. 염보(廉褒)는 은덕과 신뢰를 베풀어 칭송을 받았고 곽순(郭舜)은 청렴함과 공평함으로 이름을 떨쳤으며 손건은 위엄과 무게를 보인 바가 뛰어났다. 그 나머지는 칭송을 받은 일은 없다. 진탕은 방종하여 스스로 행동을 절제하지 못했으므로 나중에 곤궁한 삶을 살았다. 그러나 평하는 자들이 그를 가엾게 여기므로 열전을 세운다.

41

전·소·우·설·평·팽 전
雋疏于薛平彭傳

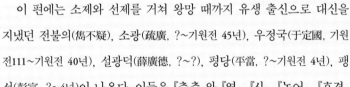

이 편에는 소제와 선제를 거쳐 왕망 때까지 유생 출신으로 대신을
지냈던 전불의(雋不疑), 소광(疏廣, ?~기원전 45년), 우정국(于定國, 기원
전111~기원전 40년), 설광덕(薛廣德, ?~?), 평당(平當, ?~기원전 4년), 팽
선(彭宣, ?~4년)이 나온다. 이들은『춘추』와『역』,『시』,『논어』,『효경』
등을 연구한 학자로, 높은 벼슬자리에 오른 뒤에 비명횡사하지 않고 명
철보신한 인물을 대표한다. 소광과 설광덕, 평당, 팽선은 박사 출신이다.
우정국이 승상을 끝으로 퇴직할 때 말 네 마리가 끄는 안거(安車)를 하
사받아 영예를 떨친 뒤로 설광덕과 팽선도 같은 대우를 받았다. 특히
설광덕은 하사받은 안거를 거꾸로 매달아 두어 자손 대대로 전하게 한
일이 유명하다.

학자 출신 관리답게 개인의 품행을 닦거나 정무를 처리할 때 경전의

뜻에 따랐기에 굴곡 없이 평탄한 삶을 살았다. 이 편의 서술에 생동감이 떨어지는 것은 이 때문이다. 그나마 전불의가 남긴 에피소드 몇 편이 재미를 더한다.

춘추대의를 통해 가짜 위 태자를 밝힌 전불의

○　○　○

전불의의 자는 만천(曼倩)이고, 발해군 사람이다. 『춘추』를 연구하여 군문학(郡文學)이 되었다. 모든 행실을 예에 맞게 했으므로 그 지방에서 널리 이름을 알렸다.

무제 말년에 군과 제후국에서 도적이 떼로 일어났다. 보승지(暴勝之)[1]가 직지사자(直指使者)로 출동하여 수의(繡衣)를 입고 도끼를 든 채 도적을 잡았고, 군과 제후국의 조세 징수와 군수 물자 조달 현황을 감독하면서 동쪽 끝 바다에 이를 때까지 전시법(戰時法)에 따라 명령에 복종하지 않는 자를 처벌하면서 지방에 위엄을 떨쳤다.

보승지가 그 전부터 전불의의 능력과 덕행이 뛰어나다는 말을 들었으므로 발해군에 부임하자 아전을 보내 만나기를 청했다. 전불의가 진현관(進賢冠)을 쓰고 뇌구검(櫑具劍)과 옥패(玉佩)를 차고 도포를 입고 넓은 띠를 두른 성장(盛裝) 차림으로 태수부 관아 대문에 이르렀다. 그런 다음 보승지에게 자신의 이름을 적은 알(謁)을 올리며 도착했다고 전하게 했다. 문하(門下) 아전이 전불의에게 검(劍)을 풀라고 시키자 전불의가 말했다.

"검은 군자의 무기로 자신을 지키는 데 쓰는 것이니 풀 수 없소. 물러가겠소."

아전이 보승지에게 이 말을 전하자 보승지가 관아의 문을 열고 들이게 했다. 보승지가 멀리서 전불의의 모습을 보니 용모에 위엄이 있었고 의관을 아주 잘 갖추고 있었다. 그 모습을 본 보승지가 신을 끌며 맞으러 나갔다. 당상에 올라 좌정한 전불의가 땅에 손을 짚은 채 말했다.

"제가 해변에 살면서 보 공자의 명성을 들은 지 오래인데, 이제야 뵙고 말씀을 듣게 되었습니다.

무릇 관리가 되어 너무 강직하면 부러지게 되고 넘치게 부드러우면 폐출되게 됩니다. 그러므로 위엄 있게 다스리면서 은혜를 베풀어야 공을 세우고 이름을 날리며 오래도록 하늘의 복록을 누리게 될 것입니다."[2]

보승지는 전불의가 평범한 사람이 아님을 알아보고 전불의의 권고를 공손히 받아들이며 공경하는 마음으로 높이 대접했다. 그리고 당시의 형세에서 시행해야 할 정책에 대해 자문했다. 보승지 휘하의 종시(從事)들은 모두 주군(州郡)의 관아에서 일하던 아전 중에서 뽑힌 관리들이었는데 곁에서 전불의의 말을 들으면서 놀라지 않은 자가 없었다. 날이 저물어 밤이 되어서야 자리가 파해서 전불의가 돌아갔다. 보승지가 표(表)를 올려 전불의를 천거했으므로 황제가 불러서 공거에 오게 한 뒤에 청주 자사에 임명했다.

한참 지나서 무제가 붕어하고 소제가 즉위했다. 그 무렵 제 효왕의 손자 유택(劉澤)이 지방의 군과 제후국 토호들과 결탁하여 반란을 꾀했는데 먼저 청주 자사부터 죽이려고 계획했다. 전불의가 낌새를 알아차리고 그자들을 체포하자 모두 죄를 자복했다. 전불의를 경조윤으로 삼고 백만 전을 하사했다. 장안의 아전과 서민들은 전불의의 위망과 성실함을 보고 존경했다.

전불의가 각 현의 죄수들에게 억울한 사정이 없는지를 살펴보고 돌아오면 언제나 어머니가 전불의에게 이렇게 물었다.

"억울한 사정을 밝혀 주기는 했느냐? 살려 준 사람은 몇 사람이냐?"

억울한 사정을 밝혀 준 예가 많으면 전불의의 어머니는 기뻐서 웃었다. 그리고 다른 때보다 음식을 더 맛있게 들고 기쁘게 말을 주고받았다. 혹시 한 명도 풀어 주지 못했을 때는 화를 내며 음식을 들지 않았다. 그래서 전불의는 관리 노릇을 할 때 엄하기는 했지만 가혹하지 않았다.

시원 5년, 작위가 없던 평민 남자 한 사람이 황색 독거(犢車)를 타고 황색 초(旒) 깃발을 세운 채 황색 참유(襜褕)를 입고 황모(黃冒)를 두른 채 황궁 북쪽 망루에 와서 스스로 위(衛) 태자를 칭했다. 공거에서 황제에게 그 소식을 알리자 공경과 장군, 중이천석 관리들로 하여금 함께 식별하라는 명이 내렸다. 장안의 아전과 서민들 수만 명이 모여들어 그 광경을 지켜보았다. 우장군이 망루 아래에 군대를 모아 놓고 비상사태에 대비했다. 승상과 어사대부, 중이천석 관리들이 현장에 도착하고도 가만히 서서 아무도 발언할 엄두를 내지 못했다. 경조윤 전불의가 조금 늦게 도착하여 아전들에게 호령하며 태자를 칭한 자를 포박하게 했다. 그때 누군가가 말했다.

"아직 진위를 알 수 없으니 좀 천천히 하시지요."

전불의가 말했다.

"여러분은 어찌하여 위 태자 문제를 걱정하십니까? 옛날 태자 괴외(蒯聵)[3]가 위 영공의 명을 어기고 달아났다가, 위 영공이 죽은 뒤에 돌아오려고 하자 괴첩(蒯輒)[4]이 거절하고 들이지 않았습니다. 『춘추』에 괴첩이 옳다고 했습니다. 위 태자는 선제에게 죄를 짓고 달아났는데, 죽지 않고 스스로 찾아왔다면 그저 죄인일 뿐입니다."

그러고는 조옥으로 이송했다. 황제와 대장군 곽광이 이 소식을 듣고 전불의를 칭찬했다.

"공경과 대신은 경학으로 대의를 밝혀야 마땅하다."

이 일로 하여 조정에 전불의의 명성이 자자하게 되었다. 벼슬자리에 있는 사람은 누구나 자신이 전불의보다 못하다고 여겼다. 대장군 곽광이 딸을 전불의에게 시집보내려고 했지만 전불의가 감당할 수 없다며 고사했다.

시간이 오래 흐른 뒤에 병이 나서 사직한 후 집에서 세상을 떠나자 장안 사람들이 모두 전불의를 기렸다.

그 뒤에 경조윤이 된 조광한이 말했다.

"내가 법을 어기는 사악한 무리를 막으며 백성들을 다스리기는 하지만, 조정 일은 전불의에 비교해서 많이 모자란다."

정위가 위에서 말한 아무개를 조사하여 위 태자를 사칭했음을 밝혀냈다. 원래는 하양 사람으로 성은 성(成)이고 이름은 방수(方遂)로 위 태자가 피해 있던 호현에서 점을 치며 살았다. 하루는 위 태자의 사인(舍人)이 와서 방수에게 점을 치며 말했다.

"선생의 모습이 위 태자와 흡사합니다."

성방수가 그 말을 듣고 써먹으면 부귀해질 수도 있겠다고 속으로 생각했다. 그래서 거짓으로 위 태자를 사칭하며 대궐 망루까지 온 것이었다. 정위가 그 고향 마을에서 성방수를 알아보는 장종록(張宗祿) 등을 소환해 오자 성방수는 무망부도죄(誣罔不道罪)에 걸려 동시(東市)에서 요참형을 당했다. 일설에 성이 장(張)이고 이름이 연년(延年)이라고도 했다.[5]

조카와 함께 태자의 사부가 된 소광

소광의 자는 중옹(仲翁)이고, 동해군 난릉현(蘭陵縣) 사람이다. 어려서부터 글공부를 좋아하여 『춘추』에 밝았으므로 집에서 학생을 가르쳤는데 먼 곳에서부터 학생들이 와서 배웠다. 황제가 불러서 박사 태중대부에 임명했다.

지절 3년, 황태자를 세우고 병길을 태부로, 소광을 소부로 뽑았다. 몇 달 뒤에 병길이 어사대부로 승진하자 소광이 태부로 올라갔다.

소광 형의 아들 소수(疏受)는 자가 공자(公子)였다. 현량 인재로 천거되어 태자가령(太子家令)이 되었다. 소수는 예를 숭상하고 공손하고 신중했으며 총명한 데다 언변이 좋았다. 선제가 태자궁에 행차했을 때 소수가 황제의 수레를 맞이하여 알현하고 황제가 묻는 말에 대답했다. 그리고 주연을 차려 황제에게 축수의 술잔을 올렸는데 그 언사와 예절이 법도에 맞았으므로 황제가 아주 좋아했다. 얼마 뒤에 소수를 소부에 임명했다.

태자의 외조부 특진(特進) 평은후(平恩侯) 허백(許伯)이 태자가 어리다는 이유로 자신의 동생인 중랑장 허순(許舜)을 시켜 태자가(太子家)[6]를 살피고 보호하게 하자고 황제에게 건의했다. 황제가 소광에게 이에 관해 물어보자 소광이 대답했다.

"태자는 황제의 후계자이자 황제에 버금가는 자리이므로 반드시 천하의 인재를 그 스승과 벗으로 삼아야 하니, 외가 허씨하고만 가까이 지내게 하는 것은 마땅치 않습니다. 게다가 태자에게는 태부와 소부가 있고 관속도 갖추었는데, 이제 다시 순(舜)으로 하여금 태자가를 보호하게 하는 것은 비루하게 보여 천하에 태자의 덕을 넓게 펼칠 수 없게 하는 일입니다."

황제가 소광의 의견을 옳다고 여기며 승상 위상(魏相)에게 이야기를 전하자 승상이 관을 벗고 사죄했다.

"이는 신등이 생각해 낼 수 없는 방책입니다."

이 일로 소광은 황제에게 중용되었고 여러 차례 상을 받았다. 태자가 황제에게 문안을 드릴 때마다 태부가 앞에 서고 소부가 뒤에 서서 황제를 뵈었다. 숙질 간에 함께 태자의 사부가 되었으므로 조정 대신들이 칭찬했다.

숙질 간에 다섯 해 동안 사부 노릇을 하여 황태자의 나이가 열두 살이 되었을 때『논어』와『효경』에 통달했다. 그때 소광이 조카 소수에게 말했다.

"내가 배운 바로는 '족함을 알면 욕을 먹지 않고 그만둘 때를 알면 위태로울 일이 없으며,' '할 일을 완수했으면 스스로 물러나야 하는 것이 하늘의 도'[7]라고 했다. 이제 이천석 벼슬에 이르러 벼슬도 높고 이름도 알렸다. 지금 같은 때에 물러나지 않으면 후회할 일이 생길까 걱정되는구나. 우리 숙질 간에 함께 함곡관을 나가 고향으로 돌아가서 노후를 보내며 목숨이 다할 때까지 사는 것도 좋지 않겠느냐?"

소수가 머리를 조아리며 대답했다.

"숙부님의 말씀을 따르겠습니다."

그날로 숙질이 함께 글을 올려 병가를 냈다. 최대 기한인 석 달이 지나서도 황제가 병가를 연장해 주자 소광이 병이 위독하다며 상소를 올려 연로하니 사직하고 돌아가기를 애원했다. 황제가 두 사람의 나이가 많은 것이 사실이기에 둘 다 고향으로 돌아가도록 윤허하고 황금 스무 근을 내려 주었는데 황태자가 다시 쉰 근을 더해 주었다. 공경과 대부와 친한 벗, 동향 사람들이 무사히 먼 길을 갈 수 있도록 제사를 올리고 장안의 동문 밖에서 주연을 베풀었는데 전송하는 사람들을 싣고 온 수레가 수백 대였다. 그들과 이별을 나누고 길을 떠났다. 길에 나와서 그 광경을 지켜보던 사람들이 모두 말했다.

"두 대부는 정말 어진 분들이다!"

개중에는 그들을 찬미하며 눈물을 흘리는 사람도 있었다.

소광이 고향 마을로 돌아간 뒤에 날마다 집에 술과 음식을 차려 놓고 친척과 옛 벗, 빈객을 초대하여 함께 즐겁게 지냈다. 그러면서 집에 금이 얼마나 남아 있는지를 자주 물어보고는 빨리 팔아서 연회를 열라고 재촉했다. 한 해 남짓하여 소광의 자손들이 소광의 형제뻘이면서 소광이 믿고 아끼는 한 노인을 찾아가 말했다.

"저희가 어른이 살아 계실 때 재산의 기틀을 마련해 놓고 싶은데 지금 먹고 마시는 데 재산을 다 써 버리고 있습니다. 아저씨의 뜻이라고 하시고 전지와 주택을 구매하라고 어른께 권해 주십시오."

친척 노인이 한가한 틈을 봐서 소광에게 그렇게 권하자 소광이 대답했다.

"내가 설마 자손을 생각하지 않을 만큼 혼미하겠습니까? 본래 밭과 집이 있었으니 자손들이 그것을 바탕으로 열심히 일한다면 의식주는 충분히 해결하면서 다른 사람들과 어깨를 겨누고 살 수 있으리라 여겼습니다. 지금 거기에다 뭘 더 보태서 남는 게 생기도록 해 주면 자손을 나태하게 만들 뿐입니다. 능력과 덕행이 뛰어난 자가 재물을 많이 가지면 지조가 꺾이고 어리석은 자가 재물을 많이 가지면 잘못을 더 많이 서지르게 됩니다. 게다가 내저 부자들은 여러 사람의 원망을 사는 법입니다. 내가 자손들에게 아무 교화한 것이 없다 해도 잘못을 더 많이 저지르게 하여 원한을 사고 싶지는 않습니다. 또 그 황금이란 물건은 성군께서 노신이 여생을 보내는 데 쓰라고 주신 것이니 고향의 친척과 함께 그 상을 누리며 내 여생을 마치려고 합니다. 이 또한 괜찮지 않습니까?"

그 말을 들은 가족들이 기뻐하며 그 뜻에 따랐다.

소광과 소수는 모두 천수를 누린 뒤에 세상을 떠났다.

공평한 판결로 신망을 얻은 우정국

○　○　○

우정국의 자는 만천(曼倩)이고, 동해군 담현(郯縣) 사람이다. 우정국의 아버지 우공(于公)은 담현의 옥사(獄史)와 동해군의 결조(決曹)를 지냈다. 옥사에 공평하게 판결을 내렸기 때문에 법망에 걸렸더라도 우공이 내린 판결에는 아무도 원망하는 자가 없었다. 군에서 우공이 살아 있을 때 사당을 세우고 우공사(于公祠)라고 칭했다.

동해군에 효부가 한 사람 있었는데 젊어서 남편을 잃은 뒤에 자식도 없이 정성을 다해 시어머니를 봉양했다. 시어머니가 재가를 권했지만 며느리는 끝내 말을 듣지 않았다. 시어머니가 이웃 사람에게 말했다.

"효성스러운 며느리가 나를 섬기느라 힘들어요. 자식 없이 수절하는 것이 불쌍합니다. 내가 늙어 젊은 사람에게 짐이 된 지 오래니 어떻게 하면 좋단 말이오?"

그 뒤에 시어머니가 스스로 목을 매어 죽었을 때 시누이가 옥리에게 고발했다.

"며느리가 우리 어머니를 죽였습니다."

형리가 효부를 체포하자 효부가 시어머니를 죽이지 않았다고 부인했다. 형리가 조사하는 과정에서 효부가 거짓으로 자백을 했다. 심문 결과가 문서로 작성되어 태수에게 올라왔다. 우공이 그 며느리가 열 몇 해 동안 시어머니를 모셔서 효성이 자자하니 죽여서는 안 된다고 주장했다. 우공이 쟁론했지만 태수가 말을 듣지 않아 끝내 태수의 마음을 돌리지 못했다. 우공이 그 효부를 심문한 문서를 품에 넣고 관아에서 곡을 한 뒤에 병을 칭하고 사직했□□□□□ 그 효부에게 사형을 판결했다. 그 뒤로 군내에 세해 동안 가뭄이 들었다. 새로 태수가 부임하여 가뭄이 든 원인을 점으로 밝혀 보려고 하자 우공이 말했다.

"효부를 죽이지 말았어야 했습니다. 전임 태수가 우겨서 베어 버린 것 때문에 재앙이 내린 듯합니다."

그 말을 들은 태수가 소를 잡아 친히 효부의 무덤에 제사를 올리고 효부의 묘역에 비를 세웠다. 그러자 하늘에서 큰비가 쏟아졌고 가을에 풍년이 들었다. 그것을 본 군민들이 우공을 공경하고 존중했다.

우정국은 어려서 아버지에게 법을 배웠다. 아버지가 세상을 떠난 뒤에 옥사(獄史)와 군결조(郡決曹)가 되었다. 뒤에 정위사에 임명되었다가 어사중승의 종사(從事)로 뽑혀 반역자들의 사건을 처리하는 과정에서 뛰어난 능력을 인정받았다. 시어사가 되고 다시 어사중승으로 승진했다. 그 무렵 소제가 붕어하여 창읍왕이 황궁에 불려 들어가 즉위했으나 도덕에 어긋난 행동을 했기 때문에 우정국이 간언하는 상소를 올렸다. 뒤에 창읍왕이 폐위되고 선제가 즉위했다. 대장군 곽광이 상서 일까지 겸하면서 창읍왕에게 간언을 올린 신하들을 모두 특별 승진시켜야 한다며 승진 대상자에 관해 조목조목 상소를 올렸다. 그리하여 우정국이 광록대부가 되었는데 상서직을 겸하면서 신임을 받고 중용되었다. 몇 해 뒤에 수형도위로 승진했다가 정위로 특별 승진했다.

그 무렵에 우정국이 스승을 모셔서 『춘추』를 배웠는데 손에 책을 들고 북쪽을 향해 앉아 제자의 예를 다했다. 우정국은 사람됨이 겸손했으며, 특히 경술에 밝은 선비를 존중했으니 지위가 낮고 말이 없어 걸어왔더라도 그 선비에게 균례(鈞禮)로 대하고 잘 돌봐주면서 공경했으므로 선비들이 모두 우정국을 칭찬했다.

우정국은 해결하기 어려운 복잡한 사건을 공평하게 판결했고 배우자 없이 홀로 사는 사람들을 가엾게 여기려고 애썼다. 죄를 확정하기 어려울 때는 가볍게 판결하되 특히 신중하게 처리하려고 했다. 그래서 조정 대신들이 우정국을 칭송했다.

"장석지(張釋之)가 정위였을 때에는 공정한 판결로 천하에 억울한 백성이 없었다. 관대하고 공평한 우정국이 정위가 되자 백성들은 자신에게 억울할 일이 아예 없다고 여긴다."

우정국은 술을 몇 석(石)이나 꿀꺽꿀꺽 마셔도 취하지 않았다. 겨울철이 되어 사면령을 앞두고 우정국에게 판결 내용을 심의해달라고 문의했을 때, 술을 많이 마시고도 더 맑은 정신으로 처리했다. 정위로 열여덟 해 동안 일하다가 어사대부로 승진했다.

재해에 책임을 지고 승상에서 물러나다

○　○　○

감로 연간에 황패의 뒤를 이어 승상이 되어 서평후(西平侯)에 봉해졌다.

세 해 뒤에 선제가 붕어하고 원제가 즉위했는데 선제 때 관직을 역임한 신하라고 해서 원제가 우정국을 공경하고 존중했다. 그 무렵에는 진만년이 어사대부로 있었는데 승상 우정국과 함께한 여덟 해 동안 논의할 때 서로 어긋난 적이 없었다. 그 뒤에 공우가 어사대부에 임명되어, 여러 차례에 걸쳐 승상의 의견을 반박했다. 그러나 우정국이 조정 대사를 처리하는 데 밝았기 때문에 황제가 자주 승상의 주장을 옳게 여기며 채택했다.

원제 즉위 초 함곡관 동쪽 지방에 여러 해 동안 재해가 들어 백성들이 함곡관 안으로 흘러들었다. 황제에게 진정서를 올리는 자들은 대신들에게 그 책임을 돌렸다. 황제가 〔닷새에 한 번〕 조정에서 정사를 의논하면서 승상과 어사대부를 여러 차례 불러 접견했는데, 조서를 받으러 들어오면 그 직무에 관해 조목조목 질책했다.

"나쁜 관리들은 도적이 일어난 것을 두고 황제에게 질책을 받을까 두려워 함부로 양민을 의심하고 죄인으로 몰아 억울하게 죽인다. 또 도적이 일어난 것을 보고도 쫓아가 힘써 잡을 생각은 하지 않은 채 물건을 잃어버린 사람을 가둬 놓고 뒤에 계속해서 도적이 횡행해도 보고조차 하지 않으니 이 때문에 도적이 점점 늘고 있다. 아무리 억울해도 주군의 관리들이 전혀 해결해 주지 않으므로 백성들이 계속해서 장안으로 올라와 조정에 억울한 사정을 글로 올리고 있다.

이천석 관리인 태수가 능력이 없는 아전을 뽑는 바람에 많은 아전이 직책을 잘 수행하지 못하고 있다. 백성이 농사를 짓다가 재해를 만나도 아전들이 세금을 면해 주기는커녕 더 재촉하여 세금을 걷으니 백성들의 고통이 더욱 심하다.

함곡관 동쪽에서 발생한 유민들이 굶주림과 추위, 돌림병에 시달리고 있어 식량을 내려보내도록 관리들에게 조서를 내렸다. 창고 안의 곡물을 다 내려보내고 관가의 창고에 저장했던 분량도 털어서 유민들을 구제했고 추위에 떠는 자에게는 옷을 주게 했는데 봄철까지 충분히 먹여 살릴 수 없을 듯하여 걱정스럽다.

이제 승상과 어사대부는 이런 재앙을 어떻게 막아 나갈 생각인지 모든 계획을 조목조목 적어서 올리고 짐의 과실에 대해서도 진술하도록 하라.”

우정국이 황제에게 글을 올려 사죄했다.

영광 원년, 봄에 서리가 내렸고 여름에 추웠다. 태양이 시커멓게 되면서 빛을 잃었으므로 황제가 다시 조서를 내려 조목조목 질책했다.

　동쪽 지방에서 온 낭관 하나가 말하기를, 아들이 아버지를 봉양하지 못하거나 아버지가 아들을 키우지 못해 버리고 있다고 한다. 승상과 어사대부 및 사정을 알아보러 간 관리들이 이런 일들을 감추고 보고하지 않은 것인가? 동쪽에서 온 자들이 보태서 말한 것인가? 왜 이렇게 서로 보고하는 내용이 어긋나는가? 사실을 알고 싶다.

지금 올해 수확량을 예측할 수 없는 상황에서 만일 물난리나 가뭄이 든다면 그 때문에 적지 않게 근심하게 될 것이다. 공경들은 그런 일이 일어나기 전에 방지할 방책과 일이 일어난 뒤에 구제할 방책이 있는가? 각자 세운 대책을 있는 그대로 올리되 숨기는 것이 없도록 하라.

우정국이 놀라고 두려운 마음에 자책하는 글을 올리면서 열후의 인장을 반납하는 한편으로 노구를 이끌고 고향으로 돌아가게 해 달라고 청했다. 이에 황제가 대답했다.

"그대는 짐을 보필하되 풀어지거나 쉰 적이 없이 모든 일을 총괄해 왔다. 잘못을 하지 않는 분은 오로지 성인밖에 없다고 했으니, 한나라는 주나라와 진나라 이래로 피폐했던 국면을 이어받았으므로 세속을 교화하는 일이 쇠퇴하여 백성은 예와 의를 차리지 않고 있다. 또 음양이 고르지 않아 발생하는 재앙은 누구 한 사람의 잘못으로 일어난 것이 아닐진대, 성인께서도 독단적으로 판단하지 않으신 채 기록을 통해 재앙의 원인을 고찰하셨거늘 하물며 성인이 아닌 자들이야 말할 것이 있는가!

짐이 밤낮으로 재앙의 원인을 생각해 보고 있는데 아직 정확한 것을 모르겠다. 경전에 이르기를 '세상 모든 사람이 죄를 지었다면 그 잘못은 짐에게 있다.'[8]라고 했으니 그대가 승상직에 있다 해도 혼자서 책임질 필요는 없다. 그러니 각 군의 태수와 제후국의 승상 같은 지방관을 힘써 감찰하여 직무를 제대로 수행하지 못하는 자가 더는 백성을 힘들게 하지 못하게 하라. 〔승상 자리에서〕 오래도록 기강을 잡고 사리를 명확하게 밝히는 지혜를 모두 발휘하라. 억지로라도 음식을 들어 병이 나지 않게 조심하라."

그래도 우정국은 끝까지 병이 위독하다면서 한사코 물러나기를 청했다. 그제야 황제가 네 마리 말이 끄는 안거와 황금 예순 근을 하사하고 벼슬에서 물러나 집으로 돌아가게 했다. 몇 해가 지나서 일흔 몇 살에 세상을 떠났으므로 시호를 안후(安侯)라 했다.

아들 우영(于永)이 후위를 이었다. 우영은 청년 시절에 술을 좋아하여 잘못을 많이 저질렀으나 서른 살이 되면서 마음을 강하게 먹고 뜻을 고쳐 품행을 닦았다. 아버지 덕택에 시중 중랑장이 되었다가 장수(長水) 교위로 나갔다. 우정국이 세상을 떠난 뒤에 상중에 있으면서 예를 잘 지켰으므로 그 효행이 널리 알려졌다. 그 뒤에 열후의 신분으로 산기광록훈이 되었다가 어사대부로 승진했다. 관도 공주 유시(劉施)에게 장가를 들었다. 유시는 선제의 맏딸이자 성제의 고모였다. 우영이 능력과 덕행이 뛰어나 공주의 배필로 뽑혔다. 황제가 승상에 임명하려고 했을 때 우영이 세상을 떠났다.

아들 우념(于恬)이 후위를 이어받았다. 우념은 불초하고 행동이 경박했다.

그보다 먼저 우정국의 아버지 우공이 자신이 살던 동네의 문이 무너져 동네 연장자들과 함께 그 문을 새로 세운 적이 있었다. 그때 우공이 말했다.

"동네 문을 조금만 높고 크게 만들어 네 마리 말이 끄는 고관의 큰 마차가 문 안으로 들어올 수 있게 합시다. 내가 옥사를 처리하면서 남 모르게 덕행을 베풀어 억울한 사람이 없게 했으니 크게 되는 자손이 반드시 나올 것이오."

그 뒤에 우정국은 승상이 되었고 우영은 어사대부가 되었으며 열후에 봉해져 자손에게 후위를 넘겨 주었다.

직언으로 황제를 불쾌하게 한 설광덕

○　○　○

설광덕의 자는 장경(長卿)이고, 패군 상현 사람이다. 초나라의 도읍[9]에 가 있으면서 『노시(魯詩)』를 가르쳤는데 공승(龔勝)과 공사(龔舍)가 설광덕에게 사사했다.

소망지가 어사대부로 있을 때 설광덕을 속관으로 임명했다. 설광덕과 여러 차례에 걸쳐 의견을 나누어 본 소망지는 설광덕을 큰 그릇이라 여겨, 경술에 밝고 품행이 뛰어나니 조정에서 일을 보도록 천거했다. 설광덕은 박사가 되어 석거각(石渠閣) 회의에 참가하고 간대부로 승진했다. 그리고 공우의 뒤를 이어 장신소부와 어사대부가 되었다.

설광덕은 사람됨이 온화하고 고상하며 속이 깊었다. 삼공(三公)의 반열인 어사대부의 지위에 올랐을 때에도 직언으로 간쟁했다. 어사대부에 막 임명되어 열흘이 되었을 때 원제가 감천궁에 행차를 나갔다가 태지(泰畤)에서 하늘에 제사를 올렸다. 제례가 끝난 뒤에 황제가 그곳에 남아 사냥했다. 그러자 설광덕이 황제에게 글을 올렸다.

제가 함곡관 동쪽 지방의 사정이 극도로 힘들어 사람들이 흩어져 유랑하는 것을 보았습니다. 그런데도 폐하께서는 날마다 망한 진나라의 편종을 두들기며 음악을 연주하게 하고 정나라와 위나라 노래를 듣고 계시니 진실로 애통한 일입니다. 지금 군사들이 들판에서 비바람을 맞으며 고생하고 있고 수행하는 관리들도 지쳐 있으니 바라건대 폐하께서는 속히 환궁하십시오. 폐하께서 백성과 더불어 동고동락하고 싶어 하실 때 천하 백성에게 큰 기쁨이 될 것입니다.

황제는 이 글을 읽은 그날로 환궁했다. 그해 가을에 황제가 종묘에 맑은 술을 올리며 제사를 지내러 갈 때 낸 뒤에 편문(便門)을 나서 누선(樓船)을 타고 물길로 가려고 하자 설광덕이 수레를 타고 가야 마땅하다면서 관을 벗고 머리를 조아렸다.

"다리로 건너셔야 마땅합니다."

황제가 명령했다.

"대부는 관을 쓰도록 하라."

설광덕이 계속해서 간언했다.

"폐하께서 신의 말씀을 듣지 않으신다면 신은 스스로 목을 베겠습니다. 그 피가 수레바퀴를 더럽히면 폐하께서는 종묘에 들어가실 수 없게 됩니다."

그러자 황제가 불쾌하게 여겼다. 앞에서 황제의 수레를 인도하던 광록대부 장맹(張猛)[10]이 앞으로 나서며 말했다.

"신이 알기로 주군이 성군이라야 신하가 직언을 올린다고 합니다. 배를 타면 위험하고 다리로 건너면 안전한데, 성군이라면 위험한 배를 타지 않을 것입니다. 어사대부의 말을 들으시는 것이 좋을 듯합니다.”

황제가 “사람을 설득할 때는 설광덕처럼 하면 안 되지!”라고 하고 다리를 건너갔다.

한 달 남짓 지났을 때 가을걷이가 형편없어 백성들이 떠돌았으므로 승상 우정국, 대사마 거기장군 사고와 더불어 사직하고 고향으로 돌아가기를 청했다. 황제가 세 사람 모두에게 네 마리 말이 끄는 안거와 황금 예순 근을 하사하고 벼슬에서 물러나게 했다. 설광덕은 어사대부가 된 지 열 달 만에 면직되었다. 동쪽에 있는 고향 패군으로 돌아갔을 때 태수가 군의 경계까지 나와 맞이했다. 패군 사람들은 설광덕을 영광스럽게 생각했다. 하사받은 안거를 매달아 두고 자손에게 전했다.[11]

열후의 인장을 사양한 평당

평당의 자는 자사(子思)이다. 할아버지가 백만 전의 재산이 있었기 때문에 하읍(下邑)에서 평릉현(平陵縣)[12]으로 이주했다.

평당이 젊어서 대행치례승(大行治禮丞)이 되었다가 공을 세워 대홍려문학(大鴻臚文學)에 임명되었다. 찰렴(察廉)에 통과하여 순양(順陽) 현장(縣長)으로 갔다가 순읍(枸邑) 현령이 되었다. 이어서 명경 인재로 박사가 되었는데 그 주장하는 바가 경전의 내용에 정통했으므로 공경들이 평당을 급사중에 천거했다.

재이가 일어날 때마다 경전의 내용에 근거하여 그 해로움에 대해 설명했다. 문재는 비록 소망지와 광형에 미치지 못했지만 말하고자 하는 뜻은 대체로 같았다.

원제 때에 위현성이 승상이 되어 태상황의 침묘(寢廟)와 능원의 제사를 철폐해야 한다고 황제에게 상주했다. 이에 평당이 황제에게 글을 올렸다.

신은 공자께서 "왕도를 행하는 군주가 나라를 세웠다고 해도 인(仁)의 도는 한 세대가 지난 뒤에 실현될 것이다."[13]라고 하신 말씀을 배웠습니다. 서른 해 동안 천하가 도덕으로 화합하고 예와 악을 제정하면 재해가 생기지 않고 변란도 일어나지 않습니다.

이제 성스러운 한나라가 천명을 받아 천하를 다스리면서 황위와 공업(功業)을 계승한 지 이백여 년이 되어 게으르지 않고 부지런히 정령(政令)을 완비해 왔습니다. 그러나 풍속이 아직 순화되지 않았고 음양도 조화를 이루지 못해 재해가 여러 차례 나타나고 있으니 아마도 가장 근본이 되는 것을 아직 세우지 못하고 있는 것이 아닌가 생각합니다. 덕화가 이루어진 것에 하늘이 감응한 길조가 어찌하여 이렇게 오래도록 나타나지 않고 있는 것입니까? 재앙과 복록은 아무 근거 없이 나타나지 않고 반드시 어떤 원인의 결과로 나타납니다. 그러므로 근본 원인을 깊이 탐구하여 그 근원을 힘써 고쳐 나가야 마땅합니다. 옛적에 요임금께서 남면하여 다스리실 때에 먼저 뛰어난 덕을 밝게 발휘하여 구족(九族)과 화목하게 지냈고 나아가서 만방에 교화가 미쳤습니다.[14]

『효경』에 이르기를 "천지 만물 중에 귀한 것이 사람이며, 사람의 행동 중에서는 효(孝)보다 큰 것이 없다. 효 중에서는 조상을 장엄하게 모시는 것보다 큰 것이 없는데 조상을 장엄하게 모시는 것 중에서는 하늘에 제사를 지낼 때 조상을 배향하는 것보다 큰 것이 없다. 주공(周公)이 그렇게 한 사람이다."[15]라고 했습니다. 대저 효자란 선조의 뜻을 제대로 따르는 자를 이릅니다. 주공은 문왕과 무왕이 이루기 시작한 공적을 완성하고 예와 악을 제정했으며 하늘에 제사를 지낼 때 조상을 배향했습니다. 왕이 된 문왕이 아들로서 아버지 위에 군림하고 싶어 하지 않았던 것을 잘 알았던 주공은 위로 거슬러 올라가 시조인 후직에 이르기까지 순서대로 하늘에 올리는 제사에 배향했습니다. 성인이 행한 이런 덕행이야말로 최고의 효도입니다.

고황제께서 성덕을 베푸신 것으로 천명을 받아 천하를 평정하셨으니 고황제를 태상황에 추봉한 것은 주나라 문왕과 무왕이 태왕과 왕계를 추봉한 것에 비견됩니다. 고황제는 한나라의 시조이시니, 후대 황제가 마땅히 제사를 받들어 모심으로써 그 성덕을 널리 알리는 것이 최고의 효도를 바치는 길입니다.

『서』에 이르기를 "옛적의 도리를 정확하게 고찰하여 공을 세우고 모든 일을 처리하면 영원히 망하지 않고 나라를 전해 줄 수 있을 것이다."[16]라고 했습니다.

황제가 평당의 의견을 받아들여 태상황의 침묘와 능원에 올리는 제사를 철폐하지 말라고 명령했다.

얼마 있지 않아 평당은 유주(幽州)에 출사하여 유랑민의 동태를 살피고 돌아와서 부지런히 백성을 보살필 의지가 있는 인물을 자사와 이천석 태수에 천거했다. 또 관에서 독점하던 발해군 염전 출입 금지령을 풀어 그곳 백성의 위급한 사정을 구하도록 청했다. 평당은 시찰을 나갔던 모든 곳에서 칭송을 받았다. 황제의 명을 받들어 출사한 사자 열한 명 중에 가장 뛰어나서 승상사직으로 승진했다.

뒤에 죄를 지어 삭방 자사[17]로 좌천되었으나 다시 황제의 부름을 받아 황궁에서 태중대부 급사중으로 일하다가 장신소부, 대홍려, 광록훈을 두루 거쳤다.

그보다 먼저 태후[18] 언니의 아들인 위위 순우장이 성제에게 창릉을 완공할 수 없다고 말했으므로 황제가 해당 관리들에게 그 문제를 논의하라고 명령했다. 평당은 여러 해에 걸쳐 창릉을 조성해 왔으므로 완공할 수 있다고 주장했다. 황제가 창릉 조성을 포기하면서 순우장이 누구보다 먼저 충성스러운 방책을 건의했다는 이유로 다시 공경들에게 순우장을 열후에 봉하는 문제를 의논하게 했다. 그때 평당이 나서서 순우장이 비록 좋은 의견을 내기는 했지만 작위를 봉할 만한 공적에 해당하지는 않는다고 주장했다. 평당은 창릉을 포기하는 문제를 놓고 논의할 때 올바르지 않은 주장을 한 죄에 걸려 거록 태수로 좌천되었다. 뒤에 황제가 기어코 순우장을 관내후에 봉했다. 평당은 경전 중에 『서』「우공(禹貢)」편에 밝았으므로 황하 유역을 순찰하러 출사했는데 기도위가 되어 황하의 제방을 쌓는 일을 감독했다.

애제가 즉위하고 난 뒤에 평당을 불러들여 광록대부 제리 산기에 임명했다. 평당은 다시 광록훈, 어사대부를 거쳐 승상이 되었다. 겨울철에 황제가 관내후 작위를 하사했다.[19] 이듬해 봄에 황제가 사자를 보내 평당을 입궁하게 하여 열후에 봉하고자 했다. 그런데 평당의 병이 위독해서 황제의 부름에 응할 수 없었다. 가족 중에 누군가 평당에게 말했다.

"자손들을 위해서 억지로라도 몸을 일으켜 열후의 인장을 받으실 수 없겠습니까?"

그러자 평당이 말했다.

"내가 이미 높은 자리에 있으면서 봉록만 축내고 있다는 질책을 듣고 있다. 일어나서 열후의 인장을 받고 돌아와 자리에 누워 죽는다면 죽어도 갚지 못할 죄를 짓게 되는 것이다. 지금 내가 자리에서 일어나지 않는 것은 다 자손을 위하기 때문이다."

그러고는 황제에게 글을 올려 벼슬에서 물러나 고향으로 돌아가게 해 달라고 청했다. 이에 황제가 대답했다.

"짐이 수많은 신하 중에서 뽑아 그대를 승상에 임명했는데 짐을 보좌하여 일을 본 지 얼마 되지 않았다. 그동안 음양이 조화를 이루지 못해 겨울에 큰 눈이 내리지 않았으니 날씨가 가물어 재해가 날 성싶다. 이는 짐이 부덕해서이지 그대에게 무슨 죄가 있겠는가! 그런데도 그대는 무엇을 걱정하며 글을 올려 고향으로 돌아가겠다 하고 관내후 작위와 식읍을 반납하겠다고 하는가! 상서령 담(譚)을 보내 황실 외양간에서 키운 소 한 마리와 최상급 술 열 석(石)을 내리니 그대는 의원을 부르고 힘써 약을 먹으며 자신을 보전하도록 하라."

그 뒤 한 달 남짓하여 평당이 세상을 떠났다.

아들 평안(平晏)은 명경 인재로 뽑혀 대사도(大司徒)를 역임하고 방향후(防鄕侯)에 봉해졌다. 한나라가 건국된 이래로 부자가 모두 재상에 오른 집안은 위씨와 평씨밖에 없었다.[20]

경전에 밝아 여러 자리를 두루 거친 팽선

○　　○　　○

팽선의 자는 자패(子佩)이고, 회양군(淮陽郡) 양가현(陽夏縣) 사람이다.

『역』을 연구하며 장우(張禹)에게 사사하여 박사에 천거되었다가 동평왕(東平王)[21]의 태부로 승진했다. 장우는 성제의 스승으로서 황제의 신임과 존경을 받았다. 장우가 팽선이 경전에 밝고 위엄이 있으며 점잖다는 이유로 정사를 맡아 처리할 만하다고 천거했다. 그리하여 황제가 팽선을 불러 우부풍에 임명했다가 정위로 승진시켰는데 제후왕의 신하는 장안에서 벼슬을 할 수 없다는 이유로 태원 태수로 내보냈다. 몇 해 뒤에 다시 불러들여 대사농, 광록훈, 우장군에 임명했다. 애제가 즉위하여 좌장군으로 옮겨 임명했다.

한 해 남짓하여 황제가 〔어머니 쪽 외척〕 정씨(丁氏) 집안과 〔할머니 쪽 외척〕 부씨(傅氏) 집안을 사람들을 호위 군대의 장교로 임명하겠다고 하면서 팽선에게는 책서를 내려 말했다.

해당 관원들이 여러 차례 상주하여 주장하기를 제후국에서 벼슬을 지낸 사람은 황궁에서 숙위할 수 없으므로 장군이 군대를 맡을 수도 없고 조정의 고관도 될 수 없다고 했다. 장군이 한나라의 장군이라는 중책을 맡고 있다. 장군의 아들이 전에 회양왕의 딸에게 장가들어 한나라 황실과 사돈지간이면서 장군이 조정의 벼슬을 물러나지 않고 있는 것은 짐이 볼 때 한나라의 제도에 맞지 않다. 광록대부 만(豐)을 보내 장군에게 황금 쉰 근과 네 마리 말이 끄는 안거를 하사하니 상군은 좌장군의 인수를 반납하고 관내후로서 고향에 돌아가도록 하라.

팽선이 벼슬에서 물러난 지 몇 해 뒤에 간대부 보선(鮑宣)[22]이 여러 차례에 걸쳐 팽선을 천거했다. 원수 원년 정월 초하루에 일식이 일어났을 때, 보선이 다시 팽선을 천거하자 황제가 팽선을 불러 광록대부에 임명했다. 팽선은 어사대부로 승진했다가 어사대부의 바뀐 이름인 대사공(大司空)을 지내며 장평후(長平侯)에 봉해졌다.
애제가 붕어한 뒤에 신도후 왕망이 대사마가 되어 정권을 잡고 전횡했다. 보선이 왕망에게 글을 올렸다.

대사도, 대사공, 대사마 삼공은 세발솥의 다리처럼 주군을 받들어야 하는데 그 다리 하나가 맡은 임무를 다하지 못하면 세발솥이 넘어져 그 안에 담긴 좋은 음식이 쏟아질 위험이 있습니다.[23]

저는 자질이 천박한 데다 나이가 많고 몇 차례 병을 앓아 머리가 혼란하고 잊어버리는 일이 많으니 대사공과 장평후의 인수를 반납하고 고향으로 돌아가 골짜기에 몸을 묻게 되기를 바랍니다.

왕망이 왕 태후에게 알린 뒤에 팽선에게 책서를 내렸다.

그대가 대사공의 일을 본 지 얼마 되지 않아 공로와 덕행이 세울 틈이 없었는데도, 연로하고 혼란하여 조정 일도 볼 수 없고 나라 안을 안정시킬 수 없다고 재촉하니, 광록훈 풍(豐)을 보내 그대에게 책서를 내린다. 대사공의 인수를 반납하고 봉토로 돌아가도록 하라.

왕망은 자신의 집정 기간에 팽선이 퇴직하겠다고 청한 것을 좋게 보지 않아 황금과 네 마리 말이 끄는 안거를 내리지 않았다.

팽선이 봉토로 돌아가 몇 해 뒤에 세상을 떠나자 경후(頃侯)라는 시호를 내렸다. 아들과 손자에게 후위가 전해졌으나 왕망이 패한 뒤에 봉토가 철폐되었다.

찬하여 말한다.

전불의는 학문을 연구한 선비로서 관직에 올라 정사를 처리할 때 미혹됨이 없었으므로 마침내 명성과 업적을 남겼으니 자초지

종을 기술할 만하다. 소광은 안분지족하는 방책으로 치욕이나 위협받을 뻔한 위기를 여러 차례 면했으니 전불의에 버금가는 인물이다. 우정국 부자는 배우자 없이 홀로 사는 사람들을 가엾게 여겼고 옥사에 밝았으며 대신으로서 맡은 임무를 잘 수행했다. 설광덕은 고향 집에 수레를 매다는 영광을 누렸고 평당은 스스로 물러날 줄 아는 염치가 있었으며 팽선은 왕망이 정권을 잡는 위험한 일을 만나자 바로 그만두었으니 "벼슬을 잃을 것을 걱정하는"[24] 무리와 달랐다.

42

왕·공·양공·보 전
王貢兩龔鮑傳

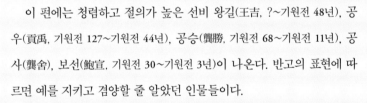

이 편에는 청렴하고 절의가 높은 선비 왕길(王吉, ?~기원전 48년), 공우(貢禹, 기원전 127~기원전 44년), 공승(龔勝, 기원전 68~기원전 11년), 공사(龔舍), 보선(鮑宣, 기원전 30~기원전 3년)이 나온다. 반고의 표현에 따르면 예를 지키고 겸양할 줄 알았던 인물들이다.

대개 청렴한 인물은 개인의 수양에는 뛰어나지만 현실 정치에서는 제대로 재능을 발휘하지 못하곤 한다. 그러나 이 편의 주인공들은 관직에서 능력을 발휘했고 군주에게 간언 올리기를 서슴지 않았다. 이런 점에서 명철보신의 대표 인물을 싣고 있는 앞 편과 확연히 차이가 난다. 특히 공승은 일흔아홉의 나이에 왕망이 집권하자 식음을 전폐하여 스스로 목숨을 끊었고, 보선은 한나라에 충성하는 신하로 왕망에게 찍혀 옥에서 자결했다. 반고는 이들을 제외한 여러 청렴한 인물을 첫머리와 말미에서 소개했다.

이 편은 한나라의 인두세를 살펴볼 수 있는 경제 용어인 부산(賦算)과 구전(口錢)을 기록하여 경제사 연구에 중요한 자료를 제공하고 있다.

벼슬길에 나아가지 않고도 이름을 떨친 인물들

○　○　○

옛적에 무왕이 주왕을 친 뒤에 구정(九鼎)[1]을 낙읍(雒邑)으로 가져갔을 때, 백이와 숙제는 무왕을 임금으로 대접하지 않고 수양산에 들어가 굶어 죽으면서도 주나라의 봉록을 받지 않았으니 주나라 사람들도 이 두 사람의 높은 덕을 칭송했다. 그 뒤에 공자가 이들의 덕행을 높이 여겨 "자신들의 뜻을 굽히지 않아 스스로를 욕되게 하지 않았다."[2]라고 했고, 맹자도 "백이의 풍모를 알게 되면 우매하고 방자한 자는 방정하고 강직해지고 유약한 자는 뜻을 세우게 된다."라고 했으며,[3] "기개를 크게 떨친 것이 백 대 전의 일인데, 백 대가 지나도 감동받아 분발하지 않는 사람이 없다. 현인이 아니고서야 어찌 그렇게 영향을 끼칠 수 있겠는가!"[4]라고 평가했다.

한나라가 건국되고 나서 원공(園公), 기리계(綺里季), 하황공(夏黃公), 녹리선생(角里先生)이 있었다. 이 네 사람은 진나라 때에 혼란한 세상을 피해 상락(商雒)의 깊은 산으로 들어가 천하가 안정될 때까지 기다렸다. 고조가 그 명성을 듣고 불렀지만 네 사람은 고조에게 가지 않았다. 그 뒤에 여후가 유후 장량의 계책을 써서 황태자로 하여금 공손한 언사로 편지를 쓰게 하는 한편으로 속백(束帛)을 준비하여 예로써 청한 뒤에 안거로 모셔 오게 했다. 네 사람이 장안에 도착하여 태자를 따라 황궁에 들어가 고조를 알현했다. 고조가 공손히 이 손님들을 대접한 뒤에 태자는 고조에게 중용되었고 태자의 자리를 굳건히 지키게 되었다. 이때의 이야기는 「유후전」에 있다.

그 뒤에 곡구(谷口)에 정자진(鄭子眞)이, 촉군에 엄군평(嚴君平)
이 살았는데 모두 심신을 닦으며 목숨을 보전하기를 입을 옷이 아
니면 입지 않았고 먹을 만한 것이 아니면 먹지 않았다. 성제 때에
원구(元舅) 대장군 왕봉이 예를 갖추어 정자진을 초빙했지만 정자
진은 세상을 떠날 때까지 뜻을 굽히지 않았다. 엄군평은 성도(成
都) 시내에서 점을 치며 점치는 일을 두고 이렇게 말했다.

"점치는 일은 천한 직업이지만 여러 사람을 착하게 이끌 수 있
다. 사악하고 올바르지 못한 일에 관해 점을 쳐 달라고 할 때 시초
(蓍草)와 거북 껍질에 나타난 괘를 통해 그 나쁜 일이 불러올 결과
를 알려 주고, 어떤 집의 아들에게는 힘써 효도하라는 괘를 일러
주며, 누군가의 동생에게는 형을 잘 따르라는 괘가 나왔다고 말하
고, 군주의 신하에게는 충성을 다하라는 괘가 나왔다고 함으로써
각자를 선한 길로 이끌 수 있다. 내 말을 따르는 자가 절반이 넘곤
했다."

엄군평은 날마다 겨우 몇 사람에게만 점을 쳐 주었다. 하루를
먹고사는 데 필요한 백 전을 얻으면 가게 문을 닫고 발을 내린 뒤
에 『노자』를 가르쳤다. 폭넓게 책을 읽어 정통하지 않는 바가 없
었으니 노자와 엄주(嚴周)[5]의 이론에 의거해 십여만 자에 이르는
글을 지었다.

양웅이 청소년 시절에 엄군평을 찾아가 배운 뒤에 장안에 가서
벼슬길에 올라 이름을 날렸다. 양웅은 조정에서 일을 보는 덕망
높은 관리들에게 엄군평을 여러 차례 찬양했다. 두릉의 이강(李

彊)이 평소에 양웅과 친하게 지냈다. 한참 뒤에 익주 주목으로 나가게 된 이강이 기뻐하며 양웅에게 말했다.

"내가 엄군평을 실제로 뵙게 되었소."

양웅이 말했다.

"그대는 예를 갖추어 그분을 대하시오. 그런데 그분을 뵌다 해도 그분의 뜻을 바꿀 수는 없을 것이오."

이강은 속으로 그렇지 않으리라고 여겼다. 그런데 촉 땅에 도착하여 예를 갖추어 엄군평을 만났으나 자신의 종사(從事)가 되어 달라는 말은 끝내 꺼내지 못했다. 그러고는 감탄하며 말했다.

"양자운(楊子雲)은 사람을 제대로 알아보는구나!"

엄군평은 아흔 몇 살까지 하던 대로 점을 치며 살다가 세상을 떠났다. 촉 땅의 사람들이 엄군평을 좋아하고 공경했는데 지금까지도 찬양하고 있다. 그 뒤에 양웅은 당시의 선비들에 대해 지은 글에서 이 두 사람을 칭송했다.

그 글은 다음과 같다.[6]

누군가 묻기를 "공자께서 '군자는 죽을 때까지 자신의 이름이 칭송되지 않는 것을 꺼린다.'[7]라고 하셨는데, 왜 높은 자리에 앉아 있는 자들과 가까이하며 그 세에 의지하여 이름을 얻지 않는 것입니까?"라고 하기에, 내가 이렇게 답했다.

"군자는 덕으로 이름을 얻으니, 양나라, 제나라, 초나라, 조나라의 제후가 아주 부귀했지만 이름을 얻을 수 없었습니다. 곡구의 정자진은 끝내 자신의 뜻을 굽히지 않고 바위산 아래에서 밭을 갈면서도 그 이름을 장안까지 떨쳤으니 벼슬을 했기 때문이 아니었습니다. 초나라 땅의 공승과 공사는 고결하여 맑디맑았고, 엄군평은 청정무위하여 구차한 모습을 보이며 연명하지 않았으니 오랫동안 은거하면서 지조를 바꾸지 않았습니다. 수후(隨侯)의 구슬이나 화씨(和氏)의 벽(璧)이라 해도 어찌 그들보다 나을 수 있겠습니까? 그런 분들을 천거하여 기용하게 할 수 있다면 또한 나라의 보배가 되지 않겠습니까?"

원공, 기리계, 하황공, 곡리선생, 정자진, 엄군평은 모두 벼슬길에 나간 적이 없으나 그 명성만으로도 탐관오리를 제압하고 세상을 바람직하게 교화시킬 만했으니 지금부터 오래지 않은 과거에 살았던 은자들이었다. 왕길과 공우, 공승과 공사 같은 이들은 예를 지키고 겸양하면서 벼슬길에 나아갔다가 퇴임했다.

창읍왕에게 미리 간언한 덕에 목숨을 부지한 왕길

왕길의 자는 자양(子陽)이고, 낭야군 고우(皋虞) 사람이다.

청년 시절부터 글공부를 좋아하여 경학에 밝았으므로 군의 아전으로 있었다. 효렴(孝廉) 과목에 높은 점수를 받아 낭관이 되었다가 약로우승(若盧右丞)을 거쳐 운양(雲陽) 현령으로 승진했다. 다시 현량 인재로 천거받아 창읍국의 중위가 되었다. 창읍왕 유하가 사냥을 좋아하여 나라 안을 질주하며 절제 없이 행동하자 상소를 올려 간언했다.

신이 알기로 옛적에는 군사들이 출정할 때 하루에 삼십 리를 행군했고 길한 행사를 치르러 갈 때에는 오십 리를 행군했다고 합니다.

『시』에 "저 바람 쌩쌩 부는데 수레들이 획획 달려가네. 주나라의 국도를 기억하니 마음이 아프네."[8]라고 했으니, 옛날에는 바람이 쌩쌩 부는 일이 없었고 수레도 획획 달리는 법이 없었으므로 그 변한 모습에 마음이 아팠다는 뜻입니다.

이번에 대왕께서는 방여(方與)에 행차하시면서 반나절도 안 되는 시간에 이백 리를 달렸습니다. 대왕의 행차를 위해 많은 백성이 농사와 양잠을 포기한 채 길을 닦고 말을 끌었으니, 어리석은 신의 생각으로는 백성의 정상적인 삶에 그렇게 영향을 크게 끼치면 안 된다고 여깁니다. 옛적에 소공(召公)은 봉토를 다스리면서 백성들이 농사짓는 것을 보고 순행하던 길을 멈춘 채 팥배나무 아래에 초막을 짓고 그곳에서 민원을 처리했습니다. 그런 소공의 다스림을 받던 시절에는 백성 모두가 자신의 직분에 충실했으므로 후세 사람들이 그 인의와 은덕을 기리며 소공이 정무를 처리하던 곳에 서 있던 팥배나무를 베지 않았기에 『시』「소남(召南)」 '감당(甘棠)'은 그 내용을 읊은 것입니다.

대왕께서는 경전과 정책에는 관심을 두지 않은 채 내놓고 놀기를 좋아하십니다. 수레에 타서 재갈에 물린 고삐를 죄면서 쉬지 않고 질주하시니, "이랴!" 소리를 지르는 입이 부르트고 채찍과 고삐를 쥔 손이 아프며 수레를 타느라 온몸이 지쳐 계실뿐더러 아침에는 안개와 이슬을 헤치고, 낮에는 먼지와 티끌을 뒤집어쓰며, 여름에는 폭염에 그을려 타고, 겨울에는 추위와 찬바람에 거꾸러질 지경입니다. 유약한 옥체로 병과 독을 낳는 수고로움을 자주 행한다면 수명을 길게 보전하지도, 인의가 번성하는 길로 나아가지도 못합니다.

대저 고대광실 안에서 곱게 짠 털방석 위에 앉아 현명한 스승을 앞에 모시고 경전의 암송을 도와주는 자들을 뒤에 앉힌 채, 위로 요순시절에서 아래로 번성했던 은주(殷周)의 역사를 논하면서 어진 성인의 기풍을 고찰하고 나라를 다스리는 방책을 익히며, 기쁜 마음에 분발하여 끼니때도 잊어버리고 날마다 자신의 도덕을 새롭게 함양한다면 그 즐거움을 어찌 고삐를 쥐고 수레를 달리는 것에 비교할 수 있겠습니까? 쉴 때에는 몸에 좋도록 고개를 들어 하늘을 보고 몸을 굽혔다 폈다 할 것이고 들고 날 때에는 하체가 튼튼해지도록 걸어 다닐 것이며 신선한 공기를 들이쉬고 탁한 기를 내쉬며 오장육부의 기를 정화할 것이며 마음을 집중하고 원기를 모아 정신을 편안하게 가짐으로써 심신을 잘 돌본다면 어찌 장수하지 않겠습니까?

대왕께서 이 점에 깊이 유의하신다면 속에는 요순의 의지가 생기고 신체는 왕자교(王子喬)와 적송자만큼 장수를 누릴 것입니다. 그런 대왕의 명성이 도처로 퍼져서 황제께서 들으시면 복록을 받아 사직을 안정시킬 수 있을 것입니다.

지금의 황제께서는 어질고 영명하셔서 지금까지도 항상 선제를 그리워하며 사냥을 즐기러 행궁과 후원에 행차하지 않았습니다. 대왕께서도 아침저녁으로 황제의 뜻을 받들어 사냥을 절제하는 것에 대해 깊이 생각하셔야 합니다. 제후이자 황실 가문에서 황제 폐하께 대왕보다 가까운 분은 없습니다. 대왕은 핏줄로는 폐하의 아드님이고 지위로는 신하로서 한 몸에 두 가지 책임을 지고 있으니, 백성에게 은애를 베풀고 인의를 행하는 데 조금이라도 소홀한 바가 있어 황제가 그 점을 알게 되시면 대왕께서 제후왕의 지위를 누리는 데에 좋은 일이 될 수 없습니다.

신 길(吉)이 어리석은 말씀을 올렸으니 대왕께서 살펴 주시기 바랍니다.

창읍왕 유하가 도덕을 준수하지 않고 살았지만 그래도 왕길에게는 예를 다해 공대했다. 이어서 영을 내려 말했다.

과인이 품행을 닦는 데에 게으른 점이 없을 수 없다. 중위가 충성을 다해 여러 차례 나의 허물을 바로잡아 주었다. 알자 천추를 보내 중위에게 쇠고기 오백 근과 술 다섯 석(石), 포(脯) 다섯 속(束)을 내린다.

그러나 그 뒤로 다시 예전처럼 방종하게 행동했다. 왕길이 그때마다 간쟁하여 왕을 보필하는 도의를 다했다. 비록 백성을 직접 다스린 적은 없지만 나라 안의 모든 백성이 공경하지 않는 자가 없었다.

한참 지난 뒤에 소제가 붕어했다. 후사가 없었으므로 대장군 곽광이 정권을 잡은 채 대홍려 종정 유덕을 보내 창읍왕을 맞아 오게 했다. 왕길이 곧바로 글을 올려 창읍왕을 일깨워 주었다.

신은 은나라 고종(高宗) 무정(武丁)이 〔부왕 소을(小乙)의 상(喪)을 당해〕 양암(諒闇)에서 세 해 동안 입을 열지 않았다고 들었습니다. 지금 대왕께서는 상을 치르러 황궁의 부름을 받았습니다. 올라가시면 밤낮으로 곡을 하면서 애통해하셔야지 다른 행동은 절대 삼가셔야 합니다.

황궁에서는 상을 치를 때만 과묵해야 하는 것이 아닙니다. 남면하여 나라를 다스리는 주군이 어찌 말이 많을 수 있겠습니까? 『논어』에 "하늘이 어디 말을 하더냐? 그래도 때에 맞춰 사철이 오고 만물이 생장한다."[9]라고 했습니다. 대왕께서는 이 점을 살피시기 바랍니다.

대장군은 어질고 백성을 아끼며 용감하고 지혜로운 분으로 그분의 충성과 성실한 덕은 천하에 모르는 사람이 없습니다. 효무제를 스무 해 넘게 모시면서 한 번도 허물을 저지른 적이 없으므로 선제께서 다른 신하들을 놔두고 대장군에게 천하를 부탁하고 어린 황제를 맡겼습니다. 대장군은 강보 속의 어린 주군을 안고[10] 정령을 반포하고 교화를 펼치며 나라 안을 안정시켰으니 주공과 이윤이라 할지라도 그보다 더할 수 없었을 것입니다.

이제 그 소제께서 붕어하시고 후사가 없는 중에 대장군이 어떻게 하면 종묘의 제사를 계속해서 받들까만 생각하면서 대왕을 지목하여 옹립했으니 그 깊고 어진 마음을 어찌 헤아리겠습니까?

신은 대왕께서 대장군을 섬기고 공경하며 나라를 다스리는 일은 대장군의 말씀만 듣기를 바랍니다. 대왕께서는 아무 일도 하지 않은 채 그저 남면하고 계시면 됩니다. 제 말씀을 제발 유념하시고 늘 마음에 두시기 바랍니다.

창읍왕이 황궁에 당도하여 즉위한 지 스무 며칠 만에 방자한 행동으로 폐위되었다. 창읍왕의 신하였던 자들은 창읍왕이 창읍국에 있을 때 그 허물을 조정에 보고하지 않아 한나라 조정에서 창읍왕의 방자한 행동을 알지 못하고 장안에 부르게 했고, 그때 왕을 바른길로 인도하지 못해 왕으로 하여금 큰 죄를 짓게 했다 하여 모두 하옥되었다가 주살당했다. 왕길과 낭중령 공수만은 충직하게 왕을 바른길로 이끌기 위해 자주 간언했으므로 사형에서 머리를 깎이고 성단형(城旦刑)으로 감면되었다.

집에 있다가 다시 불려 나와 익주 자사가 되었으나 병으로 사직했다. 그러나 다시 황제의 부름을 받아 박사 간대부가 되었다. 그 무렵 선제는 무제 때의 제도를 따라 하는 일이 많아서 황궁과 수레, 복식의 규모가 소제 때보다 커졌다. 당시에는 외척 허씨(許氏), 사씨(史氏), 왕씨(王氏) 집안이 총애를 받아 부귀해졌다.[11] 황제는 또 친히 정사를 돌보면서 능력이 뛰어난 관리를 신임하고 중용했다. 그때 왕길이 상소를 올려 나라를 다스리는 일의 성패에 대해 말했다.

폐하께서는 타고난 성인의 자질로 모든 정무를 관장하고 계시는데, 날마다 앞에 천하의 지도와 호적 장부를 펼쳐 놓고 나라를 다스리는 방책에 대해서 심사숙고하시니 천하가 곧 태평해질 것입니다. 폐하께서 조서를 내릴 때마다 백성들이 마치 새로 태어난 것처럼 기뻐하고 있습니다. 그러나 신이 엎드려 생각하건대 지덕(至德)이라고 할 수 있지만 본무(本務)라고 할 수는 없습니다.

나라를 태평성대로 다스리고 싶어 하는 군주는 자주 나오지 않습니다. 지금의 공경들은 다행히도 그런 성군을 만났으니 폐하께서는 그들이 올리는 모든 계책과 간언을 다 들어주고 계십니다. 그런데 그 올린 계책 중에는 영명하신 폐하를 〔하, 은, 주〕 삼대처럼 융성한 시대의 군주로 올려 드려 만대에 전할 만한 장기 대책이 없습니다. 그것은 물자와 인력의 출납 기한과 각종 장부, 옥사의 판결과 사안의 심문에만 주력했기 때문이니 그런 일로 태평성대의 기틀은 마련되지 않습니다.

신은 성군이 널리 덕정을 베풀고 교화를 펼칠 때에는 가까운 곳부터 시작해야 한다고 알고 있습니다. 폐하와 가장 가까이에 있는 조정이 갖추어져 있지 않으면 치국을 언급하기 어렵고, 폐하 곁에 있는 신하들이 바르지 않으면 먼 곳을 교화하기 어렵습니다.

백성이 비록 약해도 그들을 이길 수는 없고 어리석어도 그들을 속일 수는 없습니다. 성군께서 깊은 구중궁궐에 떨어져 계시지만 치국에 성공하면 천하가 칭송할 테고 실패하면 천하가 모두 책망할 것입니다. 폐하의 가까운 곳에서 일으킨 행동도 먼 곳에서 당연히 알 수 있으므로 좌우에 가까이 둘 신하들을 신중하게 뽑고 폐하의 명령을 집행할 관리들을 충분히 심사하여 선발하셔야 합니다. 그래야 좌우의 신하들이 폐하를 바르게 보필하고 관리들은 폐하의 덕정을 널리 퍼지게 할 수 있습니다. 『시』에 "인재들이 가득하여 문왕께서 평안하셨네."[12]라고 했으니 인재를 등용하는 일이 바로 치국의 근본입니다.

『춘추』에서 이르는 '대일통(大一統)'은 천하의 풍속을 통일하고 구주(九州)까지 두루 정령이 관통함을 뜻합니다. 지금 일반 관리들이 백성을 다스리는 방식은 대대로 통용될 제도와 준칙을 통해서가 아니라 형법을 정해 놓고서 지키고만 있는 것입니다. 제대로 다스리고자 하는 자가 있다 해도 따라야 할 제도와 준칙을 모르는 까닭에 자신의 뜻대로 견강부회해서 마음대로 권모술수를 쓰며 각자 그때그때 방편을 쓰고 있으니 문제는 형세의 변화가 일어난 뒤에는 그런 법과 제도를 고치려고 해도 고칠 수 없다는 것입니다. 그리하여 백 리만 떨어져도 풍기가 같지 않고 천 리가 떨어지면 습속이 달라 집집이 하는 일이 다르고 사람마다 다른 옷을 입으므로 사악함과 허위가 싹트기 시작하여 형벌을 남용하게 되니 질박하던 풍속이 나날이 사라지고 인애(仁愛)도 점점 엷어집니다. 공자께서 "임금을 편안하게 하고 백성을 잘 다스리려면 공경하는 예도(禮度)를 갖추는 것보다 더 좋은 방법은 없다."[13]라고 한 것은 헛말이 아닙니다.

제왕이 예도를 미처 정하지 못했다면 선왕의 예도 중에서 그때 형편에 맞는 것을 가져다 쓸 수 있습니다. 신은 폐하께서 하늘의 뜻을 계승하여 왕업을 일으키고 공경과 대신 및 유생들과 함께 예전의 예도를 연구하고 계승하여 조정의 제도를 명확하게 정함으로써 백성을 구제하되, 모든 백성이 어진 덕행을 실천하며 장수하는 경지에 이르기를 바랍니다. 그렇게 할 수 있다면 성왕(成王)과 강왕(康王) 시절의 풍속을 어찌 이룰 수 없겠으며 고종만큼 오래 통치하지 못할 일이 어디 있겠습니까!14

신이 삼가 현세의 관리들이 추구하는 일 중에서 도에 맞지 않는 것을 조목별로 적어 올리니 폐하께서 판단하십시오.

왕길은 또 이렇게 주장했다.

부부는 인간관계 중에서도 가장 중요하여 요절과 장수가 부부 관계에서 비롯됩니다. 지금 세상에서는 일찍 시집 장가를 보내 부모의 도리를 알기 전에 아이를 낳는데, 그 도리를 가르치는 일이 제대로 이루어지지 못해 요절하는 아이가 많습니다. 또 아내를 맞이하고 딸을 시집보낼 때 정해 놓은 혼수 규정이 없어 가난한 사람은 혼인하지 못해 아이를 낳지 못하고 있습니다.

한나라 제도에서는 열후가 천자의 딸인 공주와 혼인하는 것을 상(尙)이라고 높여 말하고 제후국 도읍지에 사는 사람이 제후왕의 딸인 옹주와 혼인하는 것을 승(承)이라고 높여 말합니다. 이렇게 남자가 여자를 섬기게 함으로써 남편이 아내에게 굽히게 하고 있으니 음과 양의 자리가 바뀌어 여자가 난을 일으키는 일이 많았습니다.

옛적에는 신분의 귀천에 따라 의복 및 수레와 말에 차별을 두었는데 덕이 있는 사람을 표창함으로써 존비의 서열을 나누었습니다. 그러나 지금은 상하 구별이 없으므로 각자 알아서 의복과 수레를 꾸미니, 부를 자랑하기 위해서 재물을 탐하고 이익을 추구하면서 죽기를 두려워하지 않습니다. 주나라가 형벌을 한쪽으로 미뤄 두고 쓰지 않으면서도 나라를 잘 다스릴 수 있었던 것은 사악하게 법을 어기기 전에 막아 내고 죄악을 저지르기 전에 그 싹을 잘라 버렸기 때문입니다.

또 이렇게 주장했다.

순임금과 탕왕은 삼공과 구경의 후손을 중용하지 않았을뿐더러 고요와 이윤을 발탁하고 어질지 못한 간사한 무리를 멀리 내쫓았습니다. 지금은 그저 평범한 관리도 아들이나 동생을 낭관으로 천거할 수 있게 했는데 개중에는 교만하고 방자하되 고금의 일을 알지 못하는 자들이 많아 공을 세우고 백성을 통치하는 데 아무런 도움이 되지 않고 있으니, 이는 『시』「위풍(魏風)」'벌단(伐檀)'에서 풍자했던 바와 같습니다. 그러니 능력과 덕행이 높은 인재를 찾아 선발하는 제도를 명시하고 아들을 임명하는 방식을 철폐하셔야 합니다. 외가와 예전부터 알던 벗들에게 후하게 재물을 내리는 일은 괜찮지만 벼슬을 내려서는 안 됩니다.

각저 놀이를 그만두시고 악부(樂府)의 인원을 줄이며 상방(尙方)에서 쓰는 물자를 절감하여 천하 백성에게 폐하의 검약함을 널리 알리십시오. 예전에 기술자가 화려한 무늬를 새기지 않았고 장사치가 사치스러운 물건을 팔지 않았던 것은 그들 덕행이 높아서가 아니라 정령과 교화로 그들을 그렇게 만든 것입니다. 백성들이 폐하께서 검약하시는 모습을 보면 농사로 돌아갈 것이니 농업이 제대로 서면 장사와 수공업도 제대로 돌아가게 됩니다.

왕길이 올린 상소의 요지가 이러했지만, 황제는 그 주장이 실제 상황에 들어맞지 않는다고 여기고 큰 관심을 기울이지 않았다. 이에 왕길은 병을 칭하고 고향 낭야군으로 돌아가 버렸다.

청년 왕길이 학문을 배우기 위해 장안에 산 적이 있었다. 동쪽의 이웃집에 있던 큰 대추나무의 가지가 왕길의 집 뜰 안으로 뻗어 있었는데, 왕길의 아내가 대추를 따서 왕길에게 먹게 했다. 왕길이 나중에 그 사실을 알고 아내를 친정으로 돌려보냈다. 동편 집에서 소식을 듣고 그 나무를 베어 버리려고 하자 이웃 사람들이 모두 베지 못하게 말렸다. 이어서 사람들이 왕길에게 간청하여 아내를 데려오게 했다. 그리하여 이 일을 두고 마을 사람들이 이렇게 말했다.

"동편 집에 있던 나무 때문에 왕양(王陽)[15]이 아내를 쫓아 버렸지. 그러나 동편 집의 대추나무도 살리고 쫓아낸 아내도 다시 돌아오게 했네."

왕길은 이렇게 의지를 연마했다.

왕길은 공우와 벗이었다. 세상 사람들이 "왕양이 벼슬하면서 공공(貢公)도 〔벼슬하여〕 관(冠)의 먼지를 털었다."라고 했다. 이 두 사람이 뜻을 펼칠 때에도 물러날 때에도 함께였음을 말한 것다. 원제 즉위 초에 사자를 보내 공우와 왕길을 함께 초빙해 왔다.

왕길은 연로했던 탓에 황궁으로 가던 길에 세상을 떠났다. 황제가 애도하며 다시 사자를 보내 조문하고 영전에 절을 올리게 했다.

원래 왕길은 오경에 두루 통달했는데 『춘추추씨전(春秋騶氏傳)』에 능했고 『시』와 『논어』를 가르쳤다. 그리고 양구하가 해설한 『역』을 좋아하여 아들 왕준(王駿)으로 하여금 배우게 했다.

삼대째 청렴하기로 이름난 왕씨 집안

왕준은 효렴 인재에 발탁되어 낭관이 되었다. 좌조 진함이 양준을 천거하면서 왕준 부자가 모두 능력과 덕행이 뛰어날뿐더러 경전에 밝고 품행이 바르므로 이들을 중용하여 세상을 바람직한 풍속으로 이끌어야 한다고 했다. 광록훈 광형도 황제의 질문에 막히는 바 없이 대책을 올릴 줄 아는 인재라는 이유로 왕준을 천거했다. 왕준은 간대부로 승진한 뒤 회양 헌왕(淮陽憲王) 유흠(劉欽)에게 출사하여 그 허물을 질책했다. 그 뒤에 조나라의 내사(內史)로 옮기라는 명을 받았다. 왕길이 창읍왕 폐위 사건에 걸려 형을 받은 뒤에 자손에게 제후국 왕 밑에서는 벼슬을 하지 말라고 훈계했던 일이 있어 왕준이 병을 핑계로 벼슬에서 물러나 고향으로 돌아갔다. 그런데 황제에게 다시 불려가 유주 자사에 임명되었다가 사례교위로 승진했다. 사례교위로 있으면서 승상 광형을 파면시켜야 한다고 상주하여 소부(少府)로 승진했다.

여덟 해가 지난 뒤에 성제가 왕준을 중용하고 싶어서 왕준을 경조윤으로 먼저 내보내 정사 처리 능력을 시험했다. 이보다 앞서 경조윤을 지낸 조광한, 장창, 왕존, 왕장과 왕준에 이르기까지 모두 능력이 있다는 이유로 이름을 날렸다. 장안 사람들이 "예전에는 조(趙)와 장(張)이 있었고 뒤에는 세 명의 왕씨가 있다."라고 칭찬했다. 그때 설선이 좌풍익으로 있다가 왕준을 대신하여 소부가 되었다. 마침 어사대부가 공석이 되자 곡영이 상주문을 올렸다.

"성군은 명예가 높은 관리라고 해도 실제 처리한 일의 결과에 점수를 더 주지 않았습니다. 사람을 쓸 때에는 공적을 고찰해야 합니다. 설선의 정사 처리 능력은 이미 검증되었습니다."[16]

황제가 곡영의 의견을 받아들였다. 설선은 소부로 한 달 남짓 일하다가 어사내부와 승상으로 특진했다. 왕준은 설선의 후임으로 어사대부가 되어 설선과 함께 가장 높은 관직에 올랐다.

여섯 해 뒤에 왕준이 병에 걸려 세상을 떠나자 적방진이 왕준에 이어 어사대부가 되었다가, 몇 달 뒤에 설선이 파면되자 그 뒤를 이어 승상이 되었다. 많은 사람이 왕준이 열후에 봉해지지 못한 것을 아쉬워했다.

왕준이 소부로 재직하고 있을 때 아내가 죽었는데 다시 아내를 얻지 않았으므로 누군가가 그 이유를 물어보았다. 그러자 왕준이 말했다.

"내가 덕으로 증삼(曾參)에게 미치지 못하고 아들도 화(華)나 원(元) 같지 못한데 어떻게 아내를 다시 맞을 생각을 하겠소?"[17]

왕준의 아들 왕숭(王崇)이 아버지 덕택에 낭관이 된 뒤로 자사와 군의 태수직을 역임했는데 백성을 잘 다스려 능력이 뛰어나다는 명성을 얻었다. 건평 3년, 하남 태수로 있을 때 황제에게 불려가서 어사대부가 되었다. 몇 달이 지났을 때 성제의 외삼촌 안성공후(安成恭侯)의 부인 방(放)이 남편을 잃고 장신궁에서 봉양을 받던 중에 저주죄에 걸려 하옥되었다. 왕숭이 밀봉 상소를 올려 방을 위해 변호했다. 방의 외가인 해씨(解氏)와 왕숭이 혼인 관계를 맺고 있었으므로 애제가 왕숭이 방을 변호한 것을 충성스럽지 않게 여기고 책서를 내려 말했다.

짐은 그대가 여러 대에 걸쳐 이름난 집안 출신이라 서열을 뛰어넘어 중용했는데 관직에 있는 동안 충성을 다해 나랏일을 바로잡았다는 보고를 받은 적이 없다. 반면에 교활한 상소나 올려 사돈을 구하고자 했으니, 이는 대역죄에 해당하는 것으로 제멋대로 행동하며 법도를 따르지 않는 행동은 백관의 본보기라고 할 수 없다.

이 일로 왕준은 대사농으로 좌천되었다가 뒤에 위위, 그리고 좌장군으로 자리를 옮겼다.

평제가 즉위하고 왕망이 정권을 잡자 대사농 팽선이 노구를 이끌고 고향으로 돌아가기를 청했다. 그리하여 왕숭이 팽선을 대신하여 대사농이 되고 부평후(扶平侯)에 봉해졌다. 한 해 남짓하여 왕숭도 사직하고 고향으로 돌아가기를 청했다. 팽선과 왕숭 두 사람 다 왕망을 피하고 싶어 한 것이다. 왕망이 왕숭을 봉토에 가 있게 했다. 봉토로 간 지 한 해 남짓하여 왕숭이 계집종에게 독살되자 봉토가 철폐되었다.

왕길로부터 왕숭에 이르기까지 왕씨 집안은 대대로 청렴하기로 이름났다. 능력과 견식 및 명성은 아들이 아버지보다 못했으나 대가 내려갈수록 봉록과 관직은 높아졌다. 왕길, 왕준, 왕숭 세 사람 모두 수레와 말, 의복에 호사를 부리며 자신들이 쓰는 것은 가장 좋은 것으로만 챙겨 썼다. 그러나 금과 은이나 무늬를 아로새긴 비단 같은 것은 가지지 않고, 사는 곳을 옮길 때마다 옷을 넣은 자루만 싣고 갔다. 이들은 재물을 쌓아 두고 사는 법이 없었다. 벼슬에서 물러나 집에서 지낼 때에도 평민으로서 채소와 곡물만 먹고 살았다. 천하의 모든 사람이 그들의 청렴함에 탄복하면서도 수레와 옷은 화려하게 꾸미고 사는 것을 이상하게 여겼다. 그래서 세상에는 "왕양은 황금을 만들 줄 안다."라는 말들이 떠돌았다.

황제에게 사치를 줄이도록 권했던 공우

공우의 자는 소옹(少翁)이고, 낭야 사람이다.

경전에 밝고 품행을 잘 닦아 명성이 자자했으므로 황제의 부름을 받아 박사가 되었다. 이어 양주(涼州) 자사로 나갔다가 병으로 사직했다. 뒤에 다시 현량 인재로 천거되어 하남 현령이 되었다. 한 해 남짓 지났을 때 태수부에서 나온 관리에게 직책상의 일로 질책을 당했다. 그 관리가 관을 벗고 사죄하라고 하자 공우가 말했다.

"한번 벗은 관을 어찌 다시 쓸 수 있겠소!"

그러고는 사직했다.

원제 즉위 초에 공우를 불러 간대부로 삼고는 여러 차례에 걸쳐 정사에 관해 물어보아 그 말을 따랐다. 그해〔초원 원년〕가을에 곡식이 여물지 않아서 지방의 군과 제후국 백성들이 크게 어려웠으므로 공우가 상소를 올렸다.[18]

옛적에는 궁실의 규모가 정해져 있었고 궁녀는 아홉 사람을, 곡식을 먹여 기르는 말은 여덟 마리를 넘지 않았습니다. 궁실 벽은 칠만 하고 그림을 그려 넣지 않았고 목재는 광만 내고 조각하지 않았으며, 수레와 가마 그리고 각종 기물에 무늬를 새기거나 그려 넣지 않았습니다. 원유(苑囿) 사냥터는 사방 십 리를 넘지 않았으며, 그마저도 백성과 함께 썼습니다. 능력과 덕행이 뛰어난 인재를 중용하여 세를 수확의 십 분의 일만 받게 하고, 다른 세금이나 수자리를 살게 하는 군역을 가하지 않았으며, 한 해에 사흘 이상 요역을 부과하지 않았고, 천 리 이내에서 거둔 조세로 조정의 쓰임새를 충당하고, 천 리 밖의 각 지역에서는 때에 맞추어 공물을 들여놓게 했습니다. 이런 까닭에 천하의 집집마다 백성이 풍족하게 살 수 있었으므로 모두 함께 제왕을 칭송했습니다.

고조, 효문제, 효경제 때까지는 옛적의 이런 제도를 따라 근검 절약했으니 궁녀는 열 몇 명을, 마구간에 기르는 말은 백여 마리를 넘지 않았습니다. 효문제는 거칠고 두텁게 짠 옷감으로 옷을 지어 입었고 기물에 그림이나 무늬를 넣거나 금은을 상감하여 꾸미지 않았습니다. 그런데 후대의 황제들이 다투어 사치를 부리면서 점점 심해지자 신하들도 따라서 모방하게 되었습니다. 상의와 하의, 신발, 고(絝), 검에 주상을 초과하는 사치를 부렸으므로 주상이 때가 되어 조회를 보거나 종묘에 거둥할 때 신하들과 상하 구별이 되지 않았던 것은 절대 있어서는 안 될 일이었습니다. 그런데 정작 신하들은 규정을 넘어 사치를 부리는 것을 모르고 있으니, 노 소공(魯昭公)이 "내가 어디 본분을 넘어섰다는 것인가?"[19]라고 한 것과 같습니다.

지금 대부(大夫)는 제후를 넘어서고 제후는 천자를 넘어서며 천자는 천심을 넘어선 지 이미 오래이니, 쇠약하고 어지러운 세상을 구하여 교회기 잘 이루어졌던 고대로 바로잡아 돌아가는 일은 이제 폐하께 달려 있습니다. 어리석은 신이 보기에 태고 때와 똑같이 회복하는 일은 어려울 것이니 고대의 제도를 조금씩이라도 모방하면서 절제하는 것이 마땅할 듯합니다. 『논어』에 군자는 "예와 악을 절제하는 것을 즐긴다."[20]라고 했습니다. 지금 궁실은 이미 세워져 있으니 어떻게 해 볼 도리가 없지만 다른 방면으로는 줄이고 덜 수 있습니다.

예전에는 제나라에서 삼복관(三服官)이 보내는 천자의 의복이 열 상자가 넘지 않았으나 지금은 제나라의 삼복관이 수천 명이나 되는 기술자를 데리고 한 해에 수억 전을 쓰고 있고, 금은 기물을 책임지고 만드는 촉군과 광한군(廣漢郡)에서 한 해에 오백만 전을, 소부의 삼공관(三工官)은 오천만 전의 관비(官費)를 쓰고 있으며, 동서

직실(東西織室)에서도 비용을 많이 쓰는 것은 마찬가지이며 마구간에서 곡식을 먹여 기르는 말이 만 마리에 이르고 있습니다.

신 우(禹)가 일찍이 폐하를 따라 동궁(東宮) 장신궁에서 태후를 뵈었는데, 내려 주신 술잔과 소반의 무늬와 금은 상감이 너무 화려하여 신하에게 쓰라고 내려 주실 만한 것이 아니었습니다. 그러자니 동궁의 경비가 헤아릴 수 없을 만큼 많아졌습니다.

천하의 백성 중에 많은 사람이 굶어 죽는 원인이 바로 여기에 있습니다. 지금 많은 사람이 굶어 죽어 가고 있으며, 죽어도 장례를 지내지 못해 개와 돼지에게 뜯어 먹히고 사람들이 서로 잡아먹는 일까지 일어나고 있습니다. 반면에 황궁의 마구간에서 곡식을 먹여 기르는 말은 너무 살이 쪄서 걱정이니, 혈기가 넘치고 마구 성을 내는 것 때문에 날마다 걷는 운동을 시키고 있습니다. 제왕은 하늘로부터 명을 받아 백성에게 부모 노릇을 해야 하는데 이렇게 해서야 되겠습니까? 하늘에서 보고 계시지 않겠습니까?

무제 때에는 많게는 수천 명의 미녀를 뽑아 와서 후궁에서 살게 했습니다. 천하를 버리고 붕어했을 때 소제께서 어리고 약했으니 곽광이 전권을 휘두르면서 바른 예법을 모르는 채로 수많은 금전과 재물, 그리고 백아흔 종이나 되는 날짐승과 길짐승, 물고기, 자라, 소, 말, 범, 표범을 산 채로 묻었으니〔부장품의 규모가 엄청났으며,〕또 후궁에 있던 여자들을 모두 능원에 배치해 수절하게 했습니다. 이는 제도에 크게 어긋나는 일이자 천심을 거스른 것이며 무제의 뜻에도 맞지 않았습니다. 그런데 소제께서 붕어했을 때 광은 다시 그렇게 했습니다. 효선제께서 붕어했을 때 폐하께서 장례 비용을 줄인다는 말을 듣기 싫어하셨으므로 신하들도 전에 하던 대로 따랐으니 통탄할 일이었습니다.

그런데 천하가 이 바람을 타서 모두 한도를 지나치게 여자를 들이고 있으니 제후가 처첩을 수백 명씩 거느리고 부호나 이민(吏民)[21]은 가녀(歌女) 수십 명을 데리고 있습니다. 그래서 여자라면 원녀(怨女)가 많고 남자는 광부(曠夫)가 많습니다.[22] 또 사람들의 매장에 지상의 재물을 다 털어서 땅속을 가득 채우고 있는 형편입니다. 이런 허물은 역대 황제들의 사치에서 비롯했고 대신들은 모두 잘못된 선례를 따르는 죄를 짓고 있습니다.

바라건대 폐하께서 예전의 법도를 깊이 살펴보신 뒤에 그 근검했던 제도를 따라 수레와 가마, 의복과 기물에 쓰는 비용을 크게 줄여 삼 분의 이를 덜어 내십시오. 자식을 얼마나 두는가는 폐하의 명에 달렸으니 후궁들을 심사하여 그중에서 덕행이 뛰어난 스무 명만 골라 남기고 나머지는 모두 집으로 돌려보내십시오. 후사 없이 각 능원에서 수절하고 있는 여자들은 모두 돌려보내는 것이 마땅합니다. 두릉에만 궁인 수백 명이 수절하고 있으니 정말 가엾은 일입니다.

마구간의 말은 수십 마리를 넘지 않게 하시고 사냥터로는 장안성 남쪽의 원림만 남기고 성 서남쪽에서 남산 서쪽을 지나 호현까지 모두 밭으로 돌려서 빈민에게 주십시오. 지금 천하가 기근에 시달리고 있으니 비용을 크게 줄여 백성을 구제하는 것이야말로 하늘의 뜻에 순응하는 길이 아니겠습니까? 하늘이 성인을 낼 때에는 대개 만민을 위하라는 뜻이 있으니, 즐거움만 누리라고 제왕을 내는 것이 아닙니다. 그래서 『시』에 "하늘의 뜻은 정확하게 알아보기가 힘들고 제왕 노릇 또한 하기가 쉽지 않다.", "상제(上帝)께서 너희를 내려다보고 계시니 너희는 딴 마음을 먹지 말라."²³라고 했고 『논어』에 "인(仁)을 행할 일은 스승에게도 양보하지 않는다."²⁴라고 했습니다. 폐하께서는 성인의 마음으로 천지의 법칙만을 살피면서 옛적의 제도를 따르시되 신하들과 비용을 줄이는 문제로 타협하지 마십시오. 만일 신하들이 폐하의 뜻만 받들어 순종하면서 그저 아랫사람으로 윗전에서 시키는 대로 한다면 신 우는 간절한 마음을 참지 못하고 어리석으나마 저의 생각을 다 아뢸 것입니다.

황제가 공우의 충성스러운 상소를 좋게 받아들였다. 조서를 내려 태복에게는 양곡을 먹이는 말의 마릿수를 줄이게 하고 수형도위에게는 고기를 먹여 기르는 짐승도 줄이게 했으며 의춘하원(宜春下苑)의 땅을 잘라 내어 빈민에게 나누어 주도록 명령했다. 또 각저와 그 밖의 놀이를 그만두게 하고 제나라의 삼복관 제도도 없애게 했다. 공우는 광록대부로 승진했다.

얼마 있지 않아 공우가 다시 상소를 올렸다.

신 우는 나이가 많은데 집도 가난하여 재산이 만 전(錢)어치도 안 되었으므로 처자식은 겨와 콩도 배불리 먹지 못하고 허름한 옷조차 제대로 갖추어 입지 못했습니다. 밭이 백삼십 무(畝)가 있었는데 폐하께서 못난 저를 부르시자 신이 백 무를 팔아 수레와 말을 마련했습니다.

황궁에 도착한 뒤에 봉록 팔백석의 간대부가 되어 한 달에 구천이백 전을 받았습니다. 태관(太官)이 양식을 대 주었을 뿐 아니라 철마다 내려 주신 채색 비단과 물 들이지 않은 비단, 의복 및 술과 고기, 그리고 여러 가지 과일까지 받았으니 폐하의 은덕이 말할 수 없이 컸습니다. 심한 병에 걸렸을 때 시의(侍醫)를 보내서 치료하게 해 주셨으니 폐하의 신령(神靈)하심에 의지하여 죽지 않고 살아났습니다.

그 뒤에 봉록 이천석의 광록대부에 임명되어서는 다달이 일만 이천 전을 받게 되었습니다. 봉록이 더 많아져서 집안 살림이 나날이 부유해지고 지위도 높아졌지만 아무리 생각해도 초야에 묻혀 있던 어리석은 신이 응당 누려야 할 바가 아닙니다. 신이 엎드려 생각해 보았지만 이 크신 은덕을 죽어도 다 갚지 못할 듯하여 밤낮으로 불안해하고 있습니다.

신 우의 나이는 여든하나로 혈기는 쇠잔해지고 귀와 눈이 밝지 못해 더는 도움이 되지 못하고 있으므로 봉록만 축내면서 아무 공도 세우지 못하여 조정 대신의 이름을 더럽히고 있을 뿐입니다. 가슴 아프게도 고향으로부터 삼천 리 떨어진 곳에 살고 있습니다. 아들이라고는 열두 살짜리 하나밖에 없어 집에는 달리 신에게 관곽(棺槨)을 마련해 줄 자가 없습니다. 일단 거꾸러지는 날이 와서 숨이 끊어지면 다시는 고향으로 돌아가지 못하게 될 뿐 아니라 조정의 자리만 더럽힌 채 해골은 타향에 버려질 것이니 의탁할 데가 없어진 외로운 혼은 고향으로 돌아갈 수 없게 될 것입니다.

제게 소원이 있으니 바라건대 제가 고향에 묻히게 해 주시면 죽어도 여한이 없겠습니다.

황제가 공우에게 비답을 내렸다.

　짐은 선생이 백이처럼 청렴하고 사어처럼 강직할뿐더러 경서와 옛적의 제도를 따라 지키고 집권자에게 아부하지 않으며 백성을 위해 부지런히 일하는 보기 드문 사람으로 여겼으므로 선생이 내 가까이에 있으면서 국정에 참여하기를 기대했소. 아직 선생의 탁월한 의견을 오래도록 들어 보지 못했는데 물러나겠다고 말하니 무슨 섭섭한 일이 있었던 것인지, 아니면 대신들과 뜻이 맞지 않아서 그러는 것인지 모르겠소. 일전에 금창(金敞)을 선생에게 보내 선생이 살아 있을 때 선생의 아들에게 녹을 내리겠다고 전하게 했는데 지금 아들이 어리다는 이야기를 꺼내는 것은 무슨 까닭인가? 대저 제왕의 명령으로 선생의 집을 지켜 준다고 하면 아들 백 명이 있다 해도 이보다 나을 수 없을 것이오. 고서에도 고향 땅을 생각하지[25] 말라고 했으니, 고향을 그리워하지 말고, 선생은 억지로라도 밥을 들면서 병을 얻지 않도록 조심하며 스스로 몸을 돌보도록 하시오.

　그 뒤 한 달 남짓하여 공우를 장신소부로 삼았다. 마침 어사대부 진만년이 세상을 떠났으므로 공우가 대신 어사대부가 되어 삼공의 반열에 올랐다.[26]

백성의 삶을 개선하기 위해 수십 차례 상소를 올리다

○　○　○

공우가 어사대부로 재직하면서 여러 차례에 걸쳐 나라를 다스리는 일의 성패에 관해 의견을 냈는데 상소를 올린 것만 수십 차례였다. 공우는 이렇게 주장했다.

예전에는 백성에게 부산(賦算)과 구전(口錢)[27]을 걷지 않았는데 무제 때에 사이를 정벌하면서부터 백성에게 무겁게 매기기 시작하여 백성이 낳은 아이가 세 살이 되면 구전을 내게 했습니다. 부담이 가중되어 힘들어지자 백성들이 아들을 낳으면 낳는 대로 죽이고 있으니 몹시 비통한 일입니다. 그러니 아이가 일곱 살이 되어 이를 갈고 난 뒤부터 구전을 걷고 스무 살부터 산부(算賦)를 내게 함이 마땅합니다.

공우는 또 이렇게 상소했다.

옛적에는 금속으로 주조한 돈을 화폐로 쓰지 않았고 농사에만 전념하게 했으니, 농부 한 사람만 밭을 갈지 않아도 그 때문에 굶주리는 자가 반드시 나오게 되어 있었습니다. 현재 한나라 조정에서는 돈을 주조하기 위해 지방에 철관(鐵官)을 파견하여 구리와 철을 캐고 있습니다. 이들은 모두 산에 아전을 배치하여 노역자들을 부리고 있는데 한 해에 십만 명이나 됩니다. 생산 능력이 중간쯤 되는 농부 한 사람이 일곱 명을 먹여 살릴 수 있다고 볼 때, 칠십만 명이 한 해 동안 먹지 못하게 된다는 계산이 나옵니다. 또 땅을 수백 장(丈)씩 파고 있어 음기의 정수가 소멸되고 있고, 땅에 묻힌 것을 텅 비도록 털어 내니 원기를 머금은 구름이 생겨나지 못하고 있습니다. 게다가 벌목 금지 기간도 없이 숲의 나무를 베고 있기 때문에 홍수와 가뭄의 재해가 일어나지 않을 수 없습니다.

오수전을 쓰기 시작한 이래로 일흔 해가 넘었는데, 그동안 많은 사람이 몰래 돈을 주조하다가 걸려서 형벌을 받은 반면에 부자들은 주조한 돈을 집에 가득 쌓아 두고도 만족을 모르기에 민심이 동요하고 있습니다. 상인들은 이윤을 추구하느라 동서남북으로 각각 다른 속임수를 부리고 좋은 옷과 맛있는 음식을 누리고 있습니다. 이들은 한 해에 십 분의 이의 이윤을 올리고 있는데 세금은 내지 않습니다.

농부들은 부자간에 들에서 일하며 추위와 더위를 피할 새도 없이 풀을 뽑고 써레질로 흙을 부수느라 손발에 굳은살이 박이지만 양곡을 조세로 바치는 것에 더하여 볏짚까지 바쳐야 하고, 향리의 아전들이 사사로이 뜯어 가는 것까지 있어 수확물로 다 감당하지 못하는 형편입니다. 그리하여 백성들이 농업을 버리고 상공업에 종사하느라 밭을 가는 농부가 인구의 절반이 못 됩니다. 게다가 폐하께서 밭을 하사하셔도 헐값에 팔아 장사 밑천으로 써 버리고는 궁해지면 일어나 도적이 되고 맙니다.

이렇게 된 연유가 무엇이겠습니까? 장사에 이윤이 많이 남으니 돈의 유혹을 이기지 못하고 사악하게 법을 위반하는 것으로, 그 원인은 모두 돈에 있습니다. 이런 피해가 걱정스럽다면 그 원인을 끊어야 합니다. 주옥과 금은을 캐고 돈을 주조하는 관직을 없애 다시는 돈을 주조하지 말아야 마땅합니다. 또 시장에서 싸게 사서 비싸게 파는 일을 못 하게 막고 상공업 거래에 푼돈으로 세금을 내게한 법률을 폐지하며 조세와 봉록, 하사품은 모두 포목과 곡식으로함으로써 백성이 모두 농업으로 돌아가게 하여 옛적의 법도를 따라 나라를 다스리는 일이 유리하게 돌아가게 해야 합니다.

공우는 이런 주장도 했다.[28]

여러 이궁(離宮)과 장락궁의 호위 군사를 절반 넘게 줄이고 요역의 부남노 성감시켜야 합니다. 또 관가의 노비 십여만 명이 놀이를즐기며 일없이 지내고 있습니다. 양민에게서 세금을 받아 그자들을 먹여 살리고 있으니 한 해에 비용이 오륙억 전이나 들어가고 있습니다. 이들을 서인으로 속량한 뒤에 식량을 대 주면서 함곡관 동쪽에서 수자리를 사는 병졸을 대신하게 하거나 북쪽 변경의 정(亭)과 요새에 올라가 정찰 업무를 보게 하는 것이 마땅합니다.

공우는 또 황제의 측근 중에서 제조(諸曹), 시중(侍中) 이상 관리 집안에서 사사로이 시세 차익을 남기는 장사를 하면서 백성들의 돈을 버는 일을 하지 못하게 하고, 이를 어기면 삭탈관직한 뒤에 다시는 벼슬길에 오르지 못하도록 해야 한다고 주장했다.

공우는 또 이렇게 상소를 올렸다.

효문제 때에는 청렴함을 숭상하고 부정부패를 천시했습니다. 그래서 상인과 췌서(贅婿)[29] 및 관리들이 불법으로 재물을 취득한 죄를 지었을 때 모두 벼슬길에 오르는 길을 막아서 관리가 되지 못하게 했습니다. 또 선한 자에게 상을 주고 악한 자에게 벌을 주되 친척이라고 해서 편을 들어주지 않았고 죄를 지은 증거가 확실하게 드러났을 때에는 처벌하고, 미심쩍은 부분이 있을 때에는 그자의 말을 들어주었으며, 재물로 속죄하는 법이 없었습니다. 그리하여 금지령을 반포하는 것만으로도 나라 안에 교화가 크게 이루어져 천하를 통틀어 옥사가 사백 건밖에 일어나지 않았으므로 형벌을 한쪽으로 미루어 두고 쓰지 않은 것과 다를 바가 없었습니다.

무제께서 직접 천하를 다스리기 시작하면서 능력이 뛰어난 인재를 존중하고 중용하면서 영토를 수천 리나 확장했습니다. 무제께서 무력을 행사하여 큰 업적을 세운 것에 만족하시어 좋아하는 것과 하고 싶은 것을 마음대로 하시다 보니 비용이 부족해져 여러 가지 제도를 바꾸셨습니다. 그때 법을 위반한 자들이 재물로 속죄하는 법과 곡식을 내면 관리로 임명해 주는 법이 생겼습니다. 그리하여 천하에 사치 바람이 불게 되었는데 벼슬아치의 풍기가 문란해지면서 백성들이 가난해져서 도적이 떼로 일어나고 호적지를 이탈하여 이름 없이 떠도는 자들이 많아졌습니다. 지방의 군과 제후국에서는 조정의 처벌이 두려워 대전(大篆) 서체를 정확하게 쓰면서[30] 장부 작성에 익숙한 나머지 상부 관아의 눈을 속이는 자를 골라 고위직에 올려놓았을 뿐 아니라, 법을 위반하는 사례가 수도 없이 많이 일어나자 용맹하면서도 백성을 엄하게 부릴 줄 아는 자를 뽑아 썼으니 그중에도 가혹하고 포악하게 무력으로 백성을 복종시키는 자를 요직에 올려놓았습니다. 그러자 의를 지키지 않으면서 재물만 가진 자들이 세상에서 이름을 얻고, 속이고 거짓말을 하면서도 글만 잘 쓰면 조정에서 높은 자리에 올랐으며, 패역(悖逆)하면서도 용맹하기만 하면 높은 관직을 받았습니다. 그래서 세상 사람들이 모두 "무엇으로 부모님께 효도하고 맏형을 공경할까? 돈을 많이 벌어서 부귀하게 해 드리지. 어떻게 해야 예법과 의례를 행할 수 있을까? 공문서를 잘 작성하여 조정에 들어간 뒤에 할 수 있지. 언제나 언행을 조심하며 근신할 수 있을까? 용맹을 떨쳐 관직을 얻고 난 뒤에 하지."라고들 말했습니다.

그래서 경형(黥刑)이나 이형(劓刑) 또는 곤겸형(髡鉗刑)을 받은 자라 할지라도 소매를 걷고 공을 세우고 나면 다시 세상에 나와 벼슬을 할 수 있었고, 행동이 개돼지 같은 자라도 집이 부유하여 세력을 쥐고 있으면 눈짓으로 가리키거나 헛기침만으로 사람을 부릴 수 있었는데 그런 자를 두고 능력이 뛰어나다고들 했습니다. 벼슬을 하면서 재물을 많이 모은 자가 영웅호걸이고, 법을 위반하면서 이윤을 남긴 자를 장사(壯士)라고 하면서, 형은 동생에게 아비는 아들에게 그런 길을 가라고 권했으므로 풍속이 망가진 채로 오늘에 이르렀습니다. 이렇게 된 주요 원인을 살펴보면, 법을 어긴 자에게 재물로 속죄하는 법을 만들어 주어 능력과 덕행이 뛰어난 진짜 인재를 구하지 못했고 제후국의 승상과 지방의 태수들이 재물과 이익을 탐하며 범법자들을 처벌하지 않았기 때문입니다.

이제 폐하께서 나라를 부흥시켜 태평성대에 이르도록 다스리기를 바라신다면 마땅히 재물로 속죄하는 법부터 없애서야 합니다. 또 제후국의 승상과 지방의 태수들이 제대로 능력을 갖추지 않은 자를 아전으로 뽑거나 부정하게 재물을 축적하면 모두 주살하되 삭탈관직으로만 끝내지 마십시오. 그렇게 되면 모두 선행을 하기 위해 힘을 다할 것입니다. 그리하여 일반 백성은 부모에게 효도하고 맏형 공경하기를 숭상하고, 장사치를 천하게 여길 것이며, 참된 능력을 갖추고 실제로 성품이 강직한 인재를 천거해 올릴 것이니 천하가 제대로 다스려지게 될 것입니다.

공자는 그저 평범한 집안의 아들로 태어났을 뿐이나 성현의 도를 좋아하며 꾸준히 자신을 바르게 수양했기 때문에 사해의 모든 백성과 천하의 모든 임금이 공자의 말씀을 자신의 중심으로 삼지 않을 수 없었습니다. 하물며 한나라는 드넓은 영토를 가지고 있고 폐하께서는 성덕을 갖추고 홀로 남면하여 신하들을 거느리는 존귀한 자리에 앉아 천하를 다스리는 만승(萬乘)의 권력을 행사하고 계십니다. 천지신명의 도움을 받는다면 세상의 풍속을 바꾸고 음양이 조화를 이루게 하며 만물이 제대로 성장하게 하고 천하 백성을 바른길로 교화하는 일이란 흐르려는 물을 터 주고 떨어지려는 물건을 떨어뜨리는 것보다 더 쉬울 것입니다.

주나라 성왕과 강왕 이래로 천 년에 가까운 세월이 흐르는 동안에 태평성대를 이루고 싶어 했던 제왕은 아주 많았지만 태평세월은 다시 나타나지 않았습니다. 그 까닭이 무엇이겠습니까? 법도를 팽개치고 마음대로 행하여 사치가 성행하고 인의가 사라졌기 때문입니다.

폐하께서는 고조께서 천하를 평정하기 위해 고생하셨던 것을 마음 깊이 새기시고, 태종 문제께서 다스린 법도를 그대로 따르면서 신하들에게 바른 행동을 본보기로 보여 주시고, 인재를 선발하여 정사를 보좌하게 하시며, 충성스럽고 정직한 신하를 중용하시고, 간신을 처벌하며, 아부를 일삼는 자들을 멀리하시고, 능원에서 수절하고 있는 여자들을 집으로 돌려보내시며, 가무와 잡기를 끊으시고, 정나라 노래를 금지하시며, 갑을장(甲乙帳)[31]을 철거하시고, 번지르르하고 경박하게 보이는 것들을 치우시며, 근검절약하는 기풍을 닦는 한편으로 천하의 백성이 모두 농사로 돌아갈 수 있도록 재촉하십시오. 이 모든 것을 꾸준하게 행하신다면 삼왕에 짝하고 오제의 업적에 미칠 수 있게 될 것이옵니다.

폐하께서 관심을 가시고 제가 말씀드린 점을 살펴보시기를 바랍니다. 그렇게 되면 천하가 모두 아주 행복해질 것입니다.

황제는 이런 상소가 올라올 때마다 대신들에게 의논하도록 내려보냈다. 백성이 아이를 낳아 일곱 살이 되면 구전을 내게 하는 규정은 이때 마련되었다. 또 상림원의 행궁과 별관 중에서 자주 행차하지 않는 곳은 철거했고 건장궁과 감천궁의 호위 군사를 줄였으며 제후국 왕실 종묘를 지키던 군사도 절반으로 줄였다. 비록 그 밖의 방면에서는 공우의 건의를 그대로 듣지 않았으나 공우의 뜻이 진실하고 곧다는 점을 칭찬했다.

또 공우가 '지방의 군과 제후국에 있는 황실 사당을 철폐하고 한나라 황실의 종묘 철폐에 관한 규정을 정해야 한다.'라고 상소했으나 시행되지 못했다.

공우는 어사대부가 된 지 몇 달 뒤에 세상을 떠났다.[32] 황제가 백만 전을 하사하고 그 아들을 낭관으로 삼았는데 나중에 동군 도위까지 올랐다. 공우가 죽은 뒤에 황제가 공우의 주장을 회고하며 지방의 군과 제후국에 있던 사당을 철폐하면서 철폐 규범을 확정했는데, 고금에 사정에 밝고 학문이 연박(淵博)했던 유생의 비난을 받기도 했다. 이때의 이야기는 「위현성전(韋玄成傳)」에 있다.

절의가 높았던 벗 공승과 공사

공승과 공사는 둘 다 초나라 사람으로 공승의 자는 군빈(君賓)이고, 공사의 자는 군천(君倩)이다. 벗이었던 두 사람은 절의가 높은 것으로 이름을 알렸다. 그래서 세상 사람들이 '초나라의 양공(兩龔)'이라고 칭했다. 모두 어려서부터 공부를 좋아하여 경서에 밝았다. 공승은 태수부의 아전이 되었으나 공사는 그 길을 택하지 않았다.

한참 지나서 초나라 왕이 황제를 알현하러 황궁에 가게 되었는데 공사의 명성이 높다는 소문을 듣고 공사에게 상시(常侍)가 되어 주기를 청했다. 공사가 하는 수 없이 왕을 따라 장안에 갔다가 초나라에 돌아온 뒤에 상시직을 고사하고 공부를 마치겠다며 다시 장안으로 갔다.

공승은 태수부의 아전으로 세 번이나 효렴 인재에 천거되었으나 제후국 사람이라 황궁에서 숙위할 수 없었으므로 계속 태수부의 관원으로 임명되었다. 두 지방의 위(尉)와 한 지방의 현승을 지냈지만 공승은 임명될 때마다 곧바로 사직해 버렸다. 주(州)에서 무재(茂材) 인재로 천거하여 중천(重泉) 현령이 되었으나 병을 칭하고 사직했다.

대사공 하무와 집금오 염숭(閻崇)이 공승을 천거하자 애제가 자신이 정도왕으로 있을 때부터 그 이름을 들어 알고 있었다면서 불러들여 간대부로 삼았다.

황제에게 불려 가 알현하는 자리에서 공승이 공사와 강보(亢父)의 영수(甯壽), 제음(濟陰)의 후가(侯嘉)를 천거하자 황제가 그들을 모두 불러늘이노록 넝렁했나. 그때 공승이 말했다.

"제가 알기로 황제께서는 의원이나 무축을 불러도 언제나 가마를 보내시던데 현자를 부르는 일이니 마땅히 가마를 보내셔야 합니다."

그러자 황제가 대답했다.

"대부들은 자신의 수레를 타고 오는 것인가?"

공승이 아뢰었다.

"예, 그렇습니다."

황제가 말을 알아듣고 가마를 보내라고 명령했다. 공사와 후가는 황궁에 당도하여 황제를 알현하고 모두 간대부가 되었다. 그러나 영수는 병을 칭하고 가지 않았다.

공승은 간관(諫官)이 되어 여러 차례 상소를 올리며 알현을 청한 뒤에 "백성이 빈곤하여 도적이 많아졌고 관리들이 훌륭하지 못해 풍속이 야박해졌으며 하늘에서는 재이를 자주 내리고 있으므로 근심하지 않을 수 없다. 나라의 행사 규모가 지나치게 사치스럽고 형벌은 너무 엄하며 조세를 마구잡이로 무겁게 징수하고 있으니 황제가 검약을 실천하여 아랫사람들에게 본보기가 되어야 한다."라고 주장했다. 공승의 의견은 왕길과 공우의 주장을 그대로 따른 것이었다. 간대부로 두 해 넘게 일하다가 승상사직으로 승진했고 다시 광록대부가 되었다. 그 뒤에 임시직 우부풍이 되었다. 몇 달 지나 공승이 번잡한 행정 업무를 처리하는 관리에 알맞지 않은 것을 알게 된 황제가 다시 광록대부 제리 급사중으로 불러들였다. 공승은 동현(董賢)이 조정의 기강과 법도를 어지럽혔다고 비판했는데 그것은 황제의 뜻에 맞서는 말이었다.

그 뒤에 한 해 남짓하여 승상 왕가(王嘉)가 글을 올려 전임 정위 양상(梁相) 등을 천거했다. 상서가 "가(嘉)가 제멋대로 조정 대사를 거론하여 국가를 혼란스럽게 하고 황제를 기만했으므로 부도죄에 해당한다."라고 왕가를 탄핵했다. 황제가 이 사안을 중조(中朝)의 여러 장군과 대신에게 넘겨 의논하게 했다. 좌장군 공손록(公孫祿)과 사례 보선, 광록대부 공광 등 열네 명이 모두 왕가는 국가를 혼란스럽게 했으므로 부도죄로 처벌해야 한다고 주장했다. 그러나 공승은 혼자 의견이 달랐으므로 글을 올려 이렇게 주장했다.

"가는 천성이 비뚤어지고 탐심이 많으며 잔혹한 관리를 천거했습니다. 삼공의 반열에 오르자 음양이 조화를 이루지 못하고 여러 가지 일이 잘못되었는데 그 재앙은 모두 가 때문에 생긴 것입니다. 국가를 혼란스럽게 한 죄를 지은 것은 틀림없으나 이번에 상등을 천거한 것을 죄로 삼자면 그 허물이 미미합니다."

그날은 해가 저물어 의논을 파하고 이튿날 다시 모였을 때 좌장군 공손록이 공승에게 물었다.

"그대의 주장은 근거가 없소. 오늘은 황제께 결론을 상주해야 하는데 어느 쪽 의견을 따를 작정이오?"

공승이 대답했다.

"장군께서 저 승의 의견이 옳지 않다고 생각하시면 저까지 함께 탄핵하십시오."

박사 하후상(夏侯常)이 공승이 공손록에게 화목하지 않게 응대하는 것을 보고 몸을 일으켜 공승 쪽으로 가서 말했다.

"올라온 탄핵안에 동의한다고 상주하는 것이 마땅하오."

그러자 공승이 하후상을 손으로 밀치며 말했다.

"비키시오."

며칠 지난 뒤에 다시 회의가 열려 효혜제와 효경제의 사당을 복원하고 제사를 지내는 문제를 의논했다. 참석한 대신들이 모두 복원하는 것이 마땅하다고 주장했다. 그때 공승이 말했다.

"당연히 예법에 따라야 합니다."

또 하후상이 나서서 공승에게 말했다.

"예법은 변하는 것이오."

공승이 바로 반박했다.

"그만두시오. 변하는 것은 시대일 뿐이오."

하후상이 화를 내며 공승을 비판했다.

"그대가 어떤 사람인지 내가 지켜봤소. 조금이라도 남들과 다르게 해서 밖에서 이름을 얻고자 하는데 그런 그대야말로 신도적(申徒狄)과 같은 부류일 뿐이오."

앞서 하후상이 공승에게 고릉(高陵)에 어미를 죽인 아들이 있다는 말을 한 적이 있었다. 공승이 그 말을 황제에게 아뢰자 상서가 물었다.

"누구한테 들었습니까?"

공승이 대답했다.

"하후상에게 들었습니다."

상서가 공승으로 하여금 하후상에게 물어보게 했다. 하후상은 공승에게 계속 당한 것이 속상했던지라 이렇게 응대했다.

"관가의 잡역부에게 들었기 때문에 발설하지 말라고 했거늘 자세한 사정도 모르면서 황제께 아뢰었으니, 죄에 저촉되는 짓을 함부로 저지른 것입니다."

공승이 반박하지 못했다. 상서에게 대답할 길이 없게 된 공승은 하후상과 다투어 조정에 욕을 보였다는 이유로 자신을 탄핵했다. 사안이 어사중승에게 내려갔으므로 어사중승이 공승을 불러 힐문한 뒤에 탄핵 소장을 올렸다.

"승은 봉록 이천석의 관리이고 상은 대부(大夫)의 지위에 있으면서 둘 다 영광스럽게도 급사중이 되었는데 함께 조정 대사를 논의하는 자리에서 예의를 차리지 않았습니다. 조정의 공경직에 있는 자들이 서로 비난하고 경솔한 말투로 논쟁하며 오만하게도 모양새 없는 행동을 했으니 둘 다 불경죄에 해당합니다."

황제가 명령했다.

"각각 한 등급씩 봉록을 낮추도록 하라."

공승이 사죄하며 벼슬에서 물러나기를 청했다. 이에 황제가 상을 많이 내렸을 뿐 아니라 아들 공박(龔博)을 시랑으로 삼았고 공승은 발해 태수로 내보냈다. 공승이 병을 칭하며 관직을 고사했다. 뒤에 여섯 달 동안 취임하지 않으니 파면되어 고향에 돌아갔다.

황제가 공승을 다시 불러서 광록대부에 임명했다. 공승은 자주 병을 칭하고 자리에 누웠다. 그리고 여러 차례 아들을 시켜 벼슬을 그만두고 고향에 돌아가겠다는 글을 올리게 했다. 그러던 중에 애제가 붕어했다.

그보다 앞서 낭야의 병한(邴漢)이 고결한 행동으로 황제에게 불려 가 경조윤으로 등용되었다가 뒤에 태중대부에 올랐다. 그런데 왕망이 집정한 뒤에 공승과 병한이 함께 사직하고 고향으로 돌아가기를 청했다. 소제 때에 탁군의 한복(韓福)이 덕행이 뛰어나 황제의 부름을 받아 장안에 갔다. 고향에 돌아올 때 황제가 책서와 속백(束帛)을 내렸다. 책서의 내용은 다음과 같다.

짐이 차마 관직의 일로 괴롭힐 수 없으니 향리에 돌아가 힘써 효제(孝弟)의 도리로 교화하도록 하라. 역참의 객사에서 쉴 때 연도의 현에서 차례로 술과 고기를 갖춰 대접하고 종자와 말에게도 먹을 것을 챙기도록 하라. 태수부의 장리(長吏)가 때를 맞추어 안부를 묻도록 하고 해마다 8월에 양 한 마리와 술 두 곡(斛)을 내리도록 하라. 불행하게도 세상을 떠나면 대렴용으로 솜을 놓아 지은 목면 이불 한 채를 내리고 제사는 중뢰(中牢) 규모를 갖추도록 하라.

왕망이 이때의 전례를 따라 태황태후[33]에게 공승과 병한을 고향으로 돌아가게 하도록 말씀 올렸다. 그러자 태황태후가 책서를 내렸다.

원시 2년 6월 경인일(庚寅日)에 광록대부와 태중대부 두 노인이 늙고 병들었으므로 벼슬에서 물러나게 되었다. 태황태후는 알자 복야를 보내 조서를 내린다. 옛적에는 일하던 관리가 일정한 나이가 되면 사직했다고 들었다. 그렇게 겸손하게 물러남으로써 남은 체력을 다 쓰지 않을 수 있었다고 한다. 이제 대부들이 그런 나이가 되었으니 차마 관직의 일로 대부들을 힘들게 할 수 없다. 그러니 아들이나 손자, 형제 또는 형제의 아들 중에서 한 사람을 천거하도록 하라. 대부들은 돌아가 천수를 누리면서 수신(修身)하고 성현의 도(道)를 지키라. 비단을 내릴 것이니 돌아가는 길에 역참 객사에서 쉬도록 하라. 해마다 때에 맞춰 양과 술, 옷과 이불을 내리며 모두 한복에게 했던 전례를 따르도록 하라. 그리고 천거한 자제는 모두 낭관에 임명할 것이다.

그리하여 공승과 병한이 향리로 돌아가 노년을 보내게 되었다. 병한의 형의 아들인 병만용(邴曼容) 또한 출세에 관심을 두지 않고 자신을 수양했으니, 관직이 봉록 육백석을 넘으면 바로 사직하여 그 이름이 병한보다 더 널리 알려졌다.

그보다 먼저 공사가 공승의 천거로 황제의 부름을 받은 후 간대부가 되었으나 병을 칭하고 사직했다. 뒤에 다시 부름을 받아 박사가 되었으나 다시 병을 칭하며 사직했다. 얼마 지나지 않아 애제가 사자를 공사가 있던 초나라 땅에 파견하여 공사를 태산(太山) 태수에 임명했다.

공사의 집은 무원(武原)에 있었다. 사자가 현의 관아에 당도하여 공사를 불렀다. 공사로 하여금 현의 관아에 오도록 하여 그곳에서 인수를 수여하겠다는 뜻이었다. 공사가 말했다.

"천하가 제왕의 집인데, 꼭 현의 관아까지 갈 일이 있겠는가?"

결국 집에서 조서를 받자마자 그길로 임지로 향했다.

부임한 뒤에 몇 달이 지났을 때 황제에게 글을 올려 사직하고 고향에 돌아가기를 청했다. 황제가 공사를 불렀지만 경조(京兆) 동부의 호현 경계에 이르렀을 때 병이 위독하다고 하면서 버텼다. 황제가 사자를 보내 태산 태수의 인수를 거두고 공사를 광록대부로 삼았다. 몇 차례나 병가를 내렸지만 공사가 끝내 자리에서 일어나려고 하지 않았으므로 고향으로 돌려보냈다.

공사도 공승과 마찬가지로 오경에 통달하여 제자들에게 노시(魯詩)를 가르쳤다. 공사와 공승이 고향에 돌아가서 살고 있을 때 군(郡)[34]에 이천석 고관이 처음 부임하면 모두 그들의 집에 가서 제자가 스승을 뵐 때와 같은 예를 올렸다. 공사는 나이 예순여덟 되던 해인 왕망이 섭정하던 중에[35] 세상을 떠났다.

왕망이 황위를 찬탈한 뒤에 오위장수(五威將帥)를 파견하여 천하의 풍속을 시찰하게 했을 때 장수가 직접 양고기와 술을 들고 가서 공승의 안부를 물었다.

이듬해, 왕망이 사자를 공승의 집으로 보내 공승을 강학좨주(講學祭酒)에 임명했다. 공승이 병을 칭하고 왕망의 부름에 응하지 않았다. 두 해가 지나서 왕망이 다시 사자를 보내 옥새를 찍은 국서를 보내고 태자사우좨주(太子師友祭酒)의 인수를 내리면서 네 마리 말이 끄는 안거로 공승을 맞이해 오게 했다. 사자로 하여금 공승이 사는 집으로 가서 인수를 내리게 하되 상경(上卿) 봉록 중에 여섯 달치를 먼저 가지고 가서 하사하게 했다. 사자는 군의 태수와 현의 장리, 삼로 등의 관속, 품행이 뛰어난 유생 천 명 이상과 함께 공승이 사는 마을로 가서 조서를 전달하게 되어 있었다. 공승이 일어나서 조서를 받아야 했으므로 사자가 문밖에서 오랫동안 서서 기다렸다.

공승은 병이 위독하다면서 집 서쪽 채의 남쪽 창 아래에 침상을 놓고 〔『논어』「향당(鄉黨)」에 나오는 대로〕 조복을 입고 조복이 흐트러지지 않도록 띠를 맨 뒤에 머리를 동쪽으로 하고 누웠다. 사자가 집으로 들어가 서쪽 채에 이른 뒤에 남면하여 서서 조칙을 전달하고 옥새가 찍힌 국서를 내렸다. 이어서 뒤로 물러선 뒤에 두 번 절하고 인수를 받들어 전했다. 그러고는 공승을 모셔 갈 안거를 집 안으로 들이고 다시 그 앞에 나아가서 말했다.

"황제께서는 선생을 잊은 적이 없습니다. 천하의 제도를 미처 완비하지 못했기 때문에 선생이 오셔서 정사에 참여하기를 기다리십니다. 황제께서는 선생께서 시행하고자 하는 정책을 따라 나라를 안정시키기를 바라십니다."

공승이 대답했다.

"본래 어리석은 데다 나이가 많고 병까지 겹쳐 목숨이 조석에 달려 있으니 사자로 오신 선생을 따라 길을 떠났다가는 반드시 길에서 죽게 될 것입니다. 그러면 아무런 도움이 되지 못합니다."

사자가 왕망의 위세를 빌려 자리에서 일어나기를 권하며 인수를 공승의 몸에 둘러 주려고 하자 공승이 한사코 거절하며 받지 않았다. 사자가 그 자리에서 황제에게 글을 올렸다.

바야흐로 한여름 더위가 한창인 데다 승이 병에 걸려 기운이 쇠약하니 가을이 되어 서늘해지기를 기다려 출발하겠습니다.

그렇게 하라고 허락하는 조서가 내려왔다. 사자는 닷새에 한 번씩 태수와 함께 문안을 드리고 몸이 어떤지 살폈다. 그러고는 공승의 두 아들과 문인 고휘(高暉) 등에게 말했다.

"조정에서 선생을 제후로 봉하기 위해서 참을성 있게 기다리시는 중이니 비록 병이 위중하다 하더라도 역참의 객사까지 움직여 장안으로 갈 뜻이 있음을 보여 주는 것이 마땅합니다. 그러면 자손에게 큰 바탕을 물려주게 될 것입니다."

고휘 등이 사자가 한 말을 전하자 공승이 사자가 자신의 말을 들어주지 않으리라 판단하고 그 자리에서 고휘 등에게 일렀다.

"내가 한나라 황실에서 입은 깊은 은총을 갚지도 못했는데 이미 나이를 많이 먹어 버려 아침저녁으로 땅속에 묻힐 일만 기다리고 있다. 도의상 한 몸으로 두 황실을 섬기고 지하에서 어떻게 옛 주상을 뵐 수 있겠느냐?"

그 말을 한 뒤에 공승이 관과 염 등 초상을 치르는 일에 대해 부탁했다.

"수의로 몸을 두르되 관은 수의를 두른 송장이 들어갈 만하면 된다. 세속에서 하는 대로 부장품을 많이 넣어 내 무덤이 도굴되게는 하지 마라. 잣나무를 심지 말고 사당을 짓지 마라."

말을 마친 뒤에 입을 닫고 다시는 음식을 넘기지 않다가 열나흘이 지나서 죽었다. 죽었을 때 나이가 일흔아홉이었다. 사자와 태수가 염하는 것을 지켜보면서 법도에 따라 대렴용으로 솜을 놓아 지은 목면 이불을 내리고 중뢰 제사를 지냈다. 초상을 치르는데 참최 상복을 입고 수질을 두른 문인이 수백 명이었다. 한 노인이 조문하면서 애절하게 곡을 한 뒤에 말했다.

"아아, 향기로운 풀이어서 스스로 태워 향을 냈고, 빛을 내는 잔등의 기름이라 스스로 태워 주위를 밝혔으니, 천수를 누리지 못하고 결국 요절한 공생은 우리 따위와는 같은 부류가 아니로다."

그러고는 빠른 걸음으로 나가 버렸다. 그 노인이 누군지 아는 사람은 아무도 없었다.

공승은 팽성현 염리(廉里)에 살았다. 후세 사람들이 그 마을의 문 옆에 빗돌을 세워 그 절의를 기렸다.

천하 백성을 먼저 생각하라고 간언한 보선

○   ○   ○

보선의 자는 자도(子都)이고, 발해군 고성현 사람이다.

공부를 좋아하여 경서에 밝았다. 현의 향장부(鄕嗇夫), 임시직 속주(束州) 현승으로 있다가 뒤에 도위공조(都尉功曹)와 태수공조(太守功曹)가 되었고, 효렴 인재로 천거되어 낭관이 되었다. 병으로 사직했다가 다시 주종사(州從事)가 되었다. 대사마 위장군 왕상이 보선을 불러 의랑에 천거해 썼는데 뒤에 병으로 사직했다. 애제 즉위 초에 대사공 하무가 보선을 서조(西曹) 연(掾)으로 뽑고는 크게 존중하고 공경했다. 하무가 보선을 간대부로 천거했고 뒤에 예주목으로 승진했다. 한 해 남짓하여 승상사직 곽흠(郭欽)이 상주했다.

선은 번거롭고 가혹하게 시책을 시행하는 한편으로 이천석 태수부의 아전을 대신하여 소송 사건을 심문할 때 조정에서 정한 육조(六條)의 규정을 넘어서 조사했으며, 각 지역을 시찰할 때에는 제도에 정한 수레를 타고 다니지 않고 서민들과 마찬가지로 말 한 마리가 모는 수레를 타고 향과 정에서 유숙하고 있어서 여러 사람의 비난을 듣고 있습니다.

보선의 죄가 인정되어 파면되었다. 집에 돌아가서 지낸 지 몇 달 뒤에 다시 황제의 부름을 받아 간대부가 되었다.

보선이 간대부에 재직할 때 늘 글을 올려 간쟁했다. 그 글은 화려한 수식어는 없지만 좋은 내용을 많이 담고 있었다. 그 무렵 애제의 할머니 부 태후[36]가 자신은 성제의 어머니와 같은 존호를 받고 일가친척에게는 작위를 봉하려고 했다. 승상 공광, 대사공 사단, 하무, 대사마 부희(傅喜)가 바른말로 간언했다. 모두 부 태후의 뜻을 거스르게 되어 파면되었다. 애제의 어머니 집안인 정씨(丁氏)와 할머니 집안인 부씨(傅氏)의 자제들이 조정에 함께 등용되고 동현이 황제의 총애를 받자, 보선이 간대부로서 공광 등의 뒤를 이어 황제에게 간언하는 글[37]을 올렸다.

제가 효성제 때에 권력을 잡은 외척이 각자 친한 자들을 끌어들여 조정을 채우는 것을 보았습니다. 그리하여 능력과 덕행이 뛰어난 인재가 등용되는 길을 막아 천하를 어지럽게 흐려 놓았으며 아무런 절제 없이 극도의 사치를 부려 백성을 곤궁하게 만들었으므로, 그 때문에 일식이 열 차례 가까이 일어났고 혜성이 네 차례나 보였습니다. 나라가 망할 위기에 빠졌다는 것을 알려 주는 이 징조는 폐하께서도 친히 보셨습니다. 그런데 이런 징조가 예전보다 더 심하게 자주 일어나는 이유는 무엇이겠습니까!

지금 조정 대신 중에는 큰 선비로서 강직한 자나 백발의 어른이나 헌걸찬 선비가 없습니다. 고금의 역사와 제도에 관해 토론할 수 있고 탄식하기만 해도 여러 사람의 마음을 움직일 수 있으며 굶주리고 목마른 심정으로 나라를 걱정하는 자를 신은 아직 조정에서 만나 보지 못했습니다. 폐하께서 외척 집안의 사내아이와 행신(幸

㉤ 동현 등을 총애하여 황궁 문 안에 들여놓으셨습니다. 그러나 폐하께서 그자들과 함께 천지신명을 받들며 나라 안을 안정시키기는 몹시 어려울 것입니다.

지금 세상에서는 지혜가 없는 자를 유능하다 하고 지혜가 뛰어난 자는 무능하다 합니다. 옛적 요임금이 네 명의 죄인[38]을 추방했을 때에는 천하가 다 복속해 왔는데 지금은 관리 한 명만 임명해도 백성들이 모두 의심합니다. 옛적에는 사람에게 형벌을 가해도 순종했는데 지금은 누구에게 상을 주어도 그자가 상을 받을 자격이 있는지 의심합니다. 그리고 지금은 서로 사사로이 청탁을 들어주면서 간사한 계교를 부리는 소인배들이 나날이 폐하의 신임을 얻고 있는데, 나라의 창고는 텅 비어 써야 할 비용이 모자라는 형편입니다. 백성들은 외지를 떠도느라 살던 고향 땅의 성곽을 떠났고 도적은 떼를 지어 일어나는데 아전들이 백성에게 잔혹하게 구는 일은 해마다 더 심해지고 있습니다.

무릇 백성이 농사짓던 땅을 떠나 유랑하는 데에는 일곱 가지 원인이 있습니다. 음양이 조화를 이루지 못해 홍수와 가뭄의 재해를 일으키는 것이 그 첫째고, 현 관아에서 갱부(更賦)와 조세를 무겁게 매기는 것이 둘째이며, 탐관오리가 공무를 빙자하여 사사로운 이익을 계속 챙기는 것이 셋째이고, 호족과 권벌이 만족할 줄 모르고 땅을 잠식하는 것이 넷째이며, 가혹한 아전들이 요역을 심하게 부과하여 농사와 양잠 철을 놓치게 하는 것이 다섯째이고, 부락에 북소리가 울리면 남녀 구별 없이 도적을 잡으러 나가야 하는 것이 여섯째이며, 도적이 약탈하면서 백성의 재물을 빼앗아 가는 것이 일곱째입니다.

백성이 유랑하게 된 일곱 가지 원인이 있는 것은 말할 것도 없고 백성이 죽어 가는 일곱 가지 원인도 있습니다. 형벌을 남발하는 형리에게 맞아서 죽는 것이 그 첫째이고, 사건을 심문하여 내리는 형벌이 너무 가혹한 것이 그 둘째이며, 아무 죄도 없이 억울하게 중형을 받는 것이 그 셋째이고, 도적이 제멋대로 마구 날뛰는 것이 그 넷째이며, 원수를 갚기 위해 서로 해치는 것이 다섯째이고, 가을에 수확이 좋지 않아서 굶주림에 시달리는 것이 여섯째이며, 돌림병이 도는 것이 일곱째입니다. 이런 일곱 가지 원인 때문에 백성이 유랑하고 있으니 백성에게 해로운 점만 있고 이로운 일은 한 가지도 없어 나라를 안정시키고자 해도 사실상 어렵습니다. 백성에게는 죽을 이유만 일곱 가지나 있지 살아갈 방도는 한 가지도 없으므로 죄를 짓지 않을 수 없어 형벌을 한쪽으로 미뤄 두고 싶어도 실제로 어렵습니다.

이런 세상이 공경과 태수, 제후국의 승상들이 탐욕을 부리고 잔혹하게 백성을 다스린 결과로 빚어진 것이 아니라고 할 수 있겠습니까? 폐하의 은총을 입어 높은 자리에 오른 신하 중에서 봉록을 엄청나게 받아먹고 있지만 백성들에게 측은지심을 발동하여 도와주려고 하거나 폐하를 도와 교화를 베풀려고 하는 자가 누구라도 있습니까? 이들은 모두 사가에서 상공업을 경영하거나 빈객을 매수하는 일에만 뜻을 두고 불법으로 이익을 남기고 있습니다.

지금은 아부하고 굴종하는 것을 능력과 덕행이 뛰어나다고 하고 아무 일도 아무 말도 하지 않으면서 봉록만 받아 가는 것을 지혜롭다고 하며 신 선(宣) 등과 같은 자들을 일러 어리석다고 합니다.

폐하께서 바위 동굴에 은거하는 인재를 대신으로 발탁해야 실제로 나라에 조금이라도 도움이 될 것을 기대할 수 있으니, 어떻게 신하들에게 좋은 음식과 높은 자리를 누리게 해 주는 것으로만 미앙궁 고문전(高門殿)에 계시는 폐하의 위엄을 무겁게 할 수 있겠습니까?

천하는 황천(皇天)의 천하입니다. 폐하는 위로 황천의 아들이고 아래로는 백성의 부모가 되니 황천을 대신하여 백성을 통치하고 살리면서 그들을 모두 똑같이 대해야 합니다. 이 도리는 『시』「조풍(曹風)」 '시구(尸鳩)'[39]의 시에 나오는 바와 같습니다. 지금 가난한 백성들은 나물도 배부르게 먹지 못하고 해져서 구멍이 난 옷을 입고 있습니다. 아비와 아들, 남편과 아내는 서로를 돌보지 못하고 있으니 그것을 보면 콧날이 시큰거리며 울음이 나오려고 합니다. 폐하께서 그 백성들을 구제하지 않으시면 어디에 기대겠습니까? 그런데도 폐하께서는 사사로이 외척과 총애받는 신하 동현만을 돌보면서 엄청난 재물을 상으로 자주 하사하고 계시니, 그 집안의 노비나 빈객은 술을 재장(齏漿)으로, 고기를 콩잎으로 여기고 있고 그 밑에서 일하는 관노까지 재물을 나눠 받아 모두 부자가 되었습니다. 이는 하늘의 뜻에 어긋나는 일입니다. 게다가 여창후(汝昌侯) 부상(傅商)은 아무런 공도 없이 열후에 봉해졌습니다. 대저 관작이란 폐하의 관작이 아니라 천하의 관작입니다. 폐하께서는 자신의 것도 아닌 관작을, 받을 자격이 없는 사람에게 내려놓고 하늘이 기뻐하고 백성이 복종하기를 기대하시겠지만 아마도 그렇게 되기는 어렵지 않겠습니까?

방양후(方陽侯) 손총(孫寵)과 의릉후(宜陵侯) 식부궁(息夫躬)은 궤변으로 여러 사람의 마음을 움직이는 자들로 이미 세력이 커져서 남의 도움이 필요 없는 지경에 이르렀습니다. 이들은 사악한 자들의 으뜸이자 세상을 아주 어렵게 만들고 있으므로 때를 잡아 삭탈관직하는 것이 마땅합니다. 또 외척과 남자아이들은 경술을 알지 못하므로 모두 사부를 찾아 공부하도록 내보내야만 합니다. 그리고 급히 전임 대사마 부희를 불러들여 외척을 관리하게 하셔야 합니다. 전임 대사공 하무와 사단, 전임 승상 공광, 전임 좌장군 팽선은 모두 경전에 통달하여 박사를 역임했고 삼공의 반열에도 올랐던 자들로 지략과 위신이 있어 더불어 교화를 이루고 나라의 안위를 결정하는 대사를 의논할 수 있습니다. 공승이 사직으로 있을 때 지방의 군과 제후국에서 모두 신중하게 관리를 선발했고 삼보(三輔)의 위수관(委輸官)도 조정으로 운반하는 물자를 불법으로 착복하지 못했으니 공승은 큰 책임을 맡겨도 되는 인물입니다.

폐하께서 일전에 작은 일을 참지 못하고 무(武) 등을 물러나게 하셨을 때 나라 안의 백성들이 모두 희망을 잃었습니다. 아무런 공도 덕도 없는 그 많은 자를 다 용인하시면서 어찌하여 무 등을 용납하지 못하셨습니까? 천하를 다스리는 제왕은 천하 백성의 속을 생각해야지 스스로 즐기려고 해서는 안 됩니다. 위에서는 황천이 견책하는 징조를 보여 주시고 아래에서는 백성들이 한스럽게 원망하고 있으며 신하들이 간쟁하고 있는데, 폐하께서 자신의 위망을 깎으면서까지 악한 신하들의 권세를 높여 주기만 하시니 천하가 모두 폐하께 복종하지 않을 것입니다.

신이 비록 어리석고 둔하지만 봉록을 많이 받아 좋은 음식을 먹고 높은 자리에 올라 밭과 집을 넓히고 처자식에게 많은 것을 물려 주거나 악한 자들과 원수를 맺지 않아야 편안하게 살 수 있다는 것을 모르겠습니까? 그러나 대의를 좇아야 하는 간쟁을 책무로 삼고 있는 벼슬아치로서 어리석은 충정을 바치지 않을 수 없습니다. 바라건대 폐하께서 조금 더 정신을 기울여 오경의 내용을 읽어 보시면서 성인의 지극한 뜻을 탐구하는 한편으로 천지가 주는 교훈을 깊이 생각하십시오.

신 선은 언사가 어눌하지만 간절한 마음을 이기지 못해 충언을 올리며 절의를 다하다가 죽고자 합니다.

황제가 보선을 명유(名儒)로 여겨 관대하게 대했다.

황제가 남색을 즐기니 변괴가 일어나는 것

○   ○   ○

그 무렵에 지방 여러 곳에서 지진이 일어나자 백성들이 점을 쳐서 원인을 알아본다는 말이 전해졌다.[40] 이듬해 정월 초하루에 일식이 일어나자 황제가 공광을 다시 불러들이는 대신에 손총과 식부궁을 파면하고 수십 명에 이르는 시중 제조 황문랑을 파면했다. 보선이 다시 상소를 올렸다.[41]

폐하께서는 하늘을 아버지처럼, 땅을 어머니처럼 섬기고 백성을 자식한테 하듯이 돌보셔야 하는데 즉위하신 뒤로 아버지인 하늘은 빛을 잃었고 어머니인 땅은 흔들리고 있으며 자식은 서로 놀라며 여러 가지 말을 지어내고 있습니다.

이번에 한 해, 한 달, 하루가 한꺼번에 시작될 때 일식이 일어난 것은 참으로 무서운 일입니다. 백성들은 정월 초하루에 무슨 기물이 깨지는 것조차 몹시 두려워하는데 하물며 해가 이지러졌으니 더 말할 것이 있겠습니까! 그러므로 폐하께서는 마음속 깊이 자신을 질책하는 뜻에서 정전(正殿)에서 나와 다른 곳으로 거처를 옮기시고 직언을 올리는 인물을 뽑아 허물을 반성하시며, 외척과 폐하가 가까이 두고 계시는 봉록만 축내는 자들을 파면하셔야 합니다. 또 공광을 불러 광록대부로 삼고 손총과 식부궁의 잘못을 밝혀내어 그자들을 파면하고 봉토로 돌려보내 백성들의 뜻에 맞추면 누구 하나 기뻐하지 않을 자가 없을 것입니다.

하늘과 사람은 그 뜻이 통하므로 사람의 마음이 기쁘면 하늘의 뜻도 풀어지게 되어 있습니다. 2월 병술일(丙戌日)에 흰 무지개가 해를 침범한 뒤에 흐린 날이 계속되었으나 비는 오지 않았습니다. 이는 하늘의 근심이 아직 풀어지지 않았고 백성은 원망하고 불만을 품고 있음을 나타냅니다.

시중 부마도위 동현은 원래 폐하와 아무 친척 관계가 없었습니다. 그런데도 예쁘장하게 생긴 얼굴과 아첨하는 말로 중용되었고 폐하께서 끝도 없이 상을 내리는 바람에 황궁의 창고가 텅 비게 되었습니다. 게다가 폐하께서 세 채의 저택을 한 채로 만들어 내리셨는데도 그 집이 작다고 하자 복실(暴室)⁴²의 땅을 덜어 주셨습니다. 동현 부자는 천자가 부리는 일꾼을 부리며 집을 짓고 앉아 있는 가운데 그 집에서 야경을 도는 군사들도 모두 상을 하사받고 있고, 그 집 무덤에서 제사를 지낼 때에 태관이 모든 음식을 제공한 적도 있습니다.

나라 안의 백성들이 올리는 공물로는 오로지 제왕 한 분을 공양해야만 하는데 지금은 반대로 현의 집에 다 쌓여 있으니 어떻게 하늘의 뜻과 백성의 뜻에 맞을 수 있겠습니까! 하늘을 오랫동안 등져서는 안 됩니다. 그러니 이렇게 후하게 상을 내리는 것은 오히려 그 자를 해치는 일이 될 것입니다. 진실로 현을 가엾게 여기신다면 하늘과 땅에 잘못을 빌게 하셔서 나라 안의 백성들이 원수처럼 여기는 것을 풀게 한 뒤에 파면하여 봉토로 보내시는 것이 마땅합니다. 또 봉토에 있는 현의 수레와 기물을 몰수하여 현령부 관아에 돌려 주게 하십시오. 이렇게 하셔야 그 부자가 목숨을 끝까지 보전할 수 있습니다. 아니면 나라 안의 모든 백성에게 원수를 지게 되어 긴 세월 평안한 나날을 보낼 수 없을 것입니다.

손총과 식부궁은 나라를 통치하는 자리에 있을 수 없는 자들이니 천하 백성들에게 그 둘을 다 파면하는 것을 보여 주셔야 합니다. 그리고 하무, 사단, 팽선, 부희를 불러들여 백성들에게 폐하께서 깨달은 모습으로 고쳐서 보여 줘야 합니다. 그로써 하늘의 뜻에 순응하고 선정을 베푸셔서 천하태평의 업적을 이루실 수 있습니다.

고문전에서 제가 있는 관아까지 수십 걸음도 안 되는데 제가 알현을 청한 두 해 동안 한 번도 폐하를 뵙지 못했으니, 바닷가에 사는 미천한 자가 자력으로 폐하를 뵙는 일은 불가능할 것입니다. 폐하께서는 저에게 조금만 시간을 내주셔서 제 우매한 생각을 모두 아뢰게 해 주십시오. 그런 뒤에 삼중의 깊은 황천(黃泉)으로 떨어져 죽는다 해도 여한이 없겠습니다.

황제가 보선의 깨우침을 경이롭게 여기고 그 말을 받아들였다. 하무와 팽선을 불러들여 한 달 안에 모두 예전의 삼공으로 복직시켰으며 보선을 사례로 임명했다. 그 무렵 애제가 사례교위의 명칭을 사례로 고쳤는데 이는 예전의 사직과 같은 벼슬이다.

승상 공광이 사철 때에 맞춰서 능원을 시찰할 때 승상부의 아전이 황제의 칙명을 전달한다는 이유로 황제 전용의 치도 중간을 달렸다. 보선이 밖에 나갔다가 마침 그 광경을 보고 자신의 부하로 하여금 치도를 달린 승상의 연사(掾史)를 잡아 가두고 수레와 말을 몰수하여 승상에게 모욕을 주었다. 이 사건을 어사중승[43]이 조사했다. 시어사가 보선이 있던 사례 관아에 도착하여 승상의 연사를 가두었던 종사를 체포하겠다고 하자 문을 닫고 들여보내지 않았다. 보선이 문을 닫아 사자를 들여보내기를 거절하니 조정의 신하가 지켜야 할 법도를 잃었으므로 대불경죄와 부도죄에 해당한다 하여 정위옥(廷尉獄)에 갇혔다. 그러자 박사에게 수학 중이던 제자로서 제남 사람 왕함이 깃발을 들고 태학 문 앞에서 소리쳤다.

"보 사례를 구하고 싶은 자들은 이 깃발 아래 모이시오!"

그 자리에 모인 유생들이 천여 명이나 되었다. 이들은 아침에 조회가 열렸을 때 승상 공광이 자신을 변호하는 말을 할 수 없도록 막고 승상의 수레를 저지하며 또 궁궐 문을 지키는 한편으로 상소를 올렸다. 그리하여 황제가 보선의 죄를 사형에서 한 등급 감하여 곤겸형으로 내렸다. 보선이 형벌을 받은 뒤에 상당군으로 이주했다. 보선은 그곳이 농사짓고 가축을 치기에 좋은 데다 호족이 적어서 토호가 되기 쉽다고 여겼다. 그래서 장자현(長子縣)에 집을 마련하고 정착했다.

평제가 즉위한 뒤에 왕망이 정권을 장악하고 속으로 황위를 찬탈할 마음을 먹었다. 주군(州郡)의 관아에 넌지시 일러 각 지방의 토호와 한나라의 충직한 신하 중에 자신에게 복속하지 않는 자는 무슨 죄라도 걸어 심문하고 주살하게 했다. 보선과 하무 등이 모두 이때 죽었다. 그때 농서의 신흥에게 지명 수배령이 떨어져 있었다. 신흥이 보선의 사위였던 허감(許紺)과 함께 보선의 집에 와서 한 끼 밥을 먹고 떠난 일이 있었다. 보선은 신흥과 잠깐 만났으므로 지명 수배된 줄 몰랐으나[44] 신흥에게 연좌되어 하옥되자 스스로 목숨을 끊었다.

절의가 높아 명성이 자자했던 인물들

○   ○   ○

성제부터 왕망 때까지 청렴함으로 이름을 날린 선비로 자가 왕사(王思)인 낭야의 기춘(紀逡)[45]과 자가 자용(子容)인 제군(齊郡)의 설방(薛方), 자가 신중(臣仲)인 태원의 순월(郇越)과 자가 치빈(稚

賓)인 순상(郇相), 자가 자고(子高)인 패군의 당림(唐林)과 자가 백고(伯高)인 당존(唐尊)이 있었다. 모두 경서에 밝고 예법에 맞게 행동한 것으로 세상에 명성이 자자했다.

기준과 당림, 당존은 모두 왕망 시대에 출사하여 열후에 봉해졌으며[46] 왕망에게 존중받아 공경의 반열에 올랐다. 당림은 여러 차례에 걸쳐 왕망에게 상소하여 간쟁했으니 충직한 절의가 있었다. 당존은 해진 옷을 입고 떨어진 신을 신었으며 오지그릇에 밥을 먹었는데 다른 공경들에게도 두루두루 오지그릇을 보냈다가 진실하지 못하다는 평을 들었다.

순월과 순상은 한집안 형제로 함께 주군에서 천거하는 효렴 인재와 무재 인재에 뽑혀 벼슬을 받았으나 병이 자주 나서 사직했다.

순월은 선조가 상속해 준 천만여 전의 재산을 집안과 마을 사람들에게 나누어 줄 만큼 지조와 절의가 높았다.

순상은 왕망 시절에 황궁에 불려가 태자사우(太子四友)가 되었으나 병으로 세상을 떠났다. 왕망의 태자가 사자를 파견하여 소렴용 수의와 대렴용 이불을 보내 주었다. 그런데 그 아들이 관을 끌어당기며 그것을 받지 않겠다고 했다.

"돌아가신 아버지께서 스승과 벗이 보내는 물건을 받지 말라고 유언하셨습니다. 아버지가 황태자께는 우관(友官)이 되니 지금 이 물건을 받을 수 없습니다."

장안 사람들이 모두 그 아들을 칭찬했다.

설방은 제군(齊郡) 태수부의 연과 좨주를 지냈는데 조정의 부름을 받고 가지 않았다. 뒤에 왕망이 안거를 보내 설방을 맞이해 오게 했지만 설방이 사자에게 거절하며 말했다.

"요임금과 순임금이 나라를 다스릴 때에도 세상에는 소보(巢父)와 허유처럼 은거하는 사람이 있었습니다. 지금 영명한 주상이 요순시대와 같은 덕치 시대를 일으키려고 하는 것은 좋지만 소신은 기산(箕山)에 은거하던 허유를 따라 절의를 지키고자 합니다."

사자가 보고하자 왕망이 설방의 뜻을 칭찬하며 억지로 권하지 않았다. 설방은 집에서 경서를 가르치는 한편으로 글을 많이 지었는데 널리 알려진 시부(詩賦)가 수십 편이나 된다.

그보다 먼저 유미(隃麋) 사람인 곽흠이 애제 때에 승상사직으로 있으면서 예주목 보선과 경조윤 설수(薛修) 등을 파직해야 한다고 상소했다. 다시 동현에 관한 상소를 올려 노노(盧奴) 현령으로 좌천되었다. 곽흠은 평제가 즉위한 뒤에 남군 태수가 되었다.

두릉 사람으로 자가 원경(元卿)인 장후(蔣詡)도 연주(兗州) 자사로 있으면서 청렴하고 강직한 성품으로 이름이 높았다. 왕망이 섭정하던 때에 곽흠과 장후 두 사람 다 병을 칭하고 자리에서 물러나 고향으로 돌아간 뒤에 두문불출하다가 세상을 떠났다.

제군(齊郡) 사람으로 자가 객경(客卿)인 율융(栗融)과 북해 사람으로 자가 자하(子夏)인 금경(禽慶)과 자가 유경(游卿)인 소장(蘇章), 산양 사람으로 자가 자기(子期)인 조경(曹竟)은 모두 유생으로 왕망이 황위를 찬탈하자 벼슬을 버리고 다시는 출사하지 않았다. 왕망이 죽은 뒤에 한나라 경시(更始) 황제가 조경을 불러 승상으로 삼고 열후에 봉하면서 현인을 불러 쓰고 도적 같은 간신은 없애는 본보기를 보여 주려고 했다. 그런데 조경은 열후 작위를 거절하고 받지 않았다. 그때 적미군(赤眉軍)이 장안에 들어와 조경에게 투항을 요청하자 조경이 칼을 뽑아 싸우다가 죽었다.

세조(世祖)[47]가 즉위한 뒤에 설방을 불렀으나 황궁으로 가는 길에 병이 나서 세상을 떠났다. 또 공승과 공수, 보선의 자손은 모두 표창을 받고 높은 벼슬에 올랐다.

찬하여 말한다.

『역』에 "군자가 지키는 도에는 출사도 있고 은거도 있으며 침묵도 있고 주장도 있다."[48]라고 했다. 이 말은 각자 도의 어느 방면을 잡아 행하는가에 대해 이르고 있어 초목이 각각 향기로 구별되는 것과 같다. 산림처사는 한번 은거에 들어가면 다시는 세상에 나오지 않겠다고 하고, 조정에 출사한 선비는 벼슬길에 한번 들어가면 다시는 나오지 않겠다고 한다. 이 두 가지 길에는 각각 단점이 있다. 춘추 시대 여러 나라의 경대부(卿大夫)들로부터 한나라 건국 이후의 장수와 승상 등 이름난 신하들에 이르기까지 봉록에 미련을 두거나 은총을 탐닉하다가 세상 인심을 잃은 자가 얼마나 많았던가! 그 때문에 청렴하고 절의가 높은 선비는 아주 드물었던 반면에 대부분은 자신을 먹여 살릴 줄이나 알았지 남을 다스릴 줄은 몰랐다.

왕길과 공우 같은 인재는 공승과 공사나 보선에 비해 우월했다. 왕망의 부름에 응하지 않고 "죽음으로써 훌륭한 도를 지켰던"[49] 공승은 확실히 성인의 도를 실천했다 하겠다. 군자는 "그 도를 올곧게 지키되 형편에 따라서는 고지식하게 굴지 않는다."[50]라고 한 뜻은, 허유를 예로 들며 왕망에게 거절했던 설방이 실현해 냈다. 곽흠과 장후는 혼란한 세도를 잘 피하여 절의에 오점을 남기지 않았으니 기춘과 당림, 당존과는 아주 달랐다.

43

위현전
韋賢傳

위현(韋賢, 기원전 148~기원전 67년)을 주인공으로 내세우지만, 이 편의 실제 주인공은 위현의 막내아들 위현성(韋玄成, ?~기원전 36년)이다. 공맹의 땅인 추로(鄒魯)의 거유로서 승상까지 올라간 위현이 선비의 위엄을 보였다면, 위현성은 당시의 급선무였던 종묘 제사 제도를 개혁하는 일에서 중요한 역할을 했다. 막대한 경비가 드는 종묘 제사는 기울어가는 한나라의 재정 상태 때문에라도 반드시 개혁이 필요했다. 미완성으로 끝난 위현성의 개혁은 그 뒤를 이어 승상에 오른 광형(匡衡)이 완성했다. 이 편과 열전 제51 「광형전」을 이어서 읽으면 사건의 개요를 살피는 데 도움이 된다.

이 편에는 반고의 찬 대신 반표의 평이 들어 있다. 제도 개혁이 어려웠던 이유에 대해 반표는 경전의 내용이 불완전하고 선례가 들쭉날쭉하기 때문이라고 했으니, 종묘 제사를 개혁하기 위해 새로운 전통을 세워야 했던 한나라 말기 유학자들의 고충을 엿볼 수 있다.

초 원왕의 스승인 위맹의 자손들

○　○　○

위현의 자는 장유(長孺)이고, 노나라 추현 사람이다.

그 선조는 위맹(韋孟)으로 본래 팽성현에 살았다. 초 원왕(楚元王)을 가르치는 부(傅)였다가 그 아들 이왕(夷王)과 손자 왕 유무(劉戊)[1]까지 가르쳤다. 유무가 주색에 빠져 도덕을 준수하지 않았으므로 위맹이 시를 지어 비유로 간언했다. 뒤에 사직하고 추현으로 옮겨 가서 다시 한 편을 지었다. 그 간언했던 시는 이렇다.

우리 집안 위대한 시조는 〔상나라 때〕 부족을 이룬 시위씨(豕韋氏)였습니다.

주불(朱紱)을 수놓은 보의(黼衣)를 입고 용기(龍旂)를 앞세운 네 마리 수말이 끄는 수레에 올라

하사받은 단궁(彤弓)으로 정벌 임무를 수행하고 궁벽한 변경 땅을 위무하고 안정시켰습니다.

여러 부족을 통솔하여 대국인 상나라를 도와주었는데

대팽씨(大彭氏)와 서로 앞서거니 뒤서거니 빛나는 공을 세웠습니다.

주나라 때에 이르러서도 계속해서 제후국 회맹에 참가했지만

난왕(赧王)이 참언을 믿고 우리 시위씨의 제후 작위를 빼앗아 버렸습니다.

우리 시위씨 부족은 주나라와 관계를 끊고 주나라의 명령대로

행하지 않았으니

상벌을 시행할 때 주나라 왕실의 법도대로 하지 않았습니다.

재상인 서윤(庶尹)과 여러 제후가 돕지도 지켜 주지도 않아

오복(五服)[2]이 무너지고 인재들은 흩어져 주나라가 망했습니다.

우리 조상도 그때부터 쇠약해져서 팽성으로 이주했습니다.

그 아랫대에 이르러서는 고생스럽게 살았는데

진나라의 폭정을 만나 몸소 들에 나가 밭을 갈아야 했습니다.

오랫동안 전횡을 부리던 진나라를 좋게 보지 않은 하늘이

남쪽으로 복을 내려 진나라의 도읍을 한나라에 넘겨 주셨습니다.

아, 위대한 한나라가 사방을 정벌할 때

가는 곳마다 두항을 받아 만국을 평정했습니다.

고조께서 동생에게 명하여 초나라 제후로 세우셨으니[3]

소신인 저로 하여금 부(傅)가 되어 보좌하게 했습니다.

초 원왕은 매사에 근신하며 일생을 공손하고 검약하게 살았으니

그로써 백성에게 은혜를 베풀고 보필하던 신하의 방책을 잘 받아들였습니다.

여러 해 동안 왕위를 누리며 업적을 쌓고 후사에게 물려주어

이왕이 선왕의 유지를 잘 받들었습니다.

안타깝게도 장수하지 못하여 다음 왕[4]이 제사를 받들었으니

좌우에서 보좌하는 신하들은 바른 인재들이었습니다.

우리 왕께서는 어찌하여 나라를 지켜 보전할 생각은 하지 않으

십니까!

얼음 위를 걷듯이 근신하며 선왕의 유업을 이어 나가지 않으십니까!

국사는 처리하지 않고 방탕한 놀이만 좋아하시니

사냥개를 풀고 말을 달리며 만족하십니다.

날짐승과 길짐승을 돌보기에 힘쓰느라 농사에 소홀하니

백성은 궁핍해지는데 우리 왕께서는 즐거워하십니다.

덕행을 선양하지 않고 가까이 두는 자 인재가 아니니

사냥터만 넓히고 아첨꾼만 믿으십니다.

좋은 얼굴로 아첨하는 자와 직언을 올리는 늙은 신하,

어찌하여 우리 왕께서는 살피지 않으십니까!

신하를 무시하고 방종한 놀이를 즐기며

위대한 선왕의 공을 모욕하고 봉토 철폐를 가볍게 여기십니다.

아아, 우리 왕께서는 한나라 황실의 근친이나

명성을 얻기 위해 아침부터 저녁까지 애쓰지 않으십니다.

위대한 천자께서 천하를 통치하시되

공정하고 현명한 관리가 거리낌 없이 법을 집행합니다.

단정하고 높은 자리는 근친이 오르기 쉽다며

그것만 믿으면 위태롭습니다.

아아, 우리 왕께서는 어찌하여 이 점을 생각하지 않으십니까!

사색하지 않고 경계하지 않으면

후대가 따를 법도를 남기지 못합니다.

허물은 점점 늘어나고

나라가 위태롭게 됩니다.

얼음이 되는 것은 서리 때문이 아니겠으며

추락하게 되는 것은 태만 때문 아니겠습니까?

우리 왕을 우러러보건대

마음 속에서 옛 사적을 되새기지

않으신 것이 없으십니다.

나라를 진흥하거나 위기에서 구하는 일은

허물을 돌아보지 않고는 이루어질 수 없습니다.

돌이켜 보면 황발(黃髮) 노인[5]에게 방책을 물었던

진 목공이 패자가 되었습니다.

세월이 흐르면 얼굴에 검버섯이 돋습니다.

옛적의 임금은 후대에 이름을 남겼습니다.

우리 왕은 어떠하신지, 이 점을 살펴보지 않으십니까!

황발을 가까이하지 않고 어찌 제때에 거울 삼지도 않으십니까!

추현에서 지은 시는 다음과 같다.

미천한 소신은 늙고 비루합니다.

자리에 연연해 우리 왕의 조정을

더럽히고 있는 게 아니겠습니까?

조정은 엄숙하고 청정하여 인재들이 운집하는데

제 자신을 돌아보니 조정을 더럽힐까 두려워 이 먼 길을 떠납니다.

제가 물러나 먼 길을 떠나면서 천자를 알현하자

천자께서 늙은 저를 가엾게 여기시며 동정하셨습니다.

명철하고 인자하신 위대한 천자께서

소신에게 현거(縣車)⁶의 뜻을 살리게 하셨습니다.

아, 소신이라고 어찌 고향을 좋아하지 않았겠습니까마는

왕께서 깨우칠 때를 기다리며 노(魯) 땅으로 옮겨 갔습니다.

부모와 조부모의 사당을 떠나며 고향 쪽을 돌아보았습니다.

제자들이 이삿짐을 이고 진 채 길을 메우며 저를 따라왔습니다.

추현에 도착하여 띠풀을 베어 집을 짓자

제자들이 우리 집을 둘러 가며 담장을 붙여 집을 지었습니다.

제가 이곳으로 옮겨 온 뒤에 언제나 고향을 그리며 살았습니다.

고향 땅 독상(瀆上) 마을을 꿈에 보았고,

조정에서 벼슬을 얻는 꿈도 꾸었습니다.

그 꿈에서 무엇을 했겠습니까?

왕실에 간쟁을 올렸습니다.

간쟁하니 어떻게 되었겠습니까?

왕께서 간쟁하는 저를 꾸짖으셨습니다.

깨어나니 타향이라 한탄하고 또 한탄했습니다.

제 조상을 생각하며 줄줄 눈물을 흘렸습니다.

미천한 늙은이는 고향에서 떨어진 곳에 옮겨 와

위대한 중니의 유업을 보았습니다.

훌륭한 고장 추로에서는 예와 의를 받들어

경전을 암송하며 예악으로 교화하니 다른 곳과 다릅니다.

저는 비록 비루하고 늙었으나 속으로 이곳을 좋아합니다.

저의 제자들도 기뻐하며 이곳에서 즐겁게 살고 있습니다.

위맹은 추현에서 세상을 떠났다. 누군가는 그 자손이 호사가라서 선인의 지조를 기술하기 위해 이 시를 지었다고 했다.

위맹에서 다섯 대를 내려왔을 때 위현이 태어났다.

위현은 사람됨이 질박하여 욕심이 적었고 공부에 전심을 다했다. 그리하여 『예』와 『상서』에 모두 통했고 『시』를 배워 추로 지방의 대유(大儒)로 불렸다.

황제에게 불려 가서 박사가 되었고 급사중 벼슬을 받았다. 황궁에 들어가서 소제에게 『시』를 가르치고 점점 승진하여 광록대부 첨사가 되었다가 대홍려까지 올라갔다.

소제가 붕어했을 때 후사가 없었으므로 대장군 곽광이 공경과 더불어 효선제를 옹립했다. 선제의 옹립에 참여하여 방책을 세우고 종묘를 안정시켰다 하여 관내후 작위와 식읍을 하사받았다.

뒤에 장신소부로 옮겼다. 선제(先帝)의 스승이었다고 하여 황제가 아주 많이 존중했다. 〔선제(宣帝)〕 본시 3년에 채의(蔡義)의 뒤를 이어 승상이 되었으므로 부양후(扶陽侯)에 봉해져 식읍 칠백 호를 받았다. 그때 위현의 나이 일흔이 넘었다.

승상으로 다섯 해를 보낸 지절 3년에 늙고 병이 들어 노구를 이끌고 고향으로 돌아가겠다고 청하자 황금 백 근을 내리고 고향에 돌아가도록 허락한 뒤에 집 한 채를 더하여 내렸다. 승상직에 있으면서 사직한 예는 위현이 처음이었다. 여든두 살에 세상을 떠나자 절후(節侯)라는 시호가 내려졌다.

위현에게는 아들이 넷 있었다. 맏아들 위방산(韋方山)은 고침령(高寢令)[7]으로 있다가 일찍 죽었다. 둘째 아들은 위홍(韋弘)으로 동해 태수가 되었고 셋째 아들은 위순(韋舜)으로 노 땅에 남아 선산의 산소를 지켰다.

막내아들 위현성(韋玄成)은 명경 인재로서 여러 벼슬을 거쳐 승상에 올랐다. 그리하여 추로 지방에서는 "영(籝)[8]에 황금을 가득 채워 아들에게 남기는 것은 경서 한 권을 남기는 것만 같지 못하다."라는 속담이 생겨났다.

작위를 양보하기 위해 미치광이 노릇을 한 위현성

위현성의 자는 소옹(少翁)이고, 아버지 덕택에 낭관이 되어 상시기(常侍騎)에 임명되었다.

젊어서부터 공부를 좋아하여 아버지의 뒤를 이어 학문에 매진했다. 사람이 아주 겸손했고 선비들에게 자신을 낮추어 대했다. 외출했다가 보행 중인 벗을 만나면 언제나 종자(從者)를 내리게 한 뒤 종자가 타던 수레에 벗을 태워 집까지 데려다주게 했다. 남을 대접할 때에는 빈천한 자에게 더욱 공손히 했다. 그리하여 날이 갈수록 멀리 명예를 날리게 되었다.

명경 인재로 간대부에 발탁되었다가 대하도위(大河都尉)로 승진했다.

앞서 위현성의 형이었던 위홍이 태상승(太常丞)이 되었다. 종묘 제사를 받드는 책무를 맡은 데다 여러 군데에 있던 황릉 소재지도 관장했는데 일이 번잡했던 까닭에 죄과가 많았다. 아버지 위현이 위홍에게 작위를 물려주기 위해 사직하라는 영을 내렸다. 그런데 위홍은 동생에게 작위를 양보할 마음으로 사직하지 않았다.

그 뒤에 위현의 병이 위독해졌다. 그때 위홍은 종묘 일에서 잘 못을 저질러 옥에 갇힌 채 판결을 기다리고 있었다. 집안사람들이 위현에게 후사를 누구로 결정할지 묻자 위현은 속이 상해 아무 말도 하지 않았다. 그러자 위현의 문하생으로 박사였던 의천(義倩) 등이 문중과 대책을 논의하여 위현이 내린 영(令)이라고 꾸민 채, 위씨 집안 가승(家丞)으로 하여금 대홍려 휘하의 대행(大行)에게 글을 올려 "대하도위 현성(玄成)을 후사로 삼는다."라고 알리게 했다.

위현이 세상을 떠났을 때 위현성은 대하에서 직책을 수행하던 중에 발상 소식을 들었는데, 자신이 후사로 정해졌다는 말도 같이 전해 들었다. 위현성은 그것이 아버지의 본뜻이 아니라는 것을 아주 잘 알았다. 그래서 미치광이가 된 척하며 누운 자리에서 대소변을 보고 쓸데없이 웃으며 알아듣지 못할 말을 지껄였다.

조정의 부름을 받고 장안에 가서 장례를 마친 뒤에 작위를 이어야 할 때가 왔을 때 미친 체하면서 부름에 응하지 않았다. 대홍려가 그 사정을 보고하자 황제가 상소문을 승상과 어사에게 내려

보내 사실을 조사하게 했다. 위현성은 평소에 명성이 높았으므로 대다수 사대부는 위현성이 형에게 작위를 양보하고 싶어 한다고 생각했다. 사건을 조사하게 된 승상사(丞相史)가 위현성에게 편지를 보냈다.

옛사람이 작위를 사양할 때에는 반드시 그 뜻을 정확히 알 수 있도록 글을 남김으로써 후대에 영예로운 이름을 남길 수 있었습니다. 그런데 지금 선생은 심지어 용모를 망가뜨리고 치욕을 참으며 미친 체하고 계시니 전혀 영광스러운 일이 아니므로[9] 널리 알릴 만하지 않습니다. 선생이 사양했다는 이름을 얻으려고 꾸민 일이 비천해 보입니다.

제 천성이 어리석고 비루한데도 재상 휘하에서 일을 보느라 잘못하는 일도 있습니다만, 밖에서 하는 말들을 조금이라도 들어 보고 자신을 돌아보길 바랍니다.[10] 그렇게 하지 않으면 선생께서는 벌을 받게 되어 그 높은 절의가 훼손당하고 저도 소인배가 될 것이니 걱정스럽습니다.

위현성의 벗이었던 시랑 장(章)도 황제에게 상소를 올려 주장했다.

성군은 예절과 의례 및 겸양을 나라를 다스리는[11] 방책으로 삼아 귀한 덕을 빛내십니다. 현성에게 관대함을 베풀어 그 뜻을 굴복시키지 말고, 원하는 대로 나무 막대기 하나 걸쳐 놓아 문으로 삼은 집에서 편안하게 살도록 해 주십시오.

승상과 어사가 마침내 위현성이 사실은 병이 나지 않았다는 것을 알아내고 탄핵 상소를 올렸다. 황제가 고발하지 말라고 명하고 불러와서 작위를 수여하게 했다. 위현성이 하는 수 없이 작위를 받았다. 선제가 그 절의를 높이 여겨 위현성을 하남 태수로 삼았다.[12] 형 위홍은 태산군 도위가 되었다가 동해 태수로 승진했다.

몇 해 뒤에 위현성이 황제의 부름을 받아 미앙궁 위위가 되었다가 두 해 뒤에 태상(太常)으로 승진했다. 그 뒤 (오봉 4년) 전임 평통후 양운과 사이가 좋았다고 죄에 걸렸다. 양운이 주살당할 때 그 벗들이 모두 파면되었다.

뒤에 열후로서 효혜제 사당에 제사를 올리러 갔는데 새벽에 사당 안으로 들어가야 했다. 비가 내려서 길이 질척거렸기 때문에 네 마리 말이 끄는 수레를 타지 않고 말을 타고 사당 앞에 도착했다. 해당 관원이 이 일을 고발하여 위현성을 포함한 여러 열후 작위가 모두 관내후로 깎였다. 위현성이 아버지가 받았던 열후를 박탈당한 것에 대해 상심하여 "내가 무슨 면목으로 제사를 받들겠는가!"라고 한탄하며 스스로 책망하는 시를 지었다.

위대하도다! 우리 조상은 시위씨 시절에 제후가 되었고 은나라의 명을 받아 패자(伯者)[13]가 되어 천하를 안정시켰네.

공적이 뛰어나 조정에서 사시사철 수레와 조복(朝服)을 갖추어 내렸고 조정(朝請)을 드리러 종주국의 도읍에 갈 때에는 네 마리 수

말이 모는 수레에 편안히 앉아서 갔지.

훌륭한 덕을 널리 베풀며 후손에게 복을 전해 주었으니 주나라를 거쳐 한나라에 이르기까지 대대로 작위를 받았네.

초나라 제후의 사부가 되어 원왕과 이왕을 보좌할 때에도 원왕과 이왕께서 네 마리 말이 모는 수레를 하사했는데 근신하고 공경하며 받았지.

이왕의 뒤를 이은 왕이 몹시 방종했으므로 할아버지께서 추(鄒) 땅으로 옮겨 가셨네. 그 뒤로 다섯 대가 내려올 동안 벼슬에 오르지 못했다가 내 아버지 때 부양절후(扶陽節侯)가 되셨네.

내 아버지 부양절후께서는 덕행이 뛰어나 멀리까지 이름이 알려졌으므로 소제와 선제의 스승이 되어 〔인의예지신〕 오품(五品)을 설명해 드렸지.

연로하여 사직할 때에 성대한 은덕을 받았는데 황제 하사품 행렬이 이어져 집에 황금 백 근이 쌓였네.

아버지께서 부양후에 봉해져 장안의 동쪽에 계셨는데, 황제가 이곳에 머무르시며 정책을 들으셨지.

잘 어우러진 여섯 마리 말이 고삐에 묶여 나란히 줄을 맞춰 몰고 가는 수레를 타고 의례에 맞는 위용을 갖추어 천자를 배알하러 가셨네.

천자께서는 엄숙하게 스승을 존대했으니, 사방 멀리서 찬란한 우리 부양국(扶陽國)을 우러러보았지.

형님께서 작위를 이어받아야 했는데 양보의 뜻을 보였으니, 훌륭한 덕행으로 수많은 사람의 칭송을 들었네.

뒤에 미천한 나에게 작위가 돌아왔고 나는 장안에 남았네.

그런데 내가 모자라 천자를 배알하는 회동에서 엄숙하지 않았고, 수레와 의복에 관한 예를 정중하게 차리지 않아 조정에서 쫓겨나고 관내후로 강등되었네.

그 빛나던 작위는 내가 잃어버린 것, 강등될 일을 내가 자초했다네.

이런 부끄러움을 참을 줄 아는 누가 있다면 그 얼굴을 나에게 빌려주면 좋겠네. 지금 멀리 길 떠나는 자가 있다면 나도 그를 따라 이만(夷蠻) 땅으로 가고 싶구나.

삼공의 직무는 인재가 아니면 당해 내지 못하지만 내 비록 모자라나마 열심히 덕을 닦았다면 마침내 그 자리에 갈 수 있었으리.

화산(華山)이 높다고 누군가 말했지만 고개 들어 쳐다보면 꼭대기 끝까지 볼 수 있을 테고, 덕을 닦는 일이 어렵다고들 하지만 열심히 수양하면 가능할 수도 있으리라.

아뿔사, 내가 어리석었지만 다시는 이런 잘못을 하지 않으리!

명성이 훼손당한 뒤에 이런 상심의 소리나 늘어놓고 있으니,

사방의 열후들이여, 나를 거울 삼아 수레와 의복을 법도대로 갖추고 정중하고 엄숙하게 예를 다하라!

그보다 먼저 선제가 총애하던 후궁 장(張) 첩여의 아들 회양 헌왕이 정무를 잘 처리하고 법률에 통달했으므로 황제가 그 재주를 가상하게 여겨 후사로 삼겠다고 생각했다. 그러나 태자가 자신이 미천하던 시절에 얻은 아들이라는 것과 생모를 일찍 여의었다는

점이 걸려 차마 그렇게 하지 못했다.

한참 지났을 때, 황제가 비유를 통해 가르쳐 회양 헌왕을 깨닫게 하는 동시에 예에 밝고 겸양을 갖춘 신하의 보좌를 받게 하려고 위현성을 불러 회양 중위에 임명했다. 그때까지 회양 헌왕이 봉토에 가서 직접 다스리지 않고 황궁에 머물러 있었기 때문에, 위현성은 황제의 명을 받들어 태자태부 소망지와 더불어 오경에 능통했던 여러 유생과 오경의 해석을 놓고 황궁 안의 석거각에서 토론을 벌일 수 있었다. 위현성은 토론 결과를 조목별로 정리하여 황제에게 올렸다.

뒤에 원제가 즉위하여 위현성을 소부에 임명했다. 위현성은 태자태부로 승진했다가 어사대부까지 올랐다. 영광 연간에 우정국의 뒤를 이어 승상이 되었다. 그리하여 부양후 봉토를 박탈당한 지 열 해 만에 아버지가 역임했던 승상 자리에 올랐고 옛 봉토를 찾아 부양후에 봉해졌으니 당대의 영광을 차지했다. 위현성이 다시 시 한 편을 지었는데, 자신의 흠결을 딛고 다시 일어나는 어려움을 토로하며 자손에게 교훈으로 남겼다.

아아, 엄숙한 군자는 훌륭한 덕을 닦으며 공경해야 할 자리에는 그에 맞게 위용과 의례를 차리도록 법도에 숙련되어 있어야 하지.

아아, 그러나 나는 그런 방면에 모자라 덕을 닦는 일이 그에 미치지 못했네.

수레와 의복을 제대로 갖추어야 할 법도에 소홀하여 열후의 지위를 박탈당했네.

밝디밝으신 천자께서 큰 덕을 많이 베푸셨는데

마침내 나를 버리지 않고 가엾게 여겨 구경의 반열에 올려 주셨네.

내가 이런 은혜를 입고서 이른 아침부터 밤까지 두려워하고 꺼리며 나 자신과의 약속을 지켜 나갔으니 일을 볼 때에도 조금도 태만하지 않았네.

천자께서 그런 나를 살펴보시고 삼공의 일을 보도록 승진시켜 주시고,

열후의 작위를 박탈당해 상심 중인 나를 돌아보셔서 다시 옛 작위를 회복하게 해 주셨네.

내가 이번에 등용되어 예전에 오르던 황궁의 계단을 바라보았지.

아버지께서도 이 자리에 계셨겠지 생각하니 눈물이 흐르며 그리운 마음이 사무쳤네.

사직과 어사들이 나를 도와 빛나는 공적을 세우자 백관이 모두 경하했네.

경하하던 백관은 내 마음을 몰라주었네.

삼공의 직무가 몹시 어려웠지만 아무도 나를 동정해 주지 않았지.

삼공의 직무를 혁혁하게 수행하려고 모든 힘을 다해도

내가 감당할 수 없는 어느 날 물러나게 되어 있는 법.

예전에 파면되었을 때 이 자리에 다시 오르지 못하리라 생각했는데,

내 오늘 이 자리에 올라 또 걱정하고 두려워하네.

아아, 나의 후대들이여, 천명은 변하나니,

자신의 직무를 제대로 완수하고 하늘을 우러러 태만하지 말지어다.

천자를 배알하거나 종묘에 참배하는 회동이 있을 때에는 근신하면서 수레와 복장에 법도를 갖추어야 하니,

위용과 의례를 소홀히 하지 말아 봉토를 보전하도록 하라.

너희는 나를 본보기로 삼지 말아야 하니 나는 신중하지도 단정하지도 못했노라.

내가 이번에 다시 벼슬길에 오른 것은 영광스럽게도 하늘이 복을 내린 것이라.

아아, 후대들이여, 매사에 공손하라. 그리고 두려워하라. 그리하여 빛나는 작위에 부끄럽지 않은 한나라 황실의 울타리가 돼라.

위현성은 일곱 해 동안 승상으로 있었다. 정도를 지키며 중임을 감당하는 면에서는 아버지 위현에 미치지 못했지만, 글솜씨는 더 나았다.

〔원제〕건소 3년에 세상을 떠나 공후(共侯)라는 시호가 내려졌다. 그보다 먼저 소제 때에 위현이 평릉현으로 이주했고 위현성은 따로 두릉현에 이주해 살았다. 병이 난 위현성이 죽음을 앞두고 사자를 보내 황제에게 자신의 원을 전했다.

"부자지간의 정은 도저히 이길 수 없는 것이니 노구를 이끌고 사직했다가 아비의 묘 가까이에 묻히고 싶습니다."

황제가 윤허했다.

아들 경후(頃侯) 위관(韋寬)이 열후의 작위를 세습했다. 위관이
세상을 떠나자 그 아들 희후(僖侯) 위육(韋育)이, 위육이 세상을 떠
나자 아들 절후(節侯) 위침(韋沈)이 후사를 이었다. 위현부터 고손
자까지 작위가 세습되다가 봉토가 철폐되었다.[14]

위현성의 형이었던 고침령 위방산의 아들 위안세는 여러 군
(郡)의 태수를 거쳐 대홍려, 장락궁 위위까지 올랐다. 조정에서 재
상이 될 그릇이라는 칭찬을 듣던 중에 병으로 생을 마쳤다.

동해 태수 위홍의 아들 위상(韋賞)도 『시』에 정통했다. 애제가
정도왕으로 있을 때 위상이 태부로 있었다. 애제가 즉위한 뒤에
예전의 가르침에 감사하며 대사마 거기장군에 임명함으로써 삼공
의 반열에 올랐고 관내후 작위와 식읍 천 호를 하사받았다. 위상
은 여든 실을 님기노록 살면서 천수를 누렸다.

위씨 집안에서 이천석 봉록의 벼슬에 오른 자는 열 몇 사람이
나 되었다.

황실 사당 철폐의 상소가 오르다

건국 초 고조 때 모든 제후왕에게 영을 내려 각 제후국의 도읍
에 태상황묘(太上皇廟)[15]를 세우게 했다.

혜제(惠帝) 때에 이르러 고제묘(高帝廟)를 태조묘(太祖廟)로 격상
시켰다.

경제는 효문묘(孝文廟)를 태종묘(太宗廟)로 격상시켜, 순행하며 머문 적이 있는 군과 제후국마다 태조묘와 태종묘를 세웠다.

선제 본시 3년, 새로 효무묘(孝武廟)를 세종묘(世宗廟)로 격상시키고, 순수하며 머문 적이 있는 곳에도 세종묘를 세웠다.

〔원제 때까지〕 태조와 태종, 세종의 사당이 세워진 군과 제후국은 모두 예순여덟 군데로 사당은 모두 합해서 백예순일곱 개가 있었다. 장안에 고조부터 선제까지의 일곱 황제와 태상황 및 도황고(悼皇考)¹⁶의 사당을 각각의 능 근처에 세웠으므로, 합하면 모두 백일흔여섯 개의 사당이 있었다. 그리고 능원 안에 침전(寢殿)과 변전(便殿)¹⁷을 따로 세웠다.

침전에서는 날마다, 사당에서는 다달이 정한 날에, 변전에서는 철 따라 제사를 올렸다. 침전에서 날마다 하루 네 번 상식(上食) 제사를 올렸고, 사당에서는 한 해에 스물다섯 번 제사를 올렸으며, 변전에서는 한 해에 네 번 제사를 올렸다. 그리고 한 달에 한 번 능에 세운 사당에서 의관을 옮겨 와 제사를 지냈다.

그리고 소령후(昭靈后), 무애왕(武哀王), 소애후(昭哀后), 효문태후태후(孝文太后), 효소태후(孝昭太后), 위 사후(衛思后), 여 태자(戾太子), 여후(戾后)¹⁸는 각각 침전과 능원이 따로 있었으니, 여러 황제의 능에 합장되어 있는 황후의 사당까지 합해 모두 서른 군데가 있었다.

한 해에 올린 제사에서 상식은 이만 사천사백쉰다섯 차례를 올렸고 위사(衛士)는 사만 오천백이십구 명을 썼으며 제사를 집전하는 사람과 악공은 일만 이천백사십칠 명이 있었다. 제수에 쓸 소와 양, 돼지를 기르는 일꾼은 여기에 헤아리지도 않았다.

원제 초원 5년에 이르러 공우가 상소를 올려 주장했다.

옛적에 천자는 칠묘(七廟)를 세운다고 했습니다. 지금 효혜제와
효경제는 〔사 대가 지나〕 대진(代盡)했으므로 그 두 사당의 제사를
철폐해야 마땅합니다. 그리고 군과 제후국에 둔 종묘는 옛 제도에
부합하지 않으므로[19] 고쳐서 바로잡아야만 합니다.

황제가 공우의 주장이 옳다고는 생각했지만 미처 시행하기 전
에 공우가 세상을 떠났다.

영광 4년에 군과 제후국에 둔 종묘 제사의 철폐를 놓고 대신들
이 먼저 도론하라는 명령이 조서로 내려왔다.

짐은, 영명한 군주가 천하를 다스릴 때에는 시대에 맞게 법을
정하고 사정에 맞게 명령을 내리셨다고 들었다. 예전에 천하가 막
평정되었을 때 먼 곳은 미처 복속을 받지 못하여 친히 순행하셨던
곳에 사당을 세우게 하셨다. 그것은 위무를 나타내어 반역의 싹을
미리 자르고 온 백성을 하나로 만들려는 지극한 뜻이었다.

오늘 천지신명의 신령하심과 종묘에 모신 조상께서 내리시는
복에 힘입어 사방 천하가 동궤(同軌)를 쓰게 되었고 만맥(蠻貊)이 공
물을 바치고 있다. 제사를 모신 지 오래되어 규정을 제대로 지키지
않는 것은 말할 것도 없고 혈연관계가 멀거나 비천한 자들이 대를
이어 제사를 받들고 있으니, 짐이 걱정하기에 이는 아마도 황천(皇

天)과 조상께서 바라는 바가 아닐 것이다.

경전에도 "내가 제사에 참예할 수 없었다면 제사를 지내지 않은 것과 같다."[20]라고 이르지 않았던가! 그러므로 장군들과 열후, 중이천석, 이천석, 여러 대부, 박사, 의랑이 함께 상의하도록 하라.

승상 위현성과 어사대부 정홍, 태자태부 엄팽조, 소부 구양지여(歐陽地餘), 간대부 윤경시 등 일흔 명이 함께 주장했다.

제사는 겉치레로 지내면 안 되고 마음에서 우러나온 감정으로 드려야 한다고 신은 알고 있습니다. 그러므로 성군만이 선제의 제사를 올릴 수 있고, 효자만이 부모님의 제사를 모실 수 있습니다. 폐하께서 종묘가 있는 장안에 계시면서 친히 제사를 올리실 때 나라 안의 곳곳에서 제수에 쓸 공물을 받들고 와서 제사를 올린다면 그런 조상을 높이는 대의야말로 오제와 삼왕께서 받들던 영원히 불변하는 도입니다. 그래서 『시』에도 "기쁜 마음으로 제사를 지내러 가네. 사당에 도착하여 엄숙하게 기다리네. 제후가 제수를 갖추어 와서 천자께서 장중하게 제사를 올리시네."[21]라고 읊었던 것입니다.

『춘추』의 뜻에 따르면 "서자의 집에서 그 아버지의 제사를 지내지 않고, 신하의 집에서 제후의 제사를 지내지 않으며, 시골 제후의 땅에서 주나라 천자의 제사를 지내지 않는다."라고 했습니다. 신등의 어리석은 생각으로는 군과 제후국의 종묘에서는 제사를 지내지 않는 것이 마땅하다고 여겨집니다. 신이 청하건대 종묘에서 다시는 제사를 지내지 않게 해 주십시오.

황제가 이 상소에 대해 뜻대로 시행하라는 비답을 내렸다. 그리하여 소령후, 무애왕, 소애후, 위 사후, 여 태자, 여후 능에 있는 사당을 철폐하여 제사를 받들지 않게 하고 능을 지키는 아전을 줄여서 배치했다.

군과 제후국의 종묘를 철폐한 지 한 달 남짓하여 황제가 다시 명령을 내렸다.

영명하신 성군께서 예법을 정하면서 사 대조까지 친묘(親廟)를 세우되, 조(祖)와 종(宗)[22]의 제사는 영원히 철폐하지 않게 한 것은 대개 조와 종을 손경하고 가까운 혈육에게 깊은 정을 표시하기 위해서였던 것으로 알고 있다.

짐이 조종의 대업을 계승했으면서도 이토록 중대한 예법을 제대로 마련하지 못하고 있는 것을 생각하면 두려운 마음에 떨리기까지 한다. 내 마음대로 정할 수 없으므로 장군들과 열후, 중이천석, 이천석, 제대부, 박사가 함께 의논하도록 하라.

위현성 등 마흔네 명이 상소하여 주장했다.

예법에 따르면 천명을 받아 개국한 군주를 왕(王)이라 하고, 처음으로 봉토를 받은 제후를 군(君)이라 하는데 이렇게 천명을 받았거나 처음으로 봉토를 받은 분을 태조(太祖)라고 부른다고 합니다.

태조 이후의 군주는 다섯 대가 지나면 그 사당을 철폐하되 철폐한 신위는 태조의 사당에 모시게 됩니다. 그때부터 다섯 해가 지나면서 대규모 제사를 올리되, [다섯 해에] 한 번 체(禘) 제사를 올리고, [세 해에] 한 번 협(祫) 제사를 올리게 됩니다.

협 제사는 철폐한 사당과 아직 철폐하지 않은 사당의 신주를 모두 합해서 태조의 사당에서 올리는 제사를 이르는데, 아버지는 소(昭), 아들은 목(穆), 손자는 다시 소 자리에 배치하는 것[23]이 옛적의 바른 법도였습니다.

제사를 올리는 규범에 "왕은 자신의 가문을 낳은 시조에게 체 제사를 올리되, 그 시조를 하늘에 올리는 제사에 배향하고 사묘(四廟)를 세운다."[24]라고 했습니다. 이는 천명을 받아 개국한 왕이 하늘에 제사를 올릴 때 조상의 신주를 배향하되 따로 사당을 세우지 않는 것으로 혈육의 정이 다했음을 표시하고, 사대조(四代祖)까지 친묘를 세워 조상에게 깊은 정을 나타내는 뜻을 담고 있습니다. 친밀한 정도가 다했을 때 제사를 철폐하는 일은 친밀함이 점점 멀어져 어느 때에는 마지막이 있다는 것을 나타냅니다.

그래서 주나라에서 세운 칠묘는 처음으로 봉토를 받았던 후직(后稷)과 천명을 받은 왕인 문왕(文王), 무왕(武王)의 삼묘(三廟)는 영원히 철폐하지 않는 사당으로 정하고, 친밀한 사 대의 사당을 세워 칠묘로 한 것입니다. 후직처럼 처음으로 봉토를 받거나 천명을 받은 문왕과 무왕처럼 공적을 남긴 임금이 아니면 혈육의 친한 정이 다했을 때 제사를 철폐했습니다. 성왕(成王)은 문왕과 무왕 두 성인만큼 뛰어난 업적을 이루어 예악(禮樂)을 제정하고 공훈과 덕행이 탁월했지만 사당을 두어 대대로 제사를 올리지 않고 성왕이라는 시호로만 그 업적을 기렸습니다.

예법에 따르면 사당은 황성의 대문(大門) 안에 두었는데 조상에게 멀리 떨어질 수 없기 때문입니다. 신의 어리석은 생각으로는 고제(高帝)께서 천명을 받아 천하를 평정했으므로, 제(帝)가 되신 분 중에서도 태조(太祖) 묘호(廟號)를 써서 대대로 철폐하지 않는 것이 마땅하며 그 뒤를 이은 황제의 사당은 사 대가 지나 친밀함이 다했을 때에 철폐해야 마땅합니다.

지금 종묘가 여러 군데에 세워져 있으나 소목의 서열이 제대로 되어 있지 않으니 태조 사당에 합하고 소목의 서열을 예법에 맞게 해야 마땅합니다. 태상황, 효혜제, 효문제, 효경제는 모두 친밀함이 다했으니 그 사당을 철폐하고 황고(皇考)[25]는 친밀함이 아직 다하지 않았으니 사당을 그대로 두어야 합니다.

대사마 거기장군 허가 등 스물아홉 명은 "효문제께서는 비방을 막았고, 육형(肉刑) 처벌을 없앴으며, 친히 근검절약하며 공물을 받지 않았고, 사적인 이익을 취하지 않았으며, 죄인의 처자식에게 죄를 연좌시켜 노비로 만들지 못하게 했고,[26] 미인을 출궁시켜 여러 사람의 끊어진 대를 다시 잇게 하셨고,[27] 장로들에게 재물을 하사했으며,[28] 아비 없는 자식과 자식 없는 아비를 거두어 구휼하셨으니, 천지만큼 두터운 은덕을 베풀고 이로운 은택을 사해에 행하셨으므로, 덕행을 베푼 제에게 올리는 태종(太宗)이라는 묘호를 쓰는 것이 마땅합니다."라고 주장했다.

정위 윤충(尹忠)은 "효무제는 정삭을 고쳐 시행하고 수레와 말을 장식하는 빛깔 및 제물로 바칠 짐승의 털 빛깔을 바꾸었으며 사이를 퇴각시켰으므로 세종(世宗)이라는 묘호를 쓰는 것이 마땅합니다."라고 주장했다.

간대부 윤경시 등 열여덟 명은 "황고의 신위가 소목의 서열 위에 있어[29] 바른 예법에 어긋나므로 철폐해야 마땅합니다."라고 주장했다.

이렇게 여러 가지 의견이 나왔으므로 황제가 결정하기가 어려워하며 한 해 동안 처리하지 않고 미루어 두었다가 명령을 내렸다.

대개 왕이 된 분 중에 개국의 공을 세운 분을 조(祖)로, 덕정을 베푼 분을 종(宗)으로 받드는 것은 존귀한 분을 존경하는 대의를 나타내는 것이고, 사 대 조상까지 사당을 세우는 것은 가까운 조상에게 지극한 정을 나타내기 위함이니라.

고제께서는 천하 백성을 위해 폭도를 징벌하고 난리를 제압하고 천명을 받아 제위에 올랐으니 공적이 그보다 더 클 수 없었다.

효문제께서는 대나라를 봉국으로 받아 다스리고 있었을 때 여씨 일족이 반란을 일으켜 나라 안이 흔들렸지만 신하들과 백성이 한마음으로 북향하여 효문제께 예를 올리고 진심으로 귀부했다. 그러나 겸손하게 재삼 고사한 뒤에야 즉위하셔서 진나라 말기 같은 어지러운 형세를 정리하고 하, 은, 주 삼대의 교화를 다시 일으키셔서 백성을 안정시키셨으니, 모두가 그 큰 복을 받았으므로 은덕이 그보다 더 성대할 수 없었다.

그러므로 고제는 한나라의 태조로, 효문제는 태종으로 모셔서 대대로 제사를 받들되 무궁하게 전하게 하면 짐이 크게 기쁘겠다.

효선제는 효소제의 후사가 되었으니[30] 두 분 모두 소(昭)의 자리에 신주를 올림이 예법의 뜻에 맞을 것이다.[31] 효경제의 사당과 황고의 사당은 사 대가 넘어 친밀함이 다했으니 예의에 따라 바로잡도록 하라.

위현성 등이 상소하여 아뢰었다.

조와 종의 사당은 대대로 철폐하지 않되, 시조 아래로 오 대째 사당의 제사를 철폐해야 합니다. 지금 고제를 태조로, 효문제를 태종으로 받들고 있는 가운데 그 아래로 효경제를 소의 자리에, 효무제를 목의 자리에, 효소제와 효선제를 모두 소의 자리에 신주를 배치하고 있습니다. 그런데 황고의 사당은 아직 사 대가 지나지 않았으니 철폐할 수 없습니다. 태상황과 효혜제의 사당의 제사는 친밀함이 다했으므로 철폐함이 마땅합니다. 태상황 사당의 신주는 능에 묻는 것이 마땅하며 효혜제는 목의 자리에 배치하여 신주를 태조의 사당에 합쳐 두 분의 제사를 능의 침전에서는 다시 올리지 마십시오.

상소의 내용대로 시행하라고 윤허했다.

이에 대신들은 "『시』「주송(周頌)」 '청묘(淸廟)'에 '혼백을 맞이하는 예는 조용한 가운데 올려야만 한다.'라고 했습니다. 지금 능의 사당에 모셔 둔 의관을 종묘로 옮겨 와 제사를 드릴 때에는 수레와 말이 너무 많이 움직이므로 비바람이 몰아치는 형국이니 '청묘'에서 이른 조용한 분위기가 아닙니다. 『예기』에 '제사를 자주 지내면 안 된다. 자주 지내면 복잡하고 어렵게 되고, 복잡하고 어렵게 되면 공경하는 마음이 없어진다.'[32]라고 했으므로 마땅히 옛 제도로 돌아가서 사철에 한 번씩 종묘에 제사를 올리고 능의 침전에서 날마다, 다달이 지내는 제사를 모두 다시는 지내지 말도록 해야 마땅합니다."라고 주장했다.

황제가 제도를 바꾸지 않기로 했다.

이듬해 위현성이 다시 주장했다.

옛적에는 예법을 제정하면서 존비와 귀천을 구별했으니 임금의 어머니가 정실이 아니었으면 배향하지 않고 선왕이 돌아가실 때까지만 능의 침전에서 제사를 올리게 했습니다.

폐하께서는 몸소 지극한 효도를 실천하시며 하늘의 뜻을 계승하여 태조와 태종의 사당을 세우셨을뿐더러 사당을 철폐하는 법도와 소목의 서열에 따라 태조 사당에 신주를 합하여 모시는 큰 법도를 정하셨습니다. 정실이 아니었던 효문태후와 효소태후 능의 침전에서 지내는 제사[33]는 예법에 따라 다시 지내지 않는 것이 마땅합니다.

상소를 윤허했다.

한 해 남짓하여 위현성이 세상을 떠나 광형이 승상이 되었다.[34]

황제가 병이 들어 자리에 누웠는데 꿈에 조상이 나타나 군과 제후국의 사당을 철폐한 것을 견책했다. 황제의 막냇동생 초 효왕(楚孝王)도 꿈에 나타났다. 황제가 광형을 불러 자문하면서 군과 제후국에 다시 사당을 설치하자고 상의하자 광형이 불가함을 간절하게 주장했다.

그 뒤로 황제의 병이 오랫동안 치유되지 않자 광형이 두렵게 여기며 고조, 효문제, 효무제의 사당에 가서 복을 내려 달라고 기도했다.

후사 증손 황제는 정성을 다해 공경하는 마음으로 대업을 계승한 뒤에 아침부터 밤까지 안락하게 지낼 엄두를 내지 않고 조상의 위대한 업적을 발전시켜 태조, 태종, 세종의 성대했던 공적을 빛낼 생각만 하고 있습니다. 그러므로 조상의 혼백을 모시는 일에도 반드시 옛적의 성인의 경술에 따라 하고 있습니다.

과거에 해당 관리가 예전 황제들께서 순행하셨던 지방에 사당을 세워야 한다고 주장한 것은 나라 안의 백성들이 그 사당에 마음을 의탁하게 하기 위해서였지, 조상을 존중하며 부친에게 엄숙하게 예를 올리기 위해서가 아니었습니다. 그런데 지금은 종묘의 신령한 돌보심에 힘입어 천하 안의 그 어느 곳에서도 복속해 오지 않는 곳이 없을 만큼 발전했으니 장안 한 곳의 사당에서만 천자가 직접 제사를 받들게 하고 군과 제후국의 사당에서는 제사를 멈추게 하는 것이 마땅합니다. 그리하여 황제가 엄숙하게 옛 제도만을 따르며 조상의 신명을 높이 받들겠다는 뜻을 태조와 태종, 세종께 고하며 예법에 어긋나지 않게 하려고 했습니다.

이번에 황제가 병이 났는데 꿈에 조상으로부터 사당에 올리던 제사를 철폐한 것을 두고 꾸지람을 들었고 초왕도 꿈에 나타나서 그런 말씀을 했다고 합니다. 그리하여 황제가 두려워하며 신 형(衡)을 불러 다시 제사를 올리도록 명령했습니다.

조심스럽게 윗대 제왕이 조상에게 제사를 올리던 중요한 예법에 대해 살펴보니 언제나 제왕이 친히 종묘에 나가 제사를 올려야 했습니다. 군과 제후국의 관리는 비천하므로 단독으로 제사를 올리게 해서는 안 됩니다.

이 밖에도 제사의 의미는 백성을 근본으로 삼는 것입니다. 최근 들어 여러 해 동안 곡식이 잘 여물지 않아 백성이 빈곤하고 궁핍하게 살고 있으니 군과 제후국에서 제사를 올릴 수 없었습니다. 예법에 흉년에는 해마다 올리던 제사를 올리지 않게 했으니 흉년에도 제사를 올리면 조상께서 기뻐하지 않으시기 때문입니다. 그러므로 감히 제사를 다시 올릴 엄두를 내지 못하겠습니다. 예법의 뜻에 실제 맞지 않은 점이 있어 조상의 뜻을 거슬렀다면 그 허물은 모두 신 형에게 있습니다. 제가 그에 합당한 벌을 달게 받겠으니 아주 큰 병에 걸려 밭도랑에 처박혀도 좋습니다.

폐하는 엄숙한 태도로 조심스럽게 지극한 효도를 다하고 있으니 보우하는 복을 받으시는 것이 마땅합니다. 바라건대 고황제와 효문제, 효무제께서 굽어살피셔서 효성을 다해 제사를 올리는 황제를 보우해 주십시오. 황제가 미수(眉壽)까지 오래 살 수 있도록 은혜를 내려 주십시오. 하루빨리 쾌차하여 평소의 모습으로 돌아가 종묘를 영원히 보전할 수 있다면 천하 백성에게 큰 다행이 될 것입니다.

이어서 사당을 철폐했던 것에 대해 설명했다.

이전에 대신이 주장하기를 "옛적의 제왕이 조종의 훌륭한 법도를 계승하면서 하늘과 땅의 이치를 징표로 삼기 위해 하늘을 오행(五行)으로 나누고 사람의 친척 관계도 오속(五屬)[35]으로 정했으니, 천자는 천명을 받들어 그 이치를 존중하고 그 제도를 따르면서 체상(禘嘗)[36] 제사는 다섯 대를 넘지 못하게 했고, 직접 천명을 받았던 제왕은 만대가 내려가도 제사를 철폐하지 않으며, 그 뒤를 이은 제왕들은 다섯 대가 지났을 때 태조의 사당으로 신주를 옮기고 한 해 건너 한 번씩 협 제사를 올리는 것으로 하늘의 뜻에 순응하며 복록과 천수를 누릴 수 있었다."라고 했고 "태상황은 천명을 받은 군주가 아닌 데다 이미 다섯 대가 넘게 내려왔으므로 도리로 보아 신주를 태조의 사당으로 옮겨야만 한다."라고 했으며 또 "부친을 공경하는 것보다 더 큰 효는 없으니, 아버지가 추존한 것을 아들이 계승하지 않을 수 없고 부친이 아니라고 했던 바를 아들이 긍정할 수 없는 법이다."라고 했습니다. 또 "예법에 따르면 제후의 서자인 공자(公子)는 생모를 따를 수 없으니 후사가 되어 아들로서 그 어머니에게 사적으로 제사를 드렸다고 해도 손자는 그 제사를 멈추어야 한다고 하면서 할아버지와 아버지 쪽을 존중해야 한다."라고 주장했고 "침묘에 하루에 네 번 올리던 상식 제사와 원묘(園廟)에 수시로 지내던 제사를 모두 지내지 않아도 된다."라고 했습니다. 황제가 조상을 사모하고 두려워하는 마음에 이 주장을 모두 따르지 않았습니다.

고황제를 생각해 보면 성덕이 위대했고 천명을 받은 군주였으며 경건한 자세로 옛 제도를 잘 지켰고 하늘의 뜻에 순종하며 받아들였으니 적서를 포함한 모든 자손에게 무궁한 복을 베풀어 주셨습니다. 이전의 대신은 종묘의 신주를 옮겨 합제(合祭)를 드리는 것을 진실로 한나라를 장구하게 이어 가기 위한 정책으로 여겼던 것이니, 감히 따르지 않았겠습니까?

그리하여 좋은 날을 골라 태상황과 효혜묘(孝惠廟), 효문태후와 효소태후의 침묘 신주를 옮김으로써 조종의 덕을 밝히고 하늘과 사람 세상의 질서에 순종하며 나라가 무궁하게 이어지도록 하는 대업을 정착시키려고 했습니다. 그러나 지금 황제가 이에 대한 복을 받지 못하시니 국사를 볼 수 없을 만큼 병환에 시달리고 계십니다. 그래서 황제가 종묘를 다시 세우고 제사를 받들기 원하시니 신 형 등은 모두 제도에 맞지 않다고 여기고 있습니다. 신등의 뜻이 만일 고황제, 효혜제, 효문제, 효무제, 효소제, 효선제, 태상황, 효문태후, 효소태후의 뜻에 맞지 않았다면 그 죄는 모두 신 형 등에게 있으니 저희가 벌을 받는 것이 마땅합니다.

현재 황제가 아직도 쾌차하지 못하고 있어 조정 신하 모두에게 종묘 철폐에 대해 상소를 올리라고 조서를 내렸습니다. 그리하여 신 형과 조정의 신하 모두가 "천자의 제사는 그 뜻도 근거가 있고 예법도 계승해 오던 바가 있으므로 그 본뜻과 제도를 어기면, 황실 선조의 제사를 받들 수 없고 황천도 보우하지 않을 것이며 신령께서도 흠향하지 않으실 것"이라는 상소를 올렸습니다. 육경의 기록에 철폐했던 것을 되돌리는 일은 모두 부당하다고 되어 있고 의거를 찾을 수도 없으므로 그렇게 상소를 지어 올렸던 것입니다. 만일 우리가 한 짓이 육경의 뜻에 어긋났다면 그 죄는 신 형에게 있으니 마땅히 그 벌을 크게 받겠습니다.

황제는 조상의 복을 입어 나날이 좋은 기운을 받으며 병환이 쾌유해야 마땅하니, 종묘를 영구히 보전하고 한나라가 하늘과 더불어 영원히 내려가게 할 수 있으며 천하 만물과 모든 신령이 각각 안정을 얻을 수 있습니다.

고황제, 효문제, 효무제의 사당에 올린 제문은 다 위와 같았다.

그 뒤로 한참 시간이 지났다. 황제가 여러 해 동안 병이 낫지 않았으므로 철폐했던 모든 침묘와 능원의 제사를 복원하고 예전처럼 제사를 올리게 했다. 그보다 먼저 사당을 철폐하는 제도를 정할 때 효문묘만 태종묘로 하고 효무묘는 혈육의 정이 다하지 않았다는 이유로 철폐하지 않았다. (건소 5년에) 황제가 다시 천명했다.

"효선제께서 효무제를 세종으로 추존하셨으니, 선제께서 추존한 내용을 함부로 변경할 수 없다. 다른 사당도 모두 원래대로 제도를 회복하라."

그러나 지방의 군과 제후국에 있는 사당만은 모두 철폐했다.

(이듬해) 원제가 붕어하자 광형이 상소하여 주장했다.

일전에 선제(先帝)의 옥체가 편치 않게 되면서 철폐했던 제사를 다시 회복했지만 끝내 그 복을 받아 천수를 누리시지 못했습니다. 위 사후, 여 태자, 여 후원(戾后園)의 예를 고찰해 보면 후손이 사 대를 넘지 않았으므로 철폐할 수 없습니다. 효혜묘와 효경묘(孝景廟)는 후손이 사 대가 지났으므로 철폐하는 것이 마땅합니다. 태상황, 효문제, 효소태후, 소령후, 소애후, 무애왕의 제사도 함께 폐하여 받들지 말 것을 청합니다.

〔황태후가〕 상소대로 시행하라고 윤허했다.

그보다 먼저 고후 때에 신하들이 선제(先帝)의 종묘와 침묘, 능원에 관해 함부로 주장하는 신하가 나올 것을 걱정하여 규정을 정하되 함부로 주장을 내세우는 자는 기시형으로 다스렸다. 원제 때에 이르러 제도를 고치면서 고후 때의 규정을 없앴다. 성제 때에 후사가 없어 하평(河平) 원년에 태상황 침묘와 능원의 제사를 다시 회복시켜 대대로 제사를 받들게 했다. 또 소령후와 무애왕, 소애후는 예전처럼 태상황 침묘에 함께 배향하도록 했고 종묘에 관해 함부로 의견을 올리는 자에 관한 처벌 규정을 회복했다.

황실 사당 철폐에 반대하는 세력

○　○　○

성제가 붕어하고 애제가 즉위하자, 승상 공광과 대사공 하무가 글을 올렸다.

영광 5년에 제서(制書)를 내려 고황제를 한 태조로, 효문제를 태종으로 하여 사당을 철폐하지 않았습니다. 건소 5년에 제서를 내리기를 "효무제를 세종으로 추존하셨으니, 선제께서 추존한 내용을 함부로 변경할 수는 없다."라고 하셨습니다.

신의 어리석은 생각으로는 종묘를 단계적으로 철폐하는 것은 그때그때의 상황에 따라 정하는 것이 마땅하니, 종묘에 관해 함부로 주장하는 자를 처벌하라는 뜻을 따를 수 없습니다. 신은 이 일을 여러 신하와 함께 의논하기를 청합니다.

황제가 그렇게 하라고 비답했다. 그리하여 광록훈 팽선과 첨사 만창(滿昌), 박사 좌함(左咸) 등 쉰세 명이 함께 "태조와 태종을 뒤를 이어 대에 따라 오묘(五廟)를 세우되 다섯 대를 넘은 사당은 철폐하고, 뒤에 현군(賢君)이 나와도 조종의 반열에 함께 올릴 수 없게 해야 합니다. 비록 자손이 조상의 덕을 널리 알리고 선양하려고 대대로 제사를 올려도 혈육의 정이 다하면 신령께서 흠향하지 않습니다. 효무제는 공적이 뛰어나지만 다섯 대가 지나서 혈육의 정이 다하면 철폐함이 마땅합니다."라고 주장했다.

태복 왕순과 중루교위 유흠이 주장했다.

주나라가 쇠락하자 사이가 연달아 침입해 왔습니다. 그중에서도 험윤이 가장 강성했으니 신이 알기로 오늘날의 흉노가 바로 그들입니다. 선왕(宣王) 때에 이르러 험윤을 정벌했으니 시인이 그 때 일을 찬미하여 "〔선왕께서〕 험윤을 정벌하고 태원에 이르렀도 다."[37]라고 읊었고, 또 "군대가 성대한 행렬을 이루며 벽력처럼 행군하여 방숙이 위엄을 드날리며 험윤을 정벌하자 형만이 그 위엄에 두려움을 느껴 달려와 복속했노라."[38]라고 노래했습니다. 이런 까닭으로 〔선왕 때에 주나라가〕 중흥했다고 칭송합니다.

그런데 유왕(幽王) 때에 이르러 견융(犬戎)이 쳐들어와서 유왕을 죽이고 종묘 제기를 탈취했습니다. 그 뒤로 남이와 북이가 계속해서 침입했지만 중원 왕조의 명맥은 끊어지지 않았습니다. 『춘추』에 제 환공이 남쪽의 초나라와 북쪽의 산융(山戎)을 정벌한 기사가 실려 있고, 공자께서 "〔제 환공을 도와 이적을 토벌했던〕 관중이 아니었다면 우리는 풀어 헤친 머리에 좌임(左衽) 옷을 입게 되었을 것이다."[39]라고 하셨습니다. 이는 바로 제 환공의 과실을 취하지 않은 대신 그 공적을 기록하는 것으로 오패의 우두머리로 여기셨던 것을 나타내고 있습니다.

이어서 한나라가 건국된 뒤에 묵돌 선우가 흉노를 강성하게 키우기 시작하여 동호(東胡)를 쳐부수고 월지왕을 사로잡은 뒤에, 그 토지를 합병하여 영토를 넓히고 군대가 강해진 흉노는 중원 왕조에 위해를 끼치게 되었습니다. 또 남월에서는 위타가 백월(百粵)을 통솔하여 스스로 황제를 칭했습니다. 그리하여 한나라에 의해 중원이 평정되었음에도 사이의 침입으로 편안한 나날을 보낼 수 없었습니다. 한쪽이 위급하게 공격을 받으면 삼면에서 그쪽을 구원해야 했으므로 온 천하 백성이 모두 동원되어 그 피해를 보았습니다. 효문제께서 많은 재물로 흉노와 화친을 결의했지만 그래도 침입과 약탈은 끊어지지 않았습니다. 흉노의 피해가 심할 때에는 십여만의 군대를 출동시켜 장안 가까이에 주둔하면서 사방을 포위하기도 했기 때문에 조정에서는 해마다 군대를 보내 국경 지방에 주둔하게 하면서 흉노의 침입에 대비하게 했으니 흉노 때문에 겪는 환난은 이미 오래된 것으로 한 세대에 불거져 나온 문제가 아닙니다. 그리하여 제후왕과 태수가 흉노나 백월과 연통하여 반역한 자가 하나둘이 아니었고, 흉노가 죽인 태수와 도위나 포로로 잡아간 백성의 수는 헤아릴 수 없을 만큼이었습니다.

효무제께서 중원이 피폐하여 태평한 적이 없음을 안타깝게 여기시고 대장군과 표기장군, 복파장군, 누선장군 등을 파견하여 남쪽의 백월을 멸망시키고 일곱 개 군을 새로 설치했고, 북쪽으로 흉노를 정벌하여 십만의 흉노족을 데리고 온 혼야의 항복을 받은 뒤에 다섯 개의 속국을 두고 삭방에 성을 쌓기 시작하여 비옥한 땅을 빼앗아 왔으며, 동쪽으로 조선(朝鮮)을 쳐서 새로 현도군(玄菟郡)과 낙랑군(樂浪郡)을 두어 흉노의 왼팔을 끊어 버렸고, 서쪽으로 대원을 정벌하여 서른여섯 개 나라를 병합하고 오손과 결의를 맺었으며 돈황군과 주천군, 장역군을 새로 두고 여강(婼羌)을 방패로 하여 흉노의 오른팔을 잘라 놓았습니다. 그리하여 고립된 선우가 멀리 막북으로 달아나, 사방이 무사하게 되었을 뿐 아니라 영토를 개척하고 변경을 넓힐 수 있었으니 열 몇 개 군을 새로 설치했습니다.

위업을 달성한 뒤에 승상 차천추를 부민후에 봉하여 천하를 크게 안정시키고 백성을 부유하게 했으니 그때의 기세가 볼 만했습니다. 뒤에 천하에서 능력과 덕행이 뛰어난 인재를 불러 모아 그들과 협심하여 책략을 짜면서 새로운 제도를 만들고, 정삭과 수레와 말을 장식하는 빛깔 및 제물로 바칠 짐승의 털 빛깔을 바꾸었으며, 하늘과 땅에 제사를 드리기 위해 봉선 대전을 거행했고, 관직의 명칭을 고쳤으며, 주나라의 후예를 다시 봉하고,⁴⁰ 퇴은령(推恩令)을 써서 제후 제도를 정착시켜 영원히 반역의 마음을 먹지 못하게 하셨으니, 한나라는 지금까지 대대로 무제의 업적에 의지해 왔습니다. 선우가 한나라의 제후가 되었고 백만(百蠻)이 복종해 왔으니 만대 위업의 기틀을 쌓고 나라를 중흥한 공적이 무제보다 더 높은 예가 없었습니다. 고황제는 한나라를 건국하는 대업을 달성했으므로 태조가 되었고, 효문제는 가장 널리 덕정을 베풀어 문(文)의 태종이 되었으며, 효무제는 가장 큰 업적을 세워 무(武)의 세종이 되었습니다. 이는 효선제께서 직접 조서를 내려 발표하신 것입니다.

『예기』「왕제(王制)」와 『춘추곡량전』에 천자는 칠묘를 세우되, 제후는 오묘, 대부는 삼묘, 사(士)는 이묘를 세운다고 했습니다. 그런데 천자는 붕어하고 이레 만에 입관하고 일곱 달째 장례를 지내고, 제후의 입관과 장례는 죽고 나서 닷새와 다섯 달째에 합니다. 상사를 이렇게 처리하는 것은 존비의 질서에 따른 것이니 사당을 세울 숫자와 같게 합니다. 경전의 원문은 "천자삼소삼목(天子三昭三穆), 여태조지묘이칠(與太祖之廟而七). 제후이소이목(諸侯二昭二穆), 여태조지묘이오(與太祖之廟而五)"입니다.⁴¹ 이렇게 덕택을 후하게 베푼 천자는 후손에게 오랫동안 복덕을 남기게 되어 있고 은덕이 천자보다 박한 자는 남기는 복도 천자보다 덜한 것입니다.⁴² 『춘추좌씨

전』에 "〔제후라도〕 각각 지위가 다르니 대하는 예법도 각각 달라야
한다."[43]라고 했으니, 위에서부터 아래까지 숫자 둘씩 단계별로 줄
이는 것이 예법입니다.

일곱이란 숫자는 법으로 정한 숫자이자 상수(常數)로 쓸 수 있습
니다. 그러나 천자는 종(宗)을 칭한 조상의 사당을 이 칠묘의 제한
을 넘어 세울 수 있으니 종은 여러 분이 나올 수 있기 때문입니다.
공덕을 많이 세운 분은 종을 칭하고 종묘의 숫자에 제한을 받지 않
고 사당을 세워야 합니다. 그러므로 은나라에서는 태갑(太甲)을 태
종(太宗)으로, 대무(大戊)를 중종(中宗)으로, 무정(武丁)을 고종(高宗)이
라고 칭했습니다.[44] 주공(周公)은 은나라 태종과 중종, 고종의 일로
「무일(毋逸)」[45]을 지어 성왕에게 권고했습니다. 은나라의 예를 놓고
볼 때, 공적을 세우고 덕성을 베푼 제왕에게는 숫자에 제한을 두
지 않고 종을 칭하게 한 것을 알 수 있습니다. 이렇게 종을 칭한 제
왕이 늘어나면 후대의 제왕에게 더 많은 예를 들어 공적과 덕정을
권할 수 있습니다. 천자는 칠묘를 세우게 되어 있는 것으로 보아도
효무제의 사당은 철폐하지 말았어야 하고, 종을 칭하는 법으로 보
더라도 효무제께 공적과 덕정이 없었다고 할 수 없으니 종을 칭할
수 있습니다.

『예기』의 사전(祀典)에는 "대저 성군께서 제사를 올릴 대상을 정
했는데, 백성에게 널리 은덕을 베푼 분께 제사하고, 노고를 다해
나라를 안정시킨 분께 제사하며, 대규모의 재난을 구제한 분께 제
사한다."[46]라고 했습니다. 제가 효무제의 사적을 살펴보니 공적과
덕정 방면에 모두 뛰어나셨습니다. 『예기』에서 이른 항목에 해당

하면 황실과 다른 성(姓)을 가진 인물이라도 특사(特祀)를 올리는데 하물며 폐하의 선조야 말할 것도 없을 것입니다.

누군가는 천자도 오대조까지 사당을 세운다고 주장하나 경전에서 그런 구절은 발견할 수 없습니다. 또 중종이나 고종을 세워야 한다고 하면서 그분의 왕도를 존중하되 그 사당은 철폐하자고 합니다. 이는 이름과 실상이 맞지 않는 주장으로 성군의 덕정과 공적을 높이 받들지 않겠다는 뜻으로밖에 보이지 않습니다.

『시』에 "팥배나무가 무성해도 베면 안 되네, 베면 안 되네. 소백(邵伯)의 초막이 있던 곳이니까."[47]라고 한 것은 그분을 기리는 나머지 그분과 연결된 나무까지 아낀 마음을 노래한 것입니다. 하물며 어떻게 그 치국의 도를 존중하되 그 사당은 철폐해야 한다고 할 수 있겠습니까! 사당과 제사를 철폐할 때에는 통상의 원칙이 있었으니 그분의 공적과 덕정이 남다르지 않을 때에는 후손과의 정이 멀어지는 단계에 따라 철폐해 나가게 되어 있습니다. 성군에게 조와 종을 어떤 순서에 따라 몇 분까지 추존할지에 대해서 경전에 명확하게 규정되어 있는 바가 없습니다. 성군을 가장 높게 모시는 일을 두고 의문점이 있는 글이나 없는 사실에 입각해서 결정하기란 어려운 일입니다. 효선제가 공경들과 의논하고 여러 유학자의 주장을 받아들여 효무제를 세종으로 받들어 사당을 세우고 만대에 이르도록 제사를 지내도록 천하에 선포하셨습니다. 신의 어리석은 생각에는 효무제의 공훈과 업적이 그토록 뛰어나고, 효선제께서 말씀드린 것처럼 〔세종으로 받들자고 결정하셨으니〕, 그 사당을 철폐하는 일은 마땅하지 않습니다.

황제가 이들이 의논한 결과를 보고 그 주장에 따르기로 하여 명령을 내렸다.

"태복 순(舜)과 중루 교위 흠(歆)의 주장대로 시행하라."

유흠은 또 주장했다.

예법에 따르면 단계적으로 제사를 줄여 가야 하므로『춘추외전(春秋外傳)』에 "일제(日祭), 월사(月祀), 시향(時享), 세공(歲貢), 종왕(終王)"이라 했으니, 할아버지와 아버지 사당에는 날마다 일제를 올리고, 증조와 고조할아버지 사당에는 월사를 올리며, 불천위(不遷位) 이조(二祧)께는 철 따라 시향을 올리고, 단선(壇墠)을 마련한 뒤에 세공 제사를 드리며, 군주가 돌아가셨을 때에는 대체(大禘) 제사를 지내게 되어 있습니다.

성대한 덕을 널리 베푸신 조상에게 자손의 정이 다할 때까지 제사를 지내고 단계적으로 제사를 철폐하되, 먼 조상일수록 더욱 존귀하게 여겨 체 제사를 성대하게 지내야 합니다. 손자의 신주는 조부의 신주 옆에 놓이는 것이 소목의 바른 차례이니, 손자의 신주는 항상 조부 신주의 다음에 놓여야 하는 것이 천묘(遷廟)의 단계입니다. 성군은 조상에게 우러나온 진정을 다하여 법도에 맞지 않는 바가 없게 해야 하니 조상의 사당을 철폐하지 말아야 합니다. 공우가 종묘를 철폐하자고 주장하기 시작하여 혜제와 경제, 그리고 태상황의 능원 사당을 철폐하여 폐허로 만들었는데 이는 예법에 어긋난 결정이었습니다.

평제 원시 연간에 대사마 왕망이 상소했다.

선제 본시 원년에 승상 의(義)[48] 등이 "효선제의 부친께 도왕 시호를 내리고 그 능을 도원(悼園)이라 부르며 봉읍(奉邑) 삼백 호를 두어야 한다."라고 주장했고, 원강 원년에 이르러서는 승상 상(相)[49] 등이 상소하여 "생부가 사민(士民)이되 그 아들이 천자가 되었으면 생부에게 천자의 예로 제사를 드리게 되어 있으니, 도원은 마땅히 황고(皇考)라는 존호를 칭해야 하고 사당을 세우며 능원을 지키는 백성을 천육백 호로 늘리며 그곳에 현(縣)을 두십시오."라고 했습니다.

신의 어리석은 생각으로는 원래 황고묘(皇考廟)를 세우지 말았어야 하니 대대로 봉사하게 한 것은 잘못된 일입니다. 또 효문태후[50]의 남릉(南陵)과 효소태후[51]의 운릉(雲陵) 능원은 황후가 아니었으므로 따로 제사를 드리지는 않았지만 능을 칭한 것은 바르지 않습니다. 제가 대사도 안(晏) 등 사백칠십 명과 신중히 의논한 결과, 모두 이렇게 주장했습니다. 효선제께서 효소제 형의 손자로서 효소제의 후사가 되어 적통을 이었는데, 후대의 수를 따져 효원제 때에는 후손이 오 대가 넘지 않았다는 이유로 효경제와 황고묘 사당을 철폐하지 않았습니다. 이렇게 하여 나라에 두 개의 적통과 두 분의 아버지가 계시게 되었으니 이는 예법과 제도에 어긋나는 일이었습니다. 살펴보면 의(義)가 효선제 생부의 시호를 도(悼)로 정하고 봉읍을 설치할 것을 상소한 것은 모두 경전의 뜻에 맞는 것이었습니다. 그런데 상(相)이 도원을 황고라고 칭하게 하고 사당을 세우며 봉읍의 백성의 늘려 현을 설치할 것을 상소한 것은 한나라 황실 조상의 적통에서 멀어진 것이고 예법의 뜻에도 어긋난 것이었습니다. "[『예기』에] 생부가 사민이되 그 아들이 천자가 되었으면 생부에게 천자의 예로 제사를 드린다."라고 한 것은 우순(虞舜), 하우(夏禹), 은탕(殷湯), 주 문왕, 한나라 고조처럼 천명을 받은 제왕의 생부 예를 이른 것이니, 후사가 되어 왕실의 적통을 계승한 예를 이른 것이 아닙니다. 신은 황제의 고조할아버지인 황고묘 봉명원(奉明園)을 철폐하고 제사를 올리지 말게 하며 남릉과 운릉에 설치했던 현을 철폐하기를 청합니다.

황제가 이 상소의 주장대로 하도록 윤허했다.

사도연(司徒掾) 반표(班彪)가 말한다.[52]

망한 진나라에서 끊어진 학문을 한나라가 이은 뒤에 선대 황제가 정한 제도를 시의적절하게 제정했다. 원제와 성제가 즉위한 뒤로 학자가 아주 많아졌는데, 공우는 종묘 제사를 폐했고, 광형은 교(郊) 제사의 제단을 남교(南郊)와 북교(北郊)에 바로 쌓았으며,[53] 하무는 삼공 제도를 정하고자 했다.[54] 그러나 이 제도는 뒤에 모두 여러 번 뒤집혔으므로 어지럽기만 하고 한가지로 정해지지 않았다. 이렇게 된 것은 어인 까닭일까? 예에 관해 언급한 경서에 이가 빠지거나 없어진 부분이 있는 데다 고금의 제도가 달라서 각자가 한 유파를 이루게 되었으니 한쪽 주장으로 제도를 정하기가 쉽지 않았다. 여러 유학자들의 주장을 살펴보니 유흠이 박학하면서도 독실했다.

44

위상·병길 전
魏相丙吉傳

이 편에는 선제 때에 승상을 지낸 위상(魏相, ?~기원전 59년)과 병길
(丙吉, ?~기원전 55년)이 등장한다. 반고는 이 두 사람을 한나라 개국 공
신 소하(蕭何)와 조참(曹參)에 비교하면서 군신이 일심동체가 되어 한
나라의 중흥기를 이루었다고 극찬했다. 이에 대해 조선의 상촌(象村) 신
흠(申欽)은 "곽광이 죽은 뒤에 곽씨 일족을 고발한 공으로 승상이 되어
외척의 눈치를 보기 바빴던 위상을 소하와 조참에 비교하는 것은 맞지
않다."라고 잘라 말하며 아무도 이 점을 언급하지 않은 것이 이상하다
고 꼬집었다. 병길은 대역죄인의 증손으로 옥중에 갇혀 있는 어린 선제
를 돌보았을 만큼 인정과 용기가 있는 인물이다. 선제는 자신의 목숨을
구해 준 병길에게 평생 고마워했다. 그리하여 병길이 죽은 뒤에 그 아들
이 죽을죄를 지었을 때에도 용서해 주었다.

곽광이 죽은 뒤에 곽씨 일족을 탄핵한 위상

○   ○   ○

위상의 자는 약옹(弱翁)으로, 제음군(濟陰郡) 정도현(定陶縣)에서 나고 자라 평릉현(平陵縣)으로 이주했다.

청년 시절부터 『역(易)』을 공부했다. 태수부의 졸사(卒史)로 있던 중에 현량(賢良) 인재로 천거되어 황제의 책문에 대책문을 올렸다가 높은 성적을 받아 무릉(茂陵) 현령이 되었다.

현령이 되어 얼마 지나지 않았을 때 어사대부 상홍양의 문객이 상홍양을 사칭하며 무릉현 역참 객사에 묵었는데, 현승(縣丞)이 제때에 인사를 오지 않았다고 화를 내며 현승을 포박한 일이 있었다. 위상이 그자를 수상하게 여겨 체포한 뒤 심문한 끝에 죄를 캐내, 기시형에 처하라는 판결을 내렸다. 그 일이 있고 나서 무릉현이 아주 잘 다스려졌다.

그 뒤에 하남(河南) 태수로 승진하여 사악하게 법을 위반하는 것을 금지하도록 명하자 하남 지방의 호족들이 두려워하며 복종했다. 그때 마침 승상 차천추(車千秋)가 죽었다. 그보다 먼저 차천추의 아들이 낙양(雒陽)의 무고령(武庫令)으로 와 있었다. 아버지가 죽은 뒤에 위상이 하남군을 엄격하게 다스리는 것을 보고 위상 밑에서 오래 일하다가는 죄를 입을지도 모르겠다고 걱정하여 사직해 버렸다. 위상이 연(掾)으로 하여금 뒤쫓아가서 불러오게 했지만 차천추의 아들은 돌아가지 않았다. 위상이 안타까워하며 혼잣말을 했다.

"무고령이 사직했다는 소식을 대장군이 들으면 내가 승상의 죽음을 빌미로 그 아들을 제대로 대하지 않았다고 생각하겠구나. 집정 대신들도 나를 비난할 테니 위태롭게 되었다."

무고령이 서쪽으로 길을 떠나 장안에 도착하자 아니나 다를까 대장군 곽광이 위상의 허물을 꾸짖었다.

"어리신 주상이 새로 즉위하여 함곡관에서 장안을 튼튼하게 지키고 무고에 정예병을 모아 두게 하면서 승상의 동생은 함곡관 도위로, 아들은 무고령으로 삼았는데, 하남 태수가 황제를 위한 중요한 방책도 깊이 생각하지 않고 승상이 죽은 사실을 접하자 승상의 아들을 내쫓았구나. 이 얼마나 사려 깊지 못하고 박정한 짓인가!"

뒤에 누군가가 위상이 무고한 자를 살해했다고 고발하여 해당 관리에게 사건을 넘겨 조사하게 했다. 그러자 하남에서 장안으로 올라와 각 관아를 지키고 있던 병졸 이삼천 명이 대장군 앞을 가로막고 서서 태수의 죄를 대속할 수 있다면 자진해서 한 해 더 장안에서 관아를 지키겠다고 나섰다. 거기에 하남의 늙은이와 젊은이 만여 명이 모여서 황제에게 글을 올리기 위해 함곡관 안으로 들어가겠다고 했다. 이에 함곡관을 지키던 관리가 대장군에게 그 사실을 보고했다. 대장군은 위상이 무고령을 내쫓았다고 여겨 미워하던 차였으므로 이 사건을 정위에게 넘겨 심문하게 했다. 위상은 오랫동안 갇혔다가 겨울을 넘기고 석방되어 나왔다. 다시 황제의 명령이 내려 무릉 현령이 되었다가 양주(揚州) 자사로 승진했다.

지방의 군 태수와 제후국 승상의 실적 평가에서 많은 관리가 좌천 판정을 받았다. 위상이 병길과 사이가 좋았는데 그때 광록대부로 있던 병길이 위상에게 편지를 보냈다.

조정에서 약옹의 치적을 잘 알고 있으니 바로 크게 쓰실 것이오. 그러니 능력을 마구 드러내지 말고 일할 때 얼마간 조심하고 자중하기 바랍니다.[1]

위상이 속으로 병길의 말이 옳다고 여겨 권세 부리는 일을 그만두었다. 위상은 두 해 동안 양주 자사를 지내다가 간대부로 부름을 받아 조정에 들어갔다. 그리고 다시 하남 태수가 되어 나갔다.

몇 해 지나서 선제가 즉위했다. 위상을 불러 대사농으로 삼았다가 어사대부로 승진시켰다. 네 해 뒤에 대장군 곽광이 죽었다. 황제가 곽광의 공덕을 추모하며 그 아들 곽우(霍禹)를 우장군으로, 형의 아들 낙평후(樂平侯) 곽산(霍山)을 영상서사로 삼았다. 뒤에 위상이 평은후(平恩侯) 허백(許伯)[2]을 통해 밀봉 상소를 올렸다.

『춘추공양전』은 경(卿)의 세습을 비난했고 송(宋)나라 제후가 삼대에 걸쳐 송나라 대부(大夫)의 딸과 혼인한 것[3]과 노(魯)나라의 계손씨(季孫氏)가 전권을 행사한 것[4]을 옳게 보지 않았습니다. 이 모두가 나라를 위기와 혼란에 빠뜨렸기 때문입니다. 〔무제(武帝)〕 후원(後元) 연간 이래 황제가 관리를 임명하는 권리를 잃어버렸고 재상이 정사를 맡게 되었습니다.[5] 이번에 곽광이 죽은 뒤에 아들이 다시 대장군이 되었고 형의 아들이 조정의 요직을 맡았으며 이 집안 형제와 사위들이 권세를 휘두르며 장군 자리에 올랐습니다. 계다가 광(光)의 부인 현(顯)과 딸들이 장신궁 출입 명부에 이름을 올려놓고 밤에도 문을 열게 하는 등 마음대로 출입하고 있습니다. 곽씨 일족의 교만과 방종함이 점점 통제할 수 없는 지경에 이르고 있어 걱정입니다. 그러니 그들의 권한을 빼앗아 음모를 깨뜨림으로써 만대의 기틀을 굳건히 세우시고 공신 집안 후손들의 생명을 보전하는 것이 마땅합니다.

그런데 제도에 따르면 상소를 올리는 자는 모두 두 편을 써서 그 한 편에 '부(副)' 자를 쓰게 되어 있었다. 그러면 영상서(領尙書)가 먼저 그 부본을 읽어 보고 주장하는 바가 훌륭하지 않으면 버리고 황제에게 올리지 않았다. 위상이 허백을 통해 황제에게 건의하기를 상소의 부본을 마련하는 제도를 없앰으로써 영상서가 가로채는 폐단을 막을 수 있다고 하자, 선제가 좋은 의견이라며 위상을 급사중으로 삼고 위상이 내는 의견을 모두 들어주었다.

곽씨 집안에서 계획적으로 허 황후를 살해했다는 소식이 보고되자마자 황제는 곽우와, 곽운, 곽산 세 명의 열후를 파직하여 집으로 돌아가게 했으며 모든 친족도 관직에서 내쫓았다.

그 뒤에 위현(韋賢)이 늙고 병들었다는 이유로 사직하자 위상이 뒤를 이어 승상이 되면서 고평후(高平侯)에 봉해지고 식읍 팔백호를 받았다. 그런데 곽씨 일족이 위상을 미워하고 또 꺼렸으므로 태후의 조서를 위조하여 먼저 승상을 베고 난 뒤에 황제를 폐위하자는 음모를 꾸몄으나 일이 발각되어 주살당했다. 선제가 친히 정사를 보기 시작하면서 나라를 다스리는 일에 정력을 기울이고 신하들을 뽑아 쓴 뒤에 직무 수행 성적을 평가했다. 그때 위상이 신하들을 통솔했는데 황제의 뜻에 딱 맞았다.

원강(元康) 연간에 흉노가 군대를 파견하여 거사국(車師國)⁶에 주둔하면서 농사를 짓던 한나라 부대를 공격했으나 땅을 빼앗아 가지 못했다. 황제가 후장군 조충국(趙充國) 등과 의논하기를 흉노가 쇠약해졌으니 그 오른쪽 땅⁷을 공격하여 더는 서역을 침입하지 못하게 하라고 했다. 그때 위상이 상소를 올려 간언했다.

신은 이렇게 들었습니다. 혼란한 나라를 구하고 폭군을 주살하는 군대를 의병(義兵)이라고 하는데 의로운 전투를 치러 새로운 나라를 건국합니다. 적이 이 편으로 쳐들어와 부득이하게 군대를 출동시키면 그것을 응병(應兵)이라고 하는데 적에 대응해서 전쟁하면 꼭 이기게 되어 있습니다. 작은 일을 가지고 심하게 다투면서 분노를 참지 못하고 출동시킨 군대는 분병(忿兵)이라고 하는데 분해서 싸우면 패하게 됩니다. 남의 토지와 보화를 탐내서 출동시킨 군대는 탐병(貪兵)이라고 하는데 탐심으로 싸우면 깨지게 됩니다. 나라가 큰 것에 의지하고 백성이 많은 것을 자랑하며 상대에게 위무를 보이고 싶어 출동시키는 군대를 교병(驕兵)이라고 하는데 교만하게 싸우다가는 전멸하게 됩니다. 이 다섯 가지 결과는 사람이 만들어 내는 것이기도 하지만 하늘이 정해 주는 도리이기도 합니다.

최근까지도 흉노는 선의를 가지고 붙잡았던 한나라 백성을 그때그때 돌려보내 주고 변경을 침입하지도 않았습니다. 비록 이번에 거사국에서 주둔하며 농사를 짓는 부대와 다툼이 있었다고는 하나 마음에 담을 만큼 심했던 것은 아닙니다.

지금 들으니 여러 장군이 군대를 출동시켜 거사국으로 진군할 것이라고 합니다. 신이 어리석어서 그런지 이번에 출동하는 군대는 어떤 이름으로 불러야 할지 모르겠습니다.

현재 변방의 군(郡)은 사정이 매우 곤란하여 부자지간에 개가죽이나 양가죽 옷 한 벌을 함께 입고 들풀의 열매를 따 먹으며 목숨을 부지하지 못할까 늘 걱정하고 있으니 전쟁을 치르기에는 어려운 형편입니다. "전쟁을 치른 뒤에는 반드시 흉년이 든다."[8]라고 했습니다. 이 말씀은 백성이 근심하고 괴로워하면 그 기운이 음양의 조화를 해치게 된다는 뜻입니다. 또 출병하여 이긴다 해도 후환이 생길 수 있습니다. 전쟁 때문에 재해의 변고가 일어날 것이 예상됩니다.

현재 지방의 군을 다스리는 태수와 제후국의 승상이 제대로 된 아전을 뽑아 쓰지 못하고 있는 데다 풍속은 각박해지고 홍수와 가뭄 또한 수시로 발생하고 있습니다. 올해 집계를 보니 아들이 아비를, 동생이 형을, 아내가 남편을 죽인 자가 모두 이백스물두 명이나 됩니다. 어리석은 신이 보기에 이는 작은 변고가 아닙니다. 이제 폐하의 측근들이 백성의 이런 고통은 걱정하지 않고 군대를 출동시켜 먼 곳의 이(夷)에게 미미한 분을 풀고자 하고 있습니다. 이는 공자께서 "나는 계손씨 집안의 우환거리는 전유(顓臾)가 아니라 그 소장(蕭牆) 안에 있지 않을까 싶다."[9]라고 하신 것과 같습니다. 바라건대 폐하께서는 평창후(平昌侯) 왕무고(王無故), 낙창후(樂昌侯) 왕무(王武), 평은후 및 식견이 높은 자들과 더 깊이 상의하십시오.

황제가 위상의 주장을 따라 흉노 정벌을 그만두었다.

『역』으로 정사를 보좌하다

○ ○ ○

위상은 『역』에 밝았는데 스승[10]에게 학문을 잘 배웠다. 그리고 한나라 역대 조정의 제도와 정사의 성패를 논한 상소문을 차근차근 읽고 나서 당시의 제도가 예전과 달라졌다고 판단하고 예전의 제도를 봉행하는 일에 힘써야 한다고 주장했다. 그래서 한나라 건국 이래 조정에서 정사를 제대로 처리했던 예와 현신(賢臣) 가의(賈誼), 조조(鼂錯), 동중서(董仲舒) 등이 올린 상소를 정리하여 상주하고 그 예전 인물들의 주장을 정사에 반영하여 시행할 것을 청했다.

신은 영명하신 군주가 위에 계시고 그 아래 능력과 덕행이 뛰어난 재상이 보좌하고 있으면 군주는 편안히 즐길 수 있고 백성은 화목하게 살아갈 수 있다고 들었습니다. 신 상이 영광스럽게도 승상의 자리에 올랐으나 성현이 명확하게 정해 놓으셨던 법과 제도를 제대로 봉행하여 널리 교화를 펼치며 사방을 잘 다스려 폐하의 성덕을 선양하는 일을 제대로 해내지 못하고 있습니다. 그리하여 백성들이 본업인 농업을 버리고 상공업에 몰리고 더러 굶주림과 추위에 떨고 있어 폐하께서 근심하고 계시니 그 죄가 만 번 죽어 마땅합니다.

저의 지식과 능력이 보잘것없어 나라를 다스리는 데 가장 중요한 일을 정확하게 알지 못하는 것은 말할 것도 없고, 현재 시급히 해결해야 할 일과 백성의 일 중에 우선과 나중을 잡아 주는 것을 제대로 처리하지 못했습니다.

제가 선제(先帝)께서 베푸신 두터운 성덕과 인은(仁恩)에 관해 엎드려 살펴보았습니다. 선제께서는 천하를 다스리기 위해 부지런히 애쓰시면서 백성에게 주의를 기울이셨습니다. 홍수와 가뭄의 재해가 났을 때 걱정스러운 마음으로 가난하고 힘든 백성들에게 창고의 물자를 풀어 굶주림을 구제하셨습니다. 또 간대부와 박사를 보내 천하를 돌아보며 풍속을 시찰하고 현량 인재를 천거하며 억울한 옥사를 해결하게 해 주었는데 시찰하러 가는 행렬이 길에 끝도 없이 이어졌습니다. 여기에 제반 비용을 줄이고 조세를 감해 주며 산림과 호수를 백성에게 개방했고 말에게 곡물을 먹이거나 술 판매와 곡식의 사재기를 금지함으로써 위급한 사정을 완화하여 백성을 위로하고 안정시켰으니, 백성에게 유리하게 해 줄 방도를 완비하고 있었습니다. 신이 그 모든 방도를 다 진술해 올릴 수는 없어 죽음을 무릅쓰고 옛 제도와 조서 중에서 스물세 편을 골라 상주하겠습니다.

신이 삼가 역대 조정의 제도와 법령을 살펴보니, 농업을 근본으로 하여 양곡을 비축하는 데 힘쓰고 재정 수입을 잘 계산하여 지출 비용을 정함으로써 흉년과 재해에 대비하게 되어 있었으니 여섯 해 물량이 비축되어 있지 않으면 '급(急)'으로 쳤습니다.

〔무제〕 원정(元鼎) ³년에 평원(平原), 발해(勃海), 태산(太山), 동군(東郡)에 모두 재해가 일어나 백성들이 유랑 중에 길에서 굶어 죽는 일이 일어났습니다. 봉록 이천석의 태수들이 그런 어려움이 닥칠 것을 예측하지 못하여 대책을 마련해 놓지 않았기 때문에 일이 그 지경까지 이르렀지만 황제께서 영명한 구제책을 내리셔서 백성들이 다시 살아날 수 있었습니다.

올해는 곡식이 여물지 않아 곡물 가격이 폭등하고 있는데 추수 때가 되어도 궁핍한 자가 많이 남아 있을 것은 말할 것도 없고 내년 봄이 되면 그 사정이 더 심해져 구제할 방책이 없을 것입니다. 서강(西羌)도 아직 평정하지 못해 그곳에 군대가 나가서 전투를 벌이고 있어 신의 생각에도 걱정되니, 곡식 비축 문제를 빨리 해결해야 합니다.

바라건대 폐하께서 백성에게 마음을 쏟으셔서 선제께서 성덕을 베푸셨던 제도를 계승함으로써 나라 안의 백성을 돌보시길 바랍니다.

황제가 위상이 올린 방책대로 시행했다.

위상은 또 『역음양(易陰陽)』과 『명당월령(明堂月令)』¹¹의 뜻이 하나하나 잘 드러나도록 정리하여 황제에게 올렸다.

신 상이 영광스럽게도 벼슬자리에 올랐으나 직책을 제대로 수행하지 못하고 있을 뿐만 아니라 널리 폐하의 교화를 선양하지도 못하고 있습니다. 음양의 조화가 깨지고 재해가 끊이지 않는 것은 신둥에게 그 허물이 있습니다.

신은 『역』에서 "천지가 순리대로 운행되어 해와 달이 궤도를 벗어나지 않고 사철이 어긋나게 들지 않으며, 성군이 순리대로 다스려 형벌을 공정하게 주고 백성은 복종한다."[12]라는 내용을 읽었습니다. 천지 만물의 변화는 반드시 음과 양에 의거해서 일어나는데 음과 양은 해의 운행에 따라 그 기운이 갈라집니다. 해가 가장 길게 떠 있는 하지(夏至)가 되면 양의 기운이 가장 커지는 동시에 음의 기운이 생겨나며 해가 북쪽으로 운행하기 시작하고 동지(冬至)가 되면 그 반대가 됩니다. 이렇게 나뉜 음과 양에 따라 여덟 종류의 계절풍이 차례로 불고 목숨을 부여받은 만물은 서로 간섭하지 않으면서 각각 고유한 임무를 수행합니다.

동방의 신 태호세(太昊帝) 복희씨(伏羲氏)가 진괘(震卦)에 의거하여 규(規)를 잡고 봄을 관장하고, 남방의 신 염제(炎帝) 신농씨(神農氏)가 리괘(離卦)에 의거하여 저울대 형(衡)을 잡고 여름을 관장하며, 서방의 신 소호제(少昊帝) 금천씨(金天氏)가 태괘(兌卦)에 의거하여 곱자 구(矩)를 잡고 가을을 관장하고, 북방의 신 전욱제(顓頊帝) 고양씨(高陽氏)가 감괘(坎卦)에 의거하여 저울추 권(權)을 잡고 겨울을 관장하며, 중앙의 신 황제(黃帝) 헌원씨(軒轅氏)가 곤괘(坤卦)와 간괘(艮卦)에 의거하여 먹줄 승(繩)을 잡고 대지를 관장합니다. 이렇게 오제(五帝)가 관장하되 각각 맡은 철이 있습니다. 동방의 신이 의거하는 괘로 서방의 신이 관장하는 가을을 다스릴 수 없고 남방의 신이 의거하는 괘로 북방의 신이 관장하는 겨울을 다스릴 수 없습니다. 봄이 왔는데 태괘를 써서 다스리면 굶주리게 되고, 가을이 왔는데 진괘

(震卦)를 써서 다스리면 꽃이 피고, 겨울이 왔는데 리괘를 써서 다스리면 천지의 기운이 새게 되고, 여름이 왔는데 감괘를 써서 다스리면 우박이 내리게 됩니다.

영명한 제왕은 하늘의 뜻을 조심스럽게 받들고 삼가며 백성을 기르기 위해 희씨(羲氏)와 화씨(和氏)같이 천문과 역법을 관장하는 관리를 두어 사철을 관장하게 하고 절기에 따라 백성이 할 일을 가르쳐 주게 했습니다. 임금이 도에 따라 행동하며 음양의 이치를 받들어 따르면 해와 달이 정상적으로 빛나고 철에 맞추어 비바람이 불며 추위와 더위가 사람 살기에 적당하니, 이 세 가지가 질서 있게 돌아가면 재해가 일어나지 않고 오곡이 잘 여물며 삼실로 베를 짤 수 있게 되고 초목이 무성해지며 날짐승과 길짐승이 잘 번식하고 백성들은 병으로 요절하지 않으며 의식이 풍족하게 됩니다. 이렇게 되면 임금은 존경을 받고 백성은 기뻐하게 되어 위아래로 원망하는 일이 없고 정령과 교화가 틀림없이 지켜지고 예를 지키고 양보하는 일이 많아지게 됩니다. 그러나 비바람이 때에 맞지 않으면 농사와 양잠을 망치게 되고, 농사와 양잠을 망치면 백성이 굶주림과 추위에 떨게 되며 굶주림과 추위에 시달리면 염(廉)과 치(恥)[13]가 없어져 외적이 침입하고 나라 안에는 도둑이 일어나는 원인이 됩니다.

어리석은 신이 보기에 음과 양은 제왕이 나라를 다스리는 근본이며 만물의 목숨이 달려 있어 옛적 성현께서 음과 양의 법칙을 따르지 않았던 적이 없었습니다. 천자가 천하를 다스리는 대의는 반드시 천지가 운행하는 법칙을 정확하게 따라야 하며 선조 성군의 다스림을 살펴보아야만 합니다. 고황제 때에 반포된 천자의 의복에 관한 칙령인 「제팔(第八)」에 이렇게 되어 있습니다.

대알자 신 장(章)이 장락궁(長樂宮)에서 "여러 신하로 하여금 황제가 입을 의복에 관해 상의하여 결정함으로써 천하를 안정시키고 잘 다스리게 하라."라는 명령을 받았다. 이에 상국 신 하(何)와 어사대부 신 창(昌)이 삼가 장군 신 릉(陵)과 태자태부 신 통(通)[14] 등과 함께 상의하고 황제께 아뢰었다.

"봄, 여름, 가을, 겨울에 황제께서 입을 의복은 마땅히 천하의 예법 질서에 따라서 제정하되 세상의 실정과도 부합해야 합니다. 그렇게 함으로써 황제와 제후왕, 열후 등 땅을 가진 통치자들로부터 아래로 백성에 이르기까지 자연의 법칙을 따르며 사철의 변화에 순응하게 될 것이므로 이로써 나라를 다스린다면 폐하께서 재앙을 입지 않고 무궁한 세월 동안 장수하실 수 있으니 이는 종묘 제사를 받들고 천하를 안정시키는 요체입니다. 그리하여 신등이 천하의 예법 질서에 따라 정하기를 청합니다. 중알자 조요(趙堯)가 봄철을, 이순(李舜)이 여름철을, 예탕(兒湯)이 가을철을, 공우(貢禹)가 겨울철을 담당하고 있으니 네 사람이 각각 한 철씩 맡아서 짓겠습니다."

이렇게 대알자 상장(襄章)[15]이 주청하자 황제께서 "그렇게 하도록 하라."라고 명령하셨다.

효문제 때 2월에 천하에 은혜를 베푼 일이 있었습니다. 부모에게 효도하고 맏형을 공경하는 자와 농사에 힘쓰는 자, 군졸로 나가서 지치도록 싸운 자에게 상을 내리고 전사자에게 제사를 지냈는데 철에 잘 맞지 않았습니다. 그래서 어사대부 조조가 태자가령으로 있으면서 그 불가함을 아뢰었습니다.

신 상이 엎드려 생각하기에는 폐하의 은택이 아주 두터움에도 재난이 그치지 않는 것은 철에 맞지 않는 명령을 내리시기 때문이 아닌가 합니다. 바라건대 폐하께서는 경서에 밝고 음양을 꿰고 있는 네 사람을 뽑아 각각 한 철씩 주관하게 하십시오. 철이 돌아올 때마다 그 맡은 바에 따라 폐하께서 내릴 명령의 내용에 대해 명확하게 아뢰도록 하여 음양을 고르게 한다면 천하 백성에게 더없는 복이 될 것입니다.

위상이 여러 차례에 걸쳐 시국에 따라 처리해야 할 일에 관해 건의했고 황제가 모두 들어주었다. 위상은 승상부의 연사(掾史)들로 하여금 지방의 군과 제후국의 사정을 조사하게 하고, 휴가를 마치고 고향에서 승상부로 돌아올 때 사방의 각각 다른 소식을 고하게 했다. 반역자가 있거나 비바람이 고르지 못해 자연재해가 일어났을 때 태수가 보고하지 않아도 위상이 황제에게 그 모든 일을 보고할 수 있었다.

위상이 승상으로 있을 때 병길이 어사대부에 있으면서 한마음이 되어 정사를 보좌했으므로 황제가 이 두 사람을 중하게 여겼다. 위상은 사람됨이 엄하고 강직하여 병길보다 관대하지 못했다. 승상으로 아홉 해 동안 일을 보다가 신작(神爵) 3년에 세상을 떠나자 헌후(憲侯)라는 시호가 내려졌다.

아들 위홍(魏弘)이 후위를 이었다가 감로(甘露) 연간에 죄[16]를 지어 작위를 깎이고 관내후가 되었다.

옥에 갇힌 어린 황증손을 보호한 병길

○　○　○

병길의 자는 소경(少卿)이고 노나라 사람이다.

율령(律令)을 배워 노나라의 옥사(獄史)가 되었다. 뒤에 공로를 쌓아 조금씩 승진하다가 정위우감(廷尉右監)까지 올라갔는데 법을 어겨 관직을 잃고 고향에 돌아가 주종사(州從事)가 되었다.

무제 말년에 무고(巫蠱) 사건이 일어났을 때 병길이 전임 정위감 자격으로 황제의 부름을 받아 입궁했다. 황제가 조서를 내려 병길로 하여금 군저옥(郡邸獄)에 갇힌 무고 사건 관련자를 조사하게 했다. 그때 무제의 증손자였던 선제는 태어난 지 몇 달밖에 안된 몸으로 위(衛) 태자 사건에 연루되어 갇혀 있었다. 병길은 속으로 태자가 역모를 꾸민 적이 없다고 판단했으므로 죄 없는 황증손을 가엾게 여겼다. 그래서 병길이 여자 죄수 중에서 행동이 조심스럽고 후덕한 사람을 골라 황증손을 보호하며 기르게 했으니 감옥 안에서도 한적하고 마른자리에 황증손이 거처할 자리를 마련해 주었다.

병길은 군저옥에 갇혀 있던 무고 사건 관련자를 조사하고도 여러 해가 지나도록 판결을 내리지 않았다. 후원 2년에 무제의 병이 위중해져서 장양궁(長楊宮)과 오작궁(五柞宮)을 오가며 요양했다. 그때 망기(望氣)를 보던 자가 장안의 옥중에 황제의 기운이 서려 있다고 알렸다. 그 말을 들은 황제가 사자를 보내 중도관조옥에 갇힌 자들의 이름을 나누어 적은 뒤에 죄의 경중에 상관없이 모두 다 죽이게 했다.

군저옥을 담당한 내알자령 곽양(郭穰)이 밤중에 들이닥치자 병길이 문을 닫아걸고 사자를 들이지 않으면서 외쳤다.

"황증손께서 여기 계시오. 다른 사람들도 죄가 없으면 죽일 수 없는데 하물며 폐하의 친증손자를 죽이게 할 수는 없소."

날이 밝을 때까지 문을 막고 있었기 때문에 안으로 들어갈 수 없었던 곽양이 황제에게 돌아가 그 사실을 고하고는 상소를 올려 병길을 탄핵했다. 무제가 퍼뜩 정신을 차리며 말했다.

"하늘이 그 아이를 살려 놓으셨구나!"

무제가 황증손이 살아 있는 것에 감사하며 천하에 사면령을 내렸다. 군저옥에 갇혀 있던 자들은 오로지 병길의 배려 덕분에 살아날 수 있었고 그 때문에 황증손의 목숨도 보전되었으며, 황제의 은혜가 전국에 미치게 되었다. 황증손이 병에 걸려 목숨을 보전하지 못할 뻔한 일이 몇 번이나 있었다. 그때마다 병길이 황증손을 보호하며 기르던 유모에게 명하여 의원을 불러오고 약을 먹이게 하는 등 큰 은혜를 베풀며 황증손을 대했고 사재를 털어 황증손의 입을 것과 먹을 것을 댔다.

그 뒤에 병길은 거기장군 휘하의 군시령(軍市令)이 되었다가 대장군 막부의 장사(長史)로 옮겼다. 곽광이 병길을 아주 좋게 보고 광록대부 급사중으로 입궁시켰다.

소제가 붕어했을 때, 후사가 없었으므로 대장군 곽광이 창읍왕(昌邑王) 유하(劉賀)를 맞이해 오게 했다. 유하가 즉위한 뒤에 행동에 절제가 없었으므로 폐위시켰다. 곽광이 거기장군 장안세와 다른 대신들과 새로운 황제를 옹립하는 문제를 의논했으나 결론이 나지 않았다. 그때 병길이 곽광에게 글을 써서 올렸다.

장군께서 효무제를 섬길 때 강보에 싸인 어린 태자를 부탁받으셨을 뿐 아니라 천하를 다스리는 직책까지 맡았습니다. 효소제가 젊은 나이에 붕어하셨을 때 후사가 없었으므로 나라 안의 백성들이 모두 걱정하고 두려워하자 장군께서 재빨리 후사를 찾아 발상일에 황제의 후사를 세움으로써 한나라 황실의 종묘 제사를 받드는 대의를 이었습니다. 그런데 황제로 옹립된 분이 사람으로서의 품행을 갖추지 못해 한나라 황실의 대의를 받들기 위해 다시 폐출했으니 천하의 그 누구도 장군의 결단력에 탄복하지 않은 자가 없었습니다.

지금 종묘사직의 운명과 백성의 목숨이 장군 한 분의 손에 달려 있습니다. 제가 삼가 백성에게 들으면서 그 의견을 살펴보니 제후왕과 종실 분으로 관직에 계신 분 중에서는 백성들에게 그 명성이 알려진 분이 없었습니다. 그런데 유조에 따라 길러진 무제의 증손으로 이름이 병이(病已)라는 분이 역정(掖庭)과 외가에서 지내고 있었습니다.

저 길이 군저(郡邸)에서 무고 사건을 조사하던 때에는 그분이 아주 어렸으나 지금은 열여덟아홉 살이 되었습니다. 경술에 통달하고 재주가 뛰어나며 행동이 안정되고 기질이 온화합니다. 바라건대 장군께서 대신들과 자세하게 의논하는 한편으로 시초와 귀갑 점을 쳐서 참고한 뒤에 그분을 존귀한 자리에 올리는 것이 마땅한지를 놓고 우선 황궁에 불러 태후께 입시하게 하십시오. 그분을 널리 알린 뒤에 황위에 새로 올릴 수 있을지를 결정한다면 천하 모든 사람이 크게 기뻐할 것입니다.

곽광이 대신들의 주장을 살펴본 뒤에 그 뜻을 받아들여 황증손을 옹립하기로 하고 종정 유덕(劉德)을 보내 역정에서 거처하고 있던 황증손을 맞이해 오게 했다. 선제가 즉위하자마자 병길에게 관내후 작위를 하사했다.

병길은 속이 깊고 후덕한 사람으로 자기 자랑을 하지 않았다. 황증손이 황위에 오른 뒤에도 병길이 그 전에 은혜를 베풀었던 일에 대해 입을 열어 말한 적이 없으므로 조정에서 아무도 병길의 공로를 정확하게 알지 못했다.

지절(地節) 3년에 황태자를 세우자 병길이 태자태부가 되었다가 몇 달이 지나서 어사대부로 승진했다. 이어서 곽씨 일족이 주살되고 황제가 친히 정사를 돌보기 시작하면서 병길이 상서직을 겸했다. 그 무렵 역정에서 일하던 궁궐 계집종 즉(則)이 전남편을 시켜 예전에 자신이 황증손을 돌본 공이 있다고 글을 올리게 했다. 황제가 그 사안을 역정령에게 넘겨 조사하게 했는데 그 계집종이 예전 무제 때의 사자 병길이 상황을 잘 안다고 진술했다. 역정령이 즉을 데리고 어사대부 관아에 가서 병길에게 보였다. 병길이 알아보고 즉을 꾸짖었다.

"너는 그때 황증손을 조심해서 돌보지 않은 죄로 태형까지 받았는데 무슨 공이 있다고 떠드느냐? 황증손을 잘 돌본 이는 위성(渭城)의 호조(胡組)와 회양(淮陽)의 곽징경(郭徵卿)[17]밖에 없었다."

그러고는 호조와 곽징경이 함께 황증손을 키우느라 고생한 사정에 대해 따로따로 글을 써서 올렸다. 황제가 병길을 불러 호조와 곽징경을 찾아보라고 명했다. 두 사람은 이미 죽은 뒤였으나 자손이 있었으므로 모두 후한 상을 내렸다. 또 조서를 내려 즉을 사면하고 서인으로 삼은 뒤에 십만 전을 하사했다.

황제가 친히 만나서 물어보고는 병길이 예전에 자신을 돌봐 주었으면서도 끝까지 그 말을 하지 않았다는 사실을 알게 되었다. 황제는 병길이 대단히 어진 사람이라 여기고 승상에게 조서를 내렸다.

짐이 미천하던 시절에 어사대부 길이 짐에게 온정을 베풀어 주었으니 그 공덕이 크다. 『시(詩)』에도 "은혜를 베풀면 보답받게 되어 있다."[18]라고 읊지 않았던가! 이에 길을 박양후(博陽侯)에 봉하고 식읍 천삼백 호를 내린다.

그런데 열후에 봉하는 날이 왔을 때 병길의 병이 위중했으므로 황제가 사람을 보내 인수를 매어 주게 하여 병길의 생전에 그 의식을 거행하려고 했다. 황제가 병길의 병이 위중하여 자리에서 일어나지 못할지도 모른다고 생각하고 서두르고 있을 때 태자태부 하후승(夏侯勝)이 말했다.

"그 사람은 죽지 않을 것입니다. 신은 음덕을 베푼 자는 반드시 그 보답으로 복을 누리게 되어 있고 그 복은 자손에게까지 전해진 다고 들었습니다. 지금 길이 보답을 받기 전인데, 병이 심하기는 하지만 죽을병은 아닙니다."

아니나 다를까 뒤에 병이 다 나았다.

병길이 글을 올려 고사하면서 헛된 명목으로 상을 받는 것은 마땅치 않다고 스스로 해명하자 황제가 답을 내렸다.

짐이 선생을 봉하고자 하는 것은 헛된 명목에 따른 것이 아니 니 선생이 글을 올려 열후의 인수를 돌려보내 짐의 부덕함을 드러 냈소. 지금 천하에 큰일이 그리 많지 않으니 선생은 정신을 가다 듬어 걱정거리는 잊고 의원과 약을 가까이하며 몸을 잘 돌보도록 하시오.

그 뒤 다섯 해가 지났을 때 병길이 위상의 뒤를 이어 승상이 되 었다.

아랫사람의 허물은 덮고 선행은 널리 알리다

○　○　○

병길은 본래 형법에 따라 옥사를 처리하던 아전으로 출발했으나 뒤에 『시』와 『예』를 공부하여 이 두 경전의 대의에 통달했다.

위상은 승상의 자리에 있을 때 관대함을 많이 베풀고 예의와 겸양을 잘 차렸다. 승상부의 연사가 부정하게 재물을 축적하거나 직무를 제대로 수행하지 못했을 때는 장기 휴가를 주는 방식으로 직위를 해제했을 뿐 끝끝내 그 사안을 조사하지 않았다. 언젠가 문객이 병길에게 충고했다.

"군후(君侯)께서는 한나라 조정의 승상이신데, 간악한 아전들이 사사로이 이익을 챙기고 있음에도 아무 성벌을 내리지 않고 계십니다."

병길이 대답했다.

"대저 삼공(三公)의 관아에 죄를 지어 벌을 받은 아전이 있다는 소문이 나면 그것은 나 스스로 체면을 깎는 일이오."

뒷날 병길의 대를 이어 승상이 된 사람들이 이 관례를 따르면서 삼공의 관아에서는 아전을 처벌하지 않았으니, 이 관례는 병길에서 비롯되었다.

병길은 관속과 연사들에 대해서 허물은 덮어 주고 선행은 널리 알리려고 애썼다. 병길의 수레를 모는 아전이 술을 좋아하여 몇 차례나 자리를 떠나 놀러 다녔다. 언젠가 병길을 모시고 외출했을 때는 술에 취해 승상의 수레에 먹은 것을 토하기도 했다. 서조(西曹)

의 주리(主吏)가 그자를 내쫓아야 한다고 청하자 병길이 말했다.

"만취해서 실수했다고 사람을 쫓아 버리면 어디에서도 다시는 이자를 받아 주지 않을 걸세. 그러니 서조가 그만 참게. 이번 일은 승상의 수레 방석이 더럽혀진 정도로 끝났으니 말이야."

그러고는 끝내 내쫓지 않았다. 그 수레를 몰던 아전은 변방 지방의 군 출신으로 변방에서 분명(奔命)[19] 부대를 징발하고 경비(警備)하는 일에 대해 잘 알고 있었다. 한번은 외출했다가 마침 파발꾼이 적백낭(赤白囊)[20]을 들고 달려오는 것을 보았다. 변방의 군에서 분명 부대 징발 문서를 가지고 달려온 것이었다. 병길의 수레를 몰던 아전이 그 파발꾼을 따라 공거에 가서 어떻게 된 일인지 물어보고 적이 운중군(雲中郡)과 대군(代郡)을 침입했다는 사실을 알아냈다. 그리고 급히 승상 관아로 돌아가 병길에게 사정을 보고한 뒤에 자신의 의견을 내놓았다.

"적이 침입한 변방의 군에 재임 중인 이천석 태수가 연로한 데다 병이 나서 전투를 지휘하지 못하는 듯하니, 황제께서 부르시기 전에 미리 알아보셔야 할 것입니다."

병길이 그 말을 옳게 여겨 동조(東曹)의 아전을 불러 변방 고관들의 신상을 조사하게 하고 그들의 나이와 경력, 능력 등을 기록하게 했다. 그 작업이 미처 끝나기 전에 황제가 승상과 어사대부를 불러서 적이 침입한 군을 다스리는 지방관에 관해 묻자 병길이 소상하게 대답했다. 어사대부는 갑자기 상세한 내용을 알아낼 방법이 없었으므로 황제에게 견책을 당했다. 반면에 병길은 황제에게 변방을 걱정하고 직무를 완수하기 위해 노력하고 있다고 비쳐졌으니 이는 수레를 모는 아전의 덕이었다. 병길이 그 아전을 칭찬하며 말했다.

"받아들이지 못할 사람이란 없다. 사람마다 그 능력도 장점도 다 다르기 때문이다. 승상인 내가 수레 모는 아전이 앞서 올린 건의를 듣지 않았다면 어떻게 열심히 일했다고 칭찬을 받을 수 있었겠는가!"

승상부의 연사들이 이 말을 듣고 모두 병길을 더 우러러보았다.

언젠가 한번 병길이 외출했을 때 치워 놓은 길[21]에서 패싸움을 맞닥뜨렸는데 죽거나 다친 자들이 길에 쓰러져 있었다. 병길이 그 곁을 지나면서 무슨 일인지 물어보지 않자 연사가 매우 이상하게 여겼다. 병길의 행차가 계속 앞으로 나아가던 중에 소를 몰고 가는 사람을 만났는데 소가 혀를 내민 채 헐떡거리며 숨을 쉬고 있었다. 병길이 수레를 멈추게 하고 말을 타고 수레 곁을 따르던 아전에게 물었다.

"소를 몰고 몇 리나 왔다고 하는가?"

연사가 말했다.

"승상께서 물어볼 것과 물어보지 않아도 되는 것의 앞뒤를 바꿔 하셨습니다."

어떤 자는 병길을 비웃기까지 했다. 그러자 병길이 말했다.

"사람이 싸우다가 서로 죽이고 다치게 한 것이야 장안령이나 경조윤이 금지하거나 잡을 일이니, 승상부에서는 연말에 그 관아의 직무 수행의 우열을 매겨 상벌을 주면 될 일이다. 재상은 작은 일에 친히 나서지 않으니 길에서 생긴 일이야 물어볼 일이 아니다.

그런데 바야흐로 봄철이라 소양(少陽)의 기운이 천지를 지배하고 있어 크게 덥지도 않은데, 소가 가까운 거리를 왔는데도 더위서 숨을 헐떡인다면 소가 더위를 느껴서 그런 것일 테니 그렇다면 봄철의 날씨치고 정상이 아니라고 여겼다. 그래서 혹시 재해가 일어나지 않을까 걱정한 것이다. 삼공은 음양이 조화로운지를 살펴보는 임무가 있으니 내 직책상 해야 할 걱정을 하면서 소가 걸어온 거리를 물어본 것이다."

연사가 탄복하면서 병길이 나라를 다스리는 일의 요점을 파악하고 있다고 여겼다.

오봉(五鳳) 3년 봄에 병길의 병이 위독했다. 황제가 직접 병문안을 가서 물었다.

"선생이 혹시 잘못된다면 누가 선생의 뒤를 이을 수 있겠소?"

병길이 사죄의 말씀을 올렸다.

"신하들의 품행과 능력에 관해서는 영명하신 폐하께서 다 알고 계시니 어리석은 신은 아는 바가 없습니다."

황제가 계속해서 물어보자 병길이 머리를 조아리고 아뢰었다.

"서하(西河) 태수 두연년이 법과 제도에 밝고 조정의 관례에 대해서도 잘 압니다. 앞서 구경(九卿)으로 열 몇 해 동안 조정 일을 보다가 지금은 군을 잘 다스려 이름을 얻고 있습니다.

정위 우정국(于定國)은 법을 집행하되 상세하고도 공정하게 처리하므로 우정국이 내린 판결에 대해서는 천하의 누구도 억울해하는 자가 없습니다.

태복 진만년(陳萬年)은 효성을 다해 계모를 섬겼고 성실하고 후덕하게 행동하고 있습니다.

이 세 사람은 모두 능력이 신보다 뛰어나니 폐하께서는 이 셋을 살펴보시기 바랍니다."

황제가 병길이 추천한 자들이 모두 훌륭하다고 여기고 세 사람 모두를 등용하기로 했다.

이윽고 병길이 세상을 떠나자 어사대부 황패(黃霸)가 승상이 되었다. 황제가 서하 태수 두연년을 불러들여 어사대부로 삼았다. 그러나 두연년이 늙어서 사직하고 고향으로 돌아가기를 청했다. 병이 있었으므로 면직시켜 주었다. 그래서 정위 우정국이 어사대부가 되었다. 황패가 세상을 떠나자 우정국이 그 뒤를 이어 승상이 되었다. 그리고 태복 진만년이 우정국의 뒤를 이어 어사대부가 되었다. 이들은 모두 직무를 잘 수행했으므로 황제가 병길이 사람 보는 눈이 있다고 칭찬했다.

아버지 덕에 목숨을 건진 병현

○ ○ ○

병길이 세상을 떠나자 정후(定侯)라는 시호가 내려졌다. 아들 병현(丙顯)이 후사가 되었으나 감로 연간에 죄를 지어 작위가 관내후로 깎였다. 병현은 벼슬이 위위(衛尉)와 태복(太僕)까지 올랐다. 젊어서 병현이 제조로 있을 때 황제를 모시고 고황제 사당에 제사를 올리러 간 일이 있었다. 그런데 제사 지내기 전날 저녁에 제물로 올릴 짐승을 챙기는 자리에서 사람을 내보내 제사 때 입을 예복을 가져오게 했다. 그러자 승상 병길이 크게 화를 내며 부인에게 말했다.

"종묘에 제사를 올리는 일이 얼마나 중요한데 현은 공경하고 삼가는 태도가 없구나. 내 작위를 잃어버릴 놈은 틀림없이 현일 것이오."

부인이 말리는 바람에 겨우 벌을 내리지 않고 지나갔다.

병길의 둘째 아들 병우(丙禹)는 수형도위를 지냈고 막내아들 병고(丙高)는 중루교위를 지냈다.

원제(元帝) 때에 장안의 사오(士伍)[22] 존(尊)이 황제에게 글을 올려 주장했다.

신이 젊어서 군저(郡邸)의 말단 아전으로 있을 때 군저옥에 갇혀 있던 황증손 효선제를 뵈었습니다. 그때 군저옥에서 무고 사건을 조사하던 무제의 사자(使者) 병길이 황증손께서 죄도 없이 당하고 계신 것을 보았습니다. 길은 어진 마음이 일어나 눈물을 흘리며 슬퍼했습니다. 그러고는 복역 중이던 죄수 중에 호조라는 여자를 뽑아 황증손을 기르며 돌보게 했는데 길이 늘 함께 돌보았습니다. 신 존은 하루 두 번 강보에 싸인 황증손을 군저옥 뜰에 모시고 나왔습니다.

훗날 옥에 있는 죄수들의 이름을 모두 적어 내라는 칙명이 내려왔지만 길은 준엄한 형벌을 겁내지 않고 대란에 맞서 문을 열어 주지 않았습니다. 대사면령이 내리자 길이 수승(守丞)[23] 수여(誰如)에게 황증손을 옥에서 거처하게 하면 안 된다고 주장하며 수여로 하여금 경조윤에게 공문을 보내게 하고는 호조와 함께 황증손을 경조윤에게 보냈는데, 경조윤이 받지 않았으므로 경저옥에 다시 돌아오게 되었습니다.

조(組)의 복역 일자가 차서 경저옥을 떠나게 되었는데 황증손께서 조에게서 떨어지지 않으려고 하자 길이 제 돈으로 조를 고용하여 곽징경과 함께 몇 달 동안 같이 키우게 한 뒤에야 조를 고향으로 돌려보냈습니다.

그 뒤에 소내(少內)의 색부(嗇夫)가 길에게 "황증손에게 양식을 대 주라는 칙령은 없었다."라고 했습니다. 그 시절에 길은 쌀과 고기를 구해서 다달이 황증손에게 대 주고 있었습니다. 길은 자신이 병이 나면 신으로 하여금 아침저녁으로 황증손께 가서 문안을 드리고 자리와 이불이 축축하지 않은지 살펴보게 하고, 조와 징경이 새벽이나 밤에 황증손 곁을 떠나 놀러 다니지 않는지도 감시하게 했습니다. 또 달고 바삭바삭한 먹을거리를 자주 황증손께 바쳤습니다. 그리하여 황증손께서 정신이 온전하고 옥체가 건강하게 자라실 수 있었으니 그 공덕은 헤아릴 수조차 없습니다. 길이 그때 어떻게 황증손께서 천하에 복을 가져다주실 것을 예측하고 자신에게 보답하기를 바랄 수 있었겠습니까! 진실로 그 속에서부터 생겨난 인자하고 은혜로운 마음으로 한 행동이었습니다. 개지추(介之推)[24]가 자신의 허벅지 살을 베어 먹여 주군 중이(重耳)의 목숨을 살렸다고 하지만 이런 길의 행동에는 비할 수 없을 것입니다.

효선제 때에 신이 그 사정을 글로 올린 적이 있는데 기쁘게도 길이 그 상소를 보았습니다. 그러나 길은 겸손하고 양보를 잘하는 사람이었으므로 자신의 공을 자랑할 수 없다며 신이 자신에 관해 올린 내용을 삭제하고 조와 징경에게 칭찬이 돌아가게 했습니다. 그리하여 조와 징경에게는 밭과 집을 내리고 돈을 하사했으며 길은 박양후에 봉해졌습니다. 신 존은 조와 징경에게 비할 수 없었습니다.

신은 늙고 또 가난하게 살고 있어 목숨이 금세라도 끊어질 지경이니, 죽기 전에 드릴 말씀을 올리지 못한다면 공이 있는 자를 드러내지 못하게 될 거 같아 두려웠습니다.

길의 아들 현이 사소한 일로 법에 걸려 관내후로 작위가 깎였습니다. 신이 어리석지만 그 작위와 식읍을 회복시켜 주어 죽은 아비의 공덕에 보답하는 것이 마땅하다고 생각합니다.

그보다 먼저 병현이 태복으로 있는 열 몇 해 동안 그 관속들과 함께 불법으로 대규모 이익을 챙겼는데 부정한 재물이 천만여 전어치나 되었다. 사례교위 창(昌)이 조사한 뒤에 부도죄(不道罪)로 탄핵하면서 체포를 청하는 상주문을 올렸다. 그러자 황제가 말했다.

"전임 승상 길이 옛적에 은혜를 베풀어 주었으므로 짐은 차마 죽일 수 없다."

이에 병현을 면직하고 식읍도 사백 호를 삭감했다. 병현은 그 뒤에 다시 성문교위가 되었다. 병현이 죽은 뒤에 아들 병창(丙昌)이 관내후 작위를 이었다.

성제(成帝) 때에 제사가 끊어진 공신들의 사당을 복원했는데 병길의 옛 은혜가 아주 컸다 하여 홍가(鴻嘉) 원년에 승상과 어사에게 조칙을 내렸다.

대개 공덕이 있는 자에게 상을 주고 제사가 끊어진 공신 집안의 대를 잇는 것은 종묘를 높이고 현인과 성인을 널리 구하는 길이라고 들었다. 고 박양후 길은 예전에 베푼 은혜로 공을 인정받아 봉해졌으나 지금 그 제사가 끊어져 있으니 아주 가여운 일이다. 대저 선행을 베풀었던 자를 잘 대하여 자손에게까지 미치게 하는 것은 고금에 통하는 대의다.[25] 그러므로 길의 손자인 중랑장 관내후 창(昌)을 박양후에 봉하고 길의 후대를 잇게 하라.

이로써 봉도가 끊어진 지 서른두 해 만에 후위가 이어졌다. 병창의 후위는 아들과 손자에게까지 전해졌으나 왕망 시대에 끊어졌다.

찬하여 말한다.

옛적에는 무슨 명칭을 정할 때에 비슷한 상징 중에서 멀게는 사물의 이름을, 가깝게는 신체 부위의 이름을 가져다 썼다. 그리하여 경서에서는 임금을 '원수(元首)'라고 칭하고 신하를 '고굉(股肱)'[26]이라고 칭하여[27] 임금과 신하가 한 몸이라는 뜻을 명확하게 나타냈는데 이는 그 둘이 서로 의지하여 하나를 이루기 때문이었다. 그러므로 임금과 신하가 서로 뜻을 맞추는 것은 고금에 변하지 않는 법칙으로 머리와 허벅지가 한 몸을 이루듯이 자연스럽다.

가까운 과거를 살펴보면 한나라 때의 재상으로는 고조를 도와 나라의 기틀을 세운 소하와 조참이 으뜸이었다. 효선제의 중흥기에는 병길과 위상이 명성을 얻었다. 그 시절에는 승진과 좌천에 차례를 지켰고 관직이 정돈되어 있었으며 공경의 대부분이 직무를 제대로 수행했고 나라 전체가 예와 겸양을 숭상했다. 이제 당시의 사적을 살펴보니 허명이라고만은 할 수 없겠다.

45

쉬·양하후·경·익·이 전
眭兩夏侯京翼李傳

이 편에는 학자 또는 관리로서 점괘를 설명할 줄 알았던 쉬훙(眭弘, ?~기원전 78년), 하후시창(夏侯始昌, ?~?), 하후승(夏侯勝, 기원전 152~기원전 61년), 경방(京房, 기원전 77~기원전 37년), 익봉(翼奉, ?~?), 이심(李尋, ?~?)의 사적이 실려 있다. 무제 때에 동중서가 유학에 음양과 오행을 가미하고 하후시창이 보강한 뒤로 음양과 오행 이론으로 경전을 해석하는 바람이 불었는데 그중 뛰어났던 인물들이 모여 있다. 유향(劉向)과 곡영(谷永), 전종술(田終術)도 이 방면에 이름이 났지만 유향과 곡영은 따로 열전을 세워 두었고, 전종술은 왕망에게 아부했기 때문인지 「적방진전」과 「왕망전」에 이름만 거론된다.

한나라 말기에는 지진과 홍수 등의 재이 현상을 해석하여 황제가 정사를 소홀히 하고 간신을 중용하며 후궁과 외척을 총애하면 하늘이 천

명을 거둔다고 설득하는 일이 많아졌다. 경방과 익봉, 이심은 정치 개혁을 주장하다가 죽거나 유배되었다. 이에 대해 반고는 앞일을 예견하거나 하늘의 신령함을 해석하는 일은 아무나 할 수 없다고 여겼다. 경전에 나온 사례에 비추어 예측하면 더러 잘 맞기도 해서 정사와 교화에 도움이 되겠지만 한계가 있으므로, 이런 분야일수록 언사를 조심해야 한다고 경계했다.

이들은 음양 오행 이론을 『시』, 『서』, 『역』, 『춘추』에 응용하고 음악과 역법 등에도 조예가 깊었으나 이 편에는 그에 대한 설명이 없다. 『후한서』 「율력지(律曆志)」에 악률 정리에 공헌한 경방의 사적이 기록되어 있고 다른 시대의 서적에도 사적들이 전승되는 것을 보면 이들이 중국 고대 문화의 지평을 넓힌 것은 틀림없는 사실이다.

선제의 등극을 예언하다가 죽은 쉬훙

○ ○ ○

쉬훙(眭弘)[1]의 자는 맹(孟)이고, 노나라 번현(蕃縣) 사람이다.

청소년 시절에는 협객의 의리를 숭상하고 투계(鬪雞)와 말 타고 질주하기를 좋아했으나 장성한 뒤에는 마음을 고쳐먹고 영공(嬴公)에게 『춘추』를 배웠다. 그리하여 명경(明經) 인재로 뽑혀 의랑이 되었다가 부절령(符節令)까지 올랐다.

효소제 원봉(元鳳) 3년 정월에 태산군(泰山郡) 내무산(萊蕪山) 남쪽에 수천 명이나 되는 사람들이 모여 떠드는 소리가 나서 사람들이 가 보니 큰 바위가 저절로 일어서 있었는데 높이가 한 장(丈) 다섯 척(尺)에 둘레가 마흔여덟 위(圍)나 될 만큼 컸다. 땅속으로 여덟 척이나 박혀 있었으며 아래에 돌 세 개가 발처럼 받치고 있었다. 돌이 일어선 뒤에 흰 까마귀 천 마리가 그 주변에 내려앉았다.

그 무렵 말라죽은 채 넘어져 있던 창읍(昌邑)의 사직(社稷) 신주(神主) 나무가 다시 살아났다. 또 상림원(上林苑)에서는 줄기가 꺾인 큰 버드나무가 땅 위에 넘어져 말라죽어 있었는데 살아나서 바로 섰다. 벌레가 그 나무의 잎을 먹으니 '공손병이립(公孫病己立)'[2]이라는 글자가 나타났다. 쉬맹(眭孟)이 『춘추』의 뜻을 빌려 이 현상들을 해석했다.

바위와 돌은 모두 음(陰)에 속하는 것으로 하층 백성을 상징합니다. 태산은 대종지악(岱宗之嶽)으로 제왕이 역성(易姓)을 이루어 새로운 왕조를 열었음을 고하는 장소입니다. 넘어져 있던 버드나무가 다시 살아나는 일은 인력으로 되는 일이 아니니 이런 일은 필부에서 일어난 자가 황제가 되는 것을 뜻합니다. 사직 신 사당에 넘어져 있던 나무가 소생한 것은 예전에 망한 집안인 공손씨가 부흥함을 나타냅니다.

쉬맹이 생각해 보았지만 공손씨가 어디 있는지 알 수 없었으므로 이렇게 말했다.

예전에 동중서 유생이 "비록 나라를 이어받아 주 문왕의 법도를 지켜 가는 군주라고 해도 성인이 천명을 받는 일을 방해할 수 없다."라고 한 적이 있습니다. 한나라 황실은 요임금의 후대이므로 나라를 인재에게 전할 운세를 만날 수 있습니다. 그러면 한나라 황제가 천하의 모든 사람을 상대로 묻고 가려 가며, 현인을 찾은 뒤에 제위를 양위하고 자신을 도읍 백 리 밖의 땅에 봉하여 은나라와 주나라의 후대처럼 천명에 순종함이 마땅합니다.

쉬맹이 자신의 벗이었던 내관장(內官長) 사(賜)에게 이 글을 올리도록 했다. 그때 소제가 어려서 대장군 곽광이 집정하고 있다가 그 상소를 보고 쉬홍을 증오했다. 그래서 정위에게 글을 넘겨 조사하게 했다. 정위가 '사와 맹이 망발과 요언으로 백성을 미혹시켰으므로 대역부도죄(大逆不道罪)를 지었다.'라고 상주했으므로 두 사람 모두 주살당했다.

그 뒤로 다섯 해가 지나 효선제가 민간에서 살다가 떨치고 일어나 즉위하자 쉬맹의 아들을 불러들여 낭관으로 삼았다.

음양 학설에 뛰어났던 하후시창

하후시창은 노나라 사람이다.[3]

오경에 통달했고 『제시(齊詩)』와 『상서(尙書)』를 학생들에게 가르쳤다.

무제가 동중서와 한영(韓嬰)이 죽은 뒤에 하후시창을 크게 중용했다. 하후시창은 음양가(陰陽家) 학설의 대가였다. 하후시창이 백량대(柏梁臺)에 재이가 일어날 날짜를 예언한 적이 있는데 그 날짜가 되자 여지없이 화재가 일어났다.[4]

그 무렵 창읍왕이 무제의 막내아들[5]로 총애를 받고 있었는데 황제가 스승의 간택에 나서서 하후시창을 태부로 삼았다.

하후시창은 천수를 누리다가 나이 들어 죽었다. 같은 집안의 자제였던 하후승이 하후시창의 뒤를 이어 유생으로 이름을 날렸다.

황제의 자리를 넘보는 신하를 알아낸 하후승

○   ○   ○

하후승의 자는 장공(長公)이다.

그보다 먼저 노 공왕(魯共王) 유여(劉餘)[6]의 아들 유념(劉恬)을 절후(節侯)에 봉하면서 노나라의 도읍 서쪽에 있던 영향(寧鄉)을 식읍으로 주었다. 영향은 대하군(大河郡)에 소속되었다가 뒤에 동평왕의 봉토에 속했다.[7] 영향이 동평국에 소속되어 있을 때 태어났으므로 하후승을 일러 동평국 사람이라고 한다.

하후승은 어릴 때 아버지를 여의었으나 공부를 좋아했다. 하후시창에게서 『상서』와 「홍범오행전(洪範五行傳)」[8]과 재이를 해석하는 법을 배웠다. 뒤에 간경(簡卿)에게 사사했다가 다시 구양씨(歐陽氏)에게서 배웠다. 하후승은 공부를 할 때 정확하게 통달하고 싶어 했으므로 한 스승에게서만 배우려고 하지 않았다. 또 『의례(儀禮)』 「상복(喪服)」의 해석에 능했다. 그리하여 황제의 부름을 받아 박사와 광록대부가 되었다.

그때 마침 소제가 붕어하고 창읍왕이 후사가 되어 제위에 올랐는데 자주 놀이를 나갔다. 하후승이 창읍왕의 수레를 막고 창읍왕 앞에 나아가 간언했다.

"날이 오랫동안 흐리기만 하고 비가 오지 않는 것은 신하 중에 주상의 자리를 넘보는 자가 있음을 상징합니다. 폐하께서는 어디를 가시려고 황궁을 나서십니까?"

그러자 왕이 하후승이 요망한 말을 했다고 화를 내며 포박하여 해당 관리에게 넘기라고 했다. 해당 관리가 대장군 곽광에게 보고하자 곽광은 탄핵하여 처벌하려고 하지 않았다.[9]

그때 곽광과 거기장군 장안세가 함께 창읍왕 폐출을 상의하고 있었다. 곽광은 장안세가 누설했다고 질책했으나 장안세는 아무것도 누설하지 않았다고 했다. 그래서 하후승을 불러 물어보니 하후승이 대답했다.

"「홍범오행전」에 '위대한 황제가 불편부당하지 않아 중정(中正)을 잃어버리면 여러 날 빛이 없어지는 벌을 내리니 그때 아랫사람 중에 주상을 치려는 자가 생긴다.'라고 했습니다. 모의를 알았지만 드러내 말하기 어려워서 '신하 중에 주상의 자리를 넘보는 자가 있다.'라고 아뢰었습니다."

곽광과 장안세 두 사람이 모두 매우 놀라 그 뒤부터 경술을 연구한 유생을 더욱 중하게 여겼다.

그로부터 열흘이 더 지났을 때 마침내 곽광이 장안세와 더불어 창읍왕을 폐출하고 선제를 옹립하겠다고 태후에게 아뢰었다. 곽광은 신하들이 동궁의 태후께 정사를 보고할 테고 태후가 정사를 돌보아야 하므로 태후가 경술을 알아야 한다고 생각했다. 그리하여 하후승으로 하여금 태후에게 『상서』를 가르치게 했다. 하후승은 장신소부로 승진하고 관내후 작위를 하사받았다. 뒤에 창읍왕 폐출과 선제 옹립에 함께 참가하여 계책을 세우고 종묘에 고하여 나라를 안정시킨 공으로 식읍 천 호를 더해 받았다.

선제가 즉위 초에 선제(先帝)의 업적을 높이 기리기 위해 승상과 어사에게 조서를 내렸다.

짐이 보잘것없는 몸으로 선제의 은덕을 입어 성업(聖業)을 계승하고 종묘 제사를 받들게 되었으니 이 점을 늘 명심하고 있다.

효무제께서는 인(仁)과 의(義)를 친히 실천하시면서 위무를 갈고닦아 북쪽으로 흉노를 정벌하여 선우가 멀리 도망가게 했다. 그뿐 아니라 남쪽으로 저(氐)와 강(羌), 곤명(昆明), 그리고 서우(西甌)와 낙월(駱越)의 양월(兩越)을, 동쪽으로 예맥(薉貉)과 조선(朝鮮)을 평정하여 땅을 넓히며 국경을 확대한 뒤에 군현(郡縣)을 설치하자 백만(百蠻)이 줄을 이어 복속해 왔다. 청하지 않아도 스스로 변경의 요새를 찾아와 문을 두드렸으니, 진귀한 공물을 종묘에 진설했다.

음률을 고르게 하고 악가(樂歌)를 지으셨으며, 상제(上帝)에게 제사를 올리기 위해 태산에서 봉(封) 제사를 거행하셨고, 명당을 세우셨으며, 정삭(正朔)과 수레와 말을 장식하는 빛깔 및 제물로 바칠 짐승의 털 빛깔을 바꾸셨다.

성군의 위업을 분명하게 열어 보이셨으니 덕행과 능력이 뛰어난 인재를 존중하고 공훈을 표창하셨으며 끊어진 제후와 공신의 후대를 잇고 주(周) 왕실의 후대를 높이셨다.

천지에 제사를 올리는 예법을 완비하셨고, 학문하는 길을 넓히셨다. 그러자 하늘에서 감응하여 상서로운 징조를 내려 주셨으니 보정(寶鼎)이 발견되고 흰 기린을 잡았으며 해변에서 거대한 물고기를 진상했고 산신들이 나타나 숭고산(嵩高山)에서 만세 소리가 세 차례나 들렸다.

성대한 그 모든 공덕이 다 선양할 수 없을 만큼 많은데도 그에 걸맞은 묘악(廟樂)을 제정하지 못했으니 몹시 안타까운 일이다. 그러니 묘악을 새로 제정하는 문제를 두고 열후와 이천석, 박사들이 함께 의논하도록 하라.

대신들이 조정에 모여 의논한 뒤에 의견을 모아 올렸다.

"조서대로 묘악을 새로 제정함이 마땅합니다."

그런데 장신소부 하후승만은 의견이 달랐다.

"무제께서 비록 사이(四夷)를 침략하여 영토를 넓히고 국경을 확대한 공이 있다고 하더라도 그 때문에 수많은 병사가 죽었고 백성의 재물과 힘을 소진했습니다. 도를 넘은 사치와 낭비 때문에 천하의 곳간이 텅 비었고 백성은 뿔뿔이 흩어져 유랑하다가 절반이 죽어 갔습니다. 메뚜기 떼가 엄청나게 날아와 수천 리 땅을 이삭 한 톨 남지 않은 적지(赤地)로 만들어 버렸으므로 사람들이 서로 잡아먹기에 이르렀습니다. 국고에 비축되어 있어야 할 물자는 지금까지 원상태로 회복하지 못하고 있습니다. 무제께서 백성에게 은덕을 베푼 것이 없으므로 묘악을 제정하는 것은 마땅치 않습니다."

공경들이 함께 하후승을 질책했다.

"이번 일은 조서를 내려 명령하신 것이오."

하후승이 이 주장에 반박했다.

"조서라도 따를 수 없습니다. 신하의 도리는 바른말과 옳은 주장을 하는 것이지 무턱대고 아부하며 폐하의 뜻에 따르는 것이 아닙니다. 제 의견은 이미 냈으므로 죽는다 해도 후회하지 않겠습니다."

하후승이 이렇게 나오자 승상 채의(蔡義)와 어사대부 전광명(田廣明)이 하후승을 탄핵했는데 조서의 내용을 비난하고 선제(先帝)를 비방했으므로 부도죄를 지었다고 했다. 또 승상장사 황패는 하후승을 비호하면서 탄핵하지 않았다고 했다. 이에 하후승과 황패가 하옥되었다.

해당 관원이 효무제의 사당을 세종묘(世宗廟)로 높여야 한다고 청하면서 천하 곳곳에서 효무제 제사 때 대대로 묘악 「성덕(盛德)」과 「문시(文始)」, 「오행(五行)」을 연주하며 춤을 추는 것으로 무제의 성덕을 제대로 찬양해야 한다고 상주했다. 그런데 무제가 순수(巡狩)하며 머물렀던 군과 제후국은 모두 마흔아홉 개였다. 그곳에 모두 사당을 세우고 고조와 태종과 마찬가지의 의례로 제사를 올렸다.

하후승과 황패가 갇힌 지 한참 지났을 때 황패가 하후승에게 경전을 배우고 싶어 하자 하후승이 죽을죄를 지은 자로서 그렇게 할 수 없다고 거절했다. 황패가 말했다.

"'아침에 도(道)를 알았다면 저녁에 죽어도 좋다.'[10]라는 말씀도 있습니다."

황패의 말을 훌륭하게 여긴 하후승이 마침내 황패를 가르쳤다. 옥에 갇혀 겨울을 여러 번 보낼 동안 쉬지 않고 강론했다.

〔본시(本始)〕 4년 여름, 함곡관 동쪽의 열아홉 개 군에서 같은 날 지진이 일어나거나 산이 무너져 성곽과 집이 파괴되었고 육천명이 넘는 사람들이 죽었다. 황제가 소복으로 갈아입었고 정전(正殿)에서 보던 조회를 쉬었으며 사자를 보내 하층 관민을 위문하고

죽은 자의 관 값을 내려 주게 했다. 그리고 황제가 명령을 내렸다.

"대개 재이란 것은 하늘과 땅이 내리는 경고이다. 짐이 홍업(洪業)을 계승하여 백성의 윗자리에 있게 되었으나 사람들을 제대로 살리지 못하고 있다.

일전에 북해(北海)와 낭야(琅邪)에서 지진이 일어나 태조와 태종, 세종의 사당이 무너졌으니 몹시 두려운 일이다. 그러니 열후와 중이천석 관리들이 널리 술사(術士)에게 물어 변고에 대응하여 짐의 모자라는 점을 보완할 방책이 있다면 꺼리지 말고 모두 보고하도록 하라."

지진 때문에 흐트러진 민심을 수습하기 위해 대사면령이 내려졌다. 하후승은 출옥하여 간대부 급사중이 되었고, 황패는 양주자사가 되었다.

하후승은 사람됨이 성실하고 소박하여 정도를 지켜 나갔으나 번잡하고 어려운 것을 싫어하여 위엄과 의례를 차리지 않았다. 황제를 배알하는 자리에서 황제를 군(君)이라고 불렀고 황제 앞에서 다른 신하의 자(字)를 부르는 잘못을 저질렀다. 그래도 황제는 하후승을 가까이 두고 신뢰했다.

한번은 하후승이 황제를 배알한 뒤에 황궁 밖으로 나와서 황제가 했던 말을 옮긴 적이 있다. 황제가 그 말을 듣고 하후승을 질책하자 하후승이 아뢰었다.

"폐하께서 좋은 말씀을 하셨으므로 신이 널리 알렸습니다. 요임금의 말씀이 천하에 널리 퍼졌기 때문에 지금까지 사람들이 외우고 있습니다. 신은 폐하의 말씀이 전해져야 한다고 여겨서 전했을 따름입니다.”

조정에서 국사를 의논하는 일이 있을 때마다 하후승이 솔직하게 자신의 의견을 주장하는 것을 알았던 황제가 하후승에게 당부했다.

“선생은 바른말만 하면 되니 지난번 묘악 일로 옥에 갇혔던 것에 구애되지 마시오.”

하후승이 다시 장신소부가 되었다가 태자태부(太子太傅)로 승진했다.

황제의 명령을 받고 『상서설(尙書說)』과 『논어설(論語說)』을 편찬하여 황금 백 근을 하사받았다.

하후승이 나이 아흔 살에 관직에 있다가 세상을 떠나자 황제가 묘지를 하사하여 평릉헌에 장사 지내게 했다. 태후는 이백만 전을 하사하고 하후승을 위해 닷새 동안 소복을 입으며 사부의 은혜에 보답했다. 유생들은 이 일을 영광으로 여겼다.

하후승은 제자들을 가르칠 때마다 이렇게 말했다.

“선비는 경술에 밝지 못함을 걱정해야 한다. 경술에 밝으면 자주색이나 남색 인수를 받고 고관이 되기가 몸을 구부려 땅의 풀을 뽑기만큼 쉽다. 경술을 공부했으나 환하게 꿰지 못하면 고향에 돌아가 농사를 짓는 것이 낫다.”

『금문상서』를 해설한 하후건

○   ○   ○

하후승의 사촌 형제였던 하후건(夏侯建)의 자는 장경(長卿)이다. 하후승과 구양고(歐陽高)[11]에게 사사한 뒤부터 두 스승에게 의문점을 물어 그 뜻을 알아냈다. 또 오경(五經)을 연구한 여러 유생에게 당시 유통되던 『금문상서』와 『고문상서』의 서로 다른 내용에 관해 물어보고는 『금문상서』의 장(章)과 구(句)에 설명을 곁들였다.

하후승은 하후건의 방법을 반대했다.

"건이 『상서』를 장과 구로 나누어 설명하는데 이는 비루한 유생의 태도로, 유학(儒學)의 대도(大道)를 산산조각 내 버렸다."

그러자 하후건도 하후승이 자세하게 연구하지 않는다고 비난하면서 하후승에게 응수하지 않겠다고 했다.

하후건은 마침내 『상서』의 또 다른 학파를 창설한 학자가 되었다. 벼슬은 의랑(議郞)과 박사를 거쳐 태자소부(太子少傅)까지 올랐다.

하후승의 아들 하후겸(夏侯兼)은 좌조 태중대부, 손자 하후요(夏侯堯)는 벼슬이 장신소부, 사농(司農), 홍려(鴻臚)에 이르렀고, 증손자 하후번(夏侯蕃)은 군의 태수, 주목(州牧), 장락소부(長樂少府)에 이르렀다. 하후승의 동복동생의 아들 하후상(夏侯賞)은 양나라의 내사(內史)를, 하후상의 아들 하후정국(夏侯定國)은 예장(豫章) 태수를 지냈다. 하후건의 아들 하후천추(夏侯千秋)도 소부와 태자소부를 지냈다.

재이와 변괴의 해석에 뛰어났던 경방

○　○　○

경방의 자는 군명(君明)이고, 동군(東郡) 돈구현(頓丘縣) 사람이다. 『역』을 연구했는데 양나라 사람 초연수(焦延壽)에게 사사했다.

초연수의 자는 공(贛)이다. 초연수는 빈천했으나 공부를 좋아했으므로 양나라 왕의 총애를 받았다. 왕이 초연수가 쓸 돈을 대주면서 마음껏 공부하게 했다. 공부를 마친 뒤에 군사(郡史)가 되었다가 찰거(察擧)를 통해 발탁되어 소황(小黃) 현령이 되었다. 정탐을 통해 법을 어기는 간악한 행위를 미리 알아냈으므로 도적들이 일을 저지르지 못했다. 초연수가 하층 관민을 아끼고 돌보았으므로 현 전체기 잘 교화되있다. 정무 처리 평가에서 최(最)를 받아 승진했다. 소황현의 삼로(三老)와 아전들이 초연수를 소황에 남게 해 달라는 글을 황제에게 올리자, 봉록을 올려 줄 테니 그리하라는 명령이 내렸다. 초연수는 소황 현령으로 있다가 세상을 떠났다.

초연수가 늘 이렇게 말했다.

"내 학설을 배운 것 때문에 목숨을 잃을 자가 있으니 바로 경생(京生)이다."

경방은 재이와 변괴의 해석에 뛰어났고 하루하루 어떤 일을 할 때 예순 개의 괘에 연관시키는 분괘치일법(分卦直日法)[12]을 쓰면서 바람이나 비가 내릴지, 추위나 더위가 올지를 예언했는데 점을 칠 때마다 잘 맞았다. 경방은 이 분괘치일법을 쓰는 데 특히 정통했다. 또 음악의 율려(律呂)와 궁조(宮調)에 관심이 많았고 음정을 잘 알았다. 〔원제〕초원(初元) 4년에 효렴(孝廉) 과목에 높은 점수를 받아 낭관이 되었다.

영광(永光) 연간과 건소(建昭) 연간에 서강에서 반란이 일어났다. 그 무렵 일식이 일어났고 또 오랫동안 햇빛이 사라져 컴컴했으며 흐리고 안개가 끼면서 날이 맑지 않았다. 경방은 여러 차례 상소를 올려 그런 일이 일어날 것을 예언했는데 가깝게는 몇 달 사이에, 멀게는 한 해 동안 경방이 예언했던 일이 계속 들어맞자 황제가 좋아했다. 그리하여 황제가 여러 차례 불러 접견하고 자문하니 경방이 대답하여 아뢰었다.

"옛적의 제왕이 공훈에 따라 인재를 선발하면 모든 정무가 잘 처리되어 상서로운 징조를 보였습니다. 그러나 말세에는 남을 비방하고 제왕에게 아첨하는 사람을 뽑았기 때문에 대업을 망치게 되어 재이를 내려보냈습니다. 그러므로 모든 관리의 공적을 평가한다면 재이가 그칠 것입니다."

황제가 경방에게 명령하여 그 일을 짜도록 하자 경방이 고공과리법(考功課吏法)을 상주했다. 황제가 공경을 비롯한 조정 대신으로 하여금 경방과 함께 온실전(溫室殿)에 모여 그 제도의 시행을 의논하게 했다. 모두 경방의 주장이 번잡하고 자질구레하다고 했으며 상하가 서로를 감찰하는 것은 있을 수 없는 일이라고 했다. 황제의 뜻도 그쪽으로 기울었다.

그때 자사들이 정무에 관해 상소하기 위해 경사에 모였으므로 황제가 자사들을 불러 접견한 자리에서 경방에게 관리의 공적을 평가하는 일을 설명하게 했는데, 자사들 역시 시행할 수 없다고 주장했다. 그런데 어사대부 정홍(鄭弘)과 광록대부 주감(周堪)은 처음에는 안 된다고 하다가 나중에 좋게 평가했다.

그 무렵 중서령 석현이 전권을 휘두르고 있었고 석현의 벗이었던 오록충종(五鹿充宗)이 상서령을 맡고 있었다. 오록충종은 경방과 경전 연구에서 같은 학파였지만 주장하는 바는 서로 달랐다. 경방이 한가한 틈을 타서 황제를 알현하여 두 사람이 권력을 차지하고 있는 것을 두고 물어보았다.

"주나라의 유왕(幽王)과 여왕(厲王)이 위기를 맞은 원인이 무엇이겠습니까? 두 임금이 기용했던 인물은 어떤 사람들이었습니까?"

황제가 대답했다.

"임금이 현명하지 못했소. 그리고 간사하면서 아첨을 떠는 자들을 기용했소."

경방이 다시 물었다.

"간사하고 아첨 떠는 줄 알면서 그 사악한 자들을 기용했겠습니까, 아니면 능력과 덕행이 뛰어나다고 여겨 기용했겠습니까?"

황제가 대답했다.

"능력과 덕행이 뛰어나다고 여겼을 것이오."

"그럼 그 사람들이 사악했던 것을 지금은 어떻게 알 수 있습니까?"

"그때가 난세였으니, 임금이 위기에 빠졌던 것으로 미루어 알 수 있소."

"그렇다면 능력과 덕행이 뛰어난 자를 기용하면 잘 다스릴 수 있고 불초한 자를 기용하면 난세를 맞을 것이 틀림없는데, 유왕과 여왕이 그 도리를 깨달아 능력과 덕행이 뛰어난 자를 찾지 않고 불초한 자를 기용하여 마침내 그런 지경에 빠진 것은 어찌 된 까닭이겠습니까?"

"난세의 임금은 모두 자신이 기용한 신하를 현명하게 생각했을 것이오. 모든 임금이 미몽에서 깨어날 수 있다면 천하에 위태롭게 망할 임금은 나오지 않을 것이오."

"제나라의 환공(桓公)과 진(秦) 이세황제도 그런 임금 이야기를 듣고 비웃었으나, 결국 수조(豎刁)와 조고(趙高)를 기용하는 바람에 나라를 다스리는 일은 나날이 어지러워졌고 산마다 도적이 들끓게 되었습니다. 그렇게 되었을 때 유왕과 여왕 때의 일로 미루어 깨닫지 않았던 것은 어찌 된 까닭이겠습니까?"

"나라를 다스리는 방책을 아는 임금이라야 과거의 일을 통해 자신의 미래를 아는 법이오."

경방이 관을 벗고 머리를 조아리며 말했다.

"『춘추』에서는 이백사십이 년 동안에 일어난 재이를 기록하여 만대의 임금에게 보여 주고 있습니다.

폐하께서 즉위한 뒤에 해와 달이 빛을 잃고 별들이 역행했으며 산이 무너지고 큰 샘이 솟았으며 지진이 일어나고 운석이 떨어졌습니다. 여름에 서리가 내리고 겨울에는 번개가 쳤으며 봄에는 꽃이 지고 가을에 꽃이 피었으며 서리가 내려도 작물이 죽지 않았습니다. 게다가 수재와 한재, 명충나방 피해가 발생하여 백성은 기아와 돌림병에 시달렸고 도적이 수도 없이 일어난 데다가 형벌을 받는 죄수가 저자를 가득 채우고 있으니 『춘추』에 기록된 재이는 모두 다 일어나고 있습니다. 폐하께서 보시기에 지금은 치세에 해당합니까, 아니면 난세에 해당합니까?"

황제가 대답했다.

"지금도 심한 난세라고 생각하오. 무슨 방법이 있겠소?"[13]

"지금 신임하고 중용하시는 자는 누구입니까?"

"그런데 다행스럽게도 『춘추』 때보다는 재이가 심하지 않소. 게다가 짐이 중용하는 자 때문에 재이가 일어난 것도 아니라고 생각하오."

"그 전의 군주들도 모두 폐하처럼 생각했을 것입니다. 신은 우리의 후대가 오늘을 볼 때 우리가 예전 일을 보는 것과 같지 않을까 염려됩니다."

황제가 한참 동안 생각한 뒤에 내답했다.

"지금 난국을 초래하는 자는 누구요?"

경방이 아뢰었다.

"영명하신 폐하께서 잘 알고 계실 것입니다."

"모르오. 만일 알고 있다면 왜 그자를 중용하고 있겠소?"

"폐하께서 가장 신임하시면서 가장 가까이에 두고 함께 일을 도모하고 계시는 자로, 천하의 인재를 뽑아 올리거나 면직시키는 자가 바로 그 사람입니다."

경방은 석현을 지목한 것이었다. 황제도 그 점을 알아차리고 경방에게 말했다.

"잘 알겠습니다."

자신의 미래를 예측했으나 결과를 바꾸지 못한 경방

○ ○ ○

경방이 황궁에서 물러났다. 뒤에 황제가 그 제도를 시험해 볼 요량으로 경방에게 제자 중에 고공과리법의 내용을 아는 자를 추천하게 했다. 경방이 중랑으로 있던 임량(任良)과 요평(姚平)을 추천했다.

"이 두 사람을 자사로 삼아 공적 평가 제도를 시험하게 하시고, 제가 황궁 출입 허가를 받아 평가를 보고하여 아랫사람의 의견이 폐하게 막히지 않고 전달되게 해 주십시오."

석현과 오록충종이 모두 경방을 미워했으므로 경방을 지방의 군에 태수로 보내 스스로 주장한 제도를 시험하게 하는 것이 마땅하다고 황제에게 건의했다. 두 사람은 경방을 먼 곳으로 쫓아 보내려는 심산이었다. 이에 동의한 원제가 경방을 위군(魏郡) 태수로 임명했는데 봉록 팔백석 이하의 관리들에게 공적 평가 제도를 적용하면서 군을 다스리게 했다. 경방이 태수로 가게 된다면 자사의 지휘를 받지 않아야 하고 다른 군 사람을 채용할 수 있어야 하며, 천석 이하 관리의 정무 처리 성적을 평가하고 연말에 역참 수레를 타고 장안에 와서 그 처리 결과를 상주할 수 있게 해 달라고 청했는데 황제가 허락했다.

경방은 스스로 여러 차례에 걸쳐 대신을 비난했기 때문에 그들의 원한을 사게 된 것과 내조(內朝)에서 석현 및 오록충종과 틈이 벌어진 것을 잘 알고 있었다. 황제의 곁을 떠나고 싶지 않았던 차

에 태수로 임명되자 걱정하고 또 두려워했다. 〔원제〕 건소 2년 2
월 초하루에 정식으로 임명되자 밀봉 상소를 올렸다.[14]

신유일(辛酉日) 이후 햇무리가 약해지고 태양 빛이 밝아졌으므로
폐하께서 안정되었다는 생각에 신이 혼자서 기뻐했습니다. 그런데
소음(少陰) 세력이 배가되는 소괘(消卦)와 식괘(息卦)[15]가 나왔으므
로, 신은 폐하께서 나라를 안정시키기 위한 방도를 행하실 때 뜻대
로 하지 못하고 계신 것이 아닌가 염려하며 혼자서 두려워하고 있
습니다. 양평후(陽平侯) 봉(鳳)에게 청하여 폐하를 뵙고자 했으나 이
루어지지 못하다가 〔신유일로부터 열아흐레 지난〕 기묘일(己卯日)
에 신이 태수에 임명되었으니, 이는 폐하께서는 영명하시지만 아
래의 신하가 폐하의 공을 넘어서고 있는 것을 나타냅니다.

신은 장안을 떠난 뒤에 아마도 전권을 휘두르는 자들에 의해 죄
를 입고 죽게 되어 공을 이루지 못하게 될 것이 확실합니다. 그러
므로 연말에 역참 수레를 타고 장안에 올라와 보고를 올리고 싶으
니, 가련하게 여겨 허락해 주시기를 바랍니다.

신사일(辛巳日)에 다시 햇무리가 끼어서 점을 쳐 보니 해괘(解卦)
가 나왔습니다. 태양이 빛을 잃는다는 이 괘는 상대부(上大夫)가 양
(陽)을 다시 덮어 폐하의 마음에 의혹이 일어난 것을 상징합니다.
기묘일과 경진일(庚辰日) 이틀 사이에 신을 황상과 떨어뜨려 놓기
위해 신이 역참 수레를 타고 상주하러 오는 일을 못 하게 막으려고
한 자가 있었음이 분명합니다.

경방이 부임지로 출발하기 전에 황제가 양평후 왕봉으로 하여
금 경방에게 조서를 내리게 했는데, 역참 수레를 타고 상주하러
오는 일을 금지한다는 내용이었다. 조서를 받은 경방은 마음이 더
욱 불안해졌다.

장안을 떠나 신풍(新豊)에 이르렀을 때[16] 그곳 역참의 문서 전
달꾼에게 밀봉 상서를 주어 황제에게 올리게 했다.

신이 얼마 전 [6]월에 뽑았던 둔괘(遯卦)가 그달에는 맞지 않았습
니다. 괘사의 내용은 "도인(道人)이 떠나가며 추위가 닥치고 큰물
이 넘쳐 재난을 이룬다."라는 것이었습니다. 그런데 [7]월이 되자 큰
물이 넘쳤습니다. 그러자 신의 제자 요평이 신에게 "저 방은 〔분괘
직일법의〕 도를 안다고만 하지 그 도를 신봉한다고 해서는 안 된
다."라고 하면서 "방이 재이에 관해 예언한 것이 맞지 않을 때가 없
었다. 지금도 큰물이 넘쳐흐르고 도인이 죽임을 당하게 생겼으니,
무슨 말을 더할 수 있겠느냐."라고 했습니다. 신이 "폐하께서는 지
극히 인자하셔서 신에게 특히 후하게 대접해 주셨으므로, 비록 간
쟁을 올려 죽임을 당한다 하더라도 피하지 않고 간쟁을 올릴 것이
다."라고 대꾸하자, 평이 또 나서서 "방은 소충(小忠)을 지향한다고
나 할 수 있을 뿐 대충(大忠)이라고 이를 수는 없다."라고 하면서 이
렇게 말했습니다.

"옛적 진나라 시절에 조고가 집권했을 때 박사 정선(正先)이 조
고를 비난하다 죽임을 당했는데 그때부터 조고가 위세를 부리기
시작했으므로, 살아서 조고를 계속 견제하지 않고 미리 죽임을 당

한 정선이 진나라가 어지러워지도록 재촉했다."

지금 신이 장안을 떠나 위군을 다스리러 가고 있는데, 스스로 책임지고 공을 세우려고 해도 그 전에 죽임을 당할까 두렵습니다. 폐하께서는 신으로 하여금 큰물이 넘치는 재이를 당해 정선처럼 죽음으로써 요평의 웃음을 사지 않도록 해 주십시오.

경방은 섬현(陝縣)에 당도하여 다시 밀봉 상소를 올렸다.

그러니 병술일(丙戌日)에 비금 조금 내려 정해일(丁亥日)에 햇무리가 가셨지만 소음(少陰) 세력들이 힘을 합하자 소괘와 식괘가 나왔고 무자일(戊子日)[17]에는 그 형세가 더 심해졌으며, 그날 오십 분(分)[18]에 이르렀을 때 햇무리가 다시 생겼습니다. 그렇게 햇무리가 가신 것은 폐하께서 소괘와 식괘의 번성을 바로잡으려고 나선 것을 뜻하는데, 이때 잡괘 일당이 힘을 합해서 폐하께 대항하려고 했으므로 소괘와 식괘의 세력을 이기지 못하셨습니다. 신은 세력의 강약과 나라의 안위에 관련된 기미를 관찰하지 않을 수 없었습니다. 기축일(己丑日) 밤에 폭풍이 일었다가 신묘일(辛卯日)에 그치면서 태양이 다시 빛을 잃었고 계사일(癸巳日)이 되었을 때 태양과 달이 서로 근접했는데 이는 사악하고 음험한 세력들이 힘을 모아 태양의 속도를 지체시켰다는 뜻입니다.

신이 전에 정책을 고치지 않는 시간이 아홉 해 동안 계속되면 별들이 사라지는 이변이 생길 것이라고 아뢴 적이 있습니다. 신은 임량을 내보내 고공법을 시험하게 하고, 신은 황궁에 남아서 별들이 사라지는 이변을 소멸하게 하고 싶었습니다. 대신들은 그렇게 되는 것이 자신에게 불리하리라는 것을 알아차렸으나 신이 비호하지 않자 "제자를 보내는 것보다 스승을 보내 고공법을 시험해 보는 것이 낫다."라고 폐하께 아뢰었습니다. 신이 자사가 되면 또 폐하께 상소를 올려 보고할 수 있게 되므로, 다시 폐하께 아뢰기를 "자사로 나갔을 때 태수들이 협조하지 않을 수 있으므로 아예 태수로 보내는 것만 같지 못하다."라고 했는데, 이는 신을 폐하와 떨어지게 하기 위해서였습니다. 폐하께서는 그 대신들에 맞서지 않고 그 의견을 들어주셨습니다. 그래서 햇무리가 가시지 않고 태양이 빛을 잃었습니다. 신이 장안에서 멀리 떠날수록 태양은 점점 빛을 잃고 있으니, 폐하께서는 저를 장안으로 돌아오게 하는 일을 어렵게 여기지 마십시오. 하늘의 뜻을 가볍게 여기는 일이 됩니다. 사람이야 사악한 주장을 아무렇지도 않게 듣지만, 하늘은 반드시 반응을 보이게 되어 있으니, 따라서 사람은 속일 수 있지만 하늘은 속일 수 없는 것입니다. 폐하께서는 이 점을 살피십시오.

장안을 떠난 지 달포가 지났을 때 경방은 끝내 하옥되었다.

그보다 먼저 회양 헌왕(淮陽憲王)의 외삼촌 장박(張博)이 경방에게 사사했는데 딸을 경방에게 시집보냈다. 경방이 장박과 사이가 좋아져서 황제를 알현한 날이면 언제나 알현한 자리에서 있었던 이야기를 장박에게 해 주었다. 황제가 경방의 주장을 듣고 싶어도 여러 대신이 스스로 피해 볼 것을 두려워하여 그들에게 배척을 당하고 있다고 하자 장박이 말했다.

"회양왕은 황상의 친동생으로 영민하면서 여러 방면에 통달했으며 정사를 돌보기 좋아하며 나라에 충성하기를 바라고 있습니다. 이제 회양왕으로 하여금 폐하께 알현을 청하는 글을 올리게 하여 방의 보좌를 받으시게 하겠습니다."

경방이 말했다.

"그렇게 될 수 없을 겁니다."

장박이 반박했다.

"전에 초왕(楚王)[19]도 알현하여 인재를 천거한 적이 있는데 어찌하여 불가하다고 말씀하십니까?"

그러자 경방이 대답했다.

"중서령 석현과 상서령 오록 대감은 서로 뜻을 같이하는 아첨꾼들인데 황제를 열 몇 해 동안이나 모시는 중이고, 승상 위후(韋侯)[20]는 오랫동안 백성에게 도움이 되는 일을 전혀 하지 않아 아무런 공이 없는데, 특히 이 사람들이 나서서 고공법을 시행하지 못하게 하고 있습니다. 회양왕이 폐하를 알현했을 때 폐하께 고공법을 시행하도록 권해 주시면 일이 잘 풀리겠습니다. 그렇게 권할 수 없을 때에는 그저 '승상과 중서령이 오랫동안 직책을 수행해 왔으나 제대로 해내지 못하고 있으므로 승상을 파직시켜 어사대부 정홍을 후임으로 삼고, 중서령을 다른 관직으로 전보시키는 동시에 구순령(鉤盾令) 서립(徐立)을 그 후임으로 삼으십시오.'라고만 아뢰게 해 주십시오. 그렇게 되면 제가 주장하는 고공법이 시행될 수 있을 것입니다."

장박은 경방이 말해 준 재이에 관한 내용을 모두 기록하는 한

편으로 경방으로 하여금 회양왕이 황제에게 알현을 청하는 상주문의 초안을 작성하게 하여 그 모든 문서를 회양왕에게 가져다주었다.

석현이 뒷조사를 통해 이런 사정을 모두 알아냈으나 경방이 황제와 가까웠으므로 고발할 엄두를 내지 못했다. 경방이 위군을 다스리러 장안을 떠나자 석현은 경방이 장박과 더불어 획책하되 조정의 치적을 비방하고 천자에게 잘못을 미뤘으며 제후왕까지 잘못 끌어들였다고 고발했는데, 이때의 이야기는 「회양 헌왕전」에 있다.

앞서 경방이 황제를 알현하여 유왕과 여왕에 관련된 고사에 대해 말했는데, 황궁을 나와서는 어사대부 정홍에게 그 이야기를 해주었다. 경방과 장박은 모두 기시형을 당했다. 정홍도 연좌되어 면직되고 서인으로 강등되었다.

경방은 원래 성이 이씨(李氏)였으나, 음률을 이용해 운명을 헤아린 뒤에 스스로 경씨(京氏)로 고쳤다. 죽을 때 나이는 마흔한 살이었다.

벼슬보다 공부를 더 좋아했던 익봉

○   ○   ○

익봉의 자는 소군(少君)이고, 동해군(東海郡) 하비현(下邳縣) 사람이다.

『제시(齊詩)』를 공부했는데 소망지, 광형(匡衡)과 같은 스승에게 배웠다.[21] 세 사람 모두 경학에 밝았는데 광형의 수준이 가장 낮았고, 소망지가 정사에 경학의 내용을 적용한 것에 반해 익봉은 착실히 공부만 할 뿐 벼슬길에 나아가지 않았다. 악률과 역법 및 음양점(陰陽占)을 좋아했다.

원제 즉위 초에 여러 유생이 익봉을 천거하자 황제가 불러 환자서(宦者署)에 대조하게 했다. 익봉은 황제가 한가한 시간을 틈타 여러 차례 자신의 의견을 올렸는데 황제가 익봉을 존중했다.

그 무렵 선제의 외척이었던 평창후(平昌侯) 왕림(王臨)이 시중직에 있었는데 황제의 명령이라고 하면서 익봉 휘하에서 그 학술을 배우고 싶다고 했다. 익봉은 왕림에게 대꾸도 하지 않고 황제에게 밀봉 상소를 올렸다.

신이 스승에게 배우기를 나라를 다스리는 방도 중에 가장 중요한 것은 아랫사람이 사악한지 바른지를 아는 것이라고 했습니다. 그자가 진실로 바른길을 추구한다면 비록 우둔하더라도 쓸모가 있습니다. 그러나 사악한 마음을 품고 있다면 지식이 많다 해도 해를 끼치게 됩니다. 아랫사람을 판별하는 방법은 육정(六情)과 십이율(十二律)[22]을 통하면 됩니다. 북방(北方)의 감정은 애호로, 끝도 없이 탐욕을 부리기 좋아하는 성질이 있으며 신(申)과 자(子)가 이 감정을 주관합니다. 동방(東方)의 감정은 분노인데, 분노가 일면 음기를 품고 해로운 짓을 하며, 해(亥)와 묘(卯)가 이 감정을 주관합니다. 끝도 없는 탐욕은 음기를 품고 저지르는 해로운 짓이 먼저 생기기를 기다린 뒤에 일어나게 되어 있고, 음기를 품고 저지르는 해로운 짓 또한 끝없는 탐욕이 먼저 생긴 뒤에 일어나게 되어 있습니다. 이 두 가지 음은 함께 다닙니다. 제왕은 자(子)와 묘(卯)를 꺼려야 하니, 『예경(禮經)』에서도 이 둘을 피하고 『춘추』에서도 꺼리고 있습니다.

남방(南方)의 감정은 미움으로 행실이 청렴하고 곧은 것을 미워하는데, 인(寅)과 오(午)가 이 감정을 주관합니다. 서방(西方)의 감정은 기쁨으로, 기쁘면 마음이 관대해지며, 사(巳)와 유(酉)가 이 감정을 주관합니다. 이 두 가지 양이 함께 다니는데, 제왕에게 오(午)와 유(酉)는 좋은 쪽으로 작용해서 『시』에도 "경오일(庚午日)이 길일이라."라고 했습니다.

상방(上方)[23]의 감정은 즐거움인데, 즐거운 마음은 간사함으로 이어지게 되어 있으며 진(辰)과 미(未)가 이 감정을 주관합니다. 하방(下方)[24]의 감정은 비통함으로, 비통함 속에 사적인 감정을 배제한 공정함이 생기므로, 술(戌)과 축(丑)이 이 감정을 주관합니다. 진(辰)과 미(未)는 음에 속하고, 술(戌)과 축(丑)은 양에 속합니다.

만물은 각각 상응하는 범주가 있습니다. 이제 성명하신 폐하께서는 겸허하고 고요하게 그 만물이 다가오는 것을 기다리고 계시는데, 비록 만사가 복잡다단하다고 해도 알아차리지 못할 소식이 무엇이겠습니까! 하물며 십이율을 장악하고 육정을 쓴다면 더 말할 것이 있겠습니까!

아랫사람을 판별하는 방법을 통해 한 사람 한 사람을 확인해 나가는 방법은 아주 훌륭한 것으로, 만에 하나도 잃을 것이 없는 자연(自然)한 도라고 할 수 있습니다.

그런데 정월(正月) 계미일(癸未日)[25] 신시(申時)가 들었을 때 서남쪽을 따라 폭풍이 불어왔습니다. 미(未)는 간사함을 주관하고 신(申)은 끝없는 탐욕을 주관하는데, 태음의 바람이 월건(月建)인 인(寅)의 방향 앞에 당도한 것은 바로 주상 좌우에 간사한 신하가 있다는 증거입니다.

평창후가 신을 만나러 세 번이나 왔는데, 모두 정진(正辰)에 사시(邪時)가 더해진 때에 왔습니다. 진(辰)은 객이 되고, 시(時)는 주인이 됩니다. 십이율로 사람의 사정을 헤아리는 방법은 제왕이 비밀스레 써야 하니, 어리석은 신은 사악한 사람에게 그 방도를 일러 주지 않았습니다.

황제가 익봉을 중랑으로 삼은 뒤에 익봉을 불러 물어보았다.

"객이 좋은 일의 나쁜 시에 오는 것과 나쁜 일의 좋은 시에 오는 것 중에 어느 쪽이 좋은가?"

익봉이 대답했다.

"스승이 전수한 이론에서는 일진(日辰)의 지지(地支)인 진(辰)을 쓰되, 일진의 천간(天干)인 일(日)은 쓰지 않았습니다. 진은 객이고, 시는 객을 맞이하는 주인인데, 영명하신 주상을 알현하러 온 자가 객이고 맞이하는 신하인 시자(侍者)가 주인이 됩니다.

진이 바르고 시가 나쁠 때에는 알현하러 온 신하는 바른 사람이되 시자가 사악한 것이 되고, 진이 나쁜데 시가 바르면 알현하러 온 신하가 사악한 사람이 되고 시자는 바른 사람이라는 뜻이 됩니다. 충성스럽고 바른 신하가 알현하러 왔을 때에는 대정(大正)이 소사(小邪)를 눌러 시자가 사악하더라도 진과 시가 모두 바르게 작용합니다. 아주 사악한 신하가 알현하러 왔을 때에는 대사(大邪)가 소정(小正)을 눌러 시자가 바르더라도 진과 시가 모두 사악하게 작용합니다.

만일 폐하께서 이미 시자가 사악한 자인 줄 알고 계시는데 사시(邪時) 정진(正辰)에 알현하러 온 신하가 있었다면, 그 신하는 시자에게 눌려 사악한 쪽으로 돌아서게 됩니다. 반면에 폐하께서 시자가 바르다는 것을 알고 계시는 상태에서 정시(正時) 사진(邪辰)에 알현하러 온 신하가 있으면 그 신하는 시자의 영향을 받아 바른쪽으로 돌아서게 됩니다.

진의 지지는 하루를 주관하므로 흔히 일어나는 일을 상징하되, 시의 지지는 시시각각 교체되므로 한 가지 한 가지 특수한 사건을 상징합니다. 진은 성글고 시는 세밀한데 지지를 쓰는 것은 같기에 반드시 이쪽저쪽을 살펴야 하니 그런 뒤에야 그 의미를 알 수 있습니다. 그리하여 그 유래한 바를 관찰하고 그 나아가고 물러가는 상태를 살피며 육합(六合)과 오행(五行)을 참고해야 한 사람의 성격을 볼 수 있고 그 사람에 관한 사정을 알 수 있습니다. 겉만 살펴서는 쓸모가 없으니 반드시 그 속에서부터 살펴 나가야 훤히 꿰뚫을 수 있습니다. 이때 『시』를 공부하면 성정을 알 수 있게 됩니다.

〔인의예지신의〕 오성(五性)은 서로 영향을 끼치지 않지만, 육정(六情)은 상생과 상극을 거듭하므로, 천간을 통해 오성을 살피고 십이율을 통해 육정을 관찰하는 방도는 영명하신 주상께서 홀로

쓰셔야 마땅하지 다른 누구와도 함께 나누어서는 안 됩니다. 그리하여 '인(仁)은 드러내되 그 방도는 감추고 보여 주지 않는다.'²⁶라고 했습니다. 이 방법은 공개되면 영험을 보지 못하니 혼자서 행하면 자연한 도로서 영험을 볼 수 있습니다. 이 방도는 오로지 저 봉만 쓸 수 있지, 배워서 쓸 줄 알게 된 제자가 한 사람도 없습니다."

그해²⁷에 함곡관 동쪽 지역에 큰물이 져서 모든 군과 제후국의 십 분의 일에 해당하는 지역에 기근이 들었고 돌림병도 아주 심하게 돌았다. 황제가 조서를 내려 "소부(少府)에 속한 강변과 해변 지역 및 호수와 정원과 연못을 빈민에게 빌려주되 조세를 거두지 말라. 태관에서 짓는 음식의 가짓수와 악부(樂府)의 악원(樂員)과 황실 사냥터의 말을 줄이며, 여러 궁과 관 중에서 드물게 행차하는 곳은 유지 보수하는 일을 멈추라. 대복부(太僕府)와 소부에서는 곡식을 먹여 기르던 말의 숫자를 줄이고, 수형(水衡)에서는 고기를 먹여 키우던 짐승의 수를 줄이도록 하라."라고 했다.

이듬해 2월 무오일(戊午日)에 지진이 일어났다.

그해 여름에 제나라 땅에서는 사람들이 서로를 잡아먹었다. 7월 기유일(己酉日)에 다시 지진이 일어났다.

황제가 조서를 내려 말했다.²⁸

도덕과 지혜의 극치를 이룬 자가 재위하고 있을 때는 음양이 조화를 이루고 때에 맞게 비바람이 찾아오며, 해와 달이 제대로 빛나고 별들이 각각의 자리를 지키며, 백성은 강녕하여 저마다 천수를 다한다고 했다. 현재 짐이 경건한 마음으로 천하를 이어받아 공후의 윗자리에 앉아 있지만, 그리 영명하지 못한 데다 은덕을 제대로 베풀지 못하고 있어 재이가 계속 발생하고 있는데 여러 해가 지나도록 그치지 않고 있다. 지난 2월 무오일에는 농서군(隴西郡)에서 지진이 크게 일어나 현지 태상황 종묘 대전 벽의 목각 장식이 파손되거나 떨어졌고, 환도현(獂道縣)[29]의 성곽과 관아 및 민가가 무너져 많은 사람이 압사했는데, 산이 무너지고 땅이 갈라졌으며 물이 솟구쳐 올랐으니, 한 해에 두 번이나 지진을 겪었다.

하늘이 재이를 내려보내는 뜻은 짐을 경각시키는 데 있으니, 나라를 다스리는 일에 큰 허물이 있었기에 그 벌로 이런 재앙을 내려보내셨을 것이다. 아침부터 밤늦게까지 늘 조심했지만 큰 변고가 닥칠 것을 알아차리지 못하여 마음속 깊이 답답하고 슬퍼하고 있으나 어떻게 실마리를 풀어 나갈지를 헤아리지 못하고 있다. 최근 여러 해 동안 곡식이 잘 여물지 않았으므로 궁핍해진 백성들이 기근과 추위를 이기지 못하다가 형벌을 받고 있다 하니 너무도 가엾고 비통한 일이다.

지난번에도 해당 관리들에게 조서를 내려 곡식 창고를 털고 국고를 열어 빈민을 구제하도록 한 바 있었으니, 이번에 하늘과 땅이 내린 경고에 대해서도 여러 관리가 그 뜻을 잘 헤아려 폐지하거나 줄여서 만백성의 삶을 편리하게 해 줄 사항을 조목조목 보고하도록 하라. 아무것도 꺼리지 말고 짐의 과실을 있는 그대로 모두 상주하라.

이어서 천하에 대사령을 내렸다. 또 직언과 극간(極諫)을 할 줄 아는 인재를 천거하게 했다.

외척을 멀리하소서

○   ○   ○

익봉이 다음과 같은 내용으로 밀봉 상소를 올렸다.

신이 스승께 이렇게 배웠습니다. 하늘과 땅이 차례대로 위치를
잡자 해와 달이 하늘에 걸리고 별들이 자리를 잡았으며 음과 양이
갈라져 나와 사시사철의 구분이 생겼고 오행(五行)에 속한 만물이
나누어졌는데 이는 성인에게 보인 도입니다.

성인께서 이 도를 살펴보신 뒤에 군주의 다스림에 관한 얼개를
짜기 위해 땅을 이리저리 구획하고 임금과 신하의 관계를 규정하
며 음률과 역법을 만들고 나라의 흥망성쇠에 관한 가르침을 정했
으니, 현자(賢者)에게 보이기 위한 이 내용을 경(經)이라고 합니다.

현자가 경을 살펴본 뒤에 인간이 중시해야 할 도를 정했는데
『시』, 『서』, 『역』, 『춘추』, 『예』, 『악』이 그것입니다. 『역』에서는 음
양, 『시』에서는 오제(五際),[30] 『춘추』에서는 재이를 다루고 있습니
다. 음양과 오제와 재이에 관한 모든 내용이 나열되어 있어 나라의
흥망성쇠를 미루어 알 수 있고 하늘의 뜻을 고찰하게 했으니, 이를
통해 왕이 나라를 번성하게 이끄는 도를 말해 주고 있습니다.

진나라 때에 이르러 이 경전들을 좋아하지 않게 되면서, 법을

동원하여 학자를 해치고 경전을 파손시켰으니, 꽉 막힌 채로 대도(大道)를 저버렸던 까닭에 결국 멸망했던 것입니다.

지금 영명하신 폐하께서는 나라를 제대로 다스리는 필수 방도를 깊이 인식하시면서 만방에 교화를 펼치는 한편으로 널리 은덕을 베풀고 계시니 소홀하여 빠뜨린 곳이 한 군데도 없습니다. 긴요하지 않은 사항을 접어 비용을 절감함으로써 빈곤한 백성을 구제하고 의원과 약을 보내며 관을 마련할 돈을 하사하고 계시니 백성들에게 내린 폐하의 은택이 몹시 큽니다. 또 직언을 올릴 인재를 천거하게 하셔서 폐하의 허물을 알려 달라고 하셨으니, 성덕을 완벽하게 갖추신 폐하를 모시고 있는 천하의 백성은 큰 행운을 누리고 있습니다.

신 봉은 『제시』를 공부했습니다. 특히 오제의 요점을 읊은 『시』「소아(小雅)」 '시월지교(十月之交)' 편을 배울 때에 일식과 지진의 징조에 대해 똑똑하게 배웠기에, 둥지의 새가 바람이 몰려오는 것을 먼저 느끼거나 굴속에 있던 짐승이 비가 내릴 기미를 알아차리는 것쯤은 대단한 일이 못 되는 것이, 몸에 버릇이 들면 누구라도 그 정도는 할 수 있습니다.

사람의 몸 안에서 기운이 역행해도 하늘과 땅이 그 기운을 느끼고 하늘과 땅이 그에 반응하니, 하늘의 변화는 별의 움직임과 일식으로 나타나고, 땅의 변화는 기이한 사물의 출현과 땅의 진동으로 나타난다고 신은 배웠습니다. 하늘과 땅에서 일어나는 반응을 보면, 양은 그 정수가 드러나게 하고 음은 그 형태가 드러나는 쪽으로 반응하는 것을 알 수 있습니다. 사람에게도 오장(五臟)과 육체(六

體)가 있는데 오장은 하늘을, 육체는 땅을 상징합니다. 그리하여 오장에 병이 나면 얼굴에 기색이 나타나고 육체에 병이 나면 하품을 하거나 기지개를 켜는 동작을 보이게 됩니다. 올해는 태음(太陰)이 갑술(甲戌)에 놓였고,[31] 황종률(黃鍾律)에 따라 경인일(庚寅日)에 정무를 보기 시작했으며, 역수로 절기를 계산하니 갑오일(甲午日)에 중춘(仲春)이 되었습니다.[32] 갑술과 경인, 갑오의 천간이 갑(甲)과 경(庚)인데, 〔갑과 경은 양(陽)에 속하므로〕 양이 셋이나 들어온 데다, 갑은 오성(五性) 중에서 인(仁)을, 경은 의(義)를 상징하고, 술은 육정(六情) 중에서 공정을, 인과 오는 바르고 청렴함을 상징하므로[33] 올해는 백 년에 한 번이나 만날 수 있는 기운이 통일된 정세(精歲)입니다. 정세를 만난 가운데 사철의 첫머리인 봄이 들어 태양이 하늘의 중간에 왔을 때 오의 기운을 입어 지진이 크게 일어났고 그 뒤로 여러 달 동안 음의 기운이 계속 들어오는 바람에 재난을 당한 백성을 구제하라는 조서를 내렸지만 양의 기운을 회복하지 못하여 음기가 성했습니다.

옛적에는 조정에 군주와 성(姓)이 같은 신하를 반드시 등용함으로써 같은 핏줄을 친하게 대하는 도리를 널리 밝히는 한편으로, 성이 다른 신하도 반드시 등용함으로써 능력과 도덕이 뛰어난 자를 존중하는 방책을 통해 성군이 천하를 태평하게 다스릴 수 있었습니다. 그런데 동성(同姓)과는 사이가 가깝기 때문에 등용하기가 쉬운 데 반해 이성(異姓)과는 관계가 멀기 때문에 통하기가 어려우므로, 동성 신하를 한 명 뽑아 쓸 때 이성 신하는 다섯 명을 써야 형세가 치우치지 않게 됩니다. 그런데 현재 폐하의 곁에는 동성 신하가 전혀 없이 외가 일족만 가까이 두고 이성 신하는 멀리하고 계십니다. 조정에도 어머니와 할머니 일가만 가득한데, 지위가 높아 세력을 부리는 것은 말할 것도 없고 도를 넘어 사치하고 있으니, 여(呂), 곽(霍), 상관(上官) 일족의 일로 그자들의 앞날을 충분히 점칠 수 있습니다. 외척의 중용은 그 사람들을 아끼는 방도가 전혀 아닐 뿐더러 멀리 후사를 내다보는 방책이 되지도 못합니다. 음기가 성하니 외척 또한 당연히 그렇게 되지 않겠습니까!

신이 또 듣기를 미앙궁과 건장궁, 감천궁에 후궁이 각각 수백 명씩 있는데 모두 승은을 입지 못하고 있습니다. 두릉원(杜陵園)에 가 있는 후궁은 승은을 입은 적이 있다고 하니 신이 말씀드리지 않겠습니다. 그렇다고 해도 태황태후께서 후궁의 일을 주관하셔야 합니다. 그리고 제후왕국에 두는 후궁의 수를 제도로 정하여 그 수를 넘었다면 내보내는 것이 마땅하므로, 이렇게 하여 음기를 덜어 낸다면 하늘이 사악한 도를 다스리기 위해 지진을 발생시키는 것에 제도를 고침으로써 회답하게 됩니다. 눈앞에 재이가 일어나는데도 고치지 않으면 재난이 뒤를 따르니, 점괘로 설명해 보면 큰물이 지는 것은 음이 극에 달했다는 뜻인데, 음이 극에 이르면 양이 생기고 음기가 성했던 상황이 뒤바뀌어 큰 가뭄이 들고 심하면 화재까지 일어나게 됩니다. 춘추 시대 백희(伯姬)[34] 때 이런 이치로 화재를 입은 적이 있었습니다.

폐하께서는 이 점을 살펴 헤아려 주십시오.

이듬해[35] 여름 4월 을미일(乙未日)에 효무원(孝武園) 백학관(白鶴

館)에 불이 나자, 익봉은 자신의 예언이 적중했다고 판단하고 상소를 올렸다.

전에 신이 오제에 지진의 기미가 들어 있고, 음의 극점에서 양이 생기므로 화재가 일어날 가능성이 있다고 아뢰었습니다. 재이는 나라가 잘 다스려지지 않는다는 뜻인데 폐하께서 제 글에 답을 주지 않으셨습니다. 게다가 제 예언이 들어맞으리라는 확신도 없었습니다. 이번에 백학관에 불이 났는데, [4]월 을미일 묘시(卯時)에 달이 강수(亢宿)에 있을 때 일어난 재난이므로 원인이 전에 아뢰었던 지진 때와 같습니다. 신은 이제 제 예측이 믿을 만하다는 것을 확실히 알게 되었습니다. 그리하여 간절한 마음을 이기지 못하고 있으니 바라건대 신에게 시간을 내 주셔서 지진과 화새의 맥락을 모두 아뢰게 해 주십시오.

황제가 다시 익봉에게 나라에 유리한 정책에 관해 물었다. 익봉은 운양(雲陽)과 분음(汾陰)에서 하늘과 땅에 지내는 제사와 오대가 넘은 여러 군데의 침묘 제사가 모두 경비를 과도하게 쓰는 일일뿐더러 옛 제도에 어긋난다고 여겼다. 또 궁실과 금원(禁苑)이 너무 크고 호화로워 유지하기 어려울 만큼 경비가 많이 들어가므로 백성은 가난해지고 국고는 텅 비었으며 여러 해 동안 비축해 둔 수입을 탕진한 지 오래이므로 근본을 고치지 않으면 본말이 전도된 것을 바로잡기 힘들다고 생각했다. 그리하여 마침내 상소를 올려 고했다.

옛적 반경(盤庚)이 도읍을 바꾼 뒤에 은나라의 왕도가 흥했으므로 성인이 그 점을 칭찬했다고 신이 들었습니다.

또 한나라 황실의 덕치가 융성했을 때, 효문제께서 몸소 검약을 실천하시면서 밖으로도 요역을 줄여 주셨다고 들었습니다. 그 시절에는 감천궁과 건장궁 및 상림원(林中苑)의 여러 이궁과 관이 없었고, 미앙궁에도 고문전(高門殿), 무대전(武臺殿), 기린전(麒麟殿), 봉황전(鳳皇殿), 백호전(白虎殿), 옥당전(玉堂殿), 금화전(金華殿)을 짓기 전이었으니, 전전(前殿), 곡대전(曲臺殿), 점대전(漸臺殿), 선실전(宣室殿), 온실전(溫室殿), 승명전(承明殿)만 있었습니다. 효문제께서 대(臺)를 지으려고 하셨다가 황금 백 근의 비용이 든다는 것을 아신 뒤에 백성의 재물을 중하게 여겨 공사를 포기하셨습니다. 흙을 쌓아 다졌던 터가 지금도 남아 있습니다.[36] 문제께서는 또 산소에 봉분을 쓰지 말라는 유조를 내리셨습니다. 그리하여 그 시절에는 천하가 태평했고 백성은 풍족하고 즐겁게 살았으니, 그 덕이 후대까지 미쳤습니다.

효문제께서 지금 그런 명령을 내리신다면 오늘날의 제도에 막혀 공명을 세우지 못하실 것이 분명합니다. 하늘의 도는 변함이 없되 왕도는 무상한 것이니, 무상함으로 변함없는 하늘의 도에 보답해야 하므로 뛰어난 군주가 나온 뒤에야 뛰어난 공을 세우게 됩니다.

신은 폐하께서 성주(成周)로 도읍을 옮기시기를 바랍니다. 성주는 왼쪽으로 성고(成皋)에 의지하고 있고 오른쪽으로는 민지(黽池)가 방어벽을 이루고 있으며 앞으로는 높은 산이 솟아 있고 뒤로는 황하에 막혀 있습니다. 형양(榮陽)을 세우고 하동(河東)을 떠받치며 남북으로 천 리에 이르는 땅이 관문을 이루고 있고, 오창(敖倉)으로 들어가면 백 리씩 이어지는 평야가 여덟 개에서 아홉 개나 있어 자립하기에 충분합니다. 게다가 동쪽으로 제후의 권세를 억누르고 서쪽으로 강호(羌胡)의 난을 피할 수 있습니다. 폐하께서 훌륭한 신하를 등용하여 무위(無爲)의 다스림을 펼치신다면, 성주에 도읍하면서 반경의 덕을 얻을 수 있어 붕어하신 뒤에도 오랫동안 고종(高宗)으로 받들어질 수 있습니다.

한나라 황실에서 올리는 교(郊) 제사의 제단을 설치하는 곳과 침묘 제사의 예법이 옛 제도에 맞지 않는 것이 많은데, 신의 생각에는 지금의 도읍에 앉아 있으면서는 그 제도를 고치기가 어려울 듯합니다. 그러므로 폐하께서 도읍을 옮김으로써 근본을 바로 세우시기 바랍니다. 옮기신 뒤에 각종 제도를 정하되, 궁실과 과(館)을 세우는 것과 같은 급하지 않은 비용을 지출하지 않는다면 연말에 가서 한 해의 재정을 넘어설 만큼 비축이 생길 것입니다.

삼대에 이르는 조상이 덕을 쌓아 나라를 세우고 군주를 배출했지만 몇백 년도 못 되어 그 왕조들이 모두 멸망한 것으로 신은 알고 있습니다. 주나라 성왕(成王)이 즉위했을 때 능력과 덕행이 뛰어난 인재가 많았는데, 성왕이 문왕(文王)과 무왕(武王)의 대업을 이으면서 주공(周公)과 소공(召公)의 보좌를 받아 해당 관리들이 각자의 직책을 성실하게 수행하게 하자 직무를 제대로 수행하지 못하는 자가 없었습니다. 천하를 얻은 뒤에 겨우 두 임금이 지났을 때였지만 어린 임금이 즉위했으므로 주공이 시와 편지로 성왕에게 깊은 가르침을 주었는데, 천하를 잃어버릴지도 모른다고 염려했기 때문입니다. 『서』에 "왕께서는 은왕 주(紂)처럼 하지 마세요."[37]라고 했고, 『시』에서는 "은나라가 민심을 잃지 않았을 때는 상제(上帝)의 뜻에 어긋나지 않았지. 은나라를 거울 삼아 위대한 천명의 수행이 쉽지 않다는 걸 알아야 하네."[38]라고 했습니다.

한나라가 천하를 평정했던 초기의 일을 생각해 보면, 고조께서 고향에서 봉기하셔서 군대를 거느리고 정벌을 통해 천하를 평정했지만 완전한 덕화를 이루지 못했고 그 후대 황제는 몇 대에 걸쳐 써야 할 만큼의 재정을 축냈습니다. 재물만 낭비한 것이 아니라 군사도 많이 잃었습니다. 효무제 시대에 사이(四夷)의 땅에서 죽어 간 군사의 수가 헤아릴 수 없을 만큼 많지 않았습니까! 천하를 얻은 뒤로 그리 많은 세월이 흐른 것도 아닌데 폐하 때까지 여덟 황제를 거쳐 아홉 번째 황제로 폐하께서 즉위하셨습니다. 게다가 폐하께서는 주나라 성왕처럼 영명하시지만, 주공과 소공처럼 보좌할 신하가 없습니다.

지금 나라 동쪽에는 여러 해 연이어 기근이 들고 돌림병까지 돌아서 백성의 얼굴색이 푸르죽죽해지고 서로 잡아먹는 지경에 이르렀습니다. 그런 가운데 지진이 계속해서 일어나고 하늘에 혼탁한 기운이 감돌고 있으며 태양이 빛을 잃었습니다. 이런 현상을 통해 경고를 내리고 있는데, 국정을 맡고 있으면서 어떻게 아무 두려움도 품지 않은 채 만분의 일도 경계하지 않을 수 있겠습니까! 그러므로 신은 폐하께서 하늘이 변이를 내리는 뜻을 알아차리고 도읍을 옮기시기를 바라니, 천하 백성과 더불어 새로 시작하시라는 뜻입니다. 하늘의 도는 종점에 이르러 다시 시작하고, 끝나는 자리에서 본래 자리로 되돌아가므로 계속 연장하여 소멸하지 않습니다. 현재 한나라에 내려진 하늘의 도가 아직 완전히 끊어지지 않았으니 폐하께서 근본에 충실하며 새로 시작함으로써 자손 대대로 하늘의 복을 전하는 것도 훌륭하지 않습니까!

병자년(丙子年) 맹하(孟夏)[39]부터 태음(太陰)이 순조롭게 동쪽으로 움직인다면, 그 뒤 일곱 해 동안 풍년이 들어 다섯 해 동안 견딜 수 있는 곡식을 비축할 수 있을 터이니 그때에 가서 황궁의 낙성 의식을 대대적으로 거행하십시오. 그때에 이르면 융성했던 주나라도 넘지 못할 성세를 이룰 것입니다. 폐하께서는 이 점에 유의하면서 만대를 이어 갈 방책에 관해 상세히 연구하시기를 바랍니다.

상소가 올라가자 황제가 비답을 내리면서 익봉의 주장에 반대하는 뜻을 밝혔다.

봉에게 묻는다. 지금 일곱 군데의 원묘가 있는데 동쪽으로 천도한다면 이 일곱 원묘는 어떻게 하란 말인가?

익봉이 대답을 올렸다.

옛적 성왕이 낙읍(洛邑)으로, 반경이 은(殷)으로 도읍을 옮길 때 모두 옛 도읍의 종묘를 이전해 가지 않았던 것을 폐하께서도 잘 알고 계시지 않습니까? 성명한 군주가 아니라면 천하의 도를 일거에 바꿀 수 없습니다. 신 봉이 우둔하여 사리에 맞지 않는 말씀을 올린 것을 폐하께서 용서하여 주시기를 바랍니다.

그 뒤에 공우(貢禹)도 종묘를 철폐하는 제도를 마련해야 마땅하다고 주장했으므로 황제가 그 의견에 따랐다. 이어서 광형이 승상이 되자 남교(南郊)와 북교(北郊)의 제단을 옮겨야 한다는 상소를 올렸는데 모두 익봉이 처음 했던 주장이다.

익봉은 중랑에서 박사를 거쳐 간대부가 되었고, 연로한 뒤에는 천수를 누리다가 죽었다. 아들과 손자 모두가 학문이 뛰어나 유관(儒官)이 되었다.

천문에 밝아서 발탁된 이심

○   ○   ○

이심의 자는 자장(子長)이고, 평릉(平陵) 사람이다.

『상서』를 연구했는데, 장유(張孺)[40]와 정관중(鄭寬中)과 더불어 같은 스승에게 배웠다. 정관중 등은 스승의 가르침대로 제자를 가르쳤다. 그런데 이심은 『상서』중에서도 재이에 관해 상세히 설명된 「주서(周書)」의 '홍범(洪範)'만을 좋아해서 천문과 월령(月令), 음양도 공부했다. 승상 적방진(翟方進) 아래에서 일했는데, 적방진도 점성과 역법을 좋아했으므로 이심을 승상부 속관(屬官)으로 삼았다. 이심은 적방진에게 자주 의견을 올렸다.[41]

황제의 외삼촌 곡양후(曲陽侯) 왕근(王根)이 대사마 표기장군이었는데 이심에게 잘 대해 주었다. 그 무렵에 재이가 많이 일어났으므로 황제를 보좌하여 정사를 보고 있던 왕근이 이심에게 자주 자문하고 그 의견에 따랐다. 이심은 한나라 황실이 중도에 쇠락하여 어려운 상황에 빠질 상이 있다는 것을 알고, 그것이 홍수라는 재앙으로 닥치리라 예측하면서 왕근에게 말했다.

"『서(書)』에 '하늘이 듣고 본다.'[42]라고 했습니다. 대개 자궁(紫宮)의 궤도를 도는 극(極)은 황제의 자리를 가리키고, 태미(太微)에 네 문이 있는 것은 큰길을 활짝 열어 놓은 것을 상징합니다. 태미는 많은 별을 거느리고 있으니, 오경(五經)과 육위(六緯)의 학술을 숭상하고 이 방면의 인재를 존중하며 사해를 밝게 비추라는 뜻이며, 처사(處士)를 관장하는 소미(少微)의 네 별은 나란히 태미를 보좌하면서 제정(帝廷) 지리인 태미 다음에 위치하며 여궁(女宮)의 헌원성(軒轅星)은 그 뒤쪽에 있습니다. 성군이 하늘의 뜻을 계승하여 덕행이 뛰어난 인물을 공경하고 여자를 경시[43]한 것은 바로 이 도리를 따랐던 것입니다.

천관(天官)인 상상(上相)과 상장(上將)이 각각 태미궁의 동쪽 담과 서쪽 담을 향하며 천조(天朝)에서 중대한 책무를 맡을 때 반드시 인재를 등용합니다. 이렇게 인재를 얻는 것은 정사의 성패를 가르는 관건이므로 이 일에 힘을 쏟아야만 합니다. 옛날 진 목공(秦穆公)은 〔백리해(百里奚)와 건숙(蹇叔)의 만류를 듣지 않은 채, 기자(杞子) 등의〕 기습 공격 주장을 받아들여 건장한 용사를 내보내 〔진 상공(晉襄公)과 치른 효산(殽山) 전투에서〕 욕을 크게 당하고 나라가 거의 망할 뻔했습니다. 뒤에 잘못을 뉘우치고 자신을 책망하면서 노인의 말을 명심하며 백리해를 중용한 결과 마침내 서부 지역의 패자에 올랐고, 덕정을 베풀어 왕도(王道)를 실현한 군주의 반열에 올랐습니다. 진 목공의 예에서 보듯이 화를 입고 복을 받은 두 가지가 이렇게 다르니 신중히 하지 않아서야 되겠습니까!

대저 인재는 나라의 큰 보물이자 성공을 이루는 근본입니다. 장군의 집안에서 아홉 분의 열후와 스무 분의 고관이 나왔는데 한나라가 건국한 이래 신하의 집안이 이렇게까지 번성하고 귀해진 적이 없었습니다. 그러나 성하면 반드시 쇠하는 것이 만물에 통하는 자연법칙이니 현명한 벗을 두고 건장한 자의 도움을 받아야만 장군과 자손의 목숨을 보전하고 나라도 안정시킬 수 있을 것입니다.

『서』에 '해와 달과 별의 운행을 관측한다.'[44]라고 했으니 이 말씀은 하늘을 우러러 천문을 관측하고, 지리(地理)를 굽어살핀다는 뜻입니다. 해와 달이 뜨고 지는 것과 별자리의 운행을 관찰하고, 산이 무너지거나 강이 범람한 정도를 측량하며 사람들이 부르는 민요에 담긴 뜻을 잘 헤아려 법과 제도를 제정하고 화(禍)와 복(福)의 근원을 탐구해야 합니다. 그러나 이런 도리를 거슬러 정책을 시행하면 재앙과 패망이 닥치게 되는데 그 전에 징조가 먼저 나타납니다. 영명한 군주는 그 징조를 두려워하며 정책을 수정하고 전전반측하며 두루 자문하니 전화위복을 이룰 수 있습니다. 막을 수 없는 일이라도 그 재앙에 대비하고 있으면 근심이 없어집니다.

제가 살펴보니 예전에 붉은색과 누런색을 합한 기운이 사방을 둘러쌌을 때[45] 땅의 기운이 들고일어나 지진이 났으니, 이는 천하가 혼란스러워질 징조입니다. 혜성이 나타나 해와 밝기를 다투는 것은 평민 중에 호걸이 나올 징조이니 대규모 민란이 일어나게 됩니다. 이 두 징조가 현실로 나타난 적은 이미 많습니다. 장안 성내에 큰물이 질 거라는 유언비어가 돌아서 사람들이 성벽 위로 달아나고 조정 대신들이 놀라서 우왕좌왕했으며 여자가 미앙궁으로 뛰어들기도 했습니다.[46] 그런데 이 유언비어는 현실로 나타나지 않았습니다.

최근에 미앙궁에서 물이 계속 솟았고 옆에 있는 궁궐에서도 계속 솟고 있습니다.[47] 그리고 달과 태백(太白)이 동정(東井) 자리에 들어갔다가 적수(積水)를 범한 뒤에 천연(天淵)을 스쳐 지났고,[48] 해는 오랫동안 극양(極陽)의 무광색(無光色)에 빠져 있었습니다. 신하를 상징하는 우기(羽氣)가 궁궐을 누르자 바람이 불고 구름이 두껍게 쌓였으며, 산이 무너지고 지진이 일어나고 강물이 원래 물길을 벗어나 이리저리 흐르고 있습니다. 한겨울에 천둥과 벼락이 치는 것은 잠룡이 난동을 부리는 것입니다. 이어서 운성(隕星)과 혜성이 나타났고, 하늘에 유성(維星)과 진성(塡星)이 보였으며, 일식 때에 태양 바깥으로 둥글게 빛이 났습니다.[49] 이는 높은 자리와 아랫자리가 바뀌는 것을 나타내는데 홍수가 그 징조입니다. 이런 상황에서 걱정하지도 않고 고치지도 않는다면 홍수와 혜성이 모든 것을 씻어 갈 것이고, 고치면 멸망의 날을 여러 해 미룰 수 있습니다.

최근에 개혁을 이루어 사악하고 교활한 신하를 조정에서 내보내자 해와 달이 광채가 나고 하늘에서 비를 제때에 내려 주셨으니 이는 황천(皇天)께서 한나라를 망하지 않도록 보우하신다는 뜻입니다. 그러하니 대규모 개혁을 한다면 더 말할 것도 없을 것입니다!

시급히 은거하는 인재를 널리 찾아내고 천사(天士)[50]를 발탁하여 중요한 직책을 맡겨야 합니다. 비열하거나 아첨을 떠는 자들이 헛된 생각을 품고 승진하는 길만 찾으며 잔혹하고 포악한 자를 쓰고 있습니다. 이런 자들은 모두 선한 자를 질투하고 충신을 미워하며, 천문과 지리를 믿지 않아 쇠퇴시키고, 음험하고 사악한 지경으로 뛰어들어 태양을 가리며, 군주가 백성의 원한을 사게 하고 있으니 제때에 퇴출하여 벼슬자리에 있지 못하게 해야 마땅합니다. 진실로 이렇게 시행하면 흉년과 재난이 없어지고 황실 후대가 바로 복을 받을 것입니다. 정사가 잘 처리되어 음양에 반영되는 것은 특히 저울에 매달아 둔 철과 석탄이 오르락내리락하는 정도[51]를 보면 알 수 있습니다.

그리고 저수지와 그 저수지의 근원이 되는 샘이 잘 통하게 해주고, 오래된 제방을 수리하고 지택세(池澤稅)를 줄여 사악하고 음험한 기운이 번성하는 것을 막아야 합니다. 과거의 일을 찾아보고 일어났던 변화를 살펴보니, 와전된 유언비어는 현실로 나타난 적이 없습니다. 청하건대 한방(韓放)을 불러오십시오. 속관 중에서는 주창(周敞)과 왕망(王望)이 더불어 일을 도모할 만합니다."

재이가 일어나는 이유, 하늘의 경고

○ ○ ○

이 말을 듣고 왕근이 이심을 천거했다. 애제가 즉위 초에 이심을 불러 황문(黃門)에서 대조하게 하고 시중 위위 부희(傅喜)를 보내 이심에게 자문했다.[52]

"최근 들어 물이 솟고 땅이 흔들리며 해와 달이 빛을 잃고 별이 궤도를 벗어나는 재이가 계속 나타나고 있다. 직언을 고하되 아무 거리낌 없이 하도록 하라."

이심이 황제의 질문에 대답하여 아뢰었다.

성덕을 지닌 폐하께서 하늘과 땅을 존경하고 천명을 경외하며 백성을 소중하게 여기시는 중에 변이를 두려워하셔서 비천한 신하를 잊지 않고 영광스럽게도 대신을 직접 보내 물어보게 하셨는데, 신이 어리석어 영명하신 폐하의 뜻을 제대로 받들기에 부족합니다.

폐하께서 새로 즉위하셨을 때 영명한 군주의 길을 열고 꺼리던 금지어를 없애며 이름난 인재를 널리 구하여 등용시키지 않은 자가 없었던 것을 제가 보았습니다. 신 심은 지위가 낮고 배움이 얕음에도 과분하게 능력과 덕행이 뛰어난 여러 인재를 따라 대조하면서 황궁의 태관(太官)에서 지어 주는 밥을 먹고 어부(御府)에서 지어 주는 옷을 입은 채 오랫동안 옥당서(玉堂署)[53]를 더럽히고 있습니다. 그동안 여러 번 폐하의 부름을 받아 알현하고 대책문을 올렸으나 아무런 공도 세우지 못했습니다. 그런데 다시 저를 특별히 지목하여 부르셔서 성심으로 질문해 주셨는데, 불세출의 군주께서 내린 명을 받들어 제 생각을 모두 올리되 거리낌 없이 하겠으니, 만분의 일이라도 채납될 수 있다면 다행으로 여기겠습니다. 틈이 나실 때 잠깐 시간을 허비하여 제가 올린 우매한 말씀을 살펴보시고 오경의 뜻과 대조하셔서 신령한 계시와 하늘의 뜻을 헤아리시기 바랍니다. 대저 변이의 발생은 각각 하늘의 경고를 상징하며 나타나는 것이므로 신이 그 각각에 대해 아는 대로 삼가 진술하겠습니다.

『역』에 이르기를 "하늘에 걸린 빛나는 것 중에 해와 달보다 대단한 것은 없다."[54]라고 했습니다. 대저 해는 모든 양의 으뜸으로 그 빛을 비추되 만 리를 동시에 밝히므로 군주의 표상입니다. 해가 떠오르려고 할 때에는 맑고 따뜻한 바람이 불어 모든 음의 기운이 엎드리게 됩니다. 이때 군주가 조정에 나아가야 하니 여색에 끌리지 말아야 합니다. 해가 떠오른 직후 양의 기운이 상승할 때 군주가 조정에서 대사를 처리합니다. 이때 언변만 뛰어난 자의 말은 듣지 말고 충신에게 거리낌 없이 직언을 올리게 합니다. 해가 중천에 떠서 빛날 때, 군주는 영명한 덕정을 펼치고 대신은 조정 대사를 처리합니다. 해가 떨어질 때에는 음양이 하나로 모이므로 군주는 침실에 들어가되 언제나 절제를 합니다. 군주가 도를 닦지 않으면 해가 정상 상태를 벗어나 희미하게 빛을 잃는데, 하루 중 해의 위치에 따라 각각 다른 상황이 벌어집니다. 그것은 동방에서부터 일어납니다. 해가 뜨기 시작할 때에 음운(陰雲)과 사기(邪氣)가 보이면 이는 여인네의 베갯머리송사가 있었던 것이 틀림없으니 풀기 어려운 일이 생깁니다. 해가 뜬 뒤에 보이면 측근 신하가 정사를 어지럽히고, 해가 중천에 있을 때에 보이면 대신이 군주를 속이며, 해가 진 뒤에 보이면 처첩과 시종들이 매달려 떨어지지 않습니다.

최근 들어 해가 정기를 많이 잃어버렸으니 빛을 빼앗겨 색이 변했습니다. 사기를 띤 이예(珥蜺)[55]가 여러 번 나타났는데, 새벽에 생겨 저녁까지 계속 걸쳐 있었으되, 해가 뜬 뒤부터 중천에 걸릴 때까지 더욱 뚜렷하게 보였습니다.

소신이 황궁의 일을 정확히 알지 못하나 제가 해의 기운을 살피면서 폐하의 지조(志操)를 점쳐 보니, 해가 막 뜨려고 할 때 폐하의 지조가 약해지는 일이 많았습니다. 여인네의 잘못된 베갯머리송사 때문에 생기는 재앙이 직언을 정도를 지키며 올리는 자가 죄입는 일로 나타나면 후사를 해치게 되므로 신중하지 않을 수 없습니다.

바라건대 폐하께서는 하늘의 강건한 성덕을 견지하면서 뜻을 굳히고 법도를 지켜서 후궁과 간신의 바르지 못한 부탁을 들어주지 마셔야 하고, 보모와 유모가 사탕발림과 애통해하는 말로 올리는 청탁도 끊고 듣지 마셔야 합니다. 있는 힘을 다해 바른 도를 행하되 절대 작은 일에 흔들려서는 안 됩니다. 부득이하게 꼭 들어주어야 할 일이 생기면 재물을 하사할 수는 있어도 사적인 일로 벼슬자리를 내릴 수는 없으니 이는 진실로 황천(皇天)이 금지하는 일입니다. 해가 빛을 잃으면 성신(星辰)이 제멋대로 빛을 발하니, 양이 음을 제압하지 못하는 상태에서 음 중의 걸출한 세력이 일어날 수 있습니다. 최근 들어 대낮에 태백(太白)이 하늘을 주재하고 있으니 폐하께서 친히 힘을 써서 성덕을 융성시킴으로써 법을 어기는 무리를 통제하셔야만 합니다.

달은 모든 음의 으뜸으로, 그 차고 기우는 모습이 백 리 안에서는 동일하게 보이고 천 리 범위 안에서는 정해진 궤도에 따라 보이며 만 리 범위에서는 궤도에 따라 움직인 기록이 이어지며 모습이 변하므로, 신은 달이 후궁과 대신, 제후를 상징한다고 배웠습니다.

초승달과 그믐달은 한 달의 시작과 끝을 바로 정하고, 반달은 승묵(繩墨) 노릇을 하며, 보름달은 황제의 덕을 상징하는데, 봄과 여름에는 남쪽 궤도를, 가을과 겨울에는 북쪽 궤도를 운행합니다. 그런데 올봄과 여름에 달이 여러 차례 해와 같은 궤도를 운행했습니다. 그때마다 달은 헌원(軒轅) 자리를 지나면서 헌원 자리의 후성(后星)에게서 기운을 받고 다시 태미제정(太微帝廷) 자리로 들어가며 빛을 내더니 상장성(上將星)과 근신성(近臣星)[56]을 범했는데, 뭇별이 빛을 잃기를 마치 없어지기라도 한 듯이 약해지곤 했습니다. 이 현상은 모후가 정사에 참견하고 조정 대사를 어지럽히고 있음을 상징합니다. 이렇게 되면 음과 양의 기운이 모두 해를 입어 둘의 관계가 좋지 않게 됩니다.

조정 밖에 있는 신하라서 조정 안의 사정을 잘 알 수는 없지만, 천문이 이렇게 나타나는 것은 폐하의 측근에 있는 신하가 이미 믿고 중용할 수 없게 되었음을 나타낸다고 신은 믿습니다. 건물은 큰데 기둥이 작으면 위태로울 수밖에 없습니다. 바라건대 폐하께서 직접 능력과 덕행이 뛰어난 인재를 구하시되 간악한 자들의 세력이 강해지지 못하게 하셔서 사직을 받들고 본조(本朝)를 높여 강하게 하십시오.

오성(五星)은 오행(五行)의 별이자 오제(五帝)의 사명(司命)으로, 제왕의 호령을 받아 제왕을 위해 지휘자 노릇을 한다고 배웠습니다.

〔목성(木星)인〕세성(歲星)은 한 해에 꼭 처리해야 할 정사를 주관하는 우두머리 별로 황제 폐하께서 호령을 내리는 근거가 됩니다. 지금은 제 밝기를 넘어 심하게 밝으니 이는 폐하께서 하고자 하는 바가 있어도 제대로 된 결과를 얻지 못하고 있음을 나타냅니다.

또 〔토성(土星)인〕전성(塡星)이 세성을 피하지 않고 있는데, 이는 토성 모후와 세성 황제가 함께 정사를 살핀다는 뜻입니다. 두 별이 규수(奎宿)와 누수(婁宿) 자리에 머물러 있으니 도리에 따라 그런 정치를 단절시키셔야 마땅합니다.

〔화성(火星)인〕형혹(熒惑)[57]이 정상 궤도를 벗어나 운행하고 있는데, 자미와 태미 양궁(兩宮)을 돌이디니기나 고의로 오르락내리락하면서 천문(天門)〔의 각성(角星)〕에 들어가거나 명당(明堂)의 방성(房星)에 오르거나 미궁(尾宮)[58]을 어지럽히고 있습니다.

〔금성(金星)인〕태백(太白)이 빠른 속도로 천고성(天庫星)을 범한 것은 적의 침입을 상징합니다. 태백이 황룡(黃龍) 자리를 관통하여 제정(帝庭) 태미성으로 들어갔다가 문을 만나 밖으로 나와서는 형혹을 따라 천문으로 들어간 뒤에 명당의 방성 자리에 이르러 갈라지면서 형혹과 함께 환란을 일으키려고 했으나, 명당(明堂)의 별을 이겨 내지는 못했습니다. 이는 폐하께서 신령한 힘을 지니고 계셔서 재앙과 환란이 일어나지 않았음을 나타냅니다.

형혹이 궤도를 이탈해 움직이면 아첨과 수작을 일삼는 무리가 권세에 의지하여 은밀하게 충신을 비방하고 간신을 칭찬하면서 한패를 등용시키고 선량한 자가 중용되는 것을 막는 일이 일어납니다. 또 태백이〔태미의 남문인〕단문(端門)을 나온 것은 신하의 도를 지키지 않는 자가 있음을 나타냅니다. 화성 형혹이 실수(室宿)에 들어가고 금성 태백이 명당의 방성에 올라가는 일이 때에 맞춰 풀리지 않으면 그 현상은 우환과 재앙으로 이어집니다. 그런데 또 전성과 세성이 서로를 지키면서 내란을 주관하고 있습니다. 그러므로 황궁 내부 사정을 살펴 관계가 가깝거나 멀거나 간에 사소한 일도 소홀히 넘기지 마시고 아첨꾼을 쫓아 버림으로써 악의 싹을 끊고 더러운 것들을 씻어 내며 쌓인 악을 없애 버리십시오. 그리하여 재앙과 환란이 일어나지 못하도록 하십시오.

〔수성(水星)인〕진성(辰星)은 사철이 바르게 들도록 하는 일을 주관합니다. 사중(四仲)에서 그 효력을 발휘하는데, 사철이 질서를 잃었다면 진성이 이변을 일으키는 것입니다. 그런데 지금 진성이 한 해의 첫 달인 맹춘(孟春)에 나타났으니 하늘이 폐하께 경고하고 있습니다. 진성은 정사를 급히 처리하면 사중보다 일찍 나타나고, 정사 처리를 질질 끌면 늦게 나타나며, 정사가 전혀 처리되지 않으면 숨어서 나타나지 않다가 혜성으로 변합니다. 진성이 맹춘, 맹하, 맹추, 맹동 넉 달에 모두 다 나타나면 제왕의 운명이 바뀌게 됩니다. 진성이 계춘, 계하, 계추, 계동 넉 달에 모두 다 나타나는 일은 점성가들이 꺼리는 바입니다. 지금은 다행히 맹춘의 인월(寅月)에만 나타났으니 이는 황천(皇天)이 폐하를 크게 돕고 계시는 것으로 폐하께서 깊이 반성하심이 마땅합니다.

나라를 다스리는 일은 급하게 처리할 수 없으니 급히 하고자 해도 목적을 달성할 수 없습니다. 『서』에 '세 해마다 관리의 공적을 조사한 뒤에 세 차례의 조사 결과를 모아 승진과 퇴출을 결정한다.'[59]라고 했습니다. 그런데 폐하께서는 총신의 공적을 살피지 않고 계실뿐더러 사철 해당하는 월령에 맞게 명령을 내리지도 않으셨습니다. 그러나 이미 지난 일이니 자책하지 마시고 앞으로의 일에 교훈을 삼으시면 됩니다. 얼마 전 계춘의 3월에 대규모 옥사가 있었는데 역적이 몰래 모반했기 때문이나 (3월은 옥사의 달이 아닌 농사의 달이라) 한 해 수확이 줄어들 것이 예상됩니다. 계하 6월에 군사를 일으킬 괘가 나왔는데 여름인데도 한기가 들어 뒤에 서리와 우박이 내릴까 걱정했습니다. 가을에 작위를 봉했는데 그때 흙이 축축해졌으니 뒤에 벼락과 우박이 내릴 것이 우려되었습니다.

대저 기쁘다고 상을 주고 화가 난다고 벌을 주며 사절의 월령에 금한 법칙을 지키지 않으면 비록 요임금과 순임금의 마음을 지니고 있다 하더라도 모든 일에 조화를 이룰 수 없습니다. "하늘에 관한 해석을 잘하는 자는 인간 세상의 일에서 하늘의 뜻을 반드시 찾아낸다."[60]라고 했습니다. 한 농부가 겨울에 농사를 짓겠다고 나서서 웃통을 벗고 밭을 깊게 갈아 땀 나도록 곡식을 심어도 그 곡식을 키워 낼 수 없는 법이니, 이는 사람의 마음이 모자라서가 아니라 천시(天時)에 맞지 않은 행동을 했기 때문입니다. 『역』에 "멈추어야 할 때에 멈추고 행동해야 할 때에 행동하여 그 동정(動靜)이 적절한 때를 어기지 않아야 광명의 길을 가게 된다."[61]라고 했고, 『서』에 "(하늘이 농사철을 놓치지 않도록) 백성에게 사시사철을 엄숙히 내려 주었다."[62]라고 했으니, 그리하여 예전의 제왕은 하늘과 땅을 받들고 음양을 중시하며 사시(四時)를 존중하고 월령을 엄격하게 지켰습니다. 이 모든 것에 순종하면서 선정을 베푼다면 음양이 조화를 이룬 곧바로 화기(和氣)가 충만해져 북채와 북이 서로 어울리며 소리 내는 것과 같아질 것입니다. 그런데 지금 조정에서는 사철 월령을 소홀하게 여기고 있습니다. 여러 시중과 상서 및 측근의 신하들로 하여금 월령의 내용을 모두 숙지하게 하고 백관이 자문하는 청사(請事) 제도를 마련해야 마땅합니다. 폐하께서 월령에 맞지 않는 명령을 내리실 때 시중이나 상서 등이 월령의 내용을 정확히 알아 간쟁하면 사철의 기운에 맞게 다스릴 수 있습니다.

오행(五行)의 근본은 수(水)인데, 수를 대표하는 별은 천지를 다스리며 음양의 처음과 시작이 싹트는 자리인 현무(玄武) 칠수(七宿)의 무녀(婺女)[63]라고 신은 들었습니다. 수(水)는 공평함을 상징하므로, 왕도가 공정하게 발휘되면 모든 하천과 호수가 잘 다스려져 본류와 지류가 제대로 통하겠지만, 사적인 관계에 치우쳐 법도를 잃으면 물이 솟구치는 재앙이 나타나게 됩니다. 『서』에 "물은 아래로 흘러 만물을 적시는 것이다."[64]라고 했으니, 음의 기운이 아래로 움직이며 그 도를 잃지 않는다는 뜻입니다. 천하가 태평하게 다스려졌을 때 바로 황하에서는 하도(河圖)가, 낙수(洛水)에서는 낙서(洛書)가 나왔습니다.

지금 황하와 낙수의 둑이 무너져 범람했는데 역사상 가장 규모가 큽니다. 비가 많이 내려 여수(汝水)와 영수(潁水) 지류에서 모든 물이 범람하여 백성에게 해를 끼치고 있습니다. 이런 현상을 『시』에서는 "[음양이 조화를 잃으면] 천둥과 벼락이 치며 하늘이 번쩍

거리니 안정된 상태가 무너져 모든 물이 솟구치네."[65]라고 했습니다. 황보경사(皇甫卿士)[66]류 때문에 이런 처벌을 받는 것이니, 폐하께서는 시인이 이 시를 지은 뜻을 유념하셔서 외척으로 대신이 된 자들을 얼마간이나마 억누르십시오.

대지의 특징은 부드럽고 고요한데 이는 음의 정상적인 상태를 나타낸다고 신은 들었습니다. 대지는 상층과 중간층, 하층으로 나뉘어 있으며, 그 상층이 흔들리는 것은 황후와 후궁이 순종하지 않음을 상징합니다. 그 중간층이 흔들리는 것은 대신이 반란을 일으킨다는 뜻이고 하층이 흔들리는 것은 서민이 배반한다는 뜻입니다.

제후국에 지진이 일어나면 그 재앙의 책임은 그 제후왕에게 있습니다. 그런데 동서남북과 중앙에 걸쳐 제후국과 제후국, 주와 주를 이으며 모든 곳에서 지진이 일어날 수도 있으니, 이런 재앙은 규모가 아주 큽니다. 최근 들어 함곡관 동쪽에 여러 차례 지진이 일어났고 오성(五星)이 이변을 일으키고 있습니다. 아직 대역죄가 발생하지 않고 있으니 폐하께서 양을 키우고 음을 억제하는 데 힘쓰셔서 그 재앙을 피하심이 마땅합니다. 뜻을 굳건하게 하고 위엄을 세우셔서 사적인 청탁이 들어오는 길을 단절하고 영재를 발탁하여 등용하며 직무를 제대로 수행하지 못하는 관리를 퇴직시킴으로써 본조(本朝)를 튼튼하게 해야 합니다. 근본이 튼튼하면 해로운 것들을 꺾어 버릴 마음을 갖게 되지만, 근본이 약하면 재앙을 부르고 흉한 일을 당하며 음모에 짓밟히게 됩니다.

들기로는 예전에 회남왕(淮南王)이 모반했을 때 왕이 어려워했던 사람은 급암밖에 없었고, 공손홍(公孫弘) 등은 말할 것도 없다고 했다 합니다. 홍은 지금의 그 누구와도 비할 수 없는 한나라의 이름난 재상이었으나 회남왕에게 경시당했습니다. 하물며 지금은 홍과 같은 이조차 없으니 더 말할 것이 있겠습니까! 조정에 인물이 없으면 난을 일으킨 역적에게 경시당한다는 말이 나왔으니 인물이 없어 그렇게 되는 것은 자연스러운 일입니다. 특별한 계책으로 나라를 굳건히 지킬 줄 아는 신하가 폐하께 있다는 소리를 천하의 누구도 들어 본 적이 없습니다. 누군가는 나라가 쇠약해지는 것을 어떻게 알 수 있느냐고 물어보기도 합니다. 조정 대신이 저마다 자신의 능력과 덕행이 뛰어나다고 여기면서 학식이 통달한 인재에게 물어보려고 애쓰지 않으므로 세상이 망하는 것입니다.

말이 구유 쪽으로 고개를 숙여 먹이를 먹지 않으면 길을 재촉하여 달릴 수 없고, 인재가 도를 닦지 않으면 나라를 부강하게 키울 수 없습니다. 『시』에 "인재들이 가득하여 문왕께서 평안하셨네."[67]라고 했고 공자께서는 "열 가구가 사는 마을에도 믿음직스럽게 충성하는 인물이 꼭 있다."[68]라고 하신 것은 허언이 아닙니다. 폐하께서는 사해의 백성을 거느리고 계시지만 나라 전체를 통틀어 나라를 굳건히 지킬 줄 아는 기둥 같은 신하가 있다는 말은 들어 본 적이 없습니다. 그것은 아마도 인재 등용의 길을 넓게 열어 놓지 않았을 뿐 아니라 정확한 절차를 밟아 등용하지 않았으며 감독도 제대로 하지 않았기 때문이라고 여겨집니다. 옛 상소문에 '땅이 비옥하면 벼를 잘 길러 내고, 임금이 어질면 인재를 잘 키워 낸다.'[69]라고 했으니, 잘 키워 내기만 하면 중등 자질을 가진 사람도 군자로 만들 수 있습니다. 현량 인재를 등용하고, 현직 관리가 지은 작은 허물을 용서하며, 신하가 모든 점을 다 갖추어야 한다고 요구하지 않는다는 조서를 내리시면 영재를 널리 모을 수 있을 것입니다. 예컨대 얼마 전 (원제 때에) 공우가 충성심이 간절한 상소를 올려 승진을 거듭하는 영광을 얻자 그 무렵 자신을 갈고닦아 이름을 낸 인재가 많이 나왔지만, 우가 죽은 뒤에 나날이 줄어들었습니다. 게다가 경조윤 왕장(王章)이 밀봉 상소를 올린 일로 주살되자 지략이 있는 자가 감히 입을 열 생각을 하지 못했습니다. 반면에 사악하고 거짓 행동을 일삼는 무리는 득세하고 외척이 폐하의 명령을 받들어 전권을 휘두르게 되어 군신 사이가 막혔으며 황실의 후사까지 끊어지게 되었는데, 이는 후궁 여인들이 일으킨 변란이었습니다. 이 사건의 해로움은 정말이지 무섭고도 비참한 것이었습니다. 이런 일이 일어난 근본 원인은 태후나 황후의 일가를 오랫동안 중용했기 때문으로, 하루아침에 생긴 일이 아닙니다. 지나간 일은 언급하지 않는다 하더라도 앞으로 닥칠 일에 대해서는 잘 살펴야 합니다.

대성(大聖)이셨던 선제(先帝)께서 하늘의 뜻을 깊이 관찰하고 그 뜻을 정확하게 헤아리신 뒤에 폐하로 하여금 제위를 잇게 하여 외척의 발호를 교정하게 하셨습니다. 그러므로 외척을 조금 억누르고 측근에 둘 신하를 뽑아 훈련하며 덕행과 치국의 방도가 뛰어나고 경전의 뜻을 모두 통달한 자를 천거받아 백관에 충당한 뒤에 폐하의 성덕을 보좌하게 하여 제위(帝位)를 보전하고 적통을 계승하십시오. 아래로 낭관과 시종관 중에 품행과 재주가 뛰어나지 않거나 한 가지 경전도 통달하지 못하는 자가 있거나 박사가 학문이 떨어지고 예의에 밝지 않으면 농사일로 보내야 합니다. 이렇게 하여 조정의 모든 관료가 능력과 덕행이 뛰어난 인재나 군자로 충당되어 한나라를 아끼고 임금을 존경하고 있다는 것을 천하에 보여 주는 것이 재앙을 없애고 안정을 가져오게 하는 가장 중요한 방책입니다.

신이 올린 말씀이 제 목숨을 해칠 수 있다는 것을 신은 알고 있습니다. 그러나 죽임을 당하는 벌을 피하지 않겠으니, 생각하고 유념하시면서 어리석은 신이 올린 말씀을 반복해서 생각해 주시기 바랍니다.

연호를 바꿨지만 애제의 단명을 막지 못하다

○　　○　　○

그 무렵은 애제가 막 즉위했을 때라 성제의 외가였던 왕씨(王氏) 일가를 미처 쫓아내지 않고 있었다. 거기에 더하여 황제의 외가였던 정씨(丁氏)와 부씨(傅氏) 일가의 지위가 새로 높아졌다. 또 애제의 할머니 부(傅) 태후가 몹시 교만하고 방자하여 태황태후와 같은 수준의 존호를 얻고 싶어 했다. 승상 공광(孔光)과 대사공 사단(師丹)이 집정 대신으로서 그 부당함을 간쟁했다. 한참 지난 뒤에 어쩔 도리가 없었던 황제가 공광과 사단을 면직하고 마침내 부 태후에게 존호를 올렸다. 이때의 이야기는 「사단전」에 있다.[70]

황제가 비록 이심의 말을 따르지는 않았으나 이심의 말이 옳다고 여겨 그 뒤로 특별한 일이 생겼을 때마다 이심에게 물어보았다. 이심의 대책이 여러 차례 효과를 거두었으므로 황문시랑으로 승진시켰다. 이심이 수재가 있으리라고 예언했으므로 이심을 기도위에 임명하여 황하의 제방을 지키도록 했다.

그보다 먼저 성제 때에, 제군(齊郡) 사람 감충가(甘忠可)가 『천관력(天官歷)』과 『포원태평경(包元太平經)』 열두 권을 위조하면서 "한나라 황실이 천하의 종말을 맞고 있어 하늘의 새로운 명을 받아야 마땅한데, 천제(天帝)께서 진인(眞人) 적정자(赤精子)[71]를 시켜서 나에게 이 도를 내려 주셨다."라고 말했다. 감충가는 그 내용을 발해군(勃海郡) 중평(重平) 사람인 하하량(夏賀良)과 동해군(東海郡)의 용구(容丘) 사람인 정광세(丁廣世), 동군(東郡) 사람인 곽창(郭昌) 등에게 가르쳤다. 중루교위 유향이 감충가가 천지의 변화 현상을 빌려 천지 황제를 기만하고 백성을 미혹하고 있다고 상주하여, 하옥시키고 자백을 받아 냈으나 처벌을 받기 전에 병으로 죽었다. 하하량 등은 감충가의 책으로 공부한 죄에 걸려 불경죄 처벌을 받았다. 하하량 등은 뒤에 다시 그 내용을 계속 전파했다.

애제가 막 즉위했을 때에 사례교위 해광(解光)이 경전에 밝고 재이 현상에 통달했다 하여 총애를 받았는데, 하하량 등이 감충가의 책을 몰래 소지해 왔다는 사실을 애제에게 알렸다. 봉거도위 유흠(劉歆)에게 사안을 조사하게 했는데 유흠은 오경(五經)의 뜻에 맞지 않으므로 퍼뜨려서는 안 된다고 주장했다. 그런데 이심은 감충가의 학설을 좋아했다. 해광이 이심에게 말했다.

"전에 흠의 아버지 향이 충가를 하옥해야 한다고 상주했는데 흠이 어떻게 이 학설을 통용시킬 수 있겠는가?"

그 무렵 장안 현령으로 있던 곽창(郭昌)이 이심에게 하하량 등을 도와주어야 한다고 권유했다. 이심이 황제에게 하하량 등이 모두 황문에서 대조하며 여러 차례 황제의 부름을 받아 알현한 자리에서 다음과 같이 진술했다고 했다.

"한나라는 중도에 쇠퇴하여 새롭게 천명을 받아야만 합니다. 성제께서는 천명에 불응하셨으므로 후사가 끊겼던 것입니다. 현재 폐하께서 오랫동안 병환에 시달리고 계시고 변이가 끊임없이 일어나는 것은 하늘이 사람들에게 내리는 경고입니다. 시급히 연호를 바꾸어야만 폐하의 수명을 연장할 수 있고 황자(皇子)가 태어날 수 있으며 재이가 물러가게 될 것입니다. 이런 도리를 알았음에도 행하지 않으면 재앙이 일어나지 않는 곳이 없을 것이니, 홍수가 나지 않으면 화재가 일어나 백성들이 모조리 죽을 것입니다."

애제는 병이 든 지 오래라 도움이 될까 하는 생각에 마침내 하하량 등의 주장을 따르기로 했다. 그리하여 승상과 어사대부에게 조서를 내렸다.[72]

『상서』에 "다섯째 복은 장수하며 천수를 누리다가 죽는 것"[73]이라고 했다. 하량 등이 말하기를 대운(大運)이 확실히 다했으니, 주력(周曆) 천원(天元)이나 하력(夏曆) 인원(人元)의 역법으로 바꾸어야 한다고 했다. 역서를 고치고 정리하면서 역수(曆數)를 계산하여 역법을 정하되, 정월 초하루를 갑자일부터 시작해야 한다는 것이다.

짐이 보잘것없는 몸으로 태조의 대업을 잇고 황천의 명을 받들어 백관을 통솔하고 백성을 자식처럼 돌보았으나 하늘의 뜻에 순응한 보람이 없었다. 즉위한 지 세 해가 다 되어 갈 동안 재변이 여러 차례 내렸다. 해와 달이 정상 상태를 잃고 별이 잘못된 궤도를 운행하며 산과 하천이 뒤바뀌는 큰 이변이 연달아 일어나고 도적이 한꺼번에 일어났다. 짐은 몹시 겁이 났으므로 두려워하고 조심하면서 나라가 멸망하지 않을까 걱정했다.

한나라가 건국되어 지금까지 이백 년이 지날 동안 대대로 연호를 세워 왔다. 황천께서 재주 없는 짐에게 복을 내리셔서 한나라가 다시 천명을 얻는 증표를 얻었으니 짐이 비록 부덕하지만 어찌 감히 받아들이지 않겠는가! 그러므로 하늘의 명을 받아들여 천하 백성과 함께 새롭게 시작해야만 할 것이다. 이에 천하에 대사령을 내리고 건평(建平) [2]년을 태초(太初)[74] 원년으로 바꾸며 진성류태평황제(陳聖劉太平皇帝)를 칭한다. 또 물시계의 눈금인 누각(漏刻)을 백 도에서 백이십 도로 바꾸어 정하니, 천하에 포고하여 정확히 알게 하라.

달포가 지났으나 황제의 병은 차도가 없었다. 하하량 등이 다시 국가 대사를 마음대로 변경하려고 하자 대신들이 나서서 윤허하지 말도록 황제에게 간쟁했다. 그러자 하하량 등이 상소하여 모든 대신이 천명에 대해 알지 못하므로 승상과 어사대부를 면직하고 해광과 이심으로 하여금 정사를 보좌하게 해야 한다고 했다. 황제가 하하량 등의 천명에 관한 주장이 효험을 보지 못했다고 여기고 하하량 등을 형리에게 넘겨 조사하게 했다. 그리고 조서를 내렸다.

짐이 황제의 자리에 올랐으나 정사를 돌보는 일에 덕을 베풀지 못해 변이가 연달아 일어났다. 이에 두려운 마음으로 떨면서 어찌해야 할 바를 모르고 있었는데, 대조(待詔) 하량(賀良) 등이 연호를 바꾸고 물시계의 눈금 수를 늘려야만 나라를 계속해서 안정시킬 수 있다고 건의했다.

짐이 성인의 정도를 깊이 믿지 못하여 그 잘못된 의견을 따르며 백성에게 복을 가져올 수 있으리라 기대했다. 그러나 끝내 상서로운 징조가 나타나지 않고 오랫동안 가뭄의 재난이 계속되었다. 그리하여 하량 등에게 물어보니 조정의 제도를 바꾸어야 한다고 주장했다. 그러나 올린 내용이 모두 경전의 뜻에 맞지 않았고 성인이 마련하셨던 제도에 어긋났으며 시의에 맞지 않았다.

대저 잘못하고도 고치지 않으면 그것도 잘못이 되는 법이니, 지난 유월 갑자일에 내릴 조서 내용 중 사면령을 제외하고는 모두 폐지한다. 하량 등은 정도를 위반하고 백성을 미혹시켰으므로 그 간악한 실태를 철저하게 조사하도록 하라.

그리하여 하하량 등을 모두 하옥시키고 광록훈 평당(平當)과 광록대부 모막여(毛莫如)가 어사중승 및 정위와 함께 조사하게 했다. 이들은 비뚤어진 도를 써서 조정을 어지럽히고 나라를 기울게 했고 주상을 기만했으므로 부도죄 판결을 받았다. 하하량 등은 모두 주살되었다. 이심과 해광 등은 사형에서 한 등급 감면되어 돈황군(敦煌郡)으로 유배되었다.

찬하여 말한다.

하늘의 신령함을 정확하게 설명하여 하늘과 사람이 감응하는 도리를 관통한 경전으로 『역』과 『춘추』보다 뛰어난 것이 없다. 그런데 자공(子贛)은 "부자(夫子)의 문장에 관한 설명은 우리가 들을 수 있지만, 부자에게 천성(天性)과 천도(天道)에 관한 언급은 들을 수 없다."[75]라고 했다.

한나라 건국 이래 음양 이론으로 짚어 재이 현상을 설명한 인물은 효무제 때의 동중서와 하후시창이 있고 소제와 선제 때의 쉬맹과 하후승, 원제와 성제 때의 경방과 익봉, 유향, 곡영, 애제와 평제 때의 이심과 전종술이 있다. 이들은 그때의 군주가 그 주장을 받아들여 이름을 알렸다. 이론을 살펴보면 한 방면만 설명하는 듯한데, 경전의 내용에 나오는 비슷한 보기를 예로 들었기 때문에 더러 "예측이 자주 들어맞"기도[76] 했다.

그러나 동중서는 옥리의 심문을 받았고 하후승은 옥에 갇혔으며 쉬맹은 주살당했고 이심은 유배되었으니, 공부하는 사람들은 이 인물의 생애에서 큰 교훈을 얻어야 한다. 경방은 자신감에 차서 깊이를 헤아리지 않고 직언하고 풍자하다가 집정 대신의 미움을 사서 한순간에 벌을 받았다. 이 또한 "주도면밀하지 않아 목숨을 잃은 일"[77]에 속하니, 슬픈 일이다!

46

조·윤·한·장·양왕 전
趙尹韓張兩王傳

이 편에는 한나라 삼보(三輔)를 잘 다스렸던 조광한(趙廣漢), 윤옹귀(尹翁歸, ?~기원전 62년), 한연수(漢延壽), 장창(張敞, ?~기원전 48년), 왕존(王尊, ?~?), 왕장(王章, ?~?)의 사적이 실려 있다. 무제 때에 설치된 삼보는 수도 장안과 그 좌우 지역의 행정 구역 이름이다.

육국을 겸병한 진나라는 전국에 군현제를 시행했다. 도읍 함양(咸陽)은 황제 직속의 내사(內史)가 다스렸는데 한 고조가 이 제도를 계승했다가 경제 때에 좌우 내사로 갈라 다스리게 했다. 무제 태초 원년에 우내사가 다스리던 동부 지역을 경조윤(京兆尹)으로, 서부 지역을 우부풍(右扶風)으로 나누고 좌내사는 좌풍익(左馮翊)으로 이름을 바꾸어 삼보로 개편하면서 관아를 모두 장안 성내에 두었다. 삼보 지방관의 직무는 태수와 같았으나 조정 회의에 참석하는 등 제국의 수도를 다스리는 관리로 존중받았다. 수도가 잘 다스려지면 제국 전체의 모범이 될 수 있었기 때문이다. 여기에 나오는 인물들은 능력이 뛰어났고 청렴했지만, 직언을 하다가 무고하게 죽기도 했다.

행정에 밝았던 한나라 도읍의 수장 조광한

○ ○ ○

조광한의 자는 자도(子都)이고, 탁군(涿郡) 예오현(蠡吾縣)[1] 사람이다. 예오현은 원래 하간국(河間國)에 속했다.

젊어서 군(郡) 태수부의 아전으로 있었고 주(州) 자사부에서도 일했다. 청렴결백할 뿐 아니라 사리에 밝고 명민하며 선비에게 예로써 대하는 것으로 이름났다. 무재(茂材) 인재로 천거되어 평준령(平準令)이 되었다. 찰렴에 통과하여 양책(陽翟) 현령이 되었다. 현령으로 있으면서 고을을 아주 잘 다스렸으므로 경보도위로 승진했다가 임시직 경조윤이 되었다.

그때 소제가 붕어했다. 신풍 사람 두건(杜建)이 경조윤부의 연(掾)으로서 평릉의 묘혈 조성 작업을 감독했다. 두건은 무엇에도 구속되지 않는 호방한 사람으로 의협심도 강했다. 이런 두건의 빈객들이 불법으로 이익을 챙기고 있다는 소식을 들은 조광한이 두건을 불러서 넌지시 일렀으나 두건과 그 빈객들은 나쁜 행위를 고치지 않았다. 조광한이 마침내 혐의를 조사하여 법에 따라 죄를 다스리게 했다.

조정의 대신들과 호걸, 장자 들까지 나서서 그렇게까지 할 필요가 없다고 청을 넣었지만 조광한은 끝내 부탁을 들어주지 않았다. 그러자 두건의 일가와 빈객들이 두건을 빼돌리기로 모의했다. 조광한이 그 계획의 주요 내용과 주모자의 이름과 주소까지 모두 알아낸 뒤에 옥리를 보내 그자들에게 알려주게 했다.

"이렇게 계획한 것이 사실이라면 일족이 멸문을 면치 못할 것이다."

그러고는 여러 명의 아전을 불러 두건을 기시형으로 다스렸는데, 형장 가까이에 나타난 사람은 아무도 없었다. 이 소문을 들은 장안 사람들이 조광한을 칭찬했다.

그 무렵 창읍왕이 황궁에 불려들어가 즉위했으나 도덕을 어기는 무절제한 행동을 했으므로 대장군 곽광이 대신들과 더불어 창읍왕을 폐위하고 선제를 옹립했다. 조광한이 그 토론에 참여하여 대사를 결정했으므로 관내후 작위를 내렸다.

그 뒤에 영천(潁川) 태수로 승진했다. 영천군에는 그 지방 호족 성씨인 원씨(原氏)와 저씨(褚氏) 일가가 전횡을 일삼고 있었다. 일가뿐 아니라 빈객이 도적질을 저질러노 전임 이천석 태수들은 아무도 그자들을 잡아 다스리지 못했다. 그런데 조광한이 부임하여 몇 달이 지났을 때 원씨와 저씨의 우두머리를 사형시키자 온 영천군 사람들이 두려워하며 벌벌 떨었다.

원래 영천군에서는 세력이 큰 호족들이 서로 혼인 관계를 맺고 있었고 아전은 백성들과 한패를 이루고 있었는데 조광한이 보기에 걱정스러운 상태였다. 조광한은 그중에서 쓸 만한 사람을 뽑아 대우를 잘해 주면서 진행 중인 사건의 심문 내용과 이미 결정된 죄명, 법 조문에 따라 집행하게 될 형벌 등 소송 내용을 기록하게 했다. 그 과정에서 그들이 고의로 내용을 누설하게 하여 서로 원수가 되게 한 것이었다. 또 아전으로 하여금 넣을 수만 있고 뺄 수는 없도록 만든 투서함을 설치하게 하여 투서를 받아서는 쓴 사람의 이름을 지우고 영천군 토호 집안 자제들이 투서한 것처럼 꾸몄다. 그러자 세력이 강한 토호 집안끼리 원수가 되었고 법을 어기는 간악한 패거리들이 뿔뿔이 흩어져서 영천군의 풍속이 크게 바뀌었다. 백성끼리 맞고소를 하면 조광한이 그자들을 끄나풀로 이용해 정보를 얻었으므로 남의 재물을 강탈하거나 훔치는 일이 일어날 수 없었고 그런 일이 발생해도 모두 붙잡을 수 있었다. 그렇게 하여 모든 일을 다 잘 처리했으므로 조광한의 위세와 명성이 널리 알려졌다. 흉노 투항자의 말을 들으면 흉노 부족도 조광한의 명성을 다 듣고 있다고 했다.

본시 2년에 한나라에서 다섯 명의 장군에게 군대를 이끌고 흉노를 공격하게 했다. 조광한은 태수의 신분으로 황제의 부름을 받아 부대를 이끌고 포류장군 조충국의 지휘를 받았다. 참전했다가 돌아와서 임시직 경조윤에 기용되었다가 한 해를 채운 뒤에 정식으로 경조윤에 임명되었다.

조광한은 봉록 이천석의 관리였지만 부드러운 얼굴로 선비를 대했고 지극정성으로 아전들을 위로하고 천거하며 잘 대해 주었다. 또 무슨 일이든 공을 미루면서 부하들에게 그 업적이 돌아가게 했는데 그때마다 이렇게 말했다.

"아무개 연(掾)이 한 것이니 이천석 벼슬을 하는 나도 그만큼은 할 수 없소."

조광한의 모든 행동은 지극한 정성에서 나온 것이었다. 그런 조광한을 대할 때마다 아전들은 모두 속에 있는 말을 다 토로하여 아무것도 숨기는 것이 없었고 조광한이 일을 시켜 주기를 원하며 거꾸러져 죽는 한이 있어도 비켜 가지 않았다.

　조광한은 총명했기 때문에 누가 어떤 일에 적합한지와 일을 맡은 자가 그 일을 얼마나 열심히 수행할지를 언제나 정확하게 파악했다. 혹시 임무를 제대로 수행하지 않는 자가 있어도 언제나 먼저 알아차려서 고치라고 좋은 말로 권했다. 그래도 고치지 않으면 잡아 가두었으므로 죄를 지은 아전이 도망칠 방법이 없었다. 그리고 조광한이 그 허물을 조사하여 죄상을 드러내면 바로 그 자리에서 자복했다.

　조광한은 사람이 꿋꿋하고 의지력이 강했으며 꼼꼼하게 일을 처리하는 천생 관리였다. 하층 관민을 직접 만나 일을 처리하느라 밤새 자지 못하고 새벽까지 이를 때도 있었다. 특히 철저하게 묻고 따져서 사정을 정확하게 알아내는 구거술(鉤距術)에 뛰어났다. 조광한이 구거술을 써서 말의 시중 가격을 알아낼 때는 이렇게 했다. 먼저 개의 시중 가격을 묻고 그 뒤에 양의 가격을 물은 다음 다시 소의 가격을 물었다. 그다음 다시 말의 가격을 물어보고 그 모든 가격을 비교하여 비슷한 종류끼리 서로 맞춰 본 뒤에 말의 시중 가격을 시세와 틀림없이 알아냈다. 이렇게 꼼꼼하게 구거술을 이용할 수 있는 조광한뿐이었으니 다른 사람은 모방해도 그만큼 꼼꼼하지 못했다.

　그래서 조광한은 영천군 내의 도적들과 마을마다 뿌리를 내리고 있던 경협(輕俠)의 소굴은 말할 것도 없고 아전들이 적은 양의 뇌물이라도 요구해서 받아 내는 것까지 모두 다 꿰고 있었다.

　장안의 젊은이 몇이서 후미진 골목의 빈집에 모여 강도질을 모의한 일이 있었는데 그들이 모여 앉아 모의를 끝내기 전에 조광한이 아전을 보내 체포하고 심문하자 모두 죄를 자복했다.

부자 소회(蘇回)가 낭관이었는데 두 사람이 소회를 인질로 잡고 돈을 요구했다. 그로부터 조금 뒤에 조광한이 옥리를 대동하고 그 집에 도착했다. 조광한이 마당에 서서 장안승 공사(龔奢)로 하여금 건물의 문을 두드리고 인질범들에게 말을 전하게 했다.

"조 경조윤님께서 두 사람에게 인질을 죽이면 안 된다고 말씀하셨다. 그 인질은 황궁에서 숙위하는 신하이다. 인질을 석방한 뒤에 손을 묶고 저항 없이 나온다면 선처하겠다. 다행히 사면령이 내리면 그때 죄를 벗을 수 있다."

두 사람은 깜짝 놀라서 멍하니 있다가 평소에 조광한의 명성을 익히 듣고 있었기 때문에 바로 문을 열고 나와서 건물 아래에 머리를 조아렸다. 그러자 조광한이 무릎을 꿇고 감사했다.

"낭관의 목숨을 보전해 주어 다행입니다. 큰 은혜로 여기겠습니다."

그러고는 두 사람을 옥에 보냈는데 옥리에게 잘 대접해 주고 술과 고기를 제공하라고 명했다. 겨울이 되어 그 두 사람이 사형을 당하게 되었을 때 관과 소렴 및 대렴용 수의와 이불을 미리 준비하게 하고 그들에게 알려 주자 둘 다 이렇게 말했다.

"죽어도 여한이 없습니다."

조광한이 공문을 보내 호현(湖縣)의 도정장(都亭長)을 부른 적이 있었다. 호현 도정장이 서쪽으로 가다가 계상정(界上亭)[2]에 이르렀을 때 계상정장이 가볍게 말했다.

"관아에 가면 조 경조윤님께 저 대신 안부를 여쭈어 주십시오."

호도정장이 경조윤부에 도착하자 조광한이 공무를 다 물어본 뒤에 정장에게 말했다.

"계상정장이 나에게 안부를 물어보라고 했을 텐데 왜 묻지 않는가?"

호도정장이 머리를 조아리고 계상정장이 안부를 물으라는 말을 한 사실이 있었다고 고했다. 그러자 조광한이 말했다.

"돌아가는 길에 계상정장에게 나 대신 안부를 묻고, 직무에 힘써서 좋은 결과를 얻으면 경조윤이 정장의 후의를 잊지 않을 거라고 전하게."

조광한은 법을 어긴 자를 찾아내거나 잘 드러나지 않는 일을 알아내는 것이 꼭 귀신같았으니 앞에서 든 예처럼 모두 그렇게 잘 알아냈다.

조광한이 장안유교(長安游徼)와 장안옥리의 봉록을 백석으로 올려 달라고 상주하자 윤허했다. 그 뒤로 백석 봉록을 받게 된 아전들이 제각기 자중했으니, 멋대로 법을 적용하여 잡아 가두지 않았다. 그렇게 경조윤 관내의 정사가 올바로 이루어졌으므로 하층 관민이 말로 다하지 못할 만큼 조광한을 칭송했다. 그때 노인들은 한나라가 건국한 이래 경조윤이 되어 다스린 자 중에 조광한에게 미칠 만한 사람이 아무도 없다고 했다.

그런데 좌풍익과 우부풍의 관아가 장안 시내에 있었으므로 경조윤부의 관내에서 범인의 종적을 조사하는 일이 많았다. 조광한은 그런 점이 싫어서 탄식했다.

"내가 다스리는 곳을 어지럽히는 건 언제나 좌풍익, 우부풍 이보(二輔)라니까! 나 광한이 삼보(三輔)를 모두 겸해 다스린다면 정말 쉽게 바로잡아 놓을 텐데."

그보다 먼저 대장군 곽광이 집정하고 있을 때 조광한이 곽광의 뜻을 받들어 섬기다가 곽광이 죽은 뒤에 곽씨 일족을 제거하라는 선제의 뜻을 알아차렸다. 그래서 장안옥리를 대동하고 곽광의 아들 박륙후(博陸侯) 곽우(霍禹)의 집에 도착하여 문 안으로 바로 돌진해 들어가 도살과 밀주에 관한 증거물을 찾는 동시에 몽둥이로 술독을 올려놓던 주로(酒壚)와 술독을 깨뜨렸다. 그러고는 도끼로 문의 빗장을 부수고 돌아갔다. 곽광의 딸 곽 황후가 그 소식을 듣고 황제 앞에서 눈물을 흘렸다. 그러나 황제는 속으로 조광한이 잘했다고 생각하고 조광한을 불러들여 경위를 물었다. 그 일이 있었던 뒤로 조광한은 권세를 누리던 외척과 대신의 집에 쳐들어가 능욕했다.

조광한은 대대로 옥리를 했던 집안의 자손 중에서 새로 임용된 젊은이들을 잘 뽑아 썼다. 조광한은 그 아전들을 오로지 강하면서도 예리하게 되도록 단련시켰다. 일이 생기면 바람처럼 후딱 해치워 버렸고 도무지 꺼리는 일이 없었다. 그 아전들의 대다수가 담이 커서, 난국이 닥칠 것에 대비하여 자신을 억제할 줄 몰랐다. 조광한도 그 때문에 끝내 망했다.

앞서 조광한의 문객이 장안의 저자에서 몰래 술을 팔았는데, 승상부의 아전이 그자를 추방했다. 그 문객이 남자(男子) 소현(蘇賢)을 고발자로 의심하고 조광한에게 보고했다. 조광한이 장안승에게 소현의 죄를 조사시켰다. 위사(尉史) 우(禹)가 소현은 패상에 주둔해야 할 기사로서 주둔지에 가지 않았으므로 전시 군법을 어겼다고 탄핵했다. 그러자 소현의 아버지가 글을 올려 소현의 죄를 변호하면서 조광한을 고발하자 해당 관리에게 사건을 넘겨 다시 처리하게 했다. 관리가 우에게는 요참형을 내리고 조광한을 체포하게 해 달라고 청했다. 황제가 조서를 내려 바로 경조윤부에서 심문하게 하자 조광한이 자복했다. 때마침 사면령이 내려 봉록 한 등급이 감봉되었다.

조광한은 소현과 같은 읍에 살던 영축(榮畜)이 교사한 것으로 의심했다. 조광한이 그 뒤에 다른 법을 적용하여 영축을 사형시켰다. 누군가가 글을 올려 이 사건을 고발했으므로 승상어사에게 사건이 배당되었는데 아주 긴박하게 심문하고 조사했다. 그러자 조광한이 장안 사람인 심복 하나를 승상부의 문을 지키는 병졸로 보내 승상부 안에서 불법을 저지르는 일이 없는지 은밀히 살피도록 했다.

지절 3년 7월 중에 승상 집의 계집종이 잘못을 저질러 스스로 목을 매고 죽은 일이 일어났다. 조광한이 그 소식을 듣고 승상의 부인이 질투해서 승상부 관사에서 죽인 것으로 의심했다. 그때 승상은 종묘 제사에 올릴 맑은 술을 올리기 위해 목욕재계에 들어가 있었다. 조광한이 그 소식을 듣고 중랑 조봉수(趙奉壽)를 보내 승상을 협박하며 자신의 일을 추궁하지 못하게 할 것을 넌지시 알렸다. 승상이 그 말을 듣지 않고 더욱 긴박하게 사건을 조사하게 했다.

조광한이 승상 집에서 일어난 일을 고발하기에 앞서 먼저 성기술(星氣術)을 아는 태사(太史)에게 물어보니, 올해 사형당하는 대신이 나오게 되어 있다고 했다. 조광한은 곧바로 글을 올려 승상에게 죄가 있다고 고발했다. 황제가 명령을 내렸다.

"경조윤에게 사건을 내려보내 조사하게 하라."

조광한은 일을 끝맺을 때가 다가오고 있다고 여기고 친히 옥리와 포졸을 데리고 승상부로 들어 승상의 부인을 불러 뜰에 무릎을 꿇게 하고 묻는 말에 대답하게 했다. 그러고는 노비 열 몇 사람을 붙잡아 가서 계집종을 죽인 일에 대해 심문했다. 그러자 승상 위상이 황제에게 글을 올려 사정을 설명했다.

아내는 절대 노비를 죽이지 않았습니다. 광한은 여러 차례에 걸쳐 범죄를 저지르고도 자복하지 않고 있습니다. 요행히 신 상이 너그러움을 베풀어 아직 고발하지 않았는데, 도리어 교묘한 술수로 신 상을 협박했습니다. 바라건대 사리에 밝은 사자가 광한이 신, 상의 집안 일에 대해 조사한 내용을 다시 살펴보게 해 주십시오.

황제가 정위에게 사건을 내려보내 조사하게 한 결과 실제로는 승상이 직접 계집종의 잘못을 꾸짖으면서 매질을 했는데, 그 계집종이 자신의 집으로 돌아간 뒤에 죽은 것으로 드러나 조광한이 조사했던 내용과 달랐다. 승상사직 소망지가 조광한을 탄핵했다.

광한은 대신을 모욕하고 공무를 집행하는 사람을 협박했으니 절의를 거스르고 풍속을 해친 부도죄를 지었습니다.

선제가 조광한의 행위를 못마땅하게 여겨 정위에게 보내 심문하게 했다. 조광한은 무고한 자를 죽였고, 실제 사정과 다른 내용에 의거하여 심문을 진행했으며, 전시 군법을 어겼다는 죄목을 제멋대로 달아 기사를 추방한 것 등 여러 가지 죄목에 걸렸다. 황제가 정위의 탄핵 상소 내용대로 처리하라고 결재했다. 백성 중에 궐 앞에 모여 큰 소리를 내며 우는 자가 수만 명이었다. 그중에 누군가가 이렇게 말했다.

"신은 살아 있어도 폐하께 아무런 도움이 되지 않으니 바라건대 조 경조윤 대신에 죽게 하여 경조윤이 백성을 돌볼 수 있게 해주십시오."

그러나 조광한은 끝내 요참형을 당했다.

조광한은 경조윤으로 있으면서 청렴하고 밝은 정사를 폈고 위엄을 세워 권세를 부리는 호족을 제압함으로써 백성이 안심하고 자신의 생업에 종사할 수 있게 했다. 그리하여 백성들이 지금까지도 조광한을 그리워하며 찬미하고 있다.

엄했으나 평판이 좋았던 윤옹귀

윤옹귀의 자는 자황(子兄)[3]이다. 하동군(河東郡) 평양현(平陽縣) 사람이나 두릉현(杜陵縣)으로 이주했다. 윤옹귀는 어릴 때 아버지를 여의고 계부와 함께 살았다. 나중에 지위가 낮은 옥리가 되었고 법령에 밝았다. 또 격검술을 좋아했는데 누구도 윤옹귀를 당해 낼 수 없었다.

그 무렵에는 대장군 곽광이 집정하고 있었다. 곽씨 일족 일부가 평양현에 살고 있었는데 노복과 문객들이 칼과 무기를 지니고 저자에 들어가 싸움질하며 어지럽혔으나 아전들이 막지 못했다. 그러나 윤옹귀가 시리(市吏)가 되자 누구도 법을 어기지 못했다. 윤옹귀는 공정하고 청렴했으며 뇌물을 받지 않았으므로 저자의 상인이 모두 윤옹귀에게 마음속 깊이 복종했다.

뒤에 아전직을 그만두고 집에 있었다. 그때 마침 전연년(田延年)이 하동 태수가 되어 각 현을 순시했는데, 평양에 이르러 전임 아전 오륙십 명을 모두 불러 모았다. 전연년이 직접 나가서 문(文)에 소질이 있는 자는 동쪽에, 무(武)에 소질이 있는 자는 서쪽에 서게 했다. 수십 명을 살펴본 뒤에 윤옹귀 차례가 왔는데 윤옹귀가 독특하게도 엎드려 일어나지 않은 채로 전연년에게 말했다.

"저 옹귀는 문무를 겸비했으므로 보내 주시는 대로 가겠습니다."

그때 태수부의 공조(功曹)가 나서며 말했다.

"이 아전은 오만불손하게 보입니다."

전연년이 말했다.

"저 말에 무슨 문제가 있겠는가?"

전연년이 윤옹귀를 불러올려 몇 가지를 물어보았는데 놀랄 만큼 대답을 잘했으므로 졸사(卒史)로 삼아 태수부로 데리고 갔다. 윤옹귀는 혐의자를 심문하고 범법자를 찾아내는 과정에서 그 일의 처음과 끝을 잘 밝혀냈으므로 전연년이 크게 중용하면서 자신

의 능력이 윤옹귀에 미치지 못한다고 여겼다. 전연년은 윤옹귀를
마침 비어 있던 독우(督郵) 자리로 옮기게 했다. 하동군에는 스물
여덟 개 현이 있었는데 둘로 나누어 굉유(閎孺)가 분수(汾水)의 북
쪽을, 윤옹귀가 분수의 남쪽을 맡았다.

윤옹귀가 법조문에 맞추어 검거하여 그 죄목에 대해 정확하게
판결했으므로 각 현의 고급 아전 중에 해를 당하는 자가 생겨났지
만 원망하는 자는 아무도 없었다. 윤옹귀는 거렴(舉廉)에 좋은 성
적을 받아서 구씨현위(緱氏縣尉)로 갔다가 태수부의 여러 직위를
거쳤는데 어느 자리에 있거나 제대로 다스렸기 때문에 도내령(都
內令)으로 승진했다. 그 뒤에 다시 거렴에 좋은 성적을 얻어서 홍
농군(弘農郡) 도위가 되었다.

윤옹귀는 다시 황제의 부름을 받아 동해 태수로 나가게 되어
정위 우정국에게 고별 인사를 갔다. 우정국은 고향이 동해였는데
고향 읍에 사는 두 사람을 부탁하려고 하면서 그 둘을 뒤채에서
기다리게 했다가 윤옹귀와 만나게 해 주려고 했다. 우정국이 윤옹
귀와 하루 종일 담화를 나누었는데 그 두 사람을 만나 달라는 말
을 꺼내지 못했다. 윤옹귀가 돌아가고 난 뒤에 우정국이 두 사람
을 불러서 말했다.

"그분은 고결하고 능력이 뛰어난 태수라서 너희가 제대로 일을
해낼 수 없는 형편이라 사사로이 부탁할 수 없었다."

윤옹귀는 동해군을 다스릴 때 모든 일을 명확하게 살폈다. 군
내의 하층 관민 중에 누가 능력이 있는지와 불초한지, 간악한 자
들이 죄행을 어떻게 저지르는지를 모두 꿰고 있었다. 그래서 현마

다 장부를 두고 사정을 기록하게 했다. 윤옹귀는 각 현의 정무를 직접 보았는데, 급하게 판결을 내는 옥리에게는 조금 천천히 진행하면서 다시 한번 살펴보게 했고, 아전들이 약간 나태하면 그때마다 직접 심문 기록을 들추어 보고 독촉했다. 현마다 교활한 아전이나 그 지방의 호족 세력이 구속되면 그 죄행을 심문한 뒤에 최고 사형까지 내리게 했다. 범인을 체포할 때에는 반드시 가을과 겨울에 열리는 과리대회(課吏大會) 때 하거나 현에 순시를 나갔을 때 하고 연고가 없을 때는 하지 않았다. 윤옹귀가 그렇게 한 것은 체포하여 일벌백계하기 위해서였다. 그러므로 하층 관민이 모두 복종하고 무서워하며 잘못을 고쳐 스스로 새사람이 되었다.

동해군의 대호족이었던 담현(郯縣)의 허중손(許仲孫)은 간악하고도 교활하여 아전들이 공무를 수행할 때 난동을 부리기 일쑤여서 태수부에서 아주 힘들어했다. 봉록 이천석 태수가 여러 번 체포하려고 했지만 그때마다 세력이 큰 것을 믿고 교활한 이유를 대며 자신을 변호했기 때문에 끝내 제압하지 못했다. 그런데 윤옹귀가 태수로 부임해서 허중손을 기시형에 처했다. 그러자 동해군 전체가 두려워하며 다시는 법을 어길 엄두를 내지 못했다. 덕분에 동해군은 아주 잘 다스려졌다.

윤옹귀는 직무 수행 평가에서 높은 점수를 받아 임시직 우부풍이 되었다가 한 해를 채운 뒤에 정식으로 임명되었다. 윤옹귀는 청렴하고 공평하며 간악함을 싫어하는 아전을 뽑아 높은 직위를 주었고, 사람을 예로써 대했으며 자신이 싫어하거나 좋아하거나 상관하지 않고 똑같이 대했다. 그러나 명령을 어기는 자는 반드시 처벌했다. 윤옹귀는 우부풍이 되어 다스릴 때 동해 태수 시절에 했던 방식을 그대로 써서 간악한 자들의 죄행에 대해 현마다 장부를 두어 기록하게 했다. 그 장부에 있는 사람의 주소지 오(伍) 근처에서 강도나 절도 사건이 일어나면 해당 현의 고위 아전을 불러 사건이 일어난 곳 근처에 사는 간악하고 교활한 수괴의 이름을 알려 주고 그것을 통해 도적의 이름과 도주 경로, 은닉처를 추정하게 했다. 그리하여 윤옹귀가 일러 준 대로 하면 체포할 확률이 높았고 체포하다가 놓치는 예도 없었다. 약한 자에게는 법을 관대하게 적용했고 세력이 강한 호족에게는 긴박하게 체포하여 다스리게 했다. 세력이 강한 호족에게 죄가 있다고 판명되면 장후관(掌畜官)[4]을 보내 풀을 베게 하되 인원과 일수를 정확하게 챙기고 형벌을 다른 사람이 대신하지 못하게 했다. 규정을 재우지 못하면 매질을 해서 독촉했는데 매질이 어찌나 심했는지 풀을 베던 낫으로 제 목을 긋고 죽는 이도 있었다. 장안 사람들이 윤옹귀의 위엄에 복종하게 되었으므로 우부풍은 아주 잘 다스려졌다. 도적을 잡는 실적을 비교할 때 우부풍 관할 지역이 삼보에서 가장 좋았다.

윤옹귀는 비록 형벌을 써서 다스렸지만, 공경 사이에 청렴함으로 이름을 날렸다. 사사로운 일을 언급하지 않았고 온화하고 겸손했으며 능력이 뛰어나다 하여 오만하지 않았으므로 조정에서 평판이 아주 좋았다. 그렇게 여러 해 동안 공무를 보다가 원강 4년에 병으로 세상을 떠났다. 집안에 남은 재물이 없었으므로 황제가 윤옹귀의 덕행이 뛰어나다고 여기고 어사에게 조서를 내렸다.

짐은 이른 아침부터 밤늦게까지 덕행이 뛰어난 신하를 찾는 일을 가장 중요하게 생각하며 황실이나 조정과 관계가 멀고 가까운 것을 가리지 않고 백성을 안정시키는 데 힘쓰고자 했다. 우부풍 옹귀는 청렴하고 공평하며 정직했으며 백성을 다스리는 실적이 다른 관리에 비해 뛰어났다. 그러나 일찍 세상을 떠나 천수를 누리지 못하고 업적도 끝맺지 못했으니 이를 심히 애석하게 생각한다. 이에 옹귀의 아들에게 황금 백 근을 하사하니 그 제사에 제물을 올리는 데 쓰도록 하라.

윤옹귀의 세 아들은 모두 군을 다스리는 태수가 되었다. 막내아들 윤잠(尹岑)은 구경 자리를 두루 역임한 뒤에 장군이 되었다.

굉유도 광릉국(廣陵國)의 상(相)으로 치세를 펼쳐 이름을 남겼다. 그래서 전연년이 사람을 볼 줄 알았다고 세상 사람들의 칭송을 들었다.

법령을 정확하게 집행한 지방관 한연수

한연수의 자는 장공(長公)이고, 연군(燕郡)[5] 사람이었으나 두릉현으로 이주해서 살았다.

젊어서 군문학(郡文學)이 되었다.

아버지 한의(韓義)는 연 날왕(燕剌王) 유단(劉旦)의 낭중이었다.

연 날왕이 모반할 때 한의가 간쟁하다가 죽임을 당했기 때문에 연나라 사람들이 한의를 동정했다.

그 무렵 소제가 어렸으므로 대장군 곽광이 정무를 주재했다. 지방의 군과 제후국의 현량 인재와 문학 인재를 황궁으로 불러 나라를 다스리는 일의 성패를 좌우하는 방책에 대해 책문했다. 그때 위상이 문학 인재로서 대책문을 올렸다.

상을 주고 벌을 내리는 것은 권선징악을 위해서로 이는 나라를 다스리는 일의 근본입니다. 전날 연왕이 무도죄를 지었을 때 한의가 몸을 바쳐 간쟁하다가 왕에게 죽임을 당했습니다. 그 의로운 행동을 볼 때 혈육도 아닌 연왕에게 비간(比干)처럼 목숨을 내놓고 간쟁했으니, 비간의 절의를 뛰어넘었습니다. 그러므로 그 아들이 상받는 것을 천하 백성에게 보여 줌으로써 신하의 도리를 다하는 것이 무엇인지를 밝혀야 합니다.

곽광이 위상의 의견을 받아들여 한연수를 간대부에 발탁했다가 회양 태수로 승진시켰다. 한연수는 회양군을 잘 다스려 이름을 얻었다. 그 뒤에 영천 태수로 옮겨 갔다.

영천군에는 세력이 강한 호족들이 많아서 다스리기가 어려웠으므로 조정에서 언제나 이천석 벼슬인 태수를 보낼 때 훌륭한 사람을 뽑아 보냈다. 한연수보다 먼저 조광한이 태수로 왔다. 조광한이 영천군의 풍속에 만연한 패거리 짓는 일을 나쁘게 보고 아전이나 백성끼리 서로 척지게 만들어 고발하게 했는데 그때마다 끄나풀을 이용했다. 그래서 영천군의 풍속이 변하여 백성 대부분이 서로 원수를 맺고 있었다.

한연수가 태수로 부임하여 그런 풍속을 바꾸고자 했다. 그런데 예를 지키고 겸손하게 살라고 가르쳐도 백성이 따르지 않을 것처럼 보였다. 그래서 영천군 내의 각 향리에서 신뢰와 존경을 받던 장로 수십 명을 불러 술과 음식을 직접 대접하면서 경의를 표했다. 각 향리의 풍속과 습관을 일일이 물어보았으며 백성이 겪는 어려움에 대해서도 들었다. 그러고는 화목과 사랑으로 원망과 미움을 없애 나갈 길이 있다고 설명해 주었다. 각 향리에서 올라온 장로들이 모두 좋은 방법이라고 여기고 시행해 나갔다. 향리 사람들과 의논하여 혼례와 상례 및 장례의 절차를 정하되 대략 옛적의 의례를 따르며 그 규정을 초과하지 못하게 했다. 한연수는 각 향리의 문학(文學)과 교관(校官) 및 유생들로 하여금 직접 피변(皮弁)[6]을 쓰고 제기인 조(俎)와 두(豆)를 진설하게 했으며 하층 관민의 상례와 혼례를 집전하게 했다. 백성들은 그 가르침을 받들어 그대로 시행했다. 그리고 나무나 흙으로 만든 수레와 말 모형 부장품을 파는 사람이 있으면 그것을 몰수하여 길거리에 버렸다.

몇 해 뒤에 한연수가 동군 태수로 옮겨 가고 황패가 한연수의 뒤를 이어 영천 태수가 되었다. 황패는 한연수의 정책을 계승하여 영천군을 잘 다스렸다.

한연수는 지방을 다스리는 관리로 있으면서 예의를 숭상하고 교화가 잘 이루어졌던 옛적의 제도를 많이 채택해서 썼다. 또 이르는 곳마다 반드시 덕행과 능력이 뛰어난 인재를 초빙하여 예로써 대하며 기용한 뒤에 그들이 하는 주장을 널리 청취함은 말할 것도 없고 간쟁을 잘 받아들였다. 상례를 거행하고 재산을 분배하는 것을 숭상하게 하고 부모에게 효도하는 자와 맏형을 공경하는 자를 표창했다. 또 지방마다 학관(學官)을 세우고 봄가을로 향사(鄕射)를 거행했다. 향사 장소에 편종과 북, 관악기와 현악기를 연주하는 악사들을 배치했고 활을 쏘는 자들이 출전하고 나갈 때마다 공손하게 읍하게 했다.

도시(都試)를 통해 군대를 점검할 때에는 부(斧)와 월(鉞), 정(旌)과 기(旗)를 걸어 놓고 활쏘기와 말타기 종목의 훈련 결과를 선보이게 했다.

내성과 외성의 성벽을 수리하는 일과 조세를 거둘 때에는 먼저 그 일자를 정확하게 공고하게 하고 기한을 지키는 일을 중요한 일로 삼게 했다. 하층 관민은 그런 한연수를 경외하며 따랐다.

한연수는 또 정(正)과 오장(五長)을 두어 부모에게 효도하고 맏형을 공경하는 일에 솔선수범하게 하고 법을 어기는 자들이 그곳에 살 수 없도록 막게 했다. 그리고 동네나 밭둑에서 무슨 일이 일어났을 때 아전에게 즉시 보고하도록 했으니 마을마다 간악한 자들이 경계 안으로 들어오지 못했다. 이 제도를 처음 시행했을 때에는 조금 번거롭기도 했으나 그 뒤로 옥리는 체포하러 쫓아다니는 수고를 할 필요가 없게 되었고 백성은 억울하게 매질을 당할 걱정이 없어졌으니 모두가 편안히 살 수 있었다.

부하 아전을 대할 때에는 은혜를 많이 베풀면서도 임무를 분명하게 정해 주고 완수할 것을 서약하게 했다. 부하 중에 누군가가 한연수를 속이거나 배반했을 때에는 통렬하게 자책하며 말했다.

"내가 그이에게 잘못한 것이 있지 않고서야 어떻게 이런 일이 일어날 수 있겠는가!"

아전들이 그 말을 듣고서 스스로 뉘우쳤는데 스스로 목을 찔러 죽은 현위도 있었다. 문하(門下) 아전과 연(掾) 중에도 스스로 목을 찌른 자가 있었는데 죽음에서 구해 냈으나 더는 말을 할 수 없게 되었다. 한연수가 그 말을 듣고 그 연사 앞에서 눈물을 흘렸다. 그러고는 의원을 보내 치료하며 돌보게 하고 그 집의 세금과 요역을 면제해 주었다.

한번은 한연수가 외출을 했다. 수레에 막 오르려고 할 때 기리 (騎吏) 한 사람이 늦게 도착했다. 한연수가 공조에게 명령하여 그 기리의 죄명을 정하여 보고하게 했다. 돌아오는 길에 태수부 관아의 문 앞에 당도했을 때 한 문졸(門卒)이 수레를 막아서며 드릴 말씀이 있다고 했다. 한연수가 수레를 멈추고 무슨 내용인지 물었다. 문졸이 말했다.

"『효경』에 이르기를 '〔아버지를 섬기듯이 어머니를 섬기며 두 분께 똑같이 효도한다.〕 아버지를 섬기듯이 임금을 섬기며 두 분을 똑같이 공경한다. 그리하여 어머니는 자식의 효성을 받고 임금은 신하의 공경을 받는다. 아버지는 효도와 공경을 겸해 받는다.'라고 했습니다. 〔그 기리가〕 오늘 아침 태수께서 행차를 나가시기 전 일찍부터 와서 수레를 준비했으나 한참이 지나도 태수께서 나오지 않으셨습니다. 그런데 그 기리의 아비가 태수부 관아 문 앞에까지 왔다가 감히 들어가지 못하고 있었습니다. 그 말을 들은 기리가 종종걸음으로 뛰어나가 아비를 만났습니다. 마침 그때 태수께서 나오셔서 수레에 오르신 것입니다. 기리가 제 아비를 공경하다가 늦은 것으로 벌을 받으면 태수께서 이루신 크나큰 교화에 손상이 가지 않겠습니까?"

한연수가 수레 안에서 손을 들어 보이며 말했다.

"선생이 아니었다면 태수가 자신의 허물을 깨닫지 못할 뻔했습니다."

관아로 들어간 한연수가 그 문졸을 불러서 접견했다. 그 문졸은 원래 유생이었는데 한연수의 덕행과 능력이 높다는 소문을 들었지만 자신을 천거할 기회를 얻지 못해 다른 문졸을 대신하여 당번을 서고 있었다고 했다. 한연수가 그 유생을 잘 대우하고 중용했다 한연수는 언제나 그렇게 인재가 올리는 좋은 계책을 들어서 시행하고 간언을 받아들였다.

한연수가 동군 태수로 있는 세 해 동안 법령의 시행과 중단을 정확하게 집행하여, 판결하는 일이 많이 줄어들었으므로 천하에서 가장 잘 다스린 지방이 되었다.

지방관으로서 능력을 인정받은 한연수가 임시직 좌풍익으로 일하라는 부름을 받고 들어간 뒤에 한 해의 시용 기간을 채우고 나서 정식으로 좌풍익에 임명되었다. 그런데 한연수는 한 해 남짓할 동안 각 현의 사정을 돌아보려고 하지 않았다. 태수부의 관속들이 여러 차례 고했다.

"군내를 돌아보시면서 민속을 두루 살피고 현령이나 현장들이 다스리는 실태를 성적으로 매기셔야 합니다."

한연수가 말했다.

　"현마다 덕행과 능력이 뛰어난 현령과 현장이 있고 독우가 외부에서 그 현령과 현장이 다스리는 바의 잘잘못을 분명하게 가려 내고 있어. 내가 각 현을 돌아보는 일은 쓸데없이 번거로움만 늘어나게 할 것이네."

　관속들이 모두 바야흐로 봄철이므로 한번 나가서 농사와 양잠을 권해야 한다고 주장했다. 그러자 한연수도 하는 수 없이 현을 돌아보기 위해 나섰다. 고릉(高陵)에 이르렀을 때 백성 중에 밭을 놓고 서로 제 것이라고 다투면서 한연수에게 각자의 주장을 말하는 형제가 있었다. 한연수가 크게 마음 아파하며 말했다.

　"다행히 좌풍익 벼슬자리를 얻었으면 이 지역을 위해 솔선수범해야 할 것이나 교화를 제대로 이루지 못해 백성들이 골육지간에도 관에 고소하는 지경에 이르렀다. 지금 풍속이 망가져서 덕행과 능력이 뛰어난 현령과 현승, 색부(嗇夫), 삼로(三老), 효제(孝弟)가 치욕을 당하고 있는데 이는 나 좌풍익이 잘못했기 때문이다. 그러므로 내가 물러나야 하겠다."

　그러고는 그날부터 병가를 내고 태수 일을 보지 않았다. 한연수는 고릉현 역참 객사에서 문을 닫아걸고 잘못을 반성했다. 고릉현의 모든 사람은 어떻게 해야 할지를 몰랐다. 결국 현령, 현승, 색부, 삼로가 모두 자진해서 옥에 들어가 벌을 내려 달라고 청했다. 일이 그 지경에 이르자 형제끼리 소송을 걸었던 집안에서 나서서 그 형제들을 꾸짖었다. 꾸지람을 들은 두 형제는 깊이 후회했다. 두 사람은 모두 스스로 머리를 깎고 웃통을 벗어 사죄하며 서로 밭을 양보하겠다고 했으며 죽을 때까지 다시는 다투지 않겠다고 했다. 소식을 들은 한연수가 크게 기뻐하며 문을 열어 그 둘을 만나겠다고 했다. 그러고는 객사의 거처에서 서로 마주 보고 앉아 술과 고기를 들었다. 한연수는 향리의 관아에 알려 그 형제의 뜻을 격려하게 하고 스스로 반성해서 착하게 바뀐 백성으로 표창하게 했다. 그런 뒤에 다시 정무를 보기 시작했다. 현령과 현승 이하 고생한 지방관들에게는 감사하는 뜻으로 그들을 불러 위로했다.

그리하여 좌풍익 관할 구역의 모든 백성이 화목하게 지내게 되었다. 한연수가 공무를 정지했던 이야기를 서로 전하며 잘못을 저질렀으면 바로 반성하자고 격려하는 한편으로 다시는 그런 일이 일어나지 않도록 조심했디. 한연수도 좌풍익 관할 스물네 개 현에 골고루 은덕을 베풀며 성실하게 공무를 집행했다. 이로써 좌풍익 관할 지역에서는 다시는 사적인 일로 소송을 거는 사람이 나오지 않았다. 지극한 정성을 기울이는 한연수를 생각할 때 백성들은 차마 그를 속일 수 없었다.

한연수는 소망지의 뒤를 이어 좌풍익이 되었다.[7] 한편 소망지는 어사대부로 승진해 있었다.

신하가 황제를 알현하는 일을 관장하던 시알자(侍謁者) 복(福)이 소망지에게 한연수가 동군 태수로 있을 때 관아 소유의 돈 천여만 전을 꺼내 썼다고 보고했다. 소망지가 승상 병길과 상의하자 병길은 새로운 대사령이 내렸으므로 조사할 필요가 없다고 했다. 그런데 마침 한 어사가 동군 태수부에 심문하러 가게 되었으므로

소망지가 그 어사에게 한연수의 일도 함께 조사하게 했다.[8]

그 소식을 들은 한연수가 곧바로 옥리를 보내 소망지가 좌풍익 시절에 늠희(廩犧)[9]에서 관장하던 돈 백여만 전을 꺼내 쓴 일을 조사하게 했다. 늠희를 관리하던 아전이 고문을 받으며 심문을 당하다가 소망지와 더불어 법을 어겼다고 실토했다. 한연수가 소망지를 탄핵하면서 조정에 들어갈 수 없도록 해야 한다는 공문을 보냈다. 소망지도 자신을 변호하는 상소를 올렸다.

저의 직무는 천하의 일을 총괄하는 것이라 문제가 생겼다는 보고를 들으면 그 사건을 조사하지 않을 수 없어 한연수를 조사했던 것인데 이 일로 한연수에게 협박을 당하고 있습니다.

이 상소를 읽은 황제가 한연수의 행동이 옳지 않다고 여기고 관리를 파견하여 각각을 자세하게 심문했다. 〔그 결과〕 소망지는 공금을 유용한 사실이 없었다. 소망지가 어사를 보내 동군의 일을 조사하게 해서 그 경위를 상세히 파악했다.

어사가 돌아와 이렇게 보고했다.

한연수는 동군 태수로 있으면서 기사(騎士)들의 무예 시합 때에 전차에 용, 호와 주작을 그려 넣어 화려하게 꾸몄습니다. 한연수는 누런 견직물로 지은 직령포를 입고 네 필의 말이 끄는 수레를 탔으며 말과 수레는 비단으로 장식하고 당계(幢棨)를 꽂고 우보(羽葆)를 똑바로 세우고 다녔습니다. 또 북을 수레에 올려 치게 하고 노래를 부르게 했습니다. 한연수의 수레를 앞에서 인도하는 공조의 수레도 네 필 말이 끌었으며 계극(棨戟)을 꽂았습니다. 다섯 명의 기사를 한 오(伍)로 하여 좌우로 나누어 배치했고 군가사마(軍假司馬)와 천인(千人)이 당(幢)을 들고 한연수 수레의 바로 옆에 서 있었습니다. 노래하는 자들이 활쏘기 시합이 열리는 사실(射室)에 먼저 들어가 앉아 있다가 한연수의 수레가 멀리서 들어오는 것을 보면 목청을 높여 초가(楚歌)를 불렀습니다. 한연수가 사실에 들어와 앉으면 기리가 계극을 들고 한연수가 앉은 연단의 계단 양옆에 줄지어 서고, 시중을 드는 기사들은 활과 화살을 싸서 들고 뒤에 섰습니다. 기사와 전차를 사방에 포진시키되 갑옷과 투구를 갖추어 말을 타게 했고 쇠뇌를 안고 화살통 난(蘭)을 등에 지게 했습니다. 또 기사를 시켜 희거(戲車), 농마(弄馬), 도참(盜驂)의 기예를 선보이게 했습니다. 한연수는 월식이 일어났을 때도 관아 소유의 구리 기물을 꺼내 도(刀)와 검(劍)과 구(鉤)와 심(鐔)을 제조했는데, 황궁의 상방(尙方) 제조 방식을 모방했습니다. 관아의 돈과 비단으로 사사로이 일꾼과 아전을 부렸고 수레와 갑옷[10]을 꾸미는 데 삼백만 전 이상을 썼습니다.

자신의 신분을 넘어서는 호사를 부린 한연수가 부도죄에 해당한다고 탄핵한 뒤에 소망지가 신상 발언을 했다.

"전에 연수가 저를 탄핵하는 상소를 올린 일이 있는데 이제 와서 제가 연수의 죄를 심문한다면 다른 모든 사람이 보기에 신이 바르지 못한 마음을 품고 연수를 억울하게 만든다고 할 것입니다.

바라건대 승상과 중이천석, 박사들에게 연수의 죄명을 상의하게 하십시오."

황제가 공경들에게 그 일을 넘겨 상의하게 하자 모두 한연수를 두고 앞서 말도 안 되는 행동을 해 놓고 뒤에 다시 승상을 무고하게 고소하면서 자신의 죄를 벗어 버리려고 했으므로 교활부도죄(狡猾不道罪)에 해당한다고 주장했다. 황제가 한연수를 싫어하여 결국 기시형을 당하게 되었다. 하층 관민 수천 명이 위성(渭城)까지 전송했는데 늙은이와 아이들까지 수레바퀴를 붙잡으며 술과 구운 고기를 다투어 올렸다. 한연수가 차마 거절하지 못하고 사람마다 주는 대로 받아 마시느라 한 석(石)이 넘는 술을 마셨다. 그러고는 연사들로 하여금 전송 왔던 사람들에게 "먼 길을 오게 하여 여러분들을 고생시켰습니다. 연수는 죽어도 여한이 없습니다."라는 감사의 인사를 따로따로 전하게 했다. 그 말을 들은 사람 중에 눈물을 흘리지 않은 자가 없었다.

한연수에게는 세 아들이 있었는데 모두 낭관을 지냈다. 한연수는 죽으면서 자신의 예를 거울 삼아 세 아들에게 관직에 나서지 말라고 당부했다. 세 아들이 모두 아버지의 말을 따라 벼슬길에 나아가지 않았다.

한연수의 손자 한위(韓威)에 이르러 다시 관직에 나아가 장군까지 올랐다. 한위도 은덕을 베풀고 성실하게 일했으므로 많은 사람이 한위를 따르면서 사력을 다해 일했다. 그러나 한위 또한 도를 넘어 사치한 죄에 걸려 주살당했으니 한연수와 기질이 비슷했다.

도적을 잘 잡고 상벌을 분명하게 내린 장창

○   ○   ○

장창의 자는 자고(子高)이고, 관적은 하동군 평양현이다.

할아버지 장유(張孺)가 상곡(上谷) 태수를 지냈는데 무릉으로 이주했다. 장창의 아버지 장복(張福)은 효무제를 섬겼으며 벼슬이 광록대부까지 이르렀다. 장창은 선제를 위해 조성 중이던 두릉현으로 이주했다.

장창은 먼저 유질(有秩)[11]로 있다가 태수부의 졸사로 들어간 뒤에 찰렴에서 좋은 성적을 받아 감천창장(甘泉倉長)이 되었다. 점점 승진을 거듭하여 태복승(太僕丞)이 되었는데, 태복 두연년이 장창을 남다르게 보았다.

그때 창읍왕이 황태후의 부름을 받고 즉위했으나 법도에 따라 행동하지 않았으므로 장창이 상소를 올려 새로 즉위한 황제에게 간언했다.

효소제께서 후사 없이 일찍 붕어하셨을 때 근심과 두려움에 싸였던 대신들이 덕행과 능력이 뛰어난 분을 뽑아 종묘의 제사를 이어 가게 했으니, 동쪽으로 창읍국에 가서 폐하를 맞이해 올 때에는 속거(屬車)가 딸린 수레 행렬이 더디게 오지 않을까 걱정하며 기다렸습니다.

지금 폐하께서 젊은 연세로 막 즉위하셨기 때문에 천하의 모든 사람이 눈을 비비고 귀를 기울인 채 선정과 교화를 베푸시는 모습을 지켜보며 경청하고 있습니다. 그런 가운데 선제(先帝)를 보좌하여 국정을 주재하는 대신들도 상을 받지 못한 지금 창읍국에서 올라온 하찮은 가마꾼이 먼저 승진을 했으니 이는 허물 중에서도 큰 것에 속합니다.

그로부터 열흘이 넘어 창읍왕 유하가 폐위되었다. 장창은 바른말로 간언을 올렸던 일로 이름을 얻어 예주(豫州) 자사로 발탁되었다. 여러 차례 밀봉 상소를 올려 사심 없이 최선을 다해 자신의 의견을 주장했으므로 선제가 장창을 불러들여 태중대부로 삼고 우정국과 더불어 상서 일을 겸해서 보게 했다. 그런데 바른말을 하다가 대장군 곽광의 뜻을 거스르는 바람에 전차 부대 출병[12]에 드는 비용을 절감하는 직무를 맡았다가 다시 함곡관 도위로 나갔다. 그때는 선제 즉위 초여서 폐왕 유하가 창읍에 살아 있었다. 황제가 속으로 창읍왕의 복위 운동이 일어날 것을 꺼려 장창에게 산양(山陽) 태수[13]로 옮기게 했다.

한참 지나서 대장군 곽광이 세상을 떠나 선제가 친히 정사를 보기 시작했다. 선제는 곽광 형의 손자인 곽산과 곽운(霍雲)을 열후에 봉하고 곽광의 아들 곽우는 대사마에 임명했다. 그 뒤 얼마 지나지 않아서 곽현이 허 황후를 독살했다는 낌새를 알아차리고는 곽산과 곽운을 봉토에서 살게 했고 곽씨 일가의 친척과 사위들은 좌천시키거나 지방관으로 나가게 했다.

장창이 그 소식을 듣고 밀봉 상소를 올렸다.

노 환공(魯桓公)의 막내아들 계우(季友)는 노나라에, 대부 조취(趙衰)[14]는 진(晉)나라에, 대부 전완(田完)은 제나라에 공을 세웠습니다. 모두 그 공훈[15]에 대해 보상을 받아 자손에게 작위와 봉토가 전해졌으나 마지막에는 전씨(田氏)가 제나라를 빼앗고 조씨(趙氏)는 진나라를 한(韓), 위(魏), 조(趙) 셋으로 갈랐으며 계씨는 노나라의 정권을 휘둘렀다고 들었습니다. 그리하여 중니(仲尼)께서는 『춘추』에서 나라의 성쇠를 기술하시면서 고관대작의 세습을 아주 심하게 비판했습니다.

전날에 대장군이 나라의 대계를 위해 결단을 내려 종묘와 천하를 안정시켰으므로 그 공이 적지 않다고 하겠습니다. 그러나 일곱 해 동안 섭정했던 주공(周公)에 비해 대장군은 스무 해[16] 동안 나라의 대사를 손아귀에 넣고 주물렀습니다. 대장군의 세력이 한창 강했을 때는 하늘과 땅을 흔들어 음양의 기운을 침범하고 부딪히게 했으니 월토(月朓)[17]와 일식이 일어나 낮에는 깜깜하고 밤에는 환했으며 땅이 크게 흔들리며 갈라져 땅속에서 불이 올라왔고 천문이 궤도를 잃어 흉조와 변이가 일어났는데 그 수가 헤아릴 수 없이 많았습니다. 그것은 모두 양으로 대표되는 제왕의 세력보다 음으로 대표되는 신하의 세력이 성대하여 신하가 전권을 행사할 때 일어나는 현상이었습니다. 그럴 때 조정 대신이라면 자신의 의견을 이렇게 분명히 밝혔어야 합니다.

"폐하께서는 고인이 된 대장군에게 포상하고 총애하셔서 이미 그 공에 충분히 보답하셨습니다. 근래 들어 황상을 보좌하는 신하가 정사를 주무르고 황상의 친척의 세력이 너무 강해졌으므로 임금과 신하의 명분이 불분명합니다. 그러므로 곽씨 일가의 세 열후 우, 산, 운을 파직시켜 봉토로 돌려보내시기를 청합니다. 그리고 위 장군 장안세(張安世)에게는 궤장(几杖)을 내리되 벼슬에서 물러나 쉬 면서 때에 맞춰 불러들여 위로해 주며 열후의 신분으로 천자의 스 승이 되게 하십시오."

이런 상소가 올라오면 은혜를 베푸는 차원에서 그렇게 할 수 없 다는 내용의 조서를 내리신 뒤에 신하들이 의로써 꼭 그렇게 하셔 야 한다고 간쟁하면 그제야 윤허하십시오. 그러면 틀림없이 천하 만민이 폐하께서는 공신의 공덕을 잊지 않고 계시고 조정의 신하 들은 신하의 예를 잘 지킨다고 생각할 것입니다. 이렇게 곽씨 일족 의 전횡을 막으면 곽씨 일족도 더 큰 죄를 짓지 않게 되어 대대손 손 걱정 근심 없이 살아가게 될 것입니다.

그런데 지금의 조정 대신들은 폐하께 이런 직언을 들려드리지 않아 폐하께서 친히 그런 내용의 조서를 내리고 계시는데 이는 쓸 만한 방책이 아닙니다.

이번에 폐하께서 곽씨 일족의 두 열후를 봉토로 보내셨습니다. 사람의 생각이야 서로 많이 다르지 않을 것이므로 신이 속으로 짐 작해 보건대 대사마와 그 집안에서는 이번 일로 두려워 떨고 있을 것입니다. 황제의 측근에게 위기를 느끼게 하는 것은 황상께서 쓰 실 좋은 방책이 아닙니다. 신 창이 조정 대신을 모두 모아 놓고 이 논의를 시작하기 원하나 지금 멀리 지방의 군에서 일을 맡고 있기 때문에 조정에서 의견을 올릴 방법이 없습니다. 대저 마음에 담긴 미묘하고 깊은 생각은 말로 다 표현할 수 없고 말의 미묘함은 글로

다 표현할 수 없으니 그 때문에 탕왕은 이윤을 다섯 차례나 걸왕에게 천거해야 했고, 소 상국은 회음후를 고조에게 천거할 때 여러 해가 지나서야 겨우 허락을 받을 수 있었습니다. 하물며 신은 천 리밖에 떨어져 있으면서 글로 말씀드려야 하니 어떻겠습니까! 오로지 폐하께서 제 말씀의 뜻을 잘 헤아려 주시기를 바랄 뿐입니다.

황제가 장창의 방안이 아주 훌륭하다고 여겼으나 장창을 조정에 불러들이지는 않았다.

한참 뒤에 발해군과 교동국(膠東國)에 도적이 떼를 지어 일어났다. 장창이 상소를 올려 자신이 도적 문제를 해결하겠다고 나섰다.

신은 충효의 도리에 대해 물러나 집에 있을 때에 어버이께 마음을 다하고, 나아가 벼슬을 할 때 임금께 힘을 다하는 것이라고 배웠습니다. 대저 작은 나라의 임금에게도 자신을 돌보지 않고 분투하는 신하가 있는데, 하물며 영명하신 폐하께 그런 신하가 없겠습니까!

지금 폐하께서 천하를 태평하게 다스리는 데 마음을 쏟고 정사를 돌보는 데 여념 없이 밤낮으로 애쓰고 계시니, 신하들과 해당업무를 맡은 관리들은 각자 힘을 다해 몸을 바쳐야 합니다.

산양군은 구만 삼천 호에 인구는 오십만 명이 넘는데 아직 잡히지 않은 도적은 총계 일흔일곱 명이고 다른 세금을 징수한 실적도이와 비슷합니다.

신 창은 어리석고 둔하며 황상을 보좌할 만한 실력을 지니고 있지 않아 오랫동안 편벽한 지방의 태수로 지내고 있습니다. 그렇다고 하더라도 한가로이 즐기며 국사를 잊어버린다면 그것은 충효의 절의가 아닐 것입니다.

신이 엎드려 들건대 이웃의 교동국과 발해군에서 해마다 곡식이 여물지 않아 도적이 떼로 일어나서 관아를 공격하고 죄수를 탈옥시켜 저자를 엉망으로 만들어 놓고 열후의 재산까지 약탈하고 있는데, 관리들은 기강을 잃어 법을 어기는 자들을 막아 내지 못하고 있다고 합니다.

신 창은 몸을 아끼거나 죽음을 피하겠다는 생각을 감히 할 수 없으니 조서를 내려 제가 갈 곳을 정해 주신다면 힘을 다해 흉악한 도적을 뿌리 뽑고 외롭고 약한 백성을 위로하겠습니다. 일이 제자리를 찾으면 제가 돌아본 군의 지역에서 각각 어떻게 망가지고 어떻게 다시 잘 다스려지기 시작했는지의 경위를 보고하겠습니다.

장창의 상소가 올라오자 황제가 장창을 황궁으로 불러 교동국상(相)으로 임명하고 황금 서른 근을 하사했다.

장창이 부임지로 떠나기 전에 고별 인사를 올리며 청했다.

"도적이 난무하는 군을 다스리기 위해서는 권선징악에 따른 상벌이 없으면 안 됩니다. 옥리가 죄인을 체포하여 공을 세우면 삼보보다 더 많은 상을 내리도록 윤허하여 주십시오."

황제가 장창의 요청을 수락했다.

장창은 교동국에 부임하여 현상금 제도를 시행했다. 또 도적떼 안에서 서로 체포하여 넘기거나 목을 베면 죄를 줄여 주겠다고 선포했다. 도적을 체포하여 공을 세운 옥리의 이름을 상서에게 올려 현령에 뽑힌 자가 수십 명이나 되었다. 그렇게 하여 도적이 뿔뿔이 흩어졌고 더 많은 도적이 서로 붙잡거나 베러 다니게 되었다. 그러자 아전과 서민들이 서로 화합하며 교동국이 안정되었다.

그로부터 얼마 지나지 않아 왕 태후가 여러 차례 사냥을 나간 것을 두고 장창이 글을 올려 간언했다.

신은 진 소왕(秦昭王)이 음란한 음악을 좋아한 것에 반하여 섭양후(葉陽后)[18]는 그런 정(鄭)나라와 위(衛)나라 음악을 듣지 않았고, 초 엄왕(楚嚴王)이 사냥을 좋아한 것에 반대했던 번희(樊姬)는 날짐승과 길짐승의 고기를 먹지 않았다고 들었습니다. 그것은 기름지고 맛있는 음식을 먹기 싫어서나 현악기와 관악기의 소리를 듣기 싫어서가 아니었으니, 좋아하거나 하고 싶은 것을 끊음으로써 진 소왕과 초 엄왕을 종묘에 제사를 계속 올리는 길로 이끌고자 했던 것입니다. 왕실의 예의범절에 따르면 임금의 어머니가 문밖으로 나갈 때에는 치병(輜軿)을 타야 하고 건물 밖으로 나오려고 섬돌을 내려설 때에는 부모(傅母)가 부축하며 거동을 할 때에는 옥패(玉佩)를 울리되 안에 입은 옷은 끈을 둘러 단단히 매듭을 짓게 되어 있습니다. 이는 고귀한 분일수록 스스로 절제하며 방종하지 않는 도리를 이른 것입니다.

지금 태후께서는 품행이 현숙하신 데다 자애롭고 관대해서 모든 제후국에서 칭송하고 있지만 사냥을 조금 절제하지 못하고 계시니 이 일이 황제께 알려지면 그 또한 좋을 것이 없습니다.

옛적의 일을 두루 읽어 살펴보시고 현재의 행동을 온전하게 하심으로써 왕후와 후궁에게 법도를 가르치고 아래로 신하들의 칭송을 받게 되신다면 신은 더없이 영광스럽겠습니다.

상소를 읽고 태후가 다시는 사냥을 나가지 않았다.

그 무렵 영천 태수 황패가 고을을 다스리는 업적 평가에서 가장 뛰어난 성적을 받아 임시직 경조윤이 되었다. 황패가 경조윤 일을 본 지 한 해를 채우지 못했을 때 실력을 발휘하지 못한다는 평가를 받아 임시직 경조윤에서 면직되고 영천 태수로 돌아갔다. 그때 황제가 어사에게 조서를 내렸다.

교동국 상 창을 임시직 경조윤으로 삼는다.

조광한이 사형당한 뒤에 임시직 경조윤이 계속 바뀌어서 황패 등 여러 명이 그 자리에 올랐지만 아무도 직무를 제대로 수행하지 못했으므로 장안의 치안이 점점 망가져 저자에 남의 물건을 훔치는 사람이 늘어났으므로 많은 상인들이 힘들어했다. 황제가 장창에게 해결할 수 있는지 물어보자 장창이 막을 수 있다고 대답했다.

장창이 임시직 경조윤이 되어 일을 보기 시작하자마자 장안의 노인들에게 도둑의 사정에 관해 물었더니 '도둑의 두목이 몇 사람 있는데 모두 부유하게 살며 말을 탈 때 무사가 아닌 어린 종으로 하여금 따르게 하고 있으므로 마을에서는 덕망이 높은 장자로 여기고 있다.'라고 했다. 장창이 그 두목들을 모두 불러 문책하면서 두목의 죄는 잠시 묻지 않되 그때까지 지은 죄에 관해서는 수하의 도둑들을 관아에 끌고 오면 대속해 주겠다고 했다. 그러자 도둑의 두목들이 말했다.

"지금 당장 불러서 관아에 가자고 하면 도둑들이 놀라서 무슨 일을 저지를지 모릅니다. 그러니 일단 우리 모두를 옥리로 임명해 주십시오."

장창이 모든 두목을 아전으로 임명한 뒤에 직무에서 빼 주고 집에 돌아가 있게 했다. 두목들이 주연을 베풀자 도둑들이 축하하러 찾아왔다. 그자들이 술을 마시다가 취할 때를 기다려 두목들이 도둑들의 옷깃에 붉은 흙을 묻혀 놓았다. 옥리들은 마을 어귀에 앉아서 밖으로 나오는 자들을 관찰하다가 붉은 흙을 묻히고 나오는 자를 모두 잡아서 포박했는데 하루에 수백 명을 잡을 수 있었다. 그리하여 그자들의 죄를 모두 추궁한 결과 한 사람이 백 번 넘게 훔친 예도 있었다. 경조윤 관아에서는 그들을 모두 법에 따라 처벌했다. 이 때문에 북을 두드리는 소리가 드물게 들리고 저자에는 도둑이 없어졌으므로 황제가 장창을 칭찬했다.

장창은 사람됨이 기민하고 상벌을 처리함이 분명했다. 법을 어기는 자를 보면 모두 잡아들였으나 때로는 법을 넘어 관대하게 풀어 줄 때도 있어 칭송을 받을 만했다. 장창이 경조윤으로 장안을 다스릴 때 조광한의 방책을 그대로 따라 했다. 조광한의 책략을 써서 끄나풀을 두어 사정을 미리 알아낸 뒤에 숨어 있는 범인을 찾아내거나 법을 어기는 자들을 막아 냈지만 그 점에서는 조광한에 비할 수 없었다. 그러나 장창은 『춘추』를 배워 경술을 썼으므로 장안을 다스리는 데 유가(儒家)의 주장을 실천한 바가 많았다. 덕행이 높은 사람과 선한 사람을 자주 표창하고 널리 알렸으니 오로지 징벌만으로 다스리지 않았다. 그렇게 하여 장창은 자신의 목숨을 보전하며 끝까지 사형을 당하지 않았다.

경조윤은 장안을 관장하여 다스렸다. 장안은 인구가 아주 많았는데, 삼보 중에서도 가장 많았다. 지방 군과 제후국의 이천석 관리 중에서 정무 처리 성적이 뛰어나면 임시직 경조윤으로 올라와서 시험 기간을 거친 뒤에 정식으로 임명되었다. 그러나 길어야 두세 해, 짧으면 몇 달이나 한 해 만에 비방을 당해 명성을 잃고 죄과에 따라 파직되었다. 그런 가운데 조광한과 장창만이 경조윤 직을 오랫동안 수행했다.

장창은 경조윤의 자격으로 조정에서 큰 문제를 논의할 때마다 고금의 예를 인용하며 나라에 유리한 방책을 제의했으므로 조정의 여러 공경이 모두 탄복했으며 황제도 여러 차례 장창의 의견을 들어주었다.

그런데 장창은 예의와 법도를 지키지 않았다. 조회를 끝내고 돌아갈 때 장안 시내 장대(章臺) 앞 거리를 말을 타고 달렸는데 수레를 모는 아전에게는 수레를 몰게 해 놓고 자신은 얼굴을 가릴 때 쓰는 부채로 말을 채찍질했다. 또 아내에게 눈썹을 그려 주었으므로 장안 시내에 장 경조가 눈썹을 아주 예쁘게 그린다는 말이 떠돌았다. 그리하여 해당 관원이 장창이 예의와 법도를 지키지 않는 것을 탄핵하는 상소를 올렸다. 황제가 장창에게 묻자 장창이 아뢰었다.

"부부끼리야 안방에서 눈썹 그려 주는 일보다 훨씬 더한 일도 합니다."

황제가 장창의 재주를 아꼈으므로 문책하지 않았다. 그러나 더 높은 관직에 오르지는 못했다.

장창은 소망지, 우정국과 사이가 좋았다. 장창과 우정국 두 사람은 앞서 창읍왕에게 간언을 올린 일로 특진했다. 우정국은 대부(大夫)로 있으면서 상서를 겸해서 보았고 장창은 예주 자사로 나갔으며 소망지는 대행승으로 있었다. 뒤에 소망지가 먼저 어사대부가 되었고 우정국은 벼슬이 승상까지 올랐으나 장창은 끝내 군의 태수로 남았다.

장창이 경조윤이 되어 아홉 해를 보냈을 때 광록훈 양운과 사이가 좋다는 이유로 양운의 죄에 언루되었다. 뒤에 양운이 대역죄로 주살당하자 공경들이 상소를 올려 양운과 한패가 된 자들을 벼슬자리에 둘 수 없다고 했으므로 양운과 사이가 좋았던 사람이 모두 면직되었다. 그런데 장창을 면직하라는 상소만은 묵혀 두고 처리하지 않았다.

그때 장창이 적포연(賊捕掾) 여순(絮舜)[19]으로 하여금 어떤 사건을 조사하여 증거를 찾아내게 했다. 그런데 여순은 장창이 탄핵을 받았으므로 면직될 게 뻔하다고 여겼으므로 장창이 시킨 일을 하지 않고 제멋대로 집에 돌아가 버렸다. 누군가가 그렇게 해서는 안 된다고 말리자 여순이 말했다.

"내가 그분을 위해 있는 힘을 다해 일한 지 오래네. 그런데 지금 그분이 경조윤 자리에 닷새나 더 계실까 모르겠는데 새로 사건을 조사하라니 이게 어디 될 말인가?"

장창이 여순의 말을 전해 들은 뒤에 즉시 옥리를 보내 여순을 잡아 옥에 가두었다. 그때가 마침 겨울철이 끝날 무렵이라 형을 집행할 날이 며칠 남지 않았기 때문에 옥리가 밤낮으로 여순을 조사하여 끝내 사형으로 다스렸다.

여순이 사형을 받으러 갈 때 장창이 주부(主簿)로 하여금 사형 집행 문서를 들려 보내 여순에게 이르게 했다.

"닷새 남은 경조윤이 뭘 할 수 있겠나? 겨울 달이 다 지나가고 있으니 연명하고 싶겠지?"

그러고는 바로 여순을 기시형에 처했다.

이어서 바로 입춘(立春)이 들었다. 억울한 판결을 받은 자들을 조사하러 다니는 사자가 당도하자 여순의 집에서 송장을 신고 나가 장창의 판결문을 보이며 사자에게 억울함을 호소했다. 사자가 장창이 무고한 자를 죽였다고 보고했지만 황제는 그 죄를 가볍게 보아 넘겼다. 그러고는 사형을 받게 된 장창에게 유리한 판결을 내리기 위해 그때까지 처리하지 않고 있던 상소를 꺼내어, 양운의 죄에 연루된 자는 벼슬자리에 둘 수 없다 하여 장창을 면직하고 서인으로 삼았다. 장창은 면직을 요구하던 공경들의 상소가 처리되자 황궁에 가서 인수를 반납한 뒤에 고향에 돌아가지 않고 유랑 길에 올랐다.

몇 달이 지났을 때 장안의 하층 관민의 기강이 해이해져서 비상을 알리기 위해 북을 두드리는 일이 여러 차례 일어났다. 기주(冀州) 관할 지역에서도 대규모 강도 사건이 일어났다. 그러자 황제가 장창이 도적을 잘 다스렸던 일을 기억해 내고 장창이 살던 곳까지 사자를 보내 불러오게 했다. 장창이 무고한 자를 살해했다고 탄핵당한 적이 있었기 때문에 사자가 도착하자 아내와 집안 식구들이 모두 울면서 두려워했다. 그러나 장창만은 떨지 않고 웃으며 말했다.

"내가 고향으로 돌아가지 않고 타향을 떠도는 서인 신세이니 잡으러 온다면 태수부의 아전이 올 것이다. 그런데 지금 황제의 사자가 온다고 하니 이는 황제께서 나를 다시 쓰고 싶어 하신다는 뜻이다."

장창은 길 떠날 채비를 차려 사자를 따라 공거(公車)에 도착한 뒤에 상소를 올렸다.

신은 지난날 영광스럽게도 구경의 자리에 올랐으나 경조윤 직무를 제대로 수행하지 못하여 적포연 여순을 죽이는 죄를 지었습니다. 순은 본래 신 창이 후대하던 아전으로 여러 차례 은전을 베푼 적이 있으나 신이 탄핵을 받았을 때 바로 면직될 것으로 여겨 신이 명령을 내린 문서를 받고도 조사에 들어가지 않고 제멋대로 집에 돌아갔으며 신을 가리켜 '닷새 남은 경조윤'이라고 했으니 은혜를 배반하고 의를 망각하여 풍속을 망가뜨렸던 것입니다. 신은 속으로 순이 이루 말할 수 없는 죄를 지었다고 여기고 파격적으로 법을 적용하여 심문한 뒤에 그자를 주살했습니다. 신 창은 바른 방법으로 조사하지 않아 무고한 자를 죽인 것이 되었으니 법에 따라 정확한 판결을 받는다면 죽어도 여한이 없겠습니다.

황제가 장창을 불러서 접견하고 기주 자사로 임명했다. 유랑객 신세에서 다시 한 주를 다스리라는 명을 받들게 된 것이다. 장창이 부임해 보니 광천왕의 봉토에는 제멋대로 법을 어기는 자들이 많아서 강탈 사건이 연달아 일어나고 있었는데 잡지 못하고 있었다. 장창이 끄나풀을 풀어서 도적의 우두머리 이름과 사는 곳을 찾아내게 한 뒤에 그 우두머리를 주살했다. 그런데 광천왕 후궁의 오빠와 동생 및 광천왕 종실 일가인 유조(劉調) 등이 도적들과 통하면서 그자들을 비호하고 있었다. 형리들이 체포하기 위해 궁지로 몰자 모두 왕궁 안으로 종적을 감췄다.

장창이 인근의 군과 광릉국의 옥리를 직접 이끌고 네 필 말이 끄는 수레 수백 대로 왕궁을 포위한 뒤에 유조 등을 수색했는데 마침내 왕궁 안의 회랑에서 찾아냈다. 장창이 아전들을 독려하여 그자들을 모두 잡아 목을 자르게 한 뒤에 왕궁 문 앞에 걸어 두게 했다. 그런 뒤에 광천왕을 탄핵하는 상소를 올렸다. 황제가 차마 광천왕을 법으로 다스리지 못하고 식읍만 삭감하고 말았다. 장창은 부임한 지 한 해 남짓하여 기주의 도적을 모두 막아 냈다. 그 뒤에 임시직 태원(太原) 태수로 나갔다가 한 해를 채운 뒤에 정식으로 임명되었는데 태원군도 잘 다스렸다.

얼마 뒤에 선제가 붕어했다. 원제 즉위 초에 대조(待詔) 정붕(鄭朋)이 장창을 선제 때의 명신이므로 황태자의 사부로 임명해야 마땅하다고 천거했다. 황제가 전장군 소망지에게 이 일을 의논하자 소망지가 아뢰었다.

"창은 유능한 관리여서 어지러운 지방을 맡아 다스릴 수는 있지만 자질이 경박하니 사부가 될 그릇은 못 됩니다."

황제가 사자를 보내 장창을 불러서 좌풍익에 임명하려고 했는데 그때 장창이 세상을 떠나고 말았다.

장창에게 주살당한 태원의 아전이 있었다. 그 아전의 집에서 장창을 원망하다가 두릉까지 와서 장창의 둘째 아들인 장황(張璜)을 찔러 죽였다. 장창의 셋째 아들은 벼슬이 도위까지 올랐다.

그보다 먼저 장창이 경조윤으로 있을 때 장창의 동생인 장무(張武)가 양나라의 상에 임명되었다. 그 무렵 양나라 왕은 교만했고 백성 중에는 세력이 강한 호족이 많았으므로 양나라는 다스리기 어렵다고 알려져 있었다. 장창이 장무에게 물어보았다.

"양나라를 어떻게 다스릴 생각인가?"

장무가 형을 경외했으므로 자신을 낮추느라 대답을 제대로 하지 못했다. 장창이 수하의 아전으로 함곡관까지 전송하게 하면서 다시 물어보게 했다. 장무가 아전에게 대답했다.

"사나운 말을 몰 때는 재갈을 단단히 물리고 채찍을 세게 때려야 합니다. 양나라는 큰 나라지만 하층 관민의 풍속이 피폐해서 주후혜문(柱後惠文) 관리가 응당 엄하게 다스려야지요."

장무는 진나라 때에 법을 집행하는 관리가 쓰던 주후혜문관을 언급함으로써 양나라를 형벌로 다스리겠다는 뜻을 비친 것이었다. 아전이 돌아와 보고하자 장창이 웃으며 말했다.

"연(掾)이 말한 것과 같다면 무는 양나라를 반드시 잘 다스릴 것이야."

장무가 부임하여 잘 다스렸으니 그 또한 유능한 관리였다.

장창의 손자 장송(張竦)은 왕망 집권 때에 군의 태수직에 올랐다가 열후에 봉해졌다. 박학하고 글을 잘 짓기로는 장창보다 나았지만 정무를 처리하는 면에서는 장창에 미치지 못했다. 장송이 죽은 뒤에 후사가 없어 장창의 제사가 끊어졌다.

엄격하게 다스렸으나 잔혹했다고 몰린 왕존

○　　○　　○

왕존(王尊)[20]의 자는 자공(子贛)으로 탁군(涿郡) 고양현(高陽縣) 사람이다.

어려서 아버지를 잃고 숙부 집에 들어갔는데 그 집에서 왕존에게 못가에서 양을 치게 했다. 왕존은 혼자 연습해서 대전(大篆) 서체를 정확하게 쓸 수 있었다. 나이 열세 살에 옥리 밑에서 일하기를 청하여 하급 아전이 되었다. 몇 해가 지난 뒤에 태수부에서 일했다. 태수가 황제의 조칙을 시행하고 있는 현황에 관해 물어보자 왕존이 대답하지 못하는 것이 없었다. 태수가 왕존의 능력이 뛰어나다고 여겨 서좌(書佐)에 임명하고 옥에 갇힌 죄수를 관리하는 수속(守屬)으로 일하게 했다.

한참 지난 뒤에 왕존이 병가를 내고 사직한 뒤에 군문학관(郡文學官)을 스승으로 모시고 『상서』와 『논어』를 배워 그 요지를 대략 통달했다. 그 뒤에 다시 태수의 부름을 받아 옥에 갇힌 죄수를 관리하는 수속으로 일하면서 태수부의 결조사(決曹史)가 되었다. 다시 몇 해가 지나서 유주(幽州) 자사의 종사(從事)로 천거되었다. 이어서 태수가 찰렴에서 왕존을 뽑아 요서군(遼西郡)의 염관장(鹽官長)으로 임명했다.[21] 왕존이 여러 차례에 걸쳐 상소하여 나라에 이익이 되는 일에 관해 진술하자, 황제가 왕존이 주장한 일을 승상과 어사대부에게 넘겨 시행하게 했다.

〔원제〕 초원 연간에 직언(直言) 인재로 천거되어 우부풍 객현(虢縣)[22] 현령으로 승진했다가 임시직 괴리(槐里) 현령으로 옮겨 미양(美陽) 현령 일까지 겸해서 보았다.

봄철이 시작되는 정월에 미양의 한 여자가 의붓아들이 불효하다고 고발했다.

"의붓아들이 자주 저를 범할 뿐 아니라 투기를 한다면서 매질까지 합니다."

왕존이 그 소식을 듣고 옥리를 보내 의붓아들을 체포하고 심문하여 자백을 받아 냈다. 왕존이 말했다.

"율(律)에 아내와 어머니에 관한 법규가 없는 것은 성인이 차마 기재하지 않았기 때문이다. 이런 사건이 바로 경전에서 이른 조옥(造獄)[23]에 해당한다."

마침내 왕존이 법정에 나와 앉아 불효한 아들을 나무에 매달고 다섯 명의 기리(騎吏)로 하여금 활시위를 겨누고 화살을 쏘게 하여 그자를 죽이게 했으므로 하층 관민이 깜짝 놀랐다.

그 뒤에 황제가 옹(雍) 땅에 행차하면서 객현을 지나게 되었는데 〔괴리와 미양을 다스리던〕 왕존이 〔객현까지 와서〕 법도에 따라 황제를 맞이하기 위한 장막과 음식 등을 제대로 차려 냈다. 황제가 정무 실적 평가에서 높은 성적을 받은 왕준을 안정(安定) 태수로 발탁했다. 왕준이 부임한 뒤에 안정군 관할의 현 관아에 고유문(告諭文)[24]을 내려보냈다.

각 현의 현령, 현장, 현승, 현위가 법을 준수하며 현성(縣城)을 지키는 한편으로 백성에게 부모가 되어 세력이 강한 자를 억압하고 약한 자를 돌보며 황상의 은덕을 널리 선양하는 일에 노고가 많다.

태수가 오늘 태수부에 부임하여 여러 관원들에게 부탁할 일은 스스로 바르게 행하도록 애써서 아랫사람들에게 모범이 되라는 것이니, 이전에 탐욕을 부리며 비루한 짓을 했다 해도 지금부터 고친다면 태수는 그자와 함께 백성을 다스릴 것이다. 직무를 행할 때는 매우 조심하되 스스로 법령을 잘 알면서도 어겨 놓고 빠져나갈 수 있다고 생각하는 일이 없도록 하라.

왕준은 태수부의 하급 관리인 연(掾)과 공조(功曹)들에게도 고유문을 내려보내 명령했다.

각자 힘을 다해 태수가 군을 다스리는 일을 돕도록 하라. 직무를 제대로 수행하지 못하는 자는 서둘러 사직하고 물러남으로써 이후에 능력과 덕행이 뛰어난 자들을 계속 방해하는 일이 없게 하라.

새가 날갯짓을 익히지 않으면 천 리를 날아갈 수 없고 문 안을 잘 단속하지 않으면 문밖의 일을 완벽하게 해낼 수 없는 법이다. 그러니 태수부의 승(丞)은 모든 하급 아전의 덕행과 능력을 파악하여 각자 보고하되 능력과 덕행이 뛰어난 자를 높이 치고 부유한 정도는 상관하지 말도록 하라. 상인이 백만 전의 재산을 가지고 있다 해도 방책을 의논할 대상이 될 수 없다.

옛적에 공자께서 노나라의 관리가 되셨을 때 이레 만에 소정묘(少正卯)를 주살하셨다. 지금 내가 태수 일을 본 지 한 달이 되었는데 오관연(五官掾) 장보(張輔)가 범과 이리 같은 흉악한 마음을 품고 직권을 이용하여 재물을 챙기며 법을 어긴 것을 알게 되었다. 안정군 전체의 돈이 모두 보의 집에 흘러들어 갔다고 하니 그자를 죽여 무덤에 묻어도 충분할 것이다. 그러니 지금 바로 보를 옥에 가둔 뒤에 직부사(直符史)가 자리를 잡고 앉아 태수를 도와 이 일을 처리하도록 하라.

승은 모두 장보에게서 교훈을 얻기 바란다. 그렇게 하지 않으면 장보의 뒤를 따라 옥에 갇힐 것이다.

장보는 옥에 갇힌 지 며칠 만에 죽었다. 태수부에서는 장보가 교활부도죄를 저지른 증거를 모두 확보했는데 특히 법을 어기며 모았던 백만 전의 재물을 빼앗았다. 이로써 왕존은 안정군 전체에서 위엄을 떨치게 되었으므로 법을 어기던 도적들이 뿔뿔이 흩어져 이웃한 군의 경계를 넘어 도망갔다. 세력이 강했던 호족도 형벌을 받아 몸을 상하거나 주살된 자들이 많았다.

그러나 왕존은 잔혹하고 포악하게 다스렸다 하여 면직되었다.

집에 있다가 다시 벼슬길에 오르게 된 왕존이 호강장군(護羌將軍) 전교위(轉校尉)가 되어 군량 운수 대열을 호송하게 되었는데 강족이 반란을 일으켜 수송로를 끊고 수만의 군사로 왕존의 부대를 포위했다. 왕존은 기병 천여 명을 이끌고 강족 부대를 돌파해냈다. 황제에게 공훈 내역이 보고되기 전에 함부로 배치받은 자리를 떠난 죄에 걸렸으나 사면령이 내려 면직 처분을 받고 집에 돌아갔다.

탁군 태수 서명(徐明)이 왕존을 향리 마을에 오래 내버려 둘 수 없다며 천거하자 황제가 우부풍 미현(郿縣) 현령에 임명했다. 왕존은 그 뒤에 익주(益州) 자사로 승진했다.

그보다 먼저 낭야 출신의 왕양(王陽)²⁵이 익주 자사로 있을 때 공래산(邛郲山) 아홉 구비 산길에 이르러 탄식하며 말했다.

"부모님이 주신 몸을 잘 보존해야 하는데, 이 산길은 어찌 이렇게 험한 구비가 많은가!"

그런 뒤에 병을 칭하며 사직했다. 이어서 왕존이 익주 자사로 부임했다가 그 산길에 이르러 아전에게 물어보았다.

"이 길이 바로 왕양이 오르기 무서워했던 그 길인가?"

아전이 대답했다.

"그렇습니다."

왕존이 마부에게 소리쳤다.

"더 빨리 몰아라. 왕양은 효자였지만 왕존은 충신이다!"

왕존이 익주 자사로 부임하여 두 해 동안 변경 밖의 부족민을 위로하면서 한나라 쪽으로 끌어들였다. 만이(蠻夷) 부족들은 왕존의 위신을 믿고 귀부해 왔다. 박사 정관중(鄭寬中)이 황제의 사자가 되어 지방의 풍속을 시찰한 뒤에 왕존의 치적을 일일이 보고했으므로 황제가 왕존을 동평국(東平國) 상(相)으로 승진시켰다.

동평왕을 굴복시키다

○　○　○

그 무렵 동평왕은 황제와 가장 가까운 혈육[26]으로 교만과 사치를 부리고 한나라 조정의 법과 제도를 받들지 않았으므로 보좌하던 상이 연루되어 벌을 받았다. 왕존이 부임하여 옥새를 찍은 조서를 받들고 왕궁 안에 당도했으나 동평왕이 나와서 조서를 받지 않았다. 왕존이 국서를 들고 객사로 돌아가서 밥을 먹은 뒤에 다시 왔다. 조서를 전달한 뒤에 왕을 일현했는데 태부가 왕 앞에 나와서 [왕존이 무례하다는 것을 꼬집기 위해] '상서(相鼠)'[27]를 읊었다. 그러자 왕존이 말했다.

"헝겊 북을 들고 뇌문(雷門) 앞을 지나는 일은 하지 마시오!"

왕이 화를 내며 일어나 후궁 거처로 들어가 버렸다. 왕존도 바로 일어나 종종걸음으로 왕궁을 나와 객사로 돌아갔다.

왕존이 부임하기 전에 동평왕은 사적으로 여러 차례 왕궁 밖을 드나들었는데 봉토 안을 질주하며 다니기도 하고 후궁들의 친정 사람들과 내왕하기도 했다.

왕존이 상으로 부임한 뒤에 왕궁의 구장(廏長)을 불러 명령했다.

"대왕께서 왕궁 밖을 나가실 때에는 반드시 관속을 거느리고 화란(和鸞)을 울리면서 나가셔야 한다. 지금부터 만일 작은 수레를 타고 밖으로 나가시겠다는 분부를 받으면 머리를 조아리고 간언하되 상이 그렇게 하실 수 없도록 명했다고 말씀드려라."

그 뒤에 왕존이 동평왕에게 정무를 보고하러 들어가자 왕이 왕존에게 대전 안으로 들어와서 앉도록 청했다. 왕존이 왕에게 자신의 생각을 말했다.

"저 존이 동평국의 상으로 올 때 사람들은 모두 제가 조정에서 배기지 못해 동평국 상으로 보내지는 것으로 여기고 가슴 아파했습니다.

천하의 모든 사람이 대왕을 과감한 분이라고 말하지만 존귀한 왕의 권력에 의지하고 계신 것뿐이니 그것을 어떻게 과감하다고 할 수 있겠습니까! 사실은 저와 같아야 과감하다고 할 수 있습니다."

왕이 안색을 바꾸어 왕존을 쳐다보았는데 왕존을 죽일 기세였다. 그러다가 바로 마음을 고쳐먹은 듯이 왕존에게 좋게 말했다.

"상께서 차고 있는 패도를 한번 보게 해 주시오."

왕존이 두 팔을 든 채 곁에 있던 시랑(侍郞)을 돌아보며 말했다.

"앞으로 나와서 내 패도를 풀어 대왕께 보여 드리시오. 대왕께서는 상이 패도를 뽑아 대왕께 겨누려고 했다고 모함하실 생각이 아니십니까?"

동평왕은 왕존에게 생각을 들키고 말았다. 사실 평소 왕존의 높은 명성을 듣고 있었기 때문에 왕이 왕존에게 크게 굴복하고 말았다. 동평왕이 술자리를 마련하여 왕존과 마주 보고 매우 기쁜 마음으로 함께 마셨다.

동평국 태후 공손증사(公孫微史)[28]가 황제에게 상소를 올렸다.

존이 상으로 있으면서 거만을 떨며 신하답지 않게 행동하고 있는데, 왕 또한 젊어 아직 혈기가 가라앉지 않고 있어 그것을 참아내지 못합니다. 그래서 저는 우리 모자가 함께 죽게 되지 않을까 많이 걱정하고 있습니다. 지금 저는 왕에게 존을 다시는 만나지 못하게 하는 중입니다. 폐하께서 유념해 주시지 않으면 저는 왕이 상과 사이가 나빠져서 도의를 저버리게 되는 것을 차마 볼 수 없으니 그에 앞서 스스로 목숨을 끊을까 합니다.

결국 왕존은 죄가 인정되어 면직되고 서인이 되었다. 이어서 대장군 왕봉(王鳳)[29]이 왕존을 군중사마(軍中司馬)로 임명할 것을 주청하자 황제가 왕존을 사례교위로 발탁했다.

앞서 중서알자령 석현이 황제의 총애를 받으며 법에 어긋나게 전권을 휘두르고 있었다. 승상 광형과 어사대부 장담(張譚)은 모두 석현의 권력에 기대어 눈치를 보며 일했으므로 아무 말도 꺼내지 못했다. 그렇게 한참 지났을 때 원제가 붕어했다.

성제 즉위 초에 석현을 중태복(中太僕)으로 자리를 옮기게 하자 석현이 더는 권력을 휘두르지 못했다. 그제야 광형과 장담이 석현이 예전에 저질렀던 죄를 조목조목 거론하면서 석현과 그 패거리를 면직해야 한다고 상소했다. 그러자 왕존이 광형과 장담을 탄핵하는 상소를 올렸다.

승상 형과 어사대부 담은 삼공(三公)의 지위에 있으므로, 오상(五常)과 구덕(九德)[30]을 지키며 조정의 방략을 총괄하는 한편으로 도덕 강령과 지침을 통일하여 백성을 널리 교화하며 풍속을 미화시켜야 할 책무를 맡고 있습니다.

그러나 선제 때에 전권을 쥐고 권세를 독점하고 있던 중서알자령 현 등이 생사여탈의 권한을 휘두르며 아무 거리낌이나 어떤 제약도 받지 않고 방종하게 나라에 해악을 조성하고 있었는데도 그자들에게 벌을 내려야 한다고 제때에 상주하지 않았습니다. 반면에 영합하고 굴종하면서 현 등의 뜻을 따르느라 황상을 기만하며 사악한 마음을 품고 나라를 혼란에 빠뜨렸으므로 대신으로서 정무를 보좌해야 할 의무를 다하지 않았으니, 두 사람 모두 부도죄에 해당하나 이는 사면령이 내리기 전에 지은 죄였습니다.

사면령이 내린 뒤에 형과 담이 현에 대한 상소는 올리면서 스스로 불충한 죄를 지은 것에 대해서는 진술하지 않고 도리어 선제께서 사악하고 비뚤어진 무리를 중용했다고 강조하면서 "백관이 주상보다 현을 더 두려워했다."라는 망언을 늘어놓았습니다. 임금을 비하하고 신하를 높이는 것은 마땅히 해야 할 바가 아니므로 대신의 체통을 잃은 것입니다.

또 정월에 황상께서 곡대전(曲臺殿)에 행차하셔서 위사(衛士)들에게 음식을 차려 주고 위로하실 때 형이 중이천석 대홍려 상(賞) 등과 더불어 곡대전 뜰에 모여 앉아 있었습니다. 처음에는 형이 남쪽을, 상 등은 서쪽을 향해 보고 앉았습니다. 그런데 형이 상의 자리를 남쪽을 향하게 마련한 뒤에 일어나서 상을 청해다가 그 자리에 앉히고는 한 식경 동안 사담을 나누었습니다. 형은 황상께서 그 자리에 참석하시고 황상을 시봉하기 위해 백관이 모이는 것을 알고 있었으면서 바르지 않은 자리를 만들어 지위가 낮은 사람을 상석에 앉혔으니, 폐하께서 계신 전각 문 앞에서 친한 사람끼리 작은 편의를 봐주는 예에 맞지 않는 행동으로 조정의 작위 질서를 어지럽혔습니다.

형은 또 승상부의 신체 좋은 노복을 대전 안에 들여보내 황상의 거둥 시각을 묻게 했습니다. 그자가 돌아와서 물시계가 십사 각을 가리킬 때 행차가 도착할 것이라고 보고하는데도 가만히 앉아서 얼굴빛과 자세를 고치지 않았습니다. 황상에 대한 이야기를 들으면서도 황공해하며 공경하는 마음을 갖지도 않고 교만하여 삼가는 태도도 보이지 않았습니다.

사면령이 내린 뒤의 행동은 모두 불경죄에 해당합니다.

황제가 조사할 필요가 없다는 조서를 내렸다. 그러나 광형은 부끄럽고 두려운 마음에 관을 벗고 사죄하며 승상과 열후의 관인을 반납했다. 황제가 막 즉위했던 때라 대신을 다치게 할 수 없었으므로 어사승(御史丞)에게 사정을 조사하게 했다. 어사승이 조사를 마친 뒤에 왕존을 탄핵하는 상소를 올렸다.

사면령이 내리기 전에 있었던 일에 대해 함부로 왜곡하고 비방하며 여러 대신을 탄핵하는 상소를 올린 것에 대해서는 적용할 법조문이 없습니다. 작은 허물을 크게 부풀려 재상의 명예를 더럽히고 공경을 모욕했으며 조정을 존중하지 않은 것은 황제의 명을 받드는 사절인 사례교위로서 불경죄를 지은 것이 됩니다.

황제가 조서를 내려 왕존을 고릉 현령으로 좌천시켰다. 몇 달 뒤에 왕존이 병을 칭하고 사직했다.

그 무렵 남산(南山)에 근거지를 두고 있던 붕종(儞宗)[31] 등 수백 명의 도적 떼가 하층 관민에게 해를 입히고 있으므로 전임 홍농 태수 부강(傅剛)을 보병교위(步兵校尉)로 삼아 수색 부대 천 명을 보내 체포하게 했으나 한 해 남짓이 지나도록 잡지 못했다. 누군 가가 대장군 왕봉에게 건의했다.

"도적 수백 명이 장안 근처에 있어 군대를 출동하여 공격해도 잡지 못하고 있으니 사이(四夷)에게 체면을 세우기 어렵습니다. 능력이 뛰어난 경조윤을 뽑아서 해결하는 방법만 남았습니다."

왕봉이 왕존을 천거하자 황제가 불러들여 간대부로 삼고 임시 직 경보도위가 되어 경조윤 일까지 겸해서 보게 했다. 열흘은 지 났으나 한 달이 못 되었을 때 왕존이 도적을 소탕했다. 그리하여 광록대부로 승진하고 임시직 경조윤이 되었다가 뒤에 정식으로 경조윤에 임명되었다. 세 해 동안 다스렸을 때, 사례교위가 보낸 사자에게 예를 다하지 않은 죄에 걸렸다.

몸을 던져 황하의 둑을 막은 왕존

사례교위가 가좌(假佐) 방(放)에게 조서를 받들고 왕존에게 가 서 옥리를 출동시켜 누군가를 체포하게 한 적이 있었다. 방이 도착하여 왕존에게 이르기를 "조서에 체포하라고 되어 있는 자들은 반드시 비밀에 부쳐서 잡아야 합니다."라고 하자 왕존이 "지방관이 공정해야 하는데 저 경조는 다른 사람에 관한 일을 누설하는 일이 많다는 것입니까?"[32]라고 대꾸했다. 방이 왕존의 대꾸에 아랑곳하지 않고 재촉하기를 "빨리 잡아야 하니 지금 당장 옥리를 보내야만 합니다."라고 했다. 이에 왕존이 "조서에 '경조(京兆)'라는 말이 적혀 있지 않으므로 저는 옥리를 출동시킬 수 없습니다."라고 다시 되받았다. 사자에게 말은 그렇게 했지만 그 뒤로 석 달 동안 장안에서 삼천 명 넘게 체포했다.

이어서 왕존이 경조윤의 각 현을 돌아보러 나갔을 때, 남자(男子) 곽사(郭賜)가 왕존에게 "허중(許仲)의 집에서 열 몇 명이 함께 저의 형인 상(賞)을 죽여 놓고 아무 거리낌 없이 집으로 돌아갔는데 옥리가 그자들을 감히 체포하지 못했습니다."라고 억울한 사정을 직접 호소한 일이 있었다. 왕존이 각 현을 돌아본 뒤에 경조윤부로 돌아와서 상소를 올리기를 "세력이 강한 자가 약한 자를 능욕하지 않아야 각자 할 일을 제대로 하고 살 수 있습니다. 관대한 다스림을 펼쳐야 조화를 이룬 음양의 기운이 통할 것입니다."라고 했다. 어사대부 중(中)[33]이 상소했다.

존은 잔혹하게 다스리는 방식을 고치지 않았고 조정 밖에서 허풍을 떨었으며 거만하게 윗사람을 비방하여 그 위신을 날마다 떨어뜨렸으므로 구경의 자리에 두는 것이 마땅하지 않습니다.

왕존의 죄가 인정되어 면직되자 하층 관민 중에 많은 사람이 안타까워했다. 그때 호현의 삼로 공승흥(公乘興)이 상소를 올려 왕존이 경조를 다스릴 때 그 업적이 나날이 뚜렷하게 나타났다고 변호했다.

지난날 남산의 도적이 산속에 근거지를 두고 횡행하면서 양민의 재물을 강탈하고 법을 집행하는 옥리를 살해했으므로 길은 끊기고 성문에는 경계령까지 내려졌습니다. 그리하여 보병교위가 황제의 명을 받들고 그들을 체포하러 나서서 군대를 야영시키면서까지 작전을 펼쳤지만 오랜 시간 경비만 낭비했을 뿐 그들을 잡아서 제압하지 못했습니다. 두 명의 경(卿)이 질책당해 좌천될[34] 동안 도적들은 점점 세력이 강해졌고 옥리들의 사기는 무너져 버렸으니 사방으로 소문이 퍼져 나가면서 조정의 우환거리가 되었습니다.

그런 때를 당해서 도적을 잡거나 베는 자에게는 높은 작위와 후한 상을 아끼지 않았습니다. 관내후 관중(寬中)이 사자로서 황궁에 불려 들어온 전임 사례교위 왕존에게 도적 떼를 잡을 방략을 물어본 뒤에 간대부로 삼고 임시직 경보도위로서 경조윤 일까지 겸해서 보게 했습니다.

존은 절의와 충심을 다해 밤낮으로 맡은 직무를 완수할 생각만 하면서 자신을 낮추어 인재들을 잘 대접하고 도망갈 생각만 하는 아전들을 격려했으므로, 무너진 사기가 진작되어 스무 날 동안에 도적 무리를 대대적으로 흔들어 무너뜨리고 도적들의 머리를 베어 온 괴수의 투항을 받았습니다. 도적이 일으킨 분란이 깨끗하게 사라지고 백성이 농토로 돌아가 농사를 짓게 되자 존은 가난하고 약한 자들을 돌보는 한편으로 세력이 강한 호족을 제거했습니다. 장안에 불법 행위를 저지르던 악질 대호족이 많았습니다. 동시(東市)의 가만(賈萬), 성서(城西)의 우장(萬章),[35] 가위를 만들어 팔던 장금(張禁)과 주시(酒市)의 조방(趙放),[36] 두릉의 양장(楊章) 등은 모두 불법을 저지르는 자들과 통하며 한패가 되어 도적을 키우던 자들로 위로는 나라의 법을 어기고 아래로는 지방관의 정무를 어지럽히며 토지를 겸병하여 지배하면서 힘없는 사람들의 권리를 빼앗았으니 백성들에게 승냥이나 이리와 같았습니다. 역대의 이천석 관리들이 스무 해 동안 이들을 토벌해 내지 못했는데 존은 법을 바르게 적용하여 이들을 조사한 뒤에 사형을 판결하여 모두 주살시켰으니, 간악하게 법을 어기던 무리가 없어지자 하층 간민이 기뻐하며 진심으로 복종했습니다.

존이 힘들고 어지러운 국면을 정리하고 폭력을 쓰며 불법을 저지르는 도적을 주살하여 근절한 것은 그 전에 보기 드문 일로 이름난 장수도 그 업적에 미치지 못합니다. 그리하여 정식 경조윤에 임명되었으나 존에게 특별한 포상은 내린 적이 없습니다.

이번에 어사대부가 "존은 음양의 조화를 깨뜨려 나라의 우환거리를 만들었을 뿐 아니라 조서의 내용을 그대로 시행하지 않았으므로, 공공(共工)이 요임금에게 했던 것처럼 말은 잘 다스리겠다고 해 놓고 고의로 어긋난 짓을 했고 태도는 공손했으되 엄청난 죄를 저질렀다."[37]라고 탄핵 상소를 올렸습니다. 이런 상소가 올라가게 된 원인은 어사승 양보(楊輔)에게 있습니다. 이자는 원래 존의 서좌

(書佐)였는데 평소 행실이 음험하면서도 잔인했고 말까지 악독하게 하는 신실하지 못한 자로 법조문을 이용해서 남을 음해하여 형벌을 받게 하는 일이 많았습니다. 그런 가운데 보가 술에 취한 채 존의 노복 중 체구가 좋았던 이가(利家)의 집에 간 일이 있는데, 이가가 보의 머리채를 잡고 뺨을 때렸고 형의 아들 굉(閎)은 칼을 뽑아 목을 베려고 했습니다. 이 일로 보가 깊이 원망하며 존을 해치기로 했던 모양입니다. 저는 보가 속으로 원한을 품은 채, 겉으로는 공무를 집행한다는 핑계로 직권을 이용하여 법에 걸릴 만한 이러저러한 일을 얽어매어 죄상을 만들 모의를 한 뒤에 어사대부에게 보고하고 없던 일까지 꾸며서 모함함으로써 사적인 원한을 갚으려고 했던 것이 아닌지 의심스럽습니다.

옛적에 백기(白起)가 진나라 장군이 되어 동쪽의 한(韓)나라와 위나라를 격파하고, 남쪽의 초나라 수도 영도(郢都)를 함락했으나 응후(應侯) 범수(范雎)가 모함하여 두우(杜郵)에서 자진하라는 명을 받들고 목숨을 끊었습니다. 오기(吳起)는 위나라를 위해 서하를 지켜냄으로써 진나라와 한나라가 침범하지 못하게 했으나 모함하는 자가 이간질을 하는 바람에 배척을 당해 초나라로 달아났습니다. 진 소왕이 참언을 듣고 뛰어난 장수를 죽인 것과 위 무후(魏武侯)가 이간하는 말을 믿고 능력 있는 군수[38]를 쫓아냈으니 두 임금은 모두 한쪽 말만 듣고 지혜롭지 못한 결정을 내림으로써 인재를 잃어버리는 우환을 조성했던 것입니다.

신등은 속으로 비통한 마음으로 가슴 아파하고 있습니다. 존은 자신을 깨끗이 수양하고 절개를 높이며 공무를 으뜸으로 삼아 장군과 재상을 꺼리지 않고 비판했고 세력이 강한 호족을 피하지 않고 그중에 불법한 자를 주살하면서 제압할 수 없던 도적을 소멸시켜 나라의 우환을 해결했으니 공훈을 세우고 직무에 충실하며 위신을 조금도 깎이게 하지 않았던 조정의 영용한 무신이자 도적에게 승리를 거둔 신하임이 확실합니다. 그런데 오늘 하루아침에 아무 죄도 없이 원수의 손에 꺾이고 비방하는 글에 해를 입어서는 위로는 이제까지 세운 공으로도 죄를 대속할 수 없고 아래로는 공경들에게 자신을 변호할 기회도 얻지 못한 채, 원수가 편향된 관점으로 써올린 상소문에 가려져 공공이 저질렀던 그 큰 죄를 덮어썼으니 그 억울한 사정을 진술하지도 못하고 있습니다.

존은 장안이 혼란한 상황에 빠져 법이 제대로 집행되지 못하고 도적 떼가 횡행할 때 황상께서 능력과 덕행이 뛰어난 사로 뽑아 쓰셨으므로, 벼슬에서 물러나 집에 있다가 구경 경조윤에 올라 도적의 난을 진압하고 교활하게 법을 어기던 호족을 주살했지만 오히려 간사한 무리로 몰려 폐출될 지경에 있습니다. 존은 몸이 하나뿐인 사람이건만 세 해 동안 능력과 덕행이 뛰어난 자가 되었다가 또 찰나에 간사한 무리로 몰리고 있으니 어찌 심하다고 하지 않겠습니까!

공자께서 "누구를 좋아하면 그가 살기를 바랐다가 그자를 미워하게 되면 죽기를 바라는 것은 옳고 그름을 판단하지 못하는 것이다.", "계속 올라오는 모함에 휩쓸리지 않으면 사리를 잘 판단할 줄 안다고 할 수 있다."[39]라고 하셨습니다. 바라건대 공경과 대부, 박사(博士), 의랑(議郎)에게 이 사안을 내려보내셔서 존의 평소 행적에 관해 평가하게 해 주십시오. 대저 어떤 신하가 음양의 기운을 깨뜨리는 일을 했다면 그것은 사형당할 죄를 지은 것이고, 말은 잘 다스리겠다고 해 놓고 고의로 어긋난 짓을 했다면 추방형을 내려야 합니다. 어사가 상소한 내용이 사실로 밝혀지면 존을 [공자께서 소정묘를 죽일 때처럼] 황궁 앞 초소 사이에서 주살하거나 공공처럼 사람이 살지 않는 곳으로 쫓아 버려야 마땅하지 벼슬을 빼앗는 것 정도로 그쳐서는 안 될 것입니다. 그리고 존을 천거했던 자도 천거한 책임을 지고 벌을 받아야 하니 그냥 두시면 아니 됩니다. 그러나 어사대부가 상소한 내용과 다르며 날조한 내용을 글로 꾸며 심하게 비방함으로써 죄 없는 사람을 억울하게 했다면 그 또한 주살당해야 마땅합니다. 이렇게 해야 참언하는 나쁜 자들의 말을 처벌하고 거짓의 길을 막을 수 있습니다.

영명하신 주상께서 자세하게 살피셔서 흑백이 가려질 수 있도록 해 주십시오.

상소가 올라오자 황제가 다시 왕존을 서주(徐州) 자사로 삼았다가 동군 태수로 승진시켰다.

한참 뒤에 황하의 물이 크게 넘쳐 호자금제(瓠子金隄)[40] 둑이 터지자 노인과 몸이 약한 사람들이 급히 피했다. 물이 더 크게 범람하여 해를 입을 것을 걱정한 왕존이 친히 관민을 이끌고 백마를 강물에 던져 수신(水神) 하백(河伯)에게 제사를 지냈다. 왕존은 친히 규벽(圭璧)을 잡고 무축으로 하여금 간책(簡策)에 쓴 축문을 읽게 했다. 왕존은 자신의 몸을 던져 금제의 터진 부분을 막겠다면서 그 자리에 남아 금제 위의 초막에서 기거했다. 수천 명에서 만 명에 이르는 아전과 백성들이 머리를 조아리고 말렸지만 왕존은 끝끝내 자리를 뜨지 않았다. 이어서 물살이 더 거세지면서 둑이 무너지자 아전과 백성들이 모두 달아났는데 유일하게 주부(主簿) 한 명이 왕존의 곁에서 눈물을 흘렸다. 왕존은 꼼짝도 하지 않고 서 있었다. 조금 지나서 수위가 조금씩 내려가기 시작하자 아전들 과 백성이 왕존의 용기와 절개를 장하게 여기면서 칭찬했다. 백마 현(白馬縣)의 삼로 주영(朱英) 등이 그 사정을 황제에게 보고했다. 황제가 해당 관원을 시켜 조사하게 했는데 상소 내용이 모두 사실 과 같았다. 그리하여 어사에게 조서를 내렸다.

동군에서 황하의 물이 크게 불어 금제가 무너졌는데 세 칙도 무 너지지 않아 백성들은 놀라서 달아났지만, 태수는 지척에 위험이 닥쳐오는 위기에도 피하지 않고 몰려오는 물살을 몸으로 막아 많 은 사람의 마음을 안정시켰다. 그리하여 아전과 백성들이 다시 둑 이 터진 곳으로 돌아가 둑을 보강하여 강물이 더는 재앙을 일으키 지 못하도록 했으니 짐이 크게 칭찬한다. 존을 중이천석 봉록에 올 리고 황금 스무 근을 더해 내린다.

몇 해 뒤 재임 중에 세상을 떠나자 아전과 백성들이 그 공을 기 렸다. 왕존의 아들 왕백(王伯)도 경조윤이 되었는데 유약하여 직 무를 수행하지 못했다는 이유로 면직되었다.

직언을 올리다 목숨을 잃은 왕장

○   ○   ○

왕장의 자는 중경(仲卿)이고, 태산군 거평현(鉅平縣) 사람이다. 청년 시절에 문학 인재로 뽑혀 벼슬을 살기 시작했는데 점점 승진하여 간대부가 되었다. 조정에서 직언을 할 줄 아는 관리로 유명했다.

원제 즉위 초에 왕장은 좌조 중랑장에 발탁되었다가, 평소에 사이가 좋았던 어사중승 진함(陳咸)과 함께 중서령 석현을 질책하다가 석현에게 해를 입게 되었다. 진함은 사형에서 곤형(髡刑)으로 감형받았고 왕장은 면직당했다.

성제가 즉위한 뒤에 왕장을 불러들여 간대부로 삼았다가 사례교위로 승진시켰는데 대신들과 황제의 인척들이 왕장을 공경하면서도 꺼렸다. 왕존이 경조윤에서 면직된 뒤에 그 뒤를 이어 경조윤이 된 자가 직무를 제대로 수행하지 못했으므로[41] 왕장이 경조윤에 뽑혔다.

그 무렵에는 황제의 외삼촌인 대장군 왕봉이 정사를 보좌하고 있었다. 왕장은 왕봉의 천거를 받아서 경조윤에 뽑히긴 했어도 왕봉이 전권을 휘두르는 것을 옳지 않게 보았으므로 왕봉과 가까이 지내거나 의지하려고 하지 않았다. 그때 마침 일식이 일어났으므로 왕장이 밀봉 상소를 올렸다. 황제가 왕장을 불러서 접견하자 왕봉을 중용하면 안 되니 충성스럽고 능력과 덕행이 뛰어난 신하를 새로 뽑아야 한다고 주장했다. 황제가 처음에는 왕장의 주장을 받아들이려고 왕봉을 멀리하고 새로운 인물인 풍야왕(馮野王)을 가까이하기도 했으나 황태후가 곡기를 끊으며 반대했으므로 뒤에는 차마 왕봉을 물리치지 못했다. 왕장은 이 일로 의심을 받게 되었고 끝내 왕봉의 모함을 받아 대역죄인으로 몰렸다. 이때의 이야기는 「원후전(元后傳)」에 있다.

그보다 먼저 왕장이 유생 신분으로 장안에서 공부하며 아내와 단둘이 살고 있었다. 한번은 왕장의 병이 위중한 적이 있었는데 이불이 없어서 덕석 위에 누운 채로 죽음을 앞에 두고 아내와 이별하며 눈물을 흘렸다. 그러자 왕장의 아내가 화를 내며 뭐라고 했다.

"중경! 장안에 사는 높은 사람이나 조정 사람 중에서 중경을 넘어설 자가 누가 있겠어요? 지금 병이 위중하고 힘들다고 하여 스스로 건강하게 일어날 생각은 하지 않고 반대로 눈물이나 흘리고 있으니 어찌 이리 비루하게 구시오?"

왕장은 그 뒤에 여러 벼슬을 거쳐 경조윤이 되었다. 왕장이 대장군 왕봉에 관해 밀봉 상소를 올리려고 하자 아내가 만류하며 말했다.

"사람은 만족할 줄 알아야 합니다. 덕석 위에 누워 눈물 흘리던 때를 왜 기억하지 않으십니까?"

이에 왕장이 말했다.

"여자들이 아는 체할 일이 아니오."

그러고는 마침내 상소를 올렸다. 결국 정위옥(廷尉獄)에 갇혔고 처자식까지 모두 붙잡혀 갇혔다. 왕장의 막내딸이 나이가 열두 살쯤 되었는데 밤에 일어나 소리 내어 울며 말했다.

"앞서는 옥중의 죄수를 점호할 때 늘 아홉 명을 불렀는데 오늘은 여덟 명만 부르고 멈췄습니다. 우리 아버님께서 늘 강직하셨으니 곧바로 사형당할 분은 아버지가 틀림없습니다."

가족들이 이튿날 물어보니 아니나 다를까 왕장이 사형당했다고 했다. 처자식은 모두 합포(合浦)로 유배되었다.

대장군 왕봉이 세상을 떠난 뒤에 대장군의 동생인 성도후(成都侯) 왕상(王商)이 새로 대장군이 되어 정사를 보좌했다. 왕상은 황제에게 왕장의 처자를 고향인 태산군으로 돌아갈 수 있게 해 달라고 청했다. 왕장의 가족은 모두 건재했고, 진주를 채취하여 수백만 전의 재산을 모아 두고 있었다. 그때 태산 태수로 있던 소육(蕭育)[42]이 왕장의 옛 전지와 집을 모두 사서 되찾게 해 주었다.

왕장은 경조윤이 된 지 두 해 만에 자기가 저지르지도 않은 죄목을 입고 죽임을 당했다. 많은 백성이 원통해하고 추도하며 (왕씨 중에서 세 번째 훌륭한 경조윤이라는 뜻으로) 삼왕(三王)[43]이라고 불렀다. 왕준은 따로 열전을 세워 두었는데, 바로 왕양(王陽)의 아들이다.

찬하여 말한다.

효무제 때에 좌풍익과 우부풍, 경조윤을 둔 이래로 하층 관민이 그 세 벼슬자리에 대해 이렇게들 말했다. "앞서는 조장(趙張)이 잘했고 뒤에는 삼왕이 잘했네." 유향은 이와 달리 『신서(新序)』에서 조광한, 윤옹귀, 한연수를 들었다. 한편 풍상(馮商)의 『속사기

(續史記)』와 양웅(楊雄)의『법언(法言)』은 왕존을 칭찬했다.

조광한은 사리에 밝고 기민하여 부하들이 속일 수 없었고, 한연수는 엄하면서도 선하여 부임하는 곳마다 풍속을 올바르게 고쳐 놓았다. 그러나 두 사람 다 윗사람의 잘못을 들추되 제대로 밝히지 못해 목숨도 잃고 공적도 깎였다. 윤옹귀는 청렴하게 공무를 집행하여 근세의 표상이 되었다. 강직한 장창은 성심을 다해 간언했으며 유가의 학설도 받들어 형벌을 엄하게 내리되 조금씩은 관용을 베풀었으므로 그 교화한 바가 훌륭했다. 그러나 관리로서 법도를 제대로 지키지 않아 경박하다는 소리를 듣기도 했다. 왕존은 문무를 겸비했으며 부임한 지역에서 언제나 잘 다스렸는데 통상 쓰는 방식이 아닌 다양한 방법을 썼고 큰소리를 잘했다. 왕장은 강직하여 절개를 지키면서 한도를 가늠하지 않고 직언을 올리다가 해를 입어 죽임을 당하고 처자식은 유배를 갔으니 슬픈 일이다.

47

갑·제갈·유·정·손·무장·하 전
蓋諸葛劉鄭孫毋將何傳

갑관요(蓋寬饒), 제갈풍(諸葛豊), 유보(劉輔), 정숭(鄭崇), 손보(孫寶), 무장륭(毋將隆), 하병(何並)은 갈수록 황제의 자질과 통치력이 떨어지던 한나라 후기에 목숨을 걸고 직언하며 엄격하게 직무를 처리했던 신하들이다.

이 편의 백미는 선제에게 발탁된 갑관요가 환관을 중용하고 형벌을 남발하는 황제에게 '관천하(官天下)'를 주장한 장면이다. 관천하란 중국 고대 정치사에서 능력 있는 인물에게 양위하며 천하를 사유하지 않았던 전통을 이른다. 상소를 올린 갑관요를 변호한 정창의 상소와, 조비연이 황후가 되는 데 반대한 유보를 변호하는 대신들의 상소가 함께 실려 있다. 직언 올리는 신하를 돕기 위해 함께 목숨을 걸었던 또 다른 충신을 반고는 잊지 않았다. 능력 있는 신하를 중용하라는 주장이었으나 황제가 양위에 방점을 찍어 받아들이자 갑관요는 자결했다.

　일곱 명의 강직한 신하들은 대개 이렇게 황제의 뜻에 어긋나는 주장을 했다가 자결하거나 사형당하지 않으면 면직, 유배되었다. 반고는 이들을 한 편에 엮으면서 직간하다가 비명횡사한 것을 안타까워했다.

강직하고 절의가 높았던 갑관요

○　○　○

갑관요의 자는 차공(次公)이고, 위군 사람이다.

명경 인재로 군문학이 되었다가 효렴 인재로 천거되어 낭관이 되었다. 다시 방정(方正) 인재로 천거되어 대책문을 올렸는데 우수한 성적을 받아 간대부로 승진하여 낭중호장(郎中戶將) 사무를 겸해서 보았다.

위장군 장안세의 아들 시중 양도후(陽都侯) 장팽조(張彭祖)가 황궁 문에 왔을 때 수레에서 내리지 않은 것을 탄핵하면서 장안세가 대신의 자리에 있으면서도 나라에 아무런 공을 세우지 못한 것까지 함께 거론했다. 그런데 장팽조가 대전 문 앞에서 수레를 내린 것이 확인되었으므로 갑관요는 대신에 관한 일을 그릇되게 탄핵한 상소를 올린 죄에 걸려 위사마(衛司馬)로 좌천되었다.

위사마로 있던 자는 관아에서 근무할 때 위위를 만나면 엎드려 절을 해야 했고 위관(衛官)[1]이 필요한 것을 사 오는 심부름을 할 때가 많았다. 갑관요는 위사마 일을 보기 시작하면서 이전 영에 따라 위위의 관속 이하 행위(行衛)에게만 읍을 했다. 한번은 위위가 사사로운 심부름을 시키며 황궁 밖으로 내보냈는데 갑관요가 그 틈을 타서 관부문(官府門)[2]에 가서 자신의 이름을 대고 상서(尚書)를 만나 이전의 영을 따라야 한다고 주장했다. 상서가 위위를 문책했다. 그때부터 위관은 위후(衛候)와 위사마를 사적으로 부리지 못하게 되었고, 위후와 위사마는 위위에게 절하지 않게 되었으며, 황제가 황궁 밖을 나갈 때마다 선도(先導)할 위후와 위사마 명단을 보고하게 하는 것 등이 제도로 정착되었다.

갑관요가 막 위사마가 되었을 때 아예 황궁 문밖을 나가지 않았다. 단의(禪衣)를 잘라서 땅에 끌리지 않게 했으며 대관(大冠)을 쓰고 장검을 찬 신분으로 몸을 낮춰 사졸(士卒)의 숙소에 들어가 음식과 거처를 돌아보고 병에 걸린 자들을 직접 찾아가 위문하고 의원과 약을 보내는 등 큰 은혜를 베풀며 대우했다. 그 뒤에 세밑이 되어 사졸이 교대하게 되었을 때 황제가 친히 음식을 대접하며 당번을 마친 호위 사졸을 위로했다. 이때 호위 사졸 수천 명이 모두 머리를 조아리며 갑관요가 후덕했던 사정을 보고하며 황궁에 남아 한 해 더 복무하기를 원한다고 청했다.

선제가 가상하게 여겨 갑관요를 태중대부로 삼아 풍속을 시찰하는 사절로 내보냈다. 갑관요가 많은 사람을 칭찬하며 천거하거나 벼슬을 빼앗으면서 황제의 뜻에 맞도록 사명을 받들었다. 사례교위에 발탁되어 범죄를 저지른 사람을 적발할 때는 아무것도 꺼리지 않고 작은 일이나 큰 일이나 모두 고발했으므로 탄핵당한 사람들이 많았다. 정위가 그들을 법에 따라 처리할 때 절반은 형벌을 주고 절반은 무죄 처리했다. 공경과 황제의 인척 및 지방의 군과 제후국에서 장안에 파견한 관리들이 모두 두려운 마음에 감히 금지령을 어길 생각을 못 했으므로 장안이 잘 다스려졌다.

평은후 허백이 집을 완공하여 입주할 때의 일이다. 승상과 어사, 장군, 중이천석 관리들이 모두 가서 축하했는데 갑관요는 가지 않았다. 허백이 갑관요에게 와 달라고 청하자 그제야 갔는데 서쪽 섬돌로 올라가서 혼자 동쪽을 보고 앉는 상석에 자리 잡았다. 허백이 직접 술을 따라 주며 말했다.

"갑 대부께서 늦게 오셨군요."

갑관요가 말했다.

"많이 따르지 마십시오. 저는 술에 취하면 제멋대로 합니다."

그러자 승상 위후[3]가 웃으며 말했다.

"차공은 깨어 있을 때도 제멋대로니 술을 마시나 안 마시나 같지요."

좌중이 모두 쳐다보며 갑관요를 비하했다. 술기운이 오르고 음악이 연주되자 장신소부 단장경(檀長卿)이 일어나 춤을 추었는데 원숭이와 개가 싸우는 흉내를 냈으므로 좌중이 모두 크게 웃었다. 기분이 나빠진 갑관요가 천장을 쳐다보고 한숨을 쉬며 말했다.

"좋은 집이구나! 그렇지만 부귀는 무상한 것이라 순식간에 그 주인이 바뀔 수 있으니 그것은 역참 객사에 객이 드나드는 것과 같아서 거쳐 가는 자가 많지. 그러므로 근신해야 부귀를 오래 지닐 수 있으니 군후들은 경계하라!"

그러고는 일어나 종종걸음으로 나간 뒤에 장신소부가 열경(列卿)의 신분으로 원숭이 춤을 추었으므로 실례불경죄(失禮不敬罪)를 범했다고 탄핵했다. 황제가 소부를 벌하려고 했지만 허백이 대신 사죄했다. 한참 지나서 황제가 없던 일로 했다.

갑관요는 사람됨이 강직하고 절의가 높았으며 봉공(奉公)에 전념했다. 갑관요의 집은 가난했다. 다달이 받는 봉록이 수천 전이었는데 절반은 자신의 눈과 귀가 되어 정보를 알려 주는 하층 관민에게 주었다. 자신은 사례교위였지만 아들은 걸어서 북방 변경에 수자리를 살러 갔으니 갑관요의 공정하고 청렴함이 이와 같았다. 그런데 관대하지 않고 각박하여 죄인에게 중형을 내리는 일이 많았으므로 대신과 황제의 인척이 합세하여 미워했다. 또 국사를 비판하고 황제의 뜻에 반대하는 일도 많았다. 황제가 갑관요가 유생이라서 그렇다고 보고 관용을 베풀었으나 승진시켜 주지는 않았다. 갑관요는 자기와 같은 서열에 있었거나 뒤에 들어왔던 자가 구경에 오르는 것을 보며 품성이 청렴하고 능력이 뛰어나서 나라에 공헌한 자신을 평범한 자들이 추월했다고 생각하고 실의에 빠져 지냈다. 갑관요가 여러 차례 상소하여 간쟁하자 태자서자(太子庶子) 왕생(王生)이 갑관요에게 편지를 보내 절의가 높은 사람이 그렇게 해서는 안 된다고 충고했다.

영명하신 폐하께서는 선생이 청렴결백하고 공정하며 세력을 이용하여 착한 사람을 억누르는 자를 두려워하지 않는다는 것을 알고 계십니다. 그래서 사찰직에 임명하시고 폐하의 사자가 되어 감찰 권한을 갖게 하셨으니 선생에게 이미 높은 벼슬과 후한 봉록을 내리신 것입니다. 그러므로 선생은 밤낮으로 현재 시급히 해결해야 할 일을 생각하면서 법을 집행하고 널리 백성을 교화하여 천하 백성을 위해 애써야 마땅합니다. 비록 날마다 조정에 이로운 일을 하고 다달이 뛰어난 공을 세운다 해도 그 직책을 잘 수행하여 황상의 은혜에 보답했다고 말할 수 없습니다.

옛적의 정치라고 해도 〔하, 은, 주〕 삼대 군주들은 각각 다른 법과 제도를 써서 다스렸습니다. 지금 선생은 직무를 애써 준수하지는 않고 먼 옛날 태고의 제도를 가져와서 폐하를 바로잡아 보필하겠다고 하면서, 여러 차례 황상을 알현하여 현재 쓸 수도 없고 해석하기도 어려운 이야기로 황상의 측근을 경고하며 바르게 이끌어야 한다는 말씀을 올렸으니 훌륭한 이름을 날리며 천수를 누리는 방법이 못 됩니다.

지금 권력을 잡은 사람들은 모두 법령에 밝아서 선생을 참소하는 말을 꾸미거나 무슨 일을 선생의 잘못으로 몰아 법으로 고발할 수 있습니다. 선생은 왜 거씨(蘧氏)[4]의 고상한 뜻을 따르지 않고 오자서(吳子胥)의 모자랐던 행동을 사모하는 것입니까? 비할 데 없이 귀한 자질을 가지고 계시면서 예측할 수 없는 위험에 빠지는 선생을 생각하면 제 가슴이 아픕니다.

군자는 곧게 도를 지키되 강경하지 않으며 우회할 줄 알되 뜻을 굽히지 않는다고 했습니다. 『시』「대아」에서 "명철한 사람은 자신의 목숨을 보전할 줄 안다."[5]라고 했습니다. 아무것도 모르는 사람이 의견을 올려도 성인은 그 말에서 쓸 것을 골라 들을 줄 아셨다고 하니, 바라건대 잘 판단하시면서 제 뜻을 살펴 주십시오"

갑관요는 왕생의 말을 듣지 않았다.

그 무렵 황제는 형벌로 나라를 다스렸고, 중상서 환관을 신임하고 있었다. 그러자 갑관요가 밀봉 상소를 올려 뜻을 전했다.

지금 성인의 도가 점점 소멸하고 있어 유가의 경술은 쓰이지 않고, 궁형을 받은 형여(刑餘)를 주공, 소공으로 여기면서 법을 『시』와 『서』 대신 쓰고 계십니다.

이어서 『한씨역전(韓氏易傳)』을 인용하여 말했다.

오제(五帝)는 '관천하(官天下)'하여 천하를 공유(公有)했고, 삼대의 군주는 '가천하(家天下)'하여 군주 세습제를 시행했습니다. 천하를 가(家)로 삼아 자손에게 세습하거나 현자에게 양위하여 천하를 공유했으니, 사시사철이 돌아들듯이 업적을 이룬 뒤에 자리에서 물러났고, 자리에 맞지 않은 사람은 그 자리에 앉지 않았습니다.

상소가 올라오자 갑관요가 끝내 원망하고 비방하는 버릇을 고치지 못했다고 판단한 황제가 중이천석 관리들에게 글을 내려보냈다. 그때 그 글을 살펴본 집금오가 주장하기를 갑관요의 뜻은 황제에게 선양(禪讓)을 요구한 것으로 대역부도죄에 해당한다고 했다. 그러자 갑관요가 우국충정으로 국사에 관한 간언을 올렸는데 황제의 뜻에 맞지 않는다는 이유로 법을 관장하는 관리에게 비방을 받아 굴복당하는 것을 가슴 아프게 여긴 간대부 정창(鄭昌)이 황제에게 글을 올려 갑관요를 칭찬했다.

산에 맹수가 살면 명아주 잎과 콩잎이 뜯겨 나가지 않고, 나라에 충신이 있으면 간사한 무리가 일어날 수 없다고 들었습니다.
사례교위 관요는 일신의 안일이나 배부르게 먹고사는 것을 추구하지 않았습니다. 조정에 나아가서 일을 볼 때는 우국충정의 마음밖에 없었고 물러나 집에 있을 때도 죽음을 무릅쓰고 절의를 지켰으니, 위로는 허씨와 사씨 일족에게 예속되지 않았고 아래로 금씨와 장씨의 부탁을 들어주지 않았습니다.[6] 사찰을 바르게 시행하는 바람에 원수가 많고 가까이 지내는 사람이 적었으므로, 국사에 관한 의견을 상소하자 해당 관원이 사형죄로 탄핵했습니다.

신이 요행히도 대부직의 말석에 있으면서 이름에 '간(諫)' 자가 붙은 관직을 차지하고 있는 처지이니 감히 이 말씀을 올리지 않을 수 없습니다.

황제가 정창의 말을 듣지 않고 갑관요를 형리에 넘겨 조사하게 했다. 그러자 갑관요가 황궁 북쪽 망루 아래에서 패도를 빼 들고 목을 찔러 자결했으니 불쌍하게 여기지 않는 사람이 없었다.

간사한 무리를 쫓아내는 데 실패한 제갈풍

제갈풍의 자는 소계(少季)이고, 낭야군 사람이다.

명경 인재로 군문학이 되었는데 절의가 굳고 강직하기로 이름났다. 공우가 어사대부일 때 제갈풍을 속관으로 뽑아 썼다가 뒤에 시어사로 천거했다. 원제가 사례교위에 발탁했는데 범죄를 저지른 사람을 적발할 때 아무것도 꺼리지 않았으므로 장안 사람들이

"요즘 한참 동안 안 보이더니 제갈에게 걸렸던 거구나."라고들 했다. 황제가 제갈풍의 높은 절의를 칭찬하고 광록대부 작위를 더해 내렸다.

그 무렵 시중 허장이 총애받는 외척임을 내세워 사치하고 방종하며 법도를 지키지 않았다. 허장의 빈객이 일을 저질렀는데 허장이 관련되어 있었다. 제갈풍이 허장을 탄핵하며 그 일에 대해 상주하려던 참에 사사로운 일로 황궁 밖을 나온 허 시중을 맞닥뜨렸다. 제갈풍이 수레를 세운 뒤에 황제의 사절임을 나타내는 부절을 보이며 허장에게 "내리시오!"라고 소리치고는 허장을 체포하려고 했다. 곤경에 빠진 허장이 수레를 몰고 달아나자 제갈풍이 그 뒤를 쫓아갔다. 허 시중이 황궁 문 안으로 들어가서 황제에게 살려 달라고 애걸했다. 제갈풍이 이 일에 대해 상주하자 제갈풍의 부절을 몰수해 버렸다. 사례교위에게서 부절을 없애는 것이 제갈풍으로부터 시작되었다.

제갈풍이 황제에게 사직의 글을 올렸다.

신 풍은 노둔하고 겁약하여 문의 능력은 백성을 교화하기에 모자라고 무의 실력은 불법을 저지르는 자들을 제압하기에 부족합니다. 폐하께서 신에게 능력이 있는지 없는지를 따져 보지 않으시고 저를 사례교위에 임명하신 뒤에 아무런 공도 세우지 못한 신에게 다시 광록대부 작위를 주셨으니 벼슬이 높고 책무가 막중하여 신이 감당할 만한 자리가 못 됩니다. 게다가 나이 또한 저물 때에 가까워 갑자기 죽기라도 한다면 폐하의 후한 은덕에 보답하지 못하게 됩니다. 그리하여 말하기 좋아하는 사람들로부터 황상을 보좌하지 못한 주제에 오랫동안 봉록만 받고 있었다는 말을 들을 것이늘 걱정입니다.

신은 언제나 하나밖에 없는 제 목숨을 바치기를 원합니다. 어느때라도 간신의 목을 베어 성내 저자에 걸어 두고 그 죄상을 줄줄이문서로 남겨 사방 천하에 악한 자는 형벌을 받는다는 것을 똑똑하게 알린다면 부월형을 받더라도 충심으로 기꺼이 받아들이겠습니다. 베옷 입은 선비에게도 문경지교(刎頸之交)가 있는데, 지금 이 넓은 천하에 죽어서 의를 지킬 만한 신하는 없고 일신의 안일을 추구하며 영합하거나 패거리를 이루어 사사로이 이익을 얻고자 나라의정사는 잊어버린 자들만 있습니다. 그 때문에 사악하고 더러우며혼탁한 기운이 하늘까지 뻗쳐 재이와 변괴가 여러 차례 내렸고 백성은 궁핍하고 힘들게 살고 있습니다. 이는 신하들이 불충했던 결과이니 신은 진실로 부끄럽고 또 부끄럽습니다.

무릇 안전하게 목숨을 보전하는 것을 바라지 않을 수 없고 위험에 빠져 죽기를 싫어하게 되어 있는 것이 인지상정입니다. 그러나충신과 곧은 선비는 환난을 겪어 해를 입는 것을 피하지 않고 진실로 임금만을 위하는 법입니다. 그런데 지금 폐하께서는 하늘과 땅이 만물을 덮고 기르듯이 온갖 것을 감싸 안으신 것처럼 상서령 요(堯)를 신 풍에게 보내셔서 "대저 사례라는 자가 적발하는 방법이법에 맞지 않으니 착한 자를 포상하고 악한 자를 벌하는 것을 제멋대로 해서는 안 된다. 중화(中和)를 이루도록 노력하고 경술의 뜻에따르도록 하라."라는 글을 내리셨습니다.

깊고 두터운 은덕을 베푸시는 폐하를 신 풍이 돈수하고 기쁘게 따르겠습니다. 다만 신이 속에 품은 생각은 다 말씀드릴 수가 없으니, 고향으로 돌아가 조용히 살 수 있도록 폐하께서 윤허해 주십시오.

황제가 허락하지 않았다.

그 뒤로 자신이 올린 일이 더 많이 채택되지 않자 제갈풍이 다시 황제에게 글을 올렸다.

신은 백기(伯奇)가 효성스러웠지만 아버지에게 버림을 받았고,[7] 오자서는 충성스러웠으나 군주 부차(夫差)로부터 자결하라는 명을 받았으며, 노 은공(魯隱公)은 동생 노 환공(魯桓公)을 아꼈지만 동생에게 살해되었고, 숙무(叔武)는 형 위 성공(衛成公)을 공경했음에도 형에게 죽임을 당했던 사실[8]을 알고 있습니다. 대저 품행으로 볼 때이 네 분은 굴평(屈平)[9]과 같은 자질을 가졌으나 그것을 발휘하지 못하고 죽임을 당했으니 어찌 살펴볼 만하지 않겠습니까! 신을 죽여서 나라를 안정시킬 수 있거나 주살을 당해 주군을 빛낼 수 있다면 신은 충심으로 그렇게 되기를 원합니다. 그러나 그렇게 되지 못하고 나라에 도움도 되지 못한 채 간사한 무리에게 배척만 받게 되었습니다. 어리석은 신은 참소하는 자가 승진하여 정직한 자의 앞길을 막아 버림으로써 충신의 마음을 무너지게 하고 지혜로운 책사의 입을 막아 버리게 되는 일이 일어날까 두렵습니다.

제갈풍은 봄과 여름에 사람들을 체포했으므로 고관대작 중에 그 잘못을 탓하는 사람이 많았다. 황제가 제갈풍을 성문교위로 옮겨 임하게 하자, 제갈풍이 광록훈 주감과 광록대부 장맹(張猛)을 고발하는 글을 올렸다. 황제가 제갈풍이 공정하지 못하다고 여기고 어사에게 명령을 내려보냈다.

성문교위 풍이 전에 광록훈 감 및 광록대부 맹과 함께 조정 일을 보았을 때에는 감과 맹이 뛰어나다고 여러 번 칭찬했다.

풍이 전에 사례교위로 있을 때 사시사철에 맞게 정해 놓은 처벌 규정을 따르지 않고 가혹하고 포악하게만 일을 처리하며 헛된 위세를 얻었으나 짐이 차마 옥리에게 넘기지 못하고 성문교위로 보냈다. 그런데 속으로 뉘우치기는커녕 오히려 감과 맹을 미워하며 원한을 갚고자 글을 올렸는데 아무런 증거도 없이 고발만 했으니 폭양난험죄(暴揚難驗罪)에 해당한다. 풍은 두 사람을 제멋대로 비방하면서 전에 스스로 감과 맹을 칭찬했던 말은 돌이켜 보지 않았으니 몹시 진실되지 못하다. 짐은 풍이 연로한 것을 가엾게 여겨 차마 형벌을 내릴 수가 없으니 벼슬을 빼앗고 서인으로 삼는다.

제갈풍은 집에서 임종을 맞이했다.

간쟁으로 투옥된 종실 친척 유보

○　○　○

유보는 하간국 왕실의 종친이었다.

효렴 인재로 천거되어 상비(襄賁) 현령이 되었다. 황제에게 글을 올려 정사의 성패에 관해 의견을 올리자 황제가 불러 접견한 뒤에 그 재능을 훌륭하게 여겨 간대부로 발탁했다. 그때 마침 조(趙) 접여를 황후로 삼고 싶었던 성제가 선제 행동으로 접여의 아버지 조림(趙臨)을 열후에 봉한다는 명령을 내렸다. 유보가 상소하여 그 일에 대해 의견을 올렸다.

하늘이 임금과 함께할 때에는 길한 징조를 반드시 미리 보여 주고, 하늘이 멀리할 때에는 재이와 변괴를 꼭 미리 내려보내니, 이는 천지신명의 감응이자 점복의 결과가 그대로 나타나는 것이라고 신은 알고 있습니다.

옛적에 무왕과 주공은 하늘과 땅에 순응하여 그 뜻을 이어 나갔으므로 물고기와 까마귀가 나타나는 길조[10]를 누렸지만 임금과 신하가 모두 두렵고 조심스러운 마음으로 얼굴빛을 엄숙하게 하고 서로 근신하기를 권했습니다. 하물며 쇠락의 기미가 보이는 이 시대에 어찌 근신하지 않을 수 있겠습니까! 황위를 이을 후사가 태어나는 복을 받지 못한 상태에서 여러 차례 하늘이 진노한 재앙을 받고 있습니다.

밤낮으로 자신을 책망하며 허물을 고쳐 바르게 행하는 한편으로 천명을 경외하고 조상의 위업을 늘 기억하면서 덕망이 높은 집안을 잘 골라서 점복을 통해 요조숙녀를 찾아내어 종묘 제사를 받든다면 신령의 뜻에 순종하고 천하 백성의 기대를 충족할 수 있습니다. 그렇게 해도 자손을 얻는 복은 늦게 얻을 수 있습니다. 그러나 지금 폐하께서는 정욕에 휘둘려 욕망을 제어하지 못하고 비천한 여자에게 기울어 천하 백성의 어머니로 삼고자 하십니다. 하늘을 두려워하지도 백성에게 부끄러워하지도 않으시니 미혹되신 바가 이보다 더 심할 수 없습니다. 속된 말로 "썩은 목재는 기둥으로 쓸 수 없고, 지위가 낮은 사람은 주인이 될 수 없다."[1]라고 했습니다. 하늘과 백성이 찬성하지 않는 일은 반드시 화를 부르되 복을 받지 못한다는 것을 저잣거리 사람들도 모두 다 아는 일입니다. 조정 대신들이 어떤 말도 하지 않으니 신이 혼자 상심할 뿐입니다. 저는 제가 폐하와 같은 집안이라 발탁되어 녹봉만 받으면서 충성을 다하지 않은 채 간쟁할 의무가 있는 벼슬의 이름을 더럽히고 있었다는 것을 잘 알고 있습니다. 이제 죽음을 무릅쓰지 않을 수 없으니 폐하께서 제 뜻을 깊이 살펴 주십시오.

상소가 올라오자 황제가 시어사로 하여금 유보를 체포하여 역정(掖庭)의 비옥(祕獄)에 가두었으므로 다른 신하들이 갇힌 사정을 몰랐다.

중조(中朝)에서 좌장군 신경기(辛慶忌), 우장군 염보(廉褒), 광록훈 사단(師丹), 태중대부 곡영(谷永)이 함께 상소를 올렸다.

영명한 군주가 관대하고 포용하는 마음으로 모든 의견을 듣고 간쟁하는 관리를 중용하며 충직한 주장을 올릴 길을 넓게 열어 주고 광견(狂狷)[12]의 신하를 처벌하지 않아야 백관이 충성을 다하고 지혜를 짜내고도 후환을 두려워하지 않게 되니, 조정에는 아첨꾼이 없어지고 원수(元首)는 도를 잃는 실책을 범하지 않는다고 들었습니다.

간대부 보는 전에 현령으로서 알현을 청하여 간대부로 발탁되었는데, 보가 올린 말씀이 탁월하고 알맞아 폐하의 뜻에 합당했으므로 간대부에 발탁되었으리라 저희는 여기고 있습니다. 그런데 최근 열흘 사이에 역정의 비옥에 갇혔습니다. 신등은 어리석지만, 보가 제후왕 일족인 것에 힘입어 간신(諫臣)의 반열에 오르면서 시골에서 올라온 지 얼마 되지 않아 조정의 규범을 모르고 기휘(忌諱)를 저촉한 것이니 심하게 추궁할 일이 아니라고 여깁니다. 보의 죄가 작은 것이라면 참고 넘기시는 것이 마땅합니다. 그렇지 않고 만일 큰 죄를 지었다면 드러내어 해당 관원에게 심문하게 하여 모든 사람이 그 죄상을 알게 하셔야 마땅합니다.

옛적에 조간자(趙簡子)가 대부 두명독(竇鳴犢)을 죽였는데, 공자께서 그 소식을 듣고 황하까지 이르셨다가 걸음을 돌리셨습니다. 최근 들어 천심(天心)이 좋지 않은 쪽으로 기울어 재이를 자주 내려보내고 있고 수재와 한재도 끊이지 않으므로 지금은 크고 관대한 마음으로 널리 의견을 물으시면서 직언을 올린 신하를 모두 표창할 때입니다. 그런데 간쟁한 신하를 처참하게 죽이겠다는 말씀으로 신하들을 놀라게 하시면서 신하들의 충심을 잃고 계신 것입니다.

보가 직언이 아닌 다른 죄를 지었다면 죄를 지은 것이 밖에 알려지지 않았으니, 천하 백성에게 알려서는 안 됩니다. 유씨로서 폐하의 측근이 된 보는 본래 폐하께 의견을 개진한 것으로 높은 벼슬에 올랐던 자이므로, 황실 친척을 다스리는 면으로 보나 충성스런 신하를 기르는 면에서 보나 역정옥에 가두는 것은 마땅하지 않습니다. 폐하께서 보를 서둘러 기용하고 갑자기 꺾어 버리시는 것을 본 공경 이하 신하들이 모두 두려워하고 있으니 왕성하던 기운이 약해져서 절의를 다해 바른 말씀을 올릴 엄두를 내지 못하고 있습니다. 이는 폐하께서 간언을 잘 듣던 우순(虞舜)의 덕을 가지고 계시다는 것을 밝히고 훌륭한 덕행의 풍모를 널리 선양하는 방법이 아닙니다. 신등은 속으로 이 일을 크게 가슴 아파하고 있으니 관심을 두고 살펴 주십시오.

황제가 유보를 공공옥(共工獄)으로 옮겨 가둔 뒤에 사형죄에서 한 등급 감하여 귀신형(鬼薪刑)[13]을 내렸다.

유보는 집에서 임종했다.

황제에게 간언하다 옥에서 죽은 정숭

○　○　○

정숭의 자는 자유(子游)이다. 집안은 본래 고밀국(高密國)의 호족으로 대대로 고밀국 왕실과 혼인 관계를 맺어 왔다.

할아버지 때에 재산이 많았기 때문에 자격을 얻어 평릉현[14]으로 이주했다. 아버지 정빈(鄭賓)이 법률에 밝았으므로 어사가 되어 공공(貢公)[15] 밑에서 일했는데 공정하고 바르게 일을 처리하는 것으로 이름이 났다.

정숭은 젊은 나이에 군문학사(郡文學史)[16]가 되었다가 승상부의 대거속(大車屬)[17]까지 올랐다. 정숭의 동생인 정립(鄭立)이 고무후(高武侯) 부희(傅喜)와 같은 스승 밑에서 공부하여 서로 사이가 좋았다. 부희가 대사마가 된 뒤에 정숭을 천거하여 애제가 상서복야(尙書僕射)로 발탁했다.

여러 차례 알현을 청하여 간쟁했는데 황제가 처음에는 정숭의 의견을 들어주었다. 정숭이 생가죽 신[18]을 끌고 오는 것을 볼 때마다 황제가 웃으며 말했다.

"정상서의 신발 소리인 줄 알겠구나."

한참 뒤에 황제가 할머니 부 태후의 사촌 동생인 부상(傅商)을 열후에 봉하려고 하자 정숭이 간언했다.[19]

효성제(孝成帝)께서 친외삼촌 다섯 분을 열후에 봉했을 때, 하늘이 적황색이 되면서 대낮이 어두워졌으며 태양 속에서 흑색 연기가 일었습니다. 최근에 폐하 할머니의 사촌 형제 두 사람을 열후에 봉했는데, 공향후(孔鄕侯) 부안(傅晏)은 황후의 아버지라는 이유였고, 고무후는 삼공(三公) 대사마에 임명되면서 동시에 봉해졌으니 열후에 봉할 근거가 충분했습니다. 그러나 지금은 아무런 이유 없이 상(商)을 봉하려고 하시니 제도를 어지럽히는 데다 하늘과 백성의 마음을 거스르고 계시므로 부씨 일족에게도 복이 될 수 없습니다.

신은 스승께 "양의 기운을 거스르면 거스른 자가 극도로 약해지고, 음의 기운을 거스르면 그자가 극도로 불길해져 단명하게 되며, 남을 해한 자는 패하여 망할 우환에 빠지고, 신령의 뜻을 위배한 자는 병에 걸려 요절하는 화를 당하게 된다."라고 배웠습니다. 이런 까닭에 주공은 "왕이 백성의 어려움을 모르고 향락을 즐기는 일에만 빠져 있으면 그 왕은 요절하여 천수를 누리지 못하게 된다."라고 경계하는 말을 남겼습니다. 쇠망기의 임금이 요절하는 것은 모두 음의 기운을 범한 재앙이었습니다.

신은 목숨을 바쳐 나라의 허물에 맞서기를 바랍니다.

정숭이 조서 문안을 듣고 일어나자 부 태후가 크게 노하여 말했다.

"일개 신하에게 제압당하는 황제가 어디 있단 말인가!"

그리하여 황제가 마침내 명령을 내렸다.

짐이 어릴 때 아버지를 잃었는데[20] 황태태후[21]께서 몸소 짐을 양육해 주셔서 강보를 면하게 해 주었고 성인이 될 때까지 예로써 이끌어 주셨다. 그 은혜와 덕택이 심대했으니 『시』에도 "그 은덕에 보답하려고 하니 하늘만큼 무궁하여 갚을 수 없네."[22]라고 했다. 전에 황태태후의 아버지를 숭조후(崇祖侯)에 추존했지만 황태태후의 은덕을 생각할 때 조금도 갚았다고 할 수 없으니 심히 부끄럽게 여긴다. 시중 광록대부 상은 황태태후 부친 동생의 아들로 황태태후께서 어려서부터 돌보아 키우셨으니 가장 가까이 은정을 베풀었다. 이에 상을 여창후(汝昌侯)에 봉하고 숭조후(崇祖侯)의 후사로 삼으며 숭조후를 여창애후(汝昌哀侯)로 바꾸어 추존하라.

정숭은 다시 동현을 과도하게 총애한다고 간언했다가 그 일로 황제의 미움을 크게 샀다. 그리하여 직무에 관한 일로 여러 차례 질책당하면서 목에 종양이 생겼다. 정숭은 사직하고 고향으로 돌아가고 싶었으나 차마 말할 엄두를 내지 못했다.

상서령 조창(趙昌)은 아첨꾼으로 평소 정숭을 미워했다. 정숭이 황제에게서 멀어진 것을 본 조창이 상주문을 올리기를, 정숭이 종실 사람들과 왕래하고 있어 간악한 짓을 꾸미는 것이 의심되므로 심문을 요청한다고 했다. 황제가 정숭을 꾸짖었다.

"상서 문전에 사람이 저자처럼 북적인다는데, 어찌하여 주상을 제약하려고 드는 것인가?"

정숭이 대답했다.

"신의 문전이 저자처럼 북적인다 해도 신의 마음은 물처럼 맑습니다. 조사받기를 원합니다."

황제가 노하여 정숭을 옥에 가두고 끝까지 죄를 추궁했다. 정숭은 옥중에서 죽었다.

정승을 변호하다 쫓겨난 손보

○　○　○

손보의 자는 자엄(子嚴)이고, 영천군 언릉현(鄢陵縣) 사람이다.

명경 인재로 태수부의 아전이 되었다.

어사대부 장충(張忠)이 손보를 불러 속관으로 삼았다. 장충이 손보로 하여금 아들에게 경전을 가르치게 하려고 객사를 새로 마련하여 소제한 뒤에 기물을 들여놓았다. 그런데 스스로 자격이 없다면서 손보가 아전직을 그만두겠다고 하자 장충이 재삼 만류하면서 속으로 손보를 미워했다. 뒤에 손보를 주부(主簿)에 배치했으므로 손보가 관사로 옮겨 가서 이웃을 초청하여 조왕신에게 제사를 지냈다. 장충이 몰래 살펴보다가 손보의 행동을 이상하게 여기고 심복을 손보에게 보내 물어보게 했다.

"전에 대부께서 선생께 큰 집을 마련해 주고 치워 주셨을 때 선생께서 자격이 없다면서 아전직을 그만두셨던 것은 절의가 높다는 것을 보여 주시려던 게 아닙니까? 승상과 어사대부 양부(兩府)에 있는 절의 높은 인재들이 흔히 주부를 맡지 않으려고 하는데 이제 선생께서는 수락했을뿐더러 주부 관사로 옮기는 걸 기뻐하시니 앞뒤가 잘 맞지 않습니다. 이유가 무엇입니까?"

손보가 대답했다.

"절의 높은 자가 주부를 피한다지만, 대부께서 저, 보가 주부직에 맞다고 했을 때 관아 전체에서 아무도 안 된다는 사람이 없었습니다. 저는 선비로서 스스로 절의를 높일 수 없습니다.

전날 대부의 아드님이 글공부를 해야 한다며 저를 그 댁 가까이로 옮겨 살게 했습니다. 예에 따르면 공부할 사람이 스승에게 오는 법이지 선생이 가르치러 가는 것은 도리에 없는 일입니다. 도를 꺾지 않았으니 나 하나 억울한 거야 무슨 해 될 것이 있겠습니까! 게다가 불우한 자가 되어 못할 일이 없는데 하물며 주부 같은 자리야 말할 것이 있겠습니까!"

장충이 그 말을 듣고 몹시 부끄러워하면서 황제에게 글을 올려 손보가 경술에 밝고 성질이 곧으므로 측근에 두어야 한다고 천거했다. 손보는 의랑이 되었다가 간대부로 승진했다.

〔성제〕홍가 연간에 광한군(廣漢郡)에 도적이 떼로 일어났으므로 손보를 뽑아 익주 자사로 보냈다. 광한군 태수 호상(扈商)은 대사마 거기장군 왕음(王音)의 누나의 아들로 연약하여 직무를 제대로 수행하지 못했다.

자사로 부임한 뒤에 손보가 직접 산골짜기로 들어가 도적 떼에게 "원래 도적이 될 뜻이 없었다면 두목이 잘못을 뉘우치며 모두를 데리고 자수하라. 고향으로 보내 주겠다."라고 포고령을 내렸다.

손보는 황제의 재가를 받지 않고 도적에게 명령을 내린 것을 스스로 고발하면서 『춘추』의 뜻에 따라 제대로 다스리지 못해 도적을 키운 원흉 호상을 주살해야 한다고 상주했다. 호상도 상주하여 손보가 풀어 준 도적 중에 우두머리로 처벌해야만 했던 자가 있었다고 주장했다. 호상은 황제에게 불려간 뒤에 하옥되었고 손보는 사형받을 죄인을 풀어 준 죄가 인정되어 면직되었다. 익주의 하급 아전과 평민이 손보가 세운 공적을 열거하면서 거기장군에게 배척을 받은 것이라고 주장했다. 황제가 손보를 다시 불러 기주 자사로 보냈다가 승상사직으로 승진시켰다.

그 무렵 황제의 외삼촌이었던 홍양후(紅陽侯) 왕립(王立)이 문객을 시켜 남군 태수 이상(李尙)과 짜고 풀밭 수백 경(頃)을 일구겠다[23]고 태수부에 보고하게 했다. 그런데 그 땅의 대부분은 원래 소부(少府)가 관할하던 소택지로 백성이 임대받아 메운 뒤에 경작하던 땅이었다. 왕립이 황제에게 글을 올려 관가 재산으로 들여놓고 싶다고 하자 황제가 태수부에 명령을 내려 그 밭을 시세대로 쳐 주게 했는데 시세보다 일억 전 이상 비쌌다.

손보가 이 사실을 안 뒤에 승상부의 사(史)를 보내 조사하게 하여 위법 사실을 알아냈다. 그리고 왕립과 이상이 간악한 뜻을 품고 황제를 속였으므로 교활부도죄를 지었다고 탄핵했다. 그리하여 이상은 하옥되었다가 죽었고 왕립은 죄에 걸리지 않았다. 뒤에 형이었던 대사마 위장군 왕상이 죽었을 때 서열로 보아 왕립이 왕상의 뒤를 잇게 되어 있었지만, 황제가 왕립을 뛰어넘어 그 동생인 곡양후 왕근을 대사마 표기장군으로 삼았다.

마침 익주에서 만이들이 법을 어기는 바람에 파군(巴郡)과 촉군(蜀郡) 사람들이 몹시 불안해했다. 손보가 서쪽 익주에서 명성을 얻었던 것을 알고 있던 황제가 손보를 광한 태수로 임명하고 중이천석 봉록에 황금 서른 근을 하사했다. 손보가 만이를 안정시켰으므로 하급 아전과 평민이 손보를 칭송했다.

황제가 손보를 불러들여 경조윤으로 삼았다. 퇴직한 아전 후문(侯文)이 강직하여 상관에게 영합할 줄 모른 채 병을 핑계로 물러나기 일쑤였다. 손보가 부임한 뒤에 예우를 제대로 갖추어 후문을 청해 와서 선비끼리 벗이 되자고 했다. 날마다 술과 음식을 차려 대접했고 처자식도 함께 만났다. 후문이 연(掾)으로 일하겠다고 청하자 빈객의 예로 맞았다. 몇 달 뒤 입추(立秋)에 후문을 경조 동부(東部) 독우로 임명했다. 후문이 인사를 왔을 때 손보가 걱정하며 물었다.

"이제 천명에 순응하여 맹수의 기세로 법을 어기는 간악한 무리를 잡아서 엄하게 징벌해야 마땅할 텐데, 연이 관할하는 지역에는 그렇게 잡아야 할 사람이 있습니까?"

그러자 후문이 고개를 들어 대답했다.

"그런 자가 없다면 아무 할 일이 없는 것인데 그렇다면 직책을 받을 엄두를 내지 못했을 것입니다."

손보가 물었다.

"누구입니까?"

후문이 대답했다.

"패릉현(霸陵縣)의 두치계(杜穉季)입니다."

손보가 다시 물었다.

"그다음은 누구입니까?"

후문이 다시 대답했다.

"승냥이나 이리가 길을 가로막고 있는데 여우에 대해서는 다시 물을 것도 없습니다."

손보가 대꾸하지 않았다.

두치계는 대협객으로 위위 순우장과 대홍려 소육(蕭育) 등과 사이가 아주 좋았다. 그런데 손보가 이전에 거기장군 왕음의 뜻에도 맞지 않게 행동했고 홍양후하고도 사이가 벌어져 있었기 때문에 위기가 닥칠지도 모른다고 걱정하고 있던 차였다. 그런데 이제 황제의 총애를 한몸에 받는 순우장이 손보에게 호의를 보이자 손보도 순우장에게 기대고 싶어 했다. 그 뒤 손보가 경조윤으로 일을 보기 시작했을 때, 순우장이 손보에게 두치계를 부탁했다. 이런 까닭에 손보가 궁해져서 후문에게 대꾸를 하지 못했다. 손보가 기운이 없어 보이는 것을 이상하게 여긴 후문이 그 연고를 물은 뒤에 사정을 알고 나서 이렇게 말했다.

"경조윤께서는 평소에 위신과 명망이 높으신데 이번에 치계를 잡지 못하시겠으면 아예 문을 걸어 닫고 다른 일에는 전혀 참견하지 않으셔야 합니다. 그렇게 한 해를 채우면 하급 아전과 평민이 경조윤 나리를 비방하지 못할 것입니다. 치계 일을 그냥 넘어가 놓고 다른 일을 꾸짖으면 여러 사람이 시끄럽게 떠들게 되어 평생을 망치게 됩니다."

손보가 말했다.

"가르침을 따르겠습니다."

두치계는 끄나풀이 많았으므로 이 대화를 전해 들었다. 두치계는 두문불출하며 이웃과 전혀 왕래하지 않은 채 집 뒤에 있는 담에 작은 문을 낸 뒤에 호미를 들고 스스로 채소밭을 가꾸면서, 후문과 사이가 두터운 자를 통해 자신이 그렇게 근신하며 지낸다고 전했다. 그러자 후문이 말했다.

"나는 운 좋게 치계와 동향이 되어 평소 자그마한 원한도 없이 살았는데 경조윤께서 명을 내리셨으므로 법에 맞게 직분을 행할 따름입니다. 만일 스스로 허물을 고친다면 이전 일은 묻지 않겠지만 마음을 바꿔 먹지 않고 문만 고쳐 냈다면 화를 재촉하게 될 것입니다."

두치계가 그 뒤로 감히 법을 어길 엄두를 내지 못했다. 손보도 한 해를 마칠 때까지 아무 일도 견책하지 않았다. 이듬해 두치계가 병이 나서 죽었다. 손보가 경조윤으로 세 해 동안 있었는데 장안 사람들이 손보를 칭송했다. 그때 마침 순우장이 처형되었으므로, 손보와 소육 등도 모두 연좌되어 삭탈관직되었다. 후문도 다시 아전 일을 그만두고 집에 있다가 죽었다. 두치계의 아들 두창(杜蒼)의 자는 군오(君敖)이다. 유협계에서 두치계보다 이름이 더 많이 알려졌다.

애제가 즉위한 뒤에 손보를 불러와서 간대부로 삼았다가 사례(司隷)로 승진시켰다.

그보다 먼저 부 태후와 중산 효왕(中山孝王)의 생모였던 풍(馮) 태후가 모두 원제의 후궁으로 사이가 벌어졌다. 부 태후가 해당 관원을 시켜 조사하고 풍 태후 스스로 목숨을 끊게 했으므로 백성들이 풍 태후가 억울하게 죽었다 여겼다. 손보가 재조사를 청하는 상소를 올리자 부 태후가 크게 노하며 말했다.

"황제가 그대를 사례로 뽑은 것은 오로지 나를 조사하라는 뜻이었군요. 풍씨(馮氏)가 모반한 사실이 명백한데 고의적으로 나의 허물을 드러내려고 하니 내가 그 도발한 자를 벌할 것이오."

황제가 태후의 뜻에 따라 손보를 하옥시키자 상서복야 당림(唐

林)이 간언했다. 황제는 당림도 한패라고 보고 돈황(敦煌) 어택장
(魚澤障)의 후(候)로 좌천시켰다. 대사마 부희와 광록대부 공승이
계속 간언하자 황제가 태후를 설득하여 손보를 풀어 주고 관직을
회복시켰다.

얼마 뒤에 정숭이 하옥되자 손보가 황제에게 글을 올렸다.

관계가 먼 사람은 관계를 가깝게 하려고 들어서는 안 되고, 외
부인이 내부의 일을 걱정할 필요가 없다고 신은 알고 있습니다.

그럼에도 신이 요행히 폐하의 명을 받아 받들어 수행하고 있는
데 신하들의 허물을 발각하는 것이 제 책무라 폐하께 총애를 받으
면서 권세를 부리는 자들을 비켜 감으로써 폐하께서 모든 것을 환
하게 보고 듣는 길을 막게 할 수는 없습니다.

살펴보면 상서령 창이 복야 숭을 고발했으므로 하옥시켜 조사
했는데[24] 상소를 올려 때리면서 심문하여 죽게 했으니 마침내 한
줄 진술조차 받지 못했습니다. 이 일로 길에 오가는 사람들이 억울
하다고 말하고 있습니다. 창이 아무것도 아닌 일 때문에 속으로 오
래전부터 숭을 미워하면서 점점 더 심하게 모함했으리라 의심하면
서 황궁의 요직에 있는 자로부터 억울하게 참소당하는 바람에 나
라에 손실이 크다고 〔창을〕 비난하는 사람들이 적지 않습니다.

신은 창을 조사하여 여러 사람의 속을 풀어 주실 것을 청합니다.

상소가 올라간 뒤에 황제가 좋아하지 않았지만 손보가 명신(名
臣)이었으므로 차마 주살하지 못했다. 그리하여 승상과 대사공(大

司空)²⁵에게 명했다.

사례가 상주하여 전임 상서복야 숭이 억울하게 죽었으므로 상서령 창을 법에 따라 조사하기를 청했다.

살펴보면 숭은 짐을 가까이에서 수발하던 신하로 죄악이 다 드러났는데 보가 사악한 마음을 품고 부하망상죄(附下罔上罪)²⁶를 지었다. 〔벌을 줄 수 없는〕봄철에 모함하여 그 간악한 뜻을 이루려고 한 것을 보아 나라 전체에 해를 끼치는 죄인이라고 할 수 있다. 경서에도 "뛰어난 말주변으로 나라를 전복시키는 일이 싫다."²⁷라고 이르지 않았던가? 이에 보를 면직시키고 서인으로 삼는다.

애제가 붕어한 뒤에 왕망이 왕(王) 태후에게 건의하여 손보를 불러오게 한 뒤에 광록대부로 삼고 왕순(王舜) 등과 더불어 중산왕을 맞아 오게 했다.

〔중산왕이〕평제로 즉위한 뒤에 손보를 대사농으로 삼았다. 그때 마침 월수군(越嶲郡)에 있는 강물에 황룡이 노닐었다는 보고가 올라왔으므로 태사(太師) 공광과 대사도 마궁(馬宮) 등이 함께 왕망의 공덕을 주공에 비유하여 칭송하면서 종묘에 고하는 것이 마땅하다고 주장했다. 손보가 말했다.

"주공은 위대한 성인이고 소공은 위대한 현인입니다. 그러나 〔이 두 분이 성왕을 좌우에서 보좌하게 되었을 때 소공이〕좋지 않게 여겼다고 하는 사실이 경전에 쓰여 있습니다. 물론 두 분은 명망을 유지했습니다.

지금 비바람이 고르지 않고 백성의 살림이 풍족하지 않은데도 무슨 일이 일어날 때마다 신하들이 이구동성으로 아부하고 있으니 조정 대신으로서 해야 할 처사로 마땅치 않습니다.”

　그러자 대신들이 모두 아연실색했다. 시중 봉거도위 견한(甄邯)이 태후의 명령을 받들어 바로 황룡의 일을 종묘에 고하자던 의논을 그만두게 했다. 그때 손보가 아전을 보내 어머니를 모셔 오게 했는데 어머니가 길에서 병이 나는 바람에 손보의 동생 집에 머물게 되었다. 손보가 직접 가지 못하고 처자식만 보내니 사직(司直) 진숭(陳崇)이 이 일을 고발하는 상소를 올렸다. 황제가 삼공(三公)에게 손보를 심문하게 했다. 손보가 질문에 대답했다.

　“나이 일흔이라 정신이 혼미하여 어머니를 공양하는 정성이 줄었으므로 처자식을 보내 어머니를 보살피게 했으니 고발장에 적힌 것과 같습니다.”

　손보는 죄가 인정되어 면직되었고 집에 있다가 세상을 떠났다. 〔광무제(光武帝)〕 건무(建武) 연간에 예전에 덕행이 뛰어났던 신하〔의 후대〕를 등용할 때 손보의 손자인 손항(孫伉)을 제현(諸縣) 현장으로 삼았다.

　　　　부 태후의 잘못을 탄핵하다가 유배된 무장륭

　　　　　　　○　　○　　○

　무장륭의 자는 군방(君房)이고, 동해군(東海郡) 난릉현(蘭陵縣)

사람이다.

대사마 거기장군 왕음이 내조(內朝)에서는 상서직을 겸하고 외조(外朝)에서는 군대를 총괄하면서 예전 제도에 따라 인재를 선발하여 종사중랑(從事中郎)을 두고 정책을 의논하는 과정에 참여하게 했다. 왕음이 황제에게 상소하여 무장륭을 종사중랑으로 삼게해 달라고 청했다. 이후 간대부로 승진했다.

성제 말기에 무장륭이 밀봉 상소를 올려서 "옛적에는 제후 중에서 뽑아 공경으로 임명함으로써 그 공훈과 은덕을 표창했으니, 정도왕을 불러들여 정도국의 경저(京邸)에 머물게 함으로써 천하만방을 안정시키심이 마땅합니다."라고 주장했다.

그 뒤에 황제가 결국 정도왕을 태자로 세우고 무장륭을 기주목(冀州牧)으로 보냈다가 영천 태수로 승진시켰다. 〔정도왕이〕 애제가 되었을 때 무장륭을 불러들여 경조윤으로 삼았다가 집금오로 승진시켰다.

바야흐로 시중 동현이 황제의 총애를 받고 있을 때였다. 황제가 중황문을 시켜 무고(武庫)의 무기를 꺼내어 전후 열 차례에 걸쳐 동현과 황제의 유모 왕아(王阿)의 집에 보내 주게 했다. 그러자 무장륭이 상주하여 주장했다.

무고의 무기는 천하에 일이 생겼을 때 나라에서 쓰기 위한 조정의 군사 장비로, 수리하고 만드는 데 드는 비용은 모두 대사농 관아에서 대고 있습니다. 대사농 관아의 경비는 황제의 물품에도 쓰지 않는 것으로 황제의 물품과 황제께서 공을 위로하며 내리는 하사품은 모두 소부의 경비에서 지출하고 있습니다. 나라의 재정 수입으로 중요하지 않은 용도로 쓸 수 없게 하고 백성이 힘들여 냈던 조세로 필요 없는 지출에 제공하지 못하게 하여 공과 사를 구별함으로써 정도(正道)를 보여 주어야 합니다.

옛적에는 토벌의 권한을 얻은 제후와 방백에게만 부월을 하사했고, 한나라 조정에서는 변경을 다스리는 관리에게 적에게 대항하는 책무를 준 뒤에 무고의 무기를 내려 주고 있으니 옛적이나 지금이나 임무를 준 연후에야 무기를 주었습니다. 『춘추』의 뜻에 따르면 사가(私家)에서는 무기를 둘 수 없게 했는데 신하가 위무를 갖추는 것을 억눌러 사사로운 세력을 깎으려고 했던 것입니다.

지금 현 등은 총애를 받고 있는 농신(弄臣)에 사적인 정에 얽혀 있는 미천한 노비 유모입니다. 폐하께서는 천하에 일이 있을 때 나라에서 쓰는 무기를 그 사가(私家)에 내리셨으니 이는 나라에서 위무를 발휘할 때 쓰는 장비를 그 집의 사병이 쓰는 무기로 주신 것입니다. 농신과 미천한 노비에게 백성이 힘들여 조세로 냈던 재물을 나눠 주고 무기를 비치해 주는 것은 체통을 세울 수 없고 거만하게 본분을 뛰어넘는 행위를 조장하게 되므로 사방에 보여 줄 만한 일이 아닙니다.

공자께서도 "〔숙손씨(叔孫氏), 중손씨(仲孫氏), 계손씨(季孫氏)〕 세 집안의 사당에서 어떻게 옹(雍)을 쓰는가!"[28]라고 하셨습니다.

신은 그 무기를 다시 무고에 비치할 것을 청합니다.

상소를 읽은 황제가 좋아하지 않았다.

얼마 지나지 않아 부 태후가 알자를 시켜 여러 관아의 관비를 싼값에 사 오게 한 데다 다시 집금오 관아의 관비 여덟 명을 사 오자 무장륭이 상소를 올려 시세에 맞게 제값을 주게 할 것을 청했다. 황제가 승상과 어사대부에게 명령을 내렸다.

〔주나라에서〕 서로 양보하고 연장자를 존중하는 예법이 성행하는 것을 보고 우(虞)나라와 예(芮)나라가 땅을 두고 다투던 것을 그만두었다. 륭(隆)은 구경의 반열에 올라 있으면서 조정에서 제대로 처리하지 못한 일은 바로잡지 못하는 주제에 영신궁(永信宮)의 태후와 가격이 싸니 비싸니 하고 다투며 공개적으로 상소하는 바람에 〔태후의 일을〕 모르는 사람이 없게 되었다. 이 일은 도리에 어긋난 것으로 이 때문에 이류을 얻기 위해 앞다투는 일이 빌생할 테니 백관의 모범이 되지 못하는 데다 풍속을 망치게 하는 행동이었다.

무장륭은 전에 〔성제에게〕 나라를 안정시키게 하는 방책을 올린 점[29]이 감안되어 패군(沛郡) 도위로 좌천되었다가 남군(南郡) 태수로 승진해 갔다.

왕망이 젊은 시절에 무장륭과 사귀고 싶어 했으나 무장륭이 가까이하지 않았다. 애제가 붕어하고 왕망이 집정한 뒤에 대사도 공광으로 하여금 전에 기주목으로 있을 때 중산국 풍 태후의 사안을 다스리면서 죄가 없는 사람에게 억울한 피해를 입혔으므로 무장륭을 중원에서 벼슬을 하도록 내버려 둘 수 없다는 내용의 상소를 올리게 했다.

이 일은 원래 중알자령 사립(史立)과 시어사 정현(丁玄)이 맡아서 심문하고 무장륭은 상주문에 서명만 했던 것이다. 공광이 상소를 올렸을 때 사립은 중태복이었고, 정현은 태산 태수로 있었으며, 상서령으로서 정승을 모함했던 조창은 하내(河內) 태수였는데, 모두 삭탈관직되어 합포로 유배되었다.

청렴하면서 능력이 뛰어났던 하병

○　　○　　○

하병의 자는 자렴(子廉)이다. 할아버지가 이천석 관리 자격으로 평여현(平興縣)에서 평릉현으로 이주했다.

하병은 태수부의 아전이 되었다가 대사공의 연(掾)이 되어 하무(何武)를 섬겼다. 하무가 하병의 뜻과 절의를 높이 보았을 뿐 아니라 번잡한 업무를 처리하는 능력이 뛰어나다고 천거했다. 하병이 장릉(長陵) 현령이 되었는데, 길에서 다른 사람이 떨어뜨린 물건을 주워 가는 사람이 없는 고을이 되었다.

그보다 먼저 공성태후(邛成太后)[30] 쪽 외가의 왕씨(王氏) 집안이 권세를 얻었다. 시중 왕림경(王林卿)이 경협(輕俠)들과 교류하며 장안을 흔들고 있었다. 뒤에 법에 걸려 면직되었는데도 빈객들은 더 많아졌다. 왕림경이 장릉현에 있는 산소에 귀성하러 갔다가 그곳에 남아 여러 날 동안 술을 마셨다. 왕림경이 법을 어길 것을 염려한 하병이 문 앞에 가서 알(謁)을 보여 준 뒤에 왕림경을 만나

충고했다.

"산소가 성 밖 한적한 곳이라 길이 멉니다. 나리께서는 때에 맞춰 돌아가셔야 합니다."

왕림경이 대꾸했다.

"그래야지요."

그보다 먼저 왕림경이 노비와 몰래 정을 통한 남자를 죽인 뒤에 묘지기 집에 묻은 일이 있었다. 하병이 그 사실을 모두 알고 있었지만 전임 현령 때 일어난 일인 데다 직전에 면직된 것을 알고 있었기 때문에 고발하지 않는 대신에 장릉현 경계 안에 머물지 못하게 하고 싶었다. 그래서 아전을 보내 장릉 현령의 알을 들고 장안까지 전송하게 했다.[31]

하병은 평소에 교만했던 왕림경이 빈객 앞에서 수치를 당했으니 꼭 변을 일으키리라 여기고 미리 군대를 대기시켰다. 왕림경이 장릉을 떠나 장안 북쪽의 경교(涇橋)를 건널 때 기노(騎奴)를 시켜 돌아가 장릉현 관아의 문 앞에 가서 칼을 뽑아 거기에 걸린 건고(建鼓)를 찢게 했다. 하병이 직접 관군을 이끌고 왕림경을 수십 리 추격했다. 곤경에 빠진 왕림경이 노복에게 자신을 대신하여 관을 쓰고 참유(襜褕)를 입게 한 뒤에 수레에 태우고 따라가는 동기(童騎)를 붙였다. 그리고 자신은 옷을 갈아입고 샛길로 말을 달려 달아났다. 해가 질 무렵에 추격이 성공하여 왕림경의 관을 쓰고 있던 노복을 체포했다. 그러자 노복이 말했다.

"저는 시중이 아닙니다. 노복일 뿐입니다."

하병이 왕림경을 놓쳤다고 판단하고 이렇게 말했다.

"왕 시중이 곤란해지니까 스스로 노복이라고 칭한 모양인데 그렇다고 죽음을 벗어날 수 있을까?"

하병이 아전에게 큰 소리로 "모가지를 잘라 돌아가서 걸고 찢긴 북을 도정(都亭) 앞에 두라."[32]라고 명령했다. 그러고는 그 앞에 써 놓았다.

전임 시중 왕림경이 사람을 죽여 묘지기 집에 묻고 노복을 시켜 관아 문 앞에 걸려 있던 북을 찢은 벌을 받았다.

하급 아전과 평민들이 깜짝 놀랐다. 왕림경이 도망친 것을 알고 있던 사람들은 왕림경이 정말 죽은 것이라고 떠들어 댔다.

공성태후가 왕림경을 아끼고 있던 줄 알고 있던 성제태후[33]가 그 소식을 듣고 눈물을 흘리며 애제에게 이 일을 전했다. 애제가 그 사정에 관해 물어본 뒤에 하병을 칭찬하고 농서(隴西) 태수로 승진시켰다.

그 뒤로 영천 태수로 옮겼다. 전임 태수는 능양(陵陽) 사람 엄후(嚴詡)였다. 엄후는 본래 효행이 뛰어나 관리가 되었는데 연사(掾史)를 보고 사우(師友)라고 불렀고 잘못이 있을 때마다 관아 문을 닫고 자책했으며 끝까지 큰 소리를 내지 않았다. 영천군 내에 반란이 일어나자 왕망이 사자를 보내 엄후를 불러들였다. 관속 수백 명이 조도(祖道) 제사를 올린 뒤에 엄후가 땅에 손을 댄 채 울자 연사들이 말했다.

"태수께서 좋은 일로 불려 가시는 것일 테니 이러지 마십시오."

엄후가 말했다.

"나는 영천의 사람들을 생각해서 슬퍼하는 거라네. 내 한 몸이야 걱정할 게 무엇이겠나! 내가 유약해서 불려 가게 되었으므로 틀림없이 강하고 사나운 후임을 뽑아 보낼 테니 후임 태수가 당도하면 죽는 자들이 생겨날 것이라 그래서 비통해하는 거라네."

엄후는 불려 간 뒤에 미속사자(美俗使者)에 임명되었다.

그 무렵 영천 출신의 종원(鍾元)이 상서령이 되어 정위직을 겸하고 있으면서 권력을 가지고 일을 보았다. 그 동생 종위(鍾威)가 영천 태수부의 연으로 있으면서 불법으로 황금 천 근을 횡령한 일이 있었다. 하병이 태수로 부임하면서 종(鍾) 정위에게 가서 작별 인사를 할 때 정위가 관을 벗고 동생의 죄를 사형죄에서 한 등급만 감해 주기를 청하며 서둘러 곤겸형을 부탁했다. 그러자 하병이 말했다.

"죄는 나라의 법을 어긴 동생에게 있지 태수에게 있는 것이 아닙니다."

종원이 두려운 마음에 동생을 빨리 불러오라고 사람을 보냈다.

〔영천 태수부가 있던〕 양책현(陽翟縣)에서는 경협(輕俠) 조계(趙季)와 이관(李款)이 빈객을 많이 거느리면서 마을 사람들의 재물을 힘으로 빼앗았다. 이들은 심지어 남의 집 부녀를 범하기도 했는데 아전들의 허물을 잡고 있으면서 군내를 휘두르고 다녔다. 그런데 하병이 부임한다는 소식을 듣고는 모두 달아나 버렸다. 하병이 도착하여 수레에서 내리자마자 용맹한 아전과 법조문에 환한 아전으로 열 사람을 찾아 문리(文吏)에게는 세 명의 사건을 조사

하게 하고 무리(武吏)에게는 종위와 조계, 이관을 체포하도록 따로 임무를 맡기고 명령을 내렸다.

"세 명은 태수에게 잘못한 것이 아니라 나라의 법을 어긴 것이니 다스리지 않을 수 없다. 종위의 잘못은 대부분 사면령 전에 저지른 것이니 함곡관으로 몰아넣어 함곡관 밖으로 쫓아냄으로써 민간에 피해를 주지 않도록 하라. 만일 함곡관 밖으로 나가려 하지 않으면 체포하도록 하라. 조(趙)와 이(李)는 악한의 두목이니 먼 곳으로 도망갔더라도 그 모가지를 가져와서 백성에게 사죄해야 할 것이다."

종위는 형의 힘을 믿고 낙양에 머무르고 있었는데 아전이 잡아서 쳐 죽였다. 또 다른 군으로 달아났던 조계와 이관도 체포하여 그 머리를 가지고 돌아왔다. 그러고는 세 사람의 머리를 저자에 걸어 두었으며 그 죄상과 심문한 결과를 공개했다. 군내가 안정되었으므로 공을 세운 자들을 표창했다.

영천군 백성들이 하병의 공적을 기렸는데 그 명성이 황패에 버금갔다. 하병은 성정이 청렴했으므로 처자식을 태수부 관아에 얼씬하지 못하게 했다.

몇 해 뒤에 하병이 세상을 떠났다. 병에 걸렸을 때 승(丞)과 연(掾)을 불러 유언을 쓰게 하면서 말을 남겼다.

"아들 회에게 내 살아생전에 오랫동안 봉록을 축내며 벼슬에 있었으니 죽으면 법부(法賻)가 들어올 텐데 그것을 받지 말 것이며, 묻을 때에는 관이 들어갈 만한 작은 곽을 쓰라고 전하라."

하회(何恢)가 아버지의 유언대로 했다.

왕망이 하회를 관도위로 발탁했다.

〔광무제〕건무 연간에 하병의 손자를 낭관으로 삼았다.

찬하여 말한다.

갑관요는 감찰을 맡은 신하로 조정에서 엄격한 태도로 일했으니『시』에서 이르던 "나라의 사직(司直)"[34]도 더는 엄격하지 못했을 것이다. 만일 갑관요가 왕생의 권고를 받아들였더라면 천수를 누리고 옛적의 현신(賢臣)에 가까이 갈 수 있었을 것이다.

제갈풍과 유보, 정숭은 비록 어리석어서 판단을 잘하지 못했지만 그 뜻만은 남달랐다. 공자께서도 "나는 아직〔불의에 타협하지 않는〕강직한 자를 보지 못했다."[35]라고 하셨으니 이 여러 선생의 이름과 업적이 뛰어났지만 그래도 무장륭이 기주목으로 있으면서 오점을 남겼고 손보도 정릉후(定陵侯) 순우장에게 몸을 굽혔으니 하물며 평범한 사람이야 더 말할 것이 있겠는가! 하병의 절의는 윤옹귀에 버금갔다.

48

소망지전
蕭望之傳

한나라 후기의 거유 소망지(蕭望之, 기원전 114~기원전 47년)와 그 아들의 사적이 실린 편이다. 경학에 조예가 깊었던 소망지는 원제의 태자 시절 스승이자 선제의 대신으로, 오경동이(五經同異)에 관해 토론한 석거각(石渠閣) 회의를 주재했다. 그러나 환관 석현과 대결하다 패배하고 끝내 자결했다. 유생과 환관의 대결 장면이 두드러지는 이 편에서 소망지는 황제의 무능함과 환관의 교활함 때문에 죽었지만 소망지의 편협함도 드러난다. 사마광이 『자치통감』에서 지적했듯이 좌풍익 한연수가 소망지 때문에 희생되었다.

이 편의 말미에는 소망지의 아들 중에 이름을 남긴 소육(蕭育, 기원전 76~3년), 소함(蕭咸), 소유(蕭由)의 사적이 실려 있어 비운의 인물 소망지를 그리워했던 원제가 소망지 집안을 돌본 사실을 알 수 있다.

대장군과 황제에게 바른말만 올리다

○　○　○

　소망지의 자는 장천(長倩)이고, 동해군 난릉현 사람이었으나 두릉현으로 옮겨 가서 살았다.

　집안 대대로 농사를 업으로 삼아[1] 소망지 대에 이르렀다. 소망지는 경학을 배우고 익히기를 좋아하며 『제시(齊詩)』를 연구했는데 같은 현 사람 후창(后倉)[2]을 열 해 가까이 스승으로 모셨다.

　영에 따라 태상부(太常府)에 가서 수업을 받았고,[3] 동학인 백기(白奇)가 박사가 되자 그 밑에서 다시 공부했다. 또 하후승을 스승으로 모시고 『논어』와 『의례(儀禮)』「상복(喪服)」을 공부했으므로 장안 여러 유생의 칭찬을 들었다.

　그 무렵에는 대장군 곽광이 정권을 장악하고 있었다. 장사 병길이 유생 왕중옹(王仲翁)과 소망지 등 몇 사람을 추천하자 대장군이 모두 불러서 만나 보았다.

　그보다 먼저 좌장군 상관걸이 갑주(蓋主)와 함께 곽광을 살해하기로 모의했으므로 곽광이 상관걸 등을 죽였다. 그런 뒤에 대장군부의 출입을 통제했다. 관리나 백성이 대장군을 만나고자 할 때는 알몸으로 수색당하고 칼과 무기를 빼앗긴 뒤에 두 명의 옥리에게 겨드랑이를 잡힌 채 만나야 했다. 그러나 소망지는 홀로 그 명령을 듣지 않고 몸을 돌려 샛문으로 나가며 말했다.

　"뵙고 싶지 않소."

　옥리들이 소망지를 난폭하게 끌고 갔다.

곽광이 그 사정을 알고 옥리에게 끌고 오지 말라고 일렀다. 소망지가 곽광 앞에 이르러 설득하며 말했다.

"장군께서는 공훈과 덕행으로 어린 황제를 보좌하며 크게 백성을 교화하여 천하를 태평하게 하셨습니다. 그리하여 천하의 인재가 목을 빼고 발꿈치를 들며 앞다투어 장군께 충성을 다하며 고명하신 장군을 보좌하고 싶어 합니다. 그러나 지금 인재들이 대장군을 뵙고자 할 때에는 먼저 알몸 수색을 당한 뒤에 겨드랑이를 잡힌 채 끌려가야 하니, 이는 주공이 성왕을 보좌할 때에 씹던 음식도 뱉고 빗던 머리를 움켜쥔 채 재빨리 맞이하는 예로써 가난한 인재를 몸소 불러들이던 뜻에 어긋납니다."

그 뒤에 곽광이 소망지만 등용하지 않았다. 그러나 왕중옹 등은 모두 대장군부의 사(史)로 임명했다. 세 해가 지났을 때 왕중옹은 광록대부 급사중이 되었지만 소망지는 사책(射策) 갑과(甲科)에 뽑혀 낭관으로 황궁의 소원(小苑) 동문의 문후(門候)에 배속되었다. 왕중옹은 출입할 때 창두(倉頭)와 여아(廬兒)를 거느렸는데, 수레에서 내려 문 쪽으로 가서 이리 오너라 하고 고함을 지르게 하여 총애를 많이 받고 있는 것을 드러냈다. 왕중옹이 소망지를 돌아보며 말했다.

"법도에 따르지 않더니 겨우 문지기나 하고 있군요."

소망지가 말했다.

"각자 사는 법이 따로 있는 것입니다."

몇 해가 지난 뒤에 동생이 법을 어긴 것에 연좌되어 숙위직에 머물 수 없게 되었으므로 면직되어 고향으로 돌아가 태수부의 아전이 되었다. 뒤에 어사대부 위상이 소망지를 부하로 썼는데, 소망지가 청렴한 것을 알고 대행치례승(大行治禮丞)으로 삼았다.

그때 대장군 곽광이 세상을 떠났으므로 아들 곽우가 아버지의 뒤를 이어 대사마가 되었고 곽우의 형의 아들인 곽산(霍山)[4]은 상서직을 겸했다. 곽씨 친족이 모두 숙위로서 황제를 곁에서 모셨다.

지절 3년 여름에 장안에 우박이 쏟아지자 소망지가 그 일로 상소를 올려 황제가 시간을 내준다면 재이가 발생한 원인을 아뢰겠다고 했다. 민간에 있을 때부터 소망지의 이름을 들어 알고 있던 선제가 명령했다.

"이자가 동해군의 소생인가? 소부 송기(宋畸)로 하여금 정확한 사정을 조사하게 할 테니 재이의 원인에 관해 꺼리지 말고 말하라."

소망지가 대하여 아뢰었다.

"『춘추』에 보면 소공 3년에 우박이 심하게 내렸다고 기재되어 있습니다. 그 무렵에는 계씨가 권력을 전횡하고 있었는데 결국 소공을 몰아냈습니다. 노 소공이 천문의 변화를 잘 관찰했더라면 해를 입지 않았을 것입니다.

지금 폐하께서 성덕을 베풀며 선정의 방책을 생각하고 인재를 찾으시니, 이는 요임금과 순임금이 전념했던 바입니다. 그러나 좋고 상서로운 징조가 아직 나타나지 않았고 음양은 조화를 이루지 못하고 있으니, 이는 대신이 제멋대로 정사를 휘두르고 곽씨 일족이 권세를 독점하고 있기 때문에 일어난 결과입니다. 곁가지가 커지면 원줄기를 해치게 되고, 신하의 집안이 성하면 황실이 위태롭게 됩니다.

바라건대 영명하신 폐하께서 나라의 대사를 친히 돌보시되 종친 중에서 인재를 선발하고 능력이 뛰어난 인재를 등용하셔서 그들을 심복으로 삼아 나라를 다스리는 일을 의논하는 데에 참여하게 하고, 공경 대신이 폐하를 알현하여 나라의 일을 아뢸 때에는 맡아서 행할 책무를 명확하게 진술하게 하여 그에 따라 성과와 능력을 평가하십시오.

이렇게 하면 모든 일이 이치대로 돌아가게 되어 공도를 세울 수 있고 법을 어기는 일을 막을 수 있으며 사사로이 권력을 휘두르는 일도 없앨 수 있습니다.”

대책문을 올리자 황제가 소망지를 알자로 삼았다.

황제가 즉위하고 얼마 되지 않았을 때리 능력이 뛰어난 인재를 등용하고 싶어 했다. 때문에 많은 사람이 황제에게 글을 올려 나라에 도움이 되는 방책을 말했는데, 그때마다 소망지에게 글을 내려보내 실제 사정과 맞는지를 물어보게 했다. 소망지가 상책으로 판단한 글을 올린 사람은 승상과 어사대부 아래에서 일하게 했고 그다음 가는 방책을 낸 사람은 중이천석 관리 밑에서 시험 삼아 일하게 하다가 한 해가 지난 뒤에 임용할지를 보고하게 했으며 하책을 낸 사람은 “읽었으니 사정을 알았다.”라고 표시하여 글을 돌려주거나 고향으로 돌아가게 했다. 소망지가 처리한 내용을 보고하면 황제가 모두 마음에 들어 했다.

소망지는 승진을 거듭하여 간대부가 되었다가 승상사직이 되었는데, 한 해 안에 세 번 승진하여 이천석 벼슬[5]에 올랐다. 곽씨 일족이 결국 모반하여 주살당한 뒤에는 더욱 중용되었다.

　그때 박사와 간대부 중에 나라를 다스리는 일에 능통한 자를 뽑아 군의 태수로 보내거나 제후국의 상으로 삼았는데 소망지는 평원 태수가 되었다. 소망지는 조정에서 일하고 싶은 마음에 먼 곳에 있는 군의 태수를 하자니 속이 편하지 않아 상소를 올렸다.

　폐하께서 백성을 불쌍히 여기시고 덕화가 천하에 고루 이루어지지 않을까 염려하여 간관을 모두 지방관으로 임명하셨는데, 이는 나라를 다스리는 일 중에서 말단의 일을 걱정하느라 가장 중요한 부분을 놓친 격이라고 말씀드릴 수 있습니다. 조정에 간쟁하는 신하가 없으면 폐하께서 허물을 알아차릴 수 없고, 나라 다스리는 일에 식견이 뛰어난 인재가 없으면 고명한 방책을 들을 수 없습니다. 바라건대 폐하께서는 경술에 밝고 온고지신하며 징조를 알아차려 책략을 세우는 데 뛰어난 인재를 내신(內臣)으로 삼아 정사에 참여하게 하십시오.

　제후들이 그 소식을 들으면 폐하께서 간쟁을 받아들여 나라를 다스리는 일을 늘 근심하시면서 조금도 소홀함이 없이 행한다는 것을 알게 될 것입니다. 만일 그렇게 하여 해이함이 없이 나라를 다스린다면 태평치세를 이룬 성왕(成王)과 강왕(康王)의 왕도에 근접하게 되니 지방의 군이 잘 다스려지지 않더라도 무엇을 걱정하겠습니까!

　황제가 글을 읽고 나서 소망지를 불러들여 소부직을 맡겼다.

선제가 소망지를 관찰한 뒤에 나라를 다스리는 방책에 밝고 모든 일을 신중하게 처리하며 어떤 일에든 의견을 내놓는 것이 재상을 맡길 만한 인재라고 여겼으므로, 소망지가 정무를 보는 재능을 더 자세하게 시험해 보기 위해 다시 좌풍익에 임명했다. 소망지는 소부로 있다가 좌천되어 황궁에서 멀리 떨어진 지방으로 나가게 되자, 황제가 자신을 못마땅하게 여긴다고 생각하여 병을 칭하고 사직하는 글을 올렸다. 황제가 그 글을 읽은 뒤에 시중 성도후(成都侯) 금안상(金安上)을 보내 자신의 뜻을 알렸다.

"등용할 때에는 누구나 백성을 직접 다스리게 하여 그 성과를 매기고 있다. 그대가 일전에 평원 태수로 있었던 경력이 일천하므로 다시 삼보를 다스리는 직책을 맡겨 시험하려고 하는 것일 뿐 그대의 허물을 알게 되어 그런 것이 아니다."

이에 소망지가 즉시 일을 보기 시작했다.

그해 서강이 반기를 들자 한나라 조정에서 후장군 조충국을 보내 정벌하게 했다. 경조윤 장창이 황제에게 글을 올려 아뢰었다.

조정의 군대가 변경에 나갔는데 군대가 여름에 출발한 뒤로 농서 이북과 안정(安定) 이서 지방에서는 관리와 백성이 모두 군량을 운수하느라 농사를 아주 망치고 있습니다. 평소에 비축해 둔 곡식이 없는 상태라 강로(羌虜)를 쳐부순다 하더라도 내년 봄이 되면 백성들은 먹을 것이 부족하게 될 것입니다. 또 궁벽한 곳이라 곡식을 사려고 해도 살 곳이 없으니 관가의 곡식을 털어도 백성을 구휼하기에 부족할 듯합니다.

바라건대 여러 죄인 중에서 도적질, 뇌물 수수, 살인 및 사면할 수 없는 중죄를 지은 자를 제외한 나머지는 모두 〔농서 이북과 안정 이서〕 여덟 개 군에 차등을 두어 곡식을 들여놓게 하는 것으로 속죄할 수 있게 해 주십시오. 반드시 곡식을 많이 모아들여 백성이 위급한 일을 당할 때를 예비해야 합니다.

황제가 해당 관원에게 이 문제를 처리하게 했다. 소망지가 소부 이강(李彊)과 함께 의논하여 아뢰었다.

백성은 음과 양의 기질을 함께 가지고 있으므로 교화가 이끄는 대로 의를 좋아하는 마음을 가지거나 잇속을 챙길 마음을 먹습니다. 요임금이 재위에 있을 때에 잇속을 챙기는 백성의 마음을 완전히 없애지는 못했지만, 잇속을 챙기는 마음이 의를 좋아하는 마음을 이기지 못하게 이끌었습니다. 한편 걸왕이 재위에 있을 때에도 의를 좋아하는 백성의 마음을 완전히 없애지 못했습니다. 그러나 의를 좋아하는 마음이 잇속을 챙기는 마음을 이기지 못하게 이끌었습니다. 요임금과 걸왕의 차이는 의와 잇속에 있을 따름이니, 백성을 이끄는 일에 신중하지 않을 수 없습니다.

지금 백성에게 곡식을 내어 속죄하게 하자는데 이렇게 하면 부자는 속죄하여 살고 가난한 자만 죽을 테니, 가난한 자와 부자가 다른 형벌을 받게 되어 법이 공평하게 적용되지 않습니다. 가난한 집에서 옥에 갇힌 아버지나 형을 재물로 살릴 길이 있다는 말을 들으면 아들이나 동생 된 자가 피붙이를 구하기 위해 죽을 위험이라도 무릅쓰고 나쁜 짓을 해서라도 재물을 구하려고 달려드는 것이 인지상정입니다. 결국 한 사람은 살릴 수 있지만 열 사람이 죽게 됩니다. 그렇게 되면 백성이 백이(伯夷)의 행실을 따라 하지 않게 되고 맹공착(孟公綽)[6]과 같은 명성을 얻으려고 하지 않게 됩니다. 나라를 다스리는 일과 교화의 업적은 일단 기울어지기만 하면 주공과 소공이 보좌한다 하더라도 회복하기 힘들 것입니다.

옛적에는 곡식을 맡겨 두고 부족할 때 가져오고 남으면 백성에게 주었습니다. 『시』에 "가련한 사람들을 도와주네. 늙어서 아내와 남편을 잃은 이 사람들을 애처롭게 여기네."[7]라고 했으니, 이는 위에서 아래로 은혜를 내리는 것을 뜻합니다. 또 이르기를 "비가 우리네 공전(公田)에 내리네. 뒤를 이어 우리네 사전(私田)에도 내리네."[8]라고 했으니 이는 아래에서 위를 중시한다는 뜻입니다.

지금 서쪽 변경에서 전투가 벌어지고 있어 백성들이 농사를 망쳤다고 합니다. 그러므로 비록 집집이 재산의 많고 적음에 따라 부(賦)[9]를 걷고 인두세를 받아 그곳의 빈곤한 사람들을 살린다 해도 이는 예전부터 내려온 도리를 실천하는 것이라, 백성들이 이 방법을 그르다고 하지 않을 것입니다. 그러나 죽음으로써 피붙이의 생명을 구하는 일은 옳다고 여길 수 없을 듯합니다.

폐하께서 덕정을 베푸시고 가르쳐서 백성이 감화했으므로 요순 시대도 지금보다 더 나을 수 없을 것입니다. 그런데 이제 백성에게 이로움을 추구하는 길을 열어 준다면 교화의 성과를 망치게 될 것이니 신은 이 점을 가슴 아프게 여깁니다."

그리하여 황제가 다시 승상과 어사대부에게 내려보내 이 일을 의논하게 했다. 승상과 어사대부가 이 문제를 놓고 장창을 힐난했다. 그러자 장창이 말했다.

"소부와 좌풍익의 의견은 보통 사람이 지키고 사는 법도에서 나온 것입니다. 선제(先帝)[10]께서 사이를 정벌하실 때 서른 해가 넘도록 전쟁을 벌였으나 백성에게 부를 더 받지 않고도 군비를 충당해 냈습니다. 지금 강로는 한쪽 구석에 박혀 있던 소규모 이민족으로 산골짜기 안에서 날뛰던 족속이니 한나라 조정에서 죄인에게 재물을 내게 하여 죄를 감하는 것으로도 그들을 충분히 징벌할 수 있습니다. 양민의 마음을 어지럽혀 가며 부와 인두세를 강제로 받아 내는 것보다 더 영명하고 어진 정책을 쓴 것입니다. 도적과 살인범은 도의를 버린 자들로 백성이 그들 때문에 고통을 겪었으니 이 두 가지 죄는 모두 속죄해 주지 말아야 합니다. 반역의 괴수를 숨겨 주었거나 죄가 있는 줄 알고도 놓아주었거나 부당하게 재물을 취한 죄 등은 죄보다 형벌이 무거워 그 처벌법을 폐기해야 한다고 주장하는 사람이 많습니다.

지금 이런 기준에 따라 속죄를 할 수 있도록 한다면 그 이로운 점이 아주 명확하게 드러날 것인데 어떻게 교화된 상태를 어지럽힐 수 있단 말입니까? 「보형(甫刑)」의 형벌 기준에는 작은 허물은 사면하고 가벼운 죄는 죄의 등급에 따라 속전으로 받는 금의 무게[11]에 차등을 두어 받음으로써 대속할 수 있게 하라고 했으니, 이런 제도가 내려온 지 오래되었으나 어디에서 속죄금을 마련하기 위한 도적이 발생한 적이 있더란 말입니까? 저 창이 흑색 관복[12]을 입은 지 스무 해가 넘었지만 죄인이 대속했다는 말은 들었어도 속전 때문에 도적이 발생했다는 말은 들어 보지 못했습니다.

저는 양주(涼州) 땅이 침략당한 것을 안타깝게 생각하고 있습니다. 지금은 먹을 것이 풍부한 가을철임에도 백성이 굶주림에 시달리며 도로에서 병사하는 판인데 하물며 내년 봄이 되어 큰 곤란을 겪을 것은 말할 것도 없습니다. 〔그런데도 소부와 좌풍익은〕 백성을 진휼하고 구제할 방책을 미리 생각하지 않고서 통상적인 제도를 끌어대며 비난하다니 이후에 무거운 책임을 질 것이라 염려됩니다. 보통 사람과 더불어 통상적인 제도를 따를 수는 있지만 그와 더불어 이변을 해결할 방법을 의논할 수는 없습니다.

저 창이 운 좋게도 구경의 반열에 올라 승상부와 어사부를 보좌하는 직을 수행하고 있으면서 어리석으나마 저의 힘을 다하지 않을 수 없었습니다."

소망지와 이강이 장창의 의견에 대응하여 이렇게 말했다.

"선제께서 성덕을 베푸셔서 현량 인재를 조정에 등용시켜 법과 제도를 만들어 반포하시면서 무궁한 세월 동안 적용할 규범을 마련하셨는데, 뒷날 변경의 백성에게 먹을 것이 충족되지 않는 일이 일어날 것을 걱정하셨습니다. 그리하여 「금포영갑(金布令甲)」[13]에 이르기를 '변방의 군에서는 전쟁의 화를 자주 입기 때문에 굶주림과 추위를 만나 천명을 누리지 못하고 요절하므로 아비와 자식 간에 서로를 잃게 되니 천하가 공동으로 그들을 구휼할 비용을 대도록 한다.'라고 했습니다. 이는 원래 갑자기 전쟁이 터질 때를 대비한 법조문이었습니다.

천한(天漢) 4년에 사형을 받을 죄인이 오십만 전을 내면 사형에서 한 등급 감면해 주도록 하자 세력가와 관리, 백성을 가릴 것 없이 속죄받기 위해 앞다투어 돈을 빌리거나 심지어는 도둑질까지 했다고 들었습니다. 그 뒤로 그렇게 법을 어기는 간악한 무리가 마구잡이로 일어나서 떼도둑이 여기저기서 일어났고 성과 읍을 공격하며 태수를 죽이기까지 했으니 산골짜기를 가득 채운 그 무리를 관리들도 막아 낼 수 없었습니다. 황제께서 명령을 내려 수의사자를 보내 군대를 출동시켜 그들을 절반 넘게 죽이고 나서야 수그러들었습니다. 어리석은 생각으로는 사형죄를 속죄시킨 것이 실패로 돌아갔기 때문에 그런 일이 발생한 것이라 옳지 않다고 한 것입니다."

그때 승상 위상과 어사대부 병길도 강로를 쳐부술 수 있어서 비축한 곡식을 실어 보내 필요한 양을 대략 맞출 수 있다고 여겼기 때문에 장창의 의견대로 시행하지 않았다. 소망지는 좌풍익으로 있는 세 해 동안 장안 사람들의 칭찬을 받았다. 뒤에 대홍려로 자리를 옮겼다.

그보다 먼저 오손국(烏孫國)의 곤미(昆彌) 옹귀미(翁歸靡)가 황제에게 올리는 글을 한 통 써서 장라후(長羅侯) 상혜(常惠) 편에 보냈다.

한나라 황실의 외손자 원귀미(元貴靡)[14]를 후사로 삼고 다시 한나라 소주(少主)에게 장가를 보냄으로써 한나라에 귀부하고 흉노에게 등을 돌려 관계를 끊고 싶습니다.

황제가 명령을 내려 공경들에게 이 일을 의논하게 했다. 소망지가 주장했다.

"오손국은 너무 먼 지역에 있으므로, 듣기 좋은 그들의 말만 믿고 이역만리에 있는 부족과 혼인 관계를 맺는 것은 먼 앞날을 내다보는 방책이 아닙니다."

그러나 황제는 소망지의 주장을 받아들이지 않았다.

신작(神爵) 2년, 장라후 상혜를 보내 공주[15]로 하여금 원귀미와 혼인하게 했다. 돈황에서 출격하기 전에 옹귀미가 죽었는데, 옹귀미 형의 아들인 광왕(狂王) 니미(泥靡)가 약조를 어기고 스스로 선우에 올랐다.[16] 상혜가 돈황의 관문에서 황제에게 글을 올렸다.

소주[17]를 돈황군에 머물게 해 주십시오. 혜(惠)가 오손에 가서 약조를 어긴 광왕을 책망하여 원귀미를 왕으로 세운 다음 돈황에 돌아와서 소주를 맞이해 가게 하겠습니다.[18]

황제가 조서를 내려 공경에게 의논하게 하자 소망지가 다시 주장했다.

불가합니다. 오손국은 양다리를 걸친 채로 약조를 굳게 지킬 줄 모르니, 다시 혼인 관계를 맺는다 해도 결과를 예견할 수 있습니다. 지난번에 시집갔던 소주가 오손국에서 마흔 해가 넘도록 있었으나 곤미가 친밀하게 은애를 베풀지 않았고 변경도 안정되지 않았으니, 이것이 사정을 증명하고 있습니다. 이제 원귀미가 곤미에 오르지 못한 것을 이유로 들어 소주를 한나라로 돌아오게 해도 사이에게 신의를 저버리는 것이 되지 않으니 이는 중원에 아주 다행한 일입니다. 소주가 오손에 가는 길을 멈추지 않으면 장차 요역을 일으켜야 할 텐데 그 원인은 바로 소주를 오손국에 보내는 데에서 비롯될 것입니다.

황제가 소망지의 주장에 따라 소주를 돌아오게 했다. 그 뒤에 오손국에서는 나라가 양분되었다. 원귀미가 대곤미에 오르기는 했지만 한나라에서 더는 혼인 관계를 맺지 않았다.

신작 3년, 병길의 뒤를 이어 소망지가 어사대부에 임명되었다.

오봉(五鳳) 연간에 흉노에 대란이 일어나자, 흉노의 피해를 본 지 오래되었으니 흉노가 혼란한 틈을 타서 군대를 출동시켜 흉노를 멸망시켜야 한다고 주장하는 조정 대신들이 많았다. 황제가 조서를 내려 중조(中朝)의 대사마 거기장군 한증(韓增)과 제리 부평후(富平侯) 장연수(張延壽), 광록훈 양운, 태복 대장락(戴長樂)을 소망지에게 보내 계책을 물어보게 했다. 소망지가 그들에게 대하여 계책을 세워 주었다.

『춘추』에 진(晉)나라의 사개(士匄)가 군대를 이끌고 제나라에 쳐들어가다가 제 영공(齊靈公)이 죽었다는 소식을 듣고 군대를 돌렸는데 군자가 국상을 당한 제나라를 치지 않은 것을 칭찬했습니다.[19] 그 은혜로운 행동에 제 영공의 상주 제 장공(齊莊公)이 감복했고, 그 의로움에 다른 제후가 감동했기 때문입니다.

이전의 선우가 폐하의 덕정에 모화되어 선량함을 추구하며 한 나라에 복속하겠다며 사자를 보내 화친을 청했을 때 나라 안이 모두 기뻐했고 이적(夷狄) 중에 그 소식을 듣지 않은 곳이 없었습니다. 그러나 약조를 봉행하기 전에 불행히도 불충한 신하에게 살해되었습니다. 지금 흉노를 치면 혼란을 틈타 적의 환난을 즐기는 꼴이 됩니다. 또 흉노 사람들이 멀리 달아나 숨을 텐데, 의롭지 않은 군대가 출동하여 군사들이 고생하고도 공을 세우지 못할 것입니다. 사자를 보내 조문하고 미약한 상주를 도와 환난에서 구한다면, 그 소식을 들은 사이가 모두 중원 황제의 인의를 우러러볼 것입니다. 선우가 폐하의 은혜를 입어 옛 지위를 회복한다면 신하의 예를 올리며 복종할 것이 틀림없으니 그야말로 폐하의 위대한 덕정이 되겠습니다.[20]

황제가 소망지의 주장을 따랐다. 그 뒤에 마침내 군대를 파견하여 호한야(呼韓邪) 선우를 돕고 흉노국을 안정시켰다.

고난을 부른 거침없는 간언

그 무렵에 대사농중승 경수창(耿壽昌)이 상소를 올려 상평창을 설치할 것을 주장하자 황제가 좋은 의견이라고 여겼다. 그러나 소망지는 경수창의 의견에 반대했다.[21]

승상 병길이 연로했는데 황제가 존경했다. 그런데 소망지는 승상에 대해서도 이러한 상소를 올렸다.

백성 중에 더러 궁핍한 자들이 있어 도적이 끊이질 않는데 이천 석 벼슬아치 중에 능력이 모자라 직무를 잘 수행하지 못하는 자들이 많습니다. 적임자가 아닌 자가 삼공의 자리에 있을 때에는 해와 달과 별의 빛이 밝지 않습니다. 올해 정월에 해와 달의 빛이 약했으니 그 잘못은 신하들에게 있습니다.

황제가 소망지의 말에 승상을 경시하는 뜻이 있다고 여기고, 건장궁(建章宮) 위위인 시중 금안상과 광록훈 양운, 어사중승 왕충(王忠)에게 명하여 소망지를 문책하게 했다. 소망지가 관을 벗고 세 사람의 질문에 답했다. 황제가 그 말을 듣고 소망지를 좋아하지 않았다.

뒤에 승상사직 파연수(繇延壽)[22]가 상소를 올렸다.

시중 알자 양(良)이 폐하의 명령을 받들어 망지에게 조서를 내리러 갔을 때, 망지는 두 번만 절하고 받았습니다.[23] 그러나 양이 망지에게 말할 때에는 〔예절을 갖추며〕 엎드려 손을 바닥에 짚고 양의 말을 들은 뒤에 어사들에게 "양은 예를 갖추지 않았다."라고 말했습니다.

규정에 따르면 승상이 병이 들었을 때 그다음 날 어사대부가 바로 문병을 가야 마땅합니다. 폐하께 보고를 올리기 위해 궁정 안에 모여 있을 때, 승상의 뒤에 서 있다가 승상이 양보하면 어사대부가 조금 앞으로 나아가며 읍을 하게 되어 있습니다. 그런데 승상이 최근 들어 여러 차례 병이 들었지만 망지는 문병하지 않았습니다. 대전에 모였을 때에도 승상에게 균례(鈞禮)로 대했습니다. 승상과 국사를 의논할 때 자신의 뜻에 맞지 않으면 망지는 "박양후의 연세가 설마 저의 아버지뻘이 될 만큼 많지는 않으시겠지요?"라고 빈정거렸습니다.

어사대부가 어사를 마음대로 부릴 수 없다는 규정이 있음을 알면서도 망지는 어사부에서 일하는 어사가 수레와 말을 스스로 준비한 뒤 두릉으로 가서 자신의 집안일을 돌보게 했습니다. 사(史) 이하의 하급 관리에게 법관(法冠)을 쓰고 자신의 아내가 수레를 타고 가는 길을 선도하게 했습니다. 또 하급 관리들에게 매매를 시켰는데, [소망지에게] 사사로이 이윤으로 늘려 준 것이 모두 십만 삼천 전이나 됩니다.

망지를 조사한 결과 대신으로 경학에 능통하고 높이 구경의 자리에 있으면서 지금의 조정 신하들이 모두 우러러보고 있음에도 심지어는 법을 지키지 않고 스스로 수양하지 않으며 거만하고 불손하게 굴었으며, 자신의 감독 아래에 있는 자에게서 이백오십 전이 넘는 돈을 받았으므로 나포하여 가두고 다스리게 해 주십시오.

황제가 소망지에게 조서를 내려 말했다.

담당 관리들이 보고하기를 그대가 짐이 보낸 사자가 예의 없다고 질책했고, 승상에게 예를 갖추지 않았으며, 청렴하다고 평가할 수 없고, 오만하고 불손하여 정사를 보좌하거나 백관의 솔선수범으로 적합치 않다는 상소를 올렸다. 그대가 생각이 깊지 못해 이런 허물을 저질렀다 해도 짐은 차마 그대를 법에 따라 처리할 수 없다. 이제 광록훈 운(惲)을 보내 조서를 내리니 그대를 태자태부로 좌천시켜 관인을 수여한다. 그러니 어사대부의 인을 사자에게 올린 뒤에 사은의 예를 생략하고 바로 태자태부의 일을 보도록 하라.

그대는 도덕을 준수하고 효의 뜻을 밝히라. 정직하게 행동하고 뜻을 굳건히 하여 잘못을 행하지 말며 변명하지 말라.

소망지가 좌천되자 황패가 소망지의 뒤를 이어 어사대부가 되었다. 몇 달 뒤에 병길이 세상을 떠나자 황패가 승상이 되었다. 황패가 세상을 떠난 뒤에는 우정국이 뒤를 이어 승상이 되었다. 소망지는 쫓겨나 있었으므로 승상이 되지 못했다. 소망지는 태부가 되어 황태자에게 『논어』와 『의례』「상복」을 가르쳤다.

그보다 먼저 흉노의 호한야 선우가 황제를 알현하러 오겠다고 했을 때,[24] 황제가 공경들에게 명령하여 선우에게 갖추어야 할 의전에 관해 의논하게 했다. 승상 황패와 어사대부 우정국이 의견을 냈다.

"성군의 제도는 덕을 베풀고 예를 행할 때 도읍에 있는 황제가 먼저이고 그 뒤에 중원의 제후가 오며, 중원의 제후 다음에 이적(夷狄)이 오게 되어 있습니다. 『시』에 이르기를 '〔현왕(玄王) 상설(商契)이〕 예법을 준수하여 위배하지 않고 나라 안을 순행하며 은

덕을 베풀었네. 〔상설의 손자〕상토(相土)가 강대한 위력을 발휘하자 해외의 이민족이 일제히 복속했네.'[25]라고 했습니다. 폐하께서 베푸신 성덕이 천지에 가득하여 사해의 바깥까지 그 빛을 받고 있습니다. 흉노의 선우가 폐하의 교화를 따르고 모화하며 진기한 선물을 받들고 하례를 드리러 온다고 하니 이는 예전부터 지금까지 한 번도 없었던 일입니다. 그러므로 선우에 대한 예의는 제후왕에 준하고 자리는 제후왕 다음에 배치해야 합니다."

소망지가 주장했다.

"선우가 정삭(正朔)을 쓰지 않고 있으니 흉노는 적국(敵國)[26]입니다. 그러므로 선우에게 신하의 예로 대하면 안 되고 자리는 제후왕보다 윗자리에 두어야 합니다. 외이(外夷)가 계수(稽首)하며 번국을 칭할 때 중국에서 겸양하며 신하로 대집하시 않는 것이 회유의 의리를 발휘하는 것이니 겸양하면 하늘과 땅이 서로 통하는 복을 누릴 수 있습니다.[27]

『서』에 '융적(戎狄)은 황복(荒服)에 있으면서 복속했다.'[28]라고 했는데, 이는 융적이 복속해 와도 너무 멀리 떨어진 황복에 있으므로 정한 기일에 맞추어 조공을 올리지 못한다는 뜻입니다. 그러므로 후대의 흉노 선우가 어느 날 새나 쥐가 종적을 감추듯이 종묘에 올리는 제사에 참예하지 않아도 반역한 번국으로 여겨서는 안 됩니다. 성실함과 겸양으로 만맥(蠻貊)을 대한다면 복록이 무궁무진하게 이어질 터, 만대에 전해질 황통을 위한 장구한 계책입니다."

황제가 소망지의 계책을 받아들여 명령을 내렸다.

"대체로 오제와 삼왕의 교화가 미치지 못하는 곳에는 바른 도리도 펼칠 수 없다고 들었다. 그럼에도 흉노의 선우가 북쪽의 번국을 칭하며 정월 초하루에 열리는 조회에 참석한다고 하는데, 짐의 능력이 부족하여 덕정을 그곳까지 넓게 펼치지 못한 것이 사실이다. 이제 객례(客禮)로 선우를 맞이하되 선우로 하여금 제후왕의 윗자리에 앉게 하도록 하고, 〔짐을 알현할 때〕 신하로 소개하면서 〔짐에게〕 절을 시키되 이름은 직접 부르지 않게 하라."

선제가 병으로 자리에 누웠을 때 후사를 부탁할 대신을 뽑았는데, 외가 쪽의 시중 낙릉후(樂陵侯) 사고(史高)와 태자태부 소망지, 소부 주감을 침전으로 불러 사고를 대사마 거기장군으로, 소망지를 전장군 광록훈으로, 주감을 광록대부로 임명했다. 세 사람은 모두 정사를 보좌하며 상서직을 겸하라는 황제의 명령을 받들었다.

선제가 붕어하자 태자가 황제의 존호를 세습했으니 바로 효원제(孝元帝)다. 소망지와 주감은 원래부터 사부로서 태자의 존중을 받아 왔는데, 황제가 즉위한 뒤에 한가한 틈을 타서 수차례나 알현하여 나라를 다스리는 방책을 올리고 제왕이 행할 일에 대해 설명했다. 소망지는 종실 중에서 경학에 밝고 통달한 산기 간대부 유갱생(劉更生)을 급사중에 천거하여 시중 금창(金敞)과 함께 황제의 측근에서 보좌하게 했다. 소망지, 주감, 유갱생, 금창 네 사람은 한마음으로 상의하면서 옛 제도에 따라 황제를 인도하고 권하며 여러 면에서 황제의 모자라는 바를 바로잡으려고 애썼다. 황제는 그런 그들의 뜻에 따르며 잘 받아들였다.

앞서 선제는 유가의 학술을 따르려고 하지 않고 법률을 주로 썼다. 게다가 중서직을 맡고 있던 환관이 권력을 장악하고 있었다.

중서령 홍공(弘恭)과 석현은 조정의 중요 사무를 맡아서 처리하고 있었는데 법령에 밝았다.[29] 두 사람은 거기장군 사고와 안팎이 되어 소망지 등 네 사람이 낸 의견을 들어주지 않았다. 그런데 홍공과 석현은 품행이 바르지 못해 때로 조정에서 굴욕을 당하기도 했다. 소망지는 중서령은 나라를 다스리는 일에 중요한 역할을 하므로 현명한 사람을 뽑는 것이 마땅하다고 여겼다. 무제가 황궁 후원에서 놀이를 즐기기 시작한 뒤로 중서 환관을 등용했으니 한 나라의 원래 제도가 아니었으며 궁형을 받은 자를 황제 가까이에 쓰지 않는 대의를 숭상하던 옛 제도에도 어긋나므로 중서령을 유생으로 바꾸어 등용해야 한다고 주장했다. 이 때문에 사고, 홍공, 석현 등과 크게 부딪쳤다. 그때는 황제가 막 즉위하여 겸양의 태도를 보이던 때라 중서 제도를 고치기 힘든 점이 있었으므로, 오래 끌면서 의논만 하다가 결정을 내리지 못했다. 대신에 유갱생을 조정에서 나오게 하여 종정으로 삼았다.

환관의 간계로 옥에 갇히다

○　　○　　○

소망지와 주감은 여러 차례에 걸쳐 유명한 유생과 인재를 천거하여 간관이 되게 했다.

회계 사람인 정붕이 속으로 소망지에게 붙어 벼슬자리를 얻고

싫은 마음에 상소를 올려 거기장군 사고가 문객을 지방의 군과 제후국에 보내 불법으로 이익을 챙기고 있고, 〔외척〕 허씨와 사씨 집안의 자제들이 죄를 짓고 있다고 고했다.

황제가 상소문을 주감에게 보여 주자 주감이 정붕을 금마문에서 대조하게 했다. 정붕이 소망지에게 주기(奏記)를 올려 말했다.

장군께서는 주공과 소공의 덕을 그대로 지니셨고 맹공착의 청렴한 자질을 함께 가지고 계시며 변장자(卞莊子)의 위풍이 있습니다. 이순(耳順)의 연세에 이르러서도 적을 꺾고 승리를 거두는 자리에 오르셔서 장군이 되셨으니 진실로 사민(士民)의 최고 자리에 계시게 되었습니다. 동굴에 은거하는 선비나 평민 백성 중에 이 일을 기뻐하지 않는 사람이 없으니 모두 장군이야말로 알맞은 사람이라고들 합니다.

이제 장군께서는 관중과 안영을 본받으려고 하십니까? 아니면 해가 질 때가 되어도 계속해서 나랏일을 돌보던 주공과 소공의 경지에 이르러 멈추시겠습니까? 관중과 안영의 경지에 이르러 멈추신다면 저 같은 자는 연릉계자(延陵季子)처럼 고향의 강변에 돌아가 농토를 일구고 닭을 치고 기장을 심으며 때를 기다려 군자에게 아들을 보여 드리고[30] 일생을 마칠까 합니다.

만일 장군께서 명백히 보통 사람의 행동을 뛰어넘어 심사숙고하시면서 간사한 자들의 위험한 길을 막아 내고, 일상적으로 나라를 다스리는 일에 중용의 덕을 선양하시며 주공과 소공의 유업을 중흥시켜 친히 해가 질 때까지 여러 사람의 말에 귀를 기울이신다면, 저 같은 자도 비록 미력이나마 모두 바쳐 칼날을 갈며 만분의 일이라도 도움이 되도록 이바지하겠습니다.

소망지가 정붕을 불러 만나 그의 주장을 듣고 성의껏 대했다. 정붕은 여러 차례에 걸쳐 소망지를 칭찬하면서 거기장군을 깎아내렸으며 허씨와 사씨의 허물을 지적했다.

뒤에 정붕이 사악해져서 소망지가 교류를 끊었다. 정붕은 대사농사(大司農史) 이궁(李宮)과 함께 대조했다. 주감이 이궁을 황문랑으로 삼아야 한다고 말했다. 정붕은 같은 초사(楚士) 출신의 주감을 원망했다. 그러고는 마음을 바꾸어 허씨와 사씨 측에 가담하겠다면서 예전에 허씨와 사씨 일족의 허물을 상소로 고발했던 일을 변명했다.

"그 모든 것은 주감과 유갱생이 시킨 것이었습니다. 나는 함곡관 동쪽 출신으로 사정을 몰랐습니다."

그리하여 시중 허장(許章)이 정붕을 접견해야 한다고 황제에게 고했다. 정붕이 황제를 알현하고 나와서 떠들었다.

"내가 폐하를 알현하여 전장군의 작은 허물 다섯 가지와 큰 죄 한 가지를 아뢰었는데, 중서령이 옆에서 내가 아뢴 사정을 다 들었다."

소망지가 그 말을 듣고 홍공과 석현에게 물어보았다. 석현과 홍공은 소망지가 이 사안을 보고하면 황제가 옥리에게 넘겨 조사할까 두려웠다. 그리하여 정붕과 대조 화룡(華龍)에게 일을 꾸미게 했다. 화룡은 선제 때에 장자교(張子蟜) 등과 대조하면서 뇌물을 받아 등용되지 못했다. 주감 편에 가담하고 싶어 했으나 주감 등이 받아 주지 않자 정붕과 결탁했다. 홍공과 석현이 그 두 사람에게 "소망지 등이 거기장군을 파직시키고 허씨와 사씨 일족을 멀리 물리치게 하려고 모의했다."라고 고발하게 했다. 정붕과 화룡은 소망지가 휴가 나가는 날을 기다려 황제에게 고소장을 올렸다. 사건을 홍공에게 넘겨 심문하게 하자 소망지가 대답했다.

"외척이 벼슬자리에 있으면서 사치와 방종을 많이 저질렀으므로 나라를 바로잡기 위해 그렇게 한 것이니 잘못이 아니오."

이에 홍공과 석현이 상주했다.

망지와 감, 갱생은 붕당(朋黨)[31]으로서 서로를 칭찬하며 천거하면서 여러 차례에 걸쳐 대신을 참소하고 황실 친척을 비방하여 폐하와 이간함으로써 권세를 마음대로 누리려고 했습니다. 신하로서 폐하께 불충하여 무상부도죄(誣上不道罪)를 지었으므로 알자가 불러와서 정위에게 보내기를 청합니다.

그때 황제가 즉위한 지 얼마 되지 않아 '알자가 불러 정위에게 보내는 것'이 옥에 가둔다는 뜻인 줄 모르고 허락했다. 뒤에 황제가 주감과 갱생을 찾았는데 옥에 갇혔다고 하자 몹시 놀라며 물었다.

"정위가 그저 조사하는 것이 아니었던가?"

황제가 홍공과 석현을 질책하자 두 사람이 머리를 조아리며 사죄했다. 황제가 말했다.

"옥에서 나와 직무를 보게 하라."

홍공과 석현이 사고(史高)를 시켜 황제에게 아뢰었다.

"황상께서 새로 즉위하신 뒤에 천하에 덕정을 베풀어 교화했다는 소문이 나지 않고 있습니다. 이미 사부를 심문했고 경과 대부[32]도 옥에 가두어 조사했는데, 심문 내용에 따라 면직 판결을 내려야 마땅합니다."

황제가 승상과 어사대부에게 조서를 내렸다.

전장군 망지는 짐을 여덟 해 동안 가르친 스승으로 다른 죄과가 없다. 지금 거론하는 일도 이미 오래된 일이라 밝히자고 해도 어떤 일은 잊어버렸으므로 밝히기 어렵다. 그러므로 망지의 죄를 사하되 전장군과 광록훈의 인수를 몰수하고 감, 갱생과 함께 면직시켜 평민으로 강등하라.

이어서 정붕을 황문랑으로 삼았다.

굴욕 대신 자결을 택하다

○   ○   ○

몇 달 뒤에 황제가 어사대부에게 조서를 내렸다.

나라가 흥하려면 스승을 존중해야 할 것이다. 전장군 망지는 짐을 여덟 해 동안이나 가르치며 경학으로 짐을 이끌었으니 그 공이 컸다. 그러므로 망지에게 관내후 작위를 내리고 식읍 육백 호[33]를 하사하며 급사중을 더한다. 초하루와 보름에 열리는 조회에 다달이 참석하되 장군의 다음 자리에 앉게 하라.

황제는 소망지를 승상에 임명하고 의지하고 싶어 했다. 그때 소망지의 아들이었던 산기중랑 소급(蕭伋)이 황제에게 글을 올려 앞서 소망지가 관직을 모두 삭탈당했던 것이 억울하다고 변호했다. 황제가 담당 관리에게 사건을 내려보내자 새로 보고가 올라왔다.

망지가 전에 법을 어겼던 것이 명백하니 누가 참소를 했기 때문이 아니었습니다. 그런데도 아들을 시켜 폐하께 올린 글에서 『시』에서 무죄를 읊은 대목을 인용하여 자신을 변호했으니 대신의 체통을 잃고 불경죄를 지었으므로 나포하기를 청합니다.

홍공과 석현 등은 소망지가 평소에 절개가 높아 굴욕당함을 참지 못하리라는 것을 알았으므로 이렇게 주장했다.

"이전에 망지가 장군으로 있으면서 정사를 보좌할 때 허씨와 사씨를 몰아내고 전권을 휘두르며 조정 일을 마음대로 처리하려고 했습니다. 다행히 폐하의 은총을 입어 벌을 받지 않았고 그 뒤에 작위와 식읍까지 받았으며 정무를 토론하는 일에도 참여하게 되었으나 허물을 후회하거나 죄를 인정하지 않고 도리어 마음속 깊이 원망하며 아들을 시켜 폐하께 글을 올리게 했으니, 이는 잘못을 폐하께 돌린 것이라 할 수 있습니다. 황제의 스승이었던 것을 믿고 자신이 끝끝내 벌을 받지 않으리라 생각하고 있으니 망지를 옥에 가두어 얼마만큼이라도 굴욕을 주어 그 불만에 가득한 마음을 먹지 못하게 해야 합니다. 이렇게 하지 않으면 폐하께서는 백성들에게 후한 은덕을 고루 내리지 않는 군주가 되실 것입니다."

황제가 말했다.

"소 태부가 평소에 강직했는데 옥리에게 가려고 하겠는가?"

석현 등이 아뢰었다.

"인명은 중합니다. 망지의 지은 죄는 말을 잘못한 가벼운 죄이니 근심할 것이 전혀 없습니다."

그 말을 듣고 황제가 석현 등에게 그들이 올린 안대로 하라고 허락했다.

석현 등이 조서를 밀봉하여 알자에게 주고 명령하기를 소망지를 불러내어 직접 손에 쥐어 주라고 했다. 그에 따라 태상으로 하여금 급히 집금오의 수레와 말을 재빨리 출동시켜 소망지의 집을 포위했다.

사자가 도착하여 소망지를 불러내자 소망지가 스스로 목숨을 끊으려고 했다. 소망지의 부인이 황제에게 소망지를 죽이려는 뜻이 없을 것이라며 소망지를 말렸다. 소망지가 문하생인 주운(朱雲)에게 어떻게 하면 좋을지 물었다. 주운은 절의를 지키기 좋아하는 선비였기 때문에 소망지에게 스스로 목숨을 끊으라고 권했다. 그 말을 들은 뒤에 소망지가 하늘을 우러러보며 탄식했다.

"내가 일찍이 장상(將相)의 자리에 있었고 나이도 예순을 넘겼는데 늙어서 옥에 갇혀 구차하게 살기를 바란다면 그 또한 비루한 일 아니겠는가!"

소망지가 주운의 자를 부르며 말했다.

"유(游)야, 빨리 약을 타서 가져오너라. 나는 더 오래 살 생각이 없으니 죽어야겠다."

그러고는 마침내 짐독을 마시고 자결했다. 황제가 그 소식을 듣고 놀라서 손바닥으로 땅을 치며 말했다.

"요전에 스승께서 옥에 갇히는 것을 못 견뎌하며 세상을 떠나지 않으실까 걱정까지 했는데……. 내가 결국은 어진 사부를 돌아가시게 했구나!"

소망지가 죽었다는 보고가 올라왔을 때 마침 태관이 황제에게 점심을 올리던 중이었다. 황제가 음식을 물리고 소망지를 생각하며 눈물을 흘렸다. 황제가 슬퍼하는 모습에 좌우에 있던 신하들도 함께 슬퍼했다. 그 뒤에 석현 등을 불러 조사도 해 보지 않고 죄가 있다고 결정해 버린 점을 문책하자, 모두 관을 벗고 아주 오랫동안 사죄하다가 물러났다.

소망지는 죄가 있는 채로 죽었기 때문에 해당 관원이 그 작위와 식읍을 없애야 한다고 청했다. 그러나 황제가 조서를 내려 은전을 베풀고, 맏아들 소급을 후사로 삼아 관내후에 봉했다.

황제가 소망지를 잊지 못하고 그리워하면서 해마다 소망지의 기일이 되면 사자를 보내 제사를 지내고 무덤을 돌보게 했으니 원제 시대가 끝날 때까지 그렇게 했다. 소망지에게는 아들이 여덟 명 있었는데 소육, 소함, 소유가 높은 벼슬에 올랐다.

높은 버슬에 오른 소망지의 세 아들

○　○　○

소육(蕭育)의 자는 차군(次君)이다. 젊어서 아버지 덕택에 태자 서자(太子庶子)가 되었다.

원제가 즉위하자 낭관이 되었으나 병 때문에 그만두었다가 뒤에 어사가 되었다. 대장군 왕봉은 소육이 명망 높은 인물의 아들인 데다 재능도 뛰어났으므로 공조(功曹)에 임명했다가 알자에 천거했으며 부교위로 흉노에 출사하게 했다. 그 뒤에 무릉 현령이 되었는데 지방관의 실력 평가에서 소육이 여섯 번째를 차지한 대신에 칠현(漆縣) 현령인 곽순(郭舜)이 꼴찌를 차지하여 문책을 받았다. 소육이 곽순을 널리 헤아려 달라고 사정하자 부풍이 화를 내며 말했다.

"그대는 평가에서 여섯 번째를 차지하여 겨우 처분을 면한 주제에 무슨 여유로 옆의 사람까지 사정하려고 드는가!"

평가가 끝나고 나서 무릉 현령 소육을 불러오게 하여 후조(後曹)에 가서 직무를 행한 바에 대해 심문에 응하라고 했다. 소육이 후조를 지나 바로 나가 버리자 서좌(書佐)가 소육을 따라 나와 끌어당겼다. 그러자 소육이 패도를 잡고 말했다.

"나 소육이 두릉의 장부인데 어찌 후조에 가겠는가!"

그러고는 종종걸음으로 그 자리를 떠나 벼슬을 그만두려고 했다. 이튿날 아침 황제가 불러서 들어갔는데 황제가 사례교위에 임명했다. 소육이 부풍부(扶風府) 관아의 문을 지날 때에 부풍부에 속한 수백 명의 연(掾)과 사(史)가 소육을 만나 보러 수레 앞까지 왔다. 그 뒤에 대장군의 뜻을 따르지 않아 면직되었다가 다시 중랑장이 되어 흉노에 출사했다. 기주와 청주(靑州) 두 군[34]의 자사와 장수(長水) 교위, 태산(泰山) 태수를 거친 뒤에 조정에 들어가 대홍려가 되었다.

호현(鄂縣)에서 이름을 떨치던 도적 양자정(梁子政)이 산세에 의지하며 해를 끼쳤지만 오랫동안 잡아서 죄를 다스리지 못했다. 그러나 소육이 우부풍이 된 지 몇 달 뒤에 양자정 등을 모두 주살했다. 뒤에 정릉후 순우장과 아주 친하게 지냈다는 이유로 연좌되어 면직되었다.

애제 때에 남군의 장강(長江) 유역에 도적이 많이 출현했으므로 소육을 남군 태수로 보냈다. 황제가 소육을 연로하면서 명망이 높은 명신으로 대접하여 삼공이 타는 사거(使車)에 태워 황궁 안에 들어오게 한 뒤에 조서를 내려 말했다.

남군에 도적이 떼를 이루어 백성에게 해를 입히고 있으니 이는 심히 우려스러운 일이다. 태수는 위신이 항상 높았으므로 남군 태수 직을 맡겼으니 부임한 뒤에 백성을 위해 해를 끼치는 도적을 제거하고 평민을 안정시킬 수만 있다면 작은 법 조항에 구애받지 말라.

황제가 황금 스무 근을 하사했다. 소육이 남군에 이르러 도적을 깨끗하게 소탕했다. 병으로 벼슬을 그만두었다가 다시 황제의 부름을 받고 광록대부 집금오가 되었다. 관직에 있으면서 천수를 누리다가 죽었다.

소육은 사람이 단호하고 용맹했지만, 벼슬을 하던 중에 여러 차례 면직되었으며 승진한 일이 드물었다. 젊어서 진함(陳咸), 주박(朱博)과 더불어 벗이 되었는데 당시 이 세 사람의 교유는 아주 유명했다. 예전에 왕양(王陽)과 공공(貢公)의 사귐이 유명했으므로 당시 장안에는 "소(蕭)와 주(朱)가 서로 추천하여 벼슬한 것은 왕(王)과 공(貢)이 서로 끌어 준 것과 같다."라는 말이 나돌았다. 이 말은 벗끼리 서로를 천거하여 벼슬길로 이끌었다는 뜻이다. 애초소육과 진함은 둘 다 공경의 아들로 유명했는데 진함이 먼저 벼슬길에 올라 열여덟 살에 좌조가 되었고 스물 몇 살에 어사중승이 되었다. 주박이 두릉의 정장으로 있을 때 진함과 소육의 천거를 받아 외척 왕씨 일파에 들어갔다.

그 뒤에 세 사람이 함께 자사와 태수, 제후국의 상을 거쳐 구경의 반열에 올랐다. 뒤에 주박이 먼저 장군과 재상에 올랐으니 진함과 소육보다 더 많은 관직을 거쳐 마침내 승상이 되었다. 소육과 주박은 뒤에 틈이 벌어져서 끝까지 화해하지 못했다. 그리하여 세상에서는 벗을 사귀는 일이 어렵다고들 했다.

소함(蕭咸)의 자는 중(仲)이다. 승상사가 되었다가 뛰어난 인재로 천거되어 호지(好時) 현령으로 나갔다가 회양국(淮陽國)과 사수국(泗水國)의 내사로 옮긴 뒤에 장역, 홍농, 하동의 태수를 지냈다. 가는 곳마다 업적을 이루어 여러 차례에 걸쳐 봉록을 올려 받고 황금도 하사받았다.

뒤에 면직되었다가 다시 월기교위, 호군도위, 중랑장이 되었다.

흉노에 출사했다가 대사농이 되었는데 관직에 있으면서 세상을 떠났다.

소유(蕭由)의 자는 자교(子驕)이다. 승상부 서조(西曹)와 위장군의 연(掾)이 되었다가 알자로 옮겼다. 부교위로 흉노에 출사했다. 뒤에 현량 인재로 천거되었다. 정도 현령이 되었다가 태원군 도위로 옮겼다. 안정 태수로 있을 때 안정군을 잘 다스려 명망이 높았으므로 소유를 천거하는 사람이 많았다.

그보다 먼저 애제가 정도왕으로 있을 때 소유가 정도 현령으로 있으면서 정도왕의 뜻에 따르지 않았다.〔애제가 즉위한 뒤〕얼마 지나지 않아 조서를 내려 소유를 서인으로 강등시켰다. 애제가 붕어한 뒤에 다시 복토교위(復土校尉)와 경보좌보도위(京輔左輔都尉)가 되었다가 강하(江夏) 태수로 옮겼다. 장강 주변에서 일어난 도적 성중(成重) 등을 평정한 공이 뛰어나 봉록을 올려 받으며 진류(陳留) 태수가 되었다.

〔평제〕원시 연간에 명당과 벽옹을 수축하고 제후왕을 모두 불러 모아 조정을 열었을 때 황제가 소유를 불러들여 대홍려로 삼았다. 마침 소유가 병이 나서 빈객을 접대하는 의례를 잘 주재하지 못했으므로 원래 관직으로 돌아갔다가 병으로 벼슬을 그만두었다. 뒤에 다시 중산대부가 되었다가 관직에 있으면서 세상을 떠났다.

소망지의 집안에는 이천석 벼슬에 오른 자가 예닐곱 명이나 되었다.

찬하여 말한다.

소망지는 대신을 역임했는데 황제가 늘 스승의 은혜에 감사했기 때문에 격의가 없을 만큼 황제와 친했다고 한다. 그러나 잘못한 점이 드러나자 황제와 틈이 벌어지기 시작했는데, 그때 참소하는 사악한 무리가 소망지를 해치려고 들어 마침내 황제의 총애를 받던 환관의 음모에 걸려들고 말았으니 애달픈 일이다! 그런 일은 일어나지 말았어야 했다.[35]

소망지는 당당했으니 꺾일지언정 굽히지 않았고, 유생의 태두로서 황제를 보좌하는 능력을 갖추고 있었으니 옛사람의 풍모에 가까운 사직신이었다.

49

풍봉세전
馮奉世傳

풍봉세(馮奉世, ?~기원전 40년)와 네 아들 풍야왕(馮野王), 풍준(馮逡), 풍립(馮立), 풍참(馮參)의 사적이 실려 있다. 풍봉세는 서강을 정벌하여 조충국에 버금가는 역전의 명장으로 이름을 떨쳤다. 그런데 반고의 찬을 보면 이 편의 주인공은 중산 태후와 풍참이다. 중산 태후는 풍봉세의 맏딸로 원제의 후궁이 되어 중산 효왕을 낳았다. 중산 효왕의 아들이 전한 마지막 황제인 평제로 즉위하지만, 즉위 전에도 후에도 풍씨 집안은 외척으로서 거의 권세를 누리지 못했다. 중산 태후는 애제가 즉위한 뒤에 부 태후의 모함을 받아 동생 풍참과 함께 비참하게 죽었다. 부 태후와 중산 태후는 둘 다 원제의 후궁이었는데 중산 태후가 총애를 받으면서 비극이 싹트기 시작했으니, 반고는 죄 없이 죽어 간 중산 태후 남매를 기리고자 짧게나마 이 편을 따로 세운 것으로 보인다.

조충국에 버금가는 역전의 명장 풍봉세

○ ○ ○

풍봉세의 자는 자명(子明)이고, 상당군(上黨郡) 노현(潞縣) 사람인데 두릉현으로 이주했다.

풍봉세의 선조 중에 풍정(馮亭)이 〔전국 시대〕 한(韓)나라 상당 군수를 지냈다. 진나라에서 상당을 공격하면서 태항산(太行山) 안으로 난 길을 끊어 버리자 한나라 부대가 지킬 수 없게 되었다. 그때 풍정이 조(趙)나라에 상당성을 바치면서 지켜 달라고 했다. 조나라에서 풍정을 화양군(華陽君)에 봉했다. 풍정은 조나라 장군 조괄(趙括)과 함께 진나라에 대항하다가 장평(長平)에서 전사했다.[1] 그 뒤로 가족이 나뉘어 〔진나라 땅이 된〕 노현에 남거나 조나라로 가서 살았다. 조나라에 살았던 자는 관수장(官帥將)[2]이 되었고 관수장의 아들은 대나라의 상이 되었다. 진나라가 육국을 멸한 뒤에[3] 풍정의 후손 풍무택(馮毋擇),[4] 풍거질(馮去疾), 풍겁(馮劫)이 모두 진나라의 장군과 상을 지냈다.

한나라 건국 이후 문제 때의 풍당(馮唐)이 이름을 날렸는데 바로 대나라 상의 아들이다.

무제 말년에 풍봉세가 양가자(良家子)로서 낭관에 선발되었다. 소제 때에 공훈의 서열에 따라 무안(武安)의 현장(縣長)이 되었다가 벼슬을 잃었다. 풍봉세는 나이 서른이 넘어 『춘추』의 대의를 섭렵하고 병법 서적을 읽었으므로 전장군 한증이 군사공령(軍司空令)에 임명하겠다고 상주했다. 〔선제〕 본시 연간에 흉노 공격에 참전했다가 전쟁이 끝난 뒤에 다시 낭관이 되었다.

한나라에서는 일찍이 서역에 여러 차례 사신을 보냈는데 대다수가 사명을 제대로 수행하지 못해 맡은 임무를 다하지 못하거나 직권을 이용하여 재물을 얻거나 하여 외국에서 옥에 갇히는 곤욕을 치렀다.

그 무렵에 오손국이 흉노를 공격할 때 큰 공을 세웠고 서역 여러 나라가 새로 한나라와 친선 관계를 맺었으므로 한나라에서 그들에게 잘 대해 주고 그 지역을 안정시키기 위해 외국에 사신으로 나갈 자를 뽑기로 했다. 전장군 한증이 위후(衛候)의 신분으로 한나라에 왔다가 귀국하는 대원국과 그 근처 여러 나라의 사신들을 호송하도록 풍봉세를 천거했다. 풍봉세가 〔선선국(鄯善國)〕이수성(伊修城)에 도착했을 때 도위 송장(宋將)이 보고하기를, 사서국(莎車國)과 그 이웃 나라 사람들이 한나라에서 즉위시킨 사거왕 만년(萬年) 그리고 만년을 사거국에 호송했던 한나라 사자 해충국(奚充國)을 죽였다고 했다.

그때 흉노에서 다시 군대를 출동시켜 거사성(車師城)을 공격했으나 함락하지 못하고 철수했다. 사거국에서 사신을 파견하여, 서역 북도 연변의 여러 나라가 이미 흉노에 복속했고 남도 연변의 여러 나라를 침략한 뒤에 짐승을 잡아 그 피를 나누어 마시고 함께 한나라에 등을 돌릴 것이니 선선국의 서쪽에 있는 나라들은 모두 관계를 끊고 한나라와 왕래하지 않을 것이라 큰소리를 쳤다.

서역도호 정길(鄭吉)과 교위 사마의(司馬意)의 부대가 모두 서역 북도 연변의 여러 나라 사이에 갇혀 있었다. 풍봉세가 자신의 부관 엄창(嚴昌)과 대책을 논의했는데 서둘러 공격하지 않으면 사거국의 세력이 제압하기 어려울 정도로 커져서 서역 전체가 위기에 빠질 것이라 결론 내렸다. 풍봉세가 한나라 사자의 부절을 내보이고 〔사거국과 동맹을 맺지 않은〕 여러 나라의 국왕에게 각각 군대를 출동하도록 포고했다. 서역 남도와 북도의 여러 나라 연합군 일만 오천 명이 사거국에 진격하여 수도를 함락했다. 사거왕이 자결했으므로 풍봉세가 그 머리를 역참 수레에 실어 장안에 보냈다. 서역 여러 나라가 모두 평정되어 풍봉세의 위세가 서역 전체를 흔들었다. 풍봉세가 전투를 끝내고 황제에게 보고하자 선제가 한증을 불러 접견하며 말했다.

"장군이 딱 맞는 사람을 천거했소. 축하하오."

풍봉세는 그길로 서쪽의 대원국으로 갔다. 대원국도 풍봉세가 사거왕을 토벌했다는 소식을 듣고 다른 사자보다 훨씬 존중해 주었다. 풍봉세는 대원의 명마 상룡(象龍)을 얻어 돌아왔다. 황제가 크게 기뻐하며 대신들에게 풍봉세를 봉하는 일을 의논하게 하자 승상과 장군이 함께 아뢰었다.

"『춘추』의 뜻에 따르면 대부가 외국에 출사했을 때 나라를 안정시킬 수 있는 일이라면 재량껏 해도 괜찮습니다. 봉세가 매우 뛰어난 공을 세웠으므로 작위와 봉토를 상으로 내리심이 마땅합니다."

그런데 소부 소망지만은 주장이 달랐다.

"봉세가 명을 받들고 출사했다가 함부로 황제의 명령을 칭하며 자신의 사명과 어긋나게 서역 여러 나라의 군대를 출동시켰으니 비록 공을 세웠다고는 해도 후세의 모범으로 삼을 수 없습니다. 지금 봉세를 봉한다면 이 뒤에 황제의 명을 받들고 출사하는 사자들이 함부로 행동하는 길을 열어 주게 됩니다. 봉세를 따라 다투어 군대를 출동시키며 만리타국에서 공을 세우겠다고 나선다면 조정으로 하여금 이적의 땅에서 일어난 일에 휘말리게 할 것입니다. 이런 일이 앞으로 계속 일어나게 할 수 없으므로 봉세를 봉해서는 안 됩니다."

황제가 소망지의 의견을 옳게 여기고 풍봉세를 광록대부 수형도위에 임명했다. 그 뒤에 원제가 즉위하여 풍봉세를 집금오에 임명했다.

〔그 무렵 예전에 투항하여〕 상군(上郡) 땅의 속국에서 살던 귀의항호(歸義降胡) 만여 명이 돌아갔고, 그보다 먼저 소제 말기에 서하군 땅에 있던 호(胡) 속국의 이추약왕(伊酋若王)도 수천 명의 부족민을 이끌고 반란을 일으켰는데 그때마다 풍봉세가 부절을 지니고 군대를 이끌며 추격했다.

우장군 전속국 상혜가 세상을 떠나자 풍봉세가 그 뒤를 이어 우장군 전속국이 되었다. 제리직을 더해 받았고 몇 해 뒤에는 광록훈이 되었다.

강족을 대파했으나 열후에 봉해지지 않다

○　○　○

영광 2년 가을에 농서에 살던 강족 섬자(彡姐)[5] 지파가 반란을 일으켰다. 황제가 조서를 내려 승상 위현성(韋玄成)과 어사대부 정홍, 대사마 거기장군 왕접(王接), 좌장군 허가(許嘉), 우장군 풍봉세에게 이 일을 상의하게 했다. 그 무렵에는 해마다 곡식알이 잘 여물지 않아 장안에서는 조 한 석에 이백여 전이나 했고 변방의 군에서는 사백 전, 함곡관 동쪽에서는 오백 전이나 했다. 사방에 기근이 들어 조정에서 걱정하고 있을 때 강족의 반란을 만난 것이었다. 위현성 등은 침묵하면서 아무도 대답하지 않았다. 그때 풍봉세가 주장했다.

"강로가 최근에 변경 안에서 반란을 일으켰는데 제때에 토벌하지 않으면 먼 곳의 만(蠻)을 위력으로 제압할 수 없습니다. 신이 군대를 이끌고 토벌하러 가겠습니다."

황제가 병력이 얼마나 필요한지 묻자 풍봉세가 답했다.

"신이 듣기로 전투에 능한 장수는 군대를 두 번 일으키지 않고 군량을 세 번 나르지 않아 군대를 오래 야영시키지 않고도 천자께서 내리신 토벌의 명을 서둘러 완수한다고 합니다. 과거에 적군의 수를 제대로 파악하지 못하여 군사들이 죽거나 다치는 일이 자주 있었으니 여러 차례 군량을 실어 나르며 시간을 허비하고 경비를 많이 쓴 것은 말할 것도 없고 위무도 손상을 입었습니다.

이번에 반란한 적이 어림잡아 삼만 명쯤 되는데 병법에 따르면 적군의 곱절을 써야 하므로 육만 명이 필요합니다. 강융(羌戎)은 활과 창을 무기로 쓰는데 견고하지 못하고 날카롭지도 않으니 사만 명을 동원하여 한 달 안에 해결할 수 있습니다."

승상과 어사대부, 대장군과 우장군은 모두 사람들이 추수할 때라 많은 병력을 동원할 수 없으니 만 명이 주둔하며 지키면 충분하다고 주장했다. 그러자 풍봉세가 말했다.

"그렇게 할 수 없습니다. 천하에 기근이 들어 군사와 말이 여위고 수도 줄었으며 수비와 공격을 위한 준비가 오래전부터 제대로 되지 않아 정예 병력을 갖추지 못했으므로 모든 이적이 변방의 관리를 우습게 보던 중에 강로가 먼저 반란을 일으킨 것입니다.

그런데 지금 만 명을 여러 곳에 나누어 주둔시키면 강로는 병력이 적은 것을 보고 속으로 두려워하지 않을 테니 공격에 나서도 군사를 다치게 할 것이고 수비에 나서도 백성을 구할 수 없습니다. 그렇게 약한 모습을 보이면 강족들이 유리한 기회라고 여기고 여러 종족과 연합하여 서로 선동하며 봉기할 것입니다. 그때에 이르면 중원에서 사만 명을 동원해도 모자라며 재물과 돈을 써도 해결할 수 없을까 걱정입니다.

지금 병력을 적게 출동시키면 시간만 끌 뿐이니 대군을 일으켜 일거에 해결하는 것에 비해 성패는 만 배 차이가 날 것입니다."

풍봉세가 재삼 주장했으나 뜻을 이루지 못했다. 황제가 조서를 내려 이천 명을 더 얹어 주었다.

그렇게 풍봉세에게 기병 일만 이천 명을 주어 황무지를 개간하여 농사를 짓기 위해 주둔한다는 명목으로 출동하게 했다. 풍봉세가 전속국 임립(任立)과 호군도위 한창(韓昌)을 편비(偏裨)로 거느리고 농서에 도착하여 세 곳으로 나누어 주둔했는데 전속국이 지휘하는 우군(右軍)은 백석(白石)에 주둔하고, 호군도위는 전군(前軍)을 거느리고 임토(臨洮)에 주둔했으며, 풍봉세는 중군(中軍)을 거느리고 수양(首陽)의 서극산(西極山) 상면에 주둔했다.

전군(前軍)이 항동반(降同阪)에 이르렀을 때, 먼저 교위 한 명을 내보내 전방에서 강족과 유리한 지형을 차지하기 위해 싸우게 했다. 또 광양곡(廣陽谷)으로 교위를 파견하여 백성을 구제하게 했는데 강로의 수가 아주 많았으므로 두 부대 모두 패하고 교위 두 명이 죽임을 당했다. 풍봉세가 그곳의 지형과 그에 따라 군사를 각각 얼마씩 배치할 것인가에 대한 계획을 올리고 삼만 육천 명을 더 보내 주어야 일을 해결할 수 있다고 상소했다. 상소가 올라오자 황제가 육만 명이 넘는 군대를 징발하고 태상으로 있던 익양후(弋陽侯) 임천추(任千秋)를 분무장군(奮武將軍)[6]에 임명하여 풍봉세를 돕게 했다. 그러자 풍봉세가 상소를 올렸다.

보내 주시는 군사는 받겠으나 장군까지 수고롭게 할 필요는 없습니다.

풍봉세는 그 글에서 군량 운수 경비에 관해서도 언급했다. 황제가 옥새를 찍은 국서를 보내 풍봉세를 위로하며 한편으로 질책했다.

짐이 군대를 거느리고 야영하며 작전을 펼치느라 몹시 고생하고 있을 우장군을 위문한다.

강로가 변경에서 소요를 일으켜 관민을 죽이며 하늘의 도리를 위배했으므로 장군이 군대를 거느리고 징벌하도록 파견했는데, 장군의 자질이 뛰어난 데다 정예병을 거느렸으니 반란한 무리를 징벌하는 것은 백전백승의 길일 것이다. 그런데 지금 적에게 패했다는 말이 있으니 중원으로서는 크게 수치스러운 일이다. 평소에 적을 막는 훈련을 하지 않았던 연고인가?[7] 아니면 장군이 부하들에게 후하게 은덕을 내리지 않았거나 공을 세운 자에게 상을 내리는 정확한 원칙을 제대로 발표하지 않았기 때문인가? 짐이 보기에 아주 이상하다.

장군이 상소문에 이르기를 강로는 깊은 산에 의지하고 있는데, 좁은 길이 많아서 반드시 그 많은 요지마다 병력을 배치하여 매복시킨 뒤에야 군대를 출동시켜 일을 해결할 수 있다고 하면서 이미 부대를 다 배치했으니 새로 장군이 파견되면 안 되는 형세라고 했다. 앞서도 장군이 말하기를 병력이 적어서 수비하기에 부족하다고 했으므로 그 근처에 있던 기병 부대를 출동시켜 밤낮으로 쉬지 않고 그곳에 보냈는데 그때는 공격하기 위해서가 아니었다. 이번에는 삼보, 하동, 홍농의 월기(越騎), 적사(迹射), 차비(伕飛), 구자(毅者), 우림고아(羽林孤兒) 및 호속루(呼速累) 부대와 녹종(騄種) 부대[8]를 징발하여 급히 그곳으로 파견한다.

전쟁은 재앙을 일으키는 단초로 언제나 승리와 패배가 갈리게되어 있으니 이번에 좋은 계책을 미리 정하지 못하거나 적군의 상황을 자세하게 파악하지 못하여 패배할까 걱정되어 분무장군을 새로 파견하게 되었다. 병법에도 전군을 통솔하는 장군이 전투에 나갈 때에는 반드시 편비가 있어야 위무를 떨칠 수 있고 작전을 수립할 때 참모 노릇을 할 수 있다고 했는데, 장군이 걱정하는 점은 무엇인가?

대저 장군의 책무는 장교와 병사를 아끼면서 전군의 마음을 얻고 전투에 나가면 뒤를 돌아보지 않고 반드시 적을 완전하게 제압하는 것이고 군량 운수 경비는 해당 관원이 관장하는 것이니 장군은 걱정하지 말라.

분무장군의 부대가 도착하기를 기다려 함께 강로를 공격하라.

10월에 군대가 농서에 모두 집합하고 11월에 함께 진공하여 강로를 대파하고 적군 수천 명의 목을 베었다. 목숨을 건진 적들은 모두 변경 밖으로 달아났다. 승전보를 받지 못한 한나라 조정에서 다시 만 명의 병사를 모집하여 출동시키되 정상(定襄) 태수 한안국을 건위장군(建威將軍)으로 임명해서 지휘하게 했다. 그런데 한안국의 부대가 진격하기 전에 강족을 격파했다는 보고가 올라와서 출격을 그만두며 황제가 말했다.

"강로가 격파되어 흩어지면서 두려움에 떨며 변경 밖으로 달아났다고 하니 군대를 철수하되 소수를 남겨 농사를 지으며 요새를 방비하게 하라."

이듬해 2월에 풍봉세가 장안으로 귀환하여 좌장군에 복직하고 예전처럼 광록훈직도 맡았다. 그 뒤에 공훈에 따라 작위를 수여하는 조서가 내려졌다.

　강로가 흉포하고 교활하게 관민을 죽이고 농서의 관아를 공격
했으며 역참과 정에 불을 지르고 길과 다리를 끊으면서 하늘의 법
도에 극도로 어긋난 짓을 했으므로 앞서 좌장군 광록훈 봉세가 군
대를 이끌고 토벌에 나서 적의 머리 팔천여 급을 베고 수만 마리의
말과 소, 양을 얻었다. 이에 봉세에게 관내후 작위와 식읍 오백 호,
황금 육십 근을 내린다.

　풍봉세와 함께 작전에 참가했던 비장(裨將)과 교위 서른 몇 명
도 모두 작위를 받았다.

　몇 해가 지났을 때 풍봉세가 병으로 세상을 떠났다. 풍봉세는
열 해 동안 장군의 지위에 있으면서 적에게 승리를 거둔 역전의
명장으로 그 공이 조충국에 버금갔다.

　분무장군 임천추의 아버지는 임궁(任宮)으로 소제 때에 승상부
징사(徵事)로 반란을 일으켰던 좌장군 상관걸을 붙잡아 벤 공으로
열후에 봉해졌고 선제 때에 태상이 되었다가 세상을 떠났다. 임천
추가 후사로 후위를 이어받고 태상에 임명되기까지 했다. 성제 때
에 낙창후 왕상이 풍봉세의 뒤를 이어 좌장군이 되자 임천추는 우
장군이 되었는데 그 뒤에 다시 좌장군이 되었다. 자손에게 후위가
계속 내려가다가 왕망 때에 끊어졌다.

　풍봉세가 죽고 두 해가 지나서 질지(郅支) 선우를 주살한 서역
도호 감연수가 열후에 봉해졌다. 그때 승상 광형이 감연수가 허위

로 황제의 명령을 칭하며 제멋대로 일을 처리했다는 이유로 소망지의 이전 주장에 따라 열후에 봉하는 것이 부당하다는 의견을 냈다. 하지만 다른 대신들이 모두 감연수의 공을 칭찬했으므로 황제가 여러 사람의 의견을 좇아 감연수를 봉했다. 그러자 두흠(杜欽)이 상소를 올려 과거로 거슬러 올라가 풍봉세가 그 전에 세운 공을 변호했다.

그 전에 사거왕이 한나라 사자를 죽이고 근처의 여러 나라와 약조를 맺고 한나라에 배반했을 때 좌장군 봉세가 위후(衞候)의 신분으로 한나라에 유리하게 하려고 군대를 징발하여 사거왕을 죽이고 서역의 성곽 국가들을 안정시켰으니 변경에서 그 공을 떨쳤습니다. 대신들이 봉세가 황제의 명을 받들고 사신으로 나갔으므로『춘추』의 뜻에 따르면 사자가 임시로 행한 일을 추궁하지 않아야 하지만, 한나라 법에 따르면 허위로 황제의 명령을 발포한 교제죄(矯制罪)에 해당했으므로 열후에 봉하지 않았습니다.

이번에 흉노의 질지 선우가 한나라 사자를 죽인 뒤에 강거국(康居國)으로 피신했을 때 도호 연수가 성곽 국가의 군대와 둔전하고 있던 한나라 군대를 합해 사만여 명을 출동시켜 질지 선우를 베었으므로 열후에 봉했습니다.

신의 어리석은 생각으로는 죄를 논하자면 질지 선우가〔사거왕보다〕가볍고 적군의 숫자를 비교하면 사거왕 부대가〔질지 선우 부대보다〕많았으며 동원한 우리 쪽 부대를 생각하면 봉세가〔연수보다〕적습니다. 또 나라를 이롭게 한 면에서 보면 봉세는 변경을 안정시키는 공을 세웠고 손해를 끼친 면에서 보면 연수가 나라에 끼친 화가 컸다고 여겨집니다. 이 둘이 명을 어기고 단독으로 일을 저지른 것은 같으나, 연수는 조정에서 땅을 갈라 열후에 봉한 반면에 봉세는 공을 인정받지 못했습니다.

같은 공을 세우고도 상을 다르게 받았을 때 공을 세우는 데 노력했던 신하가 황제의 뜻을 의심하게 되고, 죄는 같은데 형벌이 다르면 백성이 어리둥절해한다고 들었습니다. 의심은 불안정을 낳고 어리둥절함은 추종할 바를 잃게 합니다. 신하의 생각이 불안정하면 제도와 법령의 완급을 조절하지 못하게 되고, 백성이 추종할 바를 찾지 못하면 손과 발을 어디다 두어야 할지 모르게 됩니다. 봉세는 나라의 어려움을 해결할 계책을 세웠고 죽음을 무릅쓰며 명을 수행했으니 다른 사자에 비해 자세가 아주 달랐고 현저하게 뛰어난 위무와 공훈을 세우며 대대로 사자의 모범이 되었습니다. 그렇지만 오히려 억압하고 표창하지 않았던 것은 신하가 의심하는 일을 막고 절의를 발휘하도록 장려해야 할 성군의 뜻에 어긋납니다. 바라건대 이 일을 해당 관원들에게 의논하게 해 주십시오.

황제가 선제 때의 일이라며 두흠의 의견을 듣지 않았다.

풍봉세에게는 아들이 아홉 명, 딸이 네 명 있었다.

맏딸 풍원(馮媛)은 후궁에 뽑혀 들어갔다가 원제의 소의(昭儀)가 되어 중산 효왕을 낳았다. 원제가 붕어한 뒤에 풍원은 중산 태후로서 아들의 봉토 중산국에 가서 살았다.

풍봉세의 맏아들은 풍담(馮譚)으로 태상이 효렴 인재로 천거하여 낭관이 되었다가 공을 세워 천수사마(天水司馬)에 임명되었다. 풍봉세가 서강을 공격할 때 교위로서 아버지를 따라 참전하여 공을 세웠다. 풍담의 동생 중에 풍야왕, 풍준, 풍립, 풍참이 높은 벼슬에 올랐다.

외척이라는 이유로 견제를 받은 풍야왕

○   ○   ○

풍야왕의 자는 군경(君卿)이다. 박사의 학생으로서 『시』를 공부하여 정통했다. 아버지 덕택으로 십 대에 태자중서자(太子中庶子)가 되었다. 열여덟 살 때에 상소로 임시직 장안 현령이 되어 평가를 받게 해 달라는 청을 올렸다. 선제가 그 뜻을 가상하게 여겨 승상 위상에게 물어보자 위상이 허락할 수 없다고 주장했다. 그 뒤에 공을 세운 서열에 따라 당양(當陽) 현장에 뽑혔다가 역양(櫟陽) 현령으로 승진했고 다시 하양(夏陽) 현령으로 옮겼다.

원제 때에 농서 태수로 승진했는데 정무 처리 성적이 뛰어나 좌풍익이 되어 장안에 들어갔다. 한 해 남짓했을 때였다. 평소에 탐관오리 노릇을 하던 지양(池陽) 현령 병(並)이 풍야왕을 나이 젊은 외척이라고 깔보며 자신의 악행을 고치지 않았다. 풍야왕이 독우의 연으로 있던 대우현(杕翮縣) 출신의 조도(趙都)에게 조사하게 하여 병이 황금 열 근을 훔치는 것을 주도한 죄를 찾아내고 체포하게 했다. 병이 체포에 동의하지 않자 조도가 병을 때려죽였다.

병의 집에서 억울한 사정을 상소했으므로 사건을 정위에게 넘겨 조사하게 했다. 조도가 정위옥의 옥리 앞에 가서 스스로 목숨을 끊는 것으로 풍야왕이 그 일과 무관함을 밝혔으므로 장안 사람들이 풍야왕의 위신이 높다고 칭찬했다. 뒤에 대홍려로 승진했다.

몇 해 뒤에 어사대부 이연수(李延壽)가 병으로 세상을 떠나자 많은 관리가 풍야왕을 천거했다. 황제가 상서에게 중이천석 벼슬아치들의 성적을 따져 보게 했는데 풍야왕의 품행과 능력이 가장 뛰어났다. 그러나 황제가 말했다.

"내가 야왕을 삼공에 등용하면 후대 사람들이 야왕의 예를 들며 내가 후궁의 혈육을 편애했다고 할 것이 틀림없다."[9]

그리하여 조서를 내렸다.

강직하고 굳세며 전혀 사욕이 없는 자는 대홍려 야왕이고, 뜻을 말로 잘 표현하므로 여러 나라에 출사할 자는 소부 오록충종이며, 청렴하고 검약한 자는 태자소부 장담이다. 이에 소부를 어사대부로 삼는다.

황제는 정무 처리 성적이 처지는 장담을 기용하면서 성적이 뛰어난 풍야왕은 풍 소의와 남매지간이라는 이유로 승진시키지 않았다. 풍야왕이 탄식하며 말했다.

"다른 외척들은 모두 총애를 받아 귀한 대접을 받는데 우리 형제만 천대를 받는구나."

풍야왕은 삼공의 자리에 오르지 못했지만 황제의 중용을 받아 당대에 이름을 날렸다.

성제가 즉위하자 해당 관원이 상주하기를 중산 효왕의 외삼촌 풍야왕을 구경의 지위에 둘 수 없다고 했다.[10] 그리하여 대홍려의 봉록으로 상군 태수로 내보내고 황금 백 근을 하사했다.

삭방(朔方) 자사 소육이 밀봉 상소를 올려 풍야왕을 천거했다.

야왕은 품행과 능력이 아주 뛰어난 데다 속으로는 자신을 수양하고 밖으로는 사물의 변화에 대해 충분히 고려할 줄 압니다. 야왕은 나라를 안정시킬 능력이 있으므로 황상께서 중용해야 할 신하이지만 정무를 처리하는 대신들과 나란히 조정에서 황상을 보좌하지 못하고 있는 것을 속으로 안타깝게 여기고 있습니다. 전에는 제후왕의 외삼촌이라는 이유로 야왕을 지방관으로 내보내셨으나, 이제 덕행과 능력이 뛰어난 인재임을 내세워 다시 불러들이셔서 폐하께서 그런 인재를 등용하기 좋아한다는 뜻을 밝히십시오.

황제가 태자 시절부터 풍야왕의 이름을 들어서 알고 있었다. 그때 마침 풍야왕이 병으로 사직하자 다시 불러서 전임 이천석 관리의 신분으로 황하의 제방을 시찰하는 사자로 내보냈다가 그 일을 잘 마무리한 것을 보고 낭야 태수로 임명했다.

그 무렵 성제의 큰외삼촌 양평후 왕봉이 대사마 대장군이 되어 여덟아홉 해째 정사를 보좌하고 있었다. 그때 여러 차례 재이가 발생했으므로 경조윤 왕장이 왕봉을 비판하고 나섰다. 왕봉이 전권을 장악하고 있어서 재이가 일어나는 것이므로 왕봉을 중용해서는 안 된다고 주장하며 왕봉 대신 풍야왕을 천거했다. 황제가 처음에는 왕장의 의견에 따라 풍야왕을 중용하려 했다가 나중에 왕장을 죽였다. 이때의 이야기는 「원후전」에 있다.

그러자 풍야왕이 두려운 마음에 안정을 찾지 못하고 병이 났는데, 석 달[의 병가 기간]이 찼을 때 황제가 다시 사고(賜告)[11]를 내렸다. 풍야왕은 처자식을 데리고 두릉으로 돌아가 의원을 부르고 약을 쓰며 치료했다. 대장군 왕봉이 어사중승에게 넌지시 일러 "풍야왕이 병을 치료하려고 사고 휴가를 받아 황궁에 하직 인사를 하지 않고 호부(虎符)를 지닌 채 낭야군 경계를 넘어 고향 집으로 돌아갔으므로 봉조불경죄(奉詔不敬罪)에 해당한다."라는 내용으로 탄핵하게 했다. 두흠이 그때 대장군 막부에 있었는데 두흠은 평소에 풍야왕 부자의 품행과 능력을 높게 여기고 있었으므로 왕봉에게 글을 올려 풍야왕을 변호했다.

제가 법령을 보니 "이천석 관리가 휴가를 내고 고향에 돌아갈 때 장안을 지나면 보고한다. 여고(予告)[12]와 사고를 구분하지 않는다."라고 나와 있습니다. 그런데 지금 유사(有司)가 풍야왕을 탄핵하기를 "여고를 낸 관리는 고향에 돌아갈 수 있으나 사고를 낸 관리는 고향에 돌아갈 수 없으므로 풍야왕에게 불경죄 형벌을 내려야 한다."라고 하는데 이는 같은 법조문을 다르게 해석한 것으로 형벌은 될수록 줄여야 하는 원칙을 위배했습니다. [정무 처리와 전투 공훈 평가에서] 세 번 최(最)를 받으면 여고를 신청할 수 있으니 이는 영으로 정해 놓은 것입니다. 병가 석 달을 채워도 병이 낫지 않으면 사고를 받을 수 있는데, 황제의 은전이 있어야 합니다. 영에 따라 받는 여고는 고향으로 돌아갈 수 있는데 황제의 은전에 따라 받는 사고는 돌아갈 수 없다고 해석하는 것은 경중의 차이를 제대로 알지 못하기 때문입니다. 또 이천석 관리가 사고에 따라 고향에 돌아간 전례가 있는 데다 다스리는 군을 떠나지 못한다는 조항을 정해 둔 영은 없습니다.

고서(古書)에 "상을 주어야 할지 말아야 할지 모르겠으면 주는 쪽으로 결정하라. 그래야 은덕을 널리 베풀 수 있고 공을 세우라고 권할 수 있다. 벌을 주어야 할지 말아야 할지 잘 판단할 수 없으면 벌을 주지 않는 쪽으로 결정하라. 그래야 형벌을 신중하게 내리게 되고 판단하기 어려운 사건은 보류할 수 있다."라고 했습니다. 그런데 지금 영과 전례를 무시하면서 불경죄 조목을 덮어씌우려고 하고 있으니 '의심스러울 때 벌을 주지 않는 쪽을 따르라.'라고 한 뜻을 크게 거스르고 있습니다. 봉록 이천석 관리 태수는 사방 천 리의 땅을 지키는 군사 요직을 맡은 직책이니 군의 경계를 벗어나면 안 된다는 법을 새로 만들어 후대로 하여금 지키게는 할 수 있지만, 풍야왕의 죄는 이전 법령에 없습니다. 형벌과 상을 내리는 일은 아주 정확해야 하므로 신중하게 하지 않을 수 없습니다.

왕봉은 두흠의 말을 듣지 않고 풍야왕을 삭탈관직했다. 지방의 군과 제후국에 나가 있던 봉록 이천석 관리가 병으로 특별 병가를 받아도 고향으로 돌아갈 수 없는 규정이 이때부터 시작되었다.

앞서 풍야왕은 아버지 풍봉세의 후사가 되어 관내후 작위를 이었다. 풍야왕이 삭탈관직당하고 고향에 돌아갔으므로 몇 해 뒤에 노환으로 벼슬 없이 집에서 세상을 떠났다. 아들 풍좌(馮座)가 작위를 이었다가 손자 대에 이르러 중산 태후의 일에 연좌되어 작위를 잃었다.

공정하고 청렴했던 풍준과 풍립

○　○　○

풍준의 자는 자산(子産)이고, 『역』에 정통했다. 태상이 효렴 인재로 천거하여 낭관이 되었다가 알자 일을 보았다. 〔원제〕 건소 연간에 복토교위(復土校尉)에 선발되었다. 광록훈 우영(于永)이 무재(茂材) 인재로 천거하여 미양(美陽) 현령이 되었다. 공을 세운 서열에 따라 장락둔위사마(長樂屯衛司馬), 청하군(淸河郡) 도위, 농서 태수로 계속 승진했는데 청렴하고 공정하게 정무를 처리했다.

풍준은 마흔 몇 살에 세상을 떠났다. 도위로 있을 때 황하의 둑을 쌓는 방략에 대해 의견을 제출했는데 「구혁지(溝洫志)」에 그 내용이 남아 있다.

풍립의 자는 성경(聖卿)으로 『춘추』에 정통했다. 아버지 덕택에 낭관이 되었다가 제조(諸曹)로 승진했다. 원제 경녕(竟寧) 연간에 제후왕의 외삼촌이라는 이유로 오원군(五原郡)의 속국도위(屬國都尉)로 나갔다. 몇 해 뒤에 오원 태수로 승진했다가 서하 태수, 상군 태수로 옮겼다. 풍립은 직무를 행할 때 공정하고 청렴했다. 정무 처리 방략이 풍야왕과 비슷했는데 지혜로운 방책을 많이 낸 사람에게 은전을 내렸으며 여러 가지 행정 명령을 제정했으므로, 하층 관민이 풍야왕과 풍립이 앞뒤로 태수를 지냈을 때의 일을 찬미하며 노래를 지었다.

큰 풍 태수와 작은 풍 태수는 형제끼리 연달아 태수가 되었네.
사리 판단이 정확하고 능력과 지혜가 많으며
하층 관민에게 은혜를 베풀어 주었지.
다스리는 데에 노나라와 위나라처럼
덕으로 교화한 것이 같았으니,[13]
주공(周公)과 강숙(康叔)이 두 태수와 닮았네.

풍립은 뒤에 동해 태수로 승진했는데, 태수부가 있던 담현의 지대가 낮고 습하여 뼈가 저리고 마비되는 비병(痺病)에 걸렸다. 천자가 그 보고를 받고 풍립을 태원 태수로 옮겨 주었다. 그 뒤로도 다섯 개 군을 옮기며 태수를 지냈는데 부임하는 곳마다 업적을 남겼다. 풍립은 연로한 뒤에 벼슬자리에 있으면서 세상을 떠났다.

중산 태후의 동생으로 비참하게 죽은 풍참

○　　○　　○

풍참의 자는 숙평(叔平)이고, 『상서』를 배워 정통했다. 어린 나이에 황문랑 급사중이 되어 황궁에서 열 몇 해를 숙위했다. 풍참은 사람됨이 신중하고도 엄격했으며 생김새를 잘 꾸미고 예의를 바르게 차렸으므로 행동거지가 조심스러운 것이 아주 볼 만했다.

풍참은 풍 소의의 막냇동생으로 행동이 조심스럽고도 주도면밀한 데가 있었으며 엄숙한 면모 때문에 거리낌을 당하여 끝내 황제를 가까이 모시지 못했다. 경녕 연간에 제후왕의 외삼촌이라는 이유로 자리가 비어 있던 위릉(渭陵)의 식관령(食官令)이 되었다. 그런데 여러 차례 병이 나는 바람에 위릉의 침중랑(寢中郎)으로 자리를 옮겼는데 일을 보지 않아도 된다는 황제의 명령을 받았다.

〔성제〕 양삭(陽朔) 연간에 중산왕이 황궁에 와서 황제를 배알했을 때 풍참이 황하의 상하(上河) 지역 농도위(農都尉)로 발탁되었으나 병으로 면직되었다가 다시 위릉 침중랑이 되었다.

영시(永始) 연간에 대군(代郡) 태수로 특별 승진했다. 대군이 변방에 있어 길이 멀다는 이유로 안정 태수로 옮겨 주었는데 몇 해 뒤에 병으로 사직했다. 황제가 다시 간대부에 임명하고 좌풍익 도수(都水)를 감독하게 했다. 수화(綏和) 연간에 정도왕을 황태자로 세우면서 중산왕이 후사로 선정되지 못한 것을 위로하는 뜻으로 중산왕의 외삼촌 풍참을 의향후(宜鄕侯)에 봉했다. 풍참이 봉토에 간 뒤에 황제에게 글을 올려 중산국에 가서 중산왕과 중산 태후를 볼 수 있게 해 달라고 청했다. 그런데 미처 당도하기 전에 중산왕이 세상을 떠났다. 왕이 병중에 있을 때 황제에게 글을 올려 풍참의 작위를 관내후로 내리고 장안에 식읍을 가지고 살게 해 달라고 청했다. 풍참을 가엾게 여긴 황제가 명령했다.

"중산 효왕이 단명하여 일찍 세상을 떠났는데 외삼촌 의향후 참을 관내후에 봉해 집에 돌아갈 수 있게 해 달라고 청했을 때 짐은 가슴이 아팠다. 이제 참을 장안으로 돌아오게 하여 열후의 신분으로 조정에 참예하게 하라."

이에 〔왕씨 집안의〕 다섯 열후[14]가 모두 풍참을 경외했다. 승상 적방진도 풍참을 크게 존중하면서 여러 차례에 걸쳐 풍참에게 이런 말을 했다.

"모든 일에 금기할 바가 아주 많습니다. 그리하여 군후께서는 제후왕의 외삼촌이라는 이유로 중용을 받지 못하여 공경의 지위에 오르지 못하고 있습니다.

그런데 지금 다섯 제후가 황제의 총애를 받아 높은 권세를 누리고 있으니 그분들과 나란히 계시지만 자신을 약간 낮추며 존중하는 모습을 보여 주어야 합니다. 군후께서는 외관을 성대하게 차림으로써 위엄을 돋보이게 하고 있으니 이는 다섯 열후에게 자신을 낮춤으로써 군후에게 도움이 되게 하는 방법이 아닙니다."

풍참은 천성적으로 예절과 의례를 차리는 것을 좋아하여 끝까지 그 품행을 바꾸지 않았다.

얼마 지나지 않아 애제가 즉위하자 애제의 할머니였던 부 태후가 권력을 잡고 풍참의 누나 중산 태후가 과거에 했던 일을 들어 자신을 저주했다고 모함하며 대역죄로 몰았다. 이때의 이야기는 「외척전」에 있다. 풍참은 중산 태후의 동복동생이라는 이유로 연좌되었다. 알자가 황태후의 명을 받들고 풍참을 불러내어 정위에게 데려가려고 하자 풍참이 스스로 목숨을 끊었다. 죽기에 앞서 풍참이 하늘을 우러러보며 이렇게 탄식했다.

"부자지간과 형제지간에 높은 벼슬에 오른 데다 나 자신은 열후로 봉해지기까지 했지만 이제 악명을 뒤집어쓰고 죽게 되었다. 누님과 나는 자신을 불쌍하게 여길 엄두조차 나지 않으나 다만 지하에서 아버님을 뵐 면목이 없는 것이 슬프구나."

이때 죽은 자가 열일곱 명이었으니 이들을 불쌍하게 여기지 않는 사람이 없었다. 풍씨 일족은 고향 상당군으로 이주했다.

찬하여 말한다.

『시』에 "훌륭하게 위엄과 용모를 갖추고 생각과 품성이 단정하고 바르네."[15]라고 했다. 의향후 풍참은 있는 힘을 다해 도를 실천하면서 주심스럽게 행동했으므로 선인(善人) 군자라고 이를 수 있으나 끝내 죄 없이 죽어 가면서도 자신을 화에서 구하지 못했으니 슬픈 일이다.

참언과 불법이 마구 교차하며 곧고 선량한 자들이 해를 입는 일은 예전부터 계속 일어났다. 때문에 백기(伯奇)는 쫓겨났고 맹자(孟子)[16]는 궁형을 받았으며 〔진 헌공(晉獻公)의 태자〕 신생(申生)은 밧줄에 목을 매달아 죽었고 굴원(屈原)은 상강(湘江)에 빠져 죽었으니 이런 이유로 〔『시』「소아」〕 '소변(小弁)'이라는 시가 지어지고,「이소(離騷)」와 같은 작품이 창작되었다. 경전에 "내 마음이 슬퍼져 눈물을 떨구었네."[17]라고 했으니 풍참 남매도 비참하게 죽었다.

50

선·원 육왕 전
宣元六王傳

이 편은 선제와 원제의 아들 중에서 제후왕이 된 여섯 명의 사적이 실려 있다. 특히 원제의 두 아들 정도 공왕(定陶共王) 유강(劉康)과 중산 효왕(中山孝王) 유흥(劉興)은 각각 애제와 평제의 생부이다. 정도 공왕은 원제의 사랑을 받아 태자가 될 뻔했고 중산 효왕도 성제의 황태제로 천거된 이력이 있는데, 둘 다 황제가 되지 못했다가 아들이 황제에 오른 것이 공통점이다.

효선제에게는 아들이 다섯 있었다. 허(許) 황후가 원제를 낳았고, 장(張) 접여가 회양 헌왕(淮陽憲王) 유흠(劉欽)을, 위(衛) 접여가 초 효왕(楚孝王) 유오(劉囂)[1]를, 공손(公孫) 접여가 동평 사왕(東平思王) 유우(劉宇)를, 융(戎) 접여가 중산 애왕(中山哀王) 유경(劉竟)을 낳았다.

황제의 사랑을 받았으나 태자가 못 된 회양 헌왕 유흠

회양 헌왕 유흠은 〔선제〕 원강 3년에 회양왕이 되었는데, 생모 장 접여가 선제의 총애를 받았다. 곽(霍) 황후가 폐위된 뒤에 황제가 장 접여를 황후로 세우고 싶어 했다.

시간이 오래 흐르는 동안 곽씨가 황태자를 해치려 함을 경계했던 황제가 아들이 없으면서 행동거지가 조심스러운 후궁을 선택하기로 하고 장릉현(長陵縣) 출신의 왕 접여를 황후로 삼아 생모처럼 태자를 기르게 했다. 황후는 선제의 총애를 입지 못해 황제를 침소에 모시는 일이 드물었다. 그 무렵 장 접여만 총애를 많이 받고 있었다.

헌왕이 자란 뒤에 경서와 법률을 좋아할 뿐 아니라 총명하고 재주가 있었으므로 황제가 헌왕을 아주 좋아했다. 태자는 성품이 온후하고 인자했으며 유가의 학설을 좋아했다. 황제가 헌왕이 태자가 아닌 것을 여러 차례 탄식하며 말했다.

"진짜 내 아들인데!"

선제는 늘 장 접여와 헌왕을 황후와 태자에 올리고 싶어 했다. 그러나 태자가 미천한 환경에서 태어나 자랐고 황제 자신도 청년 시절 허씨 집안에 의지했으며, 즉위한 뒤에는 허씨가 [곽광의 딸에게] 살해되어 태자가 일찍 생모를 잃었던 까닭에 차마 폐위하지 못했다.

한참 뒤에 황제가 전임 승상 위현의 아들 위현성이 거짓으로 미친 척하면서 열후의 작위를 형에게 넘겨주려고 하는 것을 본 데다 경전에 밝고 품행이 고상하여 조정 대신들 사이에 칭찬을 받고 있는 것을 알고 위현성을 불러 회양국의 중위로 삼았다. 황제는 헌왕을 감화시키고 교화하고 싶었으므로 열후의 자리를 양보할 줄 아는 위현성으로 하여금 왕을 보좌하게 하려고 했다. 그리하여 태자의 지위가 마침내 안정될 수 있었다.

선제가 붕어하고 원제가 즉위한 뒤에 헌왕에게 봉토에 가서 다스리게 했다.

그때 장 접여는 세상을 떠난 뒤였으므로 헌왕은 회양에서 외할머니와 함께 있게 되었다. 헌왕의 외숙 장박(張博) 형제 세 사람이 해마다 회양에 가서 어머니를 뵈었는데 그때마다 회양 헌왕이 내리는 재물을 받았다. 그 뒤에 왕이 황제에게 글을 올려 외가 장씨 집안을 자신의 봉토로 옮겨 와서 살게 해 달라고 청했다. 장박이 황제에게, 자신은 그곳에 남아 산소를 지켜야 하므로 회양으로 가기를 원치 않는다고 글을 올렸다. 회양 헌왕이 그 소식을 듣고 장박을 미워하게 되었다. 뒤에 장박이 회양에 왔을 때 왕이 재물을 줄여서 내리자 장박이 부탁했다.

"빚이 수백만 전 있습니다. 저 대신 왕께서 갚아 주시기 청합니다."

회양 헌왕이 들어주지 않았다. 장박이 하직 인사를 한 뒤에 길을 떠나면서 동생 장광을 시켜 "왕이 어머님을 갈수록 소홀히 대하니, 박은 어머님을 모시고 고향에 돌아가겠다는 글을 황제께 올리려고 한다."라고 전하며 협박했다. 그러자 회양 헌왕이 사람을 보내 황금 쉰 근을 장박에게 전했다. 장박이 기뻐하며 감사하는 답장을 썼는데 왕에게 아부하고 칭찬하는 말을 담아 보냈다.

지금 조정에는 덕행과 능력이 뛰어난 신하가 없는 데다 재이와 변고가 자주 일어나고 있으니 가슴이 아플 만큼 실망스럽습니다. 천하의 모든 백성이 자신을 잘살게 해 줄 분을 대왕으로 여기며 의지하고 있는데 대왕께서는 어찌하여 잠잠히 계시는지요? 황제를 알현하겠다고 청한 뒤에 주상을 보좌하셔야 하지 않겠습니까?

장박이 동생 장광을 시켜서 자신의 계책을 들어야 한다고 여러 차례 회양 헌왕을 설득했다. 장박이 장안에서 권력을 쥐고 있는 황제의 측근을 설득해서 왕이 황제를 배알할 수 있도록 말을 넣어야 한다는 것이었다. 그러나 회양 헌왕이 그 주장을 듣지 않았다.

그 뒤에 장광이 장안에 가게 되었을 때 회양 헌왕에게 하직 인사를 하면서 다시 주장했다.

"바라건대 박(博)과 함께 힘을 다하여 왕께서 황제를 배알할 수 있도록 청을 넣게 해 주십시오. 왕께서 가까운 시일 안에 장안에 오시면 평양후(平陽侯)²에게 의지할 수 있을 것입니다."

장광이 왕으로부터 황제를 배알하도록 청을 넣어 보라는 말을 듣고 장박에게 사람을 보내 그 말을 전했다. 장박이 회양 헌왕의 마음이 바뀐 것을 알고 왕에게 다시 편지를 보냈다.

저 박이 다행스럽게도 대왕의 외숙이 되어 여러 차례 어리석은 계책을 올렸지만 그동안은 자세히 살펴보지 않으셨습니다.

제가 북쪽으로 연나라와 조나라 땅을 다니며 군과 제후국에서 은거하고 있는 인재들을 찾아보고 있을 때 제나라 땅에 사(駟) 선생이라는 분이 『사마병법(司馬兵法)』에 밝은 대장(大將)의 재목이라는 소식을 들었습니다. 이에 저 박이 〔이름을 적은〕 일을 전하며 만났습니다. 기회를 엿보아 오제와 삼왕이 끝까지 추구했던 중요한 도리에 관해 물어보았는데 세속에서 아는 것보다 훨씬 더 탁월한 분이었습니다. 지금 변경이 불안하고 천하는 시끄러운데 이 사람이 아니면 안정시킬 수가 없을 것입니다. 또 북해군의 바닷가에 현인이 있는데 몇 대에 걸쳐서도 날 수 없는 인재이므로 모시기가 어렵다고 들었습니다.

이 두 사람을 얻어서 천거한다면 그 공이 작지 않을 것입니다. 제가 서쪽으로 달려가 두 사람을 천거하여 한나라의 위급한 사정을 구하고 싶지만 이 두 사람을 높은 자리로 올릴 만한 재물이 없습니다. 조나라 왕이 알자에게 소와 술, 그리고 황금 서른 근을 들려 보내 저를 초빙하려고 했지만 저는 받지 않았습니다. 다시 사람을 보내 제 딸에게 장가를 들겠다면서 약혼 예물로 황금 이백 근을 내겠다고 했으나 이 역시 거절했습니다.

마침 그때 광이 편지를 보내 "대왕께서 광을 서쪽 장안으로 보내서 박과 함께 황제 알현을 청하는 일에 힘을 다하라."라는 말씀을 전해 왔습니다. 저 박은 대왕께서 황제 알현을 포기하신 줄 알았는데 뜻밖에 마음을 바꾸셔서 저를 신뢰하며 일을 맡겨 주시니 목숨을 바쳐 은덕에 보답하고자 합니다. 황제를 배알하는 일은 걱정하실 것이 없습니다. 대왕께서 진심으로 명을 내리셔서 죽음을 무릅쓰게 하신 것은 탕왕과 우임금이 위대한 공을 세우던 방책이었습니다.

사 선생은 계속해서 도술을 닦아 왔고 모든 서적을 소장하고 있습니다. 대왕께서 읽고 싶은 서적을 알려 주시면 바로 바치도록 하겠습니다.

왕이 편지를 읽은 뒤에 기뻐하며 장박에게 답장을 썼다.

다행스럽게도 외숙이 몸을 낮춰 인재를 찾아다니며 위로하고 그들에게 측은지심을 내셨을 뿐 아니라 지극한 정성을 보여 주면서 저에게 훌륭한 방책을 올리고 나라의 대사에 관련된 말씀을 해 주셨는데 내 비록 영민하지는 않지만 외숙의 뜻을 어찌 알아듣지 못하겠습니까!

지금 담당 관리를 보내 외숙의 빚 이백만 전을 갚게 하겠습니다.

그때 장박의 사위였던 경방이 『역』의 음양 사상에 밝아 황제의 총애를 받았는데 여러 차례 황제의 부름을 받고 알현하여 나라의 대사에 관한 의견을 올렸다. 경방은 스스로 석현과 오록충종이 자신을 배척하기 때문에 황제에게 방책을 올려도 채택되지 않는다면서 황제와 나눈 이야기를 장박에게 자주 들려주었다. 장박은 늘 회양왕을 속여 먹으리라 생각하고 있었으므로 경방이 말해 준 재이 현상과 황제의 부름을 받아 알현한 자리에서 나눈 비밀 대화를 모두 기록한 뒤에 회양왕에게 증거로 가져다주며 없는 말을 꾸며서 했다.

이미 석 중서령님을 만나서 황제의 알현을 청하는 대가로 황금 오백 근을 주겠다고 약속했습니다. 현인과 성인이 일을 할 때에는 공을 세울 것만 생각할 뿐 경비를 계산에 넣지 않습니다. 옛적에 우임금이 홍수를 다스릴 때 백성이 힘들게 일했지만 치수 사업을 끝내자 만대가 그 공적에 의지하고 있습니다.

폐하 춘추가 마흔 전이신데, 요즘 들어 머리카락과 치아가 빠진다고 들었습니다. 태자가 어린 데다 아첨꾼이 집권하고 있고 음양이 고르지 못하여 질병과 기근으로 절반에 가까운 백성이 죽고 있으니, 홍수의 피해도 이처럼 크지는 않을 것입니다. 대왕께서 세상을 구할 마음을 가지고 우임금에 비교되는 공적을 세우려면 어떻게 소홀할 수 있겠습니까?

저 박이 모든 도리를 꿰고 있는 거유(巨儒)와 더불어 대왕을 위해 시국에 맞게 나라의 안위에 대해 서술하고 재이가 일어나는 원인을 설명한 상주문을 지어 놓겠으니, 대왕이 황제를 알현할 때 먼저 그 대강의 뜻을 말씀하시고 뒤에 그 상주문을 올리신다면 폐하께서 반드시 크게 기뻐하실 것입니다. 나라의 대사를 이루고 공을 세우면 대왕께서는 주공이나 소공의 명망을 얻게 될 터, 간사한 신하들은 모두 흩어져 달아나고 공경들도 새롭게 뜻을 바꿀 것이므로 그 공덕은 누구에게도 비할 수 없을 만큼 커져서, 양왕(梁王)과 조왕(趙王)[3]의 총애가 틀림없이 대왕께 돌아갈 것입니다. 그렇게 되면 외가도 부귀해질 테니 다시 대왕께 금전을 부탁할 일이 생기겠습니까?

왕이 기뻐하며 장박에게 답장을 보냈다.

　예전에 황제께서 명령을 내려 제후가 황제를 알현하는 일을 금지했으므로 과인은 슬프게도 무슨 방법을 써야 할지 모르고 있었습니다.
　외숙은 평소에 안회와 염경(冉耕)의 덕행과 장무중(臧武仲)의 지략, 자공(子貢)의 달변, 변장자(卞莊子)의 용기, 이 네 가지를 겸비한 이 시대에 보기 드문 분입니다. 단초가 잡히기 시작했으니 이 일이 마침내 성사되기를 바랍니다. 황제의 알현을 청하는 일은 의례에 맞춰 행하면 되는 일인데 어찌하여 금전을 써야 한단 말입니까?

장박이 답장을 보냈다.

석 중서령에게 황금을 드린다고 이미 약속했습니다. 꼭 성사될 것입니다.

왕이 황금 오백 근을 장박에게 보냈다.

경방이 지방의 태수로 나가게 되어 황제의 곁을 떠났을 때 모든 사실을 알고 있던 석현이 이 일을 고발했다. 경방은 황궁 안에서 황제와 나눈 이야기를 누설했고, 장박의 형제는 제후왕을 기만하고 조정의 정책을 비방했으므로 교활부도죄에 해당하여 모두 옥에 갇혔다. 해당 관원이 회양 헌왕 유흠의 체포를 청하는 상주를 올리자 황제가 차마 법으로 다스리지 못하고 간대부 왕준을 보내 옥새를 찍은 국서를 내려 말했다.

황제가 회양왕의 안부를 묻는다.

해당 관원이 왕을 탄핵하는 상주문을 올렸다. 왕의 외숙 장박이 왕에게 여러 차례 편지를 보내 조정의 정책을 비방하고 천자를 헐뜯었을 뿐 아니라 제후를 칭찬하면서 주공(周公)[4]과 탕왕의 예를 끌어와 왕에게 아첨하며 왕의 판단을 흐리게 했는데 그 말들이 잘못되고 패역무도하다고 한다. 또한 그런 자들을 고발하지 않은 것은 말할 것도 없고 여러 차례에 걸쳐 금전을 주고 좋은 말로 답장까지 했다고 하며 그 죄가 사면받을 수 없는 지경에 이르렀다고도 한다. 짐은 비통한 마음에 그 판결을 들을 수가 없었으니, 왕을 생각하면 가슴이 아프다. 근본을 미루어 볼 때 좋지 못했던 점은 박에게서 비롯된 것이고 왕의 마음을 생각하면 흉악한 자들과 같지 않다.

이미 명령을 내려 해당 관원에게 왕의 일을 심문하지 말 것과 간대부 준을 보내 짐의 뜻을 알리고 왕을 단속하도록 명령했다. 『시』에 "자신의 직위에서 묵묵하게 근신하며 일하고 바르고 곧은 자들과 교제하라."[5]라고 이르지 않았던가! 왕도 그렇게 되도록 힘쓰라.

왕준이 회양 헌왕에게 황제가 권고하는 말을 전했다.

"의례에 제후가 함께 조빙(朝聘)하게 한 것은 모든 제후가 한마음으로 예를 올리며 황제를 존경하며 섬기게 하는 뜻이 있었습니다. 왕도 『시』를 배우지 않았습니까? 『시』에 '백금(伯禽)을 노나라 땅에 제후로 보내서' '주나라 왕실을 보좌하게 했네.'[6]라고 했습니다.

왕의 외숙 박이 왕에게 여러 차례 편지를 보내 패역한 말을 했다고 하는데 왕은 다행히도 책봉 조서의 내용을 명심하는 한편으로 경술에 통달해 있었으므로 명예로운 제후가 회양국의 경계 밖으로 나가면 안 되는 것을 숙지하고 있었습니다. 천자가 조정을 통해 천하에 은덕을 두루 베풀고 있는 가운데 왕은 박의 말을 태연하게 받아들이고는 자주 금전을 주고 서로 편지를 주고받았으니 불충도 그런 큰 불충이 없었습니다. 제도에 따르면 제후왕이 장안에 와서 죄를 지으면 그 죄악의 경중에 따라 주살당하지 않으면 틀림없이 유배되거나 강등되는 벌을 받았으니, 벌을 받지 않은 자는 아무도 없었습니다.

이제 성주(聖主)께서 왕의 죄를 용서해 주셨을 뿐 아니라 잘못 판단하여 본분을 잊어버리고 박에게 홀린 왕을 가엾게 여기셔서 옥새를 찍은 국서를 내리셨으며 간대부인 저를 보내 폐하의 뜻을 전하게 하셨으니 그 은덕을 어찌 헤아릴 수 있겠습니까!

박 등이 지은 죄악이 커서 한꺼번에 여러 신하의 공격을 받고 있으니 나라의 법으로 사면될 죄가 아닙니다. 이제부터 왕은 다시 박 등에게 기대려고 생각하지 말고 여러 사람의 뜻이 그렇듯이 그 자들을 버려야 마땅합니다. 『춘추』에서는 잘못을 고치는 것을 중시했고, 『역』에서도 '깨끗한 백모(白茅) 잎을 깔고 제수를 차리는 것은 잘못이 아니다.'[7]라고 했습니다. 여기에서 『춘추』의 뜻은 '신하는 허물을 고쳐 새로 거듭날 수 있어야 한다.'라는 것이고, 『역』의 뜻은 '다듬어 고친 깨끗한 마음으로 황제를 받들어야 허물을 면할 수 있다.'라는 것입니다.

앞으로 왕은 마음을 기울여 근신하고 경계하면서 오로지 허물을 반성하고 행동을 고칠 방법만 생각하고 제후의 막중한 책임을 다하면서 폐하의 두터운 은덕을 찬양해야 오래도록 부귀를 누리고 회양국의 사직도 안정될 것입니다."

이에 회양왕 유흠이 관을 벗고 계수(稽首)한 채 사죄했다.

"한나라의 번국이 되어 아무런 공도 세우지 못한 가운데 죄악이 다 드러났음에도 폐하께서 법으로 다스리지 않고 큰 은혜를 베풀어 주셨고 사자를 보내 제후의 도리를 일깨워 주셨습니다. 박의 죄가 매우 심하므로 엄하게 벌해야 마땅하다고 엎드려 생각합니다. 신 흠은 마음을 다해 새롭게 거듭난 채 조서를 받들겠습니다. 머리를 조아린 채 죽을죄를 지은 것을 인정합니다."

경방과 장박 세 형제는 모두 기시형을 받았고 처자식은 변방에 유배되었다.

뒤에 성제가 즉위했을 때 회양왕이 친숙부였으므로 다른 제후왕보다 더욱 공경하고 좋아했다. 왕이 황제에게 글을 올려 장박이 벌을 받았을 때의 일을 설명하고 석현 등의 모함을 심하게 받아서 일어난 일이므로 유배되어 있던 장박의 식솔을 돌아오게 해 달라고 청했다. 어사와 승상이 다시 유흠을 탄핵했다.

"전에 박과 사사로이 편지를 주고받은 것은 제후왕에게 금지되어 있던 행동이었으나 법으로 다스리지 말라는 성은이 내린 바 있습니다. 그 일이 사면령 전에 일어났던 것이라 사면을 받기는 했지만 잘못을 반성하지 않고 다시 그 일을 언급하며 자신이 올바른 행동을 했다고 여기고 있으니, 번신의 본분을 잃은 불경죄(不敬罪)에 해당합니다."

황제가 은혜를 베풀어 유배 중이던 장박의 식솔이 돌아올 수 있게 해 주었다.

회양 헌왕은 왕위에 서른여섯 해 동안 있다가 세상을 떠났다. 아들 문왕(文王) 유현(劉玄)이 후사를 이어 회양왕이 되었다가 스물여섯 해 뒤에 세상을 떠났다. 아들 유인(劉縯)[8]이 후사를 이었다.

왕망 때에 회양국을 철폐했다.

아깝게 요절한 초 효왕 유효

○ ○ ○

초 효왕(楚孝王) 유효(劉囂)는 〔선제〕 감로 2년에 정도왕이 되었다가 세 해 뒤에 초왕(楚王)으로 옮겨 봉해졌다.

성제 하평(河平) 연간에 황제에게 정월 인사를 올리러 갔다. 그때 초 효왕이 병에 걸리자 황제가 걱정하면서 명령을 내렸다.

대개 "하늘과 땅 사이에 사는 생명 중에 사람이 중요한데 사람의 도리 중 효보다 큰 것이 없다."[9]라고 알고 있다. 초왕 효(囂)는 평소 품행이 뛰어나 부모에게 효도하고 순종했으며 백성에게 사랑과 동정심을 베풀었으므로 봉토에 가서 다스린 지 스무 해가 넘었지만 아주 작은 허물조차 범했다는 말을 들어 보지 못했으니 짐은 왕을 몹시 훌륭하게 보고 있다. 지금 사나운 운수를 만나 몹쓸병에 걸렸으니, 공부자(孔夫子)께서 "아닐 것이야, 명이 다했단 말인가, 아까운 사람이 이런 병에 걸리다니!"[10]라고 하시면서 애통해하신 것처럼 짐도 몹시 걱정되는구나.

훌륭한 품행을 가진 인물을 특별히 표창하지 않는다면 나라를 다스리는 다른 제후들이 무엇을 보고 자신의 기풍을 진작시켜 나갈 수 있겠는가! 『서』에도 "덕을 베풀면서 그 선행을 표창한다."[11]라고 이르지 않았던가! 이제 왕이 정월에 인사하며 아들 한 명을 데려왔으니 이에 광척현(廣戚縣)의 사천삼백 호를 식읍으로 내려 왕의 아들 훈(勳)을 광척후에 봉한다.

이듬해 유효가 세상을 떠났다. 아들 회왕(懷王) 유문(劉文)이 후사가 되어 왕위를 계승했다. 한 해 뒤에 초 회왕이 세상을 떠났는데 아들이 없었으므로 봉토가 철폐되었다. 이듬해 성제가 유문의 동생 평륙후(平陸侯) 유연(劉衍)을 다시 왕위에 올렸으니 그가 바로 사왕(思王)이다. 초 사왕은 스물한 해 뒤에 세상을 떠났다. 아들 유우(劉紆)가 후사가 되었으나 왕망 때에 봉토가 철폐되었다.

그보다 먼저 성제 때에 유우의 동생 유경(劉景)을 새로 정도왕에 봉했다.

광척후 유훈이 세상을 떠나자 양후(煬侯)라는 시호가 내려졌다. 아들 유현(劉顯)이 후사가 되어 작위를 계승했다. 평제가 붕어했을 때 아들이 없었으므로 왕망이 유현의 아들 유영(劉嬰)을 계승자로 삼아 평제의 후사를 잇게 했다.

왕망이 황위를 찬탈한 뒤에 유영을 정안공(定安公)으로 삼았다.

한나라 군사가 왕망을 주살하고 경시제(更始帝)가 즉위했을 때 유영은 장안에 있었다. 평릉 사람 방망(方望) 등이 천문에 아주 밝았는데 경시제가 틀림없이 망한다고 보고 황실의 정통인 유영을 황제로 옹립해야 한다고 생각했다. 그리하여 여럿이 함께 군사를 일으켜 유영을 이끌고 임경(臨涇)으로 가서 황제로 옹립했다. 경시제가 승상 이송(李松)을 보내 그들을 격파하고 유영을 죽였다.

생모에게 불효한 동평 사왕 유우

○　○　○

동평 사왕(東平思王) 유우(劉宇)는 〔선제〕 감로 2년에 동평왕에 봉해졌다. 원제가 즉위하자 동평 사왕이 봉토로 가서 다스렸다. 장성한 뒤에 간사하고 교활한 자들과 왕래하며 법을 어겼지만 황제가 가장 가까운 혈육이라는 이유로 용서해 주고 벌하지 않았다. 태부(太傅)와 상(相)은 왕에게 연좌되어 벌을 받았다.

그로부터 한참이 지난 뒤, 동평 사왕이 태후를 왕궁에 모시고 살았는데 서로 뜻이 맞지 않자 태후가 황제에게 글을 올려 사정을 알리고 두릉원(杜陵園)[12]을 지키며 살게 해 달라고 청했다.

황제가 태중대부 장사교에게 옥새를 찍은 국서를 받들고 가서 왕을 훈계하게 했다.

황제가 동평왕의 안부를 묻는다.

대개 혈육과 깊은 정을 나누는 일보다 더 중요한 효는 없고 높은 사람을 존경하는 일보다 더 큰 충은 없다고 들었다. 그러므로 제후 자리에 있으면서 교만을 버리고 부모에게 효도하고 검약하게 절제하며 엄격하게 법도를 지켜 황제를 도와야 하느니 그런 뒤에야 부귀가 왕의 곁을 떠나지 않고 사직도 보전할 수 있는 법이다.

이번에 들으니 왕이 스스로 수양하는 일에 틈이 생겼고 동평국 조정도 화목하지 못해 유언비어가 난무하고 왕궁 안에서도 〔태후를〕 비방하는 일이 일어났다고 한다. 짐은 몹시 가슴 아파하며 왕을 걱정한다. 『시』에도 "너의 조상을 기억하며 덕행을 닦아라. 죽을 때까지 천명에 맞게 행동하라. 그래야 많은 복을 얻을 수 있으리라."[13]라고 이르지 않았던가! 짐은 왕의 춘추가 원기 왕성할 때라 도덕을 잊어버려 원래의 의지가 변한 까닭에 충언을 받아들이지 않았으리라 생각하고, 태중대부 자교를 왕에게 보내 짐의 뜻을 전한다. 공자께서 "잘못하고도 고치지 않는 것을 바로 잘못이라고 이른다."[14]라고 하셨으니, 왕은 이 말씀의 뜻을 깊이 생각하며 짐의 뜻에 어긋나지 않도록 하라.

또 왕태후에게도 따로 국서를 내렸다.

황제가 제리환자령(諸吏宦者令)을 보내 왕태후의 안부를 여쭙습니다. 짐이 소식을 들었습니다. 왕태후께서 조금만 유의해 주십시오.

대저 집안이 행복한 것만큼 좋은 화목은 없고 엄청난 환난 중에 내분보다 큰 것이 없습니다. 강보를 벗어난 동평왕에게 왕위를 맡겼는데 원기 왕성한 나이가 되어서도 학문을 연마한 날이 적어 신하를 무시하고 태후께 다른 사람보다 못하게 행동했으니 이런 때에 예법과 도의에 어긋나지 않게 행동할 줄 아는 사람은 성인밖에 없을 것입니다.

경전에 "아버지는 아들을 위해 숨겨 주니 솔직함이 그 속에 있다.'[15]라고 했습니다. 왕태후께서는 이 말씀을 잘 살피시되 신중하셔야만 합니다. 한 집안의 모자 사이는 같은 정기를 받아 숨만 다르게 쉴 뿐인데 골육의 정을 어떻게 소홀히 할 수 있겠습니까! 어떻게 소홀히 할 수 있겠습니까! 옛적 주공이 백금에게 "오래된 신하는 큰 잘못이 없는 한 버리면 안 되니, 한 사람에게 모든 것을 갖추라고 요구하지 말라."[16]라고 했습니다. 오랜 정을 봐서 작은 잘못은 참아 주어야 하는 법인데 하물며 혈육 사이에서야 더 말할 것이 있겠습니까!

제가 사자를 보내 왕을 훈계했으니 왕이 잘못을 후회하며 죄를 자복했을 것입니다. 그러니 태후께서도 아량을 베풀어 왕을 용서해 주십시오. 앞으로 다시는 그런 행동을 하지 않을 것입니다.

왕태후께서는 억지로라도 드시면서 걱정은 그만하시고 병환이 나지 않도록 자중자애하십시오.

유우가 부끄럽고도 두려운 마음에 사자에게 머리를 조아리고 죽을죄를 지었다고 용서를 빌면서 마음을 새롭게 하여 행동을 고치겠다고 했다.

황제가 동평국 태부와 상에게도 조서를 내려 명령했다.

대저 사람은 누구나 본성에 오상(五常)을 갖추고 태어나지만 점점 자라면서 귀와 눈이 기호와 욕망에 이끌리게 된다. 오상이 없어지는 대신에 삿된 마음이 일어나 감정이 그 본성을 어지럽히고 도의보다는 이익을 먼저 챙기게 되어 집안을 망치지 않은 예가 없다.

지금 왕의 춘추가 젊어 기력이 왕성하고 용맹과 위무를 떨쳐야 할 때인데 사부의 가르침을 별로 받지 못해 지식이 모자란다. 앞으로 왕에게 오경의 바른 도리가 아니며 사냥처럼 예법에 맞지 않는 일을 권하는 자가 있으면 그자의 이름을 즉시 보고하도록 하라.

유우가 왕위에 오른 지 스무 해가 지났을 때 원제가 붕어했다. 유우가 중알자 신(信) 등에게 일러 말했다.

"한나라 조정의 대신들이 황제가 어려서 천하를 잘 다스리지 못할까 염려되어 법에 밝은 나로 하여금 황제를 보좌하게 하자는 의견을 내고 있다는데, 상서들이 새벽부터 밤까지 몹시 고생하는 것을 보니 나한테 그런 일을 시키더라도 나는 못할 것 같네. 그런 데 지금 같은 무더위에 어린 황제가 복상의 예법을 제대로 따르기 힘들어 실수를 많이 한다면 내가 그 자리에 오르겠는데!"

유우는 장례 때에 딱 세 차례만 곡을 했고, 술을 마시고 고기를 먹었으며, 처첩을 곁에서 떨어뜨리지 않았다.

희(姬) 구누(胸臑)가 처음에 총애를 받다가 뒤에 멀어지자 여러 차례 탄식하면서 하늘을 보며 도와달라고 울부짖은 일이 있었다. 그 말을 들은 유우가 구누를 쫓아내 가인자(家人子)로 강등하고 왕 궁의 골목골목을 청소하게 했을뿐더러 여러 차례 매질을 했다. 구누가 유우의 허물을 몰래 기록해 두었다가 친정 식구들에게 고발해 달라고 여러 차례 부탁했다. 유우가 그 사실을 알고 구누의 목을 매달아 죽게 했다. 동평국의 해당 관원이 유우를 체포해야 한다고 주청하자 황제가 동평국 봉토에서 번(樊)과 강보(亢父) 두 개 현을 삭감하라는 명령을 내렸다.

세 해가 지나서 황제가 해당 관리에게 명령을 내렸다.

"혈육과 정을 제대로 나누는 것도 인에 속한다."[17]라고 들었는데 아마도 옛적의 도리일 것이다. 전에 동평왕이 허물을 지었을 때 해당 관원이 폐위를 주장했지만 짐은 차마 그렇게 할 수 없었다. 관원이 다시 봉토를 삭감해야 한다고 청했을 때는 그 주장을 따를 수밖에 없었지만, 왕이 짐과 가장 가까운 혈육이라 마음속에서 잊은 적이 없다.

지금 들으니 왕이 행동을 고쳐 새사람이 되었고 경전 공부에 전념하면서 덕행이 뛰어난 사람들과 가까이 지낸다고 하며 법에 어긋난 부탁은 처리해 주지 않는다고 하니 매우 가상한 일이다. 경전에서도 "아침에 잘못했더라도 저녁에 고치면 군자는 그 사람을 칭찬하리라."라고 하지 않았는가! 그러니 이전에 삭감했던 두 개 현을 원래대로 돌려주겠다.

여러 해가 지난 뒤에 황제에게 조청(朝請)을 올리러 가서 제자백가 서적과 『태사공서(太史公書)』를 내려 달라고 상소했다. 황제가 대장군 왕봉에게 서적을 내려 주는 일을 상의하자 왕봉이 대답해 아뢰었다.

제후가 황제에게 조빙(朝聘)한 뒤에 예악(禮樂)을 완성하고 법과 제도를 개정하되 예법에 어긋나는 일을 주장해서는 안 된다고 신은 들었습니다. 이번에 동평왕이 다행스럽게도 조빙을 왔는데 나라를 잃는 위기를 당하지 않도록 예법에 맞게 처신할 생각은 하지 않은 채 제자백가 서적을 내려 달라고 청했으니, 이는 조빙의 의례에 어긋납니다.

　제자백가 서적 중에는 유가 경술을 반대하거나 성인을 비난하거나 귀신을 숭상하고 괴이한 것을 신봉하는 내용이 있습니다. 『태사공서』에는 전국 시대의 종횡술(從橫術)과 권모술수가 들어 있으며 한나라 건국 초기의 책사들이 올린 특이한 계책과 천문과 재이, 지형과 요새가 기록되어 있어 제후왕이 열람하기에 다 적절하지 않으므로 하사할 수 없습니다. 윤허하지 않는 이유는 "오경(五經)은 성인께서 지으신 것으로 만사가 기록되어 있지 않은 것이 없다. 왕은 성현의 도를 좋아하는 것이 확실한 데다 태부와 상이 모두 유학자이니 아침저녁으로 배우고 암송하면 자신을 바로 세우며 즐겁게 살 수 있을 것이다. 대저 자질구레한 일을 해석하다 보면 대의를 망가뜨리게 된다. 〔유가를 제외한〕 다른 제자백가의 자질구레한 도는 꽉 막혀 있어 한참 연구하다 보면 더는 발전하지 못하고 지체될까 걱정되므로[18] 일체 관심을 가질 바가 못 된다. 경술을 익히는 데 도움이 되는 서적은 왕에게 아끼지 말고 내리겠다."라고 하셔야 합니다.

　왕봉이 대담한 상주문을 읽은 뒤에 황제가 왕봉의 의견에 따라 왕에게 서적들을 내려 주지 않았다.

　왕위에 오른 지 서른세 해[19] 만에 동평 사왕이 세상을 떠나자 아들 양왕(煬王) 유운(劉雲)이 후사가 되었다.

　애제 때에 〔동평 사왕의 능이 있던〕 무염(無鹽)의 위산(危山)에서 흙이 저절로 일어나 풀을 덮었는데 마치 치도(馳道)의 모습처럼 되었다. 또 호산(瓠山)에서는 바위가 구르다가 벌떡 서는 일이 있었다. 유운과 왕후 알(謁)이 그 바위가 있는 곳에 가서 제사를 지냈다. 그러고는 왕궁에 호산에서 일어섰던 바위와 같은 모양으로 돌을 깎고 배초(倍草)를 묶어 다발을 세운 뒤에 제사를 지냈다.

건평 3년, 식부궁과 손총 등이 함께 애제의 총애를 받던 신하 동현을 통해 이 사실을 고발했다. 그때 애제가 병에 걸려 꺼리는 일이 많았으므로 해당 관원을 시켜 왕과 왕비를 체포하여 옥에 가둔 뒤에 심문하게 했다. 왕이 무축 부공(傅恭)과 시녀 합환(合歡) 등이 제사를 지내며 황제를 저주하고 유운을 황제로 만들어 달라고 빌었던 사실을 자백했다. 유운은 또 재이 현상에 대한 지식이 풍부한 고상(高尙) 등과 더불어 성수(星宿)를 관찰했는데 황제의 병에 차도가 없을 테니 유운이 틀림없이 천하를 얻으리라는 이야기를 나누었다. 바위가 선 것은 선제가 황제로 옹립될 때 나타났던 상징이다. 해당 관원이 왕을 주살해야 한다고 청했으나 황제가 명령을 내려 왕을 폐위하고 방릉(房陵)에 유배했다. 유운은 자결했고 왕후 알(謁)은 기시형을 받았다. 유운이 왕위에 오른 지 열일곱 해 만에 봉토가 철폐되었다.

〔평제〕 원시 원년, 왕망이 애제 때의 정책을 뒤집을 생각으로 태황태후에게 아뢰어 유운의 태자였던 유개명(劉開明)을 동평왕에, 동평 사왕의 손자 유성도(劉成都)를 중산왕에 봉했다.

유개명은 왕이 된 지 세 해 만에 세상을 떠났는데 아들이 없었다. 그리하여 유개명의 형이었던 엄향후(嚴鄕侯) 유신(劉信)의 아들 유광(劉匡)을 동평왕으로 삼아 유개명의 후대를 잇게 했다.

왕망이 섭정할 때 동군 태수 적의(翟義)와 엄향후 유신이 거사하여 왕망을 주살하고 왕신을 황제로 옹립하려고 모의했다. 그러나 전투에서 패배하여 모두 왕망에게 전멸했다.

어려서 봉토를 다스리지 못한 중산 애왕 유경

○　　○　　○

중산 애왕 유경(劉竟)은 초원 2년에 청하왕(淸河王)에 봉해졌다가 세 해 뒤에 중산왕으로 옮겨 갔다. 그러나 어려서 봉토에 가서 다스리지 않았다. 건소 4년에 경저(京邸)에서 세상을 떠나 두릉현에 장사 지냈다.[20] 아들이 없어 왕위가 끊어졌다. 태후는 왕의 외가 융씨 집안으로 돌아가서 살았다.

애제와 평제를 낳은 효원제의 두 아들

○　　○　　○

효원제에게는 아들이 셋 있었다. 왕 황후가 효성제를 낳았고 부 소의가 정도 공왕(定陶共王) 유강(劉康)을 낳았으며 풍 소의가 중산 효왕 유흥(劉興)을 낳았다.

애제의 생부 정도 공왕 유강

○　○　○

정도 공왕 유강은 〔원제〕 영광 3년에 제 양왕(濟陽王)에 봉해졌다가 여덟 해 뒤에 산양왕(山陽王)으로 옮겨 봉해졌다. 그랬다가 다시 여덟 해 뒤에 정도왕으로 옮겨 갔다. 왕은 어려서 원제의 사랑을 받았는데, 자라서도 여러 가지 재주와 기예에 능하고 음악도 익혀서 황제가 중하게 여겼다. 어머니 부 소의 또한 황제의 총애를 받았으므로 모자지간이 거의 황후와 태자 자리를 대신할 뻔했다. 그 이야기는 「원후전」과 「사단전(史丹傳)」에 있다.

성제가 즉위하여 선제의 뜻을 따르는 뜻에서 다른 제후왕보다 더 잘 대우해 주었다. 왕위에 열아홉 해 동안 있다가 세상을 떠나자 아들 유흔(劉欣)이 후사가 되었다. 열다섯 해가 지났을 때 아들이 없었던 성제가 유흔을 황궁으로 불러 황태자로 삼았다. 성제가 황실 대종(大宗)의 후사가 된 태자는 원래 부모 제사를 받들 수 없다고 하면서 초 사왕(楚思王)의 아들 유경을 정도왕으로 삼아 정도 공왕의 후대를 잇게 했다.

성제가 붕어하자 태자가 즉위했으니 바로 효애제다. 즉위한 지 두 해가 지났을 때, 〔애제가 생부〕 정도 공왕을 공황(共皇)으로 추존하고 장안에 침묘를 두었는데 소목(昭穆) 등급은 효원제와 같은 규모로 했다. 정도왕 유경은 신도왕(信都王)으로 옮겨 봉했다.[21]

평제의 생부 중산 효왕 유흥

○　○　○

중산 효왕 유흥은 원제 건소 2년에 신도왕에 봉해졌다가 열네 해 뒤에 중산왕으로 옮겨 갔다.[22]

성제가 태자를 세우는 일을 의논할 때, 어사대부 공광(孔光)이 "『상서』에 보면 은나라에 급왕(及王) 제도가 있었으니 형이 죽으면 동생이 왕위를 이었습니다. 중산왕은 원제의 아들이므로 후사로 삼는 것이 마땅합니다."라고 주장했다.

성제는 중산왕이 재주가 없는 데다 자신과 형제지간이므로 종묘에 앞뒤로 배향될 수 없다고 생각했다. 게다가 외가 왕씨 집안과 조 소의가 모두 애제를 태자로 삼아야 한다고 나섰으므로 마침내 그렇게 결정했다.

황제가 중산 효왕의 외숙 풍참을 의향후로 삼고 중산 효왕에게는 식읍 만 호를 더해 주면서 중산 효왕이 태자가 되지 못한 것을 위로했다.

중산 효왕은 서른 해 동안 왕위에 있다가 세상을 떠났다. 아들 유간(劉衎)이 왕위를 이었다. 일곱 해가 지나서 애제가 붕어했을 때 아들이 없었으므로 중산왕 유간을 황궁에 불러 즉위시켰으니 바로 평제이다.

평제가 성제의 후사가 되었으므로 태황태후가 동평 사왕의 손자였던 도향경후(桃鄕頃侯)의 아들 유성도(劉成都)를 중산왕에 봉하여 중산 효왕의 후사로 삼았다.

왕망 때에 중산국을 철폐했다.

찬하여 말한다.

효원제의 후대로 황제에 오른 이가 많았으나 손자 대에 이르러 대가 끊어지고 말았으니 어찌 하늘의 뜻이라고 하지 않을 수 있겠는가!

회양 헌왕은 그때 제후 중에서 가장 총명했으나 장박의 유인에 빠지는 바람에 거의 무도한 지경에 빠질 뻔했다. 『시』에 "탐욕을 부리는 자가 일을 망치네."[23]라고 했으니 고금을 통틀어 이런 일이 일어나는 원인은 한가지인 모양이다.

51

광·장·공·마 전
匡張孔馬傳

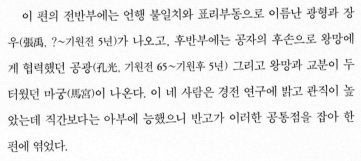

이 편의 전반부에는 언행 불일치와 표리부동으로 이름난 광형과 장우(張禹, ?~기원전 5년)가 나오고, 후반부에는 공자의 후손으로 왕망에게 협력했던 공광(孔光, 기원전 65~기원후 5년) 그리고 왕망과 교분이 두터웠던 마궁(馬宮)이 나온다. 이 네 사람은 경전 연구에 밝고 관직이 높았는데 직간보다는 아부에 능했으니 반고가 이러한 공통점을 잡아 한 편에 엮었다.

광형이 살았던 원제 시대에는 자연재해가 많았다. 그 원인을 두고 대유학자 유향은 홍공과 석현 같은 환관의 득세로 음양의 조화가 무너졌기 때문이라고 주장했다. 두 환관을 총애했던 원제는 유향의 주장을 받아들이려 하지 않았다. 황제의 뜻을 눈치챈 광형은 음양의 조화는 교화에 달려 있다고 주장하여 승상까지 올랐다가 탄핵당했다. 재물과 부동산을 축재했던 장우도 겉으로 보기에는 번듯한 유학자이자 성제의 스승으로 역시 승상까지 올랐다. 두 사람은 『시』와 『논어』 연구의 대가였다고 하는데 남아 있는 저작은 없다. 특히 광형은 상소문마다 경전의 구절을 길게 인용했다. 광형과 공광의 상소문이 실려 다소 지루하지만, 군데군데 유학의 거두들이 펼치는 우스꽝스러운 대목이 숨어 있어 쉬어가는 재미도 없지 않다.

책문에 뛰어난 광형

○　○　○

광형의 자는 치규(稚圭)이고, 동해군 증현(承縣)[1] 사람이다.

조상 대대로 농부였는데 광형에 이르러 글 읽기를 좋아했다. 집안이 가난하여 용인(傭人) 일을 하면서 책값을 댔다. 광형은 정신과 기력이 남보다 훨씬 뛰어났다. 선비들이 그런 광형을 두고 이렇게 평가했다.

"『시』에 관해 논하지 맙시다. 광형이 곧 이리로 온답니다. 광형이 『시』에 대해 설명하면 사람들이 다 기뻐할 것입니다."

광형이 사책에서 갑과 책문(策文)을 썼으나 규정에 맞게 답을 쓰지 못해 태상장고(太常掌故)에 제수되었다가 평원군 문학에 보충되었다. 광형이 경학에 밝아 대적할 자가 없으니 장안에서 문학 벼슬을 살게 해야 한다고 천거하는 글을 황제에게 올리는 학자들이 많았다. 후학들도 모두 평원군에 가서 광형에게 배우고자 했으므로 광형은 장안에서 멀리 떨어진 곳에서 벼슬을 할 수 없었다. 후진들도 모두 광형을 따라 평원에 가기를 원했으므로 먼 곳에 가 있기에 마땅하지 않았다. 황제가 태자태부 소망지와 소부 양구하를 시켜 사정을 물어보게 했다. 광형이 『시』의 여러 대의에 대해 대답했는데 심오하면서도 제대로 된 대답을 해냈다. 소망지가 황제에게 광형이 경학에 정통하면서 스승의 학설을 계승하고 있는 것이 볼만하다고 보고했다. 선제가 유생을 그리 많이 등용하지 않았으므로 광형을 평원군 문학으로 내보냈다. 그런

데 황태자는 광형이 대답하는 것을 본 뒤에 속으로 광형을 좋아
하게 되었다.

　선제가 붕어하고 원제가 즉위하던 때에 외척이었던 낙릉후
사고를 대사마 거기장군에 임명하고 상서 일을 겸해서 보게 했
는데 전장군(前將軍) 소망지에게 그 바로 아래에서 돕게 했다.[2]
황제는 소망지가 명유(名儒)였고 태자 시절의 은사였으므로 중용
했다. 소망지는 인재를 많이 천거했으나 사고는 자리만 채우고
있어 소망지와 틈이 벌어졌다. 그때 장안 현령 양흥이 사고에게
건의했다.

　"장군은 황실의 친척으로 정사를 보좌하시니 지위가 높기로 천
하에 비할 데가 없습니다. 그러나 장군께서는 많은 사람의 좋은
평가를 받지 못하고 있습니다. 그것이 어인 까닭이겠습니까? 바
로 사람들이 소문을 들었기 때문입니다. 막부에서 집정하고 계신
장군을 나라 안에서 앙망하지 않는 자가 없는데, 장군께서 천거한
사람은 장군 휘하의 빈객이거나 장군 유모의 자제들뿐입니다. 장
군께서는 인정에 이끌려 인재를 천거하는 일에 소홀했으나 스스
로는 그런 줄 모르고 계십니다. 그러나 이런 사실을 두고 한 사람
만 사적인 의견을 개진해도 그 이야기가 천하에 떠돌게 됩니다.
제아무리 부귀해도 선비들의 칭찬을 받지 못하면 흰색의 여우 겨
드랑이털로 지은 옷을 〔털이 보이지 않도록〕 뒤집어 입은 것과 같
습니다. 옛사람들은 자신이 그렇게 될까 봐 걱정했기 때문에 지체
를 낮추고 애를 쓰며 능력과 덕망을 겸비한 인재를 힘써 구했던
것입니다. 전(傳)에 '인재를 얻기 어려우므로 일할 때 인재가 찾

아오기를 기다리면 안 되고, 먹을 것을 얻기 어려우므로 배부르게 먹으려면 앉아서 먹을 것이 생길 때까지 기다리면 안 된다. 그렇게 하면 아주 어리석다.'[3]라는 말이 있습니다. 평원군 문학 광형은 재능과 지혜가 뛰어나고 경학 연구에도 비할 만한 사람이 없으나 조정에 기용되지 못하고 먼 지방에 나가 벼슬을 살고 있습니다. 장군께서 막부에 불러 쓴다면 학생들이 일치하여 장군의 인덕에 의지할 것입니다. 조정에서 국사를 의논하는 일에 광형을 참여시켜 그 가진 재능을 관찰한 뒤에 조정에 천거한다면 반드시 나라의 동량이 될 것입니다. 이렇게 하는 모습을 백성에게 보여 주면 장군의 이름을 세상에 드높일 수 있습니다."

사고는 양흥의 이 말을 옳게 여겨 광형을 의조사(議曹史)로 불러들인 뒤에 황제에게 천거했다. 황제가 광형을 낭중으로 삼았다가 박사, 급사중으로 승진시켰다.

그 뒤에 일식과 지진의 변고가 일어났을 때 황제가 정사의 성패와 변고의 연관 관계를 묻자 광형이 상소[4]를 올려 말했다.

신이 알기로 오제의 제도와 삼왕의 교화가 각각 달랐고 민속이 달랐는데 이는 그 처한 시대가 달랐기 때문입니다.

성덕을 갖추신 폐하께서 태평성대의 길을 열면서, 법과 금령을 어기는 어리석은 아전과 백성들을 가엾게 여기시고 연년이 대사령을 내리셔서[5] 백성이 스스로 행동을 고쳐 거듭나게 하셨으니 천하에 다행한 일입니다.

신은 대사령이 내린 뒤에도 법을 어기는 간사한 행위가 줄어들거나 멈추지 않고, 오늘 대사령을 내려도 내일이면 법을 어겨 줄줄이 옥에 들어가는 사람들을 보았습니다. 이는 아마도 백성을 이끄는 요령을 얻지 못했기 때문일 것입니다. 대개 백성을 잘 돌보려면 "도덕과 신의에 대해 일러 주고", "좋고 나쁜 것의 기준을 보여 주어야"[6] 하는데, 백성이 잘못하는 것을 봐 가며 그 사정에 맞게 다스리면 백성을 변화시켜 순응하게 하고 달래어서 안정시킬 수 있습니다. 지금 천하의 풍속은 재물을 탐하고 인의를 경시하며 가무와 여색을 좋아하고, 사치를 숭상하며 재물을 탐하지 않거나 부끄러움을 아는 절의가 약하고 방탕하고 음란한 마음을 풀어놓고 살아 삼강오륜의 질서를 잃었습니다. 일가보다 처첩 일족과 가깝게 지내느라 일가친척 사이의 정은 엷어지고 인척 관계가 융성해져서 서로 영합하여 요행을 바라며 이익을 탐하고 있습니다. 백성이 근본을 고치지 않으면 해마다 사면령을 내려도 형벌을 쓰지 않기는 몹시 어려울 것입니다.

천하에 법을 어기는 풍조가 만연하니 신의 어리석은 생각에는 한꺼번에 크게 변화시켜야 마땅합니다. 공자께서도 "예와 겸양의 원칙으로 나라를 다스릴 수 있다면 무슨 어려움이 있겠는가!"[7]라고 하셨습니다. 조정은 천하의 핵심입니다. 공경과 대부가 서로 예를 지키며 공손하게 양보하는 모습을 보이면 백성도 서로 싸우지 않을 테고, 인자한 마음을 내기 좋아하여 베풀기를 즐기면 백성도 흉포해지지 않을 것이며, 의를 숭상하고 절의를 높이면 백성도 감흥을 받아 베푸는 일을 실행에 옮길 것이고, 관대하고 은혜롭게 살면 백성도 서로 아끼며 살아갈 것입니다. 이렇게 조정 대신들이 제

대로 행하는 일은 영명한 군주가 엄한 형벌을 쓰지 않고도 교화를
이룰 바탕이 됩니다. 그 까닭은 이렇습니다. 조정에서 낯빛을 바꾸
며 서로를 질책하면 백성들이 치고받고 싸우는 환란이 생기고, 위
에 독단적인 관리가 있으면 아래에는 자신의 생각을 견지하며 도
무지 물러서지 않는 사람들이 생기며, 위에서 황제를 보좌하는 대
신이 정적을 반드시 이기려고 들면 아래에는 남을 해치려는 마음
을 품는 자가 생기고, 위에 재물로 이득을 챙기기 좋아하는 대신들
이 있으면 아래에는 남의 것을 빼앗고 훔치는 자들이 생겨납니다.
그러므로 이런 풍조가 바로 천하의 풍속이 변한 근본 원인입니다.

지금 평범한 관리들은 모두 세상을 다스릴 때 예와 겸양의 정신
을 근간으로 하지 않아 가혹하고 포악한 방법을 주로 씁니다. 개중
에는 포악한 마음을 품고 무거운 형벌을 내리면서 사람들에게 죄
를 뒤집어씌우기 좋아하거나 재물을 탐하고 권세에 아부하는 자까
지 있으니 그 때문에 법을 어기는 자들이 많아지고 간악한 무리가
줄어들지 않아, 엄한 형벌과 준엄한 법으로도 풍속을 바꾸지 못하
고 있습니다. 이는 천성 때문이 아니라 제대로 교화하지 못했기 때
문입니다.

신이 〔『시』〕 「국풍(國風)」 노래들을 연구해 보았는데 '주남(周南)'
과 '소남(召南)'이 성현의 교화에 깊이 감화되어 독실하게 행하며
미색에 탐닉하지 않는 내용을 담고 있었습니다. 정백(鄭伯)이 용맹
함을 숭상하여 그 나라 사람들이 맨손으로 범을 잡았고,[8] 진 목공
이 신의를 귀하게 여겼으므로 신하가 여럿 따라 죽었으며,[9] 진(陳)
부인이 귀신에게 제사 지내는 일을 좋아하여 백성이 지내지 말아

야 할 제사까지 지내게 되었고,[10] 진후(晉侯)가 검약함을 숭상하자 백성도 재물을 모으고 살았으며,[11] 주 태왕(周太王)이 인(仁)을 몸소 실천하며 빈국(邠國)에서 서(恕)[12]를 숭상했다고 합니다. 이를 통해 볼 때 천하를 다스리는 자는 옛 군주가 숭상했던 바를 상세하게 연구하기만 하면 될 것입니다. 그런데 지금은 속임수와 경박함, 포악한 마음을 품고 무거운 형벌을 내리는 일, 자신의 입장을 견지하며 도무지 물러서지 않는 풍조가 극도에 달하고 있습니다.

신은 널리 교화를 시행할 때 집집이 찾아가서 사람들을 대면하여 설득하지 않아도 된다고 배웠습니다. 덕행과 능력이 뛰어난 자를 벼슬자리에 앉히고 능력에 맞게 직무를 맡기며 조정에서 예를 숭상하여 백관이 겸양의 정신을 따르도록 해야 하고, 도덕 정신을 통해 교화를 실행하면서 내부에서 외부로 나아가며 교화를 펼치되 황상과 가까운 데서부터 시작하면 백성이 지키고 살아야 할 도덕과 준칙을 알게 될 것입니다. 그렇게 하루하루 시간을 아끼며 교화를 펼친다면 저도 모르는 사이에 교화가 제대로 이루어질 것입니다. 이렇게 된다면 백성의 생활이 안정되고 음양이 조화롭게 되어 신령이 감응하여 상서로운 길조가 나타날 것입니다.

『시』에 "상(商)나라의 도읍은 법도를 잘 지키고 공손함을 숭상하므로 사방 여러 나라의 중심이 되네.", "고종(高宗)이 오래 살고 또 강녕하여 우리네 후손을 잘살도록 해 주셨네."[13]라고 했습니다. 이는 성탕왕(成湯王)이 창성하고도 교화가 잘 이루어진 세상을 이룩하여 자손을 잘 돌보았으며 다른 풍속을 지닌 민족까지 교화하여 귀방(鬼方)을 품었던 일을 노래한 것입니다. 현재 장안은 황제의 도읍으로 성군의 교화가 직접 이루어지고 있는 곳이지만 그 습속이 먼 지방과 다르지 않아서 지방의 군과 제후국에서 올라온 자들이 법칙으로 삼을 만한 것을 발견하지 못하고 있고, 더러 사치하고 낭비하는 것을 본 뒤에 그대로 따라 하는 일도 있습니다. 장안은 교화의 근본이자 풍속의 관건을 보여 주는 곳이니 장안부터 바로잡는 것이 마땅합니다.

하늘과 사람 사는 세상은 음양의 정기를 서로 주고받을 뿐 아니라 선과 악의 기운도 둘 사이를 왔다 갔다 하므로, 지상에서 무슨 일이 생기면 하늘이 감응하여 상징으로 보여 주게 되어 있다고 신은 배웠습니다. 음양은 그 이치로 보아 각각 영향을 받은 바에 따라 감응하게 되어 있습니다. 음의 기운이 변할 일이 생기면 움직이지 않아야 할 땅이 요동치고, 양의 기운이 가려질 일이 생기면 밝게 빛나야 할 해가 어두워지며, 물난리와 가뭄의 재앙도 비슷한 이유로 반복해서 일어나게 됩니다. 지금 함곡관 동쪽 제나라 땅에 해를 거듭하여 기근이 들고 있는데 백성에게 먹을 것이 모자라 더러는 사람끼리도 서로 먹는다고 합니다. 이 일은 모두 조세로 낼 것이 많아져서 백성이 바쳐야 할 양이 늘어난 데다 관리가 백성을 안정시켜 화목하게 살게 하는 데에 실패했기 때문에 생긴 것입니다.[14]

폐하께서 하늘의 경고를 두려워하고 백성을 불쌍하게 여겨 친히 경비를 삭감하셨으니 감천궁과 건장궁의 호위 군사를 줄였고,[15] 주애군(珠崖郡)을 철폐했습니다.[16] 무력 사용을 그치고 문치를 시행함으로써 요순의 번성함을 누리고 은주(殷周)의 쇠약함을 뿌리 뽑으려고 하신 것입니다. 주애군 철폐 조서 소식을 들은 사람 중에 기뻐하지 않은 자가 없었으니 사람들은 태평세월이 바로 찾아오리라 여겼습니다.

곧바로 궁실의 예산을 삭감하여 사치스럽고 화려한 장식물을 줄이며, 법령이 시행되는 바를 검사하고 외조(外朝)와 내조(內朝)의 직분을 정하며,[17] 충성스럽고 정직한 자를 가까이하되 간사하게 아첨을 떠는 무리를 멀리하시며, 정(鄭)나라와 위(衛)나라의 음악을 버리되[18] 〔성세의 음악〕 아송(雅頌)을 장려하십시오. 걸출한 재능을 사진 인재를 천거받아 직언 올릴 길을 열어 주며, 온화하고 선량한 인물을 등용하고 각박한 관리를 내쫓으며, 청렴하고 결백한 인사를 드러내어 칭찬하여 무욕(無欲)의 길을 명확하게 보이시고, 육예(六藝)의 대의를 열람하고 선왕의 치국 요강을 고찰하며, 자연의 도리를 분명히 깨닫고 널리 풍속이 화목해지도록 이끄심이 마땅하니, 폐하께서 가장 높은 수준의 인(仁)을 숭상함으로써 나빠진 풍속을 바로잡고 백성이 눈으로 대하는 현상을 바꾸면서[19] 나라 안의 모든 백성에게 우리 조정에서 귀중하게 여기는 원칙을 명확하게 보여 준다면 장안 사람들에게 도덕이 널리 퍼지고 국경 밖까지 아름다운 이름을 떨칠 수 있습니다. 이렇게 되면 교화가 잘 이루어진 것이니, 예와 겸양을 지키는 정신이 왕성하게 될 것입니다.

황제가 광형의 상소를 읽고 기뻐하면서 광형을 광록대부로 승진시켰다가 태자소부로 임명했다.

유가 학설로 원제를 보좌하다

○   ○   ○

당시 황제가 유가 경술과 문장을 좋아하여 선제의 정책을 큰
폭으로 바꾸었다. 나랏일에 관해 상소한 자 중에 많은 사람이 부
름을 받아 황제를 알현했는데 저마다 황제가 만족할 의견을 내겠
다고 했다.

그 무렵에는 또 부 소의와 소의의 아들 정도왕이 황제의 사랑
을 받았는데, 황후와 태자보다도 총애를 많이 받았다. 그 일로 광
형이 다시 상소를 올려 의견을 냈다.[20]

난세를 다스리고 위기의 국면을 안정시키는 데 가장 중요한 것
은 군주가 올바른 일에 전심전력하는 것이라고 신은 들었습니다.
천명을 받은 제왕은 창업수통(創業垂統)하여 무궁하게 왕위를 전하
고,[21] 대업을 계승한 제왕은 선왕의 덕정을 계승하고 그 공업을 선
양하는 일에 전념합니다. 옛적 주나라 성왕이 왕위를 잇고 나서 문
왕과 무왕의 치국 방책을 계승하며 의지를 키우고자 했고 위대한
공적을 모두 두 왕께 돌리며 자신의 공으로 삼지 않았습니다. 그리
하여 하늘이 성왕의 제물을 흠향했고 혼령이 성왕을 보우했으므
로, 『시』에 "내 조상의 덕을 되새기니 혼령이 강림하여 조정에 임
하셨네."[22]라고 했습니다. 주 성왕이 조상의 위업을 늘 되새겼으므
로 혼령이 성왕을 도와 나라를 잘 다스리게 했다는 뜻입니다.

폐하께서 널리 성덕을 베푸시며 나라 안의 백성을 아끼고 계시

지만 음양이 조화롭지 못하고 간악하게 법을 어기는 자들이 줄어들지 않고 있습니다. 이는 대신들이 선제의 위대한 공적을 널리 선양하기는커녕 선제(先帝)의 제도와 법령을 쓰면 안 된다고 쟁언하면서 개정에 힘쓰고 있기 때문입니다. 그러나 개정한 제도와 법령 중에 시행하기 어려운 것은 다시 뒤집어 관리들이 서로 시비를 가리고 있으므로 하급 관리와 평민이 어찌할 바를 모르고 있습니다. 신은 잘 쓰고 있는 제도를 조정에서 폐기하고 헛되게 어지럽히는 것을 안타깝게 생각합니다. 폐하께서는 제왕의 대업을 자세히 공부하시고 선제의 제도와 법령을 준수하고 그 공적을 선양하는 일에 전념하셔서 관리들의 중심을 잡아 주시기를 바랍니다.

〔『시』〕「대아(大雅)」에 "우리의 선조를 생각하며 그 성덕을 세승하여 발전시키자."[23]라고 했고, 공자도 『효경』의 첫 장에서 이런 뜻을 밝히셨으니 지극한 덕을 이루는 근본이기 때문입니다.[24] 『시전(詩傳)』에도 "호오를 정확하게 살펴 성정을 다스리면 왕도가 완성된다."[25]라고 했습니다.

〔군주가〕심성을 온전히 해야 백성과 만물의 성정을 온전하게 할 수 있고, 백성과 만물의 성정을 온전하게 해야 천지의 조화를 잘 알 수 있습니다. 심성을 다스리는 길은 여유 있는 바를 제대로 파악하여 자신의 단점을 보완하려고 힘쓰는 데 있습니다. 총명하고 사리에 통달한 사람은 깊이 고찰하는 일에 신중해야 하고, 과문하고 견식이 적은 사람은 옹색함을 조심해야 하며, 용맹하고 혈기 왕성한 사람은 너무 포악해지는 것을 경계해야 하고, 인애하고 온순하며 선량한 사람은 결단력의 부족을 조심해야 하며, 마음이 늘

가라앉아 있는 사람은 좋은 기회를 놓치지 않도록 경계해야 하고, 마음이 넓고 큰 사람은 망각을 경계해야 합니다. 폐하께서 스스로 경계할 바를 자세히 판단하여 의로써 바로잡은 연후에 중화(中和)에 순응하여 변화하면, 가식과 허위의 무리가 붕당을 이루어 서로 천거하지 못할 것입니다. 폐하께서도 자신을 경계하셔서 성덕을 더욱 숭고하게 빛내시기를 바랍니다.

신은 또 집안을 다스리는 도를 세워야 천하를 다스리는 이치를 얻을 수 있다고 들었습니다. 『시』는 「국풍(國風)」으로 시작하고, 『예』는 「관(冠)」과 「혼(婚)」이 근본입니다. 『시』가 「국풍」으로 시작한 것은 '관저(關雎)'에 나오듯이 인간의 본성을 탐구하고 인륜 질서를 정확하게 설명하기 위해서였고, 『예』의 근본이 「관」과 「혼」인 것은 인륜 질서의 기본을 바로잡고 무질서함을 막기 위해서였습니다. 집안을 다스리는 도를 중요하게 여기지 않으면 복을 받을 수 없으니, 치국의 도가 쇠락하는 것이 왕실 내부로부터 비롯하지 않은 적이 없었습니다. 그러므로 성군은 왕후와 후궁 사이에서 반드시 신중해야 하고 적장자의 지위를 뚜렷하게 인정해야 합니다. 황실 법도에 지체 낮은 자가 높은 자를 넘어서지 못하고 늦게 들어온 자는 먼저 들어온 자의 앞에 서지 못하게 하여 인지상정의 기준을 바로잡고 음기를 다스리고 있습니다. 황실에서 적자를 높이고 서자를 낮추어야 하니, 조(阼)[26]에서 예주(醴酒)를 올려 적자의 관례를 거행하되 여러 다른 아들은 같은 줄에 세우지 않아 정통의 적장자를 높이고 의혹을 말끔하게 없애야 합니다. 그저 겉으로 예식의 형식만 갖출 것이 아니라 마음에서부터 적자를 다르게 대접해야 하니 예식은 그 마음을 표명하는 것으로 마음이 밖에 드러나야 합니다. 성군은 일상의 거동과 연희에서 대하는 모든 사람의 존비를 따져야 하니 그 질서가 잡히면 나라 안이 저절로 다스려지고 백성이 복종합니다. 그런데 가까이할 자를 멀리하고 높여야 할 자를 경시하면 그 틈을 타서 간사하고 교활한 무리가 움직여 나라가 어지럽게 됩니다. 그러므로 성군은 신중하게 그런 일을 방지하거나 일어나기 전에 금하여 사적으로 은혜를 베푸는 일로 나라의 대의를 손상시키지 않아야 합니다.

폐하께서 완전한 성덕을 갖추고 모든 분야에서 정도를 행하시면 천하가 무위(無爲)의 다스림에 이를 것입니다. 『시』에 "사방을 다스리려면 집안부터 다스려야 하네."[27]라고 했고, 『역전(易傳)』에도 "집안을 바로 다스리고 천하를 평정한다."[28]라고 했습니다.

광형이 소부로 있던 몇 해 동안 정사에 도움이 되는 상소를 여러 차례 올렸을 뿐 아니라 조정에서 바로잡을 일이 생겼을 때 경전의 뜻에 따라 대책을 제시했는데 그 주장이 도리에 합당할 때가 많았다. 그리하여 황제가 광형이 공경의 자리를 맡을 수 있겠다고 생각하고 광록훈으로 임명했다가 다시 어사대부로 승진시켰다. 건소 3년, 위현성의 뒤를 이어 승상이 되었다. 황제가 낙안후(樂安侯)에 봉하고 식읍 육백 호를 내렸다.

낙향을 청했으나 성제의 비답을 받다

○ ○ ○

원제가 붕어하고 성제가 즉위하자 광형이 황제가 배필을 맞는 일에 신중할 것과 경학을 공부할 것, 그리고 황제의 행동거지에 관한 원칙을 따를 것을 권하는 상소를 올렸다.[29]

폐하께서는 극진한 효성을 바치시느라 비통하고 그리움에 사무치는 마음을 거두지 않으신 채 한가하게 놀이를 즐기거나 새 사냥을 하지 않으시며 참으로 끝도 없이 신종추원(愼終追遠)[30]의 효도를 깊이 행하고 계십니다. 신은 폐하께서 성군의 천성을 타고나셨으니 거기에 성군의 정신을 더하시기를 바랍니다. 『시』에 "의지할 데 없어 외로이 비통해하네."[31]라고 한 것은 성왕이 아버지 무왕의 장례를 마치고 사무치는 그리움에 미처 정신을 수습하지 못하고 있는 것을 노래한 것으로 대개 문왕과 무왕의 업적에 의지하여 위대한 교화를 이룬 조상을 숭상하는 정신을 나타낸 것이라 여겨집니다.

신은 또 스승에게 "배필을 맞는 일은 생육의 시작이며 만복의 근원이다."라고 배웠습니다. 예법에 맞게 혼인해야 모든 일이 제대로 이루어져 천명을 보전할 수 있습니다. 공자께서 『시』를 편찬하실 때 '관저(關雎)'를 첫머리에 두신 것은 군주가 백성의 부모일진대 왕후나 후궁의 품행이 천지의 뜻에 맞지 않으면 신령의 이끄심을 받들어 만물을 제자리에 있게 할 수 없기 때문입니다. 『시』에 "현숙하고 훌륭한 여자가 군자의 좋은 배필이라."[32]라고 했습니다.

이는 순결하고 현숙하며 한결같은 품행을 지녀 얼굴에 욕정을 나타내지 않고 행동거지에 놀이를 즐기고 싶은 뜻이 드러나지 않는 분이라야 군주의 배필이 되어 종묘주(宗廟主)를 생산할 수 있다는 뜻입니다. 군주가 배필을 맞는 일은 천하 기강의 으뜸이자 제왕 교화의 발단이니, 고대로부터 〔하, 은, 주〕 삼대의 흥망성쇠가 여기에서 비롯하지 않은 적이 없었습니다.

폐하께서 군주의 위업을 달성하는 기틀을 마련하기 위해서는 각 왕조의 성패와 흥망성쇠의 결과와 배필과의 관계를 자세히 살펴보시고, 덕행이 뛰어난 규수를 간택하시되 아름다운 목소리나 용모에 끌리지 않도록 경계하셔야 하며, 행동거지가 엄숙하고 신중한 규수를 가까이하시되 기예가 뛰어난 자는 멀리하시기 바랍니다.

신은 성녁이 뛰어난 폐하께서 『시』와 『서』의 공부에 전념하시고, 『악』을 좋아하시되 싫증 내지 않으시는 것을 보았습니다. 신 형은 무능하여 그러한 폐하의 훌륭한 뜻을 펼치도록 잘 돕지 못했고 훌륭한 말씀을 널리 알리지 못했습니다. 신이 배운 바로는 육경(六經)은 성인께서 천하 백성의 마음을 모두 읽으신 뒤에 선악의 갈래와 길흉의 구분을 명백하게 정하고 사람의 바른 도리를 제시함으로써 사람이 그 본성에 어긋나는 행동을 하지 못하도록 하기 위해 지으신 것이라고 합니다. 그리하여 육경의 뜻을 살펴보면 사람과 하늘의 관계를 알 수 있어 하늘과 조화를 이룰 수 있고, 초목과 곤충의 세계도 알 수 있어 만물을 잘 성장하게 하니 육경의 뜻은 영원불변의 진리입니다. 그리고 『논어』와 『효경』은 성인의 말씀과 행동거지 중에서 요점을 뽑은 것으로 그 의미를 깊이 탐구해야 마땅합니다.

신은 또 성군은 일상에서 행동할 때, 하늘에 제사를 드릴 때, 어버이의 뜻을 받들 때, 조정에서 대신들을 대할 때, 신하에게 향연을 베풀 때에 매사를 예법에 따라 처리하며 인륜의 질서를 지켜야 한다고 들었습니다. 그 각각의 예법을 보면 공경하는 마음으로 삼가며 두려운 태도로 하늘에 제사를 드려야 하고, 온순하면서도 삼가는 태도로 어버이의 뜻을 받들며, 단정하고도 장엄한 모습으로 조정에 나아가 대신들을 대하고, 은혜롭고 기쁜 얼굴로 신하와 함께 음식을 들며, 일상의 행동거지도 각각의 예도에 맞게 행해야 하니 용모는 인의(仁義)를 나타내고 동작은 법도를 따라야 합니다. 공자께서는 "도덕과 대의는 존경을 받을 만하고, 용모와 행동거지가 모범이 되며, 나아감과 물러섬이 법도에 합당한 채로 자신의 백성에게 나아가 다스림을 펼치면 백성들이 경외하고 공대하며 모범으로 삼아 따르게 된다."[33]라고 하셨고, 「대아(大雅)」에 "위용과 행동거지를 신중하게 해야 하니 백성이 모범으로 삼으리라."[34]라고 했습니다.

정월에 제후가 폐하께 조정을 드리러 오면 폐하는 도덕을 생각하며 엄숙하고 장중한 모습을 보이면서 의례를 치르고, 악곡을 연주하며 좋은 술로 잔치를 열어 준 뒤에 돌아가게 해야 합니다. 만국의 제후 중에 복록을 하사받지 않은 이가 없도록 하여 돌아가서 폐하의 교화를 받아들이고 한나라의 풍속을 따르게 해야 합니다. 이번 정월 초에 폐하께서 대전에 납시어 조정의 하례를 받으시고 만방에서 올라온 제후들에게 주연을 베풀어 주셨습니다. 경전에 "군주는 신중하게 일을 시작해야 한다."[35]라고 했으니 폐하께서는 행동 하나하나에 유념하셔서 신하들로 하여금 폐하의 성덕과 영광을 바라볼 수 있게 함으로써 나라의 기틀을 세우시고 천하 백성에게 만복이 되게 해 주십시오.

황제가 광형의 상소 내용을 엄숙하게 받아들였다. 얼마 뒤에 광형이 남교(南郊)와 북교(北郊) 제사를 바르게 드리고 예법에 맞지 않는 다른 제사들을 철폐해야 한다는 상소를 다시 올렸다.[36] 이때의 이야기는 「교사지(郊祀志)」에 있다.

그보다 먼저 원제 시절에 중서령 석현이 권력을 휘두르고 있었으므로 승상 위현성과 광형 등 여러 대신이 석현의 위세를 두려워하며 감히 그 뜻을 거스르지 못했다. 성제가 즉위했을 때 광형이 어사대부 견담(甄譚)[37]과 함께 상소하여 석현의 악행을 하나하나 소급하고 같은 무리에 대해서도 그렇게 했다. 그러자 사례교위 왕존이 광형과 견담을 탄핵하는 상소를 올렸다.[38]

형과 담은 대신의 자리에 있으면서 석현 등이 권력을 전횡하고 독단을 부리며 나라에 해를 끼치는 것을 알고 있었지만, 벌을 주어야 한다고 제때에 아뢰지 않은 것은 말할 것도 없고 아첨하고 굴종하면서 일개 신하인 석현 편에 붙어 황제를 속였으니 대신이 정사를 보좌해야 하는 대의를 버린 것입니다. 그런데 이제 와서 석현 등에 대해 상소하면서 스스로 불충했던 죄는 아뢰지 않은 채 반대로 선제께서 중용했던 자를 역적의 무리라고 떠들고 있으니 부도죄에 해당합니다.

그러나 광형을 탄핵하지 말라는 조서가 내려졌다. 광형이 부끄럽고 두려운 마음에 상소하여 사죄하는 한편으로 병을 칭하고 사직하여 고향으로 돌아가기를 청하며 승상과 낙안후의 인수를 반납했다. 그러자 황제가 비답을 내렸다.

그대는 도덕을 선양함으로써 삼공의 지위에 올라, 선제께서 정사를 맡긴 뒤로 짐에 이르기까지 보좌해 주고 있다. 그대는 제도를 바로잡으며 나라를 위해 애쓰고 있고, 짐은 기쁜 마음으로 그대와 한뜻을 이루어 거의 완성해 나가던 중이었다. 그런데 이번에 사례교위 존이 망령되이 헐뜯으며 그대를 비방하니 짐은 몹시 슬펐다. 그리하여 바로 유사에게 넘겨 사례교위를 심문하게 했는데 그대는 무엇이 의심스러워 후위를 반납하고 돌아가겠다는 글을 올린 것인가! 이는 곧 짐의 불찰을 떠드는 것이 아닌가! 옛 책에 "예법과 도의를 지킴에 허물이 없는데 어찌하여 남이 하는 말을 걱정하겠는가!"[39]라고 이르지 않았는가? 그대는 이 점을 살펴서 마음을 다부지게 먹고 의원과 약을 가까이하면서 억지로라도 음식을 들고 몸을 아끼도록 하라.

황제가 최상급 술과 황실 외양간에서 키우던 소 한 마리를 하사하자 광형이 관아에 나와 일을 보았다. 황제가 즉위한 지 얼마 되지 않아 대신에게 관대하게 대했던 것이니, 신하 중에는 왕존이 옳다고 여기는 자들이 많았다. 광형은 아무 말도 못 하고 불안하게 살며, 홍수나 가뭄이 들거나 비바람이 제때를 맞추지 못할 때마다 자리를 내놓고 고향으로 돌아가기를 청했다. 그러나 그때마다 황제가 조서를 내려 위로하고 물러나지 못하게 했다.

벼슬 없이 집에서 세상을 떠나다

○　○　○

한참 지난 뒤에 광형의 아들 광창(匡昌)이 월기교위로 있으면서 술에 취해 사람을 죽이고 조옥에 갇히는 일이 일어났다. 월기교위 관아의 아전이 광창의 동생과 함께 광창의 탈옥을 모의하다가 발각되자 광형이 관을 벗고 맨발로 처분을 기다렸다. 황제가 광형에게 알자를 보내 관과 신발을 신도록 명했다. 그때 해당 관리가 상주문을 올려 광형이 봉토에서 땅을 무단으로 점령했다고 고발했다. 광형의 죄가 인정되어 마침내 면직되었다.

그보다 먼저 광형이 열후에 봉해질 때 동현(僮縣) 낙안향을 식읍으로 받았다. 낙안향에는 밭이 모두 삼천백 경(頃)이 있었는데 남쪽으로 민맥(閩佰)과 경계를 이루었다. 그런데 〔원제〕 초원 원년 〔임회군(臨淮郡)에서〕 작성한 군도(郡圖)에 민맥을 평릉맥(平陵佰)으로 잘못 써넣었다. 열 몇 해가 지나서 광형에게 임회군에 있는 낙안향에 식읍을 내렸는데, 본래의 평릉맥이 식읍의 경계가 되어 사백 경의 땅이 늘어났다. 건시 원년에 이르러 임회군에서 식읍의 경계를 다시 정하고 계부(計簿)를 올리면서 군도를 고쳐 승상부에 보고했다. 광형이 평소에 신임하여 가까이 부리던 아전 조은(趙

殷)에게 일렀다.

"주부(主簿) 육사(陸賜)가 전에 주조(奏曹) 일을 봐서 봉토 경계 일에 익숙하고 잘 알 테니 집조연(集曹掾)으로 임명하라."[40]

이듬해 상계(上計) 보고를 받을 때 광형이 조은에게 봉토 경계에 관해 물어보았다.

"조에서 어떻게 처리하고 있는가?"

조은이 대답했다.

"사가 계부의 오류를 찾아내어 임회군에 고치게 할 작정인데, 임회군에서 고치지 않을까 염려되니, 가승(家丞)을 시켜 황상께 보고해야겠습니다."

광형이 물었다.

"소유해도 되는 땅인지 아닌지를 알아보면 될 것을 황상께 글까지 올릴 필요가 있겠는가!"

그런데 광형은 계부의 오류를 찾아내라고 집조에 이르지 않았고 집조에서 하는 대로 내버려 두었다. 뒤에 육사가 속(屬) 명(明)과 함께 계부의 오류를 지적했다.

"예전 지도에 따르면 낙안향의 남쪽은 평릉맥과 경계를 이루고 있었는데 예전대로 하지 않고 이제 와서 민맥을 경계로 삼은 것은 무슨 이유인가?"

그러자 임회군에서 다시 사백 경을 낙안향의 광형 식읍으로 넣어 주었다. 광형이 동현에 종사(從史)를 보내 돌려받은 조세 천여석(石)의 알곡을 거두어 광형의 집으로 가져오게 했다. 사례교위 준(駿)과 소부 충(忠)이 정위의 권한을 대신 행사하여 탄핵 상소를 올렸다.

　형이 지휘하여 부정하게 취득한 재물이 '십금이상(十金以上)'[41]에 해당합니다. 『춘추』의 대의에 따르면 제후가 땅을 무단으로 점유할 수 없게 하여 중앙 조정의 법제를 존중하게 했습니다. 형은 삼공으로서 국정을 보좌하고 계부를 관장하고 있으므로 지방의 군사정을 정확하게 파악하여 봉토의 경계를 바로잡아야 하는데, 임회군에서 계부를 개정했음에도 불구하고 그 방안을 어긴 채 스스로 이익을 챙기며 땅을 무단 점유했습니다. 또 사와 명은 형의 뜻에 영합하여 임회군의 계부에 오류가 있다고 억지 주장을 하면서 현의 땅를 멋대로 줄였습니다. 형은 아랫사람과 한패가 되어 황제를 속였고, 무단으로 토지를 점유하여 대신으로서 이익을 얻었으니 이는 모두 부도죄에 해당합니다.

　황제가 상소의 내용을 인정했지만 광형을 법으로 다스리지 못하게 하는 대신에 승상에서 물러나게 하여 서인으로 삼았다. 광형은 벼슬이 없는 채로 집에서 세상을 떠났다.
　아들 광함(匡咸)은 역시 경전에 밝았고, 구경 벼슬을 역임했다. 그 뒤로도 이 집안에서 대대로 박사가 많이 나왔다.

황제의 스승이자 『논어』의 대가였던 장우

○　○　○

장우의 자는 자문(子文)이고, 하내군 지현(軹縣) 사람이다. 장우의 아버지 대에 와서 집안이 좌풍익 연작현(蓮勺縣)으로 이주했다.

아이였을 때 집안사람들을 따라 시장에 자주 갔는데 점도 치고 관상도 보는 사람 앞에 앉아 구경하는 것을 좋아했다. 그렇게 오랜 시간을 보내자 시초(蓍草)를 나누어 괘를 배열하고 길흉을 점치는 법을 잘 알게 되었다. 그래서 점술가 옆에 있다가 괘를 설명해 주곤 했는데 점술가가 그런 장우를 귀여워했다. 점술가가 보기에 장우의 관상이 특별했으므로 장우의 아버지에게 말했다.

"아이가 총명하니 경전을 익히게 하면 좋겠습니다."

장우가 자란 뒤에 장안으로 공부하러 가서 패군 사람 시수(施讐)에게 『역』을, 낭야 사람 왕양(王陽)과 교동 사람 용생(庸生)에게 『논어』를 배웠는데 완전히 익히고 나서는 학생들을 받아 가르쳤다. 뒤에 군문학에 천거되었다.

〔선제〕 감로 연간에 유생들이 장우를 천거하자 황제가 태자태부 소망지에게 명하여 장우의 실력을 알아보게 했다. 장우가 『역』과 『논어』의 대의에 대해 대답하니 소망지가 아주 좋게 평가하여 "장우가 경학에 정통하고 스승이 전수한 바를 잘 익혔으므로 직무를 맡겨 볼 만합니다."라고 상주했다. 황제가 소망지의 상소에 대해 비답을 내리지 않았으므로 장우는 원래 관직으로 돌아갔다. 한참 지나서 박사로 임용되었다.

초원 연간에 황태자를 세우고 박사 정관중으로 하여금 태자에게 『상서』를 가르치게 했다. 정관중이 장우가 『논어』에 뛰어나다고 천거하자 태자에게 『논어』를 가르치게 하라는 명이 내렸다. 장우가 태자를 잘 가르쳤으므로 광록대부로 승진했다. 몇 해 지나서 동평왕의 내사로 나갔다.

원제가 붕어하고 성제가 즉위한 뒤에 스승이었던 장우와 정관중을 불러 관내후 작위를 수여하고 정관중에게 식읍 팔백 호, 장우에게 육백 호를 내렸다. 또 장우를 제리 광록대부에 임명하고 봉록은 중이천석으로 했으며 급사중직을 더하고 상서 일을 겸하게 했다.

그때 황제가 외삼촌 양평후 왕봉을 대장군에 임명했다. 왕봉이 정사를 보좌하면서 권력을 휘둘렀다. 황제가 아직 어렸으므로[42] 겸손하게 행동하고 경학을 지향하며 사부를 존경했다. 장우가 왕봉과 함께 상서 일을 보았는데 속으로 마음이 편치 않아 여러 차례에 걸쳐 병을 평계로 사직하면서 왕봉을 피하려고 했다. 황제가 비답을 내려 말했다.

짐이 어려서 집정한 까닭에 국정을 처리하는 데 잘못이 있을까 염려되어 높은 도덕을 갖춘 스승께 국정을 맡겼습니다. 그런데 선생은 무엇이 의심스러워 수차례나 사직을 청하십니까? 평소 우리의 교분을 잊으셨습니까? 아니면 소문을 피하기 위해서입니까? 짐은 선생에 대해 어떤 비방도 들은 바가 없습니다. 선생은 마음을 단단히 먹고 정신을 모아 여러 가지 처리할 일을 총괄하되 쉬지 않고 밀어붙여 짐의 뜻과 어긋남이 없도록 하십시오.

황제가 황금 백 근과 황실 외양간의 소, 상등주를 내리고 태관을 보내 음식을 제공했으며 시의로 하여금 병을 봐주게 하고 사자를 장우의 집에 보내 위문하게 했다. 장우가 놀라서 어쩔 줄 몰라 자리에서 일어나 다시 승상 일을 보기 시작했다.

하평 4년에 왕상의 뒤를 이어 승상이 되었고 안창후(安昌侯)에 봉해졌다. 승상으로 여섯 해 동안 있다가 홍가 원년에 늙고 병들었다는 이유로 사직을 청하자 황제가 여러 번 후하게 대접하다가 마침내 허락했다. 네 필 말이 끄는 안거와 황금 백 근을 내리는 한편으로 승상직에서 물러나 집에 있더라도 열후의 자격으로 초하루와 보름에 열리는 알현에 참예하게 했다. 또 특진 관직을 더하고 승상급 의전으로 대했으며 종사관으로 사(史) 다섯 명을 배치하고 식읍 사백 호를 더해 주었다. 황제가 여러 차례에 걸쳐 상으로 재물을 하사했는데 모두 수천만 전이나 되었다.

장우는 사람됨이 신중하고 충실했다. 그러나 사적으로 재물을 늘렸고 가족들은 농사를 업으로 삼았다. 부귀해지고 난 뒤에 밭을 많이 사들여서 사백 경이나 소유했는데 모두 경수(涇水)와 위수(渭水)에서 물을 대는 땅으로 아주 비옥하고 비싼 땅이었다. 다른 재물도 상당히 많았다.

장우는 음악을 잘 알았다. 사치와 자유방임을 즐기는 성격으로 큰 집에 살면서 후원에서 현악기와 관악기를 연습했다.

장우의 출세한 제자 중에 눈에 띄는 자로는 대사공까지 오른 회양 사람 팽선(彭宣)과 소부로 구경에 오른 패군의 대숭(戴崇)이 있다. 팽선은 공손하고 격식에 맞게 행동하는 인물인 데 비해 대숭은 명랑하며 격식을 차리지 않고 총명했다. 두 사람은 이렇게 소질이 달랐다. 장우는 속으로 대숭을 가깝게 여기며 좋아했고 팽선은 존경은 했지만 친하게 지내지는 않았다. 대숭은 장우를 찾아갈 때마다 스승에게 주연을 베풀고 악대를 배치하여 제자와 함께 즐기기를 부탁했다. 장우가 대숭을 후원으로 데려가서 먹고 마시며 여자를 앞에 두고 악공이 관악기와 현악기를 요란하게 울리는 가운데 아주 즐겁게 놀다가 날이 깜깜해져서야 자리를 파했다. 그런데 팽선이 오면 장우는 대청 곁방에서 만ㅣ 징전의 뜻에 관해 토론했다. 날이 저물어 끼니를 대접해도 고기 한 가지와 술 한 잔만 놓고 마주 앉아 먹었다. 팽선은 장우 집의 후원에는 가 본 적이 없었다. 두 사람이 이 사실을 안 뒤에 모두 자신에게 맞는 방식으로 대접을 받았다고 여겼다.

장우가 늙어서 자신의 묘터를 마련하고 사당을 지으려고 보니 평릉현의 비우정부(肥牛亭部)[43]가 있는 땅이 마음에 들었다. 그 땅은 〔성제가 묻힐〕 연릉(延陵)과도 가까웠다. 장우가 상주하여 그 땅을 내려 달라고 청하자 황제가 장우에게 내리고 평릉현 관아에 명하여 비우정을 다른 곳으로 옮기게 했다. 곡양후 왕근이 이 소식을 듣고 간언했다.

"그 땅은 평릉의 침묘에서 소제의 의관을 모시고 나가는 길에 있는데, 우는 사부였음에도 겸양의 도를 따르지 않아 의관을 모시고 나가는 길에 있는 땅을 요구하면서 지금의 정을 허물고 옮기게까지 했으니 아주 잘못된 처사입니다. 공자께서 '사(賜)는 제물로 쓸 양을 아끼는구나. 나는 이 예식을 중히 여기노라.'[44]라고 하셨으니 우에게 다른 땅으로 바꿔 하사함이 마땅합니다."

왕근이 비록 외삼촌이었으나 황제는 장우만큼 존중하지 않았다. 왕근의 주장이 간절했지만 황제는 그 말을 따르지 않고 끝내 비우정 땅을 장우에게 하사했다.

이 일 때문에 왕근은 장우가 총애받고 있는 것을 시기하면서 여러 차례에 걸쳐 장우의 잘못을 비난했다. 그러나 황제는 장우를 더욱더 많이 존경하고 후대했다. 장우가 아플 때마다 곧바로 상태가 어떤지 물어보고 친히 문병을 갔다. 황제가 장우가 누워 있는 침상까지 찾아왔을 때 장우는 머리를 조아리고 황제의 은혜에 감사를 드린 뒤에 진심을 담아 부탁했다.

"노신에게 아들 넷과 딸이 하나 있는데, 아들보다 딸을 훨씬 더 아끼고 있습니다. 그런데 멀리 장역 태수 소함에게 시집을 갔습니다. 부녀간의 애틋한 정을 이길 수 없으니 딸을 가까이 두었으면 소원이 없겠습니다."

황제가 소함을 즉시 홍농 태수로 옮겨 주었다. 또 장우의 막내아들이 그때까지 벼슬에 나아가지 못하고 있었는데, 황제가 장우를 보러 왔을 때 장우는 막내아들을 여러 번 황제에게 보였다. 황제는 장우의 침상 앞에서 그 아들을 황문랑 급사중으로 삼았다.

장우는 집에 머물고 있었지만 특진으로서 황제의 스승 노릇을 하고 있었으므로 나라에 큰일이 생길 때마다 정책 결정 토론에 꼭 참여했다.

영시와 원연(元延) 연간에 일식과 지진이 자주 일어났다. 하급 아전과 평민들이 계속해서 상소를 올려 일식과 지진 같은 재이는 하늘이 내린 징조로, 왕씨 일족이 권력을 독점하고 있기 때문에 일어났다고 간언했다.

황제도 이변이 자주 일어나는 것을 두렵게 여기면서 왕씨 일족 때문이라는 쪽으로 생각이 기울었지만 명확한 견해를 표하지 않았다. 그러고는 친히 장우의 집에 가서 좌우를 물린 뒤에 하늘이 내린 변이에 대해 자문하고 하급 아전과 평민들이 왕씨 일족에 대해 올린 상소 건을 장우에게 말해 주었다. 장우는 자신이 늙었다는 사실과 자손의 세력이 약한 현실을 먼저 생각했다. 그런 뒤에 곡양후와 관계가 좋지 않기 때문에 곡양후에게 원망을 사지 않을까 염려했다. 장우가 황제에게 아뢰었다.

"『춘추』이백사십이 년간의 기록에 일식이 서른 몇 번, 지진이 다섯 번 나오는데 제후끼리 죽이는 일이 있었거나 이적이 중원을 침입했을 때 일어났습니다. 괴이한 재변[45]은 그 의미를 알기가 힘들어서 성인께서도 '명(命)에 대해 드물게 말씀하셨고, 괴이한 것과 귀신에 관한 일을 말씀하지 않으셨다.'[46]라고 합니다. 성명(性命)과 천도(天道)에 관해서는 자공(子贛) 등의 제자들도 들은 바가 없다고 하는데[47] 하물며 견식이 짧고 꽉 막힌 유생이 주장하는 바가 어떻게 정확할 수 있겠습니까! 폐하께서 하늘의 길조를 얻어서 백성과 함께 그 기쁨과 복을 누리시려면 정사를 바로잡으셔야 합니다. 이는 경전의 대의가 가르치는 뜻입니다. 뒤늦게 배움의 길에 접어든 초학자는 함부로 말하면서 피해를 주기 때문에 그 말을 믿지 마시고 경전의 치국술로 판단하셔야 마땅합니다."

황제는 평소에 장우를 믿고 아꼈으므로 장우의 이 말을 듣고 왕씨 일족에 대한 의심을 거두었다. 뒤에 곡양후 왕근과 여러 제후왕의 자제들이 장우가 한 말을 전해 듣고 모두 기뻐하며 장우를 가까이하기 시작했다.

장우는 변이가 일어났을 때 황제의 건강도 좋지 않으면 날을 골라 목욕재계하고 저녁에 시초를 꺼내 별의 정기를 받았다가 의관을 정제하고 점을 쳤다. 좋은 괘가 나오면 그 결과를 황제에게 알렸다. 그러나 불길한 괘가 나오면 놀라며 걱정하는 빛을 띠었다.

성제가 붕어하자 이어서 애제를 섬기다가 건평 2년에 세상을 떠났다. 장우에게 절후(節侯)라는 시호가 내려졌다.

장우에게는 네 아들이 있었다. 맏아들 장굉(張宏)이 후위를 이었는데, 벼슬이 태상에 이르러 구경 반열에 올랐다. 밑으로 세 아들은 모두 교위, 산기, 제조가 되었다.

그보다 먼저 장우가 성제의 스승이었을 때 황제가 경전의 뜻 중에 이해하기 어려운 것을 물어보았을 때 대답한 것을 『논어장구』로 엮어서 바쳤다. 애초에 노부경(魯扶卿)과 하후승, 왕양, 소망지, 위현성이 모두 『논어』를 해설하는 책을 편찬했는데 각 편이 더러 달랐다. 장우는 왕양에게 『논어』를 배우고 뒤에 용생에게 배우면서 각각 타당한 점을 집대성하여 맨 나중에 책을 냈으므로 권위를 인정받았다. 유생들이 장우의 책을 두고 이렇게 말했다.

"〔『논어』로〕 토론거리를 만들고 싶지 않다면 장우의 책을 읽어라."48

장우가 권위를 인정받으면서 학생들이 『논어』의 장씨 학파를 많이 따르게 되었으므로 다른 학파는 점차 힘을 잃었다.

스스로 엄격했던 공자의 후손 공광

○　○　○

공광의 자는 자하(子夏)이고, 공자의 십사 대손이다. 공자는 백어(伯魚) 공리(孔鯉)를 낳았고, 공리는 자사(子思) 공급(孔伋)을 낳았으며, 공급은 자상(子上) 공백(孔帛)을 낳았고, 공백은 자가(子家) 공구(孔求)를 낳았으며, 공구는 사진(子眞) 공기(孔箕)를 낳았고, 공기는 자고(子高) 공천(孔穿)을 낳았다. 공천은 공순(孔順)을 낳았는데 공순은 〔전국 시대〕 위나라의 상(相)이 되었다.⁴⁹ 공순은 공부(孔鮒)를 낳았다. 공부는 진섭(陳涉)이 세운 나라에서 박사를 지냈고 진현(陳縣)에서 죽었다.

공부의 동생 공자상(孔子襄)은 효혜제(孝惠帝) 때 박사를 지내다가 장사국(長沙國)의 태부를 역임했다. 공자상은 공충(孔忠)을 낳았고,⁵⁰ 공충은 공무(孔武)와 공안국(孔安國)을 낳았으며, 공무는 공연년(孔延年)을 낳았다. 공연년은 공패(孔霸)를 낳았는데 공패의 자는 차유(次孺)였으며 공패가 공광을 낳았다. 공안국과 공연년은 둘 다 『상서』를 연구하여 무제 때에 박사가 되었고, 공안국은 임회 태수가 되었다.

공패도 『상서』를 연구했는데 태부 하후승에게 사사했다. 공패는 소제 말년에 박사가 되었다가 선제 때에 태중대부가 되었다. 황태자에게 경서를 가르치는 스승으로 선발되었다가 첨사로 승진했고 이어서 고밀국의 상(相)이 되었다. 그 무렵에는 제후왕의 상이 군을 다스리는 태수보다 높았다.

원제가 즉위한 뒤에 공패를 불러 스승이었던 것에 감사하는 뜻으로 관내후 작위를 수여하고[51] 식읍 팔백 호를 내렸으며 보성군(褒成君) 칭호를 내리고 급사중 벼슬을 더해 주었으며 황금 이백 근과 집 한 채를 내렸으며 호적을 장안으로 옮기게 해 주었다.

공패는 사람됨이 겸손하고 양보를 잘했으며 권세를 좋아하지 않았으므로 항상 자신의 덕행에 비해 작위와 벼슬이 과분하다는 말을 했다.

황제가 공패에게 높은 관직을 주고 싶어서 어사대부 공우가 죽었을 때부터 설광덕이 면직될 때까지 늘 공패를 기용하고 싶어 했다. 그러나 공패는 자리를 사양하면서 감당할 수 없다는 뜻을 여러 번 설명했으므로 황제가 공패의 진정한 뜻을 마음 깊이 알아차리고 마침내 기용하지 않았다. 공패가 높은 관직을 사양한 뒤로 황제는 더욱 공패를 공경하면서 재물을 후하게 하사했다. 뒤에 공패가 세상을 떠나자 황제가 소복 차림으로 두 번이나 조문을 갔고 동원비기(東園祕器)와 돈과 견직물을 내렸으며 열후의 예를 갖추어 시호를 내리되 열군(烈君)이라는 시호를 내렸다.

공패에게는 아들이 넷 있었는데 맏아들 공복(孔福)이 관내후 작위를 이어받았다. 둘째 아들 공접(孔捷)과 공접의 동생 공희(孔喜)는 둘 다 교위제조에 올랐다. 공광(孔光)은 막내아들로 경학에 매우 밝았으므로 스무 살이 못 되어 의랑으로 천거되었다. 광록훈 광형이 공광을 방정 인재로 천거하여 간대부가 되었다. 국사를 의논하는 중에 황제의 뜻에 맞지 않았던 까닭에 공현(虹縣)[52] 현장으로 좌천되자 사직하고 집에 돌아가 사숙을 열고 제자를 가르쳤다. 성제가 즉위한 뒤 바로 박사로 뽑혀서 여러 번에 걸쳐 황제의 사자로 지방을 돌아보며 억울하게 판결된 사건을 조사하고 풍속을 시찰하며 물자를 풀어 유랑민을 구제했다. 황제의 사자가 되어 처리한 결과가 황제의 뜻에 잘 맞았으므로 그 뒤로 이름이 났다.

그 무렵 박사는 세 개 과(科)로 나누어 뽑았다. 성적이 우수한 박사는 상서로 삼았고 성적이 그다음인 박사는 자사로 삼았으며 정사에 밝지 못한 박사는 임용을 뒤로 미루었다가 제후국의 태부로 임명했다. 공광은 우수한 성적을 거두어 상서가 되었다. 상서직을 수행하면서 나라의 제도와 법령을 열람했는데, 몇 해가 지나자 한나라의 제도와 법령을 환히 알게 되었다. 황제가 그런 공광을 크게 신임하여 복야로 전보시켰다가 상서령에 임명했다. 황제가 "공광이 주도면밀하고 신중하여 일 처리에 실수를 한 적이 없기 때문에 벼슬에 제리를 더해 주고, 아들 공방(孔放)을 시랑으로 삼아 황궁에서 일하게 한다."라는 조서를 내렸다.

몇 해 뒤에 제리 광록대부로 승진시키고 봉록을 중이천석으로 내렸다. 또 급사중 관직을 더하고 황금 백 근을 하사했으며 상서를 겸하게 했다. 뒤에 광록훈으로 삼았는데 상서 일은 계속 겸하게 했고 제리 급사중 관직도 예전대로 유지하게 했다. 공광은 모두 열 몇 해 동안 요직에 있으면서 법도를 지키면서 제도를 정리했다. 황제가 자문한 문제에 대해서는 경전과 법령에 따라 타당하다는 판단이 섰을 때에야 대책문을 올렸으니, 황제의 뜻에 영합하려고 하지 않았다. 황제의 뜻에 따르지 못할 때면 강경하게 간쟁할 엄두를 내지 않았기 때문에 오랫동안 평안하게 살 수 있었다. 혹시 간언을 올릴 일이 있어도 바로〔상소 문안에서〕 초안의 문구를 삭제했으니 황제의 허물을 공개적으로 드러내는 것으로 충직하다는 이름을 얻고자 하는 것은 신하로서 큰 죄를 짓는 일이라고 여겼기 때문이다. 인재를 천거했을 때도 자신이 천거한 사실을 그 사람이 알게 될까 봐 걱정했다. 목욕 휴가를 받아 집에 돌아가서 형제와 처자식 앞에서 한담을 나눌 때도 조정의 정사를 발설한 적이 없었다. 누군가 공광에게 "장락궁 온실전 앞에 서 있는 나무들은 다 어떤 나무들입니까?"라고 물었다. 공광은 그 질문에는 대답하지 않고 화제를 다른 곳으로 돌렸다. 공광은 이런 식으로 황궁 안의 일을 누설하지 않았다.

공광은 황제 사부의 아들로 젊어서부터 경학 실력과 품행이 뛰어났으므로 관직을 제수받아 일찍 출세했다. 당파에 가담하지 않았고 유세객을 키우지 않았으며 남에게 청탁도 하지 않았다. 이렇게 한 것은 공광의 성격이 자신에게 엄했기 때문이기도 하지만 아버지 덕에 일찍 벼슬에 올랐기 때문이기도 하다. 공광은 광록훈에서 어사대부로 승진했다.

황제의 뜻에 맞지 않는 주장을 펼치다

○　○　○

수화 연간에 들면서 황제가 즉위한 지 스물다섯 해가 지나도 황위를 이을 후사가 없었다. 황제와 가장 가까운 친족으로는 동생 중산 효왕과 또 다른 동생〔정도 공왕〕의 아들 정도왕이 있었다. 정도왕은 글공부를 좋아했고 재주가 많았으며 황제의 아들 항렬이었다. 정도왕의 할머니 부 태후가 왕을 한나라 황실의 후사로 세우려고 은밀히 추진했다. 조(趙) 황후와 조(趙) 소의, 그리고 황제의 외삼촌 대사마 표기장군 왕근에게 몰래 보물을 선사하자, 이들은 모두 황제에게 정도왕을 후사로 삼으라고 권했다. 황제가 승상 저방진과 어사내부 공광, 우장군 염보(廉襃), 후장군 주박(朱博)을 불러 황궁에 들어오게 한 뒤에 중산왕과 정도왕 중에서 누구를 후사로 삼는 것이 마땅할지 상의하게 했다.

적방진과 왕근은 정도왕은 황제 동생의 아들이므로, 예법에 '동생의 아들을 아들처럼 본다.', '그 사람의 후사가 된 자는 그 사람의 아들이 된다.'[53]라고 했으니 정도왕을 후사로 삼는 것이 마땅하다고 여겼다. 염보와 주박 두 사람의 생각도 같았다. 그런데 공광만은 '가장 가까운 혈족을 후사로 삼아야 한다.'라는 예법을 들며, 중산왕은 선제(先帝)의 아들이자 황상의 친동생이므로 『상서』「반경(盤庚)」에 나오는 은나라 왕의 형제 상속 제도를 참고하여 중산왕을 후사로 삼는 것이 마땅하다고 주장했다. 황제는 형제가 차례로 종묘에 배향될 수 없다는 예법도 있고, 황후와 소의도 정도왕을 세우고 싶어 했으므로 정도왕을 태자로 세웠다. 공광은 황제의 뜻에 맞지 않는 주장을 했다 하여 정위로 좌천되었다.

공광이 상서 업무를 오랫동안 관장하면서 법령을 환히 꿰게 되었으므로 공평하다는 칭찬을 들었다.

그 무렵 정릉후 순우장이 대역죄로 주살되었다. 그런데 순우장의 첩인 내시(迺始) 등 여섯 명이 모두 순우장의 역모 사실이 발각되기 전에 순우장의 집을 떠났는데 개중에는 개가한 사람도 있었다. 그 뒤에 순우장의 역모가 발각되자 승상 적방진과 대사공 하무가 상의하여 이렇게 주장했다.

"법령에 범법자는 모두 법을 어겼을 때의 율령에 의해 판결한다고 하여 범법으로 간주하는 시간에 대해 명확하게 규정해 두고 있습니다. 장이 대역죄를 범했을 때 내시 등이 장의 처로 있었으므로 범죄에 당연히 연루되었을 것이니 장 본인이 법을 어긴 것과 다르지 않습니다. 내시 등이 순우장을 떠났으니 법으로 면죄될 수 없습니다. 처형하기를 청합니다."

공광은 이렇게 주장했다.

"대역무도죄를 지은 죄인의 부모와 처자식, 형제 자매를 어리고 연로함을 따지지 않고 모두 기시형에 처하는 것은 법을 어기려는 자들에게 교훈으로 삼게 하기 위해서입니다. 그런데 부부의 도리는 도의에 맞으면 함께하고 도의가 없으면 떠나게 되어 있습니다.[54] 장이 스스로 대역죄를 지은 것을 알지 못하고 있을 때 내시 등을 내쳤고, 개중에는 개가한 사람도 있어 부부간의 도의는 이미 끊어졌으니 장의 아내였다는 명분으로 사형시키는 것은 명분에 맞지 않으므로 벌을 내려서는 안 됩니다."

이에 공광의 주장이 옳다는 조서가 내렸다.

그해에 우장군 염보와 후장군 주박이 정릉후와 홍양후 왕립 사
건에 연루되어 두 사람 다 면직되고 서인이 되었다. 공광이 좌장
군이 되어 우장군이 하던 직무를 맡고, 집금오 왕함(王咸)은 우장
군으로서 후장군이 하던 직무를 맡아 하게 되었다. 이에 후장군
직책을 없앴다.

몇 달 뒤에 승상 적방진이 세상을 떠났으므로 좌장군 공광을
불러 승상직을 제수하기로 하고 후인(侯印)을 새기고 책서 문구도
준비했는데 황제가 갑자기 붕어했다. 그리하여 그날 밤 붕어한 황
제의 영전 앞에서 승상과 박산후(博山侯) 인수를 내렸다.

애제 즉위 초에는 검약을 실천하며 여러 가지 지출을 줄이고
정사를 직접 나서서 관장했으므로 조정 대신들이 일치하여 태평
성대가 올 것을 기대했다. 애제가 대신을 포상했는데, 공광에게
식읍 천 호를 더해 주었다.

그 무렵 성제의 어머니였던 태황태후는 장락궁에 홀로 기거하
고 있었고 애제의 할머니 정도 부 태후는 정도국 국저(國邸)에 있
〔으면서 열흘에 한 번씩 황제를 만나러 올 수 있〕었다. 황제가 승
상과 대사공에게 조서를 내려 물었다.

"정도 공왕 태후가 어느 곳에 기거해야 마땅하겠소?"

공광은 평소에 부 태후의 사람됨이 사납고 난폭하며 권모술수
에 능한 데다 황제가 강보에 있을 때부터 성인이 될 때까지[55] 키
우고 가르쳤으며 황제가 되게 하는 데에도 공을 세웠다는 소문을

들고 있었다. 공광은 속으로 부 태후가 황궁에 눌러앉아 정사에 간여할 것이 걱정되어, 황제와 조석으로 만나며 가깝게 지내도록 해서는 안 되겠다는 생각으로 이렇게 주장했다.

"정도 태후에게 새로 궁을 지어 주어야 마땅합니다."

그러자 대사공 하무가 아뢰었다.

"북궁(北宮)에 기거하시면 됩니다."

황제는 하무의 말을 듣기로 했다.

북궁에는 자방(紫房)에서 미앙궁까지 공중 복도가 나 있었다. 과연 부 태후는 복도를 통해 조석으로 황제의 처소에 가서 자신에게 한나라 황실 존호를 부여할 것과 부씨 일족을 총애하여 존귀하게 해 달라고 요구하며 황제가 정도를 행할 수 없도록 만들었다.

얼마 지나지 않아서 태후 사촌 동생의 아들 부천(傅遷)이 황제를 곁에서 시봉하며 심하게 비뚤어진 행동을 했으므로 황제가 면직하여 고향 하내군(河內郡)으로 돌려보냈다. 이 소식을 들은 부 태후가 노하자 황제는 어쩔 수 없이 부천을 황궁에 남게 했다. 그러자 공광이 대사공 사단과 함께 상주하여 주장했다.

"시중 부마도위 천은 간사하게 아첨을 떠는 데다 황궁의 일을 누설하는 불충을 저지른 국적(國賊)이므로 면직하여 고향의 군으로 돌려보내게 하라."라는 조서가 내려왔다가, "없던 일로 하라."라는 조서가 다시 내려왔습니다. 이 때문에 천하 사람들이 의심하면서 신뢰할 수 없다고 여기고 있습니다. 폐하의 성덕이 훼손되었으니 그 잘못됨이 적지 않습니다.

재이가 연속하여 일어나자 폐하께서 정전(正殿)에서 보던 조회를 쉬면서 신하들에게 재이가 일어나는 연고를 알아보게 하셨으나 지금까지 고치지 않고 있습니다.

신은 천을 고향의 군으로 돌려보냄으로써 간악한 무리를 소멸하시기 청하니 이를 하늘의 일깨움으로 삼으셔야 마땅합니다.

그러나 황제는 끝내 부천을 고향으로 보내지 않고 시중에 임명했다. 이런 일은 모두 부 태후의 협박을 받아 일어난 것이었다.

부 태후가 다시 성제의 어머니와 같은 존호를 칭하게 해 달라고 요구하자 여러 신하가 그 뜻에 따르면서 "어머니의 지위가 귀해지는 것은 아들의 지위에 달렸으니, 태후께 존호를 올림으로써 더 큰 효도를 드리는 것이 마땅합니다."라고 말했다. 그러나 사단과 공광만은 그래서는 안 된다고 고집했다.[56]

황제는 대신들의 공정한 주장도 어기기 힘들었고, 한편으로 궁내에서 부 태후에게 압박도 받고 있었으므로, 지지부진한 채 해를 넘기게 되었다. 뒤에 사단이 죄를 지어 면직되었으므로 주박이 대신하여 대사공이 되었다.

공광은 선제(先帝) 때에 있었던 후사 지정 논의에서 중산왕이 태자가 되어야 한다고 주장한 일로 부씨 일족과 소원해졌고 존호 문제에서도 부 태후의 뜻을 크게 거슬렀다. 이로써 부씨 일족으로 관직에 있던 자와 주박이 하나가 되어 함께 공광을 비방했다. 몇 달 뒤에 공광을 면직하라는 책서가 내렸다.

승상이란 자리는 짐을 가장 측근에서 보좌하면서 짐과 함께 종묘 제사를 받들며 나라를 다스리고 짐의 모자라는 점을 고쳐 천하를 태평하게 다스리는 관직이다. 짐이 불민하여 재이가 연달아 일어나고 있는데, 해와 달이 빛을 잃고 산과 강둑이 무너졌으며 오성(五星)도 궤도를 잃었으니, 이는 짐의 부덕함과 승상의 무능함을 드러낸 것이다.

그대는 전에 어사대부로 있으면서 선제를 보좌하며 황궁을 여덟 해 동안이나 출입하는 동안 끝내 충언과 뛰어난 정책을 올린 바가 없었고, 뒤에 승상이 되어 세 해 동안 지냈는데 우국의 충정에서 올리는 간언을 한 번도 들어 보지 못했다.

지금 음양이 교란되어 해를 거듭하며 흉년이 계속되는 바람에 천하의 양식이 바닥나서 백성이 기근에 시달리고 아버지와 아들끼리 이리저리 흩어져 길에서 유랑하는 자가 수십만 명인데 백관은 직무에 나태하여 법을 어기고 방종하게 굴고 있어 도적이 창궐하여 관아를 습격하고 관리를 죽이고 있다고 한다. 이런 일에 대해 그대에게 여러 차례 자문했으나 그대는 놀라지도 두려워하지도 않으면서 아무런 해가 없을 것이라고 대답했다. 그러니 여러 대신이 나태해져 도적을 아무렇지도 않게 생각하게 된 잘못은 그대에게 있다. 그대는 사직을 다스리고 백관을 통솔하는 중임을 맡고 있으면서 위로 짐의 잘못을 바로잡아 주지도 않았고 아래로 백성을 안정시키지도 못했다. 『서』에도 "백관의 자리를 비워 두지 말아야 하니, 하늘이 백성을 다스려야 할 일을 사람이 대신 완성해야 한다."[57]라고 하지 않았던가! 오호! 그대는 이제 승상과 박산후 인수를 반납하고 살던 곳으로 돌아가라.

공광은 살던 마을로 돌아가 두문불출했다.

주박이 공광의 뒤를 이어 승상이 되었으나 몇 달 뒤에 부 태후의 뜻에 따라 〔부희를 서인으로 삼도록 청하는〕 상소를 그릇되게 올렸다가 자결했다. 평당(平當)이 뒤를 이어 승상이 되었으나 몇 달 지나서 세상을 떠났다. 왕가(王嘉)가 다시 승상이 되었으나 여러 차례 간언을 올려 황제의 뜻을 거슬렀다. 이렇게 한 해 사이에 세 사람이 승상직을 거쳤다. 이에 대해 의견을 올린 신하들은 세 승상이 모두 공광에 미치지 못한다고 주장했다. 그리하여 황제가 공광을 그리워하게 되었다.

일식은 하늘의 징벌이다

마침 원수 원년 정월 초하루에 일식이 일어났는데 그날로부터 열흘가량 지나서 부 태후가 세상을 떠났다. 황제가 그달에 공광을 공거(公車)로 불러들여 일식이 일어난 원인에 관해 물어보자 공광이 아뢰었다.

신은 해가 양의 성질을 가진 모든 사물의 우두머리로서 군주를 대표하고 지존을 상징한다고 들었습니다. 군주의 덕이 쇠약해지면 음의 도가 강성해져서 양을 침범하게 되어 그 밝음을 가리므로 그 현상이 일식에 반영됩니다.

『서』에 기록된 대로 "엄숙하게 오사(五事)를 행하고", "황극(皇極)을 세워야"[58] 하니, 만일 용모와 말, 사물의 관찰, 의견 청취, 사색〔의 오사〕에 실수가 있으면 대중(大中)의 도를 세울 수 없게 되어 그 허물에 대한 하늘의 징벌이 차례로 나타나 육극(六極)의 재앙이 점점 생겨납니다. "위대한 황제가 불편부당하지 않아 중정(中正)을 잃어버리면 대중이 세워지지 않는다."라고 하니 『서전(書傳)』에 "그때에 해와 달의 운행이 어지러워져서"[59] 빨라지거나 느려지거나 하다가 심해진 것이 박식(薄蝕)입니다. 또 육려(六沴)가 연호 원년의 삼조(三朝)에 생기면 그 현상이 더 심각해집니다. 이번에 정월 신축(辛丑) 초하루에도 일식이 일어났는데, 바로 삼조가 겹친 때였습니다.

하늘은 귀와 눈이 밝아서 아무 일도 없는데 공연히 재변을 일으키지 않습니다. 『서』에 "제사를 받으시는 선왕의 혼백께서 정사를 바로잡으라고 하십니다."[60]라고 한 것은 이변이 생길 때에는 그 발단에 비뚤어진 현상〔을 보여 책망하는 뜻〕을 나타낸다는 뜻입니다. 신은 스승에게 "하늘이 제왕을 도울 때 재이를 여러 차례 나타내 보이시면서 제왕에게 책망하고 경고하며 그 잘못을 고쳐 주려고 하신다."라고 배웠습니다. 만일 경고를 두려워하지 않고 이유를 둘러대며 막아 버리고 대수롭지 않게 여기면서 오만하게 그 뜻을 왜곡하면 하늘이 재앙과 징벌을 내릴 것이니 그 화가 당도할 것은 틀림없는 일입니다. 『시』에 "경계하라, 경계하라. 하늘에서 모든 것을 정확하게 보고 계시니 하늘의 명을 제대로 받들기란 어려운 일이네."[61]라 한 것과, 또 "천명의 위력을 경외하니 보우해 주시리라."[62]라고 한 것은 모두 하늘을 두려워하지 않으면 재앙이 내리고 두려워하면 길하게 되는 것을 노래한 것입니다.

폐하께서는 성덕을 지니시고 총명하시며 신중하고 두려워하는 태도로 국사를 처리하고 계십니다. 폐하께서 하늘의 경고를 받아들여 변이가 일어난 것을 중대하게 여기고 근신하는 태도로 마음을 비우시며, 여러 신하를 불러 변이가 일어난 연고를 찾은 뒤에 친히 나라의 모든 일을 바로잡고 참언을 일삼는 일당을 멀리 쫓아버리시며, 한 사람이라도 성심을 다하는 자를 끌어당겨 쓰시고, 탐욕스럽고 포악한 무리를 물리치시며 능력과 덕행이 뛰어난 관리를 등용하시고, 형벌을 공평하게 내리시며, 세금을 깎아 백성에게 은택을 내리시면서 다스림의 근본을 진실함에 두시고 변이에 대응하는 일을 급선무로 삼으신다면 천하 백성에게 다시없는 행운일 것입니다. 『서』에 "하늘이 명을 내려 주었으면 자신의 덕행을 바르게 해야 합니다."[63]라고 한 것은 덕정을 바르게 펼쳐 하늘의 뜻에 순종하라는 뜻입니다. 또 "진실하고 간절한 명령을 내려야 하늘이 도와주신다."[64]라고 한 것은 군주가 진실하게 도를 행해야 하늘이 그 군주를 돕는다는 뜻입니다. 하늘의 도를 똑바로 인식하여 받드는 것은 덕정을 숭상하며 널리 은혜를 베풀며 지극한 정성을 다하며 조금도 나태하지 않은 데 있습니다. 세속의 방법으로 복을 빌고 화를 쫓으려고 해도 결국은 하늘의 경고에 응하여 변이를 없애는 데에는 무익할 것이니, 화를 없애고 복을 받는 방법은 명확하기 그지없어서 어떤 의혹도 있을 수 없습니다.

글을 올리자 황제가 기뻐하며 공광에게 속백(束帛)을 하사하고 광록대부로 삼은 뒤에 봉록은 중이천석으로 했으며 급사중 직위를 더해 승상에 버금가도록 했다. 황제가 조서를 내려 상서령으로 임명할 만한 자를 천거하는 밀봉 상소를 올리라고 하자 공광이 겸손하게 의견을 올렸다.

썩은 나무 같은 신이 재직하고 자리와 관장했던 책무에서 끝내 조그마한 공도 세우지 못했음에도 주살을 면하고 모가지를 보전하던 중이었는데 이번에 다시 발탁해서 조정 대신으로 정사를 보게 해 주셨습니다. 신 광은 지모가 모자라는 데다 나이도 많아서 어느 날 죽게 되면 아무런 보답도 해 드릴 수 없게 될까 두렵습니다.

제가 한나라 조정의 인사를 살펴보니 상서는 한번 임명되면 오랫동안 그 자리에 있었습니다. 그러므로 뛰어난 능력을 갖춘 자가 아니면 이 직책을 맡기가 어렵습니다. 상서복야 창(敞)이 공정하고 직무에 충실할뿐더러 일을 처리할 때 사정을 잘 살펴 영민하게 하고 있으므로 상서령을 맡길 만합니다. 삼가 봉하여 올립니다.

창은 공광의 천거 덕분에 동평(東平) 태수가 되었다. 창의 성은 성공(成公)으로 동해군 사람이다.

공광이 광록대부가 되어 한 달 남짓 되었을 때 승상 왕가가 하옥되었다가 죽고 어사대부 가연(賈延)이 면직되었다. 그래서 공광이 다시 어사대부에 임명되었는데, 두 달 뒤에 승상이 되어 예전의 박산후 지위를 회복했다. 그제야 황제가 공광이 이전에 면직된 것은 공광의 죄 때문이 아니라 황제를 가까이에서 모시던 신하들의 모함으로 일어난 잘못이라는 것을 알게 되어, 부가(傅嘉)를 면직하라고 명령했다.

"가는 전에 시중으로 있으면서 어질고 현명한 인물을 참소하여 걸출한 인물을 오랫동안 관직에 있지 못하게 만들었다. 가는 허위 사실에 경도되어 황제를 속였을 뿐 아니라 같은 당파의 말을 믿고 조정 대신의 눈을 가리며 함부로 선량한 인물을 다치게 했다. 『시』에도 '파리 떼처럼 참소하는 무리가 그치지 않아 사방을 어지럽히네.'[65]라고 하지 않았던가! 그러니 가를 면직하여 서인으로 삼으니, 고향 군으로 돌아가게 하라."

병을 청하며 왕망과 함께 일하기를 거부하다

○ ○ ○

이듬해 삼공관(三公官)을 두면서 공광은 승상에서 대사도가 되었다. 그때 마침 애제가 붕어했다.[66] 태황태후가 신도후(新都侯) 왕망을 대사마로 삼은 뒤에 중산왕을 불러 즉위시켰으니 바로 평제다. 황제가 어렸으므로[67] 태후가 황제를 대신하여 칭제하고 왕망에게 정사를 위임했다.

그보다 먼저 애제가 왕씨 일족을 배척하고 쫓아냈기 때문에 태후는 정씨와 부씨 일족과 동현 일당을 원망했다. 왕망은 공광이 선제의 승상이자 이름난 유생이고 천하 백성의 신뢰와 태후의 존경까지 받고 있었으므로 모든 예의를 갖춰 공광을 섬겼다. 탄핵할 일이 있으면 초안을 잡은 뒤에 공광에게 태후의 뜻이라고 넌지시 일러 주며 황제에게 올리게 했으니, 태후가 화가 나서 눈을 부릅뜨고 쳐다본 사람 중에 주살당하지 않은 자가 없었다. 왕망의 권세가 나날이 성해지자 공광은 두려운 마음에 어떻게 해야 할지 모르다가 황제에게 사직을 청했다. 그런데 왕망이 태후에게 황제가 어리니 사부를 둠이 마땅하다고 말했다. 태후가 공광을 황제의 태부로 옮겨 사보(四輔)의 지위에 있게 하고 급사중직을 더해 주었다. 그리고 황궁 숙위와 물자를 관리하고 황궁 내의 관아 일을 관장하게 했으며 황제의 의복과 수레, 음식물도 살피게 했다.

다음 해 공광이 태사로 자리를 옮기고 왕망이 태부가 되었다. 공광은 자주 병을 칭하면서 왕망과 한자리에서 정사를 보려고 하지 않았다. 조서가 내려 초하루와 보름에 성문 군대를 거느리게 했다. 왕망은 신하들에게 넌지시 일러 왕망의 공덕이 높으니 재형(宰衡)으로 칭하고 그 자리를 제후왕의 위에 있게 하며 백관을 총괄하게 하는 상소를 올리게 했다. 공광이 더욱 두려워져서 병을 칭하며 사직을 고집했다. 그러자 태후가 조서를 내렸다.

태사 광은 성인의 후예이자 선제 스승의 자제로서 훌륭한 덕행과 뛰어난 학설로 사보의 직위에 올라 황제를 가르치며 인도하고 있다. 연로한 까닭에 올 들어 병이 났지만, 걸출한 대신이자 나라의 중신으로 여전히 없어서는 안 될 인물이다. 『서』에 "연로한 현인에게 국사를 자문함을 잊지 않는다."[68]라고 했으니 나라가 장차 흥하기 위해서는 사부를 존중해야 할 것이다. 이제 태사로 하여금 날마다 입조하지는 말되 열흘에 한 번씩 음식을 내릴 테니 황궁에 들어오도록 하며, 태사가 짚을 영수장(靈壽杖)을 하사하니 황문령은 태사가 기대어 앉을 궤를 마련하고 태사는 황궁 안에서 다닐 때 지팡이를 짚도록 하라. 또 음식은 열일곱 가지를 하사한다. 그리고 태사가 집에 돌아가서 편안히 있는 동안에도 태사의 관속은 각자 하던 직무를 계속 진행하라.

공광은 어사대부직과 두 차례의 승상직, 대사도와 태부, 태사 직을 각각 한 차례씩 역임하는 동안 세 황제를 모셨고 삼공과 사보직에 모두 열일곱 해 동안 있었다. 상서직을 맡은 뒤로 가르치는 일을 쉬어 본 적이 없고, 경의 지위에 오르고 난 뒤에도 가끔 문하의 뛰어난 제자들이 묻는 어려운 문제에 대해 강의하면서 대의를 일러 주었다. 공광의 제자 중에 성공하여 박사와 대부가 된 자들이 많았는데 스승이 높은 자리에 있으니 스승의 도움을 바라기도 했다. 그러나 공광은 끝끝내 황제에게 아무도 천거하지 않았으니 더러는 원망을 사기도 했다. 공광은 그렇게 공정했다.

공광은 나이가 일흔 살이 되던 원시 5년에 세상을 떠났다. 왕망이 태후에게 아뢰어 구경으로 하여금 태사 박산후 인수를 놓고 시호를 정하게 하고 수레와 비기(祕器), 돈과 무늬 있는 비단을 내리게 했다. 또 소부에서 장례에 필요한 용구를 공급하고, 간대부가 부절을 지니고 알자 두 사람과 함께 가서 의례를 관장하게 했다. 태후는 다시 중알자에게 부절을 지니고 가서 상례를 지켜보게 했다. 공경 및 백관이 모여 조문하고 장지까지 따라갔다. 공광의 영구는 온량거(轀輬車)와 부거(副車)에 싣고 우림고아(羽林孤兒) 부대와 유생 사백 명이 운구했는데 수레 만여 대가 지나갔다. 연도에 사람들이 섰다가 운구 행렬이 지나갈 때 방성대곡했다. 묘혈을 파서 하관하고 다시 흙을 덮는 데에 군사가 오백 명이나 동원되었고, 봉분은 대장군 왕봉 때와 같은 규모로 쌓았다. 시호는 간열후(簡烈侯)로 내렸다.

앞서 공광은 승상의 자격으로 열후에 봉해졌고 뒤에 식읍을 더해 받아 식읍이 모두 일만 일천 호였다. 병이 심해졌을 때 황제에게 글을 올려 칠천 호와 하사받았던 집 한 채를 반납했다.

아들 공방이 공광의 후사가 되었다. 왕망이 황위를 찬탈한 뒤에 공광 형의 아들 공영(孔永)을 대사마로 삼고 열후에 봉했다. 공광 형제의 자제로 마흔다섯 명이 높은 관직에 올랐다.

그보다 먼저 공광의 아버지 공패가 초원 원년에 관내후에 봉해지면서 식읍을 하사받았다. 공패가 황제에게 글을 올려 공자 제사를 받들겠다고 청하자 원제가 조서를 내렸다.

"이제 사부 보성군 관내후 패는 이미 받은 식읍 중에서 팔백 호를 써서 공자께 제사를 올리도록 하라."

그러자 공패는 맏아들 공복의 호적을 노나라로 옮기고 부자(夫子)의 제사를 받들게 했다.

공패가 세상을 떠난 뒤에 아들 공복이 관내후를 계승했다. 공복이 죽자 아들 공방이, 공방이 죽은 뒤에는 아들 공망(孔莽)이 후사가 되었다.

평제 원시 원년에 주공과 공자를 열후에 봉하고 각각 식읍 이천 호를 내렸다. 그리고 공망은 보성후(褒成侯)로 고쳐 봉했다. 뒤에 왕망과 이름이 같은 것을 피하려고 이름을 균(均)으로 고쳤다.

왕망의 신임을 받았던 마궁

○　　○　　○

마궁의 자는 유경(游卿)이고, 동해군 척현(戚縣) 사람이다.

『엄씨춘추(嚴氏春秋)』[69]를 연구하고, 사적의 갑과 책문을 써서 통과하여 낭관이 되었다가 초나라 장사(長史)로 부임한 뒤 면직되었다가 뒤에 승상사직이 되었다.

사단이 마궁의 품행이 고상하고 재능이 뛰어난 것을 높이 사서 황제에게 천거했으므로 정위평(廷尉平)으로 승진했다가 청주(靑州) 자사, 여남(汝南) 태수, 구강(九江) 태수로 나갔는데 부임하는 곳마다 칭송을 받았다. 황제의 부름을 받아 첨사가 되었다가 광록훈, 우장군으로 승진했고, 공광의 뒤를 이어 대사도가 되어 부덕후(扶德侯)에 봉해졌다. 공광이 태사로 있다가 세상을 떠나자 마궁이 공광의 뒤를 이어 태사가 되었는데 맡고 있던 대사도직도 겸하게 되었다.

애제 때에 마궁이 승상과 어사 등과 더불어 애제의 조모였던 부 태후의 시호를 정하는 의논에 참여한 적이 있었다. 뒤에 〔평제〕 원시 연간에 왕망이 부 태후의 능을 파서 정도국에 이장하되 평민의 예로 장사를 지내게 하고, 부 태후 관련 논의에 참여했던 자들을 소급하여 죄를 묻고 주살했다. 마궁은 왕망과 교분이 두터 웠으므로 홀로 처형당하지 않았으나 속으로 부끄럽고 두려운 마음에 상소를 올려 사직하고 고향에 돌아가기를 청했다. 이에 왕망 이 태황태후의 이름으로 마궁에게 조서를 내렸다.

　태사 대사도 부덕후가 글을 올려 말했다. "전에 광록훈의 자격으로 정도 공왕 생모의 시호를 의논할 때 제가 '아내는 남편의 작위가 높고 낮음에 따라 칭호를 받는 것이니 효원부(孝元傅) 황후로 시호를 정하고 능은 위릉동원(渭陵東園)이라고 칭하는 것이 마땅하다.'라고 했습니다. 신은 첩의 시호에 그 임금의 이름을 쓸 수 없고 지위가 낮은 후궁이 정궁과 같은 존호를 쓸 수 없다는 것을 알면서도 그때 선제의 뜻에 따르기 위해 부화뇌동하면서 경전의 뜻에 어긋난 올바르지 않은 주장을 해서 선제를 잘못된 길로 이끌었습니다.

　신이 불충하여 응당 부월형으로 처형되었어야 하나 다행스럽게도 잡념을 씻고 스스로 잘못을 반성할 기회를 얻어 다시 목숨을 보전하게 되었습니다. 그러나 스스로 돌아보건대 사보와 삼공의 직에 있으면서 조정을 드나들고 열후 작위에 있으면서 계속해서 황궁을 바라볼 얼굴이 없고 관아에 계속 있을 정신도 없으며 봉토의 식읍을 누릴 자격 또한 없습니다. 그러므로 태사와 대사도, 부덕후의 인수를 반납하고 능력과 덕행이 뛰어난 자에게 길을 양보하게 해 주십시오."

그대가 올린 이 상소문을 해당 관리에게 내려보내 살펴보게 했는데 모두 말하기를 "사보의 직위는 나라의 기강을 유지하는 책무가 있고 삼공의 임무는 정족(鼎足)처럼 든든하게 군주를 받쳐야 하는데 그 책임을 선명하게 고수하지 못하면 그 자리에 있을 수 없다."라고 했다. 그러나 그대의 글은 지극한 정성이 담겨 있어 들을 만했다. 그대가 저지른 악행은 잡념을 씻기 전에 일어났던 것이고 허물을 줄이고자 꾸미지도 않았으니 짐은 그 점을 아주 중요하게 생각하여 그대의 후위와 식읍을 빼앗지 않는 것으로 "예부터 죽지 않은 사람은 없다."[70]라는 뜻을 드러내 보이겠다. 이에 태사와 대사도의 인수를 사자에게 반납하고 부덕후의 신분으로 사저에 머물도록 하라.

왕망이 황위를 찬탈한 뒤에 마궁을 태자사(太子師)로 삼았다. 마궁은 그 자리에 있으면서 세상을 떠났다.

마궁의 성(姓)은 본래 마시(馬矢)[71]였는데, 마궁이 관직에 나아간 학자였기 때문에 마씨로 칭하게 되었다.

찬하여 말한다.

효무제가 학교를 보급한 뒤에 공손홍이 유생으로 승상에 올랐고, 그 뒤를 이어 채의, 위현, 위현성, 광형, 장우, 적방진, 공광, 평당, 마궁과 평당의 아들 평안(平晏)도 유생의 거두로 재상에 올랐다. 이들은 유생의 의관을 정제하고 성군의 말씀을 전했는데 박학다식하면서도 인품이 중후했다. 그러나 봉록과 자리를 보전하느라 아부했다는 비난을 들었다. 이분들이 옛사람의 궤적을 자신의 기준으로 삼았더라면 그 직책을 어찌 맡아 낼 수 있었겠는가!

52

왕상·사단·부희 전
王商史丹傅喜傳

이 편에는 한나라 후기 외척 중에서 능력이 뛰어나고 인품도 훌륭했던 왕상(王商, ?~기원전 12년)과 사단(史丹), 부희(傅喜)의 사적이 실려 있다. 왕상과 사단은 무제의 위 태자와 선제의 외척이고, 부희는 애제의 정도 부 태후 쪽 외척이다.

낙창후 왕상은 사(史) 황손 왕(王) 부인의 조카로, 왕상의 아버지가 바로 선제의 외삼촌이다. 원제 때 우장군 광록대부로 있으면서 태자를 도와 성제로 즉위하게 했다. 그러나 성제의 외삼촌이자 또 다른 왕씨 외척 왕봉의 견제를 받아 승상직에서 면직되었고 이후 사흘 뒤에 피를 토하고 죽었다. 무양후 사단은 할아버지가 위 태자 사 양제의 오빠였다. 사단도 간절한 상소를 올려 태자를 정도왕으로 바꾸려던 원제의 마음을 돌림으로써 성제가 무사히 즉위하도록 도왔다. 고무후 부희는 애제

할머니 정도 부 태후의 사촌 동생이었으나 정도 부 태후와 의견이 맞지 않아 대사마직에서 면직되고 겨우 목숨을 부지했다. 이 세 사람이 한 편에 엮인 것은 외척 중 보기 드물게 올곧은 인물들이었기 때문이다.

모함을 당해 피를 토하고 죽은 왕상

○　○　○

왕상의 자는 자위(子威)이다. 원래는 탁군 예오현 사람이었는데 두릉현으로 이주했다.

왕상의 아버지 왕무(王武)와 왕무의 형 왕무고(王無故)는 모두 선제의 외삼촌 자격으로 열후에 봉해졌다. 왕무고가 평창후(平昌侯)에, 왕무가 낙창후(樂昌侯)에 봉해진 이야기는 「외척전」에 있다.

왕상은 젊어서 태자중서자(太子中庶子)가 되었으며 숙정한 태도와 돈후한 인품으로 칭찬을 들었다.

아버지가 세상을 떠나자 왕상이 후사가 되어 후위를 이었는데 이복동생들에게 재산을 양보하고 자신은 아무것도 상속받지 않은 채 비통해하면서 상중에 있었다. 그리하여 대신들이 왕상의 행동은 여러 신하를 권면할 만하고 의로움은 풍속을 돈후하게 이끌기에 족하다는 이유로 황제를 가까이에서 모실 신하로 천거했다. 이에 선제가 왕상을 제조시중중랑장(諸曹侍中中郎將)으로 발탁했다. 그 뒤 원제 때에는 우장군 광록대부에 올랐다. 그 무렵 정도 공왕이 총애를 받아 태자 자리를 대신할 뻔했다. 왕상은 외척으로서 중신이 되어 정사를 보좌하면서 태자가 자리를 지키는 데 큰 공을 세웠다.

원제가 붕어한 뒤에 성제가 즉위하여 왕상을 몹시 존중하며 좌장군으로 승진시켰다. 그런데 황제의 맏외삼촌 대사마 대장군 왕봉이 권력을 독점하여 권한을 넘는 전횡을 부리는 일이 많았으므로 왕상은 조정에서 일을 의논할 때 왕봉과 같은 의견을 내지 않았다. 왕봉이 그런 점을 눈치채고 자신도 왕상을 멀리했다.

건시 3년 가을, 아무런 일이 일어나지 않았음에도 장안의 백성들이 놀라 곧 홍수가 날 것이라는 소문을 퍼뜨렸다. 달아나던 백성들이 서로 밟고 밟혔으니 노약자들이 울부짖는 소리가 장안성을 크게 혼란스럽게 했다. 황제가 직접 정전(正殿)에 나와 공경들을 소집하고 대책을 강구했다.

대장군 왕봉이 "태후는 황상 및 후궁과 함께 배를 타고 피신하면 되고, 하급 아전과 평민들은 장안성 성벽에 올라 홍수를 피하게 하면 됩니다."라고 의견을 냈다. 여러 신하가 모두 왕봉의 의견에 찬성했는데 좌장군 왕상만 다른 의견을 냈다.

"예전부터 왕도를 펼치지 못한 나라라 하더라도 큰물이 장안의 성곽을 넘어 들어온 일은 없었습니다. 지금은 나라가 잘 다스려져서 정국이 안정되고 당대에 들어 전쟁도 없었으며 위아래 사람들도 서로 잘 지내고 있는데, 무슨 원인으로 하루 만에 갑자기 큰물이 들이닥치겠습니까? 이는 유언비어가 틀림없으니 성벽 위에 올라가게 하는 것은 백성을 더 많이 놀라게 하는 일입니다."

황제가 피신하지 않고 그대로 있었다. 얼마 지나지 않아 장안성이 조금씩 안정을 되찾기 시작했는데, 조사를 해 보니 과연 유언비어가 나돌았던 것으로 밝혀졌다. 그리하여 황제가 동요하지 않았던 왕상을 훌륭하게 여기면서 그의 계책을 여러 차례 칭찬했다. 이에 왕봉은 적절치 못한 계책을 냈던 것을 몹시 부끄러워하며 자책했다.

이듬해 왕상이 광형의 뒤를 이어 승상이 되며 식읍 천 호를 더해 받았다. 황제도 왕상을 더욱더 존경하고 신임했다. 왕상은 아주 소박하면서도 위엄과 무게감이 있었다. 키가 여덟 척이 넘어 신체가 장대했고 용모는 보통 사람을 뛰어넘어 퍽 잘생긴 편이었다.

하평 4년, 복주루(復株累) 선우가 정월 조정을 드리러 와서 황제가 미앙궁 백호전(白虎殿)에서 접견했다. 미앙궁 내의 승상부에 왕상이 앉아 있을 때 선우가 앞으로 다가가서 왕상에게 인사를 했다. 왕상이 일어나 승상 좌석을 벗어나서 선우와 이야기를 나누니 왕상의 풍모를 바라보던 선우가 몹시 두려워하며 쭈뼛거리다 물러갔다. 황제가 이 말을 전해 듣고 기뻐하며 말했다.

"과연 한나라의 승상답도다!"

그보다 먼저 대장군 왕봉이 사돈 양융(楊肜)을 낭야 태수로 내보냈는데 낭야군의 십분의 사가 재해를 겪게 되어 그 사정이 황제에게 보고되었다. 왕상이 〔피해 지역의 관리를 불러〕 차례대로 심문에 나서자 왕봉이 왕상에게 일렀다.

"재이는 하늘에서 주관하는 일이라 인력으로 발생시킬 수 없네. 융은 원래부터 괜찮은 관리였으니 심문하지 말고 뒤로 빼내는 게 마땅할 것이야."

왕상은 끝내 그 말을 듣지 않고 양융을 면직해야 한다는 상소문을 올렸다. 역시 상소문은 결재가 나지 않았다. 이 일 때문에 왕상을 더욱 싫어하게 된 왕봉이 몰래 왕상의 잘못을 찾아낸 뒤에 사람을 시켜 왕상이 집안 여자와 음란한 일에 관련됐다고 고발하는 글을 올리게 했다. 황제는 여자 문제로 대신을 다치게 할 수는 없다고 생각했지만, 왕봉이 심문을 고집했으므로 사례교위에게 사건을 넘겨 조사하게 했다.

그보다 먼저 황태후가 왕상의 딸에 관해 묻고 후궁으로 삼으려 한 적이 있었다. 그때 왕상의 딸이 아팠던 데다 왕상 또한 거절하고 싶었으므로 병이 났다고 하고 입궁시키지 않았다. 뒤에 왕상이 여자 문제로 조사를 받다가 왕봉의 계략에 말려든 것을 알게 되었다. 두려운 마음에 왕상이 이제라도 딸을 입궁시켜 도움을 받으리라 생각했다. 그리하여 막 총애를 받기 시작하고 있던 이(李) 접여 집안에 말을 넣어 자신의 딸을 후궁에 넣어 달라고 부탁했다.

그때 마침 일식이 일어났다. 촉군 사람으로 간사한 인물이었던 태중대부 장광(張匡)이 황제의 가까운 신하에게 일식의 재난에 대해 직접 설명하고자 한다는 글을 올렸다. 조회를 마친 뒤에 좌장군 사단 등이 장광에게 이유를 물어보자 장광이 대답했다.

"제가 살펴보니 승상 상은 신하로서 위세를 부리며 권력을 전횡하고 있고 딸의 힘을 빌려 조정을 제압하려 했으며 얻고자 한 것은 반드시 얻어 내고 있습니다. 성품이 잔인하고 인자하지 못해 급히 형벌을 내리면서[1] 아전을 경시하고, 은밀히 남의 죄를 찾아내는 것으로 위엄을 세우려고 하니 천하가 승상으로 인해 신음하고 있습니다.

일전에 빈양(頻陽) 사람 경정이 글을 올리기를 상이 그 아버지의 계집종과 정을 통했다고 했습니다. 상의 여동생이 음란하게 생활했는데, 상의 노복이 여동생의 정부(情夫)를 죽인 일이 있었습니다. 그런데 상이 이 일을 시킨 것으로 의심됩니다. 해당 관리에게 넘겨 조사한 결과 상이 개인적으로 여동생의 정부를 미워했다고 합니다. 상의 아들 준(俊)이 상을 고발하는 글을 올리려고 하면서, 준의 아내가 좌장군 단의 딸이라 그 글을 가지고 가서 단에게 보였습니다. 단은 상의 부자가 서로 싸우는 것이 싫어서 딸에게 그 집을 떠나게 했습니다.

상은 충성을 다해 충언하면서 황제를 보좌하지 않았을뿐더러 성주(聖主)께서 효를 숭상하고 불화를 멀리하기 위해 후궁의 일은 모두 황태후의 명을 받아 처리하는 것을 알면서도, 태후께서 전에 상에게 딸이 있는 것을 아시고 후궁으로 들이려 했을 때 딸에게 잘 낫지 않은 병이 있다고 해 놓고, 나중에 경정이 고발장을 올리자 다시 어긋난 방식으로 이 귀인의 집안을 통해 딸을 황궁에 넣으려고 했습니다. 상이 비뚤어진 방식을 고집하면서 정사를 어지럽히고 속임수를 써서 대신의 절의에 어긋나는 행동을 했으므로 이 때문에 하늘이 일식으로 경고를 내린 것입니다. 「주서(周書)」에 '어긋난 방식으로 임금을 섬기는 자는 주살한다.'[2]라고 했고 『역』에 '해에 어두운 기운이 나타나면 오른팔 대신을 잘라야 한다.'[3]라고 했습니다. 예전에 승상 주발(周勃)이 여러 차례 큰 공을 세웠으나 효문제 때에 작은 불만을 가지게 되었습니다. 그때 일식이 일어나자 주발을 면직하고 봉토로 보냄으로써 마침내 두려운 화근을 없앨 수 있었습니다.[4]

지금 보면 상은 조그마한 공도 없이 세 분의 황제로부터 총애를 받으면서 스스로는 삼공의 자리에 올랐고, 일가 사람들은 열후나 이천석 관리가 되거나 시중 및 제조가 되어 황궁에서 일하고 있으며 제후왕과 사돈까지 맺었으니 권력을 장악하고 총애를 받는 것이 정점에 이르렀습니다. 조사해 보니 집안에 어지러운 일이 있었고 사람을 죽였으며 상이 미움을 품었던 것도 사실이니 철저히 심문해야 마땅합니다.

진나라 승상 여불위는 장상왕(莊襄王)에게 아들이 없는 것을 보고 진나라를 차지하려는 욕심에 아리따운 여자를 구해 아내로 삼고 자신의 아이를 가진 것을 확인한 뒤에 그 사실을 속인 채 왕에게 바쳐 시황제를 낳게 했습니다.[5] 비슷한 예로 초나라 재상 춘신군(春申君) 또한 고열왕(考烈王)에게 아들이 없는 것을 보고 속으로 초나라를 얻으려는 생각에 아이를 가진 여자를 바쳐 회왕(懷王)을 낳게 했다고[6] 들었습니다. 또 한나라가 건국한 뒤에는 여씨(呂氏)와 곽씨(霍氏)의 난이 거의 성공할 뻔했습니다. 지금 상은 어질지 못한 성품에서 나온 원망의 마음으로 딸을 황궁에 넣으려 하고 있으니 그 간특한 모의를 헤아릴 길이 없습니다.

예전 효경제 대에 일곱 나라가 반란을 일으켰을 때 주아부(周亞夫) 장군은 반란군이 낙양 사람 극맹(劇孟)을 데려가면 함곡관 동쪽 땅은 한나라의 것이 될 수 없다고 생각했습니다. 현재 상의 일가가 권세를 잡고 있는데 재산의 합은 거만(鉅萬)이고 사노(私奴)는 수천 명입니다. 이 사노들은 단순히 극맹 같은 필부가 아닙니다.

게다가 도의를 위배한 것이 극에 달한 데다 아들과 사돈마저 등을 돌렸고 여자와 관련한 음란한 일로 아들이 아버지를 고발하는 일이 일어났으니, 이자로 하여금 성군의 교화 내용을 선양하게 하고 나라 안의 갈등을 없애게 한다면 그 어찌 그릇된 일이라고 하지 않을 수 있겠습니까!

상이 승상 일을 본 다섯 해 동안 직무를 제대로 행하지 않아 백성에게 엄청난 미움을 사면서 황상의 성덕을 심하게 훼손하고 있으니, 정(鼎)의 다리가 부러지는 흉조[7]가 보입니다.

신의 어리석은 생각에 성주(聖主)의 춘추가 한창이신데 즉위 이래로 간신에게 징벌을 내리는 위엄을 보이신 적도 없고 황위를 계승할 후사도 아직 세우지 않고 계신 상황에 큰 이변이 계속 출현하고 있으므로 불충한 자를 반드시 주살함으로써 더 큰일이 일어나기 전에 방지하는 것이 마땅합니다. 상 한 사람만 처벌해도 나라 안이 벌벌 떨 것이니 모든 간악한 짓을 막을 수 있습니다."

장광의 말을 듣고 나서 좌장군 사단 등이 상소를 올렸다.

상은 삼공의 지위와 열후 작위에 있는 자로서, 친히 천하를 관장하는 재상에 임명하는 조서를 받들었음에도 법도를 지키면서 황제를 보좌하지 않고 바르지 않은 행동을 했으며 여자에게 빠져 개인적인 미움을 해결하기도 했습니다. 비뚤어진 방식을 고집하면서 정사를 어지럽히고 신하로서 불충하며 망상부도죄를 지었으니 보형법(甫刑法)에 따르면 이 죄를 지은 자는 모두 죽이게 되어 있습니다. 죄행이 명백히 드러났으니, 상에게 알자를 보내 소부(少府) 약로(若盧) 조옥으로 가라는 조서를 내리시기를 청합니다.

황제는 평소에 왕상을 존중했고 장광의 말에 이상한 점이 많았으므로 왕상을 처벌하지 말도록 명했다. 그런데 왕봉이 처벌을 고집했으므로 어사에게 조서를 내렸다.

대개 승상은 덕행으로 황제를 보좌하고 백관을 거느리며 천하를 화평하게 이끌어야 하니 책무가 그보다 중한 직책이 없다. 낙창후 상은 승상으로서 다섯 해 동안 일을 보아 왔으나 지금까지 충언이나 뛰어난 계책을 올린 바가 없는 데다 불충하게도 비뚤어진 방식을 고집한 죄를 지어 사형을 당하게 되었다.

일전에 상의 여동생이 품행을 닦지 못한 짓을 했고, 노복이 그 정부를 죽였는데, 상이 시킨 것으로 의심했지만 상이 중신이어서 사건을 눌러 두고 자세히 심문하지 않았다. 혹자가 말하기를 상이 스스로 반성하기는커녕 지금 오히려 원망하고 있다 하니 짐은 크게 상심했다. 상이 선제의 외가 친척임을 생각할 때 차마 형벌로 다스릴 수 없으니 이에 상의 죄를 사한다. 사자는 승상의 인수만 거두도록 하라.

왕상은 승상직에서 면직된 지 사흘 뒤에 병이 나서 피를 토하다가 죽었다. 황제가 여후(戾侯)라는 시호를 내렸다. 왕상의 자제와 친족 중에서 부마도위, 시중, 중상시, 제조, 대부, 낭관으로 있던 자들을 자리에서 모두 쫓아냄으로써 황궁에서 벼슬을 살거나 숙위하지 못하게 했다. 해당 관리가 왕상이 죄과를 다 치르지 않았으므로 봉토를 철폐해야 한다고 주장했다. 황제가 조서를 내려 맏아들 왕안(王安)으로 하여금 낙창후 작위를 잇게 했다. 왕안은 벼슬이 장락위위와 광록훈까지 올랐다.

왕상이 죽은 뒤에 해를 거듭하며 일식과 지진이 일어나자 직언을 잘 올리던 경조윤 왕장이 밀봉 상소를 올려 황제를 알현하고는 왕상은 충직한 사람으로 죄가 없었다고 변호했고 왕봉이 전권을 휘두르며 황제의 덕을 가리고 있다고 주장했다. 결국 왕봉이 왕장을 법에 걸어 주살했다. 이때의 이야기는 「원후전」에 있다.

원시 연간에 이르러 왕망이 안한공이 되었는데 자신에게 붙지 않는 자를 주살했다. 그때 낙창후 왕안이 죄를 짓고 스스로 목숨을 끊어 봉토가 철폐되었다.

원제를 설득해 성제의 즉위를 도운 사단

○　○　○

사단의 자는 군중(君仲)이고, 노나라 사람이었으나 두릉으로 이주했다. 조부 사공(史恭)에게 여동생이 있었는데 무제 때에 위 태자의 양제(良娣)가 되어 도황고(悼皇考)를 낳았다. 도황고는 효선제의 생부이다.

선제가 민간에 있을 때 사씨(史氏) 집안에게 의지해서 살았다. 이때의 이야기는 「사 양제전」에 있다. 사공은 선제가 즉위한 뒤에 죽었으며 사고(史高), 사증(史曾), 사현(史玄) 세 아들이 있었다. 사증과 사현은 외가 친척으로서 예전에 선제에게 온정을 베푼 공으로 열후에 봉해졌는데, 사증은 장릉후(將陵侯), 사현은 평대후(平臺

侯)가 되었다. 사고는 반란을 꾀하던 대사마 곽우를 고발한 공으로 낙릉후(樂陵侯)에 봉해졌다. 선제가 병이 심해지자 사고를 대사마 거기장군에 임명하고 상서 일을 겸하게 했다.

선제가 붕어하자 태자가 황제 존호를 세습했으니 바로 효원제다. 사고는 다섯 해 동안 정사를 보좌하다가 벼슬에서 물러나기를 청했다. 황제가 네 필 말이 끄는 안거와 황금을 하사하면서 벼슬에서 물러나 집으로 돌아가게 했다. 사고가 세상을 떠나자 안후(安侯)라는 시호를 내렸다.

원제가 태자였을 때 사단은 아버지 사고 덕택에 중서자에 임명되어 열 몇 해 동안 태자의 시중을 들었다. 원제가 즉위한 뒤에 사단을 부마도위로 삼아 황궁을 나갈 때 참승으로 수레에 늘 함께 타게 할 만큼 아주 총애했다.

사단이 선제의 신하이자 황고의 외척이었으므로 황제가 가까이 두고 신임하면서 사단에게 태자 집안을 맡아 달라는 명을 내렸다. 그 무렵 부 소의의 아들 정도 공왕이 재주와 기예가 뛰어나 모자가 모두 총애를 받았다. 그런데 태자는 주색에 빠져 큰 허물을 지었고 생모 왕 황후도 총애를 받지 못하고 있었다.

건소 연간 이후로 병에 시달렸던 원제는 친히 정사를 돌보지 않고 음악에만 빠져 지냈다. 어느 때에는 대전 아래 뜰에 큰북과 작은북을 걸어 두고 황제가 난간에서 친히 작은 구리 구슬을 떨어뜨려 북을 쳤는데 그 소리가 마치 북을 빠른 박자로 치는 듯했다. 후궁과 황제 곁에서 시중을 드는 신하 중에 음률을 잘 아는 자가 있었지만 아무도 그렇게 할 수 있는 자가 없었다. 그런데 정도왕이 그렇게 박자를 맞추자 황제가 정도왕을 여러 번 칭찬했다. 그러자 사단이 간언을 올렸다.

"재능이 뛰어나다고 하면 '영민하면서 공부를 좋아하고', '온고지신(溫故知新)해야'⁸ 하는데, 황태자가 바로 그런 인재입니다. 만일 관현악기나 북을 다루는 재주로 사람을 뽑는다면 바로 진혜(陳惠)와 이미(李微)⁹가 광형보다 뛰어날 것이니, 상국을 맡기셔도 됩니다."

사단의 말을 들은 황제가 아무 말 없이 웃었다.

그 뒤에 중산 애왕이 세상을 떠나자 태자가 빈소에 조문을 갔다. 중산 애왕은 황제의 막냇동생으로 태자와 함께 놀고 공부하며 자랐다. 황제가 멀리서 태자가 조문하러 가는 모습을 바라보면서 한편으로 중산 애왕 생각에 슬픈 마음을 그치지 못했다. 그런데 태자가 빈소에 도착하여 슬퍼하는 모습을 보이지 않으니 황제가 매우 언짢아하며 말했다.

"인자한 마음이 없는 자가 어떻게 종묘 제사를 받들고 백성의 부모 노릇을 하겠는가!"

황제가 사단을 질책하자 사단이 관을 벗고 사죄했다.

"신이 폐하께서 중산왕 생각에 너무 애통해하시다가 옥체를 상할 지경에 이르신 것을 보고, 방금 태자께서 알현하러 들어오실 때 폐하의 마음을 흔들어 더 슬프게 만들어 드리면 안 되니 눈물을 흘리지 말도록 조용히 부탁했습니다. 죄는 신에게 있으니 죽어 마땅합니다."

황제가 들어 보니 옳다는 생각이 들어 마음을 풀었다. 사단은 언제나 이런 식으로 황제를 보좌했다.

경녕 원년에 황제가 병이 나자 부 소의와 정도왕이 항상 황제의 곁을 지켰다. 때문에 황후와 태자는 황제를 알현할 기회가 드물었다. 황제의 병이 더욱 심해져서 정신이 맑지 않을 만큼 정도였다. 상서에게 경제(景帝)가 교동왕(膠東王)을 태자로 세웠던 선례에 대해 여러 차례 물어보았다.

그 무렵 태자의 큰외삼촌 양평후 왕봉이 위위시중(衛尉侍中)이었는데, 황후와 태자와 더불어 걱정만 했을 뿐 어떤 계책도 내지 못했다.

사단이 친밀한 신하로서 문병을 왔다가 황제가 홀로 누워 있는 틈을 타서 바로 침실로 들어가 청포(青蒲) 자리에 엎드려 머리를 조아리고 눈물을 흘리며 아뢰었다.

"적장자인 황태자가 세워진 지 열 몇 해가 지나는 동안 백성에게 이름이 알려져 천하에 황태자에 귀부하여 신하가 되지 않겠다는 자가 아무도 없습니다. 정도왕이 평소에 총애를 받고 있는 것을 아는 백성들이 요즘 들어 길에 소문을 내고 있는데 나라에 무슨 일이 생겨 태자의 자리가 흔들린다는 말들을 하고 있습니다. 만일 이런 일이 일어난다면 공경 이하 백관이 목숨을 내놓고 간쟁하며 황태자를 바꾸는 조서를 받들지 않을 것입니다. 그중에서도 먼저 신이 스스로 목숨을 끊는 모습을 여러 신하에게 보여 주겠습니다."

황제는 천성이 어질었으므로 사단이 눈물을 흘리는 모습을 차마 볼 수 없었다. 사단이 올린 말도 간절했으므로 황제의 마음이 크게 흔들렸다. 그래서 크게 탄식하며 말했다.

"내가 날마다 몸이 쇠약해지는데 태자와 두 왕은 어리니 마음에 늘 걸렸다. 사실 어떻게 생각을 하지 않을 수 있겠는가! 그러나 태자를 바꿀 의논은 하지 않았다. 게다가 황후가 신중하고 조심스러운 성격이고 선제께서도 태자를 아끼셨으니 내가 어떻게 그 뜻을 위배할 수 있겠는가! 부마도위는 어디에서 그런 말을 들었는가?"

사단이 침실 밖으로 물러나 돈수하고 아뢰었다.

"어리석은 신이 망언을 들은 것이니, 죽을죄를 지었습니다."

말뜻을 알아들은 황제가 사단에게 일러 말했다.

"내 병이 날로 깊어 가니 돌이키지 못할 것이다. 태자를 잘 보좌하고 이끌어 내 뜻을 위배하지 말라."

사단이 탄식하며 슬픈 표정으로 일어섰다. 이 일이 있고 나서 태자가 결국 후계자가 되었다.

마침내 원제가 붕어했다. 성제가 즉위 초에 사단을 장락위위로 발탁했다가 우장군으로 승진시키고 관내후 작위와 식읍 삼백 호를 하사했으며 급사중 관직을 더해 주었다. 뒤에 좌장군, 광록대부로 승진했다. 홍가 원년에 황제가 조서를 내려 선언했다.

덕행이 뛰어나거나 으뜸의 공을 세운 자를 포상하는 것은 고금에 두루 통하는 법칙이다. 좌장군 단(丹)은 예전에 충정을 바쳐 짐을 이끌어 주었고 의를 고집하며 순수하고 바르게 행동했으며 예전의 은덕 또한 다대하므로 이에 단을 무양후(武陽侯)에 봉하되 동해군 담현(郯縣)의 무강주(武彊聚)[10]를 봉토로 하여 일천일백 호를 하사한다.

사단은 지략이 풍부했고 남들과 화목하게 지냈으며 사람을 아꼈다. 용모에는 크게 신경을 쓰지 않아 제대로 갖추고 다니지 않았으나, 속은 매우 신중하고 주도면밀하여 황제의 신뢰를 받았다. 사단의 형이 아버지의 낙릉후 후위를 양보하고 이어받지 않았으므로 사단이 아버지의 재산을 모두 물려받았고 대규모 봉토에서 조세를 받아먹었다. 이에 더하여 예전에 베풀었던 온정 덕분에 여러 차례 포상까지 받았으니 상으로 받은 것이 모두 합해 황금 천근이나 되었고 노복이 수백 명, 후원의 처첩이 수십 명에 이르렀다. 성격이 사치하고 방종했으며 술 마시기를 좋아했으니 맛있는 음식과 음악, 미녀의 즐거움을 극도로 즐겼다.

장군으로서 모두 열여섯 해가 지난 영시 연간에 사직을 청하자 황제가 책서를 내렸다.

좌장군의 병이 차도가 없어 사직하고 돌아가 병을 치료하기 원하는데, 짐은 장군의 직책을 오랫동안 수행하느라 몸이 좋아지지 않고 있는 것을 가엾게 생각한다. 광록훈을 보내 장군에게 황금 쉰근과 네 마리 말이 끄는 안거를 하사하니 장군의 인수를 반납하라. 반드시 정성을 다해 의술과 약을 가까이하여 쇠약해지지 않도록 애쓰라.

사단이 사직하고 집에 돌아간 지 몇 달 뒤에 세상을 떠나자 경후(頃侯)라는 시호가 내려졌다. 아들과 딸이 스무 명 있었는데 아들 아홉 명이 모두 사단 덕택에 나란히 시중 제조직에 임명되어 황제의 측근에서 일했다.

사씨 집안에서는 모두 네 명의 열후가 나왔고 경과 대부, 이천석 벼슬에 오른 자가 열 몇 명이나 되었으나, 왕망 때에 모두 철폐되었다. 다만 장릉후 사중은 아들이 없었으므로 당대에 봉토가 철폐되었다.

외척 부씨 집안 출신의 인재 부희

○　　○　　○

부희의 자는 치유(稚游)이다. 하내군 온현(溫縣) 사람으로 애제의 할머니 정도 부 태후의 사촌 동생이다.

젊어서 배우고 묻기를 좋아하여 지향과 품행이 뛰어났다. 애제가 태자가 되었을 때 성제가 부희를 뽑아 태자서자(太子庶子)로 삼았다.

애제 즉위 초에 부희를 위위로 삼았다가 우장군으로 승진시켰다.

그 무렵 대사마직에 있던 왕망이 사직을 청했는데, 애제의 외가 사람들에게 비켜 있기 위해서였다. 황제가 왕망의 퇴직을 허락하자 백성은 부희가 대사마직을 승계할 것으로 기대했다. 그 밖에 부희의 사촌 동생 공향후(孔鄉侯) 부안(傅晏)이 있었는데 부안과 부희는 황제와 촌수가 같았고[11] 부안의 딸은 황후였다. 또 황제의 외삼촌인 양안후(陽安侯) 정명(丁明)도 모두 가까운 외척이라는 이유로 열후에 봉해졌다. 부희는 병을 칭하며 계속 사양했다. 부 태후가 정사에 참여하기 시작했을 때 부희가 수차례에 걸쳐 간언했다. 그 때문에 부 태후가 부희로 하여금 정사를 보좌하는 직책을 맡기고 싶어 하지 않았다. 그리하여 황제가 좌장군 사단을 왕망의 뒤를 잇는 대사마로 삼았다. 부희에게는 황금 백 근과 상장군 인수를 하사하고 광록대부의 신분을 유지하면서 집에서 병을 조리하게 했다.

대사공 하무와 상서령 당림이 상소를 올려 아뢰었다.

히는 의로운 행동과 깨끗한 성품을 지니고 진심으로 나라를 걱정하며 황상을 보좌하던 신하였으나 최근에 병이 들었다고 하면서 갑자기 물러났습니다. 이에 실망한 백성들이 모두 부씨 집안의 능력 있는 자손이 같은 집안의 정도 태후와 마음이 맞지 않아 물러나게 되었다고 생각하고 있고, 백관들도 나라를 생각하며 안타까워하지 않는 자가 없습니다.

충신은 사직을 호위하는 자였으니, 노나라의 태평세월은 계우(季友)에게, 초나라의 강성함은 자옥(子玉)에게, 위나라의 승리는 신릉군(信陵君) 무기(無忌)에게, 항씨(項氏)의 존망은 범증(范增)에게 달려 있었습니다. 그리하여 초나라는 영토가 남방의 땅을 가로지르고 백만 대군을 거느리고 있었지만 이웃 나라에서 어렵게 생각하지 않았습니다. 그러나 자옥이 장군이 된 뒤에는 진 문공(晉文公)이 좌불안석이었는데 자옥이 죽자 진(晉)나라 군주와 신하들이 서로 기뻐했습니다. 백만 대군도 장군 한 사람만 같지 못하니 진(秦)나라에서 황금 천 근을 주어 조(趙)나라 장군 염파(廉頗)와 조나라 왕을 이간했고, 한나라에서도 황금 사만 근을 풀어 항우와 아보(亞父), 범증 사이를 멀어지게 했습니다. 희가 조정에 있으면 폐하께 빛나는 영광을 돌릴 것이니 부씨 일족의 성공과 실패가 희에게 달려 있습니다.

황제도 부희를 존중했으므로 이듬해 정월에 사단을 대사공으로 승진시키고 부희는 대사마에 임명한 뒤에 고무후(高武侯)에 봉했다.

정씨와 부씨 일족은 교만하게 전횡을 일삼고 사치를 부렸으므로 겸손하고 신중하면서도 검약한 부희를 모두 싫어했다. 그런 가운데 부 태후가 성제의 모후[12]와 같은 급의 존호를 쓰게 해 달라고 요구하자 부희가 승상 공광, 대사공 사단과 함께 올바른 주장을 올리고 굽히지 않았다. 부 태후가 크게 노했으므로[13] 황제는 하는 수 없이 먼저 사단을 면직함으로써 부희의 생각을 바꿔 보려 했다. 그러나 부희가 끝까지 황제의 뜻에 따르지 않았다. 몇 달 뒤에 책서를 내려 부희를 면직했다.

그대는 정사를 보좌한 지 세 해가 되었지만 짐의 모자라는 바를 명확하게 고쳐 준 적이 없어 한나라 조정 대신들이 간특한 마음을 품게 되었으니 이 잘못은 그대에게서 비롯된 것이다. 그러니 대사마 인수를 반납하고 집으로 돌아가도록 하라.

부 태후도 승상과 어사대부에게 따로 조서를 내렸다.

고무후 희는 아무런 공도 없이 열후에 봉해졌는데, 속으로 불충한 마음을 품고 신하 편에 붙어 황제를 속이고, 전임 대사공 단과 마음을 합해 배반하면서 명을 어겼고, 일가를 비방했으며, 폐하의 덕정과 교화를 훼손했다. 비록 사면령 전에 죄악을 저질러 사면되었으나 조정에서 직무를 봉행하기에 마땅치 않으니 봉토로 돌려보내도록 하라.

뒤에 다시 부희의 후위를 빼앗으려 했지만 황제가 듣지 않았다. 부희가 봉토에 가 있은 지 세 해 남짓하여 애제가 붕어하고 평제가 즉위했다. 왕망이 전권을 휘두르며 부씨 일족의 관작을 빼앗아 고향의 군으로 돌려보내고 부안은 처자식과 함께 합포로 귀양을 보냈다. 왕망이 태후에게 고하여 조서를 내리게 했다.

고무후 희는 천성이 신중하고 주장하는 바가 충직했다. 비록 전정도 태후의 일족이긴 하지만 끝내 태후의 뜻에 복종하지 않아 그 사악함을 따르지 않았으니 흔들리지 않고 절의를 지키다가 봉토로 쫓겨났다. 경전에도 "연중 가장 추운 때가 닥친 뒤에야 송백이 마지막까지 시들지 않는 것을 알 수 있다."[14]라고 이르지 않았던가? 이에 희를 장안으로 돌아오게 할 것이니 희에게 옛 고안후 막부를 하사하고 특진에 올려 조정(朝請)에 참가하게 한다.

부희는 밖으로 보기에는 상을 받은 것처럼 보였으나 의지할 데 없이 고립된 채로 두려움과 걱정 속에 살다가 다시 봉토로 보내졌고, 그곳에서 천수를 누리다가 죽었다. 이에 왕망이 정후(貞侯)라는 시호를 내렸다. 아들이 후위를 이었다가 왕망이 실패한 뒤에 후위를 빼앗겼다.

찬하여 말한다.

선제와 원제, 성제, 애제 때에는 외척이 흥해서 허씨, 사씨, 세왕씨,[15] 정씨, 부씨 일족이 모두 대를 이어 열후와 장군에 많이 올랐다. 이들은 부귀함의 극치를 누렸으나 그 자리만 드러났을 뿐 그 인품이 드러난 적은 없다. 왕봉의 양평(陽平) 왕씨 집안에 재능이 있는 사람이 많기는 했으나 일 벌리기를 좋아하고 이름 얻기를 추구했으므로 그 세력이 특히 번성했는데, 재능과 덕망이 모자라면서도 더 오랫동안 높은 자리를 차지했다. 그러다가 왕망에 이르자 역시 나라를 멸망시켰다.

왕상은 강인한 절의를 지니고 있었으나 면직되어 쫓겨났다가 근심 속에 죽음을 맞이했는데 왕상에게 죄가 있었던 것이 아니다.

사단은 부자지간에 대를 이어 중후한 성품으로 이름이 높았고 삼공의 자리까지 올랐다. 사단은 태자를 보좌하고 가르치면서 태자의 단점을 가려 주고 장점을 널리 알려 태자로 하여금 좋은 뜻을 알아듣게 가르쳤으니, 숙유(宿儒)나 달인(達人)도 사단보다 더

할 수 없었다. 뒤에 황궁의 여러 건물을 지나 황제의 침실로 들어가서 정성을 다하여 설득하느라 황제의 기분을 상하게 하기도 했지만 마침내 황제를 깨닫게 하여 태자를 바꾸려던 엄청난 모의를 포기시켰다. 이로써 마침내 태자와 모후의 자리를 굳건하게 지켜주었다. "아무 말도 하지 않았으면 답도 없을 것"이라고 했으니 사단은 마침내 충정에 대한 보답을 받았다.[16]

부희는 절의를 지키며 기울지 않았으니 끝까지 시들지 않아 상을 받았다.

애제가 죽고 평제가 즉위하던 시기에는 화와 복이 빠르게 바뀌어 들었다.

53

설선·주박 전
薛宣朱博傳

설선(薛宣, ?~?)과 주박(朱博, ?~기원전 5년)은 아전에서 출발하여 승상의 자리까지 올랐던 입지전적인 인물들이다. 이런 파격 출세의 배후에는 두 사람의 재능을 인정했던 대장군 왕봉이 있었다.

동시대 살았던 두 사람은 미천한 출신으로 정무 처리 능력이 뛰어나서 파격 승진했다는 것과 품행에 흠결이 있었다는 것, 말년이 불우했다는 것이 몹시 비슷하다. 차이라면 설선은 사소한 것까지 법으로 다스린 속 좁은 사람이었고, 주박은 황제까지 속여 가며 윗사람의 비위를 맞추다가 불행한 최후를 맞았다는 사실이다.

하급 아전에서 출발한 설선

○　○　○

설선의 자는 공군(贛君)[1]이고, 동해군 담현 사람이다.

청년 시절에 정위서좌(廷尉書佐)와 도선옥사(都船獄史)로 있다가 뒤에 대사농 관아의 하급 아전이 되었다. 그러고는 찰렴을 통해 불기(不其) 현승에 임명되었다. 낭야 태수 조공(趙貢)이 관할 현을 순찰하다가 설선을 만났는데, 재능이 뛰어난 것을 보고 아주 좋아하게 되어 설선을 데리고 관할 현을 순행했다. 태수부에 돌아와서 처자식과 서로 만나게 한 뒤에 설선에게 당부했다.

"공군이 승상에 오르면 제 두 아들을 승상부의 사(史)로 써 주셔도 좋을 듯하오."

청렴한 인재로 천거된 설선은 낙랑군(樂浪郡) 도위승으로 승진했다가 유주 자사가 무재(茂材)로 천거함에 따라 원구(宛句) 현령이 되었다. 대장군 왕봉이 설선의 재능에 대해 들은 뒤에 설선을 장안(長安) 현령에 천거했다. 설선이 장안을 아주 잘 다스려 이름을 날렸으므로 법령에 밝다는 이유로 어사중승에 임명한다는 조서가 내렸다.

그 무렵 성제가 막 즉위했다. 설선은 어사중승직에 있으면서 조정에서는 법령을 집행하는 책무를 맡았고 지방에 부자사(部刺史)[2]를 파견하는 일도 총괄했다. 설선이 상소를 올려 아뢰었다.

폐하께서 베푸시는 덕의 인자하고 관대하심이 극치에 이르셨습니다. 백성을 가엾게 여기는 폐하께서는 해가 서쪽으로 기울 때까지 몸소 노력하면서 한가하게 즐기는 시간 없이[3] 성도(聖道)를 견지하고 공정하게 형벌을 집행하시지만, 상서로운 기운이 아직 뭉쳐 있기만 할 뿐 음양이 조화를 이루지 못하고 있습니다. 이는 신하들이 제대로 직책을 수행하지 못하여 폐하의 교화가 제대로 이루어지지 않고 있기 때문입니다. 신이 이렇게 된 원인의 한 방면을 엎드려 생각해 보았는데, 가혹하게 다스리는 관리가 많고 다스리거나 교화하는 내용이 복잡하기 때문인 듯합니다. 이는 대체로 부자사가 잘못하기 때문일 텐데 자사 중에 더러는 육조(六條)[4]에 따라 직무를 행하기보다 각자 제멋대로 조처하면서 태수와 현령이 할 일에 간섭하는 예가 많습니다. 심지어 사사로이 청탁을 받거나 참수하는 말을 믿고 하급 아전과 평민의 과실을 찾아내어 큰 소리로 꾸짖고 사소한 것까지 쩨쩨하게 따지며 능력에 맞지도 않은 책임을 지우기도 합니다.

군수가 현령에게 재촉하거나 같은 관아 안에서도 서로 각박하게 구는 풍조는 백성에게도 전파되고 있습니다. 그리하여 사람 사는 마을에서 손님을 기쁘게 접대하는 일이 줄어들었고, 일가의 구족(九族)은 혈족끼리 친한 정을 나누기를 잊었으며, 먹고 마실 것을 주거나 급할 때 도와주는 후한 인심이 사라졌고, 떠나고 부임하는 관리를 위로하는 예법이 시행되지 않고 있습니다.

사람의 도리가 통하지 않으면 음양도 막혀 통하지 않게 되니 음양의 조화로운 기운이 성하지 못한 것을 두고 자사의 잘못된 다스림이 원인이 아니라고 할 수 없습니다. 『시』에 "백성이 죄를 지었다면 건량(乾糧) 때문에 허물을 지은 것이리라."[5]라고 했습니다. 속된 말에 "가혹하게 다스리면 친근하게 여기지 않고, 번잡하게 고생을 시키면 제왕의 은덕이 깎인다."라고 했으니, 자사가 지방 현황을 보고할 때마다 제약을 가하여 자사로 하여금 우리 왕조의 중심 사업을 분명히 알게 해야 합니다.

신이 어리석어 나라를 다스리는 방책을 잘 알지 못하니, 영명하신 황상께서 자세히 살피시기 바랍니다.

황제가 설선의 건의를 가납했다.

행정과 인사에 밝았던 지방관

○　○　○

설선은 정사에 유리하게 작용하는 일에 관해 여러 차례 의견을 올렸을 뿐 아니라 부자사와 봉록 이천석 관리의 인사에 관한 상소를 올렸는데, 면직과 승진을 건의하는 기준이 분명했으므로 그 때문에 유명해졌다.

설선이 임회 태수로 나가서 제대로 다스리고 널리 교화를 잘 펼쳤다. 마침 진류군에 대규모 도적이 일어나 다스림과 교화가 제대로 이루어지지 않았다. 황제가 설선을 진류 태수로 전보시켰는데 설선이 도적을 근절시켰으므로 하급 아전과 평민들이 위망이 있고 신의를 지키는 설선을 존경했다. 그 뒤에 임시 좌풍익이 되어 장안에 들어와서 한 해 동안 임무를 제대로 완수하고 정식으로 좌풍익이 되었다.

앞서 좌풍익 고릉 현령 양잠(楊湛)과 역양 현령 사유(謝游)가 탐욕을 부리고 교활한 수를 쓰면서 오만하게 굴었으며 좌풍익의 단점을 잡고 있었으므로, 이천석 봉록의 좌풍익들이 부임할 때마다 조사했으나 끝내 잘못을 밝히지 못했다.

설선이 좌풍익 일을 보기 시작하자 두 사람이 좌풍익 관아에 인사를 왔다. 설선이 술과 음식을 차려 놓고 두 사람과 마주 앉아 아주 잘 대접했다. 두 사람이 돌아간 뒤에 그들이 법을 어겨 가며 모은 장물을 몰래 조사하여 갈취한 내역을 모두 알아냈다.

그런데 양잠이 마음을 바꿔 설선을 존경하게 되었다는 사실을 알아차리고는 친필로 목간에 편지를 썼는데, 양잠이 법을 어겨 얻은 장물 내역을 조목조목 나열한 뒤에 밀봉하여 보냈다.

편지에 조목조목 쓴 내용은 하급 아전과 평민들이 그대의 위법 사항에 대해 일러 준 것입니다. 혹자는 현령이 도적을 숨겨 준 책임이 있다고 주장하기도 합니다. 풍익은 현령을 존중하고 있습니다. 그래서 장물의 값어치가 황금 열 근을 넘으면 중죄로 다스리는 법이 있으나 차마 현령을 고발할 수 없습니다. 내 친히 밀봉 편지를 써서 이 사실을 알려 주는 것은 현령이 스스로 진퇴를 결정하여 뒤에 걱정거리를 남기지 않게 하려는 뜻입니다. 만일 편지에 적은 내용이 현령과 무관하다면 이 편지를 다시 봉하여 돌려보내 주십시오. 그러면 풍익이 현령의 결백을 밝혀내겠습니다.

양잠이 보니 설선이 보낸 장물 내역이 모두 정확했고, 설선의 언사도 부드러워 자신을 해치지 않으리라고 생각했다. 양잠이 곧바로 인수를 풀어 편지를 가져온 아전에게 반납했다. 그리고 설선에게 감사의 편지를 쓰되 원망의 말은 전혀 하지 않았다. 반면에 역양 현령 사유는 자신이 대유(大儒)로서 이름이 나 있다는 생각에 설선을 가볍게 여겼다. 설선이 친히 공문을 써서 역양 현령을 공개적으로 질책했다.

　역양 현령에게 알린다.

　하급 아전과 백성의 말에 따르면 현령이 법을 집행할 때 세세한 것까지 적용하고 가혹한 형벌을 내렸으므로 형벌을 당한 사람이 천 명 이상이라고 한다. 또 법을 어겨 착취한 재물이 수십만 전에 이르고 관용 물자와 공사를 불법으로 이용했다고 한다. 거래할 때에는 부유한 관리의 말만 들었으므로 거래 가격이 정확하지 않았다고 한다. 이런 사실들의 증거가 분명하므로 옥리를 보내 사안을 조사하게 하려고 했으나 현령을 천거한 자에게 책임을 지우고 유생인 현령을 욕보일 듯하여, 연(掾) 평(平)을 보내 현령을 질책한다.

　공자께서 이르기를 "자신이 능력을 선보여 관직에 나갔더라도 능력이 없음을 알게 되면 그만해야 한다."라고 했으니, 현령은 이 점을 자세히 생각해 보라.

　곧바로 현령직을 대신할 인물을 보낼 것이다.

사유가 공문을 받은 즉시 인수를 풀어 놓고 떠났다.

또 이런 일도 있었다. 빈양현은 북쪽으로 상군 및 서하군과 맞대어 여러 군이 경계를 이루고 있었으므로 도적이 많았다. 빈양현령은 평릉 사람 설공(薛恭)이었다. 평릉현의 효자로 발탁된 뒤에 공을 세운 차례대로 승진한 자로서 빈양 현령이 되어서는 백성을 다스리는 일에 능력을 보이지 못해 직책을 제대로 수행하지 못하는 상황이었다. 반면에 율읍현(粟邑縣)은 땅이 넓지 않고 산중에 격리되어 있어서 백성들이 조심성이 많은 데다 순박했으므로 다스리기가 쉬웠다. 율읍 현령은 거록(鉅鹿) 사람 윤상(尹賞)으로 오랫동안 태수부 관아에서 아전으로 일한 뒤에 누번(樓煩) 현장이 되었다가 무재(茂材)로 천거되어 율읍 현령으로 승진해 온 자였다. 이에 설선이 규정에 따라 윤상과 설공의 현령 자리를 바꾸어 주었다. 두 사람이 사리를 바꾸어 일을 본 지 몇 달 만에 두 현이 모두 잘 다스려졌다. 이에 설선이 공문을 보내 두 사람을 위로하고 격려했다.

예전에 공자께서 "맹공작(孟公綽)의 덕행이 진(晉)나라의 조씨(趙氏)와 위씨(魏氏)의 가신에는 어울리지만, 등(滕)나라나 설(薛)나라 대부 노릇을 하기에는 마땅하지 않다."[7]라고 하셨다. 어떤 사람은 덕으로 이름을 날리기도 하고 또 어떤 사람은 공을 세워 승진하기도 하므로 "군자의 도가 어찌 같을 수 있겠나!"[8]라고 하셨다. 관할 현마다 능력과 덕행이 뛰어난 현령이 배치되었으니 풍익은 가만히 있어도 현령들이 거두어 준 성과의 혜택을 입을 수 있을 것이다. 바라건대 직책을 열심히 수행하여 끝내 성과를 거두도록 하라.

설선이 군내의 하급 아전과 백성이 지은 죄행을 알게 되면 언제나 해당 현의 아전에게 알려 주어 자수하여 벌을 받게 하고 알아듣게 타일렀다.

"태수부에서 알아서 처리하지 않는 것은 현 관아에서 다스릴 일을 대신하여 현령이나 현장의 공을 빼앗고 싶지 않아서다."

아전들은 기뻐하지 않는 이가 없었으나 또 겁을 내지 않는 자가 없었으니 관을 벗고 설선에게 사죄하는 한편으로 은덕에 기대어 가르침을 받았다.

설선은 하급 관리의 상벌을 분명하게 처리했는데, 법을 공평하게 적용하면서 차질 없이 집행했다. 모든 관리는 설선이 내린 명령을 조목조목 기록해 두고 있었다. 거개가 백성을 아끼고 관대하게 대하며 도움을 주는 내용이었다.

지양 현령이 옥연(獄掾) 왕립(王立)을 염리(廉吏)로 천거했을 때의 일이다. 좌풍익 설선이 왕립을 불러 만나 보기 전에 왕립이 죄수의 집에서 돈을 받았다는 소문을 들었다. 설선이 왕립을 천거했던 현령을 질책한 뒤에 현령으로 하여금 옥연으로 있으면서 돈을 받은 일이 있는지 조사하게 했다. 조사 결과 왕립의 아내가 왕립 모르게 옥에 갇혀 있던 자로부터 이틀에 걸쳐 일만 육천 전을 받았는데 옥연은 전혀 모르고 있었음이 밝혀졌다. 왕립은 부끄럽고 두려운 마음에 스스로 목숨을 끊었다. 설선이 그 소식을 듣고 지양 현령에게 공문을 보냈다.

현령이 염리로 천거한 옥연 왕립의 아내가 몰래 뇌물을 받았는데 립은 모르고 있다가 자신이 결백함을 밝히기 위해 스스로 목숨을 끊었다. 립은 진실로 청렴한 인재였으니 너무나 애달프고 안타까운 일이다. 이에 좌풍익부의 결조연(決曹掾)이라고 명정을 쓰게 하여 그 혼이나마 명예를 선양시킬 것이니, 립과 평소에 알고 지내던 좌풍익부의 연사들은 모두 장례에 참가하여 마지막 길을 배웅하도록 하라.

동지와 하지에는 아전들에게 휴가를 주었는데, 적조연(賊曹掾) 장부(張扶)가 혼자서 휴가를 나가지 않고 관아의 자리에 앉아 일을 본 적이 있었다. 그러자 설선이 훈령을 내렸다.

제도는 조화를 통해 귀해질 수 있고 사람이 지켜야 할 도리도 사람이 지켜야 존중받는 법이다. 동지와 하지에 아전에게 휴가를 주는 제도는 시행된 지 이미 오래되었다. 적조에 공무가 남아 있더라도 집에서도 사적인 정을 나누고자 기다리고 있을 테니, 연은 휴가를 떠난 다른 사람들처럼 집에 돌아가 처자식을 마주할 일이며 술과 음식을 차려 놓고 이웃을 청하여 함께 웃으며 즐긴다면 그 또한 좋은 일이 아니겠는가!

장부는 부끄러워했지만 다른 관속들은 설선을 훌륭하다고 여겼다.

설선은 장중하게 예법을 차리는 것을 좋아하는 사람이어서 예절에 맞으면서도 올바르게 행동했으므로 아주 볼만했다. 성격은 조용하면서도 침착했다. 또 아전의 책무에 대해 늘 고려하되 아전들이 각자 책무를 제대로 수행하는지를 살폈다. 아전이 공무 집행에 필요한 물자와 붓, 벼루를 살 때면 언제나 계획을 세워 집행하게 하여 편리하게 공무를 보면서도 비용은 절감하게 했다. 하급 아전과 백성이 설선을 찬양하는 가운데 좌풍익 관할 지역이 잘 다스려졌으므로 소부로 승진했다. 소부가 된 뒤에는 황궁에 각종 물자를 공급하는 일을 잘 처리했다.

인재로 인정받아 어사대부에서 승상까지

○　○　○

달포 뒤에 어사대부 우영이 세상을 떠나자 곡영(谷永)이 상소를 올려 아뢰었다.

제왕이 가져야 할 덕 중에 사람의 재능과 덕행을 알아보는 것보다 중요한 것이 없으니, 사람을 알아볼 수 있으면 백관을 임명하되 하늘을 대신하여 정책을 집행하는 그 관직에 빈자리가 없이 채울 수 있습니다. 고요(皐陶)가 이에 대해 설명하기를 "사람을 알아보는 것이 지혜이다. 지혜가 있어야 인재를 선발하여 알맞은 벼슬을 내릴 수 있다."라고 했습니다.

어사대부는 안으로 본조(本朝)의 교화를 맡고 밖으로는 승상을 보좌하여 천하를 다스리는 자리로 그 책무가 막중하니 평범한 자는 소임을 다할 수 없습니다. 지금 이 자리가 비게 되어 여러 대신 중에 마땅한 자를 뽑아 그 빈자리를 채워야 합니다.

알맞은 사람을 뽑았을 때에는 만민이 기뻐하고 백관이 흔쾌히 복종하게 되지만, 제대로 선임하지 못했을 때에는 어사대부 책무를 전혀 수행할 수 없을뿐더러 제왕이 크게 공적을 세울 수 있도록 보좌할 수 없습니다. 이번에 영명했던 우제(虞帝)처럼 잘 뽑아야 하니 인재들의 면모를 자세하게 살피지 않을 수 없습니다.

제가 소부 선(宣)을 살펴보니 재능이 탁월하고 청렴하게 행동하며 정무 처리에 통달한 것을 알 수 있었습니다. 이전에 어사중승으로 있으면서 폐하의 명령을 집행할 때에는 딱딱한 음식을 뱉지 않고 부드러운 음식은 아예 들지 않는 채로[10] 그때그때 알맞게 일을 처리했습니다. 임회와 신뷰 두 군에 태수로 부임하여 잘 다스린 뒤에 좌풍익이 되었는데, 교화를 위주로 백성을 다스리면서 인재를 길러 냈고 위엄과 덕행을 겸비한 채로 아전들의 책무를 잘 정리해 주어 법을 어기는 일을 근절했으니 여러 해 동안 승상부에 소송 건이 올라오지 않아 사면령 이후에 삼보(三輔) 지역에 남은 도적이 그전의 십분의 일밖에 되지 않았습니다. 설선이 세운 공적은 탁월합니다. 좌풍익의 좌내사직을 설치한 뒤로 한 번도 이런 공적을 세운 자가 없었습니다. 공자께서 "내가 누군가를 칭찬한 적이 있다면 내가 그 사람을 시험해 보고 한 말이다."[11]라고 하셨습니다. 설선이 세운 공적과 근무 성적이 승상과 어사대부 두 관아에 똑똑히 기록되어 있으므로 실제와 다르게 칭찬하여 폐하를 속이는 죄를 지을 수 없습니다. "현재(賢材)는 무엇보다 백성을 잘 다스려야 한다."라고 신은 들었습니다. 선은 정무 처리 능력이 뛰어난 것을 인정받고 있습니다. 선의 법률 지식은 정위직을 맡아도 남음이 있고, 경술과 예법 방면의 지식은 조정의 정책을 짜면서 대신들의 주장을 모아 결론을 내리기에 충분합니다.

선은 여러 방면의 재주를 갖추고 있는 데다 "식비를 줄이고 공정한 도리를 따르는"[12] 절의까지 지니고 있습니다. 선은 사적인 조직이나 유세객의 도움을 받지 않고 있습니다. 신은 폐하께서 『시(詩)』 '고양(羔羊)'의 뜻을 중시하지 않으셔서 공정하고 착실한 신하를 몰아내고 실질적이지 못하나 뭇 신하에게 이름을 얻은 자를 중용하시는 것은 아닌지 염려스럽습니다. 그리하여 이렇게 제 책무를 넘어서서 선의 품행과 재능에 대해 말씀드리니 폐하께서 마음을 기울여 살펴 주시기를 바랍니다.

황제가 곡영의 의견을 옳게 여기고 설선을 어사대부에 임명했다.

설선은 몇 달 뒤에 장우의 뒤를 이어 승상이 되었고 고양후(高陽侯)에 봉해져 식읍 천 호를 받았다. 설선은 자신을 발탁했던 조공의 두 아들을 사(史)에 임명했다. 조공은 조광한(趙廣漢) 형의 아들로 관직을 잘 수행했다는 이름을 얻고 있었다. 설선은 승상으로 있으면서 승상부에 접수된 소송 사안 중에 그 액수가 일만 전이 넘지 않은 사안은 공문으로 남기지 않게 했으니 그 뒤로 모두 설후(薛侯)가 만든 이 제도를 따르게 되었다. 그러나 승상부 관속들은 설선이 일을 번잡하게 키우고 요령이 부족하다 여겨 뛰어난 인재로 보지 않았다. 그 무렵 황제가 유생과 문인을 좋아했는데, 설선은 경술 방면의 지식이 얕았으므로 황제가 설선을 경시했다.

한참 뒤에 광한군(廣漢郡)의 여러 군데에서 도적이 일어났다. 승상과 어사대부가 각각 연사를 파견하여 도적을 체포하게 했으나 실패했다. 이에 황제가 하동군(河東郡) 도위 조호(趙護)를 광한 태수로 임명하고 군법으로 직무를 보게 했다. 몇 달 지나 조호가 도적의 두목인 정궁(鄭躬)의 목을 베자 수천 명이 투항해 와서 도적을 평정했다. 그때 마침 공성(邛成) 태후[13]가 붕어하여 갑자기 장례를 치르게 되었으므로 아전들이 마구잡이로 재촉하여 세금을 받아 냈다. 뒤에 황제가 그 소식을 듣고 승상과 어사를 책망하고는 결국 설선을 면직하는 책서를 내렸다.

그대가 승상으로 여섯 해 동안 조정을 드나들었으나 행실이 충효의 기준에 맞거나 백관을 솔선수범했다는 말을 들은 적이 없다.

짐이 정사에 밝지 못해 변이가 자주 나타나며 여러 해 동안 곡식이 여물지 않아 곡식 창고가 텅 비고 백성이 기근에 시달리고 있다. 유랑을 떠난 길에서 돌림병으로 죽은 자가 만 명에 이르며 서로 잡아먹는 일까지 생기고 있는 데다 도적이 여러 군데에서 일어나고 있지만 백관이 제대로 책무를 수행하지 못하고 있으니 이는 짐이 부덕하고 승상이 훌륭하지 않기 때문이다.

얼마 전에 광한군에서 도적이 횡행하여 아전과 백성을 살해하는 일이 있었을 때 짐은 가슴 아프게 죽은 자들을 애도하며 여러 차례 승상에게 상황을 물었으나 승상은 그때마다 사실대로 대답하지 않으면서 서주(西州)가 멀리 격리되어 있으니 군을 설치하지 말아야 한다고 했다. 삼보에서 세금을 무절제하게 거두어들인 일이 일어났을 때 혹리(酷吏)[14]들이 서로 짜고 법을 어겨 가며 백성을 괴롭힌 사실을 두고 승상을 불러 조사하게 했는데, 그때에도 사실의 원인을 찾아내려고 하지 않았다. 구경 이하 모든 관리가 승상의 뜻을 이어받아 동시에 짐을 기만한 죄를 저질렀으니 그 잘못은 승상에게서 비롯했다.

승상이 직무 수행을 태만히 하고 짐을 기만하면서 미움하게 만든 길을 열었으며 풍기를 나쁜 쪽으로 이끌어 사방에 모범을 보이지 못한 것에 대해 해당 관리가 법에 따라 탄핵했지만, 차마 승상을 법에 따라 처벌할 수 없으니 이에 승상과 고양후의 인수를 반납하고 집으로 돌아가도록 하라.

그보다 먼저 설선이 승상으로 있을 때 적방진을 승상사직으로 삼았다. 적방진이 이름난 유생으로 재상의 그릇을 갖추고 있다는 것을 알아차린 설선은 적방진과 깊이 사귀었다. 뒤에 결국 적방진이 설선의 뒤를 이어 승상이 되었는데 설선이 예전에 베풀었던 후의를 늘 감사하게 생각했다. 적방진은 설선이 면직된 지 두 해가 지난 뒤에 설선이 법령에 밝고 조정의 제도를 상세히 알고 있으며 이전에 지은 죄가 별로 크지 않으니 다시 등용시켜야 한다며 천거했다. 황제가 설선을 불러 고양후 작위를 회복시켜 주고 특진(特進) 관위를 더해 주면서 서열은 안창후 장우 다음으로 하고 급사중으로 상서 일을 보게 했다. 그리하여 설선은 다시 신분이 높아졌다. 정무를 본 지 여러 해가 지났을 때에 정릉후 순우장과 사이가 좋다는 이유로 순우장의 죄에 연좌되어 면직되었다.

좋은 관리가 되는 능력은 타고나는 것이다

○　　○　　○

설선에게는 설명(薛明)과 설수(薛修)라는 두 동생이 있었다. 설명은 남양 태수까지 올랐고, 설수는 여러 군의 태수직을 거쳐 경조윤이 되었다가 소부로 승진했다. 사람들과 가까이 지내기를 좋아했으므로 각 고을 사람들의 칭송을 샀다.

설선의 계모는 늘 설수의 부임지를 따라다니며 설수와 함께 살았다. 그런데 설선이 승상으로 있을 때 설수가 임치(臨菑) 현령으로 나가게 되자 설선이 계모를 모셔 오려고 했으나 설수가 보내지 않았다. 계모가 병으로 세상을 떠났을 때 설수가 사직하고 상복을 입었는데, 설선은 설수에게 삼 년 상복을 입는 자가 드물다고 했다. 형제가 서로 자신의 의견을 고집하다가 결국 설수가 삼 년 상복을 입었다. 이 문제로 두 형제가 불화하게 되었다.

한참 지나서 애제가 즉위했다. 즉위 초에 박사 신함(申咸)을 급사중으로 삼았다. 신함도 동해군 사람이어서 설선이 계모를 공양하지 않았고 상복을 입지 않았을뿐더러 골육에게 야박하게 대하고 예전에 불충과 불효로 면직당한 적이 있으므로 작위와 후위를 다시 받는 것은 마땅치 않다고 비방했다.

설선의 아들 설황(薛況)이 우조시랑(右曹侍郞)으로 있었다. 신함이 그렇게 비방하는 것을 몇 차례 듣고 문객인 양명(楊明)에게 재물을 주고 신함의 얼굴에 상처를 내게 하여 신함이 벼슬에 있지 못하게 하려고 했다. 그때 마침 사례(司隷) 자리가 비어 있었는데, 설황은 신함이 그 자리에 임명될까 걱정했다. 그래서 양명이 황궁 문밖에서 신함의 길을 막은 뒤에 신함의 코와 입술을 베고 신함의 몸에 여덟 군데 상처를 냈다. 이 사건을 해당 관원에게 넘겨 조사하게 하자 어사중승 중(衆) 등이 상주했다.

황은 조정 신하인 데다 아비는 예전에 재상을 지냈고 두 차례나 열후에 봉해졌는데도 부자간에 황상의 교화를 받아들이도록 서로 권고하지 않았으며, 골육끼리 서로 의심하기를 함이 수의 말을 듣고 선을 비방했다고 의심했습니다. 함이 아뢴 바는 모두 선이 저질렀던 짓으로 여러 사람이 함께 지켜봤던 바이며 조정에서도 들어 알고 있던 바입니다. 황은 함이 급사중으로서 사례가 된 뒤에 선을 고발하는 상소를 올릴 것이 두려웠습니다. 그리하여 명으로 하여금 공공연히 황궁 밖의 궐루에 접근해 있다가 여러 사람이 있던 큰길을 가로막고 폐하 곁의 가까운 신하에게 상해를 입히는 모욕을 주었습니다. 그리하여 사리를 밝히는 일을 막고 논의의 발단을 두절시키려고 한 것인데, 흉악하고 교활하기가 무엇을 두려워하거나 꺼린 바가 전혀 없었으므로 만민이 이 사건에 대해 떠들면서 사방으로 소문을 퍼뜨리고 있습니다. 보통 사람이 화가 나서 때리며 싸운 것과는 다른 일입니다.

황상의 측근에 있는 신하를 존경하는 것은 황상을 가까이에서 모시기 때문이라고 신은 들었습니다.『예기』「곡례(曲禮)」에 따르면 "공문(公門)[15]에서부터 수레에서 내려 노마(路馬)[16]를 보면 무식(撫式)의 예를 올려야 한다."라고 했으니 주군이 기르는 짐승조차 존중했던 것입니다.

『춘추』의 뜻에 따르면 의도가 나쁘면 성공해도 처벌을 면할 수 없게 되어 있으니, 대신에게 다가가서 해를 끼친 것은 장려할 수 없는 일입니다.[17] 황은 이번 악행의 우두머리이고 명은 손을 써서 다치게 했으니, 다치게 한 자와 그 일을 꾸민 자가 모두 악행을 저지른 것으로 둘 다 대불경죄에 해당합니다. 명에게도 중벌을 내림이 마땅하니 황과 함께 기시형에 처해야 합니다.

정위 직(直)이 주장했다.

"율에 따르면 '다투다가 칼로 남을 다치게 하면 성단형(城旦刑)을 내리되 주모자는 벌을 한 등급 높이고 모의에 참여한 자도 같은 죄로 다스린다.'라고 했습니다. 또 '비방죄는 성립되지 않는다.'라는 조서를 내린 적이 있었습니다. 옛 법전에는 '다른 사람에게 의롭지 않은 행동을 하다가 맞은 사람은 남에게 중상을 입힌 자와 같은 벌을 받는다. 그 바르지 않음이 나쁘기 때문이다.'라고 했습니다.

함은 수와 절친한 사이로 수차례에 걸쳐 선이 악하다고 비방하며 소문을 낸 것은 옳은 일이 아니므로 바르다고 할 수 없습니다. 황은 이런 연고로 함을 다치게 하려고 계획을 세운 뒤에, 사례 자리에 사람을 뽑는다는 말을 듣고서는 명에게 계획을 빨리 실행에 옮기라고 재촉했던 것입니다. 그러므로 함이 사례 자리에 오를 것이 두려워 모의를 시작했던 것이 아닙니다. 본래 사적인 일로 다투다가 변이 일어난 것이라 비록 역문(掖門) 밖 큰길에서 함을 다치게 하긴 했지만 보통 사람들이 때리며 싸운 것과 다를 바가 없습니다. 사람을 죽인 자는 사형에 처하고 다치게 한 자는 형벌을 내리는 것이 고금에 통하는 법도이니 삼대 때에도 바꾸지 않았던 바입니다. 공자께서는 '명실(名實)이 꼭 상부(相符)해야 한다.', '명실이 상부하지 않으면 형벌이 바로 시행되지 않을 것이고 형벌이 바로 시행되지 못하면 백성이 손과 발을 어디다 둘지 모르게 될 것이다.'[18]라고 했습니다. 이제 황은 일을 저지른 괴수이고 명은 직접 상해를 입힌 자인데 둘 다 대불경죄를 적용하면 공사의 구별이 없게 됩니다.

『춘추』 대의에 따르면 범죄를 구상했던 의도를 찾아 죄목을 정해야 합니다. 황은 원래 아비가 비방을 당한 것에 분노했던 것으로 다른 악의는 없었습니다. 그런데 비방죄까지 더해졌으니 작은 허물을 모아 사형죄로 만들어 형을 집행하는 것은 조서의 영명한 뜻에 어긋나며 법의 뜻과도 맞지 않아 시행할 수 없습니다. 성군은 분노 때문에 형을 늘려 판결하지 않습니다. 명은 바르지 못한 대가를 받고 남을 다치게 한 자이고 황은 모의한 자인데, 둘 다 작위가 있으니 노역형인 성단형으로 벌을 감해야 합니다."

황제가 공경과 대신들에게 이 일에 관해 물어보자, 승상 공광과 대사공 사단은 중승의 의견이 옳다고 했지만, 장군 이하 박사와 의랑은 모두 정위의 의견이 옳다고 했다. 마침내 설황의 죄가 한 등급 감면되어 돈황으로 유배되었다. 설선도 이 사안에 연좌되어 서인으로 강등된 뒤에, 고향 동해군으로 돌아가 있다가 벼슬 없이 집에서 세상을 떠났다.

설선의 아들 설혜(薛惠)도 이천석 벼슬까지 올랐다. 그보다 먼저 설혜가 팽성(彭城) 현령으로 있을 때 임회 태수에서 진류 태수로 전보해 가던 설선이 팽성현을 지나면서 교량과 역참의 객사, 정(亭)이 제대로 정비되어 있지 않은 것을 보았다. 설선이 속으로 설혜가 무능한 것을 알아차리고는 팽성에 며칠 머물면서 객사 안을 시찰하여 각종 기물을 들여놓거나 채소밭의 채소를 돌보았는데, 끝내 설혜에게 관리의 책무를 묻지 않았다. 자신이 현을 잘 다스리지 못해 설신의 마음에 들지 못한 것을 알아차린 설혜가 현령부 관아의 연을 파견하여 진류 태수부까지 설선을 배웅하게 했다. 그러고는 연으로 하여금 설선을 직접 만나 설혜에게 관리의 책무에 대해 가르치고 훈계하지 않은 뜻을 알고 싶다고 묻게 했다. 설선이 웃으며 말했다.

"좋은 관리가 되는 길은 법령을 스승 삼아 물어서 배우면 된다. 그런데 능력이 있고 없음은 본래 타고난 자질에 달려 있으니 배워서 되는 것이 아니다."

사람들이 설선의 말을 옳다고 여기면서 그 말을 전파하고 칭송했다.

그보다 먼저 설선이 두 번째로 열후에 봉해졌을 때 아내가 죽었다. 그때 경무(敬武) 장공주[19]가 남편과 사별하여 홀로 살고 있어 황제가 설선을 공주에게 장가들게 했다. 뒤에 설선이 면직되어 고향 동해군으로 돌아갔을 때 공주는 장안에 남았다. 설선이 죽은 뒤에 공주가 글을 올려 설선의 시신을 옮겨 와 연릉현에 장사 지내게 해 달라고 청하니 황제가 허락했다. 돈황군에 유배되어 있던 설황이 몰래 장안으로 돌아와 있다가 마침 사면되어 장안에 남아 있었다. 설황이 공주와 은밀히 정을 통했다. 그 무렵 애제의 외가 정씨와 부씨 일족이 세력을 누리고 있었으므로 공주가 그 두 집안 사람에게 붙어 그들을 떠받들면서 왕씨 일족을 멀리했다.

〔평제〕원시 연간에 왕망이 자신을 높여 안한공(安漢公)이라고 칭하자 공주가 다시 왕망을 비난하는 말을 했다. 그런데 설황이 여관(呂寬)과 사이가 좋았으므로, 여관의 사건[20]이 드러났을 때 왕망이 설황을 함께 다스렸다. 왕망이 설황과 공주의 죄를 널리 알리면서 사자를 보내 태황태후의 명령으로 공주에게 독약을 내렸다.

공주가 노해서 말했다.

"유씨 세력이 약해지니 왕씨가 조정 대권을 독점하고 종실의 지위를 떨어뜨렸는데, 어떻게 올케[21]까지 규방 일을 드러내어 시누이를 죽이려고 하는가?"

사자가 공주 옆을 떠나지 않고 재촉하자 마침내 약을 마시고 죽었다. 설황은 저자에서 효수당했다. 태후에게는 공주가 병으로 갑자기 세상을 떠났다고 알렸다. 태후가 장례에 참가하려고 했지만 왕망이 한사코 말리는 바람에 그만두었다.

의리의 사나이 주박

○ ○ ○

주박의 자는 자원(子元)이고, 두릉의 가난한 집 출신이다. 청년 시절에 두릉현 일을 보면서 정장이 되어 청년들을 잘 접대하는 한 편으로 범인을 쫓아 체포하는 일에 거리낌 없이 나섰다. 점점 승진하여 공조(功曹)가 되었는데 혈기 왕성한 채로 의로움을 지키려고 나섰으며 사람 사귀기를 좋아했다. 힘센 장사들을 쫓아다니며 위험하거나 열악한 사정을 피하지 않았다.

그 무렵 전장군 소망지의 아들 소육과 어사대부 진만년의 아들 진함이 공경의 자제로 재주가 뛰어나 이름을 널리 알렸는데, 주박은 이 둘과 벗이 되었다. 그때 여러 능현(陵縣)은 태상에 소속되어 있었으므로 주박은 태상연의 자격으로 찰렴에 통과하여 안릉(安陵) 현승이 되었다. 뒤에 사직하고 경조윤에 들어가 조사(曹史)와 열연(列掾)을 거친 뒤에 독우(督郵)의 서연(書掾)으로 나가 맡은 책무를 잘 수행했으므로 경조윤 관할 지역 사람들의 칭찬을 들었다.

그런데 어사중승으로 있던 진함이 황궁 안에서 있었던 이야기를 누설한 죄로 하옥되는 일이 일어났다. 그러자 주박은 사직하고 걸어 다니며 사건을 탐문했는데 정위부까지 들어가 진함의 사안을 정탐했다. 진함이 두들겨 맞으면서 심문을 받느라 위중한 상태였으므로 주박은 의원이라고 속이고 옥에 들어가서 진함을 만나 어떤 일로 걸려들었는지를 죄다 알아냈다. 옥을 나온 주박은 성명을 바꾸고 진함의 죄를 덜어 주기 위해 조사를 받고 태형 수백 대를 맞은 뒤에 마침내 진함의 죽을죄를 면하게 해 주었다. 진함이 옥을 나가도 된다는 판결을 받자 주박은 이 일로 이름이 널리 알려졌고 경조윤부의 공조가 되었다.

한참 지나서 성제가 즉위하자 대장군 왕봉이 집정하게 되었다. 왕봉이 진함을 장사(長史)로 쓰게 해 달라고 상주했다. 진함은 소육과 주박을 대장군 막부의 관속으로 천거했는데 왕봉이 주박을 아주 좋게 보고 역양 현령으로 천거했다. 주박은 운양(雲陽)과 평릉 두 현의 현령으로 전보되었다가 정무 처리에서 높은 성적을 받아 장안 현령으로 들어왔다. 장안 현령으로 잘 다스린 뒤에는 기주 자사로 승진해 나갔다.

주박은 본래 무관이었으므로 법을 공부한 적이 없었다. 자사가 되어 현에 순찰을 나갔는데 하급 아전과 백성 수백 명이 길을 막고 자기들의 사정을 진술하느라 관아가 꽉 들어차게 되었다. 종사관이 나서서 현에 머물며 사정을 진술하는 자들을 만나 조사하되 일을 끝낸 뒤에 출발하자고 주박에게 청을 올렸다. 주박을 시험해 볼 요량으로 하는 말이었다. 주박이 종사관의 뜻을 알아차리고는 밖에 빨리 수레를 대령하라고 알리게 했다. 수레가 준비되었다는 보고를 받자 주박이 밖으로 나와서 수레에 오르며 사정을 진술하는 자들을 보고 종사관을 보냈다. 그리고 아전과 백성들에게 명확하게 훈시하게 했다.

"현승과 현위를 고발하고 싶은 자는 자사가 황수(黃綬)를 찬 직급이 낮은 관리를 감찰하지 않으니 각자 해당 군의 태수부에 가서 고하라. 이천석 흑수(墨綬)의 고관에 대해 고발할 자는 내가 각 지역을 순시하고 돌아왔을 때 치소(治所)에 와서 고하라. 백성이 관리에게 억울한 일을 당한 사안이나 도적에 관한 소송 사안은 각각 해당 지역의 종사관이 처리하도록 위임해 두었다."

주박이 수레를 세워 둔 채 결정을 내려 주자 사오백 명 되던 사람들이 모두 자리를 떠났으니 귀신처럼 일을 처리해 낸 것이었다. 아전과 백성들은 주박이 돌발 상황에서 그토록 잘 대처할 줄 몰랐던 터라 매우 놀랐다. 뒤에 주박이 천천히 물어보니 아니나 다를까 늙은 종사관이 시켜서 백성들이 모인 것이었다. 주박이 그 아전을 죽이자 병주의 각 군 사람들이 엄하게 다스리는 주박을 두려워했다. 병주(幷州) 자사로 자리를 옮겼다가 호조(護漕) 도위를 거쳐 낭야 태수로 승진했다.

제나라 땅의 낭야군 사람들은 행동은 게으른데 명성은 유지하고 싶어 했다. 주박이 도착하여 일을 보기 시작하자 우조(右曹)의 연사들이 모두 병이 있다며 휴가원을 냈다. 주박이 그 연고를 묻자 누군가 이렇게 대답했다.

"황공합니다. 이천석 태수가 새로 부임할 때마다 아전을 보내 안부를 물었고 그래야 일어나서 일터로 갔습니다."

화가 난 주박이 수염을 떨고 탁자를 치며 말했다.

"제나라 땅의 애송이들이 버릇 삼아 이 짓을 하는 걸 봐줘야 하느냐?"

주박은 조사(曹史)와 서좌(書佐) 및 〔태수부가 있던〕현 관아의 고관을 불러 그중에서 연사 직무를 수행할 만한 자를 뽑은 뒤에 병가를 냈던 자들을 대치하라고 명했다. 그리고 병가를 냈던 연사들을 모두 면직한 뒤에 평민 복장으로 태수부 문을 나가게 했다. 이에 제군 사람들이 매우 놀랐다. 그로부터 얼마 뒤 태수부의 연이었던 공수가 늙었으나 대유(大儒)로서 수백 명의 학생을 가르치고 있었는데, 꿇어앉아 절하고 일어나는 데 한참 시간이 걸렸다. 주박이 주부(主簿)에게 명령했다.

"공 노선생께서 관리의 예법에 익숙하지 않으니 주부가 선생에게 꿇어앉아 절하고 일어나는 법을 가르치되 익숙해질 때까지 계속하도록 하라."

또 공조(功曹)에 명령했다.

"관속 중에 보의(褒衣)와 대소(大袑)를 입은 자가 많은데 절제와 거리가 먼 모습이니 지금부터 연사들은 모두 옷 밑자락을 바닥에서 세 촌 떨어지게 하라."

주박은 특히 유생들을 좋아하지 않았기 때문에 낭야 태수로 부임하자마자 곧바로 의조(議曹)를 철폐하면서 이렇게 말했다.

"유생들이 감히 의조를 다시 두자고 나설 텐가?"

태수부 문학과 유생 출신 아전들이 때때로 주기(奏記)를 올려 여러 가지 주장을 하면 주박은 그 글을 읽어 보고 이렇게 답했다.

"태수야 한나라 관리이니 세 척 죽간에 적혀 있는 율령을 받들어 일하면 되지 유생이 말한 성인의 도는 전혀 필요하지 않소. 그러니 그 도를 들고 돌아가 있다가 요임금과 순임금이 나타나면 그분들께 아뢰시오."

주박은 그렇게 그 유생들을 꺾으며 반대해 나갔다. 주박이 태수 일을 본 지 몇 년이 지나자 낭야 땅의 풍속이 크게 바뀌었고 연사들은 초나라나 조나라의 아전과 비슷한 수준으로 예법을 지키게 되었다.

주박은 낭야군을 다스리면서 관할 지역의 현령에게 늘 그 현 관아의 직위가 높은 아전에게 각지의 토호를 쓰도록 명령했는데, 각자가 가진 재주에 따라 문무의 책무를 맡기게 했다. 그 현에 엄청난 도적이 발호하거나 특별한 일이 생기면 주박은 곧바로 공문을 보내 아전들을 질책했다. 그 아전들이 힘을 다해 성과를 거두면 반드시 후한 상을 내렸으나 삿된 마음을 품고 제대로 직책을 수행하지 않으면 곧바로 벌을 내렸다. 이렇게 하자 세력을 부리던 토호들이 주박을 두려워하며 복종했다.

고막현(姑幕縣)에서 여덟 사람이 떼거리로 현 관아에 들어가서는 원수를 갚는다며 사람을 죽였는데 모두 잡지 못한 일이 발생했다. 현의 장리(長吏)들이 스스로 옥에 들어간 뒤에 태수부에 보고문을 올리자 적조(賊曹)의 연사들이 자진해서 고막현에 출동하겠다는 의사를 표명했다. 주박은 그 일을 보류시키고 출동하지 못하게 했다. 공조의 연들도 모두 출동하겠다는 의사를 표시했다. 그래도 출동 명령이 떨어지지 않자 부승(府丞)이 태수를 방문했다. 그제야 주박이 부승의 연에게 물었다.

"현에 장리가 있으니 태수부에서 끼어들 필요가 없다고 생각하는데, 승연(丞掾)은 태수부에서 끼어드는 것이 마땅하다는 말인가?"

문밖에 있던 서좌가 들어와서 주박이 부르는 대로 통고문을 받아 썼다.

태수부에서 고막 현령과 현승에게 고한다.

도적이 발생했는데 잡지 못했다고 하는 보고문을 읽었다.

이 통고문이 도착하는 대로 현령과 현승은 각자 맡은 직책을 수행하라.

유교(游徼) 왕경(王卿)에게 힘이 남아 있다면 율령에 따라 도적을 체포하라.

명령을 받은 왕경은 두려움에 휩싸였고 가족들도 놀란 나머지 낯빛을 잃었다. 주야로 이리저리 뛰어다닌 결과 열 며칠 동안에 다섯 명을 체포하자 주박이 공문을 보내 칭찬했다.

왕경이 공사를 걱정하며 대단한 성과를 거두었으므로 이 통고문이 도착하는 대로 공을 세운 기록과 그동안의 경과를 태수부로 보내라. 안배했던 연 이하 아전들도 유능했으니 계속해서 잔당을 모두 체포하도록 하라.

주박이 부하를 다루는 방식은 모두 이런 식이었다.

주박은 정무 처리에 높은 성적을 받아 임시직 좌풍익으로 올라온 뒤에 시용 기간 한 해를 채우고 정식으로 좌풍익에 임명되었다. 주박이 좌풍익이 되어 다스리는 동안 법규대로 다스리거나 지혜를 발휘하는 방면에는 설선이 좌풍익으로 있을 때에 비해 크게 미치지 못했다. 반면에 무력이나 교활한 수단을 잘 썼고 법망을 빠져나갈 수 없도록 법규를 세세하게 적용했으며 남을 아끼며 도움을 주는 일이 적었고 주살을 감행했다. 그러나 느슨하게 풀어 주기도 했고 때로는 아주 크게 관용을 베풀었으니 그 때문에 부하 아전들이 힘을 다해 일했다.

장릉현(長陵縣)의 세력가였던 상방금(尙方禁)은 청년 시절에 남의 아내를 겁탈하다가 칼을 맞았는데 얼굴에 그때의 상처가 뚜렷하게 남아 있었다. 상방금에게 뇌물을 받은 좌풍익부의 공조가 상방금을 임시직 위(尉)에 임명할 것을 주박에게 신청했다. 상방금에 관한 소문을 들은 주박이 다른 일로 상방금을 불러 접견하면서 그 얼굴을 보니 아니나 다를까 상처가 있었다. 주박이 죄우를 물러나게 한 뒤에 상방금에게 물었다.

"그 상처는 어쩌다 생겼는가?"

주박이 모든 사정을 알고 있음을 알아차린 상방금이 머리를 조아리고 사실대로 고하자 주박이 웃으며 말했다.

"대장부는 원래 그럴 때가 있지. 풍익이 자네의 수치를 씻어 없던 일로 덮어 두고 자네를 기용하려 하는데 나를 위해 일하기 원하는가?"

상방금이 기쁘고도 두려운 마음으로 대답했다.

"반드시 죽을힘을 다하겠습니다."

그 말을 들은 주박이 상방금에게 명령했다.

"여기에서 있었던 말을 누설하지 말고 내가 알아서 이로울 일이 있으면 모두 적어서 보고하도록 하라."

그리하여 끄나풀 노릇을 하게 된 상방금은 주박의 심복이 되었다. 상방금은 새벽부터 밤까지 관할 지역 내의 도적과 드러나지 않던 다른 악한 자를 찾아내며 공을 세웠다. 주박은 상방금을 연달아 승진시켜 임시직 현령까지 발탁시켰다. 그 뒤로 한참 지나서 주박이 공조를 불러 접견했다. 방문을 닫고 상방금 등으로부터 뇌물을 받은 일을 질책하면서 붓과 간독을 주고 자진해서 그 액수를 적게 했다.

"받은 돈이 일 전 이상인 경우를 모두 적되 하나도 빼놓지 말아야 한다. 반 마디라도 거짓이 있으면 목을 잘라 버릴 것이다."

공조가 두려워하며 자신의 위법 사실을 모두 적어 냈는데 크든 작든 숨길 엄두를 내지 못했다. 모두 사실대로 적은 것을 확인한 주박이 공조를 자리에 앉히고는, 훈계를 받아들여 스스로 마음을 고쳐먹으면 된다고 타일렀다. 그러고는 칼을 던져 주며 간독에 적었던 내용을 모두 삭제하게 하고 나가서 공조 일을 보게 했다. 그 뒤로 공조는 늘 두려움에 떨었고 잘못을 범할 엄두를 내지 못했으므로 주박이 마침내 공조를 높은 직위에 천거했다.

주박이 대사농이 되어 한 해 남짓 지났을 때 작은 죄를 지어 건위(犍爲) 태수로 좌천되었다. 주박이 태수로 부임하기 전에 남만(南蠻)의 호족 야아(若兒)가 여러 차례 침입해 온 일이 있었다. 주박이 부임한 뒤에 야아의 형제들과 친하게 사귀었다. 그러고는 반간계(反間計)를 써서 기습 공격으로 야아를 죽였다. 그러자 군내가 안정되었다.

산양 태수로 전보되어 갔으나 병으로 면직되었다가 다시 황제의 부름을 받고 광록대부가 되었다. 이어서 정위로 승진하여 풀기 어려운 사건을 해결하고 천하의 옥사를 심의했다. 관속들이 자신을 깔보며 모함할 것을 걱정한 주박이 정위 일을 보기 시작하면서 정감(正監)과 법을 관장하는 연사들을 불러 모아 놓고 제안했다.

"정위는 본래 무리(武吏) 출신으로 법률에 밝지 못한데 다행히도 이렇게 인재가 많으니 걱정할 것이 없겠소. 그런데 정위가 스무 해 동안이나 군을 다스리면서 여러 가지 사건을 판결해 왔으니 그동안 귀동냥한 것 또한 적지 않은데, 세 척 율령 안에는 인간의 모든 사정이 들어 있다고 생각하오. 연사들은 정감과 함께 시험 삼아 이전에 옥리들이 풀기 어려워했던 사건으로 수십 건을 가져와 정위에게 물어봐 주기 바라오. 그러면 제군들에게 그 사안들을 다시 설명하여 뒤집어 보겠소."

강하게 보이고 싶어서 억지를 부린다고 생각한 정감은 주박이 어려운 사건을 풀어낼 수 없으리라 여기면서 풀기 어려웠던 사건을 하나하나 말해 나갔다. 주박이 모든 연사를 불러 한자리에 앉아 어려운 부분을 묻게 한 뒤에 사건마다 경중을 가려 판결해 주었는데 열에 여덟아홉이 법리에 맞았다. 주박이 대단히 지혜로우며 재주가 보통이 아니라는 것을 알게 된 관속들이 모두 탄복했다. 주박은 전보되어 가거나 벼슬자리가 바뀔 때마다 언제나 이렇게 기이한 방법을 써서 부하들에게 자신을 속일 수 없다는 점을 명시했다.

한참 지나서 후장군으로 승진한 뒤에 홍양후 왕립과 사이가 좋아졌다. 그런데 왕립이 죄를 지어 봉토로 돌아가게 되었을 때 해당 관원이 왕립의 벗들을 함께 탄핵하는 바람에 주박도 면직되었다.[22]

한 해 남짓하여 애제가 즉위했다. 애제가 주박을 명신(名臣)으로 여겨 불러서 접견한 뒤에[23] 벼슬 없이 집에 머물던 주박을 다시 광록대부로 임명했다. 뒤에 경조윤으로 옮겼다가 몇 달 뒤에 대사공으로 파격 승진했다.[24]

관직을 자주 바꾸는 것은 옳지 않다

○ ○ ○

애초 한나라를 세울 때 진나라 관직 제도를 답습하여 승상과 어사대부, 태위를 두었다가 무제 때에 이르러 태위직을 없애고 처음으로 대사마직을 두었는데 장군의 호칭을 얹어 준 대신에 인수와 관속은 두지 않았다. 성제 때에 하무가 구경으로서 건의했다.

"옛적에는 백성이 질박했고 국사가 번잡하지 않았지만 그래도 반드시 현인과 성인을 얻어 군주를 보좌하는 관리로 삼았습니다. 특히 하늘의 〔해, 달, 별〕 삼광(三光)을 본떠 삼공관(三公官)을 두고 각각 직분을 나누어 수행하게 했습니다. 그런데 지금은 병폐가 많아진 말세인 데다 정사도 번다한데 승상의 능력은 옛적에 미치지 못합니다. 게다가 승상이 혼자서 삼공관의 직무를 겸해서 보고 있으니 제대로 직무를 수행하지 못한 지 이미 오래되어 나라가 잘 다스려지지 않고 있습니다. 그러므로 삼공관을 두고 경대부의 자리를 정해 주되 직분을 나누어 처리할 정무를 안배하고 각자의 성적을 매겨야 마땅하겠습니다."

이 상소가 올라온 뒤에 황제가 스승이었던 안창후 장우에게 의견을 물어보았다. 장우가 하무의 말이 옳다고 했다. 그때 곡양후 왕근이 대사마 표기장군이었고 하무는 어사대부로 있었다. 따라서 황제가 곡양후 왕근에게 대사마 인수를 내리고 관속을 두게 하는 대신에 표기장군 칭호를 거두게 하는 한편, 어사대부 하무를 대사공으로 삼고 열후에 봉하되 대사마와 대사공의 봉록을 모두 승상과 같은 급으로 올려 주었다. 그로써 삼공관을 모두 갖추어 두게 되었다.

많은 대신이 고금의 제도는 다를뿐더러 한나라는 천자의 존호부터 맨아래의 좌사(佐史)에 이르기까지 모든 것이 옛적과 다른데 단지 삼공관만 바꾼다면 그 직분을 분명하게 가르기가 어려워져서 천하를 다스리는 데 이로울 것이 없다고 주장했다. 그 무렵 어사대부 관아에 있는 아전 숙사 백여 채의 우물물이 모두 말라 버렸다. 또 어사대부 관아 안에 측백나무가 줄지어 서 있었는데 야생 까마귀 수천 마리가 그 측백나무 위에 깃들고 있었다. 까마귀들은 새벽에 날아갔다가 저물녘에 돌아왔으므로 조석오(朝夕烏)[25]라고 불렀다. 한번은 까마귀 떼가 관아를 떠나가더니 몇 달이 지나도 돌아오지 않아서 나이 든 사람들이 이상하게 여겼다. 두 해 남짓 지난 때에 대사공으로 있던 주박이 상소하여 주장했다.

제왕의 도는 반드시 옛것을 답습할 필요가 없으니 그때그때 해야 할 일에 따라 치국의 도를 결정하면 됩니다.

성덕을 지니셨던 고황제께서 천명을 받아 대업을 세우시고 승상 다음 자리에 어사대부직을 두셨습니다. 법률과 제도를 바로 서게 하고 승상과 책무를 서로 교차시키고 백관을 통솔하게 했으며 승상과 아래위가 되어 서로 감독하게 했는데 이렇게 이백 년이 흐르는 동안 천하가 태평했습니다. 그런데 최근에 대사공으로 바꾸고 승상과 지위를 동등하게 했지만, 하늘의 복된 도움을 얻지 못했습니다.

제도를 만들 때 지방의 군을 다스리는 태수와 제후국의 상국 중에서 정무 처리 성적이 좋은 자를 중이천석 관리에 뽑아 쓰게 하고, 중이천석 중에서 어사대부를 뽑으며 어사대부직을 잘 수행한 자를 승상으로 삼되 각각의 위계질서를 잡아 놓았던 것은 황제의 성덕을 높이고 국상(國相)을 존중하기 위해서였습니다. 그런데 지금은 중이천석이 어사대부를 거치지 않고 바로 승상이 되고 있어 권위가 서지 않으니 이는 승상을 존중하지 않는 행태입니다.

신의 어리석은 생각이지만 대사공 관직을 없애고 다시 어사대부를 두어 옛 제도를 받들어도 될 듯합니다. 신은 있는 힘을 다해 어사대부로서 백관을 통솔하겠습니다.

애제가 이 주장에 따라 주박을 어사대부로 바꾸어 임명했다. 그때 마침 대사마 부희가 면직되었으므로 양안후 정명을 대사마 위장군으로 삼고 관속을 두게 해 주었으니, 옛 제도를 따라 대사마에 장군 칭호를 붙이게 되었다.

네 해가 지났을 때 애제가 승상을 대사도(大司徒)로 바꾸고 다시 대사공과 대사마를 두었다.

그보다 먼저 대사공 하무가 승상 적방진과 공동으로 상소를 올려 주장한 적이 있었다.

옛적에는 제후 중에서 현자를 뽑아 주백(州伯)으로 삼았습니다. 『서』에 "순임금이 열두 목(牧)과 상의하다."[26]라고 했으니 그 뜻은 사방 널리 의견을 듣는 한편으로 순임금의 덕치가 닿지 못한 가려진 곳을 밝히려고 한 것이었습니다. 지금의 부자사는 목백(牧伯)의 지위에 있으면서 한 주를 맡아 통솔하고 있으므로 고관 중에서 뽑되 구경만큼 지위를 높여 주어 지방관의 악한 행위를 감찰했을 때에는 그 자리에서 자를 수 있는 무거운 책임과 큰 권한을 주어야 합니다. 『춘추』의 뜻에 따르면 높은 자가 낮은 자를 다스리게 되어 있지 낮은 자가 높은 자 위에 있게 하지 않았습니다. 자사는 대부보다 아래이면서 이천석 위에 있으니 경중이 맞지 않아 위계질서가 무너졌습니다. 신은 자사직을 없애고 다시 주목직을 두어 옛 제도대로 시행하기를 바랍니다.

황제가 두 사람의 주장대로 시행하게 했다.
그런데 주박은 어사대부직을 회복시켜야 한다고 상소하면서 자사직도 회복해야 한다고 주장했다.

한나라 황실의 성덕이 널리 퍼져 만 리에 달하는 영토에 군현을 두고 있습니다. 부자사는 폐하의 명을 받들어 주를 관장하면서 관할 지역에 속한 군과 제후국의 관리와 백성들이 태평하게 지낼 수 있도록 감독하는 벼슬입니다. 제도에 따르면 자사로 아홉 해 동안 있다가 태수나 제후국의 상국으로 승진하게 되어 있는데, 능력이나 공이 특별히 뛰어날 때에는 곧바로 파격 승진하게 되어 있습니다. 그러므로 지위는 낮지만 후한 상을 받게 되어 있어 자사로 파견되면 모두 자진해서 즐겁게 일하며 공을 세우려고 하게 됩니다.[27] 전에 승상 방진이 상소하여 자사직을 없애고 주목으로 바꾸어 두되 진이천석(眞二千石) 봉록에 구경 버금가는 지위를 보장하게 했습니다. 구경의 자리가 빌 때에는 어차피 성적이 높은 자가 뽑혀 가게 되어 있으니, 중간 정도의 능력을 갖춘 주목들은 그저 자리를 지키기만 하면 된다고 여기고 있습니다. 그러므로 전혀 공을 세우지 않으면서 법을 어기는 자들이 줄어들지 않을 것이 염려스럽습니다.

신은 주목을 없애고 원래대로 자사를 두기를 청합니다.

황제가 주박의 주장대로 자사직을 회복시켰다.

주박은 사람됨이 청렴하고 검소했으며 주색과 놀이를 즐기지 않았다. 미천한 출신으로 부귀를 얻었으나 맛있는 음식을 중하게 여기지 않았고 상을 받아도 술을 석 잔 넘게 마시지 않았다.

밤늦게 자고 새벽 일찍 일어났으므로 아내가 주박의 얼굴을 보기 어려웠으므로 자식은 딸 하나만 보았다. 그러나 장사들을 좋아하여 태수가 되고 구경의 반열에 오른 뒤에는 빈객들이 집에 가득했다. 주박은 그 빈객 중에서 벼슬을 하고 싶어 하는 자는 천거해 주고 원수를 갚고자 하는 자에게는 검을 끌러 주며 가지고 가게 했다. 이와 같은 식으로 일하고 인재를 대하면서 자수성가했으나 끝내 그런 성격 때문에 망하게 되었다.

이보다 먼저 애제의 할머니 정도 태후가 존호를 칭하고 싶어 했다. 태후의 사촌 동생 고무후 부희가 대사마로 있으면서 승상 공광과 대사공 사단과 함께 황제에게 바른 주장을 계속 올리며 반대했다. 그러나 태후의 또 다른 사촌 동생 공향후 부안은 태후에게 아부하며 태후가 존호를 받고 싶어 하는 뜻에 찬성했다. 그때 마침 주박이 다시 황제의 부름을 받아 경조윤에 등용되었으므로 부안이 주박과 사귀며 존호 문제를 해결하여 효도를 널리 퍼뜨리자는 식으로 모략을 짰다. 두 사람의 꾀에 걸려든 사단이 먼저 면직되자, 주박이 사단의 뒤를 이어 대사공이 되었다. 주박은 황제가 한가한 틈을 보아 여러 차례 밀봉 상소를 올려 주장했다.

승상 광은 자신을 지킬 생각만 할 뿐 나라를 걱정할 줄 모릅니다. 대사마 희는 벼슬도 가장 높고 황실과 관계도 가장 가까우면서 대신들에게 아부나 하고 있으니 나라를 다스리는 데 무익합니다.

황제가 끝내 부희를 면직하여 봉토로 보냈고, 공광도 면직하여 서인으로 삼았다. 공광 대신에 주박을 승상에 임명하고 양향후(陽鄕侯)[28]에 봉하면서 식읍 이천 호를 내렸다. 주박이 상소를 올려 식읍을 줄여 달라고 말했다.

제도에 따르면 승상을 봉할 때 식읍 일천 호를 넘어설 수 없게 되어 있는데, 신이 특별하게 그 규정을 넘겨 식읍을 받게 되었으니

부끄럽고 두렵습니다. 일천 호를 반납하게 해 주십시오.[29]

황제가 주박의 요청을 들어주었다.

부희를 원망하는 마음을 없앨 수 없었던 부 태후가 공향후 부안을 시켜 승상에게 넌지시 일러 부희의 후위를 박탈하게 했다. 주박이 태후의 명령을 받은 뒤에 어사대부 조현(趙玄)과 상의하자 조현이 말했다.

"이미 판결이 난 일인데 다시 거론하여 좋을 일이 있겠소?"

주박이 대답했다.

"태후께서 부탁한 일인데 공향후에게는 하겠다고 응낙했소. 필부끼리도 부탁을 받으면 서로 목숨을 내놓고 도와주는데, 하물며 지존의 일이니 더 말할 것이 있겠소? 저 박에게는 오로지 죽음만이 있을 뿐이오."

그러자 조현도 함께 참여하겠다고 응낙했다. 주박은 부희의 후위만 철폐시키려고 상소를 올리는 것이 싫어서 그보다 먼저 죄를 짓고 면직되어 봉토에 돌아가 있던 전 대사공 범향후(氾鄕侯) 하무의 사정이 부희와 비슷한 점에 착안하여 두 사람을 함께 거론하는 상소를 올렸다.

희와 무 두 사람은 모두 이전에 고관의 자리에 있을 때 나라를 다스리는 일에 아무런 도움이 되지 못했습니다. 이제 면직되었으니 후위와 봉토 또한 가지고 있어서는 안 될 것이므로 두 사람 모두를 서인으로 강등하기를 청합니다.

부 태후가 늘 부희를 원망하는 것을 알고 있던 황제는 이 상소가 주박과 조현이 태후의 뜻을 받들어 올렸으리라 의심했다. 그래서 곧바로 조현을 불러 상서에게 보내서는 정황을 물어보게 하자 조현이 자복했다. 그러자 좌장군 팽선(彭宣)에게 중조(中朝)의 관원들과 함께 조사에 참여하라는 조서가 내렸다. 조사를 마친 선 등이 (부안과 주박, 조현을) 탄핵하는 상소를 올렸다.

박은 재상이고 현은 상경(上卿)이며 안은 외척으로 후위에 봉해졌고 특진 벼슬을 받았습니다. 이 세 사람은 모두 폐하를 측근에서 보좌하는 대신으로 신임을 받고 있으나 정성껏 공사(公事)를 봉행하지 않았고 폐하의 은덕과 교화를 널리 퍼뜨리지 않아 백관의 모범이 되지 못하고 있습니다.

이 세 사람은 모두 희와 무가 전에 폐하의 은덕을 입어 후한 판결을 받았고 이미 세 차례의 사면을 거쳤음을 알고 있었습니다.

박은 바르지 않은 도를 고집하면서 황상의 은덕을 훼손했습니다. 높은 지위에 있는 외척과 깊이 사귀면서 주군을 배신하고 신하인 안에게 기대어 정치를 어지럽게 만들었으니 사악한 자 가운데 으뜸입니다. 폐하의 신하에게 붙어 폐하를 기만했으므로 신하로서 불충부도죄를 지었습니다. 현은 박의 말이 법에 어긋난 것인 줄 알면서도 의를 지키지 않고 박에게 붙어 따라갔으므로 대불경죄에 해당합니다. 안은 박과 더불어 희의 후위를 빼앗기로 모의했으니 실례불경죄(失禮不敬罪)에 해당합니다. 신은 폐하께서 조서를 내리셔서 알자가 박과 현, 안을 불러 정위 조옥에 가두기를 청합니다.

이에 황제가 명령을 내렸다.

"장군, 중이천석, 이천석, 각 부문의 대부, 박사, 의랑이 모여 의논하라."

우장군 교망(蟜望) 등 마흔네 명이 주장했다.

"선 등의 의견에 동의하니 윤허해 주십시오."

간대부 공승 등 열네 명이 주장했다.

"『춘추』의 내용을 보면 사악한 마음을 품고 주군을 섬긴 자는 일정한 형법이 있어 형벌에 처할 뿐 사면하지 않았습니다. 노나라 대부(大夫) 숙손교여(叔孫僑如)가 노나라를 차지하려고 진(晉)나라에 사람을 보내 집안의 형인 계손행보(季孫行父)를 모함하자 진나라에서 행보(行父)를 잡아 가둠으로써 노나라를 어지럽게 했는데, 〔공자께서〕 이 사실을 중요하게 여겨 『춘추』에 기록했습니다.

안은 폐하의 명을 어기면서 친족을 망치고 조정 정사를 간섭하며 어지럽혔으며 대신을 협박하여 황상을 속였으니, 계략을 꾸민 장본인으로 '화근을 일으킨 주범'입니다.[30] 박과 현도 죄상이 같아 모두 부도죄로 다스려야 마땅합니다."

황제가 조현을 사형에서 세 등급 낮춰 주고,[31] 부안의 식읍 중 사분의 일만큼을 박탈했다. 또 알자가 부절을 들고 가서 승상을 불러와 정위 조옥에 가두게 했다. 주박은 자결했다. 그래서 양향후 후위가 취소되었다.

그보다 먼저 주박이 어사대부에서 승상으로 승진하면서 양향후에 봉해졌고 조현은 소부에서 어사대부로 승진했다. 두 사람이 함께 전전(前殿)에서 임명되었는데 인도를 받아 전전으로 올라가

책서를 받는 순간에 종소리 같은 음향이 울렸다. 이 이야기는 「오행지(五行志)」에 전한다.[32]

찬하여 말한다.

설선과 주박은 두 사람 다 좌사에서 출발하여 여러 관직을 거친 뒤에 재상의 지위에 올랐다.

설선은 부임지마다 잘 다스려서 당시 관리들의 사표가 되었는데 사소한 것까지 밝혀 조사하다가 자신의 명예를 잃었으니 그 그릇에 한도가 있었던 것이 확실하다.

주박은 능력을 충분히 발휘하며 승진했으나 도덕을 따르지 않았으니 그 행적으로는 언급할 만한 것이 없다. 효성제가 대신에게 위임하는 정치를 펼쳤을 때 주박은 왕봉의 신임을 받으면서 권세를 부렸다. 군주가 바뀐 뒤에 황제가 좋아하고 미워하는 세력이 전 황제 때와 달라지자 새로 정씨와 부씨 일족에게 붙었으니 특히 공향후의 비위를 맞추며 그 뜻에 순종했다. 모의했던 일이 발각되어 탄핵당한 뒤에는 황제를 속인 죄에 걸렸는데, 변명할 새도 없이 모든 정황이 밝혀지자 목을 젖히고 짐독을 들이켰다. 공자께서 "오래되었도다. 유(由)가 나를 속여 온 지가 말이다!"[33]라고 하셨는데 주박도 그렇게 황제를 속였다.

주

1 춘추 시대 노나라 사서인 『춘추』에 대해서는 해석서가 많은데 공손홍이 공부하던 당시에 이미 '춘추삼전(春秋三傳)'이라 하여 『좌씨전(左氏傳)』, 『공양전(公羊傳)』, 『곡량전(穀梁傳)』이 나와 있었다.

2 「무제기」에 따르면 건원 원년(기원전 140년) 겨울 10월에 현량방정(賢良方正)과 직언극간(直言極諫)의 인재를 추천하게 했다.

3 『사기』「효무 본기」에 두 태후(竇太后)가 죽은 이듬해에 공손홍을 뽑았다고 나온다. 두 태후가 건원 6년(기원전 135년)에 죽었으므로 이듬해는 원광 원년이 된다.

4 원문은 '권경중지수(權輕重之數)'이다. '경중의 수'는 『관자(管子)』「경중(輕重)」편에 나오는 개념으로 화폐 유통과 물가 관리를 의미한다.

5 '채읍을 세 곳이나 가지고'의 원문은 '유삼귀(有三歸)'로 『논어』「팔일」에서 관중을 묘사할 때 나오는 말이다. '삼귀'의 의미에 관해서 역대로 '성씨가 다른 세 명의 부인을 얻다', '식읍 세 곳', '관중이 소유했던 누대 이름' 등의 해석이 있었으나 아직 정확한 설이 없다. 여기에서는 『안자춘추(晏子春秋)』잡(雜) 하(下)에 나오는 '선군환공유관중훌로제국, 신로, 상지이삼귀, 택급자손(先君桓公, 有管仲恤勞齊国, 身老, 賞之以三歸, 澤及子孫. 선군 환공이 노심초사하고 고생하여 제나라를 위해 인한 관중이 연로하자 세 곳의 채읍을 상으로 내려 자손에게까지 은택이 미치게 했다.)'을 참고하여 옮겼다.

6 「신도가전」과 「전분전」에는 장청적(莊青翟)으로 나온다.

7 원문은 "보덕이덕, 보원이직(報德以德, 報怨以直)"으로 『논어』「헌문(憲問)」의 원문은 "이직보원, 이덕보덕(以直報怨, 以德報德)"이다.

8 진나라 이후 사법을 맡았던 정위(廷尉)에 속한 아전으로 죄인의 형량을 결정하여 정위에게 보고했다.

9 예관은 원봉 원년(기원전 110년)에 어사대부가 되었다가 태초 2년(기원전 103년)에 세상을 떠났으므로 아홉 해는 여덟 해가 되어야 맞다.

10 소금과 쇠의 한나라 중앙 조정 전매, 지방의 산물을 조세로 받아 해당 산물이 모자라는 지방에 파는 것으로 물가를 조절한 균수평준법(均輸平准法) 등 한 무제의 신경제정책의 시행을 주도했고, 소제(昭帝)를 보좌할 고명대신으로 지명

된 상홍양은 여기에서 무제가 발탁한 인재로 소개되었으나 따로 열전이 세워지지 않았다.

11 안사고의 주에 따르면 '磾'의 음은 '뎡해반(丁奚反)'이므로 '대'가 되어야 하겠으나 관행에 따라 '제'로 썼다. 한편 조선 학자 이규경(李圭景)은 『오주연문장전산고(五洲衍文長箋散稿)』「경사편 경사류 소학(經史篇經史類小學)」 '금호자고자음변증설(金壺字考字音辨證說)'에서 당나라 승려 적지(適之)의 『금호자고(金壺字考)』에 소개된 '日磾'의 '밀저' 음을 인정했다.

29 | 장탕전 張湯傳

1 '감사'의 원문은 '감리(監吏)'이나 한나라 정위부에 감리직이 없었으므로 여기서는 『사기』「혹리 열전」의 '감사(監史)'에 따라 옮겼다.

2 기원전 2세기 초, 국고가 부족했던 한나라 무제 원수(元狩) 4년(기원전 119년)에 장탕의 건의에 따라 상인과 고리대금업자에게 일종의 재산세를 부과하는 산민령(算緡令)을 반포했는데, 허위 신고한 자를 조정에 고발하게 한 법령이 고민령이다. 『사기』「평준서」에 관련 내용이 나온다.

3 비변은 중대한 사건을 보고하는 상주문이다.

4 무제는 소금과 철 산지에 염관(鹽官)과 철관을 파견했다. 『한서』「지리지」에 따르면 염관은 30여 군데, 철관은 40여 군데에 파견되었다. 이들은 조정에서 목표한 생산량을 맞추기 위해 질이 떨어지는 상품 생산을 허용하여 실생활에 사용하기 어려운 사례가 속출했다. 그리하여 소금과 쇠의 생산권과 판매권을 빼앗긴 제후국 측과 조정에서 파견된 관리 사이에 잦은 다툼이 있었다. 여기에 나오는 조나라 왕은 무제의 이복형인 유팽조(劉彭祖)를 이른다.

5 「백관표」에 따르면 승상부에는 장사(長史) 두 명을 둘 수 있게 되어 있다. 주매신, 왕조, 변통은 모두 임시로 채용된 장사였다.

6 진나라와 한나라는 중국 역사상 금을 화폐로 사용한 대표적인 시대였다. 황금한 근의 가치를 알 수 있는 사료로 「문제기」에 나오는 "백금, 중인십가지산야(百金, 中人十家之産也)" 기사를 참고할 수 있다. 안사고의 주에 따르면 이때의 '중'은 '부유하지도 가난하지도 않다'라는 뜻이다. 이 기사는 장탕이 죽은 기원

전 115년으로부터 65년을 거슬러 올라간 효문제 23년(기원전 180년)의 일을 적은 것으로 특히 무제 즉위 후에 잦은 전쟁으로 물가가 많이 오른 것을 감안해야 한다.

7 무제와 위자부 사이에 난 유거(劉据)로, 태자로 책봉된 뒤에 무고를 당했다가 병변을 일으켰는데, 실패하여 자살했다.

8 '掖'을 『당운』의 '양익절(羊益切)'과 『집운』, 『고금운회거요』, 『홍무정운』의 '이익절(夷益切)', 『광운』의 '이석잘(伊昔切)'에 따라 '역'으로 썼다.

9 무제의 증손자라는 뜻으로 황증손이라고 했다. 위 태자의 손자인 유병이(劉病已, 뒤에 유순(劉詢)으로 이름을 고침)를 이른다. 위 태자의 혈육이 멸족될 때 유일하게 살아남았다. 아버지는 유진(劉進)이다.

10 두(杜)라는 지명은 지금까지 찾지 못했다. 선제(宣帝)의 묘역이 있는 두릉(杜陵)의 '릉(陵)' 자가 탈락되어 '두(杜)' 자만 남은 것으로 짐작된다.

11 경무 공주는 선제의 딸이다. 생모는 알려져 있지 않다. 「조충국전」과 「설선전」에 따르면 장림이 죽은 뒤에 조충국의 아들 조흠(趙欽)에게 개가했다가 조흠이 죽자 다시 선신에게 개가했다.

12 「외척은택후표(外戚恩澤侯表)」에는 허가가 선제의 외조부인 허광한의 조카로서 평은후가 되었다고 나온다. 따라서 허가는 성제의 동생이 아니라 장인이 된다.

13 태후의 동궁과 황제의 서궁을 이른다.

14 현대 학자 진직은 『한인문자증(漢印文字徵)』에 나오는 이군유(李君游)로 추정한다.

15 '순찰하다'라는 뜻의 '徼'를 『광운』의 '고조절(古弔切)', 『집운』의 '길조절(吉弔切)'에 따라 '교'로 썼다.

16 광록대부의 원래 봉록은 중이천석의 두 등급 아래인 비이천석이다.

17 금일제(金日磾)의 집안을 말한다. 성(姓)에 쓰는 '金'을 '거음절(居吟切)'로 소리낸다는 『광운』의 설명에 따라 '금'으로 썼다.

18 무시는 위군에 있던 부평후의 별읍이었다. 여기에 나오는 '별향'은 '별읍'과 같은 말이다.

1 「소제기」에 따르면 시원 원년에 서이(西夷) 부족의 익주군(益州郡)의 염두(廉頭)
와 고증(姑繒), 장가군(牂柯郡)의 담지(談指)와 동반(同並) 등 24개 읍(邑)이 반란
을 일으켜 익주군에 군대를 파견했다고 나온다. 여기에서는 구체적인 원인을 밝
히지 않은 채 시원 4년과 5년, 원봉 4년에 익주에 군대를 파견했다고 했는데, 시
원 원년에 있었던 서이 부족의 반란이 계속되었기 때문인 것으로 추정된다.

2 한 소제 시원 6년(기원전 81년)에 지방에서 모두 예순두 명이 장안에 올라와 염
철 회의에 참가했다. 지방에서 올라온 유생들은 조정에서 거두던 주세와 염철
전매권을 포기해야 한다고 주장한 데 반해 한나라 조정을 대표하는 어사대부
상홍양과 승상 차천추는 조정에서 그 권리를 포기할 수 없다고 주장했다. 회의
의 내용은 환관(桓寬)의 「염철론(鹽鐵論)」에 잘 나와 있다. 회의가 끝난 뒤에 곽
광이 조정에서 염철 전매권을 포기한다고 발표했다. 그러나 실제로는 제대로
시행되지 않았다. 이듬해에 상홍양이 반역죄로 사형당했다.

3 이 구절은 '모든 일을 두연년이 먼저 심사한 다음에 행정 부문은 승상과 어사
대부가, 사법 집행은 정위가 보고서를 올리게 했다'는 뜻으로 이해된다. 곽광이
두연년을 몹시 신임했기 때문에 무슨 일이 있을 때마다 먼저 두연년에게 그 가
부를 물어보았다는 뜻이다.

4 「공신표」에 3360호로 나오는 것이 옳다.

5 그때 두연년은 태복으로 있으면서 변경 지방에 있던 서른여섯 군데의 원유(園
囿)에서 기르는 말을 관리하는 책임을 지고 있었다.

6 두완은 감로 5년(기원전 51년)에 태상이 되었다.

7 두웅의 생몰 연대는 정확하게 알려져 있지 않으나 맏형 두완이 성제가 즉위하
던 기원전 33년에 죽은 것을 참고할 때, 자사가 주목으로 바뀐 성제 수화 원년
(기원전 8년)을 전후로 자사 또는 목사에 임명되었던 것으로 볼 수 있다.

8 왕봉은 원제의 황후 왕정군(王政君)의 동복 오빠이자 성제의 외삼촌이었으며
왕망의 백부였다.

9 여기에서 '후궁'의 원문은 '제질(娣姪)'이다. '제질'은 후궁으로 선발된 여자의
여동생과 질녀를 이르는데 그 선발된 후궁을 따라 황궁에 들어가 함께 황제의
후궁이 되었다.

10 「주서」‘무일(無逸)’에 나오는 “유담락지종, 자시궐후, 역망혹극수, 혹십년, 혹칠
   팔년, 혹오륙년, 혹사삼년(惟湛樂之從, 自時厥後, 亦罔或克壽, 或十年, 或七八年, 或
   五六年, 或四三年)”이 출전이다.

11 이때 신생의 두 이복동생 중이(重耳)와 이오(夷吾)는 달아났다. 뒷날 이오는 진
   혜공(惠公)이 되었고, 중이는 문공(文公)이 되었다. 진 문공은 춘추오패에 꼽힌다.

12 두흠이 왕봉에게 이 말을 한 것은 성제 3년(기원전 31년)으로 당시 성제는 스물
   한 살이었으며, 허 황후를 막 책봉한 뒤였다.

13 『논어』「계씨」에 나오는 내용으로 원문은 “군자유삼계, 소지시, 혈기미정, 계지
   재색(君子有三戒, 少之時, 血氣未定, 戒之在色)”이다.

14 음악을 지칭하는 ‘卞’을 『집운』에 따라 ‘반(般)’의 ‘반’으로 썼다.

15 유왕(幽王)이 신후(申后)를 폐하고 보사(褒姒)를 왕후로 세운 뒤에 태자를 쫓아
   버린 일을 이른다. ‘褒’를 『당운』, 『집운』, 『고금운회거요』, 『홍무정운』의 ‘博毛
   切’ ‘報’의 ‘보’로 썼다.

16 원문은 “은감불원, 재하후지세(殷監不遠, 在夏后之世)”로 『시경』 「대아」 ‘탕’의
   끝 구절이다. 「유향전」과 「곡영전」에도 인용된 적이 있다.

17 이와 관련하여 『시경』「주남」 ‘관저’에 ‘요조숙녀가 군자의 좋은 배필’이라는
   뜻의 ‘요조숙녀, 군자호구(窈窕淑女, 君子好逑)’라는 내용이 나온다.

18 원문은 “정기본, 만물리(正其本, 萬物理)”인데 안사고의 주에 따르면 『역』에 이 내
   용이 나오지 않는다고 했으나 『역위곤령도(易緯坤靈圖)』에 이 내용이 나온다.

19 황태후의 여동생이므로 왕씨라야 하겠으나 소림의 주에 따르면 자(字)가 군력
   이고 사마씨 집안에 시집갔기 때문에 사마군력이 되었다.

20 「오행지(五行志)」 ‘중지하(中之下)’에 이에 관한 자세한 설명이 나온다.

21 원문은 “인, 원호재(仁, 遠乎哉)”로 『논어』「술이」에 나온다.

22 선제의 세 번째 황후였던 태황태후 왕씨와 원제의 황후였던 황태후 왕씨를 이
   른다.

23 건시 4년의 일이다.

24 『예기』「제의(祭義)」에 나오는 증자(曾子)의 말로, 『예기』의 원문은 “사군불충,
   비효야, 이관불경, 비효야, 붕우불신, 비효야, 전진무용, 비효야(事君不忠, 非孝
   也, 涖官不敬, 非孝也, 朋友不信, 非孝也, 戰陳無勇, 非孝也)”이다.

25 『효경』에 나오는 공자의 말로 원문은 “효무종시, 이환불급자, 미지유야(孝無終

始, 而患不及者, 未之有也)"이다.

26 이는 전국 시대 위나라의 이극(李克)이 위문후(魏文侯)에게 올린 인재를 보는 기준으로 유향의 『설원』「신술(臣術)」에 나오는 내용인 "귀시기소거, 부시기소여, 빈시기소불취, 궁시기소불위(貴視其所舉, 富視其所與, 貧視其所不取, 窮視其所不爲)"와 『사기』「위 세가」에 나오는 "거시기소친, 부시기소여, 달시기소거, 궁시기소불위, 빈시기소불취(居視其所親, 富視其所與, 達視其所舉, 窮視其所不爲, 貧視其所不取)" 중에서 네 가지를 뽑은 것이다.

27 『논어』「위정」에 나오는 내용으로 원문은 "시기소이, 관기소유, 찰기소안, 인언수재(視其所以, 觀其所由, 察其所安, 人焉廋哉)"이다. 여기에 나오는 '이(以)'를 안사고는 '용(用)'으로, 정약용은 '인(因)'으로 해석했다. 『대대례』「문왕관인(文王官人)」에도 같은 내용이 나온다.

28 『논어』「양화(陽貨)」에 나오는 내용으로 원문은 "오자지탈주(惡紫之奪朱)"이다.

29 『시경』「대아」'증민'에는 중산보가 제 땅에 성을 쌓는 일을 감독하러 갔다고 나온다. 그리고 주 선왕 재임 기간인 기원전 827년부터 기원전 781년 사이에 제나라는 여전히 태공 여상의 후손이 제후로 있었으므로 중산보가 제나라에 봉해진 사실이 없었다. 안사고의 주에 따르면 한나라 때에 금문 『시경』을 연구하던 '한시(韓詩) 학파'에서 중산보가 제나라에 봉해졌다고 주장한 적이 있다고 한다.

30 성왕이 주공을 떠나지 못하게 말리면서 한 말로 『상서』「주서」'낙고(洛誥)'의 원문은 "공, 무곤아(公, 毋困我)"이다.

31 순우장의 어머니는 왕립의 누나이다.

32 순우장이 폐위된 허 황후에게 편지를 전한 일이 발각되었다. 「외척전」에 자세한 내용이 나온다.

33 애제의 생부인 정도 공왕(定陶恭王) 유강(劉康)을 이른다.

34 두업은 애제 건평 4년에 새로 태상이 되었다가 세 해 뒤에 상당군 도위로 나갔으므로 여기에서 '한 해 남짓'이라고 한 것은 옳지 않다.

35 건무 연간에 장탕의 집안에서는 장순(張純)이 후위를 잇고 있었다.

1 안사고의 주에 따르면 장건의 고향은 한중군 성고현(成固縣)이다. 현재 섬서성 성고현 박망진(博望鎭)에 장건의 묘가 있다.

2 "죽이고"의 원문은 "파(破)"인데, '군대를 쳐부수다'로 옮기기도 한다. 여기에서는 「서역전」의 "노상선우살월지, 이기두위음기(老上單于殺月氏, 以其頭爲飮器)"와 『전한기』「효무황제기」의 "노상선우살월지왕, 이기두위음기(老上單于殺月氏王, 以其頭爲飮器)"를 참고하여 '죽이다'로 옮겼다. 노상 선우는 묵돌 선우의 아들이다.

3 흉노를 이른다.

4 흉노에서 투항한 사람으로 주인의 성을 따라 당읍보(堂邑父)라고 불렸다.

5 월지는 문제 전원 3년에서 4년 사이(기원전 177년~176년)에 묵돌 선우에게 하서회랑과 치렌산 주변의 땅을 빼앗겼으므로 대부분이 당시 지금의 카자흐스탄 일리강과 키르기스탄의 추강 유역에 옮겨 가 대월지를 칭했다. 묵돌 선우의 뒤를 이은 노상 선우에게 다시 참패한 뒤에는 오손(烏孫)에게 쫓겨 지금의 아무다리야강 근처로 가서 대하, 즉 박트리아를 복속시켰다. 한편 소규모가 흉노에게 정복된 땅에 남아 소월지라고 칭하고 있었다. 여기에서 흉노의 북쪽에 있다고 한 월지는 대월지를 이르는데 흉노의 서쪽에 있었다. 기원전 177년은 문제 전원 3년이다.

6 "기회를 엿보다"의 원문은 "인(因)"이다. 『사기』「대원 열전」에는 '인(因)' 앞에 '점점 감시가 소홀해지다'라는 뜻의 '익관(益寬)'이 있어 뜻이 더 잘 통한다.

7 『사기』「대원 열전」에는 부인이 아닌 태자로 나온다.

8 "자이원원한(自以遠遠漢)"으로 앞의 '원(遠)'에는 '멀다', 뒤의 '원(遠)'에는 '멀리하다'의 뜻이 있다. 『사기』「대원 열전」에는 "자이원한(自以遠漢)"으로 나온다.

9 비단길의 천산남로에 연한 카라코람산맥과 곤륜산, 아얼진산, 기련산 등을 합하여 부른 이름이다.

10 장건은 한 무제 건원 3년(기원전 138년)에 떠나 원삭 3년(기원전 126년)에 돌아왔는데, 돌아오던 해에 묵돌 선우의 손자인 군신 선우가 죽었다.

11 연독국에 당시 한나라 땅이던 촉 지방의 산물이 유입된 사실을 두고 촉 지방의 상인들이 한나라 조정에 알리지 않고 인더스강 유역의 연독국과 교역을 했다고 보는 설과 중계 무역의 결과로 보는 설이 있다.

12 『사기』「대원 열전」에는 망(駹), 염(冉), 사(徙), 공(邛)과 북(僰) 땅을 출발했다고 나온다. 『후한서』「서남이전」에 염망국(冉駹國)으로 나오기 때문에 망과 염을 같은 부족으로 보는 설과 뒷날 망 부족과 염 부족이 연합하여 부족 국가를 이룬 것으로 보는 설이 있다. 여기에 나오는 부족은 지금의 사천성 일대에 있었다. 각 부족의 위치를 성도를 중심으로 살펴보면 망과 사는 성도의 북쪽인 사천성 북쪽에 있었고, 공은 성도의 서남쪽에 있었으며, 북과 작은 성도의 남쪽인 사천성 남쪽에 있었다.

13 '嶲'를 『광운』, 『고금운회거요』, 『집운』의 '수(髓)'에 따라 '수'로 옮겼다.

14 위에서 작 부족 땅을 출발했다고 해 놓고 다시 작 땅에서 길이 막혔다고 한 것은 뜻이 잘 통하지 않는다. 작 부족은 사천성 남쪽에 있었다. 지도에서 볼 때 망과 사 쪽에서 출발한 사자는 사천성 북쪽에 있었던 저 부족에게, 작과 공에서 출발한 사자는 운남성 서쪽에 있었던 수 부족에게, 북에서 출발한 사자는 사천성 남쪽의 운남성에 있었던 곤명 부족에게 막혔을 것으로 보인다.

15 막북(漠北)과 같은 말이다. 한나라와 흉노의 막북 대전은 원수 4년(기원전 119년)에 있었다.

16 『사기』「대원 열전」에는 흉노가 공격한 것으로 나오며 오손 사람들이 흉노로 달아난 내용은 나오지 않는다.

17 포취 흡후는 오손의 고관으로 난두미 곤모의 아들인 엽교미의 양육과 교육을 맡은 자였다. 안사고의 주에 따르면 '흡후'는 오손의 관직 이름으로 한나라로 치면 장군에 비견되는 고관이고 '포취'는 엽교미의 교육을 맡았던 흡후의 별호였다고 한다. 한편 서진(西晉) 시대 학자 이기(李奇)는 '포취'를 자(字)로 보았다.

18 「서역전」에는 이때 색왕이 지금의 카슈미르 지방에 있었던 계빈(罽賓)까지 이동하여 그곳을 다스렸다고 나온다.

19 흉노어의 음역어인 '이치사(伊稚斜)'의 '斜'를 읽는 방법이 '사', '다', '자', '차' 등으로 통일되어 있지 않으나 여기에서는 『집운』의 '時遮切'에 따라 '사'로 새겼다.

20 "엄청난 양"의 원문은 "수천거만(數千鉅萬)"이다. 이런 표현은 확실한 숫자를 지칭하기보다 아주 많은 수와 양을 가리키는 것으로 볼 수 있다.

21 『사기』「대원 열전」에는 '서극(西極)'으로 나온다.

22 무제 태초 원년(기원전 104년)의 일이다. 이보다 먼저 원수 2년(기원전 121년)에 주천에 군을 설치한 적이 있었다.

23 안식국은 파르티아(Parthia), 엄채국은 알란(Alan), 조지국은 시리아(Syria), 연독국은 천축국으로 보인다. 여건국은 여러 지역으로 추정되고 있는데, 『후한서』「서역전」에 따르면 대진(大秦), 즉 로마로 보인다.

24 한 무제가 동월과 남월을 멸망시킨 것은 원봉 2년(기원전 109년)의 일인데, 그 해에 서남이 부족들도 모두 복속해 왔고, 그 이듬해에 조선을 무너뜨렸다. 두 해 동안에 남쪽과 서쪽, 동쪽의 이민족 국가들을 정벌했으므로 『한서』에서는 이 세 방면의 사정을 「서남이·양월·조선 전」에 묶어 놓았다.

25 장수절은 『사기』「대원 열전」에 "고사(姑師)를 거사(車師)로 부르기도 한다."라고 주를 달아 놓았다. 명나라 학자 진제(陳第)는 『모시고음고(毛詩古音考)』에 '車'의 원래 음이 '姑'였다고 했다.

26 흉노를 이른다.

27 안사고의 주에 따르면 환인은 서역 출신의 곡예사 또는 마술사로 입에서 불을 토해 내거나 사람과 말을 토막 내는 재주를 부렸다고 한다.

28 "회유하며"의 원문은 "기미(羈縻)"이다. '기미'에는 '속박하다'의 뜻도 있는데 동화 이후에 생긴 뜻이라서 여기에서는 '회유하다'로 옮겼다.

29 "대원의 중귀인"의 원문은 "원중귀인(宛中貴人)"이다. 안사고는 여기의 중귀인(中貴人)을 중신(中臣)으로 보았다. '중신'에는 '환관'이라는 뜻과 '왕의 측근으로 왕을 호위하고 자문하는 관리'라는 뜻이 있다. 환관이 당시 서역의 각국에도 존재했는지는 밝혀지지 않았으므로 여기에서는 왕의 총애를 받으며 옆에서 보좌하는 신하를 가리킨 것으로 볼 수 있겠다. 한편 이어지는 「이광리전」에 '대원의 귀인'이란 뜻의 "원귀인(宛貴人)"이라는 표현이 나온다. '귀인'은 한나라에서 '중귀인'의 준말로 쓰였다.

30 한 무제의 다섯째 아들 유박(劉髆)이다. 한 소제가 후사가 없이 죽었을 때 대장군 곽광이 창읍 애왕의 아들인 유하(劉賀)를 황제로 옹립했으나 스무이레 만에 폐위시켰다.

31 속국(屬國)은 귀부해 온 이민족 지역에 두었던 행정 구역으로 군(郡)과 동격이었다. 이민족 회유 정책에 따라 원래 풍속대로 살게 했다.

32 「공신전」에 따르면 왕회는 원봉 2년에 누란을 공격하여 공을 세운 조파노가 원봉 3년에 있었던 논공행상에서 삭야후에 봉해질 때 함께 호후에 봉해졌다가 한 달 뒤에 죄를 지어 후위를 빼앗겼다.

33 「무제기」에 따르면 이광리가 대원을 치러 간 것은 태초 원년 8월의 일이었으나 이듬해에 돌아왔으므로 여기에서 조파노가 흉노를 치러 간 것은 태초 2년 가을의 일이 된다.

34 안사고가 이 부분에 "조파노후봉삭야후(趙破奴後封涅野侯)"라고 한 것은 이치에 맞지 않다. 조파노는 이보다 먼저 원봉 2년에 삭야후에 봉해졌다가 태초 2년에 흉노에게 패하고 투항했다.

35 "수형자들을 사면하여 침략자를 막게 하고"의 원문은 "사수도한구도(赦囚徒扞 寇盜)"이다. 안사고는 '한구도(扞寇盜)'를 '척후로 삼다'로 해석했다. '寇盜'에는 '침략자'라는 뜻이 있는데 여기에서는 흉노와 대원 중에 어느 쪽을 가리키는지 명확하지 않다. 『사기』 「대원 열전」에는 "사수도재관(赦囚徒材官)"으로 나온다. 한편 『자치통감』에는 "사수도, 발악소년급변기(赦囚徒, 發惡少年及邊騎)"로 되어 있다.

36 문맥상 "대원성 안에는 우물이 없어…… 구멍을 뚫었다."는 아래의 "대원성의 물길을 끊어" 앞에 있어야 뜻이 더 잘 통한다.

37 적수(讁戍)라고도 한다. 진나라 때 허물이 있는 자를 수자리에 징발하던 제도이다. 징발 대상 허물의 종류가 계속 늘어 일곱 종류가 되었는데, 즉 죄를 지은 아전, 호적지를 떠난 자, 데릴사위, 상인, 예전에 상인이었던 자, 부모가 상인인 자, 조부모가 상인인 자를 가리킨다. 이 제도는 한나라 때에도 계속 시행되었다. '적수'에 관한 가장 오래된 기록은 열전 제1 「진승·항적 전」 찬(贊)에 나오는 가의(賈誼)의 「과진론(過秦論)」이다. '칠과적'의 내용은 열전19 「원앙·조조 전」에 소개되어 있다.

38 「진탕전」에는 '무고(冊鼓)'로 나온다.

39 '중국 사람'의 원문은 '한인(漢人)'으로, 『사기』 「대원 열전」에는 '진인(秦人)'으로 나온다. 진나라가 육국을 병합하고 이민족과 통하는 길을 열기 시작한 뒤로 외국에서 중국 사람을 '진인'이라고 불렀는데 한나라를 지나 진(晉)나라 때까지 계속 이 명칭을 썼다.

40 안사고의 주에 따라 '昧'의 음을 '말(末)'의 '말'로, '蔡'의 음을 '천할반(千曷反)'의 '찰'로 썼다. 『사기색은』에는 '蔡'의 음을 '선갈반(先葛反)'이라고 했으므로 '살'로 쓸 수도 있겠다.

41 이사장군의 부하 상관걸이 이사장군을 가리켜 대장군이라 부르고 있다. 바로

아래에서도 마찬가지다.

42 주나라 때부터 한나라 때까지 1리는 415.8미터였다. 이에 따르면 2500여 리의 곤륜산은 높이 93만 7500여 미터가 된다.

32 | 사마천전 司馬遷傳

1 『상서』「주서」'여형(呂刑)'에 따르면 요임금 때 중의 집안과 여의 집안으로 하여금 다시 천문과 지리를 관장하게 했다고 나온다. 이를 두고 『상서공전(尙書孔傳)』에서는 요임금 때 중의 후손 희(羲)가 천문을 관장하고 여의 후손 화(和)가 지리를 관장했다고 설명했다. 공영달은 희(羲) 집안과 화(和) 집안에서 조상의 옛 업적을 잊지 않기 위해 조상의 이름을 거론했다고 소(疏)를 달았다.

2 "중씨와 여씨"의 원문은 "중려씨(重黎氏)"이다. 이를 두 집안이 아닌 한 집안으로 읽어 '중려씨'로 옮기기도 하는데, 이는 이어지는 내용에서 주나라 선왕 때에 이르러 이 가문이 사마천의 집안인 '사마씨(司馬氏)'가 되었다고 나오기 때문이다. 그러나 바로 앞의 내용에 전욱 시대 이후 요순시대를 거쳐 상나라 때까지 '중씨와 여씨'는 두 집안이었다고 했으니 '중려씨(重黎氏)'를 '중려씨'로 옮기는 것은 마땅하지 않다. 『사기정의』에는 서진(西晉) 시대의 학자 사마표(司馬彪)의 말을 인용하여 사마씨가 '여씨'의 후손이라고 했다.

3 이 구절에 따르면 주나라 선왕 때 사마씨로 성을 고친 이 집안이 대대로 주나라의 문서와 서적을 관장한 것이 된다. 그러나 "사마씨세전주사(司馬氏世典周史)"라고만 했지, 주나라 왕실의 문서와 서적을 관장한 벼슬인 태사(太史)를 지냈다고는 말하지 않았다. 게다가 '사마'는 주로 군대를 관장하던 벼슬이었으므로 사마씨가 주나라 왕실의 문서와 서적을 관장했다고 한 것은 신빙성이 떨어진다. 한편 『사기』「주 본기」에 선왕과 유왕(幽王) 시절의 태사였던 백양(伯陽) 관련 기사가 나오는 것으로 보아 사마천은 주나라에 태사 백양의 집안이 있다는 것을 알고 있었던 것이 확실하므로, 후대 사람이 이 구절을 가필한 것으로 보기도 한다.

4 수회가 진(晉)나라를 떠난 기원전 620년 무렵에는 위(魏)나라가 존재하지 않았으므로 위나라로 갔다는 것은 이치에 맞지 않는다. 주 상왕(周襄王) 11년(기원전

641년)에 진 목공(秦穆公)이 양(梁)나라를 멸망시키고 소량(少梁)으로 부르게 했기 때문이다. 그 뒤 주 경공(周頃王) 2년(기원전 617년)에 진(晉)나라가 진(秦)나라 땅이었던 소량을 점령했다. 한편 『사기』「태사공 자서」에는 수회가 진(秦)나라에 의탁했다고 나오는데, 수회는 진(晉)나라의 사신으로 진(秦)나라에 갔다가 진 강공(秦康公)에게 의탁하여 출사한 뒤에 능력을 인정받았으나, 다시 진(晉)나라로 돌아가 법령을 고치며 개혁 정치를 펼쳤다. 따라서 "진(晉)나라의 수회가 위(魏)나라에 의탁했을 때 사마씨도 소량(少梁)으로 갔다."라는 이 구절은 "진(晉)나라의 수회가 진(秦)나라에 의탁했다가 진(晉)나라로 돌아와서 옛 위나라 땅인 소량을 점령했을 때, 사마씨 집안이 소량으로 갔다."가 되어야 한다.

5 「추양전」에 "사마희(司馬喜)가 송나라에서 빈각형(臏脚刑)을 받았으나 마침내 중산왕의 재상이 되었다."라고 나온다. 그러나 조(趙)나라가 중산국을 정벌하는 데 도움을 준 뒤에 조나라에서 벼슬을 지냈다는 기록은 나오지 않는다.

6 사서에는 위(衛)나라에서 활동한 사마씨가 거의 나오지 않는다. 중산국이 위(魏)나라에게 점령당한 적이 있었던 것과, 소량이 뒤에 위(魏)나라에 속한 것으로 미루어 여기에서 말한 위(衛)나라는 위(魏)나라로 추정된다.

7 『사기』「사마천 자서」에는 '기(蘄)'가 '근(靳)'으로 나온다.

8 소량은 기원전 617년에 진(晉)나라에 점령되었다가 진(晉)나라가 셋으로 갈라진 뒤에는 위(魏)나라에 속했다. 그 뒤에 진(秦)나라에게 점령되어 진 혜문왕 11년(기원전 327년)에 하양으로 이름이 바뀌고 현(縣)이 설치되었다. 이때는 사마기의 조부인 사마조가 활동하던 시절이다. 그런데 사마기와 백기의 관계를 서술하는 중간에 이 구절이 나와서 문맥이 잘 통하지 않으므로 죽간을 정리하는 과정에 잘못 섞이게 된 것으로 추측할 수 있다. 여기에는 사마기가 사마조의 손자라고만 설명하고 그 아버지의 이름은 밝히지 않았다. 한편 사마조의 아들 사마경(司馬梗)은 진나라 장군으로 장평 대전이 일어났던 다음 해인 진 소왕(秦昭王) 48년(기원전 259년)에 태원(太原)을 점령함으로써 이름을 떨쳤는데 여기에 기록되지 않았다. 진나라 장군이었던 사마경에 관한 기록은 생략한 반면에 관작을 밝히지 않은 채 백기 휘하에 있었다고만 나오는 사마기에 관한 기록만 남긴 것이다.

9 기원전 260년의 일이다.

10 진작은 화지(華池)를 호현(鄠縣)에 있는 못이라고 했지만 안사고는 좌풍익 경계

에 있으며 하양현에서 가깝다고 했다. 호현은 장안의 서남쪽에 있었고 하양현은 장안의 동북쪽에 있었다.

11 『사기색은』에 따르면 진 무제(晉武帝) 사마염(司馬炎)의 조카인 사마무기(司馬無忌)가 남긴 사마씨의 계보에 사마앙이 사마괴외의 증손자로 나온다고 한다.

12 시장(市長)은 전국 시대부터 있었던 시장(市場) 관리직이다.

13 고문은 사마씨가 진(晉)나라를 떠나 처음으로 정착했던 소량, 즉 하양의 서북쪽에 있다. 소림은 고문을 장안의 북문이라고 했으나 안사고는 하양현 현령부 서북쪽에 있던 지명이고 동쪽으로 3리 떨어진 곳에 화지가 있다고 했다.

14 안사고의 주에 따르면 사마담은 태사령을 지냈는데 사마천이 자신의 아버지를 높여 부르기 위해 태사공으로 칭했다.

15 「논육가요지(論六家要旨)」로 알려진 글이다.

16 원문은 "천하일치이백려, 동귀이수도(天下一致而百慮, 同歸而殊塗)"이다. 『역전』「계사하전」의 원문은 "천하동귀이수도, 일치이백려(天下同歸而殊塗, 一致而百慮)"이다.

17 팔괘(八卦)에 배정된 방위를 이른다.

18 황도(黃道) 12궁에 대응하는 열두 구역이다.

19 '무위'와 '무불위'에 대한 개념은 『도덕경』제37장과 제47장에 나온다.

20 "일부러 꾸미지 않았고"의 원문은 "불교(不巧)"이다. 『사기』「태사공 자서」에는 '마멸되지 않다'의 '불후(不朽)'로 나온다. 『사기색은』에 따르면 『귀곡자』에서 따온 구절이라고 하나 현재는 전하지 않는다.

21 사마천의 출생 연도에 대해서는 여러 가지 설이 전하는데 경제 연간인 기원전 145년 설이 유력하다. 소림의 주에 따르면, 용문은 우임금이 물길을 팠던 곳이다. 우임금이 물길을 팠던 용문의 현재 지명은 하남성 낙양시(洛陽市) 용문설과 산서성 하진(河津)의 서쪽과 섬서성 한성(韓城) 동쪽 사이에 있는 용문산설이 있다. 안사고는 사마천의 출생지가 후자의 용문산이고 하진과 한성 사이에 강이 흐른다고 했다. 하산지양(河山之陽)을 안사고의 주에 따라 '강의 북쪽, 산의 남쪽'으로 볼 때, '강'은 황하와 항수(沆水)가 유력하고, '산'은 양산(梁山)과 용문산으로 볼 수 있다.

22 진나라의 문자 개혁 이전에 사용되던 문자로 쓰인 글을 이른다. 한나라 건국 후 잃어버렸던 고문 서적 수집 운동이 일어났지만 고문을 읽을 줄 아는 사람은 드

물었다.

23 『집운』에 따라 노나라의 지명에 쓴 '蕃'를 '피미절(蒲糜切)'의 '피'로 썼다. 『사기』「태사공 자서」에는 '피(蕃)'가 '파(鄱)'로 나온다.

24 "황하와 낙수 사이"는 사마담이 머물러 있던 주남을 이르는 듯하다.

25 "효는 부모를 섬기는 ……효를 크게 떨치는 것이다."는 『효경』「개종명의장(開宗明義章)」 제일(第一)에 나오는 "신체발부, 수지부모, 불감훼상, 효지시야. 입신행도, 양명어후세, 이현부모, 효지종야. 부효시어사친, 중어사군, 종어입신(身體髮膚, 受之父母, 不敢毀傷, 孝之始也. 立身行道, 揚名於後世, 以顯父母, 孝之終也. 夫孝始於事親, 中於事君, 終於立身.)"이 출전이다.

26 사마담은 한 무제가 봉선을 행한 것은 원봉 원년(기원전 110년)이고, 사마천이 태사령이 된 것은 원봉 3년(기원전 108년)이라고 했다. 태초 원년은 기원전 104년이다.

27 『한서』에는 태초력의 첫해를 갑인년(甲寅年)이라고 했으나 『삼통력(三統曆)』에는 병자년(丙子年), 『자치통감』에는 정축년(丁丑年)으로 나온다.

28 여기에서는 사마천을 이른다.

29 동중서를 이른다.

30 "제후를 질책하고"의 원문은 "폄제후(貶諸侯)"이나 『사기』「태사공 자서」에는 "폄천자, 퇴제후(貶天子, 退諸侯)"로 되어 있다.

31 원문은 "아욕재지공언, 불여견지어행사지심절저명야(我欲載之空言, 不如見之於行事之深切著明也)"이다. 사마정의 주에 따르면 『춘추위(春秋緯)』에 나오는 말이다. 『춘추위』는 현재 전하지 않는다.

32 『춘추』는 1만 8000여 자로 이루어져 있다.

33 「유향전」에 『춘추』의 이 부분에 관한 설명이 나온다.

34 원문은 "차이호리, 유이천리(差以豪釐, 謬以千里)"이다. 안사고는 『역』 및 『역』 관련 자료에서 찾아볼 수 없는 내용이므로 사마천 당시에 『역』에 관한 다른 해설서가 있었으리라 추측했다.

35 원문은 "신시군, 자시부, 비일조일석지고, 기점구의(臣弑君, 子弑父, 非一朝一夕之故, 其漸久矣)"로 『주역』 곤괘(坤卦)의 풀이에 나온다.

36 "관련 사료"의 원문은 "기전(其傳)"이다. 『사기』「태사공 자서」에는 '기세전(其世傳)'으로 나온다.

37 『사기』「태사공 자서」에는 일곱 해로 나온다.

38 원문은 "부시서은약자욕수기지지사야(夫詩書隱約者欲遂其志之思也)"이다. 여기
에서는 '은약자(隱約者)'를 실의에 빠졌던『시』와『서』의 작자들로 해석하는 조
비(曹丕) 계열의 해석에 따랐다. 한편 사마정과 안사고 등은 '은약(隱約)'을 '함
축하다'로 해석하여 "부시서은약자, 욕수기지지사야(夫詩書隱約者, 欲遂其志之思
也)"로 읽었다.

39 사마정이 인용한 복건의 주에 따르면『사기』 편찬을 황제에서 시작했으면서
도 "도당부터 무제 …… 까지"라고 한 것은「오제 본기」의 찬(贊)에 나오는 대로
"『상서』에 도당부터 나오는 데다 황제에 관한 백가의 기록이 세련되지 못하기
때문에" 도당을 강조한 것이라고 했다.

40 '금상'은 무제를 가리킨다. 사마천이 지은「금상 본기」는 현재 전해지지 않는다.
『사고전서(四庫全書)』에 실려 있는『사기』「효무 본기」는 후대 사람들이 봉선서
(封禪書)를 참고해서 추가했을 가능성이 높다.

41 『사고전서(四庫全書)』에 실려 있는『사기』에는「한흥 이래 제후 연표(漢興以來諸侯
年表)」로 되어 있다. 다만「태사공 자서」 본문에 '이(以)'가 '이(己)'로 되어 있다.

42 『사고전서』에 실려 있는『사기』에는「고조 공신후 연표(高祖功臣侯年表)」로 되
어 있고,「태사공 자서」 본문에는「고조 공신후자 연표(高祖功臣侯者年表)」로 나
온다.

43 『사고전서』에 실려 있는『사기』에는「혜경 간후자 연표(惠景間侯者年表)」로 되
어 있다.

44 『사고전서』에 실려 있는『사기』에는「건원 이래 후자 연표(建元以來侯者年表)」
로 되어 있다.

45 『사고전서』에 실려 있는『사기』에는「건원 이래 왕자·후자 연표(建元以來王子侯
者年表)」로 되어 있고,「태사공 자서」 본문에는「왕자·후자 연표(王子侯者年表)」
로 나온다.

46 『사고전서』에 실려 있는『사기』에는「전경·중완 세가(田敬仲完世家)」로 나온다.

47 『사고전서』에 실려 있는『사기』에는 '저리자(樗里子)'로 나온다.

48 『사고전서』에 실려 있는『사기』에는「평원군 우경 열전(平原君虞卿列傳)」 제16
으로 나온다.

49 『사고전서』에 실려 있는『사기』에는「맹상군 열전(孟嘗君列傳)」 제15로 나온다.

50 『사고전서』에 실려 있는 『사기』에는 범저(范雎)로 나온다.

51 『사고전서』에 실려 있는 『사기』에는 「노중련·추양 열전(魯仲連鄒陽列傳)」으로 나온다.

52 『사고전서』에 실려 있는 『사기』에는 「회음후 열전」으로 나온다.

53 『사고전서』에 실려 있는 『사기』에는 '한왕 신'이 '한신(韓信)'으로 되어 있다.

54 『사고전서』에 실려 있는 『사기』에는 「장 승상 열전(張丞相列傳)」으로 나온다.

55 『사고전서』에 실려 있는 『사기』에는 「부·근·괴성 열전(傅靳蒯成傳)」으로 나온다.

56 『사고전서』에 실려 있는 『사기』에는 '조조(晁錯)'로 되어 있다.

57 『사고전서』에 실려 있는 『사기』에는 「위기·무안후 열전(魏其武安侯列傳)」으로 나온다.

58 『사고전서』에 실려 있는 『사기』에는 「위장군·표기 열전(衛將軍驃騎列傳)」 제51로 나온다.

59 『사고전서』에 실려 있는 『사기』에는 「평진후·주보 열전(平津侯主父列傳)」 제52로 나온다.

60 『사고전서』에 실려 있는 『사기』에는 「흉노 열전(匈奴列傳)」 제50으로 나온다.

61 『사고전서』에 실려 있는 『사기』에는 「동월 열전(東越列傳)」으로 나온다.

62 사마천을 이른다.

63 장안의 주에 따르면 잃어버린 열 편은 「경제기」, 「무제기」, 「예서」, 「악서」, 「병서」, 「한흥 이래 장상 연표」, 「일자 열전」, 「삼왕 세가」, 「귀책 열전」, 「부근 열전」이라고 한다. 여기에서 「병서」는 「태사공 자서」에 들어 있지 않았다.

64 「보임안서(報任安書)」로 알려진 글이다. 『문선』에도 실려 있는데, "태사공우마주사마천재배언(太史公牛馬走司馬迁再拜言)"이라는 구절이 첫머리에 나온다.

65 사마천이 지냈던 태사(太史) 벼슬이 하대부에 속한다.

66 주 문왕(周文王)을 이른다.

67 사마천은 『국어』의 저자를 좌구명으로 보고 있지만 현재 『국어』의 저자는 정확히 알려져 있지 않다.

68 "현성이 의분을 표출하며 지었습니다."의 원문은 "현성발분지소위작야(賢聖發憤之所爲作也)"이다. '현성'은 도덕과 능력이 가장 높은 수준에 있는 사람을 이르는 말로 『시』의 지은이들을 가리킨다.

69 "옛 사적을…… 생각하게 했습니다."의 원문은 "술왕사, 사래자(述往事, 思來者)"
   이다. 이 구절에 대한 해석은 여러 가지이나 여기에서는 안사고의 "영장래지인,
   견기지야(令將來之人, 見己志也)"에 따라 옮겼다.

70 『후한서』「반표전」을 참고한다면 이 논찬의 대부분은 반고의 아버지 반표(班
   彪)가 지은 것이다. 다만 "오호라, 사마천은 박학다식하고"부터는 반고가 지었
   다고 알려져 있다.

71 황궁 내에서 일을 보는 환관을 이른다.

72 원문은 "기명차철, 능보기신(既明且哲, 能保其身)"으로 『시경』「대아」'증민'에 나
   온다. 이 시는 주나라 선왕(宣王)을 찬미하는 동시에 선왕을 잘 보좌했던 중산
   보(仲山甫)의 덕을 기리는 내용이므로, 이 구절에는 반고가 사마천이 그런 경지
   에 오르지 못했음을 안타까워하는 뜻이 들어 있다.

33 | 무오자전 武五子傳

1 안사고의 주에 따르면 연 날왕과 광릉 여왕의 생모인 이씨의 후궁 직첩이 알려
   져 있지 않아 '이희(李姬)'라고 했다고 한다.

2 아들을 점지해 주기를 바라며 올리는 제사를 '매제(禖祭)'라고 하지만 여기에서
   는 무제가 아들을 낳은 뒤에 신에게 감사하며 올린 제사로 보인다.

3 '양제(良娣)'는 황태자의 후궁이다. 황태자는 비(妃)와 양제, 유자(孺子)를 맞을
   수 있었다.

4 「강충전」에 태자와 강충이 벌어진 이유가 나온다.

5 위항은 대장군 위청(衛靑)의 아들이다.

6 "이민족 출신의 무축"의 원문은 "호무(胡巫)"이다. '호(胡)'는 이민족을 광범위하
   게 일컫는 말이므로 여기에 나오는 무축의 정확한 출신지는 알 수 없다.

7 공손하가 무고 사건에 연루되어 하옥된 뒤에 유굴리가 임시로 승상직을 맡게
   되었다.

8 『전한기』에는 '영호무(令狐茂)'라고 나온다. '영호'는 복성이다.

9 『논어』에 나오는 제 경공(齊景公)의 말을 변용한 것으로 『논어』「안연」의 원문
   은 "제경공문정어공자, 공자대왈, 군군, 신신, 부부, 자자. 공왈, 선재, 신여군불

군, 신불신, 부불부, 자불자, 수유속, 오득이식제(齊景公問政於孔子, 孔子對曰, 君
君, 臣臣, 父父, 子子. 公曰, 善哉, 信如君不君, 臣不臣, 父不父, 子不子, 雖有粟, 吾得而
食諸)"이다.

10 『시경』「소아」 '청승(靑蠅)'의 원문은 "영영청승, 지우번. 개제군자, 무신참언.
영영청승, 지우극. 참인망극, 교란사국(營營靑蠅, 止于藩, 愷悌君子, 無信讒言. 營營
靑蠅,止于棘, 讒人罔極, 交亂四國)"이다.

11 『시경』「소아」 '항백(巷伯)'의 원문은 "취피참인, 투비시호(取彼譖人, 投畀豺虎)"
이다.

12 현재 여 태자의 묘가 하남성 영보시(靈寶市) 서쪽의 예영진(豫靈鎭) 저동촌(底
董村) 동남쪽 500미터 지점에 남아 있다.

13 「공신표」에는 거록후(鉅鹿侯)에 봉했다고 나온다.

14 '귀래망사'는 '태자의 혼이 돌아오기를 바라며 그리워하다'라는 뜻이다. 안사고
는 당나라 때까지 이 건물 터가 남아 있었다고 했다.

15 황손을 부를 때 생모인 사 양제의 성을 붙여 불렀다.

16 해당 관리는 승상 채의(蔡義)를 이른다. 채의는 본시 원년에 이 상소를 올렸는
데 「위현성전」에 관련 내용이 나온다.

17 「춘추공양전」 성공(成公) 15년 조에 나오는 내용이다.

18 "그리하여…… 다시 장사 지냈다."에 '여후원'이 들어 있는 것으로 보아 이 대목
은 사 양제를 여 부인으로 칭해야 한다고 주장한 위의 상소의 내용에 들어가지
않는 것으로 보인다. 사 양제가 '여후' 칭호를 받은 것은 이로부터 여덟 해 뒤의
일이다.

19 원강 6년에 승상 위상(魏相)이 올린 상소로 「위원성전」에 관련 내용이 나온다.

20 『예기』「상복소기(喪服小記)」에 나오는 내용으로 원문은 "부위사, 자위천자, 제
이천자(父爲士, 子爲天子, 祭以天子)"이다.

21 한 무제의 둘째 아들인 유굉은 원삭 2년(기원전 127년)에 태어났으므로 원수
6년(기원전 117년)에 열한 살이었다. 같은 날 책봉된 셋째 아들 유단과 넷째 아
들 유서는 태어난 해가 확실하게 밝혀지지 않았다.

22 『대학』에 나오는 내용으로 "유명불우상(惟命不于常)"이다.

23 『논어』「요왈(堯曰)」에 나오는 내용으로 원문은 "윤집기중(允執其中)…… 천록
영종(天祿永終)"이다. '윤집기중'은 『상서』「우서(虞書)」 '대우모(大禹謨)'에도

나온다.

24 『사기』「삼왕 세가」에는 '훈육(葷鬻)'으로 나온다.

25 "봉한 상태가 비정상적이니"의 원문은 "봉소(封小)"이다. 장안의 주에 따르면 "문소즉봉소(文少則封小)"라고 했다. 이는 죽간에 쓴 조서를 상자에 넣고 진흙으로 봉한 뒤에 도장을 찍어 남긴 문양의 수가 적다는 뜻이다.

26 주 무왕이 상나라를 멸망시킨 뒤에 동생 소공을 연(燕) 땅에 봉했다.

27 안사고는 소상왕(昭襄王)을 전국 시대 연나라의 소왕(昭王)과 상왕(襄王)이라고 했다. 그러나 전국 시대 연나라에는 소왕과 상왕이 없었고 연 소상왕만 있었다. 한편 춘추 시대의 연나라에는 상공과 소공이 있었는데 연 상공은 도읍을 지금의 북경으로 옮겼고 연 소공은 이민족을 물리쳐 영토를 넓혔다.

28 위에 나오는 내용에 따르면 무제 생전에 연 날왕 유단으로부터 삭감한 땅이다.

29 안사고의 주에 따르면 치천 정왕(菑川靖王)의 아들이다.

30 「소제기」에는 연왕이 직접 올린 상소가 아니라 상관걸이 다른 사람을 시켜 연왕 유단의 이름으로 상소를 올리게 했다고 나온다. 여기에서도 이 내용 바로 뒤에 상소에 허위가 있었음을 소제가 알아차렸다고 나오므로 어느 것이 옳은지는 알 수 없다.

31 양창(楊敞)을 이른다.

32 여기에서 거기장군은 상관걸의 아들인 상관안을 이르는 말인데 당시 상관안은 표기장군이었다.

33 신(新)나라를 세운 왕망과 동명이인으로 천수(天水) 출신이며 자는 치숙(稚叔)이다.

34 「두연년전」과 『자치통감』「한기」 23에 따르면 연창이 대사농 양창에게 거사 모의 사실을 알렸지만 매사에 신중했던 양창이 감히 황제에게 보고할 엄두를 내지 못하고 두연년에게 의논하자 두연년이 황제에게 보고한 것으로 나온다.

35 안사고의 주에 따르면 연왕이 죽어 혼령이 된 뒤에 인적이 끊어진 자신의 나라에 돌아왔을 때의 심정을 노래한 것이다.

36 "이쪽저쪽 도랑 사이"의 원문은 "양거간(兩渠間)"이다. 안사고는 술자리를 마련한 궁에 두 개의 못이 있고 그 사이에 도랑이 있었기 때문에 노래하는 사람이 즉석에서 그 광경을 가사로 지은 것이라고 했다. 한편 진작은 화용 부인이 스스로 아들과 남편을 찾아다니는 모습을 노래한 것이라고 했다.

37 번쾌, 역상, 조참, 관영을 이른다.

38 원문은 "신, 부작복, 부작위(臣, 不作福, 不作威)"인데, 『상서』 「주서」 '홍범'의 원
    문은 "신, 무유작위작복(臣, 無有作威作福)"이다.

39 「왕자후표」에는 광릉 여왕의 아들로 열후에 봉해진 '유보'라는 인물이 나오지
    않는다.

40 여기에서는 유보가 남리후였다고 나오지만 「왕자후표」에서는 확인할 수 없다.
    「왕자후표」에는 선제 본시 원년 7월 임자일에 광릉 여왕 유서의 세 아들을 봉
    한 사실이 나오는데, 유성을 조양황후(朝陽荒侯)에, 유증을 평곡절후(平曲節侯)
    에, 유창을 남리후에 봉했다고 한다. 한편 유보를 열후에 봉한 기사는 『한서』
    어디에서도 찾을 수 없다.

41 안사고는 유동자와 유호생이 유서의 딸이라고 했다. 반면에 진작은 유동자를
    딸로, 유호생을 서자로 보았다.

42 "곽문"의 원문은 "곽문(郭門)"인데 '곽문(槨門)'으로 해석했다.

43 원제 초원 2년(기원전 47년)의 일이다.

44 건시 2년(기원전 31년)에서 홍가 4년(기원전 17년)까지 15년 동안 왕위에 있었다.

45 원연 2년(기원전 11년)에서 거섭 원년(서기 6년)까지 17년 동안 왕위에 있었다.

46 본시 원년(기원전 73년)부터 지절 4년(기원전 66년)까지 8년 동안 왕위에 있었다.

47 원강 원년(기원전 65년)부터 건시 원년(기원전 32년)까지 34년 동안 왕위에 있
    었다.

48 유박은 천한 4년(기원전 97년)에 왕위에 올라 후원(後元) 원년(기원전 88년)에
    죽었으므로 10년이 되어야 한다.

49 안사고의 주에 따르면 '이한'은 이름으로 성은 알려지지 않았다.

50 한나라의 역참 제도에 따르면 특별한 때에 네 마리 이상 말을 맬 수 있는데 가
    장 많아도 일곱 마리를 초과할 수 없었다.

51 서한 시대의 물시계는 낮에 쓰는 것과 밤에 쓰는 것이 있었는데 각각 100각(刻)
    으로 나누어 시간을 쟀다. 동지가 든 날의 낮을 40각으로 하고 동지가 지나면서
    아흐레에 한 번씩 1각을 더하여 하지가 드는 날의 낮을 60각으로 계산했다. 하
    지가 지나면 아흐레에 한 번씩 1각을 빼 나갔다. 1각은 요즘 시간으로 약 15분이
    다. 한나라 때에는 하루를 10시진(時辰)으로 하고 낮은 조우중포석(朝禺中晡夕),
    밤은 갑을병정무(甲乙丙丁戊)로 나누었다. 낮은 해가 있을 동안이고 밤은 해가

진 뒤의 시간이다. 야간 물시계인 야루가 1각이 덜 되었다면 해 진 뒤의 초저녁쯤이 되겠다.

52 오후 3시에서 5시 사이이다.

53 한나라 때 1리는 415.8미터이므로 135리는 56.133킬로미터이다. 창읍은 지금의 산동성 거야현이고 정도는 산동성 하택시 정도현이다.

54 동도문은 선평문(宣平門)으로 장안성 동쪽 성곽의 세 개 문 중에서 북쪽에 있는 문이다. 광명원은 동도문 밖에 있었다.

55 「오행지」 중지상(中之上)에도 이 내용이 나온다.

56 『시경』 「소아」 '청승'의 원문은 "영영청승, 지우번. 개제군자, 무신참언(營營青蠅, 止于藩. 愷悌君子, 無信讒言)"이다.

57 문하독도적(門下督盜賊)의 줄임말이다. 장사(長沙) 동패루(東牌樓)의 동한(東漢) 간독(簡牘) 「광화육년자상화종서(光和六年自相和從書)」에 나오는 '독도적'으로 주로 폐도적을 체포하고 심문하는 업무를 맡았다.

58 자가 차경(次卿)이었던 엄연년과 동명이인이다. 「엄연년전」은 엄차경의 열전이다.

59 2011년, 강서성(江西省) 남창시(南昌市) 신건구(新建區) 대당평향(大塘坪鄕) 관서촌(觀西村)에서 해혼후 유하의 묘가 발견되어 2015년까지 1만 제곱미터가 발굴되고 1만 종이 넘는 유물이 출토되었다.

60 「무제기」에 따르면 원삭 2년 봄에 삭방군을 두었다.

61 여 태자가 태어난 것은 원삭 원년(기원전 128년)으로 원삭 2년 봄에 삭방군을 두기 직전에 태어난 것으로 보인다. 이에 대해 이자명은 태초 원년(기원전 104년)에 춘정월을 정삭으로 고친 태초력을 쓰기 시작하면서 모든 사건의 일지를 태초력에 맞추어 고쳤기 때문에 "그해 봄에 여 태자가 태어났다."라고 한 것은 삭방군을 두던 그해 초에 태어난 것으로 보아야 한다고 했다. 삭방군은 태초력으로 쳐서 원삭 2년 2월경에 설치되었고 여 태자는 그보다 먼저 태어났다. 태초력을 쓰기 전까지 한나라는 겨울 10월을 정삭으로 삼고 있었다.

62 진시황은 기원전 246년부터 기원전 210년까지 재위했으므로 37년이 되어야 맞다.

63 『좌전』 은공(隱公) 4년 기사에 나오는 내용으로 『좌전』의 원문은 "부병, 유화야, 불집, 장자분야(夫兵, 猶火也, 不戢, 將自焚也)"이다.

64 『설문해자』에서 초 장왕(楚莊王)이 한 말인 "부문, 지과위무(夫文, 止戈爲武)"를

빌려 '전쟁을 멈추는 것'이 무(武)의 뜻이라고 해석했다. 그러나 『좌전』 선공(宣公) 12년 기사 원문의 문맥으로 볼 때 초 장왕의 본뜻은 '전쟁을 멈추는 것'에 있다고 볼 수 없다. 한편 '지(止)'를 '걸음'으로, '과(戈)'를 '무기' 또는 '정벌'로 보고 '정벌하러 가다'라는 뜻으로 보기도 한다.

65 『역전』 「계사상전」의 원문은 '천지소조자, 순야, 인지소조자신야. 이행사호순…… 시이자천우지, 길무불리야(天之所助者順也, 人之所助者信也. 履行思乎順…… 是以自天佑之, 吉無不利也)"이다.

34 | 엄·주·오구·주보·서·엄·종·왕·가 전 상
嚴朱吾丘主父徐嚴終王賈傳 上

1 본래 성은 '장(莊)'이나 후한 명제(明帝) 유장(劉莊)의 이름 자를 피하느라 후세 사람들이 '엄(嚴)'으로 고쳐 적었다.

2 엄기(嚴忌)를 이른다.

3 당시의 배우는 익살과 재담을 맡았다.

4 한 무제는 열여섯 살에 즉위했으므로 건원 3년에는 열여덟 살이었다. 무제의 친정은 건원 6년 두 태후가 죽은 뒤에 이루어졌다.

5 절강성 온주시(溫州市) 해안가에 있었던 동우를 구하기 위해서 회계군의 수군을 바닷길을 통해 출동시킨 것으로 보인다. 그때 회계군 태수부는 강소성 소주(蘇州)에 있었지만 회계군 도위부는 절강성 영파시(寧波市) 해안가에 있었다.

6 두 장군은 왕회와 한안국이다.

7 「상서간벌남월(上書諫伐南越)」이라는 제목으로 알려진 글이다.

8 "아들을 남의 집에 맡기고"의 원문은 "췌자(贅子)"로 아들을 남의 집에 맡긴 뒤에 삼 년 안에 찾아오지 못하면 그 집의 노비가 되게 하는 제도이다. 한편 '췌자'를 '데릴사위'로 해석하기도 한다.

9 「회남왕전」에는 간기(蕳忌)로 나온다.

10 '위(尉) 도수(屠睢)'가 『사기』 「평진후·주보 열전」에는 '위타(尉佗)와 도수(屠睢)'로 나온다. 『사기』보다 연대가 이른 『회남자(淮南子)』 「인간훈(人間訓)」에는 '위 도수'로 나온다.

11 이때 지금의 광서성(廣西省) 흥안현(興安縣) 북쪽에 영거(靈渠)를 파서 상강(湘江)과 이강(漓江)을 연결시킴으로써 식량을 운송하는 길을 열었다.

12 원문은 "사지소처, 형극생지(師之所處, 荊棘生之)"인데 『도덕경』에는 "사지소처, 형극생언(師之所處, 荊棘生焉)"으로 나온다.

13 상(商)나라 23대 군주 무정(武丁)을 이른다.

14 원문은 "고종벌귀방, 삼년이극지(高宗伐鬼方, 三年而克之)"로 「기제(旣濟)」 구삼(九三)의 효사이다.

15 원문은 "왕유윤색, 서방기래(王猶允塞, 徐方旣來)"로 『시경』 「대아(大雅)」 '상무(常武)'에 나오는 내용이다.

16 한 무제 건원 6년에 민월왕이 민월과 동우의 군대를 이끌고 남월을 공격하려 했던 사실을 가리킨다.

17 민월, 동우, 남월을 이른다.

18 "천자가 도읍지를 떠나 정(鄭)나라에 가 있었으므로"의 원문은 "천왕출거우정(天王出居于鄭)"이다. 『춘추공양전』에는 천하가 천자의 땅이므로 '떠나다'라는 표현을 쓸 수 없다고 했다. 안사고는 '出'을 '달아나다'로 해서했다. 거기에 나오는 천자는 주나라 혜왕(惠王)의 아들인 상왕(襄王)을 이른다. 혜후(惠后)가 자신의 소생인 상왕의 이복동생 숙대(叔帶)를 왕위에 올리려고 하던 중인 상왕 16년(기원전 636년)에 자신의 왕후와 이복동생인 숙대가 정을 통한 것을 알고 왕후를 폐출하자 숙대가 도성을 공격했다. 상왕이 정나라로 피신하여 제후국에게 도움을 요청했다. 이듬해 진 문공(晉文公)이 상왕을 도와 숙대를 사로잡았으므로 상왕은 도성으로 돌아가 숙대를 사형시켰다. 숙대는 자대(子帶)라고도 불린다. '어머니'의 원문은 '모(母)'이다. 『춘추공양전』에 '모'는 왕실 호칭에 어울리지 않는다고 했다.

19 당시의 상(床)은 앉거나 누울 수 있는 가구였다. 그 두 가지 용도에 따라 폭과 길이는 달랐으나 다리 길이는 거의 비슷하게 짧아서 바닥에서 50센티미터 이하로 떨어져 있었다.

20 오구수왕을 동군 도위로 보낼 때 태수직을 겸하게 한 것을 이르는 말이다. 도위와 태수의 각각 봉록이 이천석이었다.

21 모(矛), 극(戟), 궁(弓), 검(劍), 과(戈)를 이른다.

22 『논어』 「자한(子罕)」의 "오하집, 집어호, 집사호, 오집어의(吾何執, 執御乎, 執射

乎, 吾執御矣)"가 출전이다.

23 『시경』「소아」'빈지초연(賓之初筵)'에 나오는 내용으로 원문은 "대후기강, 궁시
사장, 사부기동, 헌이발공(大侯旣抗, 弓矢斯張, 射夫旣同, 獻爾發功)"이다. 『집운』
에 이 부분의 '抗'을 '거랑절(居郞切)'의 '강(岡)'으로 쓰고 있다.

24 「간벌흉노서(諫伐匈奴書)」로 알려진 글이다.

25 『손자병법』「용간(用間)」에 나오는 내용인데 원문은 "범흥사십만, 출정천리, 백성
지비, 공가지봉, 일비천금(凡興師十萬, 出征千里, 百姓之費, 公家之奉, 日費千金)"이다.

26 원문은 "안위재출령, 존망재소용(安危在出令, 存亡在所用)"이다. 여기에서 『주서』
는 『일주서(逸周書)』를 이른다. 공자가 『상서』의 내용을 편집한 뒤에 남은 내용
을 전국 시대 사람들이 책으로 엮은 것이다.

27 "날이…… 역행하고 있습니다."의 원문은 "오일모, 고도행역시지(吾日暮, 故倒行
逆施之)"이다. 『사기』「오자서전」에 "오일모도원, 오고도행이역시지(吾日暮途遠,
吾故倒行而逆施之)"에서 나온 말이다.

28 기원전 195년에 연나라를 폐하고 연군(燕郡)을 설치했다.

29 「상무제서언세무(上武帝書言世務)」로 알려진 글이다.

30 진(晉)나라에서 갈라져 나온 한(韓), 조(趙), 위(魏)를 이른다.

34 | 엄·주·오구·주보·서·엄·종·왕·가 전 하
嚴朱吾丘主父徐嚴終王賈傳 下

1 「상서언세무(上書言世務)」로 알려진 글이다.

2 말업은 본업인 농사에 대비되는 상업과 수공업을 가리킨다.

3 육경 집안은 진(晉)나라의 세습 귀족 지씨(智氏), 범씨(范氏), 중항씨(中行氏), 한
씨(韓氏), 위씨(魏氏), 조씨(趙氏) 집안을 이른다.

4 위타(尉佗)는 진시황의 명령을 받아 지금의 광서성과 광동성 지역을 점령한 뒤
남해군(南海郡) 용천현(龍川縣) 현령이 되었다.

5 장안은 '예(薉)'를 '맥(貊)'이라고 했고, 안사고는 '예(穢)'와 같다고 했다. 여기
에 나오는 "예(薉)의 땅"의 원문은 "예주(薉州)"인데 당시 행정 구역에는 '예주
(薉州)'가 없었으므로, '주(州)'는 특정 지역을 뜻한다.

6 경제(景帝) 때에 군수(郡守)를 태수(太守)로 바꾸어 불렀으나 여기에서는 군수라는 옛 명칭을 그대로 쓰고 있다.

7 「백린기목대(白麟奇木對)」로 알려진 글이다.

8 왕선겸의 『한서보주』에서 청나라 학자 제소남(齊召南)의 설을 인용한 것에 따르면 혼야왕이 투항한 것은 원수 2년의 일이고 곽거병이 표기장군이 된 것은 원수 3년의 일이므로 원수 1년에 작성했던 이 글에 그 내용이 언급된 것은 후대 사람이 첨가한 것을 반고가 그대로 실은 것으로 보아야 한다.

9 제사를 지낼 때 쓰는 돗자리를 나타내는 '苴'를 『홍무정운』의 '종소절(宗蘇切)', '조(租)'에 따라 '조'로 썼다.

10 『춘추공양전』 장공(莊公) 19년에 나오는 내용이다.

11 원문은 "왕자무외(王者無外)"로 『춘추공양전』 은공(隱公) 원년과 환공(桓公) 8년, 성공(成公) 11년 기사에 나온다.

12 원문에는 "두 제후국"이 "이군(二郡)"으로 나오지만 문맥에 따라 '두 제후국'으로 번역했다.

13 원문은 "왕척직심(枉尺直尋)"인데 『맹자』 「등문공 차」에는 '앙척이직심(枉尺而直尋)'으로 나온다.

14 왕선겸은 이때 서언이 사형을 선고받았으나, 「교례지(郊禮志)」에 원봉 원년의 봉선 절차를 의논하는 서언의 모습이 묘사되어 있으므로 요참형을 선고받았다가 바로 사면된 것으로 보인다고 주장했다. 서언이 지방 순찰을 나간 것은 원봉 연간 이전인 원정 연간의 일이었다.

15 『전한기』 권14에는 남월왕대신(南越王大臣) 인수를 내렸다고 나온다.

16 『당운』, 『집운』, 『고금운회거요』, 『홍무정운』의 '박모절(博毛切)', '보(報)'의 평성(平聲)'에 따라 '襃'를 '보'로 썼다.

17 지금의 사천성 자양(資陽)인 자중(資中) 사람이다.

18 「하무전」에 따르면 이때 하무의 나이가 열네댓 살이었다고 한다.

19 「하무전」에 따르면 황제가 이 말을 하던 당시에 하무와 왕보가 함께 있었던 것으로 되어 있으나 여기에는 하무가 비단을 하사받고 고향으로 돌아간 뒤에 왕보를 부른 것으로 나온다.

20 『문선』 권51에 실려 있는 「사자강덕론(四子講德論)」이다.

21 「성주득현신송(聖主得賢臣頌)」으로 알려진 글로 『문선』과 『예문유취(藝文類聚)』

에도 수록되었다.

22 장안(張晏)은 '승단(乘旦)'을 새벽까지 달리는 말이라고 했고 왕염손은 '승차(乘
   且)'의 오류로 보았다. '승차(乘且)'는 명마 '승장(乘駔)'과 통한다.

23 원문은 "비룡재천, 이견대인(飛龍在天, 利見大人)"으로 『주역』 '건괘(乾卦)' 구오
   (九五)의 효사이다.

24 원문은 "사황다사, 생차왕국(思皇多士, 生此王國)"으로 『시경』 「대아」 '문왕'에
   나온다.

25 초사(楚辭)에는 백아가 호종(號鍾)을 연주했다고 나온다.

26 원문은 "제제다사, 문왕이녕(濟濟多士, 文王以寧)"으로 『시경』 「대아」 '문왕'에
   나온다.

27 원문은 "불유박혁자호, 위지, 유현호이(不有博弈者乎, 爲之, 猶賢乎己)"로 『논어』
   「양화」에 나오는 말이다.

28 「무제기」에 따르면 남월을 정벌하고 담이와 주애 두 군을 설치한 것은 원봉 원
   년보다 한 해 전인 원정 6년의 일이다.

29 지금의 해남도(海南島)를 이른다.

30 주애군이 새로 반란을 일으킨 초원 원년부터 주애군을 폐하는 초원 3년까지 세
   해 동안을 이른다.

31 「기주애의(其珠崖議)」로 알려진 글이다.

32 원문은 "대재(大哉)"로 『논어』 「태백」에 나오는 내용은 "대재, 요지위군야(大哉,
   堯之爲君也)"이다.

33 원문은 "진선(盡善)"으로 『논어』 「팔일」에 나오는 내용은 "자위소, 진미의, 우진선
   야(子謂韶, 盡美矣, 又盡善也)"이다. 공자가 순임금을 찬양한 '소'의 음악을 칭찬
   한 것이라는 설과 '소'의 주인공인 순임금의 업적을 찬양한 것이라는 설이 있다.

34 원문은 "무간(無間)"으로 『논어』 「태백」에 나오는 내용은 "우, 오무간연의(禹, 吾
   無間然矣)"이다.

35 여기에 나오는 '삭'은 구체적인 지명이 아닌 북방 지역을 뜻한다.

36 제 환공이 주나라를 도왔다고 한 것을 두고 안사고는 주 상왕(周襄王)이 태자의
   자리에 오르게 했던 것이라고 한 것에 반해 왕선겸은 초나라를 공격하여 주나
   라의 존엄을 세운 것을 이른다고 주장했다.

37 『수경주(水經注)』 「하수(河水)」에 양천(揚泉)의 『물리론(物理論)』을 인용하여 소

개한 노래인 "생남신물거, 생녀포용포, 불견장성하, 시해상지주(生男愼勿擧, 生女哺用脯, 不見長城下, 屍骸相支拄. 아들을 낳으면 기르지 말고, 딸을 낳으면 포(脯)를 먹여 기르라. 장성을 쌓는 곳에서 사람 죽은 시체가 기둥처럼 쌓이는 것을 보지 못했는가?)"를 「장성의 노래」로 추정하고 있다.

38 진직은 원수 6년에는 오랜 정벌 전쟁으로 인해 한나라 국고가 텅 비었으므로 여기에 나온 연호는 잘못 쓰인 것이라고 주장했다. 무제 건원 연간까지는 한나라의 국고가 꽉 차 있었던 것으로 보인다.

39 「무제기」와 「남월전」을 참고하면 여덟 개 군이 아니라 아홉 개 군이어야 한다.

40 회남왕 모반 사건은 원수 원년인 기원전 122년에 일어났다. 정화 3년인 기원전 90년에 일어난 사건으로 「무제기」와 「혹리전」에도 언급되어 있다.

41 가연지는 여기에서 주애군에 편입되었던 해남(海南)을 '낙월'이라고 했다.

42 「원제기」에 따르면 초원 3년에 가연지가 상소를 올려 황제가 주애군을 포기한 것으로 나온다. 그러나 『자치통감』에 따르면 가연지가 상소를 올린 것은 초원 2년의 후반기의 일이고 황제가 이 조서를 내린 것은 초원 3년 봄의 일로 나온다.

43 '군란'은 양흥의 자이다.

44 어사대부 설광덕(薛廣德)을 이른다.

45 안사고의 주에 따르면 한 고조가 봉했던 기사후 비혁(賁赫)의 후예로 추정되나 구체적인 인명은 고증할 수 없다.

46 왕선겸의 고증에 따르면 원제가 알자를 관직에 임명하지 않고 환관을 종묘에 들이지 않겠다는 명령을 내려 시행한 적은 없다고 한다.

47 "올곧았던 급암"의 원문은 "급직(汲直)"이다. 여기에서는 장안의 주에 따라 번역했으나 급직은 '급암과 직불의(直不疑)'로 번역되기도 한다.

48 원문은 '임대절이불가탈(臨大節而不可奪)'으로 『논어』「태백」에 나온다. 원문은 "참설전행, 진경짐사(讒說殄行, 震驚朕師)"로 『상서』「우서」 '요전'에 나오는 내용이다.

49 원문은 "순비이택, 불청이주(順非而澤, 不聽而誅)"로 『예기』「왕제(王制)」의 원문은 "행위이견, 언위이변, 학비이박, 순비이택, 이의중, 살……차사주자, 불이청. 범집금이제중, 불사과(行僞而堅, 言僞而辯, 學非而博, 順非而澤, 以疑眾, 殺 ……此四誅者, 不以聽. 凡執禁以齊眾, 不赦過)"이다.

50 원문은 "융적시응, 형서시징(戎狄是膺, 荊舒是懲)"으로 『시경』「노송(魯頌)」 '비

궁(閟宮)'에 나오는 내용이다. 형서(荊舒)는 '형(荊)'과 '서(舒)'를 합한 이름이다. '형(荊)'은 고대 중국에서 초나라, 월나라, 또는 남방을 지칭했는데 여기에서는 노 희공(魯僖公) 시대에 패자를 노리던 초나라를 지칭한다. 『맹자』「등문공상」에도 "융적시응, 형서시징(戎狄是膺, 荊舒是懲)"이 나오는데 노 희공이 아닌 주공(周公) 시대로 비정하고 있다.

35 │ 동방삭전 東方朔傳

1 후한 시대의 학자 복건의 주에 따르면 동방삭이 지킨 자로의 말은 『논어』「안연(顏淵)」의 "자로무숙낙(子路無宿諾)"으로 '자로는 약속 이행을 묵히지 않는다'라는 뜻이다.

2 여기에 나오는 "조 한 자루와 이백사십 전"의 원문은 "일낭속, 전이백사십(一囊粟, 錢二百四十)"으로 '조 한 자루, 즉 이백사십 전'으로 옮길 수도 있다. 서한 시대에는 관리의 봉록을 곡식으로 지급하는 것을 원칙으로 하되 곡식 값을 돈으로 환산하여 지급하기도 했으므로 '조 한 자루와 이백사십 전' 또는 '조 한 자루, 즉 이백사십 전'이 다 통할 수 있다. 그러므로 동방삭의 정확한 봉록을 추정하기는 어려우며, '자루' 또한 정확한 양을 알 수 없다. 동방삭이 무제에게 발탁되었을 당시에 유통되던 화폐는 삼수전(三銖錢)이었다. 진작은 공거 대조가 고정된 직무가 없는 산관(散官)이긴 하지만 「거연한간(居延漢簡)」에 선제(宣帝) 때의 수졸(戍卒)이 열흘마다 121전을 받는다고 기록된 것을 감안할 때, 동방삭이 받은 240전은 하루치 봉록이라고 주장했다.

3 '알아맞히다'라는 뜻으로 쓸 때 '射'를 '석'으로 쓴다고 나와 있지만 '석'으로 옮길 근거가 부족하여 여기에서는 '사'로 썼다.

4 안사고의 주에 따르면 여기에 나오는 '기생'은 나무에 붙어 자라는 '겨우살이'를 이르는 것이 아니라 똬리 모양의 버섯으로 당시 관중 지방의 방언이었다고 한다.

5 원문은 "돌, 구무모, 성오오, 고익고(咄, 口無毛, 聲警警, 尻益高)"로 '毛', '警', '高'에 압운을 넣었다.

6 『강희자전』의 설명에 따라 '지대가 낮고 습하다'라는 뜻으로 쓴 '塗'를 '직가절

(直加切)'의 '차(茶)'로 썼다. 곽사인이 아무렇게나 운을 맞춰 냈던 수수께끼 중 '백차(柏塗)'라는 단어가 뒷날 수수께끼라는 뜻으로 쓰이게 되었다. 예컨대 당나라 시인 유종원(柳宗元)의 시「동류이십팔원장술구언회감시서사(同劉二十八院長述舊言懷感時書事)」에 "선환미빙화, 제예소백차(善幻迷冰火, 齊詣笑柏塗)"라고 해서 '백차(柏塗)'가 '수수께끼'라는 뜻으로 쓰였다.

7　"이우아(伊優亞)"는 원래 아이들이 말을 배울 때 발음이 정확하지 않게 내는 소리를 뜻하는 말이었으나 뒤에 '말을 얼버무리며 영합하다'라는 뜻으로 쓰였다.

8　여기에서 무제가 동방삭을 '선생'이라고 부른 것은 '벼슬아치를 높여 부르는 말'로 쓴 듯하다. 무제는 기원전 156년생이고 동방삭은 기원전 161년(또는 162년)생으로 알려져 있다.

9　하력(夏曆)으로 5월이다.

10　야간 물시계인 야루 10각의 시각을 정확하게 계산하기는 어렵겠으나 해가 지고 난 뒤에 약 150분이 흐른 시각을 가리킨다.

11　이때에는 장안과 장안 인근 땅을 관할하던 '삼보'는 중위와 좌우내사였다. 무제 태초 원년에 경조윤(京兆尹), 풍익(馮翊), 부풍(扶風)으로 명칭이 바뀌었다.

12　여기에서 말하는 '삼하'는 이하(伊河), 낙하(洛河), 황하(黃河)를 이른다.

13　응소의 주에 따르면 은나라 주왕이 궁궐 안에 아홉 개의 시장을 개설했다고 한다.

14　원문은 "불편부당, 왕도탕탕(不偏不黨, 王道蕩蕩)"으로「주서」'홍범'에는 "무편무당, 왕도탕탕(無偏無黨, 王道蕩蕩)"으로 나온다.

15　원문은 "시연후언, 인불염기언(時然後言, 人不厭其言)"으로 공명고(公明賈)가 공자에게 공숙문자(公叔文子)의 사람됨을 설명한 말이다.『논어』「헌문(憲問)」에 나온다.

16　여기에서 무제가 쓴 '금(今)'이라는 부사를 '방금'이라고 해석했다. 바로 위에 나오는 내용 중 무제가 동방삭을 '저녁때', 즉 '석시(夕時)'에 불렀다고 했는데, 송나라 학자 송기(宋祁) 등 역대 학자들은 이 '금(今)' 자를 통해 '잠시 뒤에'라는 뜻의 '소시(少時)'가 필사 과정에 '석시(夕時)'로 잘못 적힌 것으로 추정했다.

17　장문원은 관도 공주, 즉 두 태주의 별장으로 패릉(문제의 능)과 고성묘에서 가까웠다. 고성묘 근처에 숲이 많고 적전이 있어서 이궁을 짓기가 어려웠으므로 두 태주가 무제에게 장문원을 헌납하여 무제가 편리하게 고성묘를 왕래할 수 있게 했다. 그 후 장문원은 장문궁으로 격상되었다. 무제는 관도 공주의 딸을

황후로 맞이했다가 폐하고 장문궁에 살게 했다.

18 관숙과 채숙이 반란을 일으키자 동복 형인 주공(周公)이 관숙을 죽이고 채숙은
    추방했다. 원문에 '관채(管蔡)'가 주살되었다고 나오는 것은 사실과 다르다.

19 당시 동사마문에서 동교문으로 개명한 뒤에 그 문을 통해 신분이 낮은 사람들
    이 입궁할 수 있도록 했다.

20 『광운』, 『집운』, 『고금운회거요』, 『홍무정운』의 설명에 따라 '瑂'를 '막패절(莫佩
    切)'의 '매(妺)' 음으로 썼다.

21 원문은 "정기본, 만사리. 실지호모, 차이천리(正其本, 萬事理. 失之豪氂, 差以千
    里)"인데 안사고의 주에 따르면 『주역』에서 찾아볼 수 없는 내용이다.

22 원문은 "습유어후(拾遺於後)"이다. '습유'는 당나라 때에 이르러서야 간언을 올
    리는 직책을 맡은 벼슬 이름이 되었으므로 여기에서는 '보좌하다'의 뜻으로 옮
    겼다.

23 여기에서 '그 무렵'이라고 한 시점이 언제인지가 불분명하다. 바로 위에 동방삭
    이 무제가 인재를 적절히 등용했다는 것을 비유하기 위해 옛 인물에 맞는 한나
    라 관직을 열거한 것 중에서 우부풍 이하 벼슬 이름 중에는 한 무제 태초 원년
    부터 두었던 직책이 많이 나온다. 그런데 무제와 동방삭이 이 대화를 나눈 '그
    무렵'에 태초 연간 이전인 원삭 연간에서 원수 연간까지 생존했던 '승상 공손
    홍' 이야기가 나오므로 시간 순서가 맞지 않다. 이를 역대 필사 과정의 오류로
    보는 학자도 있다.

24 승상 공손홍과 어사대부 예관을 이른다.

25 「답객난(答客難)」으로 알려진 글로, 『문선』 「설론(設論)」에도 실려 있다. '설론'
    은 저자가 스스로에게 질문을 던진 뒤에 그 문제에 해답을 제시하는 글의 형식
    을 이르는데 동방삭이 「답객난」에서 처음 선보인 형식이다. '객난'은 '설론'의
    한 가지 방식으로 빈객이 반복해서 난처한 질문을 하고, 그에 답하는 형식이다.

26 여기에서 말하는 열두 나라는 춘추 시대의 노, 위(衛), 제, 초, 송, 정, 위(魏), 연,
    조(趙), 중산(中山), 진(秦), 한(韓)을 가리킨다.

27 이 부분의 원문은 "동유운지장, 현불초하이이재(動猶運之掌, 賢不肖何以異哉)"인
    데 『사기』와 『문선』에 실린 「답객난」에 비해 "천하가 평형을 이루어 한나라로
    합해졌으니"에 해당하는 몇 자가 빠져 있다. 『사기』 「골계 열전」에는 "천하평
    균, 합위일가, 동발거사, 유여운지장중, 현여불초, 하이이재(天下平均, 合爲一家,

動發擧事, 猶如運之掌中, 賢與不肖, 何以異哉)"로 나오고,『문선』과『책부원귀』에는 "천하균평, 합위일가, 동발거사, 유운지장, 현여불초, 하이이재(天下均平, 合爲一家, 動發擧事, 猶運之掌, 賢與不肖, 何以異哉)"로 나온다.

28 이 부분에 동방삭의 고민이 들어 있다. 앞에서 "하늘의 도를 지키고 땅의 이치에 순종하는 다스림을 펼치고 있으니 만물이 제자리를 차지하고 있습니다."라고 했지만 바로 이어지는 내용에서 자신의 경우 "비록 절의를 다해 충정을 바치고 싶"어도 "있어야 할 자리를 얻을 수 있을지"는 미지수라는 뜻을 밝히고 있다.

29 "힘을 다해 모집에 응하다"의 원문은 "실력모지(悉力募之)"인데 '모(募)'를 '모(慕)'로 해석하여 '힘을 다해 황제를 사모하다'로 옮기기도 한다.

30 "문을 찾지 못하기도"의 원문은 "실문호(失門戶)"로 '멸족의 화를 당하다'로 옮기기도 한다.

31 『사기』「골계 열전」에는 '상시와 시랑'으로,『문선』에는 '시랑'으로 나온다.

32 원문은 "종고우궁, 성문우외(鐘鼓于宮, 聲聞于外)"로『시경』「소아」'백화(白華)'에 나온다.

33 원문은 "학명우구고, 성문우천(鶴鳴于九皐, 聲聞于天)"으로『시경』「소아」'학명'에 나온다.

34 원문은 "민행이불감태야(敏行而不敢怠也)"이나『사기』「골계 열전」에는 "수학행도불감지(修學行道不敢止)"로,『문선』에는 "수학민행(修學敏行)"으로 나온다.

35 동방삭이 말한 '고서' 내용의 출전은『장자』「천지(天地)」의 "천하위인지오한야철동(天不爲人之惡寒也輟冬), 지불위인지오요원야철광(地不爲人之惡遼遠也輟廣), 군자불위소인지흉흉야철행(君子不爲小人之匈匈也輟行)"과『순자』「천론(天論)」의 "천유상도의, 지유상수의, 군자유상체의. 군자도기상, 이소인계기공(天有常道矣, 地有常數矣, 君子有常體矣. 君子道其常, 而小人計其功)"으로 보인다. 이를 동방삭이 인용한 내용과 비교해 보면 "땅은 사람들이 험해서 싫다고 해도 그 광대함을 버리지 않으며"의 '험하다'가『장자』에서는 '까마득하다'라는 뜻의 '요원'으로 되어 있고,『순자』에서 "상도(常道), 상수(常數), 상체(常體)"라고 한 것을 동방삭은 "상도(常度), 상형(常形), 상행(常行)"이라고 했다.

36 여기에 말한 '일시'는『시경』에 들어 있지 않은 고시(古詩)를 말한다. 동방삭은『순자』「정명(正名)」에 실려 있는 옛 시의 두 구절인 "예의지불연혜, 하휼인지언혜(禮義之不愆兮, 何恤人之言兮)"를 인용했다. "何恤人之言兮"는『순자』「천론(天

論)」에도 나온다.

37 이 부분의 출전은 『대대례기(大戴禮記)』의 "면이전류, 소이폐명야. 행광색이, 소
이엄총야. 고수지청즉무어, 인지찰즉무도(冕而前旒, 所以蔽明也. 紘統塞耳, 所以弇
聰也. 故水至淸則無魚, 人至察則無徒)"로 보인다.

38 이 구절의 출전은 『논어』 「자로」에 나오는 "사소과, 거현재(赦小過, 舉賢才)"로
보인다.

39 이 구절의 출전은 『논어』 「미자」에 나오는 "무구비어일인(無求備於一人)"으로 보
인다.

40 이 구절의 원문은 "왕이직지, 사자득지. 우이유지, 사자구지. 규이도지, 사자색
지(枉而直之, 使自得之. 優而柔之, 使自求之. 揆而度之, 使自索之)"로 앞에 나오는
『대대례기』의 "인지찰즉무도(人至察卽無徒)"의 바로 뒤에 이어지는 내용이다.

41 흔히 「비유선생론(非有先生論)」으로 알려진 글이다. '비유'는 실존 인물이 아닌
허구의 인물이라는 뜻이다.

42 『문선』에는 '진작시키다'의 '려(厲)' 대신에 '광(廣)' 자가 쓰였다.

43 "자질이 중간인 사람"의 원문인 "중인"을 송나라 학자 형병(邢昺)은 『논어정의
(論語正義)』에서 사람의 재능과 식견을 아홉 등급으로 나눴을 때 다섯째 등급
인 '중중지인(中中之人)'으로 봤다.

44 이 말의 출전은 『논어』 「옹야(雍也)」에 나오는 "중인이상, 가이어상야(中人以上,
可以語上也)"로 보인다.

45 원문은 "참인망극, 교란사국(讒人罔極, 交亂四國)"으로 『시경』 「소아」 '청승'에
나온다.

46 원문은 "왕국극생, 유주지정, 제제다사, 문왕이녕(王國克生, 惟周之楨, 濟濟多士,
文王以寧)"으로 『시경』 「대아」 '문왕(文王)'에 나온다.

47 유향의 『별록』에 기초하여 지은 『한서』 「예문지」 잡가류에 동방삭의 글이 스무
편 있다고 기재되어 있다.

48 청말 민국 초기 학자인 왕영보(汪榮寶)는 『법언의소(法言義疏)』에서 바로 뒤에
나오는 동방삭의 글에 '주하사(柱下史)'가 '백이숙제'와 대구를 이루고 있는 것
을 볼 때, 앞의 설명에서 '백이와 숙제'를 '유하혜'와 비교한 것이 어색하므로
'柳'가 '柱'의 오류일 것이라고 보았다.

49 흔히 동방삭의 「계자서(戒子書)」로 알려진 글이다.

50 "익살과 해학의 우두머리"라는 내용은 양웅의 『법언(法言)』「연건(淵騫)」에 나오는 동방삭에 관한 내용을 간추려 옮긴 것으로 보인다.

36 | 공손·유·전·왕·양·채·진·정 전 公孫劉田王楊蔡陳鄭傳

1 「예문지」음양가(陰陽家)에 공손혼야(公孫渾邪)의 글 열다섯 편이 소개되어 있다.

2 재주가 부족하더라도 일단 승상직에 올렸다가 중벌로 다스리기를 거듭하는 무제의 인재 등용 정책을 비판한 것으로 보인다.

3 "병 때문에 요양하고 계신데"의 원문은 "병곤(病困)"이다. '병이 났고 누군가에게 묶여 있다'로 해석하기도 한다.

4 "적신"의 원문은 "간신(姦臣)"이다. 이때 강충은 죽고 없었으므로 태자가 난을 일으킬 것이라고 지목한 인물이 누구인지 정확하게 알 수 없다.

5 '莽'를 안사고의 주에 따라 '막호반(莫戶反)'의 '모'로 썼다. 『자치통감』「한기」 14에는 마통(馬通)으로 나온다.

6 사마천이 「보임안서(報任安書)」를 보냈던 그 사람이다.

7 『삼보황도』에 따르면 당시 장안에는 구시(九市)가 있었는데, 아홉 개의 시장 이름은 정확하게 알려져 있지 않다. '사시(四市)'는 동시, 서시, 남시, 북시로 추정된다.

8 여 태자의 열전을 이른다. 바로 위에 나오는 「공손하전」을 비롯한 한서 곳곳에는 여 태자의 열전을 「여원전(戾園傳)」이라고 이르고 있다.

9 『당운』의 '즉소절(卽消切)', 『집운』과 『홍무정운』의 '자소절(玆消切)'에 따라 '椒'를 '조'로 썼다.

10 원문은 "무편무당, 왕도탕탕(毋偏毋黨, 王道蕩蕩)"으로 「주서」'홍범'에는 "무편무당, 왕도탕탕(無偏無黨, 王道蕩蕩)"으로 나온다.

11 소제의 생모인 조 첩여로 구익궁에 살았기 때문에 구익 부인이라고 불렸다.

12 소제는 여덟 살에 즉위하여 스물한 살에 죽었다.

13 안사고의 주에 따르면 왕흠과 왕망은 같은 왕씨였지만 가계가 달랐다고 한다.

14 사마천의 외동딸인 사마영(司馬英)이 승상을 지냈던 양창의 부인이었다. 양창에게 선제 옹립을 위해 곽광 측에 가담할 것을 설득한 부인이 사마영일 것으로

추정된다.

15 안사고가 인용한 장안의 주를 따르면 '산'은 물산이 풍부하게 나는 곳을 비유한 말이다.

16 장안과 안사고의 주에 따르면 『춘추』에는 날은 흐린데 비가 오지 않은 것을 기록한 기사가 없다고 한다.

17 장안의 주에 따르면 하후승이 창읍왕에게 날이 흐린데 비가 오지 않으면 신하가 임금을 꺾을 수 있다고 간언했다.

18 「보손회종서(報孫會宗書)」로 알려진 글이다.

19 원문은 "각언이지(各言爾志)"로 『논어』 「공야장」에는 "개각언이지(盍各言爾志)"라 해서 "어찌 각자의 뜻을 펼쳐 말하지 않느냐?"로 나온다.

20 남산은 황제를, 100무와 같은 면적인 한 경의 땅은 백관을, 콩알이 다 떨어진 뒤에 남은 줄기는 모함을 당한 사람을 비유한다.

21 「동중서전」에 나오는 내용으로 두 원문은 약간 차이가 있다.

22 원문은 "도불동, 불상위모(道不同, 不相爲謀)"로 『논어』 「위 영공」에 나오는 내용이다.

23 당시의 두후는 두연년(杜延年)이었다.

24 진함은 황제가 고발장을 처리하지 않은 것을 주운에게 알려주면서 자기변호의 방책을 제시했다.

25 진탕의 자(字)다.

26 반고는 "공경이 현량 인재와"부터 끝까지 『염철론』 「잡론(雜論)」 제60에 있는 내용을 발췌하여 인용했다.

27 "내가 알던 바와 다르다"의 원문은 "이호오소문(異乎吾所聞)"으로 『논어』 「자장」에 나오는 내용이다.

28 염철 정책 논의에 참가했던 인재 중에서 『염철론』 「제요(提要)」에 무릉당생, 노국만생, 여남주자백, 중산유자옹(中山劉子雍), 구강축생의 이름이 남아 있다.

29 원문은 "중산유자추언왕도(中山劉子推言王道)"인데 『염철론』 「잡론」에는 "중산유자옹언왕도(中山劉子雍言王道)"로 되어 있다. 『염철론』 「제요」에는 "최추중산유자옹, 구강축생어상굉양, 차천추(最推中山劉子雍, 九江祝生於桑宏羊, 車千秋)"로 되어 있다. 따라서 유자추는 유자옹의 잘못으로 보인다.

30 『염철론』 「잡론」에는 "이윤과 여상 같은 재상 반열"의 "여려지열(伊呂之列)"이

"주로지열(周魯之列)"로 나온다.

31 『논어』「헌문(憲問)」에 나오는 내용으로 누군가가 '자서(子西)'에 대해 물었을 때 공자가 "그 사람 말인가, 그 사람 말인가."라고 하면서 평하지 않았다.

32 "두소밖에 안 되는 자들이라 더 따질 게 없었다"의 원문은 "두소지도, 하족선야(斗筲之徒, 何足選也)"인데 자공이 "금지종정자하여(今之從政者何如)"라고 물은 것에 대한 공자의 대답이었다. 출전인『논어』「자로」에는 "두소지인, 하족산야(斗筲之人, 何足算也)"로 나온다. '選'은 '算'과 통하는 글자로『별아(別雅)』에 따르면 고본(古本)『논어』에는 "何足選也"로 나온다고 한다. 학자에 따라서는 '選'과 '算'을 '구별하다'의 뜻으로 보기도 한다. 한편 정현은 소(筲)를 두고 대오리를 걸어 만든 1두(斗) 2승(升)짜리 용기라고 했는데, 우리가 쓰는 '둥구미'에 가깝다고 보인다. 그러나 1976년에 중국 안휘성 부양(阜陽)에서 기원전 3세기에 초나라에서 만든 1110밀리리터짜리 동제(銅制) 소가 수집되어 꼭 대오리로 만들지 않았다는 것이 밝혀졌다. 안사고는 소의 용량을 1두(斗)라고 했다.『중국경제통사(中国經濟済通史)』에 따르면 한나라 때의 1두는 지금의 2리디에 해당한다.

37 | 양·호·주·매·운 전 楊胡朱梅云傳

1 상관안은 당시에 표기장군이었다.

2 소제가 여덟 살에 즉위했기 때문에 무제의 서장녀이자 소제의 누나 갑 공주가 황궁에서 소제를 돌보고 있었다.

3 양구하(梁丘賀)가 아들 양구림(梁丘臨)에게『양구역』을 전수했고 양구림은 오록 충종에게 전수했다.

4 원문은 "비부불가여사군(鄙夫不可與事君)"과 "구환실지, 무소부지(苟患失之, 亡所不至)"이다. 출전은『논어』「양화」로『논어』에는 "비부, 가여사군야여재(鄙夫, 可與事君也與哉)"와 "무소부지(無所不至)"로 나온다.

5 「상서언왕봉전선(上書王鳳專擅)」으로 알려진 글이다.

6 원문은 "제제다사, 문왕이녕(濟濟多士,文王以寧)"으로『시경』「대아」 '문왕(文王)' 에 나온다.

7 주나라 천자를 이른다. 당시의 천자는 주 상왕이었다.

8   대규모 부대가 장기간 주둔한 지역에서 현지 주민과 교역하던 시장인 군시가 열
     렸는데,『상군서(商君書)』「간령(墾令)」에 따르면 전국 시대부터 군시가 있었다.

9   『시경』「소아」‘시월지교(十月之交)’를 이른다.

10   『상서』「주서」의 한 편으로 원명은 ‘무일(無逸)’이다.

11   원문은 "벽사문, 명사목(辟四門, 明四目)"으로『상서』「우서」‘순전(舜典)’에 나
     온다.

12   원문은 "왕자불가급, 내자유가추(往者不可及, 來者猶可追)"로『논어』「미자」에는
     ‘왕자불가간(往者不可諫)’으로 나온다.

13   원문은 "무약화시용용(毋若火始庸庸)"으로『상서』「주서」‘낙고(洛誥)’에 "무약
     화시염염(無若火始焰焰)"으로 나온다.

14   「상서청봉공자자손위은후(上書請封孔子子孫爲殷後)」로 알려진 글이다.

15   은나라와 하나라의 후대 말고도 황제(黃帝)의 후대는 기(薊) 땅에, 요임금의 후
     대는 축(祝) 땅에, 순임금의 후대는 진현(陳縣)에 봉했다.

16   「성제기」에 따르면 수화 원년(기원전 8년) 2월에 공길을 은소가후(殷紹嘉侯)로
     세워 은나라 왕실의 후대로서 제사를 받들게 했다. 이는 본문에 나오는 바와 같
     이 광형과 매복의 주장이 받아들여져 이루어졌다. 이로써 앞서 세운 주승휴후
     와 은소가후, 그리고 한나라 황제를 더해 ‘삼통’ 체제가 갖추어졌다. 여기에 은
     소가공으로 나오는 것은 한 달 뒤 3월에 주승휴후와 은소가후를 모두 공(公)으
     로 올렸던 사실을 반영한 것이다. 이후 평제 원시 2년(기원 1년)에 은소가공은
     송공(宋公), 주승휴공은 정공(鄭公)으로 승격되었다. 300여 년이 지난 진(晉) 영
     가(永嘉) 7년(313년)에 송공과 정공을 폐했다. 한 고조가 공자의 후손 공등(孔
     騰)을 ‘봉사군(奉祀君)’에 봉했고, 원제(元帝)가 스승 공패(孔霸)를 보성군(褒成
     君)에 봉한 바 있었으나 이때에 이르러서는 공자의 후손이 은나라 왕실의 후예
     자격으로 제후에 봉해진 것이다.

17   왕망 집권기에 태수를 대윤으로 고쳐 불렀다.

18   원문은 "부득중행, 즉사광견(不得中行, 則思狂狷)"으로『논어』「자로」에는 "부득
     중행이여지, 필야광견호. 광자진취, 견자유소불위(不得中行而與之, 必也狂狷乎. 狂
     者進取, 狷者有所不爲)"라고 나온다.

19   원문은 "개유부지이작지자, 아무시야(蓋有不知而作之者, 我亡是也)"로『논어』「자
     로」에는 "아무시야(我無是也)"로 나온다.

『시경』「대아」'탕'에는 "수무로성인, 상유전형(雖無老成人, 尙有典刑)"과 "은감불
원, 재하후지세(殷監不遠, 在夏后之世)"로 나온다.

21 원문은 "위인유기(爲仁由己)"로『논어』「안연」에 나온다.

22 초사(楚辭)「어부(漁父)」에 나오는 "창랑지수청, 가이탁아영. 창랑지수탁, 가이
탁아족(滄浪之水淸, 可以濯我纓. 滄浪之水濁, 可以濯我足)"이 출전이다.『당운』,
『집운』,『고금운회거요』,『홍무정운』의 '직각절(直角切)'에 따라 '濯'과 '濁'은
'닥'으로 써야 하겠지만 관습에 따라 '탁'으로 썼다.

38 | 곽광·금일제 전 霍光金日磾傳

1 「무오자전」에 나오는 우장군 왕망과 동일 인물이다.

2 뒤에 승상에 오르는 양창(楊敞)을 이른다.

3 학문이 모자랐던 곽광이 전연년에게 선례를 물어본 것이다.

4 각각 양창, 곽광, 장안세, 범명우(范明友), 한승(韓增), 조충국(趙充國), 채의(蔡誼),
왕담(王譚) 곧 왕흔자(王訢子), 위성(魏聖), 조창락(趙昌樂), 흉노 출신의 복륙저기
당(復陸屠耆堂), 두연년(杜延年), 소창(蘇昌), 전연년(田延年), 유덕(劉德), 사낙성(史
樂成), 이광(李光), 이연수(李延壽), 위현(韋賢), 전광명(田廣明), 주덕(周德), 안사고
는 성을 알 수 없다고 한 가(嘉, 이 상주문 안에 시중 부가(傅嘉)가 나오는데 동일
인물인지는 알 수 없다.), 소무(蘇武), 조광한(趙廣漢), 안사고가 성을 알 수 없다고
한 벽병(辟兵), 왕천(王遷), 송기(宋畸), 병길(丙吉, 안사고는 경길(景吉)이라고 했
다.), 안사고가 성을 알 수 없다고 한 사(賜), 관(管), 승(勝), 양(梁), 장행(長幸),
하후승(夏侯勝, 상주문 안에서는 흔히 이름만 적고 성을 적지 않는 법인데 동명
이인이 있을 때에는 성을 적어 구별한다.), 안사고가 성을 알 수 없다고 한 덕
(德), 조충국의 아들 조앙(趙卬)이다.

5 원문은 "위인후자위지자야(爲人後者爲之子也)"로『춘추공양전』성공(成公) 15년
조에 나온다.

6 맹강의 주에 따르면 한나라 초기에는 세 가지 새(璽)를 썼다. 천자지새(天子之
璽)는 황제가 찼고, 행새와 신새는 부절대(符節臺)에 두었다.『한구의(漢舊儀)』
에 따르면 천자는 육새(六璽)를 썼다. 황제행새는 제후왕을 봉하거나 관리를 임

명할 때 썼다. 황제지새는 제후왕에서 글을 내릴 때 썼다. 황제신새는 군대를 동원할 때 썼다. 천자행새는 대신을 부를 때 썼다. 천자지새는 외국 관련 사무에 썼다. 천자신새는 천지 귀신을 섬길 때 썼다.

7 태뢰는 소, 양, 돼지 한 마리씩을 올리는 제사이므로 태뢰 세 벌이면 각각 세 마리씩을 제수로 쓴 것이다.

8 장안(張晏)의 주에 따르면 여기에서 말하는 작은 마차를 끈 말은 과하마(果下馬)이다. 『후한서』「동이 열전」을 인용하여 장안은 과하마의 키가 3척이었다고 했고, 안사고는 과실수 아래에 탈 수 있는 말이라고 했다.

9 창읍왕 유하는 이미 효소제의 사자(嗣子)가 되었으므로 생부인 창읍 애왕에게 제사를 올릴 때 사자(嗣子)라는 용어를 쓸 수 없었다.

10 원문은 "적왈미지, 역기포자(籍曰未知, 亦旣抱子)"로 『시경』 「대아」 '억(抑)'에 나오는 내용이다.

11 원문은 "천왕출거우정(天王出居于鄭)"으로 『춘추』 희공(僖公) 24년 조에 나온다.

12 각각 채의(蔡誼), 유덕, 소창(蘇昌)을 이른다.

13 원문은 "인도친친고존조, 존조고경종(人道親親故尊祖, 尊祖故敬宗)"이다. 『예기』 「대전」에 나오는 내용으로 원문은 "인도친친야, 친친고존조, 존조고경종, 경종고수족(人道親親也, 親親故尊祖, 尊祖故敬宗, 敬宗故收族)"이다.

14 여기에서 말하는 곽광의 형은 아버지는 같으나 어머니가 다른 곽거병을 이른다. 여기에서는 곽산이 곽거병의 손자로 나오지만 「소망지전」과 「위상전」에는 곽거병의 아들로 나온다. 어느 쪽이 옳은지는 알 수 없다.

15 흉노 출신과 남월 출신의 기병 부대를 이른다.

16 곽광의 형제로는 이복형인 곽거병만 알려져 있으므로 여기에서 말하는 형제는 친형제는 아닐 것이다.

17 당시의 황태후는 소제의 상관 황후로 상관걸의 손녀이자 곽광의 외손녀였다. 여섯 살에 황후가 되었다가 열다섯 살에 황태후가 되었다.

18 '便'을 『광운』의 '비면절(婢面切)', 『집운』, 『고금운회거요』, 『홍무정운』의 '비면절(毗面切)', '변(卞)'에 따라 '변'으로 썼다.

19 '외장곽'은 무덤의 주실(主室) 둘레를 막은 황장제주 바깥에 따로 구덩이를 파서 짜넣은 곽을 이른다. 부장품이나 순장시킨 사람을 묻는 데 썼다.

20 황제 수레 왼쪽에 꽂던 깃발로 이우(犛牛) 또는 꿩의 털로 만들었다. '纛'를 『집

운』, 『고금운회거요』, 『홍무정운』의 '두호절(杜皓切), 도(道)'에 따라 '도'로 썼
다. 『광운』, 『집운』, 『고금운회거요』에는 '독(毒)'이, 『집운』과 『홍무정운』에는
'독(獨)' 소리도 함께 올라 있다.

21 「백관공경표」에 "제묘침원식관령장승(諸廟寢園食官令長丞)"이란 내용이 나오는 것
으로 보아 침령, 원령, 식관령, 원장승, 식관장승 등이 있어 왕릉을 돌보았다.

22 한 고조 유방의 공신 중에서 으뜸이었던 소하(蕭何)를 이른다.

23 안사고의 주에 따르면 '种'은 '沖'과 음이 같다고 한다. '种'과 '沖'은 『광운』에
'직궁절(直弓切)'으로 나오므로 '중'으로 썼다.

24 사낙성(史樂成)과 같은 인물이다.

25 "공전을 빈민에게 주다"의 원문은 "이공전부여빈민(以公田賦與貧民)"으로 『자치
통감』 「한기」 17에는 이 부분이 빠져 있다. 공전을 빈민에게 주어 경작하게 한
것은 선제 때가 아니라 고조와 무제, 소제 때의 일이다.

26 『자치통감』 「한기」 17에는 '수십' 집안으로 나오는데 당시의 정황으로 보아 '수
십'이 옳다고 여겨진다. '十'과 '千'의 생김새가 비슷하여 생긴 오류로 보인다.

27 곽씨 집안이 멸족당한 해는 기원전 66년 을묘년이다. 여기에서 말하는 병신년
은 기원전 85년으로 곽광이 박륙후에 봉해졌던 해이다.

28 바로 아래에 서복(徐福)이란 이름이 나온다.

29 왕망의 고모이자 원제의 황후였던 왕정군(王政君)을 이른다.

30 이민족 출신의 기병 부대였던 호기와 월기 부대는 장수(長水), 장양(長楊), 선곡
(宣曲) 등 삼보(三輔) 지방에 주둔하고 있었다.

31 부 태후는 원제가 태자였을 때 정도 공왕(定陶恭王) 유강(劉康)을 낳았다. 정도
공왕의 아들이었던 유흔(劉欣)이 아들이 없었던 성제의 뒤를 이어 애제가 되자
태후가 되었다.

32 종백봉(宗伯鳳)의 성은 종백(宗伯)이다. 종백을 관명으로 보는 경우도 있으나
「왕망전」에 자가 군방(君房)인 종백성이란 인물이 다시 나오므로 안사고는 종
백을 성으로 보았다.

33 아들이 없었던 것이 아니라 적자가 없었다.

34 금당의 의붓조부는 금상(金賞)이다.

35 금당의 친조부 금건(金建)은 금상(金賞)의 이복동생으로 금일제의 서자였다. 금
당은 금건의 친혈육으로서 종조부인 금상(金賞)의 후대가 된 것이었다.

36 원제와 왕정군 사이의 적자인 성제가 아들이 없이 죽자 원제의 서손자인 애제가 뒤를 이었다가 다시 아들 없이 죽었는데 다시 원제의 다른 서손자이자 애제의 사촌 동생인 평제가 뒤를 이었다. 왕정군과 왕망이 이들 두 황제의 생모와 조모 집안이 세력을 얻지 못하도록 장안에 들어오지 못하게 하는 조처를 취했으므로 이들 집안의 반발을 샀다. 특히 위보의 역모 뒤에는 전권을 휘두르던 왕망 때문에 후환을 입을까 두려워한 왕망의 맏아들 왕우가 있었다.

39 | 조충국·신경기 전 趙充國辛慶忌傳

1 금성(金城)은 소제 때인 기원전 81년에 군(郡)이 되었다. 영거(令居)는 무제 때인 기원전 115년에 현을 설치했는데, 한나라에서 황하 서쪽에 처음으로 설치한 현이다. 무제의 영토 확장 계획에 따라 수만 명이 황하를 건너 영거 지역으로 옮겨 가 새로운 현을 건설했다. 조충국은 기원전 137년에 태어나 기원전 52년에 죽었으므로 조충국 집안의 윗대가 영거현 조성에 참여했던 것으로 보인다. '영거'는 '영강족(令羌族)의 거주지'라는 뜻이다. 지금의 감숙성 영등현(永登縣)에 있었다.

2 안사고의 주에 따르면 농서, 천수, 안정, 북지, 상군, 서하의 여섯 개 군을 이른다. 조충국이 우림군에 들어갈 무렵에 영거는 천수에 속해 있었다.

3 한 소제 원봉 2년(기원전 79년)에 일어난 일이다.

4 「백관표」에 조충국이 소부에 임명된 사실이 나타나지 않기 때문에 역대 학자들은 '소부'라는 말이 잘못 들어갔다고 여기기도 했다. 이에 대해 왕선겸은 「백관표」에 올라 있지 않은 '장신소부'를 가리킨다고 주장했다. '장신소부'는 태후의 일을 주관하는 벼슬이다.

5 「흉노전」에 따르면 선제 원강 4년 기원전 62년에 일어난 일로 흉노가 남쪽으로 내려와 한나라 변경 근처에서 사냥을 하며 약탈을 준비하다가 물러간 일이 있었다.

6 안사고의 주에 따르면 오원, 삭방(朔方), 운종(雲中), 대군, 안문, 정상, 북평, 상곡(上谷), 어양(漁陽)의 아홉 군으로 지금의 내몽골자치구 중부에서 하북성 북쪽에 이르는 광범위한 지역에 기병 사만 명을 나누어 주둔시켰다는 뜻이다.

7 허려권거(虛閭權渠) 선우를 이른다.

8 『강희자전(康熙字典)』에서 강족의 이름에 쓸 때 '苓'의 음은 '憐'이라고 했다.

9 당시 황수 북쪽에는 한나라에서 무위군(武威郡)을 설치해 놓고 서역과 통하는 하서회랑 길을 확보하고 있었다.

10 한나라 이사장군 이광리가 강족까지 동원하여 흉노를 치러 갔다가 항복한 것이 정화 3년의 일이므로 선련 추장 봉전이 흉노에 사신을 보낸 때를 정화 3년으로 보기도 한다.

11 선제 본시 2년 겨울에서 이듬해 봄에 걸쳐 한나라와 오손이 연합하여 흉노를 격파한 사실을 이른다.

12 한(罕)과 견(开)을 각각 다른 부족으로 보는 견해도 있지만 한 부족으로 보기도 한다. 아래 내용에서 대견(大开)과 소견(小开)이라는 표현이 나오는 것으로 보아 한과 견은 처음에는 다른 부족이었으나, 또 이어지는 설명에 "한견호미당아사제조고래고도위(罕开豪靡當兒使弟雕庫來告都尉)"라고 하여 한과 견의 족장을 겸한 미당아(靡當兒)가 그 동생인 조고를 도위에게 보내고 있는데, 뒤에서 "고견호조고고선천자지덕(故遣豪雕庫宣天子至德)"이라 하여 조고를 견의 족장이라고 칭한 것을 보면 통합된 두 부족을 형제가 나눠서 다스리되 형이 두 부족을 대표하는 것으로 볼 수 있다. 「지리지」에 나오는 천수군(天水郡) 한견현(罕开縣)이 두 부족이 통합한 뒤에 한나라에 투항하여 살았던 곳으로 추정되고 있다.

13 안사고의 주에 따라 '浩'는 '고(誥)'의 '고'로 '亹'은 '문(門)'의 '문'으로 썼다.

14 「선제기」에 관련 기사가 나온다. '도시형(徒弛刑)'은 형구(刑具)를 벗고 복역 중인 죄수를 가리키는데 「서역전」에는 '면형죄인(免刑罪人)'으로 나온다. '弛'를 안사고의 주에 따라 '식이반(式爾反)'의 '시'로 썼다.

15 신경기(辛慶忌)의 아버지로, 다음에 이어지는 「신경기전」에 나온다.

16 여기에서 남산은 기련산을 이른다.

17 한나라 때의 1곡(斛)은 10두(斗)였다. 1곡을 현재 단위로 환산하면 200리터이다.

18 원문의 "속(粟)"을 껍질을 벗기지 않은 곡물로 볼 수도 있다.

19 원문 "욕이세수이승미, 장군수불락차자(欲以歲數而勝微, 將軍誰不樂此者)"의 '勝微'는 여러 의미로 해석돼 왔다. 여기에서는 '勝微'를 '勝敵'으로 수정한 『자치통감』 권 26 「한기」 18의 "欲以歲數而勝敵, 將軍誰不樂此者"를 참고하여 옮겼다.

20 강족의 한 지파를 지칭하는 '姑'를 후한 시대의 학자 소림(蘇林)과 안사고의 주

에 따라 '아서반(兒遮反)'의 '여'로 썼다. 『강희자전』에는 '여지절(如支切)'의 '이'라고 했다.

21 앞에 나온 구절의 원문은 "공부족자수유여(攻不足者守有餘)"로 조충국은 『손자』 「형(形)」에 나오는 "수즉부족, 공즉유여(守則不足, 攻則有餘)"를 인용한 것으로 보인다. 그런데 은작산한묘죽간본(銀雀山漢墓竹簡本)에는 "수즉유여, 공즉부족(守則有餘, 攻則不足)"으로 나온다. 조충국의 뜻은 죽간본에 더 가까운 것으로 보인다. 뒤에 나온 구절의 원문은 "선전자치인, 불치어인(善戰者致人, 不致於人)"으로 『손자』「허실(虛實)」에 "선전자치인이불치어인(善戰者致人而不致於人)"이 나온다.

22 당시 중국 북방의 주요 양곡은 조(粟, Setaria italica), 서숙(黍, Panicum miliaceum), 고량(수수, 粱, Sorghum bicolor) 등이었다.

23 선제 원강 연간에 해마다 풍년이 들어 곡식 가격이 많이 내려가자 대사농중승 경수창이 상홍양의 평준법(平準法)에 의거하여 금성과 황수 일대에 창고를 짓고 값이 싼 곡식 40만 곡을 사들여 물가를 조절했다.

24 '석(石)'은 한나라 때에 부피와 무게의 단위로 사용되었는데 여기에서는 무게의 단위로 쓰였다. 당시의 1석은 120근으로 1근은 오늘날의 250그램과 같다.

25 당시에는 주척(周尺) 가로세로 5척을 1보(步), 240보를 1무(畝), 100무를 1경(頃)으로 했다. 주척 1척의 길이는 대개 20센티미터로 본다.

26 "황수 협곡"의 원문은 "황협(湟陿)"으로 흔히 "황협(湟狹)"으로 쓰여 왔다. 동서로 흐르는 황수의 남북쪽이 협곡을 이루고 있다. 조충국이 길과 다리를 놓자고 건의한 뒤로 당나라 때까지 잔도를 놓아 교통했다.

27 "건장한"의 원문은 "강건(伉健)"인데 한나라 기병대의 계급으로 보기도 한다.

28 여기에서 조충국은 『손자』의 몇몇 구절을 인용했다.

29 "한 해"의 원문은 "기월(期月)"이다. '기월'에는 '한 달'의 뜻도 있지만 여기에서는 문맥상 통하지 않으므로 '열두 달을 채우다'라는 뜻의 '한 해'로 옮겼다.

30 원문은 "무경조원추사상지해(亡經阻遠追死傷之害)"이다. 『전한기』에는 "무경조원박사상지해(亡經阻遠迫死傷之害)"로 나온다.

31 선제는 원강 5년 3월에 연호를 신작으로 바꾸었다. 강족을 공격한 것은 연호를 바꾸기 전의 일이므로 기술에 혼란이 나타나고 있다.

32 원문은 "다산승소산(多算勝少算)"으로, 『손자』「계(計)」에 "다산승(多算勝), 소산불승(少算不勝)"이 나온다.

33 '소규모 약탈도 막지 못하고 있는 지금'의 원문은 "즉금동시(即今同是)"이다. 여기서는 안사고의 해석에 따라 옮겼다.

34 경무 공주는 선제의 둘째 딸로 먼저 장탕의 고손자인 장림(張臨)에게 시집을 갔다가 장림이 죽은 뒤에 조흠에게 재가했다. 그 뒤 조흠이 죽자 설선(薛宣)에게 다시 시집갔다.

35 '귀방'을 이민족의 한 갈래로 보는 설과 이민족 전체를 가리키는 설, 그리고 정확히 뜻을 알 수 없다고 보는 설이 있다.

36 '흡후'는 오손(烏孫)의 관명이다.

37 원문은 "대재미지이예어지(大災未至而豫禦之)"로 『춘추공양전』에 "대기미지이예어야(大其未至而豫禦也)"라는 구절이 있다.

38 평제 원시 3년(기원전 3년)에 왕망이 황제를 칭하려 하면서 평제와 평제의 모후인 위(衛) 태후를 만나지 못하게 했다. 왕망의 맏아들인 왕우가 이에 반대하여 자신의 스승이었던 오장과 의논하여 흉조를 보이게 하여 왕망을 놀라게 한 뒤에 위씨에게 권력을 넘기도록 설득하려 했다. 왕우는 큰외숙 여관(呂寬)에게 왕망의 집 앞에 개 피를 뿌리게 했는데 이 일이 발각나는 바람에 여씨와 위씨 집안이 멸족당했다.

39 춘추 시대 진 상공(秦襄公) 때에 부르던 노래로 원문은 "왕우흥사, 수아갑병, 여자개행(王于興師, 修我甲兵, 與子皆行)"으로 『시경』 「진풍(秦風)」 '무의(無衣)'에 나온다.

40 | 부·상·정·감·진·단 전 傅常鄭甘陳段傳

1 「조충국전」에 북지군 의거(義渠) 사람이라고 나온다.

2 당시 장안에서 누란국까지의 거리가 1800킬로미터였다.

3 "전부터 한나라에 인질로 와 있던 태자를 새로운 왕으로 세우게 하셨다."의 원문은 "당갱립전태자질재한자(當更立前太子質在漢者)"이다. 그런데 그때 한나라에는 누란국의 태자가 볼모로 와 있지 않았고 투항해 온 위저기(尉屠耆)가 머물고 있었다. 「서역전」에는 이 내용이 "한나라에 있는 왕의 동생 위저기를 새로운 왕으로 세우게 하셨다."로 나온다.

4 한나라 때 서역에 있던 나라로서 지금의 신강 위구르 자치구 투루판에 있었다. 동남쪽으로 돈황, 남쪽으로 누란, 서북쪽으로 오손, 동북쪽으로 흉노와 통하던 교통 요지에 있었다. 제66 하 「서역전」에 나온다.

5 「흉노전」의 내용과 조금 차이가 있다.

6 다섯 장군은 어사대부 전광명(田廣明), 조충국, 운중 태수 전순, 범명우, 한증이다.

7 "기장"의 원문은 "장(將)"이지만 「서역전」의 내용에 따라 '기장'으로 옮겼다.

8 안사고의 주에 따라 '捪'을 '전(纏)'의 '전'으로 썼다.

9 안사고의 주에 따라 '酇'를 '자이반(子移反)'의 '지'로 썼다.

10 선제 황룡 원년(기원전 49년)의 일이다.

11 '투석'과 '발거'에 대해서 여러 가지 해석이 있다. 응소의 주에 따르면 '투석'은 사람에게 돌을 던지는 종목이다. 이수광(李晬光)의 『지봉유설(芝峯類說)』에 우리나라 안동과 김해에서 사람이 죽거나 다치는 것을 아랑곳하지 않고 승부가 날 때까지 거행하는 석전(石戰)과 같다고 나온다. 원문은 "안동속어매세정월십육일, 김해어사월팔일급단오일, 정장필회, 분좌우대, 투석이결승부, 수사상불회, 위지석전. 정왜시, 모위선봉, 적불감전(安東俗於每歲正月十六日, 金海於四月八日及端午日, 丁壯畢會, 分左右隊, 投石以決勝負, 雖死傷不悔, 謂之石戰. 征倭時, 募爲先鋒, 賊不敢前)"이다. 장안(張晏)의 주에 따르면 『범려병법(范蠡兵法)』에 기기로 열두 근짜리 돌을 200보까지 날린다고 나오는데 감연수는 힘이 세어 손으로 던졌다고 한다. 안사고는 응소의 해석이 옳다고 보았다. 응소의 주에 따르면 발거(拔距)는 우림정루(羽林亭樓)를 뛰어넘는 높이뛰기이다. 장안의 주에 따르면 '발거'는 『사기』 「왕전 열전(王翦列傳)」에 나오는 "투석초거(投石超距)"의 '초거'와 같은 높이뛰기이다. 안사고는 '발거'를 '발조(拔爪)'의 원형으로 많은 사람이 팔을 엮어 앉아서 차지하고 있는 땅을 빼앗는 완력 겨루기 종목으로 해석했다.

12 「원제기」에 '호한야(虖韓邪)'로 나온다.

13 "흉노 땅의 서부"의 원문은 "우지(右地)"이다. 흉노의 서부 지역을 한나라에서 보면 흉노의 왼쪽 땅이 된다.

14 「흉노전」에는 '호걸(呼揭)'로 나온다.

15 『자치통감』 「한기」 28권에는 초원 5년(기원전 44년)의 일로 나온다. 이해에 진만 년이 죽어서 공우가 대신 어사대부가 되었으므로 초원 5년이 되어야 할 것이다.

16 원문은 "허이적자불일이족(許夷狄者不壹而足)"으로 『춘추공양전』 문공(文公) 9년과
상공(襄公) 29년의 기사에 보인다.

17 『자치통감』 「한기」 28권에 따르면 질지 선우의 힘을 빌어 오손국을 제압하고
싶어 한 강거왕이 사자를 보내 질지 선우를 맞이해 왔다고 한다. 강거국에 도착
했을 때 질지 선우의 무리는 3000명밖에 되지 않았다.

18 "귀부하고 계책을 받고"의 원문은 "귀계(歸計)"이다. 여기에서는 안사고의 해석
에 따라 번역했다.

19 「서역전」에는 오익산리국(烏弋山離國)으로 나온다.

20 『한서』에서 '호(胡)'는 주로 흉노를 이르지만 여기에서는 서역 이민족을 이른다.

21 위에는 질지 선우가 친히 황궁에 들어가겠다는 것이 아니라 자신의 아들을 황
궁에 보내 황제를 시봉하게 하겠다고 했다.

22 '繁'의 음을 『광운』의 '薄波切'에 따라 '바'로 썼다. 「백관표」와 「풍야왕전(馮野王
傳)」에는 이연수(李延壽)로 나온다.

23 '夾'의 음을 『광운』과 『고금운회거요』의 '길협절(吉協切)'과 『홍무정운』의 '고협
절(古協切)'에 따라 '겹'으로 썼다.

24 『춘추』 정공(定公) 10년조에 나오는 내용이다.

25 배우들이 정공 앞에서 광대놀이를 하면서 웃음을 흘렸던 일을 이른다.

26 원문은 "탄탄퇴퇴, 여정여뢰, 현윤방숙, 정벌험윤, 만형래휘(嘽嘽焞焞, 如霆如雷,
顯允方叔, 征伐玁狁, 蠻荊來威)"로 『시경』 「소아」 '채규(采芑)'에 나오는 내용이
다. '성대하다'의 뜻으로 쓸 때 '焞'는 '타회절(他回切)'의 '퇴'가 된다.

27 원문은 "유가절수, 획비기추(有嘉折首, 獲匪其醜)"이다. 이괘(離卦) 상구(上九)의
효사이다.

28 원문은 "군상불유월(軍賞不踰月)"이다.

29 원문은 "길보연희, 기다수지, 내귀자호, 아행영구(吉甫宴喜, 旣多受祉, 來歸自鎬,
我行永久)"로 『시경』 「소아」 '유월'에 나오는 내용이다.

30 『춘추』 희공 17년조에 나오는 내용으로 항국을 멸한 주체인 제 환공을 거명하
지는 않았다.

31 「서역전」에는 '무과(毋寡)'로 나온다.

32 대벽은 수(隋)나라 이전까지 사형(死刑)을 이르는 말이었다. 한나라 초기에는 요
참(腰斬), 기시(棄市), 효수(梟首), 책형(?刑)이 있었으나 경제 때 기시형을 폐지

했다.

33 고류는 황제 즉위를 비롯하여 하늘에 고할 특별한 사정이 생겼을 때 올린 제사이다.

34 원문은 "기인지공, 망인지과, 의위군자야(記人之功, 忘人之過, 宜爲君者也)"이다.

35 안사고는 "견마지로를 바쳐도 천막과 이엉을 내려 주며"의 출전을 『예기』「단궁(檀弓)」의 "폐유불기, 위매마야. 폐개불기, 위매구야(敝帷弗棄, 爲薶馬也. 敝蓋弗棄, 爲薶狗也. 낡은 천막을 버리지 않았다가 말을 묻을 때 쓰고 낡은 이엉을 버리지 않았다가 개를 묻을 때 쓴다.)"라는 공자의 말씀으로 들었지만 딱 맞아떨어지는 해석은 아니다.

36 풍습상한병(風濕傷寒病)으로 보인다.

37 원문은 "객배이주인반연후적(客倍而主人半然後敵)"이다.

38 궁실, 종묘, 황릉의 토목 건축을 책임진 관직이다.

39 영광 4년의 일이다.

40 경수창이 선제로부터 관내후 작위를 받은 주요 공훈은 상평창(常平倉) 제도를 건의한 것이다.

41 여기에서 말하는 초릉은 '연릉(延陵)'을 이른다.

42 왕망의 생모 명거(名渠)이다. 안사고는 명군을 명거의 자로 보았다.

43 왕망의 고모이자 원제의 황후였던 왕정군(王政君)을 이른다.

44 감연수와 진탕이 질지 선우를 죽인 이듬해에 연호를 경녕(竟寧)으로 바꾸었다. 이해에 원제가 죽었으므로 경녕 연호는 한 해만 썼다.

45 호삼성의 주에 따르면 한나라 선제 때의 오부는 승상, 어사대부, 거기장군, 전장군, 후장군 관아를 이른다.

46 「서역전」에 말진장이 안일의 동생으로 나온다.

47 「서역전」에 대곤미의 흡후 난서(難捷)가 말진장을 죽인 것으로 되어 있다.

48 「서역전」에 안려미(安犂靡)로 나온다.

41 | 전·소·우·설·평·팽 전 雋疏于薛平彭傳

1 '暴'를 『광운』, 『집운』, 『고금운회거요』의 '박보절(薄報切)'에 따라 '보'로 썼다.

2 "오래도록 하늘의 복록을 누리게 될 것"의 원문은 "영종천록(永終天祿)"이다. 『논어』「요왈」에 나오는 "천록영종(天祿永終)"은 '하늘의 복록이 영원히 끊어지다'라는 뜻이지만, 여기에서는 전불의가 한 말의 문맥에 맞게 옮겼다.

3 괴외는 위 영공의 아들로 위 후장공(衛後莊公)이 되었다.

4 괴첩은 괴외의 아들이자 위 영공의 손자로 위 출공(衛出公)이 되었다.

5 「소제기」에 장연넌이라고 전한다.

6 태자궁의 다른 말이다.

7 "지족불욕, 지지불태(知足不辱, 知止不殆)"와 "공수신퇴, 천지도(功遂身退, 天之道)"로 각각 『도덕경』 44장과 9장에 나온다.

8 원문은 "만방유죄, 죄재짐궁(萬方有罪, 罪在朕躬)"으로 『논어』「요왈」에 나온다.

9 지금의 안휘성 회북시에 위치한 상현(相縣)에서 북동쪽으로 50킬로미터 떨어진 곳에 제후국 초나라의 도읍 팽성현이 있었다.

10 안사고의 주에 따르면 장건(張騫)의 손자이다.

11 안사고의 주에 따르면 현거는 겸손하게 영광의 뜻을 나타내는 의례이다. 유반(劉攽)은 『자치통감』「한기」 20에서 퇴직한 뒤에 집에서 쉬면서 외출하지 않겠다는 뜻을 표시한 것으로 해석했다.

12 당시 평릉현에 소제의 능원을 조성 중이었다.

13 원문은 "여유왕자, 필세이후인(如有王者, 必世而後仁)"으로 『논어』「자로」에 나온다.

14 "뛰어난 덕을…… 교화가 미쳤습니다."는 『상서』「우서(虞書)」 '요전(堯典)'에 나오는 "극명준덕, 이친구족, 구족기목, 평장백성, 백성조명, 협화만방(克明俊德, 以親九族, 九族旣睦, 平章百姓, 百姓昭明, 協和萬邦)"이 출전이다. 공안국(孔安國)은 『상서공전(尙書孔傳)』에서 "극명준덕, 이친구족"을 '재덕이 뛰어난 인재를 제대로 찾아 임용하여 고조의 현손까지 화목하게 지낸다'로 해석했다. 공영달(孔穎達)은 '준덕'을 '재덕을 겸비한 인물'로 해석한 정현(鄭玄)의 주를 인용했다.

15 원문은 "천지지성인위귀, 인지행막대어효, 효막대어엄부, 엄부막대어배천, 즉주공기인야(天地之性人爲貴, 人之行莫大於孝, 孝莫大於嚴父, 嚴父莫大於配天, 則周公其人也)"다. 「교사지(郊祀志)」에 주공이 하늘에 제사를 지낼 때 시조인 후직을 배향했다는 내용이 나온다.

16 현존하는 『상서』에는 이 내용이 전하지 않는다. 제소남이 『한서고증(漢書考證)』

에서 주장한 바에 따르면 서한 시대에 나왔던 위서 『금문태서(今文泰誓)』에 나
오는 내용이라고 한다.

17 무제 때에 삭방에 군을 설치하면서 태수 외에도 자사를 두어 감독하게 했다.

18 당시의 태후는 성제의 생모이자 원제의 황후였던 왕정군이었다.

19 한나라 제도에서는 승상에 임명된 자를 열후에 봉하게 되어 있었다. 그런데 평
당은 열후에 봉하는 의식을 거행하지 않는 겨울철에 승상이 되었으므로 관내후
에 봉해졌다.

20 애제 때에 승상직을 없애고 대사도를 두었다. 여기에서 말하는 위씨 부자는 위
현(韋賢)과 그 넷째 아들 위현성(韋玄成)을 이른다.

21 감로 2년에 선제의 아들인 유우(劉宇)가 동평왕에 봉해졌다.

22 사람의 성에 쓰는 '鮑'를 『광운』의 '박교절(薄巧切)'에 따라 '보'로 썼다.

23 안사고의 주에 따르면 『역』 정괘(鼎卦) 구사(九四) 효사인 "정절족, 복공속(鼎折
足, 覆公餗)"이 이 말의 출전이다.

24 원문은 "구환실지(苟患失之)"로 『논어』 「양화」에 나온다.

42 | 왕·공·양공·보 전 王貢兩龔鮑傳

1 하나라 우임금이 공물로 받은 금으로 주조하여 나라의 상징으로 삼은 아홉 개
의 정(鼎)을 이른다. 걸왕이 덕을 잃자 상나라에서 가져가 육백 년 동안 간직하
며 제사를 올렸는데 주왕 때에 와서 주나라에 빼앗기게 되었다.

2 원문은 "불강기지, 불욕기신(不降其志, 不辱其身)"으로 『논어』 「미자」에 나온다.

3 원문은 "문백이지풍자, 탐부렴, 나부유립지(聞伯夷之風者, 貪夫廉, 懦夫有立志)"로
『맹자』 「만장장구하(萬章章句下)」와 「진심장구하(盡心章句下)」에는 "고문백이지
풍자, 완부렴, 나부유립지(故聞伯夷之風者, 頑夫廉, 懦夫有立志)"로 나온다. 『후한
서』 「장왕종진 열전(張王種陳列傳)」에 "문백이지풍자, 탐부렴, 나부유립지(聞伯
夷之風者, 貪夫廉, 懦夫有立志)"로 나오는 것을 보면 한나라 때에는 '완(頑)'을 '탐
(貪)'으로 해석했던 것을 알 수 있다. 그러나 최신 연구는 '완(頑)'은 '예의와 법
도를 지키지 않다'로, '렴(廉)'은 '단정하고 빈틈이 없다'로 해석하고 있다.

4 원문은 "분호백세지상, 백세지하막불흥기, 비현인이능약시호(奮乎百世之上, 百世

之下莫不興起, 非賢人而能若是乎)"로 『맹자』 「진심장구하」의 원문은 "분호백세지
상, 백세지하, 문자막불흥기야, 비성인이능약시호(奮乎百世之上, 百世之下, 聞者莫
不興起也, 非聖人而能 若是乎)"이다.

5 장주(莊周)를 이른다.

6 양웅의 『법언(法言)』에 나오는 평이다.

7 『논어』 「위 영공」의 "군자질몰세이명불칭언(君子疾沒世而名不稱焉)"이 출전이다.

8 원문은 "비풍발혜, 비차갈혜, 고점주도, 중심달혜(匪風發兮, 匪車揭兮, 顧瞻周道, 中
心怛兮)"로 『시경』 「괴풍(檜風)」 '비풍(匪風)'에 나오는 구절이다. 나라 이름에 쓰
는 '檜'를 『당운』의 '고회절(古會切)'과 『집운』, 『고금운회거요』, 『홍무정운』의
'고외절(古外切)'의 '괴'로 썼다. 또 '보다'라는 뜻의 '瞻'을 『당운』의 '직렴절(職廉
切)'과 『집운』, 『고금운회거요』, 『홍무정운』의 '지렴절(之廉切)'의 '점'으로 썼다.

9 원문은 "천불언, 사시행언, 백물생언(天不言, 四時行焉, 百物生焉)"으로 『논어』
「양화(陽貨)」에는 "천하언재, 사시행언, 백물생언, 천하언재(天何言哉, 四時行焉,
百物生焉, 天何言哉)"로 나온다.

10 소제는 일곱 살에 황태자가 되었고 여덟 살에 황제에 즉위했다. 여기에서 영유
아를 업거나 안을 때 쓰는 포대기인 '강보'라는 말을 써서 황제의 어린 나이를
과장하고 있다.

11 선제의 황후 집안인 허씨와 조모 집안인 사씨, 생모 집안인 왕씨를 이른다.

12 원문은 "제제다사, 문왕이녕(濟濟多士, 文王以寧)"으로 『시경』 「대아」 '문왕(文
王)'에 나온다.

13 원문은 "안상치민, 막선어례(安上治民, 莫善於禮)"로 『효경』과 『예기』 「경해(經
解)」에 나온다.

14 상나라 고종 무정은 당시로는 보기 드물게 59년(기원전 1250년~기원전 1192
년) 동안 재위했다.

15 왕양(王陽)은 자(字)가 자양(子陽)인 왕길을 이른다.

16 『자치통감』 「한기」 23에 실려 있는 곡영의 상소와 내용이 조금 다르다.

17 증자가 상처한 뒤에 아내를 다시 맞이하지 않자 그 이유를 물어보았을 때 증자
가 "화(華)와 원(元)이 선인(善人)이기 때문이다."라고 대답했다. '선인(善人)'에
대해서는 '덕행이 높은 사람'과 '건강한 사람'의 두 가지 해석이 있다. 왕준이
여기에서 증자를 인용한 것은 어느 모로 보아도 증자보다 모자라니 증자도 가

지 않은 새장가를 들 수 없다는 뜻으로 해석된다. 한편 증자에게는 화(華), 신(申), 원(元)의 세 아들이 있었다.

18 「주의방고자절(奏宜仿古自節)」로 알려진 글이다.

19 원문은 "오하참의(吾何僭矣)"로 『춘추공양전』 소공 25년 기사에 나온다. 바로 뒤에 이어지는 "대부는 제후를…… 제후는 천자를 넘어서며"도 같은 기사에 있다.

20 원문은 "낙절례악(樂節禮樂)"으로 『논어』 「계씨」에 나온다. 이 구절을 '요절례악'으로 읽기도 한다.

21 '이민(吏民)'은 '관리와 작위를 가진 평민'을 이른다. 한나라 말기로 가면서 '하급 아전과 평민'의 뜻으로 쓰였다.

22 "여자라면 원녀(怨女)가 많고 남자는 광부(曠夫)가 많습니다."의 원문은 "내다원녀, 외다광부(内多怨女, 外多曠夫)"이다. 여기에서 '원녀'는 '홀대받는 제후나 부호 또는 이민의 첩'이고, '광부'는 '짝이 없는 성년 남자'이다. 『맹자』 「양혜왕하」의 "내무원녀, 외무광부(内無怨女, 外無曠夫)"의 뜻은 '혼기를 놓친 성년 여자와 남자가 없다'로서 여기에 나오는 뜻과 조금 다르다. 한편 『후한서』 「주거전(周擧傳)」에 나오는 "내적원녀, 외유광부(内積怨女, 外有曠夫)"는 '황궁 안에는 궁녀가 많고 황궁 밖에는 홀아비가 많다' 또는 '대전 안에는 궁녀가 많고, 대전 밖에는 환관이 많다'로 해석한다.

23 원문은 "천난심사, 불이유왕(天難諶斯, 不易惟王)"과 "상제림녀, 무이이심(上帝臨女, 毋貳爾心)"으로 『시경』 「대아」 '대명(大明)'에 나온다.

24 원문은 "당인불양(當仁不讓)"으로 『논어』 「위 영공」에는 "당인불양어사(當仁不讓於師)"로 나온다.

25 "고향 땅"의 원문은 "회토(懷土)"로 『논어』 「이인」의 "군자회덕, 소인회토(君子懷德, 小人懷土)"에서 나온 말이다. '회토'를 '안정되게 정착할 땅을 찾고 싶어하다'로 옮기기도 한다.

26 "마침"의 원문은 "회(會)"인데 '마침'으로 옮기면 공우가 장신소부가 되자마자 진만년의 뒤를 이어 어사대부로 승진한 것이 된다. 『자치통감』 28권에 따르면 초원 5년 6월에 진만년이 죽고 공우가 어사대부에 오르는 것으로 나오는데 초원 3년에 공우가 장신소부로 있었다는 사실도 기록되어 있으므로 이 부분과 맞지 않는다.

27 '부산(賦筭)'은 성년 인두세로 「고제기」에는 산부(筭賦)로 나오며 다른 서적에

서도 '산부'로 쓴 예가 더 많다. '구전(口錢)'은 무제 때부터 걷기 시작한 미성년 인두세이다. '부산'과 '구전'은 남녀를 가리지 않고 거두었다.

28 『자치통감』 28권에 따르면 초원 3년 여름에 장신소부로 있던 공우가 올린 상소이다. 원제가 이 상소를 받아들여 감천궁과 건장궁의 호위 군사를 모두 농사를 짓게 내보냈다.

29 '贅'를 『당운』의 '지예절(之芮切)'과 『집운』과 『고금운회거요』의 '주예절(朱芮切)'을 적용하면 '졔'가 되어야 할 것이나 통용되고 있는 '췌'로 썼다.

30 "대전(大篆) 서체를 정확하게 쓰면서"의 원문은 "교사서(巧史書)"이다. 『한서』를 통틀어 일곱 군데에 걸쳐 나오는 '사서(史書)'를 안사고가 「원제기」에 달아 둔 주를 참고하여 '대전 서체'로 옮겼다. 한나라 때에도 주 선왕(周宣王) 때에 나온 『사주편(史籀篇)』으로 '대전 서체'를 익혔다.

31 무제가 상림원에 지었던 장막으로 외관을 보석으로 화려하게 꾸몄다. 갑장은 신을 모신 곳이고 을장은 무제가 휴식하던 곳이었다.

32 공우는 초원 5년 겨울 12월 정미일에 세상을 떠났다. 설광덕(薛廣德)이 그 뒤를 이어 어사대부가 되었다.

33 이때의 태황태후는 원제의 황후이자 왕망의 고모 왕정군이었다.

34 공승과 공사는 한나라 제후국인 초나라 사람이었다. 공사 생전에는 초나라가 제후왕국이었으나 공사가 죽고 왕망이 신(新)나라를 세우면서 군(郡)으로 개편되었다가 광무제 때에 다시 왕국으로 돌아갔다.

35 거찰 연간은 왕망이 황제에 즉위하기 전으로 유영(劉嬰)이 재위하고 있었다.

36 원제는 한 아들과 두 손자가 황위에 올랐다. 황후 왕정군의 아들이 성제가 되었고 부 태후의 손자가 애제가 되었으며 풍 태후의 손자가 평제가 되었다. 풍 태후는 풍봉세(馮奉世)의 딸이었다.

37 「간애제서(諫哀帝書)」로 알려진 글이다.

38 공공(共工), 환두(驩兜), 삼묘(三苗), 곤(鯀)을 이른다.

39 이 시의 원문은 "시구재상, 기자칠혜. 숙인군자, 기의일혜(尸鳩在桑, 其子七兮. 淑人君子, 其儀一兮)"이다.

40 「애제기」에 함곡관 동쪽 백성들이 서왕모(西王母) 사당에 가서 점을 치던 일이 기록되어 있다.

41 「청구파면동현서(請求罷免董賢書)」로 알려진 글이다.

42 '볕에 말리다'라는 뜻으로 쓴 '暴'을 『집운』, 『고금운회거요』, 『홍무정운』의 '보목절(步木切)'의 '복(僕)'에 따라 '복'으로 썼다. '복실'은 황궁 안의 후궁 거처 구역에 있던 물들인 천을 말리는 곳이었다. 병든 후궁의 요양처로도 썼다.

43 애제 때에 어사대부를 없애고 어사중승으로 어사대부를 대신하게 했다.

44 한나라 법에서는 죄인과 사흘 이상 함께 지낸 자는 그자의 범법 사실을 알고도 숨겨 주었다고 하여 지정죄(知情罪)로 쳤다. 보선은 한 끼 식사를 같이한 것뿐이었으므로 부지정(不知情)에 해당되어 죄가 성립되지 않았으나 왕망이 내린 명령에 따라 하옥되었다.

45 '逡'을 안사고의 주에 따라 '천순반(千旬反)'의 '춘'으로 썼다.

46 「왕망전」에 따르면 기춘은 봉덕후(封德侯), 당림은 건덕후(建德侯), 당존은 평화후(平化侯)에 봉해졌다.

47 후한의 광무제를 이른다.

48 원문은 "군자지도야, 혹출혹처, 혹묵혹어(君子之道也, 或出或處, 或默或語)"로 『역전』 「계사상전」에 나온다.

49 원문은 "수사선도(守死善道)"로 『논어』 「태백」에 나온다.

50 원문은 "정이불량(貞而不諒)"으로 『논어』 「위 영공」에 나온다.

43 | 위현전 韋賢傳

1 유무는 오초의 난을 일으켰다가 실패하고 자결하여 시호가 없다.

2 응소의 주에 따르면 오복은 전복(甸服), 후복(侯服), 수복(綏服), 요복(要服), 황복(荒服)이다. 『상서(尙書)』 「우공(禹貢)」이 출전이다.

3 고조 유방의 이복동생인 유교(劉交)가 초 원왕에 봉해졌다.

4 오초의 난을 일으켰다가 자살한 초왕 유무를 가리킨다.

5 황발은 머리가 빠졌다가 새로 노란 머리가 나기 시작한 노인을 이른다. 『상서』 「진서(秦誓)」가 출전이다.

6 늙은 신하가 고향으로 돌아가 하사받은 수레를 거꾸로 걸어 두던 의례로 「설광덕전」에 처음 나온다.

7 역대 학자들이 고침령(高寢令)을 고침 현령으로 보았으나 지명은 비정하지 못했

다. 진작은 '고침령'을 『전천추전(田千秋傳)』에 나오는 고묘침랑(高廟寢郞)이나
『풍참전(馮參傳)』에 나오는 능침중랑(陵寢中郞) 같은 직책으로 보았다. 이 직책
은 태상(太常)에 소속되어 각 황제의 사당과 능침을 관리하는 장승(長丞)이다.

8 "영에 가득 채우다"의 원문은 "만영(滿籯)"이다. 여순(如淳)의 주에 따르면 영
   (籯)은 3~4두들이 죽기(竹器)로 진류(陳留) 사람들이 사용했다. 이에 대해 동
   진(東晉) 학자 채모(蔡謨)는 "만영은 많다는 뜻으로 그릇 이름이 아니며, 자신의
   고향이 진(陳)인데 진류에서 그런 그릇을 쓴다는 말을 듣지 못했다."라고 했다.
   안사고는 『설문해자(說文解字)』에 "영(籯)은 령(笭)이다."라고 나오고 양웅(楊
   雄)의 『방언(方言)』에 "진(陳), 초(楚), 송(宋), 위(魏) 지방에서 소(筲)를 영(籯)
   이라고 한다."라고 한 것을 인용하면서 광롱(筐籠)에 속하는 기물이라고 했다.
   또 판본에 따라 영(籯)이 영(盈)으로 되어 있는데 '가득하다'라는 뜻으로 두 글
   자가 통하겠다고 했다.

9 "전혀 영광스러운 일이 아니므로"의 원문은 "광요암(光曜晻)"인데 '깜깜하다'라
   는 뜻으로 해석하기도 한다.

10 "밖에서…… 바랍니다."의 원문은 "원소문풍성(願少聞風聲)"이다. 이 부분을 '말
   씀을 조금이나마 전해 듣기를 바란다'로 해석하기도 한다.

11 "예절과…… 다스리는"의 원문은 "이례양위국(以禮讓爲國)"으로 『논어』「이인」
   에 나온다.

12 「백관표」에 따르면 위현성은 하내 태수로 있다가 위위가 되었다고 나온다.

13 여기에 나오는 '백(伯)' 자는 '패(霸)'와 통한다. 하, 은, 주 삼대에도 왕의 힘이 미약
   해졌을 때 제후를 통솔하던 패자가 있었다. 이를 '삼대의 오패(五伯)'라고 한다.
   하나라 때의 곤오(昆吾), 은나라 때의 대팽과 시위, 주나라 때의 제 환공과 진
   문공이다.

14 왕망 때의 일이다.

15 한 고조 부친의 사당이다.

16 선제의 부친인 사 황손(史皇孫)이다.

17 '便'을 『광운』의 '비면절(婢面切)', 『집운』, 『고금운회거요』, 『홍무정운』의 '비면
   절(毗面切)'의 '변(卞)'에 따라 '변'으로 썼다.

18 소령후는 고조의 어머니이다. 무애왕은 고조의 맏형인 유백(劉伯)이고 소애후
   는 고조의 누나이다. 효문태후는 고조의 후궁이었던 박희(薄姬)이고 효소태후

는 무제의 후궁이었던 구익 부인 조(趙) 접여이다. 위 사후는 무제의 황후였던 위자부이다. 여 태자는 무제와 위자부 소생의 아들이었고 여후는 여 태자의 후궁이었던 사 양제이다.

19 바로 아래에 위현성 등 일흔 명이 『춘추』의 뜻에 따라 제후의 땅에서 천자의 제자를 올리지 않아야 한다는 상소를 올린 내용이 나온다. 공우가 여기에서 "옛 제도에 부합하지 않으므로"라고 한 것은 이 뜻을 이른 것이라고 추정된다.

20 원문은 "오불예제, 여불제(吾不與祭, 如不祭)"로 『논어』「팔일」에 나온다. '與'의 음을 안사고의 주에 따라 '예(預)'의 '예'로 썼다.

21 원문은 "유래옹옹, 지지숙숙, 상유벽공, 천자목목(有來雍雍, 至止肅肅, 相維辟公, 天子穆穆)"으로 『시경』「주송」 '옹'에 나오는 내용이다.

22 '조(祖)'는 개국 군주에, '종(宗)'은 덕정을 베푼 군주에게 붙인다.

23 소(昭)와 목(穆)은 신주를 배치하는 순서를 이르는 용어로 중심 신주의 왼쪽에 윗대를, 오른쪽에 아랫대를 배치하게 되어 있다. 위현성의 주장에 따르면 손자와 증손자가 다시 아버지와 아들로서 소와 목 자리에 배치된다. 그러나 꼭 이 순서를 따른 것은 아니었다.

24 원문은 "왕자체기조자출, 이기조배지, 이립사묘(王者禘其祖自出, 以其祖配之, 而立四廟)"로 『예기』「상복소기(喪服小記)」에는 "왕자체기조지소자출(王者禘其祖之所自出)"로 나온다. 『예기』「대전(大傳)」의 첫머리에도 "자체기조지소자출, 이기조배지(者禘其祖之所自出, 以其祖配之)"가 나온다.

25 장안의 주에 따르면 여기에 나오는 '황고'는 '도황고(悼皇考)'로 선제의 아버지이자 원제의 할아버지인 사 황손을 이른다.

26 "사적인…… 만들지 못하게 했고"의 원문은 "죄인불노, 불사기리(罪人不帑, 不私其利)"이다. 안사고는 이를 한 구절로 보아 '죄인의 처자식을 노비로 만들지 못하게 하여 관리들이 사적으로 이익을 취하지 못하게 했다'라고 해석했으나 여기에서는 '불사기리(不私其利)'가 필사 과정에서 뒤로 밀린 것으로 추정하고 순서를 바꾸어 옮겼다. 그것은 『사기』「문제 본기」에서 "감기욕, 불수헌, 불사기리야(減嗜欲, 不受獻, 不私其利也)"와 "죄인불노, 불주무죄(罪人不帑, 不誅無罪)"라고 하여 두 가지 다른 내용을 서술하고 있기 때문이다.

27 "사람의…… 잇게 하셨으니"의 원문은 "중절인류(重絶人類)"이다. 『사기』「문제 본기」에는 "중절인지세(重絶人之世)"로 나오는데 여기에서는 『사기』의 뜻대로

옮겼다.

28 "장로들에게 재물을 하사했으며"의 원문은 "빈사(寬賜)"이다. 『사기』「문제 본기」에는 '상사(賞賜)'로 나오므로 여기에서는 '빈사'를 '상사'의 오류로 보았다.

29 황고는 선제의 아버지이지만 황제가 아니었기 때문에 소목의 서열 밖에 있다는 뜻이다.

30 위 태자의 손자 효선제는 위 태자의 동생 효소제의 종손(從孫)이다.

31 "두 분······ 맞을 것이다."의 원문은 "어의일체(於義壹體)"로 여기에서는 안사고의 주에 따라 조손(祖孫) 항렬인 소제와 선제의 신주를 함께 소(昭) 자리에 놓는 것으로 옮겼다.

32 원문은 "제불욕삭, 삭즉독, 독즉불경(祭不欲數, 數則瀆, 瀆則不敬)"이다. 안사고는 『예기』「제법(祭法)」에 나오는 귀절이라고 했지만 현존하는 『예기』「제의(祭義)」에 "제불욕삭, 삭즉번, 번즉불경(祭不欲數, 數則煩, 煩則不敬)"이라는 구절이 있다.

33 "능의 침전에서 지내는 제사"의 원문은 "침사원(寢祠園)"이다. 이 단어는 『한서』의 이 부분을 제외하고는 다른 사서에서 나타나지 않는다. 『전한기』권22 건소 원년 기사에는 "파효문태후효소태후침원(罷孝文太后孝昭太后寢園)"이라고 하여 '침원(寢園)'으로 나온다. 여기에서는 『전한기』의 뜻에 따라 옮겼다.

34 원제 건소 3년인 기원전 36년 6월에 위현성이 죽자 7월에 광형이 승상에 임명되었다.

35 안사고의 주에 따르면 '오속'은 상례를 지낼 때 '오복(五服)', 즉 참최(斬衰), 재최(齊衰), 대공(大功), 소공(小功), 사마(緦麻)를 입는 집안 촌수를 이른다.

36 하나라와 은나라 때부터 봄과 가을에 올리던 제사의 이름이다. 『예기』「제통(祭統)」에 따르면 철마다 제사를 올리는데 양(陽)에 속하는 봄 제사는 약(礿), 여름 제사는 체(禘)라고 하고, 음(陰)에 속하는 가을 제사는 상(嘗), 겨울 제사는 증(烝)이라고 했다. 이중에서도 체 제사와 상 제사를 성대하게 올렸다.

37 원문은 "박벌험윤, 지우태원(薄伐玁狁, 至于太原)"으로 『시경』「소아」 '유월(六月)'에 나온다.

38 원문은 "탄탄퇴퇴, 여정여뢰, 현윤방숙, 정벌험윤, 형만래위(嘽嘽推推, 如霆如雷, 顯允方叔, 征伐玁狁, 荊蠻來威)"로 『시경』「소아」 '채규(采芑)'에는 '탄탄퇴퇴(嘽嘽推推)'가 '탄탄퇴퇴(嘽嘽焞焞)'로 나온다. 역대 학자들은 『한서』에만 '퇴퇴(推推)'를 썼다고 했다. 「진탕전(陳湯傳)」에는 '퇴퇴(推推)'가 '퇴퇴(焞焞)'로 나온

다. '焞'의 음을 『집운』, 『홍무정운』의 '통회절(通回切)'과 『고금운회거요』의 '토뢰절(吐雷切)'의 퇴(推)로 썼다.

39 원문은 "미관중, 오기피발좌임의(微管仲, 吾其被髮左衽矣)"로 『논어』「헌문」에 나온다. 여기에서 '좌임'은 오른쪽 섶을 왼쪽 섶 위로 여민 상태이다.

40 무제 때에 주나라 왕실의 후예인 희가(姬嘉)를 주자남군(周子南君)에 봉했다.

41 『예기』 「왕제(王制)」의 원문은 "천자칠묘, 삼소삼목, 여대조지묘이칠, 제후오묘, 이소이목, 여대조지묘이오(天子七廟, 三昭三穆, 與大祖之廟而七, 諸侯五廟, 二昭二穆, 與大祖之廟而五)"이다. 『춘추곡량전』의 소공(昭公) 7년에도 관련 내용이 나온다.

42 원문은 "덕후자류광, 덕박자류비(德厚者流光, 德薄者流卑)"로 『춘추곡량전』 희공(僖公) 15년에 나온다.

43 원문은 "각위부동, 예역이수(名位不同, 禮亦異數)"로 『춘추좌씨전』 장공(莊公) 18년 기사 해설에 나온다.

44 안사고의 주에 따르면 태갑(太甲)은 탕왕의 손자이고 태정(太丁)의 아들이다. 태무(太戊)는 태경(太庚)의 아들이자 옹기(雍己)의 동생이다. 무정(武丁)은 소을(小乙)의 아들이다.

45 안사고의 주에 따르면 「무일(毋逸)」은 『상서』의 편명으로 안락하게 살지 말 것을 권고하는 내용이다.

46 원문은 "부성왕지제제사야, 공시어민즉사지, 이로정국즉사지, 능구대재즉사지(夫聖王之制祀也, 功施於民則祀之, 以勞定國則祀之, 能救大災則祀之)"로 『예기』 「제법(祭法)」에 나오는 "부성왕지제제사야, 법시어민즉사지. 이사근사즉사지, 이로정국즉사지, 능어대재즉사지, 능한대환즉사지(夫聖王之制祭祀也, 法施於民則祀之. 以死勤事則祀之, 以勞定國則祀之, 能禦大菑則祀之, 能捍大患則祀之)"와 관련된 내용이다. 『예기』는 하간 헌왕(河間獻王)이 수집하긴 했으나 대덕(戴德)과 대성(戴聖)이 중복되는 내용을 삭제하면서 『대대례(大戴禮)』와 『소대례(小戴禮)』로 완성했다. 여기에서 유흠이 '사전(祀典)'에 나오는 내용을 인용한다고 했으나 『예기』에는 '사전' 편이 없다. 『전한기』에도 왕순과 유흠의 이 주장을 신고 있는데, 편명 없이 그저 『예기』에서 인용했다고만 나온다.

47 원문은 "폐불감당, 물전물벌, 소백소발(蔽芾甘棠, 勿翦勿伐, 邵伯所茇)"로 『시경』 「소남」 '감당(甘棠)'에 나온다.

48 채의(蔡義)를 이른다.

49 위상(魏相)을 이른다.

50 고조의 후궁 박희(薄姬)로 문제의 생모이다.

51 무제의 후궁 조 접여로 소제의 생모이다.

52 후한 광무제 건무 2년에 대사도를 사도(司徒)로 개명했다. 반고는 『한서』에 자신의 아버지 반표가 지은 찬을 세 차례 인용했다.

53 이 내용은 「광형전」이 아닌 「교사지(郊祀志)」에 자세한 내용이 나온다.

54 애제 원수 2년 5월에 정식으로 삼공관 제도를 두면서 이전의 승상이 대사도가, 태위는 대사마, 어사대부는 대사공이 되었다. 이는 성제 때에 하무가 건의한 바에 따른 것이다.

44 | 위상·병길 전 魏相丙吉傳

1 출전은 『역』 「계사하전」의 "군자장기어신, 대시이동(君子臧器於身, 待時而動)"이다.

2 선제의 황후 허평군(許平君)의 아버지 허광한(許廣漢)으로 창성군(昌成君)이었다가 원제가 황태자로 책봉되면서 평은후에 봉해졌다. 위상이 이 상소를 올릴때 허광한은 창성군이었다.

3 "송나라 제후가…… 혼인한 것을 옳게 보지 않았는데"의 원문은 "오송삼세위대부(惡宋三世爲大夫)"이다. 『춘추공양전』 문공(文公) 7년 기사 "송삼세무대부, 삼세내취야(宋三世無大夫, 三世內娶也)"가 출전이다. 안사고의 주에 나오듯이 「오행지」 중지하(中之下)에도 동중서(董仲舒)가 이 내용을 언급했다. 송나라 제후 삼대 상공(襄公), 성공(成公), 소공(昭公)이 같은 부족 출신의 동성(同姓) 대부의 딸과 혼인하여 제대로 된 제후의 예를 차리지 못했다.

4 『춘추』와 『춘추좌씨전』, 『춘추공양전』 등에 계씨 집안이 전권을 휘두르는 내용에 대해 기록하고 있다. 특히 『춘추』에는 계우(季友)가 옹립한 희공(僖公)의 즉위 기사를 아예 기록하지 않았다.

5 한 무제 후원 2년(기원전 87년)에 소제를 황태자로 세운 뒤에 곽광을 대사마 대장군으로 하여 섭정하게 했다. 그 뒤로 곽광이 정사를 도맡아 처리했다. 『논어』 「계씨」에 나오는 "녹지거공실, 오세의. 정체어대부, 사세의(祿之去公室, 五世矣,

政逮於大夫, 四世矣)"를 빌려 말하고 있다.

6 한나라 때 서역에 있던 나라로서 지금의 신강 위구르 자치구 투르판에 있었다. 동남쪽으로 돈황, 남쪽으로 누란, 서북쪽으로 오손, 동북쪽으로 흉노와 통하던 교통 요지에 있었다. 제66 「서역전 하」에 나온다.

7 흉노의 서부 지역을 이른다. 흉노에서 한나라 쪽을 내려다보며 방향을 잡으면 흉노의 오른쪽이 된다.

8 원문은 "군려지후, 필유흉년(軍旅之後, 必有凶年)"으로 『도덕경』 30장에는 "대군지후, 필유흉년(大軍之後, 必有凶年)"으로 나온다.

9 원문은 '오공계손지우, 부재전유, 이소장지내야(吾恐季孫之憂, 不在顓臾, 而在蕭牆之內也)'로 『논어』 「계씨」에 나온다. 공자가 이 말을 했을 때 노나라의 제후는 정공(定公)이었다. '소장지내'는 '노나라 내부'를 뜻한다.

10 양수달은 이 다음에 나오는 위상의 상소문을 참고하여 위상의 스승이 '맹씨역(孟氏易)' 학파의 시조인 맹희(孟喜)일 것이라고 추정했다.

11 『역음양』과 『명당월령』은 「예문지」에 소개된 서적이나 현존하지 않는다. 『역음양』에 대해서는 『역』의 해설서라는 설과 종류가 다른 『역』이라는 설이 있다. 『명당월령』은 주나라 이후 다달이 조정에서 행해야 할 행사와 업무를 정리한 책이다.

12 원문은 "천지이순동, 고일월불과, 사시불특. 성왕이순동, 고형벌청이민복(天地以順動, 故日月不過, 四時不忒. 聖王以順動, 故刑罰淸而民服)"으로 『역』 「예괘상사(豫卦象辭)」에 나온다.

13 염(廉)은 재물을 탐하지 않는 마음이고 치(恥)는 부끄러움을 아는 마음이다

14 소하(蕭何)와 주창(周昌), 왕릉(王陵)과 숙손통(叔孫通)을 이른다.

15 진직은 '상'과 '장'을 두 사람의 이름으로 보았다.

16 위홍은 말을 타고 종묘 앞을 지나가는 대불경죄를 지었다.

17 「선제기」에는 조징경(趙徵卿)으로 나온다.

18 원문은 "무덕불보(亡德不報)"로 『시경』 「대아」 '억(抑)'에는 "무덕불보(無德不報)"로 나온다.

19 분명은 비상 작전을 수행하던 부대이다.

20 행정 문서와 편지를 봉해 넣던 주머니였다. 문서를 봉해 넣던 주머니로 「외척전」에 녹제방저(綠綈方底) 또는 녹낭(綠囊)이 나온다.

21 여기에서 "치워 놓은 길"의 원문은 "청도(淸道)"이다. 안사고는 황제 행차에 앞서 길을 치우는 것이라고 해석했다. 그러나 문맥으로 보아 승상의 행차에도 길을 치운 것을 알 수 있다.

22 안사고는 원래 작위가 있었으나 없어진 뒤에 병졸의 대오에 끼어 있었으므로 '사오(士伍)'라는 명칭을 썼다고 설명했다.

23 여기에 나오는 '수승'을 두고 '태수 휘하의 승'이라는 설과 '옥을 지키는 승'이라는 설이 대립한다.

24 춘추 시대 진(晉)나라 사람이다.

25 원문은 "선선급자손(善善及子孫)"으로 『춘추공양전』에 나오는 내용이다.

26 '肱'의 음을 『광운』의 '고홍절(古弘切)'과 『집운』의 '고홍절(姑弘切)'에 따라 '공'으로 썼다.

27 『상서』 「우서」 '익직(益稷)'에 "원수명재, 고굉양재(元首明哉, 股肱良哉)"라는 말이 나온다. 여기에서 사람의 머리라는 뜻의 '원수'를 '임금'이라는 뜻으로, 허벅지라는 뜻의 '고공'을 '신하'라는 뜻으로 썼다.

45 │ 쉬 · 양하후 · 경 · 익 · 이 전 眭兩夏侯京翼李傳

1 사람의 성에 쓰인 '眭'를 『광운』의 '식위절(息爲切)', 『집운』의 '선위절(宣爲切)'에 따라 '쉬'로 썼다.

2 '공손'은 위 태자의 이모부였던 공손하(公孫賀) 집안을 이른다. '병이'는 선제의 이름이다.

3 노나라 도읍 노현(魯縣), 즉 곡부(曲阜) 출신이다.

4 「무제기」와 「오행지」에 따르면 태초 원년 11월 을유일에 백량대에 불이 났다.

5 무제의 다섯째 아들인 창읍 애왕 유박(劉髆)을 이른다. 무제의 막내아들은 소제였다. 그러나 이때는 아직 태어나기 전이다.

6 경제(景帝)의 넷째 아들이다.

7 기원전 52년에 선제가 셋째 아들 유우(劉宇)를 동평왕에 봉했다.

8 「홍범오행전」은 『상서』 「홍범」을 오행 사상을 통해 해석한 것이다. 하후시창이 지은 것으로 알려져 있으며, 여기에 유향(劉向)이 주를 달아 「홍범오행전론(洪

範五行傳論)」을 남겼다. 「홍범오행전」의 저자가 복생(伏生)이라는 설도 있다. 현재 『상서대전』으로 전해지고 있다.

9 원문은 "거법(擧法)"이다. 이 표현은 『한서』를 통틀어 두 번 나온다. 여기에서 '거(擧)'는 '탄핵하다' 또는 '기소하다'라는 동사로, '법(法)'은 '법에 따라 판결하여 형벌을 내리다'라는 동사로 보았다. 「백관공경표」에 나오는 '제리득거법(諸吏得擧法)'에도 이 풀이를 적용할 수 있다.

10 원문은 "조문도, 석사가의(朝聞道, 夕死可矣)"로 『논어』 「이인」에 나온다.

11 『상서』 연구로 일가를 이룬 구양씨 가문 여덟 대 중의 제4대 인물로 구양생(歐陽生)의 증손자다. 하후건은 구양고의 제자로 『금문상서』 소하후학파(小夏侯學派)의 창시자가 되었다.

12 맹강은 '분괘치일법'을 "한 효가 하루를 대표하여 예순네 개의 괘를 360일에 맞추되〔먼저 예순 개의 괘를 쓰고〕나머지 네 개의 괘인 진(震), 리(離), 태(兌), 감(坎)은 방백(方伯)과 감사(監司) 일을 보는 관리로 배정했다. 그래서 이 네 개의 괘는 하지와 동지, 춘분과 추분의 일에 해당하게 했고, 사철마다 제왕의 운수를 대표하게 했다. 각 괘가 시간을 대표하므로 이 점법으로 어떤 날의 좋고 나쁨을 알아볼 수 있다."라고 소개했다. 분괘치일법은 소제와 선제 때의 학자인 맹희(孟喜)의 괘기설(卦氣說)을 계승한 것이다.

13 원문은 "상하도(尙何道)"로 '하(何)'를 '관형어'로 보았다. 이 귀절은 '하(何)'를 '부사어'로 보아 '왜 그런 질문을 하십니까?'로 옮기기도 한다.

14 『한서고이(漢書考異)』를 지은 청나라 학자 전대흔(錢大昕)의 고증에 따르면 3월 초하루라야 맞다. 전대흔의 고증에 따르면 건소 2년은 기원전 37년으로 이 구절 다음에 나오는 신유일은 정월 28일이고 기묘일은 2월 16일, 경진일은 2월 17일, 신사일은 2월 18일이다. 전대흔의 고증에 따르면 경방이 태수로 나가기로 결정된 것은 2월 16일 무렵이었고 정식으로 임명된 것은 3월 초하루의 일로 보인다.

그러나 『전한기』 23과 『자치통감』 「한기」 21에 따르면 경방이 고공과리법을 건의한 뒤에 위군 태수에 임명된 것은 건소 2년 6월의 일이었다. 전대흔은 이 기록들을 고려하지 않은 채 「경방전」의 기록만 가지고 날짜를 고증했다. 『전한기』와 『자치통감』의 기록에 따른다면 기묘일은 6월 18일이고 신사일은 6월 20일이 된다.

15 맹강의 주에 따르면 경방은 태음(太陰)을 상징하는 소괘(消卦)와 태양(太陽)을

상징하는 식괘(息卦)를 군주에 비유하고 소음(少陰)과 소양(少陽)이 상징하는
다른 괘들은 신하에 비유하고 있다.

16 『자치통감』「한기」 21에 따르면 경방은 가을에 장안을 떠났다.

17 현재 쓰고 있는 만세력에 따르면 여기에 나오는 병술일은 6월 25일, 정해일은 6월
26일이고, 무자일은 6월 27일이다.

18 맹강의 주에 따르면 하루를 80분으로 나누되 자시(子時)부터 시작해서 나누게
되어 있었다. 무자일 50분은 이미 해가 서쪽으로 기울기 시작했을 때인데 동트
기 전에 나타나는 햇무리가 오후에 나타났으므로 신하들의 세력이 커져서 군주
가 이길 수 없게 된 것을 의미한다.

19 회양 헌왕의 이복동생인 초 효왕(楚孝王) 유효(劉囂)를 이르는 듯하다.

20 위현성(韋玄成)을 이른다.

21 「유림전」에 따르면 이 세 사람의 스승은 후창(后蒼)이다.

22 '십이율'은 '십이지(十二支),' 곧 자(子), 축(丑), 인(寅), 묘(卯), 진(辰), 사(巳), 오
(午), 미(未), 신(申), 유(酉), 술(戌), 해(亥)이다.

23 맹강의 주에 따르면 '상방(上方)'은 양기가 싹트는 곳으로 북방과 동방 사이의
방향이다.

24 맹강의 주에 따르면 '하방(下方)'은 음기가 싹트는 곳으로 남방과 서방 사이의
방향이다.

25 장안의 주에 따르면 이날은 원제 초원 2년 정월 22일이다.

26 원문은 "현제인, 장제용(顯諸仁, 臧諸用)"으로 『역전』「계사상전」에 나온다.

27 위에서 익봉이 황제에게 육정과 십이율을 이용하여 사람을 판단하는 방법을 가
르친 것을 초원 2년의 일이라고 했으므로 이해는 초원 2년이라야 하겠으나 「원
제기」에 따르면 함곡관 동쪽에 큰물이 진 해는 초원 원년이다.

28 「원제기」에도 이 조서가 실려 있는데 조서를 내린 시점이 초원 2년 3월로 되어
있고 내용도 차이가 크다. 이 조서는 명나라의 매정조(梅鼎祚)가 엮은 『서한문
기(西漢文紀)』에 두 번 나오는데, 권3에 실린 초원 2년 3월에 내린 「지진조(地震
詔)」는 「원제기」의 것과 같은 내용으로 바로 뒤에 「익봉전」에 실린 내용을 실
어 참고할 수 있게 해 놓았다. 권14에 실린 「원제사천하구직언조(元帝敕天下求
直言詔)」는 권3에 실린 「지진조」와 거의 같은 내용이지만 「익봉전」에서처럼 한
해에 지진이 두 차례 일어났다는 사실을 명기하고 있어 3월이 아닌 7월에 내린

조서로 보인다. 송나라의 진덕수(真德秀)가 엮은『문장정종(文章正宗)』권2에는 「재이사천하조(災異赦天下詔)」라는 제목으로, 청나라 강희(康熙) 24년에 나온 『어선고문연감(御選古文淵鑒)』권10에는 「지진사천하조(地震赦天下詔)」라는 제목으로「원제기」의 것이 실려 있다. 두 조서의 내용을 비교해 볼 때 지진이 일어났던 3월과 7월에 각각 조서를 내렸는데 내용이 비슷했던 것으로 보인다. 한편 「원제기」에는 익봉의 이름이 한 군데에도 언급되어 있지 않다.

29 안사고의 주에 따라 '獂'을 '환(桓)'의 '환'으로 썼다.

30 응소는 '오제(五際)'를 '군신(君臣), 부자(父子), 형제(兄弟), 부부(夫婦), 붕우(朋友)'로 해석했으나 맹강은『시내전(詩內傳)』을 인용하여 음양의 처음과 끝이 만나기 때문에 변화가 일어나는 시점인 '묘(卯), 유(酉), 오(午), 술(戌), 해(亥)'라고 했다. 제소남의 고증에 따르면 '오제'는 '혁명(革命)의 해(亥), 천문(天門)의 해(亥), 음양교제(陰陽交際)의 묘(卯), 양사음흥(陽謝陰興)의 오(午), 음성양미(陰盛陽微)의 유(酉)로 술(戌)은 오제에 해당되지 않는다. '술(戌)'이 '오제'에 들어간 것을 두고 제소남은 역대 학자들이 위서(緯書)에 실린 잘못된 내용을 그대로 따랐기 때문이라고 했다.

31 태음(太陰)은 그해의 간지보다 두 단계 뒤의 자리에 놓이므로, 태음이 갑술에 놓였다면 이해는 병자년이 되므로 익봉이 이 상소를 초원 4년(기원전 45년)에 올린 것이 된다. 그러나 앞뒤 문맥으로 보면 지진이 일어났던 초원 2년에 올린 것이다. 송나라 학자 오인걸(吳仁傑)도『양한간오보유(兩漢刊誤補遺)』에서 여기에 나오는 태음을 태세(太歲)로 보아 초원 2년에 올린 상소로 보았다.

32 "중춘이 되었습니다."의 원문은 "종춘(從春)"이다. 초원 2년 1월 29일이 경인일, 2월 4일이 갑오일, 2월 28일이 무오일이었다.

33 "갑술과 경인, 갑오의 천간이"부터 "바르고 청렴함을 상징하니"까지는 장안의 주를 인용하여 옮겼다.

34 노 선공(魯宣公)의 딸이자 송 공공(宋恭公)의 부인이다. 송 공공 사후, 기원전 543년에 송나라 궁실에 불이 났을 때 궁실을 떠나지 않고 절의를 지켰다.

35 「원제기」에 따르면 백학관에 화재가 난 이해는 초원 3년(기원전 46년)이다.

36 「문제기」에 따르면 효문제 즉위 23년에 노대(露臺)를 지으려고 했는데 황금 백근의 비용을 아끼기 위해 그만둔 내용이 나온다.

37 원문은 "왕무약은왕주(王毋若殷王紂)"로 주공이 성왕에게 한 말이다. 안사고의

주에 따르면 『상서』 「주서」 '무일(亡逸)'이 출전으로 "오호, 무양은왕주지미란, 흥우주덕재(烏虖, 毋若殷王紂之迷亂, 酗于酒德哉)"가 그 원문이라고 했으나 현재 전하는 '무일(舞逸)' 판본에는 "무약은왕수지미란, 흥우주덕재(無若殷王受之迷亂, 酗于酒德哉)"로 나온다.

38 원문은 "은지미상사, 극배상제. 의감우은, 준명불이(殷之未喪師, 克配上帝, 宜監于殷, 駿命不易)"로 『시경』 「대아」 '문왕'에는 "의감우은(宜鑒于殷)"으로 나온다.

39 여기에서 말하는 병자년은 초원 4년(기원전 45년)이다. 장안의 주에 따르면 태음이 동쪽 방향으로 움직인다'는 것은 병자년에는 태음이 갑자 자리에 있다가 이듬해에는 을해로, 그 이듬해에는 병자 방향으로 움직이는 것을 이른다. 장안은 여기에 언급된 병자년(초원 4년)이 이 상소를 올린 해라고 주를 달았으나, 본문에 익봉이 이 상소를 올린 것은 초원 3년 4월에 났던 백학관 화재 때문이었다는 설명이 있는 것으로 보아 초원 4년에 올린 것으로 보기는 어려울 듯하다.

40 제소남이 고증한 바에 따르면 장유는 '장자유(張子儒)'가 되어야 옳다. 「유림전(儒林傳)」에 이심과 함께 하후건에게 사사한 인물로 자유(子儒) 장무고(張無故)가 나오기 때문이다.

41 예컨대 이심은 성제 수화 2년, 형혹(熒惑)이 심(心) 자리에 들어갔을 때 적방진에게 황제를 대신하여 대신이 흉조를 받아야 한다는 의견을 올렸다. 이 의견에 따라 황제가 압력을 행사하여 승상이었던 적방진이 스스로 목숨을 끊었다.

42 원문은 "천총명(天聰明)"으로 『상서(尚書)』 「우서(虞書)」 '고요모(皐陶謨)'에 나오는 "천총명자아민총명(天聰明自我民聰明)"이 출전이다. '하늘이 듣고 보는 것은 우리 백성이 듣고 보는 것에서 비롯한다'라는 뜻이다. 안사고는 '하늘이 보고 듣기 때문에 군주는 신중하게 행동하지 않으면 안 된다'라는 뜻으로 해석했다.

43 "덕행이…… 여자를 경시"의 원문은 『논어』 「학이」에 나오는 "현현이색(賢賢易色)"이다. 이 말은 여러 가지 뜻으로 해석되는데 여기에서는 안사고의 주에 따라 옮겼다.

44 원문은 "역상일월성신(歷象日月星辰)"으로 『상서』 「우서」 '요전'에 나온다.

45 "붉은색과 누런색을 합한 기운"에 관해서는 『사기』 「천관서(天官書)」에 나오는 "성색적황이침, 소거야대양(星色赤黃而沈, 所居野大穰)"을 참고해서 옮겼다.

46 「성제기」에 따르면 건시 3년 7월에 진지궁(陳持弓)이란 여자가 큰물이 진다는 소리를 듣고 출입 허가를 받지 않은 채 미앙궁으로 뛰어들었다. 「오행지」에 따

르면 진지궁은 아홉 살 여자아이였는데 이 아이가 미앙궁으로 들어가는 것을 호위 군사가 발견하지 못했다.

47 「성제기」에 따르면 진지궁 사건이 일어난 해의 12월에 미앙궁에 지진이 일어났다는 기록이 있다.

48 맹강의 주에 따르면 적수는 일성(一星)으로 동정의 북쪽에 있는 북하의 북쪽에 있다. 천연 십성(十星)은 북두성(北斗星) 동남쪽에 있다.

49 이 구절의 원문은 "일식유배향(日蝕有背鄉)"이다. 「천문지」의 설명에 따르면 금환일식으로 보인다.

50 천문과 음양 및 술수에 대해 능통한 인재를 이른다.

51 『사기』「천관서」와 「천문지」의 '현토탄(縣土炭)'을 참고하여 옮겼다.

52 『애제기』에 따르면 애제 즉위년인 성제 수화 2년 가을에 지진이 있었다. 사마광은 『자치통감고이(資治通鑑考異)』에서 「공경표」를 인용하여 부희가 이해 2월에 우장군으로 승진했으므로 위위의 신분으로 이심을 만난 것이 아니었다는 점을 밝혀 두었다.

53 "옥당서"의 원문은 "옥당지서(玉堂之署)"이다. 안사고는 "옥당전이 미앙궁 안에 있다."라고 했다. 왕선겸은 청나라 학자 하작(何焯)의 『독서기(讀書記)』를 인용하여 한나라 때에는 대조하는 신하들이 옥당전에 있었으며, 당나라 때에는 한림원(翰林院)에 있었다고 했다. 『한서』를 통틀어 공거(公車)와 금마문(金馬門)에서 대조한 예가 가장 많았으나, 사안에 따라 대조하던 장소가 달랐던 것으로 보인다. 그런데 『서한회요』에 열 군데가 넘는 대조 장소가 나오는데 옥당전은 보이지 않는 대신 전중(殿中)에서 대조한 예가 있다는 기록이 있다. 『후한서』「백관지(百官志)」에 '옥당서장(玉堂署長)'이란 관직을 황궁 안에 두었다고 나오는데 해당 업무는 나오지 않는다. 송나라 학자 홍준(洪遵)이 지은 『한림군서(翰苑羣書)』에 송나라 태종이 한림학사원(翰林學士院)에 '옥당지서(玉堂之署)'라는 편액을 내린 것을 기록하고 있는데 「이심전」을 출전으로 추정하고 있다. 홍준의 설명에 따르면 미앙궁 옥당전 옆에 황궁 안에서 대조하는 신하들의 숙소가 있었다고 한다. 이를 통해 추정해 볼 때 한나라 때에 황궁에서 숙직하며 대조하면서 황제에게 자문하던 관직이 당나라 때에 이르러 한림학사로 정착된 것으로 보인다.

54 원문은 "현상저명, 막대호일월(縣象著明, 莫大乎日月)"로 『역전』「계사상전」에

나온다.

55 이예는 '금환일식'과 '암컷 무지개'가 함께 나타난 현상을 이르는 것으로 보인다. '암컷 무지개(蜺)'는 붉은색이 안쪽에 있고 보라색이 바깥쪽에 있는 무지개로, 붉은색이 바깥쪽에 있는 '수컷 무지개(虹)'보다 색이 엷다고 알려져 있다.

56 여기에서 상장과 근신은 문창궁(文昌宮)의 여섯 별을 이르는 듯하다. 『사기』 「천관서」에 따르면 '상장'은 문창궁의 첫째 별이다. 문창궁은 모두 여섯 개의 별로 이루어져 있는데, 상장과 차장(次將), 귀상(貴相), 사명(司命), 사중(司中), 사록(司祿)이다. 이중에서 귀상과 사명, 사중, 사록을 일러 근신(近臣)이라 칭한 듯하다.

57 원문에 '영혹(營惑)'이라고 되어 있지만 유반(劉攽)의 주에 따라 형혹으로 썼다.

58 '미궁'은 후궁으로 추정되는데, 후궁을 상징하는 별은 헌원성이다.

59 원문은 "삼재고적, 삼고출척(三載考績, 三考黜陟)"으로 『상서』 「우서」 '순전'에 나온다.

60 「동중서전」에 실린 한 무제의 말로 원문은 "선언천자, 필유징어인(善言天者, 必有徵於人)"이다.

61 원문은 "시지즉지, 시행즉행, 동정불실기시, 기도광명(時止則止, 時行則行, 動靜不失其時, 其道光明)"으로 「간괘상사(艮卦象辭)」에 나온다.

62 원문은 "경수민시(敬授民時)"로 『상서』 「우서」 '순전'에 나온다. 『상서』 「우서」 '순전'에는 "경수인시(敬授人時)"로 나온다.

63 『사기』 「천관서」에 따르면 '무녀'는 직녀를 뜻한다. 맹강의 주에 따르면 이 별은 수녀(須女)로 북방의 천지를 다스리는 별이자 음양의 시작과 끝이다.

64 원문은 "수왈윤하(水曰潤下)"로 『상서』 「주서」 '홍범'에 나온다.

65 원문은 "엽엽진뢰, 불녕불령, 백천비등(爆爆震電, 不寧不令, 百川沸騰)"으로 『시경』 「소아」 '시월지교'에 나온다.

66 황보경사는 외척 세도가의 대명사이다. 왕국유(王國維)는 「옥계생시년보회전서(玉溪生詩年譜會箋序)」에서 황보경사를 주 유왕(周幽王)의 왕후 보사의 아버지로 보았다. 섬서성 부풍현(扶風縣) 상강촌(上康村)에서 청나라 말기와 1933년, 두 차례에 걸쳐 함황보(函皇父) 청동기 여러 점이 발견되었다.

67 원문은 "제제다사, 문왕이녕(濟濟多士, 文王以寧)"으로 『시경』 「대아」 '문왕(文王)'에 나온다.

68 원문은 "십실지읍, 필유충신(十室之邑, 必有忠信)"으로 『논어』「공야장」에 나온다.

69 가산(賈山)이 문제에게 올린 「지언(至言)」이 출전으로 원문은 "지지미자, 선양화. 군지인자, 선양사(地之美者, 善養禾. 君之仁者, 善養士)"이다.

70 사단은 건평 원년(기원전 6년)에, 공광은 건평 2년에 면직되었다. 부 태후는 건평 2년(기원전 6년) 4월에 제태태후가 되었다가 건평 4년(기원전 3년) 6월에 황태태후가 되었다.

71 '적정자'는 적룡(赤龍)의 정기를 받은 사람을 이르는 말인데 여기에서는 한 고조를 일컫는 것으로 보인다. 「애제기」에 달린 응소의 주에 따르면 "한 고조가 적룡의 기운을 받아 태어나 적제(赤帝)의 아들이라고 자칭한 바 있으므로 하하량(夏賀良) 등이 이를 참언으로 만들었다."라고 한다. 하하량은 감충가의 제자이다.

72 「개원태초조(改元太初詔)」로 알려진 조서이다. 내용 중의 "기기개원(歷紀開元)"이 「애제기」에는 "기수개원(歷數開元)"으로 나오고, "부수천지원명(夫受天之元命)"이 『전한기』에 "부기사지원명(夫基事之元命)"으로 나오는 등 이 조서는 정확한 원문이 전해지지 않는다.

73 원문은 "오왈고종명(五曰考終命)"으로 『상서』「주서」 '홍범'에 나오는 '오복(五福)' 중의 하나이다.

74 「애제기」에 따르면 이때에 바꾼 연호는 태초원장(太初元將)으로 중국 역사상 최초로 사용한 네 글자짜리 연호이다.

75 원문은 "부자지문장가득이문. 부자지언성여천도불가득이문(夫子之文章可得而聞, 夫子之言性與天道不可得而聞)"으로 『논어』「공야장」에 나온다. 안사고는 '문장(文章)'을 『역사(易辭)』, 『역문언(易文言)』 및 『춘추』 등속으로 보았다. 여기에서는 '문장'을 '예악 제도와 법규, 역사 사실 등 공자가 고증한 중국 상고 시대 문화'로 본다. 공자는 스스로 고증한 상고 시대 문화에 관해서는 명백하게 설명하고 가르쳤지만, 천성이나 하늘의 뜻에 관해서는 신중한 태도로 언급을 꺼렸다는 뜻으로 추정된다.

76 "예측이 자주 들어맞다"의 원문은 "억즉루중(億則屢中)"으로 『논어』「선진」에 나온다.

77 안사고에 따르면 『역전』「계사상전」에 나오는 "군불밀즉실신, 신불밀즉실신(君不密則失臣, 臣不密則失身)"을 인용한 것이다.

1   안사고의 주에 따라 '盩'의 음을 '예(禮)'의 '예'로 썼다.

2   한나라 때에는 현의 경계를 이루는 곳에 계정(界亭)을 두었다. 여기에 나오는
    '계상'이 지명이 아니라 '경계를 이르는 곳'이라는 뜻일 수도 있다.

3   안사고의 주에 따라 '兒'을 '황(況)'의 '황'으로 썼다.

4   관명에 쓴 '畜'의 음을 안사고의 주에 따라 '허구반(許救反)'의 '후'로 썼다.

5   한나라에 들어와서 연나라 땅에는 제후국과 조정이 직접 관할하는 군(郡)이 여
    러 차례 바뀌면서 설치되었다.

6   흰사슴 가죽으로 만든 관이다.

7   소망지가 어사대부로 승진한 것은 신작 3년(기원전 59년)의 일이다. 한연수는
    이해에 좌풍익 대리가 되었다가 한 해를 채우고 좌풍익에 정식으로 임명되었으
    나 오봉 원년(기원전 57년)에 기시형을 당해 죽었다.

8   안사고는 이 대목을 능력이 뛰어난 한연수를 소망지가 시기하여 법으로 걸 일
    이 없는지를 찾아본 것으로 해석하고 있다.

9   종묘 제사의 제수(곡물과 짐승)를 관장하는 기구이다.

10 "수레와 갑옷"의 원문은 "거갑(車甲)"인데 '전차에 장착하는 화살을 막아 내는
    장치'로 보기도 한다.

11 향(鄕)의 재판과 징세 등을 담당하는 백석관(百石官)이다.

12 "전차 부대 출병"의 원문은 "병거출군(兵車出軍)"으로 '병거(兵車)'와 '출군(出
    軍)'을 이렇게 붙여 쓴 예는 『한서』를 통틀어 여기에 한 번뿐이다. 『사기』를 포
    함해 역대 다른 사서에도 나오지 않는 말이다. 안사고는 '군수 물자를 징발하여
    조달하다'라는 뜻의 '군흥(軍興)'으로 해석했다.

13 곽광은 이보다 앞서 황제로 옹립했던 유하를 폐위할 때 창읍국을 없애는 대신
    에 산양군을 설치했다.

14 '衰'를 안사고의 주에 따라 '초위반(初爲反)'의 '취'로 썼다.

15 "공훈"의 원문은 "용(庸)"이다. 경우본(景佑本)과 무영전본(武英殿)에는 "용(庸)"
    으로 되어 있지만 다른 판본에는 "관읍(官邑)"으로 되어 있다.

16 무제 후원 2년에서 선제 지절 2년까지 곧 기원전 87년부터 기원전 68년까지의
    스무 해이다.

17 '그믐날 서쪽 하늘에 밝은 달이 뜨는 것'을 뜻하는 '朓'를 『당운』, 『광운』, 『집운』, 『고금운회거요』, 『홍무정운』의 '토료절(土了切)'에 따라 '토'로 썼다.

18 안사고의 주에 따라 '葉'을 '식섭반(式涉反)'의 '섭'으로 썼다.

19 사람의 성에 쓰인 '絫'를 『집운』과 『고금운회거요』에 따라 '인여절(人余切)'의 '여'로 썼다.

20 『당운』과 『고금운회거요』의 '조곤절(祖昆切)'과 『집운』, 『홍무정운』의 '조곤절(租昆切)'의 음이 모두 '준(遵)'과 같다고 했다. 여기에서는 관례에 따라 '존'으로 썼다.

21 「지리지」에 요서군 해양현(海陽縣)에 염전이 있다고 나온다.

22 '虢'의 음을 『당운』과 『홍무정운』의 '고백절(古伯切)'에 따라 '괵'으로 썼다.

23 진작은 『구양상서(歐陽尚書)』에 이 '조옥(造獄)'에 관한 기사가 있다고 했다. 『구양상서(歐陽尚書)』는 곧 『금문상서』이다. 안사고는 '조옥'을 '살육하는 법 규정을 만드는 것'으로 보았다. 여기에서 '조옥'은 '형법에는 명시되지 않았으나 도덕과 풍속을 어긴 것이 명백할 때 새로 처벌 규정을 만드는 것'을 뜻한다.

24 "고유문"의 원문은 "교(敎)"이다.

25 왕길(王吉)을 이른다. 왕길의 자가 자양(子陽)이다.

26 선제의 아들 유우(劉宇)로 원제의 배다른 동생이다.

27 『시경』 「용풍(鄘風)」의 한 편이다.

28 선제의 후궁으로 동평왕 유우의 생모이다.

29 그때 황후였던 왕정군(王政君)의 오빠이다.

30 『상서(尚書)』 「우서(虞書)」 '고요모(皋陶謨)'에 따르면 '오상'은 인(仁), 의(義), 예(禮), 지(智), 신(信)을 이르고, '구덕'은 관이율(寬而栗), 유이립(柔而立), 원이공(愿而恭), 난이경(亂而敬), 요이의(擾而毅), 직이온(直而溫), 간이렴(簡而廉), 강이색(剛而塞), 강이의(強而義)를 이른다.

31 '傰'의 음에 대해 소림은 '붕(朋)', 진작은 '배(倍)'로 보았는데, 안사고는 진작의 설이 옳다고 했다.

32 "지방관"의 원문은 "치소(治所)"이다. '치소'는 '지방관이 주재하는 관아'를 뜻하는데 그 지방관을 이르는 말로 쓰였다. 안사고는 왕존에게 조서를 들고 찾아온 사례교위의 관속을 높여 부른 말이라고 해석했다. 안사고의 주에 따르자면 '사자께서는 공정하신데 저 경조는 다른 사람에 관한 일을 누설하는 일이 많다는

것입니까?'가 되어야 한다. 한편 왕존을 감독하기 위해 사자를 파견한 '사례교위'를 높여서 부르는 말로 보아야 한다는 설도 있다.

33 「공경표」에 따르면 이때의 어사대부는 장충(張忠)이었다. '中'은 '忠'의 오류인 듯하다. 『자치통감』에는 어사대부 장충이 왕존을 탄핵한 것으로 나온다.

34 안사고의 주에 따르면 경조윤은 중이천석 벼슬로 경(卿)이라고 칭했으며 여기에 나오는 두 명의 경은 전임 경조윤 중 안문(鴈門) 태수로 좌천된 왕창(王昌)과 하내(河內) 태수로 좌천된 견준(甄遵)이다.

35 「유협전」에 나오는 구장(萭章)과 같은 인물이다. 소림(蘇林)의 주에 따라 '萭'를 '구(矩)'의 '구'로 썼다. 원문에 '만(萬)'으로 나오는 것은 '萭'의 필사 오류이다.

36 「유협전」에 경조윤 왕존이 죽인 장안의 호족 중에 주시(酒市)의 조군도(趙君都)와 가위를 만들어 팔던 장회(張回)가 나오는데 이 두 사람과 같은 인물로 보인다.

37 원문은 "정언용위, 상공도천(靖言庸違, 象龔滔天)"으로 『상서』 「우서(虞書)」 '요전(舜典)'에 나온다.

38 위나라에서 기원전 413년부터 기원전 408년까지 신행된 서하 진공 작전을 성공한 뒤에 서하에 군(郡)을 설치하고 오기(吳起)를 군수에 임명했다.

39 원문은 "애지욕기생, 오지욕기사, 시혹야(愛之欲其生, 惡之欲其死, 是惑也)"와 "침륜지참불행언, 가위명의(浸潤之譖不行焉, 可謂明矣)"로 『논어』 「안연」에 나오는 말이다. 『논어』의 원문은 "애지욕기생, 오지욕기사, 기욕기생, 우욕기사, 시혹야(愛之欲其生, 惡之欲其死, 旣欲其生, 又欲其死, 是惑也)"와 "침윤지참, 부수지참, 불행언, 가위명의(浸潤之譖, 膚受之愬, 不行焉, 可謂明矣)"이다.

40 진나라 때부터 쌓은 것으로 알려진 황하의 둑. 하남성 복양현에 있다.

41 「공경표」에 따르면 왕존의 뒤를 이어 제송등(齊宋登)이 경조윤에 임명되었으나 직무를 잘 수행하지 못해서 동래(東萊) 도위로 좌천되었다.

42 소망지의 아들이다.

43 다른 두 왕씨 경조윤은 왕존과 왕준(王駿)이다.

1　『한서』를 통틀어 '위관(衛官)'이란 말이 세 번 나오는데 이 부분에 두 번 나온다. 이 말은 바로 앞에 나오는 '위위'를 받는 말로 볼 수도 있고 「숙손통전」에 나오는 예와 같이 위위 휘하의 장교로 볼 수 있다. 한편 숙위관(宿衛官)으로 보는 설도 있다.

2　오순(吳恂)이 『한서주상(漢書注商)』에서 주장한 바에 따르면 '관부문'은 상서가 일을 보고 있던 곳의 '궁부문(宮府門)'이 되어야 한다.

3　당시의 승상은 위상(魏相)이었다.

4　『논어』「위 영공」에 나오는 거백옥(蘧伯玉)으로 임금이 바른 도를 행하면 벼슬길에 나아가고 바른 도를 행하지 않으면 물러나 몸을 숨긴 인물이다. 공자가 군자라고 칭했다.

5　『시경』「대아」 '증민'에 나오는 말로 원문은 "기명차철, 이보기신(既明且哲, 以保其身)"이다.

6　선제의 황후 집안인 허씨와 할머니 집안인 사씨 일족 및 금일제 집안과 장안세 집안을 가리킨다.

7　백기는 계모의 참소로 아버지 윤길보(尹吉甫)에게 버림받았다.

8　숙무에 관해서는 『춘추좌씨전』 희공(僖公) 28년조에 관련 기사가 나온다.

9　굴원(屈原)을 이른다.

10　무왕이 타고 있던 배에 백어(白魚)가 튀어 들어온 것과 무왕이 거처하던 건물 위에서 화염이 까마귀로 변했던 것을 이른다. 안사고는 '적오(赤烏),' 곧 붉은 까마귀라고 했다.

11　원문은 "마목불가이위주, 비인불가이위주(腐木不可以爲柱, 卑人不可以爲主)"이다. 『전한기』에는 "마목불가이위규, 인비불가이위주(腐木不可以爲珪, 人卑不可以爲主)"로 나온다. 『자치통감』「한기」 23에는 "마목불가이위주, 인비불가이위주(腐木不可以爲柱, 人卑不可以爲主)"로 나온다. '인비불가이위주'는 '계집종은 주인이 될 수 없다'로 해석할 수 있는데 『전한기』에서는 미천한 출신인 조(趙) 접여가 후궁의 주인이 될 수 없음을 강조한 것으로 보인다.

12　『논어』「자로」에 나오는 "필야광견호(必也狂狷乎)"가 출전이다. '광견'은 '진취적이면서 원칙을 지키는 것'을 이른다. 안사고는 '견(狷)'을 '급(急)'으로 해석했다.

13 종묘에 땔나무를 마련하는 형이었으나 뒤에 광범위한 노역형을 이르게 되었다.

14 소제의 평릉을 조성하면서 설치한 현이다.

15 공우를 이른다.

16 군문학사(郡文學史)라는 말은 『한서』를 통틀어 여기에 한 번 나온다. 송나라 학자 서천린(徐天麟)의 『서한회요(西漢會要)』에 태수부의 속관 이름으로 군문학(郡文學), 군문학사(郡文學史), 군문학졸사(郡文學卒史)가 나오는데 어떤 일을 맡고 있었는지는 정확하게 알 수 없으나 대개 유학의 경술을 가르치는 일을 한 것으로 보인다. 한편 선제 본시 원년, 교서군(膠西郡)에서 고밀국으로 바뀌었으나 여기에서는 여전히 군(郡)이라고 부르고 있다.

17 승상부의 속관으로 『서한회요』에 정숭이 그 예로 나온다. 승상의 수레에 관한 일을 담당한 것으로 추정된다.

18 "생가죽 신"의 원문은 "혁리(革履)"이다. 안사고의 주에 따르면 '혁(革)'은 생가죽이고 '위(韋)'는 무두질한 가죽이다.

19 애제 건평 4년(기원전 3년)의 일이다.

20 애제는 원제의 손자이자 정도 공왕의 아들이나. 세 살 때 정도 공왕이 죽어 정도왕에 즉위했다.

21 부상이 여창후(汝昌侯)에 봉해진 것은 기원전 3년 2월이었다. 제태태후였던 부태후는 그해 6월에 황태태후로 높여 불리게 되었으므로 2월에 내린 이 조서에 나오는 황태태후라는 명칭은 후대 사람이 고쳐 넣은 것으로 짐작된다. 참고로 애제 때에 황실에는 네 명의 태후가 있었는데 곧 원제의 황후였던 태황태후 왕정군, 성제의 황후였던 황태후 조비연, 애제의 할머니 제태태후, 애제의 어머니 제태후 정씨이다. 정 태후는 건평 2년(기원전 5년)에 죽었고 부 태후는 애제 원수 원년(기원전 2년)에 죽었다.

22 원문은 "욕보지덕, 호천망극(欲報之德, 皞天罔極)"인데 『시경』 「소아」 '노아(蓼莪)'에는 "욕보지덕, 호천망극(欲報之德, 昊天罔極)"으로 기록되어 있다.

23 "풀밭…… 보고하게 했다."의 원문은 "점간초전수백경(占墾草田數百頃)"이다. 이 부분은 역대로 '황무지 수백 경을 개간하기 위해 점유했다'로 해석되어 왔다. 그러나 여기에서는 '점(占)'은 '수나 양을 헤아려 보고하다'로 보았다. 안사고는 '개간하겠다는 속셈을 감추고 땅을 차지했다'로 해석했다.

24 "조사했는데"의 원문은 "복치(覆治)"이다. '재조사하다'의 뜻이 있는 이 말이 여

기서는 '조사하다'로 쓰인 것으로 보인다. 참고로 위에 나오는 "손보가 재조사를 청하는 상소를 올리자 부 태후가 크게 노하며 말했다."의 "재조사"는 "복치(覆治)"를 번역한 말이다.

25 정승이 하옥된 것은 부상(傅商)이 열후에 봉해졌던 건평 4년의 일이었다. 그런데 건평 2년에 대사공을 어사대부로 고쳐 부른 뒤였으나 여기에서는 옛 명칭을 그대로 쓰고 있다. 건평 연간이 지나고 원수 2년에 승상도 대사도(大司徒)로 이름을 바꾸었다.

26 신하에게 붙어 황제를 속인 죄를 이른다.

27 원문은 "오리구지복국가(惡利口之覆國家)"로 『논어』 「양화」에는 "오리구지복방가(惡利口之覆邦家)"로 나온다.

28 '옹(雍)'은 황제가 주재하는 제사에서 철상(撤床)할 때 연주하던 노래로 『시경』 「주송」에 들어 있다. 이 구절은 『논어』 「팔일」에 나오는 내용으로 원문은 "해취어삼가지당(奚取於三家之堂)"이다.

29 무장륭이 성제에게 상소하여 정도왕을 장안으로 불러오게 했던 일을 이른다. 그때 성제에게 아들이 없었으므로 동생인 중산 효왕과 조카 정도왕이 태자 물망에 올랐는데 무장륭이 정도왕을 장안으로 부르게 함으로써 정도왕이 태자가 되는 데 큰 도움을 주었다. 뒤에 정도왕은 애제가 되었고 중산 효왕의 아들은 애제의 뒤를 이어 평제가 되었다.

30 성제의 할머니이자 선제의 세 번째 황후였던 왕 황후를 이른다. 황후 아버지의 봉호(封號)를 써서 성제의 어머니인 왕정군(王政君)과 구별했다.

31 유방의 능인 장릉은 장안 시내에서 북쪽으로 20킬로미터 떨어져 있다. 하병이 아전을 시켜 왕림경을 장안까지 데려다주되 자신의 알(謁)을 지닌 채 길에서 편의를 봐주게 했다는 뜻이다.

32 이 부분의 원문은 "질리단두지환현소박고치도정하(叱吏斷頭持還縣所剝鼓置都亭下)"인데 끊어 읽기에 따라 여러 가지 해석이 나온다. 첫째, '叱吏, 斷頭持還, 縣所剝鼓置都亭下'로 읽으면 '아전에게 큰 소리로 명령하기를 모가지를 잘라 가지고 돌아가고, 찢긴 북을 도정 앞에 걸어 두라'가 되는데 동사 '걸어 두다'에 해당하는 '현(縣)'과 '치(置)'가 떨어져 있어 어색하다. 둘째, '叱吏, 斷頭持還縣, 所剝鼓置都亭下'로 읽으면 '아전에게 큰 소리로 명령하기를 모가지를 잘라 가지고 돌아가서 걸고, 찢긴 북을 도정 앞에 두라'가 되는데 역시 동사 '현(縣)'과 '치

(置)'의 위치가 어색하다. '叱吏, 斷頭持還縣所, 剝鼓置都亭下'로 읽으면 '아전에게 큰 소리로 명령하기를 모가지를 잘라 가지고 현 소재지로 돌아가고, 찢긴 북을 도정 앞에 두라'가 되는데 피동형 '찢기다'를 표시할 '소(所)'가 '현(縣)' 앞에 붙어서 어색하다. 어떻게 끊어 읽어도 '현(縣)' 자가 걸린다.

한편 고염무(顧炎武)는 『일지록(日知錄)』에 응소의 『풍속통의(風俗通義)』를 인용하여 "하병참왕림경노두, 병소박건고치도정하(何竝斬王林卿奴頭, 并所剝建鼓置都亭下)"라고 기록했는데, '하병이 왕림경 노복의 모가지를 벤 뒤에 찢긴 건고(建鼓)와 함께 도정 앞에 두었다'라는 뜻이 된다. 여기에는 '현(縣)' 자가 없다. 그런데 현재 전하는 『풍속통의』에는 이 내용이 나오지 않는다. 『풍속통의』와 거의 같은 시기에 집필된 순열의 『전한기』 권27에도 '현(縣)' 자가 빠진 "병참노두, 병소박건고치도정하(竝斬奴頭, 并所剝建鼓置都亭下)"로 나온다. 바로 아래에 나오는 "역득조리타군, 지두환, 병개현두급기구옥어시(亦得趙李它郡, 持頭還, 並皆縣頭及其具獄於市)"를 참고하여 이 구절을 옮겼다.

33 여기에서 성제태후는 성제의 어머니인 왕정군을 이르는 듯하다.

34 원문은 "국지사직(國之司直)"으로 『시경』 「성풍(鄭風)」 '고구(羔裘)'에는 '방지사직(邦之司直)'으로 나온다. 여기에서 '사직(司直)'은 '남의 허물을 바로잡아 주는 관리'를 이른다.

35 원문은 "오미견강자(吾未見剛者)"로 『논어』 「공야장」에 나온다.

48 | 소망지전 蕭望之傳

1 소망지는 한나라 개국 공신 소하(蕭何)의 육 대손이라는 설과 소하의 서자 집안 후손이라는 설이 있었다. 한편 여기에서 소망지의 집안이 대대로 농사를 지었다는 것이 소하의 집안이 아니라는 방증이 되어 왔다. 안사고는 「소망지전」에 언급되지 않은 것으로 보아 소망지가 소하의 후손이라는 설은 근거가 없다고 못박았다.

2 후창은 동해군 담현(郯縣) 사람이므로 '같은 현'은 '같은 군'이 되어야 한다.

3 태상부에서 박사와 태학을 관할했다. 여순의 주에 따르면 당시 조정에서 영을 내려 지방의 인재를 태상부에 올라오게 한 뒤에 박사의 제자로 삼게 했다고 한다.

4   여기에서 말하는 곽광의 형은 아버지는 같으나 어머니가 다른 곽거병을 이른
    다. 여기에서는 곽산이 곽거병의 아들로 나오지만 「곽광전」에는 "곽광의 형의
    손자인 곽운(霍雲)이 중랑장이 되었고 곽운의 동생인 곽산은 봉거도위 시중이
    되었다."라고 하여 곽거병의 손자로 나온다. 「선제기」에는 곽운과 곽산이 곽거
    병의 아들로서 곽우의 종형제라고 나온다. 어느 쪽이 옳은지는 알 수 없다.

5   간대부는 비팔백석(比八百石) 관직이었고 승상사직은 비이천석(比二千石) 관직
    이었다.

6   '綽'을 『광운』의 '창약절(昌約切)', 『집운』과 『고금운회거요』, 『홍무정운』의 '척
    약절(尺約切)'에 따라 '착'으로 썼다.

7   『시경』 「소아」 '홍안(鴻雁)'에 나오는 내용으로 원문은 "원급긍인, 애차환과(爰
    及矜人, 哀此鰥寡)"이다. 여기에서는 『모시서(毛詩序)』의 해설에 따른 안사고의
    주를 번역했다. 그런데 이 시의 주제는 정확하게 밝혀지지 않았다. 『모시서(毛
    詩序)』에는 "만민을 위로하고 불쌍한 사람을 위로하는 선왕(宣王)을 칭송했다."
    라고 적혀 있다. 이 시가 「차공(車攻)」, 「길일(吉日)」, 「정료(庭燎)」 같은 시와 함
    께 배열되었기 때문에 이렇게 해석했을 가능성이 있다. 한편 주희(朱熹)는 『시
    집전(詩集傳)』에서 "유민들이 기러기의 울음소리를 들으며 자신의 처지를 기러
    기에 비유하여 스스로 지은 노래"라고 했다. 또 방옥윤(方玉潤)의 『시경원시(詩
    經原始)』에는 "사자가 왕의 명령을 받아 유민을 안정시키는 과정에서 백성의 원
    성을 듣고 지은 노래"라고 했다.

8   『시경』 「소아」 '대전(大田)'에 나오는 내용으로 원문은 "우아공전, 수급아사(雨
    我公田, 遂及我私)"이다.

9   여기에서의 부(賦)는 토지에서 징수하는 부세가 아니라 군비 조달을 위한 세금
    으로 돈이나 물품으로 받았다.

10 무제를 이른다.

11 "속전으로 받는 금의 무게"의 원문은 "금쇄(金選)"로 "금률(金鋝)"과 뜻이 같다.
    응소와 안사고는 '選'을 '刷'로 읽어야 한다고 했는데 이때의 '刷'은 '소활절(所
    滑切)'의 '쇄'이다. '률(鋝)'은 때에 따라 '환(鍰)' 또는 '소활절(所滑切)'의 '쇄
    (率)'로 쓰기도 했다. '률(鋝)', '환(鍰)', '쇄(率)', '쇄(選)'은 모두 무게 단위로서
    여섯 냥쭝 또는 10수(銖)와 25분의 13을 가리킨다.

12 여순의 주에 따르면 한나라 때에는 의복의 빛깔이 봄에는 청색, 여름에는 적색,

늦여름에는 황색, 가을에는 백색, 겨울에는 흑색으로 달랐지만 관복은 주로 흑색이었다고 한다. 그러나 서한 말기로 가면서 황제가 황색을 입게 되어 백성은 황색을 피해 입었다.

13 안사고의 주에 따르면 「금포」는 관가의 창고에 보관하는 금전과 포목에 관한 규정을 적은 법률이고 '영갑'은 갑, 을, 병의 순으로 된 조문 중 첫째 조문이다. 그러나 지금까지 남아 있는 한나라의 법률 조문을 살펴볼 때 '영갑', '영을', '영병'이 법률집의 이름을 가리키므로 「금포영갑」은 「영갑」 법률집의 '금포' 편이라고 볼 수 있다. 이 조문이 성립된 정확한 시기는 알려지지 않았다.
1983년부터 1984년까지 호북성 강릉시(江陵市) 장가산(張家山)의 한나라 묘 247호에서 「금포율」 조문이 들어 있는 죽간이 발굴됨으로써 「금포율」과 「금포」가 다른 계통이라는 것이 증명되었다. 「금포율」은 재정 관련 법조문이고 「금포」는 관가 창고 관리에 관한 법조문으로 추정된다.

14 옹귀미와 유해우(劉解憂)의 아들이다.

15 「오손전」에 유해우의 질녀인 유상부(劉相夫)로 나온다. 『자치통감』 「한기」 18에 유해우의 동생으로 나오는 것은 '질녀'라는 뜻의 '제녀(弟女)'에서 '녀(女)'자가 탈락된 것으로 보아야 한다.

16 한나라 쪽에서 보면 유상부와 혼인할 원귀미가 왕이 되어야 하므로 광왕이 약조를 어긴 것이 되지만, 오손국 쪽에서 보자면 광왕의 아버지인 군수미와 옹귀미 사이에 광왕을 왕으로 올린다는 약조가 먼저 있었으므로 광왕이 약조를 어겼다고 할 수 없다.

17 원귀미와 혼인하기 위해 변경을 나서던 유상부를 이른다.

18 이때 상혜가 오손에 가서 광왕을 만나기는 했지만 원귀미를 곤미로 세우지는 못했다. 옹귀미가 죽고 광왕이 즉위한 것은 기원전 60년의 일이고, 원귀미의 이복동생인 오취도(烏就屠)가 광왕을 죽이고 원귀미를 대곤미에 올린 다음 자신도 소곤미에 오른 것은 기원전 53년의 일이다.

19 『춘추』 상공(襄公) 19년에 나오는 기사로 『춘추공양전』과 『춘추좌씨전』에서 사개의 행동을 칭찬했다.

20 앞글의 문맥으로 보아 한나라와 화친하려고 한 선우는 허려권거(虛閭權渠) 선우이고, 한나라에서 도와주려고 했던 선우는 호한야 선우이다. 그런데 호한야 선우의 아버지인 허려권거 선우가 죽은 것은 신작 2년(기원전 60년)의 일이며

신하에게 살해된 것이 아니라 병사했다. 허려권거 선우가 죽은 뒤에 아들인 호한야가 선우에 오르지 못하고 옥연구제(握衍朐鞮) 선우가 올랐다. 그 뒤 신작 4년(기원전 58년)에 호한야가 선우에 올라 옥연구제를 공격하자 옥연구제가 자결했다. 여기에서 소망지가 이 말을 한 때를 원봉 연간이라고 했으므로 시기가 잘 맞지 않는다. 오봉 연간에 죽은 선우로는 오봉 2년(기원전 56년)에 살해된 저기(屠耆) 선우가 있다.

21 선제 원강 연간에 해마다 풍년이 들어 곡식 가격이 많이 내려가자 대사농중승 경수창이 상홍양의 균수법(均輸法)에 의거하여 금성과 황수 일대에 창고를 짓고 값이 싼 곡식 40만 곡을 사들여 물가를 조절했다. 「조충국전」에 이때의 사정이 나온다. 그 뒤 오봉 1년부터 2년 사이에 함곡관 동쪽에서 곡식 400만 곡을 사들여 장안으로 실어 날랐는데 운송 비용이 너무 들었으므로 경수창이 여러 지역에 창고를 설치하여 싼값에 사들인 곡식을 보관하자는 의견을 올렸다. 경수창은 다시 오봉 4년에 변경 지역에 널리 창고를 설치하여 곡식 값을 조절하자고 주장했다. 이런 물가 조절용 창고를 상평창이라고 했다. 「식화지(食貨志)」에 이에 관한 사정이 나온다.

22 안사고의 주에 따라 '絭'를 '파(婆)'의 '파'로 썼다.

23 조칙을 받을 때에는 네 번 절하고 받아야 한다.

24 호한야 선우는 선제 감로 3년(기원전 51년) 정월의 춘조(春朝)에 참석했다.

25 『시경』「상송(商頌)」'장발(長發)'에 나오는 내용으로 원문은 "솔례불월, 수시기발. 상토열열, 해외유재(率禮不越, 遂視旣發. 相土烈烈, 海外有截)"이다. "은덕을 베풀었네."의 원문은 "기발(旣發)"이다. '기발(旣發)'은 '법률을 반포하다', '교화하다'로도 옮길 수 있다.

26 '적국'에는 '적대 국가'라는 뜻과 '대등한 위치에 있는 국가'라는 뜻이 있는데 여기에서는 후자이다.

27 "겸양하면 하늘과 땅이 서로 통하는 복을 누릴 수 있습니다."의 원문은 "겸형지복야(謙亨之福也)"이다. 여기에서는 안사고의 주에 따라 『역』의 '겸(謙)'에 관한 괘사 풀이를 옮겼다.

28 이 구절의 원문은 "융적황복(戎狄荒服)"인데 안사고는 이 대목이 『서경』에서 유실되었다고 했다.

29 홍공이 중서령일 때 석현은 복야였다. 홍공이 죽은 뒤에 석현이 중서령 자리를

이어받았다.

30 "닭을…… 아들을 보여 드리고"의 원문은 "축계종서, 사견이자(畜雞種黍, 竢見二
　　 子)"이다. 『논어』 「미자」의 "살계위서이식지, 견기이자언(殺雞爲黍而食之, 見其二
　　 子焉)"이 출전이다.

31 청나라 학자 주수창(周壽昌)은 『한서교주보(漢書注校補)』에서 이때부터 '붕당'이
　　 란 말이 남을 모함할 때 쓰이게 되었다고 했다.

32 소망지는 원제가 태자였을 때 사부였고 유갱생은 구경의 반열인 종정이었으며
　　 주감은 광록대부였다.

33 「원제기」에는 800호로 나온다.

34 여기의 '군(郡)'은 '부(部)'가 되어야 마땅하다.

35 "그런 일은 일어나지 말았어야 했다."의 원문은 "불연(不然)"인데, 판본에 따라
　　 이 두 글자가 빠져 있기도 하다.

49 │ 풍봉세전 馮奉世傳

1 진 소왕(秦昭王) 45년(기원전 262년)에 진나라가 한(韓)나라 상당을 공격했다.
　 진 소왕은 이보다 먼저 기원전 280년부터 백기(白起)를 보내 상당 지역을 공격
　 했는데, 이때에 이르러 범저(范雎)의 원교근공책을 받아들여 한나라를 친 것이
　 다. 풍정이 조나라에 항복한 것을 이유로 진나라가 조나라를 공격했다. 초기에
　 상당 지역을 방어하던 조나라 장군은 염파(廉頗)였으나 진나라 범저가 꾸민 이
　 간 작전이 성공하여 조괄로 바뀌었다. 46일 동안의 포위 작전 끝에 조나라가 패
　 하고 40만 명의 전쟁 포로가 발생했다. 진나라 장군 백기가 이 포로들을 모두
　 생매장해서 죽였다.

2 『사기』 「풍당 열전」에는 관졸장(官卒將)으로 나온다. 이 인물의 손자가 풍당이다.

3 육국 중에서 조나라는 기원전 228년에 수도 한단(邯鄲)이 함락되었다. 이때 원
　 래 태자였다가 폐위되었던 조가(趙嘉)가 대나라 땅으로 달아나 왕이 되었다. 기
　 원전 222년 대왕 조가가 진나라의 포로가 되면서 조나라가 완전히 멸망했다.

4 『광운』의 '장백절(丈伯切)', 『집운』, 『고금운회거요』, 『홍무정운』의 '직격절(直格
　 切)'에 따라 '擇'의 음을 정해야 할 것이나 관습에 따라 '택'으로 썼다.

5 안사고의 주에 따라 '彡'은 '소렴반(所廉反)'의 '섬'으로, '姐'는 '자(紫)'의 '자'로 썼다.

6 「원제기」에는 분위장군(奮威將軍)으로 나온다.

7 "적을 막는 훈련을 하지 않았던"의 원문은 "불한습(不閑習)"이다. 안사고는 이 말을 '유리한 형세가 펼쳐지도록 제대로 계획하지 못하다'로 해석했다.

8 유덕(劉德)의 주에 따르면 '辱種'은 '강(羌)'의 한 갈래이다. 뒤에 흉노에게 복속되어 흉노 동부에 거주하다가 한나라에 투항했다. '辱'은 '욕(辱)'과 '노독절(奴獨切)'의 '녹' 두 가지 음이 있는데, 여기에서는 안사고의 주에 따라 '녹'으로 썼다.

9 「영행전」에 따르면 풍봉세 집안과 사이가 나빠진 석현이 황제에게 후궁의 혈육을 편애해서는 안 된다는 의견을 올린 것으로 나온다.

10 성제와 중산 효왕은 이복형제로 원제의 아들이다. 성제의 서조카로 성제의 뒤를 이어 등극한 애제가 후사 없이 죽은 뒤에 중산 효왕의 아들 유흥(劉興)이 평제가 되었다.

11 '특별하게 휴가를 내렸다'라는 뜻으로 이천석 관리가 병가 3개월을 넘기면 면직하는 제도다.

12 이천석 이상의 공이 큰 관원에게 벼슬을 가진 채로 휴가 또는 퇴직을 할 수 있게 하는 특전이 주어졌다.

13 안사고에 따르면 『논어』 「자로」의 "노위지정, 형제야(魯衛之政, 兄弟也)"가 이 부분의 출전이다.

14 평아후(平阿侯) 왕담(王譚), 성도후(成都侯) 왕상(王商), 홍양후(紅陽侯) 왕립(王立), 곡양후(曲陽侯) 왕근(王根), 고평후(高平侯) 왕봉시(王逢時)을 이룬다.

15 원문은 "억억위의, 유덕지우(抑抑威儀, 惟德之隅)"로 『시경』 「대아」 '억(抑)'에 나온다.

16 서주(西周) 시대의 인물로 궁형을 당한 뒤에 시인이 되어 「항백(巷伯)」이라는 노래를 지었다.

17 원문은 "심지우의, 체기운지(心之憂矣, 涕旣隕之)"로 『시경』 「소아」 '소변'에 나온다.

1 안사고의 주에 따라 '囂'의 음을 '오(敖)'의 '오'로 썼다.

2 왕선겸은 평양후가 양평후(陽平侯)의 잘못이라고 보았다. 양평후는 원제의 장
인인 왕금(王禁)이었는데, 원제 영광 2년에 아들 왕봉(王鳳)에게 전해졌다. 한
편 평양후는 한나라 개국 공신인 조참(曹參)에게 내린 작위로 이때는 겨우 명맥
만 유지하고 있었다.

3 고조는 척 부인 소생의 조왕(趙王) 유여의(劉如意)를 총애하여 후사로 삼고 싶
어 했다. 경제도 한때 동생 양왕(梁王) 유무(劉武)를 총애하여 후사로 생각했다.

4 송기는 문맥상 '주(周)'가 '우(禹)'의 잘못이라고 주장했다.

5 원문은 "정공이위, 정직시여(靖恭爾位, 正直是與)"로 『시경』 「대아」 '소명(小明)'
에는 '恭'이 '共'으로 나온다.

6 원문은 "비후어로(俾侯於魯)"와 "위주실보(爲周室輔)"로 『시경』 「노송」 '비궁(閟
宮)'에 나온다.

7 원문은 "적용백모, 무구(藉用白茅, 无咎)"로 『역』 「대과(大過)」 초륙(初六)의 효사
이다.

8 안사고는 '縯'의 음이 '익선반(弋善反)'이라고 했으나 여기에서는 맹강의 주에
따라 '인(引)'의 '인'으로 썼다. 참고로 『후한서』 「제 무왕 열전(齊武王列傳)」에
서 당나라 학자 이현(李賢)이 제 무왕의 이름인 '縯'을 '인(引)'으로 달았다.

9 원문은 "천지지성인위귀, 인지행막대어효(天地之性人爲貴, 人之行莫大於孝)"로
『효경』에 나온다.

10 원문은 "멸지, 명의부, 사인야이유사질야(蔑之, 命矣夫, 斯人也而有斯疾也)"로 『논
어』 「옹야」에는 '멸지(蔑之)'가 '무지(亡之)'로 나온다. 공자가 제자인 백우(伯
牛)를 문병한 자리에서 제자의 손을 잡고 한 이 말은 역대로 여러 가지 해석이
있었다. 안사고는 '이런 착한 사람이 이런 몹쓸 병에 걸리다니 명(命)이 다하는
데에는 선하고 악하고의 구별이 없다'로 해석했다. '무(亡)'와 '멸(蔑)'에는 공통
적으로 '없다'와 '아니다'라는 뜻이 있는데 여기에서는 '아니다'로 옮겼다.

11 원문은 "용덕장궐선(用德章厥善)"으로 『상서』 「반경(盤庚)」에 나온다.

12 선제의 능이다.

13 원문은 "무념이조, 술수궐덕, 영언배명, 자구다복(毋念爾祖, 述修厥德, 永言配命, 自求

多福)"으로『시경』「대아」'문왕(文王)'에는 '毋念爾祖'가 '無念爾祖', '述修厥德'은 '聿
脩厥德'으로 나온다. '永言'을『서』「요전」의 '詩言志, 歌永言'에서처럼 '咏言(노래 가
사를 읊다)'으로 옮기는 학자도 있다. 여기에서는 '言'을 '焉'으로 보았다.

14 원문은 "과이불개, 시위과의(過而不改, 是謂過矣)"로『논어』「위 영공」에 나온다.

15 원문은 "부위자은, 직재기중의(父爲子隱, 直在其中矣)"로『논어』「자로」에는 "오
    당지직자이어시, 부위자은, 자위부은, 직재기중의(吾黨之直者異於是, 父爲子隱,
    子爲父隱, 直在其中矣)"로 되어 있다.

16 원문은 "고구무대고, 즉불가기야, 무구비어일인(故舊無大故, 則不可棄也, 毋求備
    於一人)"인데『논어』「미자」에는 "즉불기야, 무구비어일인(則不棄也, 無求備於一
    人)"으로 되어 있다.

17 『중용』20장에 나오는 "인자인야, 친친위대(仁者人也, 親親爲大)"가 출전이다.

18 안사고의 주에 따르면 이 구절의 출전은『논어』「자장」에 나오는 "수소도필유
    가관자언, 치원공니, 시이군자불위야(雖小道必, 有可觀者焉, 致遠恐泥, 是以君子不
    爲也)"이다.

19 「제후왕표」에는 동평 사왕이 왕위에 오른 지 32년 만에 세상을 떠난 것으로 나
    온다.

20 선제의 다섯째 아들인 유경의 출생 연도는 확실하게 알려지지 않았다. 기원전
    49년에 선제가 죽을 때까지 유경은 왕에 봉해지지 않았다. 기원전 47년, 형인
    원제 때에 왕에 봉해졌다가 기원전 35년에 세상을 떠났다.

21 여순의 주에 따르면 성제의 후사가 되었기 때문에 중복해서 정도 공왕의 후사
    가 될 수 없었던 애제가 성제 사후에 정도 공왕의 후사로 들어왔던 유경을 내
    보내고 자신이 다시 친아버지 정도 공왕의 후사가 되었다는 뜻이다.

22 「제후왕표」에 따르면 유흥은 신도왕에 봉해진 뒤 열다섯 해째인 양삭 2년에 중
    산왕으로 옮겨 갔다고 나온다.

23 원문은 "탐인패류(貪人敗類)"로『시경』「대아」'상유(桑柔)'에 나온다. 여기에서
    는 주나라 여왕(厲王)이 탐욕을 부리며 전리(專利) 제도를 통해 백성의 재물을
    탈취하던 영이공(榮夷公)을 중용하다가 결국 국인(國人)의 폭동을 당하게 되었
    다는 점을 감안하여 '類'를 '事'의 뜻으로 새겼다. 안사고는 '類'를 '善'으로 해
    석했으나 이렇게 해석하면 여왕이 좋은 사람이 된다. 한편 안사고는 이 구절이
    '탕(蕩)'에 나온다고 했으나 '탕'에는 이 구절이 나오지 않는다.

1 안사고의 주에 따라 '承'을 '증(證)'의 '증'으로 썼다.

2 선제가 죽기 전에 사고와 소망지, 주감(周堪)에게 태자를 부탁했다.

3 "그렇게 하면 아주 어리석다."의 원문은 "혹지심자야(或之其者也)"인데, 『맹자』 「고자상(告子上)」에 "혹지심자야(惑之其者也)"가 나온다.

4 「정치득실소(政治得失疏)」로 알려진 글이다. 『자치통감』 28권에 따르면 영광 2년 (기원전 42년) 3월 초하루에 일식이 있었다. 광형이 이 상소를 올린 것은 같은 해 6월이다. 하지만 사서를 통틀어 이해에 지진이 일어났다는 기사는 없다. 원 제 때에 자연재해가 많이 일어났는데 그 원인에 대해 유향은 간신의 폐해 때문 이라고 주장한 데 비해 광형은 이 상소에서도 알 수 있듯이 교화 쪽에 비중을 두어 설명했다.

5 이 상소를 올린 영광 2년 2월에도 대사령이 내렸다.

6 이 두 구절의 원문은 각각 "진지이덕의(陳之以德義)"와 "시지이호악(示之以好 惡)"으로 안사고의 주에 따르면 『효경』의 "진시이덕의이민막유기친(陳之以德義 而民莫遺其親)"과 "시지이호악이민지금(示之以好惡而民知禁)"이 출전이다. 그러 나 현재 유통되고 있는 『효경』 판본에는 "진지이덕의이민흥행(陳之以德義而民興 行)"으로 나온다.

7 원문은 "능이례양위국호, 하유(能以禮讓爲國乎, 何有)"로 『논어』 「이인」에 나온다.

8 정나라 사람들이 맨손으로 범을 잡는 내용은 『시경』 「정풍(鄭風)」 '태숙우전(太 叔于田)'에 나오는데 안사고는 『모시서(毛詩序)』를 인용하며 이 시가 용맹함을 숭상했던 정백, 즉 정 장공(鄭莊公)을 풍자한 시라고 소개했다.

9 『사기』 「진 본기(秦本記)」에 달린 응소의 주에 따르면 『시경』 「진풍(秦風)」 '황 조(黃鳥)'가 진 목공이 죽었을 때 따라 죽은 자거씨(子車氏) 집안의 세 형제 엄 식(奄息)과 중항(仲行), 겸호(鍼虎)를 그린 노래이다.

10 장안의 주에 따르면 무왕(武王)의 딸이자 진 호공(陳胡公)의 아내였던 진(陳) 부인이 아들을 얻기 위해 귀신에게 제사를 자주 지냈는데 『시경』 「진풍(陳風)」 '원구(宛丘)'에서 이를 풍자했다.

11 안사고는 『모시서(毛詩序)』에 따라 『시경』 「당풍(唐風)」 '산유추(山有樞)'가 검 약했던 진후(晉侯), 즉 진 소공(晉昭公)을 풍자한 시라고 소개했다. 그러나 수전

노를 풍자하고 있는 '산유추'를 두고 검약했던 진 소공을 풍자했다고 보기는 어렵다.

12 '서(恕)'에는 여러 가지 뜻이 있으나 '인(仁)'과 같은 구절에 쓰였을 때에는 같은 뜻으로 보아 '상대를 아끼며 사랑을 베풀다'라는 뜻으로 볼 수 있다. 안사고는 여기에 나오는 '서(恕)'를 '진실하게 사랑을 베풀다'라는 뜻의 '성서(誠恕)'로 풀이했다. 『시경』의 전문가로 알려진 광형이 「국풍(國風)」을 인용하는 이 대목에서 주 태왕(周太王), 즉 고공단보가 '인'과 '서'를 베푼 예를 들고 있으나, 「국풍(國風)」에는 이와 관련된 표현이 남아 있지 않다. 안사고는 『사기』 「주 본기」를 인용하여 고공단보가 견융과의 전쟁을 피해 고향을 떠난 것이 '성서(誠恕)'에 해당한다고 해석했다.

13 원문은 "상읍익익, 사방지극(商邑翼翼, 四方之極)"과 "수고차녕, 이보아후생(壽考且寧, 以保我後生)"으로 『시경』 「상송(商頌)」 '은무(殷武)'에 나온다. 광형은 이 구절을 '상나라의 시조인 성탕(成湯)'과 연결했으나 원래는 고종(高宗) 무정(武丁)의 업적을 찬양한 시이다.

14 초원 원년 여름에 수재가 나서 함곡관 동쪽에 기근이 들어 사람들끼리 서로 잡아 먹는 일이 발생한 뒤로 초원 2년 여름에 다시 사람을 먹는 일이 발생했다. 당시에 함곡관 동쪽에 기근이 든 것은 자연재해 때문이지만 광형은 지방 관리에게 책임을 넘기고 있다. 좋은 관리가 교화를 잘 이루면 음양의 조화가 이루어져 자연재해가 줄어들 것이라고 주장하고 있는 것이다.

15 초원 3년 6월에 장신궁 소부 공우의 주장을 받아들여 감천궁과 건장궁의 호위병사로 하여금 농사를 짓도록 보내 주었다.

16 초원 3년 봄에 주애군을 철폐했다.

17 "법령이 시행되는 바를 검사하고 외조와 내조의 직분을 정하며"의 원문은 "고제도, 수외내(考制度, 修外内)"로 『주례』 「하관(夏官)」 '직방씨(職方氏)'에 나오는 "각수평내수, 고내직사(各脩平乃守, 攷乃職事)"를 출전으로 보고 옮겼다.

18 "간사하게 아첨을 떠는 무리를 멀리하시며, 정나라와 위나라 음악을 버리되"의 원문은 "원교녕, 방정위(遠巧佞, 放鄭衛)"로 『논어』 「위 영공」에 나오는 "방정성, 원녕인(放鄭聲, 遠佞人)"이 출전으로 보인다.

19 "백성이 눈으로 대하는 현상을 바꾸면서"의 원문은 "역민시(易民視)"이다. 그런데 송기는 '시(視)'자 아래에 '청(聽)'자가 빠졌다고 추정했다. 원굉(袁宏)의

『후한기(後漢紀)』「효장황제기(孝章皇帝紀)」와 「효화황제기(孝和皇帝紀)」, 그리고 『삼국지(三國志)』「위지(魏志)」 '원환전(袁渙傳)'에 '백성이 보거나 듣는 현상을 바꾸다'라는 뜻의 '역민시청(易民視聽)'으로 인용되어 있다.

20 광형은 영광 5년(기원전 39년) 12월에 「치성정가소(治性正家疏)」로 알려진 이 상소를 올렸다.

21 이 구절의 출전은 『맹자』「양혜왕하」의 "군자창업수통, 위가계야(君子創業垂統, 爲可繼也)"이다.

22 원문은 "염아황조, 척강정지(念我皇祖, 陟降廷止)"로 『시경』「주송(周頌)」 '민여소자(閔予小子)'에 나오는 구절이다. 안사고는 이 구절을 '어린 성왕이 문왕과 무왕의 덕을 항상 되새기며 그대로 실천하려고 했기 때문에 문왕과 무왕의 혼령이 강림하여 성왕의 조정에 함께한 것'으로 해석했다. 그런데 이 구절의 바로 위에 '황고(皇考),' 즉 무왕에 관한 언급이 나오므로 '황조'는 문왕(文王)으로 볼 수 있겠다. '陟'은 『광운』,『집운』,『고금운회거요』의 '뉵력절(竹力切)'에 따라 '덕'이 되어야 할 것이나 관례에 따라 '척'으로 썼다.

23 원문은 "무념이조, 율수궐더(無念爾祖 聿脩厥德)"으로 『시경』「대아」 '문왕'에 나온다. '이(爾)'는 2인칭 대명사지만 여기에서는 시인이 주나라 사람들을 부른 것이므로 '우리'로 옮겼다. 여기에서 '무(無)'는 뜻이 없이 구절의 처음에 놓여 운율을 고르는 어조사로 쓰였다.

24 『효경』의 첫 장인 「개종명의장(開宗明義章)」 첫머리에 선왕의 '지극한 덕'인 '지덕(至德)'이 언급되어 있다.

25 한영(韓嬰)이 『한시외전(韓詩外傳)』에서 『시경』「빈풍(豳風)」 '벌가(伐柯)'의 "벌가벌가, 기칙불원(伐柯伐柯, 其則不遠)"을 풀이한 "리호오, 적정성이치도필의(理好惡, 適情性而治道畢矣)"가 출전으로 보인다. 남자와 여자가 부부로 인연을 맺는 일을 묘사한 이 시를 두고 『모시서(毛詩序)』에서는 원칙에 따라 사회를 화합한 주공(周公)을 찬양한 시로 보았는데 한영도 그 학설을 따른 듯하다.

26 정전(正殿)의 동쪽 계단을 이른다.

27 원문은 "우이사방, 극정궐가(于以四方, 克定厥家)"로 『시경』「주송」 '환(桓)'에 나온다. 여기에서 '이(以)'를 '유(有)'로 보면, 은나라를 정복한 주 무왕의 업적을 회고하며 칭송하는 투가 된다. 안사고는 '사방을 다스리고 싶어 하는 자는 먼저 자신의 왕실을 안정시켜야만 내부에서 외부로 복종을 받을 수 있다'라고 해석

하면서 무왕이 은나라를 정복하기 전의 상황을 노래한 시로 보았다. 안사고보다 백 년쯤 뒤에 활동한 공영달도 『모시정의』에서 이 시를 은나라 정복 전에 군사를 훈련하는 풍경을 노래한 것으로 보았다.

28 원문은 "정가이천하정의(正家而天下定矣)"로 『주역』 가인괘(家人卦)의 단사(彖辭)에 나온다.

29 「계비필권경학소(戒妃匹勸經學疏)」로 알려진 글로 경녕 원년 7월에 원제를 위릉(渭陵)에 장사 지낸 뒤에 바로 새 황제에게 올린 상소였다.

30 『논어』 「학이」의 "신종추원, 즉민덕귀후의(愼終追遠, 則民德歸厚矣)"가 출전이다. 안사고가 주를 달면서 공자의 말씀이라고 했지만 『논어』에는 증자(曾子)의 말로 나온다.

31 원문은 "경경재구(煢煢在疚)"로 『시경』 「주송」 '민여소자(閔予小子)'에는 '경경(煢煢)'이 '경경(嬛嬛)'으로 나온다. 주 성왕이 아버지 무왕을 여의고 고통스러워하는 모습을 묘사한 표현이다.

32 원문은 "요조숙녀, 군자호구(窈窕淑女, 君子好仇)"로 『시경』 「주남」 '관저'에 나온다. 이 시의 군자가 주 문왕을 가리킨다는 설도 있다.

33 원문은 "덕의가존, 용지가관, 진퇴가도, 이림기빈, 시이기민외이애지, 측이상지(德義可尊, 容止可觀, 進退可度, 以臨其民, 是以其民畏而愛之, 則而象之)"로 『효경』 「성치장(聖治章)」에는 '덕의가존(德義可尊)'과 '용지가관(容止可觀)' 사이에 '작사가법(作事可法)'이 나온다.

34 원문은 "경신위의, 유민지측(敬慎威儀, 惟民之則)"으로 『시경』 「대아」 '억(抑)'에 나온다.

35 원문은 "군자신시(君子慎始)"로 『대대례기』 「예찰(禮察)」에 『역』에서 인용한 말로 나온다.

36 「원제기」와 「교사지」에 따르면 광형의 상소를 받아들인 성제가 건시 원년 12월에 남교와 북교의 제단을 쌓는 공사를 하는 한편으로 감천(甘泉)과 분음(汾陰)에 있던 제단을 철거했고 건시 2년 봄에 옹(雍)의 오지(五畤) 제단도 철폐한 뒤에 장안의 남교(南郊)에서 하늘에 제사를 올렸다.

37 「왕존전」과 「풍봉세전」에 장담(張譚)으로 나온다.

38 왕존이 올린 상소의 내용이 「왕존전」에 나온다.

39 원문은 "예의불건, 하휼인지언(禮義不愆, 何恤人之言)"으로 『시경』에 들어 있지

않은 옛 시에 나오는 "예의지불연혜, 하휼인지언혜(禮義之不愆兮, 何恤人之言兮)"가 출전이다. 이 두 구절은 『순자』 「정명(正名)」에도 인용되어 있다.

40 승상부에 소속된 주조(奏曹)는 백관이 올리는 주장(奏章)의 출납을 맡았고, 집조(集曹)는 토지와 호구, 세금 등의 장부인 부계(簿計)를 담당했다. 집조의 정관은 연(掾)이고 부관은 속(屬)이었다. 육사가 주조에 있을 때 임회군에서 올린 상주문을 처리했으므로 토지 경계를 새로 정한 사정에 익숙할 테니 집조로 자리를 옮겨 토지 문제를 해결하게 하라는 뜻이다.

41 안사고의 주에 따르면 당나라 때에는 일척이상(一尺以上) 또는 일필이상(一匹以上) 등의 기준으로 형법을 적용했다.

42 성제는 기원전 51년에 태어나 기원전 33년에 즉위했다.

43 진직의 주에 따르면 '정부(亭部)'는 한나라 사람들이 '정(亭)'을 부르던 다른 이름이었다.

44 원문은 "사애기양, 아애기례(賜愛其羊, 我愛其禮)"로 『논어』 「팔일」의 "자왈, 사야, 이애기양, 아애기례(子曰, 賜也, 爾愛其羊, 我愛其禮)"가 출전이다.

45 판본에 따라 '재변지이(災變之異)'와 '재변지의(災變之意)'로 다르게 되어 있다. 한편 『자치통감』에는 '재변지의(災變之意)'로, 『전한기』에는 '재이지사(災異之事)'로 나온다.

46 원문은 "한언명(罕言命)"과 "불어괴신(不語怪神)"으로 『논어』 「자한」의 "자한언리여명여인(子罕言利與命與仁)"과 『논어』, 「술이」의 "자불어괴력난신(子不語怪力亂神)"이 출전이다.

47 원문은 "성여천도, 자자공지속부득문(性與天道, 自子贛之屬不得聞)"으로 『논어』 「공야장」의 "부자지언, 성여천도, 불가득이문야(夫子之言, 性與天道, 不可得而聞也)"가 출전이다.

48 원문은 "욕불위론, 염장문(欲不爲論, 念張文)"이다. 송기의 주에 따르면 감본(監本)과 월본(越本)에는 '불(不)'이 들어 있다고 했으므로 다른 판본에는 '불(不)'이 빠져 있었던 것으로 보인다. '불(不)'이 빠진 '욕위론(欲爲論)'을 『논어』를 공부하고 싶다'로 해석하기도 하는데 이는 '론(論)'을 『논어』 「술이」 "억위지불염, 회인불권(抑爲之不厭, 誨人不倦)"의 '위(爲)'로 본 것이다. '론(論)'은 서한 유학자 사이에서 『논어』의 약칭으로 쓰였다. 그러나 중국 사서에서 '위론(爲論)'을 '논어를 공부하다'라는 뜻으로 쓴 예가 드물기 때문에 이 해석을 취하지 않

았다.

49 『사기』 「공자 세가」에 자신(子愼)으로 나오는 인물인데 『송사』 「공선전(孔宣傳)」에는 공겸(孔謙)으로 나온다. 『신당서』 「재상 세가표」에는 공빈(孔斌) 또는 공윤(孔胤)으로 세 아들, 즉 공부(孔鮒), 공등(孔騰), 공수(孔樹)를 두었고 위 문후(魏文侯)의 상(相) 문신군(文信君)이 되었다고 나온다. 진승 정권에서 박사를 지낸 공부가 후사 없이 죽는 바람에 둘째 아들인 자상(子襄) 공등(孔騰)으로 가계가 이어진 듯하다. 고조는 공등을 공자의 제9대 적통으로 보고 '봉사군(奉祀君)'에 봉했다.

50 원문에는 공상(孔襄)이 공충을 낳은 것으로 나오는데 여기에서는 『사기』 「공자 세가」의 '자상생충(子襄生忠)'을 따라 공자상(孔子襄)이 공충을 낳은 것으로 옮겼다.

51 공자의 자손으로 공패가 관내후에 처음 봉해졌다. 자상 공등이 봉사군에 봉해졌지만 작위가 세습되지 않았다가 공패 때에 이르러 관내후에 봉해지면서 작위가 세습되기 시작했다.

52 안사고의 주에 따라 '虹'의 음을 '공(貢)'의 '공'으로 썼다.

53 『춘추공양전』 성공(成公) 15년조에 나오는 내용이다.

54 원문은 "유의즉합, 무의즉리(有義則合, 無義則離)"로 원래는 신하가 임금을 떠나는 도리였다. 공자는 『춘추』 장공(莊公) 24년 기사에서 세 번 간언했는데도 임금이 듣지 않으면 신하가 임금을 떠나야 한다고 했다. 유향도 『고열녀전(古列女傳)』에서 부부 사이에 이 원칙을 적용했다.

55 애제는 기원전 25년에 태어나 기원전 8년인 열여덟 살에 황태자가 되었고 열아홉 살에 황위에 올랐다. 부 태후는 황태자가 되어 황궁에 들어갈 때까지 애제를 키웠다.

56 「부희전(傅喜傳)」에 따르면 부희도 반대하다가 부 태후의 미움을 사서 면직되었다.

57 원문은 "무광서관, 천공인기대지(毋曠庶官, 天工人其代之)"로 『상서』 「우서」 '고요모'에 나온다.

58 원문은 "수용오사(羞用五事)"와 "건용황극(建用皇極)"으로 『상서』 「주서」 '홍범'에는 "경용오사(敬用五事)"로 나온다.

59 원문은 "시즉유일월란행(時則有日月亂行)"으로 「오행지」에 나온다. 여기에 나오

는 ‘전(傳)’은 『홍범오행전』을 이른다.

60 원문은 “유선가왕정궐사(惟先假王正厥事)”로 『상서』 「상서(商書)」 ‘고종융일(高宗肜日)’에는 조기(祖己)가 “유선격왕정궐사(惟先格王正厥事)”라 했다고 나온다.

61 원문은 “경지경지, 천유현사, 명불역재(敬之敬之, 天惟顯思, 命不易哉)”로 『시경』 「주송」 ‘경지(敬之)’에 나온다.

62 원문은 “외천지위, 우시보지(畏天之威, 于時保之)”로 『시경』 「주송」 ‘아장(我將)’에 나온다. 무왕이 하늘에 제사를 올리며 문왕이 받았던 천명의 귀중함을 잊지 않겠다고 다짐하면서 하늘의 보우를 비는 내용을 담고 있다.

63 원문은 “천기부명정궐덕(天旣付命正厥德)”으로 『상서』 「상서(商書)」 ‘고종융일’에 “천기부명정궐덕(天旣孚命正厥德)”으로 나온다.

64 원문은 “천비심사(天棐諶辭)”로 『상서』 「주서」 ‘대고(大誥)’에 “천비심사(天棐忱辭)”로 나온다.

65 원문은 “참인망극, 교란사국(讒人罔極, 交亂四國)”으로 『시경』 「소아」 ‘청승(青蠅)’에 나온다.

66 원수 2년 6월에 애제가 죽었다.

67 즉위하던 해에 평제는 여덟 살이었다.

68 원문은 “무유구로(無遺耇老)”로 『상서』 「주서」 ‘소고(召誥)’에 “무유수구(無遺壽耇)”로 나온다.

69 선제(宣帝) 때의 박사 엄팽조(嚴彭祖)가 편찬한 『춘추공양전』 해설서이다.

70 원문은 “자고개유사(自古皆有死)”로 『논어』 「안연」에 나온다. 이 구절은 공자가 다스림에 필요한 조건으로 역설한 ‘족식(足食)’과 ‘족병(足兵)’, ‘민신(民信)’ 중에서 ‘족식(足食)’이 ‘민신(民信)’보다 덜 중요하다는 뜻으로 한 말인데 마궁의 식읍을 빼앗지 않는 자리에 썼으므로 문맥이 잘 통하지 않는 면이 있다. 맹강은 ‘마궁이 자신의 허물을 가리고자 하는 뜻이 없어 신(信)을 지켰으므로 후위와 식읍을 빼앗지 않았다’라고 해설했다. 안사고도 “자고개유사 민무신불립(自古皆有死, 民無信不立)”을 인용하고 있다. 이 뜻이 『논어』에서 공자가 역설한 내용과 거리가 있었던 탓인지 사마광은 『자치통감』에 “이저자고개유사지의(以著自古皆有死之義)”를 빼고 이 조서를 실었다.

71 마시(馬矢)는 말똥이다. 마궁의 조상 중에 마구간을 치우던 책임을 맡았던 인물이 있었던 것으로 추정된다.